PATRO

CURSUS COMPLETUS

SIVE

BIBLIOTHECA UNIVERSALIS, INTEGRA, UNIFORMIS, COMMODA, OECONOMICA,

OMNIUM SS. PATRUM, DOCTORUM SCRIPTORUMQUE ECCLESIASTICORUM

QUI

AB ÆVO APOSTOLICO AD INNOCENTII III TEMPORA

FLORUERUNT;

RECUSIO CHRONOLOGICA

OMNIUM QUÆ EXSTITERE MONUMENTORUM CATHOLICÆ TRADITIONIS PER DUODECIM PRIORA
ECCLESIÆ SÆCULA,

JUXTA EDITIONES ACCURATISSIMAS, INTER SE CUMQUE NONNULLIS CODICIBUS MANUSCRIPTIS COLLATAS,
PERQUAM DILIGENTER CASTIGATA;
DISSERTATIONIBUS, COMMENTARIIS LECTIONIBUSQUE VARIANTIBUS CONTINENTER ILLUSTRATA;
OMNIBUS OPERIBUS POST AMPLISSIMAS EDITIONES QUÆ TRIBUS NOVISSIMIS SÆCULIS DEBENTUR ABSOLUTAS
DETECTIS, AUCTA;
INDICIBUS PARTICULARIBUS ANALYTICIS, SINGULOS SIVE TOMOS, SIVE AUCTORES ALICUJUS MOMENTI
SUBSEQUENTIBUS, DONATA;
CAPITULIS INTRA IPSUM TEXTUM RITE DISPOSITIS, NECNON ET TITULIS SINGULARUM PAGINARUM MARGINEM SUPERIOREM
DISTINGUENTIBUS SUBJECTAMQUE MATERIAM SIGNIFICANTIBUS, ADORNATA;
OPERIBUS CUM DUBIIS TUM APOCRYPHIS, ALIQUA VERO AUCTORITATE IN ORDINE AD TRADITIONEM
ECCLESIASTICAM POLLENTIBUS, AMPLIFICATA;
DUOBUS INDICIBUS GENERALIBUS LOCUPLETATA : ALTERO SCILICET RERUM, QUO CONSULTO, QUIDQUID
UNUSQUISQUE PATRUM IN QUODLIBET THEMA SCRIPSERIT UNO INTUITU CONSPICIATUR ; ALTERO
SCRIPTURÆ SACRÆ, EX QUO LECTORI COMPERIRE SIT OBVIUM QUINAM PATRES
ET IN QUIBUS OPERUM SUORUM LOCIS SINGULOS SINGULORUM LIBRORUM
SCRIPTURÆ TEXTUS COMMENTATI SINT.
EDITIO ACCURATISSIMA, CÆTERISQUE OMNIBUS FACILE ANTEPONENDA, SI PERPENDANTUR : CHARACTERUM NITIDITAS,
CHARTÆ QUALITAS, INTEGRITAS TEXTUS, PERFECTIO CORRECTIONIS, OPERUM RECUSORUM TUM VARIETAS
TUM NUMERUS, FORMA VOLUMINUM PERQUAM COMMODA SIBIQUE IN TOTO OPERIS DECURSU CONSTANTER
SIMILIS, PRETII EXIGUITAS, PRÆSERTIMQUE ISTA COLLECTIO, UNA, METHODICA ET CHRONOLOGICA,
SEXCENTORUM FRAGMENTORUM OPUSCULORUMQUE HACTENUS HIC ILLIC SPARSORUM,
PRIMUM AUTEM IN NOSTRA BIBLIOTHECA, EX OPERIBUS AD OMNES ÆTATES,
LOCOS, LINGUAS FORMASQUE PERTINENTIBUS, COADUNATORUM.

SERIES SECUNDA,

IN QUA PRODEUNT PATRES, DOCTORES SCRIPTORESQUE ECCLESIÆ LATINÆ
A GREGORIO MAGNO AD INNOCENTIUM III.

ACCURANTE J.-P. MIGNE,

BIBLIOTHECÆ CLERI UNIVERSÆ,

SIVE

CURSUUM COMPLETORUM IN SINGULOS SCIENTIÆ ECCLESIASTICÆ RAMOS EDITORE.

PATROLOGIA BINA EDITIONE TYPIS MANDATA EST, ALIA NEMPE LATINA, ALIA GRÆCO-LATINA. — VENEUNT
MILLE ET TRECENTA FRANCIS SEXAGINTA ET DUCENTA VOLUMINA EDITIONIS LATINÆ;
ET MILLE TRECENTA GRÆCO-LATINÆ. — MERE LATINA UNIVERSOS AUCTORES TUM O
TUM ORIENTALES EQUIDEM AMPLECTITUR ; HI AUTEM, IN EA, SOLA VERSIONE LATINA DONANTUR.

PATROLOGIÆ TOMUS CCXIII.

SICARDUS CREMONENSIS EPISCOPUS. PETRUS SARNENSIS. ANONYMI SÆCULI XII.

EXCUDEBATUR ET VENIT APUD J.-P. MIGNE EDITOREM,
IN VIA DICTA *D'AMBOISE*, PROPE PORTAM LUTETIÆ PARISIORUM VULGO *D'ENFER* NOMINATAM,
SEU PETIT-MONTROUGE.

1855

SÆCULUM XIII.

SICARDI

CREMONENSIS EPISCOPI

MITRALE,

SIVE

DE OFFICIIS ECCLESIASTICIS SUMMA,

NUNC PRIMUM IN LUCEM PRODIT JUXTA APOGRAPHUM QUOD ASSERVATUR IN BIBLIOTHECA
COMITIS DE L'ESCALOPIER.

ACCEDUNT

EJUSDEM SICARDI CHRONICON

EX EDITIONE MURATORII;

PETRI SARNENSIS HISTORIA ALBIGENSIUM

VOLUMEN CLAUDUNT

ANONYMI SÆCULI XII.

ACCURANTE J.-P. MIGNE,

BIBLIOTHECÆ CLERI UNIVERSÆ

SIVE

CURSUUM COMPLETORUM IN SINGULOS SCIENTIÆ ECCLESIASTICÆ RAMOS EDITORE.

TOMUS UNICUS.

VENIT 7 FRANCIS GALLICIS.

—

EXCUDEBATUR ET VENIT APUD J.-P. MIGNE EDITOREM
IN VIA DICTA D'AMBOISE, PROPE PORTAM LUTETIÆ PARISIORUM VULGO D'ENFER NOMINATAM
SEU PETIT-MONTROUGE.

1855

ELENCHUS

AUCTORUM ET OPERUM QUI IN HOC TOMO CCXIII CONTINENTUR.

Ex Typis L. Migne, au Petit-Montrouge.

NOTITIA IN SICARDUM

CREMONENSEM EPISCOPUM

(MURATORI, *Rer. Ital. Script.*, tom. VII, p. 525, in Præf. ad *Chronicon* Sicardi)

—

Sicardi Cremonensis episcopi, non solum meminit, sed simul scripta recenset doctissimus vir mihique antiqua amicitia junctus Franciscus Arisius Cremonensis, ordinum in sua patria conservator, et de eadem patria optime meritus in sua *Cremona literata* tom. I, ad ann. 1185. Ita vero ille Sicardi libros hoc ordine recenset. *Acta et obitus sancti Homoboni* qui ipsius Sicardi tempore sanctitate vitæ, et miraculis floruit, et curante ipso præsule (ut in Chronico Sicardi habetur ad annum 1198) in canonem sanctorum ab Innocentio III papa est relatus. *Chronicorum libri diversi*, de quibus infra agemus. *Tractatus de humilitate*, cujus rei testem Arisius profert Fanusium, Campanum, in libro *De illustr. Italiæ familiis*. Verum Fanusii liber, in Ambrosiana bibliotheca asservatus, a pseudonymo, et certe pseudographo scriptore compositus mihi semper visus est, ac propterea illius fidei acquiescere non facile velim. *Historiam* quoque, seu *Vitas Romanorum pontificum* a Sicardo collectas ante Arisium Raphael Volaterranus initio Commentarior. lib. xxII nos monuit. Tandem *Mitrale*, vel *Summa de Officiis*, sive *Rationale divinorum officiorum*, Sicardo tribuitur. Sed si quidquam conjectura mea valet, *Mitrale*, sine dubitatione ab eo elucubratum, nihil fortassis aliud est quam alterum ex *Chronicis* ipsius Sicardi (1) : quippe Gualvaneus de la Flamma non libros quosque, sed tantum Historicos enumerans, quibus fuerat usus, *Mitrale imperatorum a Sicardo episcopo Cremonense compositum* memorat. Quod est ad *Summam de officiis*, eam Antonius Possevinus ex Lelando innuit, eamque in bibliotheca Vaticana asservari aiunt. De hoc opere, mihi incomperto, nihil aliud addam. Verum præterire non possum, quæ de Sicardo nostro habet singularis conditionis vir Gerardus Joannes Vossius, lib. II, cap. 55, *De Historic. Latin.* Animadvertit ille, a Raphaele Volaterrano inter eos, qui Vitas Romanorum pontificum tradiderunt, Sicardum nostrum referri, et proxime collocari post Sigebertum et Hugonem Floriacensem ; Sicardo autem subjungi Godefridum Viterbiensem, qui claruit anno 1186, *ut omnino*, inquit Vossius, *si standum sit Volaterrano, vixerit Sicardus circa annum* 1160. Nullus certe nobis dubitandi locus est quin Sicardus anno 1160 in vivis fuerit, ipsoque tempore quo Viterbiensis floruerit. Sed quia ad annum usque 1215 suam Sicardus ætatem produxit, et vitam Godefridi sua excessit, propterea priorem locum æquius Viterbiensi quam Sicardo, Volaterranus dedisset. Pergit scribere Vossius, se mirari, cur Possevinus Sicardum memorans tam antiquum scriptorem, addat tamen *esse hunc illum Sicardum Cremonensem, cui Scholia sua dicavit Laurentius Lauretus, Carmelita*, cum Laurelus circiter annum Christi 1570 floruerit. At Possevinus, Sicardi nostri mentionem faciens, ait : *ad quem Scholia scripsit Laurentius Lauretus*, etc. Hoc est non Sicardo viventi ea Scholia obtulit, sed Sicardi tandiu vita functi libro *De officiis* ea addidit Lauretus ; ac proinde nulla hic antilogia.

Sicardus in Chronico, ad annum 1179, Offredum Cremonensem episcopum *ordinatorem meum* appellat. Tum narrat, se anno 1185 a Lucio III subdiaconatus honore auctum. Anno vero 1185 addit : *Quo anno ego Sicardus præsentis operis compilator et scriba, Cremonæ, licet indignus, electus sum ad episcopale officium.* Proxime sequenti anno ejus opera inter Fridericum I imperatorem et cives Cremonenses restaurata est pax. Anno 1187, eorumdem civium precibus ac amore ductus, in Germaniam iter suscepit, ut resarciendi castri Maufredi veniam ab Imperatore impetraret. Ad annum 1194 scribit, Castrum Jovisaltæ (nunc *Genivolta*) a se inchoatum, ac feliciter consummatum ; anno vero 1199 se Romam peregre profectum fuisse, qua occasione ab Innocentio III papa impetravit ut cœlitum albo inscriberetur beatus Homobonus, Cremonensis civis, non multo antea e vivis ereptus. Anno 1203 in Armeniam se contulit, ibique versatus est una cum Petro cardinali apostolicæ sedis legato ; atque anno insequenti Constantinopolim profectus, in templo Sanctæ Sophiæ solemnem jussu ejusdem legati ordinationem clericorum celebravit. Quare vides deceptum Ughellum, qui in Catalogo episcoporum Cremonensium peregrinationem Sicardi in Orientem illigavit anno 1209. Regressus denique in patriam Sicardus, uti Cremonensium monumenta testantur, finem vivendi fecit anno 1215. In codice Cæsareo hæc adnotantur : *Anno 1215 obiit præsul Sycardus mense Junii, hujus præsentis operis compilator.* De anno emortuali auctoris nostri hæc certa reor ; de mense dubitare me cogunt Arisius in *Cremona literata*, Ughellus et alii, qui tradunt Sicardum ad plures abiisse die 26 *Januarii*. Fortasse qui Vindobonense ms. olim scripsit, *Jan.* ibidem breviatum pro Januario inveniens, incaute *Jun.* id est *Junium*, legit. Christopborus Sandius in Notis ad Vossium *De Histor. Latin.*, cum animadvertisset, Sicardum anno 1215 postremo fato functum fuisse, postea subdit : *Qua ergo ratione potuit Chronicon suum produxisse ab origine mundi usque ad annum 1221, ut refert Lambecius tom. II De biblioth.* Vindobonensi. *pag.* 871? Non injuria hoc petit Sandius. At ex verbis Chronici ipsius, quod Lambecius laudavit, constare nunc potest, revera Sicardum anno 1215 e vita concessisse ; quæ vero pauca sequuntur, apposita fuisse, uti usu venit, ab alio scriptore, qui Sicardi librum per annos quinque continuavit. Atque hic iterum audiendus est Gualvaneus de la Flamma, qui cap. 247, *Manipuli Florum* ms. narrat, anno 1214 profligatos in bellico certamine fuisse Cremonenses a Mediolanensibus, addendo : *Nec fuit unquam in populo Cremonensi secundum Sycardum facta tam enormis jactura.* Atqui teterrimi hujus prælii ne verbum quidem Estensis aut Vindobonensis codex habent ; imo amborum narratio in annum præcedentem 1215 desinit. Quid hic dicendum ? Num Gualvaneo fuit codex, cui non Sicardus, sed quisquam alius, cruentæ hujus pugnæ mentionem addidit? an vero integrum Sicardi Chronicon minime nobis

---

(1) Hæc inconsiderate Muratorius. Vide infra Emin. cardin. Maii Monitum ad Sicardi *Mitrale*. EDIT.

servatum ? Ego dubius sto, ac præcipue quod tantam inter ambos hosce codices mss. dissimilitudinem intuear. Cæterum hujus Mediolanensis victoriæ ne ipsi quidem Annales breves Cremonensium, quos infra sum editurus, ad annum 1214 meminerunt.

DE SICARDI MITRALI

SEU

TRACTATU DE OFFICIIS ECCLESIASTICIS.

(Maii, *Spicileg. Rom.*, tom. VI, p. 583, Præf. ad Fragmenta ex *Mitrali Sicardi.*)

Sicardi episcopi Cremonensis, qui fuit Innocentii III PP. æqualis, Chronicum identidem vidimus a Bernardo Guidonis in Rom. pontificum Vitis; quod tandem Chronicum Muratorius in septimo R. I. S. volumine edidit, doctique episcopi alia opera in præfatione recensuit. Illud tamen vir magnus bis ibidem incaute dixit, putare se Sicardi opus, quod *Mitralis* (liber) inscribitur, nihil esse aliud quam unum ex Chronicis a Sicardo scriptis. Atqui alii ante Muratorium diserte jam nominaverant Sicardi *Mitralem vel Summam de officiis*, ita ut *Mitralis* sit dictus pro *episcopalis* vel *pontificalis*, quandoquidem episcoporum minorumque sacerdotum liturgiam in eo volumine Sicardus exponit. Reapse in duobus codicibus Vaticanis hic præponitur operi titulus, in uno quidem : *Incipit Mitralis de officiis, editus a Sychardo Cremonensi episcopo*; in altero autem : *Incipit liber qui Mitralis dicitur, editus a Sicardo Cremonensi episcopo*; ubi varietatem quoque scripturæ videmus *Sychardus* et *Sicardus.* Vana igitur Muratorii de argumento *Mitralis* opinione vel conjectura depulsa, nos hoc ipsum opus, perbonum hercle et hactenus non vulgatum, paulo accuratius describemus. Constat enim libris ix, qui suos singuli habent prologos. Sunt autem hi tituli seu capitula.

(Capitulorum seriem, quam hic speciminis gratia exhibet doctissimus editor, nos ad calcem operis amandamus. EDIT. PATR.)

Igitur hic videmus uberrimos liturgicæ rei fontes, quos diutius intra codicum pluteos, quasi in nativis cavernis, detineri prope indignum est : si enim inde eliciantur, omnes illico qui de ecclesiasticis officiis aliquando sunt acturi, suos hortulos irrigabunt; neque hi solum, sed qui vel sua dubia dissolvere avent, vel antiquitates Christianas illustrare, præcipueque originem, ordinem, et praxim officiorum sacrorum per singulos anni dies cognoscere. Certe jam Trombellius in tractatibus suis De baptismo, 1, I, pp. 212, 221, 312, Sicardi nostri, quem in codice Bononiensi legebat, auctoritatibus aliquot ex libris tertio sextoque usus est. Ego vero qui Sicardi opus in codice Vaticano libenter lectitavi, vix mihi temperare poteram quin totum typis committerem ; quod sane mediocris voluminis molem efficeret ; et, si idoneis etiam scholiis adornaretur, justi operis formam induceret. Est enim uterque codex Vat. in fol., spissæ in duplici laterculo conscriptionis, unus quidem integerrimus, ætatis ferme Sicardianæ, alter vero uno sæculo posterior, qui in fine pauca desiderat. Interim tamen de vitæ brevitate cogitans et de impedimentis voluntati sæpe incidentibus, ut Sicardi aliquid a me sine mora lectores habeant, pauca confeci excerpta, quæ ad sacra ædificia vel ad ecclesiasticam philologiam potissime pertinent, eaque pretiosa prudentibus visum iri confido. (*Sequuntur Fragmenta.*)

SICARDI
CREMONENSIS EPISCOPI
MITRALE
SEU
DE OFFICIIS ECCLESIASTICIS SUMMA.

(Nunc primum in lucem prodit juxta apographum quod asservatur in bibliotheca comitis de l'Escalopier.)

PROŒMIUM AUCTORIS.

Divitem prudentem, qui necessarios suos ad cœnam invitare voluerit, cœnaculum et officinas construere convenit, et ornare, utensilia præparare, ministros instituere, vestibus decorare, demum singula officia, singulis assignare ministris. Sic dives ille, cui omnia serviunt, in principio creavit cœlum, et terram, mare, et omnia quæ in eis sunt [1], et mundi machina cum mundialibus fabricata, formavit hominem de limo terræ, et inspiravit ei spiraculum vitæ, et posuit eum in paradiso voluptatis, assignans ejus victui omne lignum pulchrum visu, et ad vescendum suave, præter lignum scientiæ boni et mali [2]; cumque finis universæ carnis venisset coram eo ; quia terra fuerat iniquitate repleta, ad seminarium secundæ originis conservandum, arcam ei de lignis levigatis, et imputribilibus fieri, et in eam ex omnibus escis, quæ mandi possunt, ut essent ingressuris in victum, comportari [3], et Noe cum suis intrare præcepit [4]. Magister etiam noster dum in terris visus est, et cum hominibus conversatus [5], volens cum fratribus suis et discipulis secundum legem comedere pascha, dixit illis : Ite in civitatem, et occurret vobis homo, amphoram aquæ bajulans, sequimini eum quocunque introierit, et dicite patrifamilias, ut diversorium vobis assignet, ubi magister cum discipulis pascha manducet, qui ostendet vobis cœnaculum grande stratum, et ibi parate [6]. Sic et nos licet imitatores indigni penitus, et imbecilles, tamen ad cultum paradisi, ad sacramentum baptismi, ad cœnam Domini, quæ in Ecclesia sunt celebranda, fratres et filios invitaturi, prius de Ecclesia, quæ paradiso et arcæ, grandive cœnaculo assimilatur ædificanda, ornanda, et utensilibus ejus agemus. Secundo de institutione, et vestibus, et habitu ministrorum, tertio de officiis eorumdem, quarto de ordine officiorum, quæ non solum ponere, sed etiam intendimus ad unguem exponere, institutiones singulorum, et causas adjicientes institutionum. Sed in causis prosequendis fortassis auctorum mentes excedam, non tamen ob hoc velox, ut æmulus calumniator arguet, me perniciose scripsisse ; quia dicit Augustinus in libro De doctrina Christiana [7] : Si quis in Scripturis aliud sentit, quam ille qui scripsit, nec perniciose fallitur, nec omnino mentitur ; si tamen fallitur ea sententia, quæ ædificat charitatem, ita fallitur ut qui errore deserit viam, sed eo per agrum pergit, quo via illa perducit, si via patet, corripiendus est ; si via latet, docendus est viam non deserere, ne consuetudine deviandi cogatur in transversum vel perversum ire ; cum ergo auctorum officii consiliarius non exstiterim, nec eorum mentes liberum est ulterius indagare, licet excedere, libet in his etiam peragrare, dum tamen excursus ædificandæ sit utilis charitati.

[1] Gen. 1. [2] Gen. 2. [3] Gen. 6. [4] Gen. 7. [5] Baruch. 3. [6] Marc. 14; Luc. 22. [7] Lib. II, cap. 36.

LIBER PRIMUS.
DE ECCLESIÆ ÆDIFICATIONE, ORNATU ET UTENSILIBUS.

CAPUT PRIMUM.
DE INSTITUTIONE ECCLESIÆ.

« In ecclesiis benedicite Deo Domine de fontibus Israel [8]. » Licet ubique Deus magnus in eremo, in omni loco dominationis ejus [9], benedici possit, et debeat invocari, jure tamen, opportuno tempore, curritur a

[8] Psal. 67. [9] Psal. 102.

fidelibus ad oratorium quasi ad prætorium, ut audiant mandata Regis æterni; jure properant ad cœnaculum, ut percipiant de convivio vituli saginati; jure festinant ad sanctuarium, ubi juxta vocem Domini Deus habitet in medio eorum ; nec est nova oratoriorum institutio. Præcepit Dominus Moysi in monte Sinai ut faceret tabernaculum de cortinis mirifice fabricatum, cujus una pars sancta, ubi populus sacrificabat, altera dicebatur Sancta sanctorum, ubi sacerdotes ministrabant, et levitæ [10]; quod postquam vetustate consumptum est, jussit Dominus fieri templum, quod Salomon ædificavit in pace, opere mirificum et ære toto famosum, duasque habens partes, ut tabernaculum [11]. Ab utroque nostra materialis ecclesia formam accepit, in cujus parte anteriore populus audit, et orat; in sanctuario vero clerus prædicat, jubilat et ministrat. Ergo pro diversitate partium, vel pro multiplicitate locorum ait Propheta, *In ecclesiis*, non ecclesia, tabernaculum; quia in itinere factum, quandoque gerit typum mundi ; quia mundus hic transit, et concupiscentia ejus [12]; unde constat ex quatuor cortinarum coloribus, sicut mundus compactus est ex quatuor elementis ; erat enim quasi mundus elementatus, imo quidquid in mundo est in eo fuerat figuratum ; Deus ergo in tabernaculo, Deus est in hoc mundo, velut in templo Christus sanguine rubricato [13]. Expressius vero tabernaculum typum gerit militantis Ecclesiæ, quæ non habet hic manentem civitatem, sed futuram inquirit ; ideoque dicitur tabernaculum; quia tabernacula sunt militantium ; unde et quatuor cortinarum colores, quatuor exprimunt in hac militia justificationes; in bysso enim retorta exprimitur caro renitens castitate ; in hyacintho mens cœlestia concupiscens; in purpura caro passioni subjacens, in cocco bis tincta, mens Dei et proximi dilectione præfulgens. Deus igitur in tabernaculo, Deus est in fidelibus suo nomine congregatis

Tabernaculi pars prima, quæ dicebatur sancta, in qua populus sacrificabat, vita est activa, in qua populus in proximi dilectione laborabat; pars altera, quæ dicebatur Sancta sanctorum, ubi levitæ ministrabant, vita est contemplativa, in qua dilectioni et contemplationi Dei religiosorum sincera conversatio vacat. Ergo in sancta Scriptura tabernacula tria, primum in figura tantum, ut tabernaculum Moysis; secundum in figura et veritate, ut machina mundi ; tertium in sola veritate consistit, ut militia populi Dei. Tabernaculum vertitur in templum, quia de militia curritur ad triumphum. Templum enim quod Salomon ædificavit, et populus in patria et pace possedit, gloriæ templum significat quod a vero Salomone pacifico de vivis lapidibus constructum est in cœlesti Hierusalem , id est in *visione pacis*, ubi Ecclesia perenni pace resultat ; ideoque dicitur [14],

quod malleus, et securis, et nullum ferramentum in constructione templi fuit auditum, sed omnia extra Hierusalem præparata, et decenter aptata, suis reddita locis, aut cæmento nectebantur, aut clavis; quia in pace æternæ beatitudinis non est tribulationibus fides examinanda, nec vita quavis perturbatione pulsanda. Sed quæ hic fuerint castigata, illic suis ordinibus glutino charitatis et vinculis inseruntur, et licet hic sit illa Hierusalem, cujus participatio sit in idipsum [15], tamen, et hic templum in duo dividitur, quia superna curia in angelorum et hominum differentiam distinguitur. Verumtamen, et templum quandoque in designatione ponitur militantis Ecclesiæ, unde legitur [16] ante fores duas habuisse columnas, quarum una firmitas, altera robur appellabatur; prima significat patres antiquos, qui per fidem vicerunt regna et operati sunt justitiam : Joseph fuit firma columna, quam separare nequivit meretrix a justitia [17]; secunda significat patres modernos videlicet apostolos et martyres testes Christi, qui nullo ventorum incursu potuere a veritate divelli : Paulus fuit columna robusta, quam neque mors, neque vita potuit a charitate Christi separare [18].

Inde etiam est quod septem annis ædificatum, et septem diebus legitur [19] dedicatum ; quanto enim tempore in hac vita, quæ septem diebus volvitur, præsens Ecclesia conversatur ; semper ædificatur, cum ad fidem aliqui convertuntur, semper dedicatur, dum per pœnitentiam, et sanctam conversationem Domino consecrantur; ergo illa duo simul universalem designant Ecclesiam, scilicet illud quia fuit in itinere, proprie militantem ; istud, quia in tempore pacifico, triumphantem. Nostra vero materialis Ecclesia, sicut ab utroque sumit formæ originem et institutionem, sic et in utrisque pariter extrahit significationem ; significat ergo hæc nostra materialis universalem Ecclesiam. Cum audis universalem, intellige militantem ex gentibus, et ex Judæis compactam simul et triumphantem ex angelis, et hominibus congregandam, et congregatam; ejus itaque partes corpus et chorus militantem et triumphantem instituant ; vel, quoad militantem significat duas vitas, activam et contemplativam, aut duas Ecclesias de gentibus et Judæis. Quoad triumphantem duo collegia, hominum et angelorum. Merito ergo Propheta pluraliter intulit *in ecclesiis* quasi in congregatione fidelium, ex Judæis et gentibus conversorum; in qua nos conversi ex Basan, id est a confusione peccatorum ; *benedicite Deo* cui debetur latria, *Domino* cui dulia [20]; nos, inquam, potati *de fontibus Israel*, id est doctrina apostolorum, ut ad ipsorum imitationem prædicetis quos de Israel Christus elegit, ut faceret fontes aquæ vivæ salientis in vitam æternam [21].

[10] Exod. 25, 40.   [11] III Reg. 8.   [12] I Joan. 2.   [13] Hebr. 13.   [14] III Reg. 6.   [15] Psal. 121.   [16] III Reg. 7.   [17] Gen. 39.   [18] Rom. 8.   [19] III Reg. 6, 8.   [20] S. Thom. 3 p., q. 25, art. 2.   [21] Joan. 4.

CAPUT II.

DE FUNDATIONE ECCLESIÆ.

Bene fundata est domus Domini supra firmam petram [22]. Supra petram enim fundatur Ecclesia in hunc modum. Præparatum locum fundamenti aqua benedicta pontifex ad abigendas dæmonum phantasias, vel sacerdos, si episcopus adesse non possit, aspergat [23], et lapidem cruce impressa in fundamento ponat decantans psalmos : *Miserere mei, Deus* [24], et : *Fundamenta ejus in montibus sanctis* [25], etc., cum precibus et oratione competenti ut : « emittere dignare, Domine Deus Pater omnipotens, angelum tuum de cœlis qui custodiat, foveat, visitet et defendat hunc locum, et omnes orantes et oraturos in eo. » Hæc dicens et agens, episcopus convertat se ad orientem, id est ortum solis æquinoctialem, non ut quidam faciunt, ad solis ortum æstivalem ; exinde mensam erigat, et missam celebret : « Fundamentum aliud nemo potest ponere, præter id quod positum est quod est Christus Jesus [26]. » Hic est illa petra super quam fundatur Ecclesia, unde : « Super hanc petram ædificabo Ecclesiam [27]; » firmum quidem est, et stabile fundamentum, quod nec ventis cedet, nec torrentis impetu, nec stillicidio corruet. O homo, ingredere in hanc petram, et abscondere in fossa humo [28], sta in foraminibus hujus petræ [29], ut posteriora Domini videas, sequere hanc petram, ut te sitientem reficiat [30], huic petræ rostrum tuum allidas, ut renovetur, ut aquilæ, juventus tua [31]. Super hoc fundamento positum est fundamentum apostolorum et prophetarum, de quo Apostolus: « Superædificati supra fundamentum apostolorum et prophetarum [32]. Est ergo Christus fundamentum fundamentorum ; hæc domus ad ortum æquinoctialem dirigitur, eo quod Ecclesia, quæ militat in terris, se temperare debet æquanimiter in prosperis et adversis.

Rursus ad orientem vertitur, tum quia in ea sol justitiæ colitur [33]; et ille, cui nomen est Oriens, adoratur, juxta illud : « Visitavit nos Oriens ex alto [34], » tum quia in orientalibus partibus est paradisus deliciarum [35] quem Ecclesia recolit multiplicitate significationum; hic est hortus conclusus, fons signatus [36], ubi Adam positus est, ut operaretur et custodiret illum ; ubi lignum scientiæ boni et mali ; ubi lignum vitæ, ubi aliæ arbores odoriferæ, ubi quatuor flumina ex eadem scaturigine procedentia [37]. In horto sunt irrigatio, fomentum, arbores et fructus; in Ecclesia sunt baptismus, unctio, fideles et opera, quæ sapientibus absconduntur, sed parvulis revelantur [38]. Quid per Adam operarium et custodem, nisi ordinem intelligimus sacerdotalem ? Ipsi sunt operarii, qui mittuntur ad messem [39]; ipsi sunt vigiles qui custodiunt civitatem [40]: de quibus,

si de ligno comederint inobedientiæ, dicitur : Videte ne forte sumant de ligno vitæ [41]; propter peccatum interdicitur hoc lignum, quod prius non fuerat interdictum, hoc est corpus Christi. « Lignum quod plantatum est secus decursus aquarum vitæ [42]; » quia qui manducat carnem illam percipit vitam æternam [43]; « sed qui manducat et bibit indigne, judicium sibi manducat et bibit [44]. » Per cæteras arbores odoriferas sanctos accipimus, quorum unus fuit ille, qui dixit : « Ego sicut oliva fructificavi in domo Dei [45]; » de quibus quoque dicit : « Filii tui sicut novellæ olivarum, in circuitu mensæ tuæ [46]. » Quatuor flumina, quatuor sunt evangelistæ; aquas de uno pectore Domini haurientes, quibus mundus irrigatur, et Ecclesia fecundatur ; de quibus dicit : « Elevaverunt flumina voces suas [47]; » hunc igitur orientem ad orientem adoremus, ut sole illustremur, ab oriente visitemur, ligno vitæ fruamur, paradisi fluminibus irrigemur.

CAPUT III.

DE ALTARI.

Nunc volet ad me unus de seraphim, et assumpto carbunculo de altari tangat labia mea [48] Christus, maximus angelorum, angelus magni consilii [49], mihi peccatori non objiciat, quare « assumis testamentum meum per os tuum [50], « sed charitatis igne de se altari assumpto, a quo est donorum omnium plenitudo [51], mea labia tangat, ut de altari non loquantur dolum aut vana, sed viris sacerdotalibus approbanda. Noe itaque primus altare construxisse [52], deinde Abraham [53], Isaac [54] et Jacob altaria ædificasse leguntur [55], quæ non aliud quam lapides erecti intelliguntur, super quos sacrificia mactabant. Aliquando vero ignis de cœlo descendens oblatum sacrificium consumebat, unde Cain fratrem suum occidit [56]; quia inflammavit Dominus super Abel et sacrificium ejus; ignis enim cœlestis Abel sacrificium consumpsit ; Cain vero sacrificium intactum remansit. Et vide quod altaria et aræ indifferenter aliquoties inveniuntur; hæc tamen differentia est inter altare et aram, quod altare, quasi alta res, vel alta ara dicatur, in quo sacerdotes incensum adolebant ; ara vero quasi area, id est plana, vel ab ardore dicatur ; quia in ea sacrificia ardebant. Moyses etiam fecit altare de lignis setim, et etiam altare thymiamatis, quod vestivit auro purissimo [57]; Salomon quoque altare aureum fabricavit [58]. Ab istis antiquis patribus altaria modernorum sumpsere exordium, quæ in cornua quatuor eriguntur, quorum quædam sunt unius lapidis, quædam ex pluribus componuntur.

Lapides in altaria erecti, et altare aureum, et hæc nostra altaria lapidea Christum significant, qui est lapis de monte sine manibus excisus [59], lapis

---

[22] Matth. 7.   [23] Psal. 131.   [24] Psal. 50.   [25] Psal. 86.   [26] I Cor. 3.   [27] Matth. 16.   [28] Isa. 2.   [29] Cant. 2.   [30] Exod. 33.   [31] Psal. 102.   [32] Ephes. 2.   [33] Malach. 4.   [34] Zach. 6; Luc. 1.   [35] Gen. 2.   [36] Cant. 4.   [37] Gen. 2.   [38] Matth. 11.   [39] Luc. 10.   [40] Cant. 5.   [41] Gen. 2.   [42] Psal. 1.   [43] Joan. 6.   [44] I Cor. 2.   [45] Psal. 51.   [46] Psal. 127.   [47] Psal. 92.   [48] Isai. 6.   [49] Isai. 9.   [50] Psal. 49.   [51] Joan. 1.   [52] Gen. 8.   [53] Gen. 12.   [54] Gen. 26.   [55] Gen. 35.   [56] Gen. 4.   [57] Exod. 25.   [58] III Reg. 8.   [59] Dan. 2.

quadratus, stabilis, super quem nostrarum orationum vota congerimus, unde orationes per Jesum
Christum Dominum, terminamus; super quem agnum mactamus, vitulum et hædum, dum Christi innocentiam, opera, pœnitentiam consecramus; super
quem corpus Christi conficimus, quoniam in eum
credentes ex eo reficimur; et cum eo quasi multa
membra corpus unum, et quasi multi lapides altare
unum efficimur. Aureus est, quia « in eo sunt omnes thesauri sapientiæ, et scientiæ Dei absconditi
⁶⁰. » Aræ quoque et altaria crucem Domini repræsentant; agnus igitur, et hædus, et vitulus in ara
Christus est in cruce suspensus, qui cum sit innocens, peccata nostra tulit ⁶¹, et terram nostræ carnis
perdomuit, et semine Spiritus sancti fruge ditavit.
Gradus, quibus ad altare ascenditur, sunt martyres,
quos, quia pro ejus amore sanguinem suum fudere,
sponsa in Cantico amoris ascensum purpureum appellavit ⁶², vel per altare uniuscujusque fidelis
cor, lapideum fidei soliditate, aureum sapientiæ
dote. Per gradus virtutes accipimus, habens quindecim gradus, quibus Salomon in templum ascen-
dendum instituit, quos Propheta ⁶³ in quindecim
psalmis continue demonstravit, quos beatus vir ascensiones in corde suo disposuit. Hæc scala est,
per quam Jacob angelos ascendere et descendere
vidit ⁶⁴. Altare quoque locus secretior appellatur,
juxta illud Apocalypsis ⁶⁵ : Exivit Angelus de altari,
hoc est Christus de loco secretiori. Altare vero de
lignis setim, est via justorum munda, videlicet,
firma et incorrupta, ad offerenda sacrificia bonorum
præparata operum, ubi carnes animalium mactan-
tur; quia carnem suam cum vitiis et concupiscentiis crucifigunt ⁶⁶, et Deo in odorem suavitatis hostiam viventem offerunt ⁶⁷. Altare thymiamatis,
quod etiam fuit de lignis setim, auro vestitum ⁶⁸,
est conversatio perfectorum, qui sunt in fide firmi,
sapientia fulgidi, quatuor virtutibus eminentes, orationibus vacantes ad suscipiendum et fovendum
charitatis ignem, ad offerenda virtutum libamina
præparati: studeamus itaque, fratres, ut nostra altaria per altare ad valeant pervenire.

CAPUT IV.

DE PARTIBUS ECCLESIÆ.

Lapides pretiosi omnes muri tui, et turres Hierusalem gemmis ædificabuntur ⁶⁹, sic ædificatur
Ecclesia, ut habeat pavimentum cum subterraneis
cryptis, quatuor parietibus longa lataque surgat in
altum; quædam tamen in modum crucis formantur,
quædam rotundæ fiunt, muris de lapidibus cæmen-
toque compactis cum fenestris aliquibus obliquatis,
et ostiis; continens infra se cancellos et pulpita, columnas cum basibus et capitellis, trabes, tigna et
tegulas, cocleas et cum luricatis tabulata; de foris

adnectuntur exedræ, cœmeteria, turres et claustra.
Pavimentum, quod pedibus calcatur, vulgus est,
cujus laboribus Ecclesia sustentatur: cryptæ subterraneæ, sunt eremitæ, cultores equidem secretioris
vitæ; doctrinis quatuor Evangeliorum velut parietibus surgunt in alta virtutum; longitudo ejus longanimitas est quæ patienter adversa tolerat, donec
ad patriam perveniat; latitudo charitas est quæ dilato sinu mentis amicos in Deo et inimicos diligit
propter Deum. Altitudo spes est retributionis futuræ, quæ prospera et adversa contemnit, donec videat
bona Domini in terra viventium ⁷⁰; sed quæ in
modum crucis fiunt, nos mundo crucifigi ⁷¹, vel
Crucifixum sequi debere ostendunt, juxta illud :
« Qui vult post me venire abneget semetipsum, et
tollat crucem suam et sequatur me ⁷². » Quæ fiunt
in modum circuli significant Ecclesiam dilatatam
per circulum orbis, unde : « In fines orbis terræ
verba eorum ⁷³, » vel quod de circulo orbis perveniamus ad circulum coronæ æternitatis.

Muri lapidum cæmentati sunt religiosorum in fide
et operatione fortium collegia, vinculo charitatis
unita, infirmos suis orationibus munientia, de
quibus lapides pretiosi, sunt omnes muri tui Hierusalem ⁷⁴, et alibi : « Ædificentur muri tui Hierusalem ⁷⁵; » ergo lapides in muris quatuor, sunt homines in collegiis, in quatuor mundi partibus constitutis, vel in quatuor eruditis, vel quatuor virtutibus
stabilitis, omnes sunt expoliti et quadrati, pretiosi
et gemmati, id est mundi, et firmi, virtutibus ornati
per manum summi artificis ordinati, qui tanto amplius
rutilant, quanto magis charitate fervent; quorum
quidam sustinent alios, ut apostoli, quidam sustinent et sustinentur, ut doctores, quidam sustinentur ut imbecilles, qui quanto differentius excellunt,
tanto humiliores ædificium plus elevant, quos omnes
lapis angularis fidei unitate ⁷⁶, et bitumine charitatis compaginat. Cæmentum quoque constat ex calce,
aqua et sabulo; calx est fervor charitatis, aqua Spiritus sanctus, quibus sabulum admiscet, cum spirituales de terrenis sollicitudinem gerunt, sine quibus in hac vita non vivitur, qui in fluctibus sæculi
conquatiuntur, et ictibus constantiæ murum efficiunt,
et patientiæ antemurale præponunt, unde : « Urbs
fortitudinis nostræ Sion, ponetur in ea murus et
antemurale ⁷⁷ » in passione; vel per muros Scripturas sanctas accipimus, quibus hæreticorum importunitatem excludimus.

Fenestræ, quæ tempestatem excludunt, et lumen
inducunt, sunt doctores qui hæresum turbini resistunt et fidelibus Ecclesiæ lucem infundunt, unde :
« En ipse stat post parietem nostrum, respiciens per
fenestras ⁷⁸; » velatus enim pariete nostræ mortalitatis de alto nos per fenestras, id est apostolos, illu-

⁶⁰ Col. 2. ⁶¹ Isa. 53. ⁶² Cant. 5. ⁶³ Psal. 73. ⁶⁴ Gen. 28. ⁶⁵ Cap. 8. ⁶⁶ Gal. 4. ⁶⁷ Rom. 12. ⁶⁸
Exod. 30. ⁶⁹ Tobia. 13. ⁷⁰ Psal. 26. ⁷¹ Gal. 6. ⁷² Matth. 16. ⁷³ Psal. 18. ⁷⁴ Tob. 13. ⁷⁵ Psal. 50.
⁷⁶ Isa. 28. ⁷⁷ Isa. 26. ⁷⁸ Cant. 2.

minavit, qui illuminat omnem hominem venientem in hunc mundum [79].

Vitrum fenestrarum, per quod nobis radius solis jaculatur, mens doctorum est quæ cœlestia per speculum in ænigmate contemplatur, vel per quam velut per speculum in ænigmate nobis sol verus illabitur [80]; et vide quia fenestræ quandoque obliquantur, id est intus latiores fiunt, quod Salomon excogitavit [81]; quia doctor, qui jubar supernæ contemplationis, vel ad monumentum perspicit, sinum cordis quandoque dilatat, et ad majora capescenda solerti exercitatione se præparat. Vel per fenestras, quæ clausæ turbinem excludunt, patulæ includunt, intellige quinque sensus corporis, qui circumcisi, sunt janua vitæ; lascivi, sunt ostia mortis, unde Jeremias [81] : mors intrat per fenestras nostras; si extra quoque stringuntur, ne vanitates hauriant, et intus ad dona spiritualia patent [81]. Vel per fenestras Scripturas intellige sacras, quæ nocua prohibent, et in ecclesiis habitantes illuminant, hæ quoque intus sunt latiores; quia mysticus sensus est amplior, et litterali præcellit.

Ostium ecclesiæ Christus est, unde : « Ego sum ostium. Per me si quis introierit salvabitur [84]; » « Nemo enim vadit ad Patrem nisi per Christum [85]; » cum enim dicatur ab obstando, vel ostendendo, vel ab hostibus (fiunt enim ostia, ut hostes repellantur, et hospites admittantur), ipse est qui resistit superbis et humilibus dat gratiam [86], qui per justitiam obstans, infideles arcebit a regno et per infinitam misericordiam suam aditum ostendens, et pandens [87], fideles introducet in regnum ; pluraliter autem dicuntur ostia, quia multæ viæ Domini, unde : « Vias tuas, Domine, demonstra mihi ; et semitas tuas edoce me [88] ; » valvæ autem dicuntur a volvendo ; fores, a forinsecus educendo ; portæ, a portando ; ii sunt apostoli, quorum prædicatione portamur ad fidem, et per fidem ad beatitudinem. De iis dicitur : « Diligit Dominus portas Sion super omnia tabernacula Jacob [89]. »

Per cancellos, qui sunt arcæ fenestræ, prophetas et alios obscuros doctores accipimus Ecclesiæ militantis, in quibus ob duo charitatis præcepta, quandoque columnulæ duplicantur, secundum quod et apostoli bini ad prædicandum mittuntur [90]; vel quia dorsalia sunt sedentium, diversas mansiones in domo Patris [91] : Vel cancellus, quæ est pars humilis in palatio, mysticat, quanta debet esse humilitas in clero, siquidem ut legitur in Paralipomenon [91] : Salomon fecit basim æneam, et in medio basilicæ posuit eam, stetitque super eam, et extendens manum suam, loquebatur populo Dei. Esdras autem fecit gradum ligneum ad loquendum, in quo stans super universum populum eminebat [93], a quibus

nostra pulpita traxere originem, et dicuntur pulpita quasi publica, ut quidam aiunt; licet autem lapideis sæpius utamur, nulla tamen a mysterio vacant. Pulpitum est igitur vita perfectorum. Supereminens itaque pontifex innuit, quod merito perfectioris vitæ actionem vulgi transcendat intelligentia sacramentorum, quæ ad instar æris nulla diuturnitate deficiunt, vel in doctrinis apostolorum, qui usque adeo sicut æs fuere sonori, quod « in omnem terram exivit sonus eorum [95]. » Transcendat etiam imitatione Dominicæ passionis, se ipsum abnegando, crucem bajulando [85], et in cruce Domini gloriando [96] ; quia Dominus regnavit a ligno ; transcendat autem in fidei soliditate, et se vicarium Christi ostendat, qui est lapis angularis inter utrumque medius [97], sicut et hic est inter clerum et populum collocatus.

Columnæ quæ domum fulciunt, sunt episcopi, qui machinam Ecclesiæ verbo et vita sustentant, qui propter sonoritatem divini eloqui dicuntur argentei, ut in Canticis [98] : « Columnas fecit argenteas, » quæ, licet sint numero plures, tamen septem esse dicuntur, juxta illud : « Sapientia ædificavit sibi domum, et excidit columnas septem ; » quia debent [99] esse Spiritus sancti gratia septiformi repleti. « Jacobus et Joannes, ait Apostolus, videbantur esse columnæ [100]. » Bases columnarum sunt apostolici viri, universalem Ecclesiæ machinam supportantes. Capita columnarum sunt mentes episcoporum ; sicut enim a capite membra, sic a mente nostra verba diriguntur, et opera. Capitella sunt verba sanctæ Scripturæ, quorum meditationi subdimur, et observantiæ.

Trabes, quæ domum conjungunt sunt principes sæculi vel prædicatores, qui Ecclesiæ muniunt unitatem, hi verbo, illi facto hæreticos exterminando et schismata compescendo.

Tigna sunt prædicatores, de quibus dicitur : « Tigna domorum nostrarum cedrina [1] ; » prædicatores namque debent esse virtutibus imputribiles ; et odore suæ prædicationis et vitæ serpentes, id est dæmones effugantes.

Tegulæ, quæ imbrem a domo repellunt sunt milites qui Ecclesiam a paganis et ab hostibus protegunt, qui tignis incidunt, et innituntur ; quia prædicatoribus connituntur, et eis obsequuntur, unde per eos ad alta levantur.

Cochleæ, quarum exemplar a templo sumitur Salomonis [2], sunt viæ muris intervolutæ latenter ; per quas arcana cogitationum singulorum accipimus, quas soli qui ad cœlestia gradiuntur agnoscunt, sed nec ipsi plene ; quia solus Deus ; quamvis enim ostium pateat : quoniam actus pătent operum, et confessio sacramentorum ; solus tamen Deus scrutator est cordium [3]. Tabulata per Salomonem ad

[79] Joan. 1. [80] I Cor. 13. [81] III Reg. 6. [81] Cap. 9. [83] Ambr. in hymno *Jam lucis* 2. [84] Joan. 10. [85] Joan. 14. [86] Jacob. 4. [87] Mich. 2 [88] Psal. 24. [89] Psal. 86. [90] Luc. 10. [91] Joan. 14. [92] II Par. 6. [92] Esdr. 8. [94] Psal. 18. [95] Matth. 16. [96] Galat. 6. [97] Ephes. 2. [98] Cap. 3. [99] Prov. 9. [100] Galat. 2. [1] Cant. 1. [2] III Reg. 6. [3] I Reg. 16 ; Psal. 95 ; Hebr. 4.

ambulandum circa templum instituta [4], quæ in A humanitatis solatium. In ecclesiis autem nullus
Evangelio pinnacula nominantur [5], sunt gradus debet sepeliri, nisi sit persona altis prædita, in-
Ecclesiæ militantis, unde tria tabulata in templo tuitu meriti vel sacramenti; sed de iis plenius in
Salomonis fuisse leguntur [6], superius, medium, et tractatu mortuorum dicetur inferius.
inferius, propter tres ordines, virginum, continen-
tium et conjugatorum. Luricæ, vel luriculæ sunt la- Turres alicubi una, alicubi duæ, alicubi quatuor,
tera tabulatorum per gyrum facta, muri vel can- duæ in anteriori, et duæ in posteriori parte in locis
celli, vel quævis apodiatoria, ne doctores in tabu- eminentibus construuntur; quibus crux, aut gallus
latis sedentes, et populo prædicantes, juxta illud : superponitur, in quibus campanæ suspenduntur.
« Prædicate super tecta [7], » labantur ad ima sicut Turris una est prædicatorum vita, vel ipse prædi-
Ochoziæ regi Samariæ, qui per cancellos decidit, cator, et pinnaculum ejus vita, seu mens quæ ten-
legitur [8] accidisse, per has divina præsidia figuran- dit ad alta, hæc est « turris David, ut legitur in
tur, quæ nos in hoc sæculo laborantes et pro captu Canticis [12], ædificata cum propugnaculis in monte
nostro ad superiora nitentes, ne deficiamus, adju- Libani, quæ respicit contra Damascum : Mille clypei
vant. Hæretici et schismatici, quorum figura ex- pendent ex ea, et omnis armatura fortium. » Vita
stitit Ochozias, licet aliquando bonæ actionis arcem B prædicatorum debet esse constans, et inexpugnabi-
conscendere videantur, tamen, quia compagem uni- lis ad defendenda fidei ædificia, ad repellenda ho-
tatis non habent, divinæ protectionis præsidiis et stium tela, cum sit a David, id est forti manu et de-
munimentis destituti ad vitiorum infima relabuntur. siderabili rege constructa, et debet in virtutum alti-
Reclinatoria quoque in Ecclesia fiunt, per quæ viros tudine permanere, ut respiciat contra Damascum
contemplativos accipimus, in quibus Deus sine hostes a longe venientes. Damascus est metropo-
offensa quiescit ; quia qui claritatem æternæ vitæ lis Syriæ, quæ usque in hodiernum diem Hierusa-
contemplantur, auro comparantur, unde : « Recli- lem expugnavit, et etiam captivavit, per quam in-
natorium fecit aureum [9]. » telligimus hominum multitudinem, vel malignorum
spirituum, a quorum insidiis est præcavendum ; est
Exedræ, sunt arcus murati in cœmeterio consti- autem hæc vita munita propugnaculis, si gratia ad-
tuti et dicuntur exedræ, extra scilicet adhærentes. datur miraculorum, vel irrefragabilibus sententiis
In porticibus Salomonis erant tria genera sedium, Scripturarum freta clypeo rationis ; armata vero
ut ait Isidorus : cathedræ doctorum, sinedræ audi- armis operationis, hæc se ab hæreticis munit, illos-
torum, a considendo dictæ ; exedræ assessorum, ubi que percutit, de qua nobis resistendi et vivendi
judex cum assessoribus aliquid tractabat secre- C exempla dependent. Duæ turres sunt duæ leges ;
tius ; licet exedra quandoque pro thalamo ponatur, quatuor vero, doctrina quatuor evangelistarum, an-
unde, et in exedris, velut in thalamis mortui sepe- teriores Matthæus et Joannes, corporaliter cum Deo
liuntur. Cœmeterium est mortuorum dormitorium, conversati ; posteriores Lucas et Marcus, apostolo-
nam in Christo morientes non dicuntur mortui, sed rum discipuli : Legem Moysi edidit Dominus in
dormientes. Tribus de causis mortui circa ecclesiam monte Sina [13] ; Evangelium quoque in monte [14],
sepeliuntur, ut orationibus fidelium ad ecclesiam montes docuit et in Thabor ejus præmium revela-
venientium Domino commendentur ; ut, sicut mater vit [15], insinuans quod per observantiam mandato-
Ecclesia sæculo mortuos, Christo baptismate genuit rum ejus de Sion perveniemus ad Thabor, de spe-
et lacte nutrivit, sic carne mortuos gremio foveat culatione ad comprehensionem. Vel duæ turres, et
et orationibus Deo commendet ; ut, sicut sepeliun- quatuor turres sunt prædicatores in his legibus et
tur in patrimonio Jesu Christi, sic sint cohæredes doctrinis instructi, de quibus : « Fiat pax in vir-
ejus in regno Dei. Forte ob hanc causam, noluit tute tua, et abundantia in turribus tuis [16]. » Crux
Abraham sepelire conjugem suam in agro Ephron, superponitur ; quia frustra loquitur lingua prædi-
nisi pretio dato [10], ne si sepulta fuisset in patri- catoris, nisi adfuerit fides Mediatoris, et quia non
monio infidelis, pater infidelitatis actitaret, in ea D est nisi in cruce Domini gloriandum [17]. Tholus
se habere aliquid rationis ; forte ob eamdem cau- super quem ponitur per rotunditatem significat
sam non debemus ecclesias ædificare, nisi in fundo, quod inviolate fides catholica prædicetur. Gallus su-
in Jesu-Christi patrimonio computato ; et vide, perponitur, quia prædicator sollicitus per utriusque
quia forte a duplici spelunca exedræ cum sepulcris legis doctrinam, somnolentos debet excitare media
lapideis originem habuere, nec vacat a mysterio, nocte ad Dominum confitendum [18]. Nox est præsens
quoniam anima dormiens a curis sæcularibus quie- sæculum ; dormientes sunt in peccato jacentes, qui-
scere debet in requie actionis, et contemplationibus bus gallus horas distinguit, dum distincte prædicat,
vacare, ingrediens in foraminibus petræ [11], et ab- et eos excitat, ut a peccatis exsurgant. Lucem præ-
scondens se in fossa humo, vel forte a Mausoleis nuntiat, cum futuram gloriam, quæ revelabitur in
et pyramidibus gentilium ; quia quidquid corpori nobis, annuntiat [19] ; sed prius se verberat alis, dum
humano impenditur, non est salutis præsidium , sed corpus suum castigat [20], ne prædicans reprobetur

[4] III Reg. 6.   [5] Matth. 4.   [6] III Reg. 6.   [7] Matth. 10.   [8] I Reg. 4.   [9] Cant. 5.   [10] Gen. 25.   [11] Isai. 2.
[12] Cap. 4.   [13] Exod. 31.   [14] Matth. 5.   [15] Matth. 17.   [16] Psal. 121.   [17] Gal. 6.   [18] Psal. 118.   [19] Rom.
8.   [20] I Cor. 9.

ab aliis; contra ventum se vertit, cum pro domo Dei se murum opponit superbis et diabolo venienti resistit. Virga ferrea inibi posita, est rectitudo sermonis, quæ debet esse in ore prædicatoris [21]. Claustrum ab excubiis, et custodiis levitarum circa tabernaculum, vel ab atrio sacerdotum, vel a porticu Salomonis ad templum sumpsit exordium. Præcipit enim Dominus Moysi, ne levitas cum plebea multitudine numeraret, sed constitueret eos super tabernaculum testimonii ad portandum et custodiendum.

In tribu Levi sacerdotalis ordo significatur, qui non æquatur plebeæ multitudini; sed præest ut in exemplum emineat curam gerens ecclesiæ materialis, et militantis, in qua recondita sunt Domini testamenta. Ipsius enim est populum regere, et ut vivat honeste, docere verbo, et opere, quem compatiendo, consulendo, infirmorum mores tolerando, humeris patientiæ portat, et ne pateat aditus hosti, pastorali sollicitudine vigilat. Salomon vero fecit atrium sacerdotum, fecit et porticum [22], quæ patres militantis Ecclesiæ repræsentabat antiquos, Abel, et Enoch. In hac porticu apostoli commanentes unanimiter ad orationem surgebant, et erat illis cor unum, et anima una [23], quam formam canonici regulares, et monachi arctius promittentes sequuntur, dum unanimiter in claustro degentes ad servitium Dei surgunt, et sæcularia derelinquentes, in omnibus communem vitam ducunt. Porro sicut templum triumphantem designat Ecclesiam, sic claustrum cœlestem significat paradisum, ubi erit cor unum, et idem in Dei dilectione et voluntate. Sicut enim aqua vino mista, non discrepat a vino, sic voluntas sanctorum a Dei non discrepat in aliquo voluntate, ubi communiter omnia possidebunt; quia quod minus quis habebit in se, in alio se gaudebit habere; quia Deus erit omnia in omnibus [24]. Diversitas igitur officinarum et officiorum in claustro diversitas est mansionum, cum diversitate præmiorum in regno, vel significat paradisum Eden; sicut enim ibi sunt arbores fructiferæ, ex quibus alia lignum vitæ, alia scientiæ boni et mali [25], cujus esus mortem induxit æternam; sic et in claustro sunt libri sacræ Scripturæ, qui sunt quibusdam odor vitæ in vitam, aliis vero mortis in mortem [26]. Moraliter autem claustrum est animæ contemplatio, ubi se recipit, dum a turba cogitationum carnalium separatur, et sola cœlestia meditatur. Ab hoc claustro egressa Dina, filia Jacob, ut videret mulieres regionis illius, corrupta est a Sichem, filio Hemor, et conglutinata est anima ejus cum ea [27]: hæc est mens hominis, quæ dum sua studia negligens sæcularibus et alienis actionibus occupatur, a diabolo corrumpitur et ei per iniquitatem unitur.

In hoc claustro quatuor sunt latera, contemptus sui, et contemptus mundi, amor proximi, et amor Dei. Unumquodque latus suum habet ordinem columnarum, ut contemptus sui mentis humiliationem, carnis afflictionem, humilem sermonem, et similia: basis omnium columnarum est patientia. In hoc claustro, diversitas officinarum diversitas est virtutum, ubi hospitale est compassio mentis. Et vide quod hospitale pro diversitate personarum, diversitatem accipit nominum: dicitur enim xenodochium, nosocomium, orphanotrophium, ptocotrophium, betrytrophium; sancti enim Patres et religiosi imperatores quædam instituere loca, ubi peregrini, orphani, senes, infirmi, imbecilles et saucii reciperentur; quibus, quia compatimur, per hospitale compassio mentis accipitur; capitulum, secretum cordis; refectorium, delectatio sanciæ meditationis; cellarium, sancta Scriptura; dormitorium, munda conscientia; oratorium, vita immaculata; hortus arborum et herbarum, congeries virtutum; puteus aquarum viventium, irrigatio domorum, quæ hic sitim mitigant, et in futuro penitus exstinguent.

CAPUT V.

DE NOMINIBUS ECCLESIÆ.

« Domus mea domus orationis vocabitur [28]; » ac ædificium, quod tot partibus fabricatur, multis authenticis vocabulis insignitur. Dicitur enim domus orationis, vel oratorium; quia illic fidelium populus venit ad orandum. Sicut enim sunt quædam loca necessariis usibus deputata, ut dormitorium, sic sunt quædam orationi proprie destinata, ut ecclesia, et monachorum in grangiis suis oratoria constituta. Dicitur et domus Dei, quia Deus eam inhabitat; unde Jacob: « Hic est domus Dei et porta cœli [29]. Et vide quia est domus Dei ut militans Ecclesia, et fidelis anima, et cœlestis patria. Est domus animi, ut conscientia; domus hominis, ut familia; est domus dæmonis, ut humana perfidia. De domo Dei dicit Salomon: « Sapientia ædificavit sibi domum [30], » et David: « Lætatus sum in his quæ dicta sunt mihi, in domum Domini ibimus [31]; » De domo animi dicitur: « Dispone domui tuæ [32], » et illud: Tria ejiciunt hominem de domo: Fumus, stillicidium, et mala uxor [33], id est peccatum ignorantiæ, suggestionis et propriæ concupiscentiæ. De domo hominis dicitur, quod ædificavit Dominus obstetricibus domos [34], de domo dæmonis dicit ipse dæmon: « Revertar in domum meam, unde exivi [35]. » Dicitur, et per excellentiam, domus a domate, quod est tectum; quia qui in una domo habitant, sub uno tecto sunt. Dicitur et ecclesia, id est convocatio, quia veram continet ecclesiam, id est populum convocatum secundum figuram, quæ dicitur a grammaticis metonymia, cum videlicet ponitur continens

---

[21] (Guil. Durand. in *Rationali* l. 1, sub n. 42 allegat hunc locum) num. 4. [22] III Reg. 6. [23] Act. 4. [24] I Cor. 15. [25] Gen. 2. [26] II Cor. 2. [27] Gen. 34. [28] Matth. 21. [29] Gen. 28. [30] Prov. 9. [31] Psal. 121. [32] Isa. 58. [33] Prov. 19, 27. [34] Exod. 1. [35] Luc. 11.

pro contento. Synagoga congregatio dicebatur ; A
quia ibi virga legis populus veluti grex irrationa-
bilium pecorum congregabatur ; sed ecclesia convocatio, quia sancti Spiritus amore in unam fidem,
ad Dei judicia, ad Christi convivium convocatur. Sicut olim conveniebat populus ad audiendum judicia,
et rursus conveniebat ad manducandum pascha,
unde Apostolus : « Convenientibus nobis in unum,
jam non est Dominicam cœnam manducare [36]; »
sic hodie vocatur, ut audiat pœnas et præmia sæculi futuri, et percipiat corpus Domini. Dicitur et
basilica, ut in Paralipomenon invenitur [37]; id est
regalis, quia ibi Regi regum ministratur, basileus
namque *rex* interpretatur, quasi basis. Kasa, id
est *columna*, et sustentamentum populi, unde et ba-
siliscus rex serpentum dicitur. Dicitur et Kyriaca, id B
est *Dominicalis*,quia ibi Domino dominorum servitur.
Kyrios enim *Dominus* interpretatur. Unde Kyrie-
eleyson. *Domine, miserere.*

Dicitur et aula, quia ibi Regis æterni convivium
celebratur. Unde : « Terribilis est locus iste. Hic
domus Dei est et porta cœli [38], » et vocabitur aula
Dei. Dicitur et monasterium, id est solitarium, vel
solitariorum habitaculum ; monos enim *solus* vel
unus, unde et monachi singulares, et tristes.
Dicitur et cœnobium a cœnon quod est *commune*,
eo quod sit communis habitatio, unde inhabitan-
tes, cœnobitæ vocantur. Dicitur et sanctum, id est
firmum tuum, quia supra firmam petram fundatum [39], tum quia firmamentum inibi erat ad Dei C
servitium. Unde : « Pontifex semel in anno introivit in Sancta [40]. » Dicitur et martyrum locus, ubi
jacent corpora martyrum, vel ubi passi sunt, vel
ubi congregantur illi qui pro Christi nomine patiuntur, quorum vicem tenent hodie canonici Regulares. Majores autem Ecclesiæ dicuntur templa,
id est tecta ampla , quia populus inibi sub unius
tecti amplitudine adunatur; majores vero capellæ a caprarum pellibus nominantur; nobiles enim
ecclesias in itinere de pellibus caprarum factas habebant; vel capenum est domus, ad quam pauperes
ad eleemosynam confluunt; inde capella dicitur ubi
diurni verbi pabulo, pauperes spiritu nutriuntur,
quarum custodes, et ministri capellani dicuntur. D
Unde forte non pellibus variis, sed caprinis uti, nec
ministrari, sed ministrare tenentur [41]; vel forte
capellani dicuntur a cappa sancti Martini, quia eam
ante reges Francorum ad bella, et in præliis deferebant. Itaque fratres ad ecclesias convenientes
nequaquam in ea corporeis usibus indulgeamus,
sed orationi vacemus, ne faciamus eam speluncam
latronum [42], quæ replenda est fumis aromatibus et
odoribus unguentorum, quibus hic salus confertur,
et in futuro sanitas impetrabitur.

CAPUT VI.
DE CONSECRATIONE ECCLESIÆ.

« Fecit Salomon festivitatem celebrem, et omnis Israel cum eo coram Domino [43]. » Ecclesias et
altaria consecrare, non est novæ consuetudinis,
sed auctoritatis antiquæ. Erexit autem Jacob lapidem in titulum, fundens oleum desuper [44]. Salomon quoque templum ædificavit et Domino dedicavit [45]. Hinc patres Novi Testamenti cepere exemplum, ut prædiximus, et ecclesias ædificandi et æ-
dificatas consecrandi, quæ quidem consecratio efficit duo ; quoniam Deo ipsam Ecclesiam materia-
lem approprit, et nostram tam Ecclesiæ, quam
fidelis animæ desponsationem insinuat. Domus namque non consecrata est sicut puella viro alicui destinata, non tamen dotata, nec commercio in unionem carnis unita; sed consecratione dotatur, et
transit in propriam Jesu Christi sponsam [46], quam
sacrilegium est adulterio ulterius violari ; desinit
esse lupanar dæmonum. Si quæres exemplum,
multa suppetunt, sed instar illius templi sufficiat,
in quod Pantheon antea vocabatur, transit in Regis
æterni palatium, in quo per gratiam habitat. Nam et
in templo visibiliter gloria Domini descendebat [47].
Domus non consecrata gentilitas est, aut anima
divinæ cognitionis ignara. Domus consecratio Christi est et Ecclesiæ, vel animæ copulatio, et
hoc per singula dedicationis insignia demonstremus.

Primo faciat episcopus litaniam ante reliquias
in eo loco, ubi fuere prætenta nocte reconditæ,
implorans Dei misericordiam et sanctorum auxilium ad digne perficiendum tam arduum Ecclesiæ
sacramentum; deinde ante fores Ecclesiæ faciat
exorcismum salis et aquæ, dicens : *Deus in adjutorium meum intende* [48], etc., sine *alleluia; de his
infra dicemus. Hæc aqua salis sapientia condita,
baptisma significat, quod sapientia fidei conditur,
cum de fide baptizandus instruitur [49], cujus fontem in Judæa Dominus consecravit. Ex hac aqua
tantum episcopus foris in circuitu aspergit ecclesiam, et pro ipsius benedictione Deum exorat. Hæc
trina aspersio, et oratio trina est ad instar triduanæ sepulturæ ; in fontem immissio, est sanctæ Trinitatis in baptismate invocatio, quam in mundi
circuitu faciendam gentibus, Dominus Apostolis
imperavit, dicens [50] : « Ite, baptizate eos, in nomine
Patris, Filii, et Spiritus sancti. » Unde interim duodecim candelæ in circuitu ecclesiam illuminant;
quia duodecim apostoli gentes doctrinæ lumine
illustrabant; tria responsoria, quæ interim decantantur, est hilaritas trium ordinum fidem suscipientium scilicet, Noe, Daniel, et Job. Et quoniam
ad hanc invocationem, gratia fidei, spei, et chari-

[36] I Cor. 11.   [37] II Paral. 4, 6.   [38] Gen. 28.   [39] Matth. 7; Luc. 6.   [40] Exod. 30 ; Levit. 16; Hebr. 9.
[41] Matth. 20.   [42] Matth. 21.   [43] III Reg. 8.   [44] Gen. 28.   [45] III Reg. 6, 8.   [46] Ephes. 5.   [47] III Reg. 8.
[48] Psal. 69.   [49] Matth. 3.   [50] Matth. 28.

tatis infunditur, ideo ad calcem, ad medium, ad partem parietis superiorem aspergitur ; inter aspergendum, quidam episcopi aspergunt et atrium, quidam vero priusquam ecclesia fuerit aspersa, aspergunt atrium aqua quæ prius fuerat benedicta, sicut in canonibus reperitur. Canonicus autem terminus atriorum est triginta vel quadraginta passuum, exceptis capellis, quæ continentur infra ambitum castellorum. Atrium est Christus per quem in cœlestem Hierusalem patet ingressus, qui sanctificatur in nobis [51], juxta illud : « Sanctificetur nomen tuum [52]. » Tricenarius autem et quadragenarius ministerium repræsentant fidei et pœnitentiæ, quæ necessaria sunt militanti Ecclesiæ. Fit autem hæc aspersio cum aspersorio de hyssopo facto, juxta illud : « Asperges me, Domine, hyssopo, et mundabor [53]. » Hyssopus est herba humilis quæ in petra nascitur, et medicandis corporibus adaptatur, ideoque significat humilitatem, de petra Christo prodeuntem [54], qui dixit : « Discite a me quia mitis sum, et humilis corde [55]; » non enim proficit in baptizatis unda baptismatis, nisi a radice processerit humilitatis ; at si humilitas accedit, usque adeo superbiæ tumorem depellit, et hominem lavat, et mundat, quod eum super nivem dealbat incomparabiliter, vel sicut nivem [56], juxta illud Isaiæ : « Velut nix dealbabuntur [57], » ut fiat homo vestis Domini ; qui enim Christo baptizatur, Christum induit [58]; vestis, inquam, nivea, id est sine macula, et ruga [59], quod repræsentatum est in transfiguratione Dominica [60].

Veniens episcopus ante ostium ecclesiæ, cum baculo ter percutit superliminare, dicens : *Tollite portas, principes, vestras* [61]. Hæc trina percussio est trina Christi potestas in cœlo, in terra et in inferno [62]. Ter ergo percussit cum potestatem ligandi, et solvendi in cœlo et in terra Ecclesiæ suæ concessit, et portas inferi adversus eam non prævalituras adjunxit [63]; jubet ergo tolli portas mortis, et elevari portas æternales ; portæ mortis sunt vitia, portæ vitæ sunt virtutes, et Ecclesiæ sacramenta ; vel ter percutit, cum impios verbis asperis increpavit, juxta illud Isaiæ : « Percutiet terram virga oris sui et spiritu labiorum suorum interficiet impium [64]; et hoc ter quia fidem Trinitatis docuit. Hac percussione, diabolus pellitur qui per fugientem diaconum intelligitur. Merito qui hujus ordinis est, illius vice fungitur; quia diaconus *minister* interpretatur; ipsi autem sunt ministratorii Spiritus, juxta illud : « millia millium ministrabant ei [65], » et Apostolus : « Omnes sunt administratorii spiritus in ministerium missi [66]. » Si autem archidiaconus fuerit, Luciferum repræsentat, de quo dicitur in Job : « Ipse principium

viarum Dei [67]. » Unde pretiosis vestibus induitur ; quia « omnis lapis pretiosus operimentum [68] » illius; hic fortis armatus suum atrium custodivit [69], dum homo mundum possedit; sed fortior superveniens eum expulit, et spolia distribuit, dum eum Christus passione devicit, et Ecclesiam et animam liberavit [70]. Nec dicitur ei : Aperi, eo quod corda fidelium ad fidem aperiat, sed quia egressus vitii virtutum operatur ingressum ; et quia, diabolo discedente, mox Ecclesia Christo pandit ostium fidei, vel interrogatio inclusi est ignorantia peccati, aperitio ostii exclusio delicti.

Ingrediens episcopus ter dicat : *Pax huic domui* [71], quia Christus ingrediens mundum pacem attulit hominibus bonæ voluntatis [72], eos sanctæ reconcilians Trinitati. Cum duobus, vel tribus ingreditur, ut in ore duorum, vel trium testium stet consecrationis verbum [73], vel quia pro Ecclesia paucis præsentibus se Dominus transfigurans oravit [74]. Deinde prosternit se pontifex in oratione pro Ecclesiæ consecratione: quia se Christus humiliavit, et pro Ecclesiæ sanctificatione Patrem oravit, dicens : «Pater, sanctifica eos, quos mihi dedisti [75]. » Clerus orans et litanias concinens, Apestolos significat, qui pro Ecclesiæ et animarum sanctificatione ad Deum intercedebant. Surgens pontifex per *Dominus vobiscum* populum non salutat; sed per *Flectamus genua* ad orationem invitat; quoniam infideles non sunt salutandi, sed ad pœnitentiam provocandi, et nondum sanctificatis non est applaudendum, sed pro eis orandum.

Post hæc in pavimento duo alphabeta describit, per quæ utriusque Testamenti scientiam, vel sacræ Scripturæ intelligentiam, scilicet litteram et spiritum intelligimus. Paucæ quidem litteræ sunt ; verumtamen in eis omnis plenitudo scientiæ continetur. Hæc itaque scientia scribenda est in pavimento pectoris nostri, in cordibus terrenorum, ut per eam Dominum agnoscere et ad cœlestia erigi valeamus. Ergo scribitur a sinistro angulo orientis usque ad dextrum angulum occidentis ; sinister angulus orientis est Judæa, in qua Christus secundum carnem oritur, et tamen cum sinistris ob perfidiam reputatur. Dexter angulus occidentis est gentilitas in qua perfidia cecidit, et pro qua Christus sol justitiæ [76] occiditur, et in dextera obtinebit. A sinistro igitur ad dextrum angulum scribitur in memoria illius translationis, de qua dicitur : « Auferetur a vobis regnum Dei et dabitur genti facienti fructus ejus [77]. » Scribitur etiam alphabetum a dextro angulo orientis in sinistrum occidentis; dexter angulus orientis est Ecclesia primitiva, in qua lux est orta fidei [78]; sinister occidentis sunt reliquiæ Israel quæ adhuc sinistrant, et usque ad mundum occi-

---

[51] Ephes. 2. [52] Matth. 6. [53] Psal. 50. [54] I Cor. 40. [55] Matth. 11. [56] Psal. 50. [57] Isa. 1. [58] Gal. 3. [59] Ephes. 5. [60] Matth. 17. [61] Psal. 23. [62] Philip. 2. [63] Matth. 16. [64] Isa. 11. [65] Dan. 7. [66] Hebr. 1. [67] Job. 40. [68] Ezech. 28. [69] Luc. 11. [70] Hebr. 2. [71] Luc. 40. [72] Luc. 2. [73] II Cor. 13. [74] Matth. 18. [75] Matth. 17. [76] Joan. 47. [76] Malach. 4. [77] Matth. 21. [78] Psal. 96.

duum sinistrabunt. Igitur a dextro scribitur in sinistrum, quia post gentium plenitudinem [79], Israel
convertetur ad fidem ; et primum quidem alphabetum Græca lingua ; secundum scribitur in Latina ;
illa nam prior est, et sapientia pollet ; hæc sequens
est, et potentia præeminet. Hæbrea non scribitur,
quoniam in Ecclesia silet ; utrumque autem per
baculum scribitur, quoniam hæc omnia per prædicatores aguntur. Sic autem scribuntur, ut in forma
crucis in medio pavimento conveniant, tum quia
duo Testamenta fidem edocent passionis, tum quia
duo populi salvantur in mysterio crucis. Prius tamen de pavimento, si qua sunt ibi corpora infidelium evellantur, quia nec sancta sunt, nec sanctifi-
cabuntur, nec eorum animas Christus annulo fidei
subarrhavit, nec in gloriosam transibunt generalis
corporis unionem ad fidelium corpora, aut evellantur, aut terræ sic profundius immittantur, quod
nullum vestigium appareat tumulorum. Pavimentum enim pectoris nostri si humilitatis hyssopo desideramus aspergi, aqua sacramentali mundari,
scientia spirituali repleri, crucis fide salvari, eva-
cuandum est quisquiliis, et omnis mortalis contagione peccati, ut super nivem dealbati [80] Christum
induamur [81] ; et ei sponsa virgo, casta, sine ruga ;
et macula exhibeamur [82].

CAPUT VII.

ITEM DE EODEM.

Christus assistens pontifex per proprium sanguinem introivit in sancta [83], hucusque fuit quasi
proœmium dedicationis, abhinc incipiet ecclesiæ
dedicatio, et ideo per hoc, quod sequitur, Christi
passio, et Spiritus sancti effusio figuratur. Accedens
itaque pontifex ad altare, ad benedicendum aquam,
dicit : Deus in adjutorium meum intende [84], et subjungit : Gloria Patri, sine Alleluia. Hic modus servandus est in benedictione hujus aquæ, et præcedentis, et illius, quam Alexander papa in Dominicis benedicendam instituit, ut divinum imploretur
auxilium ; et quoniam hæc benedictio fit ad exhibendam gloriam Trinitati, etiam subjungitur Gloria ; sed quia adhuc purgamur, et nondum sumus
sortiti benedictionis effectum, idcirco inter suspiria
positi, Alleluia, id est laudem pro perceptis beneficiis Deo debitam subticemus, unde post consecrationem ecclesiæ cantabitur ; quoniam exclusa dæmonis phantasia, Deus in ea laudabitur ; ita Christus ad aram Crucis accedens Patris auxilium
invocavit et ad Trinitatis gloriam manifestandam
mortem subiit [85], licet Alleluia duntaxat post resurrectionem manifesta operis exhibitione cantavit.

Deinde sal, cinis et aqua benedicuntur, et cruce
facta commiscentur, et demum vinum apponitur.
Sal est Dei sapientia. Unde Elisæus salem misit in
aquam, ut sanarentur aquæ [86] ; Pater in hunc mun-

dum misit Filium suum, ut mundus salvaretur per
ipsum [87]. Cinis est Christi humana natura, hæc est
vitula rufa, quæ cremabatur [88] ; caro Christi videlicet, sanguine rubricata, passionis igne decocta,
qua redempti sumus ; aqua populum significat.
Unde : « Aquæ multæ populi multi [89] ; » ergo sal et
cinis miscentur cum Verbum caro efficitur [90], quæ
per signum crucis, aquæ miscentur, cum populus
in Christi passione salvatur. Quod autem vinum
adjungitur, significat quod hanc redemptionem divinitas operatur, vel quod tristitia passionis versa
est in gaudium resurrectionis, vel per hanc aquam
Spiritum sanctum accipimus [91] de quo dicitur :
« Qui credit in me, flumina de ventre ejus fluent
aquæ vivæ [92]. » Commiscentur sal, cinis et vinum ;
quia quos Spiritus lavat, sapientia condiuntur, pœnitentiæ pulvere asperguntur, et spirituali intelligentia inebriantur ; igitur Ecclesia foris et intus
lavatur, ut qui salvandus est, aqua et spiritu re-
nascatur [93]. Vel sal, doctrina fidei, cinis memoria
passionis Christi, vinum aquæ mistum divinitas
juncta humanitati. Sic ergo sanctificamur doctrina
fidei, et memoria passionis Christi, ut jungamur
capiti nostro Deo et homini.

Postmodum cum pollice de aqua ista cruces faciat in altari in medio et per quatuor cornua, et
aspergat in circuitum ipsum altare septem aut tribus vicibus. Altare, in hoc loco, designat Ecclesiam primitivam, in cujus medio crucem fecit, dum
in medio terræ [94], scilicet Hierusalem, passionem
subiit. Quatuor etiam cornua significavit, dum
quatuor partes mundi cruce salvavit. Altare septies
aspersit, cum Ecclesiam Hierosolymis baptizari
præcepit ut sancti Spiritus septem dona perciperet [95]. Aut ter aspergitur, cum in sanctæ Trinitatis
nomine baptizatur, vel cum Ecclesia a peccatis cogitationis, locutionis et operis emundatur. Unde :
Miserere mei, Deus [96], inter aspergendum cantat.
Deinde ter aspergit ecclesiam in circuitu ab oriente
in occidentem, et per medium semel in formam crucis ; quia Christus totam Judæam, aut omnes gentes baptizari præcepit in nomine Trinitatis [97], cui
baptismo tribuit efficaciam in mysterio passionis.
Quod aspersio fit in circuitu, significat quod Dominus curam suorum habens mittit angelum suum in
circuitu timentium se [98]. Quod ab oriente in occidentem innuit quod cœpit a Judæis [99], de quibus
ortus est Dominus et refertur ad illos nostra fides.
Dum ista fiunt, cantatur psalmus : Lætatus sum in
his quæ dicta sunt mihi [100], etc. Exsurgat Deus ; et
dissipentur [1], etc. Qui habitat in adjutorio [2], etc.,
quoniam apostolis mysterium resurrectionis, sacramentum baptismatis prædicantibus, inimicorum
rabies est dissipata, et demus Domini firmiter
ædificata, quam intrabimus [3] et in cujus nunc adju-

[79] Rom. 11.   [80] Psal. 50.   [81] Rom. 13.   [82] Ephes. 5.   [83] Hebr. 9.   [84] Psal. 69.   [85] Matth. 27 ; Luc.
25. [86] IV Reg. 2.   [87] Joan. 3.   [88] Num. 19.   [89] Apoc. 17.   [90] Joan. 1.   [91] Joan. 16.   [92] Joan. 7.   [93] Joan.
3.   [94] Psal. 73.   [95] Act. 4.   [96] Psal. 50.   [97] Matth. 28.   [98] Psal. 33.   [99] Matth. 1, et Hebr. 7.   [100] Psal.
121.   [1] Psal. 67.   [2] Psal. 90.   [3] Matth. 7.

torio habitamus[4], pro qua Christus orat, et stans in medio velut mediator pro nobis Deum Patrem quotidie interpellat[5].

Deinde fundit aquam ad basim altaris, innuens quod de Hierusalem fons erupit ipse baptismatis; vel committens Deo, quod in tanto sacramento vires humanas excedit. Quod altare post linteo tergitur ad instar passionis Christi, Ecclesiæ primitivæ tribulatio mitigatur; nam per linum quod de terra oritur, et cum labore ad candorem vertitur, Christum accipimus, qui est de virgine natus[6], qui per laborem passionis pervenit ad gaudium resurrectionis.

CAPUT VIII.
ITEM DE EODEM.

« Festinemus et nos ingredi in illam requiem[7], participes Jesu Christi[8]. His ita peractis, vadit pontifex ad reliquias, et cum processione, oratione, reverentia, magnaque devotione portat eas ad locum sibi a diacono præparatum. Ita Christus postquam nobis locum præparavit, justos, qui in præsenti nocte vigili mente seu a malis custodiunt, assumit et in domum Patris sui perducit[9]; unde cantatur : Ambulate sancti Dei, ingredimini in civitatem Domini, id est cœlestem Hierusalem; hæc est enim Ecclesia nova, in qua populus adorabit Dominum in æternum. Hic cantus, ibi gaudium angelorum, animas cum gaudio recipientium, qui eas comitantur, quousque pro meritis in debitis mansionibus recipiantur. Antequam pontifex intret ecclesiam, cum reliquiis circumeat eam, ut sint illius ecclesiæ protectores. Iterum cantatur responsorium, de decimis; ideoque postmodum pontifex monet populum de decimis et oblationibus, dote et luminaribus. Post cum chrismate signum crucis faciat in superliminari, per quod innuitur quod non debemus erubescere portare in frontibus sigillum passionis Domini nostri Jesu Christi, et est sumptum a sanguine agni paschalis, quo postes liniebantur ex mandato Domini[10]. Pontificem ingredientem populus comitatur, ut Christi et sanctorum protectione gubernetur; ideoque mediator pro fidelibus interpellat. Cum autem ad sepulcrum venerit ad recondendas reliquias, extendat velum inter altare et populum; quia loca vel cubilia animarum secreta sunt a visione mortalium, de quibus cantatur : exsultabunt sancti in gloria, lætabuntur in cubilibus suis[11]. Deinde ponit chrisma in confessione, per quatuor angulos in cruce, dicens : Sanctificetur hoc sepulcrum, in nomine Patris, et Filii, et Spiritus sancti, id est firmentur nobis ista cubilia in perpetuum propter fidem passionis Christi, quam prædicastis per quatuor climata mundi. Deinde ponit tres portiones incensi, quasi dicat, et rursus firmetur nobis quod a

sancta Trinitate vestris orationibus impetrastis; postea vero reliquiæ in sepulcro sigillantur et animæ in cœlestibus collocantur. Unde rationaliter dum ista fiunt : In cœlestibus regnis, etc., a clero cantatur. Tabula chrismate confirmata et superposita, est protectio Jesu Christi; unde cantatur : sub altare Dei sedes accepimus, hæc est requies sempiterna quæ nobis calce, id est charitatis glutino, consolidatur.

CAPUT IX.
ITEM DE EODEM.

« Operatus est Dominus salutem in medio terræ[12]. » Pontifex enim qui crucem facit de oleo altaris sancto, in medio altaris, et per quatuor cornua ipsius, Christus est qui super Ecclesiam primitivam Spiritum sanctum, per fidem passionis effudit, et per eam, ad quatuor mundi climata dilatavit. Ter cantatur : Erexit Jacob lapidem in titulum[13]; illa enim Ecclesia fuit titulus aliarum quia de Sion exivit lex, et verbum Domini de Hierusalem[14]. » Ter altare ungitur, bis oleo sancto, tertio chrismate; quoniam Ecclesia fide, spe, charitate, quæ est major cæteris, insignitur[15]. Dum chrismate infunditur, cantatur : Ecce odor filii mei sicut odor agri pleni[16]. Hic ager est Ecclesia, quæ floribus vernat, virtutibus splendet, operibus fragrat, ubi sunt rosæ martyrum, lilia virginum, violæ confessorum, ubi viror incipientium, flos proficientium, fructus percipientium[17]. Deinde per parietes ecclesiæ duodecim cruces cum chrismate facit, incipiendo a dextro perveniens ad sinistrum. Hæc unctio est fides passionis, quæ per apostolos a Judæis pervenit ad gentes, vel potius est unctio hæc gratia Spiritus sancti, cujus plenitudo existens in capite Christi, descendit in barbam, barbam Aaron[18], id est in apostolos, qui crucis mysterium, per quatuor parietes ecclesiæ, id est quatuor mundi climata, prædicaverunt, et fidem Trinitatis etiam addiderunt; unde in unoquoque pariete tres cruces rationaliter imprimuntur. Incensi frequentatio est continua Christi sacerdotis atque pontificis, pro nobis, apud Deum Patrem interpellatio; crucem cum incenso facere est passionem Patri ostendere, et pro nobis interpellare; incensum copiose comburere in medio altaris et in angulis ejus, est orationes pro Hierosolymitana et universali Ecclesia multiplicare.

Postmodum frontem lapidis in modum crucis unget episcopus, dicens : Confirma hoc, Deus[19]; quia Christus, vel ipsa Ecclesia Patrem exorat ut redemptionem, quam operatus est, ipse confirmet, unde fit, quod baptizati confirmantur; quæ redemptio cœpit a templo sancto quod est in Hierusalem; quia salus humanæ naturæ cœpit in medio terræ[20], vel a templo, id est Christo, in quo divinitatis habi-

---

* Psal. 5.   [5] Joan. 17.   [6] Luc. 1.   [7] Hebr. 4.   [8] Hebr. 3.   [9] Joan. 14.   Matth. 26.   [10] Exod. 12.
[11] Psal. 149.   [12] Psal. 75.   [13] Gen. 28.   [14] Isa 2.   [15] I Cor. 13.   [16] Gen. 27.   [17] Matth. 13.   [18] Psal.
132.   [19] Psal. 67.   [20] Psal. 75.

tat plenitudo [11] : et quoniam hanc redemptionem
Trinitas operatur, ideo *gloria Patri* subjungitur,
ut laus Trinitati cantetur ; post hæc benedicantur
vasa, vestes, linteamina, cultui mancipanda. Utensilia benedici, est opera nostra ad Deum referri ;
quæ sint utensilia necessaria infra dicemus. Ad hæc
altare vestitur ; altare vestiri, est animam immortali et incorruptibili corpori jungi, de quo vestimento dicit ipse Christus de se : « Conscidisti saccum meum mihi, circumdedisti me lætitia [12]. »
Vel altaris ultima benedictio, illam finalem significat benedictionem, qua dicitur : « Venite, benedicti Patris mei [13]. »

Post hæc multipliciter, ut infra dicetur, ornatur
ecclesia et accenduntur luminaria ; tunc enim
opera justorum splendescent, tunc « Fulgebunt justi, et tanquam scintillæ in arundineto discur-
rent [14]. » Tunc Missa cantatur ; non enim sine
missa debent ecclesiæ consecrari ; tunc enim revelabitur sacramentum, quod etiam angelis ab initio fuit absconditum [15]. Introitus : *Terribilis est
locus iste* [16] ; quid est enim terribilius quam quod
angeli timebunt, et vix justus salvabitur [17] ! Tunc
venit pontifex solemniter indutus, et cantatur in
lætitia ; tunc enim videbitur Dominus a nobis facie
ad faciem in gloria sua [18]. Et vide quoniam in
aspersione basilicæ lineis duntaxat, et minoribus
utitur indumentis ; sed ad mysterium altaris accedens vestibus ornatur pontificalibus et pretiosis,
recolens quod legalis pontifex, in lineis sanctuarium expiabat, et post lotus in pontificalibus in
holocaustum arietem offerebat ; et quia in eisdem
lineis hircum emittebat post expiationem [19]; ideo
et in consecratione fontium et immersione catechumenorum, ubi peccata transferuntur eorum,
quidam utuntur simplicibus et lineis indumentis.
Vel per altare Christum, sicut per Ecclesiam sponsam accipimus ; ipse enim est lapis qui a Jacob
erigitur in titulum [20]; quia stetit in signum populorum [21] ipse lapis angularis [22], « qui fecit utraque
unum [23], » ipse lapis est crescens in montem [24],
ipse mons pinguis [25], oleo lætitiæ præ consortibus
unctus [26], ideoque non unguntur altaria nisi lapidea. Hic etiam, per lapidem itinerarium figuratur,
eo quod « Exsultavit, ut gigas ad currendam
viam [27] ; » et : De torrente in via bibet [28]; itinera-
rius autem similiter, et ob similes causas, ex sale,
cinere et aqua, et vino conspergitur, et datis odoribus chrismate confirmatur; juxta hoc altare, Christianum loquor, lavacrum est, quo manus abluuntur. Hæc Christi misericordia, qua homines in
baptismo vel pœnitentia a peccatorum sordibus
diluuntur ; ad hoc per gradus ascenditur, hi sunt
martyres, ut prædiximus, aut virtutes per quas ad

Dominum pervenitur ; in his sunt reliquiæ, id est
thesauri sapientiæ et scientiæ Dei [29]. Hæc est
arca Domini [30], in qua fuere manna et tabulæ testamenti ; in his thus et oleum adolemus, cum ei
sacerdotium et regnum evidenter ascribimus. Super
altare Christianum capsæ ponuntur, hi sunt apostoli et martyres, similiter vestes, et pallæ, confessores et virgines, vel omnes sancti, de quibus
dicitur : « His sicut vestimento vestieris [31]. » Super hoc non immerito codex evangelicus adoptatur,
eo quod Evangelium ab ipso sit editum, et ipsi per-
hibeat testimonium. Super his etiam crux tribus
de causis erigitur, ut signum regis in domo, vel
urbe regia veneretur, aut Christi passio repræsentetur, ut populus Christum crucifixum, se crucifi-
gendo cum vitiis et concupiscentiis, imitetur [*].
Vexilla quoque super altaria eriguntur, ut triumphus Christi jugiter in Ecclesia memoretur, per
quam et nos de inimico triumphare speremus.

CAPUT X.
ITEM MORALITER DE EODEM.

« Templum Dei sanctum est, quod estis vos [41]. »
Hæc omnia referuntur ad hominem ; nam ecclesia
forinsecus lota, ostium ab episcopo percutitur,
episcopus ingreditur, alphabetum in terra scribitur, ecclesia illuminatur, altare lavatur sale, cinere, aqua et vino, ecclesia intus aspergitur, in
altari, corpus Domini et reliquiæ reconduntur,
incensum, et chrisma ponitur, altare oleo perun-
gitur, multipliciter incensatur, vestibus ornatur,
et in eo sacrificium laudis offertur. Homo quidem
est Ecclesia, juxta quod Paulus in hodierna epistola dicens : « Dei ædificatio estis [44] ; » igitur homine baptizato de tribus peccatis, scilicet cogitatione, locutione, operatione compungitur ; et, aperto
fidei ostio, Christus ingreditur ; unde in hodierno
Evangelio : « Zachæe, oportet me hodie in domo
tua manere [45]. » Utriusque Testamenti Scriptura
menti infigitur, et mens doctrina duodecim apostolorum illuminatur, cor quod sic est in corpore
nostro, velut altare in templo, scientiæ sale conditur, pulvere pœnitentiæ aspergitur, Spiritus sancti
aqua salutari lavatur, vino sapientiæ inebriatur ;
et sic qui lotus est in carne, etiam in mente lavatur,
ut possit dicere : « Cor meum et caro mea exsultaverunt in Deum vivum [46] ; » Ideoque verba offe-
rendæ non irrationabiliter duplicantur, scilicet *fecit Salomon*, etc. In altari corpus Domini et reliquias ponere, et mandata Domini et exempla sanctorum memoriter retinere, ut possit dici : « In
corde meo abscondi eloquia tua, ut non peccem
tibi [47] ; » in altari quoque incensum et chrisma
ponuntur, cum orationibus, bonæ opinioni, bonisque
vacamus operibus ; oleo altare nostrum inungi-

[11] Coloss. 2. [12] Psal. 29. [13] Matth. 25. [14] Sap. 3. [15] Ephes. 3. [16] Gen. 28. [17] I Petr. 4. [18]
I Cor. 13. [19] Levit 16. [20] Gen. 28. [21] Isa. 11. [22] Act. 4. [23] Ephes. 2. [24] Dan. 2. [25] Psal. 67. [26]
Psal. 44. [27] Psal. 18. [28] Psal. 109. [29] Coloss. 2. [40] Deut. 10. [41] Isa. 49. [42] Gal. 5. [43] I Cor. 5.
[44] Ibid. [45] Luc. 19. [46] Psal. 83. [47] Psal. 118.

mus, cum misericordiæ non obliviscimur. Accedit summus sacerdos secundum ordinem Melchisedech [45] ad altare cordis nostri, et illud inungit, cum dicit : « Estote misericordes, sicut et Pater vester misericors est [49]. » Hoc oleo summus ille pontifex præ participantibus abundabat [50], cum dicebat : « Pater, ignosce illis, quia nesciunt quid faciunt [51]; » hoc oleo non solum cor, sed omnia membra debent esse peruncta; manus enim, si non ungitur et inopi non aperitur, aret. Hoc altare nostrum orationibus fumigemus, virtutibus adornemus, ut in eo nos ipsos hostiam vivam Deo placentem offerre possimus [52], ut simus hostia templi et templum Dei.

CAPUT XI.

DE RECONCILIATIONE ECCLESIÆ.

« Solve calceamentum de pedibus tuis, locus nam in quo stas sanctus est [53]. » Cum ecclesia tanto Sponso, tam celebri sit consecratione dotata et ejus utensilia divino cultu mancipata, constat esse peccatum immane eam inhonestis usibus violare, unde Balthazar vasis Domini abutenti apparuit in aula regia comminativa scriptura, Mane, Thecel, Phares, id est numeratum, appensum, et divisum [54]. Violatur autem ecclesia, combustione, homicidio, adulterio, sigilli privatione, principalis altaris motione. Quæ autem fuerit violata nisi reconcilietur, vel cum oportuerit, denuo consecretur; immunda et pervia canibus erit, forma vero reconciliationis hæc est, ut prius pontifex oret ante fores ecclesiæ, postmodum intret ecclesiam cum litaniis, et iterum oret, deinde aqua benedicta, sale, cinere, vino mista ecclesiam lavet, et loca contaminata purificet, et sic cantibus et orationibus ad hoc destinatis reconciliationem efficiat; sic homo Deo templum in baptismate dedicatum vitiorum incentivo et mortali crimine contaminatur [55]. Si quoque per hæresim fidei sigillum amiserit violari, si capitis etiam diminutionem (mentem vel episcopum loquor) passus fuerit, totum corpus, et populus infirmatur; propterea necesse est, ut qui jam nequit baptismo adjuvari, fonte lacrymarum, id est per pœnitentiam, renovetur et orationibus adjuvetur, alioquin Dei templum redibit in lupanar dæmonum; hospitium Trinitatis, in prostibulum meretricis, ubi dæmones saltent, et sirenæ nidificent; orationibus autem revertitur in templum De et habitaculum Spiritus sancti, et qui passus est naufragium maris, redit ad portum salutis. Magna itaque debet ecclesia custodiri cautela, quæ trino privilegio gaudet in personis, in rebus, in loco. De personis et rebus nihil ad præsens, locus autem ea debet reverentia custodiri, ut quis non præsumat inibi agapas celebrare, ac cubitus sternere, choreas ducere, assaltus facere, furta committere, fugientem inde extrahere, aut alia quævis deside-

ria carnis perpetrare; non etiam præsumat infra ecclesiarum confinia, quæ sunt triginta, vel quadraginta passuum domos infringere. Hic est enim locus sanctus, hoc est firmus, de quo Dominus ad Moysen [56], et angelus ad Josue : « Solve calceamentum de pedibus tuis. Locus nam in quo stas sanctus est [57]. » Calceamentum fit de pellibus mortuorum animalium : ergo solvere calceamentum de pedibus, est solvere vincula mortalium peccatorum de actibus, quæ intrantes in sanctuarium Dei solvere debemus, ut cogitemus de conversatione angelorum, ubi est requies sine somno, pax sine bello, quies sine labore, satietas sine requie. Quoties igitur hunc locum ingredimur, præsertim cum cœleste mysterium celebratur, ubi creditur cœtus angelorum adesse; cum reverentia ingrediamur ad illorum conspectum, vultum in terram declinemus, eorum gaudia contemplantes, et nos cinerem esse recolentes [58].

In ecclesia quoque a superfluis verbis abstineri oportet, juxta illud Chrysostomi : In aulam regiam ingressurus, habitu et incessu te componis; huc ingressurus, ubi est vere aula regia rides? tu non nosti, quia non vides, scilicet angelos esse præsentes, quia domus Dei est plena virtutibus incorporeis. Quid autem loqui debeamus Apostolus docet, dicens : « Loquentes vobismetipsis in psalmis, hymnis et canticis [59]. » Ob ejusdem privilegii reverentiam, mulieres a partu surgentes non ingrediuntur ecclesiam, nec menstruatæ, nec viris conjunctæ, secundum consuetudinem Romanorum. Ob hoc et solemniter pœnitentes arcentur, tum quia dum pœnam patiuntur, culpæ reminiscuntur, tum quia in omnibus illud mysterium intelligitur, quod immundi a templo cœlesti penitus excluduntur; alioquin ea die, qua prædictorum aliquod agerent, vel paterentur, intrare liceret, ut Deo gratias agerent; hæc est nam civitas sancta, urbs beata Hierusalem, civitas Dei, de qua : « Gloriosa dicta sunt de te, civitas Dei [60], » et alibi : « Vidi civitatem sanctam, Hierusalem novam, descendentem de cœlo [61]. » Hæc militat in terris, sed regnat in cœlis; hæc est gloriosum regnum, cujus in terris custodes collegium prelatorum, agmina martyrum, cœtus confessorum et virginum, quam curiam, illa gemma singularis adornat, quæ nec primam visa est, nec habere sequentem. Cum tamen etiam militantem designet Ecclesiam, non abhorreo, siquando bonis mali corpore misceantur ; nam in Eden mulier de viro formatur, lignum vitæ et scientiæ proponitur [62], serpens etiam invenitur [63], in arca Noe sunt animalia munda et immunda [64], simul in unum pacem habentia; qui pacem non tenent, in arca non sunt, licet esse videantur et truculentiores bestiis inveniuntur; extra ecclesiam non est locus refugii, non tamen omnes, qui nunc insunt,

[45] Psal. 109. [49] Luc. 6. [50] Psal. 44. [51] Luc. 23. [52] Rom. 12. [53] Exod. 3; Josue 5. [54] Dan. 5. [55] I Cor. 3. [56] Exod. 3. [57] Jos. 5. [58] Gen. 18; Job. 30. [59] Ephes. 5. [60] Psal. 86. [61] Apoc. 21. [62] Gen. 2. [63] Gen. 3. [64] Gen. 7.

patris gratiam merebuntur; quia Cham in filiis
maledictionem accepit [65], in domo Abrahæ filius
ancillæ cum filio liberæ lusisse creditur [66]; in utero
prægnantis Rebeccæ gemini colluctantur [67], quorum lenis diligitur et hispidus reprobatur [68]; sæpe in ambitu horti conclusi reperitur amaritudo
absynthii; in Domini cœna [69], et navicula Simonis,
fuit Iscariotes; in rete piscatoris pisces boni et
mali [70]; in area granum et palea [71], similiter et
in ecclesiis viri cum mulieribus orant [72], ita quod
mulieres secundum consuetudines quorumdam
sint in parte aquilonari, sicut viri in australi;
quoniam per viros, fortes intelliguntur in tentationibus hujus mundi et in fide, et fervidi charitate;
per mulieres autem fragiliores et bonis operibus tepidi. Secundum alios, viri in parte anteriori, mulieres in posteriori; vir nam est caput mulieris [37],
ideoque dux ejus; quod seorsum masculi, seorsum
feminæ stent, secundum Bedam accepimus a veteri
consuetudine derivatum; hinc fuit nam quod Joseph et Maria puerum derelinquunt [74]; quoniam
alter quia secum non cernebat, cum altero esse
putabat, causa divisionis hæc est; quia caro viri
et mulieris, si propius accesserint, ad libidinem
accenduntur. Ubicunque mulieres locum habuerint, semper secundum Apostolum [75] velatæ debent orare, ne laxis crinibus alliciant animos juvenum, nec ob formositatem superbiant capillorum,
imo propter angelos, id est sacerdotes. Sacerdos
enim judex est et vicarius Jesu Christi, ergo ante
sacerdotem mulier debet se velare, ut conscia originalis peccati, quod per eam evenit, videatur erubescere et se coram judice ipso habitu accusare. Idcirco Linus ex præcepto Petri instituit quod mulier
ecclesiam, velato capite, introiret, cui etsi liceat
orare, non tamen loqui, id est populis prædicare [76]. Ergo locus non salvat, quem pravitas conscientiæ damnat, sicut horrida loca non obsunt
iis, qui pie vivunt: Nadab etenim et Abiu igne in
tabernaculo consumuntur [77]; Chore, Dathan, et
Abiron ante tabernaculum deglutiuntur [78]; Heli
pontifex in loco sancto periit[79]; Oza juxta arcam
interiit [80], Joab juxta altare occiditur [81], Ozias in
templo lepra perfunditur [82]; econtra: Moyses de
flumine [83], Joseph de cisterna [84], et carcere [85]; Job
de sterquilinio [86], Jeremias de cœno [87], Daniel de
lacu leonum [88]; tres pueri de camino ignis liberantur [89]; demum diabolus de cœlo [90], homo
cecidit de paradiso [91]; justi autem in terra visi-
tantur et de inferno ad cœlestia sublevantur; sed,
licet non sanctificet locus, tamen ob reverentiam
sacramenti cooperatur plurimum sanctificationi.
Ob hanc itaque reverentiam de pedibus calcea-

menta solvamus, ut in loco sanctificari a Domino
mereamur [92].

CAPUT XII.

DE ORNATU ECCLESIÆ.

« Domine, dilexi decorem domus tuæ, et locum
habitationis gloriæ tuæ[93]. » Decorantur ecclesiæ cælaturis, picturis et tornatilibus sculpturis, quæ a
tabernaculo Moysis [94], vel templo Salomonis [95], formam accipiunt; sculpsit nam Moyses duo cherubim; sculpsit et Salomon, sed et parietes cælaturis,
et torno, et picturis ornavit. Fiunt autem hujusmodi,
ut non solum sint ornatus ecclesiarum, sed etiam
litteræ laicorum. « Quæcunque enim scripta, » vel
sculpta sunt, « ad nostram doctrinam scripta sunt
[96]; » litteræ, inquam, rememorativæ præteritorum,
indicativæ præsentium et futurorum. Præteritorum,
ut historiarum et visionum; præsentium ut virtutum et vitiorum; futurorum ut pœnarum et præmiorum, de quibus etsi non singula, tamen usi-
tatiora percurramus exempla. Duo igitur in tabernaculo cherubim se versis vultibus in propitiatorium respicientia, sunt duo Testamenta in nullo dis-
crepantia; facies enim a se averterent, si quod
unum promittit, aliud denegaret. In propitiatorium
respiciunt, dum quidquid continetur in eis, ad
obsequium refertur conditoris; in nostris autem
ecclesiis imago Domini nostri Jesu Christi pingitur
multipliciter, et ex causa multiplici; nam picta in
præsepio, rememorat nativitatem, picta in matris
gremio, puerilem ætatem; picta vel sculpta in
cruce, passionem. In cruce quoque sol et luna
eclipsim patientia depinguntur; latrones et clavi,
forcipes et vulnera, lancea, sanguis et aqua, titulus et corona, cum veste purpurea, quæ omnia sunt
passionis insignia; picta in scalarum ascensu,
ascensionem; picta in solio excelso, præsentem indicat majestatem et potestatem quasi dicatur: Data est ei omnis potestas in cœlo et in
terra [97], et adimpletur visio Isaiæ dicentis: « Vidi
Dominum sedentem super solium excelsum et elevatum [98], id est Dei Filium, regnantem super angelos, juxta illud: « Qui sedes super cherubim [99]. »
Quandoque vero pingitur, sicut videre eum Moyses
et Aaron [100], Nadab et Abiu, scilicet super montem
et sub pedibus ejus quasi opus sapphirinum, et
quasi cœlum, cum serenum est; cui quandoque
circum circa pinguntur angeli cum sex alis secundum Isaiam dicentem: « Seraphim stabant super
illum, sex alæ uni, et sex alæ alteri, duabus velabant faciem ejus, duabus pedes et duabus volabant [1]. » Puto quod seraphim, hic debet scribi per
m, et subintelligitur duo, quia sequitur, uni et
alteri. Qui stant super eccles.am, quasi custodes:
et cum sint ardentes, eam ad duo præcepta chari-

[65] Gen. 9.　[66] Gen. 21.　[67] Gen. 25.　[68] Gen. 27.　[69] Matth. 26.　[70] Matth. 8.　[71] Matth. 13.　[72] I Tim.
2.　[73] Ephes. 5.　[74] Luc. 2.　[75] I Cor. 11.　[76] I Cor. 14.　[77] Levit. 10.　[78] Num. 16.　[79] I Reg. 4.　[80] II
Reg. 6.　[81] III Reg. 2.　[82] II Paral. 26.　[83] Exod. 2.　[84] Gen. 37.　[85] Gen. 40.　[86] Job. 2.　[87] Jer. 38.
[88] Dan. 6.　[89] Dan. 3.　[90] Isa 14.　[91] Gen. 3.　[92] Exod. 3.　[93] Psal. 25.　[94] Exod. 25.　[95] III Reg. 6.
[96] Rom. 15.　[97] Matth. 28.　[98] Isa. 6.　[99] Psal. 79.　[100] Exod. 24.　[1] Isa. 6.

tatis accendunt, qui dicuntur alas habere propter velocem custodiæ cursum, quibus caput et pedes velant et mediata revelant; quia nos priora et novissima celant.

Unde Isaias : Priora annuntiate mihi, et novissima quæ erunt, et dicam quoniam dii estis[2], Media vero, quæ sex diebus et sex ætatibus facta sunt[3], nobis vicaria vel partiali demonstratione revelant, quoniam ex parte cognoscimus, et ex parte prophetamus[4]; nam, licet invisibilia Dei per ea, quæ facta sunt, quomodo libet intellecta conspiciantur[5]; incomprehensibilis est tamen ejus æternitas, et quomodo sit A et Ω non sufficimus intueri. Quandoque circumpingitur angelus Michael draconem suppeditans, juxta illud Joannis : « Factum est prælium in cœlo, Michael cum dracone pugnabat[6], » quam pugnam æstimo, dissidium angelorum, confirmationem bonorum et ruinam malorum, aut etiam in præsenti Ecclesia persecutionem fidelium. Quandoque circumpinguntur viginti quatuor seniores, secundum visionem ejusdem, in vestibus albis, et coronis aureis[7]; per quos significantur veteris et novæ legis doctores; qui sunt duodecim propter fidem sanctæ Trinitatis, quam annuntiant, per quatuor climata mundi, aut viginti quatuor propter opera et observantiam evangeliorum, qui per innocentiam conteguntur, et charitatis, et sapientiæ diademate coronantur; si lampades adduntur, dona sancti Spiritus representantur, si mare vitreum, baptismus innuitur. Quandoque circumpinguntur quatuor animalia, secundum visionem Ezechielis[8], et ejusdem Joannis[9], similitudo vultus eorum facies hominis, et facies leonis a dextris, facies autem bovis a sinistris, et facies aquilæ desuper ipsorum quatuor; et quidem quatuor facies uni, et quatuor pennæ uni, et similitudo eorum, quasi carbonum et aspectus lampadum; hi sunt quatuor evangelistæ, unde cum libris depinguntur in pedibus; quia quæ verbis, et scriptura docuere, mente et opere complevere; unicuique facies quatuor, nam quæ fuit unius, fuit omnium de incarnatione Verbi notitia; sed singula singulis sunt appropriata; licet enim quilibet propria prosequatur, sua tamen singuli singularius exsequuntur, ut Matthæus humanitatem dicens : « Liber generationis Jesu Christi[10], unde figuram sortitur humanam et figurat Christum hominem, qui cum esset Deus, factus est homo[11]. Marcus, incipiens a prædicatione Joannis in deserto clamantis, figuram tenet leonis in deserto rugientis; apertius quoque cæteris Christi resurrectionem explanat, in qua Christus a leone figuratur, qui mortuus nascitur, et voce Patris die tertia vivificatur. Ii ponuntur a dextris, quia Christi nativitas,

et resurrectio fuit omnium lætitia generalis. Unde in Psalmo : « Ad matutinum lætitia[12]. »

Lucas vitulus est, eo quod a Zacharia sacerdote inchoavit, et Christi passionem et hostiam pertractavit specialius; vitulus enim animal est sacerdotum sacrificiis aptum; vel ideo vitulo comparatur, quia duo cornua, quasi duo continet Testamenta; et quatuor pedum ungulas, quasi quatuor Evangeliorum summa. Per hoc quoque figuratur Christus, qui fuit pro nobis vitulus immolatus; ideoque ponitur a sinistris; quia mors Christi fuit apostolis tristis, unde : « Ad vesperum demorabitur fletus[13], » et alibi : « Vos contristabimini, sed tristitia vestra vertetur in gaudium[14]. » Joannes est aquila, quoniam ad excelsa pervolans ait : « In principio erat Verbum[15]; » hic quoque significat Christum cujus juventus, ut aquilæ renovatur[16], cum resurgens a mortuis floret et cœlum ingreditur. Hic non juxta, sed super esse describitur, quoniam ascensionem designat, et Verbum apud Deum pronuntiat[17]; quilibet quatuor pennis volat, cum ad Divinitatem oculos levat eamque per quatuor mundi partes annuntiat. Joannes autem his animalibus senas alas attribuit, quia per hujus mundi visibilia sex diebus[18] consummata, invisibilia cognovere, et Deum sicut Dominum glorificavere[19]. Vel prima ala fuit lex naturalis, secunda Mosaica, tertia prophetæ, quarta Evangelium, quinta institutiones apostolorum, sexta doctorum. His volat Ecclesia, dum ab his prædicatores totius prædicationis accipiunt fundamenta. Secundum Joannem quoque sunt oculis plena, ob perfectam ipsorum de creatione notitiam. Hi sunt carbones ignis[20], carbones desolatorii[21], si sederis super eos, erunt in adjutorium tibi; si eos tetigeris ab his carbonibus accenderis, et cum sanctis sanctus eris[22]. Hi sunt lampades bonæ opinionis lumine coruscantes[23]. Quandoque circumpinguntur, vel potius suspinguntur apostoli, qui fuere testes, verbo et opere in Samaria et Judæa, et usque ad ultimum terræ[24]. Pinguntur autem quandoque dispertitæ linguæ super singulos eorum quia talibus indiciis Paracletus replevit corda eorum[25]. Pinguntur quandoque criniti, quasi Nazarei[26], id est sancti; lex enim fuit Nazaræorum, ut tempore suæ separationis novacula non transiret super caput eorum; separabant autem se a communi vita hominum, quidam ad tempus, quidam jugiter, ut Samuel[27]. Quandoque Baptista interseritur, ut eremita, martyres cum equuleis, ut Laurentius in craticula, Stephanus cum lapidibus, confessores cum suis insignibus, ut episcopi mitrati, abbates capuciati, doctores cum libris in manibus, virgines secundum Evangelium cum

---

[2]Isa. 41. [3]Gen. 1. [4]I Cor. 13. [5]Rom. 1. [6]Apoc. 12. [7]Apoc. 4. [8]Cap. 1. [9]Apoc. 4. [10]Matth. 1. [11]Phil. 2. [12]Psal. 29. [13]Ibid. [14]Joan. 16. [15]Joan. 1. [16]Psal. 102. [17]Joan. 1. [18]Gen. 1. [19]Rom. 1. [20]Psal. 17, 139. [21]Psal. 119. [22]Psal. 17. [23]Matth. 25. [24]Act. 1. [25]Act. 2. [26]Num. 6. [27]I Reg. 1.

lampadibus [28], quandoque martyres cum palmis et A confessores cum liliis depinguntur [29] ;palma enim victoriam significat, et lilia castitatem ; palma victoriosis dabatur, ut sicut palma viret, sic eorum memoria in æterno vernaret. Palma ab arcto crescit in altum ; sic martyres cum ab agone revertuntur in superno capitolio præmiantur. Unde : « Justus ut palma florebit [30]. » Cum palma ad regna pervenere. Et vide quoniam Dominus Jesus semper coronatus depingitur, quasi dicatur : « Egredimini, et videte regem Salomonem in diademate, quo coronavit eum mater sua [31]. « Et attende quod Dominus fuit tripliciter coronatus a matre; corona misericordiæ in die conceptionis ; et hæc corona duplex est propter naturalia et gratuita, ideoque et diadema vocatur, quia diadema est duplex corona. Coronatus est et a noverca corona miseriæ in die passionis [32] ; hæc corona fuit spinea, quia peccata nostra portavit [33]. Coronatus est et a Patre corona gloriæ in die resurrectionis, unde : « Gloria et honore coronasti eum, Domine [34]. » Demum coronabitur a familia corona potentiæ, in die revelationis ultimæ, quando veniet cum senatoribus terræ, quorum caterva stipatus judicabit orbem terrarum in æquitate [35]. Sic omnes sancti coronati pinguntur, quasi dicatur : Filiæ Hierusalem, venite et videte martyres cum coronis, quibus coronavit eos Dominus. Hanc antiphonam, Deo volente, inferius ponemus; hic autem sufficit dicere, quod cum coronis pluraliter diximus propter coronam interrasilem, labio mensæ affixam et propter aureolam superpositam [36]. Mensa est sacra Scriptura, labium prædicatorum doctrina, corona interrasilis vita æterna sanctis pro diversitate meritorum distincta ; quia « stella differt a stella in claritate [37]. » Aureola est generalis corporum glorificatio, aut spiritualis virginum coruscatio; et vide quia in formam scuti rotundi hujusmodi corona depingitur ; quia sancti protectione divina fruuntur, unde cantant gratulabundi : « Domine, ut scuto bonæ voluntatis tuæ coronasti nos [38]; et attende quod Christi corona per crucis figuram a sanctorum corona distinguitur; quia per vexillum sibi carnis glorificationem, et nobis meruit a captivitate liberationem et vitæ fruitionem. Quandoque in D ecclesiis paradisus et infernus depingitur, ut ille nos alliciat ad delectationem præmiorum ; hic vero deterreat a formidine tormentorum : quandoque lilia depinguntur, quandoque palma, ut per lilia castitatem, per palmas victoriam intelligamus. Alios quoque flores cum fructibus intermiscemus; ad repræsentandum fructum bonorum operum, ex virtutum radicibus prodeuntium. Demum varietas cælaturarum sculptarum, quæ in Græco sermone anaglypha dicuntur, rursus et picturarum significat

virtutum varietatem : « Alii enim datur per Spiritum sermo sapientiæ, alii sermo scientiæ, alii fides, alii gratia sanitatum [39]. » Charitas etiam, gaudium, pax, et patientia, et longanimitas [40] sunt cælaturæ sanctarum mentium ; quod autem virtutes in muliebri specie depinguntur, inde est, quia mulcent et nutriunt. Vel per cælaturas, quæ et laquearia nominantur, quæ sunt ad decorem domus, simpliciores Christi famulos intelligimus, qui non doctrina sed Ecclesiam solis virtutibus ornant, de quibus laquearia cypressina [41]; sunt enim alti odoris optimi, et medendis corporibus apti. Sculpuntur parietes torno, cum fideles prompto pollent animo, ad obsequia Domini dicentes; Benedicam Dominum in omni tempore [42] » et « Paratum est cor meum, Deus, paratum cor meum [43] : « cumque tantum virtutibus nituntur, ut ab earum tramite nullis contrarietatibus avertantur; tornatura enim cæteris artibus velocitate præcellit, et regulam, quæ sine errore operetur, conservat; sic vita sanctorum est ad divina obsequia prompta, nullis erroris diverticulis labefactata. Et vide quia sculpturæ prominentes et de parietibus egredientes esse videntur; quia cum virtutes fidelibus in tantam consuetudinem devenerunt, ut eis naturaliter insitæ videantur, multifariis ipsarum operationibus exercentur. Ornantur et altaria et Ecclesiæ palliis, cortinis et hollosericis, et lineis, tapetibus historiatis, coronis regalibus, aut aliis ideis, aut diversis characteribus insignitis; quæ omnia pertinent ad Christi miracula, vel ad futuram gloriam, quæ ex antiquorum exemplis, et meritis nostris, imo gratiæ Dei multifariis et fructuosis operibus revelabitur in nobis [44]. Quæ autem non extra sed intus ornantur, ad moralem sponsæ spectant ornatum, cujus gloria est ab intus in fimbriis aureis [45], id est in perseverantia bonorum operum ; licet enim et exterius nigra tribulationibus, est tamen intus formosa virtutibus [46]. Ergo pallia vel cortina candida munditiam, rubea charitatem, viridia contemplationem, nigra carnis mortificationem, variata coloribus virtutum varietatem, linea tribulationem, holloserica significant virginitatem, ut per visibilia ad invisibiles moveamur ornatus [47], et repositam in cœlis gloriam avida mente quæramus [48]

CAPUT XIII.
DE UTENSILIBUS ECCLESIÆ.

« Thesaurum Domini habemus in vasis fictilibus [49]. » Vasa vel utensilia in domo Domini a Moyse [50], vel Salomone originem habuere [51]; fecit enim ex præcepto Domini Moyses arcam de lignis setim deauratam intus et foris cum aurea corona, et circulis quatuor, et vestibus duobus semper in circulis, in qua ponebantur tabulæ Testamenti, super quam propitiatorium, et duos cherubin re-

[28] Matth. 25. [29] Apoc. 7. [30] Psal. 91. [31] Cant. 3. Psal. 95, 97. [36] Exod. 25. [37] I Cor. 15. [38] Psal. 5. [43] Psal. 107. [44] Rom. 8. [45] Psal. 44. [46] Cant. 4. 25. [51] III Reg. 7.   [32] Matth. 27. [33] I Petr. 2. [34] Psal. 8. [35] Rom. 2; [39] I Cor. 12. [40] Gal. 5. [41] Cant. 4. [42] Psal. 55. [47] Rom. 1. [48] II Tim. 4. [49] II Cor. 4. [50] Exod.

spicientes versis vultibus in propitiatorium collo- A
cavit. Fecit et mensam de lignis setim deauratam
cum labio corona interrasili et aureola cum pedibus
quatuor circulis totidem, vectibusque duobus semper in circulis : super quam panes duodecim ponebantur ; fecit phialas et acetabula, cyathos ;
thuribula, in quibus offerebantur libamina ; fecit
et candelabrum de auro, hastile et calamos, scyphos
et sphærulas, et lilia ex ipso procedentia ; fecit
et lucernas super candelabro collocandas, cum
emunctoriis et vasis eorum ; habueruntque patres
nostri lebetes, forcipes et fuscinulas et batilla et
ignium receptacula, scuticas et amulas, hydrias,
mortariola, luteres et batos ; habueruntque ad castra
movenda, quorum imitavere exempla, tubas⁵²,
signa, et vexilla⁵³. Necessitas et usus utensilium B
tempus sequitur, et ritum sacrificiorum ; inde est
quod quædam sibi tempus legis vindicat propria,
ut lebetes et fuscinulas ; quædam vero tempus
gratiæ sibi appropriat singularia, ut crucem, calicem cum patena ; quædam sunt utrobique communia, ut thuribula et candelabra ; sed, licet usus
materiei transierit, thesaurum tamen spiritus, qui
permanet et vivificat⁵⁴, inquiramus.

Arca itaque Domini de lignis setim, quæ sunt levia et imputribilia, et albæ spinæ similia, corpus est
Christi de membris purissimis compactum, nulla
peccati contagione corruptum ; non enim venit in
carne peccati, sed in similitudine carnis peccati⁵⁵,
cujus longitudo patientia passionis, quam verbo et C
opere docuit. Unde et duorum exstitit cubitorum,
latitudo charitas, altitudo spes futuræ glorificationis.
Deaurata intus, propter divinitatem, foris propter
sanctorum operum et miraculorum coruscationem.
Vel arca de lignis setim est Ecclesia de fidelibus
constructa, unde in omni dimensione continet se-
missem ; quia ex parte cognoscimus, et ex parte
prophetamus, cum autem venerit quod perfectum
est evacuabitur quod ex parte est⁵⁶ ; quæ deauratur
sapientia et vita coronatur æterna. Utriusque arcæ, id
est corporis [Christi] et Ecclesiæ quatuor circuli ; per
quatuor angulos sunt quatuor evangelistæ, per quatuor
mundi climata, sacramentum incarnationis, et fidem
Ecclesiæ deferentes, unde duo in latere dextro Matthæus et Joannes, qui Christo prædicanti adhæse- D
runt ; duo in sinistro, Marcus, et Lucas qui, post
ascensionem Domini, ad fidem venerunt. Utriusque
arcæ vectes sunt doctores fortes, sapientia præditi,
duo charitatis præcepta servantes, fidem incarnationis et Ecclesiæ, suis prædicationibus circumfe-
rentes, semper circulis inserti ; quia necesse est,
ut qui aliis cœlestia prædicant, nunquam mentem a
memoria sacræ Scripturæ, nec manus ab observantia mandatorum contineant ; qui ad officium prædicationis excubant a lectionis studio non recedant,

ut cum arca portanda fuerit, de intromittendis vectibus nulla tarditas generetur. Ignominiosum enim
est si pastor quærit discere, cum pastor quæstionem
debeat enodare. Semper igitur librorum circulis in-
hæreamus, ut divina eloquia meditantes⁵⁷, cum necesse fuerit, arcam levemus, et parati simus omni
poscenti reddere rationem de ea, quæ in nobis est,
spe⁵⁸.

In utraque arca sunt tabulæ Testamenti ; quia in
Christo sunt thesauri sapientiæ et scientiæ Dei
absconditi⁵⁹ ; in Ecclesia meditatio Dei et Evangelii.
In utraque urna aurea est manna ; quia in Christo
plenitudo divinitatis⁶⁰, in Ecclesia fides incarnationis ; in utraque virga Aaron, quia in Christo potestas sacerdotii, quæ per mortem succisa, mane resurrectionis refloruit, in Ecclesia participatio regni,
unde : « vos estis genus electum, regale sacerdo-
tium⁶¹, » vel beata Virgo, quæ sicca peperit florem,
et incorrupta genuit Salvatorem⁶². Super utramque
arcam propitiatorium, tabula scilicet aurea ejusdem
mensuræ cum arca, super quam Dominus apparens
Moysi, populo propitiabatur, unde et in Christo significat misericordiam, quæ superexaltat judicium⁶³,
et omnia opera ejus, unde : « Suavis Dominus universis, et miserationes ejus super omnes operationes
ejus⁶⁴ ; » in Ecclesia significat divinam gratiam,
quæ in mentes fidelium descendit a Patre lumi-
num⁶⁵.

In utraque arca sunt duo cherubim ; super propitiatorium duo Testamenta, incarnationem Domini,
et miserationes ejus⁶⁶, et gratiam quæ data est nobis, in scientiæ plenitudine demonstrantia⁶⁷. Et hoc
versis vultibus in propitiatorium ; quia quod alterum promittit, alterum exhibet de propitiatione.
Mensa de lignis setim est sacra Scriptura de fortibus
verbis patrum contexta, cujus longitudo est perseverantia, quam prædicat versus ille : « A custodia
matutina usque ad noctem, speret Israel in Domino
⁶⁸. » Latitudo est charitas, quam præcepit versus
ille : « Diliges Dominum Deum tuum ex toto corde
tuo⁶⁹. » Altitudo est spes, quam insinuat versus
ille : « Beati mites quoniam ipsi possidebunt terram
⁷⁰, » et quidem longitudo perseverantiæ duorum est
cubitorum, propter munditiam, et operationem, vel
conscientiam, et famam. Latitudo charitas unius
cubiti ; quia una, et simplex est charitas, qua Dominum et proximum, et inimicos diligimus, licet
differenter. Jacob namque omnes filios, sed Joseph
merito innocentiæ, præ cæteris diligebat⁷¹. Altitudo spei unius cubiti et dimidii, quia unum est regnum, quod exspectantes contemplamus, sed per
speculum in ænigmate⁷². Labium aureum munda
prædicatorum doctrina. Corona interrasilis alta quatuor digitis vita æterna, quæ a prædicantibus promittitur, pro diversitate meritorum, si doctrina ser-

⁵² Num. 10. ⁵³ Num. 2. ⁵⁴ II Cor. 3. ⁵⁵ Rom. 8. ⁵⁶ I Cor. 13. ⁵⁷ Psal. 1. ⁵⁸ I Petr. 3. ⁵⁹ Colos.
2. ⁶⁰ Ibid. ⁶¹ I Petr. 2. ⁶² Isa. 11, 45. ⁶³ Jac. 2. ⁶⁴ Psal. 144. ⁶⁵ Jac. 1. ⁶⁶ Psal. 144. ⁶⁷ Joan. 1.
⁶⁸ Psal. 129. ⁶⁹ Deut. 6 ; Matth. 22. ⁷⁰ Matth. 5. ⁷¹ Gen. 37. ⁷² I Cor. 13.

vaveriat quatuor Evangeliorum, quæ digito scribun- A
tur, vel in quibus Dei digitus reperitur [73]. Aureola
generalis glorificatio est aut virginum coruscatio;
quatuor pedes mensæ, quadriformis est expositio
sacræ Scripturæ; exponitur enim historialiter, allegorice, tropologice, anagogice.

Historia est cum res simplici sermone refertur;
ut populus ex Ægypto venit in terram promissionis [74]: dicitur autem historia ab *historia*, quod est
videre, quia historiographorum est res gestas secundum primam vocum significationem exponere.

Allegoria est cum verbis, aut rebus mysticis Ecclesiæ sacramenta significantur; verbis, ut « egredietur virga de radice Jesse, et flos de radice ejus
ascendet [75], » quod est : Nascetur virgo de stirpe
David et de virgine Christus ; rebus, ut populus de B
Ægypto, per sanguinem liberatus agni [76], est Ecclesia, de potestate diaboli sanguine Christi redempta.
Dicitur autem allegoria quasi alienum eloquium.

Tropologia est moralis sermo de morum institutione vel correctione, et fit verbis apertis, ut :
« Filioli, non diligamus verbo neque lingua, sed
opere et veritate [77] ; » figuratis, ut : « Omni tempore sint vestimenta tua candida, et oleum de capite tuo non deficiat [78]. » Et dicitur tropologia conversa locutio, cum quod dicitur ad mores signifi-
candos convertitur.

Anagoge est locutio ad superiora deducens, ut de
præmiis futuris vel de vita futura; et fit apertis, vel
mysticis verbis; apertis ut : « Beati mundo corde,
quoniam ipsi Deum videbunt [79]; » mysticis, ut : C
« Beati qui lavant stolas suas, ut sit illis potestas
in ligno vitæ, et per portas intrent in civitatem [80]. »
Id est beati qui mundant cogitationes [81] et opera,
ut possint videre Christum qui est via, veritas et
vita [82]; et per doctrinam, et exempla præcedentium
intrent in regnum. Et attende quod duplex est significatio : realis et vocalis. Vocalis est cum per voces
res mediantibus intellectibus significantur, de qua
logica loquitur [83]. Realis est cum per unam rem,
alia figuratur. Vocalis est ex humana institutione.
Realis vero ex divina, sicut enim homo per vocem,
sic Deus per creaturas et opera, suam indicat voluntatem. Vocalis autem est univoca, aut æquivoca. Realis autem profundior est; quia quot sunt proprie- D
tates, tot significationum diversitates, utraque est
in mensæ pedibus necessaria; et ideo clarum est
scientiam artium ad cognitionem divinarum proficere Scripturarum. Tres enim sunt artes seu partes
philosophiæ : logica, ethica et theorica. Logica de
vocibus, ethica de moribus, theorica de rebus, et
theorica in mathematicam, physicam et theologiam
dividitur. Mathematica loquitur de formis visibilibus, physica, de naturis visibilibus theologia de divi-

nis. Ergo logica proficit ad theologiam, cum verbis
exponitur; ethica proficit, cum moribus adaptatur;
theorica proficit, cum invisibilia Dei per ea quæ
facta sunt intellecta conspiciuntur [84].

Quatuor circuli per angulos, sunt quatuor libri
evangelici per quatuor mundi climata divulgati;
duo vectes sunt prædicatores duo charitatis præcepta servantes, semper in circulis, id est doctrinis
evangelicis inhærentes, ut supradiximus de vectibus
arcæ, qui, dum verba sacræ Scripturæ ad fidem et
ad dilectionem referunt Evangelii, totam portant
mensam Domini. Super hæc ponebantur panes refectionis; quia cibum vitæ suggerit ad æterna gaudia,
et quomodo ad ea pervenitur ostendit; qui dicuntur
panes propositionis [85]; quia non debent in Ecclesia
deesse verba solatii, sed cunctis fidelibus debet patere sermo salutis. Super ea ponebantur vasa liba-
minum, id est votorum, ut phialæ [86]. Varietas ista
vasorum varietatem significat verborum pro capa-
citatibus auditorum; quia non omnibus omnia
conveniunt. Unde Apostolus : « Lac dedi vobis [87] : »
« Sapientiam autem loquimur inter perfectos [88]. »
In phialis itaque larga prædicatio, in cyathis vero
tenuis designatio : qui plenius auditores inebriat,
phialam porrigit; qui quod sentit utcunque denuntiat, per cyathum gustum tribuit; qui subditos increpat, acetabulum ; qui ad orandum excitat, thuribulum gestat, et hæc omnia sacra Scriptura propi-
nat, quæ reficit nos cibo et potu, graviora porri-
gendo, levia propinando; nam lacte rigat minimos,
pane cibat validos, sed quæ proponitur nobis ad cibum, versa est Judæis in laqueum, retributionem
et in scandalum [89]. Thuribulum vero vas est utrique
legi commune, quod, ut diximus, vel orationalem
significat prædicationem, quæ excitet ad orandum,
vel Domini carnem. Sed, si aureum fuerit, consi-
gnificat sapientiam; quia omnes thesauri sapientiæ,
et scientiæ in eo fuerint absconditi [90]. Unde : « Stetit angelus juxta aram templi, habens thuribulum
aureum in manu sua [91], » id est Christus resurgens
carnem habuit in potestate. Si argenteum fuerit, con-
significat eam ab omni labe mundam, et munditia
renitentem; si cupreum, fragilem et mortalem; si
ferreum, resurgentis fortitudinem. Si quatuor habuerit lineas, demonstrat eam ex quatuor elementis
constare, vel quatuor virtutibus, prudentia, justitia,
fortitudine, temperantia decorari. Quinta linea, quæ
partes dividit, animam designat, quæ se in morte a
carne in illo triduo separavit. Si vero tres habuerit
lineas, figurat carnem, animam et verbum in unam
convenire personam. Quarta quæ partes separat,
potestas est, qua animam suam pro ovibus suis posuit [92]; si una tantum linea sustentatur, significat
quod solus de Virgine generatur [93]; vel solus est

[73] Exod. 51; Deut. 9; Exod. 8; Luc 11.   [74] Exod. 12; Josue 5.   [75] Isa 11.   [76] Exod. 12.   [77] I
Joan. 3.   [78] Eccl. 9.   [79] Matth. 5.   [80] Apoc. 22.   [81] Matth. 5.   [82] Joan. 14.   [83] Arist. 1, peri.   [84] Rom.
1.   [85] Levit. 24.   [86] Exod. 57.   [87] I Cor. 3.   [88] I Cor. 2.   [89] Psal. 68.   [90] Colos. 2.   [91] Apoc. 8.
[92] Joan. 10.   [93] Isa. 7 · Matth. 1.

inter mortuos liber [94] ; circulus, cui hæc omnia in-
nectuntur, est divinitas quæ nullo termino clauditur, a qua hæc omnia continentur et operantur.
Incensum vero significat orationes, quas pro nobis
effudit in carne [95], unde : « Dirigatur oratio mea sicut incensum in conspectu tuo [96] ; » ignis est charitas, qua usque adeo dilexit nos, quod ipsam carnem calefecit et torruit in ara crucis [97], unde :
« Aruit tanquam testa virtus mea [98] » et odorem orationum retulit conspersum in nares Patris, unde respondit : « Clarificavi, et iterum clarificabo [99] ; » vel
per odorem, intelligimus bonum odorem de Christo,
quem, qui vult vivere, debet in suum cor trajicere.
Vel per thuribulum apostolos et prædicatores accipimus, qui sunt aliis odor vitæ in vitam, et aliis
odor mortis in mortem [100]; quorum sermones et
orationes sunt velut incensa multa et velut fumus
aromatum [1]. Vel thuribulum est cor humanum ;
ignis, charitas; thus, oratio; sicut thus cum igne in
thuribulo redolet et sursum ascendit, sic oratio
cum charitate in corde ultra omnia pigmenta fra-
grescit.

Candelabrum quoque ductile utensile est utrique
legi commune, sed antiqui patres sumptuosius for-
maverunt : fecit enim Moyses candelabrum de
auro mundissimo [2], hic est Christus, qui illuminat
omnem hominem venientem in hunc mundum [3] ;
fulsit enim lumine divinitatis, et suæ prædicationis,
ut mundi candelabrum fieret, cujus lumine tenebras
suas peccator agnosceret; fuit ex auro propter sapientiam et munditiam, et fuit ductile propter
passionis tolerantiam, propter quam ductus est in
resurrectionis gratiam, unde : « Propter quod exaltavit illum Deus, et dedit illi nomen quod est supra
omne nomen [4]. »

Hastile est Ecclesia, quæ stat inter adversa libera,
vel potius totum candelabrum est totus Christus,
caput et membra [5]. Nam et ipsa Ecclesia errantibus lucem ostendit, quæ habet sapientiæ claritatem, et malleis tunditur, et ducitur de virtute in
virtutem [6]. Hastile Christus est, caput Ecclesiæ [7], mediator Dei et hominum [8], ex quo totum corpus constructum crescit in augmentum Christi.

Calami sunt prædicatores, qui dulcem sonum;
id est canticum novum mundo dederunt, et omnes,
qui dicenti Prophetæ : « Cantate Domino canticum
novum [9], » obtemperantes, in laudes resonant Creatoris, et sunt sex propter operum perfectionem [10];
tres ex uno latere, et tres ex altero, quoniam et
qui præibant, et qui sequebantur, clamabant : « Hosanna in excelsis [11], » prædicantes fidem deificæ
Trinitatis. Nam David, in numero præcedentium,
ait : « Verbo Domini cœli firmati sunt, et Spiritu
oris ejus omnis Virtus eorum [12]; » Joannes secutus,

adjunxit : « Tres sunt qui testimonium dant in
cœlo : Pater, Verbum et Spiritus sanctus [13], » vel
tam ante incarnationem quam postea, tres fuerunt
in Ecclesia gradus : Noe, Daniel, et Job, id est rectores, virgines vel continentes, et conjugati : hi
sunt qui, secundum Evangelium, sunt in agro, in
lecto, in mola [14].

Scyphi prædicatores, vel auditores, qui inebriant,
vel inebriantur vino scientiæ. Sphærulæ sunt prædicatorum, et quorumlibet electorum volubilitas,
sphæra ex omni parte volvitur, sic prædicator et
quivis electus non adversitate, non prosperitate
corrumpitur, sed inter adversa fortis, inter prospera
humilis, nec timoris habet angulum, nec elationis
erigit supercilium ; post scyphos et sphærulas lilia
formantur, quia post deliberationem spiritualem,
post sanctam operationem, pro temporum diversitate volubilem, virens patria sequitur, quæ animabus sanctis, id est floribus vernat æternis ; Dominus enim qui poculum sapientiæ spiritualis propinavit, cursum operationis inoffensum ostendit.
Ne in vacuum curramus [15], nobis januam virentis
patriæ patefecit. Et sunt per singulos calamos tres
scyphi, sphærulæque simul, et lilia ; nam quilibet
ordo tria habet tempora, sive ante incarnationem,
sive postea, ante ut tempus ante legem, sub lege
et sub prophetis; post, ut in primitiva Ecclesia de
Israel, in secunda de gentibus, in tertia de reliquis.
In qualibet sunt, fuerunt et erunt, qui pocula gratiæ quasi scyphi sitirent, inebriarentur et inebria-
rent ; qui in via Dei quasi sphærulæ currerent, qui
candorem et odorem perpetuæ lucis, quasi lilia videre desiderarent. Et vide quoniam hæc omnia sunt
ab hastili procedentia, quia omnes de plenitudine
ejus accepimus [16]; sicut ergo dicit : « Ego vitis et
vos palmites [17], » sic dicat : Ego candelabrum et
vos calami, et scyphi. In ipso hastili sunt quatuor
scyphi, sphærulæque simul et lilia ; quia quatuor
evangelia prædicant ipsum plenum gratia Spiritus
sancti [18], et quod : « Exsultavit ut gigas ad currendam viam [19], » et quod clarificatus [20] sedeat ad
dexteram Patris [21]. Sed nec illud est otiosum, quod
singuli calami scyphis, sphærulis et liliis imitantur; quia sancti prædicatores divinis mandatis et
promissionibus Domini sustentantur.

« Fecit et lucernas septem [22]. » Lucernæ septem
sunt dona sancti Spiritus, quæ in nocte hujus sæculi tenebras nostræ cæcitatis illustrant, quæ supra
candelabrum ponuntur, quia requievit supra Christum spiritus sapientiæ et intellectus, spiritus consilii et fortitudinis, spiritus scientiæ et pietatis,
et spiritus timoris Domini [23], quibus prædicavit captivis indulgentiam [24] Emunctoria sunt forcipes ad
emungendum ellychnia, hæc sunt, verba divina,

[94] Psal. 87.   [95] Isa. 53.   [96] Psal. 140.   [97] Joan. 15.   [98] Psal. 21.   [99] Joan. 12.   [100] II Cor. 2.
[1] Apoc. 8.   [2] Exod. 25, 37.   [3] Joan. 1.   [4] Philip. 2.   [5] Ephes. 5.   [6] Psal. 83.   [7] Ephes. 5.   [8] I Tim. 2.
[9] Psal. 95, 97.   [10] Gen. 1.   [11] Matth. 21.   [12] Psal. 32.   [13] I Joan. 5.   [14] Matth. 24.   [15] Gal. 2.   [16] Joan.
1.   [17] Joan. 15.   [18] Joan. 1.   [19] Psal. 18.   [20] Joan. 12.   [21] Psal. 109.   [22] Exod. 37.   [23] Isa. 2.
[24] Isa. 61.

quibus litteram amputamus, et lucentem Spiritum A revelamus, sunt enim quædam in lege et Evangelio, hic et futuro servanda ut : « Dilige Dominum Deum tuum [25]. » Quædam hic, non in futuro, ut : « Facite vobis amicos de mammona iniquitatis [26]; » quædam in lege, non in Evangelio, ut : Observa diem Sabbati [27] et ritus sacrificiorum, quæ suo tempore custodia, quasi ellychnia lucebant perfusa oleo devotionis, incensa igne charitatis. Sed emunguntur, cum littera cessasse docetur, et lucidius intelligentia spiritus aperitur. Propterea dicitur : « Vetustissima veterum comedetis, et novis supervenientibus vetera abjicietis [28]. » Vasa in quibus emuncta ellychnia exstinguuntur, sunt corda fidelium, quæ exspirasse observantiam legalem admittunt, vel ellychnia sunt charismata gratiarum. Vasa, corpora vel corda sanctorum; emuncta igitur in sanctis ellychnia clarius elucent; quia, sublatis præsentibus usibus donorum, clariores erunt usus eorum, vel finita mortalitate : « Fulgebunt sicut sol in regno cœlorum [29]. » Pluralitas in ecclesia lucernarum, pluralitatem in fidelibus significat gratiarum. Vel luminaria sunt illi quorum doctrina fulget Ecclesia, ut sol et luna, quibus dicitur : « Vos estis lux mundi [30]; » singularis vero lucerna Christus est qui illuminat omnem hominem venientem in hunc mundum [31]. Apud modernos in coronis lucernæ ponuntur; coronæ vero tribus de causis in ecclesiis suspenduntur; primo vel ad decorem, vel ad utilitatem ; secundo ad significandum quod ii qui permanent in unitate Ecclesiæ, si Deo devote servierint, coronam vitæ percipient [32]; tertio vero cœlestis Hierusalem nobis ad memoriam revocatur, ad cujus figuram facta videtur ; constat enim ex auro, argento, ære, ferro, catenis et lapidibus pretiosis.

Aurum sunt martyres, argentum sunt virgines, æs doctores, ferrum continentes, gemmæ quinque virtutibus coruscantes. Catena contemplatio, quæ semper eos ad Dominum erigit. Supremus circulus est Deus, qui omnia continet et comprehendit. Ollæ seu lebetes cineres suscipientes, sunt fideles qui Domini passionem pia mente retractant; nam per cinerem vitulæ, quo inquinatus sanctificabatur [33], sacramentum Dominicæ passionis accipitur.

Forcipes quorum gemino dente componitur ignis, sunt prædicatores, qui nos consonis utriusque Testamenti paginis instruunt, et in omnibus componentes ad charitatem accendunt. Fuscinulæ vel creagræ, quibus carnes de caldariis efferebantur, et ad esum reficiendorum afferebantur, quædam vero ignibus consumi relinquebantur, sunt prædicatores qui sacramenta Christi, quasi carnes hostiæ salutaris pertractant, partim operibus imitantes, partim alios reficientes, ea vero quæ non sunt nostræ capacitatis sancto Spiritui relinquentes ; batilla qui-

bus ignis de altari holocaustorum portabatur ad altare thymiamatum, sunt prædicatores, qui, exemplis sanctorum, charitatis ignem transferunt in corda fidelium, quive corda patrum in filios convertunt [34], ipsosque de virtute in virtutem [35] accendunt.

Ignium receptacula sunt ipsi filii, qui corda patrum pietate ferventia imitantur, et flammam cœlestis sacrificii, quam in proximorum mentibus aspiciunt, in se accendere satagunt. Omnia autem vasa fuerunt ænea, quia corda sanctorum perseveranter obediunt, et clara voce instruunt.

Scutiæ sunt vasa æqualis amplitudinis in fundo, et ore ad calefaciendum facta, ii sunt doctores qui thesaurum cordis non celant, sed ex eo proferunt nova et vetera [36]. Lucernam quoque non ponunt sub modio, sed super candelabrum, ut luceat iis, qui sunt in domo Dei [37], ut lumen et calorem accipiant Spiritus sancti.

Amulæ sunt vasa ad offerendum vinum ; hi sunt prædicatores subditos mordaciter increpantes, vel judices rigide judicantes, vel quilibet gratia Spiritus sancti inebriati et alios inebriantes. Hydriæ sunt aquaria vasa : hi sunt doctores aqua sapientiæ salutaris potati, vitalibus aquis repleti [38]. Mortariolum est labor pœnitentium, quo carnem suam mortificant, castigant corpus et in servitutem redigunt [39], et pilo timoris contundunt. Salomon vero fecit decem luteres [40], id est conchas, præter fusile mare, id est majorem luterem. Quilibet illorum decem quadraginta batos capiebat, major autem duo millia, in decem luteribus holocausta lavabantur, in majori sacerdotes se lavabant ; major luter est baptismus, qui mare dicitur, in memoriam maris Rubri. Unde : « Patres nostri omnes sub nube fuerunt, omnes mare transierunt, et in Moyse baptizati sunt in nube et in mari [41]. » In his omnes sacerdotes, id est electi membra sacerdotis Jesu Christi lavantur, dum per vim ejus a peccatorum maculis abluuntur ; duo millia batorum cepit [42], dum utrumque populum abluens ad perfectionem denarii quadrati transmisit, in præsenti ad stabilem conscientiam, quæ nulla tentatione a statu rectitudinis inclinatur, in futuro ad denarium vitæ in quo nulla reprobatio reperitur.

Decem luteres sunt decem præcepta, vel baptizati decem præcepta servantes. Unde, et quivis quadraginta batos capiebat propter observantiam Decalogi et Evangeliorum, in quibus sacrificia mundantur, id est spiritus contribulantur et corda humiliantur, ut faciant Domino suavitatis odorem [43]; quia : « Sacrificium Deo spiritus contribulatus; cor contritum et humiliatum, Deus, non despicies [44]. » Tuba utebantur antiqui, ut legitur in Numeris [45], ad multitudinem congregandam, ad dimicandum, ad gratulandum in diebus festis, sed, cum diversitate

[25] Deut. 6; Matth. 22. [26] Luc. 16. [27] Exod. 20. [28] Levit 26. [29] Matth. 13. [30] Matth. 5. [31] Joan. 1. [32] Jac. 1. [33] Num. 19; Hebr. 9. [34] Malach. 4. [35] Psal. 83. [36] Matth. 13. [37] Matth. 5. [38] Eccli. 15. [39] I Cor. 9. [40] III Reg. 7. [41] I Cor. 10. [42] III Reg. 7. [43] Num. 28. [44] Psal. 50. [45] Cap. 10.

sonorum, et erant ductiles, et argenteæ, quorum A usus tantæ fuit virtutis in jubilo, ut ad strepitum earum corruerit Jericho [46]. Hæc sunt duo Testamenta, vel prædicatores quibus ad procinctum fidei populus evocatur ad pœnitentiam, et lacrymabilem compunctionem excitatur, ad laudes Domino exhibendas invitatur, et ad montem Sion, et ad civitatem sanctam Hierusalem [47], et multorum millium angelorum frequentiam [48], et ad futurum Dei judicium provocatur, et vide quia in adversis et prosperis, tubis clangitur; quia omne tempus convenit verbo Dei, unde : « Benedicam Dominum in omni tempore, semper laus ejus in ore meo [49]. » Sed secundum qualitates auditorum, et temporum temperandus, et diversificandus est sermo doctorum; est enim quandoque docendum, quandoque orandum, quandoque vero cantandum [50], et multitudini B lac tribuentes [51], simpliciter loquimur; et aperte sapientiam autem loquimur inter perfectos [52]; omnia tamen ad ædificationem fiant [53].

Quid enim prodest lectionis obscuritas, quæ auditorem non ædificat? pro nihilo loquimur, si ab his propter quos loquimur non intelligimur; qui ergo docet, inter omnia, verum non verba, doceat [54]. Insignis indoles est, in verbis amare verum, et non verba; quid clavis aurea prodest, si non aperit? Quod obest ferrea, si aperit? Nihil quærimus nisi ut pateant clausa et revelantur occulta. Integra tamen verba potius sunt eligenda; quia tubæ sunt argenteæ, id est eloquii intentione fulgentes, quæ si non occurrunt, etiam corruptis utantur, dummodo C res integre doceatur, et discatur. Sed quia patientia probat opus perfectum [55], ductiles sunt, ut excrescant tunsionibus tribulationum. Pro tubis hodie campanas habemus, ad annuntiandum mane misericordiam Domini, et veritatem ejus per noctem [56], ut dum ad horas personant, attentos, dociles et benevolos divinæ laudis auditores efficiant. Sunt autem campanæ vasa ænea, in Nola Campaniæ reperta; unde majora vasa, campanæ, a Campania regione, dicuntur : minora vero nolæ, a Nola civitate. Habent plectrum cum vinculo, lignum cum fune, quam dum trahit sacerdos et trahitur, campana resonabili plectro pulsatur. Licet tubæ et campanæ sint dissimilis speciei, sunt tamen rationis ejusdem, nam campanæ sunt prædicatores, qui sunt vasa D Spiritus sancti, fortes et sonori. Nam duritia metalli fortitudinem significat mentis, unde Dominus : « Dedi frontem tuam duriorem frontibus eorum [57]. »

Plectrum ferreum est lingua, vel sermonis constantia, quæ utramque partem percutit, dum utrumque resonat Testamentum; vinculum modulatio est, qua lingua temperatur, vinculum vero, quo campana ligno cunjungitur est charitas, qua prædicator ligno crucis astringitur, juxta illud : « Mihi absit gloriari nisi in cruce Domini [58]; » lignum enim passio Christi in capite nostro, id est in mente locata, a prophetis prædicata, per apostolos divulgata.

Funis est sacra Scriptura, quæ ex multis sententiis compaginatur, aut vinculum charitatis, quæ usque ad terram, id est infirmos, porrigitur, vel prædicatoris humilitas, qui propter alios condescendit. Unde Apostolus [59] : Sive excedimus, sive condescendimus, propter vos. In cujus fine ponitur annulus, qui significat perseverantiam, aut præmii coronam; sacerdos deorsum funem trahit, dum ad vitam activam a contemplatione descendit; sursum trahitur, dum, Scriptura docente, in contemplationem erigitur. Vel deorsum trahit, dum Scripturam ad litteram, quæ occidit [60], intelligit; sursum trahitur, dum spiritualiter eam exponit. Vel secundum Gregorium : Deorsum trahit et sursum trahitur, dum in ea se metitur, quantum in pravis jaceat et quantum ad bona facienda proficiat. Non despiciat sacerdos hoc opus agere, ut sit imitator filiorum Aaron, de quibus dicitur : « Filii Aaron clangant tubis [61]. » Qui se recognoscit debitorem prædicationis, non se retrahat a movendis signis; ex tractu funis, campana resonat, et populus convocatur; quia ad expositionem sacræ Scripturæ prædicator auditur, et populus in unitate fidei et charitatis unitur. Sicut ergo campana crepitat, sic custos Hierusalem in specula constitutus non taceat, juxta illud : « Qui reminiscimini Dominum, ne detis silentium ei [62]. » Et quia prædicatores tempore gratiæ crebrius abundant, idcirco in diebus festis, quæ ad gratiam pertinent, tumultuosius tinniunt, productius concrepant, [ut] dormientes, et ebrios (« qui enim dormiunt, nocte dormiunt, et qui ebrii sunt nocte ebrii sunt [63], ») ad Dei laudes surgere cogant. Trinum itaque saltem solemnis diei classicum, id est matutinum; vespertinum, et quod ad missæ pulsatur initium, sic imitetur evangelicus prædicator, ut opportune et naportune prædicet lamentationes [64] præsentis vitæ, carmen futuræ, væ gehennæ ! Hæc mireris, prædicatores tot, ut prædiximus, nominibus appellari, qui sunt ad multa ministeria necessarii.

Signis et vexillis utebantur [65] antiqui ad castra movenda, secundum sua signa quilibet incedebat in castris; signa sunt singulorum proprietates, quæ sunt in corpore vel in animo, verbi gratia licet omnes similes simus, est tamen propria cujusque distinctio, vel in vultu, vel in voce, vel statura, vel in habitu, vel in positione; similiter et in animo, alius mitis, alius elatus. Et forte quanta est in corporali specie diversitas, tanta est in animis, unde Salomon : Sicut diversi sunt vultus a vultibus, sic corda hominum. Ex quibus simul junctis, ut aiunt quidam, procedit illa singularis proprietas, qua Petrus a Paulo distinguitur, quæ emendicato

[46] Josue 6. [47] Isa. 2. [48] Hebr. 12. [49] Psal. 33. [50] Eccl. 3. [51] I Cor. 3. [52] I Cor. 2. [53] I Cor. 14. [54] Ibid. [55] Jac. 1. [56] Psal. 91. [57] Ezech. 3. [58] Gal. 6. [59] II Cor. 5. [60] II Cor. 3. [61] Num. 10. [62] Isa. 62. [63] I Thess. 5. [64] Ezech. 2. [65] Num. 2.

vocabulo Paulitas appellatur. Sicut sunt in homine istius modi universalia signa, sic arbitror esse gratuita, scilicet usus virtutum. Eadem sunt elementa apud Græcos et apud nos, sed non eadem signa; eædem virtutes sunt in omnibus in habitu, sed non eadem in usu; unde Abraham de fide [66], Moyses de mansuetudine [67], David commendatur de humilitate [68]. Secundum hæc, et similia signa, quivis procedit de militia et stadio castrorum ad patriam, et bravium æternorum [69]; unde qui scientia præferuntur, transeunt ad cherubim; qui solo Dei amore pascuntur, transeunt ad seraphim, et ita de reliquis mansionibus; sicut enim divisiones gratiarum sunt, operationum et ministeriorum in vita præsenti [70], sic sunt diversæ mansiones in regno Dei [71]. Nostrum signum, nostrumque vexillum est sanctæ crucis mysterium. Unde : « Qui stat in signo populorum [72], » id est gratia Dei, item :

> Vexilla regis prodeunt,
> Fulget crucis mysterium.

Signum sanctæ crucis in ecclesiis erigitur, ut signum regis in domo sua quasi in urbe regia a militibus adoretur. Item ut nobis Christi passio repræsentetur. Item ut quivis carnem suam crucifigens Christum imitetur [73]. Crux Christi triumphalis in medio Ecclesiæ ponitur, tum ut signum victoriæ in publico videamus, tum ut de medio corde Redemptorem nostrum diligamus, qui « media charitate constravit propter filias Hierusalem [74]. » Vexillo simul cum cruce in altaribus utimur in memoriam trophæi Domini nostri Jesu Christi; quia Dominus a ligno regnavit [75]; nam dum vita in ligno moritur, in amore exsurgit. Nam fortis fortem ligavit [76], et ejus vasa diripuit; calicis nomen, et a Veteri et a Novo Testamento extraxit originem. Unde Jeremias : « Calix aureus Babylon inebrians omnem terram [77], » et David : « Calix in manu Domini vini meri plenus misto [78], » et alibi : « Calicem salutaris accipiam, et nomen Domini invocabo [79]; » in Evangelio Dominus : « Potestis bibere calicem, quem ego bibiturus sum [80] ? » item : « Accipiens calicem, gratias egit [81], »

Debet esse calix de auro, vel argento, vel stanno, non de ære, vel aurichalco, quoniam ob vini virtutem, æruginem et vomitum provocaret; non de vitro, quia cum sit frangibile, effusionis periculum immineret; non de ligno, quoniam cum sit porosum corpus, et spongiosum, sanguinem absorberet. Est

calix mystice spiritus sapientiæ [85], qui datus est nobis secundum mensuram fidei [83]; ex parte enim cognoscimus [84], unde : « Dominus, pars hæreditatis meæ et calicis mei [85]. » Est et Vetus Testamentum continens in se vinum merum spiritualis intelligentiæ, et moralium præceptorum, et mistum fece litteræ et corporalium sacramentorum, unde : « Calix in manu Domini vini meri plenus misto » quem, licet « inclinavit Dominus ex hoc in hoc [86], » id est a Judæo in gentilem, tamen fex litteræ non est exinanita, sed bibunt eam peccatores terræ, Judæi et Ebionitæ. Est sapientia mundi vel carnis; sapientia mundi stultitia est apud Deum [87] : « Sapientia carnis inimica est Deo [88]; » prima suadet inania, secunda suavia; per primam, sapere est decipere; per secundam, sapere est insanire. Unde : « Calix aureus Babylon [89]. » Est et calix passio, quasi placita potio. Unde : « Ibant gaudentes a conspectu concilii [90], » quia patiebantur contumelias pro nomine Jesu Christi. Vel mensurata potio, fidelis enim est Deus, qui non patietur nos tentari supra id quod possumus [91]. Dicit hic : « Calicem salutaris accipiam [92], » et illic : « Potestis bibere calicem quem ego bibiturus sum [93], » et illud : « Accipiens calicem, gratias egit [94]. » Hic si aureus est, significat thesauros sapientiæ in Christo absconditos [95]; si argenteus, designat munditiam culpæ; si stanneus est, innuit similitudinem culpæ et pœnæ. Stannum enim medium est inter argentum et plumbum; caro Christi licet non fuerit plumbum, id est peccatoris, fuit tamen similis peccatrici carni [96], et licet non fuerit argentum, id est passibilis propter suam culpam, fuit tamen similis passibili propter nostram; quia « languores nostros ipse tulit, et dolores nostros ipse portavit [97]; » codices quoque evangelici auro, et argento, et lapidibus pretiosis non immerito decorantur, in quibus rutilat aurum sapientiæ, argentum eloquentiæ et miraculorum; lapides pretiosi, hæ sunt sponsæ murenulæ aureæ, argento vermiculatæ [98]. Nec sit qui dicat : Poterant hæc venundari et dari pauperibus [99]; quia similis est Judæ, et mulieri contrarius unguentariæ. Hoc enim agimus, non quia Domino nuda corpora minus delectent, quam aurea, sed quia cum homines quod diligunt, Deo libenter offerunt, per divinam latriam nostram vincimus avaritiam. Rursus divinæ sunt hæc pietatis officia moralia, et futuræ gloriæ significativa.

[66] Gen. 15. [67] Num. 12. [68] II Reg. 6. [69] I Cor. 9. [70] I Cor. 12. [71] Joan. 14. [72] Isa 11. [73] Gal 5. [74] Cant. 3. [75] Psal. 95. [76] Luc. 11. [77] Jer. 51. [78] Psal. 74. [79] Psal. 115. [80] Matth. 20. [81] Matth. 26. [82] Eccli. 15. [83] Rom. 12. [84] I Cor. 13. [85] Psal. 15. [86] Psal. 74. [87] I Cor. 1. [88] Rom. 8. [89] Jer. 51. [90] Act. 5. [91] Cor. 10. [92] Psal. 115. [93] Matth. 20. [94] Matth. 26. [95] Col. 2. [96] Rom. 8. [97] Isa. 53. [98] Cant. 1. [99] Matth. 26.

LIBER SECUNDUS.

DE INSTITUTIONE, VESTIBUS ET HABITU MINISTRORUM ECCLESIÆ.

PROLOGUS.

Auctor universitatis altissimus de ipsa partium

universitate quædam sibi specialia vindicavit, ut de locis, loca venerabilia; de personis, clericos, mo-

nachos et moniales ; de rebus, decimas et oblationes ; de temporibus, dies solemnes. De locis prædiximus, insequenti particula de personis agamus [100].

CAPUT PRIMUM.

DE INSTITUTIONE ET HABITU PERSONARUM ECCLE-
SIASTICARUM.

‹Sic nos existimet homo, ut ministros Christi et
dispensatores mysteriorum Dei [1].› Ad majorem personarum ecclesiasticarum evidentiam, sciendum est
quod tres leguntur sectæ famosæ, gentilium, Hebræorum et Christianorum ; prima dicitur secta a
secando, quia secat, id est nos a Deo separat, secunda et tertia a sectando , illa enim illuminat, ista
salvat et liberat.

Ritus gentium et Hebræorum conversi sunt in
ritum Christianorum, et hæc mutatio dexteræ Excelsi [2]. Christianorum personæ , tam sæculares
quam, ecclesiasticæ sumptæ sunt ab illis duabus
sectis, Hebræa scilicet et gentili. Nam apud gentiles fuit diversitas personarum ; quoniam aliæ populares, seu laicales (Laos enim populus) vel sæculares, ut monarcha scilicet, imperator, rex, patricius, præfectus, senator, dux, marchio, comes,
præses, tribunus, centurio, decurio, quatuor-viri,
triumviri, prætor, quæstor, aulæ janitor ; aliæ deorum cultibus mancipatæ, ut archiflamines, flamines,
a filo quod in capitibus gestabant, scilicet sacerdotes in utroque sexu. Aliæ studiis deputatæ ut co-
mœdi, tragœdi, historiographi. Similiter apud Hebræos sæculares personæ, ut reges, et duces, et
sub eis chiliarchæ, hecatontarchæ, pentacoutarchæ,
decarchæ, id est, millenarii, [centenari,] quinquage-
narii, decani. Nam chile mille, echas centum, penta
quinquaginta, decas decem interpretatur. Hos constituit Moyses ad consilium Jethro soceri sui [3], divinis
cultibus mancipatos, ut summus sacerdos, minores
sacerdotes, Levitæ, Nathinei, emunctores, exorcistæ, janitores, cantores, et arditui [4]. Hos etiam
Moyses instituit, quosdam vero David, et Salomon
ex præcepto Domini ordinavit. Similiter et apud
Christianos sunt plures personæ, quæ fere nominibus censentur eisdem cum gentilibus divinis cultibus mancipatæ, ut clerici, monachi. Clerici dicuntur a cleros, quod est sors ; nam in Veteri Testamento sacerdotes eligebantur sorte [5], et Ma-
thias sorte fuit electus [6] ; gentiles enim ad divinum
cultum sorte unum ex liberis eligebant ; vel ideo
nominantur clerici, quia sortem, id est hæreditatem Domini percipiunt, ut decimas, primitias et
oblationes. Nam et cleros hæreditas dicitur, vel
dicitur clericus quia Dominus sortitus est eum, vel
ipse Dominum, juxta illud : ‹ Dominus pars hæreditatis meæ [7]. › Inde est quod in tonsura clerico-

rum his utimur verbis, qui ergo Domini pars est,
vel partem habet Dominum, nihil habeat, ut Hieronymus ait, præter Dominum, sed talem se exhibeat, ut possideat Dominum, vel possideatur a Domino, et tunc accipiet benedictionem a Domino,
et erit generatio quærentium Dominum [8], sicut in
eadem tonsura dicere consuevimus. Tonsura clericalis accepit initium ab usu Nazaræorum, qui ex
jussu legis crines radebant et in sacrificium incen-
debant [9] ; Nazaræi dicuntur sancti ; ideoque docuerunt ministros Ecclesiæ fore tondendos, ut superfluis cogitationibus a mente exclusis, et flammis divini amoris incensi, sancti, Sancto sanctorum
in sanctitate serviant [10], vel aliter a lege tonsura
contrahit occasionem.

Sacerdotes legis tiaram, id est pileolum ex
bysso in modum mediæ spheræ in capite [11] ; rex
vero coronam gestabat. Pars ergo capitis rasa tiaram ; circulus crinium designat coronam, ut intelligamus et gratias agamus, quod instituit nos Deus
in genus electum et regale sacerdotium [12]. Vel aliter a lege, ubi corona quatuor digitorum super
mensam, et de super aureola fieri mandatur [13]. Per
circulum ergo crinium corona, per plateam coro-
nula fingatur, ut speremus, quod per doctrinam
sacræ Scripturæ, et maxime quatuor Evangeliorum, promerebimur non solum animæ vitæ æternæ
dulcedinem, sed et corpori clarificationem. Vel
tonsura clericalis, et rasura similiter, sicut eis
more nostro utimur, originem accepit a Christo.
Christus enim rex noster, spineam coronam portavit [14], ut spinas et tribulos nostrorum peccatorum
auferret, se ipsum in ara crucis oblaturus calvitium
pertulit. Mos enim erat apud antiquos, quod captos decalvabant, quos crucifigere volebant, unde
et locus calvariæ dicebatur, ubi crucifixus est Dominus [15] ; et ideo dicitur decalvatus, non quia decalvatus, sed quia in calvaria passus, unde figuratus est per Core, qui calvus interpretatur, et per
Elisæum, cui a fatuis dicebatur : ‹ Ascende, calve
[16] ; › et per Samsonem cui Dalila caput abrasit [17], id
est quem Synagoga, mentis inops, in Calvaria cruci-
fixit. Nos itaque filii Core superius decalvamur,
cum radimur, et sic per circulum crinium, et nuditatem rasuræ passionem Christi recolimus, in
qua gloriari et quam imitari debemus. Dicitur autem
rasura, corona ; quia decalvatio Christi fuit nostra
victoria. Unde : ‹ Mihi autem absit gloriari nisi in
cruce Domini nostri Jesu Christi [18] › ; sed nondum
apparuit hæc gloria, quid erit [19] ; habet enim adhuc tristitiæ signum, donec tristitia vertatur in
gaudium [20] ; vel originem habet a Petro, sicut ex
auctoritate Bedæ in historia reperitur Anglorum,
qui ait : Nullam tonsuram magis amplectendam ea,

---

[100] III Reg. 9; Num. 3; Deuter. 26; Exod. 20.   [1] I Cor. 4.   [2] Psal. 76.   [3] Exod. 18.   [4] Exod. 28 ;
Num. 18; I Paral. 6.   [5] Lev. 16.   [6] Act. 1.   [7] Psal. 15.   [8] Psal. 23.   [9] Num. 6.   [10] Luc. 1.   [11] Exod.
28.   [12] I Petr. 2.   [13] Exod. 25.   [14] Matth. 27; Marc. 15; Joan. 19.   [18] Ibid.   [16] IV Reg. 2.   [17] Jud.
16.   [18] Gal. 6.   [19] I Joan. 3.   [20] Joan. 16.

quam ille gestabat in capite, cui se confitenti Do- A
minus ait : « Tu es Petrus, et super hanc petram ædificabo Ecclesiam meam [21] ; » et nullam
magis detestandam ea, quam ille gerebat, cui gratiam sancti Spiritus comparare volenti Petrus ait :
« Pecunia tũa tecum sit in perditione [22]. » Petrus
enim captus a gentibus, barba rasus est, capite decalvatus est, sed quod illi fecerant in ludibrium,
hic observari voluit in mysterium, scilicet vel memoratæ passionis divinæ, vel quæ nobis debet etiam
inesse moralitatis : per caput namque mens accipitur, quæ, sicut caput capillis, sic cogitationibus
exornatur, quæ novacula timoris Dei debet a superfluis cogitationibus radi, ut nuda facie cordis valeat cœlestia contemplari ; circulus crinium est ornatus virtutum ; capilli in circulo coæquantur, quia B
virtutes in concordia charitatis consumantur, ut sit
clericus fortis in se ipso, totus teres atque roton-
dus ; nihil enim in figuris, magis sibi concordat, et
ex omni parte consentit, quam circulus.

Superior pars raditur, et circulus in inferiori
parte relinquitur, ut ratio libere quæ Dei sunt con-
templetur et sensualitas concordetur, et non rationi dissentiens, quæ mundi sunt necessaria meditetur. Capillos necesse est remanere, quoniam de
temporalibus, sine quibus vita non ducitur, expedit
aliquando cogitare, dummodo aures et oculos non
impediant ; ne sæculares cogitationes, aures et oculos mentis ad sæcularia trahant, quæ solent suffocare
verbum seminantis [23] ; vel opprobria gestamur in C
capite, ut in frontispicio videamur exspectare coronam vitæ æternæ, quam repromisit Deus diligentibus se [24]. Barba radimur ut pueri videamur, quorum
si humilitatem et innocentiam imitabimur, cum
Domino pulmentarium comedemus, et regnum cœlorum intrabimus [25], et angelis, qui semper juve-
nili ætate reflorent, æquabimur ; sed in jejuniis capillos et barbam crescere permittimus, ut habitum
pœnitentium repræsentemus, vel activas cogitationes, quæ Deo non obviant, non improbemus, ut
ecclesias ædificare, et similia ; vel quia, secundum
Gregorium, per vitam magnæ continentiæ, significamus præsumptionum cogitationes excrescere. Demum nostri schema stemmatis unde traxit originem non est magnopere inquirendum, cum scia- D
mus illud magisterium ratione compositum ; multa
enim sunt, quorum auctores Ecclesia præsens ignorat, sed consuetudine approbat. Inter clericos ton-
surandi, aut illico tonsurati, cappis utantur, et
stolis in divinis, et camisiis, et quandoque laneis
clausis et fissis. Cappa videtur a casula tracta ; per
hanc igitur, ut per casulam, monemur in charitatis operibus manere, eamque verbo et exemplo docere.

Stola, seu cotta, seu superpellitium, vestis est
candida in modum crucis formata, candor enim

A munditiam, vel potius novam sanctorum gloriam,
et vitam repræsentat angelicam ; forma passionem
dictam. Et attende quod in profestis, cappis utimur
nigris, ut simus sicut comæ elatæ palmarum ni-
græ ; quasi corvus, ut capiti adhæreamus, mentes
ad cœlestia dirigamus, et peccatorum nostrorum
nigredinem humili conscientia confiteamur ; ut in
festivis, togis utimur albis, innuentes quod quotidianam salubris justitiæ nigredinem candore futuræ lætitiæ vestiemus ; non enim possunt filii Sponsi
lugere, quandiu Sponsus est cum eis [26] : indivisæ
sunt vestes, albæ, talares et laxæ, unam vel duas
linguas habentes. Albæ, quia vitæ munditiam designant ; laxæ, quia bonorum operum largitatem ;
talares, quia perseverantiam usque in finem. Hæc
est tunica talaris Joseph [27], actio consummata in termino vitæ. His vestibus utantur, qui volunt in sanctimonia et sanctificatione Deo placere. Tunica Domini inconsutilis dicitur [28] lingulam habuisse ; lingula vestis est lingua doctoris, quæ, si duæ fuerint,
duo significant Testamenta, in quibus debent esse
periti, vel duo charitatis præcepta, ut diligant Dominum et proximum [29] ; vel in sacerdotibus binam
potestatem ligandi scilicet, et solvendi [30].

Lanea tunica est asperitas pœnitentiæ, vel humilitas, aut virtus patientiæ, quæ debet esse circu-
laris, et clausa non scissa, ne ventus, quasi vitium
subrepat arrogantiæ. Clerici non debent arma portare ; quia non debent homines, sed dæmones impugnare, sicut Moyses non armis Amalec, sed orationibus impugnavit [31] ; sicut apostoli non nos armis resistere docuerunt, sed magis injuriam pati
[32] ; et ideo nec debemus laicalibus vestimentis
abuti, sicut et laicis non licet clericale officium
usurpare ; et ideo nec clericales vestes induere. Laicorum autem vestes debent esse strictæ et scissæ,
ut expediti sint ad pugnam, ut protegant ab hæreticis et paganis Ecclesiam. Hunc igitur habitum
observemus, ut non laici, sed ministri Domini, id
est clerici videamur. Monachi dicuntur singulares
et tristes a *monos*, quod est *unum*, et a chaos quod
tristitia interpretatur ; qui cum habitum humilitatis
suscipiunt, ad obedientiam se obligant, et castitatem, habitum vestium, abrenuntiationem propriorum. Hæc enim sunt de voti substantia, cætera vero
sunt appendicia, ut jejunium, officium, silentium, et
similia. Ex inde cucullam eos induimus, cum orationibus ad hoc destinatis, ut exuant veterem hominem cum actibus suis, et induant novum [33], qui
secundum Deum creatus est.

Cuculla monachorum sumpta est a collobiis
apostolorum, quæ, ut dalmatica formabantur, et præferebant in eis formam crucis ; quia se crucifixerunt cum vitiis et concupiscentiis [34] ; hujus nigredo
est contemptus mundi, longitudo perseverantia
boni. In monialibus autem nigredo vestis contem-

[21] Matth. 16. [22] Act. 8. [23] Luc. 8. [24] Jacob. 1. [25] Matth. 18. [26] Matth. 9 ; Marc. 2 ; Luc. 5.
[27] Gen. 57. [28] Joan. 19. [29] Matth. 22. [30] Matth. 18 ; Joan. 20. [31] Exod. 17. [32] Act. 5. [33] Ephes.
4. [34] Gal. 5.

ptus amplexus virilis, velum signum pudoris et futuri honoris. In nuptiis, puellæ capita velant : sicut
Isaac viso, Rebecca velavit se [35] ; sic sponsa Christi
se velat, ut illicita cunctis viris appareat, propter
quod est ei corona vitæ reposita [36] ; cum his beata
Virgo depingitur, quæ fuit utriusque vitæ magistra;
activæ, quia nupta ; contemplativæ, quia contem-
ptibilibus indumentis induta ; unde et in ejus festivitate legitur Evangelium Mariæ et Marthæ [37]. Viduis quoque vilis habitus est mundi despectus ; nomine siquidem monachorum et conversos, et eremitas, hospitalarios, utriusque sexus accipimus.
Omnes habitum suscipiunt humilitatis, licet non
omnia prædicta in omnibus observentur. Quod monachi et monachæ alterius ordinis candidis vestimentis utantur, sumptum est in mulieribus a beata
Cecilia, quæ cum foris veste fulgebat, intus castitate nitebat ; candida namque vestis votum præfert
virginitatis ; in viris sumptum est ab angelis, qui
visi sunt in resurrectione Dominica in vestibus albis [38] : albedo quorum significat splendorem futuræ
glorificationis.

CAPUT II.
DE ORDINIBUS.

« Hæc est generatio quærentium Dominum, quærentium faciem Dei Jacob [39]. » Ecclesiasticarum
itaque personarum aliæ habent simplicem statum,
aliæ in Dei Ecclesia personatum. Nam aut duntaxat
religionis habitum, ut monachi ; aut ordinem, ut
clerici ; aut cum habitu, vel ordine dignitatem, ut
abbates et episcopi ; ordines autem septem sunt, ut
ostiarius, lector, exorcista, acolythus, subdiaconus,
diaconus, presbyter : septem quippe sunt pro
septiformi gratia Spiritus sancti [40], cujus munere
sua prosequuntur officia. Si autem ad singulos ordines cupis singula dona referre, a timore incipiens, cum ostiariis deputabis, et exinde singula
singulis referens, sapientiam presbyteris adaptabis.
Hæ sunt septem mulieres, in quibus Spiritus sanctus habet hospitium, et unicuique illarum suum
parat convivium [41]. Cum quis ad hos gradus gra-
dualiter promovetur, generaliter est hæc series observanda, scilicet ut primo vocentur, secundo de
officiis instruantur, tertio ordinentur, quarto benedicantur, omnia sunt solemnitatis præter ordinationem, quæ, cum consistat in verbis et rebus, hæc
prosequamur tanquam substantiam sacramenti.
Ostiarii vicem tenent janitorum, vel ædituorum, qui
templum vel ædem custodiebant, ut Samuel [41], de
quibus dicitur in Paralipomenon : « Per quatuor ventos erant ostiarii [43]. » Ostiarius cum ordinatur, tradat ei episcopus claves ecclesiæ, dicens :
Sic age quasi redditurus Deo rationem pro rebus,
quæ istis clavibus recluduntur. Claves igitur, et
hæc verba sunt hujus sacramenti substantia;
res dicit ecclesiæ thesauros et personas ; opor-

tet enim ostiarium, libros et campanas, et omnia
quæ sunt intra ecclesiam custodire, sed et librum prædicantibus et legentibus tenere et signum
pulsare, ecclesiam claudere et aperire, fideles recipere, excommunicatos et infideles ejicere, catechumenos introducere et excludere, pœnitentes per
episcopum reconciliatos in sinum matris adducere.
Lectores vicem tenent cantorum, qui Salomonis
cantica resonabant, ut Asaph et Idithun. Ii cum ordinantur, codicem prophetiarum eis tradit episcopus, dicens : Accipe, et esto verbi Dei relator; habiturus, si fideliter et humiliter impleveris officium,
partem cum his qui verbum Dei ministraverunt ; codex igitur, et hæc verba sunt hujus sacramenti
substantia, officium distincte legere, lectiones in
ecclesia pronuntiare; quæ prophetæ sunt vaticinati,
populis prædicare ; quod autem præmittitur, ut
distincte legat, de Esdra putatur assumptum, ut
dicitur [44], quod legem distincte et aperte populo
collecto legebat. Ejusdem quoque officium est,
panem benedicere, et omnes fructus novos, unde
moris est alicubi terrarum, ut mensas et prælatorum lectiones, pueri benedicant.

Exorcistæ dicuntur, et olim dicebantur, qui dæmones adjurabant et de obsessis corporibus expel-
lebant, ut Josephus ait de Eleazaro exorcista : Iste
vero cum ordinatur, codicem exorcismorum ei tradit episcopus, dicens : Accipe, et commenda memoriæ,'et habeto potestatem imponendi manum super energumenum, sive baptizatum sive catechumenum : codex
igitur et hæc verba sunt hujus sacramenti substantia. Energumenum dicitur obsessum, en in erga
labor, menon defectus, noos mens; inde energumenum, qui sic a dæmonibus obsidetur, ut mentis defectu laboret, quod est non solum per corporalem
vexationem, sed etiam cum quis, per peccatum, est
diaboli membrum et dæmonis habitaculum. Exorcistæ igitur est officium hunc exorcismum memoriter retinere : Adjuro te, immunde spiritus, per Deum
Patrem, et Filium, et Spiritum sanctum, ut recedas
ab hoc famulo Dei ; et exorcismis, id est adjuratio-
nibus, catechumenorum dæmonibus interdicere corpora, a baptizatis vel baptizandis obsessis dæmones
effugare. Hos ergo decet mundum habere spiritum, qui debent immundis imperare spiritibus.

Acolythi locum tenent emunctorum seu concinna-
torum, qui lucernas emungebant et luminaria con-
cremabant [45], ut Nadab et Abiu; hic cum ordinatur,
ceroferarium cum cereo tradit ei episcopus dicens :
Accipe ceroferarium cum cereo, ut scias te ad accen-
denda luminaria mancipari. Item tradit urceolum
vini vacuum dicens : Accipe urceolum ad suggerendum
vinum id est Eucharistiam sanguinis Christi : hæc
igitur utensilia et hæc verba sunt hujus sacramenti
substantia. Acolythus Græce, Latine ceroferarius
dicitur : ad hunc pertinet præparatio luminariorum

[35] Gen. 24. [36] II Tim. 4. [37] Luc. 10. [38] Marc. 16. [39] Psal. 25. [40] Isa 11. [41] Isa. 4. [42] I Reg. 2,
[43] I Par. 9. [44] II Esdr. 8. [45] Levit 24.

in sacrario, cereos et thuribula ferre ad altare or-
nandum, et sacerdotem vestiendum, palliis et vestibus investire, vinum et aquam ad-eucharistiam
subdiacono ministrare. Sequitur de sacris ordinibus
ubi major exigitur inquisitio. Nam archidiaconus
postulat, examinat episcopus. Archidiaconus attestatur, populus adjuratur, pro consecrandis preces
a plebe funduntur. Deinde ordine præmisso vocantur et instruuntur, postmodum ordinantur et benedicuntur, et, ut diximus, omnia sunt solemnitatis
præter ordinationem, quæ consistit in verbis et rebus, quæ veluti substantiam sacramentorum prosequamur. Qui nunc subdiaconi vocantur, olim nathinæi [46], id est humiliter servientes appellabantur ;
quia sacrificia suscipiebant a populo et in templo
necessaria ministrabant, ut Nathanael, de quibus
in Esdra reperitur : « Habitavit unusquisque in
urbibus suis, sacerdotes, levitæ, nathinæi [47], » qui
Græce hypodiacones, Latine vero *subdiacones* appellantur. Hic vero cum ordinatur, accipiat ab episcopo calicem vacuum et patenam, ab archidiacono
urceolum cum aqua, manili et manutergio, dicente
sibi episcopo : *Vide cujus ministerium tibi* traditur.
Merito ab archidiacono illa suscipiuntur, quoniam
ad ejus adjutorium consecrantur. Postea tradit ei
manipulum dicens : *Accipe manipulam tuam et imple
ministerium tuum ; potens est enim Deus* [48], *ut augeat tibi gratiam :* hæc ergo utensilia et hæc verba
sunt hujus sacramenti substantia. Dat et episcopus
illi tunicam dicens : *Tunica jucunditatis et indu-
mento lætitiæ induat te Dominus.* Hæc vestis et hæc
verba pertinent ad solemnitatem, non ad substantiam ; quoniam sine ista perficitur subdiaconi ministerium. Hujus ergo est officium, epistolam legere
et diacono ministrare, scilicet corporale ei tribuere,
patenam cum oblatis, calicem cum vino, et urceum
cum aqua deferre, presbyteris et levitis ad altare
aquam præbere, manutergium, et aquæ manile tenere.
Ideoque lex continentiæ illis imponitur juxta illud :
« mundamini qui fertis vasa Domini [49] ; » et videtur,
quoniam huic primo vestis, scilicet mapula, quasi
manipula datur, per quam pœnitentia intelligitur.
Unde nullus nisi pœnitens ad subdiaconatum accedat. Qui vero diacones, id est ministri nuncupan-
tur, quondam levitæ a Levi filio Jacob, id est assumpti vocabantur, quoniam assumpti sunt ad auxilium
sacerdotum, ut Eleazar et Ithamar [50]. Hic ordo est
ab apostolis confirmatus ; quoniam elegerunt septem
viros Spiritu sancto plenos [51]. Hi sunt septem
angeli septem Ecclesiarum [52], septem aurea candelabra [53], septem quoque tonitrua [54] ; quia verbum
Domini prædicaverunt et auditores illuminaverunt,
quibus comminati sunt. Hic autem cum ordinatur,
imponat super eum manus episcopus. Quod ergo
dicitur solum episcopum debere manus imponere ;
quia non ad sacerdotium, sed ad ministerium

consecrantur, penitus improbamus. Nunquid enim
potest plus precari solus episcopus quam plures
apostoli ? Imponentes autem manum non dant Spiritum, sed orant ut super eos veniat. Cum igitur
usus omnium donorum non sit in uno, sed in pluribus, merito plures manus imponunt, ut unusquisque Dominum deprecetur, ut partem de Spiritu
sancto tribuat ordinando, ad instar Moysi, de spiritu
cujus Dominus dedit septuaginta viris [55].

Postea dat ei stolam super humerum sinistrum
episcopus, dicens : *Accipe stolam candidatam de
manu Domini,* etc. ; et postea, ut intelligat se esse
Christi præconem, tradit Evangelium, dicens : *Accipe potestatem legendi Evangelium in ecclesia tam
pro vivis quam pro defunctis in nomine Domini.* Hæc
res igitur, et hæc verba sunt hujus sacramenti substantia ; dalmatica vero si cui datur, solemnitatis
est, et non substantiæ. Et vide quia stola est per
quam obedientia, vel jugum Domini, quod in Evangelio exprimitur [56], et ideo cum Evangelio datur.
Sinistro humero tantum imponitur, vel quia obedientia Evangelii, primum in activa suscipitur, vel
quia docet temporalia supprimere et spiritualibus
deservire, vel quia dexteram diaconus debet habere
liberam, ut expeditius ad ministerium sacerdotale
discurrat. Est enim ejus officium ecclesiam et ejus
supellectilem custodire, ut in Numeris dicitur [57] :
« Et cum necesse fuerit cortinas, et vasa portare. »
Ideoque puto custodes debere diacones esse. Rursus
diaconi est officium sacerdotibus assistere, et ministrare in sacramentis Ecclesiæ, baptismate, chrismate, patena et calice, oblationes offerre, et in altari disponere, sanguinem distribuere, mensam
componere, crucem ferre. Unde et dalmaticam formam crucis habentem induit, per quam Christi
passio designatur. Ipse preces, id est litanias pronuntiat, ordinandorum, catechumenorum, excom-
municatorum successorum nomina recitat,
evangelium legit ; Dominus enim cum evangelium
prædicavit minister fuit, ideoque specialiter diacono Evangelium conceditur, quia *minister* interpretatur. Olim diaconus lectiones legebat, quando
Evangelium nondum scriptum erat ; sed, postquam
statutum est ut diaconus legeret evangelium, additum est ut subdiaconus legat epistolas et lectiones,
quæ, quanto minora sunt evangelio dignitate, tanto
minor est subdiaconus. Diaconus ipse quoque, si necesse est, prædicat et baptizat. Ipse monet orare,
dicens : *Flectamus genua.* Monet aures habere ad
Dominum, dicens : *Humiliate vos ad benedictionem,*
vel *capita vestra Deo.* Ipse dat licentiam populo,
dicens : *Ite, missa est.* Ipse hortatur clamare ad
Dominum, ipse dies solemnes annuntiat et jejuniorum. Qui modo presbyteri nominantur, olim principes populi, ut Core, Dathan et Abiron, vel magistratus aut magistri templi, ut Nicodemus [58] et

[46] I Par. 6.   [47] II Esdr. 11.   [48] II Cor. 9.   [49] Isa. 52.   [50] Num. 20.   [51] Act. 6.   [52] Apoc. 8.   [53] Apoc. 1.   [54] Apoc. 10.   [55] Num. 11.   [56] Matth. 11.   [57] Cap. 18.   [58] Joan. 3.

Gamaliel [59] dicebantur, nunc autem presbyteri, id est senatores, non ab ætate, sed sensu. « Cani sunt sensus hominis [60], » vel presbyteri, quasi iter præbentes; quia præbent iter populo de exsilio mundi ad patriam regni; vel sacerdotes, id est sacri duces, ut ait Beda, quia præbent ducatum populo; vel sacra dantes, quia dant sacramenta populo et sacrificia Deo. Sacerdotes successores sunt septuaginta virorum, quibus Moysi spiritum Dominus propagavit [61]; septuaginta quoque duorum discipulorum [62]; sicut episcopi sunt vicarii Moysi et apostolorum. Hic cum ordinatur, ad diaconorum et presbyterorum testimonium de moribus, et conversatione futura, et obédientia comprobetur, cui benedictoria sacerdotum præsentium manus imponitur. Manus impositio sancti Spiritus operum exercitationem significat; nam per caput mentem accipimus, per digitos sancti Spiritus dona, per manum opera figuramus; illi ergo supra caput digitus, aut manus imponitur, qui mente sancti Spiritus donis imbutus Christi opera imitatur; a pluribus sacerdotibus manus imponitur, ea ratione quam in diacono prætaxavimus, sed, quia manus diacono imponitur, cur sacerdoti rursus manus imponitur? Respondeo: quia de ministerio ad ministerium et de opere transfertur ad opus; cui reflectit orarium episcopus super humerum dextrum in modum crucis in pectore, dicens: *Accipe jugum Domini; jugum enim ejus suave est et onus ejus leve* [63]. Stola reflectitur ab humero sinistro in dextrum; quia, cum obedientia incipit ab activa per dilectionem proximi, transit in contemplativam per dilectionem Dei; vel quia oportet sacerdotem esse munitum a dextris et a sinistris per arma justitiæ [64], qui crucem gerit in pectore, dum passionem Christi cujus minister est, imitatur in mente, quod a quibusdam additur: *Stola innocentiæ induat te Dominus:* stolam respicit primitivam, quæ fuit innocentiæ significativa, cujus vicaria est, ut inferius exponetur; hæc qua nunc utimur, obedientiæ stola.

Exinde casula induit eum episcopus, dicens: *Accipe vestem sacerdotalem, per quam charitas intelligitur; potens enim est Deus* [65], *ut augeat tibi charitatem et opus [perfectum.* Hæc est vestis nuptialis, quam qui non habuerint sacerdotes, ejicientur in tenebras exteriores [66].

Postea ungit episcopus chrismate ambas manus illius, dicens: *Consecrare et sanctificare digneris, Domine, manus istas, per istam unctionem et nostram benedictionem, ut quæcunque consecraverit consecrentur,* etc., manus inunguntur, ut mundæ sint ad offerendas hostias pro peccatis, et ut Christi crucifixi vestigia sacerdotes in misericordiæ operibus imitentur, qui potestatem consecrandi a consecrato Domino sortiuntur.

Postea dat episcopus ei patenam cum oblationibus, et calicem cum vino, dicens: *Accipe potestatem offerre sacrificium Deo, missasque celebrare pro vivis et defunctis in nomine Domini;* stola igitur et casula, oleum calixque patenâ simul, et hæc verba sunt hujus sacramenti substantia; cætera præcedentia et subsequentia sunt solemnitatis. Hujus officium est personas et res benedicere, missam celebrare, corpus Domini dispensare, meditari de lege Dei, docere, prædicare, orare, baptizare, pœnitentes ligare vel absolvere, infirmos ungere, mortuos sepelire; magna potestas, mira dignitas, excelsum et expavescendum officium! Et vide quod sacerdotes et diacones præcipue nominantur a populo; quia præcipui sunt in altaris officio, unde et ipsorum præsertim ordinatio secundum Ambrosium, circa altaria celebratur, et pro eis ante altare prosternitur episcopus. Ordinandi cæteri nequaquam ad altare ordinantur, eo quod nec ad altaris ministeria statuuntur, sed alii adimplent officium lectionum, alii sollicitudinem luminariorum, alii necessaria præparant infra diaconum; omnes tamen quærunt faciem [67], id est præsentiam Dei, ut valeant in primogenitis hæreditare, ad instar Jacob, qui sibi fratris primogenita vindicavit [68].

CAPUT III.
ITEM DE ORDINIBUS MORALITATES.

« Qui mihi ministrat, me sequatur [69]. » Omnes quidem suprascriptos ordines, dicto, seu facto Jesus Christus expressit, et in se ipso omnium figuram ostendit; ostiarius enim fuit, cum flagello de funiculis facto numulariorum mensas evertit, et de templo vendentes et ementes ejecit [70]; item cum se ostium nominavit [71], et merito; quia nemo ad Patrem, nisi per eum vadit [72]; ipse enim est ostiarius, « qui aperit, et nemo claudit, claudit et nemo aperit [73]. » Lector fuit, cum in medio seniorum Isaiæ librum aperuit, dicens: « Spiritus Domini super me, eo quod unxerit me, ad annuntiandum pauperibus misit me [74]. » Exorcista fuit, cum dæmoniacos liberavit, et saliva tetigit aures surdi et linguam muti, dicens: « Epheta, quod est adaperire [75]. » Acolythum se esse testatur, cum dicit: « Ego sum lux mundi [76]. » Subdiaconi gessit officium, quando linteo se præcinxit, pedes discipulorum lavit, linteo tersit [77]. Diaconi repræsentavit officium, quando sacramentum corporis et sanguinis discipulis dispensavit, vel cum dormientes ad orationem excitavit, dicens: « Vigilate, et orate [78]. » Sacerdotis expressit officium cum panem in corpus et vinum in sanguinem commutavit, et cum se ipsum in ara crucis obtulit idem sacerdos et hostia [79], et adhuc gloriosus implet officium, dum sedens ad dexteram Patris quotidie interpellat pro nobis [80]. Cum itaque Rex regum [81], Dei virtus et Dei sapien-

[59] Act. 5. [60] Sap. 4. [61] Num. 11. [62] Luc. 10. [63] Matth. 11. [64] II Cor. 6. [65] II Cor. 9. [66] Matth. 22. [67] Psal. 104. [68] Gen. 27. [69] Joan. 12. [70] Joan. 2. [71] Joan. 10. [72] Joan. 14. [73] Apoc. 3. [74] Luc. 4; Isa. 61. [75] Marc. 7. [76] Joan. 8. [77] Joan. 13. [78] Matth. 26. [79] Matth. 27. [80] Hebr. 1. Rom. 8. [81] Apoc. 19.

tia [82], cujus potestas a mari usque ad mare [83], hæc exsequi non est dedignatus officia, nullus quantumlibet, nobilis, sapiens, dives aut potens in his ministrare contemnat. Nullius ordinis officium illi vilescat, qui ad summum pontificatum aspirat, sed exterius ad officia, cum oportuerit, festinus acceleret; et ne reprobus inveniatur [84], in se moraliter impleat, quod aliis serviendo ministrat. Ostiarius ergo cum sit templum Dei [85], se aperiat virtutibus et Deo, se claudat vitiis et diabolo, ne vitæ via præpediatur, ne mors per fenestras suas ingrediatur [86]; quivis etiam spiritualis ostiarius est, cum per fidem humiles in Ecclesiam introducit, et contumaces improbat et expellit; fides enim ostium est per quod in ovile ingredimur; quia « Justus ex fide vivit [87], » quod donum gratiæ connumeravit Apostolus, dicens : « Alii fides in eodem spiritu [88]. » Lector operibus impleat quæ populo servanda pronuntiat; quivis etiam spiritualis lector est, si aliquos vitæ salubria docet, et docens os turturis ad axillas retorquet [89], ne dum aliis prædicat notam reprobationis incurrat; quod ministerium comprehendit Apostolus in dono scientiæ, unde qui ad hunc gradum lectoris vel prædicatoris provehitur, debet esse scientia decoratus. Exorcista imperiose dæmonibus imperat, si eum reatus conscientiæ non accusat; quivis etiam spiritualis est exorcista, dum orationibus suis aliquos liberat a potestate dæmonis, ab ægritudine peccatorum, quod donum intellexit Apostolus in gratia sanitatis. Acolythus sicut gestat lucernas ardentes in manibus [90], sic luceat opera sua coram Deo et hominibus; quivis etiam spiritualis acolythus est, dum aliis lucem boni operis administrat, eis verbo vel opere ignem charitatis accendens, quod donum ad prophetiam credimus pertinere. Domino namque sunt officia prophetarum, scilicet futura prædicere et obscuros sensus Scripturarum exponere, ut auditores illuminentur et ad diligendum Dominum inflammentur.

Subdiaconi, dum vasa munda recipiunt, et mapulam accipiant et pœnitentiam, ut se ministerio mundos exhibeant et se vasa Domini recognoscant; quivis etiam spiritualis subdiaconus est dum verbo vel opere aliorum crimina lavat, quod donum comprehendere possumus in operatione virtutum vel discretione spirituum. Diaconi, dum stolam recipiunt, se astrictos legi Domini recognoscant, et per dexteram liberam, ad fidelibus ministrandum se expeditos agnoscant; quivis etiam spiritualis diaconus est, dum aliis servit, in charitate, et verbo, vel opere alios docet orare, quod donum intelligere possumus in interpretatione sermonum. Sacerdotes quorum manus unguntur chrismate, se ab omni immunditia contineant, ut corpus Domini digne conficiant; quivis etiam spiritualis presbyter est, si offert sacrificium spiritus contribulati [91] et si offert se hostiam viventem et Deo placentem [92] : Omnis enim sanctus sacerdos est, ut Chrysostomus ait, quod sapientiæ credimus ascribendum. His itaque modis Domino ministremus, ut eum consequi valeamus.

CAPUT IV.

DE DIGNITATIBUS.

« Constitues eos principes super omnem terram [93]. » Ex præmissis liquido constat ordines a lege traxisse originem et exempla; dignitatum quoque institutio pendet a Veteri Testamento; Moyses enim ad consilium Jethro, chiliarchos, hecatontarchos, pentacontarchos, et decanos instituit, qui minora tractabant negotia ad Moysen referendo majora [94]. Septuaginta demum viri sunt instituti, qui Moysi spiritum accipiunt populo sunt præfecti [95], quorum instar habent subdecanus et decanus, subscholasticus et scholasticus, succensor et cantor, thesaurarius, archicola, cimiliarcha, primicerius et œconomus, vel præpositus, archipresbyter et archidiaconus, vicedominus et coepiscopus, episcopus, archiepiscopus, primas et patriarcha. Aiunt tamen quidam, quod ordines a lege, dignitates formam capiunt a gentilitate, unde papa similitudinem gerit monarchæ, patriarcha potestatis regiæ; unde sicut rex præest tribus ducibus, sic patriarcha tribus archiepiscopis. Archiepiscopi vero ducibus; episcopi comitibus comparantur, unde nonnulli archiepiscopi duces, et episcopi comites. Coepiscopi præfectis, præpositi militum tribunis, archipresbyteri centurionibus, decani decurionibus. Sed undecunque fuerit institutio, constat quod omnibus præest dignitas episcopalis. Episcoporum autem dignitas in quatuor dividitur, in episcopos, archiepiscopos, primates et patriarchas. Episcopus generale nomen et speciale superintendens dicitur; episcopi enim supra, scopi intendens; quia custos vineæ Domini Sabaoth in alto residens [96], mores et vitam respicit singulorum. Dicitur et speculator [97]; quia sicut in specula collocatus, hostes scilicet diabolum, carnem et mundum, hæreticos et falsos fratres adventantes speculatur, et cives ad resistendum hortatur, et armare nititur. Dicitur et præsul, quoniam ad consilium præsidet; dicitur antistes; quia ante alios stans populo præeminet, vel contra stans, anti enim *contra*, quoniam hæreticis episcopi obviant, ut pastores lupis resistant et oves protegant. Dicitur et pontifex quasi pons sanctus; vita enim episcopi debet esse pons populi, super mare sæculi ad patriam paradisi, vel pontem faciens; pontem etenim populo facit, dum cum sana doctrina super paludes hæresum ad atria vitæ perducit. Hic est Aaron summus in lege sacerdos. Episcopi cum ordinantur, Sabbato circa vesperam postulantur et examinantur de moribus et statu præteritæ vitæ, interim benedictio petitur, ut san-

---

[82] I Cor. 1. [83] Psal. 71. [84] I Cor. 9. [85] I Cor. 3. [86] Jer. 9. [87] Rom. 1. [88] I Cor. 12. [89] Levit.
5. [90] Matth. 5. [91] Psal. 50. [92] Rom. 12. [93] Psal. 44. [94] Exod. 18. [95] Num. 11. [96] Isa. 5.
[97] Ezech. 3.

cta Trinitas ordinationi præesse monstretur. Mane autem facto examinantur de futura conversione, conversatione et fide; fit autem hæc examinatio ex primitivæ Ecclesiæ constitutione propter suspectos in fide, moribus et conditione.

Postmodum, codicem Evangeliorum duo tenent episcopi super scapulas, quasi orantes et ordinandum commonentes, ut amplius solito jugo subjaceat et obediat Evangelio. Tertius episcopus benedictionem infundat. Trium episcoporum præsentia sumitur ab apostolis; quia Jacobus frater Domini a Petro, Jacobo et Joanne Hierosolymitanus est ordinatus episcopus; et ratio est, ne tantum beneficium videatur furtive præstitum; in ore autem duorum, vel trium testium permanet omne verbum [98]; tales igitur advocentur, qui de ordinandi profectu gaudeant, et pro ipso preces fundant. Postea chrismate caput in modum crucis inungat, dicens : *Ungatur et consecretur caput tuum, cœlesti benedictione, in ordine pontificali, in nomine Patris, et Filii et Spiritus sancti.* In hac unctione demonstratur spiritualiter vicarius Jesu Christi, qui fuit unctus oleo invisibili [99], ut sicut ille fuit caput universæ Ecclesiæ [100], sic iste sibi commissæ. Vel secundum Gregorium, oleum in capite, charitas est in mente. Et post manus in forma crucis inungat, dicens : *Inungantur manus istæ de oleo sanctificato et chrismate sanctificationis, sicut Samuel unxit David in regem et prophetam* [1], *ita ungantur et consecrentur, in nomine Dei Patris, et Filii, et Spiritus sancti;* post confirmat pollicem; post baculum, post annulum; post Evangelium tradit, ut pollicis impositio cunctis proficiat ad salutem, in baculo potestatem ligandi atque solvendi sibi traditam recognoscat, in annulo fidei integritate se muniat; item baculo doctrinæ gregem ad pascua ducet, annulo fidei secreta Scripturarum sponsæ committat; in Evangelio apostolum se esse sciat.

Traduntur autem singula cum propriis verbis. Igitur capitis et manuum unctio, pollicis confirmatio, baculi et annuli traditio, et eorum singularia verba, sunt, ut puto, hujus sacramenti substantia; cætera solemnitatis. Chrismatica unctio a lege cœpit, ubi ex mandato Domini reges, sacerdotes et prophetæ leguntur inuncti [2]; dicitur enim in Levitico [3] de pontifice : « Super cujus caput fusum est unctionis oleum, et cujus manus sunt in sacerdotio consacratæ. » Manus impositio ab Isaac cœpit, qui dum Jacob benedixit, ei manum imposuit [4], et Moyses Josue manum imposuit, cum eum ducem populo præfecit [5]; sed et Dominus apostolis manum imposuit, dum eos principes mundi constituit [6]; sed et ipsi apostoli per manus impositio-

nem Spiritum sanctum dederunt [7]. Consecrationes autem episcoporum celebrari debent in Dominicis diebus et hora tertia; tali namque die talique hora, apostoli sunt a Spiritu sancto oleo invisibili consecrati [8]. Oleum illuminat et vulnera curat, ita Spiritus sanctus apostolis scientiam ministravit et peccata curavit. Igitur ungantur episcopi, hac die, hac hora, ut se Spiritum sanctum apostolis datum accipere doceantur. Quæ sit missa consecrationis in pontificali ordine, cujus officium cum evidenter consecrationi conveniat, diligens exquisitor attendat. Episcopale officium est presbyteros et alios Ecclesiæ ministros ordinare, virgines velare, baptizatos confirmare, chrisma et oleum consecrare, ecclesias dedicare, rebelles excommunicare, pœnitentes reconciliare, vestes et vasa sanctificare; et attende quod olim episcopi etiam presbyteri nominabantur, ut multis auctoritatibus demonstratur, post aliud est nomen ætatis, aliud quidem officii; sed postea sicut a diaconibus archidiaconus, et ab exercitu imperator eligitur, sic a sacerdotibus major secernitur; et sic divisa sunt nomina, ut qui major est in singulis civitatibus, quasi [*vicarius Christi* (2)] episcopus vocaretur [est autem unus major et super alios sacerdotes electus, ad quem omnis cura Ecclesiæ pertinet, ut de medio schismatum semina tollerentur, ne quis diceret : Ego sum Pauli, ego Apollo [9]; ad quem prædicta pertinent officia potius ex consuetudine, ut Hieronymus ait, quam dispositionis Dominicæ veritate].

Archiepiscopus dicitur princeps episcoporum, idem est metropolita vel metropolitanus, a metropoli matre civitatum; hic est Moyses qui Aaron in pontificem oleo consecravit [10]. Sunt et quædam sedes quæ primatiæ nomine decorantur, a primitiis conversionis ad fidem; quorum quidam, quia primas et patriarcha solo nomine differt et non officio, sibi nomen et patriarchæ vindicarunt, ut Venetus. Patriarcha, pater arcæ, id est Ecclesiæ, vel Patrum princeps dicitur. [Hi sunt tres a tribus partibus orbis : unus in Asia qui in Antiochia tenuit præsulatum; alius in Alexandria, qui in Africa tenuit principatum; tertius in Europa, qui in Roma obtinet pontificatum. Hos præfiguraverunt Abraham, Isaac et Jacob. Hæ dignitates aliis translatæ fuerunt favore vel odio, ut Antiochenus patriarchatus in Hierosolymam, Alexandrinus in Aquileam; quia licet Petrus in Antiochia, et Marcus prædicaverit in Alexandria, quia tamen utrique reversi sunt ad vomitum [11] infidelitatis, patriarchati fuerunt dignitate privati; Hierusalem vero decoratur; quia de Sion exivit lex et verbum Domini de Hierusalem [12]. Aquileia quoque honoratur;

(2) Quæ hic et infra uncis conclusimus loca, in apographo liturata exhibentur.

---

[98] Deut. 17; Matth. 18; II Cor. 13.   [99] Psal. 44; Hebr. 1.   [100] Ephes. 1 et 5; Col. 1.   [1] I Reg. 16. I Reg. 10; Exod. 29; III Reg. 19.   [3] Cap. 21.   [4] Gen. 27.   [5] Deut. 51.   [6] Luc. 24.   [7] Act. 8.   [8] Act. 2.   [9] I Cor. 1.   [10] Exod. 29.   [11] Prov. 26; II Petr. 2.   [12] Isa 2.

quia Marcus primus Aquileiæ, secundo præfuit Alexandriæ. De patriarchatu autem Romano placuit antiquis, ut sicut Augustus præ regibus haberetur, sic præ cunctis episcopis papa speciali nomine vocaretur, et jus et nomen patriarchatus Constantinopolim transferretur.] Archiepiscopis, primatibus et patriarchis præter supradictam solemnem episcoporum consecrationem, crucis ante eos ferendæ insignia conceduntur, ut se Crucifixum imitari debere cognoscant; insignia quoque pallii conferuntur, ut torque victoriæ coronentur. Verumtamen de pallio inferius latius exponetur.

Archiepiscoporum est officium episcopos consecrare, patriarcharum autem archiepiscopos, utrorumque vero concilia congregare, jura dilapsa reparare. Papa vero dicitur Pater patrum; hic universalis etiam nuncupatur, quia universæ Ecclesiæ principatur. Dicitur et apostolicus; quia Principis apostolorum vice fungitur. Dicitur et summus pontifex; quia caput est omnium pontificum, a quo sicut a capite membra descendunt, de cujus plenitudine omnes accipiunt; ipse autem vocat eos in partem sollicitudinis non in plenitudinem potestatis. Hic est Melchisedech, cujus sacerdotium non est cæteris comparatum [13]. Papæ, cum ordinatur, nomen mutatur, quia Petro nomen Dominus in Ecclesiæ prælatione mutavit [14], et Paulus de Saulo factus est Paulus [15]; quem quidem septem cereo stata, quasi Spiritus sancti dona præcedunt, cui claves traduntur; quia Petro Christus tradidit claves regni cœlorum [16] ut se Janitorem cœli cognosceret. Rubeus mantus tribuitur, per quem charitas, vel martyrium declaratur, ad quod pro ovibus semper debet esse paratus [17]. Hujus officium est missas et alia officia ordinare, canones instituere, augustum consecrare, pallia patriarchis et archiepiscopis, privilegia cunctis religiosis dare, totam Ecclesiam regere.

Abbates etiam benedicuntur hoc modo: primo eligitur a congregatione, ab episcopo roboratur et in ambone ad consensum omnium publicatur. Secundo, stratis ante altare pontifice et electo, fiant litaniæ et oratio Dominica, tertio surgat solus pontifex, et dicat super electo preces et orationes ad hoc destinatas. Demum tradat ei Regulam, a sanctis Patribus nobis traditam. Post det ei baculum, dicens: *Accipe baculum pastoralis officii, ut sis in corrigendis vitiis pie sæviens, et cum iratus fueris, misericordiæ memor eris* [18]. Similiter ad benedicendam abbatissam, nisi quod super eam specialis benedictio funditur. Virgines aut non nisi in diebus Epiphaniarum, vel in Albis paschalibus, vel in diebus Apostolorum velari debent, nisi gravi languore detineantur; et hoc ideo ut Spiritus sanctus super eas simplices ut columbas descendere videatur; et per apostolos, qui morem virginitatis prius Eccle-

siæ tradidere, quasi per paranymphos sponsæ Domino consecrentur, quæ vitam apostolorum et conversationem redolent, etiam angelorum. Imperator etiam consecratur seu potius ungitur et coronatur, quod sumptum est a Davide, quem Samuel unxit in regem [19]. Consecratur autem hoc modo, primo fidelitatem facit sanctæ Romanæ Ecclesiæ, secundo orationes dicantur super ipsum, tertio Portuensis inungit ei brachium dextrum et inter scapulas, dicens orationes. Quarto summus pontifex, ei diadema imponit, dicens: *Accipe, signum gloriæ, in nomine Patris, et Filii, et Spiritus sancti.* Hujus officium est Ecclesiam Christi protegere, jura condere, justitiam servare, ut satietatem consequatur æternam.

CAPUT V.

DE VESTIBUS SANCTIS.

« Faciet vestimenta sancta Aaron, et filiis ejus [20]. » De sanctis vestibus et prædictarum dignitatum insignibus latius est exsequendum. Sacræ vestes a veteri lege videntur assumptæ; præcepit enim Dominus Moysi, ut faceret Aaron et filiis ejus vestes sanctas in gloriam et decorem; quædam vero sumuntur ab apostolis sanctis, tam hæ quam illæ, virtutes significant, vel opera justitiæ, vel mysterium Incarnationis Dominicæ. Cum autem omnes vestes, quas cæteri vestiuntur ministri, vestiantur et episcopi, sed non econverso, de vestibus episcoporum agamus, ut in generalibus specialia concludantur. Igitur holosericæ caligæ illam pedum significant munditiam et lotionem, de qua Dominus ait: « Qui lotus est totus, non indiget, nisi ut pedes lavet [21]. » Verum quia non sufficit munditia cordis absque patientia persecutionis, ideo sequuntur centones rubei, martyrii significativi. Qui autem in corde munditiam et in voluntate, si opus fuerit, habuerit patientiam, securus accedat ad prædicationem, quam sandalia significant, apostolicam. Sandalia dicuntur ab herba sandaricæ, vel sandarico colore, quo depinguntur. Est autem genus calceamenti, quo partim pes tegitur inferius, partim relinquit superius, factum ex pellibus animalium mortuorum, intus album, foris nigrum vel rubeum, multis filis et lineis contextum, gemmis ornatum, habens forte lingulas quatuor, vel ad minus duas ligandas, unam super pedem, alteram a calcaneo surgentem. Vestimentum pedum non habuit initium ab Aaron, qui duntaxat in Judæa conversabatur, ideo opus non habuit, sed ab apostolis, quibus dictum fuit: « Euntes, docete omnes gentes [22]. » Hi ergo hoc calceamentorum genere utebantur, quo et episcopi uti debent; non autem sacerdotes, ut per varietatem sandaliorum notetur varietas ministrorum. Episcoporum est per parochias ad regendam plebem discurrere, ideoque habent sandalia, ne defluant, pedibus alligata, ex quo

[13] Gen. 14; Hebr. 7.   [14] Joan. 1.   [15] Act. 9.   [16] Matth. 16.   [17] Joan. 10.   [18] Tob. 3.   [19] I Reg. 16.
[20] Exod. 28.   [21] Joan. 13.   [22] Matth. 28.

perpendi potest, quantum necesse sit episcopis fir- A
mare gressus mentis; presbyterorum est domi hostias immolare, et ideo cum incedat securus, non
habet ligaturam in pedibus. Diaconus habet, quia
suum est ire in comitatu. Mystice hæc est apostolorum prædicatio, qua per litteram carnalibus tegitur, per allegoriam cœlestia petentibus denuda-
tur, vel partim nudatur et tegitur; quia prædicator
cœlestia non debet abscondere, nec terrenis ullatenus inhiare, qui præfert præcedentium sanctorum
exempla, quorum fuit conscientia, seu vita coram
Deo puritate candida, coram hominibus nigra, id
est humilitate dejecta; vel rubea, id est charitate
inflammata; multa fila, multæ sententiæ; tres lineæ sunt : Lex, prophetia et Evangelium; laterales
legem et prophetiam, media vero significat Evan- B
gelium. Duæ lineæ ad medianam replicantur; quia
lex et prophetia in Evangelio recapitulantur. Gemmæ sunt opera virtutum. Quatuor lingulæ doctrina
sunt Testamentorum docentium nos a terrenis surgere, nec eis inhiare et ad cœlestia nos erigere; vel
lingulæ a sandaliorum corio separatæ, sunt linguæ
hominum prædicationibus bona testimonia exhi-
bentium, licet sint separatæ a conversatione spiritualium : oportet enim eos habere bonum testimonium ab his qui foris sunt [23]. Ligatura mysterium
est incarnationis, multiplicatio ligationis est super-
erogatio prædicationis. Quod solvitur, sed non ex
toto, innuit quia non sumus digni, id est sufficientes solvere corrigias calceamentorum Christi [24] : C
quod autem alicubi sunt integra et alicubi perfo-
rata, significat quod cœlestia sacramenta quibusdam sunt revelanda, quibusdam vero tegenda.

Humerale, quod dicebatur ephod, in quo erant
duo lapides xii patriarcharum nomina continentes [25], et apud nos vocatur amictus, vestis est candida, qua caput, et collum, et humeri teguntur,
cujus duabus lineis mamillæ pectoris accinguntur,
ita ut una ora pateat, altera lateat, hæc est spes
cœlestium, pro qua munditiam mentis, castigationem vocis et operationis Domino consecramus.
Caput enim est officina mentis, collum est organum
vocis, humeri sunt bajuli oneris. Caput igitur
amictu mundo velamus, cum pro spe cœlestium
ori custodiam apponentes [26], non nisi laudes Do- D
mini personamus, humeros cooperimus, dum pro
spe cœlestium alter alterius onera portantes [27], active labores subimus et proximis in necessitatibus
subvenimus. Duæ oræ humeralis sunt charitas, seu
fides et operatio, quæ cum in pectore complentur,
fides et charitas occultantur in corde, operatio
vero patet in operum exhibitione. Duæ vittæ seu
lineæ sunt timor pœnæ et desiderium vitæ, quæ
pro spe beatitudinis arcent pravas cogitationes a
pectore sacerdotis. Vel generaliter per humerale,
onus accipimus sacerdotale, quo tenemur ex corde

proximis compati, mente providere et humeris
onera ferre. Vel amictus simul superhumerale et
rationale typum gerit, et per humerale ad justitiam,
per rationale pertinet ad sapientiam, ideoque tegit
pectus et humeros. Vel per amictum, vocis intellige
castigationem, tegit enim collum organum vocis; et
cogitationum compressionem, cingit enim pectus,
et oculorum tegit aspectum.

Alba, quæ in lege tunica, vel talaris, vel apud
Græcos *poderis* appellatur, vestis est alba, descendens usque ad talos, habens caputium cum lingula,
medio angustatum, in extremitate multis commis-
suris dilatatur. Hæc est castitatis munditia, castiga-
tio corporis, qua tota vita sacerdotis est decoranda
finaliter et perseveranter, ut ministros æterni Regis,
scilicet angelos, in albis vestibus imitetur. Caputium est professio castitatis. Lingula est potestas
linguæ sacerdotalis, quæ ligat contumaces et ab-
solvendo reconciliat pœnitentes [28]. Castitas hæc in
medio nationis pravæ atque perversæ [29] pressuris
mundialibus coarctatur; sed in charitate multiplicatis virtutibus dilatatur. Hæc stringit manus et
brachia, ne quid lasciviant, genua ne ab orationis
instantia tepeant, tibias et pedes, ne ad malum cur-
rant. Hæc vestis olim fuit arcta, quoniam habuerunt spiritum servitutis; nunc autem larga, eo quod
accepimus spiritum adoptionis et libertatis [30]. Cingulum quod in lege apud Græcos *baltheus* appellatur, quo lumbi cinguntur; et alba, ne defluat et
gressum impediat, cohibetur, est mentis custodia,
vel timor Domini, vel continentia, quæ carnis concupiscentiam refrenat : unde ad lumbos ponitur,
quia in luxuria dominantur : unde : « Sint lumbi vestri præcincti [31], » et de diabolo dicitur : « Virtus ejus
in lumbis ejus [32]. » Lumbos ergo præcingere est luxu-
riosos impetus refrenare. Hæc cohibet castitatem ne
per devia dilabatur, ne et gressus bonorum operum
impediatur. Subcingulum quod perizomna vocatur,
vel succinctorium, quod duplex a zona dependet, significat orationem et jejunium, quibus castitas roboratur, et sine quibus difficile conservatur, vel per
subcingulum, studium accipimus miserentis, ideoque duplex est, quia convenit unicuique, primo :
animæ propriæ misereri, deinde proximis necessaria
misericorditer impertiri.

Stola fuit antiquitus vestis candida, pertingens
usque ad vestigia, qua patriarchæ ante legem utebantur, quam primogeniti, cum benedictionem patris acciperent, induebant, et Domino victimas, ut
pontifices offerebant. Sed postquam cœpit alba portari, mutata est in torquem, quæ stola et orarium
appellatur. Per primam stolam, intelligimus innocentiam, quæ fuit in primo homine, sed cum eam
perdidit propter peccatum [33], recuperare oportuit
eam per vitulum saginatum [34]. Beati qui hanc stolam a criminum labe custodiunt, vel maculatam

[23] I Tim. 3.   [24] Joan. 1; Luc. 3.   [25] Exod. 39.   [26] Psal. 38.   [27] Gal. 6.   [28] Matth. 16, 18.   [29] Philipp. 2.   [30] Rom. 8.   [31] Luc. 12.   [32] Job 40.   [33] Gen. 3.   [34] Luc. 15.

lacrymis lavant, quia illorum potestas erit in ligno A
vitæ [35], scilicet in Christo per quem amissam gloriam possidebunt, sed superest ut, qui per inobedientiam cecidimus, per obedientiam resurgamus.
Recte pro veste recuperanda innocentiæ, subimus
torquem obedientiæ, nam per stolam, qua nunc
utimur obedientiam accipimus Evangelii. Evangelium quippe est jugum Domini suave et onus ejus
leve, de quo Dominus : « Tollite jugum meum super vos [36]. » Obedientia vero lorum : dum itaque
sacerdos loris collum subjicit, innuit quod evangelico jugo patienter obedit. Unde a sinistro humero
transfertur ad dextrum, quoniam ab actione transitur per obedientiam in contemplationem. Orarium
appellatur, quia licet sine aliis indumentis sacerdotalibus liceat sacerdotibus baptizare, pœnitentiam B
dare, et similia facere, tamen sine orario, nisi
summa necessitate cogente, non licet. Hoc usque
ad genua, quæ curvantur, extenditur, ut per hoc
nostra humilitas ostendatur; quidam per stolam
intelligunt in adversis et prosperis tolerantiam,
et per ejus longitudinem perseverantiam. Quod
autem stola cum zona colligatur, innuit quod virtutes virtutibus adunantur. Tunica in Veteri Testamento [37] fuit solummodo Hyacinthina habens
superius capitium textile per girum ad pedes, quasi
mala Punica, cum tintinnabulis intermistis. Hæc,
ut Hieronymus ait, subucula nominatur, quæ propria pontificis, et interior est; per hanc perfectorum cœlestis conversatio intelligitur, cœli namque C
hyacinthinum habet colorem. Hac tunica indutus
erat Apostolus dicens : « Nostra conversatio in
cœlis est [38]. » Vel sicut lapis illius coloris mutat
colorem ex aeris qualitate, est enim serenus in
sereno et pallidus in nubilo, sic decet episcopum,
gaudere cum gaudentibus et flere cum flentibus [39];
quod si alterius fuerit coloris, alterius sit significationis. Textile, id est bene firmatum capitium,
est primordium cœlestis conversationis radice timoris Domini subnixum, aut constans prædicatoris
fiducia prædicandi cœlestia. Hanc vestem ad pedes
usque protendere, est usque ad finem vitæ bonis
operibus insudare. Per mala Punica, vitam sacerdotis intellige, qui castitatem et promptam ad
martyrium voluntatem uno defendit munimine D
charitatis; per tintinnabula doctrina significatur
ejusdem; nam contra se occulti judicis iram provocat, si sine doctrina prædicationis incedat. Perfectio itaque sacerdotalis conversationis in operibus
et doctrina clauditur veritatis, juxta illud : « Cœpit
Jesus facere, et docere [40]. »

Dalmatica vestis est a Dalmatica provincia nominata, ubi primo fuit inventa, quæ ab incon-
sutili Domini tunica [41] et apostolorum collobio
creditur mutuata ; collobium enim vestis est sine
manicis, sicut videmus in monachorum cucullis;

sed beatus Silvester collobium in Dalmaticam vertit. Laxas manicas addidit, et in sacrificiis portan-
dam instituit. Crucis itaque formam gerit, duas
habens lineas, ante et retro, coccineas vel purpu-
reas cum xv fimbriis altrinsecus dependentibus in
utrisque lineis, scilicet ante et retro dispositis.
Sinistra quoque manica fimbrias habet, dextera
nequaquam. Per hanc itaque religio sancta et immaculata [42], qualis debet esse pontificis, intelligitur.
Duæ manicæ sunt sicut alæ pontificis protectionis,
sicut enim Dei sapientia pullos Ecclesiæ congrega-
sub alas [43] gratiæ et misericordiæ, sic pontifex
debet fideles sub alas veteris et novæ legis prædicando congregare, et exemplis se super eos expan-
dere, et orationibus a volucribus, id est dæmonibus,
defensare atque protegere : largitas manicarum est
hilaritas pontificis donatoris. Sub ala pertusa lateris
[latera ?] ut ejus vestigia imitetur [44], qui fuit in latere lancea perforatus [45]. Ad missam et ad annuntiandum evangelium est portanda, ubi Christus
præsentatur et prædicatur, quia formam gerit crucis ; formam vero gerit crucis tum quia Christus
pro nobis tulit patibulum crucis [46], tum quia pontifex debet se crucifigere cum vitiis et concupiscentiis [47]. Lineæ coccineæ, ante et retro, dilectio
Dei et proximi in utroque Testamento mandata [48].
Lineæ purpureæ, fides sanguinis Christi in utroque
populo necessaria ; fimbriæ sunt mandata, vel effectus, vel exercitia dilectionis, aut verba et opera
prædicationis, unde xv ante et retro, quia quindecim psalmi in Veteri Testamento, quasi quindecim
gradus exeunt de tramite charitatis, et quindecim
rami similiter in Novo Testamento excrescunt de
arbore charitatis, verbi gratia : « Charitas patiens
est, benigna est, non æmulatur, non agit perperam, non inflatur, non est ambitiosa, non quærit
quæ sua sunt, non irritatur, non cogitat malum,
non gaudet super iniquitate; congaudet autem veritati, omnia suffert, omnia credit, omnia sperat,
omnia sustinet. Charitas nunquam excidit [49]. » Ali-
quæ dalmaticæ habent viginti quatuor fimbrias
ante, et retro totidem, ubi septiformis Spiritus
est octies repetitus, qui replet octo maneries laudantium Dominum, scilicet reges et populos, principes
et judices, juvenes et virgines, seniores et junio-
res [50]. Linea quæ est in medio, stipes est charitatis;
sinistrum quoque latus fimbrias habet, quia vita
activa sollicita est, et turbatur erga plurima; dex-
terum vero latus fimbrias non habet, quia vita
contemplativa optimam partem elegit [51], scilicet
securitatem vitæ præsentis et quietem contemplationis. His omnibus redimita debet esse vita pontificis; præsens quoque vita, quæ per lævam accipitur, pluribus impeditur obstaculis, futura, quæ
per dexteram intelligitur, nullis angustiabitur curis.
Sæpius est candida, scilicet opere polymito variata

[35] Apoc. 22. [36] Matth. 11. [37] Exod. 39. [38] Philip. 3. [39] Rom. 12. [40] Act. 1. [41] Joan. 19. [42] Jac. 1.
[43] Matth. 23. [44] I Petr. 2. [45] Joan. 19. [46] Philip. 2. [47] Gal. 5. [48] Deut. 6; Matth. 22. [49] I Cor. 13.
[50] Psal. 148. [51] Luc. 10.

propter munditiam et virtutum varietatem, et est filiorum Israel fuerunt insculpta [63]; veritas et doctrina fuerunt inscripta, quæ omnia pontifex in pectore gestabat. Hodie præfertur aurum et gemmæ in pectore pontificis, planetis affixæ. Hæc vestis rationem sive discretionem significabat, ideoque rationale judicii vocabatur; quia debet rector subtili examine bona malave discutere, auro sapientiæ, hyacintho spei supernæ, bysso carnalis munditiæ fulgere; duplex est, ut ejus examen Deo placeat et homo non contemnat; quadrangula, ut quatuor virtutibus appareat exornata et in eum tendat, qui cœlum palmo mensurat [64] et disponit cuncta in pondere, numero et mensura [65]. In sanctitate duodecim apostolos imitetur, et patriarcharum fidem, et simplicitatis opera imitetur, veritate fulgeat et doctrina, virtutum gemmis ornetur, in sacrificium, totius populi recordetur. Fanon qui et sudarium et mapula quasi manipula nominatur, sumitur non ab Aaron, sed ab antiquis Patribus qui, sicut legitur in Bedæ Martyrologio de Patre Arsenio, semper sudarium ferebat in sinu vel in manu, ad tergendam lacrymarum effluentiam. Sudario vero sudorem et pituitam oculorum, narium et salivarum abstergimus; et ideo per sudarium accipimus pœnitentiam, qua labes quotidiani excessus extergitur, vel tædium mundanæ conversationis, de quo : « Dormitavit anima mea præ tædio [66]; » tædet enim animam peccatorum conscientiæ et infirmitatis corporeæ; quo frontem conscientiæ tergimus, quo dissolvi cum Apostolo desideramus [67], dicente : « Infelix ego homo, quis me liberabit de corpore mortis hujus [68]? » Hinc sudarium, a sudore dicitur, quo sudorem, qui fit ex labore corporis, abstergimus. Unde sudarium legitur super caput Domini nostri Jesu Christi [69]. Ergo et brachio sinistro gestatur, quoniam in præsenti sæculo tantum tædium patimur, et peccata nostra pœnitentia emendantur; vel per manipulum futuram intelligimus operum retributionem, unde in quibusdam monasteriis, quoties in festis albis utuntur, manipulos portant, eo quod in illa vita, unusquisque propriam mercedem accipit secundum proprium laborem [70], et : « Venientes venient cum exsultatione, portantes manipulos suos [71]. » Mitra sumitur a lege; quæ tiara, cidaris, infula, pileum appellatur, ex bysso conficitur, auro et gemmis ornatur, habes duo cornua, duasque linguas posterius, et fimbrias dependentes inferius. Hac caput velatur et coronatur, hæc significat custodiam quinque sensuum ab illecebris mundi in mandatis Domini, pro corona vitæ quam repromisit Deus diligentibus se [72-73]; vel designat Ecclesiam quæ bysso munditiæ, auro sapientiæ, gemmis virtutum coruscantibus decoratur, duo prædicans Testamenta, duo jugiter adimplens mandata, in infimis tamen sustinens, cum opprobriis et sollicitudi-

aurifrigio adornata, juxta illud : « Astitit regina a dextris tuis in vestitu deaurato circumdata varietate [52] » ; vel per dalmaticam occultam rationem sublimium intelligimus, unde circa collum clausa est, ut pectus sit opertum ; quia carnalibus occulta est ratio sublimium secretorum. Hæ duæ tunicæ non cinguntur, scilicet tunica et dalmatica, quia sub lege non sunt, qui Spiritu Dei ducuntur [53].

Casula quæ quasi parva casa dicitur, planeta quoque vocatur a plano, quod est erro, cum errabundus limbus ejus super brachia levatur. Et vide : quia vestis hæc in pectore, et inter humeros duplicatur, et in brachiis triplicatur, et indumentis cæteris superponitur, et pro qualitate temporis in colore mutatur. Hæc est charitas mater, et casa virtutum ; sicut homo totus casa cooperitur, sic charitas totum corpus virtutum amplectitur, quia « plenitudo legis est dilectio [54]. » In pectore duplicatur, quia per charitatem bona voluntas et sancta cogitatio generatur. Inter humeros duplicatur, quia per illam adversa supportantur, a proximis et ab adversariis ; vel duplicatio significat quod charitatem habere debemus in corde et opere, intus et foris. Ad brachia levatur, dum bona opera charitas operatur ; et ad dextrum, dum operamur bonum ad domesticos fidei [55] ; ad sinistrum, dum extenditur etiam ad inimicos. Triplicatur igitur in dextro, dum fidelibus monachis, clericis, laicis, vel potius Noe, Job et Daniel, id est rectoribus, conjugatis et continentibus subvenimus. Triplicatur in sinistro, dum infidelibus, scilicet malis Christianis, Judæis et paganis, vel mercenariis, adulteris et fatuis virginibus [56] necessaria ministramus : cæteris vestibus superponitur, quia cæteris virtutibus eminentior comprobatur. Unde Apostolus : « Adhuc eminentiorem viam vobis ostendo [57]; » vel quia « plenitudo legis est charitas [58]; » in ejus enim præceptis tota lex pendet et prophetæ [59]. In colore pro qualitate temporis alteratur, ut : alba utimur in resurrectione, quoniam angeli apparuerunt in vestibus albis [60] ; rubea in Pentecoste, quoniam Spiritus sanctus apparuit in igneis linguis apostolis [61]. Huic humerale in supremis annectitur, quia spes charitatem velut matrem amplectitur. Sacerdos in suo quidem officio non debet se casula exuere ; quia, præcipiente Domino [62], non licet ei de sanctis exire. Vel per casulam vitam accipimus contemplativam, quam si quando exuimus, hoc facimus innuentes quod interdum pro fratribus est necesse temporalibus necessitatibus indulgere.

Rationale vestis a lege sumpta, ex auro, hyacintho et bysso retorta, duplex et quadrangula, cujus erat unius palmi in omni parte mensura ; duodecim lapides erant intexti, in quibus nomina

[52] Psal. 44. [53] Gal. 5. [54] Rom. 13. [55] Gal. 6. [56] Matth. 25. [57] I Cor. 12. [58] Rom. 13. [59] Matth. 22. [60] Joan. 20. [61] Act. 2. [62] Levit. 21. [63] Exod. 28. [64] Isa. 40. [65] Sap. 11. [66] Psal. 118. [67] Phil. 1. [68] Rom. 7. [69] Joan. 20. [70] I Cor. 3 [71] Psal. 125 [72-73] Jac. I.

nibus impedimenta. Hæc caput Christi coronat, dem baptismate munda, bonorum operum laboribus candidata, pro corona gloriæ caput imitatur, et ejus dignitate congratulatur.

Chirothecarum usus est ab apostolis mutuatus. Per manus igitur, operationes; per chirothecas accipimus earum occultationes[74]; sicut aliquando chirothecis velantur, aliquando denudantur, sic bona opera propter arrogantiam declinandam celantur, interdum ad ædificandum proximos propalantur[75]; inconsutiles sunt, quoniam actiones pontificis rectæ fidei debent esse concordes. Annuli usus de Evangelio creditur receptus, ubi qui perierat et inventus est, prima stola vestitur et annulo insignitur[76]. Solebant antiqui olim litteras annulo sigillare. Pontifex igitur annulum portat, quoniam Scripturæ mysteria et Ecclesiæ sacramenta, perfidis sigillare debet, et humilibus revelare. Item annulo utebantur in signum libertatis. Pontifex igitur annulum portat, tum quia nullius debet esse conditioni obnoxius, pontificalis enim dignitas liberat a conditione servili, tum quia prædicator sit spiritualis libertatis, quâ Christus nos liberavit[77]. Item Proteus quidam sapiens primus obamoris signum ferreum annulum fecit et ibi adamantem inclusit, et inde subarrhari sponsas instituit; quia sicut ferrum domat omnia, sic omnia vincit amor, et sicut adamans est infrangibilis, sic est insuperabilis amor: « Fortis est enim ut mors dilectio[78]; » ideoque et in digito annulari, in quo vena procedit a corde, annulum portari constituit. Postmodum vero pro ferreis sunt aurei constituti, et pro adamante gemmis adornati, quia sicut aurum cætera metalla, sic amor universa bona præcellit, et sicut aurum gemma decoratur, sic amor cæteris virtutibus adornatur. Pontifex ergo annulum portat, ut se sponsam Christi vel sponsum Ecclesiæ recognoscat, juxta illud: « Despondi enim vos uni viro virginem castam exhibere Christo[79], » pro quo vel qua si necesse fuerit animam ponat[80]. Vel quia in annulo nomen regis sculpitur, et imago; ideo per annulum intelligimus Catholicæ fidei symbolum; audi nomen: Dominus Pater, Dominus Filius, Dominus Spiritus sanctus; vide imaginem, qualis Pater, talis Filius, talis Spiritus sanctus; igitur annulum in manu portare, est fidem in opere demonstrare. Baculus a lege sumitur et Evangelio, qui et virga pastoris, et sambuca, et pedum, et ferula nominatur. Moyses ex mandato Domini, virgam habuit, qua terribilia fecit in cœlo, in terra et in mari[81]; quia cibum de cœlo[82], potum de terra produxit[83] et gregem ad terram fluentem lacte et melle minavit. In Evangelio quoque Dominus præcepit apostolis, ut euntes ad prædicandum virgam tollerent[84]. Hic ergo baculus ex osse et ligno conficitur, quæ crystallina vel aurata sphærula conjunguntur, os superius re-

curvatur, lignum inferius ferro acuitur, modice tamen retunditur, os et lignum arte rasili poliuntur. Per baculum doctrinæ auctoritas intelligitur, hoc infirmi sustentantur, inquieti corripiuntur, errantes ad pœnitentiam retrahuntur. Unde et pedum vocatur; est enim pedum lignum curvum, quo pastores pedes retrahunt animalium. Hic ex osse, id est duritia legis, et ligno, id est mansuetudine conficitur Evangelii, quæ duo cincta sunt sphærula divinitatis Jesu Christi. Vel per os severitatem, per lignum pontificis accipe lenitatem, quas jungit in judicio pontifex per charitatem. Nam severitas, vel misericordia multum destituitur, si una sine altera teneatur; ideoque ferrum obtunditur, quia judicium clementia temperatur. Baculus recurvatur, cum os prædicatoris ad asellam retorquetur operationis, vel cum errantes ad pœnitentiam revocantur. Ferro inferius acuitur, cum prædicatio per ultimum judicium terminatur. Aliquando in curvatura cape (sic) ponitur, quoniam ad Dominum conversis vita æterna promittitur. Aliquando in curvatura scribitur: « Cum iratus fueris, misericordiæ recordaberis[85]; » ne ob culpam gregis ira turbet in pastore oculum rationis, sed verbo et exemplo revocet peccantes ad misericordiam Redemptoris. Aliquando in sphærula scribitur homo, ut se pontifex hominem memoretur et de potestate collata non elevetur. Aliquando juxta ferrum scribitur: Parce., ut in disciplinis subditis parcat, ut misericors a misericorde misericordiam consequatur[86]; intelligat ergo pontifex se debere

Parcere subjectis et debellare superbos,

(Virg. Æn. VI, 855.)

Unde dicitur:

Curva trahit mites pars, pungit acuta rebelles;

et iterum:

Curva trahit, quos virga regit, pars ultima pungit.

Cuncta sunt rasili arte polita, quoniam hæc omnia regula sanctitatis debent esse in pontifice redimita.

Pallium est torques in modum circuli cingens, habens ante et retro lineas dependentes de lana, scilicet vili materia contextum, in sinistra duplex, in dextera simplex. Cruces pigræ superponuntur, tres acus seu spinulæ infiguntur. Constat quod hæc vestis non est decoris, sed spiritualis significationis; significat enim imitationem passionis Christi, de qua: « Si quis vult venire post me, abneget semetipsum, et tollat crucem suam et sequatur me[87]; » pro qua merebimur vitæ æternæ coronam. Duæ lingulæ sunt duæ leges Christi passionem proferentes. Hæc imitatio est hominibus despectibilis, cujus etiam prædicatores, in præsenti vita[88], nunc menti, nunc carni serviunt, nunc cœlestibus inhærent, nunc terræ necessaria petunt, nunc adversis franguntur, nunc prosperis extolluntur; sed in futura vita, non

[74] Matth. 6. [75] Matth. 7. [76] Luc. 15. [77] Gal. 4. [78] Cant. 8. [79] II Cor. 11. [80] Joan. 10. [81] Exod. 4.
[82] Exod. 16. [83] Exod. 17. [84] Marc. 6. [85] Tob. 3. [86] Hebr. 4. [87] Matth. 16. [88] Rom. 7.

erit duplicitas, non macula, neque ruga [89], sed erit
ibi felicitas sine adversitate, gaudium sine mœrore.
Cruces sunt cordis contritio et carnis mortificatio.
Tres spinulæ, fides, spes, charitas, vel timor servi-
lis, initialis et filialis, quibus, ne a proposito imitationis pontifex decidat, sustentatur; vel per pallium dependens super humeros episcoporum significatur reverentia quæ sedi Romanæ debetur. Unde
pallium a sede apostolica duntaxat accipitur: sicut
enim quia Pater misit Filium, ei obedivit [90], et
sicut quia Filius apostolos misit, ipsi obedierunt
Domino [91]; sic quia apostolicus misit episcopos,
ipsi obediunt apostolico. Vel per pallium intellige
disciplinam, quam debet superinduere, ut sciat se
moribus subditorum confingere et condescendere,
cujus duæ lineæ duo sunt Testamenta, in quibus
vera permanet disciplina; et sicut torques non dabatur nisi his, qui legitime certaverant [92], sic pallium non datur nisi his, qui illum gradiendo meruerunt, et nos disciplinam servantes, torque victoriæ coronabimur, juxta illud Salomonis : « Addatur gratia capiti tuo, et torques collo tuo [93]. »
Dicunt quidam quod pallium pro aurea lamina
fuerit institutum [94], potius puto quod aurifrigia
mitræ vicem gerant laminæ, vel potius aurea lamina figuravit signum crucis, quod fit in officio
confirmationis; ibi ineffabilis majestas nominis, hic ineffabile mysterium crucis. Erat enim
super tiaram imminens fronti pontificis, in qua
fuit insculptum tetragrammaton, scilicet He, Toth,
He, Vau, quod est interpretatum : *Iste principium
passionis, vitæ*; quia pontifex repræsentat Christum, qui est principium vitæ in Adam perditæ,
quam reparavit nobis sua passione, et significat lamina professionis nostræ fiduciam; ideoque in
fronte portabatur, et nos hodie in fronte signamur,
et chrismate confirmamur; quoniam passionem
Christi non erubescimus.

Cappa creditur a tunica mutuata, unde sicut illa
tintinnabulis [95], sic ista fimbriis insignitur, hæc habet capucium, usque ad pedes pertingit, in anteriora manet aperta; hac sancta conversatio designatur; fimbriæ, quæ inferius sunt, labores et hujus
mundi sollicitudines. Capucium, supernum gaudium; prolixitas usque ad pedes, perseverantiam
usque in finem; apertura significat quod sancte
conversantibus vita patet æterna, vel per cappam
gloriosorum corporum accipimus immortalitatem.
Unde eas nisi in festis majoribus non superindui-
mus, aspicientes in futuram resurrectionem, quando electi quibus depositione carnis in animabus
albæ stolæ donantur, binas stolas accipient, et
requiem animarum, et gloriam corporum, quæ
cappæ rectæ ab anteriori parte sunt patulæ, et,
nisi sola necessaria fibula, inconsutæ, quia corpora jam spiritualia facta, nullis animam obtura-
bunt angustiis; fimbriis etiam subornantur, quia

nihil nostræ tunc deerit perfectioni, sed quod nunc
ex parte cognoscimus, tunc cognoscemus, sicut et
cogniti sumus [96]. Demum notabile est quod noster
pontifex plura quam octo induit vestimenta, cum
Aaron non nisi octo legatur habuisse; quia oportet
justitiam nostram abundare magis quam Scribarum
et Pharisæorum, ut intrare possimus in regnum
cœlorum [97].

CAPUT VI.
E REGALIBUS INSIGNIBUS.

« Dabo vincenti potestatem super gentes, et reget
eos in virga ferrea, et dabo illi stellam matutinam [98]. » Insignia regalia sunt sceptrum, corona,
diadema, vestis purpurea. Virga sceptri est potestas
regni, corona circulus mundi, diadema præmium
bravii, purpura caro infirmi. In virga monetur ut
justitiam diligat [99]; in corona, ut mundum regat;
in diademate, ut sic in agone contendat, quod præmium æternum accipiat [100]; in purpura, ut licet se
tantum viderit, tamen non superbiat, sed se infirmum agnoscat, et qui stat, videat ne cadat [1]. Ad
hæc dicitur, quod pera etiam superadditur, ut se in
hoc suo regno peregrinum esse cognoscat, et cum
hic manentem civitatem non habeat, futuram inqui-
rat [2]; vel quia sicut ad fastigium regni ascendit, sic
etiam ad mendicitatem descendere possit, sicut Diocletianus, qui de Augusto exstitit hortulanus. Cæteræ vestes regales sunt principales virtutes, vel sibi
subditæ potestates. Crux etiam ante reges portatur,
ut regi serviant Crucifixo. Ensis et lancea, ut non
declinet a justitia in judicio. Huic modo tropæum,
modo triumphum Romanum vulgus exhibere solebat. Tropæum est de fugatis hostibus exsultatio, in
quo non palmæ, sed laureæ, id est sertæ de Lauro
dabantur, et candidæ togæ. Ii vero, qui in agone
viriliter dimicaverant, circa collum torquem, id est
aureum circulum accipiebant. Triumphus est de victis hostibus exsultatio, cujus hæc erat repræsenta-
tio. Imperator trabea, id est purpurea veste indue-
batur, coronabatur in curru stemmate, illum trahentibus niveis equis in Capitolium, cum laudibus vehe-
batur, senatoribus præcedentibus, militibus hinc
inde equitantibus, populo sequente, omnibus hymnos de victoria compositos concinentibus; principes
capti ante currum vincti catenis aureis ducebantur;
vulgus captivum vinctis post tergum manibus sequebatur. Greges camelorum, equorum, et qui spolia
portabant, postea sequebantur. Dum sic duceretur
tota civitas alliis decorabatur, demum spolia divide-
bantur, et his qui homines ceperant palmæ et togæ
palmatæ, id est in quibus palmæ erant depictæ dabantur. Hinc est quod hi qui de Hierosolymis
veniunt, palmas in manibus gerunt, in signum quod
illi regi militaverunt qui Hierosolymis cum diabolo
pugnans, et victor exstitit, et cœli palatium cum
angelis triumphans introiit, ubi justi sicut palmæ
florebunt [3] et sicut stellæ fulgebunt [4].

[89] Ephes. 5. [90] Joan. 8. [91] Matth. 12; Luc. 10. [92] II Tim. 2. [93] Prov. 4. [94] Exod. 28. [95] Ibid.
[96] I Cor. 13. [97] Matth. 5. [98] Apoc. 2. [99] Sap. 1. [100] I Cor. 9. [1] I Cor. 10. [2] Hebr. 13. [3] Psal. 91.
[4] Matth. 13.

SICARDI CREMONENSIS EPISCOPI

CAPUT VII.

ITEM DE VESTIBUS.

‹ Vidi similem Filio hominis vestitum podere [5]. › Præterea juxta Patrum antiquorum exempla [6], vestes sacerdotales secundum positionem, materiam et colorem, quatuor elementa et duo cœli significant hemisphæria. Auri namque lamina superius posita in fronte pontificis innuebat, quod omnia quæ subtus sunt, Dei sapientia gubernantur; et pontifex Creatoris similitudinem gerens, pro universis subditis sapienter curam gerere tenetur. Allegorice vero ad Christi sacerdotium referuntur; sacerdos enim capitis nostri personam gerit, scilicet Domini Jesu Christi, ergo per calceamenta pontificis mysterium intelligimus incarnationis. Unde per colorum ipsorum varietatem virtutum Christi intelligimus multiplicitatem. Calceata namque venit ad nos in eo divinitas, de hoc calceamento dicitur in Psalmo : ‹ In Idumæam extendam calceamentum meum [7], › id est, gentibus notam faciam incarnationem meam. Hujus calceamenti corrigias solvere, se non posse Baptista Domini confitetur [8]. Unde per singula sandaliorum ineffabilem divinitatis et humanitatis accipimus unionem. Christus amictu caput obnubilavit, cum divinitatem, quæ est caput, id est principium sine principio, in latibulo carnis abscondit. Hic est angelus fortis amictus nube, qui in Apocalypsi de cœlo dicitur descendisse [9], et in Isaia : ‹ Ecce Dominus ascendit super nubem, candidam [10]; › et pulchre idem in amictu et sandaliis figuratur, quoniam et in carne divinitas latuit et per carnem ejus notitia universum mundum percurrit. Christus albam induit, cum novam innocentiæ vitam verbo docuit et exemplo, et resurgentibus contulit in baptismo. Poderis et Christi caro ejus est ; vel Ecclesia, cujus vestimenti lingulam non inferius sed sursum affixit, cum innocentiæ doctrinam, carnem et Ecclesiam ad cœlestia, non ad terrena direxit. Christus cingulum portavit, cum lumbos præcingendos admonuit, dicens : ‹ Sint lumbi vestri præcincti [11]. › Hæc est aurea zona, de qua legitur in Apocalypsi [12] : ‹ Vidi præcinctum ad mamillas aurea zona. › Per stolam Christi accipimus obedientiam et servitutem, quam subiit propter nostram salutem. Hic est enim Jacob qui præcepto patris scilicet Dei, et consilio matris, id est Spiritus sancti obediens servivit Laban [13], id est mundo, subjectis humeris, ejus peccata portando, ut Rachel et Liam in matrimonium duceret [14], id est Synagogam de Judæis et Ecclesiam de gentibus assumeret. Per tunicam et dalmaticam episcopalem sublimium Christi et de Christo rationem intelligimus, quæ non patet omnibus, sed majoribus et perfectis [15]. Hanc habuerunt pontifices, quibus dicebatur : ‹ In montem excelsum ascende tu, qui evangelizas Sion [16]. › Hanc significavit inconsutilis tunica Jesu Christi [17]; hanc habuit Dominus,

A in quo fuerunt omnes thesauri sapientiæ et scientiæ Dei absconditi [18]; eamque dedit apostolis, dicens : ‹ Omnia quæ audivi a Patre meo nota feci vobis [19]. › Sunt autem duæ vestes duo Spiritus sancti dona, scilicet sapientiam et scientiam significantes, et quidem mapula significat opera. Chirothecæ munditiam significant operum Jesu Christi. Per annulum episcopi donum significatur Spiritus sancti, quo dives et ornatus ad Ecclesiam descendit Filius Dei, quod credentibus in se dividit prout vult, dans alii sermonem sapientiæ, alii sermonem scientiæ [20]. Gratiarum divisiones [21] imitatur pontifex per ordinum collationes, instituens alios præsbyteros, alios vero diaconos. Non igitur abs re in ejus digito

B gemmatus fulget annulus, per cujus ministerium dantur fulgida charismata sancti Spiritus ; vel annulum Christus portavit, cum sponsam integritate fidei subarrhavit.

Per casulam sancta significatur Ecclesia. Hoc est vestimentum veri Aaron : in oram cujus a capite per barbam descendit unguentum [22]. In capite nostro est plenitudo Spiritus sancti, qui descendit in barbam, id est apostolos aliosque perfectos, et exinde in totam Ecclesiam, usque ad oram vestimenti, hoc est extrema Ecclesiæ membra. Hæc est una, integra, undique clausa, ut unitatem fidei significet, et integritatem; sed, licet una, per extensionem tamen crucifixi, quodammodo dividitur, et pars anterior partem significat Ecclesiæ, quæ præcessit Domini

C passionem; posterior vero sequentem. Huic amictus superducitur et ori circumponitur; quia corona et decus Ecclesiæ Christi humanitas intelligitur. Pallium episcopi humilitatem significat Jesu Christi, qui non sibi, sed Patri auctoritatem attribuit, dicens : ‹ Sicut misit me Pater, ita ego mitto vos [23]; › qui Patri usque ad mortis amaritudinem obedivit, propter quod exaltavit illum Deus, et dedit illi nomen quod est super omne nomen, et dedit illi potestatem in cœlo et in terra [24], quæ per baculum repræsentatur, et coronavit eum gloria et honore [25]. Unde et episcopus mitratur, et summus pontifex coronatur.

CAPUT VIII.

DE INDUENDIS MINISTRIS.

D ‹ Sacerdotes tui induantur justitiam, et sancti tui exsultent [26]. › Sacris vestibus non est utendum, nisi cum ingredimur in Sancta sanctorum, nec in eis est exeundum ad populum; sic enim Stephanus, natione Romanus, instituit, per quod intelligitur non omnia sacrata, vel secreta esse populis committenda; talis enim debet esse homilia, ut intelligi possit a subjecta familia, similiter nec cum pollutis et quotidianis vestibus est ingrediendum; quia munda conscientia est accedendum ad Domini sacramentum, et in ea contemplatione qua exuatur car-

[5] Apoc. 1.   [6] Exod. 28.   [7] Psal. 107.   [8] Joan. 1.   [9] Apoc. 10.   [10] Isa. 19.   [11] Luc. 12.   [12] Cap. 1.   [13] Gen. 27.   [14] Gen. 28.   [15] I Cor. 2.   [16] Isa. 40.   [17] Joan. 19.   [18] Col. 2.   [19] Joan. 15.   [20] I Cor. 12.   [21] Ibid.   [22] Psal. 132.   [23] Joan. 20.   [24] Philip. 2.   [25] Psal. 8.   [26] Psal. 131.

nali cogitatione; ideoque Hieronymus ait : Religio divina alterum habet habitum in ministerio, alterum in usu communi. Inpræsentiarum vero de habitu in ministerio necessario prosequamur, prædictas vestes ministros Domini vestientes, ut compti ad mensam Christi veniant, et ornati [27]. Ostiariis itaque, lectoribus, exorcistis, acolythis, albæ vestes conceduntur; ut angelos, Domini ministros, per castitatis munditiam imitentur, et eis in carne gloriosa effecta spirituali, quasi in albis vestibus socientur; et attende quod ministri altaris potius lineis vestimentis utuntur, quia sicut linum per multos labores ad candorem perducitur, sic necesse est per multas tribulationes ad regni gloriam pervenire [28]. Ad castitatis quoque decorem necesse est attingere per jejuniorum et vigiliarum laborem. Induunt igitur humerale, quo teguntur caput et collum, et hujusmodi, quibus onera deferuntur, ut discant mentem comprimere, linguam refrenare [29], et aliorum onera portare [30], et sic Christo in membris suis necessaria ministrare [31], et Christi amicti nube, humanitatem ad memoriam revocare.

Induunt poderem talarem, ut discant munditiam corporis et castitatem induere, et in ea usque in finem vitæ Deo servire. Deinde baltheo renes accingunt, ut sub timore Domini discant carnales concupiscentias refrenare, et lumbos ad mandatum Christi præcinctos habere [32]. Subdiaconis etiam supradictæ vestes conceduntur, et duæ superadduntur, scilicet subtile et sudarium; subtile, quæ et stricta tunica dicitur, portant, ut se justitiam induant quasi loricam [33]. Sudarium quoque in sinistro brachio portant, quo sordes a vasis et lacrymæ deterguntur ab oculis, ut discant in vita præsenti sordes vitiorum purgare et per pœnitentiam præterita mala deflere. Illud notabile est quod sudarium subdiaconorum, majus fanone sacerdotali formatur; quia ubi major excessus, major exigitur pœnitentiæ fructus. Diaconis usus additur dalmaticarum et stolæ, et quibusdam certis temporibus casularum. In dalmatica discant sancte et religiose vivere, carnis concupiscentiam mortificare, Deum et proximum diligere [34], mandata dilectionis, quæ sunt ante et retro, id est in lege et Evangelio servare, vel occultam rationem sublimium indagare; unde ea non nisi in festis utitur, quia discipuli sublimia non intellexerunt, nisi postquam Dominus est glorificatus [35].

In fimbriis sinistræ manicæ, et in stola super sinistrum humerum posita, discant se activæ vitæ onera subire, viduis et pupillis debere cum Stephano ministrare [36]. In eo vero quod ad lumbos stola subcingitur, ut sit fortis et expeditus contra pugnas libidinis invitatur. In casula discat, se esse prædicatorem qui in dilectione ferveat, et vitæ contemplativæ inhiet, interdum se illa præcingit, et humero duplicatam imponit; dum opus prædicationis, orationis, lectionis, meditationis intermittit, proximis in necessitate succurrit, et ob geminam dilectionem, laborem pro fratribus subit. Quam reflectit in dextrum, cum omnia refert ad summum bonum, et sic dum casulam induit Mariam, dum præcingit repræsentat in ministerio Martham [37]. Nunc cum his ministris, ad induendum pontificem festinemus. At nos verbo, illi ministerio. Sacerdos Dei summi, vicarie Jesu Christi, vide quid dicas, quid agas, quæ circa te ponuntur, et intellige mysteria, quæ significantur. Prius enim decantas psalmos : « Quam dilecta tabernacula [38]; » in quo proponis filiis Chore, id est calvi, scilicet ministris Christi in calvaria decalvati, te inæstimabili desiderio domum non manufactam concupiscere [39], pro qua et oras et te humilem asseveras, dicens : « Elegi abjectus esse in domo, etc. [40] » — « Benedixisti, Domine, terram tuam [41], » in quo misericordiam ostendi petis, et salutare, id est de Christo invisibiliter ostenso gratiam agis, et filiis Chore, agendam ostendis, per quem Deus Pater habilitatem ad illam redeundi proposuit, dum captivitatem nostram avertit iniquitatem remisit, iram mitigavit et benignitatem dedit; « Inclina, Domine, etc. [42], » in quo Christus orat pro suis, pro quibus ut nobis prædicta conferret, de terra ortus est, in patibulo crucifixus est, cujus oratio nostra est instructio; nostra autem oratio peccatorum est abolitio; « Fundamenta ejus in montibus sanctis [43], » in quo domum supradictam commendas multipliciter, ut filios Chore, ad ipsam allicias, ac si dicas : « O filii Chore, sumite exemplum a me; festino enim intrare in illam requiem [44], et ut intrem oro, humilitatem ostendo, festinate et vos, et potestis, quia Pater vos per Filium liberavit [45], et ut perveniretis, Filius ad Patrem oravit [46]; et debetis festinare ad ipsam, quia ibi erit lætitia sempiterna, de qua dicta sunt antiquitus gloriosa. Deinde rediens ad te dicis : « Credidi propter quod locutus sum [47], » ubi promittis calicem Domini accipere et laudis hostiam sacrificare, sed quia te sentis indignum, nullus enim est in mortali corpore sine peccato, sequitur pœnitentialis supplicatio, cum dicis : « De profundis clamavi ad te, Domine [48], » ut sis sicut Jonas clamans de ventre ceti ad eum [49], apud quem est propitiatio, misericordia et copiosa redemptio. Ideoque preces subdere debes, et orationes tuo ministerio competentes, ut : Aures tuæ pietatis, etc.

His dictis, exue vestes quotidianas, et indue mundas et sacras, ut exuas veterem hominem cum actibus suis, et induas novum, qui secundum Deum creatus est [50]. Vetus homo est Adam, cujus vetu-

[27] Joan. 20. [28] Act. 14. [29] Jac. 1. [30] Gal. 6. [31] Rom. 12. [32] Luc. 12. [33] Ephes. 6. [34] Matth. 22. [35] Matth. 15. [36] Act. 6. [37] Luc. 10. [38] Psal. 85. [39] II Cor. 5. [40] Psal. 85. [41] Psal. 84. [42] Psal. 85. Psal. 86. [43] Hebr. 4. [44] Joan. 8. [45] Joan. 17. [46] Psal. 115. [47] Psal. 129. [48] Jon. 2. [49] Ephes. 4; Coloss. III.

stas vitia sunt et peccata. Novus homo Christus A est, cujus novitas virtutes, et bona opera. Deinde pecte capitis crines, ut discas mentis componere mores, vel superfluas abigere cogitationes ; exinde manus et faciem, si volueris, aqua lavabis, ut scias carnales actus et mentis sordes abluere lacrymis pœnitentiæ; ut sis in numero innocentum audacter dicentium : « Judica me, Domine, quoniam ego, etc. [51], » et infra : « Lavabo inter innocentes manus meas [52]; » et postea lota manutergio terge, intelligens quod debeas post lacrymas contritionis, etiam abolere peccata per opera satisfactionis. Linum, ut prædiximus, per laborem ducitur ad candorem, sic pœnitens per satisfactionem ad perpetuam glorificationem ; nec ista crinium, faciei et manuum ornamenta sunt voluptatis oblectamenta, sed in figuram a Domino sacerdotibus legimus injuncta [53]. Quod in labio æneo, de mulierum speculis facto se lavabant, hæc est sacra Scriptura continens perspicuam vitam sanctorum, in qua vitam nostram lavamus, dum exemplis sanctorum purgantes nos a maculis vitiorum, cohibentes crines cogitationum, transformamur in pulchritudinem virtutum.

Post hæc a ministris sandalia calcearis, ut memor sis Dominicæ incarnationis, et ut ad instar apostolorum calceatus incedas' ad præparationem evangelii pacis. Unde in ornatu pedum meminisse debes illud : Quam speciosi pedes evangelizantium bona [54]. Hæc calceamenta non sunt honoris, sed C oneris; non ad quiescendum, sed ad iter prædicationis agendum. Insta ergo prædicationi opportune et importune, argue, obsecra, increpa in omni patientia [55]; illorum imiteris exempla, quorum indueris vestimenta, sed ut Spiritus Patris loquatur in te [56], detque tibi scientiam vocis sicut dedit apostolis [57], cum sandalia calcearis dicas hymnum : Veni, creator Spiritus, et alibi : Veni, sancte Spiritus, et orationes de Spiritu sancto : Deus qui corda fidelium, et aliam : Adsit nobis, quæsumus, Domine; aliam : Mentes nostras quas, Domine, Paracletus; et aliam : Præsta, quæsumus, omnipotens Deus, ut Spiritus. Postmodum protege mundo caput, amictus, tegas et humeros, stringe pectus, et fauces, ut quidquid mente capis, quidquid oneris subis, quidquid cogitas, quidquid loqueris, fidem non violes mediatoris, sed omnia pro spe cœlestium, sine macula referas ad Dominum, timens pœnam, desiderans gloriam ; si ergo in cor tuum pravæ cogitationes ascenderint [58], sentiat amictum, candidum indumentum, ut sub spe beatitudinis æternæ memor castitatis et munditiæ, nullius muscæ contagio corrumpatur, ut fiat cor mundum, spiritus rectum percipiens, in visceribus innovatum [59]. Quod si quando cogitatio castiganda subrepat, stringe

fauces amictu lineo, et « prohibe linguam tuam a malo [60], » ut sit ori tuo custodia et labiorum tuorum circumstantia [61]. Semper sacerdotis collum et pectus cingatur amictu ; semper cor ejus sit mundum et eloquium castum ; nam cogitationibus et mendacio corrumpitur anima, et fornicatur a Domino. Deinde indue poderim albam, talarem, ut habeas in te munditiam carnis perseverantem, et castitatem, et ad inimicos dilatatam charitatem [62], et intelligas adoptionis filiorum libertatem [63], qua Filius nos liberavit [64]. Deinde renes accinge, discens quod debeas impetus luxuriæ refrenare. Illud notabile est quod pectus et fauces leniter, renes autem fortiter stringere debes ; quia motus animi in tua potestate non sunt. Helias prius clausit cœlum quam animum existimans se solum de prophetis Domini remansisse, cum adhuc superessent septem millia virorum, qui non curvaverant genua sua ante Baal [65]. Lingua etiam in nudo sedet, et madido, et facile lubricatur. Princeps apostolorum ad vocem ancillæ negavit Magistrum [66]. In renibus autem frater noli errare. Deus non irridetur [67]; ne dicas carnis lapsum venialem, tanquam debitum vectigal naturæ, ne dicas jumentum indomabile ; sed astringens renes, castiga corpus tuum et in servitutem redige [68]; et ut efficacius valeas impetus luxuriæ refrenare, duplex tibi succinctorium a zona dependeat, scilicet jejunium et oratio ; his enim armis ejicitur impetus libidinis, et spiritus fornicationis, unde Dominus : « Hoc genus non ejicitur, nisi [in oratione et jejunio [69]. » Exinde stolæ colla suppone, in signum obedientiæ, quod obedias Evangelio Crucifixi. Postea tunicam indue hyacinthinam, id est cœlestem conversationem ; et superindue dalmaticam, id est sanctam religionem, vel carnis mortificationem, vel sublimium rationem; postmodum chirothecas, ut declines vanam gloriam, juxta illud : « Cavete ne justitiam vestram coram hominibus faciatis, ut videamini ab eis [70]; interdum tamen exue chirothecas, ut invites proximos ad operationem bonam [71], juxta illud : « Luceat lux vestra coram hominibus, ut videntes opera vestra bona, glorificent Patrem vestrum qui in cœlis est [72]. » Ideoque chirothecas induis, ut munditiam operum tuorum prætendas. Cohibe ergo manus tuas a contactu immundæ cuticulæ, et non solum a furto et rapina, sed excute eas ab omni munere, ne cum accesseris ad mensam Christi, dicat tibi : « Noli me tangere [73]; » vox enim tua Jacob sonat, sed manus tuæ sunt Esau [74]. Ad hæc annulum indue, ut diligas sponsum plus quam te cui fidem serves, sponsam sicut te, cui secreta reveles et libertatem prædices, qua te verus Sponsus, cujus es vicarius liberavit [75]. Præterea superindue casulam, vestem nuptialem [76], per eam intelligens

[51] Psal. 25. [52] Ibid. [53] Exod. 30, 38. [54] Isa. 52. [55] II Tim. 4. [56] Matth. 10. [57] Act. 2. [58] Luc. 24. [59] Psal. 50. [60] Psal. 35. [61] Psal. 140. [62] Matth. 5. [63] Rom. 8. [64] Joan. 8. [65] III Reg. 17-19. [66] Matth. 26. [67] Gal. 6. [68] I Cor. 9. [69] Matt. 17. [70] Matth. 6. [71] Matth. 5. [72] Ibid. [73] Joan. 20. [74] Gen. 27. [75] Joan. 8. [76] Matth. 22.

charitatem, quam si non habueris, eris sicut æs A
sonans et cymbalum tinniens [77], nuptiis privaberis
et mitteris in tenebras exteriores [78]; quam in brachia levabis, et triplicabis per dilectionem operis
ad omnes, scilicet rectores, virgines et continen-
tas.

Nunquam sacerdos suum officium debet sine casula exercere; quia semper eum decet in charitatis
vinculo permanere; sed, quoniam in multis offendimus omnes [79], et nemo diu sine crimine vivit;
idcirco sinistræ manui sudarium impone, ut qui
fragilitate vel ignorantia peccas, in pœnitentia de-
gas et peccata lacrymis abluas, ut cum euntibus
eas, et fleas, et semina mittas [80]. Deinde pallium
suppone, ut appareat quod imitator sis Jesu Christi,
qui languores nostros tulit [81], et tu cum sis peri-
psema mundi [82], despectibilis mundo, crucifixus
mundo, subditorum onera feras [83], quibus servitutis et humilitatis exempla proponas. Demum mitram accipias, intelligens quod quinque sensus ab
illecebris mundi custodias, duorum Testamentorum
mandata conserves, duo præcepta charitatis adimpleas ut coronam percipere merearis æternam. Cæteri tamen sacerdotes, ut clerici, caput, generaliter nullo contegunt ornamento, licet in festis, alias
sint toto corpore subornati; vel quia nondum est
plenum gaudium nostrum [84]; gaudemus enim,
non in re præsentium, sed in spe futurorum; vel
quoniam ad hoc tendimus, ut Deum nuda facie
contemplemur [85]. Cumque fueris his indumentis C
ornatus, secure baculum suscipe, id est. auctoritatem doctrinæ; sicut enim ejus prædicatio contemnitur, cujus vita despicitur, sic ejus doctrina time-
tur, et ab auditoribus acceptatur, cujus vita tot
virtutibus redimitur. Post hæc tapeta calcas, ut
terrena despicere, et amare cœlestia discas. Et vide
quoniam has omnes vestes induis, vel indueris
ministris deservientibus tibi; vel quia tibi ut ve-

B
stes induas spirituales angeli suffragantur; vel
quia vicarius es Jesu Christi, cui tunc angeli ministrabant, et nunc omnia serviunt [86]. Et vide no-
tabilem ordinem; prius est ut veterem exuas hominem, cum actibus et cogitationibus suis; exutum
laves, lotum induas; induas autem munditiam mentis, cordis, vocis et carnis, quæ ut non decidant,
adjungis timorem, jejunium et orationem, quæ ut
proficiant in te, addis cœlestem conversationem,
sanctam religionem; ut proficiant etiam aliis, id
est ut allicias alios, opera manifestas, et secreta
revelas; sed quia si corpus tuum tradis ut ardeat,
nihil tibi prodest, si charitatem non habueris [87];
idcirco Deum diligis supra te, proximum juxta te,
cætera infra te; sed quia qui tangit picem, coin-
quinatur ab ea. [88], et qui lotus est totus, non indiget, nisi ut pedes lavet [89], et quia incolatus prolongatur [90], ideo luges; sed, quia mors intrat per
fenestras [91], quinque sensus protegis et custodis;
sed quia pastor es, cui dicitur : « Pasce oves
meas [92], » ideo baculum accipis, quo te sustentes
et oves corripias.

Deinde cantor suas induat vestes, id est cappam,
quæ etiam singulis aptatur ordinibus, unde nec interest, cujus ordinis exstiterit; per quam intelligat sancte vivere; secundum quosdam coronet se
pileo, ut sciat se Deum qui est caput omnium laudibus extollere; vel pro laudibus coronam acquirere. Tabulas, secundum quorumdam consuetudines gerat in manu, ut non solum voce laudet, sed
opere. Cum enim voce cantas : *Frange esurienti
panem tuum* [93]; voci manus consonet, ut tu ipse
panem porrigas; sunt autem hæ tabulæ de osse, et
significant dilectionem Dei et proximi, vel perseverantiam bonorum operum; sed gerit secundum
alios alicubi baculum, ut quos ad consonas laudes,
voce nititur excitare, ad angelicas per opera satagat invitare.

[77] I Cor. 13.   [78] Matth. 22.   [79] Jacob. 3.   [80] Psal. 125.   [81] Isa. 53.   [82] I Cor. 4.   [83] Gal. 6.   [84] I Joan. 1.
[85] I Cor. 13.   [86] Matth. 4.   [87] I Cor. 13.   [88] Eccli. 13.   [89] Joan. 13.   [90] Psal. 119.   [91] Jer. 9.   [92] Joan.
21.   [93] Isa. 58.

LIBER TERTIUS.

DE OFFICIIS MINISTRORUM ECCLESIÆ.

PROLOGUS.

Pontifex a ministris et cum ministris ornatus de
sacrario procedit in publicum, missæ celebraturus
officium; de hoc ergo, licet insufficientes simus
aliquid a nobis exponere, tamen quia « sufficientia
nostra ex Deo est [94], in ejus auctorem jacientes
anchoram inchoemus [95]. Secretarius salutis, custos clavis David, qui aperit et nemo claudit; claudit et nemo aperit [96], introducat nos in hanc cel-

D
lam vinariam [97], in hoc sacrarium propitiationis
[98], ut in illud propitiatorium intendamus, in quod
versis vultibus duo cherubin, id est duo Testamenta
intendunt, et mutuo se respiciunt.

CAPUT PRIMUM.

DE NOMINE, ET INSTITUTIONE, ET PARTIBUS MISSÆ.

Nomen ergo missæ aliquando est proprium, aliquando collectivum; proprium, quia significat
Christum, qui est missus a Patre in hunc mundum.

[94] II Cor. 3.   [95] Psal. 54; I Petr. 5.   [96] Isa. 22; Apoc. 3.   [97] Cant. 2.   [98] Levit. 25.

Item significat angelum qui mittitur, ut per ejus manus hostia proferatur in sublime altare Domini. Collective ponitur, quia quandoque missa vocatur officium, quod est ab introitu usque ad offertorium, et hæc missa catechumenorum ; quandoque illud tantum officium, quod est ab initio sacrificii usque ad *Ite missa est*, et hoc verius, quia tunc hostia mittitur ; quandoque illud, quod in silentio legitur, forte eo quod tunc foras catechumeni mittebantur, quandoque illa solummodo verba, per quæ panis et vinum mittuntur, id est transsubstantiantur in carnem et sanguinem. Usitatius autem officium totum in missa dicitur, quod ab *introitu* usque ad *Ite missa est*, vel *Benedicamus Domino* continetur ; et hoc quatuor ex causis : quia sacerdos a populo mittitur ad Deum, ut intercedat, angelus a Deo mittitur ad populum, ut exaudiat. Item quia in hoc officio repræsentatur missio Christi a sinu Patris in mundum redimendum, id est incarnatio, et missio Christi a mundo ad Patrem placandum, scilicet passio. Unde concluditur : *Ite missa est*. Quidam aiunt quod missa dicitur a dimissione ; quia populus, celebrato officio, dimittitur. Missam instituit Dominus Jesus, sacerdos secundum ordinem Melchisedech [99], quando panem et vinum in corpus et sanguinem transmutavit, dicens : « Hoc est corpus meum, hic est sanguis meus [100] ; » ecce quod Dominus missam instituit, id est hæc verba constituit, eisque vitam substantivam dedit ; quibus panis in corpus, et vinum mittitur, id est transsubstantiatur in sanguinem. Item missam instituit et causam institutionis adjunxit, dum hoc faciendum esse mandavit, scilicet ob memoriam sui, dicens [1] : « Hoc facite in meam commemorationem. » Unde licet apostoli hanc adauxerint, dum super panem et vinum, non solum verba quæ Dominus dixerat, sed etiam Dominicam orationem superaddendam statuerunt ; licet deinde successores eorum, qui decorem domus dilexerunt [2], diversi diversa, in diversis temporibus adjecerint ; tamen institutio simul et adjectio, ad ipsum verum pontificem referuntur, qui proprio sanguine semel introivit in sancta [3]. Aliquoties vero, et eorum quæ in missa dicuntur, aut cantantur, aut gestibus repræsentantur, quædam sunt rememorativa præteritorum, quædam vero demonstrativa præsentium, quædam pronostica futurorum. Distinguitur autem secundum quosdam officium missæ in quatuor partes, Obsecrationem usque ad secretam ; orationem usque ad *Pater noster*, cujus quatuor sunt partes, secreta, præfatio, canon, dicta oratio ; postulationem usque ad communionem, gratiarum actionem usque ad finem. Secundum alios in septem officia : primum incipit a processione, secundum ab epistola, tertium ab evangelio, quartum ab offertorio, quintum a dispositione altaris, sextum a benedictione ponti-

ficis, septimum ab osculo pacis. In primo figuratur Christi legatio, in secundo Ecclesiæ gratulatio, in tertio Christi vel apostolorum prædicatio, in quarto auditorum devotio, in quinto Christi passio, in sexto ad inferos descensio, in septimo resurrectio. Secundum hanc ultimam distinctionem omnia prosequamur. Hoc igitur officium quod est a processione usque ad lectionem, *introitus* appellatur, eo quod ad memoriam nostram Christi reducit adventum in carne, et corporalem in terris conversationem, quousque paternam sedem ascendit, quod diligenter intuentes, per partes prosequemur officii.

CAPUT II.
DE PRIMA PARTE MISSÆ.

Legatum misit Dominus ad gentes [4]. Hanc legationem præfiguravit Moyses [5], qui cum descenderet in Ægyptum a senioribus et a populo suscipitur : dispersos aggregat, Ægyptum signis domat, oppressos a tyranno de dura servitute liberat, quos de Ægypto educit, et in terram promissionis inducit. Sic Christus veniens in hunc mundum ab angelis et pastoribus excipitur [6], diversos parietes in una fide continuat, mundum miraculis subjugat, oppressos a diabolo liberat, de inferno educit et in patriam paradisi inducit [7]. Hanc quoque legationem, quam prophetæ prædicaverunt, sapientes docuerunt, processio nobis præsentat episcopi, qui gerit figuram Christi. Pontifex enim, ornatus de sacrario procedit ad templum ; quia Christus speciosus præ filiis hominum [8] de accubitu Patris, vel de utero Virginis tanquam sponsus de thalamo suo procedens [9], venit in mundum. Ordo processionis secundum quorumdam consuetudinem hic est : Campanarum fragore, tinnitu consono concrepante, septem præcedent acolythi cum luminaribus. Quos septem sequuntur subdiaconi cum plenariis ; post quos septem diacones, post eos duodecim priores, quos comitantur tres acolythi cum thuribulis et incenso ; postea subdiaconus cum evangelio. Exinde pontifex adextratur a diacono et presbytero ; quem turba comitatur orando. Campanæ concrepantes, prophetas significant, Christi adventum prænuntiantes. Septem acolythi cum luminaribus fuerunt omnes qui, per septiformem gratiam Spiritus sancti, lumen scientiæ fidelibus ministrarunt. Septem subdiaconi cum plenariis sunt qui, per eamdem gratiam, plenitudinem divinitatis in Christo habitaturam corporaliter docuerunt [10]. Septem diaconi sunt universaliter omnes qui, per eamdem gratiam, spiritualem scilicet, evangelicam de Christo intelligentiam habuerunt. Duodecim priores fuerunt omnes qui, fide sanctæ Trinitatis, vel trium et quatuor virtutum operibus coruscaverunt. Tres acolythi qui ferunt thuribula, significant tres magos, qui obtulerunt Christo munera [11]. Unus autem subdiaconus, evangelium portans, legem significat. Ideoque præ-

[99] Psal. 109.   [100] Matth. 26.   [1] Luc. 22.   [2] Psal. 25.   [3] Hebr. 7.   [4] Abd. 5, 1   [5] Exod. 4 et infra.
[6] Luc. 2.   [7] Ephes. 2.   [8] Psal. 44.   [9] Psal. 18.   [10] Col. 2.   [11] Matth. 2.

cedit et evangelium portat, quia lex Christi præces- A
sit adventum, et in se continet passionis evangelicum sacramentum ; quod quia fuit in libro legis
obscurum, antequam Agnus septem signacula aperiret [12], ideo portat evangelium clausum. Evangelium ante pontificem ponitur, quia per doctrinam
evangelicam ad Christi vitam via præparatur. Episcopus qui a duobus vehitur vel deducitur, Christus est, qui a duobus Testamentis mundo per prophetas et apostolos prædicatur. Diaconus enim a
dextris, est Evangelii prædicator ; in quo cœlestia
promittuntur.

Presbyter et subdiaconus a sinistris : præco propheticus et legislator, qui terrena quoad litteram
promittebant ; et quia legislator prophetas præcessit, ideo presbyterum subdiaconus antecedit ; B
turba comitatur pontificem ad templum ; et populus fidelium sequitur Christum ad cœlum. Et attende quod in hoc pontificis comitatu, quo quasi
vehitur in curru, sunt decem ordines, scilicet ostiarii, lectores, exorcistæ, acolythi, subdiaconi, diaconi, presbyteri, cantores, laici, mares et mulieres;
quia « currus Dei decem millibus multiplex [13]. »
Millibus dicitur ad insinuandam eorum perfectionem ; sed diacones, subdiacones et acolythos præsertim secum paratos adducit, juxta illud : « Ecce
ego mittam ad vos prophetas, sapientes et scribas
[14]. » Prophetæ sunt diaconi, qui ex Evangelio futuram vitam annuntiant ; sapientes sunt subdiaconi,
qui sapienter vasa disponunt ; scribæ sunt acolythi, C
qui ex Scriptura corda fidelium accendunt. Sed et
hic ordo comitatus in nostris est prædicationibus
observandus. Acolythi namque, subdiaconi et diaconi sunt omnes prædicatores, qui præparant viam
Domino [15], ante faciem Jesu Christi. Præcedit autem
acolythus cum thymiamate ; quia Christi humilitatem primo necesse est prædicare, unde Apostolus :
« Nihil me judicavi scire inter vos, nisi Dominum nostrum Jesum Christum, et hunc crucifixum [16]. »

Candelabra sequuntur, ut super fundamentum
coram hominibus lux luceat prædicatorum ; qui
portant ea in manibus, dum adimplent opere, quod
prædicant in sermone. Subdiaconus cum evangelio
sequitur, quoniam auditoribus illuminatis sapien- D
tiam loquimur inter perfectos [17]. In Evangelio enim
perfectio continetur, ut ibi : « Si vis perfectus esse,
vende omnia quæ habes, et da pauperibus [18], » et
in his omnibus virtus numeri a materia prædicationis attenditur. Si enim fuerit unus acolythus,
subdiaconus et diaconus, illos prædicatores insinuant, qui unum esse præceptum dilectionis ostendunt, unde omnis lex in uno sermone completur
[19] ; si duo fuerint in quovis ordine, illos prædicatores equidem repræsentant, qui duo præcepta charitatis, et duo prædicant Testamenta. Unde Abra-

ham duos filios habuit, unum de ancilla, et unum
de libera [20] ; si tres fuerint, illos figurant qui Scripturam in lege, et prophetis, et psalmis continuo
annuntiant. Si quatuor fuerint, quadrigam reco-
lunt Aminadab [21], et quatuor animalia visa ab Ezechiele [22]. Si quinque fuerint, illos insinuant qui
prædicant quinquepartitam Domini passionem. Si
fuerint sex, illos significant qui ad opera misericordiæ nationes invitant. Si septem fuerint, illos
figurant, qui donis gratiæ septiformis gentes informant. Hæc etenim omnia, et de his debent prædicatores subditos edocere [23], quibus Jesu Christi vicarius, et ipse Christus deducitur in publicum, in
medium adolescentularum tympanistriarum. Producunt cantores, et duo chori suscipiunt gratu-
lando, cantantes introitum pro tempore cum versu,
et Gloria Patri, quem bis in profestis, et ter repe-
timus in festivis. Primo tempore duntaxat epistola
et evangelium ante sacrificium legebantur, et officium a lectione inchoabatur, qui mos in Sabbato
sancto et Pentecostes adhuc retinetur ; sed Cœlestinus papa psalmos ad introitum cantari constituit.

Gregorius ad majus gaudium de Christi adventu
repræsentandum, tropos et antiphonas ad introitum
pro psalmis modulandas composuit, unde primus
versus illius psalmi cum Gloria cantatur, qui ad
diem maxime pertinet et qui totus ad introitum olim
cum Gloria cantabatur. Inde est quod introitus raro
sumitur nisi de psalterio, vel quia psalterium ab inferiori parte percutitur, et a superiori sonum reddit;
ideo a psalterio missam incipimus, quoniam in ea de
opere passionis, quæ habet inferius percussuram,
ad resurrectionis dulcedinem superiorem properamus; verum Gloria Patri Nicæna synodus addidit ; sed
Damasus papa ad missam cantari præcepit. Cantores, qui pontificem venientem, cum Gloria Patri suscipiunt, sunt angeli, qui Christum venientem cum
gloria susceperunt in altissimis. Duo chori, qui laudes concinunt, sunt duo populi, Judaicus et gentilis,
qui Christo venienti cum laudibus occurrerunt. Introitus laus est Ecclesiæ de Judæis, ideoque tria continet : Antiphonam, versum et gloriam, propter tres
ordines fidelium, qui fuerunt linguæ Hebraicæ, scilicet patriarcharum, prophetarum et apostolorum.
Antiphona laus est patriarcharum, versus prophetarum, gloria vero apostolorum. Antiphonæ repetitio,
est prædicationis identitas, et confirmatio, quasi
quod longe prius patriarcha gestibus figuravit, propheta prædixit, et apostolus evangelizavit ; ad quam
etiam conversionem denotandam tropi solemnes in-
teruntur. Tropos Græce, conversio Latine. Hæ sunt
laudes ad introitum convertibiles. Interim dum ista
cantantur a choro, sanctuarium intrat episcopus,
ideoque primus iste cantus appellatur introitus ; et
inclinatus coram altari, dicit cum antiphona psal-

[12] Apoc. 5.   [13] Psal. 67.   [14] Matth. 23.   [15] Malach. 3.   [16] I Cor. 2.   [17] Ibid.   [18] Matth. 19.   [19] Gal. 5.
[20] Gal. 4.   [21] Cant. 6.   [22] Ezech. 1.   [23] Psal. 67.

mum : *Judica me, Deus, et discerne causam meam* [24], in quo petit a malis separari, ne in pressuris deficiat; et exsultat quod intraturus sit ad altare invisibile, cujus desiderio ingreditur ad visibile. Deinde confisus illa consolatione : *Dixi confitebor, et tu remisisti* [25], ut sine macula ingrediatur, confessionem facit, confitens genera singulorum peccatorum, scilicet se peccasse in cogitatione, locutione et opere, cum apostolo dicente : « In multis offendimus omnes [26]. » Non autem exprimit singula generum, ut homicidium, adulterium, ne cauteriet conscientias auditorum. Deinde pro circumstantibus orans, indulgentiam eis implorat. Hic est Christus qui cum de secreto Patris in mundum venisset, et dum a patribus suspiria multiplicarentur, e virginali utero processisset, pro nobis passurus, Hierusalem introivit, in mortem se inclinavit, causam suam contra hominem dolosum et iniquum Deo committens, et Patri confessionem fecit, dicens : « Confiteor tibi Pater cœli, et terræ, quoniam abscondisti hæc a sapientibus, et prudentibus, et revelasti ea parvulis [27]. » Patrem etiam pro suis exoravit [28], ipse quoque nobis indulgens, proprio corpore peccata nostra portavit [29]. Post hæc evangelium osculatur, exinde collaterales ministros, qui sunt a dextris et sinistris : Christus enim venit, et passus est, ut per fidem, quam Evangelium docet, Ecclesiam, quæ prius dicebat : « Osculetur me osculo oris sui [30], » Deo Patri reconciliaret [31], et duos in unam fidem parietes copularet, et pacem prædicans his qui longe et his qui prope [32], venientes ab aquilone et austro [33], in uno pacis vinculo [34] sociaret. Secundum quosdam offert etiam pacem cantoribus qui retro sunt adimplens illud : « Pacem meam do vobis, pacem relinquo vobis [35], » dat præsentibus, relinquit absentibus. Illud cavendum est, quod ante osculum non dicatur, *Gloria Patri*, quia fides Trinitatis non ante claruit, quam se Dominus inclinavit, et nos reconciliavit, et Trinitatem per apostolos prædicandam mandavit [36]. Unde osculo dato, innuit episcopus cantori ut dicat : *Gloria Patri et Filio, et Spiritui sancto. Sicut erat in principio, et nunc et semper, et in sæcula sæculorum. Amen.* Ecce quid cantor annuntiat, scilicet quod corda patrum convertuntur in filios [37]. Abraham tres vidit, et unum adoravit [38], sic oportet et nos, ejus filios, credere Trinitatem in unitate. Osculo dato rursus diaconi cum pontifice orant, quasi dicant : « Domine, doce nos orare [39]; » cumque post orationem ad altare pervenerit, illud osculatur in medio.

Post evangelium osculatur, et se crucis signaculo signat, ac si dicat : Huc accessi, ut sim vicarius Crucifixi, qui venit in mundum, ut pro nostra pace in ara crucis penderet, et media charitate consta-

ret [40]. Non erubesco evangelizare Crucifixum [41], qui venit ut nobis pacem evangelizaret [42]; vel per altare Judæos, per evangelium gentiles Evangelio credentes accipias [43]. Utrisque pacem Christus dedit, cum lapis exstitit angularis [44]. Similiter diaconi bini, et bini altaris latera solent, secundum quosdam altrinsecus osculari, eo quod binos misit Dominus ad prædicandum; quibus et dixit : « In quamcunque domum intraveritis, dicite : Pax huic domui [45], » qui reversi sunt ad Christum sicut revertuntur diaconi ad episcopum. Altare thurificat in figura Angeli, qui in Apocalypsi [46] cum aureo thuribulo altari astiterat. Unde stetit Angelus juxta aram templi, habens thuribulum aureum in manu sua, de quo fumus aromatum in conspectu Domini ascendebat : Christus enim magni consilii Angelus [47] carnem immaculatam sancti Spiritus plenam pro nobis in ara crucis obtulit Domino in suavitatem odoris [48]. Fumus aromatum sunt orationes sanctorum, quæ per ardorem charitatis ex passione Domini propagatæ ad Deum Patrem ascendunt, et nos ad coronam æternitatis provehunt [49], ideoque thurificat in modum crucis et coronæ. Si semel cruci thurificat, recolit unicam passionem; si semel coronat, unius denarii retributionem [50]; si vero ter, et Trinitatis in passione operationem, et trium ordinum glorificationem : ideoque thurificans, ait : *Dirigatur, Domine, oratio mea, sicut incensum in conspectu tuo, elevatio manuum mearum sacrificium vespertinum* [51].

Inde quoque est quod dum thurificatur, orationes, scilicet *Kyrie eleyson*, ab Ecclesia decantantur, quæ sunt incensa vera, de quibus subditur : « Et data sunt ei incensa multa [52]. » *Kyrie eleyson* Græcum est, quod Silvester papa de Græcis assumpsit, sed Gregorius ad missam cantari præcepit a clero, cum olim cantaretur a populo. Et attende quod tribus linguis missa celebratur. Hebraica propter legem, Græca propter sapientiam, et Latina propter regnum; vel quia titulus Christi in cruce pendentis scriptus fuit Hebraice, Græce et Latine [53]. Hebraica sunt *Alleluia, Amen, sabbaoth* et *hosanna*. Græca vero *Kyrie eleyson*, et *ymas*, cætera sunt Latina. *Kyrie eleyson* interpretatur *Domine, miserere*, quandoque additur *ymas*, quod interpretatur *nobis* et est sensus *Kyrie eleyson ymas* : potentia divina miserere nobis; Christe eleyson, qui redemisti nos sanguine tuo; Kyrie eleyson, qui rediisti ad Patris æqualitatem; ac si dicat : Qui es homo et Deus, miserere nobis. Triplicat Ecclesia Dominum, propter Patrem et Filium et Spiritum sanctum. Triplicat et Christum, et rursum Dominum quoniam ipse est Deus et homo, per quem pervenitur ad Patrem et Filium, et Spiritum sanctum. De hac tamen triplicatione alias et inferius exponetur. Novies autem compli-

[24] Psal. 42.   [25] Psal. 51.   [26] Jac. 3.   [27] Matth. 11.   [28] Joan. 16.   [29] I Petr. 2.   [30] Cant. 1.   [31] II Cor. 5.   [32] Ephes. 2.   [33] Luc. 13.   [34] Ephes. 4.   [35] Joan. 14.   [36] Matth. 28.   [37] Malach. 4.   [38] Gen. 18.   [39] Matth. 6.   [40] Cant. 3.   [41] Rom. 1.   [42] Ephes. 2.   [43] Act. 4.   [44] Ephes. 2.   [45] Matth. 10; Luc. 2.   [46] Cap. 8.   [47] Isa. 9.   [48] Ephes. 5.   [49] Hebr. 7.   [50] Matth. 20.   [51] Psal. 140.   [52] Apoc. 8.   [53] Joan. 19.

cat Ecclesia *miserere*, quia per misericordiam Patris, et Filii, et Spiritus sancti petit angelorum ordinibus sociari, et respicit ad anteriora, vel pertinet ad sequentia. Ad anteriora sic : fideles per officium cantorum id est prædicatorum in unum convenerunt ad laudandum Dominum ; ne igitur aliqua præsumptio subrepat, dicamus : *Kyrie eleyson*, inutiles servi sumus, quod debuimus facere fecimus [54]. Ne rursus propter compositionem melodiarum, nos inanis fallacia deprimat, dicamus : *Kyrie eleyson*. Ad sequentia sic. Oraturus est sacerdos pro populo ; ut igitur ejus oratione muscæ morientes abigantur [55], ut mens ejus serenetur ; ut cum Deo digne loquatur, ut et si mente non oraverit, Dominus in futuro non irascatur, sed misereatur, præmittimus ante orationem *Kyrie eleyson*. Simili ratione præmittitur ante Dominicam orationem in cæteris officiis, ut in matutinali et vespertinali synaxi, et repræsentatur laus Ecclesiæ de gentibus, quæ primitivam originem traxit a Græcis.

Ad hæc, choro tacente, *Gloria in excelsis Deo*, solus sacerdos alte incipit, ad orientem conversus ; quam populus concinendo recipit lætabundus. Nam dum medium silentium tenerent omnia [56], veritas latibulum legis effugiens, de terra orta est [57] ; quæ sola hominibus bonæ voluntatis pacem cum Deo et angelis dedit [58], et gloriam angelorum restituit [59]. Unde populus ad instar angelorum in laudes ipsius Christi, qui est ipsa Veritas, perstrepit lætabundus ; non tamen in ipsa Christi nativitate facta est pax, vel reconciliatio, nec angelorum restitutio, sed præoccupatio est ; quia, nato Christo, jam accensa est lucerna, per quam æterna inventura est drachmam perditam Sapientia [60]. Sed rationabiliter hoc in loco cantatur, unde mox transiturus est episcopus ad partem altaris dexteram, significans transitum Jesu Christi de morte ad vitam, quo transitu animas sanctorum copulavit consortiis angelorum. Unde facta est gloria Deo in excelsis et in terra pax hominibus ; quia sub eodem Domino terrenis cœlestia copulantur ; vel ideo solus sacerdos incipit, quia solus angelus in nativitate Domini hunc hymnum incipit et militia cœlestis exercitus congratulando concinit [61]. Incipiens autem sacerdos se convertit ad orientem, eo quod angelus ab oriente venit Bethleem ; vel quia Dominum ad orientem adorare solemus.

Et attende quod hic solum est hymnus Angelicus, scilicet *Gloria in excelsis Deo, et in terra pax hominibus bonæ voluntatis*, et hoc prius ad missam duntaxat dicebatur ; sed Hilarius, *laudamus te*, et cætera, quæ sequuntur adjunxit, et merito quæ sunt laudis adjecit, ut hymnus esse laudis ostenderetur ; quod ex evangelica lectione perpenditur, ubi ait : « Facta est cum angelo multitudo cœlestis, lau-

dantium Deum, et dicentium : Gloria in excelsis Deo [62], » et hoc totum quod referunt, quod Hilarius ad missam cantari instituit. Sunt qui dicunt quod Thelesphorus nocte tantum natalis Domini ad missam a se ipsa nocte institutam cantari instituit, et in eo ad angelorum verba, quæ sequuntur adjunxit ; Symmachus vero, ut in festivis cantaretur adjecit. Et aiunt quidam non esse cantandum in missa, nisi in hora tertia ; quia tunc Spiritus sanctus super apostolos descendit, et eos gloria et exsultatione replevit [63] ; verum et in nocte Domini est cantandus ; quia tunc prius auditus est, et in Sabbatis Paschæ et Pentecostes, quia baptizatis perdita gloria restauratur.

Hoc hymno finito, sacerdos ad dexteram transiturus ad populum se convertens, ait : *Dominus vobiscum*, vel : *Pax vobis*. Hæc salutatio : *Dominus vobiscum*, sumpta est de libro Ruth [64], ubi legitur quod Booz dixit messoribus agri sui : « Dominus vobiscum. » Melius sumitur a Paralipomenon, ubi regi Asa, et populo qui secum collectus erat ad prælium, dixit sacerdos : « Audi, rex Asa, et omnis populus Juda, et Benjamin : Dominus vobiscum, qui collecti estis ejus facere voluntatem [65]. »

Salutavit etiam angelus Gedeonem, dicens : « Dominus tecum [66], » et pertinet hæc salutatio minoribus sacerdotibus ; altera vero, scilicet : *Pax vobis*, quæ sumpta est de Evangelio [67], pertinet ad episcopos, tum quia specialius sunt vicarii Jesu Christi, qui post resurrectionem hac usus est ad apostolos salutatione. Chirographo namque pacis inter angelos et homines in sua morte compacto, resurgens a mortuis [68], ipsum pacis chirographum promulgavit dicens suis : « Pax vobis ; » quo etiam verbo usus est dispensator Joseph ad fratres ejus [suos] [69] ; tum quia Novum Testamentum dignius est Veteri. Cui populus : *Et cum spiritu tuo*. Orat populus, ut Dominus sit cum spiritu sacerdotis, qui faciat eum spiritu orare, et mente, mentem enim etiam nomine spiritus intelligimus ; orat enim tantum ore, qui tantum verba pronuntiat ; orat ore et spiritu, qui verba pronuntiat, et interpretationem discernit [70]. Orat ore, spiritu et mente, qui verba profert, discernit, et ad Deum et cœlestia refert ; et est hæc responsio sumpta de Apostolo, scilicet de secunda Epistola ad Timotheum, ubi dicitur : « Dominus Jesus Christus sit cum spiritu tuo [71]. »

« Ex his mutuis salutationibus innuitur quod sacerdotis et populi debet esse unus affectus ; et vide quod cum sacerdoti respondeat chorus : *Cum spiritu tuo*, nunquam sacerdos dicit populo : Dominus tecum, ut angelus Gedeoni, sed *vobiscum*, unde statuit Sother papa ut nullus missam celebret, nisi saltem sit tertius. Exinde ad altare conversus orat, manus elevans ad instar Moysi [72],

[54] Luc. 17. [55] Eccli. 10. [56] Sap. 18. [57] Psal. 84. [58] Luc. 2. [59] Joan. 14. [60] Luc. 15. [61] Luc. 2. [62] Ibid. [63] Act. 2. [64] Cap. 2. [65] II Par. 15. [66] Judic. 6. [67] Luc. 24 ; Joan. 29. [68] Rom. 6. [69] Gen. 45. [70] I Cor. 14. [71] II Tim. 4. [72] Exod. 17.

vel Salvatoris in cruce pendentis. Orans autem, et A
alios invitans orare, dicit : *Oremus.* Universalem
colligit ad se Ecclesiam, vel ut syndicus universitatis loquens sub persona multorum ; quod sumptum
est ab antiquitate. Antiqui præmisso Oremus, sub-
jungebant communiter orationem. Orat autem in
dextera parte, quia Christus a morte transivit ad
vitam [73] ; per quod de exsilio nos reducet in patriam ;
unde quidam diaconorum stant post episcopum,
quasi orantes, ut eum sequantur usque ad mortem,
et cum eo transeant ad vitam æternam. Major autem
pars in dextera parte moratur altaris, et minor in
sinistra, quia utramque petit Ecclesia, et temporal-
lem scilicet benedictionem, et æternam, ut ibi : *Sic
transeamus per bona temporalia ut non amittamus
æterna.* Hæc oratio significat benedictionem, qua cœlos ascensurus discipulis benedixit [74] ; et attende
quod oratio dicitur ab orando ; quia bona corporis
et animæ, præsentia et futura orantur. Orat enim
sacerdos pro bonis ut adsint, pro malis ut absint ;
dicitur et collecta, quia sub ea populus colligitur,
et petitiones populi in unum colliguntur, ut per sacerdotem ad Dominum referantur. Proprie tamen
collecta dicitur, quæ in processionibus sub collecta
multitudine legitur, vel ad portas civitatum, vel ad
compita viarum, vel ante januas ecclesiarum ; et
debet dici una oratio, sicut una epistola et unum
evangelium, propter fidei unitatem ; quia unus
Deus, una fides, unum baptisma [75] ; sed ex Patrum institutionibus quandoque dicuntur tres, vel
quinque, vel septem. Præter hos numeros, alius est C
non dico reprehensibilis, sed extraordinarius. Tres
dicuntur propter sanctam Trinitatem ; vel quia
Christus ter oravit, dicens : « Pater, si fieri potest,
transeat a me calix iste [76]. » Quinque dicuntur,
propter quinquepartitam Domini passionem, quæ in
quinque vulneribus est consummata. Septem dicuntur, propter septem petitiones Dominicæ orationis [77],
quarum numerum excedere præsumptuosum est ;
vel propter septem dona Spiritus sancti [78]. Pares non
sunt dicendæ, quia « numero Deus impare gaudet. »
Duas tamen, si festivitas occurrat in die Dominico,
Romana permittit auctoritas, quæ duas ad missam
Natalis Domini dicendas instituit, et in festo Omnium Sanctorum, sic etiam et quatuor in memoria D
Innocentum. Quotcunque dicantur, sola prima et
ultima conclusione debita terminentur. Orationes
ex maxima parte, ad Patrem diriguntur, et per Filium in sancto Spiritu concluduntur, ac si dicat: O
Pater, exaudi per Filium tuum, qui hoc vult et potest ; vult quia vivit, potest quia regnat ; vivit, inquam, et regnat tecum, in unitate Spiritus sancti ;
non vivit nec regnat ut tyrannus, spiritus iniquitatis, sed vivit et regnat Deus spiritu benignitatis, et
merito per Filium concluditur omnis oratio ; quia
nemo vadit ad Patrem, nisi per ipsum [79], et quia
dixit : « Si quid petieritis Patrem in nomine meo,

dabit vobis [80]. » Ipse enim mediator est Dei et hominum [81], per quem a Patre beneficia impetramus,
sicut per mediantem crystallum a longinquo sole,
in subjectam escam ignem cœlitus mutuamur.
Forma vero terminandi orationes hæc est : si fit sermo ad Patrem , et non sit ibi expressa mentio de
Filio nec de Spiritu sancto, concluditur : *Per Dominum nostrum Jesum Christum Filium tuum, qui tecum vivit et regnat in unitate Spiritus sancti, Deus,
per omnia sæcula sæculorum* ; si autem fit ibi mentio
de Filio, concluditur : *Per eumdem Dominum nostrum,* etc. ; vel : *Qui tecum vivit et regnat,* etc. ; vel
Dominum nostrum, ut : *Deus qui salutis æternæ* ; vel :
Jesus Christus, ut in Cœna Domini : *Ipse tibi.* Si autem fit ibi mentio de Spiritu sancto, additur : *In
unitate ejusdem Spiritus sancti,* etc. At si oratio dirigitur ad Filium, concluditur : *Qui vivis et regnas
cum Patre in unitate Spiritus Sancti,* etc. ; vel : *Qui
cum Patre vivis et regnas,* etc. Verum si oratio dirigitur ad Trinitatem, concluditur sine personarum
aliqua distinctione, sic : *Qui vivis et regnas, Deus,
per omnia sæcula sæculorum,* ut : *Placeat tibi, sancta
Trinitas, obsequium servitutis meæ,* et : *Suscipe, sancta Trinitas, hanc oblationem.* Vel convertat orator
sermonem ad se, vel ad populos dicens : *Quod ipse
præstare dignetur,* sicut etiam concluditur in bene-
dictionalibus orationibus, in quibus ad populos sermo dirigitur. Quæritur de his orationibus Adventus,
ut : *Excita, Domine, potentiam tuam et veni.*

Solutio : Tres sunt adventus : primus in carne,
secundus in mente, tertius in majestate; in his
agitur de secundo adventu ; quare sermo dirigi potest ad Patrem, vel ad Filium ; dicit enim : « Filius
ego et Pater, ad eos qui servant præcepta mea, veniemus [82] ; » Vel de primo, vel de tertio potius in
eis oratur adventu ; præcedentes enim patres Dominum Patrem deprecabantur, ut Filium mitteret ; aut
Filium, ut ad redimendum veniret. Moderni vero
petunt Patrem, ut Filium mittat; vel Filium, ut ipse
Filius ad judicandum et remunerandum veniat ;
ideoque fere in omni oratione adventus concluditur :
Qui tecum, vel *qui vivis,* vel etiam ad Trinitatem sermo dirigitur.

Quæritur de hac oratione : *Fidelium, Deus, omnium
conditor,* etc., redemptor enim proprie Christus
est. Respondeo : Ad Patrem sermo dirigitur. Tota
enim Trinitas est Deus, omnium conditor et redemptor ; nam Deus omnipotens, misericors, æternus,
sempiternus, licet sint essentialia nomina, tamen
personaliter ad Patrem significandum sæpius in orationibus ponuntur.

Quæritur et de illis in quibus sermo dirigitur ad
caput Ecclesiæ, si qua reperiatur, caput enim Ecclesiæ Christus est [83]. Respondeo : Similiter ibi ad
Patrem sermo dirigitur ; tota enim Trinitas est caput Ecclesiæ. In exorcismalibus orationibus dicitur :
Per eum qui venturus est judicare sæculum, etc., quod

[73] Rom. 6.   [74] Luc. 24.   [75] Ephes. 4.   [76] Matth. 26.   [77] Matth. 6.   [78] Isa. 11.   [79] Joan. 14.   [80] Ibid.
[81] 1 Tim. 2.   [82] Joan. 14.   [83] Ephes. 5.

A quanto cito diabolus audit, fugit, judicium ignis timens ; similiter quidam voluerunt esse dicendum in orationibus defunctorum, sed usus in aliquibus contradicit. *Per omnia sæcula sæculorum* dicitur, quia se sequuntur ; aliis enim discedentibus, alia succedunt.

Ad orationem respondet populus : *Amen*. Quod cum sit Hebræum, Latine secundum Hieronymum, *fiat*, secundum Aquilam *fideliter*, secundum quosdam, *verum* interpretatur ; ut in Evangelio : « Amen, » id est fideliter, vel verum « dico vobis [84] ; » Christus etiam dicitur Amen; ut in Apocalypsi [85] : « Hæc dicit amen, Christus, testis fidelis, » sed in orationibus pro *fiat*, accipitur, ac si dicatur : Fiat nobis quod oras. Post hæc sedet episcopus innuens Christi ascensionem, et ejus sedem ad dexteram Patris ;

B cum eo quidam sedent, per quos Christi membra intelligimus, in pace jam quiescentia, de quibus Apostolus : « Consedere fecit in cœlestibus in Christo [86] ; » aut eos, qui sedebunt super sedes duodecim, judicantes duodecim tribus Israel [87]. Per eos vero qui stant, intelligimus Christi membra adhuc in certamine posita ; sedens autem Dominus in alta cœlorum [88], custodit civitatem suam [89] ; et vicarius sedens in loco eminentiori, superintendit populo suo, et quasi vinitor, custodit vineam suam, ut reddat unicuique secundum opera sua [90]. Quo sedente, cereostata mutentur de locis suis in ordine unius lineæ a primo usque ad altare. Consuetudo ista est quarumdam ecclesiarum, ut notetur, quod de plenitudine Christi omnes accipimus [91], in spiritus unitate, sed gratiarum varietate. « Divisiones enim gratiarum sunt, idem autem Spiritus [92] ; » Spiritus enim a primo cereostato, id est a Christo procedens , et usque ad altare, id est electorum corda perveniens alternatim, in membris dona variat gratiarum ; et memento, quod cereostata in terram deposuerunt acolythi : quia post peracta prædicationis officia per humilitatem agnoscunt , quod sunt pulvis et cinis, sicut dixit Abraham : « Loquar ad Dominum meum, cum sim pulvis et cinis [93]. » Numerus cereostatorum non excedit septenarium ; quia septiformi gratia tota illuminatur Ecclesia. Vel aliter ab hujus partis exordio. Nam Christi processio est egressus ejus a Patre ; inclinatio est ejus exinanitio : « Inclinavit enim cœlos et descendit [94], » cum se formam servi accipiens exinanivit [95].

Introitus antiquorum Patrum de adventu Domini designat desiderium ; versus, vaticinia ; iteratio, suspiria; *Gloria Patri*, laudes ; *Kyrie eleyson*, eorumdem preces ad hoc multiplicatas, ut sanctæ gratia Trinitatis, per adventum Christi eos agminibus angelorum distinctis novies sociaret. *Gloria in excelsis*

A est, ut prædiximus, de Christi nativitate hymnus angelorum ; laudes et concentus chori, est aggratulatio pastorum. Salutatio et oratio est nobis salutaris Christi operatio. Tota enim vita Domini, et omnis ejus actio, pro nobis fuit oratio. Hic est fumus aromatum, qui manu angeli ascendit in conspectu Domini [96]. In diebus enim carnis suæ, sicut ait Apostolus [97], preces et supplicationes offerens ad Deum exauditus est pro sua reverentia. Orat ergo sacerdos ; quia Christus pro nobis oravit et orare monuit, et docuit ; orat igitur in dextera, quia Christus Judæos docuit, ad quos a Patre missus fuit, unde : « Non sum missus nisi ad oves quæ perierunt domus Israel [98]. » Unde quidam : « Dextera Judæos, gentiles læva figurat. » Et ita hucusque omnia

B fuerunt in cantu et opere. Unde mos inolevit, ut usque ad lectionem in ecclesia non sedeatur ; quoniam aggratulationi de adventu et operibus Christi præcedens officium deputatur. Ideoque in Romano dicitur ordine, ut pontifex non sedeat, quousque post primam orationem dicatur : Amen. Pontifex enim Christum significat venientem et operantem ; cæteri vero eos repræsentant, qui præibant, sequebantur et obviabant [99]. Qui ergo Christum comitari, vel Christum desiderat suscipere venientem, non torpeat, sed Christum suscipiat venientem, cantans cum prophetis Christum prænuntiantibus , orans cum Anna et Simeone Christum desiderantibus, exsultans cum angelis et pastoribus venienti aggratulantibus [100]. Vel sequatur Dominum cantans cum

C pueris clamantibus : « Hosanna filio David [1] ! » plorans cum Maria dicente : « Domine, si fuisses hic, frater meus non fuisset mortuus [2] ; » orans cum Chananæa dicente : « Domine, miserere mei, filia mea male torquetur [3]. »

CAPUT III.
DE SECUNDA PARTE MISSÆ

« Audivit et lætata est Sion [4]. » Sedente sacerdote, lector lectionem recitat, populus circumsedet, chorus cantus resonat. Tribus horis sacerdos sedet in missa, dum legitur epistola, dum graduale, et dum concinitur, *alleluia* ; quia Dominus dicitur tribus diebus in templo sedisse [5] ; Vel sacerdos sedet semel, id est continuo. Eo sedente, ista celebrantur ; quia

D Christo a Patris dextera residente, prædicator mundo Scripturas intonuit, et populus obedivit. Et attende quod lectio dicitur a legendo, debet enim legi et non cantari ; epistola dicitur ab *epi* quod est *supra*, et *stola* quod est *missio* ; quia sicut prophetiæ sunt super legem, sic sunt epistolæ super evangelium missæ; unde non solum epistolæ, sed loco epistolarum prophetiæ leguntur ; ambæ namque sunt panniculi Jeremiæ [6], ambæ stabularii super erogationes [7], ambæ legum supermissio-

---

[84] Matth. 5, etc.   [85] Cap. 2.   [86] Ephes. 2.   [87] Matth. 19.   [88] Act. 1; Hebr. 1.   [89] Psal. 126.   [90] Matth. 16 ; Rom. 2.   [91] Joan. 1.   [92] I Cor. 12.   [93] Gen. 18.   [94] Psal. 17.   [95] Phil. 2.   [96] Apoc. 8.   [97] Hebr. 5.   [98] Matth. 15.   [99] Matth. 21.   [100] Luc. 2.   [1] Matth. 21.   [2] Joan. 11.   [3] Matth. 15.   [4] Psal. 96.   [5] Luc. 2.   [6] Jer. 38.   [7] Luc. 10.

nes, sed illæ veteris, istæ novæ. Epistola igitur A
est vicaria legis et prophetiarum ante sanctum evangelium, præconis gerens officium. Præcessit itaque
lex Evangelium, sicut præco judicem, timor charitatem, initium perfectionem, actio contemplationem, quæ, quamvis sæpe de scriptis apostolicis
assumatur, in eo tamen gradu est, ac si semper
de lege vel prophetarum præconio sumeretur;
semper enim præcursionem figurat, moralitatem et
actionem insinuat, et tantum distat ab evangelica
majestate, quantum actio a contemplatione, servus
a Domino, præco a judice, legatus ab eo qui misit illum. Quapropter cum epistola legitur, sine
injuria sedemus, sed dum Evangelium audimus,
Domino, demissis vultibus, reverenter assistimus.
Usus vero sedendi, a Veteri Testamento assumi- B
tur, sicut in Esdra legitur [8]; quidam tamen stant
ad Epistolas Pauli [9], eo quod suam prædicationem Evangelium nominavit. Vel Epistola spiritualiter significat prædicationem Joannis Baptistæ præcursoris Domini, vel doctrinam septuaginta duorum discipulorum quibus ait : « Messis quidem
multa, et operarii pauci [10]; » vel significat lector
omnem scribam doctum, qui de thesauro suo profert nova et vetera [11]. Unde utriusque Testamenti
recitat lectiones ; vel significat Christum, qui aperiens codicem Isaiæ legit : « Spiritus Domini super me [12]. » Rursus vide quia, sicut non permit-
titur ulli nisi sacerdoti missam celebrare, evangelium legere nisi diacono ; sic nec debet epistolam
quisquam legere, nisi fuerit in subdiaconali offi- C
cio, cujus est officium in sinistro brachio portare
manipulum, fimbriis adornatum. Quia si secundum Joannis Baptistæ præconium, hic præco et
ejus auditor securim judicii, quæ posita est ad
radicem arboris pertimuerit, et dignos fructus pœnitentiæ fecerit [13], cum perseverantia bonorum
operum, manipulos justitiæ reportabit, de quibus
in Psalmo : « Venientes autem venient cum exsultatione portantes manipulos suos [14]. » Fimbria
namque manipuli, et cujusque sacræ vestis cum
sit ultima pars vestis, perseverantiam et bonorum operum completionem significat. Post epistolam, chorus cantu resonat graduale, tracium
Alleluia, cum versibus, neumis et sequentiis.
Usus etiam cantuum ut in Esdra legitur, originem traxit a Veteri Testamento ; gradualia, tractus et alleluia, Ambrosius et Gregorius et Gelasius composuerunt et ad missam cantari statuerunt. Hieronymus tamen ait, quod alleluia diceretur in missa, tractum esse de Hierosolymorum
Ecclesia. Nocherus, abbas Sancti Galli, prius sequentias pro neumis ipsius alleluia composuit, et
Nicolaus papa ad missam cantari concessit, sed
et Hermanus Contractus, qui fuit inventor astro-
labii, fecit : *Rex omnipotens, Die hodierna*, et San-

cti *Spiritus adsit nobis gratia.* Et dicitur graduale
a gradibus, in quibus cantatur, vel quia gradatim
canitur : idem quoque responsorium dicitur, quia
respondet prædictioni, vel quia illud incipientibus
respondet chorus, vel quia respondet versui. Versus autem a vertendo, quia vertitur ad responsorium. Tractus a trahendo, quia tractim cantatur,
cujus ad ipsum vertitur versus; alleluia *laudate
Deum*; allelu, *laudate*; ia, unum est de decem nominibus Domini, de cujus versu ad alleluia revertimur, et revertentes neumis utimur. Est autem differentia inter neuma neumæ, et pneuma pneumatis; neuma neumæ, *jubilus*; pneuma pneumatis
est *Spiritus Sanctus.* Sequentia vero dicitur, quia
neumam jubili sequitur, et dicitur sequentia sequentiæ, et hic et in Evangelio, quam et prosam,
id est longam etiam appellamus. Sicut per epistolam intelleximus Joannis prædicationem ; sic quoque per graduale, apostolorum intellige prædicationem; et per Alleluia, cum devotione et prædicatione lætitiam. Quidam vero per lectionem Vetus,
per cantum Novum accipiunt Testamentum : sicut namque Novum suavius est Veteri, sic cantus
suavior lectione. Sanius, vero cantus epistolas comitantur quoniam prædicationes prædicatorum
secuta sunt gaudium Ecclesiæ, Deo laudes et præconia de credentium conversione ; quia per graduale conversio de Judæis accipitur ; per versum,
conversio de gentibus intelligitur ; per alleluia
utriusque in fide lætitia figuratur. Sequentia vero
canticum designat victoriæ. Unde plausum victo-
riæm cum neumis imitatur; hanc exsultationem
præfiguravit tympanistria Maria, quæ victoriam
liberato populo recitavit, dicens : « Cantemus Domino [15]. » cum qua et populus jubilavit. Moraliter vero, et hodie gradualia canimus, dum in la-
mentis pœnitentiæ liberamur, et de virtute in virtutem [16] gradiri conamur. Hic enim cantus ad pœnitentiæ pertinet lamentum, et laborem operantium.
Inde est quod adeo gravis est, quod illum excellentioribus efferre vocibus non sustinet usus.
Inde quoque est quod diebus Pentecostes de officio
tollitur, quia tunc felix in regno et quiete status
Ecclesiæ præfiguratur. Inde etiam est, quod can- D
tor similis illi qui in valle plorationis positus [17],
ascensiones tamen in corde suo disposuit, et pœnitentiæ ploratum, et humilitatis gradum, et ascensionis initium, loco innuit, cum ad gradum inferior eo, qui concinit *alleluia*, persistit. Inde
quoque est quod et in gradibus cantatur, et a gradibus derivatur; quoniam pœnitentes et activi proficiunt in gradibus virtutum, dum quæ audierunt,
operibus implent. Nam in lectione auditores pascuntur, in cantu quasi aratro compuncionis
corda conscinduntur; habet enim musica naturalem quamdam vim ad flectendum animum, sicut

[8] I Esdr. 10.   [9] II Tim. 2.   [10] Luc. 10.   [11] Matth. 13.   [12] Luc. 4; Isa. 61.   [13] Matth. 3.   [14] Psal.
125.   [15] Exod. 15.   [16] Psal. 83.   [17] Psal. 84.

Boetius ait. Tractum canimus, quia in hoc itinere laboramus. De tractibus inferius plenius prosequemur; hic tamen scias hoc interesse, inter responsorium et tractum, quod est inter columbam et turturem.

Responsorium assimilatur columbæ, quæ gregatim volat et gemit, et significat gemitum activæ vitæ; tractus vero turturi comparatur, quæ singulariter volat et gemit, ideoque denuntiat gemitum contemplativæ. Cum in abscondito Patrem oramus [18], turturem offerimus. Sicut Moyses qui solus montem ascendit [19]; cum vero dicimus : « Venite, adoremus, et procidamus ante Deum' [20], » columbas ad altare portamus. *Alleluia* canimus, quoniam ad laudes angelicas in hoc itinere festinamus; versus, quoniam sic euntes, laborantes, festinantes ad Dominum revertimur; unde et versus cantantes ad orientem nos convertimur; et attende quod alleluia, prius summotenus dictum, præsentis contemplationis gaudium repræsentat, sed postea repetitum cum jubilo gaudium designat æternum, et tam angelorum quam beatarum animarum convivium. Unde et hoc Hebraicum nomen in officio remanet peregrinum; quoniam gaudium illud peregrinatur ab hac vita, et nos a Domino peregrinamur [21]. Congrue igitur post graduale cantatur, quia post actionem sequitur contemplatio; post luctum pœnitentiæ, canticum lætitiæ; post irriguum dilationis, magnitudo consolationis; quoniam : « Beati qui lugent, quoniam ipsi consolabuntur [22]; » et : « Qui seminant in lacrymis, in exsultatione metent [23]. » Congrue quoque in alleluia jubilamus, ut mens illuc rapiatur, ubi « sancti exsultabunt in gloria et lætabuntur in cubilibus suis [24], » quod gaudium nec potest verbis exprimi, nec omnino taceri; non exprimitur propter magnitudinem : non tacetur propter amorem. Sequentiam canimus in jubilo, quia Deum videbimus cum ineffabili gaudio. Unde habet verba inusitata et laudiflua; quia illud gaudium est mortalibus incognitum, ubi est habitatio sicut omnium lætantium [25]. Quædam ecclesiæ sine verbis sequentias neumizant, eo quod ibi non erit verborum significatio necessaria ubi patebunt corda singulorum, singulis vitæ intuentibus librum, vel quia verba non sufficiunt ad illud exprimendum. Unde quæ vox, quæ poterit lingua retexere, quæ tu martyribus munera præparas; quis possit narrare quod in cor hominis non ascendit [26]. Unde Paulus ait : « Quod vidit ea quæ non licet homini loqui [27]; » unde cum ad alleluia sequitur jubilus, non est sequentia necessaria, nec econtrario. Et quidem ista canentium alii sunt cantores, qui cantus in choro voce magna distribuunt, qui sunt rectores Ecclesiæ, qui Deum laudant et alios verbo et exemplo ad laudandum invitant. Alii autem pueri, qui graduale in gradibus cantant; hi sunt activi pueri de virtute in virtutem [28] in charitatis gradibus ascendentes, qui dum graduale inchoatur, alios ad compunctionem invitant; dum versus concinunt, ad se redeuntes suas cogitationes attendunt; dum rursus graduale incipiunt, bonum certamen certasse [29] et cursum insinuant se consummasse; qui primo non alte vocem elevant, versum post modum cantant : « Qui enim voluerit turrim ædificare prius sumptus cogitet [30]. » In repetitione vero jam non timentes, versum fiducialiter voce exaltant. Alii sunt perfecti viri, qui alleluia, vel tractus in pulpitis concinunt, hi sunt contemplativi, carnem affligentes [31], mente excedentes [32]; quorum conversatio est in cœlis [33]. » Non est hominum sed angelorum. Sequentia vero non illi soli decantant, sed chori communiter jubilant, quoniam jubilus æternus, ineffabilis communis erit angelis et hominibus.

CAPUT IV.
DE TERTIA PARTE MISSÆ.

Prædicans præceptum Domini constitutus est in monte sancto ejus [34]. Hic Christi et apostolorum prædicatio insinuatur : « Videns enim Jesus turbam, ascendit in montem, et aperiens os suum, docebat eos [35]. » Hanc prædicationem præfiguravit Moyses [36], qui ascendit in montem, et accipiens tabulas et benedictionem, populo mandata proposuit. Hanc etiam repræsentamus cum diaconus benedictionem a pontifice petit; cui pontifex benedicit. Diaconus, et non alterius ordinis Evangelium legat; quia diaconus *minister* interpretatur. Christus autem cum Evangelium prædicavit, minister fuit. Unde : « Non veni ministrari sed ministrare [37]. » Diacono pontifex benedicens, ait : *Dominus sit in corde tuo et in labiis tuis.* Intendat ergo diaconus ut cor concordet cum labiis, ne infructuosa sit oratio sacerdotis; proinde per manus sacerdotis munitur signo crucis, ac si dicatur ei : Dum prædicaveris, passionis Dominicæ non obliviscaris.

Diaconus enim iste ordo est apostolicus, cui Dominus benedixit, cum dedit eis Spiritum sanctum [38], et misit ad prædicandum per universum mundum [39]. Hanc benedictionem non accipit subdiaconus; quia legislatorem et prophetas Deus invisibiliter misit; apostolos autem et evangelistas factus visibilis visibiliter misit et docuit. Diaconus de altari accipit Evangelium; apostoli enim de altari evangelium acceperunt, cum prædicantes passionem Domini evangelizaverunt. Vel altare, in quo ab initio usque nunc jacuit evangelium, est Hierusalem, unde legem evangelicam susceperunt; quia de Sion exivit lex et verbum Domini de Hierusalem [40]; unde cum notus fuisset Deus solum-

---

[18] Matth. 6.   [19] Exod. 24.   [20] Psal. 94.   [21] II Cor. 5.   [22] Matth. 5.   [23] Psal. 125.   [24] Psal. 149. [25] Psal. 86.   [26] I Cor. 2.   [27] II Cor. 12.   [28] Psal. 83.   [29] II Tim. 4.   [30] Luc. 13.   [31] I Cor. 9.   [32] II Cor. 5. [33] Phil. 3.   [34] Psal. 2.   [35] Matth. 5.   [36] Exod. 24.   [37] Matth. 20.   [38] Joan. 20.   [39] Marc. 16.   [40] Isa. 2.

modo in Judea [41], factum est admirabile nomen ejus in universa terra [42] ; vel altare Judæos significat, a quibus transfertur regnum Dei, et datur genti facienti fructum ejus [43]. Diaconus Evangelium in sinistro brachio portat, quia sinistra præsentem vitam præfigurat in qua debet evangelium prædicari. Nam in futura scientia destruetur [44], id est non erit opus magistrali doctrina. Diaconum præcedit subdiaconus cum pulvillo ; quia ad omne quod legitur evangelium lex competens suggerit testimonium, vel pulvinar est suavitas et dulcedo mandatorum Dei, de qua Propheta : « Parasti in dulcedine tua pauperi Deus [45] ; » et alibi : « Quam dulcia faucibus meis eloquia tua [46], unde, evangelio lecto, liber evangelicus super pulvillo portatur ; quoniam Ecclesia « in auditu auris obedivit [47], » et verbum suaviter in corde suscepit, cujus anima liquefacta est, ut dilectus locutus est ei [48]. Duo præcedunt acolythi cum candelabris et candelis, et unus cum thuribulo ; hi sunt Moyses et Helias, inter quos ut sol Dominus in monte refulsit [49], vel apostoli, quos binos Dominus ad prædicandum misit [50]. Quandoque tamen ut in profestis, unus tantum præcedit acolythus cum cereo. Hic est Joannes Baptista, qui fuit verbi lucerna [51] ; præcessit enim Christi primum adventum ; ergo duo significare possunt Henoch et Eliam, qui præcedent secundum [52]. Duo candelabra, duo præcepta ; duæ candelæ, lex et prophetiæ, quæ, dum evangelium legitur, secundum quosdam in pavimento ponuntur, quoniam legis umbra et prophetiarum ænigmata, per lumen Evangelii, etiam ab humilibus intelliguntur ; quæ, perlecto evangelio, protinus exstinguuntur, quia per evangelicam doctrinam lex et prophetia penitus evanuerunt in littera ; vel quia cum veritas Evangelii deprehendetur, omnis scientia destruetur [53]. Ille thuribulum portat, qui odorem suavitatis exiguæ prædicans elicit passionis. Per incensi fumum bona opinio prædicatoris designatur, qui debet esse odor vitæ in vitam [54], odor agri pleni cui benedixit Dominus [55]. Thuribulum præcedit Evangelium ; quia bona fama operum debet præcedere doctrinam verborum. Unde : « Jesus cœpit facere et docere [56]. » Diaconus ab australi parte ascendens analogium, id est locum ad verba de superioribus destinatum, et se vertens ad austrum, primo salutat populum, dicens : *Dominus vobiscum* ; cui populus : *et cum spiritu tuo* ; Christus enim a Behtlehem, quæ est ad austrum, venit in Hierusalem. Unde dicitur : « Deus ab austro veniet [57]. » Quod diaconus ascendit, hoc est quod prædicator debet stare in monte virtutum, juxta illud : « Supra montem excelsum ascende tu [58]. » Vel quia Christus in alto monte

prædicaverit [59], vel quia dixit : « Quod in aure audistis, prædicate super tecta [60] ; » vel quod præcepta sublimia dedit. In hoc autem quod evangelium in altiori gradu legitur quam epistola, innuitur quod apostolica dignior est legali doctrina et evangelica excellentior apostolica ; quod se ad austrum evangelium lecturus vertit, inde est quia sponsus cubat in meridie [61], et Ecclesia in omni fervet amore ; vel quod in hac parte viri stare solebant, quibus debent spiritualia seminari : per viros enim spirituales intelliguntur, et per austrum [62] Spiritus sanctus accipitur. Quidam vero, ut pene in omnibus ecclesiis vetus obtinet consuetudo, se ad aquilonem convertunt, ubi feminæ sunt, quæ carnales significant, et aquilo significat fideles : carnalibus autem et infidelibus est evangelium prædicandum, ut convertantur ad Christum ; vel diaconum ab austro venire, est Filium Dei operatione Spiritus sancti carnem assumere. Ad aquilonem sermonem dirigere est salutem gentibus, quæ a calore solis recesserant, et secreta mysteria revelare ; vel ad aquilonem legitur, ut aquiloni, a quo omne malum panditur [63], opponatur evangelica fides, juxta illud : « Cui resistite fortes in fide [64]. » Hic est aquilo frigidus, id est diabolus, qui flatibus tentationum corda congelat hominum, et infrigidat ab amore Dei. Ideoque dicitur ei : « Surge, aquilo [65], » id est recede. Si autem evangelium fuerit ad altare legendum, in sinistra parte legatur, nam ex nunc a dextera fit transitus ad sinistram ; in quo notatur transitus apostolorum, qui de Judæis transierunt ad gentes, illis respuentibus verbum Dei [66]. Desiccato namque velamine Gedeonis, ros aream irrigavit [67], et qui prius dixerat : « In viam gentium ne abieritis [68], » postea : « Ite in universum mundum [69], » subjunxit ; quod lecturus evangelium primo salutat populum, cum a susceptione codicis de altari nihil in via dixerit, inde est quod apostoli, in via neminem salutabant, sed quamcunque domum intrabant prædicaturi habitantes in ea, primo ex mandato Domini salutabant dicentes : « Pax huic domui [70] ; et reddit hac salutatione diaconus auditores attentos ad audiendum verbum Domini ; unde se vertit ad eos. Cui populus factus attentus et benevolus cordibus adversis ad Deum, et vultibus ad diaconum ait : *Et cum spiritu tuo*. Orat populus ut Dominus sit cum spiritu prædicatoris, qui faciat eum sane prædicare et ad Deum referre. Cumque diaconus addit : *Sequentia Sancti Evangelii*, auditores dociles reddit : non quod majestas evangelii dignetur regulis oratorum subjici, sed quia quod in hominibus nititur eloquentia, hoc in Ecclesia sua perficit Sapientia. Dicitur autem evangelium *nuntium bonum*

[41] Psal. 75. [42] Psal. 8. [43] Matth. 21. [44] I Cor. 15. [45] Psal. 67. [46] Psal. 118. [47] Psal. 17. [48] Cant. 5. [49] Matth. 17. [50] Matth. 10 ; Luc. 10. [51] Joan. 5. [52] Mal. 4. [53] I Cor. 13. [54] II Cor. 2. [55] Gen. 27. [56] Act. 1. [57] Habac. 3. [58] Isa. 40. [59] Matth. 5. [60] Matth. 10. [61] Cant. 1. [62] Cant. 4. [63] Jer. 1. [64] I Petr. 5. [65] Cant. 4. [66] Act. 13. [67] Judic. 6. [68] Matth. 10. [69] Marc. 16. [70] Matth. 10 ; Luc. 10.

antonomastice, ab *en* quod est *bonum*, et *ange-lus* quod est *nuntius.* Nuntiat enim vitam post mortem, requiem post laborem regnum post servitium'; vel ab *Evan* et *Gelos*, ut quidam dicunt ; sed idem sensus est. Licet enim aliæ .Scripturæ bonum annuntient, tamen hæc, quam ore proprio Dominus prædicavit, sibi nomen Evangelii vindicavit. Titulantur autem Evangelia duplici forma, vel per initium Sancti Evangelii ; sicut in principiis evangelistarum ; vel per sequentia sancti Evangelii, et dicitur sequentia, quia sequitur initium vel præcedentia. Respondet populus : *Gloria tibi, Domine.* In Evangelio agitur de gloria Dei et nostra, scilicet quod diabolum vicit, et victor ad gloriam Dei Patris ascendit, quod nos redemit et nobis majora promisit. Audientes igitur Evangelii mentionem, nos ad orientem vertimus, et exclamamus in laudem Creatoris : *Gloria tibi, Domine*, quasi dicamus : Quod in Evangelio prædicatur, et nos credimus et speramus, nobis proficiat, nobis eveniat, sine fine permaneat. Et exinde : « Non nobis, Domine, non nobis, sed nomini tuo » inest, et inerit « gloria [71], » et ita populus glorificat Deum qui misit nobis Verbum salutis, « et fecit redemptionem plebis suæ [72], » juxta quod in Actibus apostolorum dicitur : « Et glorificaverunt Deum [73]. » Cumque hæc dicuntur, tam qui audit, quam qui profert, primo cum pollice fronti signum crucis imponit, secundo ori, tertio pectori. Fronti signum crucis imponitur, quoniam in fronte sedes est pudoris et verecundiæ. Unde impudicos homines appellamus effrontes, quasi sine fronte. Per hoc ergo quod fronti signum crucis imprimimus, ostendimus nos non erubescere Dominum nostrum esse crucifixum, quod nobis a Judæis et gentilibus improperatur. Unde Apostolus : « Prædicamus Christum Dominum nostrum crucifixum, Judæis quidem scandalum, gentibus vero stultitiam [74] ; » nec erubescere debemus, quoniam qui erubuerit Filium in hoc mundo, filius erubescet eum coram Patre et angelis in Judicio [75] ; in hoc quod os signamus et pectus, innuimus quod Dominum crucifixum et ore confitemur, et corde credimus ; corde enim creditur ad justitiam, et ore confessio fit ad salutem [76] ; igitur in pectoris signo fides et oris signo confessio, in frontis signo intelligitur operatio, quasi dicat : Signo me in fronte, ore et pectore ; quia crucem Christi non erubesco sed prædico et credo.

Quæritur qualiter nos signare debemus, scilicet a sinistra in dexteram, vel econtrario. Quidam volunt a sinistra in dexteram esse signandum , ex hac auctoritate [77] : Egressus ejus a Patre, excursus usque ad inferos, regressus usque ad sedem Dei ; Christus enim a Patre venit in mundum [78], inde

ad inferos [79], inde ad sedem Dei [80]. Incipiens itaque se signare, incipit a superiori parte quæ Patrem significat ; descendit ad inferiorem, quæ mundum significat ; allaterat a sinistra in dexteram : sinistra significat infernum, dextera cœlum. Christus autem ab inferno ascendit etiam ad alta polorum. Alii vero a dextera signant in sinistram, quia Christus veniens a dextera Patris, diabolum, qui est sinistra, cruce peremit. Vel ad nos crucis refertur effectus : « Deus inclinavit cœlos, et descendit [81], » ut doceret nos, primum quærere regnum Dei, quo quæsito etiam temporalia nobis adjicientur [82] : et ecce transitus de dextera scilicet ad sinistram. Descendit etiam ut nos de terra levaret ad cœlum, et ecce quod de sinistra transitur ad dexteram. Et quidem supradicta tria loca pollice signamus, et demum eadem tria tribus digitis comprehendimus, quoniam totam nostram fidem, confessionem, audaciam, vel operationem ad Deum vivum et trinum referimus.

Exinde librum diaconus thurificat, signat et osculatur librum in signo, quasi dicat : Hic est liber Dei, hic est liber Crucifixi, hic est liber Pacifici. Quidam vero primo signant librum, postea se, et se quidem in fronte et pectore tantum, quasi in utroque superliminari [83]. Postea diaconus inchoat evangelium, quod habet triplicem inchoationem, vel per initium evangelii, ut *In principio erat Verbum*, item : *Liber generationis* Jesu Christi ; vel per certam temporis determinationem, ut : *Anno quintodecimo imperii*, etc.; vel per *In illo tempore*, ubi saltem confusum tempus significetur, et est sensus : In illo tempore, scilicet gratiæ, de quo : « Ecce nunc tempus acceptabile [84]. » Et attende quoniam prophetiæ, et Epistolæ, et Evangelia per illas dictiones vel orationes inchoantur, vel concluduntur, quæ in eis sæpius iterantur. In prophetiis hæ clausulæ sæpissime repetuntur, scilicet : *In diebus illis*, et hæc dicit *Dominus omnipotens*. In epistolis autem Pauli hæ clausulæ frequentantur : *Fratres*, et *in Christo Jesu Domino nostro*. In Epistolis Jacobi et Petri hæc particula frequentatur, scilicet : *Charissimi.* In Evangeliis autem hæc oratio sæpius invenitur : *In illo tempore.* Leguntur autem evangelia quandoque secundum historiam, ut illud : *Pastores loquebantur ad invicem [85]*, et illud : *Maria Magdalene, et Maria Jacobi, et Salome [86]* ; quandoque secundum allegoriam ut illud : *Intravit Jesus in quoddam castellum [87]*, in quo fit mentio de Maria et Martha sororibus Lazari : per quas quia duæ vitæ significantur, contemplativa scilicet et activa, ideo legitur in Assumptione beatæ Mariæ, in qua est utriusque vitæ consummatio ; quandoque secundum personam, ut in festo sancti Thomæ apostoli dicitur : *Thomas unus de duodecim [88]* ; quan-

[71] Psal. 115.   [72] Luc. 1.   [73] Act. 11.   [74] I Cor. 1.   [75] Luc. 9.   [76] Rom. 10.   [77] Ambrosius in hymno *Veni, Redemptor gentium.*   [78] Joan. 16.   [79] Ephes. 4.   [80] Act. et Hebr. 1.   [81] Psal. 17.   [82] Matth. 6.   [83] Exod. 12.   [84] II Cor. 6.   [85] Luc. 2.   [86] Marc. 16.   [87] Luc. 10.   [88] Joan. 20.

doque secundum partem ut in testo Sanctæ Cru- A
cis : *Erat homo ex Pharisæis* [89], propter hanc clausulam, sicut Moyses, exaltavit serpentem in deserto [90], sic oportet exaltari Filium hominis; in
hoc enim verbo passio, et in cruce corporis exaltatio figuratur; quandoque secundum totum, ut illud : *Postquam consummati sunt dies octo* [91].

Dum autem legitur evangelium, summa cum
reverentia audiatur; nullus sedeat : hoc enim
Anastasius papa decrevit. Baculi de manibus,
et velamina de virorum capitibus deponantur.
Cum vero sedere prohibemus, nec jacere nec
appodiare, nisi in necessitate, permittimus. Erecti
stare debemus : sedent desides, jacent dormientes, appodiantur debiles, stant fortes pugiles.
Ut igitur innuamus quod pro defensione evangelii B
sumus fortes pugiles Jesu Christi, dum legitur
evangelium, stemus erecti, scientes quod « non
est nobis colluctatio adversus carnem et sanguinem, sed adversus principes et potestates [92]; »
et, ut omnis appodiatio removeatur, etiam baculi
deponantur, non solum a cæteris verum etiam a
cantoribus. In lege præcipiebatur [93], ut edentes
agnum baculos in manibus haberent, quod repræsentant cantores, qui tenent baculos in missa,
significantes quod qui ad patriam festinant, esu cœlestis Agni et baculis contra hostes, id est Scripturarum sententiis indigeant contra dæmones. Generaliter enim per baculos legales intelligimus observantias; spiritualiter per baculos cantorum, sententias Scripturarum, vel doctrinas prædicatorum;
per evangelicam ergo prædicationem in præsenti
legales deposuimus observantias; et in futuro, cum
veritatem comprehendemus evangelicam, evacua-
buntur linguæ doctorum, quia scientia destruetur [94];
vel baculos deponimus, ne judaizare videamur, qui
caput Christi arundine percusserunt [95]. Vel baculum deponere est ob perfectionem evangelicam
injurias non vindicare, sed Domino vindictam servare, unde : « Mihi vindictam, et ego retribuam [96], »
et in principibus aut in terrenis sustentaculis non
confidere; quia « vanitas vanitatum, et omnia vanitas [97]. » Non est opus humano auxilio, dum præsto
Christum habemus, et ejus vocem audimus. Similibus rationibus velamina de virorum capitibus de- D
ponuntur, scilicet ut Judæis dissimiles videamur;
qui Christi caput corona spinea contexerunt [98];
vel quia præsens evangelica prædicatio abstulit
velamina legis; vel quia futura veritatis evangelicæ
comprehensio auferet ænigma et squamas ab oculis
nostris [99]. « Nunc videmus Deum, quasi per speculum in ænigmate, tunc autem videbimus facie ad
faciem [100]. » Vel caput detegimus, innuentes quod
attente verbum Domini audire debeamus. Ideo
dixi virorum, quia mulieres non debent audire capite revelato, propter pomi vetiti pudorem. Licet

fuerit virgo, vel mater, vel alia mulier, capiti su-
perponat aliquem pannum, si non habet velamen [1];
licet enim virgo lasciviat in capillo, tamen etiam
orare non debet, ni operta cesarie in signum pudoris antiquæ prævaricationis, et subjectionis, et
reverentiæ sacerdotalis. Perlecto evangelio, debet
unusquisque dicere : *Benedictus qui venit in nomine
Domini*; vel *Deo gratias*; sicut post alias dicimus
lectiones : *Dignum est enim ei benedicere et gratias
agere, qui venit nos hac doctrina salvare;* sed melius est ut dicatur : *Amen*, quasi verum est quod
dictum est, et est hoc contra quorumdam hæreses,
vel superstitiones, qui, dum legitur evangelium, contradicentes dicunt, Falsum est. Vel *amen*, quasi
fiat nobis quod Dominus in Evangelio pollicetur;
debet et quilibet post evangelium se signo crucis
munire contra diabolum, qui, evangelio lecto, confestim insidiatur, ne capiat in nobis sermo. Muni-
nimus itaque nos signo crucis, ne rapiat fidem
passionis, spem evangelicæ promissionis de corde,
confessionem de ore, audaciam de fronte, vel opere,
neve per zizania hæresis corrumpat in nobis semen
rectæ prædicationis [2]. Diaconus autem, postquam
se signaverit, librum thurificat, et osculatur gratias agens Deo, qui nos orare docuit et pacem dedit.

Post hæc, thus episcopo et ad osculandum Evangelium fert, apostoli enim a prædicatione ad
Christum reversi sunt [3], non sibi, sed ei gratias de
miraculis et profectu prædicationis agentes, quem
constet nos et orare docuisse [4], et nobis pacem dedisse [5]. Deinde, facit episcopus sermonem ad populum, aliqui etiam ante evangelium prædicant,
forte ex prava consuetudine laicorum cantato
evangelio recedentium. Vel ideo congrue prædicat
ante, et congrue postea, quoniam expositurus est
evangelium populo; ante ergo prædicat, ut legendum intelligentes avidius audiant; postea prædicat,
ut lectum intelligentes memoriter teneant. Theolo-
gius tamen postea prædicatur, quia Christus postquam populo per apostolos innotuit, idem ipse populis voce propria prædicavit, unde etiam prædicat
episcopus quæ et docuit Christus, scilicet pœnitentiam et similia. Post prædicationem clerus cantat : *Credo in unum Deum*; quia quod diaconus legit, episcopus prædicavit, se credere populus asseverat. Rectus ordo quo rex vocat, milites accele-
rant. Non tamen est in omni missa cantandum,
sed in festis illorum, de quibus in Symbolo fit aliqua mentio, et aliquid sonare videtur, ut in Natali,
in Circumcisione, Epiphania, Pascha, Ascensione,
Pentecoste, in festo Omnium Sanctorum et singulorum apostolorum; et in omnibus festis beatæ Virginis, in die Transfigurationis Domini, in festis
Sanctæ Crucis, et in omnibus Dominicis diebus, et
in festo Sanctæ Trinitatis, et in Dedicatione templi : in aliis vero nequaquam; maxime vero perti-

[89] Joan. 5.   [90] Num. 21.   [91] Luc. 2.   [92] Ephes. 6.   [93] Exod. 12.   [94] 1 Cor. 13.   [95] Marc. 15.   [96] Deut.
32, Rom. 12.   [97] Eccli. 12.   [98] Joan. 19.   [99] Act. 9.   [100] 1 Cor. 13.   [1] 1 Cor. 11.   [2] Luc. 8.   [3] Luc.
10.   [4] Matth. 6.   [5] Joan. 14.

ret ad Resurrectionen et Pentecosten, quoniam so- A
boles nova reddit in tripudio, quæ didicit in catechismo. Dubitatur de festo beati Joannis Baptistæ.
Aiunt quidam quod in ejus festo sit cantandum,
vel quia in ejus nativitate memorata fuit Christi
nativitas, vel quia in Symbolo fit mentio de prophetis; hic autem est plus quam propheta [6]. Alii
dicunt aliter. Dubitatur etiam de festis propriis oratoriorum, et quod aliquorum consuetudinis est in
die proprio non omittere, sed in octava si eam
celebraverint subticere, et est hoc Symbolum synodi Constantinopolitanæ. Quatuor autem symbolis
nunc utitur Ecclesia, videlicet Symbolo Athanasii,
quod composuit contra hæreticos, Arianos scilicet :
Quicunque vult salvus esse; item Symbolo Hilarii
quod composuit in libro de synodis, unde in synodis legitur totum, vel ex parte; item Symbolo apostolorum, scilicet : *Credo in Deum Patrem omnipotentem*; item Symbolo Constantinopolitanæ synodi,
quod synodus composuit, sed Damasus papa ad
missam cantari instituit, in quo dum cantatur :
Et homo factus est, genua flectimus, quia Christum
hominem factum et pro nobis crucifixum adoramus;
quod, dum cantatur, evangelium cum incenso defertur, et singulis a subdiacono ad osculandum
apertum porrigitur quod ab eodem clausum ante
portabatur; quoniam apostoli Verbum Christi per
mundum portaverunt [7], et odor vitæ in vitam exstiterunt [8], et pacem æternam declaraverunt; et
sic fides evangelica, quæ prius in lege fuerat clausa, C
nunc patuit manifesta. Porrigitur autem maxime
clericis, quasi dicat eis : ‹ Vobis datum est nosse
mysterium regni Dei [9]. › Symbolo cantato, se quilibet signat; quia verbum est evangelicum. Hoc est
Verbum abbreviatum, quod fecit Dominus super
terram, et sicut alibi dicitur, quod venit super filios Dei [10]. › Generaliter quidem in omnibus verbis evangelicis debemus nobis imprimere signum
crucis, sicut in fine *Gloria in excelsis Deo; Credo
in unum Deum; Sanctus, sanctus, sanctus; Pater
noster*; et in fine *Benedictus; Magnificat; Nunc dimittis*, ea ratione, qua superius diximus, in fine
evangeliorum esse signandum. Unde simili ratione
sicut evangelium, ita et hæc debemus stantes audire. Symbolo cantato, ante et dum cantatur, ali- D
cubi cantat populus *Kyrie eleison*; quoniam postquam Christus et apostoli populum docuerunt, fide
recepta, laudes Deo dederunt [11], quas forsitan repræsentat Symboli melodia suavissima; vel potius ne objiciatur : Cantavimus et non saltastis,
auditor evangelii alacri mente et jucunda et sal-
tabili voce ostendit quam bene evangelicam doctrinam retinuit.

CAPUT V.

DE QUARTA PARTE MISSÆ.

‹ Acceptabis, › o Domine, ‹ sacrificium justitiæ

oblationes et holocausta, et imponent super altare
tuum vitulos [12]. › Quartum officium offertorium
vel offerenda vocatur, quod incipit a *Dominus vobiscum* [13]. Consuetudo est quod cum nuper ad operarios ingredimur, eos salutemus. Sic, secundum
quosdam, cum de uno officio ad aliud transitum facimus, salutationem præmittimus. Unde quidam volunt quod secundum officium à salutatione collectæ
incipiat, tertium ab evangelica, quartum hic, quintum
a salutatione præfationis, sextum a salutatione pacis,
septimum a salutatione completionis. Institutio
hujus officii originem traxit à Moyse et a Christo.
Nam Moysi de monte descendenti et populum salutanti et oranti occurrit populus, et munera obtulit [14]; sic Christo de monte descendenti, et turbam
secundum bonum morem antiquæ traditionis (ut
est credibile) salutanti, et pro ipsa oranti, turba
cum floribus occurrit [15]; sic episcopus populum
salutat per *Dominus vobiscum*, orans ut in fide re-
citata stabilis perseveret; et cum populus saluta-
tioni responderit : *Et cum spiritu tuo*, confestim
sacerdos populum ad orandum invitat dicens : *Oremus*. Hic apud Græcos oratio sequitur, sed apud
nos populi præcedit oblatio et canticum offerentium,
ac si dicat populus : *Credo*, et fidem quam confessus sum hilariter operis exhibitione demonstro.
Et attende quod secundum legem quandoque populus offerebat de animalibus, ut de armentis vitulum et vitulam, de gregibus agnum et hædum, ovem
et capram, de avibus turturem et columbam; et
dicebatur hostia, eo quod ad tabernaculi ostium
offerebatur; aut victima, eo quod animal vincieba-
tur; gentiles autem hostiam ab hostibus vincendis
et victimam ab hostibus victis appellabant. Quandoque de sicca materia, ut similam, panem, thus, et
dicebatur oblatio; quandoque de liquida, ut vinum
et oleum, et dicebatur libamen vel oblatio, quæ
omnia, licet ad Christum pertineant allegorice, sunt
tamen nobis signum præsentis justitiæ. Nam vitulum offerre est justitiam viriliter exercere. Vitulam
offerre est superbientem Domino carnem consecrare.
Agnum et ovem offerre est innocentem esse et
a malis simpliciter abstinere. Hædum et capram
offerre est peccatorum humiliter pœnitere. In tur-
ture offerimus castitatem, in columba simplicitatem,
in similagine sapientiam, in pane charitatem, vel
Dei cogitationem; in thure orationem; in oleo misericordiam, in vino justitiæ disciplinam.

Offerebat autem populus septem ex causis : scilicet legale sacrificium et voluntarium, pro peccato,
pro gratiarum actione, dona, vota et holocausta.
Sacrificium legale sunt decimæ et primitiæ, vel ea
quæ lex præcepit offerre; voluntarium, quod sponte
offertur; pro peccato, quod offerebatur pro trans-
gresso legis mandato; pro gratiarum actione, ut
quod pro victoria et triumpho. Dona sunt quæ offe-

---

[6] Matth. 11.   [7] Marc. 16.   [8] II Cor. 2.   [9] Luc. 8.   [10] Rom. 9.   [11] Matth. 11.   [12] Psal. 50.   [13] Ruth. 2.
[14] Exod. 55.   [15] Matth. 21.

rebantur pro ornatu templi ; vota quæ pro periculis infirmitatis aut belli. Holocaustum, id est totum incensum : Holo enim *totum*, et cauma interpretatur *incendium*, offerebatur, cum in altari agnus totus, aut vitulus incendebatur. Hoc dicitur in
Paralipomenon [16] quod obtulerunt principes pro
votis, pro spontaneis, pro peccato, pro regno, pro
sanctuario, pro Juda. Ritus Synagogæ transivit in
religionem Ecclesiæ, et sacrificia populi carnalis
mutata sunt in observantiam populi spiritualis Christiani. Itaque sicut Moÿsi de monte descendenti
populus ille diversa dona ad faciendum tabernaculum offerebant [17] ; sic episcopo de pulpito venienti, diversas offert oblationes, alius aurum, alius argentum, alius aliquid de alia substantia. Qui aurum offert magos imitatur qui aurum Domino obtulerunt [18] ; qui argentum offert eos sequitur, qui
pecuniam in gazophylacio posuerunt [19]; qui aliud
offert, illis associatur, qui, per Paulum et Barnabam, necessaria pauperibus Hierosolymam transmiserunt [20]. Offertur quoque legale sacrificium in
decimis et primitiis, voluntarium in spontaneis oblationibus. Pro peccatis, dum pœnitentiis redimitur ; pro gratiarum actione, dum pro aliqua collata gratia quidquam offertur ; dona, dum in ædificia ecclesiarum vel utensilium confertur ; vota,
dum quod in periculis voverunt, exsolvunt. Holocaustum offerunt, qui sæculum derelinquunt et sua
pauperibus distribuunt. Et sicut antiqui ex edicto
legis [21] in Hierusalem in certis solemnitatibus conveniebant et offerebant, scilicet Pascha, Pentecoste
et in festo scenopegiarum ; sic ex institutione sanctorum Patrum juxta facultates offerre tenemur, in
Natali Domini, Pascha , Pentecoste et in festo
Omnium Sanctorum, ut inde sibi victum habeant
sacerdotes ; debent enim oblationes in usus verti
sacerdotum, vel pauperum, vel in aliud, quod ad
altaris pertineat sacramentum. Præterea debet offerri ad emendum cereum Paschalem, quod facit
Ecclesia Gallicana. Collationes et consortiales facere debent ad emenda luminaria ; alias, ut quidam aiunt, non tenentur; sed si fiant, spontaneæ
sunt oblationes ; quod autem alicubi sepulturæ
venduntur, et pro campanarum pulsatione donationes exiguntur, peccatum est, ut quidam aiunt ,
ac si sacramenta Ecclesiæ venderentur. Et primo
quidem offerant viri, qui fortes in Christo designant, scilicet martyres, qui in primitiva Ecclesia
dura perpessi, Christi victimæ occubuerunt; deinde
feminæ, quæ fragiliores designant, scilicet confessores, qui tempore pacis Domino laudis hostias obtulerunt. Dum sic offertur a populo, offerenda vel
offertorium cantatur a clero, ad designandam hilaritatem offerentium : « Quoniam hilarem dato-
rem diligit Deus [22]; » vel ad memorandam jucun-

ditatem Israelitici populi offerentis donaria ad ædificium tabernaculi [23], et etiam Salomonici templi
[24] ; vel etiam ad recolendum laudes et præconia
puerorum cum psalmis et floribus occurrentium
Christo de monte Oliveti descendenti et ad crucis
patibulum accedenti [25] ; vel potius ad designandum
clamorem mulieris, id est Ecclesiæ, quæ legitur in
Apocalypsi [26] amicta sole, scilicet Christo, quem
induit in baptismo ; habens lunam sub pedibus, id
est omnia mutabilia calcans ; et coronam duodecim
stellarum in capite, id est chorum duodecim apostolorum in sui initio gestans ; habens in utero
clamat, parturiens cruciatur ut pariat ; clamorem
cujus parturientis, id est salubrem Domini cruciatum imitatur offerenda per suum gravem et grandi-
sonum cantum, quæ neumis distenta et versibus fecundata, quantumvis longa jubilatione, quod significat non satis valet exprimere. Susceptis oblationibus, sacerdos qui, secundum quosdam, hucusque prædicationem omiserat, etiam hic recte prædicat, admonens populum ut se futuræ immolationi
dignum exhibeat.

<h2 style="text-align:center">CAPUT VI.</h2>

DE QUINTA PARTE MISSÆ.

« Christus introivit semel in Sancta [17]. » Sacerdos ad altare ingressurus de immolatione disponit ,
prius manus lavat, quia Dominus, antequam passurus Hierusalem ingrederetur [18], pro nostro amore
lacrymas fudit, ut in Lazari suscitatione innotuit [19];
sed etiam priores sacerdotes immolaturi, se in la-
bro lavabant [30], quod munditiam operum et nostras
lacrymas figurabat. Præter hæc offerunt et ministri, qui significant fideles pugiles, qui sub Antechristo, per diversa tormenta , se Christo vivum
offerent holocaustum. Sed in altari sindon antea
præparatur, ut sicut a terreno est castigatus hu-
more et suo nitet splendore, sic mens offerentium
castigetur a carnali cupiditate et coram Deo niteat
simplicitate. Aliqui tamen prius offerunt, et in altari disponunt, et prius a populis oblationes accipiunt, quos de pane verbi Dei reficiunt. Sed hic
est, ut credo, præposterus ordo potius desidiæ vel
ignorantiæ, quam alicujus castitate peritiæ : ordo
namque rectus est quod prius verbum auditur,
secundo exponitur, tertio creditur, quarto exsecu-
tioni mandatur ; nam fides est ex auditu [31], et fides
per dilectionem operatur [32] : offerunt autem ministri panem, vinum et aquam. Hæc est enim hujus
sacrificii terrena et materialis substantia ; est et
alia divina, scilicet de qua infra dicemus. Panem
et vinum obtulit Melchisedech [33], obtulit et Christus in cœna discipulis [34] ; sed illic figura corporis, hic substantia veritatis : dedit enim corpus
proprium de Virgine sumptum, in quod panem credimus transsubstantiatum. Hoc itaque sacramen-

[16] II Par. 29.   [17] Exod. 35.   [18] Matth. 2.   [19] Marc. 12; Luc. 21.   [20] Rom. 15; Gal. 2.   [21] Exod. 34.
[22] II Cor. 9.   [23] Exod. 35.   [24] II Par. 2.   [25] Matth. 21.   [26] Cap. 12.   [27] Hebr. 9.   [28] Luc. 19.   [29] Joan.
11   [30] Exod. 30.   [31] Rom. 10.   [32] Gal. 5.   [33] Gen. 14.   [34] Matth. 26.

tum idcirco fit ex pane, quia Christus se panem A asserit, dicens : « Ego sum panis vivus qui de cœlo descendi [35], » de quo dicitur : « Panem angelorum manducavit homo [36]. » Vel quia sicut panis conficitur ex multis granis, ita personale corpus Christi ex multis membris, et generale, quod est Ecclesia, ex multis fidelibus [37]. Grana vero de thecis suis flagellis excutiuntur, arefacta inter duos lapides conteruntur, ex quibus farina facta, aspergitur aqua, et compastinatur; inde panis factus in clibano mittitur, qui decoctus in candorem mutatur. Ita Christi membra, vel Christus, nobile granum, de quo : « Nisi granum frumenti cadens, etc. [38] », de theca, id est comitatu apostolorum gladiis et fustibus separatus, opprobriis arefactus ; a Judæis et gentibus quasi duobus lapidibus flagellatus, a reprobo Barabba quasi per cribrum sequestratus, proprio sanguine conspersus, cruci configitur, passionis igne decoctus in candorem immortalitatis convertitur [39].

Fideles quoque de theca veteris vitæ flagello prædicationis excutiuntur, arefiunt pœnitentia, duarum legum cuduntur doctrina, cribrantur dum ab infidelibus segregantur, consperguntur aqua baptismatis, compastinantur vinculo charitatis [40], in camino tribulationis excocti, candore innocentiæ perfunduntur ; et ad Dei imaginem reformantur [41] ; hoc sacramentum. Ideo fit ex vino quia Christus se vitem fecit dicens : « ego sum vitis vera [42] ; » vel quia sicut vinum conficitur ex multis acinis, sic partiale C corpus Christi ex multis membris, et generale, quod est Ecclesia, ex multis fidelibus. Acina in prelo duobus lignis in torculari premuntur, et in vinum eliquantur ; ita membra Christi, vel ipse Christus duobus lignis crucis pressus est, ex cujus latere sanguis fusus est [43]; fideles quoque in tribulationibus, pressuris mundi, calcantur, et sanguinem pro Christo fundentes, ipsi per passionem incorporantur. Hoc sacramentum, sicut Alexander papa decrevit, fit ex aqua ; quoniam aqua de latere Christi exivit [44], vel quia aquæ multæ sunt populi multi [45]. Per hoc ergo quod aqua vino miscetur, intelligitur quod populus sanguine Christi redimitur, vel quia redemptus est sanguine passionis et aqua baptismatis. Utrum alterum sine altero transsubstantietur, D et in quid aqua transsubstantietur ? Si transsubstantiantur, quomodo est ? Sed exploratoribus theologis, quos labor exagitat inquirendi, ad præsens relinquamus, cum et de his etiam alibi super decretis, et in theologiæ disputationibus studiose tractaverimus. Scimus tamen quod nec populus sine sanguine salvatur, nec, nisi populi causa, hoc mysterium agitur.

Panis iste sacramentalis in carnem, et vinum in sanguinem transit; quia paschalis Agnus pro nobis occisus [46], carnem nostram a morte redemit, et sanguinem fundens, pro nobis animam suam posuit [47], et animam nostram quæ in sanguine habitat a criminibus expiavit [48]. Et attende quod, licet sint duæ species, non tamen sunt duo sacrificia. Unitas enim Verbi unitatem efficit sacrificii. Hoc est enim illud pallium, quo Noe filii contexerunt [49], quo Christiani Christi ebrietatem, id est passionem sub sacrificio tegunt. Panis iste utrum debeat esse de azymo vel fermento quæstio est propter Græcorum importunitatem ; aiunt enim : Beata Virgo prægnans fuit de Spiritu sancto, recte ergo per fermentatum significamus Dominicam incarnationem, propter virginei ventris tumorem. Respondeo : Non offerimus in sacrificium Virginis uterum, nec ad transsubstantiandum credimus uterum necessarium, sed fidem et Dei verbum ; qui enim manibus operatur, et verbum dicit, sed non credit, est asinus ad lyram aures arrigens, sed cantilenæ melodiam non intelligens : unde qui visibilem panem comedit et invisibilem non credendo expellit, Christum occidit ; quia vitam a vivificando sejungit, et quasi mortuum corpus laniat sacrificii. Unde reus est corporis et sanguinis Domini [50]. Hæc vita spiritualis est, quæ sic in sacrificio absque vita animali, sicut lux solis sine calore, nobis repræsentatur in opere lunæ. Item ait Græcus : Azyma offerre est judaizare ; si ergo hoc Latine figurativum observare contendis, judaizas et in reliquis, in circumcisione et sacrificiis. Respondeo : Et quidem azyma significat ut epulemur in azymis sinceritatis et veritatis [51]. Non tamen hæc tam necessariæ rei abjicienda est figuratio : non enim cunctas legis consuetudines significativas abjecimus, sed quædam adhuc etiam actualiter celebrantur, ut eorum significata opportune et importune nostris sensibus ingerantur : nam templo, altari, candelabro, thuribulo, oleo, plenilunio, in pascha utimur, et similibus ; nec tamen in his judaizare censemur. Quod igitur sit azyma offerendum probat Latinus, quia Dominus legem adimplens azyma benedixit, fregit et dedit discipulis dicens : « Hoc facite in meam commemorationem [52]. » Secundum vero legem non erat fermentum offerendum, juxta illud : « Non immolabis super fermento panem hostiæ meæ [53], » et alibi : « Septem diebus azyma comedetis [54]. » Unde Paulus : « Epulemur non in fermento malitiæ, sed in azymis sinceritatis et veritatis [55], » ut inter Christum, qui de massa peccatrice carnem assumpsit sine peccato, velut azymum de fermento, et inter Christianum populum, qui per aquam figuratur, nihil sit malitiæ vel corruptionis, sicut in azymo, inter frumentum et aquam nihil est alienæ confe

---

[35] Joan. 6.   [36] Psal. 77.   [37] Ephes. et Col. 1.   [38] Joan. 12.   [39] Matth. 26, 27 et 28.   [40] Col. 3. [41] II Cor. 5.   [42] Joan. 15.   [43] Joan. 19.   [44] Ibid.   [45] Apoc. 17.   [46] Exod. 12.   [47] Joan. 10.   [48] Levit. 17.   [49] Gen. 9.   [50] I Cor. 11.   [51] I Cor. 5.   [52] Matth. 26.   [53] Exod. 23.   [54] Exod. 12 ; Deut. 16.   [55] I Cor. 5.

ctionis. Panis hic in modum formatur denarii, tum quia panis vitæ [56] Christus pro denariis traditus est [57]; tum quia idem versus denarius in vinea laborantibus in præmio dandus est [58]. In hoc pane sæpe scribitur imago et nomen imperatoris; quia per hunc panem in imaginem Dei reformamur [59], et nomina nostra in Libro vitæ scribuntur [60]. Est autem hic panis a sacerdotibus formandus et coquendus, sicut et in mensa ponendus, ad instar panum, qui propositionis et sacerdotales etiam dicebantur [61]; et licet Christus semel credentes sua morte redemit [62], hoc tamen sacramentum Ecclesia quotidie necessario repetit ob illas causas, quia in vinea laborantes eo quotidie reficiuntur [63], et ut neophyti per illud incorporentur et ut memoria passionis Christi quotidie mentibus fidelium ad imitandum infigatur. Ideoque dicitur panis quotidianus : Sicut enim olim fuit necessaria ejus in carne præsentia, quæ mori posset, sic et modo est necessaria ejus in sacramento præsentia, qua manducari possit; quia dicitur : « Nisi manducaveritis carnem Filii hominis et biberitis ejus sanguinem, non habebitis vitam in vobis [64]. » Tali autem ordine a ministris est offerendum :

Primo sacerdos lotus et sacras vestes indutus ingreditur sanctuarium, pervenicus ad altare consecratum. Hic est Christus, qui cœnaculum grande stratum est ingressus cum discipulis cœnaturus [65]; et vide quia Zacharias papa instituit, in reverentiam sacramenti, ne quis ingrediatur ad altare cum baculo, ne quis etiam capite velato, et ne quis missam celebret absque sacerdotalibus vestibus consecratis, et nisi in altari consecrato.

Postmodum corporale diaconus in altare disponit; subdiaconus vero calicem portat in sinistra, patenam in dextera, et desuper corporale, unus cantorum oblatum cum fanone, et vinum cum ampulla. Alter vero præbet aquam vino miscendam, ad ultimum archidiaconus aquam fundens in calicem offert episcopo. Hæc est quarumdam Ecclesiarum consuetudo : subdiaconus est Christus, calix passio, patena crux, sinistra præsens vita, dextera futura, corporale Ecclesia, unus cantor Judaicum populum significat, alter gentilem, ampulla devotionem, oblata corpus, vinum sanguinem, aqua designat Ecclesiam, archidiaconus Christum, episcopus Deum Patrem. Ergo subdiaconus calicem portat in sinistra; quia Christus de torrente in via bibit [66], id est sustinuit passionem in præsenti vita. Patenam in dextera, quia pervenit ad gloriam, propter hoc enim exaltavit illum Deus [67]. De super corporale : ejus enim passionem Ecclesia non desinit imitari; corporale enim multo labore candidatur, et Ecclesia per multas tribulationes conformatur Christo [68]. Subdiaconus etiam noster Christus

patenam cum calice portavit, quando crucem cum passione bajulavit [69]. Primus cantor offert oblata cum fanone, et vinum cum ampulla; quia primitiva Ecclesia de Judæis suscepit, fidem passionis in devotione mentis. Et vide quoniam oblata non nudis manibus, sed cum fanone candidato offertur; quia Christi corpus tantum ab his digne suscipitur, qui carnem suam cum vitiis et concupiscentiis crucifixerunt [70]. Alius cantor offert aquam, et diaconus eam vino miscet et offert episcopo. Hæc est gentilitas, quæ suam obtulit multitudinem, quam Christus in sua passione obtulit Patri Deo; noster autem ordo hic est, scilicet quod subdiaconus calicem et patenam cum pane et vino offerat diacono, diaconus autem oblata ad manus perferat sacerdotis, vel quod apud diligentiores fit, omnia in ipso disponat altari; lex enim, quam subdiaconus significat, hoc nostræ salutis sacrificium solummodc præfiguravit in Melchisedec [71], sed per evangelicam traditionem, quam significat diaconus, ad altare, id est ad solemnem ritum pervenit Ecclesiæ.

Quod solus episcopus aquam miscet vino, significat quod solus Christus populos redemit sanguine [72]; quod sacerdos oblata in altari deponit super crucem in consecratione altaris cum chrismate factam, hic est Christus qui carnem suam cruci affixit. Quod diaconus calicem cum vino, et aquam in dextero latere mittit, hoc est quod Evangelium, sanguinem et aquam de dextero latere Christi manasse docet [73]. Quod diaconus corporale disponit, hoc est quod Evangelium Christum, vel corpus Christi, imo totam ipsius humanitatem plene describit; corporale enim corpus Christi significat; quia, sicut corporale de puro lino conficitur, et multo labore in candorem vertitur, sic corpus Christi, de utero Virginis per multas tribulationes in gloriam transivit resurrectionis [74]; vel significat ipsius corporis tribulationem, munditiam et gloriam; vel significat ipsum Christum; quia, sicut corporale complicatur, ut nec initium, nec finis ejus appareat, sic ejus divinitas initio caret, nec finem habet; et sicut oblatum adjungitur corporali et ponitur in altari, sic caro juncta divinitati affigitur cruci. Vel significat sindonem in qua Domini corpus legimus involutum [75]; ideoque Silvester instituit sacrificium altaris duntaxat in panno lineo celebrari. Qui vero duo corporalia ponit, duo significat linteamina, quibus Joseph corpus Domini aromatibus conditum, involvit [76]; vel per unum multiplicatum, multiplicem, id est multis modis declaratam Christi humanitatem, per alterum multiplicem laborem ejusdem.

Sacerdos dum sacrificium thurificat, petit ut ejus oratio super passionem Domini facienda dirigatur ad aures Divinitatis [77] in odorem suavitatis; vel

---

[56] Ioan. 6. [57] Matth. 26. [58] Matth. 20. [59] II Cor. 3. [60] Luc. 10. [61] Exod. 25; Levit. 24. [62] Hebr. 9. [63] Matth. 20. [64] Joan. 6. [65] Luc. 22. [66] Psal. 109. [67] Phil. 2. [68] Act. 14. [69] Joan. 19. [70] Gal. 5. [71] Gen. 14. [72] Apoc. 5; Isa. 53. [73] Joan. 19. [74] Matth. 20. [75] Matth. 27. [76] Ibid. [77] Psal. 140.

significat quod Christus pro nobis oblatus sit Patri A odor suavitatis [78], et in hoc recolit quod sacerdos thymiama Domino, ingressus tabernaculum, offerebat, quod prohibuit Dominus in hominum usus offerri [79]; unde est quod oblato thure benedicto super altare, si descenderit thuribulum ad populum, aliud thus sine benedictione est apponendum et hominibus offerendum; inde etiam est quod odor thuris benedicti non datur in Ecclesia sponso et sponsæ. Exinde sacerdos se inclinans coram altari, orat et dicit : Suscipe, etc.; Christus enim ad pedes discipulorum se inclinans post sacramentum in cœna traditum, oravit ad Patrem [80]. Deinde vertens se ad populum dicit : Orate, fratres, quia Christus monuit apostolos orare [81]. Monet autem sacerdos orare, ut sacrificium fiat Domino acceptabile; ideoque ab hinc debemus orationibus et psalmis intendere; et aiunt quidam quod, antequam dicat Orate, sub silentio dicere debet in hac conversione : Dominus vobiscum, dicentes quod hæc conversio significet illam privatam apparitionem, qua Dominus post resurrectionem apparuit Magdalenæ [82]. Postmodum super oblata recitat secretam; quia Christus in montem Oliveti prolixius segregatus ab apostolis, quasi secretus oravit, dicens : « Pater, si fieri potest, transeat a me calix iste [83]; » et orat sacerdos pro acceptione hostiæ, quod populum facere præmonuerat. Significat et recolit hoc silentium sacrificium in sacrificiis patrum absconditum, ut in Abel [84], Isaac [85], et in agno paschali [86], in C vitula rufa [87], in hirco emissario [88]; vel significat latibulum Christi ante passionem. Dominus namque noster jam non palam ambulabat apud Judæos, cum cogitarent eum interficere, sed abiit in regionem juxta desertum, in civitatem quæ dicitur Ephrem [89]; in quo figuravit quod abiturus erat in regionem gentium, pedibus evangelizantium. Et item latuit in Hierusalem. Unde et agnus qui erat decima quarta luna immolandus, observabatur a decima luna reclusus [90]. Orat ergo sacerdos in hoc silentio, et sanctum præparat sacrificium, quia Dominus noster salutare passionis meditabatur in suo latibulo sacramentum; quia vero proximo jam pascha palam Dominus ambulavit, maxime, cum Lazarum suscitavit [91]; ideo sacerdos vocem levat, et alta voce se- D cretam concludit sic : Per omnia sæcula sæculorum. Ad quod alte respondeat populus : Amen; quod interpretatur fiat, quo verbo est usus Dominus in creatione mundi dicens : « Fiat lux [92]; » ac si dicat populus : Confiteor quod eo verbo quo mundus est creatus, est etiam recreatus. Hic, secundum quosdam, quintum inchoatur officium, in quo illud tempus ad memoriam nobis reducitur, quando Christus in cœna magnum stratum ascendit, ibi Deo gratias egit [93]; secundum Joannem [94], hymnum

cantavit, ergo per Dominus vobiscum, orationem quam pro discipulis fecit [95], accipimus. Per Sursum corda, ascensum in cœnaculum recolimus; vel per Dominus vobiscum, regem præsentem cœlorum optamus; qui nos tales efficiat, ut apud nos illud convivium facere dignetur, in quo sursum corda levantes super caput ejus, cum muliere unguentaria alabastrum unguenti nardi pistici pretiosi effundere valeamus [96], id est divinitatem Filii unguento confessionis catholicæ confiteri. Nam per Sursum corda, ad confitendum Filii divinitatem surgimus. Cyprianus ait : Quod ideo Sursum corda dicimus, ut omnis cognitio carnalis abscedat, nec quidquam animus quam id solum cogitet quod precatur, claudat adversario pectus et soli Deo pateat, nec ad se hostem Dei tempore orationis adire permittat. Vel per Sursum corda, angelorum ministerium imploramus, qui nostra vota suscipiant, et ad Deum perferant: vel nos ad angelicas harmonias erigimus, unde et delectabili voce cantamus. Per gratias agamus, Christi recolimus gratiarum actiones et invitamus populum ad agendum gratias Deo Patri per Filium, per quem redimimur et cum angelis ad laudandum admittimur.

Unde sequitur præfatio, id est sequentis canonis prælocutio et præparatio, quæ mentes nostras ad Christi mysterium præparat. In hujus præfationis scriptæ principio forma hujus litteræ V ponitur in sacramento, V enim Christi significat humanitatem, D vero divinitatem, illa ex una parte aperitur, et ex alia clauditur, quia Christi humanitas est ex matre visibiliter, sed Spiritu sancto invisibiliter, cujus non sum dignus solvere corrigiam calceamenti [97]. Ista vero littera O, circuloso orbe concluditur, quia Divinitas est æterna, et sine principio et fine ; apex crucis in medio est Christi passio. Ideo ergo hæc figura in præfationis principio ponitur; quia per mysterium unionis et Dominicæ passionis pacificantur homines angelis, sociantur humana divinis in præconio Salvatoris ; in præfationibus enim omnibus conveniunt homines, et angeli ad concinendum præconia regi. Unde et alta et delectabili voce cantantur, quia angelorum præconia repræsentantur. Et nota quod præfationes Gelasius elimato sermone composuit, sed cum olim fuerint innumeræ præfationes, nunc solummodo novem cantari instituit scilicet : de Natali, de Epiphania, de Jejunio, de Cruce vel de Passione, de Resurrectione, de Ascensione, de adventu Spiritus sancti, de Trinitate, de Apostolis ; Urbanus vero decimam præfationem adjunxit de beata Maria. Est etiam undecima, scilicet quotidiana, cui quidem interseruntur aliæ post æquum et salutare, aliæ post æterne Deus, aliæ post Dominum nostrum. In omnibus sermo dirigitur ad Patrem, cui majestas attri-

[78] Ephes. 5. [79] Exod. 30. [80] Joan. 13; Matth. 26. [81] Ibid. [82] Joan. 20. [83] Matth. 26. [84] Gen. 4. [85] Gen. 22. [86] Exod. 12. [87] Num. 19. [88] Levit. 16. [89] Joan. 11. [90] Exod. 12. [91] Joan. 11. [92] Gen. 1. [93] Matth. 26. [94] Joan. 17. [95] Marc. 14. [96] Marc. 14. [97] Joan. 1.

buitur propter auctoritatem, *quam laudant angeli*, in quorum appellatione intelliguntur *archangeli; dominationes adorant; potestates*, in quibus et principatus intelliguntur, admirando *tremunt; cœli*, id est *throni cœlorumque virtutes*, jubilant; *seraphim*, in quibus intelliguntur et *cherubim, socia exsultatione concelebrant*. Nota quod seraph atque cherub, ut ait Hieronymus, singularis sunt numeri et generis masculini, cujus pluralis terminatio cherubim, non quod in ministris Dei sit sexus, sed vocabula juxta linguæ proprietatem diversis generibus appellantur. Græca vero consuetudo scribit neutro genere cherubim et seraphim, *cum quibus nostras voces* adjungimus, *supplici* laudis *confessione dicentes* : *Sanctus, sanctus, sanctus.* Ter repetitur, quia Trinitas collaudatur. *Dominus, Deus*, hoc semel et singulariter profertur, quia unitas adoratur. *Sabaoth*, id est exercituum angelicorum ; qui agunt gratias de beneficiis Creatori, dicentes : *Pleni sunt cœli et terra gloria tua ;* sed cœli quidem re, terra autem spe ; tunc vero et re plena erit, cum adimplebitur illud : « Fiat voluntas tua, sicut in cœlo et in terra [98]. » Hucusque est hymnus angelorum, qui sumptus est de Isaia, qui vidit seraphim clamantia : « Sanctus, sanctus, sanctus, Dominus exercituum ! plena est omnis terra gloria tua [99] ; » prævidens tempus gloriæ, tempore namque legis notus fuit in Judæa Deus [100], sed tempore gratiæ venient ab oriente et occidente, qui recumbent cum Abraham, Isaac et Jacob [1]. *Hosanna in excelsis. Benedictus qui venit in nomine Domini. Hosanna in excelsis*, hoc sumptum est de Evangelio [2] ; unde cum cantatur, nobis signaculum crucis imprimimus, Nam et hic repræsentamus hilarem clamorem infantiam, Domino cum floribus occurrentium, et gratias agimus Christo de beneficio nostræ redemptionis, qui per crucem triumphavit et nos triumphare facit [3] ; et est hymnus hominum Christi humanitatem adorantium, et de humani generis, redemptione gaudentium et dicentium : Hosanna quasi, hosi anna, id est *salva, obsecro :* anna enim apud Hæbreos est interjectio obsecrantis ; sed cum integrum sit Hosianna, cur dicimus Hosanna ? Respondeo : Aut ignorantes corrumpimus, aut scienter synalephantes collidimus, ut in metris facere consuevimus ; salva, inquam, o Domine, qui habitas in excelsis. Quod Hosanna iteratur causa est, ut corpore et anima inter angelos deputemur, quem hymnum Sixtus papa ad missam cantari præcepit. Et vide quod in hoc concentu angelorum, et hominum, quandoque organis et musicis utimur instrumentis ; quod sumptum est a David [4], et Salomone [5], qui instituerunt hymnos in sacrificio Dei organis et aliis musicis instrumentis concrepari, et laudes a populo conclamari. Verumtamen quanto cor ma-

jus est quam corpus, tanto Domino devotius confitemur corde quam corpore ; nostri enim cantores sunt tuba et psalterium, cithara et tympanum ; chorus, chordæ et organum ; nostri demum, cymbala bene sonantia sicut in fine psalterii sufficienter exponitur. Ad hoc modo gestibus, modo verbis repræsentatur passio Christi ; nam diaconus et subdiaconus, post dorsum vadunt episcopi, in quo figuratur fuga apostolorum, qui in passione Christi fugerunt [6] ; si qui vero stant retro altare prospieientes in episcopum, significant mulieres, quæ, a longe stantes, ejus passionem viderunt [7] ; omnes autem et qui retro stant, et qui in faciem episcopi aspiciunt, inclinant se, majestatem divinam et incarnationem Domini venerantes, quæ introducta sunt per cantum angelorum et hominum ; ordo enim angelicus, dicens : *Sanctus, sanctus, sanctus, Dominus Deus Sabaoth*, majestatem introducit divinam : ordo hominum, dicens : *Benedictus qui venit in nomine Domini;* adventum significat in carne, vel inclinatio significat discipulorum confusionem, quam habebant de morte Christi, qui non audebant se erigere et confiteri se discipulos ejus esse [8]. Ideoque stant inclinati, quousque dicatur : *Libera nos a malo;* vanum enim erat eis ante lucem surgere [9], id est ante resurrectionem de Christo gloriari ; per quam sunt ab omnibus tribulationibus liberati : unde hæc petitio septima est, et septenarius universitatis numerus est.

Post hæc, sacerdos osculatur pedes majestatis, et se signat in fronte, et se inclinans, dicit : *Te igitur*, innuens quod reverenter ad mysterium crucis accedant, sed in quibusdam codicibus majestas Patris, et crux depingitur Crucifixi, ut quasi præsentem videamus quem invocamus, et passio quæ repræsentatur, cordis oculis ingeratur ; in quibusdam vero altera tantum. Et sacerdotum quidam prius osculantur pedes majestatis, et postea crucifixi secundum seriem canonis : quidam prius crucifixi, et postea majestatis ; quia per Filium pervenitur ad Patrem [10]. Canon Græce, Latine dicitur *regula;* quia per hunc regulariter fit sacramenti consecratio. Dicitur et actio, quia in eo agitur causa nostra cum Deo. Sub silentio pluribus de causis dicitur : primo, quia Deus non oris, sed cordis clamorem attendit ; unde et Moysi dixit : « Quid clamas ad me [11] ? » cum tamen ipse taceret ; cum enim Deo cogitationibus loquamur, non est vox reboans necessaria. Unde Dominus : « Intra in cubiculum et ora Patrem tuum [12], » et Propheta : « In cubilibus vestris compungimini [13]. » Sic orans Publicanus audiri meruit, quod Pharisæus vociferans obtinere non potuit [14] ; verba tamen proferimus, ne æstimemur penitus ignorare quid debeamus petere, vel intendere. Alia est, ne longa declamatione de-

---

[98] Matth. 6. [99] Isa. 6. [100] Psal. 75. [1] Matth. 8. [4] Matth. 26. [7] Matth. 27. [8] Joan. 20. [9] Psal. 126. [14] Luc. 18

[2] Matth. 21. [3] Col. 2. [4] I Par. 15. [5] II Par. 5. [10] Joan. 14. [11] Exod 44. [12] Matth. 6. [13] Psal.

ficiamus, vel ne populus orare impediatur, qui tunc A
orare tenetur, ut supradiximus. Vel ne verba tanti
mysterii per quotidianum usum vilescant, et ne
sciantur a laicis, qui abuterentur eis in locis incom-
petentibus [sicut de pastoribus legitur, quod cum
die quodam super lapidem quemdam posuerint
panem et vinum, et desuper hæc verba protule-
rint, repente panis in carnem, et vinum conversum est in sanguinem ; quos igne cœlitus misso
ultio divina percussit]. Unde sub anathemate præcipitur, in synodali decreto, ut nullus canonem
dicat, nisi vestibus sacris indutus, et in libro, et
super altare, et super sacrificio. Vel ad significandum quod humana ratio nequaquam tantum mysterium plenarie capere potest ; ideoque secreta
voce dicitur ; vel per hoc repræsentatur, quod B
olim sacerdos Sancta sanctorum secreta secretorum ingrediebatur [15]. Rursus secreto agitur, eo
quod hæc immolatio ad solum pertinet sacerdotem,
dicat ergo sacerdos : Te igitur. Et attende, quia
canon incipit a tau, T, quæ formam exprimit crucis ; unde et in ea consuevit crucifixus depingi, ut
passio cujus signum subjacet oculis, infigatur et
oculis cordis sacerdotis, qui alloquitur Patrem quasi
præsentem; ideoque dicit : Te, et inclinat se sacerdos usque ad altare, quoniam hic incipit mysterium passionis Christi, qui obediens Patri se usque
ad aram crucis inclinavit [16], et ecce pontifex, qui
ingrediebatur semel in anno Sancta sanctorum [17],
ecce Christus, qui semel introivit æterna redemptione inventa.

Clementissime Pater, id est mentem clarificans,
dicitur enim clemens, quasi clara mens : mens autem clarescit, cum Deum propitium sentit. Inde est
quod hoc sacramentum sine lumine celebrari non
debet ; lumen enim significat Spiritum sanctum, qui
hoc sacramentum consecrat, qui hoc digne percipientes illustrat ; lumen et lætitiam designat, et hoc
sacramentum nobis æternam lætitiam donat. Petimus, hic osculatur altare in reverentiam passionis,
Benedicas hæc dona, de tribus signaculis quæ his
fiunt, et de aliis quæ sequuntur, hic communiter
exsequemur. Cruces igitur, quæ quatuor habent angulos facimus super sacrificium ; quia Christus, dum in
cruce pependit, quatuor climata mundi redemit, et D
ea sex ordinibus ordinamus, vel propter perfectionem senarii, qui ascribitur corpori Christi, vel ut
solido et perfecto, vel quia per ejus passionem
mundus est redemptus; qui fuit sex diebus perfectus, et qui est sex ætatibus distinctus. Et attende
quod fere in quolibet ordine, per imparem numerum signacula disponuntur; quia corpus Christi
unum permanens non scinditur ; aut enim tres
cruces facimus, et fidem sanctæ Trinitatis exprimimus, aut quinque, et quinque partitam Domini

passionem denotamus. In primo ordine tres cruces
facimus, cum dicimus : Hæc dona, hæc munera,
hæc sancta sacrificia : ubi tempus ante legem, quod
tribus intervallis distinguitur innuimus, scilicet ab
Adam ad Noe ; inde ad Abraham, inde ad Moysen ;
in quibus ætatibus justi Christum suis sacrificiis
præfiguraverunt; ut Abel in agno [18], Melchisedech
in pane et vino [19] : Abraham in filio [20]. In secundo
ordine quinque cruces facimus dicentes : Benedictam, ascriptam, ratam, corpus, et sanguis, ubi tempus legis exprimimus ; quod quinque libris distinguitur et in singulis Christi passio denotatur, vel
quod quinque personis regebatur, scilicet judice,
rege, principe, propheta et sacerdote [21], in quorum
manibus Christus assimilatur. Nam quid est Josue
per simulationem vincens regem urbis Hay [22], nisi
Christus per infirmitatem superans superbiam diaboli ? Quid est David in spelunca [23], nisi Christus
in sepultura? Quid est Zorobabel ortus in confusione [24], nisi Christus natus in carne? Quid est
quod Helias sedit in torrente Carith [25], nisi quia
Dominus, de torrente passionis in calvaria bibit [26] ?
Quid est Jesus indutus sordidam vestem [27],
nisi Christus qui alienigenam duxit uxorem ? In
tertio ordine suscipientes panem et vinum in manibus, duas cruces facimus, unam super panem, alteram super calicem dicentes : Qui pridie, etc., ubi
tempus cœnæ, et tempus innuimus gratiæ, in quo
duo parietes in angulari lapide conjunguntur [28],
vel gigas [29] geminæ substantiæ crucifigitur. In
quarto ordine quinque cruces facimus dicentes :
Hostiam puram, hostiam sanctam, hostiam imma-
calatam, panem sanctum vitæ æternæ, et calicem
salutis perpetuæ, ubi significamus quod Christus
in carne quinque vulnera suscepit, et quinque sæcula redemit. In quinto ordine tres cruces facimus,
dicentes : Sanctificas, vivificas, benedicis, etc., ubi
repræsentamus primitivam Ecclesiam, quæ suscepit
fidem Trinitatis. In sexto ordine quinque cruces cum
oblato facimus, quatuor super calicem dicentes :
Per ipsum, et cum ipso, et in ipso, est tibi Deo Patri omnipotenti, et quintam ad latus calicis dicentes : In unitate Spiritus sancti : ubi modum notamus Dominicæ passionis, qui quatuor vulnera pertulit in manibus, et pedibus, et quintum in latere.

Ex præcedentibus liquet nos facere xxiii signa,
quæ cum fiant tribus digitis propter fidem Trinitatis,
si ea triplicaveris, lxix habebis : quibus si tria
signa quæ cum oblato super calicem facimus dicentes : Pax Domini sit semper vobiscum, adje-
ceris, lxxii fiunt hæc, scilicet lxxii linguæ per
superbiam dispersæ, per Christi humilitatem congregatæ, per ejus passionem redemptæ, per ejus
corpus et sanguinem ei conjunctæ. Videtur Augustino, si tantum semel fieret crux super panem et

---

[15] Exod. 30. [16] Philip. 2. [17] Hebr. 9. [18] Gen. 4. [19] Gen. 14. [20] Gen. 22. [21] Ose. 15. [22] Jos. 8.
[23] I Reg. 22. [24] I Esdr. 2. [25] III Reg. 17. [26] Psal. 109. [27] Matth. 27; Zach. 5. [28] Ephes. 2. [29] Psa.
18.

vinum, sufficere posse; quia semel crucifixus est A Dominus [30]. Nunc ad litteram revertamur.

Hæc dona, quoad panem, in quo sunt farina et aqua; hæc munera, quoad vinum, in quo sunt vinum et aqua; hæc sancta sacrificia, quoad utrumque illibata, id est sine labe, sicut Agnus Paschalis immaculatus [31]; quia significat Christum qui est sine macula et ruga; vel hæc tria verba tribus crucibus insignimus, quia gratias agimus trino Deo qui dat nobis calicem salutis accipere, et nomen Domini invocare [32]; qui dat nobis donum, et a nobis munus recepit in sacrificium. Eadem enim sacrificia dona sunt, et munera : sunt dona, quia nobis ab illo donata, ut sustentaremur; munera, quoniam a nobis illi oblata, ut laudaretur : donum enim est quod donatur a superiori, munus quod ab inferiori, sacrificia sunt ut sacrificentur; vel secundum Augustinum. Dona offerimus, cum nos ipsos ei donamus. Munera cum ejus beneficiorum memores sumus. Sacrificia illibata, cum ei humilitatem et laudes impendimus.

Inprimis, quæ tibi offerimus. Vide quod canonis oratio in quinque dividitur, unde et quinquies *Per Christum Dominum nostrum* concluditur, eo quod per quinque partitam Domini passionem oratio fidelium exauditur. Prius offerimus pro Ecclesia catholica : et ecce legalis pontifex, qui ingrediens Sancta sanctorum orabat [33], ecce Christus qui ante passionem oravit et se glorificavit, et discipulos conservavit [34], et adhuc pro nobis quotidie interpellat [35]. C Sic sacerdos pro se et pro tota preces fundit Ecclesia, quæ consistit in prælatis et subditis; unde subditur de prælatis :

Una cum famulo tuo papa nostro; quod quidam addunt *de antistite et rege,* nova traditio est. *Et omnibus orthodoxis atque catholicæ et apostolicæ fidei cultoribus.* Hic excluduntur schismatici et hæretici, qui non sunt orthodoxi, id est rectæ fidei; nec catholicæ, id est universalis. Post hæc adjicitur et de subditis : *Memento, Domine, famulorum famularumque tuarum, quorum tibi fides cognita est et nota devotio :* ob hoc catechumeni, qui sacramenta fidei non receperunt, in principio canonis excluduntur. Scriptum est enim : « Alienigena non vescetur ex eis, quia sancta sunt [36]. » Illos ergo ad esum agni duntaxat assumimus, qui nostræ domui conjuncti sunt : omnem scilicet domesticum fidei a principe ad plebeum, ab apostolo ad publicanum. *Pro quibus offerimus actu, vel qui tibi offerunt devotione. Pro se,* exegesis, id est expositio, est quod sequitur, *pro redemptione animarum suarum, pro spe salutis et incolumitatis suæ. Communicantes.* Concludit in oratione beatæ Virginis, et apostolorum, et martyrum commemorationem, tum ut repræsentet legalem pontificem, qui portabat in vestibus nomina patrum [37], et etiam Christum qui novit mente et

actu nomina suarum ovium [38], tum ut eorum preces et merita divinæ protectionis auxilio muniantur. Ideo sancta Dei Genitrix memoratur in hoc sacrificio, quia vera hostia de virginali processit utero. Ideo quoque apostoli, quia passionem Christi verbi et sanguinis testimonio probaverunt. Nam Petrus, Andreas et Philippus sunt crucifixi ; Paulus, Jacobus, Matthæus et Bartholomæus decollati ; Jacobus, Simon, Thaddæus necati, Joannes veneno cruciatus, Thomas transfossus. Idcirco et martyres adjiciuntur, quia ipsorum cruciatu Christi passio confirmatur, ex quibus quidam pontifices summi, ut Linus; quidam episcopi, ut Cyprianus Carthaginensis; quidam diacones, ut Laurentius; quidam milites, ut Crysogonus. Joannes et Paulus, quidam medici, ut Cosmas et Damianus, quia omnes gradus vel ordines passionis Domini testimonium præbuerunt. Forte confessores non sunt hic nominandi quia proprie martyres sunt testes. Quidam tamen adjiciunt hic nomina suorum patronorum. *Hanc oblationem servitutis nostræ,* etc.: in hac secunda oratione orat pro se et famularibus sibi, ut eorum oblationem Dominus placatus accipiat, quam per pronomen demonstrativum Domino repræsentat. *Diesque nostros,* etc. Hoc Gregorius addidit ut nullus hic securus existat ; sed qui stat, videat ne cadat [39].

Quam oblationem : hic accedit ad Domini consecrationem, dicens : *Quam oblationem,* id est terrenam materiam ad corpus tui Filii destinatam, *tu Deus, quæsumus, in omnibus;* hoc est tota cogitatione, tota vita et toto intellectu, digneris facere *benedictam,* id est spiritu sancto replere; *ascriptam,* id est divinitati ascribere; *ratam,* id est in veritate, ut ad salutem sufficiat, solidare; *rationabilem,* in nostra fide; *acceptabilem,* in nostra devotione. Ecce Abigail uxor viri stulti, quæ prohibuit David sanguinem effundere, et propriam manum polluere, cui benedixit David, dicens : « Benedictus Dominus Deus Israel, et benedictum eloquium tuum, et benedicta tu, quæ prohibuisti ne irem ad sanguinem, et ne ulciscerer me manu mea [40]. » Hæc est Ecclesia, quondam uxor diaboli, quæ oblatione præsentis sacrificii prævenit Christum agonizantem rogatque pacem, ne sic se ulciscatur, ut cum viro æterna pereat damnatione; quam oblationem et orationem David perficit : benedictam, dum ejus benedicit eloquium; ascriptam, dum nulla oblatione deletur; ratam, dum remissionis sententia non violatur.

Qui pridie, id est priori, die *quam pateretur, accepit panem, benedixit, fregit, dedit discipulis, et ait : Accipite, et manducate, hoc est corpus meum* [41]. Hoc tragicis gestibus quod littera sonat, exprimimus. Aiunt quidam quod *Benedixit,* benedictione occulta nobis, alia quam ista : *Hoc est corpus meum,* qua nunc utimur; alii, quod *Benedixit* eadem benedictione, unde sic mutant litteram *Benedixit,* dicens :

---

[30] I Petr. 5.   [31] Exod. 12.   [32] Psal. 115.   [33] Hebr. 5 et 9.   [34] Joan. 16.   [35] Rom. 8.   [36] Exod. 29 ; Levit. 22.   [37] Exod. 28.   [38] Joan. 10.   [39] I Cor. 10.   [40] I Reg. 25.   [41] Matth. 25.

Hoc est corpus meum, et postea *fregit, et dedit discipulis, dicens : Accipite, et manducate*, inculcatio verborum est, nec est intelligendum quod acceptum corpus de manu Domini sibi ministrarent, sed qui consecravit, ipse et ministravit ; si vero cum benedixit crucis signum apposuit, ipsi norunt qui præsentes fuerunt ; præsertim cum nondum erat erectum sanctæ crucis vexillum ; et quod sicut alibi de quinque panibus dicitur [42] *Benedixit*, est gratiam multiplicationis infudit, sic etiam hic credimus intelligendum *Benedixit*, id est gratiam transsubstantiandi infudit, ut panis transsubstantiaretur in carnem ; et Spiritu sancto replevit, vel repletam ostendit, et sic fregit, in quo morti se subjiciendum ostendit. Et vide quod ad prolationem istorum verborum : *Hoc est corpus meum*, panis divinitus transsubstantiatur in carnem, divina etenim materialis substantia hujus sacrificii est verbum quod ad elementum accedens perficit sacramentum ; sic verbum carni unitum efficit hominem Christum. Equidem, « Mirabilis Deus in operibus suis [43], » sed mirabilius est, de nihilo cuncta creare quam creaturam transsubstantiare ; nam et natura magistra aqua subtiliatur in ignem ; et homo vinum calidum in frigidum mutat acetum ; nec tamen ista dicimus, quod istud humana ratione probare velimus ; huc enim logica non ascendit, hoc mathematica non inquirit ; in hoc physica deficit ; sensus enim primam tenet regionem, imaginatio secundam, ratio tertiam. In his illæ matronæ ludere consueverunt, sed fides est excellentior illis, quæ non habet meritum, cum humana ratio præbet experimentum. [44] Nemo igitur hoc disputet, sed cessent argumenta ubi fides quæritur ; humiliter quæratur quod sine periculo non discutitur ; firmiter credatur quod sine præmio non habetur ; intellectus vero fidem transcendit, quo sancti non jam in ænigmate, sed vident facie ad faciem [45].

Accipiens hunc præclarum calicem, hic in mysterio, sed non hoc in metallo ; hic in figura, sed aliud in materia. Nam hic et ille, quem Christus manibus tenuit, ebrietatem, id est passionem Domini, significat et significavit. Ecce David noster qui regi Achis insanire videtur [46] ; qui se manibus gestat, cum panem et vinum tenens, ait : *Hoc est corpus meum, hic est sanguis meus* ; de cujus ore defluunt salivæ, dum creditur infantilia loqui, dicens : « Nisi manducaveritis carnem Filii hominis et biberitis ejus sanguinem, non habebitis vitam in vobis [47]. » Hic pendens in cruce tympanizavit et ad ostium, id est conclusa corda Judæorum impegit. Quod sacerdos panem elevat, significat cibum esse cæteris excellentiorem. Similiter et de potu : *Gratias agens*, de nostra salute, qui non meritis, sed gratia justificati sumus [48], *Benedixit*, etc. exposita non

exponas. *Accipite et bibite*. O felix ebrietas ! salutaris satietas ! quæ quanto copiosius et dignius sumitur, tanto sobrietatem mentibus amplius donare dignatur. Judas bibit, sed sitim non exstinxit ignis æterni ; quia assumpsit indigne mysterium Jesu Christi [49]. Et vide quoniam sic quisque discipulorum calicem accepit, quod unicuique Dominus propinavit. Unde et sacerdos hic calicem deponit, sed non derelinquit, dicens : *Hic est calix sanguinis mei* [50], id est continens sanguinem, vel sanguinis significans passionem. Et vide quia passio dicitur calix, vel a calida potione ; vel quia mensurate sumitur : fidelis est enim Dominus, qui non sinit nos affligi plus quam portare possimus [51]. *Novi et æterni testamenti :* subaudi confirmator. Sacra Scriptura dicitur Testamentum, quasi mentis defuncti testatio ; quia continet nobis promissa legata et fideicommissa. Vetus quidem Testamentum promittebat nobis temporalia : « Et dabo vobis terram fluentem lacte et melle [52] ; » sed in Novo Christus per sanguinem et mortem suam nobis in hæreditatem vitam legavit æternam. Novum dicitur Testamentum, quia novus pro nostra redemptione sanguis effunditur ; olim effundebatur sanguis animalis irrationalis, non hominis innocentis [53]. Æternum dicitur, quia in aliud testamentum non mutabitur sicut mutatum est Vetus in Novum. *Mysterium fidei*, quoniam aliud videtur et aliud intelligitur, species panis et vini cernitur, corpus Christi et sanguis creditur. Mysterium Græce, Latine *secretum*. Hoc credere jubemur, discutere non audemus. *Qui pro vobis* apostolis *et pro multis* efficaciter *effundetur*, non pro omnibus ; nam sufficit omnibus, sed solis effecit electis, qui unione charitatis corpus Christi sunt. Quod baptismo purgatur a culpa, sanguine liberatur a pœna, et est hæc hujus sacramenti utilitas, ut ejus ope fiat possibile corpus, quod terra est, cœlum ascendere : « Quia nemo ascendit in cœlum, nisi Filius hominis [54] ; » cui quasi capiti membra corporis adnectuntur omnes qui in fide hujus sacramenti efficiuntur filii Dei, et sic corpus unum, caput cum membris, ascendit in cœlum. Intentionem vero tanti corporis in sequenti verbo Veritas ipsa declarat, dicens : *Hæc quotiescunque feceritis, in mei memoriam facietis* ; in mei memoriam, qui pro vobis languores portavi [55], crucem subii [56], resurrexi [57], cœlos ascendi [58]. Et nunc stringantur duo digiti vel ob reverentiam sacramenti, vel in signum quod sacerdos accedat primo, id est Filius obediat Patri ; unde sequitur ex voce sacerdotis et plebis. *Memores tam beatæ passionis, resurrectionis et ascensionis.* Hæc tria potius memorat Ecclesia, quia primum nostram vulnerat charitatem, secundum confortat fidem, tertium lætificat spem. *De tuis donis ac datis.* Dona

[42] Joan. 6.   [43] Psal. 71, 138.   [44] Greg. hom. 26.   [45] I Cor. 13.   [46] I Reg. 21.   [47] Joan. 6.   [48] Rom. 3.   [49] Joan. 13.   [50] Matth. 20   [51] I Cor. 10.   [52] Levit. 20.   [53] Hebr. 9.   [54] Joan. 3.   [55] Isa. 53   [56] Joan. 19.   [57] Marc. 16.   [58] Act. 1

sunt in re æterna, data in opere temporali. *Offeri-*
mus hostiam puram, scilicet corpus , *hostiam san-*
ctam, id est sanguinem : *hostiam immaculatam,*
quoad utrumque; vel hostiam puram, id est ab
aliis hostiis separatam , hostiam sanctam, id est
sanctificantem ; hostiam immaculatam, id est a
maculis emundantem. Moraliter offerimus hostiam
puram , hostiam sanctam, hostiam immaculatam,
cum offerimus hostiam de corde puro , conscientia
bona et fide non ficta [59]. Sequitur : *panem sanctum*
vitæ æternæ; hic est Christus, quo pasti finaliter, satiabimur æternaliter ; *calicem salutis perpetuæ,* cujus
gustu salutem perpetuo consequemur : quinque cruces inter hæc verba signacula sunt quinque dilecti [60], plagæ quinque viventis; petræ foramina, in
quibus nidificat immaculata columba [61]. Super quæ
cum oravit pro hostia transsubstantianda, eamque
transubstantiavit, et transubstantiatam Patri obtulit, nunc orat pro ipsius acceptione, ut eam ad
instar antiquorum sacrificiorum acceptet, et in
conspectum divinæ proferat majestatis ; ut per ejus
interpellationem ad Patrem , et per ejus nostram
perceptionem , repleamur cælestis gratiæ benedictione. *Sicuti accepta habere dignatus es ,* similitudinis est, et non quantitatis; multo enim ac-
ceptius est hoc sacrificium Deo quam quod obtulit
Abel [62], quod Abraham [63], quod Melchisedech [64];
quia valet amplius res quam umbra , veritas quam
figura ; ipsam enim similitudinem desideramus magis quam acceptionis quantitatem. Similes sumus
Abel, si recte offerimus et recte dividimus , quod
quia Cain non fecit, peccavit : recte enim obtulit,
quia Deo, cui debuit ; sed male divisit, quia cor
suum auferens Deo, se sibi retinuit ; Abel vero se
Domino subdidit, ideoque Dominus ad Abel et ad
munera ejus respexit. Abrahæ quoque similes sumus, cum Deo filium Isaac, id est hilarem voluntatem offerimus, et hilariter obedimus. Melchisedech
etiam assimilamur , cum sine experimento rationis
humanæ firmiter credimus, quod sub specie panis
et vini, carnem et sanguinem accipiemus Jesu
Christi. Itaque recte dividamus cum Abel, hilariter
cum Abraham, spiritualiter cum Melchisedech, nos
ipsos innocentiæ , obedientiæ , justitiæ sacrificium
offerentes , arietinam spiritus proterviam deponentes , taurinam feritatem exuentes , hircinam
libidinem jugulantes , juxta illud : « Holocausta
medullata offeram tibi cum incenso arietum ;
offeram tibi boves cum hircis [65]. » Et ita Dominus
acceptabit sacrificium nostrum, sicut munera Abel,
sicut sacrificium Abrahæ, et sicut sacrificium et
immaculatam hostiam Melchisedech. Hæc, inquam,
moraliter ad nos referuntur, sed allegorice Christum respiciunt, verbi gratia : *Pueri tui justi Abel ;*
hic in agno quem obtulit, et in se , qui cum esset

triginta annorum innocens occubuit , illam immaculatam Christi hostiam figuravit. *Patriarchæ nostri*
Abrahæ. Hic patriarcha princeps patrum Deus Pater est : quod sicut Abraham Isaac obtulit, sed arietem immolavit, sic Filium Unigenitum pro nobis
tradidit [66], cujus carne immolata divinitas permansit illæsa. Melchisedech hic sine patre et matre legitur fuisse, et in pane sine sanguine sacrificasse dicitur [67]; per quem merito Dei Filius intelligitur, qui
est Rex Sadoch, Rex justitiæ , juste remunerans
justos, et juste damnans injustos, qui est sine matre
in cœlo, sine patre in terris , qui se præbuit in
specie panis et vini discipulis [68]. Et quod Leo papa
addidit in canone *sanctum sacrificium, immacula-*
tam hostiam.

Per sequentem sacerdotis inclinationem, mors
Christi intelligitur, quæ in præmissis sacrificiis figurabatur et repræsentabatur; quod Christus, inclinato capite, emisit spiritum [69]. Et vide, secundum
quosdam infra canonem diaconus lavat manus, significans quod Pilatus se lavit, cum se mundum ab
ejus sanguine proclamavit [70]; vel quod opera nostra
sordida Christi passione mundantur, vel quod nullus immundus ad percipienda fidei sacramenta procedat. *Jube hæc perferri per manus sancti Angeli tui*
in sublime altare tuum. Hic est Angelus magni consilii, consiliarius ille [71], cujus consilio Pater nun-
dum creavit et recreavit [72]. *Sublime altare in con-*
spectu Dei, est Christus crucifixus, sedens in
dextera Patris. Igitur Angelus fert hæc sacramenta
in sublime altare , in conspectu Dei dum cicatrices
ostendens interpellat ad Patrem pro nobis [73], hæc
sacramenta conficientibus. Quod alicubi dicitur :
Jube hoc perferri consociandum corpori Christi, sic
intelligitur ; jube significatum hujus, id est militantem Ecclesiam consociari triumphanti ; vel , disso-
nantia est rem a sua specie alienari : petimus ergo
ænigma [74] viatoris evacuari et nobis comprehenso-
ribus corpus in specie propria revelari. *Ut quotquot,*
etc. Quod hic altare ter presbyter osculatur, agit gratias Trinitati, quæ per passionem Domini sibi genus
reconciliavit humanum [76] : *Corpus et sanguinem,* quidam signant hic bis ; quia gigas substantiæ geminæ
crucifigitur ; quidam vero nequaquam. *Sumpseri-*
mus : secundum primitivam Ecclesiam, vel in sacramento et re, vel re tantum, juxta illud : « Crede,
et manducasti [76]. » *Omni benedictione.* Hic se presbyter signat, ut m creatur benedictionem consequi,
et cœlesti gloria repleri.

Memento etiam, Domine, famulorum famularum-
que tuarum. Hic pro defunctis in Christo quiescentibus orat Ecclesia, ut eis hæc prosint sacramenta ;
ubi notare poteris nomina quæ volueris [sed non
in Die Dominica, ut quidam aiunt ; quia creduntur
animæ tunc observatione Dominica . requiem habere]. Et quidem congrue hæc interseritur memo-

[59] I Tim. 1.   [60] Cant. 8.   [61] Cant. 2.   [62] Gen. 4.   [63] Gen. 22.   [64] Gen. 14.   [65] Psal. 65.   [66] Rom. 8.
[67] Hebr. 7.   [68] Matth. 26.   [69] Joan. 19.   [70] Matth. 27.   [71] Isa. 9.   [72] Prov. 8.   [73] Rom. 8.   [74] I Cor. 13.
[75] II Cor. 5.   [76] August.

ria transeuntium, « qui in Domino moriuntur [77]. » Finita est enim memoria mortis Domini, et sequitur mors nostra, Christus præcessit, et nos ejus vestigia sequimur [78]. *Nobis quoque peccatoribus*; hic pro pœnitentibus exoramus, et paululum expressa voce silentium interrumpimus, et pectus percutimus memorantes latronis confessionem et petitionem, scilicet : « Memento mei, Domine, dum veneris in regnum tuum [79], » et miserentis Dei promissionem, scilicet : « Hodie mecum eris in paradiso [80]. » Percussura pectoris est pœnitentiæ et luctus indicium. Quidam hanc elevationem referunt ad centurionem [81]. *Cum Joanne*, quidam intelligunt Joannem Baptistam, quidam Marcum, qui etiam Joannes dictus est [82]. Et vide quod hic octo viri et septem feminæ computantur; quia per hoc sacrificium septem charismata gratiarum, et octo beatudines junguntur in nobis, item hic diversitas sexuum et ordinum continetur. Nam ex evangelistis et episcopis est Joannes, qui et Marcus dicitur, qui fuit præsul Alexandriæ; ex diaconibus Stephanus protomartyr; ex apostolis Matthias; ex septuaginta discipulis Barnabas; ex patriarchis Ignatius; ex apostolicis Alexander; ex presbyteris Marcellinus; ex exorcistis Petrus, ex conjugatis Felicitas et Perpetua; ex virginibus Agatha et reliquæ omnes, quoniam omnes hoc sacrificium suo sanguine firmaverunt. Ecce bina commemoratio sanctorum rememorat logion, et superhumerale, in quibus legalis pontifex gestabat nomina patrum [83]. *Per quem hæc omnia... bona creas*, ut sint; *sanctificas* tibi deputando; *vivificas*, animando; *benedicis*, ut utilia sint; *præstas*, ut prosint. Hic ter signatur, quia passio Domini consummatur : unde consequenter corporale aufertur, quia velum templi scissum est, a summo usque deorsum [84]; et quidquid de passione fuerat clausum, modo est revelatum; unde, sumpto aceto, dixit: « Consummatum est [85]. » Cum denuo super calice discooperto cum hostia ter signatur his verbis : *Per ipsum, et cum ipso, et in ipso*, centurionis confessio memoratur qui dixit : « Vere Filius Dei erat iste [86], » quia cum revelata passione miracula, vidit per ipsum Filium, qui erat hostia, Patrem agnovit et Spiritum sanctum intellexit. Duæ quoque cruces, quæ cum eadem hostia fiunt in latere calicis, in hæc verba : *Est tibi Deo Patri omnipotenti, in unitate Spiritus sancti*, Sanguinem et aquam significant quæ fluxerunt de latere patientis [87]; vel eum crucifixum significant pro duobus populis : et hæc omnia in capite consummata, suam ad membra transferunt utilitatem. Unde pluraliter dicitur, *omnia bona*; spirituale etiam corpus pluraliter propter membrorum pluralitatem ostendit, et demonstrat, ac si dicat : Per Christum nos creas. Quidam apponunt mirificas,

et quidem mirificatio cum omnibus communis per creationem, per gratiam fit singularis, et terrenus homo cœlestis. *Sanctificas* in baptismo, *vivificas* in verbo, quasi pabulo vitæ, *benedicis* in augmento gratiæ, *et præstas nobis*, post mortem, vitam æternam. *Per ipsum*, nos creanti; *cum ipso*, nos recreanti, *et in ipso*, nos ad gloriam suscitanti, *est tibi Deo Patri omnipotenti in unitate Spiritus sancti omnis honor et gloria*. Hic cum hostia calicem tangimus, innuentes quod ad passionem Domini facta sit redemptio mundi, unde cum quatuor sint partes orbis, quidam tangunt quatuor partes calicis. *Per omnia sæcula sæculorum*. Hucusque fuit canon, id est regula cui quidquam addere, vel diminuere non est devotionis, sed præsumptionis, cujus conclusio, scilicet *per omnia sæcula sæculorum*, alta voce levatur, tum quia Dominus alta voce tradidit spiritum, tum quia centurio clamavit : « Vere Filius Dei erat iste [88]; » tum quia mulieres lamentabantur flentes Dominum, tum ut repræsentetur quod sacerdos legalis foras exibat, ut lavaret vestimenta : quod est publice pro populis exorare, tum ut populus sciens finem canonis, respondeat : *Amen*. Asserans quod presbyter fecit et impetrans quod oravit, dicente vero sacerdote : *Per omnia sæcula sæculorum*, diaconus calicem sublevat; cum fanone partem ejus cooperit, secundum quosdam, et post in altari deponit, et cum corporali cooperit oblatam et calicem, significans Joseph ab Arimathia, qui corpus Domini de cruce suscepit, et faciem sudario velavit, et in sindone munda involvit, et in sepulcro deposuit et lapide celavit [89].

Sacerdos qui oblatam elevat Nicodemum repræsentat [90], et hæc elevatio Christi depositionem de cruce, depositio vero collocationem in sepulcro demonstrat. Diaconus qui sacerdotis humerum osculatur, innuit quod Joseph deponens corpus ipsum fuerit osculatus quod in sepulturis aliquibus repræsentatur; vel innuit quod Deum nequimus videre, nisi per speculum in ænigmate [91]. Sacerdos etiam hostiam osculatur, innuens quod Nicodemus idem fecerit quod Joseph, vel potius per Domini passionem factam esse nostram reconciliationem [92].

Oremus. Ab hoc loco maxime orare debemus prostrati, usque ad finem *Pater noster*, in diebus profestis; in festivis autem stantes. *Præceptis salutaribus moniti*; tres articuli sequentes, scilicet *Præceptis*, *Pater noster*, *Libera nos*, significant tres dies Dominicæ sepulturæ. Ideoque his duntaxat utimur in Parasceve, et est hæc præfatio vel captatio ad orationem Dominicam. Præcepta et divinam institutionem dicit, quia Dominus et hanc instituit, et apostolis sic orare præcepit.

Pater noster. Orationem Dominicam beatus Gregorius dici ad missam instituit; asserens incon-

[77] Apoc. 14.   [78] I Petr. 2.   [79] Luc. 23.   [80] Ibid.   [81] Matth. 8.   [82] Act. 4.   [83] Exod. 28.   [84] Matth. 27.   [85] Joan. 19.   [86] Luc. 23.   [87] Joan. 19.   [88] Luc. 23.   [89] Joan. 19· Matth. 27; Marc. 15.   [90] Joan. 19.   [91] I Cor. 15.   [92] Rom. 5.

gruum esse, ut super eucharistiam oratio diceretur, quam scholasticus composuerat, et illam omittere, quam Dominus ipse dictaverat et apostoli dicere consueverant; quod cum a Græcis acceperit, in hoc differre voluit, ut cum apud Græcos ab omni populo dicatur, apud nos a solo sacerdote cantetur. Hæc oratio alta voce cantatur, ut communicaturi sibi dimittant, sicut ibi continetur, offensas, ne indigni accedant ad mensam Domini [93].

Vel ideo non dicitur sub silentio, quia est de Evangelio. Sed objicitur quia de hac oratione Dominus ait : « Cum orabis, intra in cubiculum tuum, et clauso ostio ora Patrem tuum [94]. » Verum non dicit ostium, occultam domum, sed cordis secretum, id est ut a mala cogitatione pectus nostrum mystica fidei clave claudamus, et labiis clausis incorrupta mente loquamur. Pater antiquorum dicebatur Dominus, quasi servorum, sed nunc est per gratiam pater, quæ libertatis vox est, et magna fiducia ; quid enim filiis perseveranter et digne petentibus denegabit [95], qui jam dedit quod Pater est ; cum illos de regno velut inutiles servos ejecerit [96], Filius hæreditatem tribuit, quos pane angelorum [97] et carne vituli reficit saginati [98]. Noster, quod commune est omnibus ; nemo dicat meus, quod soli Christo convenit, qui est filius per naturam ; nos autem per adoptionis gratiam. Non ergo superbiant nobiles, cum simus ejusdem Patris filii. Nihil sibi arroget dives, cum simus fratres et cohæredes [99]. Qui es in cœli, id est in secretis, in angelis, in sanctis, in spiritualibus per gratiam. Sanctificetur nomen tuum ; septem petitiones in hac oratione continentur, quas tantum apostolos dixisse super hoc sacramentum audivimus. Prima quarum hæc est : Sanctificetur nomen tuum. Hoc nomen quod petimus sanctificari est Pater, quo relative dicimur filii Dei: quod petimus sanctificari in nobis, ut sanctificationem Patris imitemur, et nomen Patris moribus et vita ostendatur in filiis : ergo iis moribus vivendum est, ut filii et fratres Christi esse possimus [100]; quia filius non est, qui ab ejus degenerat voluntate, nec in eum tendit fide. Vel sanctificari, id est confirmari in nobis, ut nec ipse desinat esse Pater noster, nec nos filii ejus, ut qui in baptismate sanctificamur, in eo quod esse cœpimus, perseveremus. Vel sanctificetur nomen tuum, id est sicut est sanctum, innotescat nobis, ut nihil putemus sanctius esse. Simile est, Deus clarificetur in nobis [1], et magnificetur.

Secunda petitio est : Adveniat regnum tuum, id est ad te veniat Ecclesia, in qua regnas, de qua dicitur : « Simile est regnum cœlorum [2], » sagenæ missæ in mari, vel ad nos veniat regnum cœlorum, quod nobis promisisti dicens: « Percipite regnum quod vobis paratum est [3]; vel adveniat regnum tuum regnum Dei semper est, sed ad nos veniat, id est nobis manifestetur, quod regnas in sanctis et in te sancti regnant, quia non poterimus ignorare, cum Dominus venerit judicare.

Tertia est : Fiat voluntas tua, sicut in cœlo et in terra. Voluntas Dei semper fit, sed petimus ut libertas nostræ voluntatis et operis divinæ consonet voluntati; sicut in angelis, ita in hominibus; sicut in justis, ita in peccatoribus; sicut in Christo, ita in Ecclesia; sicut in mente, ita in corpore; ut spiritus et caro sint unus homo spiritualis; cujus cor et caro exsultent in Deum vivum [4], qui non sibi, sed tibi vivat. Vel voluntas est custodia præceptorum. Hæc tria perfectius in futuro ; sed interim ex parte oramus ut postea perfectius in nobis impleantur. Panem nostrum quotidianum, vel familiarem, alia littera supersubstantialem, vel egregium. Et dicitur supersubstantialis Latine, epiousion Græce, segulla Hebraice. Panis noster est Deus, noster refugium, et virtus [5] qua quotidie egemus, qui est super omnes substantias, quem petimus nobis dari; quia in ipso vivimus. Vel panis noster est verbum Dei vel præcepta Dei, quæ sunt nobis quotidie necessaria [6]; quia « non in solo pane vivit homo, sed in omni verbo quod procedit de ore Dei [7]: » quem petimus nobis dari, quia in ipso reficimur. Vel panis noster est corpus Christi, quod est nostræ humanitatis, quo quotidie egemus, quia, quotidie peccamus, de quo : « Panis quem ego dabo vobis, caro mea est pro mundi vita » [8]: quem petimus nobis dari, quia in ipso recreamur; ergo qui sumus implicati peccatis, petimus ut simus digni cœlestibus alimentis. Dimitte nobis debita nostra, sicut et nos dimittimus debitoribus nostris. Debita vocat peccata, culpas, offensas, quibus Deum offendimus : et exinde nos rei debitores existimus, quæ petimus nobis dimitti, ut liberi ad patriam redeamus, sed eo pacto cave cautione : Sicut nos dimittimus debitoribus nostris, id est offensoribus nostris, qui nos offenderunt : unde et nobis satisfacere debent; aliter nullus est orationis fructus, quia Dominus dicit : Nisi dimiseritis hominibus, nec Pater vester dimittet vobis [9]. » Et ne nos inducas in tentationem diabolicam. Tentat Deus ut probet [10], et tentat homo ut discat [11], tentat diabolus ut decipiat [12]; sed, nunquid Deus inducit in hanc deceptionem ? non; sed deserit et tentari permittit, sed nunquid non tentatio est utilis ad coronam [13]? est; quia ubi major lucta, ibi major corona; petimus ergo ne nos inducat in tentationem, id est ne nos deserens in tentatione vinci et succumbere sinat. Sed libera nos. Vide quod in omnibus petitionibus ad nos pertinentibus unus orat pro omnibus, ut da nobis, dimitte nobis, et ne nos inducas, libera nos, quia Deus pacis et concordiæ, sic unus pro omnibus

[93] I Cor. 11.   [94] Matth. 6.   [95] Luc. 11.   [96] Matth. 21.   [97] Psal. 77.   [98] Luc. 15.   [99] Ephes. 3.   [100] Rom. 8.   [1] Joan. 17.   [2] Matth. 13.   [3] Matth. 25.   [4] Psal. 85.   [5] Psal. 43.   [6] Exod. 10.   [7] Deut. 8; Matth. 4.   [8] Joan. 6.   [9] Matth. 6, 18.   [10] Gen. 22; Sap. 3.   [11] Dan. 1.   [12] Matth. 4.   [13] Jacob. 1.

orare voluit [14]; quomodo in se uno omnes ipse por- A
tavit; ut uno ore, sicut tres pueri [15], Domino benedicamus. Sequitur *a malo* , a culpa, a pœna temporali et æterna, quo facto nihil est metuendum,
et nihil restat orandum : Ecce septima petitio finis
est orationis et finis nostræ persecutionis. Et vide
dum hæc septem petitiones dicuntur, diaconi stant
inclinati communionem exspectantes, in quo significant apostolos qui, post mortem Domini [16] per
septem hebdomadas exspectaverunt confirmationem
Spiritus sancti [17]; subdiaconi vero quiescunt, quia
mulieres in Sabbato, quod est dies septimus, siluerunt [18].

Sequitur embolismus, id est super accrescens :
super accrescitur enim ultimæ petitionis repetitio
et expositio. Illa dicit : *Libera nos a malo.* Iste sub- B
dit a quibus malis, præteritis, præsentibus et futuris, et subditur transitus ad orationem, in qua
pro pace danda reverenter orat Ecclesia, Ambrosiana quidem aperte, Romana sub silentio et breve
silentium, sabbatum respicit, in quo Dominus in
sepulcro quievit. Similiter et Dominica oratio cum
petitionibus ponitur in designationem illius septimæ
diei, in qua laborabant apostoli [19]; laborabant
orantes ut liberarentur a malis. *Libera nos*, ecce
ultimæ petitionis repetitio et expositio, interce-
dente beata; ecce transitus, in quo ad impetrandam gratiam pacis mater exigitur Salomonis, id
est *viri pacifici*, et Michael *nuntius pacis*, et Baptista *præco pacis*, et tres apostoli testes pacis, plu- C
res pacis non hic computantur, quia « in ore trium
testium stat omne verbum [20]. » Embolismo finito,
non concluditur : *Per Dominum*, hæc est enim præfationum et embolismorum consuetudo, sed ei continuatur oratio : *Da pacem*. Hic patena presbytero
præsentatur, de cujus observatione variæ sunt consuetudines : alicubi enim tenet eam acolythus et
subdiaconus, ille involutam, iste vero nudam;
sacra enim vasa duntaxat a consecratis clericis sunt
tractanda; sed apud nos eam ad te igitur, usque
nunc subdiaconus observavit, quæ cum a patere
dicatur : Sanctarum feminarum , quas subdiaconus
repræsentat, corda significat, quæ latitudine charitatis in obsequio Christi patebant, dum aromatibus ungere corpus Domini veniebant [21]. Per hoc D
ergo quod subdiaconus diacono patenam præbet,
recolitur quod mulieres late resurrectionem Christi
credentes , eam apostolis nuntiarunt, qui demum
Domino suæ fidei latitudinem obtulerunt, vel per
subdiaconum intellige Nicodemum [22], qui etiam late
credidit et obsequium Salvatori exhibuit; da , inquam, pacem pectoris, ut simus a peccato liberi;
da pacem temporis, ut simus ab omni perturbatione securi; nocet infirmis enim perturbatio :
et ecce quam apertius enodatur a quibus malis

erui deprecemur. Et vide quod sacerdos cum
osculata patena se in utraque ultima clausula signat; quia per crucem et hoc sacrificium, et odorem ejus omnia in cœlis et in terris pacificata denuntiat [23]; oblata frangitur, quia Dominus in cœna
panem benedixit, et fregit [24]; hæc et illa fractio
fractionem corporis in cruce significant, aut panis
fractionem , in qua cognitus est post resurrectionem [25]; vel diversitatem corporis Christi, scilicet
ambulantis, quiescentis et sedentis : de tribus enim
partibus infra dicemus. Papa oblatam non frangit,
sed partem ex ea mordet et reliquam in calicem
mittit; quia Christus infernum momordit [26], et inde
sumptos in paradisum misit [27]. Alta voce concluditur : *Per omnia sæcula sæculorum*, ut populus desiderans pacem respondeat : *Amen ;* vel hæc vocis,
quæ sequitur, elevatio bonum significat nuntium
Dominicæ resurrectionis, per quam hilaritatem et
claritatem recipiemus æternam.

CAPUT VII.

DE SEXTA PARTE MISSÆ.

« Viduam Sion benedicens benedicam [28]. « Per
mortem, et in morte Domini percepit fidelis anima
benedictionem, ad quam circa mortis officium,
diaconus populum se humiliare invitat, cui trina
benedictione pontifex benedixit, et quarto dicens,
quod ipse præparare dignetur, eam confirmat; et
quinto benedictionem concludit et pacem Omnipotentis. Has benedictiones præfiguravit Jacob, qui,
moriens, filiis benedixit [29]. Moyses etiam moriturus,
filios Israel benedictionibus locupletavit [30]; sic Christus moriens discipulis sermonis benedictionem
exhibuit, ostendens quod quos prius dilexerat,
etiam in fine dilexit [31]. Sic quoque ad inferna descendens, sedentibus in tenebris benedixit, cum eos
educens, in cellarium Patris inducens, eis pacem
sempiternam attribuit, quod repræsentat episcopus,
cum post repræsentationem mortis populo quinquies
benedicens adjungit : *Et pax ejus sit semper vobiscum*. Quinquies autem benedixit, quia Deus primo
benedixit hominibus, dicens : « Crescite et multi-
plicamini [32]. » Secundo post diluvium dicens idem [33];
tertio benedixit, cum patriarchis benedictionem
promisit per missionem Christi [34], et eam in judicibus et regibus, principibus, prophetis et sacerdotibus figuravit; quarto benedixit, cum Filium
suum misit, qui descendens, et ascendens benedixit, et benedictionem per Spiritum sanctum confirmavit; quinto benedicet dicens : « Venite, benedicti Patris mei [35].» Quidam non irrationabiliter hoc
officium non esse de septem officiis missæ firmiter
asseverat, eo quod has benedictiones Romana non
invenit Ecclesia : unde nec utitur eis. Quicunque
tamen eas invenerit, recte in eo loco ponuntur, ubi
Christus ad inferos descendisse creditur, scilicet

---

[14] I Cor. 14; Rom. 15. [15] Dan. 3. [16] Luc. 24. [17] Act. 2. [18] Luc. 23. [19] Marc. 6. [20] Deut. 19; Matth.
18. [21] Marc. 16. [22] Joan. 19. [23] Col. 1. [24] Matth. 26. [25] Luc. 24. [26] Osc. 13. [27] Psal. 67. [28] Psal.
151. [29] Gen. 49. [30] Deut. 33. [31] Joan. 13. [32] Gen. 1. [33] Gen. 9. [34] Gen. 22. [35] Matth. 25.

SICARDI CREMONENSIS EPISCOPI

proximo, ante resurrectionem, cum eductis de carcere æternam tribuit benedictionem.

CAPUT VIII.

DE SEPTIMA PARTE MISSÆ.

« Pauperes ejus saturabo panibus[36]. » Rediens episcopus ad sacrificium, populi videns affectum ex eo quod respondetur, *Amen*, et pacis desiderium, ait : *Et pax ejus sit semper vobiscum*. Sacerdos vero dicit : *Pax Domini sit semper vobiscum*.

Pacem orat illam, quæ superat omnem sensum[37]. Attende quod diaconus qui corporale removit et calicem tenet, significat eum qui lapidem et lintenamen amovit et tumulum custodivit[38]. Et hæc dicens, sacerdos vel episcopus ter super calicem cum particula signat et infundit calici; quia cunctis in cœlo et terra pacificatis, ad corpus rediit anima Jesu Christi. Quidam infundunt antequam dicant : *Pax Domini*, quod etiam non vacat a mysterio; quia post resurrectionem manifestum est pacem datam hominibus bonæ voluntatis[39]. Cui populus recompensans, respondet : *Et cum spiritu tuo*; et hilariter optans, ut per misericordiam Agni nobis pax illa donetur, et a nobis corpus pacifici digne sumatur, cantat : *Agnus Dei, qui tollis peccata mundi, miserere nobis*; et *dona nobis pacem*; ad dandam pœnitentiam in remissionem peccatorum, faciendam pacem Dei, hominum et angelorum. Hæc omnia fecit. Unde cantatur *miserere nobis*, et *dona nobis pacem*, quod inter communicandum, a clero et populo cantari Sergius papa decrevit; Christus agnus dicitur propter innocentiam, vel ab agno quod est pium, quia nos sola pietate redemit; vel ab agnoscendo, quia pendens in cruce[40], Patrem agnovit obediendo, matrem cognovit eam virgini commendando, genus humanum cognovit redimendo. Petimus ergo ut ille innocens, qui nos sua passione redemit, nobis eam repræsentantibus misereatur, et qui ad hoc passus est, ut faceret pacem, rex pacificus nobis pacem tribuat; ipse enim est agnus immolatus prædestinatione ab origine mundi[41]. Ipse est agnus paschalis, per quem a servitute Ægyptiorum populus liberatur[42]. *Agnus Dei, qui tollis peccata mundi, miserere nobis*, hoc sumptum est de Evangelio[43], quod triplicatur ob superiorem triplicem notitiam. Vel tunc cantatur, quia corpus Christi triformiter intelligitur; ambulans in terra, quiescens in sepulcro, residens in cœlo. *Agnus Dei, qui tollis peccata mundi, miserere nobis*. Vide quod bis dicitur *miserere nobis*, et in tertia vice : *Dona nobis pacem*, quod sumptum est a Veteri Testamento[44], ubi forma similis invenitur. Clamantes enim dicebant : « Parce, Domine, parce populo tuo; » et postea variabant : « Ne des hæreditatem tuam in opprobrium, » et merito bis dicitur *miserere nobis*, et semel, *dona nobis pacem*, eo quod in hac duplici vita, scilicet actionis et contemplationis est nobis misericordia necessaria; in alia vero pax nobis concedetur æterna. In cœna tamen Domini secundum quosdam ter dicitur : *Miserere nobis*. In missa pro defunctis, *dona eis requiem*, et debet dici interpollate et mistim cum oratione. Facta corporis et sanguinis commistione, per quam Domini resurrectionem accipimus, sacerdos pacem populo tribuit. Quod præfiguravit Josue[45] qui, hostibus superatis, terram obtinuit, quam sorte divisit, et in pace possedit; sic Christus resurgens, diabolo superato, pacem et dona dedit hominibus[46], hanc resurrectionem, et acta resurgentis pontifex repræsentat; cum enim tertiam particulam sanguini miscet, et in calicem mittit, innuit quod anima Christi ad corpus rediit.

Post hæc, sicut Honorius papa decrevit, pacem populo porrigit; quia resurgens humano generi pacem dedit, daturus vero pacem, sumit pacis osculum ab ipsa eucharistia, secundum quosdam, secundum alios a sepulcro vel ab altari et a libro, et impertit eam secundum quosdam subdiacono, vel diacono, vel cantori; secundum alios archipresbytero, qui cum fuerat a sinistris, accepturus vadit ad dexteram pontificis, per quem designatur populus gentilis, qui factus est princeps in fide, primus in pace; qui transivit de sinistra infidelitatis, ad dexteram fidei et æternitatis. Per hunc descendit pax ad populum, sed primo ad viros, postea ad mulieres; quia vir est caput mulieris[47]; verum viri et mulieres se non osculentur, propter lasciviam, propter quam sequestrantur, non solum osculo carnali, sed etiam situ locali : ab his ergo personis mutuo dentur oscula, quæ nulla titillatione libidinis excitantur. Populus autem ob tria se invicem osculantur, primo, quia Domini sui gratiam, et angelorum concordiam per mortem se promeruisse gratulantur; secundo, cum simus filii Dei Patris[48] et Ecclesiæ matris, sumus fratres in Christo[49], et ideo reficiendi uno pane quasi hæreditario[50]; tertio, quia in osculo caro carni et spiritus spiritui jungitur, et nos qui carnis propagine de Adam conjungimur, etiam charitatis vinculo connectimur. Qui ergo se odientes osculantur, Judæ proditoris osculum imitantur. Post oscula sumitur eucharistia, quasi dicatur, in unitate non est, qui corporis ejus particeps non est. Sacerdos primo communicat, corpus per se nullo ministrante de altari suscipiens; quia Christus corporum nostrorum nullius ministerio perficiet restaurationem; sanguinem vero de manu diaconi sumit, quoniam animarum per ministerium hominum reficit redemptionem : communicans itaque partem sibi sumit vicarius Jesu Christi, qui, cum panem fregit discipulis in Emmaus, partem sibi retinuit, partesque Lucæ et Cleophæ distribuit[51]. Sic et sacerdos diacono et

---

[36] Psal. 131. [37] Phil. 4. [38] Matth. 28; Joan. 20. [39] Luc. 2. [40] Luc. 23; Joan. 19. [41] Apoc. 13. [42] Exod. 12. [43] Joan. 1. [44] Joel. 2. [45] Josue 13 et infra. [46] Luc. 24; Joan. 20. [47] I Cor. 11; Ephes. 5. [48] Rom. 8. [49] Matth. 23. [50] I Cor. 10. [51] Luc. 24.

subdiacono dividit. « Partemque postmodum piscis assi et favi mellis manducavit, et reliquias dedit discipulis [52]. » Unde postquam diaconus et subdiaconus se communicaverint, fratres accedant, ut et ipsi partem sanctæ communionis accipiant. Et vide quod oblata in tres partes dividitur, sicut olim similago legalis frustratim offerebatur : una a sacerdote sumitur, una quandoque in altari in pyxide infirmis ad viaticum reservatur, tertia in calicem mittitur. Prima est corpus mysticum, id est Ecclesia ambulans super terram; secunda est similiter mysticum dormiens usque ad diem judicii in sepultura; tertia est personale resumptum in gloria; vel mista sanguini significat Ecclesiam militantem in terris; aliæ vero illos, qui sunt in purgatorio, et qui triumphant in cœlo. Vel tripartita fragmenta Sanctæ Trinitatis hostiam significant, et etiam particula, quæ sanguini jungitur, Filii personam insinuat. Et cave quia, licet oblata aut etiam corpus Christi in sacramento sic frangatur, et pluribus distribuatur, tamen totus Christus et integer permanet in cœlo, et sumitur a singulis totus et integer in sacramento; nec transit in alimentum corporis, nisi spiritualiter; virtus enim ipsius satiat hominem interiorem, qui satiatus exteriorem exhilarat; et vide quia, licet totus sumatur, tamen corpus tantum sumi dicitur usualiter, quia res censetur secundum quod videtur, vel locutio est; aiunt quidam, a sputo post sacrificium sumptum abstinendum. Et revera magna deberet reverentia sumi, et cautela provida custodiri; verumtamen « spiritualis omnia judicat, et ipse a nemine judicatur [53]. » Omnia munda mundis [54]; sputum quidem est naturale, et sine peccato procedit. Processio sputi proficit sanitati. Licet agere pro sanitate, quod egit Christus pro nostra salute. Nam lutum fecit Dominus ex sputo, et linivit oculos cæci nati [55]. Qui sic cavet ne cum sputo panem vel vinum ejiciat; caveat ne unum verbum ex his quæ Dominus locutus est ex ejus corde labatur et decidat, nam et ipsa spiritus et vita sunt [56]; ego autem spuere, si abundat humor phlegmaticus, non omitto; quia confido in Domino, carnem et sanguinem, in spiritualem animæ et corporis transire refectionem. Nec, si assumptum cum superfluitatibus exeat, aut si per venas defluat investigo. Sed pie credens, si quid de agno remanet; secundum legem [57] comburendum relinquo, id est Spiritui sancto commendo.

Postmodum communicat populus, quia non solum comedit Christus cum paucis apostolorum [58], sed etiam ascensurus cum multitudine discipulorum. Communicet unusquisque raro, vel quotidie secundum quod melius crediderit faciendum. Nam Zachæus recepit eum gaudens in domum suam [59]. Centurio dixit : « Non sum dignus ut intres sub tectum meum [60]. » Orationes quibus utimur pacem

daturi, et communicaturi non exponimus. Tum quia expositione non indigent, tum quia aliæ proferuntur ab aliis plures vel pauciores. Interim communio cantatur, ut significet hilarem et reciprocam apostolorum de resurrectione collationem, quale est illud : Surrexit Dominus vere [61]; et quod narrabant, quomodo cognoverunt eum in fractione panis; vel ut cum justis gratiæ Dei communicemus. Et est communio gratiarum actio, juxta illud : « Edent pauperes et saturabuntur, et laudabunt Dominum [62]. »

Sequitur salutatio : Dominus vobiscum. Qui negant benedictiones sextum fore officium, hoc ultimum rationabiliter ponunt; nam hæc salutatio benedictionem illam significat, qua Dominus ascensurus discipulis benedixit [63]. Sequitur et oratio, quæ postcommunionem vocatur, in qua sacerdos orat pro his qui ad communionem eucharistiæ accessere : et debet esse una, vel tot in numero, quot fuere collectæ, et significat orationem capitis nostri, scilicet Domini nostri Jesu Christi, qui apud Patrem quotidie interpellat pro nobis [64]. Quod autem sacerdos ad altaris dextram transit, significat Christum ad Judæos in fine sæculi reversurum; quia, cum intraverit plenitudo gentium, Israel convertetur ad Dominum [65]. Salutatio ultima sequitur : Dominus vobiscum, quæ significat vitam æternam. Nota quod sacerdos septem vicibus in missa populum salutat; quia mysterium missæ ad septem dona Spiritus sancti refertur. In prima enim salutatione spiritus intelligitur sapientiæ; quia sapientia intravit in hunc mundum, ut salvaret nos [66]. In secunda, spiritus intellectus; ideo namque prædicavit, ut doceret nos. In tertia spiritus consilii; hic enim secreto Dei consilio se passioni obtulit, ut redimeret nos. In quarta, spiritus fortitudinis; quia pendens in cruce diabolum expugnavit, ut liberaret nos. In quinta, spiritus scientiæ; quia resurgens discipulos salutavit, et eis sensum aperuit, ut erudiret nos [67]. In sexta, spiritus pietatis; quia sola pietate humanam naturam super astra levavit ut exaltet nos. In septima, spiritus timoris; quia angeli timebunt, cum venerit ad judicium, ut glorificet nos. Sed in quinque tantum ad populum se convertit. Primo salutavit ante collectam, secundo ante evangelium; tertio ante offertorium, quarto ante sacrificium, quinto ante pacis osculum, sexto post communionem, septimo post completionem, id est ultimam orationem; in illa quæ est ante sacrificium, non convertit, quia tenet in manibus sacrificium. In cæteris vero se convertit ad populum, quos salutamus, eis faciem repræsentamus. Quinquies se convertit ad populum; quia legitur in resurrectione quinquies apparuisse.

Sequitur conclusio : Ite, missa est : tripliciter missa finitur. In solemnitatibus quoties cantatur : Te Deum laudamus; Gloria in excelsis Deo; termi-

---

[52] Ibid. [53] I Cor. 2. [54] Rom. 14; Tit. 1. [55] Joan. 9. [56] Joan. 6. [57] Exod. 12. [58] Matth. 26; Luc. 24. [59] Luc. 19. [60] Matth. 8. [61] Luc. 24. [62] Psal. 21. [63] Luc. 24. [64] Rom. 8. [65] Rom. 11. [66] 1 Tim. 1. [67] Luc. 24.

natur per *Ite, missa est*. Et est sensus: Ite post
Christum, et sequimini ipsum. Non est sedendum,
sed ad patriam festinandum : quia missa est ad
Deum Patrem placandum hostia, per quam fracta
sunt tartara. O utinam cum hoc audimus, illuc tendat mens nostra, quo abiit hostia, ut, ubi est corpus,
illic congregentur et aquilæ [68] : ibi simus desiderio,
ubi desideratus cunctis gentibus [69] nos exspectat
cum suo tropæo, qui sic pro nobis Patri supplicat,
volo ut, ubi ego sum, illic sit et minister meus [70]; vel
ite, missa est, id est immolatus est agnus, et reser-
vatus paradisi introitus, sequimini eum, mortifi-
cando carnem nostram cum vitiis et concupiscentiis [71], et quia sermo dirigitur ad præsentes. Ideo
sacerdos vel diaconus hoc dicens, dirigat vultum
suum in populum, cui populus : *Deo gratias;* et est
sumptum hoc ab eo, quod populus accepta licentia
permissu Pharaonis abiit de Ægypto, et grates retulit Deo [72]. Vel ab eo qui a Cyro suscepta licentia,
de Babylonica captivitate ad Hierusalem rediit, et
Deo gratias egit [73] : sic nos pro acceptis beneficiis
nostræ redemptionis, referamus gratias Redemptori, qui ascendit ad dexteram Patris [74], quotidie
interpellans pro nobis apud Patrem [75].

Unde post ascensionem, prædicantes apostoli
dicebant : Gratias agite, sine intermissione orate [76].
Ipsi quoque regressi sunt in Hierusalem, benedicentes Dominum [77]; sic nos accepta benedictione ad
patriam ibimus, ubi semper in gratiarum actione
permanebimus. In prima tamen missa Natalis, secundum quosdam, non debet dici : *Ite, missa est*,
ne populus videatur habere licentiam, cum sit de-
tinendus ad aliam missam. In aliis diebus terminatur per *Benedicamus Domino*, et est sumptum de
apostolo, vel psalmis, vel de hymno trium puerorum, ubi dicitur : « Benedicamus Patri et Filio [78]. »
In missa pro defunctis terminatur ex consuetudine
per *Requiescant in pace;* et sunt hæ orationes quasi
aggratulativæ interjectiones. Cum per *Benedicamus
Domino* vel *Requiescant in pace* fit terminatio, dirigat sacerdos, vel diaconus, faciem ad orientem,
et mentem ad Dominum.

Benedictio sacerdotis post missam illam significat
benedictionem quam Christus, post resurrectionem,
discipulis dedit [79], vel Spiritus sanctus in die Pentecostes fidelibus attulit, vel per quam Ecclesia thalamum sponsi gloriosa intrabit. Et sumuntur hujusmodi finales benedictiones a veteri more; nam patriarcha Jacob in novissimo suæ vitæ filiis benedixit [80]; sic et Moyses populo Dei benedixit ante mortem [81]; sic Dominus discipulis ante ascensionem [82].
Inde est quod cum separamus commitivam, vel
protectivam quærimus benedictionem. Vel sumuntur ab eo quod Dominus præcepit dari benedictiones in monte Garizim super legis observatores, sicut

e contrario maledictiones in Hebal super transgressores [83] : ab illis benedictionibus assumimus benedictiones, et a maledictionibus excommunicationes.
Hymnum trium puerorum Toletanum concilium
cantari post missam instituit, et negligentes anathemati subdidit. Quem idcirco dicimus, quia Domino pro omnibus beneficiis gratias agere debemus,
quem in sæculum sæculi in æternum laudabimus.
Panem Dominicum post missam populo tribuimus
benedictum, sanctæ communionis vicarium : in
primitiva enim Ecclesia omnes, qui missæ intererant, communicabant, eo quod apostoli omnes de
calice bibere dicente sibi Domino : « Bibite ex hoc
omnes [84]. » Offerebant enim magnum panem, quod
adhuc Græci servant, et omnibus sufficientem; sed
postquam Ecclesia est numero aucta, sed sanctitate propter carnales diminuta, statutum est ut
solis diebus Dominicis communicarent; sed quia
postea refriguit charitas multorum [85], unde sibi su
mebant communicantes judicium [86], institutum est
ut ter in anno communicent : Natali, Pascha, Pentecoste, et utinam semel digne communicent! Contra hunc itaque primæ institutionis defectum triplex
est remedium. Primum est pacis osculum : ideoque in Gallicana Ecclesia datur in omni missa,
nisi defunctorum; secundum est panis benedictus,
qui eteulogia dicitur, qui quia in Quadragesima
propter abstinentiam dari non debuit; institutum
est tertium remedium, scilicet oratio super populum
qui prædicitur : *Inclinate capita vestra Deo.* His omnibus rite peractis, sacerdos et alii revertuntur ad
propria. In altari corporali dimisso, sacerdos qui
ad propria redit est Christus qui legatione peracta
in gloriam Patris ascendit. Fideles etiam revertuntur, dum de carceris exsilio liberati in gloriæ libertatem eripiuntur [87]. Corporale in altari est munditia
castitatis in presbytero, vel Ecclesia in Christo.

CAPUT IX.

BREVIS RECAPITULATIO MISSÆ.

« Judicasti, Domine, causam meam [88]. » Nulli
dubium quod missa pugnæ sit repræsentativa, repræsentans cujusdam pugnæ conflictum et victoriæ
triumphum. Et quod repræsentat nobis triplicem
pugnam : unam figurantem, duplicem figuratam;
unam in capite, aliam in membris. Figurans fuit
cum Moyses Amalec prostravit [89], Josue septem
populos expugnavit [90], David Goliam, Saulem et
Philisthæos superavit [91]. Figurata in capite est,
quia Christus cum diabolo pugnans, ipsum superavit et infernum exspoliavit [92]; figurata in membris
est, quia impugnamur, non solum a mundo, sed a
carne et a diabolo; non est enim nobis colluctatio
adversus carnem et sanguinem, sed adversus principes et potestates [93]. Sacerdos itaque
celebrans missam ex his quæ facit, et quæ circa

---

[68] Matth. 24; Luc. 17.   [69] Agg. 2.   [70] Joan. 12 et 17.   [71] Gal. 5; Col. 3.   [72] Exod. 12.   [73] 1 Esdr. 1.
[74] Ephes. 4; Hebr. 1.   [75] Rom. 8.   [76] 1 Thes. 2 et 5.   [77] Luc. 24.   [78] Dan. 5.   [79] Luc. 24.   [80] Gen. 49.
[81] Deut. 33.   [82] Luc. 24.   [83] Deut. 27 et 28.   [84] Matth. 26.   [85] Matth. 24.   [86] 1 Cor. 11.   [87] Rom. 8.
[88] Thren. 5.   [89] Exod. 17.   [90] Josue 6 et infra.   [91] 1 Reg. 17.   [92] Col. 2.   [93] Ephes. 6.

eum fiunt, breviter et velociter habeat in mente, figurantia quæ præcessere, figurata quæ sunt in capite completa, et quæ sunt a nobis moribus adimplenda. Cum processionem facimus cum vexillis, reliquiis, libris, cereis et thuribulis, recolamus Moysen, qui signis et prodigiis de Ægypto populum per desertum ad terram promissionis perduxit [94]. Ibi populus armatus, hic clerus sacris vestibus. Ibi arca, hic scrinium reliquiarum. Ibi tabulæ Testamenti de monte Sinai, hic liber Evangelii de altari. Ibi columna ignis, hic cereus igneus. Ibi virga, hic sceptrum regis vel baculus pontificis. Ibi Moyses et Aaron, hic rex et episcopus, vel episcopus repræsentans utrumque; in baculo regem, in mitra pontificem. Recolamus et Josue qui Jericho circuivit [95], quæ corruit, et populus regnum obtinuit. Ibi clangor tubarum, hic strepitus campanarum. Recolamus David [96] et Salomonem [97], qui arcam Dei hymnis et canticis reduxerunt, et in templo locaverunt. Simus memores Jesu Christi, qui de sinu Patris venit in mundum [98]; de præsepi ad templum [99]; de Bethania in Hierusalem [100]; de Hierusalem in montem [1]: optantes ut de mundo revertamur ad patriam, quasi de una Ecclesia ad aliam; de militanti ad triumphantem : sequentes crucem, id est vestigia Crucifixi, et nos vitiis et concupiscentiis crucifigentes [2]. Sequentes vestigia sanctorum, præcepta Evangeliorum; induti loricam justitiæ, cingulum continentiæ, scutum fidei, galeam salutis æternæ [3]. Unde sacerdos pugnaturus contra spiritualia nequitiæ in cœlestibus, sacris vestibus quasi induitur armis, sumens sandalia pro ocreis, ne quid pulveris inhæreat pedibus, amictum pro galea, albam pro lorica, cingulum pro arcu, subcingulum pro pharetra, stolam pro hasta, mapulam vel manipulam pro clava, casulam pro clypeo, librum pro gladio. Sic armatus pro omnibus ad altare procedit, et per confessionem diabolo renuntiat, et se accusat; quia sapiens in principio sermonis accusator est sui [4]. Per orationes et cantus diabolum incitat, dum casulam super humerum complicat, gladium contra hostem parat. Dum legitur epistola voce præconis, imperatoris dantur edicta. Cantor est tubicen, præcentores, qui chorum regunt, duces qui exercitum ad pugnam instruunt : quibus lassescentibus alii subveniunt. Cantus sequentiæ, plausus est victoriæ. Dum evangelium legitur, adversarius vulneratur, aut exercitus dispersus post victoriam adunatur; quem dum prædicat episcopus, imperator laudans victores affatur; oblationes sunt spolia, quæ victoribus dividuntur. Cantus offertorii, triumphus qui exhibetur imperatori. Sed rursus populo negligentia resoluto, Philisthæus consurgit adversus Israel. Unde inter Goliam et David duellum indicitur [5]: hæc est torpens anima, vel genus humanum, cui diabolus bellum indicit, sed a Christo, qui pro nobis pugnat, vincitur; hic est enim verus David, manu fortis et visu desiderabilis, qui a Patre ad pugnam mittitur; qui oves pavit, qui ursum et leonem superavit [6]; qui baculum contra Philisthæum portavit, dum crucem contra diabolum bajulavit. Rursus missa quasi quoddam judicium imitatur : unde canon actio vocatur; est enim actio causa, quæ in publico coram judicibus agitatur. In missa enim causa nostra cum Deo judice agitur. Oratorium est prætorium, Deus judex, diabolus accusator, sacerdos advocatus et defensor. Hic est enim Moyses, qui causam populi ad Dominum allegabat [7]; cujus patrocinio delatoris fallacia confutatur; innocentia nostra comprobatur et absolvitur, aut judicis ira placatur et per misericordiam culpa remittitur. Rursus missa tragœdiarum gestus populo repræsentat; tragicus enim noster cum dicit : Orate, rememorat Christum, qui apostolos orare monuit [8].

Per secretam significat Christum qui, sicut agnus absque voce ad victimam ivit [9]. Manuum expansio est Christi in cruce extensio; canonis secretum, passionis silentium; osculum pacis, gaudium resurrectionis. Breviter et in summa concludimus, quodque celebrantur in officio missæ usque ad secretam, respiciunt ad ea quæ de Christo leguntur et operibus ejus usque ad Dominicam Palmarum. Nam introitus ad cœtum respicit antiquorum prophetarum; Kyrie eleison ad eos qui fuerunt circa Christi adventum; Gloria vero ad cantum angelorum; salutatio et collecta ad adventum Salvatoris, qui ad hoc venit, ut salvaret nos [10]; epistola vero ad prædicationem Joannis [11], graduale ad vocationem apostolorum [12], alleluia ad lætitiam cordis eorum, evangelium ad Domini prædicationem, Credo ad populi conversionem, offertorium ad ejusdem populi devotionem. Nunc quæ sequuntur, ea respiciunt quæ de Christo usque ad ascensionem leguntur. Nam panis significat corpus, vinum sanguinem; calix item corpus, quia vinum in calice, sanguis est in corpore. Corporale munditiam corporis. Patena latitudinem fidei et charitatis; vel aliter, ut in his versibus continetur :

Ara crucis, tumulique calix, lapidisque patena,
    Sindonis officium candida byssus habet.

Aqua populum : sicut igitur aqua vino, sic jungitur Ecclesia Christo. Secreta latibulum Christi [13]. Retronea statio subdiaconorum et diaconorum, fugam discipulorum [14]. Inclinatio presbyteri est mors Christi [15]. Demum a Te igitur, usque ad nobis quoque peccatoribus, quædam respiciunt ad orationem quam Dominus fecit in monte [16]; quædam ad passionem, quam subivit in cruce. Ab ipso nobis usque ad commistionem corporis et sanguinis, per-

[94] Exod. 7 et infra. [95] Jos. 6. [96] II Reg. 6. [97] III Reg. 8. [98] Joan. 8; I Tim. 1. [99] Luc. 2. [100] Joan. 12. [1] Matth. 27; Joan. 19. [2] Gal. 5. [3] Ephes. 6. [4] Prov. 18. [5] I Reg. 17. [6] Ibid. [7] Exod. 32. [8] Matth. 26. [9] Isa. 53. [10] Joan. 3; I Tim. 1. [11] Matth. 3. [12] Matth. 4. [13] Joan. 11. [14] Matth. 26. [15] Matth. 27 [16] Matth. 5.

tinet ad sepulturam; unde calicis ab altari eleva-tio, est corporis a cruce remotio, et rursus in altari depositio, est ejusdem in tumulo collocatio. Commistio vero pertinet ad resurrectionem. Oblatæ fractio ad illam fractionem, quam Dóminus fecit in Emmaus [17]. Salutatio ad id quod ait apostolis : « Pax vobis [18]. » Ultima salutatio est ad apostolos commitiva in ascensione Domini benedictio, vel æterna salutatio; et scias quod olim non tanto apparatu, neque tam solemni missam apostoli cantavere, sed duntaxat epistolam et evangelium prælegentes ad sola verba Domini, cum oratione Dominica consecrabant ; at sancti patres et apostolici viri solemnitates, quas præmisimus addidere.

Nunc qua hora et quoties sit missa celebranda quærere non est inutile. Tribus ergo horis est missa regulariter celebranda. Tertia, sexta et nona ; tertia, ut Telesphorus instituit, et Gregorius approbavit ; quia tunc est Dominus crucifixus linguis Judæórum clamantibus : « Crucifige [19]. » Tunc etiam est a militibus flagellatus. Sexta, quia tunc est immolatus et manibus crucifixus. Nona, quia tunc exspiravit. Tertia cantatur in festivis, sexta in profestis, nona in jejuniis ; tamen in Sabbatis quatuor temporum, valde sero celebretur propter sacros ordines, qui pertinent ad Dominicam. In Sabbatis quoque Paschæ et Pentecostes sero cantetur, quod ex benedictione cerei deprehenditur, cum dicitur : *Hæc nox*, et ex collecta, ubi dicitur : *Deus qui hanc sacratissimam noctem.* Et hoc, vel quia nocte illa Dominus resurrexit ; vel propter visitationem mulierum ad sepulcrum Domini [20]. In natali autem Domini missa prima de nocte can-

tatur, quod summo mane missa cantatur, ex consuetudine est, non ex ordine, sed propter necessitudinem. Leo papa diluculo ad missam intrabat ; nescio an commoditate, an ratione, an sola usus apostolici potestate, et forte qui necessitate præveniunt tertiam aut offerunt post nonam amore divino, ut non prætereat dies dies absque sacrificio, possunt excusari cum discipulis qui vellebant spicas in *sabbatis* [21], et cum David qui comedit panes propositionis [22]; vel forte post nonam propter gastrimargiam vitandam, vel quia in missa memoriam facimus passionis, mortis et sepulturæ, resurrectionis et ascensionis. Ideo cantatur tot variis horis quia tertia flagellatur, sexta immolatur, nona moritur, post nonam sepelitur, mane surgit, cœlos ascendit. Semel in die missa debet celebrari ab uno sacerdote, quia semel Christus pro nobis voluit immolari [23]. Si tamen necessitas cogit, ut, cum duæ festivitates occurrunt, duæ possunt vel tres (ut quidam asserunt) celebrari : tum quia licite fit in Natali, tum quia tripartita est passio Christi ; passus est enim linguis insultantium, manibus verberantium, clavis crucifigentium. Ipse etiam est a patriarchis gestibus immolatus, a prophetis verbis sacrificatus, a Patre et se ipso realiter oblatus [24]. Legitur tamen quod Leo papa sæpe septies, aliquando novies in eadem die missam celebravit. Sicut ergo licet presbytero missam pluries celebrare, sic licet religioso laico in die pluries communicare ; neutrum tamen est appetendum ; quia familiaritas parit contemptum, et contemptus manducanti judicium ; discretio vero et devotio gratiam, quam eucharistia redolet tam effectu quam nominis etymologia.

[17] Luc. 24.   [18] Ibid.   [19] Joan. 19.   [20] Joan. 20.   [21] Matth. 12.   [22] I Reg. 21.   [23] Rom. 6 ; I Petr. 3.
[24] Rom. 8.

LIBER QUARTUS.

DE OFFICIIS ECCLESIÆ.

—

PROLOGUS.

Expedit his, quos labor officiorum exagitat, investigare, quid sit officium, et unde dicitur : Officium est, ut ait Isidorus, congruus actus uniuscujusque secundum leges et mores civitatis, vel instituta professionis : alia namque sunt instituta monachorum, alia canonicorum. Dicitur autem officium, ut ait Hieronymus, quasi efficium ; quia unusquisque debet efficere suum officium ; vel quia in eo sunt agenda, quæ prosint omnibus et nulli officiant. Sunt autem officia quædam generalia per totum annum observanda, ut matutina et septem horæ : quædam sunt specialia secundum diversitatem temporum, secundum distantiam solemnitatum. Alia enim cantantur in Quadragesima, alia in Ad-

ventu, alia in Pascha, alia in Natali. Primo de generalibus prosequamur. Generaliter enim dicimus nihil esse psallendum, nisi quod est a summo pontifice canonizatum : in primitiva enim Ecclesia diversi diversa cantabant ad suam voluntatem ; verumtamen observabant Symbolum et Dominicam orationem. Postmodum, cum hæreses pullulassent, Theodosius imperator, qui hæreses exstirpavit, Damasum papam rogavit, ut catholico viro committeret ecclesiasticum officium ordinare ; commisit ergo Hieronymo presbytero in tribus linguis, Hebraica, Græca Latinaque perito ; qui Romæ sub apostolicis septem fuerat conversatus. Tunc autem morabatur in Bethlehem cum Paula et Eustochio : ordinavit itaque psalmos, epistolas et evangelia, et ex maxima parte omnia officia nocturna et diurna præter cantum, quod opus Damasus papa canonizavit, et per omnes Ecclesias observari præcepit. Gelasius et Gregorius orationes et cantus addidere, et lectionibus et evangeliis coaptavere. De his ergo officiis prosequentes, a noctis inchoemus officio, ut a tenebris prodeamus in lucem non econverso.

CAPUT PRIMUM.
DE FERIALIBUS NOCTURNIS.

« Media nocte surgebam ad confitendum tibi [25]. » Nocte quidem surgere, vigilare, Deum laudare, orare, et adorare non vacat exemplis et rationibus, David enim dicit : « Media nocte surgebam ad confitendum tibi ; » et alibi : « Præveni intempesta nocte [26], » alia littera, « in maturitate, » quod idem est, ut asserit Augustinus ; tempestivum enim dixere veteres opportunum a tempore, vel a tempestate ducto vocabulo, secundum eam significationem, qua historici dicunt, ea tempestate, id est eo tempore, unde intempestivum aiunt importunum : similiter immaturitas est tempus immaturum, id est non opportunum. Illud est nocturnum actionibus non opportunum, et Dominus in oratione pernoctabat [27]. Et Paulus, et Sylas in carcere media nocte psallebant [28]; et est ratio, quia Dominum dormientes Ægyptios percussisse, et vigilantes Hebræos legimus liberasse [29]. Item, quia media nocte et Dominica nocte, natus est Christus, quem angeli gloriam cantantes laudavere, pastores vigilantes adoravere [30]. Item, quia pro nobis est nocte comprehensus [31]. Item, quia media et Dominica nocte momordit infernum [32]; et veluti Samson [33] ab allophylis obsessus media nocte confractis portis inferni surrexit a mortuis. Item, quia tunc veniet ad judicandum, sicut exterminator Angelus in Ægyptum. Unde : « Media nocte clamor factus est [34]. » Ideoque in vigiliis excubamus, ut cum eo revertente a nuptiis, ad libertatis viam perveniamus. Item, quia umbratiliter vigilias committamus angelicas, de quibus infra dicemus, et per excubias nocturnas diaboli vitamus insidias. Ob has causas itaque nocte surgentes currimus, auditis campanis, ad ecclesiam, veluti audito clangore tubarum currit exercitus ad militiam ; milites itaque regis summi ad aulam regiam venientes, et eam ingredientes, ad altare inclinamus ; quia, quasi regem milites adoramus ; æterni etenim Regis milites sumus, cui semper in procinctu spiritualis militiæ adesse debemus ; ad altare inclinantes trinam facimus orationem, ter dicentes : Pater noster ad Patrem, et Filium, et ad Spiritum sanctum, sermonem dirigentes : cum ad Patrem loquimur, ad medium altaris nos, intentionem cordis, et statum corporis Domino præsentamus, propter Patris potentiam, et nostram perseverantiam. Cum ad Filium loquimur, ad sinistram altaris nos convertimus propter ipsius exinanitionem [35], et nostri lapsus offensionem. Cum ad Spiritum sanctum loquimur ad dextram altaris pertransimus propter ipsius benignitatem, et nostram gratiæ consecutionem. Interim secundum tintinnabulum sonat ; primum tintinnabulum quod squillo vocatur, significat Paulum acute prædicantem, secundum Barnabam sibi associatum [36]. Cum invicem tertiam compulsamus, innuimus quod Judæis repellentibus verbum Dei, apostoli convertuntur ad gentes, quas in fide instruunt Trinitatis et quatuor Evangeliorum imbuunt disciplinis [37]. Unde quidam quater sonant. Quidam ad hæc habent proprias orationes, sermonem ad Patrem, et Filium, et Spiritum sanctum dirigentes.

Trina facta oratione, psalmos graduales incipimus, qui sunt quindecim, significati per quindecim gradus Salomonis, quibus ascendebatur ad templum Domini [38]. Et per quindecim alios Ezechielis, quibus visum est ei ascendi in civitatem Dei [39]. Quindenarius numerus constat ex septenario et octonario. Quindecies ergo psallimus ostendentes quod utriusque Testamenti mandata observare debemus. In primis quinque Gloria Patri, non utimur pro defunctis orantes ; quia per quinque sensus corporis peccata commisimus, quæ non Deo, sed nobis imputare debemus, orantes ne propterea nobis vita negetur, sed per Dei misericordiam requies concedatur æterna. In sequentibus decem psalmis Dei misericordiam nobis et nostris proximis imploramus ; et Gloria Patri subjungimus, quia quod a catena peccatorum absolvimur, quod Te Deum toto corde perquirimus, quod tuum Decalogum observamus : Non nobis, Domine, non nobis, sed nomini tuo da gloriam [40]; gloriam exhibemus. Post hæc a rege loquendi licentiam quærimus, ut ei Laudes annuntiemus, dicentes : Domine, labia mea aperies, et os meum annuntiabit laudem tuam [41]; cum in nocte dormitum ivimus, os et pectus signo crucis quasi Domini sigillo munivimus ; et ideo ab eo cujus sigillum est reserandi labia licentiam postulamus.

Sed cur homo dicit Deo : Domine, labia mea aperies [42], cum Deus dicat homini : Aperi os tuum, et ego implebo illud [43]? Respondetur, hic liberum notatur arbitrium : ibi sine gratia manifestatur infirmum ; sed quia frustra quis vigilat, nisi Dominus custodiat civitatem ; idcirco divinum imploramus auxilium, dicentes : Deus, in adjutorium meum intende ; Domine, ad adjuvandum me festina [44]. Et vide quia peccati nocte regnante laudes Dei clausa labia tacuerunt, nunc peccator exsurgit ; sed quia « Non est speciosa laus in ore peccatoris [45], » petit ut Deus os ejus aperiat, et ut perfectius laudet, divinum auxilium implorat. Et attende quod horarum

---

[25] Psal. 118. [26] Ibid. [27] Luc. 6. [28] Act. 16. [29] Exod. 12. [30] Luc. 2. [31] Matth. 26. [32] Ose. 15. [33] Jud. 16. [34] Matth 25. [35] Phil. 2. [36] Act. 13. [37] Ibid. [38] II Par. 9. [39] Ezech. 40, 43. [40] Psal. 113. [41] Psal. 50. [42] Psal. 80. [43] Psal. 126. [44] Psal. 69. [45] Eccli. 15.

omnium est dignitas reverenda, cum earum initium et finem referamus ad Dominum. Nam in initio Dominum invocamus *in adjutorium*, in fine Deo gratias agimus. Impetrata loquendi licentia, et implorato regis auxilio, ut regis benevolentiam captemus, a præmissis laudibus inchoamus dicentes : *Gloria Patri et Filio et Spiritui sancto, sicut erat in principio et nunc et semper, et in sæcula sæculorum. Amen.* Hunc versum Hieronymus adinvenit, et in fine psalmorum dicendum instituit; et quoniam quidam sunt pigri ad regis præconia, vel ad militiam convenire; ideo sicut præco mittitur per civitatem milites invitare, sic cantor inchoat invitatorium; et fratres invitans subdit : *Venite.* Et considera quod invitatoriis vox humili nota præmittitur, et postea exaltatur, quoniam Ecclesia prius secreto quasi ostio clauso, propter se Deum laudat et orat [46]; deinde manifeste propter alios, ut accendat ardor proximos : cum hymnum communiter cantamus, omnes convenisse milites, post invitationem in regis præconia, designamus, juxta illud : « Audivit, et lætata est Sion [47]. » Est autem hymnus laus Dei cum cantico, quem stantes cantamus, ut in erectione corporum significemus, quod mentes dirigamus ad Dominum. Nisi enim mens consonet linguæ, certum est vocem quantumcunque sit clamosa, Deo non placere.

Deinde nocturnos incipimus. Et vide quia nocturna nocturnæ dicitur pro hora, nocturni nocturnorum pro officio. Vel nocturna nocturnæ pro collectione psalmorum ante lectiones; nocturni nocturnorum pro psalmis, lectionibus, responsoriis; nocturnæ nocturnarum, pro temporibus. In profestis diebus unam quidem nocturnam, in solemnitatibus vero tres consuevimus celebrare; in profestis commemoramus nostri exsilii servitutem; in solemnibus autem liberationem. Cum itaque simus prius filii iræ, et postea filii gratiæ [48], prius de officio profestorum, postmodum vero de officio festivorum agamus, ut de ira ad gratiam, de nocte ad diem, de servitute ad libertatem pervenire possimus; a quo enim quis superatur illius, servus efficitur; diabolus humanum genus devicit et diræ servituti subegit [49]. Ut ergo ab hac liberemur, nocturnis horis, divinis officiis insudamus; verum quia nostram servitutem, per sex ætates extendi imploramus, ideo sex noctibus hebdomadis idem officium regulariter celebramus; in quo duodecim psalmos cum sex antiphonis, cum tribus lectionibus, et totidem responsoriis decantamus; olim psalmi varie canebantur; nam alii quinquaginta, alii plures, alii pauciores. Unde cum Patres convenissent, ut de numero definirent, angelo revelante, duodenarius numerus est institutus. Nocti ergo duodecim horas ascribimus, pro unaquaque psal-

mum Deo cantamus, ut a cæcitate mentis, et negotio perambulante in duodecim horarum tenebris [50] per Dei misericordiam perveniamus ad lucem æternitatis. Vel duodecim sunt menses anni, in quibus diabolo, vel mundo servimus. Duodecim sunt apostoli quorum doctrina liberamur. Duodecim ergo psalmos cantamus, ut a servitute per doctrinam apostolicam libertati donemur. Et vide quia psalmus dicebatur modulatio, per cantum decem chordarum, a psalli quod est tangere : nunc autem psalmus est laus Dei bonam significans operationem; ideoque dum eos canimus, stare debemus, ut demonstremus nos esse paratos ad boni operis exercitium in causa nostra et fratrum. Psalmos combinamus, ostendentes nec laudes nostras, nec opera nostra sine charitate valere, quæ consistit in dilectione Dei et proximi [51]. Duos psalmos cum una gloria secundum consuetudinem Gallicanæ Ecclesiæ terminamus; quia laudes nostræ tunc acceptantur in gloriam Trinitatis, si consistunt in vinculo charitatis.

Psalmos chorus concinit alternatim. Chorus a chorea, vel a corona, vel a concordia nomen accepit. Olim circa aras in modum coronæ circumstantes concorditer concinebant, sed Flavianus et Theodorus alternatim psallere instituere. Duo ergo chori psallentium designant angelos, et spiritus justorum, quasi reciproca voluntate Dominum laudantium, et se ad bonam operationem invicem exhortantium. Sex antiphonæ sunt sex ætates, in quibus necessaria est bona operatio et dilectio Dei et proximi; vel sex antiphonæ sex sunt opera misericordiæ, quæ sunt esurientem cibare, sitientem potare, nudum vestire, hospitem colligere, infirmum visitare, incarceratum redimere [52]. Quæ si observaverimus, de tenebris hujus noctis vel mortis ad veram lucem et vitam perveniemus æternam. Vel per antiphonam charitas, vel devotio mentis accipitur. Unde alternantur; quia charitas ad minus inter duos habetur : et psalmi alternatim cantantur sub una antiphona, id est sub uno vinculo dilectionis onera portantur [53]; verbi gratia, unus legit, alter seminat, tempore fructus lector satori doctrinam, sator lectori panem porrigit, unitas itaque symphoniæ, et dispositio concordiæ ordinatæ, bene ordinatæ civitatis insinuat unitatem, ut eam surdus visu capiat et auribus cæcus intelligat : inde est etiam quod psalmis antiphonæ intermiscentur, quia fides per dilectionem operatur [54]. Ideoque antiphona dicitur *vox reciproca*, quasi contra sonum, ab anti et phonas; quia psalmus secundum melos antiphonæ intonatur et manus operatur, secundum quod a charitatis igniculo excitatur. Est autem antiphona cantilena ad recreationem animorum divinis laudibus interserta; et quidem nihil amplius charitate re-

[46] Matth. 6.   [47] Psal. 96.   [48] Ephes. 2.   [49] II Petr. 2.   [50] Psal. 90.   [51] Matth. 22.   [52] Matth. 25.
[53] Gal. 6.   [54] Gal. 7.

creat animos ab æstibus vitiorum. Nihil magis in- A
vitat eosdem ad præconia superiorum. Hunc cantum Ignatius Antiochenus chorum angelorum audivit in cœlestibus alternare ; ideoque sic suam
ecclesiam alternatim cantare docuit et ab eo tota
Ecclesia alternandi formam accepit. Antiphona
ante psalmum incipitur ab uno , et ab omnibus
terminatur ; quia Deus prius dilexit nos, cujus dilectioni respondere debemus [55]. Item ante psalmum
incipitur, post psalmum tota cantatur ; quia tunc
laus nostra, vel opera Deo placent, si a devotione
incepta in dilectionis plenitudinem terminatur, vel
quia charitas hic initiatur , in futuro consummabitur. Neuma in fine significat justorum gaudium ineffabile, dilectione vel prædicatione , mentium devotione , fidei amplitudine, operum exsecutione , B
spei erectione, charitatis dilatatione. Tres lectiones
legimus ; quia tres vigilias posuit Dominus, dicens :
« Si in prima, si in secunda, si in tertia vigilia
venerit, et ita invenerit, beati sunt servi illi [56] ; »
quæ tres vigiliæ tres designant ætates : pueritiam , juventutem et senectutem ; in quibus ne a
diabolo seducamur , bene vigilando Dominum laudare tenemur. Vel per tres lectiones doctrinas
electorum trium temporum designamus. Cum quibus interpollate responsoria decantamus ; innuentes quod quidquid in tribus electi docuere temporibus, et quidquid nos in tribus ætatibus agimus,
ad Deum trinitatemque referimus, et trinitatem in
fide, spe et charitate glorificamus : ideoque respon- C
soria dicuntur a respondendo ; quia innuunt quod
sanctis monitis Dei , quæ in lectionibus proponuntur, factis respondere debemus , ne similes simus
pueris in foro ludentibus et dicentibus : « Cantavimus et non saltastis ; lamentavimus, et non planxistis [57] : » inde est quod responsoria respondent
in materia lectionibus, dum tristia tristibus, et
lætis læta succinimus. Verbi gratia , dum lector ,
velut Joannes [58], non manducans, nec bibens, prædicat pœnitentiam, aut lamentum Dominicæ passionis ; nos quoque respondendo ploramus ; et dum
lector, veluti Filius manducans, et bibens , nobis
de gaudio regni proponit, nos itidem respondendo
psallamus : est tamen in casu aliter fieri. Et considera quod cum vocibus modulamur, quandoque D
planctum innuimus , quandoque lætitiam repræsentamus. Voces autem graves , acutæ et super-
acutæ, significant tres ordines humanæ conversationis, scilicet conjugatorum continentium et virginum ; qui tricesimo, et sexagesimo, et centesimo
fructu remunerabuntur [59]. Vel juxta tria volumina
Salomonis, incipientium, proficientium et perfectorum. Vel responsorium dicitur , quia choro ca-
nenti responsorium , versus ab uno respondetur,
qui etiam versus dicitur ; quoniam ad responsorium vertitur ut totum responsorium iteretur. vel

saltem ejus particula : in quo solvitur quæstio
musica de versu secundi toni, qui terminatur in C,
cum secundus semper in D, et dicimus quod non
est ibi finis, sed in repetitione responsorii, quem
cantum Ambrosius primo composuit , et ab eo tota
Ecclesia formam accepit. Hæc omnia cum gloria
concludimus et terminamus, eo quod omnia ad fidem et gloriam Trinitatis referimus ; et vide quia
quod uno responsorio præcinente, chorus concorditer sequitur ; illud astruit quod Apostolus ait, ut
idipsum omnes dicamus, et non sint in nobis schismata [60].

CAPUT II.
DE FESTIVIS NOCTURNIS.

« Si in prima, et secunda, et tertia vigilia Dominus servos vigilantes invenerit, beati sunt servi
illi [61]. » In solemnibus vero diebus, ut Dominicis et
aliis, noctis officium per tres nocturnos distinguimus ; imitantes excubias cœlestis Hierusalem,
quæ ædificatur ut civitas [62], et servatur per angelorum vigilias, qui terni ternas distinguunt , dum
ter terni trinitati concinunt. Sic et nos qui in illam
tendimus, unde et ejus nomine Hierusalem nomi-
namur, quia illius umbram gerimus ; tres nocturnos in Dominica celebramus , in qua die angelorum consortium promeruimus, vel imitamur Ecclesiæ primitivæ tres interpollatas excubias , quæ
ter in nocte surgebat ad confitendum Domino, ut
finitis in tribus psalmis tribus nocturnis, in aurora
compulsatis campanis, cantaret Te Deum laudamus,
et laudes ; et fuit hæc consuetudo trium excubia-
rum sumptæ a civitate obsessa, ubi ternis excubiis
ab hostilibus cavetur insidiis. Civitatem nostram,
scilicet Ecclesiam, diabolus impugnat , et ei maxime insidiatur in nocte.

Nox est enim peccatis accommoda ; ideoque attentius in nocte nos convenit excubare, ut possimus
latentis hostis insidias declinare. Sed cum postea
charitate frigescente pigritarent homines toties surgere, statutum est ut media nocte surgerent et tres
nocturnos continuo decantarent. Tres quoque
nocturni Ecclesiæ militiam memorant ; quæ in
castris Domini sub tribus temporibus, ante legem,
sub lege, sub gratia militavit et militat. Quodlibet
vero tempus tres habet distinctiones. Tempus ante
legem distinguitur ab Adam usque ad Noe, et a
Noe usque ad Abraham, et ab Abraham usque ad
Moysen. In prima distinctione vigilavere Abel, Enos,
Enoch et Lamech : quod in quatuor psalmis innuitur. « Beatus vir , » cantat Abel , « qui tanquam
lignum plantatum secus decursus aquarum » dedit
« in suo tempore justitiæ fructum [64], » dum pro
justitia conservanda occubuit. « Quare fremue-
runt [65], » cantat Enos qui Domino in timore servivit [66], dum nomen Domini invocavit. « Domine,
quid multiplicati sunt [67], » cantat Enoch [68], quem

[55] I Joan. 4. [56] Luc. 12. [57] Matth. 11. [58] Matth. 3. [59] Matth. 13. [60] I Cor. 1. [61] Luc. 12.
[62] Psal. 121. [63] Gen. 4. [64] Psal. 1. [65] Psal. 2. [66] Gen. 4. [67] Psal. 3. [68] Gen. 5.

Dominus suscepit, dum eum in paradisum transtulit. « Domine, ne in furore tuo [69], » cantat Lamech [70], quem Dominus exaudivit, dum ei talem filium dedit, qui genus humanum a furore Dei in arca servavit; hi psalmi quatuor sunt, qui sub una gloria cantantur secundum quorumdam consuetudinem : sicut et sub una antiphona concluduntur; quia patres illi quatuor virtutibus floruere, Trinitatem coluere et laudibus extulere. In secunda distinctione primi temporis vigilavere Noe, Sem, Heber et Thare, quod psalmi sequentes insinuant. « Domine Deus meus [71], » cantat Noe [72], quem Dominus in illa generatione justum invenit, et ideo a persequentibus aquis salvum fecit. « Domine Dominus noster [73], » cantat Sem [74], quem Dominus gloria et honore coronavit, dum eum super fratres patris benedictio sublimavit. « Confitebor tibi [75], » cantat Heber [76], qui mirabilia Dei narravit, cum civitatem gigantum dissipavit. « In Domino confido [77], » cantat Thare [78], qui in Ur Chaldæorum positus in Domino confidit, cujus pars calicis ignis et sulphur exstitit. Hi quoque psalmi quatuor sunt qui sub una gloria et antiphona concluduntur, ob rationem præmissam. In tertia distinctione primi temporis vigilaverunt Abraham, Isaac et Jacob, et Joseph, quod sequentes psalmi declarant : « Salvum me fac [79], » cantat Abraham [80], quem Dominus salvum fecit, in cujus tempore sanctus defecit, quia mundus idolatriæ servivit. « Usquequo [81], » cantat Isaac [82], quem Dominus in sacrificio respexit. « Dixit insipiens [83], » cantat Jacob [84] cui spes Dominus fuit. Unde ibi dicitur : Exsultabit Jacob, lætabitur Israel. « Domine, quis habitabit [85], » cantat Joseph [86], qui sine macula fuit, dum adulterium recusavit. Hi quoque psalmi quatuor sunt, et simili ratione sub una gloria et antiphona concluduntur, vel per hos duodecim psalmos numerum patriarcharum memoriæ commendamus, qui fidem sanctæ Trinitatis per exercitationem quatuor virtutum habuere; ideoque sub tribus gloriis psalmorum quaternarii comprehenduntur; nec unus psalmorum ab aliis separatur; quia, ut ait Augustinus, qui habet unam virtutem, habet omnes.

Post psalmos versus sequitur; quia decet, ut afflictus ad requiem convertatur : unde qui psallendo stabat, nunc ad lectionem sedeat; unde versus a vertendo dicitur; quia chorus se vertit ad orientem, vel quia se vertit de psalmis ad lectionem. A pueris cantatur, ut intelligamus nostra Deo placere servitia, si fiant cum innocentia. Et vide quod versus acuta exclamatio est animorum excitatio, ne incepto opere pigritemur; qui quandoque nos excitat ad orationem, ne muscæ perdant suavitatem unguenti [87]; quandoque ad lectionem, ne torpeamus

securitate sedendi. Notum est enim quod in lectione sedemus, sessio pertinet ad securitatem, securitas negligentiam parit. Quandoque spectat ad hymnum, ut ad præconia Christi simus vigiles et intenti : ideoque modo præcedit orationem, modo lectionem, modo hymnum, ut Magnificat et Benedictus. In hoc officio versus lectiones præcedunt, in aliis vero sequuntur : ex qua varietate laborans animus delectatur, dum orationi lectio, et lectioni succedit oratio. Et primus quidem versus : Memor fui nocte [88], sed et secundus : media nocte, statum temporis notat, scilicet nocturni, licet medium dicatur quidquid est inter primum et ultimum; unde, licet in ipso meditullio non surreximus, mendacii redarguendi non sumus. Tamen quidam somni desides videri mentiri nolentes, mutant versum et dicunt alterum scilicet : « Quoniam tu illuminans lucernam meam [89]. » Tertius versus : « Exaltare, Domine, in virtute tua [90], » statum notat officii, et promittit cantum virtutum, quæ ad Novum pertinent Testamentum. Per Dominicam orationem, quæ secreto dicitur, secretum Regis consilium intelligitur, ut propositæ similitudinis prosequamur exemplum. Quæ oratio hic ideo dicitur, ut per eam tentationes diaboli expellantur; cum enim diabolus sentit nos legere velle, quæ pertinent ad instructionem morum, vel in quibus victoriæ sanctorum continentur de illo, tunc nos acrius impugnat. Unde nos oratione Dominica præsumimus, ne succumbamus tentationi; et cum hæc oratio sub silentio dicatur, ut diligentius capiatur; vel quia Deo loquimur, ultima pars alta voce concluditur, scilicet. Et ne nos inducas in tentationem, ut pateat, ad quid illa dicatur oratio, scilicet ne lector per phantasticam tentationem efferatur, et auditor a lectionis intellectu et profectu fraudetur. Vel lectiones orationibus prævenimus orantes dominum messis, « ut mittat operarios in messem suam [91], » et aperiat cor nostrum in lege sua et in præceptis suis [92], ne semen verbi Dei quod audituri sumus, aut volucres comedant, aut spinæ suffocent, aut in petra, ubi non habeat humorem, accrescat [93]. Versus post orationem est mandatum post consilium. Et memento quod semper sequens versus est annuntiandus, nisi ad evangelium, ubi dicitur : Exaudi, Christe. Quidam tamen nullum versum annuntiant. Vicissitudines lectorum sunt successiones legatorum; qui, dum : Jube, Domne, benedicere dicunt, licentiam proficiscendi petunt; dum eis benedicitur, licentia datur, in quo innuitur quod nullus in ecclesia legere debeat, nisi concessus, nullus prædicare, nisi missus : « Quomodo enim prædicabunt nisi mittantur [94]. » Ipsa lectio est injunctæ legationis exsecutio : Tu autem, Domine, legati reversio;

[69] Psal. 6. [70] Gen. 5. [71] Psal. 7. [72] Gen. 6 et 7. [73] Psal. 8. [74] Gen. 9. [75] Psal. 9. [76] Gen. 11. [77] Psal. 10. [78] Gen. 11. [79] Psal. 11. [80] Gen. 12. [81] Psal. 12. [82] Gen. 21. [83] Psal. 13. [84] Gen. 28. [85] Psal. 14. [86] Gen. 39. [87] Eccle. 10. [88] Psal. 118. [89] Psal. 17. [90] Psal. 20. [91] Luc. 10. [92] II Mach. 1. [93] Luc. 8. [94] Rom. 10.

ubi in eo quod misericordia imploratur, innuitur **A**
ipsum legationis, vel prædicationis officium non sine
alicujus vel levis culpæ pulvere peragi posse; unde
Augustinus : verbum prædicationis securius auditur, quam dicitur : prædicator enim per terram
ambulat. Et difficile est ejus qui per terram ambulat, pedes nullo pulvere sordidari; et prædicatorem, cum se bene prædicare persenserit, nullatenus in spiritu elationis erigi. Quod vero Deo gratias agimus, non ad lectoris preces, sed ad præmissam pertinet lectionem; gratias agimus, quod nobis doctrinæ suæ panem frangere dignatur, ne fame
audiendi verbum Domini pereamus [95]. Nam ad
lectiones, in fine quarum *Tu autem, Domine*, non
concluditur, scilicet ad capitula regularium horarum in quibus verbum Dei seminatur; Deo gratias, **B**
ex consuetudine respondetur. Et attende quod sicut in Ecclesia duo sunt ordines : sapientes et insipientes [96], sic sunt duæ lectionum materies. In
illis enim lectionibus quæ ad missam leguntur,
sapientes instruuntur. In his quæ in nocte recitantur, insipientes erudiuntur. Unde et exponuntur.

Rursus attende quod forma terminandi lectiones
quadripartita est, aut enim per *Tu autem, Domine*,
terminatur, aut cum prophetiæ leguntur, per *Hæc
dicit Dominus : Convertere ad me, et salvus eris*, aut
cum Threni Jeremiæ leguntur, per *Hierusalem,
Hierusalem, convertere ad Dominum Deum tuum*;
aut simpliciter, ut in officio defunctorum. Quidam **C**
tamen et ibi speciali conclusione utuntur; vel lectiones, prædicationes illorum Patrum præferunt,
responsoria vitam eorum significant, per quam prædicationi respondetur. Tempus legis distinguitur a
Moyse usque ad David, et a David usque ad transmigrationem Babylonis, et a transmigratione Babylonis usque ad Christum. In prima distinctione hujus
temporis vigilavere sacerdotes, ut Aaron, dum docuit; in secunda judices, ut Gedeon, dum judicavit;
in tertia reges, ut Salomon, dum populum rexit.
Quod sequentibus psalmis innuitur; nam : « Con-
serva me [97], » exprimit sacerdotes, quorum Dominus pars fuit hæreditatis et calicis. « Exaudi, Domine, justitiam meam [98], » innuit judices, quorum
judicium prodiit de vultu Omnipotentis. « Diligam **D**
te, Domine [99] » insinuat reges quos Dominus constituit super gentes [100]. Ad singulos psalmos, qui
tres sunt, *Gloria* redditur, et antiphona, quia singuli prædicti ordines Trinitatem adoravere, et laudibus extulere. Sequentes lectiones sunt eorum
prædicationes. Responsoria operationes, et gratiarum actiones. Tempus gratiæ distinguitur in tempus apostolicæ prædicationis, et tempus persecutionis, et tempus pacis. In primo vigilaverunt apostoli,
in secundo martyres, in tertio confessores; quod in
sequentibus psalmis evidenter innuitur; nam :

« Cœli enarrant gloriam Dei, » exprimit apostolos;
quia « in omnem terram exivit sonus eorum [1]. »
« Exaudiat te, » declarat martyres; quia protexit
eos « in die tribulationis suæ [2]. » — « Domine, in
virtute; » innuit confessores, qui non sunt fraudati
voluntate labiorum suorum [3].

Hoc pacis tempus cœpit a Constantino rege, qui
lætatus in virtute Dei super salutare Christi, vehementer exsultavit, dum Nicænam synodum congregavit. In prima hujus temporis hora modulatus est
Paulus, dicens : « Regi sæculorum immortali, et
invisibili, soli Deo honor et gloria in sæcula sæculorum. Amen [4]. » In secunda Laurentius, dicens :
« Gratias tibi ago, Domine, quia januam tuam ingredi merui; » in tertia Gregorius, qui arte musica
divinum concinnavit officium, et nos vigiliæ hujus
primam custodiam observamus, dum prædicamus.
Secundam cum tribulationes in patientia sustine-
mus. Tertiam quando contemplationi vacamus. Sed
quia « extrema gaudii luctus occupat [5]; » ideo ultimi versus, ultimi psalmi tempora tangunt summotenus Antichristi, qui erit clibanus ignis in tempore vultus sui, quem Dominus turbabit, et ignis
cum suis complicibus devorabit [6]. Postmodum electi
perpetuo cantabunt, et in Domini virtutibus exsultabunt [7]. Ad hos quoque singulos psalmos, qui tres
sunt, *Gloria* redditur, et antiphona. Quia Christiani
fide, spe florent, et charitate colunt Trinitatem, et
laudibus efferunt majestatem. Lectiones sunt doctrinæ fidelium. Responsoria, vita, quæ debet respondere doctrinæ; hæc omnia in Dominica nocte
cantantur, eo quod omnes supradicti in Christi
resurrectione salvantur. Et vide quod ad tertiam
vigiliam, evangelium recitatur, eo quod est in tempore gratiæ prædicatum. Unde fallit hic etymologia
responsorii : non enim responsoria de historiis
respondent evangelicis lectionibus; similiter nec
illud quod in æstivo tempore de Trinitate cantatur.

Idem est, et in sanctorum vigiliis, in quibus lectionibus propter vigilias alteratis responsoria non
mutantur. Illud quoque sciendum est quod in tertia vigilia iteratur in antiphonis *Alleluia*. In solemnitatibus quoque sanctorum tres nocturnos aut vigilias celebramus, et in unaquaque tres psalmos,
tres versus, tres lectiones et responsoria tria cantamus. Ex quibus novem psalmi, novem versus, novem lectiones, novem responsoria efficiuntur. Ternarius et novenarius in omnibus idem significant.
Hæc igitur omnia celebramus, ut sanctos per fidem
sanctæ Trinitatis associatos novem ordinibus angelorum ostendamus : et ut nos per hæc officia Trinitati usque adeo placeamus, quod eisdem ordinibus
associari possimus; vel tres psalmi, tres versus,
tres lectiones, tria responsoria, in tribus nocturnis,
sunt triginta sex; hæc itaque celebramus, ut per

---

[95] Amos. 8. [96] Rom. 1. [97] Psal. 15. [98] Psal. 16. [99] Psal. 17. [100] Psal. 44. [1] Psal. 18.
[2] Psal. 19. [3] Psal 20. [4] I Tim. 1. [5] Prov. 14. [6] Psal. 20. [7] Ibid.

fidem sanctæ trinitatis, per observantiam decem mandatorum et exhibitionem sex operum, coronari cum sanctis in cœlestibus mereamur; vel per tres nocturnos tam in Dominicis quam in sanctorum natalitiis, quæ ad præsentem gratiam pertinent, tres vigilias accipimus, secundum illam evangelicam doctrinam : « Si in prima, secunda et tertia vigilia Dominus servos vigilantes invenerit, beati sunt servi illi [8]. » Pluralitas lectionum, pluralitatem significat prædicatorum, qui sunt tempore gratiæ, sicut paucitas in professis raritatem significat tempore legis ; sicut ipsius gallus in nocte profunda rariores solet edere cantus, vicinante vero diei lætitia crebriores ; sic ante incarnationem Domini cum populus ambulabat in tenebris [9], rari fuere præcones et operarii pauci [10]; sed in tempore plenitudinis [11], et in die salutis [12]; omnes gemellis fetibus, et sterilis non est in eis [13] : quod tamen in Pascha tribus tantum lectionibus utimur, aliam continet rationem, ut infra dicemus.

Porro hymnus, quem Augustinus et Ambrosius invenerunt, scilicet : *Te Deum laudamus*, qui supradicta omnia sequitur, et alta voce cantatur, significat lætitiam mulieris de drachma, quam invenit accensa lucerna [14]. Unde et tunc secundum quosdam accenduntur luminaria. Quod finis ille : *Per singulos dies*, et cætera quæ sequuntur altius concinuntur, et tunc tintinnabula compulsantur, significat vicinarum convocationem, et earum de drachma reperta congratulationem. Vel jam dictus hymnus futurum gaudium et lætitiam repræsentat [15], quam Ecclesia requiescens a laboribus suis est in die judicii consecutura.

CAPUT III.

DE SEPTEM CANONICIS HORIS.

« Septies in die laudem dixi tibi [16]. » Populus a Babylone reversus ex doctrina Esdræ [17], Deum quater in nocte, quater in die laudabat. Quater in nocte, scilicet vespertino, completorio, nocturno et matutino; quater in die, scilicet prima, tertia, sexta et nona. Sic et nos per quaternarium psallimus, ut Domino quodlibet elementum nostri corporis offeramus. Rursus octies Domino confitemur, ut ad octavam pervenire possimus; sed Propheta : Nocte media confitendum, et septies in die, dicit Dominum esse laudandum [18]; cujus in hoc opere auctoritatem sequimur et mysterium. In septem ergo canonicas horas dividitur diurnum officium, scilicet laudes, matutinas, primam, tertiam, sextam, nonam, vesperas et completorium; septies quippe in die laudes Domino dicimus, propter septem ætates sæculi, vel hominis, vel septiformem gratiam Spiritus sancti, vel septem mysteria Jesu Christi. Quilibet enim dies totum repræsentat hujus sæculi tempus, quod per septem intervalla distinguitur. Nam laus ma-

tutina recolit illud tempus in quo primi parentes Deum in paradiso laudavere. Prima illud in quo Abel; in tertia Noe, in sexta Abraham, in nona prophetæ, in vespera notantur apostoli, in completorio novissimi justi. Dies etiam vitam uniuscujusque hominis repræsentat quæ septem ætatibus variatur. Ergo per matutinam commemoramus infantiam, per primam pueritiam, per tertiam adolescentiam, per sextam juventutem, per nonam senectutem, per vesperam senium, per completorium finem vitæ. Ergo septies, id est semper; quia dum septies in die laudem Domino dicimus, totum sæculi tempus, et totam vitam hominis ad Deum referendam notamus; sicut beatus Nicolaus, dum quarta et sexta feria matris ubera non sugebat; infantiam suam ad Dominum referebat : vel septies Dominum laudamus, dum pro universis beneficiis nobis a Deo collatis vectigales et gratiarum actiones exsolvimus. Nam et septenarius numerus est universitatis, septies quoque in die Domino confitemur, quia per septiformem gratiam Spiritus sancti, de tenebris vitiorum, et servitute diaboli, quam nocturnum officium repræsentat, prodimus ad solem justitiæ, et eripimur in libertatem, quam diurnum repræsentat officium.

Septem vero mysteria Jesu Christi nobis in carne exhibita inferius exponemus; quæ causas exhibent septies Domino confitendi. Has itaque septem horas nullus audeat præterire, nisi velit ingratus Spiritui sancto, et in conspectu Domini vacuus apparere [19]; has etenim horas apostolos legimus observasse : unde Petrus et Joannes ascendebant in templum ad horam orationis nonam [20]. Et item Petrus sexta hora comedere volens, ad orationem cœnaculum ascendebat [21]. Cum igitur septies in die confiteri Domino debeamus, cumque duodecim sint horæ diei [22], sub istis septem alias comprehendimus quinque : sub prima primam, sub secunda secundam, sub tertia tertiam, sub quarta quartam, et sub sexta sextam, et sub septima septimam, sub octava octavam, sub nona nonam, et sub decima decimam, sub vespere undecimam, sub completorio duodecimam. Cur autem potius in his horis diei quam in aliis celebramus officium? Ratio est exquirenda. Matutina itaque dicitur a mane, et mane a manibus. Manes secundum gentiles sunt dii infernales, quos dicebant, diem tota nocte clausum tenere, et eum mane terris emittere. Unde et mane idem bonum dicitur, eo quod nihil melius in hac vita, luce videtur. Ideoque laus matutina quasi pro luce nobis exhibita Deo cantatur; qui nos a tenebris erroris reduxit ad viam veritatis. Item hoc tempore Domino confitemur; quia hora tali Deus mundum creavit, et astra matutina [23], scilicet angelos, qui mox suavi concentu suo conditori jubilavere, quos

[8] Luc. 12.   [9] Isa. 9.   [10] Luc. 10.   [11] Gal. 4.   [12] II Cor. 6.   [13] Cant. 4.   [14] Luc. 15.   [15] Apoc. 14.
[16] Psal. 118.   [17] II Esdr. 9.   [18] Psal. 118.   [19] Deut. 16.   [20] Act. 5.   [21] Act. 10.   [22] Joan. 11.
[23] Job. 58.

hac hora canentes imitamur, qui astra vespertina A vocari possumus; quia Christum solem pro nobis occidentem sequimur [24], ut per eum in resurrectione [25], quasi in ortu solis ad astra matutina perveniamus. Item hac hora Dominus populum suum per mare traduxit, et in mari Ægyptios interfecit, ut in Exodo legitur [26]. In hac igitur hora Deo gratias agimus, qui nos per baptismi gratiam de Pharaonis imperio liberavit, ut nos ad terram promissionis adduceret. Item hac hora volunt quidam justos a somno mortis evigilandos, qui de nocte mundi ad lucem pervenient : vel in hac hora, sicut in aliis, mysteria sequemur Jesu Christi, qui est nocte comprehensus, mane illusus, et Petri misertus [27]; hora prima gentibus traditus; tertia flagellatus, et voce crucifixus; [28] sexta cruci affixus, et tunc tenebræ factæ sunt super universam teram [29]; nona mortuus, et tunc latro salvatur; velum templi scinditur, latus perforatur; in undecima, de cruce depositus; in duodecima sepultus [30]. Item in nocte infernum exspoliavit, mane surrexit; in prima hora Mariæ apparuit; tertia duabus a monumento redeuntibus obviavit [31]; sexta Jacobo; nona Petro; vespera duobus ambulantibus in Emmaus Scripturas aperuit, et hospitatus in fractione panis se manifestavit [32]. Completorio apostolis dixit : « Pax vobis, » et cum eis manducavit [33]. Item cum Petrus tota nocte in piscando laborasset, Christus mane in littore stetit, et rete piscibus adimplevit [34]. Prima cum septem discipulis manducavit, cum eis dixit : C Pueri, habetis aliquod pulmentum; et oves Petro commisit [35]. Tertia Spiritus sanctus in apostolos descendit [36]. Sexta in die Ascensionis cum discipulis discubuit. Nona eisdem videntibus cœlos ascendit [37]. In vespera mundum venit salvare [38]. In fine veniet retribuere, qui etiam in vespera cum discipulis ante passionem cœnatus fuerat [39], pedes laverat, et corpus suum eis tradiderat [40]. In completorio in Gethsemani pro eis oraverat [41]. Ergo propter hæc mysteria, quæ de Jesu Christo in his horis habita in scriptis habemus, has horas, et non alias canonicas observamus. Laudes videlicet matutinas, ut cum Petro fugiamus ad lacrymas [42] et cum Domino resurgamus [43]. Primam, ut simus D primo regnum Dei quærentes [44], et ei primogenita nostrorum operum offerentes [45], qui traditus gentibus, passus est propter delicta nostra et resurrexit propter justificationem nostram [46]; ut nobis sol justitiæ oriatur [47] et ut justificati [48], et gratia septiformi conjuncti epulemur cum illo in mellito et æterno convivio [49]. Tertiam ut flagellati Christi patientiam imitemur, et Spiritu sancto baptizemur.

B Sextam, ut exaltatus a terra nos trahat ad se et eruat a tenebris irruentibus super terram [50]. Nonam, ut sæculo moriamur, cum latrone salvemur [51]; revelata facie Dei gloriam contemplemur [52], sanguine redimamur, et aqua lavemur, demum super astra levemur; vesperam ut vespertinum regis sacrificium recolamus [53], quod præfiguravit novum sacrificium in vespera institutum, ut Christo consepeliamur [54], et ut testamento hæredes instituamur, exemplo humilitatis per lotionem pedum [55], et vinculo charitatis per novum mandatum, et injecto charitatis igne accendamur ad hospitalitatem pauperum, et illuminemur ad intelligentiam Scripturarum. Completorio, ut fructificent in nobis sudor ejus, et oratio, et requies, et pacifica salutatio.

CAPUT IV.

DE MATUTINIS LAUDIBUS IN FERIALIBUS DIEBUS.

« In matutino interficiebam omnes peccatores terræ [56]. » Tempus ante nocturnum significat nostram vitam in peccatis. Nocturnum officium, nostri exsilii servitium, laus matutina pœnitentiæ suffragium, per quam tendimus ad lucis gaudium et libertatis.

Ideoque primum psalmum dicimus in ferialibus matutinis : Miserere mei, Deus [57]. Quem psalmum Judæi conversi frequentabant, et nunc frequentat Ecclesia; quia provocat ad pœnitentiam, per quam fit resurrectio a morte animæ. Sicut enim cantatur in matutinis Dominicis : Dominus regnavit [58], pro resurrectione Christi a morte corporis, sic in ferialibus : Miserere mei, Deus [59], pro resurrectione fidelium a morte animarum a tenebris ad lucem producentium. Ideoque in secundo psalmo, qui per singulas ferias variatur, de mane, vel luce mentio reperitur; ut in Verba mea; « Mane astabo tibi [60]; » in Judica me, « Emitte lucem tuam [61]; » in Te decet; « exitus matutini, et vespere delectabis [62]; » in Domine, refugium, « mane floreat [63]; » in Domine, exaudi, « auditam fac mihi mane misericordiam tuam [64]; » in Bonum est confiteri Domino, « ad annuntiandum mane misericordiam tuam [65]; » qui psalmi non immerito sic in matutinis laudibus ordinantur ut in eis notari possit ordo Christianæ conversionis; nam Verba mea, vox est Ecclesiæ primitivæ ad hæreditatem Domini vocatæ; Judica me, vox ejus ad gentes intrantis; Te decet, canitur in figura gentilitatis fidem recipientis; Domine, refugium, vox est Judæi resipiscentis; Domine, exaudi, vox ejusdem contra Antichristi persecutionem orantis; Bonum est, vox Ecclesiæ in Domino quiescentis, quæ ex ipsorum psalmorum titulis, et sententiis

[24] Malach. 4; Luc. 4. [25] Marc. 16. [26] Cap. 14. [27] Matth. 26. [28] Matth. 27. [29] Ibid. [30] Joan. 19. [31] Marc. 16. [32] Luc. 24. [33] Ibid. [34] Joan. 21. [35] Ibid. [36] Act. 2. [37] Marc. 16. [38] Act. 1. [39] Matth. 26. [40] Joan. 13. [41] Matth. 26. [42] Ibid. [43] Marc. 16. [44] Matth. 6. [45] Levit. 27. [46] Rom. 4. [47] Mal. 4. [48] Rom. 5. [49] I Cor. 5. [50] Joan. 12; Exod. 10. [51] Luc. 23. [52] II Cor. 3. [53] Exod. 29; Num. 28. [54] Rom. 6; Col. 2. [55] Joan. 13. [56] Psal. 100. [57] Psal. 50. [58] Psal. 92. [59] Psal. 50. [60] Psal. 5. [61] Psal. 42. [62] Psal. 64. [63] Psal. 89. [64] Psal. 142. [65] Psal. 91.

prudens lector eliciat. Quia vero per charitatem fit A
remissio peccatorum et acquisitio regni cœlorum
[66]; ideo duo psalmi sequuntur scilicet : *Deus, Deus
meus* [67] et *Deus, misereatur nostri* [68], in quibus agitur de dilectione Dei et proximi ; in primo de dilectione Dei, unde ibi dicitur : « Sitivit in te anima
mea [69]; » in secundo vero de dilectione proximi, unde
ibi dicitur : « Cognoscamus in omnibus gentibus
salutare tuum [70]. » Ideoque sub una gloria concinuntur ; quia dilectio Dei et proximi sic sese comitantur, ut in Christiana professione altera sine altera
non habeatur. Vel ideo sub una gloria cantantur,
quia in eis una Christi persona veneratur. Vel ideo
sub una gloria continuantur, quia in eis fides et
operatio intelliguntur : « fides autem, sine operibus,
mortua est [71], » per quæ duo libertatem et gloriam B
consequemur. Et quia exhibitio operis est proba-
tio dilectionis, ideo per sex dies sex cantica victoriæ succinuntur, per quæ sex opera misericordiæ
intelliguntur. Nam in secunda feria, dicentes : *Confitebor* cum Isaia [72] cantamus ; quia, sicut ille vicit
populum infidelem, sic nos vitia superavimus. In
tertia cum Ezechia gaudemus, dicentes : *Ego dixi*
[73]; quia, sicut ille mortem corporis, sic nos mortem animæ evasimus ; ideoque subditur ibi : *Vivens,
vivens confitebitur tibi* [74]. In quarta, dicentes : *Exsultavit cor*, cum Anna tripudiamus [75] ; quia, sicut
ille vicit æmulam, sic nos carnem vicimus. In quinta
vero, dicentes : *Cantemus* [76], lætamur cum populo
Israel ; quia, sicut ille Ægyptios per Moysen, sic nos C
diabolum et dæmones per Christum subterfugimus.
In sexta quoque, dicentes : *Domine, audivi*, cum
Habacuc [77] gratulamur ; quia, sicut ille Babylonem,
sic nos evasimus peccatorum confusionem. In Sabbato, dicentes : *Audite* [78], cum Moyse hilarescimus ;
quia, sicut illius populus, devictis hostibus, terram
promissionis intravit, sic nos, vitiis superatis, promissam indulgentiam, libertatem et lætitiam consequemur.

Possunt etiam temporis gratiæ successibus adaptari ; nam secunda feria illud tempus recolit, in
quo primo vexillum crucis erigitur, ut ex præcedentis psalmi : *Verba mea* et sequentis cantici :
Confitebor littera patet, cum dicitur : « Notas facite
in populis adinventiones ejus [79]. » Feria tertia illud D
tempus significat, in quo imperatores Ecclesiam
persequebantur. Ideoque plangens , ait : *Judica
me*, *Deus*, unde canticum legitur Ezechiæ qui languore corporis infirmabatur. Feria quarta illud
tempus innuit, in quo exaltata est Ecclesia super
inimicos ; ideoque exsultat cum illis qui sunt de Babylonia liberati, dicens : *Te decet*, et cantat cum
Anna quæ est liberata de afflictione Phenennæ. Feria
quinta illud tempus innuit, in quo Moysi populus
intrabit ad fidem. Ideoque psalmus canitur, qui

oratio Moysi titulatur, et ejusdem canticum additur.
Feria sexta celebratur passio Salvatoris. Ideoque
psalmus cantatur, qui subtitulatur ipsi David, cum
persequebatur eum filius suus Absalon, id est Judas.
Ideoque et in cantico dicitur : *Cornua in manibus
ejus* [80]. Sabbatum celebratur in memoria electorum,
qui erunt in fine mundi, quod colligitur ex titulo
psalmi, scilicet psalmi cantici in die Sabbati, et ex
cantico filiis Israel post laborem itineris dato. Vel
sex adaptentur ætatibus ; nam, in die secunda separavit Dominus aquas ab aquis [81]. In ætate secunda
contigit diluvium [82], quæ duo significavere baptismum. Christus etiam in die secunda creditur baptizatus. Ideoque in secunda die recte legitur canticum de baptismo, ubi dicitur : *Haurietis aquas in
gaudio de fontibus Salvatoris* [83]; ubi fideles ab infidelibus separantur. Tertia ætate Isaac liberatur a
morte [84]. Ideoque in tertia die recte legitur canticum Ezechiæ, cui Dominus per quindecim annos
vitam adjunxit. Sic et nobis in Trinitatis fide manentibus per observantiam Decalogi, et fidem quinquepartitæ passionis mortem auferet, et vitam donabit æternam. Quarta ætate Anna fuit fecundata,
et ideo in quarta die legitur canticum Annæ : sic
Ecclesia per quatuor Evangelia est electa, et Synagoga repudiata. Quinta ætate liberatus est populus
de captivitate Babylonis [85], et ideo quinta die legitur
canticum Moysi de liberatione populi de manibus
Pharaonis. Sexta ætate crucifixus est Dominus, et
ideo in sexta die legitur canticum de ipsius passione, ubi dicitur : *Cornua in manibus ejus* [86], Sabbato requievit Dominus ab omni opere quod patrarat [87]; et jacuit in sepulcro [88].

Ideoque in Sabbato legitur canticum , quod datum est filiis Israel post laborem itineris, cum intrassent in terram promissionis. Et vide inter psalmum et canticum differentiam ; quia psalmus significat operationem, canticum laudem seu operatione.
Exinde : *Laudate Dominum de cœlis* subditur [89].
Tres psalmi sunt in quibus triumphum de mundo,
carne et diabolo memoramus ; et quia ut tanta libertas et gloria reveletur in nobis [90] quandiu sumus
in via, est nobis doctrina et consolatio necessaria.
Ideo sacerdos in persona Domini capitulum subdit :
Vigilate [91]. Vel nox præcessit ubi nos hortatur in
fide perseverare, et misericordiæ operibus intendere : opera tenebrarum abjicere, et arma lucis
induere [92], et consolatur per promissionem gloriæ;
quod ideo capitulum dicitur ; quia de capitibus sumitur epistolarum ; quod, licet sit lectio, tamen
legitur sine, *Jube, Domine, benedicere*; et absque
sacerdotali benedictione ; quia proprium est sacerdotis illud legere ; et prælati ecclesiæ non debent
licentiam petere, sed dare ; nec dicit : *Tu autem*,
quia sacerdos est perfectus, ut suggestionibus

[66] I Petr. 4.   [67] Psal. 62.   [68] Psal. 66.   [69] Psal. 62.   [70] Psal. 66.   [71] Jac. 2.   [72] Cap. 12.   [73] Isa. 58.
[74] Ibid.   [75] I Reg. 2.   [76] Exod. 15.   [77] Cap. 3.   [78] Deut. 32.   [79] Isa. 12.   [80] Habac. 3.   [81] Gen. 1.
[82] Gen. 7.   [83] Isa. 12.   [84] Gen. 22.   [85] I Esdr. 1.   [86] Isa. 12.   [87] Gen. 2.   [88] Matth. 27.   [89] Psal.
148.   [90] Rom. 8.   [91] I Cor. 15.   [92] Rom. 13.

diaboli facile non succumbat; alicubi tamen a sub- A
ditis pronuntiatur. Et attende quod in nocturnali
officio copiosius quam in diurno lectionibus vacamus, quia eis aures libentius accommodamus. Rursus attende quod in hujusmodi lectionibus auctor
non pronuntiatur, sicut in lectionibus missæ; eo
quod seduli in officiis ex lectione cognoscunt auctorem. Ad missam vero conveniunt laici, quibus est
auctor incognitus. Quod autem in matutinis quandoque præmittitur, sermo sancti illius et illius, ad
cautelam fit, quia verendum est, ne erroneus auctor
in medio proponatur, et quia sæpe ex lectione auctor non agnoscitur. Deinde sequitur hymnus, per
quem lætitia, quam habemus de libertate, innuitur;
sed ne ingrati de beneficio videamur, beneficium
confitemur in versu : *Repleti.* Postea liberatori no- B
stro grates referimus, et in ejus laudem prorumpi-
mus, alta voce dicentes : *Benedictus Dominus Deus
Israel* [93]. Quare? quia nos in miseria positos visitavit, redemit, de manu inimicorum liberavit,
scientiam salutis in remissionem peccatorum per
viscera misericordiæ dedit, illuminavit, et in viam
pacis direxit. Et vide quod in tribus duntaxat horis, tria dicimus evangelia in aurora. *Benedictus*
cantatur, quia ubi vera lux nuntiatur ; in vespera :
Magnificat, quia in fine mundi, sicut ibi dicitur :
‹ Deus superbos disperdet, et humiles exaltabit [94]. ›
In completorio : *Nunc dimittis,* quia post judicium
sancti in pace regnabunt; antiphona devotionem
significat, quam habere debemus in laudibus Re- C
demptoris. *Dominus vobiscum;* magister et discipuli
pro se invicem orant, et se invicem resalutant. Et
est sensus : laudem vestram Dominus recipiat, et
præmio vitæ remuneret. *Et cum spiritu tuo,* scilicet
cum pro nobis sis oraturus. Orationes autem non
exaudiet Dominus, nisi ex bono corde processe-
rint; ipse, sine quo nihil bonum, sit cum spiritu
tuo. Sacerdos autem de sua bonitate non se esse
sufficientem reputans, subdit : *Oremus,* quasi dicat,
orate mecum ut, quod postulamus, citius impetremus. Oratio quam dicit significat indulgentiam
quam Dominus repromisit; *Amen,* scilicet fiat nobis quod orasti. Rursus dicit : *Dominus vobiscum.*
Et est iterata salutatio, affectuosa oratio, ut impetrata gratia perseverent; demum concluditur : *Be-* D
nedicamus Domino. Deo gratias, per quæ significatur
quod usque ad finem vitæ debemus Deo persolvendo
gratias pro beneficiis benedicere. Dicitur autem *Be-*
nedicamus a pueris ; ad ostendendum quod nisi per
pœnitentiam efficiamur ut parvuli, digne Deum
laudare nequimus [95], vel ad indicandum quod laus
nostra puerilis est, scilicet insufficiens ; cum enim
de Deo loquimur, balbutiendo sicut possumus, pro-
nuntiamus, laudamus, sed non sufficimus ; quia
supereminentia Dei nostrum superat eloquium et

intellectum : ‹ Accedit enim homo ad cor altum,
et exaltabitur Deus [96]. › Deinde sequuntur sanctorum suffragia, quia quandiu vivimus tanquam in
lubrico positi sumus, et a dæmonibus impugnamur ; et ideo sanctorum suffragiis semper egemus.

CAPUT V.
DE MATUTINIS LAUDIBUS IN FESTIVIS DIEBUS.

‹ In matutinis, Domine, meditabor in te [97]. ›
Tempus ante nocturnum significat tempus mortis
ante legem, in quo silebant homines a laudibus
Dei. Tempus nocturni significat tempus legis datæ
Moysi. Tempus laudis matutinæ significat tempus
gratiæ, a resurrectione usque ad finem mundi, in
quo tempore Deum laudare tenemur. De bonis naturæ quæ hac hora nobis contulit creando ; de bonis gratiæ, quæ hac hora nobis dedit resurgendo ;
de bonis gloriæ, quæ hac hora nobis dabit resu-
scitando ; ideoque totum hoc officium est laudibus
plenum, ad quas laudes per versum auditores sacerdos excitat, et demum auxilium divinum imple-
rat : postmodum chorus ad idem festinans auxilium, in summa trinitate glorificat Deum. Exinde,
excepto Quadragesimali tempore, a psalmo *Dominus regnavit* [98] incipimus. Et sunt octo psalmi, quia
octo sunt ordines electorum salvati per aquam baptismi, sicut octo animæ fuere in arca, in aqua
diluvii [99] : nam primus ordo est Ecclesiæ primitivæ in Judaico populo conversantis, secundus est
ejusdem ad gentilitatem transeuntis, tertius est
gentilitatis credentis, quartus est Judæi resipiscentis, quintus erit tribulatorum per Antichristum ;
sextus, septimus et octavus erunt fruentium Christo post Antichristum, qui tres esse dicuntur, quia
colliguntur ex Asia, Africa et Europa. Qui quia simul Dominum laudabunt [100], ideo tres psalmi laudum cantantur sub una antiphona et una gloria. In
omnibus igitur his psalmis legis umbram, et gratiæ
veritatem ostendimus. Umbram , quia Dominus post
liberationem populi de Ægypto, super eum regnavit,
et legem dedit, et in tabernaculo decorem induit. Veritatem, quia post redemptionem populi sui Christus
a morte resurgens regnavit, et decorem immortalitatis induit [1]. Unde primitiva Ecclesia laudes extol-
lit, dicens : *Dominus regnavit.* Merito cantatur hic
psalmus in laudibus ; quia continet laudes Christi,
et septem locos laudis, ut super eumdem psalmum
exponitur. *Jubilate* [2], hic umbram ostendimus ; quia
populus Dei portas, scilicet terram promissionis
intravit, et Domino jubilavit, et servivit. Veritatem,
quia gentilis populus fidem recepit, et Christo jubilat omnis terra, et servit gentilitas in lætitia. *Deus,
Deus meus* [3] ; hic psalmus indicat umbram regum
Salomonis, et aliorum in Domino lætantium ; cui,
Deus misereatur nostri [4], sine interpositione gloriæ

[93] Luc. 1. [94] Ibid [95] Matth. 18. [96] Psal. 63. [97] Psal. 62. [98] Psal. 92. [99] Gen. 6; 1 Petr. 3.
[100] Isa. 52. [1] Psal. 92; Rom. 6. [2] Psal. 99. [3] Psal. 62. [4] Psal. 66.

continuatur; quia regnum Juda et regnum Israel
in una lege sociantur. Indicat etiam tempus gratiæ,
in quo sedata persecutione Ecclesia gentilis in Domino meditatur, et os hæreticorum obstruitur. Hic
enim psalmus cantatur ex persona gentilitatis, unde
sic intitulatur psalmus David cum esset in deserto
Idumææ, per Idumæam gentilitas intelligitur, cui,
Deus misereatur, sub una *Gloria* jungitur; quia Judaicus populus ei in una fide sociabitur. *Benedicite*,
innuit tempus in quo Nabuchodonosor tres pueros
in caminum posuit ignis [5]; et illud tempus, in quo
Antichristus tres filios Noe friget in camino tribulationis. Ideoque sine *Alleluia* et *Gloria* cantatur;
quia tunc omnis laus Ecclesiæ reprimetur, vel ideo
sine *Gloria*; quia Trinitatem in eo recolimus, dicentes : *Benedicamus Patri, et Filio, cum sancto
Spiritu.*

Et vide quod hymnus iste tres habet distinctiones. In prima invitantur superiores creaturæ ad
laudem Creatoris; scilicet quæ sunt super cœlum,
quæ in cœlo, quæ in aere. In secunda invitantur
creaturæ terrenæ, et quæ moventur in aquis. In
tertia invitantur homines, spiritus et animæ, ut
cum omni creatura Domino benedicamus; quia sicut tres pueri Nabuchodonosor caminum ignis, sic
nos diabolum et incendium inferni evasimus. Et
bene convenit hoc canticum diei Dominico, et cuilibet festivo; quia in prima die Dominus omnia
creavit [6], et per resurrectionem suam postmodum
innovavit. Ideoque in ea die et in festivis, quæ resurrectionem Dominicam imitantur, hoc canticum
legitur, in quo Dei creaturæ ad laudem Creatoris
invitantur. Quidam vero aiunt in hoc cantico passionem Christi nobis ad memoriam reduci, quia
Nabuchodonosor diabolus est, ministri Judæi, caminus ignis ara crucis, tres pueri Christus, in quo
tria pura : divinitas, caro et anima, vel ex quo tria
sacramenta : spiritus, sanguis et aqua [7]. *Laudate
Dominum de cœlis* [8]. Illud tempus umbræ denuntiat
quo populus de Babylone rediit [9], et templum ædificavit et illud gratiæ, in quo, Antechristo occiso,
universa Ecclesia Deum laudabit. Ideoque tres
psalmi sub una *Gloria* cantantur; quia Christiani,
gentiles et Judæi, vel Noe, Job et Daniel; vel collecti ex tribus partibus orbis, Asia, Africa et Europa
in una religione et laude et parentia convenient :
vel quia in eis laudibus eum qui est trinus et unus
extollimus. Capitulum est secundum præteritam
umbram Esdræ prædicatio. Hymnus populi de reditu et templi dedicatione gratulatio, vel capituium
est angeli repromissio, quando promisit Zachariæ
filium [10], et hymnus de Christi nativitate et resurrectione gratulatio. Vel capitulum est modernorum
ne in bello deficiamus, exhortatio et hymnus est
Ecclesiæ de Antichristi victoria exsultatio; vel ca-

pitulum tuba novissima [11], et hymnus laus æ-
terna.

Per versum qui sequitur, scilicet : *Dominus regnavit*, innuitur quod post resurrectionem rata est
Christo in cœlo et in terra potestas [12]; qua regnavit in præsenti Ecclesia, in triumphanti regnaturus
in sæcula. Consuetudo in omnibus horis dicendi
versiculum inolevit ab arca, quæ dum in tabernaculo reponebatur, dicebatur : « Revertere, Domine,
ad multitudinem filiorum Israel [13]. » Unde versus
dicimus orantes, ut ad nos revertatur, et nostræ
mentes ad Dominum revertantur; unde a reversione
nomen accepit.

Hic in nocturnis ante lectionem dicitur, ut ad
audiendum verbum Domini animus incitetur. In
aliis horis post lectionem, ut ex intervallo horarum doctrina Domini non negligatur : Per canticum, *Benedictus* [14], quod illucescente die cantatur, primus Christi significatur adventus qui plebem suam visitavit, redemit, et sedentes in tenebris et umbra mortis illuminavit [15]. Vel secundus,
in quo Ecclesiam, quæ diu sederat in tenebris
hujus mundi, post psalmos, lectiones, hymnum et
versum, et antiphonam, scilicet post bona opera,
doctrinam, laudes, conversionem et mentium devotionem claritate perpetua illustrabit, quando ser-
viemus Domino sine timore, in sanctitate et justitia omnibus diebus vitæ nostræ. Interim incensatur altare. Thuribulum est cor, ignis charitas,
incensum oratio, quæ tunc ad Dominum dirigitur, cum per verbum Evangelii cor nostrum igne
charitatis accenditur, et in fidem passionis expan-
ditur; unde sacerdos incensans dicit : *Dirigatur,
Domine, oratio mea, sicut incensum in conspectu
tuo* [16]. Et congrue post psalmos, et lectionem sequitur incensatio; quia, qui bene operatur et alios
docet, bonum reddit odorem, et bene operandi
aliis præbet exemplum. Oratio est ultima illa benedictio : « Venite, benedicti Patris mei [17]. » *Benedicamus Domino*, laus est finalis et ineffabilis.
Ideoque sæpe verbis dimissis cum neumis jubilamus. Nota quod eædem sunt laudes in Dominicis
et Paschalibus diebus, et festivitatibus Sanctorum;
quia repræsentant gaudia resurrectionis Christi,
et nostræ, quæ per fidem resurrectionis sancti
jam quædam gaudia percipientes, plenius in stola
duplici consequentur.

CAPUT VI.

DE PRIMA.

« Paterfamilias exiit primo mane conducere operarios in vineam suam [18]. » Nunc de prima et reliquis horis agamus, in quibus pastores et operarios imitamur : nam et in his horis paterfamilias
conduxit operarios in vineam suam. Ideoque psalmodiæ ab istis horis et non ab aliis nuncupan-

[5] Dan. 3.   [6] Gen. 1.   [7] I Joan. 5.   [8] Psal. 148.   [9] I Esdr. 1.   [10] Luc. 1.   [11] I Cor. 15.   [12] Matth. 28.
[13] Num. 10.   [14] Luc. 1.   [15] Isa. 9.   [16] Psal. 140.   [17] Matth. 25.   [18] Matth. 20.

tur, et in istis celebrantur. Sacerdos igitur pastor A
est ovium, grex populus, pascua Dei mandata,
multæ bestiæ gregi jinimicæ; nam hinc : « Leo
rugiens circuit quærens quem devoret [19]; » hinc
draco deviantes veneno interimit, hinc lupus ra-
pit, hinc ursus invadit. Ideoque pastor, cui est
cura de ovibus [20], ait : Deus, in adjutorium meum
intende [21]; et attende quod versiculus iste in
omnibus præmittitur horis, et est sumptus a Veteri Testamento. Arca enim quotidie circumdaba-
tur ab inimicis. Moyses igitur dum elevabatur
et portabatur, dicebat : « Surge, Domine, et dissipentur inimici tui, et fugiant qui oderunt te a facie tua [22]. » Sed et Ecclesia persecutionem patitur intus et extra, ideoque divinum imploramus
auxilium, dicentes : Deus, in adjutorium meum in- B
tende : similiter in omnibus præmittitur : Gloria
Patri, ut glorificemus Trinitatem [23], sine qua nih.l
possumus [24]. Oves itaque summum Pastorem invocant et glorificant, et in hymno consequenter
implorant, ut eas in diurnis actibus a nocentibus
custodiat. Quinque psalmi sequuntur, ut quinque
sensus operariorum per diem divinitus muniant.
Vel tres sunt sub tribus gloriis comprehensi, eo
quod Trinitas in nostris operibus glorificatur ; dicentes : Deus, in nomine tuo [25], iter arripiunt; et
quoniam alieni insurrexerunt [26], petunt ut vi sua
inimicos disperdat, et oves ex omni tribulatione
eripiat; sicut David eripuit a Ziphæis [27]. Hunc enim
psalmum David cecinit cum Ziphæi voluere eum C
Sauli tradere. Ziphæi florentes interpretantur; hi
sunt membra diaboli, qui nos prosperitate seducunt. Cum nobis ergo ea diabolus multipliciter in-
sidietur, ad vitandam ejus calliditatem, hunc psalmum summo diluculo canimus. In Beati immaculati [28], et sequentibus octonariis, ovibus pascua proponuntur, ut lex Domini, mandata, justificationes
et testimonia. In hoc psalmo tractatur de moribus;
quia oportet, quem Deus liberavit a vinculis et
carcere, ut assistat Deo bonis moribus in omni devotione. In Dominicis vero diebus, et præsertim
a Septuagesima usque ad Pascha novem psalmos
dicimus, ut cum novem ordinibus angelorum in
resurrectionis gaudio Trinitatem laudare possimus.
In primis quinque, Deus, Deus meus [29], et sequen- D
tibus, de Christi passione cantatur; quia per meritum quinquepartitæ passionis pervenit Christus
ad gloriam resurrectionis, quod et nobis speremus,
si eum imitari volumus [30]. Quatuor sequentes innuunt, quod in quatuor mundi partibus per doctrinam quatuor Evangeliorum Deum laudare debemus. In Deus, in nomine tuo salvum me fac [31] :
petimus erroris depositionem. In Confitemini Domino [32], exhortamur ad laudis confessionem. In
Beati [33], ad laudis operationem. In Retribue [34], ad

mandatorum meditationem ; verum quia fides est
fundamentum mandatorum, et victoria quæ vincit
mundum [35] : et quia cætera sine fide frustrantur [36];
et operarius sine fide frustra vineam colit; et pas-
stor sine fide frustra ovile custodit, ideo subditur
Symbolum fidei scilicet : Quicunque vult, quod Athanasius, Alexandrinus episcopus, rogatu Theodosii
imperatoris, ad eradicandam invalescentem hæreticorum perfidiam et divulgandam fidem catholicam
edidit : quod singulis diebus Ecclesia cantandum
esse in Prima constituit; quia tunc maxime ad ecclesiam populus convenit ; vel quia fides principium
salutis existit. Quidam tamen omittunt in illis diebus, quibus in missa Credo in unum Deum concinunt.

Sed potius est hoc curiositatis, et desidiæ quam
rationis ; quia populus in Quicunque vult, de fide
a pastoribus docetur ; et in Credo in unum Deum,
fidem suam quasi doctus quilibet confitetur. Athanasius vero, in hoc suo symbolo duas principales
fidei partes, scilicet de Trinitate et de Verbi incarnatione describit. Sed de libero hominis arbitrio
præmittit, dicens : « Quicunque vult salvus esse : »
nemo enim nisi volens credit; cum cætera possit
homo nolens, credere non potest nisi volens. « Ante
omnia opus est, ut teneat catholicam fidem. « Hæc
enim est bonorum omnium fundamentum. Hæc

Prima petit campum dubia sub sorte duelli,

sed quia fidei nomen poterat inducere confusionem,
determinat, dicens : « catholicam, » quæ tum propter
universalium præceptà regularum, ut Boetius ait,
quibus Christianæ religionis auctoritas intelligitur,
tum propterea, quod ejus cultus per omnes mundi
terminos pene emanavit, catholica, vel universalis
vocatur; quia catholicon Græce, Latine dicitur
universale : non enim quælibet fides facit Christianum; nam ut generaliter comprehensa, fides est
perceptio veritatis cujuslibet rei cum mentis assensu; perceptionum vero alia est invisibilium,
alia visibilium : rursus invisibilium perceptionum
alia est eorum, quæ ratione percipiuntur; alia
eorum quæ sunt supra rationem, ut Deum esse trinum et unum, et incarnatum, de Virgine natum,
passum, et similia. Primæ duæ non habent meritum,
quoniam habent ab humana ratione principium;
nam fides non habet meritum cui humana ratio
præbet experimentum. Tertia duntaxat efficit Christianum; « quam nisi quisque servaverit, « per se, ut
adultus, et discretus; vel per alium, ut qui non est
scientiæ capax, « integram » sine hæreticæ pravitatis
contagione, «inviolatamque» sine schismaticis viola-
tione, « absque dubio in æternum peribit : » « Sine
fide namque impossibile est placere Deo [37] ; » et ubi

[19] I Petr. 5. [20] Joan. 10. [21] Psal. 69. [22] Num. 10; Psal. 67. [23] Joan. 15. [24] Ambr. in hymnum : Jam lucis. [25] Psal. 53. [26] Ibid. [27] I Reg. 23. [28] Psal. 118. [29] Psal. 21. [30] Hebr. 2; Rom. 6. [31] Psal. 53. [32] Psal. 117. [33] Psal. 118. [34] Ibid. [35] I Joan. 5. [36] Hebr. 11. [37] Ibid.

causa non subest, nec effectus adest : fides est A humanitas est veritas hominis secundum quam causa humanæ salutis [38]; ergo ubi defecerit, salus esse non poterit. « Fides autem catholica hæc est, ut unum Deum in Trinitate, et Trinitatem in unitate veneremur ; neque confundentes personas, neque substantiam separantes : » de unitate prius, et postea de personarum distinctione prosequamur. Unitatum alia est integralis, quæ consistit ex partibus ut corpus. Alia formalis quæ a forma trahit originem ut idolum. Alia naturæ, ut ego et tu unum sumus. Alia voluntatis, ut nobiscum unum sint [39]; alia principalis, vel singularis, vel solitudinis, vel simplicitatis ; principalis est, quia prima singularis, vel solitudinis est, quia sola. Non enim inveniuntur aliqua quæ et plura sint, et singulariter unum, nisi in Trinitate. Simplex est, quia nec plicam partium, nec plicam recipit proprietatum. Et ut ostendat hanc unitatem esse intelligendam secundum B simplicitatem subdit : « Qualis Pater, talis Filius, talis Spiritus sanctus ; » id est, quidquid de Patre substantialiter prædicatur, similiter et de Filio et de Spiritu sancto dicitur. Et supponit exempla de sex nominibus, scilicet : Increatus, immensus, æternus, omnipotens, Deus et Dominus, quæ de singulis dicuntur personis, et de omnibus non pluraliter, sed singulariter, et in summa, verbi gratia : « Increatus Pater, increatus Filius, increatus Spiritus sanctus, non tamen tres increati, sed unus increatus; » sic et de reliquis.

Et vide quod horum quædam negative, quædam C affirmative de Deo dicuntur ut increatus, scilicet non creatus; immensus, id est sine mensura; æternus, sine principio et fine; omnipotens dicitur, non quia possit facere quidquid vult facere, sed quia potest facere quidquid vult fieri. Vel omnipotens, id est principaliter potens. Tres enim sunt potestates; prima Deus, secunda angelus, tertia homo; vel omnipotens per causam, id est a quo omnis potestas, sicut etiam dicitur omne bonum per causam. Deus proprium est Creatoris nomen, et ad cultum pertinet divinitatis, quod tractum est a Græco *Theos*.

Et vide quod quandoque ponitur personaliter, ut Deus genuit Deum, id est Pater Filium, et uterque Deus est ; Dominus, ut ait Augustinus, non est na- D turæ sed potestatis, sed hic secundum quod dicitur a dominio, quia « Dominus nomen est illi [40]. » Verum secundum quod dicitur a dominando, indicativum est relationis, « quia sicut singillatim unamquamque personam Deum, ac Dominum confiteri Christiana veritate compellimur ; ita tres deos, aut Dominos dicere catholica religione prohibemur. » Ac si dicat hæc essentialia non pluraliter, sed singulariter dicuntur de omnibus, et in summa.

Et attende quid sit veritas Christiana. Quod ut magis liqueat, vide philosophicam veritatem; philosophica veritas est natura, vel cognitio rei; ut

quis verus est homo. Sed Christiana veritas intelligit Deum sine quantitate magnum, sine qualitate bonum, sine tempore sempiternum, sine loco ubique totum, sine situ præsentem, sine mutabilitate mutabilia facientem. Item philosophica veritas habet, quia si Pater est magnus et Filius magnus, Pater et Filius sunt magni. At Christiana veritas Patrem et Filium, et Spiritum sanctum, non tres magnos, sed singulum magnum, et tres unum magnum appellat, et hæc est una regularum universalium, a quibus, ut secundum Boetium diximus, fides Catholica nominatur. De personarum vero distinctione, dicit Athanasius : « Alia est persona Patris, alia Filii, alia Spiritus sancti. » Persona dicitur grammatice, omne id de quo in oratione agitur ; dicitur et poetice larva, ut repertor honestæ personæ; dicitur et conditio, vel fortuna, ut : « Deus non accipit personam hominis [41], » scilicet non attendit cujus conditionis vel fortunæ. Secundum Boetium persona est rationalis naturæ individua substantia. In theologia igitur personam esse, est discretum esse relativa proprietate; personales enim proprietates ut paternitas, et filiatio, et processio sunt relationes, ut paternitas est relatio Patris ad Filium, filiatio est relatio Filii ad Patrem, processio relatio Spiritus ad utrumque. Et ita Patrem esse, Filium esse, Spiritum sanctum esse, non est aliquid esse, sed ad aliquid esse. Unde Augustinus : Cum Pater est, non illud ex quod est, id est non est relatione, qua Pater est, est ipse divina substantia. Paternitas est in Patre, et ipsa Pater est, et sic de aliis. Unde : in personis proprietas, et in essentia unitas. « Pater a nullo est factus, nec creatus, nec genitus. » Cum a nullo dicitur, auctoritas demonstratur. Inter factum et creatum hoc interest, quod inter facere et creare ; nam facere est de subjacenti materia aliquid producere ; creare vero de nihilo.

Et vide quod operatio Dei est quadripartita : una est æterna, tres sunt temporales. Æterna est, qua Filium ante omnia tempora genuit, secundum quam operationem dicitur Pater, aut genitor. Prima temporalis est qua ex nihilo creavit hylem, seu chaos, id est confusam elementorum materiam, secundum quam operationem dicitur creator. Secunda temporalis est, qua materiam illam per opera sex dierum distinxit [42], secundum quam dicitur conditor, vel opifex. Tertia est temporalis, qua species creatas per successionem continuat, secundum quam dicitur sator et auctor. « Filius a Patre solo est, non factus, nec creatus, sed genitus. Spiritus sanctus a Patre et Filio non factus, nec creatus, nec genitus, sed procedens. « Inter generationem Filii, et processionem Spiritus sancti, differentiam assignare vox humana non sufficit : nisi quod Filius sic a Patre procedit, ut sit Filius ; Spiritus autem non sic procedit, ut Filius dici possit. « Unus ergo Pater, non

[38] Ephes. 2.   [39] Joan. 17.   [40] Psal. 67.   [41] Gal. 2.   [42] Gen. 1.

tres patres; unus Filius, non tres filii; unus Spiritus sanctus, non tres spiritus sancti. » Vide quod cum dicitur unus Deus, multitudo deorum excluditur, cum dicitur tres personæ singularitas excluditur. Unde Augustinus : Qui dixit Deum tres personas, non voluit diversitatem, sed noluit singularitatem. « In hac Trinitate nihil prius aut posterius, nihil majus aut minus, » potestate. Auctoritas tamen Patri, qui a nullo procedit, ascribitur; « sed totæ tres personæ coæternæ sibi sunt, » ergo nulla tempore prior; « et coæquales, » ergo nulla minor : in quo notatur Arius, qui dogmatizavit Filium Patre minorem; « ita ut per omnia, sicut jam supradictum est, unitas in Trinitate, et Trinitas in unitate veneranda sit. « Qui vult ergo salvus esse, ita de Trinitate sentiat; » ecce summa et conclusio præcedentium. Unitatem vero in Trinitate veneramus, et e converso, cum dicimus, credimus et adoramus, tres esse unum, et e converso. « Sed necessarium est ad æternam salutem ut incarnationem quoque Domini nostri Jesu Christi fideliter credat. » Hic de Verbi agitur incarnatione : sicut enim ad salutem exigitur fides divinitatis, sic etiam humanitatis; quia sine fide Mediatoris nemo salvari potuit [43]. Tres enim fuere leges : lex naturæ, lex litteræ, lex gratiæ. Lex naturæ consistit in ratione et voluntate; in utraque languebat homo; quia et ratio in contemplatione boni cæcutiebat; et voluntas in appetitu boni deficiebat. Lex litteræ dabat consilium sed non auxilium, monebat affectum, sed non movebat, peccata non auferebat, sed prohibendo augebat. Quia

Nitimur in vetitum semper, cupimusque negata [44].

Et Apostolus : « Lex subintravit, et delictum abundavit [45]. » Lex igitur gratiæ necessaria fuit, quæ illas duas leges ad effectum ducit. Nam sine collyrio gratiæ lippus est oculus [46], tam naturæ quam litteræ; propterea Sapientia spuit in terram, et linivit oculos cæci a nativitate [47]. Hic est Christus, qui, sicut ait Apostolus [48], est nobis sapientia et justitia et sanctificatio. Sapientia est nobis rationem dando; justitia, nos de manu inimici liberando; sanctificatio, peccata dimittendo; redemptio, pro nobis patiendo. Hæc est Dei virtus et Dei sapientia, quæ ædificavit sibi in utero; et de utero virginali, et erexit columnas septem [49], scilicet sapientiam invisibilium, intellectum visibilium, scientiam moralium, pietatem miserendi, consilium adjuvandi, fortitudinem liberandi, timorem Domini caste diligendi : his enim virtutibus ab ipsa creationis et incarnationis hora fuit anima Christi pleniter adornata, ut in nullo proficere posset.

Quod enim dicitur proficiebat sapientia et ætate [50], intelligendum est nobis. Jesus Christus duo sunt, nomina non ejusdem rationis, nam Jesus est nomen personæ, sicut Petrus : Christus vero nomen est sacramenti, sicut sacerdos, et propheta; quæ nomina non per litteras, sed per notulas scribi consuevere, ut qualitas Scripturæ insinuet qualitatem naturæ, ut sicut divina natura est incomprehensibilis, sic nomen quod ponitur ad ipsam significandam, semiphoris scribitur litteris. Creaturarum naturæ quandoque comprehenduntur, et ideo earum nomina per litteras plenarie describuntur. Vel quia non sumus sufficientes solvere corrigiam calceamentorum illius personæ [51]. « Deus est ex substantia Patris, » scilicet ex Patris substantia, id est ex Patre substantia, ut generatio referatur ad personam, non ad essentiam, quæ nec generat, nec generatur; « ante sæcula genitus, » hoc improprie dicitur, nam ante, proprie temporis est designativum; tempus autem non fuit ante mundum, sed incœpit esse cum mundo. Unde sic describitur : tempus est motus, et mora mutabilium rerum; unde, si quis quærat si Deus fuerit ante mundum, vitiosa est quæstio : non enim præcedit creator creaturam temporis quantitate, quia significat ante; sed naturæ simplicitate. « Homo est ex substantia matris in sæculo natus : » ex præpositio, substantialiter, materialiter, potentialiter accipitur, et partialiter : substantialiter, ut ex substantia Patris ante sæcula genitus; materialiter, ut ex substantia matris in sæculo natus; potentialiter, ut qui conceptus est ex Spiritu sancto. Partialiter ut ex anima rationali, et humana carne subsistens; similiter et *de* præpositio, ut de Patre, de matre, de Spiritu sancto. « Perfectus Deus, perfectus homo ex anima rationali, et humana carne subsistens, æqualis Patri secundum divinitatem; minor Patre secundum humanitatem. Qui licet Deus sit et homo, non duo tamen, sed unus est Christus; unus autem non conversione divinitatis in carnem, sed assumptione humanitatis in Deum. » Et attende duos esse modos conjungendi per appositionem et per compositionem, quod etiam grammatici de præpositionibus docent; dicentes : illam per appositionem conjungi, quæ in nullius transit in ipsa appositione compositionem; illam vero per compositionem conjungi, ex qua et dictione cui adjungitur aliqua dictio componitur, verbi gratia de utroque : « Dixit insipiens in corde suo [52]. » Similiter in rerum naturis. Res enim per appositionem junguntur, quando ex eis nihil componitur, de quo componentia prædicentur, verbi gratia : Abraham appositus est ad patres suos, unde collegium efficitur, de quo apposita non prædicantur. Res vero per compositionem junguntur duobus modis; per commistionem, et sine commistione. Per commistionem quando una convertitur, vel potius in aliam confunditur, ut vinum et aqua; nam quod horum super excreverit alterum confundit; sine commistione, quando ex diversis substantiis aliquid ita componi-

[43] Act. 4. [44] Ovid. Am. III, IV, 17. [45] Rom. 5. [46] Apoc. 3. [47] Joan. 9. [48] I Cor. 1. [49] Prov. 9. [50] Luc. 2. [51] Joan. 1. [52] Psal. 52.

tur, quod componentium proprietates, et naturæ de A composito prædicentur, ut homo constat ex spiritu et corpore, et bene dicitur homo est vivus propter animam, et homo est albus propter corpus. Et dicitur homo est rationalis propter animam, et homo est corporeus propter corpus ; hæc autem conjunctio divinitatis ad humanitatem fit, ut quidam dicunt, per compositionem sine commissione, quia Christus est Deus et homo ; ubi non est commissio neque conversio. Unde bene dicitur : non conversione divinitatis in carnem, sed assumptione humanitatis in Deum. Conversio namque substantiam mutat, assumptio exaltat. [Secundum alios, incarnationis ratio sumenda est, non secundum compositionem sed secundum habitum. Unde [cum] dicitur : Deus est homo, Deus est factus homo, Deus cœpit esse B homo, habitus prædicatur ; factus est enim humanatus, et assumpsit hominem, vel potius ea, quæ sunt hominis. Unde quod sequitur, « Unus omnino non confusione substantiæ, sed in unitate personæ, » dicunt hanc propositionem *in* non notare compositionem, sed personæ simplicitatem : sicut enim simplex fuit ante, sic et postea ; non enim humana natura assumpta est de esse illius personæ, vel cum Verbo una persona, sed est in unitate personæ, id est non auxit numerum, vel quantitatem personæ. Quidam non apponunt *in*, dicentes : Sed unitate personæ. Sed alii dicunt hanc personam Christum constare ex Deo et homine, scilicet anima et carne, et ita ex tribus substantiis, non tamen quasi ex partibus. Unde cum dicitur, Deus est homo, natura, scilicet humanitas prædicatur.] « Nam, sicut anima rationalis, et caro unus est homo ; ita Deus et homo unus est Christus. »[Videtur fuisse dicendum : Anima rationalis, et caro unus sunt homo. Ut enim rei suppositæ singularitas exigit verbi singularitatem, ut Sicardus scribit, sic rerum suppositarum pluralitas verbi exigit pluralitatem, ut Petrus et Paulus ascenderant in templum. Singularis itaque numerus ponitur pro plurali.]

Et vide hanc similitudinem non accedere plena collatione ad demonstratum ; nam caro et anima sunt partes hominis constitutivæ, et destructionem unius earum sequitur totius destructio ; non autem sic in Christo, Deo et homine ; nam ante D fuit Deus, quam Deus esset homo, et ideo assumptus homo non est pars constitutiva personæ. Ita sicut anima, et caro non sunt plures homines ; sic Deus et homo non sunt plures Christi. « Qui passus est pro salute nostra : » unde « tanquam avis ad occisionem ductus est [53]. » Hic est summus pontifex, quo moriente antiquitus in lege captivi, liberi dimittebantur, et ad suas hæreditates revertebantur [54]. Mors etenim Christi gladium Dei ante paradisum amovit [55]. Hic est serpens in quem respicientes a serpentum morsibus liberantur [56]. « Descendit ad in-

feros, » juxta illud : « Æstimatus sum cum descendentibus in lacum [57]. » — « Tertia die resurrexit a mortuis. » Unde Osee : « Post duos dies vivificabit nos, et tertia die suscitabit nos [58]. » — « Ascendit in cœlos [59]. » Juxta illud : Ascendens Christus in altum. Tres sunt cœli : aereum, ubi ales volat ; æthereum ubi stellæ rutilant ; empyreum, ubi angeli Deum laudant. « Sedet ad dexteram Dei Patris omnipotentis. » Unde Pater ad Filium : « Sede a dextris meis [60]. » Nomine dextræ non significatur situs, vel circumscriptio divinitatis ; sed beatitudo humanæ felicitatis ; in quo empireo, in qua felicitate homo assumptus est, omni angelicæ dignitati prælatus. « Inde venturus est judicare vivos et mortuos. Ad cujus adventum omnes homines resurgere habent cum corporibus suis, et reddituri sunt de factis propriis rationem. » Quæ rationis redditio non fiet verborum expressione, sed conscientiæ attestatione : ad memoriam etenim revocatis operibus nostris, bonis et malis, unicuique manifestum erit, utrum sit dignus amore, vel odio [61], vita vel supplicio. « Et qui bona egerunt, ibunt in vitam æternam. » In qua quicunque fuerit, demum integram perfectionem in corpore et anima possidebit. Septem sunt in quibus integra perfectio consistit ; tria sunt animæ, scientia, justitia, et lætitia ; menti enim humanæ, tres vires naturaliter insunt, ut philosophi dicunt, scilicet, rationabilitas, concupiscibilitas, irascibilitas ; quarum singula in hoc statu miseriæ duo habent circa se, habitum videlicet, et privationem. Enimvero circa rationabilitatem sunt scientia et ignorantia, circa concupiscibilitatem, justitia et injustitia, circa irascibilitatem lætitia et tristitia ; sed in statu gloriæ rationale nostrum implebitur scientia ; concupiscibile, justitia ; irascibile vero, lætitia. Erit igitur anima perfectæ scientiæ, justitiæ et lætitiæ ; quia quælibet virtus erit ibi sine impedimento et contrarietate. Quatuor sunt corporis, immortalitas, impassibilitas, agilitas et pulchritudo. Corpus autem, ut ait Apostolus [62], erit spirituale, non corporeæ substantiæ veritatem amittendo, sed ut spiritus cibo non indigendo. Erit igitur immortale, quia ultra non morietur, nec mors illi ultra dominabitur [63]. Erit impassibile, quia nulla passione ulterius molestabitur. Altius etiam exponamus, dicentes : quod in statu creationis habuit homo posse peccare, posse non peccare ; posse pati vel mori, posse non pati et non mori. In statu corruptionis habet posse peccare, non posse non peccare ; posse pati et mori, non posse non pati et non mori. Non posse non peccare sic intellige, non posse esse sine peccato, scilicet sine causa peccati ; causam dicimus concupiscentiam : vel non posse esse diu sine peccato. In statu glorificationis habebit posse non peccare, posse non pati, et non mori ; et non posse pati, et non posse mori : ideoque erit corpus immortale et

[53] Isa. 53. [54] Num. 35. [55] Gen. 3. [56] Num. 21; Joan. 3. [57] Psal. 87. [58] Osc. 6. [59] Psal. 67; Ephes. 4. [60] Psal. 109. [61] Eccle. 9. [62] I Cor. 15. [63] Rom. 6.

impassibile. Erit etiam et agile, quia etiam veloci-
tatem cogitationis ad omnia comitabitur. Erit et
pulcherrimum, quia sicut sol fulgebit in regno Patris [64]. Exuetur itaque homo in utraque parte di-
ploide confusionis [65], et induetur stola geminæ glorificationis.

« Qui vero mala in ignem æternum. » Novem
pœnarum generibus in inferno miseri crucian-
tur, eo quod novem ordinibus angelorum associari operibus non merentur. Prima est ignis
inexstinguibilis, ut si totum mare influeret non
exstingueretur, de quo hic dicitur : Qui mala egerunt ibunt in ignem æternum. Secunda est aqua
intolerabiliter frigida, in qua etiam si mons igneus
mitteretur, totus in glaciem verteretur, de his duobus dicitur : Transibunt ab aquis nivium ad calorem nimium [66]. Tertia est vermis immortalis, de
qua vermis eorum non morietur, et ignis non exstinguetur [67]. » Quarta sunt tenebræ exteriores, de
quibus in Evangelio, mittuntur in tenebras exteriores : ibi erit fletus, et stridor dentium [68]. Quinta
est fetor putridus et indeficiens, de quo Joannes :
« Missus est diabolus in stagnum sulphuris [69]. »
Sexta est confusio peccatorum, eo quod omnibus
revelabuntur abscondita tenebrarum [70]. Unde Joannes : « Libri aperti sunt [71]. » Septima est horribilis
visio dæmonum, unde Job : « venient super eum
horribiles [72]. » Octava est pro varietate criminum
varietas flagellorum. Unde Joannes : « Judicatum
est de singulis secundum opera eorum [73]. » Nona
est miserabilis clamor flentium, et ululantium, quia
plangent se super se omnes tribus terræ [74] ; dignus
est enim ut qui hic igne concupiscentiæ arsit, ibi
flebiliter ardeat : qui frigore malitiæ riguit, ibi stri-
deat ; quem invidia consumpsit, vermis conscientiæ
rodat ; qui lucem odit, luce non gaudeat : qui in
luxuriæ fetore putruit, fetorem olfaciat ; qui detegere peccata contempsit, ea detegat ; qui Deum
videre noluit, dæmones videat ; qui exhibuit membra sua servire iniquitati, ad iniquitatem per singula recipiat talionem [75] ; qui noluit gaudere cum
gaudentibus, fleat cum flentibus [76]. « Hæc est fides
catholica quam nisi quisque fideliter firmiterque
crediderit, salvus esse non poterit. » Dicitur fides,
virtus, vel actus fidei et hæc proprie ; dicitur et effectus, vel actus fidei, scilicet ipsum credere, et
hæc improprie ; dicitur et res quæ creditur, et hæc
item improprie. De prima tres sunt virtutes : fides,
spes et charitas ; de secunda : « Fides tua te salvum
fecit [77], » id est actus, non enim virtus, sed actus
in meritum reputatur ; de tertia, hæc est fides catholica. In capitulo, pastor oves [78], et paterfamilias
operarios [79], ne in calore et labore deficiant, consolatur ; quasi dicens viriliter agite in nomine Domini,

quia « Omnis quicunque invocaverit nomen Domini salvus erit [80]. » Unde alacres gratias agunt, et
cum Petro Christum Filium Dei vivi confitentur et
invocant, dicentes : « Christe Fili Dei vivi, miserere nobis [81]. » Quidam tamen non dicunt capitulum, neque responsorium ; quia per primam intelligunt pastoris operam, qui debet prius operari, ut
in aliis horis alios ad operandum valeat exhortari.

Ergo post psalmos continuo dicunt : Exsurge,
Christe, adjuva nos [82], vertentes se ad orientem.
Ideoque versus dicitur, et est sensus : Exsurge,
scilicet fac nos exsurgere, sicut intelligebatur illud
Moysi, cujus vicem tenet : Revertere, Domine,
ad multitudinem filiorum Israel [83], id est fac nos
reverti. Preces quæ sequuntur, scilicet Kyrie eleison,
propter tria dicuntur : ad resecandum superfluas cogitationes, ad impetrandum misericordiam propter
oves errantes, et operarios fatiscentes. Ad postulandum auxilium contra tentationes, ut possimus,
in Dominica oratione, Patrem securius invocare.
Ter autem Kyrie eleison, ter Christe eleison, et rursus ter Kyrie eleison, aut in singulis semel, propter
tres status divinitatis ; tres ait status propter nos,
non propter Deum, « apud quem non est transmutatio, nec vicissitudinis obumbratio [84]. » Primus
fuit ante nativitatem, in quo colebatur trinus, et
unus, et dicebatur Dominus ; quia « Dominus nomen illi [85]. » Secundus in humanitate. Ideoque invo-
catur Christus qui, licet sit « via, veritas et vita [86], »
est tamen una persona ; et rursus sic est una
quod non separatur a Trinitatis substantia. Tertius
est in clarificatione, ubi clarius trinus, et unus
agnoscitur, et adoratur, et Dominus appellatur.
Dominica oratio privatim dicitur, quia in ea Deo
loquimur, qui non tantum verba, sed renes et corda scrutatur [87]. Vel ut eam cum majori diligentia
capiamus : in qua septem petimus, ut a septem
vitiis liberemur, ut septem donis ditemur, ut septem
beatitudinum præconia consequamur, finis autem
aperte dicitur, ut ab omnibus confirmetur. Per
duos sequentes versus : Vivet anima mea. Erravi
sicut ovis quæ periit [88], patet de ovibus errantibus,
id est pœnitentibus agi, quæ per pastorem ad ovile
ducuntur [89] ; sed quia via redeunti est fides, quæ
est ut scutum viatorum contra insidias hostium [90] ;
ideo subditur Symbolum apostolorum, scilicet, Credo in Deum Patrem ; cujus expositionem in Scru-
tiniorum tractatu, Deo propitiante, ponemus. Confessio subjungitur, quia post confessionem peccata
venialia dimittuntur ; sine quibus, ab ovibus et ope-
rariis præsens vita non ducitur : Preces pro ipso
qui loquitur operario, pro pastoribus, pro regibus,
pro populo, pro vivis et pro defunctis : Miserere
mei, Deus [91], pro pœnitentibus, et oratio pro astan-

[64] Matth. 15. [65] Psal. 108. [66] Job 24. [67] Isa. 66. [68] Matth. 25. [69] Apoc. 20. [70] I Cor. 4. [71] Dan.
7; Apoc. 20. [72] Job 20. [73] Apoc. 20. [74] Matth. 24; Apoc. 11. [75] Rom. 6. [76] Rom. 12. [77] Luc.
7, 8. [78] Joan. 10. [79] Matth. 20. [80] Rom. 10. [81] Matth. 16. [82] Psal. 43. [83] Num. 10. [84] Jac.
1. [85] Psal. 67. [86] Joan. 14. [87] Psal. 7 [88] Psal. 118. [89] Joan. 10. [90] Ephes. 6. [91] Psal. 50.

tibus multiplicantur ; quia per tales fructus pulvis A
a pedibus operariorum excutitur, et oves a pestife-
ris pascuis liberantur , et pœnitentes Domino reconciliantur. Ob eamdem etiam causam septem
psalmi pœnitentiales, in Quadragesima et litaniæ
cantantur. Sed attende quod sacerdos qui prius
prostratus orabat, et nunc surgit, et stans orat summum Patremfamilias , Christum significat, qui prius
conversatus in terris [92], oravit pro peccatoribus [93],
et postea resurgens [94] et ascendens in cœlum , interpellat pro nobis [95], quod ad nostram salutem
spectat. Ideoque præcedit et sequitur salutatio ;
nam cum Dominus surrexit, discipulos salutavit
dicens : « Pax vobis [96], » et post interpellationem,
salutabit ; quia salutem æternam donabit. *Benedica-*
mus Domino significat benedictionem qua Christus
benedixit discipulis post resurrectionem [97]; unde ipsi
gratias egere. Vel est laus finalis, quæ erit in gloria,
cum gratiarum actione. Demum quia solent pastores greges ad alia pascua minare, et pabulo salem,
ut melius sapiat , admiscere; sic prælatus fratres
in capitulum ducit, quibus per pabulum salis sanctorum exempla in Martyrologio proponuntur; et
per versum : *Pretiosa in conspectu Domini mors*
sanctorum ejus [98], ad patientiam invitantur, et orationem. *Sancta Maria*, etc., sanctorum auxilia postulantur ; postmodum , quia pro diversitate locorum occurrit diversitas adversariorum, pastor divinum ter petit auxilium contra insidias diaboli,
carnis et mundi cum dicit : *Deus in adjutorium* C
meum, intende [99]; deinde simul omnes orant et misericordiam petunt, dicentes : *Kyrie eleison* et *Libera*
nos a malo. Dicentes : *Pater noster*, et operum dilectionem, dicentes in bonum : *Respice, Domine,*
in servos [100]. Exinde pastor tanquam per se et pro
ovibus sollicitior, eas dirigi , et in lege Domini
postulat sanctificari et custodiri, dicens : *Dirigere*
et sanctificare, regere et gubernare. Demum lectionis
et prædicationis pabulo reficiuntur maxime qui in
monasteriis degunt, qui in omni hora Dei servitio
sunt occupati, semper avidi Scripturarum pabulo
satiari. De officio et ordine tractari, est de sequenti ; pascua, et dicta ovibus providere , quod sequitur. *Adjutorium nostrum in nomine Domini*, et *Be-*
nedicite, licentiantur oves ad pascua, et operarii ad D
cultum vineæ festinare [1], ut valeant in mundi vespera denarium retributionis accipere.

CAPUT VII.

DE TERTIA , SEXTA ET NONA

Daniel tribus temporibus in die flectebat genua
sua, et orabat, ut in ejusdem libro legitur [2]; per
quæ tria tempora, tertia, sexta et nona secundum
Hieronymum intelliguntur. Post Danielem , Esdras
quater in die cum populo Domino confitebatur [3],
hoc est, secundum Bedam, hora prima, tertia,

sexta et nona. Sexta quoque, tempore gratiæ, volens Petrus comedere , ad orationem ascendit cœnaculum [4]; nona præterea Petrus et Joannes per-
gebant ad templum [5] : ideoque tertia, sexta et nona
celebri officio auctoritate veterum decorantur.
Igitur in his tribus horis in primordio, more solito
divinum imploramus auxilium, quod est in omni
opere bono faciendum. Exinde Trinitas glorificatur,
Deus in hymno laudatur : postea ternis psalmis
psallitur ; quia in nostris operibus Trinitas veneratur. Item in prima, tertia, sexta et nona per octo-
narios psallimus, quia tunc bene gregem pascimus,
et vineam colimus, dum octo beatitudinibus intendimus, quos combinamus, si duo præcepta charitatis observamus. Et vide quod undecim facimus
combinationes , ad emendandum undenarium nostræ transgressionis , vel ut pro quavis hora diei,
in qua deliquimus , unum Domino, legis et charitatis, binarium offeramus, ut pro prima. *Beati*,
pro secunda ; *retribue*, pro tertia ; *Legem pone*,
pro quarta, *Memor esto*; pro quinta *Bonitatem*
fecisti; pro sexta, *Defecit*; pro septima, *Quomodo*
dilexi; pro octava, *Iniquos odio habui*; pro nona,
Mirabilia; pro decima *Clamavi*; pro undecima ,
Principes [6]. Et est notabile quod in quolibet octonario aliquid de lege Domini memoratur.; quia per
eum vinea colitur, et denarius æternitatis acquiritur [7]. Rursus in quatuor horis ad psalmos duodecies *Gloria* canitur, ut pro quavis hora, in
qua deliquimus, de remissione peccatorum Deo
gloriam rependamus. Verum in tribus horis , tertia, sexta et nona, triplex status innuitur prælian-
tium, proficientium, fatiscentium. In tertia prælian-
tes aiunt : *Respondebo exprobrantibus mihi verbum* [8].
In sexta proficientes adjungunt : *Tota die meditatio*
mea est [9]. In nona fatiscentes, dicunt : *Tribula-*
tiones et angustiæ invenerunt me [10]. Per antiphonas
charitatem exprimimus, sub qua psalmos concludimus, si per eum nostra opera Domino commendamus, juxta illud : « Omnia opera vestra in charitate fiant [11]. » Capitulum est boni pastoris ad
opera exhortatio. Responsum est hilaris operariorum responsio. Versus, qui ostendit , quod ad
Dominum mentem vertimus, est boni operis fructus. Oratio est pastoris ad operarios commendatio.
Benedicamus Domino, et *Deo gratias*, est operariorum ad pastorem gratiarum actio. Et sumitur hic
ordo ab his, qui secundum Esdram [12] murorum
opera faciebant, alii vero armis operarios defendebant : sic et in his horis modo psallimus : psalmus
autem operationem eorum significat, quos princeps docet per lectionem et munit per orationem.
Vel sumitur a triplici genere musicorum. Musica
namque fit aut pulsu digitorum, ut in psalterio, et
similibus; aut cantu sicut in voce, aut flatu, sicut
in sono tubæ. De primo dicitur : *Laudate eum in*

[92] Baruch. 5.　[93] Isa. 53.　[94] Matth. 28.　[95] Rom. 8.　[96] Luc. 24.　[97] Ibid.　[98] Psal. 115.　[99] Psal. 69.
[100] Psal. 89.　[1] Matth. 20.　[2] Dan. 6.　[3] II Esdr. 9.　[4] Act. 10.　[5] Act. 3.　[6] Psal. 118.　[7] Matth. 20.
[8] Psal. 118.　[9] Ibid.　[10] Ibid.　[11] I Cor. 16.　[12] II Esdr. 4.

psalterio et cithara [13] ; de secundo : *Psallite in vo-ciferatione* [14]; de tertio : *Laudate eum in sono tubæ* [15]. Quando psalmos dicimus, primum genus musicæ adimplemus; quando legimus, secundum exercemus; quando cantamus, tertio genere delectamur, usque adeo ad altiora nos extendentes, ut ad Trinitatis gloriam in responsorio veniamus. Vel potius sumitur ab Apostolo qui ait : « Implemini Spiritu sancto loquentes vobismetipsis in psalmis, hymnis et canticis [16]. » Psalmi pertinent ad operationem, hymni ad laudem, cantica vero ad evangelicam exsultationem : unde gloria eis continuatur : quia nusquam tanta gloria Deo confertur, quanta in cœtu sanctorum et angelorum. In his etiam horis in ferialibus preces interseruntur, quæ in festivis rationabiliter omittuntur. In ferialibus enim ploramus nostram peregrinationem; ideoque utimur obsecrationibus, orationibus et postulationibus, pro nobis et omnibus in commune, ut : *Ego dixi : Domine, miserere mei* [17], etc. Sed in festivis recolimus nostram et Domini resurrectionem. Et qui hic manentem civitatem non habemus [18], cœlestem Hierusalem nobis futuram inquirimus ; ubi non habebit locum miseria, et ideo pro miseris non implorabitur misericordia.

CAPUT VIII.

DE VESPERTINA SYNAXI.

Vespertina oratio ascendat ad te, Domine! Hic etiam ut in aliis horis prædiximus, divinum auxilium imploramus, et gloriam Trinitati ascribimus. Postmodum quinquies psallimus, propter quinque vulnera Christi, qui se pro nobis obtulit sacrificium in vespera mundi : quod patriarchæ ante legem, prophetæ sub lege præfiguraverunt, cum Domino ad vesperam sacrificia obtulerunt [19]. Vel quinquies psallimus, ut nobis peccata quinque sensuum dimittantur : eadem ratione pectus quinque digitis tundimus [20]. Hoc etenim fletum illorum insinuat, quibus occidit sol justitiæ [21]. Vel quinquies psallimus, quia pro labore quinque sensuum præmium exspectamus : nam et in hac hora dies clauditur, et finis operum, et initium sequitur præmiorum. Cantantur autem psalmi secundum materiam diei, ut in Dominica nocte, qua per resurrectionem Christus vicit leonem, cantatur *Benedictus Dominus Deus meus* [22], qui continet victoriam David contra Goliath [23]. Cæteri laudes personant. Et vide quod vespertinum et matutinum officium cæteris horis modis psalmidicis numero præferuntur, eo quod in senaria operum distinctione vespere et mane solummodo memorantur [24]. Et in veteri lege [25] antiquitas matutini et vespertini officii commendatur. Antiphona est cantus animæ, virtus dilectionis, quæ psalmis intercantantur, ut opera

corporis in charitate fiant. Sequitur capitulum patrisfamilias, per quod excitat operarios assurgere Domino venienti. *Deo gratias*, vox est aggratulationis laborantium. In capitulo quod psalmos sequitur, futuræ diei qualitas vicinatur ; nam opera comitatur expositio pœnarum, vel manifestatio præmiorum. In capitulo igitur officia dividentes, per præcedentia laborem, per sequentia præmium significamus : ideoque præcedentia consistunt in psalmis, et sequentia in hymnis, et canticis. Vel per præcedentia noctem præsentem, in qua plurimum laboramus; per sequentia diem futuræ exaltationis accipimus; quia nox præcedit, dies autem appropinquabit [26]. Ante noctem gloriosam, dies ab initio mundi noctem præcedebat [27], significans quod a die paradisi descenderat homo ad noctem inferni. Sed in nocte resurrectionis, quæ fuit utriusque diei communis, facta est reciprocatio, ut nox diem præcedat; innuens quod per Christi resurrectionem, post mortem carnis de profundo noctis tenebrosæ transibimus ad claritatem lucis perpetuæ. Inde est quare in vesperis officium sequentis diei incipimus, quia vespertina synaxis primum est officium secundum Esdræ consuetudinem, in quaternario nocturno. Unde vespertinum officium a vespera stella nominatur, quæ in principio noctis oritur. Ideoque tunc debent hoc officium secundum Esdræ consuetudinem celebrare. Post capitulum quidam adjiciunt responsorium, ut hilaritas operantium Patrisfamilias excitationi respondeat : et hoc dicunt in omnibus horis esse agendum, nisi in laudibus matutinis, ubi superfluum videretur in responsoriis delectari, cum nocturnalibus continuentur excubiis. Alii capitulo versum conjunctum adjiciunt; quia sicut responsorium excludit canticum Zachariæ, sic et canticum Beatæ Mariæ. Hymnus qui sequitur est exsultatio laborantium de suo profectu. Versus est eorumdem laborantium in se vicaria excitatio, vel exhortatio. Vel hymnus est canticum victoriæ; versus pulsatio ad ostium gloriæ. Et vide quod versus aut debet notare statum temporis, aut officii : statum temporis notat versus primæ, scilicet *Exsurge, Christe, adjuva nos* [18], ubi cum dicitur : exsurge, mihuitur initium operæ. Similiter in versu tertiæ : *Adjutor meus esto, ne derelinquas me* [19], cum dicitur : Ne derelinquas me, notatur status pugnæ; similiter in versiculo sextæ, *Dominus regit me, et nihil mihi deerit, in loco pascuæ ibi me collocavit* [30], significatur status profectus et perfectionis. In versiculo nonæ : *Ab occultis meis munda me, Domine, et ab alienis parce servo tuo* [31]; status demonstratur frigescentis dilectionis. Statum quoque temporis innuunt versiculi,

[13] Psal. 150.   [14] Psal. 32.   [15] Psal. 150.   [16] Ephes. 5.   [17] Psal. 40.   [18] Hebr. 13.   [19] Ephes. 5; Hebr. 9.   [20] Exod. 29 ; Num. 28.   [21] Jer. 15; Amos. 8.   [22] Psal. 143.   [23] I Reg. 17.   [24] Gen. 1.   [25] Exod. 29; Num. 28 ; IV Reg. 16.   [26] Rom. 13.   [27] Gen. 1.   [28] Psal. 43.   [29] Psal. 26.   [30] Psal. 22.   [31] Psal. 18.

qui in passione et resurrectione cantantur; sed versus vespertinales, officii statum insinuant, ut *vespertina oratio*, etc. Ex quibus verbis colligitur quod vespertina oratio actitatur.

Canticum beatæ Mariæ, scilicet : *Magnificat*, triplici de causa in vesperis frequentamus : ut incarnationem Domini recolamus; ut acta Virginis recolentes, ejus intercessionem precibus mereremur; ut ejusdem castitatis exempla sequamur. *Magnificat* [32] autem in vesperis, quia Virgo portavit Dominum in vespera mundi; hoc canticum est exsultatio laborantium, quorum spiritus exsultat in Domino; quia fecit eis magna qui potens est, cujus misericordia est in sæcula [32*]. Ob hanc exsultationem repræsentandam lampades accenduntur in vesperis; vel pro hoc cantico principaliter accenduntur, eo quod Evangelium est, vel ut nos de numero adolescentularum, et quinque prudentum, curramus cum lampadibus bonorum operum, in odorem unguentorum [33] beatæ Virginis, intrantes cum ipsa in gaudium Domini nostri [34]. Et quia opera non sunt in lampadibus radiantia, nisi fuerint charitate formata, ideo canticum clauditur sub antiphona. Interim a sacerdote, qui vicem tenet Aaron, incensatur altare illa ratione, quam prædiximus in *Benedictus*. Preces etiam adjiciuntur in ferialibus diebus et excluduntur in festivis, illa ratione, quam in aliis horis superius prætaxavimus. Oratio est ultima Domini ad operarios benedictio; quod orationes in fine dicuntur, ab Actibus sumitur apostolorum [35], qui, quando disjungebantur, positis genibus suis orabant; quæ finales orationes collectæ dicuntur, quod tractum est a Levitico [36], ut scenopegia ultimum festorum legalium collecta vocatur : quia ibi fiebat fructuum collectio, quæ figurabat futuram nostrorum operum collectionem, cum dicetur : ‹ Ecce homo, et omnia opera ejus cum eo [37]. › Collectæ illæ ratione quam prædiximus in tractatu missæ. *Benedicamus Domino*, laus est finalis et ineffabilis exsultatio. *Deo gratias*, est de consummato cursu gratiarum actio.

CAPUT IX.

DE COLLATIONIBUS ET COMPLETORIO.

‹ In pace in idipsum dormiam et requiescam [38]. › Collatio traxit originem a sanctis Patribus, qui solebant in vesperis convenire et de Scripturis conferre, ad instar operariorum ad recreationem invicem confabulantium. Ideoque vitas Patrum, et his similia, quæ potius sunt delectationi quam honori, in nostris collationibus legimus; et nobis eruditiores licite, si dubium occurrerit, interrogamus. Completorium dicitur, quia opera nostra complentur, sed et usus quotidianus cibi, et potus, et communis eloquii; unde moris est, ut monachi, post completorium oris claustra muniant, et

significat finem vitæ præsentis. In quo numero electorum completo, complebit Deus gaudium sanctis suis; unde quia Dominus judicat fines terræ [39], › per *Converte nos*, *Deus salutaris noster* [40] incipimus orantes, ut nos a malo convertat, et iram suam a nobis avertat, et quia merita non sufficiunt, ejus adjutorium postulamus, dicentes : *Deus, in adjutorium meum intende* [41]. Quatuor psalmos ad placandum Dominum dicimus; quia corpus quod ex quatuor elementis constat, in morte resolvitur; quod Domino commendamus. Tres primi loquuntur de morte vel Domini passione; et ideo eis utimur in completorio nostræ vitæ. *Cum invocarem* canimus, ut *in pace in idipsum* [42], id est immutabili dormiamus. *In te, Domine, speravi* [43] subjungimus, ut cum Christo in manus Patris spiritum commendemus [44], unde et in eo versu finem psalmi accipimus, quem Dominus exspirans in cruce dixit; et est sextus versus, quia in sexta ætate Christus obiit; et nos in eadem sic dormiamus, ut membra quiescant et cor ad Dominum vigilet, ut caro in sepulcro quievit, et divinitas vigilavit. *Qui habitat in aajutorio altissimi* subdimus, ut a quatuor tentationibus liberemur, scilicet *a timore nocturno, a sagitta volante in die, a negotio perambulante in tenebris, ab incursu, et dæmonio meridiano* [45], id est ab incurrente dæmonio. Prima est levis et occulta, secunda levis et manifesta, tertia gravis et occulta, quarta gravis et manifesta. Quarto loco : *Ecce nunc benedicite Dominum* [46] inter psalmos concludimus, ut post mortem in domo Domini, et a Domino benedicamur, et Domino benedicamus. In hymno, capitulo, versu, victoriam de nocturnis illusionibus rogamus, et custodiri, *ut pupillam oculi* [47] deprecamur, aut victoriam de insidiis diaboli, carnis, et mundi, aut de quatuor supradictis cogitationibus postulamus, ut in Christo qui vicit mortem, mundum et diabolum, triumphemus [48]. Hic ergo versus : *Custodi nos, Domine, ut pupillam oculi*, statum monstrat temporis et officii, scilicet, custodiam Salvatoris circa pericula noctis. Et attende quod, secundum quosdam, capitulum præcedit hymnum in hoc officio, sicut in vesperis et aliis horis, ut hymnus Evangelio, quod hic dicitur continuetur, secundum alios hymnus præcedit capitulum, quod est per aliarum horarum apostrophem : nam in cæteris horis hymnus præcedit psalmum, hic psalmus hymnum, ut adimpleatur, quod invenitur in titulis psalmorum, psalmus cantici et canticum psalmi. Rursus quod capitulum hymnum, et hymnus præcedit capitulum, morem boni sequitur oratoris, in cujus ore modo laudes præveniunt exhortationem, modo exhortatio laudes. Illud quoque notabile est quod cum septenæ sint partes cæterarum horarum, sci-

[32] Luc. 1. [32*] Ibid. [33] Cant. 1. [34] Matth. 25. [35] Act. 20. [36] Cap. 23. [37] Eccl. 11. [38] Psal. 4. [39] 1 Reg. 2. [40] Psal. 84. [41] Psal. 69. [42] Psal. 4. [43] Psal. 30. [44] Luc. 23. [45] Psal. 90. [46] Psal. 133. [47] Psal. 16. [48] Hebr. 2; Joan. 16; Luc. 11; Col. 2.

licet versus cum gloria, hymnus, psalmus, et lectio, cantus, preces et oratio; in tribus scilicet matutinis laudibus, vesperis et completorio additur et octava, canticum videlicet evangelicum; quoniam hæ tres horæ pertinent ad octavum, scilicet Domini resurrectionem, qui mane surrexit, in vespere se discipulis manifestavit, in completorio discipulis ait : « Pax vobis [49]. » Eapropter in his tribus horis hymnus, qui est exemplum lætitiæ, psalmos sequitur, ut continuetur Evangelio gratiæ. Evangelium hujus officii est canticum Simeonis, scilicet : *Nunc dimittis* [50], in quo pacem rogamus æternam, ut sicut Simeon transire cupiens, postquam vidit Christum, dimitti rogavit, sic nos post lumen fidei perveniamus ad splendorem speciei, ubi erit pax æterna. Preces etiam et Dominicam orationem adjungimus, ut nos ab hostibus, qui insidiantur in tenebris, et vitæ calcaneo, muniamur [51]. Et vide quoniam ad primam et completorium apostolorum Symbolum non omittimus; quia cuncta nostra opera in ejus nomine incipimus et concludimus in quem credimus. Similiter ad utrumque officium confessionem, et *Miserere mei, Deus* [52] adjicimus, ut quidquid in nocte peccavimus aut in die deliquimus, per confessionem et pœnitentiam diluamus, adimplentes illud : « Confitemini alterutrum peccata vestra, et orate pro invicem, ut salvemini [53]. » Respicientes etiam illud quod olim sacerdos farinæ assarium offerebat in die vicis suæ, medietatem mane, medietatem post meridiem [54].

Sacrificium autem nostrum est spiritus humilitatus [55]; similiter et utrumque soli Deo referimus ad instar primitiarum et decimarum [56]. Unde pro supervenienti festo non mutantur, nisi Christi, qui Deus est [57] (ut in Paschali tempore aiunt quidam) et beatæ Virginis ad confirmandum, quod idem est Filius Dei et Filius hominis, et significant preces humilitatem, quæ semper est necessaria, in principio, ad quod significandum humili voce servitium inchoatur, et in fine. Ideoque preces in fine ponuntur. Ultima oratio est ultima benedictio. *Benedicamus Domino, Deo gratias*, laus est finalis, et ineffabilis, et de consummato cursu gratiarum actio. Demum illud non est de officio negligendum, quod, ut quidam aiunt, nocturnale officium recolit tempus ab Adam ad Noe, matutinale a Noe ad Abraham, prima ab Abraham ad Moysen, tertia a Moyse ad David, sexta a David usque ad adventum Christi, nona ab adventu primo usque ad secundum, cum Dominus venerit ad judicandum. Per vesperas intelligunt Sabbatum animarum, quo requiescent a laboribus suis [58]; per completorium, illud tempus magnæ solemnitatis, in quo venient electi percipere regnum [59], et consummabitur gaudium sanctorum,

cessabit lucta et pax succedet æterna : in qua det sponsus sponsæ dormire et immutabiliter requiescere [60].

CAPUT X.
DE OFFICIO MONASTICO.

« Celebra, Juda, festivitates tuas, et redde vota tua [61]. » Nahum confitentes alloquitur, præcipiens vota reddere, quæ propria voluntate vovere. Vovere quippe voluntatis est, sed vota reddere necessitatis ; votum est conceptio mentis animi deliberatione firmata. Vota monachi continua sunt, obedientia, habitus vestium, abrenuntiatio propriorum, jejunium, silentium et regulare officium, de quo tractare, cæteris omissis, intendimus. Beatus itaque Benedictus aliter a canonicis ordinavit officium, nec est ab Ecclesia reprobatum, sed a beato Gregorio roboratum, qui ait : « Sanctus vir non potuit aliter dare quam vixit. » Dicit ergo semel : *Deus, in adjutorium meum intende* [62], et post ter : *Domine, labia mea aperies* [63]. propter reverentiam unitatis et Trinitatis. Exinde psalmum : *Domine, quid multiplicati sunt*, eo quod a somno, secundum quosdam, dicit in eo : *Ego dormivi et soporatus sum* [64]. Inde per invitatorium, et *Venite*, ad Ecclesiam venire invitat. Proinde Ambrosianus sequitur hymnus. De hymnis superius diximus. Sed hic adjiciendum putamus hymnos etiam patres veteres cecinisse [65], ut David, et tres pueros in fornace [66]. Sed etiam ipsius Domini et apostolorum habemus exemplum [67]. In his demum quia beatus Ambrosius floruisse cognoscitur, ex ejus nomine Ambrosiani vocantur. Vel quod ab ipso sint conditi, vel quia ejus tempore cœperunt celeberrime in Ecclesia celebrari. Ad hoc septem psalmos cum antiphonis suis et quatuor lectiones, cum totidem responsoriis in primo nocturno adjecit, et totidem in secundo. Senarius vitam designat activam, in qua sex opera misericordiæ nos convenit exercere, si ad vitæ contemplativæ perfectionem volumus pervenire [68], quæ per quaternarium lectionum responsorium propter quatuor Evangelia designatur ; vel per octonarium utrorumque propter octo beatitudines figuratur [69]. In tertio nocturno idem vir vitæ venerabilis tria cantica censuit esse cantanda in laudem Trinitatis, a qua utriusque vitæ perfectionem dari nobis credimus et speramus.

Quod cum *Alleluia*, quod est canticum cœleste, cantatur, innuit quod ad laudem Trinitatis non sufficiat laus vocis humanæ vel quia pro laudibus Trinitatis perveniemus ad canticum cœlestis lætitiæ. Deinde quatuor lectiones de Evangelio, quæ sequuntur, insinuant quod laudatores Trinitatis per doctrinam quatuor Evangeliorum, quatuor virtutibus insigniti, muniti et eruditi sunt; per quatuor responsoria, quæ sequuntur, laudantium hilaritas

[49] Luc. 24.   [50] Luc. 2.   [51] Gen 3.   [52] Psal. 50.   [53] Jac. 5.   [54] Levit. 6.   [55] Psal. 50.   [56] Deut. 12.
[57] Rom. 9.   [58] Apoc. 14.   [59] Matth. 25.   [60] Cant. 3.   [61] Nahum. 1; Psal. 75.   [62] Psal. 69.   [63] Psal. 50.
[64] Psal. 3.   [65] Psal. 64.   [66] Dan. 3.   [67] Matth. 26.   [68] Matth. 25.   [69] Matth. 5.

intelligitur. Et vide quod canonici novenario, monachi vero duodenario lectionum utuntur. Novenarius enim tetragonus est, scilicet æquis undique
lateribus quadrus , et convenit ·prædicatoribus,
quorum verbum et opus debent æqua lance pro-
portionaliter trutinari. Duodenarius vero inæqua-
libus constat lateribus, quia ter quatuor, aut quatuor tria duodecim faciunt, et convenit monachis ad
instar Jacob [70] cum Deo luctantibus et pede-altero
claudicantibus ; quia minus operantur, et amplius
meditantur. Rursus quaternarius illius ordinis sancti quadratam significat stabilitatem ejusdem ; qua-
drigas Aminadab [71], quadruplum videlicet sensum
Scripturarum · historicum, allegoricum, tropologi-
cum et anagogicum, in quibus ille sanctus ordo
præ cæteris meditatur. Sed ne hoc agentes bonum
sibi ascribant, sed totum Deo tribuant, ne vero
inutiles servos dicant [72], subjungunt : Te Deum
Laudamus.

Post hoc legitur evangelium, quod denarium,
scilicet, vitam·designat æternam, quæ digne laudan-
tibus in fine reddetur : unde solemniter et cum honore cantatur, ad quod sequitur Amen, id est fiat
nobis quod ex Evangelio credimus et speramus.
Per hymnum qui canitur in extremo, scilicet : Te
decet laus, ultima intelligitur gratulatio, quando
percepto denario exsultabunt sancti in Domino [73] :
ideoque magna cum delectatione cantatur et·hym-
nus dicitur ; nam, ut dicimus, hymnus est laus
Dei cum cantico. In matutinis laudibus pene totidem, et eosdem psalmos, hymnos et cantica, tam
ferialibus quam festivis, ut superius exposuimus,
et in eadem significatione beatus Benedictus instituit. Eo tamen mutato quod Deus, misereatur nostri [74], primo voluit indirectum absque antiphona
decantari. Vel quia tenebris fatiscentibus diluculo
matutinæ cantantur ; hic autem dicitur : Illuminet
vultum suum super nos [75]. Vel quia hoc officium ad
Domini pertinet resurrectionem, per quam accepimus gratiam et benedictionem ; quod sequitur :
Miserere mei Deus secundum magnam misericordiam
tuam [76], psalmus vel Jubilæus recolit remissionem,
tum propter psalmorum numerum, tum propter
pœnitentialem, quam in se continet humilitatem.
Rursus id specialius ordo monasticus habet, quod
in matutinis et vesperis Dominicam orationem dicit
in voce propter simplices, et versutos ; sunt enim
qui eam non intelligunt, aut obliviscuntur ; et sunt
qui spinam odii gerentes in corde fratrem odiunt,
et dicere nolunt : dimitte nobis debita nostra, sicut
et nos dimittimus, debitoribus nostris [77] : hoc ergo
dicere compelluntur in publico, ut purgentur ab
illo vitio ; et hoc in matutino, id est fine diei, ut
noctem aut diem non pertranseat quis sine reconci-
ciliatione fratris ; in aliis autem horis non dixit
in voce dici ; quia sæpe contingit fratri fratrem

irasci, et quodam furoris impetu commoveri, qui
licet statim animum non cohibeat, exspectandus
est ad veniam ; quia sufficit si « sol non occidat
super iracundiam [78]. » Ternarius psalmorum in
prima, tertia, sexta, nona et completorio, fidem
sanctæ Trinitatis insinuat, ad quam sunt diurna
opera referenda. Quaternarius psalmorum in vesperis, vel ad quadraturam superiorem nos dirigit ; vel ad quaternarium cardinalium virtutum,
circa quarum cardines expedit ut opera nostra
vertantur.

Et attende a mysterio non vacare, quod monachi
se toto corpore gyrent ab oriente in occidentem,
significantes Deum ubique adorandum : quia ubique præsentem. Vel potius, quod cum rationabili
motu ab ortu nostræ nativitatis usque ad occasum
mortis sequi tenemur, sicut firmamentum ab oriente naturaliter vertitur in occidentem. Hoc etiam
transmontana designat Ecclesia cum dicit : Gloria
Patri, se inclinat in orientem, et subdens, sicut
erat, se vertit in occidentem. Et est hæc quædam
species devotionis ; devotionem autem statuit ille
magister in officiis exhibendam : si enim credimus
Deum ubique præsentem, tunc eum maxime credamus adesse, cum ad divinum opus corpore et
mente assistimus, sed et angelorum præsentiam
adesse non dubitamus. Servite itaque, fratres, Domino in timore [79], servite in psalmis, in lectionibus ; exsultate in hymnis et jubilationibus ; in timore additur et tremore, ut servitium non sit negligens, nec exsultatio torpens. In psalmis, ut cum
melodia cantentur, quo facilius animi ad compunctionem flectantur, ut qui verbis non compunguntur, modulationis dulcedine moveantur ; ardentius
enim, ut experimento cognovimus, per cantum anima
movetur infirma ad pietatis affectum. In lectionibus, ut pronuntientur, in quibus est quidem non
parva audientium ædificatio : unde licet cum psallitur, psallatur ab omnibus ; et cum oratur, oretur
ab omnibus : tamen cum legitur, faciendum est
silentium et est ab omnibus audiendum. Unde si
quis supervenerit, Deum capite inclinato adoret,
frontem persignet, et aurem lectioni accommodet,
ne obtentu orationis fructum perdat ejus quæ legitur, lectionis : nam eam non semper habebit,
orandi vero potestas semper in promptu erit. In
orationibus, ut sit devota, si enim principi sæcularium, qui est cinis et vermis, est submissa voce
loquendum, quanto majori devotione est Domino
supplicandum, qui est creator omnium. Sit etiam
brevis, quia « in multiloquio non deerit peccatum
[80] ; » ideoque Dominus ait : « Orantes nolite multum loqui [81] . » inde quoque mos est Græcorum
frequenter sed parum orare. Et attende quod in
singulari oratione tamdiu prostrati jacere debemus,
quousque cogitationes varias comprimamus, ut ait

---

[70] Gen. 32.   [71] Cant. 6.   [72] Luc. 17.   [73] Psal. 149.   [74] Psal. 66.   [75] Ibid.   [76] Psal. 50.   [77] Matth. 6.
[78] Ephes. 4.   [79] Psal. 2.   [80] Prov. 10.   [81] Matth. 6.

Gregorius. In conventu vero breviter est orandum, et facto signo ab oratione surgendum. Et vide quod cum sacerdos in voce dixerit orationem, non debet aliis verbis orare, sed illam orationem corde attendere, ut ea dicta respondeat: *Amen*. Rursus quod usque adeo debent fratres prostrati jacere, quousque dicatur : *In unitate Spiritus sancti Deus*, excepto completorio, in quo prostrati jacemus, quousque dicatur : *Benedictio Dei Patris omnipotentis, et Filii, et Spiritus sancti*.

Tunc erigimur, ut *Amen* respondeamus. Sit præterea oratio pura, ex cordis puritate procedens, lacrymarum compunctionem inducens, de irriguo superiori et inferiori [82]; nam, ut ait Gregorius, veraciter orare est amaros in compunctione gemitus, et non composita verba sonare. Sit etiam perseve-

rans : quia, « si quibus perseveraverit usque in finem salvus erit [83]. » Sit quoque operibus concordans, ut vertatur os turturis ad axillam [84]. In hymnis autem exsultandum, ut sit laus Dei cum cantico [85] : nam si laus est et non Dei, non est hymnus ; et si laus est, et Dei, sed non cantetur, proprie non est hymnus, licet largo vocabulo dicatur : « Hymno dicto, exire in montem Oliveti [86]. » In voce quoque exsultationis est Domino exsultandum [87], sic tamen ut mens voci concordet : quod et de cæteris intelligendum est, ut psallamus spiritu, psallamus et mente [88], psallamus Domino sapienter, id est corde, ore, cupientes non tam voces nostras, quam sensum et verba hominibus et Deo placere. Amen.

[82] Joan. 15. [83] Matth. 24. [84] Levit. 1. [85] Psal. 68. [86] Matth. 26. [87] Psal. 46. [88] I Cor. 14.

LIBER QUINTUS.

—

PROLOGUS.
DE MULTIPLICITATE LIBRORUM, ET VARIETATE TEMPORUM.

Excursis generalibus, specialia prosequamur de concordia et diversitatibus officiorum. Verum quia concordia consurgit ex multiplicitate librorum, et diversitas officiorum ex varietate temporum, idcirco de librorum pluralitate et temporum varietate utilia præmittamus. Cum igitur ecclesiasticum officium consistat in lectione et cantu, duæ sunt maneries librorum ecclesiasticorum. Nam alii sunt lectionarii, alii cantuarii. Lectionarii sunt bibliotheca, passionarius, legendarius, homiliarius, sermologus, epistolarius, evangeliarius, collectarius et ordo. Bibliotheca dicitur a biblis, quod est liber; vel a biblo, quia quondam scribebatur in biblis, et theca, quod est positio et æquivocum ad armarium, ubi libri reponuntur, et ad magnum volumen, quod utrumque continet Testamentum. Vetus in tria partitur, in historiam, prophetiam, hagiographa; historia XXI volumina continet, scilicet : Pentateuchon, qui dicitur Thorah, scilicet *lex*. Hi quinque libri Moysi : Genesis, Exodus, Leviticus, Numeri, Deuteronomium, super quos jurant Hebræi, sicut nos super Evangelia, veluti sacratiora illa penes illos, ista penes nos. Pentateucho vero adduntur duo, scilicet, Josue, et Judicum, et vocatur Eptateuchos. Deinde sequitur liber Ruth et Regum quatuor partitiones. Postea sequuntur duo libri Paralipomenon, duo Esdræ; duo Machabæorum; liber Tobiæ, Judith et Esther; et sunt xxi, quia docuere Decalogum corpore ac mente, in unitate fidei observandum. Prophetæ sunt sexdecim : Isaias, Jeremias, Daniel, Ezechiel, et duodecim prophetæ, qui sunt

sexdecim, quia docent decem præcepta per sex opera esse complenda. Sequuntur hagiographa, scilicet liber Psalmorum, Job, tres libri Salomonis, ut Parabolæ, Ecclesiastes, Cantica. Libri Sapientiæ et Ecclesiasticus, qui sunt septem ; quia docent vitam æternam per dona Spiritus sancti adipiscendam. [Apocrypha tamen esse dicuntur liber Tobiæ, Machabæorum, Sapientiæ, Philonis, id est *Diligite justitiam*, et liber Jehu filii Sirach, *Omnis sapientia a Domino Deo est*, qui dicitur Ecclesiasticus ; hos quatuor apocryphos Ecclesia non authenticat, quoniam eorum auctores ignorat. Nam duo tenent sententiam Salomonis et alios duos Esdram credimus composuisse, qui reparavit bibliothecam a Babiloniis combustam.] Sequuntur libri Novi Testamenti, scilicet, quatuor evangelistæ, Epistolæ Pauli quatuordecim, Apocalypsis, Epistolæ canonicæ septem ; Actus apostolorum. Hi libri duorum Testamentorum sunt pene septuaginta duo contra septuaginta duas linguas superborum, ut septuaginta duæ linguæ convertantur ad Dominum. Passionarius est in quo sunt passiones martyrum ; legendarius, in quo est conversatio confessorum ; homiliarius est, in quo sunt expositiones evangeliorum ; sermologus est liber sermonum hiemalium et æstivalium ; epistolarius et evangeliarius sunt partes bibliothecæ ; collectarius est liber collectarum, sicut hymnarius hymnorum, et ordo exorcismorum, et benedictionarius benedictionum. Cantuarii libri sunt tres : antiphonarius, gradualis, trophalis. Antiphonarius a digniori nomen accepit, scilicet ab antiphonis, cum et ibi versus sint, et responsoria : legitur enim in Tripartita Historia, quod beatus Ignatius audivit angelos cantantes antiphonas ; ideoque in-

stituit antiphonas cum psalmis in choro, quasi
chorea cantari, et idcirco dicuntur antiphonæ, quia
sicut responsoria respondent ad historiam, sic antiphonæ ad psalmodiam. Antiphonarium beatus Gregorius centonizavit, et compilavit. Gradualis dicitur
a gradibus, eo quod in diebus festis super gradus
ascenditur, ibique in ambone cantatur. In profestis
ante gradus altaris concinitur. Trophalis vel tropha-
narius est liber in quo trophi, et *Kyrie eleison*, cum
prosis et sequentiæ continentur, et dicitur a trophos
quod est *conversio;* quia convertitur ad introitum;
unde et trophium dicitur *zona*, quæ vertitur ab
umbilico ad umbilicum. Varietas vero temporum ex
variis statibus accidit humanæ conditionis : sicut
enim annus solaris quatuor temporum successione
dilabitur, hiemis in qua semina jaciuntur, veris in
quo semina prodeunt et in spicas acuuntur, æstatis,
in qua messes albescunt et falce succiduntur, au-
tumni, in quo grana separantur a paleis : paleæ
comburuntur, et grana in horreis recunduntur; sic
et magnus annus vitæ præsentis durans a principio
mundi usque ad finem sæculi, quadripartita successione metitur; fuit enim primo tempus deviationis
ab Adam usque ad Moysen, in quo omnes declinaverunt a cultu Dei, et simul inutiles facti sunt, et non
fuit qui faceret bonum, non est usque ad unum [89];
serviebant enim creaturæ potius quam Creatori [90].
Secundum tempus fuit revocationis a Moyse usque ad Christum, in quo revocati sunt per legem
et prophetas, et edocti de adventu Christi, de vita-
tione peccati, de dilectione unius Dei. Tertium
tempus fuit reconciliationis a Nativitate Domini
usque ad Ascensionem ; in quo divina reconciliantur humanis ; quia facta est gloria in excelsis Deo,
et in terra pax hominibus bonæ voluntatis [91]. >
Quartum tempus est nostræ peregrinationis, ab
ascensione Domini usque ad consummationem sæculi. Primum comparatur nocti, secundum mane,
tertium meridiei, quartum vesperæ. Sic et homo ingreditur in peccato, sed devians revocatur in baptismo, progreditur in opere, sed egreditur et consummatur in morte. Hæc tempora magni anni videns
Ecclesia pro varietate temporum, laudabili varietate
utitur officiorum. Nam in Adventu recolit tempus
revocationis. In Septuagesima usque ad octavas
Paschæ tempus deviationis. In paschalibus diebus
usque ad octavas Pentecostes tempus reconciliationis. Ab octavis Pentecostes usque in Adventum tempus peregrinationis. Propterea librorum compositionem hoc artificiali ordine prosequentes, secundum quatuor tempora quatuor faciemus in officiis
divisiones. In hoc enim tempore incipit Ecclesia suæ
militiæ spiritualis officia, quia figuram prætendit,
ut diximus, revocationis, in quo tenet rem, et
non sequitur ordinem : non enim decebat a tem-

pore deviationis incipere, quæ desiderabat errorem
vitare, et medicum invenire.

CAPUT PRIMUM.

DOMINICA PRIMA DE ADVENTU.

Aspiciens a longe, ecce video Dei potentiam venientem. Adventum Domini ex causa duplici celebramus : duplex est enim adventus Domini. Primus fuit in humilitate, secundus erit in majestate :
advenire namque scilicet ad nos venire dicitur Dominus, qui ubique est per invisibilem præsentiam,
majestatis, dum assumpto eo, quod visibile est, se-
visibilem visibus nostræ carnis ostendit, quod tunc
factum est, quando < Verbum caro factum est, et
habitavit in nobis [92], > et tunc [secundus] fiet, quando
videbimus Filium hominis venientem in nubibus
cœli [93]. Illud itaque tempus quod nativitatem Domini
antecedit, propterea nominatur Adventus, quia in eo
commemorantur partim ea quæ ad primum, ut *Ecce
Virgo concipiet* [94]: partim quæ ad secundum, ut *Ecce
in nubibus cœli* [95] ; partim quæ ad utrumque spectare
videntur, ut *lætentur cœli et exsultet terra* [96]. Eorum
vero quæ ad primum pertinent, alia sunt epithala-
mia Virginis, alia paranymphi archangeli Gabrielis,
alia sunt Præcursoris præconia, alia crepitacula pro-
ficiscentis Salvatoris, alia sunt tripudia conversæ
gentilitatis. Nam paranymphus annuntiavit : < Virgo
concepit [97], > Præcursor digito demonstravit [98],
Salvator advenit, gentilitas credidit. Quæ vero ad
illa, vel ad illa pertineant providus lector in officialibus libris attendat. In officialibus autem quibusdam, ut in lectionario et evangeliario quinque
notantur hebdomadæ propter quinque ætates sæcu i
præcedentis, in quibus præcessit venturi præconium
Salvatoris : et in quibus electi fuere, qui credidere,
speravere et dilexere Adventum Domini. In quibusdam vero, ut in antiphonario et graduali duntaxat
quatuor attitulantur propter legem, psalmos, pro-
phetias et gentilium libros, in quibus omnibus
adventus Domini prænotabatur. Vel lector monet ad
suscipiendum Christum purgare corporis hospitium
ex quatuor elementorum materia compaginatum, vel
lector monet activos per adventum Christi de terra
aquilonis adduci : unde in Jeremia : *Eduxit Dominus semen Israel de terra aquilonis* [99], scilicet de
peccatis. Hi sunt quinquies mille viri Deum secuti,
ex quinque panibus pasti, de quibus in Evangelio dicitur [100]. Cantor vero ad altiorem conversationem
excitat, et exhilarat contemplativos, qui vehuntur in
quatuor quadrigis Aminadab [1]. Hi sunt quatuor millia virorum septem panibus [2], id est septiformi gratia
refectorum. Hujus causa distantiæ, reor in introitu
tabernaculi quinque, sed ante Sancta sanctorum
columnas quatuor exstitisse [3]; quoniam incipientes
castigantur per legis virgam, perfecti roborantur per

[89] Psal. 13. [90] Rom. 1. [91] Luc. 2. [92] Joan. 1.   [93] Luc. 21. [94] Isa. 7. [95] Dan. 7. [96] Psal. 95.
[97] Luc. 1. [98] Joan. 1. [99] Jer. 23, 31. [100] Joan. 6.   [1] Cant. 6. [2] Marc. 8. [3] Exod. 26, 27.

gratiam, ad quorum mentium gaudium repræsentandum fit renovatio cantuum; ad eos dicit versus vespertinalis : *Rorate, cœli, desuper, et nubes pluant justum, aperiatur terra, et germinet Salvatorem* [4]. Ipsi enim sunt cœli, qui rorant subtilia de incarnatione Christi, ut « Verbum caro factum est [5]. » Ipsi nubes, quæ pluunt grossiora, ut Joseph desponsavit Mariam [6]. Ad eosdem etiam versus matutinalis ait : *Vox clamantis in deserto, parate viam Domini, rectas facite semitas Dei nostri* [7]. Viam parare est pœnitentiam agere et prædicare; semitas rectas facere, post mandata consilia observare. Sæpius tamen tres hebdomadæ in Adventu coluntur propter tria tempora, ante legem, sub lege, sub gratia, de excursu quarum infra latius disputabimus. Principium autem Adventus semper est in die Dominico celebrandum, non ante v Kalendas Decembris, nec post iii Nonas ejusdem mensis, sed in his septem diebus ubicunque Dominicus occurrerit, ibi Adventus Domini celebretur. Nunc vero nocturnis et diurnis officiis insistamus

Ecce nomen Domini venit de longinquo, et claritas ejus replet orbem terrarum [8]. Hoc in Isaia de secundo adventu exponitur, quod etiam de primo sic valet intelligi. *Ecce* vox demonstrativa temporis innuit brevitatem, *nomen Domini* est ipse Patris Filius, unde: « Non nobis, Domine, non nobis, sed nomini tuo da gloriam [9]; » *Venit de longinquo*, quia de cœlo ad terram [10], de sinu Patris in uterum Virginis. *Et claritas ejus*, id est doctrina vel fama, *replet orbem terrarum*; quia flagrat unguentis optimis, ut oleum effusum effunditur [11], cujus odore tota domus repletur [12].

Audite verbum Domini, gentes, et annuntiate in insulis, quæ procul sunt, et dicite [13] : *Ecce Salvator noster adveniet, et jam nolite timere* [14]. Gentes convertendas Jeremias ad fidem Mediatoris invitat; quia non est aliud in quo nos salvari oporteat [15]; quem Mediatorem Verbum appellat, quoniam sicut ex verbo mentis intentio declaratur, sic per Filium Pater agnoscitur [16]. Hoc est Verbum in quo et per quod omnia facta sunt [17]; de quo Psalmista : « Eructavit cor meum verbum bonum [18]. » Est autem verbum inspiratum, ut hominis intellectus; est et indicatum, ut divinus cultus; est et eructatum, ut Deus homo factus. *Audite* hoc *verbum Domini*, quo cœli firmati sunt [19], *et annuntiate* illud in finibus terræ [20]; quia reminiscentur, et convertentur ad Dominum omnes fines terræ, *et dicite* : *Ecce salvator noster adveniet*, quasi ad nos veniet; quia notum faciet Dominus salutare suum in conspectu gentium revelabit justitiam suam [21]. *Ergo nolite timere*, sed « accedite ad eum et illuminamini, et facies vestræ non confundentur [22]; » *Dicite filiæ Sion : Ecce Rex tuus*

venit tibi mansuetus, ut salvet te [23]. Ad custodes murorum, ad vigiles qui custodiunt civitatem, ad custodes filiæ Sion sermonem dirigit Isaias, id est ad doctores Ecclesiæ, ut dicant : *Filia Sion, ecce Rex tuus venit mitis*, id est annuntiet credentibus et Deum spectantibus primum Salvatoris adventum qui in mansuetudine venit ad salutem.

Lætabitur deserta, et exsultabit solitudo, et florebit quasi lilium [24]. Prophetat Isaias de conversione gentilitatis; quæ ante Salvatoris adventum fuerat a Deo deserta, in via sine Christo, qui est « via, veritas et vita [25]; » solitudo sine lege, sine doctore. Sed per adventum, et post adventum *lætabitur* mente, *exsultabit* corpore, *florebit* bonæ opinionis odore, quasi *lilium*, unde : « Sicut lilium inter spinas, sic amica mea inter filias [26]. » In medio namque nationis pravæ atque perversæ [27] moratur Ecclesia rubens in martyribus, candens in confessoribus, virens in virginibus, redolens in doctoribus.

Erit in novissimis diebus mons domus Domini in vertice montium [28]. De prælatione Christi loquitur Isaias dicens : *In novissimis diebus*, de quibus Jacob [29], ut annuntiem vobis quid futurum sit in novissimis diebus; in tempore, id est plenitudinis, et plenitudine temporis, in ultima scilicet ætate. *Mons domus Domini* qui est caput Ecclesiæ Dei, quem quasi lapidem vidit abscisum de monte sine manibus et crevisse in magnum montem [30]. Præparatus a Deo prædestinatus; secundum hominem sola gratia præelectus [31]. *Erit in vertice montium*, id est omnes super eos protegens, eisque de plenitudine [32] sui fontis instillans : hi sunt angeli et omnes sancti, de quibus : « Montes in circuitu ejus [33]. » Gabriel Angelus locutus est Mariæ, dicens : *Ave, gratia plena, Dominus tecum, benedicta tu inter mulieres, et benedictus fructus ventris tui* [34]. Lucas nomen angeli posuit, ut ex ipsa nominis interpretatione quid ministraturus venerat demonstres. Gabriel *fortitudo Dei* dicitur, quia illum annuntiat qui ad debellandum diabolum veniebat [35]. Hic locutus est Mariæ, maris stellæ, quæ lucem fluctuantibus in sæculo genuit; vel maris dominæ, quæ Dominum totius mundi portavit : *Ave, gratia plena*, per Evam mors intravit in mundum, per te salus et vita : unde merito salutaris voce nomini Evæ contraria. Illa gratia fuit evacuata, tu vero gratia plena triplici; quia virginitatis munus Domino obtulisti; quia visu et colloquio angeli perfrui meruisti; quia totius gratiæ auctorem sæculo edidisti. Nam *Dominus tecum*, in animo tuo per dilectionem; in utero tuo per incarnationem; in auxilio tuo per virtutum collationem. *Benedicta tu inter mulieres*, quia sine exemplo muliebris conditionis virgo es, mater es, theotocos es. *Benedictus fructus ventris tui*, de quo Propheta præ-

[4] Isa. 45.   [5] Joan. 1.   [6] Matth. 1.   [7] Isa. 40.   [8] Isa. 30.   [9] Psal. 113.   [10] Joan. 3, 16.   [11] Cant. 1.   [12] Joan. 12.   [13] Jer. 31.   [14] Isa. 62.   [15] Act. 4.   [16] Matth. 11.   [17] Joan. 1.   [18] Psal. 44.   [19] Psal. 32.   [20] Psal. 21.   [21] Psal. 97.   [22] Psal. 33.   [23] Isa. 62; Zach. 9.   [24] Isa. 35.   [25] Joan. 14.   [26] Cant. 2.   [27] Phil. 2.   [28] Isa. 2.   [29] Gen. 49.   [30] Dan. 2.   [31] Rom. 1.   [32] Joan. 1.   [33] Psal. 124.   [34] Luc. 1.   [35] Hebr. 2.

dixit : « De fructu ventris tui ponam super sedem
tuam [36]. »

Maria dixit, putas : Qualis est ista salutatio? quia
conturbata est anima mea, et quia paritura sum
Regem, qui claustrum virginitatis meæ non violabit.
De Luca sumitur beatæ Mariæ responsio, quæ more
virginis de aspectu virili et more humanæ fragilitatis de angelica visione, et de insolita salutatione
turbatur, et de novo concipiendi modo miratur, unde
subdit :«|Quomodo in me fiet istud? » «Ecce Dominus
veniet, quem Joannes prædicavit venturum esse cum
gloria :» hoc sumitur de Matthæo; ait enim Joannes
de Christo, sicut legitur in Matthæo : « Fortior me
est, qui post me venturus est [37] : » Christum enim,
licet jam venisset in mundum, tamen prædicavit
esse venturum; quia venturus erat ad prædicandum
et baptizandum; unde sequitur : « Ille vos baptizabit Spiritu sancto, et igne [38]; » Spiritu sanctificationis in præsenti, igne purgationis in futuro. Venturus etiam erat cum gloria denique ad judicandum;
quia « Pater omne judicium dedit Filio [39]. » Unde
« cujus ventilabrum in manu ejus [40], » id est judicium
in potestatem, Dominum Salvatorem nostrum exspectamus, qui dat salutem corpori nostro et confirmat in nobis claritatem suam. Hæc dicit Apostolus
[41] ad Philippenses in persona Patrum antiquorum
et modernorum. Exspectavere enim Patres antiqui
Messiam ad redimendum, exspectamus et nos ad
judicandum, et utrique ad salvandum. Illi ad animarum salutem, nos ad corporum sanitatem. Salus
proprie est animæ; sanitas, corporis. Nunc est tempus salutis, quod antiqui exspectavere. Unde Apostolus : « Ecce nunc dies salutis [42]. » In futuro erit
tempus sanitatis, quod nos exspectamus quando hoc
mortale induet immortalitatem, hoc corruptibile
incorruptionem [43]. Quando Salvator noster reformabit corpus humilitatis nostræ configuratum corpori claritatis suæ [44]. Utrumque tamen pro utroque
ponitur. Unde : qui dat salutem corpori nostro et
confirmat in nobis claritatem suam. In primo adventu confirmavit in nobis claritatem doctrinæ vel
gratiæ; in futuro confirmabit claritatem gloriæ.

Lapides qui sunt in via removete [45]; quia Dominus
noster veniet cum salute; ad similitudinem corporum
parit nobis medicamen animarum; quandiu noxii
sunt humores in corpore, inutile est nutritiva super-
addere; quia non pura corpora quanto magis nu-
tries, tanto magis lædes; et cum ferrum est in vulnere, non est malagma apponere; et sincerum est nisi
vas, quodcunque infundis acescit, et « in malevolam
animam non introibit sapientia; quia non habitat
in corpore subdito peccatis [46], » sed egressus vitii
virtutum operatur ingressum. Ergo ejicite lapides
de plateis, duritiam vitiorum de latitudine cordium;

si fuerit in progressu operum removete; nolite relinquere lapidem super lapidem [47]; quia Dominus
noster veniet cum salute, quare « agite pœnitentiam,
appropinquabit enim regnum cœlorum [48]. »

Aspiciens a longe, ecce video Dei potentiam venientem, et nebulam totam terram tegentem, etc. Illud
responsorium non est Gregorianum, sed a quodam
monacho fuit appositum et compilatum. Cætera
sunt a Gregorio compilata; unde non debet illud
ista præcedere, nisi tantum invaluisset usus Ecclesiæ. Cantatur autem hoc responsorium in persona
Joannis Baptistæ, vel sponsæ dicentis : Aspiciens a
longe, a terra videlicet ad cœlum, video Dei potentiam venientem. Licet proprie Patri potentia, Filio
sapientia, Spiritui sancto benignitas assignetur,
hic tamen potentiam accipe Filium Dei, cui « Data
est potestas in cœlo et in terra [49]; » qui est « Dominus potens in prælio [50]. » Cui propheta : « Accin-
gere gladio tuo super femur tuum, potentissime [51]. »
Hic venit, dum se visibilem demonstravit. Et nebulam totam terram tegentem : hæc nebula est misericordia Dei, quæ præstat refrigerium contra æstum
vitiorum. Hanc Moyses intravit cum ad suscipiendam legem ascendit [52]. Hanc Petrus intellexit, cum
in nube lucida videns Dominum, Moysen et Eliam
dixit : « Faciamus hic tria tabernacula [53]. » Hæc
post dedicationem in templo apparuit [54]. Hæc populum in deserto deduxit et ab igne protexit [55].
Hæc est virtus Altissimi, quæ Virgini obumbravit
[56]; quæ totam terram tegit; quia « misericordia
Domini plena est terra [57]; » quia « solem suum
oriri facit super bonos et malos [58]. » Vel nebulam
dicit infidelitatem aut ignorantiam; ignorabat enim
homo Deum, se ipsum, natale solum, et concupiscentiam esse peccatum. Hæc nebula totam terram
tegebat; quia « omnes declinaverunt, simul inutiles
facti sunt [59], » et « a planta pedis usque ad verticem, non erat in eis sanitas [60]. »

Ite obviam ei, et dicite : Nuntia nobis si tu es ipse
qui regnaturus es in populo Israel. Similia dixit
Joannes discipulis : « Parate viam Domini [61]. » Et
per discipulos ad Christum : « Tu es qui venturus
es, an alium exspectamus [62]? » Vel sunt sponsæ
verba ad adolescentulas dicentis : Ite obviam
sponso.

Via Dei ad nos fides est, vel misericordia; quia
nostra ad ipsum charitas est; utramque propheta no-
tavit, dicens : «Deus meus impolluta via ejus [63], »
scilicet, fides, posuit immaculatam viam meam,
scilicet charitatem. Ite ergo per viam charitatis, et
dicite : nuntia nobis, etc. Revela nobis per Scripturam, per inspirationem æternam, magis ac magis,
per tuam præsentiam, si tu es Messias in lege promissus, et si regnaturus es in populo Israel, in po-

[36] Psal 131.   [37] Matth. 3.   [38] Ibid.   [39] Joan. 5.   [40] Matth. 3.   [41] Phil. 2.   [42] II Cor. 6.   [43] I Cor. 15.
[44] Phil 3.   [45] Jer. 50.   [46] Sap. 1.   [47] Luc. 19.   [48] Matth. 3.   [49] Matth. 28.   [50] Psal. 23.   [51] Psal. 44.
[52] Exod. 20.   [53] Matth. 17.   [54] II Par. 7.   [55] Exod 14.   [56] Luc. 1.   [57] Psal. 32   [58] Matth. 6.   [59] Psal.
13.   [60] Isa. 1.   [61] Joan. 1.   [62] Matth. 11.   [63] Cant. 5; Matth. 25.   [64] Psal 17.

pulo quem præparasti ad visionem tuam, ut tibi A dicatur : « Libera Deus Israel ex omnibus tribulationibus suis [65]. » Et quoniam lex, psalmodia et prophetia hunc Salvatoris adventum prænuntiavere, vel potius quia patres ante legem hunc adventum prævidere, patres sub lege desideravere, patres gratiæ prædicavere. Idcirco tres versus sequuntur, per quos patres trium temporum intelliguntur. Dicit ergo Baptista, vel Ecclesia : Vos patres ante legem , quique terrigenæ, et filii hominum, simul in unum dives, et pauper, Ite obviam [66], etc. Terrigenas dicit malos, qui sunt in parte Adæ de terra plasmati, qui terrena sequuntur; filios hominum dicit bonos, qui sunt in parte servi Adæ filii hominis ; divites subdit quos terrigenas appellaverat, pauperes, quos filios hominum. Vos ergo quique, id est quilibet terrigenæ, malitia divites ; et filii hominum spiritu pauperes [67], qui estis simul in unum. In uno ovili agni et hædi, in uno rete pisces boni et mali [68] ; in uno utero Jacob et Esau [69] ; in una arca Sem, Cham et Japhet ; in una area granum et palea [70]. Ite obviam, et vos mali per ingressum incipiatis, vos boni per progressum proficiatis. Vos etiam patres sub lege dicite : Qui regis Israel, intende ; qui deducis velut ovem Joseph, nuntia nobis, etc. Qui regis Israel Judaicum populum per doctrinam legis Deum videntem; qui deducis de virtute in virtutem [71] ducis veluti ovem innocentem Joseph, populum gentilem augmentatum per frumentum mortificatum [72]; intende, super nos lumen pietatis infunde. Et nuntia nobis, etc. Vos C quoque patres sub gratia dicite : Tollite portas, principes, vestras, et elevamini portæ æternales, et introibit [73] qui regnaturus est, etc. O principes et potestates aeris hujus, et o genimina viperarum [74], auferte portas mortis, vitia, per quæ diabolus intrat ad corda, et o portæ æternales, virtutes ad æternitatem ducentes, elevamini contra vitia, et per vos introibit et habitabit Rex gloriæ, qui regnaturus est in populo Israel.

Et attende quod ad tertium versum non respondetur : Nuntia nobis, quia patres Novi Testamenti certificati sunt de adventu Christi ; Patres gratiæ certi sunt de introitu Regis gloriæ. Verum quia nunquam suffecit nec sufficit, nec sufficiet fides incarnationis sine fide sanctissimæ Trinitatis, ideo sub- D cinitur : Gloria Patri, et Filio, et Spiritui sancto. Et quia qui venit in humilitate, venturus est etiam in majestate [75], ideo responsorium denuo repetitur ; in repetitione vero nebulam accipias ad litteram : « Veniet enim in nubibus cœli [76]. » Sicut nubes suscepit eum, sic erit nubes et caligo in circuitu ejus [77]. Vel breviter, tres versus cum una Gloria repræsentant, quod patres Deum trinum et unum in-

tellexere ; unde Abraham tres vidit, et unum adoravit [78].

Aspiciebam in visu noctis, et ecce in nubibus cœli Filius hominis veniebat, et datum est ei regnum, et honor, et omnis populus, tribus et linguæ servient ei [79]. Daniel cœlestibus flagrans desideriis, unde, et vir desideriorum meruit appellari [80], accepto per angelum intellectu, his verbis investigabiles divitias sacramenti absconditi sæculis, hoc est mysterium incarnationis Verbi, quod in principio erat apud Patrem [81], aperuit, dicens : Aspiciebam in visu, aut visione noctis. Triplex est visio, noctis , diei , lucis ; nocturna ante gratiam, diurna sub gratia, lucida in gloria. In nocturna videre patriarchæ et prophetæ: omnes enim Patres nostri sub nube fuere [82] ; nam « brachium Domini cui revelatum est [83] ; » velata fuit facies Moysi, velum pendebat in medio templi [84]. Unde et hic Daniel aspiciebat in visu noctis. In diurna videre apostoli, quibus apparuit humanitas Salvatoris nostri [85] ; a quibus in terra visus est, et cum eis conversatus est [86] Emmanuel [87], id est nobiscum Deus ; nobiscum formæ participatione, carnis peccati similitudine et conversatione [88]. In lucida videbunt filii Dei facie ad faciem [89], quando soluta erit corrigia calceamenti [90], quando secundum Zachariam [91] non erit dies, vel nox, sed tantum lux : quia cessabit noctis et diei vicissitudo, et erit lucis continuatio. Hanc distinctionem visionum veritas in Evangelio innuit inquiens : « Abraham exsultavit, ut videret diem meum, vidit et gavisus est [92]. » Item : « Multi reges et prophetæ voluere videre, quæ vos videtis, et non viderunt [93], » supple : quomodo vos videtis ; illi enim viderunt in nocte, vos in die. Illi in figura, vos in veritate. Et ecce in nubibus cœli Filius hominis veniebat : nubes cœli, caro Verbi, non de cœlo ducta, sed cœlestis ; quia Spiritus sancti operatione formata ; de qua Isaias : « Ascendit Dominus super nubem levem [94] ; » nubes est, quia præstat refrigerium contra æstum vitiorum ; levis, quia a culpa immunis est. In hac nube venit Filius hominis, ut in Daniele continetur usque ad Antiquum dierum, id est æqualitatem Patris.

Unde « cum esset in forma Dei, non rapinam arbitratus est se esse æqualem Deo [95]. » Et datum est ei regnum, et honor, scilicet « nomen quod est super omne nomen [96], » quod est ab æterno datum, sed in tempore manifestatum : et res tunc dicitur fieri quando innotescit. Unde : « Data est mihi potestas in cœlo, et in terra [97]. Et omnis populus, tribus et linguæ servient ei; nam ut Isaias ait : « Et curvabuntur omnia genua, et jurabit omnis lingua in Domino [98]. »

Potestas ejus, potestas æterna, quæ non aufere-

[65] Psal. 24. [66] Psal. 48. [67] Matth. 5. [68] Matth. 13. [69] Gen. 25. [70] Gen. 7. [71] Psal. 85. [72] Joan. 12. [73] Psal. 23. [74] Matth. 5. [75] Matth. 25. [76] Dan. 7 ; Luc 21 ; Act. 1. [77] Psal. 96. [78] Gen. 18 [79] Dan. 7. [80] Dan. 10. [81] Joan. 1. [82] I Cor. 10. [83] Isa. 53. [84] Exod. 34; II Cor. 5; Exod. 26. [85] Tit. 3. [86] Bar. 3. [87] Isa. 7. [88] Rom. 8. [89] I Cor. 13. [90] Joan. 17. [91] Zach. 14. [92] Joan. 8. [93] Luc. 10. [94] Isa. 19. [95] Philipp. 2. [96] Ibid. [97] Matth. 28. [98] Isa. 45.

.*tur, et regnum ejus quod non corrumpetur.* Nam regni A
ejus non erit finis.

*Missus est Gabriel angelus ad Mariam virginem
desponsatam Joseph.* His verbis Lucas [99] texuit ordinem annuntiationis. De desponsata Salvator nasci
Voluit, ut per virum generationis ordo texeretur ;
et ut mater quasi adultera non lapidaretur, ut et
virgo solatium viri, et testem integritatis haberet ;
ut diabolus incarnationis mysterium ignoraret.

Ave, Maria, gratia plena. His verbis idem Lucas modum conceptionis annexuit, subdens : *Spiritus sanctus superveniet in te, et virtus Altissimi obumbrabit tibi ; superveniet,* inquam, te protegendo ;
te ab omni sorde purgando, et exinde *virtus Altissimi,* scilicet Verbum Dei, *obumbrabit tibi,* ex te
carnem sumendo. Umbra a lumine corpore objecto
solet formari. Anima Virginis non sufficiebat capere
plenitudinem divinitatis, et ideo *virtus in virgine
obumbravit,* umbram fecit, dum lux incompreben-
sibilis divinitatis corpus in ea suscepit humanitatis.
*Quod enim ex te nascetur sanctum, vocabitur Filius
Dei.* Nos in peccato concepti [100], natura sumus iræ
filii [1], sed per gratiam possumus sanctificari ; sed
Christus, qui non est decimatus in lumbis Abrahæ [2],
non est conceptus ex virili semine, merito sancte
nascitur, et *Dei Filius* appellatur. *Quomodo in me
fiet istud, quoniam virum non cognosco ?* Legerat
Virgo : *Ecce virgo concipiet* [3] non ergo dubitabat
Virginem parituram ; sciebat enim quod prophetiam
oportebat impleri, sed quia quomodo fieret non
legerat, non audierat, quomodo impleretur inqui-
rebat. Hoc est enim mysterium absconditum a sanctis, a prophetis non prædictum, angelo reservatum [4],
quasi : Quomodo concipiam, quæ proposui semper
in virginitate permanere ? Interrogative, et sunt
duæ dictiones ; vel admirative, et est una dictio. Et
attende ordinem : In primo responsorio divinitas
adoratur, in secundo humanitas honoratur, in tertio et quarto, qualiter divinitas sit incarnata ostenditur. Quæ incarnatio per Apostolum confirmatur
qui dixit : *Salvatorem exspectamus* [5], per prophetas
roboratur, qui aiunt : *Audite verbum Domini.* « Ecce
Virgo concipiet [6]. » Ecce dies veniunt, per legem
comprobatur, ubi Moyses ait : *Obsecro, Domine,
mitte quem missurus es* [7]. Et quia venit ideo « lætentur cœli et exsultet terra [8]. »

Salvatorem exspectamus. Hoc Apostoli verbum ad
secundum præcipue spectat adventum. *Audite verbum Domini,* superius exposuimus, exposita namque præteribimus ; non exposita, si quid tamen
in eis ambiguitatis occurrerit, non prætermitte-
mus.

*Ecce virgo concipiet, et pariet filium, et vocabitur
nomen ejus, admirabilis, Deus, fortis* [9]. Dicunt Ju-

dæi quod hoc nomen virgo non est hic integritatis, sed ætatis, id est puella, sed secundum hoc non
erit signum, nec intellectus explicabitur Isaiæ: cum
enim de liberatione civitatis et gentis suæ despe-
rasset Achaz, ait Dominus per Isaiam : « Pete tibi
signum a Domino in profundum inferni, sive in excelsum supra [10] : » Quasi vis ut terra scindatur, vel
cœlum aperiatur ? Moyses accepit signum de terra,
quando misit signa et prodigia in medio terræ
Ægypti, et in Pharaonem, et in servos ejus, ranas,
locustas, sciniphes, et similia [11]. De cœlo quoque,
ut grandinem, et tenebras trium dierum [12]. Saul de
profundo inferni, quando Samuel est suscitatus [13].
Ezechias de cœlo, quando sol est decem lineis regressus [14]. Cumque respondisset : « Non petam, non
tentabo Dominum [15], » audivit : *Ecce,* quasi demonstro vobis, quod *Virgo concipiet, et pariet filium;*
« Verbum caro factum est [16] » nostræ liberationis
et salutis indicium. *Et vocabitur nomen ejus,* etc.
De nominibus Christi latius infra dicemus.

*Super solium David, et super regnum ejus sedebit
in æternum,* id est super humiles sicut fuit David ;
humiles enim solium sunt Christi dicentis : « Super
quem requiescet spiritus meus, nisi super humilem,
et quietum ? [17] » Hi regnum sunt Christi, quod tradet Deo et Patri [18]. *Obsecro, Domine, mitte quem
missurus es ; et vide afflictionem populi tui* [19]. Sicut
locutus es : *veni, et libera nos* a solis ortu et occasu,
ab aquilone, et mari [20]. Cum dixisset Dominus ad
Moysen : « Vidi afflictionem populi mei in Ægypto,
descendi ut liberem eum de manibus Ægyptiorum [21]. » *Veni et mittam te, ut educas filios Israel
de Ægypto;* ait Moyses : *Obsecro, Domine, mitte
quem missurus es,* scilicet Filium tuum, ad liberandum populum tuum. *Vide afflictionem populi tui,*
quantum in Ægypto, scilicet in mundo affligitur a
Pharaone, id est diabolo, in luto luxuriæ, in lateribus avaritiæ. *Sicut locutus es,* dicens : Descendi ut
liberem, sic *veni et libera nos* habitantes, a solis
ortu et occasu ; ab aquilone et mari [22], id est austro. Vel totum de secundo adventu : Mitte Filium
ad judicandum, vide ad miserendum ; veni ad liberandum ; a solis ortu, etc. quia veniunt ab oriente
et occidente ; aquilone et meridie, qui recumbent
cum Abraham, Isaac et Jacob [23].

*Ecce dies veniunt ; dicit Dominus, et suscitabo
David germen justum ; et regnabit Rex, et sapiens,
et faciet judicium, et justitiam in terra. Et hoc nomen
quod vocabunt eum : Dominus justus noster. In diebus illis salvabitur Juda, et Israel habitabit confidenter.* Hæc dicit Jeremias [24], quæ de primo adventu
particulariter accipiuntur. Confortamini manus fatigatæ, et genua debilia, roboramini : qui pusillo
animo estis mente convalescite, ne timete, dicit

---

[99] Cap. 1.   [100] Psal. 50   [1] Ephes. 2.   [2] Hebr. 7.   [3] Isa. 7.   [4] Col. 1.   [5] Phil. 3   [6] Isa. 7.   [7] Exod. 4.
[8] Psal. 95.   [9] Isa. 7-9.   [10] Ibid.   [11] Exod. 8.   [12] Exod. 9.   [13] I Reg. 28.   [14] IV Reg. 20 ; Isa 38.   [15] Isa.
7.   [16] Joan. 1.   [17] Isa. 66.   [18] I Cor. 15.   [19] Exod. 4.   [20] Psal. 106.   [21] Exod. 3.   [22] Psal. 106.
[23] Matth. 8 ; Luc. 13.   [24] Cap. 23.

Dominus; quia venio disrumpere jugum captivita- A
tis vestræ. Ecce dominator Dominus cum virtute
veniet [25]. Isaias hortatur, ut cor et caro exsultent
in Deum vivum [26], dicens : vos manus a bonis operibus dissolutæ, peccatorum oneribus fatigatæ confortamini in fide, et vos genua debilia diversis ad
idola cultibus claudicantia, roboramini spe, et vos
pusillanimes convalescite in charitate : Nolite timere
insidias diaboli, adversa mundi, eos qui corpus occidunt ; sed eum timete, qui potest corpus et animam perdere in gehennam [27], scilicet dominatorem
Dominum, qui veniet cum virtute , jugum nostræ
captivitatis disrumpere.

Lætentur cœli, et exsultet terra [28] : Cœli sunt majores et cœlestes, ut prædicatores qui enarrant gloriam Dei [29], vel angeli. Terra sunt minores et terreni, ut auditores qui compluuntur nubibus cœli.
*Jubilate, montes, laudem; quia Deus noster veniet,
et pauperum suorum miserebitur..Orietur in diebus
ejus justitia, et abundantia pacis* [30]. *Montes* sunt illi,
in quibus fundata est Sion, in quos salit sponsus.
Omnes invitantur ad *laudem quia venit cum pauperum* providentia. Pauperes dicit gentes sine lege.
Venit etiam cum *justitia et abundantia pacis.* Et
vide quia responsorium de Isaia, et versus assumitur de propheta, quod sæpe invenies in antiphonario, ut ex diversis locis compilatio fiat. *Leva, Hierusalem, oculos tuos, et vide potentiam regis. Ecce
Salvator venit salvare te a vinculo* [31]. « Leva in circuitu oculos tuos [32], » et vide potentem Regem.
Isaias hortatur Ecclesiam, vel animam, ut levet
oculos mentis, et videat per intelligentiam regem
potentem ; quia venit eam solvere a vinculo peccati, pœnæ et diaboli.

*Erumpant montes jucunditatem, et colles justitiam;
quia lux mundi cum potentia venit. De Sion exibit
lex, et verbum Domini de Hierusalem.* Hæc de Isaia
sumuntur [33], qui majores et minores ad lætitiam,
et justitiam observandam invitat, secundum quod
eam Dominus in Hierusalem observandam mandavit, vel Ecclesia primitiva docuit, et observavit, quæ
fuit Sion per *speculationem*, et Hierusalem per *pacis visionem.*

Laudes matutinæ utrumque sonant adventum.
Primum : In illa die, quando secundum prophetiam D
Joelis [34], montes, apostoli, stillabant dulcedinem
prædicationis : et colles, doctores, fluebant lac et mel
doctrinæ minoribus et majoribus. Tunc jucundata
est secundum Zachariam [35], Sion, id est ecclesia de
Judæis, et exsultavit Hierusalem, id est ecclesia de
gentibus. Tunc omnes, id est de omni genere sitientes salutis et scientiæ venere, secundum Isaiam [36],
ad aquas baptismatis et doctrinæ. Secundum : *Ecce
Dominus veniet, et omnes sancti ejus cum eo.* Enoch
ait, ut Judas [37] asserit. « Ecce Dominus veniet in

sanctis millibus suis facere judicium contra omnes. »
« Ecce veniet propheta magnus, et ipse renovabit
Hierusalem, novam dando legem, et nova condendo
præcepta. Hæc, et responsoria cum versibus, quæ
cantantur ad horas : et quædam feriales antiphonæ
de libris propheticis, quædam vero de Evangelio
colliguntur ; quarum quasdam superius exposuimus, quasdam propter sui evidentiam lectori expo-
nendas relinquimus. Officium vero diurnum primæ
Dominicæ, primum significat Salvatoris adventum.
Illud ante omnia generaliter non est prætermittendum, quod sanctum evangelium principale est omnium quæ dicuntur ad missæ officium ; sicut enim
caput præeminet cæteris membris, et illi cætera
membra subserviunt ; sic evangelium toti præeminet B
officio missæ, et omnia quæ ibi cantantur et leguntur, illi consentiunt intellectuali ratione, verbi gratia, in hac prima Dominica de Adventu Domini legitur evangelium. *Cum appropinquasset Dominus
Hierusalem, misit duos ex discipulis suis solvere asinam alligatam, et adducere eam sibi, ut in soluta
mansuetus sederet, et in Hierusalem reduceret* [35]. Vel
propter illam clausulam : *Benedictus qui venit in
nomine Domini!* Vel quia ipsum factum, quod ibi
describitur, bene congruit tempore : ideo namque
Dominus advenit, id est ad nos in carne venit, ut
asinam, id est genus humanum a diabolo peccatorum vinculis alligatum miseratus absolveret, et in
soluto quiesceret, et ipsum in cœlestem Hierusalem,
unde captivum abductum fuerat, per vias suas
equitatu salutis reduceret. Sed quia non reducitur, C
nisi ad Dominum levaverit animam; ideo in introitu
cantat : *Ad te levavi animam meam, Deus meus* [39] :
et est vox generis humani, veteris originalis peccati et idolatriæ vinculis alligati, in suam cœlestem patriam redire volentis ; ac si dicat : Tempore
deviationis meæ levavi manus meas, et cor meum
ad opera manuum mearum dicens, ligno, vel la-
pidi : Tu es Deus meus [40]; nunc vero tempore curationis et renovationis meæ : *Ad te levavi animam
meam*, quia tu vere es *Deus meus*, et ideo *in te confido* [41]. Unde : *Non erubescam, neque irrideant me
inimici mei* [42], scilicet dæmones vinculis peccatorum me diutius alligantes neque confundant me, et
ita erit. *Etenim universi, qui te exspectant, non confundentur* [43], et quia *ad te levavi animam meam, ut
ad te venirem* ; ideo, *vias tuas, Domine, demonstra
mihi, et semitas tuas edoce me* [44], id est præcepta
et consilia. Et quia de via sæpius graditur ad devium, ideo quæ viæ sint ambulandæ, et quæ non
ambulandæ Paulus docet in epistola, dicens : « Scientes quia hora est jam nos de somno surgere [45]. Via
est de somno surgere, arma lucis induere, honeste
ambulare [46]. Devium est in nocte pigritari ; opera
tenebrarum operari, in comessationibus et similibus delectari ; quod in epistola concluditur : « lu-

[25] Isa. 53.   [26] Psal. 85.   [27] Matth. 10.   [28] 95.   [29] Psal. 118..   [30] Isa. 49 ; Psal. 85.   [31] Isa. 62.   [32] Isa.
49. 60.   [33] Cap. 2.   [34] Cap. 5.   [35] Cap. 9.   [36] Cap. 55.   [37] Vers. 14.   [38] Matth. 21.   [39] Psal. 24.
[40] Jer. 2.   [41] Psal. 24.   [42] Ibid.   [43] Ibid.   [44] Ibid.   [45] Rom. 15.   [46] Ibid.

duimini Dominum Jesum Christum [47]; « idem est A
ac si dicat asinæ : Ascensorem suscipe regem. Sed
quia non est volentis, neque currentis, sed Domini
miserentis [48], ideo subditur in Alleluia : *Ostende nobis, Domine, misericordiam tuam* [49].

Graduale et offertorium de introitu replicantur, et
fit ideo replicatio, ut qui stat, videat ne cadat [50].
Beatus homo, qui semper est pavidus [51]. Ecce homo
animam ad Dominum levavit, vias Domini didicit,
de somno surrexit, et velut asina ascensorem accepit. Sed potest esse, ut anima ad terrena declinet,
vias ignoret, mentis somnus obrepat, unde offensus
eques suum velit mutare vehiculum : ideoque re-
plicat in graduali : *Universi qui te,* etc.; *et vias tuas,*
etc.; et perseverat in offertorio : *Ad te levavi,* etc.
Et etiam addit : *Dirige me in veritate tua* [52].

Communio : *Dominus dabit benignitatem* [53], consolatur se ipsum cantor hodiernus, id est genus
humanum, videns per os Prophetæ quod de benignitate Spiritus sancti *terra nostra,* id est beata virgo
concipiens *dabit fructum suum* [54], scilicet Deum et
hominem, per quem a peccatorum vinculis solve-
tur et in patriam reducetur. Orationes manifeste
primum adventum respiciunt : et est congrue, statio ad sanctum Petrum; ipse est enim primus apostolorum, qui ad solvendum asinam missi sunt; cui
consors fuit Paulus Romæ, ut sicut illi duo missi
sunt in Hierusalem ad solvendum animal subjugale,
sic isti missi sunt Romam, ut de capite mundi a
peccatis soluto facerent vehiculum Jesu Christi. Et C
attende quod beatus Gregorius stationes ordinavit,
in quibus viginti homelias Evangelii diverso tempore declaravit. Alias vero lassescente stomacho
aliis pronuntiandas commisit. Quædam vero Ecclesiæ legunt Evangelium : *Erunt signa in sole et luna*
[55]; quod ad secundum pertinet Salvatoris adventum; in quo dicitur : *Prope est regnum Dei*; cui
adaptatur epistola, ubi dicitur : *Propior est nostra
salus* [56], et quia prope est regnum tuum, Domine;
ideo *ad te levavi,* dicit cantor, vetus homo, vel Joannes Baptista, ut quidam aiunt, *animam meam,
Deus meus ;* et ideo : *Vias tuas demonstra mihi,* et,
Ostende mihi misericordiam tuam [57], et quasi de misericordia certificatus concludit : *Dominus dabit
benignitatem,* id est affectum bonum, *et terra nostra,*
scilicet caro, *dabit fructum suum,* id est opera bona.
Orationes etiam congrue secundo adaptari possunt
adventui.

In feria quarta et sexta, leguntur evangelia de
habitu et prædicatione Joannis, quæ prædicatio
partim ad secundum spectat adventum, ut ibi : *Genimina viperarum, quis vos docuit fugere a ventura
ira?* [58] Item : *Securis ad radicem arboris posita est*
[59]. Item : *Ventilabrum in manu ejus* [60]. His igitur
epistola coaptatur. *Gratias agite* [61], ubi agitur de

fide Thessalonicensium et de futuro judicio. Partim ad primum, ut : *Venit fortior me;* unde sumitur antiphona matutinalis : *Venit fortior post me,
cujus non sum dignus,* id est sufficiens, *solvere corrigiam calceamentorum* [62], id est aperire sacramentum incarnationis. Hic de toto adventu quædam
sunt generaliter adjicienda, ut illud quod per totum
adventum totus legitur Isaias : quia tam primum,
quam secundum non solum prophetat, sed etiam
evangelizat Salvatoris adventum, nisi quod transi-
lire debeat lector quod legitur in Natali, *Populus
gentium, primo tempore* [63]; *consolamini* [64], *consurge*
[65]; et quod legitur in Epiphania : *Surge, illuminare*
[66]; hæc namque pertinent ad Christum natum, cætera vero ad nasciturum. In jejuniis tamen quatuor
B temporum, et in vigilia non legitur de Isaia; quia
proprias habent lectiones et officia. Item, per totum
Adventum lætitiæ cantica subticentur, ut : *Te Deum
laudamus, Gloria in excelsis, Ite missa est;* quia
justi, ante Christum adventum, in inferni tristitia
tenebantur. Vel ut gratia Novi Testamenti præstan-
tior Veteri cognoscatur. Vel, *Te Deum laudamus,*
ideo subticetur, ut in die festo cum majori gaudio
festivius resumatur, nam quod rarum est pretiosius
est. Unde in Samuele :

« Et erat sermo Domini pretiosus [67], » quia rarus
vel quia nondum est præsens, quem exspectamus
ad præsentem enim sermo dirigitur. *Gloria in excelsis,* similibus omittitur rationibus. Vel hac tertia
C ratione, scilicet ut quasi noviter cantetur ea die,
qua per angelos sumpsit initium. *Ite missa est,* ideo
omittitur, ne populus, qui est docendus assidue,
licentietur. Et cave quod quidam simpliciter asseverant, hæc tria se vicissitudine comitari, quod licet sæpius, non tamen semper : nam in cathedra
beati Petri, etiam si sit in Quadragesima, secundum quosdam, cantatur : *Te Deum laudamus,* aliis
omissis, quoniam hoc cantico solemus uti ad intro-
nizandum episcopos in sedes suas. Et hac die est in-
tronizatus Petrus in cathedra Antiochena. Præterea,
Gloria in excelsis, et *Ite missa est,* dicuntur in cœna
Domini, si præsens sit episcopus, et celebret officium
olei: sed, *Te Deum laudamus* omittitur. Præterea, *Gloria in excelsis,* cantatur in nocturna missa
D natalis : nec tamen usque ad tertiam missam, secundum quosdam, dicendum est : *Ite missa est,* ut
populus sciat, se adhuc tertiam missam auditurum :
Alleluia vero in Adventu non dimittitur propter firmam spem antiquorum de Christi incarnatione, et
nostram certitudinem de futura glorificatione. Item
per totum adventum vestes lætitiæ deponuntur : non
enim subdiaconus tunica, nec diaconus utitur dalmatica; quia lex, quam significat subdiaconus,
ante incarnationem Domini Evangelii ornatu care-
bat; et claritas evangelii, quam diaconus significat,

[47] Ibid.   [48] Rom. 9.   [49] Psal. 84.   [50] 1 Cor. 10.   [51] Prov. 28.   [52] Psal. 24.   [53] Psal. 84.   [54] Ibid.   [55] Luc.
21.   [56] Rom. 13.   [57] Psal. 84.   [58] Matth. 3.   [59] Ibid.   [60] Ibid.   [61] 1 Thess. 5.   [62] Matth. 3.   [63] Isa. 9.
[64] Isa. 40.   [65] Isa. 52.   [66] Isa. 60.   [67] 1 Reg. 3.

nondum apparuerat. Vel quia nondum venerat, qui vestem innocentiæ et immortalitatis nos induere debebat, 'Vel ut in festo avidius assumatur; quia omnia rara cara : utuntur autem casula veste sacerdotali, non ut in ea legant, aut ministrent; sed eam lecturi, et administraturi exuunt, profitentes non esse vestem propriam, sed ob reverentiam alicujus festi eam recipere commodatam. Vel in repræsentatione charitatis ; ideoque diaconus Evangelium legens duplicat eam in humerum ; quia oportet prædicatorem ex charitate sui et alterius onera ferre [68], sibi lumbos præcingere [69], pro suis lucernas in manibus ardentes habere [70]. Vel tractum est ab antiquis sacerdotibus, qui dum sacrificabant summitates balthei super lævum humerum reflectebant. Item per totum adventum, secundum quosdam, horæ beatæ Virginis conticentur, eo quod totum officium illius ad laudem ejus pertinet. Similiter et specialia sanctorum suffragia reticentur, ut quidam aiunt, tam in missæ collectis, quam in vesperis et cæteris horis ; eo quod singulis diebus generalis fit omnium sanctorum commemoratio, per hanc antiphonam : Ecce Dominus veniet, et omnes sancti ejus cum eo, et per hanc orationem : Conscientias nostras, etc., quæ semper in matutinis, et vesperis dicenda sunt post Benedicamus Domino, quidam ante, sed cave ; quia si dicatur, conscientias nostras, quæsumus, Domine, visitando purifica, ut veniens Jesus Christus Dominus noster, cum omnibus sanctis paratam sibi in nobis inveniat mansionem ; pertinet ad adventum mentis : est enim adventus in carne, in mente, in majestate. Attende etiam quod a prima Dominica de Adventu usque ad Epiphaniam , non debent nuptiæ celebrari ; imo etiam vir debet abstinere a lecto uxorio, nisi debitum exigatur : eo quod sit orationi vacandum in adventu, et sacris solemnitatibus cum ferialibus suis, sed movet quosdam quod diximus ad Epiphaniam, dubitantes, an hæc prohibitio ad Octavam extendatur : quidam aiunt, quod extenderetur, nisi quia Dominus nuptias tam sui præsentia, quam miraculo decoravit. Sanius est quod extendatur, sicut officium conversionis aquæ vinum differtur ad Dominicam, quæ Epiphaniæ comitatur Octavam (3). Similis est causa prohibitionis de tribus hebdomadibus ante nativitatem sancti Joannis Baptistæ, scilicet ut vacent liberius orationi : instituerat enim Ecclesia duas quadragesimas præter majorem, unam ante natalem Domini ; aliam ante nativitatem beati Joannis, in quibus erat vacandum orationibus, jejuniis et eleemosynis ; sed propter hominum fragilitatem duæ sunt redactæ in unam ; et item illa divisa in tres hebdomadas Adventus, nisi ob prædictam causam fiat excursus, in quibus est je-.

juniis, et eleemosynis, et orationibus sine intermissione vacandum ; et ideo a nuptiis abstinendum. Et ita celebratur Adventus , partim in ærumna cum jejunamus , quia nondum habemus quod in secundo Adventu speramus ; partim in gaudio cum dicimus : Alleluia; quia per primum Adventum , de eo quod in secundo speramus, certificati sumus. Ergo' jejunatur pro nostra et antiquorum dilatione. Jubilatur autem sicut in hebdomada Pentecoste pro futuræ beatitudinis certitudine.

CAPUT II.

DOMINICA SECUNDA DE ADVENTU.

Hierusalem cito veniet salus tua. Hæc historia secundæ hebdomadæ partim ex propheticis, partim ex evangelicis libris assumitur ; in qua responsoria pariter, et antiphonæ de utroque adventu ponuntur ; et hæc de ea dixisse sufficiat : sufficiat enim in primæ historiæ lectionibus expositionis formam dedisse , cum omnium expositioni operam dare, opus nimis expansum et plenum, tædium generaret. Illud notabile est quod cantus per singulas hebdomadas renovatur , propter gaudium proficientium, qui proficiunt de virtute in virtutem, ut videant Deum deorum in Sion [71]. Officium diurnum secundum significat Salvatoris adventum, in quo legitur evangelium [72] : Erunt signa in sole et luna; ubi præmissis signis, quæ gloriosum adventum sunt præcessura ; subditur : Tunc videbunt Filium hominis venientem in nubibus cæli; deinde sequitur peregrini populi, peregrinæ matris filii vagientis de absentia patris, quem nondum viderat consolatio, scilicet : His fieri incipientibus, levate capita vestra : quoniam appropinquat redemptio vestra; et infra : Prope est regnum Dei. Cui flenti, quia incolatus ejus in miseria prolongatur [73], commiserescens mater lætificans, et consolans eum, tuba prophetica præcinit in introitu : Populus Sion , ecce Dominus veniet ad salvandum gentes, et auditam faciet gloriam vocis suæ [74], hujus scilicet : « Venite, benedicti Patris mei [75]. » Sed quia sine oratione non est mentis solatium, sed callidæ proditionis indicium, ideo subdit : Qui regis Israel, intende, qui deducis velut ovem Joseph [76], et subdit collectæ : Excita, Domine ; huic consolationi concordat epistola sequens , scilicet : Quæcunque scripta sunt; quæ nos invitat ad patientiam, et consolationem Scripturarum, ut per hæc spem habeamus eorum, quæ promiserunt patres antiqui [77], scilicet de salute gentium et lætitia sanctorum, quam lætitiam graduale : Ex Sion species decoris ejus [78], eum manifeste venturum canens, cujus decor est ex Sion, id est salus ex Judæis, illis sanctis annuntiati, qui sunt ad dexteram congregandi, eo quod ordinavere Testamentum Novum super sacrificia. Filius audita consolatione materna

(3) Hæc extensio modo sublata est ex decreto Concilii Tridentini, unde prohibitio protenditur ad diem tertiam Epiphaniæ inclusive.

---

[68] Gal. 6. [69] Luc. 12. [70] Luc. 11. [71] Psal. 83. [72] Luc. 21. [73] Psal. 119. [74] Isa. 50. [75] Matth. 25. [76] Psal. 79. [77] Rom. 15. [78] Psal. 49.

de adventu patris, de suæ gentis salute, de consortis A lætitia gaudet in alleluia, dicens : *Lætatus sum in his quæ dicta sunt mihi, in domum Domini ibimus. Stantes erant pedes nostri in atriis tuis, Hierusalem* [79]. Postmodum per evangelium certificatus ubi dicitur : *Cœlum et terra transibunt ; verba autem mea non transibunt* [80], securior in offerenda subjungit : *Deus, tu conversus vivificabis nos* [81]. Communio : *Hierusalem, surge* [82], summam hujus officii concludit, quæ est hortari ut peregrina Hierusalem, id est præsens Ecclesia patienter exsilium hujus vitæ perferat, perferens surgat, surgens stet in excelso, ut stans videat jucunditatem, quæ veniet sibi a Domino ; surgere, et stare, hoc est quód dicitur in Evangelio, capita levare ; hoc est quod in collecta concluditur terrena despicere et amare cœlestia. Ideoque merito est hac die statio ad Hierusalem, ad cujus cor lætificandum totum spectat officium ; vel quia in *alleluia* cantatur : *Stantes erant pedes nostri in atriis tuis Hierusalem ;* quidam legunt evangelium : *Cum audisset Joannes* [83]; quod ad secundum spectat adventum, ex eo quod Joannes quærit : *Tu es qui venturus es, an alium exspectamus? Cui Dominus : Ecce ego veni ad redimendum, et rursus veniam ad salvandum, quod ex signis conjecturare potestis ; quia cœci vident* [84], etc. feria iv, vi et Sabbato leguntur Evangelia de testimonio Christi de Joanne, et testimonio Joannis de Christo, et ejus adventu, de quo loquitur epistola : *Patientes estote* [85].

CAPUT III.

TERTIA DOMINICA DE ADVENTU.

Ecce apparebit Dominus [86]. Et in hac historia, partim ex prophetia, partim ex Evangelio compilata sunt. Utriusque adventus communia tam antiphonæ quam responsoria ; officium vero diurnum specialiter pertinet ad gaudium prædicatorum, qui alios docent de adventu Domini. Ideoque de illo famoso prædicatore Joanne Baptista legitur evangelium : *Miserunt Judæi* [87], vel cum audisset, qui Dominum digito demonstravit, et venturum evangelizavit, quem Dominus negavit hominem mollibus vestitum, et annuntiavit officio, vel meritis angelum voce prophetica, dicens : *Ecce ego mitto angelum meum* [88]. Quis non erubescat flere, qui per officium prædicationis meretur vocabulum nuncupationis angelicæ? *Gaudete* potius, cantat Apostolus in introitu : *Modestia vestra nota sit ommibus hominibus* [89]. Quod si oculos suos compresserint, et eam coram eis lucentem videre noluerint, nihil solliciti sitis ; Dominus enim prope est, quia lucem vestram etiam videre nolentibus ingeret, tantummodo petitiones vestræ innotescant apud Deum ; unus enim ille testis contra omnes detractores prævalebit, qui avertet captivitatem Jacob [90], qui replebit vos pace,

quæ exsuperat omnem sensum [91]. Audita consolatione de Adventu Domini, orat Ecclesiæ rector in collecta : *Aurem tuam ;* ut tenebras, quas patimur, in eo quod falso judicamur, sua visitatione illustret, et exhortatur subditos in Epistola : *Sic nos existimet homo* [92], ut de magistris suis nihil nisi bonum existiment, et ante tempus non judicent ; quod et si susurrones judicare non desinunt, consolatur se ipsum dicens : *Mihi pro minimo est, ut a vobis judicer, aut ab humano die* [93]. Sed quia gravis est sarcina detractorum, postulat eum in graduali, et Alleluia, qui sedet super Cherubin [94], id est habet scientiæ plenitudinem, ut excitet potentiam suam, veniat et intendat, ut illuminet abscondita tenebrarum, et manifestet consilia cordium [95], avertat captivitatem [96] et remittat iniquitatem [97]. Quod, quia procul dubio futurum, rector in offertorio securus utitur præterito pro futuro, dicens : *Benedixisti, Domine, terram tuam* [98]. Communio : *Dicite pusillanimes* [99], conclusio est summæ hujus officii, quæ est rectores hortari, ut pusillanimes effecti propter infamiam detractionis, tamen confortentur propter conscientiam cordis et devotionem mentis, et confidant in adventu Salvatoris, quod in completa postmedum postulatur. Huic officio de Ecclesiæ rectoribus instituto congruit statio ad sanctum Petrum, qui rector obtinuit principatum.

In feria quarta hujus tertiæ septimanæ, brumalis temporis est jejunium institutum ; inter cæteras hebdomadæ ferias, quarta et sexta jejuniis deputantur ; quia memoria Dominicæ passionis sunt præ aliis insignitæ. Nam in quarta feria, Dominus est a Juda venditus, sed a Judæis in sexta feria crucifixus. Inde est quoque quod per singulas hebdomadas habent evangeliorum et epistolarum proprias lectiones. Ideoque jejunia quatuor Temporum a lege habuerunt initium, de quibus Zacharias [100], jejunium quarti, quinti, sexti, septimi et decimi domui Judæ et Hierusalem in dies festos vertetur in gaudium : quæ jejunia ob diversas plagas, quæ illis temporibus acciderunt, ut ait Hieronymus super Zachariam, illis in mensibus instituerunt, quod etiam non vacat a mysterio. Sicut enim quatuor sunt corporis elementa, quatuor anni tempora per tres menses distincta, sic quater in anno jejunamus tribus diebus ; tres dies ad tres menses referentes, et Domino de mense diem unum salubribus contentatiis (sic) offerentes, ut nobis quietam vitam tribuat, et corporis quatuor protegat elementa, et jejunium corpora lasciva maceret et castiget ; vel ter quater jejunamus, ut Domino dierum primitias offeramus. Hoc autem brumale jejunium aliorum temporum jejuniis celebrius est, magis plenarium habens officium, pertinens ad Salvatoris adventum, ut dum

---

[79] Psal. 121.   [80] Matth. 24.   [81] Psal. 84.   [82] Baruch. 5.   [83] Matth. 11.   [84] *Ibid.;* Isa. 35.   [85] Jacob. 5.   [86] Apoc. 14.   [87] Joan. 1.   [88] Matth. 11; Mala 3.   [89] Phil. 4.   [90] Psal. 84.   [91] Rom. 15.   [92] 1 Cor. 4.   [93] *Ibid.*   [94] Psal. 79.   [95] 1 Cor. 4.   [96] Psal. 13.   [97] Psal. 84.   [98] *Ibid.*   [99] Isa. 35.   [100] Cor. 8.

caro jejuniis affligitur, anima redemptionis suæ testimoniis ex sacra lectione, vel concentu Ecclesiæ delectetur, et quidem sic pertinet ad Salvatoris adventum, ut pertineat ad ejus templum, ad Spiritus sancti sacrarium, beatam virginem loquor, in qua Deus novem mensibus habitans, dignatus est fieri homo. Nam ex Evangelio : *Missus est Angelus* [1]. Paranymphi recitatur annuntiatio, virginis consensus, et Domini Incarnatio, quæ propheticis tubis fuerat antea declamata. Unde propheta præcinit in introitu : *Rorate cœli desuper, et nubes pluant justum* [2]. Rorate dicit, et pluere : quia descendit verbum in aulam credulæ virginis, sicut pluvia descendit in vellus [3]. Cœlos dixit et nubes, angelos et prophetas, qui enarrant gloriam Dei [4]. In prophetica lectione : *Erit in novissimis diebus* [5], agit de monte Domini, qui de parvo lapide crevit in montem [6], qui regnabit in domo Jacob. Unde recte subditur in graduali. *Tollite, introibit Rex gloriæ*, et: *Quis ascendet in montem Domini* [7]. In epistolari lectione : *Locutus est Dominus ad Achaz ; Pete tibi signum a Domino* [8], manifeste agit de beata virgine, cui bene succinitur graduale : *Prope est Dominus omnibus invocantibus eum* [9], ac si dicat : Pete, quia prope est et ne qua subrepat dubitatio subditur in offertorio. *Confortamini*; aliud, secundum quósdam, offertorium : *Ave Maria*; et communio : *Ecce virgo*, sumpta sunt de Evangelio, et ideo rationabiliter ad sanctam Mariam statio convenit hodierna.

Sexta feria legitur Evangelium : *Exsurgens* [10], et Epistolaris lectio : *Egredietur virga* [11], quæ manifeste de adventu Domini et beata virgine intelliguntur, qui cum esset in immaculata virgine, prope fuit. Ideoque in Introitu Ecclesia præcinit : *Prope esto Domini, et Beati immaculati* [12]; graduale : *Ostende nobis, Domine* [13], et offerenda : *Deus tu*, vel secundum alios : *Audi Israel*; primum respiciunt adventum, quem quia cœli narraverunt [14], id est apostoli prædicaverunt, in secundo adventu cum Domino judicaturi [15]; idcirco est hodierna die statio ad sanctos apostolos, de quibus in cantico virginis, de quo fit in Evangelio mentio, dicitur : *Deposuit potentes*, id est superbos scribas et Pharisæos, *Et exaltavit humiles* [16], id est apostolos; et in communione : *Ecce Dominus veniet, et omnes sancti ejus cum eo* [17]; sequens Sabbatum, et omnia quatuor Temporum Sabbata dicuntur Sabbata duodecim lectionum, cum sex dumtaxat legantur, quod est ab antiqua Romanorum consuetudine derivatum; quia cum Romana Ecclesia esset Græcis et Latinis permista, singulæ lectiones in utraque lingua recitabantur; quia in una duntaxat lingua recitatæ ab utriusque linguæ populis non intelligebantur; vel ut utriusque populi unanimitas intelliga-

tur; adhuc dicitur hoc fieri in ecclesia orientali, itaque dum unaquæque bis legitur duplicato senario duodecim computantur, propter duodecim lectiones, non lectionum, aut sententiarum varietates. Sed cum in quarta feria duæ legantur lectiones, et in Sabbato sex, cur sexta feria in unius paupertate relinquitur? satius esset hoc novenarium tribus diebus per ternarium dividi, sed hæc non vacant a ratione. Nam in Sabbatis quatuor temporum statutum est, ut ordines celebrentur; qui sunt in Sabbatis ordinandi, in præcedenti quarta feria sunt eligendi. Ideo autem ordinandi in quarta feria eliguntur, quoniam in quarta ætate levitæ a David [18], et Salomone [19] ad templi ministeria distribuuntur. Electi vero sunt in utriusque Testamenti pagina examinandi. Ideoque duæ leguntur lectiones, prima cum tono declinante, et significat primum Testamentum, quod terrena promisit, ut : « Dabo vobis terram lacte et melle manantem [20]; » unde ad terram genua flectimus. Secunda cum tono ascendente, et significat secundam, id est Novum Testamentum, quod cœlestia æterna et excelsa promittit, ut : « Beati pauperes spiritu, quoniam ipsorum est regnum cœlorum [21]; » quia, licet hæc duo Testamenta in superficie litteræ duo diversa promittere videantur, tamen in spiritu illud unum promittunt, de quo dicitur : « Porro unum est necessarium [22], » et ad illam unam et æternam nos dirigunt, de qua dicitur : « Unam petii a Domino, hanc requiram, ut inhabitem in domo Domini, omnibus diebus vitæ meæ [23]; » idcirco in sexta feria, in qua creati sumus, una tantum lectio legitur, et acuto accentu cantatur; verum, quia ad illam unam, non nisi per opera misericordiæ pervenitur; ideo in Sabbato sex lectiones leguntur; vel quarta feria duæ lectiones leguntur, quia in quarta ætate lex et prophetia servanda mandantur. Semel genua flectuntur, quia tam in lege quam in prophetia unus Deus colendus præcipitur. In sexta feria una lectio recitatur; quia in sexta ætate, lex et prophetia in evangelica unitate complentur, ubi *Flectamus genua* dicitur, quia Christus Legislator adoratur, vel cum in quarta feria duæ recitentur propter prædictas rationes, secundum profectum jejunii tres deberent in sexta feria recitari, et in Sabbato quatuor, sed duæ a sexta feria in Sabbatum transferuntur, et una in sexta feria remanente, sex in Sabbato recitantur, ut ordinandis sacri officii proferendi opulentia reservetur, qui et ad jejunium instruuntur et ad sacram tirones militiam titulantur, quarum quatuor ita cum primis quatuor ordinibus distinguuntur, quod post singulas orationes sequuntur singuli ordines, quibus singulis datis sequuntur singulæ lectiones, cum singulis responsoriis, ac si dicatur : Orat Ecclesia pro vobis ordinandis, et hi ordines

[1] Luc. 1.   [2] Isa. 45.   [3] Judic. 6 ; Psal. 71.   [4] Psal. 18.   [5] Isa. 2.   [6] Dan. 2.   [7] Psal. 23.   [8] Isa. 7. [9] Psal. 144.   [10] Luc. 1.   [11] Isa. 11.   [12] Psal. 118.   [13] Psal. 84.   [14] Psal. 18.   [15] Matth. 19.   [16] Luc. 1. [17] Jula 14.   [18] II Reg. 6.   [19] III Reg. 8.   [20] Num. 14.   [21] Matth. 5.   [22] Luc. 10.   [23] Psal. 26.

dantur vobis ad legendum et psallendum, ite ergo A
legere et cantare.

Sed videte ut quod ore legitis et cantatis, corde
credatis, et quod corde creditis, operibus compro-
betis ; videte ut quatuor virtutibus polleatis, ut, in
quatuor ordinibus Dominum benedicentium esse
possitis, quibus Psalmista dicit : « Domus Israel
benedicite Domino ; Domus Aaron benedicite Domino, Domus Levi benedicite Domino, qui timetis
Dominum benedicite Domino [24] ; undecunque sint
quatuor præcedentes lectiones, et responsoria,
quinta lectio : *Angelus Domini descendit*, cum oratione præcedenti et hymno sequenti, tam in hoc
Sabbato, quam in aliis quatuor temporum Sabbatis
non mutantur, sed continuo semper in quinto loco
leguntur et pertinent ad jejunium. Sicut enim pueris a Babylonico rege in fornacem missis cœlestis
gratia subvenit, et fecit medium fornacis quasi ventum roris flantem [25] ; sic a rege confusionis diabolo
per incentiva libidinum prostratos, jejuniorum et
orationum instantia liberat : Hoc enim genus dæmoniorum non ejicitur, nisi in oratione et jejunio [26] ;
liberati vero Dominum laudare tenentur, et ne videantur beneficiorum ingrati, canticis magnificare,
vel pertinent ad sequentium sacrorum ordinum sacramentum. Nam quia vasa figuli probat fornax [27],
et quia dicit Apostolus : « Hi primo probentur ; et
sic ministrent [28] ; » ideo sacris ordinibus fornacis
prophetia præmittitur ; quia, sicut pueri in fornace
ignis, sic in sacris ordinandi probantur in camino C
tribulationis, unde benedictiones sequuntur, quia
post probationem coronantur. Ad idem pertinet sequens oratio : *Deus qui tribus pueris*, postquam
præstatur ordo subdiaconatus, ut novitio subdiacono Epistola deputetur : ad orationes super pro-
phetias genua flectimus, super epistolam vero nequaquam. Quidam tamen ad *Angelus Domini* nunquam genua flectunt, ne videantur Nabuchodonosor statuam adorare. Postea præstatur ordo diaconatus, ut novitio diacono evangelium assignetur.
Post sacerdotes ordinantur, ut tirones cum ordinatore introeant ad altare, hinc inde morantes, et
cum signante signantes, quidam vero inter lectionem, *Angelus Domini* et epistolam, ordines sacros D
præstant, ut post consecrationem consecratis proponant epistolam et evangelium ad instar boni pastoris, qui mittens filium suum, docet eum quid
et qualiter sit acturus ; per Epistolam monentur
custodire benedictionem quam acceperunt, per
Evangelium dicitur eis : *Ite, docete omnes gentes* [29].
Quidam, subdiaconatu præstito ante epistolam
ratione præmissa, continuo post eam diaconatum
præbent et sacerdotium, quibus præstitis in vocem
lætabundam erumpunt : *Laudate*, eo quod hi præsertim ordines invitantur ad laudes. Præstantur autem hi ordines præsertim circa evangelium ; quia

Moyses et Aaron levitas in tabernaculi ministerium
ordinavit, et Christus septuaginta duos discipulos
ordinatos ad prædicandum misit.

Illud quoque notabile est quod ordines præsertim quatuor temporibus exhibentur, quæ sunt
dierum primitiæ, ut ordinandi se sciant esse primates ecclesiæ ; et ut quatuor virtutibus exornen-
tur ; et sub quatuor Evangeliis servire Christo et
Ecclesiæ moneantur. In vere, ut virtutibus floreant ; in æstate, ut charitate ferveant ; in autumno,
ut fructus bonorum operum metant ; in hieme, ut
collecta serventi in horreo, et eis fruantur in Domino.
In quadragesima quoque, ut vitiis marceant ; in
jejuniis et a jejunantibus, et jejunis, ut apostolos
imitentur ; qui cum Paulum et Barnabam ad evangelizandum gentibus delegarent [30], et presbyteros
per Ecclesias constituerent, jejunantes et orantes
eis manus imposuerunt [31], commendantes eos Domino, in quem credidere, ut intelligant quanta
devotione dantium et accipientium debeat hujus
benedictionis tribui sacramentum, quod in Sabbato celebratur, eo quod Dominus inter cæteros
dies præ cæteris Sabbatum sanctificavit [32], per quod
intelligimus, ordinatos non solum a servili opere
sed etiam a vitiis cessare debere [33]. Hodie tamen,
licet in Sabbato fiat, debet diei Dominico deputari,
unde in ejus vespera, a qua sumit initium, debet
ordinatio celebrari, et ad mane Diei Dominici,
dummodo continuato jejunio, valet extendi ; et
congrue in hac die celebrantur mysteria sacerdota-
lium benedictionum in quo sunt collata charismata
gratiarum. In hac enim die Dominus resurrexit,
in hac apostolis (ut dicitur), « insufflavit, dicens :
« Accipite Spiritum sanctum, quorum remiseritis
peccata remittuntur eis [34]. In hac Spiritus promissus advenit, unde merito ad hanc diem sacerdotalem dirigimus benedictionem, ut cum Domino resurgente in novitate vitæ ambulemus [35], et cum
apostolis hilariter cantare possimus : *Veni Sancte
Spiritus, reple tuorum corda fidelium*, scilicet ordinatorum. Quod in Sabbato medianæ hebdomadæ,
et in Sabbato sancto celebratur, sicut invenitur in
canonibus, ordinatio forte in illorum diei actus respicit, et officium, ut sicut tunc neophyti ad baptismum, sic vocentur ad hujus characteris sacramentum. Hæc solemnis prædictorum dierum observantia, sacris duntaxat ordinibus est observanda.
Minores enim ordines in celebribus diebus licet
episcopis erogare. Ad subdiaconatum vero et ultra
nisi in prætaxatis diebus non licet alicui episcoporum, præterquam Romano pontifici, aliquos promovere. Ideoque scoti redarguuntur episcopi, qui subditos in dedicationibus ecclesiarum ad sacros ordines promovebant. Ordinationes hujusmodi Petrus
primus et princeps instituit, cui post Christum
summum Ecclesiæ collatum est pontificium. Ideoque

[24] Psal. 115 ; Psal. 134. [25] Dan. 3. [26] Matth. 17. [27] Eccli. 27. [28] I Tim. 3. [29] Matth. 28. [30] Act.
13. [31] Act. 14. [32] Gen. 2. [33] Exod. 20. [34] Joan. 20. [35] Rom. 6.

tam in hoc Sabbato, quam in cæteris quatuor Temporum statio congrue celebratur ad Sanctum Petrum.

Tunc ad summam recurramus officii, quod ad utrumque spectat adventum, sicut in lectionibus, excepta quinta, et responsoriis patuit præcedentibus, sicut et liquet in epistola : *Rogamus* [26], in qua agitur de filio iniquitatis, quem Dominus interficiet illustratione sui adventus. Tractus epistolam comitatur, ne ordinatus in superbiam elevetur, sed ad gemitum sui et aliorum potius deprimatur. Ad adventum vero pertinet evangelium : *Anno quintodecimo*, ubi dicitur : *Quod salutare Dei videbit omnis caro* [37]; quod offertorium : *exsulta filia* [38] et communio : *Exsultavit ut gigas* [39], nemini exstat ambiguum. Illud etiam non est silentio prætereundum, quod hoc Sabbatum semper oportet præcedere vigiliam Domini, tum quia uterque dies est officiatus, tum quia Sabbatum est de adventu, vigilia nequaquam, sed de natali, et pertinet ad tempus gaudii, quod ex ipsa patet ordinatione Gregorii, qui ultimas adventus antiphonas ad evangelium posuit istas : *Completi sunt dies*, et *Ecce completa sunt omnia* [40]. Ideoque cum adventus ad minus regulariter habere debeat viginti unum diem, id est tres septimanas integras præter vigiliam Domini, cumque semper incipiat ad Dominica, si Natalis fuerit in Dominica, oportet adventum per quatuor hebdomadas prolatari; quod si fuerit in feria secunda in Sabbato, tum pro jejunio quatuor Temporum, tum pro vigilia jejunabitur, et in Dominica vigiliæ officium celebrabitur, et *Alleluia* cantabitur propter adventum, vel diem Dominicum. Et attende quod tres septimanas adventus trium temporum Patres accipimus, primi fuerunt ante legem, qui sicut granum in terram jactum est a fructu remotum, sic procul a Domino remoti clamant in introitu : *Ad te levavi* [41]. Secundi fuerunt sub lege, qui doctrina legis instructi, et ideo ad lumen propius accedentes, in introitu, *Sion populus* appellatur. Tertii fuerunt prophetæ, præsertim illi, quos invenit illa nativitas ut Simeon, quibus, quia redemptor est prope, dicitur in introitu missæ : *Gaudete* [42]. Aiunt quidam quod in officio primæ Dominicæ agitur de vocatione Judæorum. In secunda vero de vocatione gentium, unde dicitur ibi : *Ad salvandas gentes*, in tertia de vocatione utriusque populi, unde hic dicitur : *Gaudete, Gaudete*, et cantatur in prima, in persona Joannis; in secunda, in persona, prophetarum; in tertia, in persona apostolorum; in quarta sequenti, in persona doctorum; rursus de gentium vocatione loquentium, et ut in collata gratia perseverent exhortantium, ut de gratia spei perveniant ad gloriam speciei.

CAPUT IV.

DOMINICA QUARTA DE ADVENTU.

Canite tuba in Sion [43]. Hac quoque historia quartæ

Dominicæ partim ex prophetis, partim ex Evangelio compilata, communia utriusque decantantur adventus, et maxime vocatio gentium declaratur per Christi adventum, ubi in persona apostolorum, vel doctorum dicitur : *Canite tuba, vocate gentes*, in Graduali vero : *Prope est Dominus*. Hæc Dominica vacans antiquitus intitulatur, vel quia proprium non habet officium sed mutuat alienum, scilicet *Rorate* et hoc propter ordines præcedentis diei in quibus apostolicus fuit occupatus; sæpius enim in Decembri consueverant ab apostolicis ordines celebrari; vel ideo, quia numerum excedit adventus, scilicet viginti unius diei, quos circa inter Dominicas adventus non debuit computari, sed vacans appellari; vel potius, quia hujus diei statio nulli sanctorum legitur assignata, et merito; hodie namque legitur Evangelium : *Miserunt Judæi*, in quo dicit Joannes : *Non sum dignus solvere corrigiam calceamentorum ejus* [44]. Si ergo Joannes, quo major inter natos mulierum nemo surrexit [45], non est sufficiens incarnationis Christi mysterium denudare; « generationem enim ejus quis enarrabit : [46] » Quomodo scilicet Verbum incorporatur, quomodo vivificatur, animatur, quomodo Alpha concipitur, cui sanctorum hoc mysterium creditur, ut apud illum debita statione hoc officium celebretur? Porro si rite considerentur officia, illorum sanctorum virtutibus, vel meritis consonare videntur, apud quos solemnibus stationibus deputantur; sic ad sanctum Petrum, qui habet principatum ligandi et solvendi [47], statio celebratur, cum asinæ solutio nobis evangelizatur [48]; sic cum scrutinia, vel catechumeni signantur ad catechizatorem gentium recurritur. Proinde vacat ista Dominica, non quia non sit officium ejus authenticum, vel proprium non habeat officium, sed quia sit de ordinatissima stationum dispositione rationabiliter exceptum, utpote materiam habens nulli sanctorum investigabilem, omnibus impensam, sed per solum sanctum Spiritum administratam, qui in triclinio virginalis uteri solus medius, solus conscius et unus fuit cœlestium nuptiarum architriclinus. In quo utero videns gentilitas calceatam fore divinitatem in Introitu, secundum quosdam modernos, clamat ad eam, dicens : *Memento nostri, Domine, in beneplacito populi tui* [49], hoc est in Filio, in quo solo beneplacuisti ex millibus populi, qui fuit tuus ab initio mundi; et inde congratulatur aliis in epistola dicens : *Gaudete* [50], sed et juxta considerationem uteri virginalis cantat in graduali : *Prope esse Dominum, et celerem ejus adventum*, *Alleluia*, *Veni Domine*, offertorium : *Confortamini* : communio : *Ecce Virgo*, nota sunt in quibus desiderat, et consolatur, et causam concludit consolationis. Et vide quod hebdomada proxima nativitati præparatio merito nominatur et in ea historia, *clama in fortitudine* decantatur, quæ non, ut simplices au-

[26] II Thess. 2.   [37] Luc. 3.   [38] Zach. 9.   [39] Psal. 18.   [40] Luc. 2.   [41] Psal. 24.   [42] Phil. 4.   [43] Joel. 2.   [44] Joan. 1.   [45] Matth. 11.   [46] Isa 53.   [47] Matth. 16.   [48] Matth. 21.   [49] Psal. 105.   [50] Phil. 4.

tumant, ad quatuor Tempora, sed ad Domini pertinet proximam nativitatem. Unde cum sex matutinalibus laudibus decantatur; quia per sex ætates antiqui se ad adventum præparaverunt, et nos per sex opera misericordiæ ad secundum etiam præparamur. Verumtamen feriales antiphonas, quæ in festo sancti Thomæ scriptæ sunt, octava die antea canere consuevimus, et decet cantus ante nativitatem proximam renovari; quia, sicut per plures, et frequentiores, et novos nuntios magis et magis movetur animus subditorum ad sollicitudinem suscipiendi prælatum, sic per renovationem cantuum magis excitamur, ut simus dignum venturo Domino habitaculum. Potest tamen et totus adventus præparatio nominari. Unde in principio legitur : *Abjiciamus opera tenebrarum, et induamur arma lucis*, etc.,[51]. Quæ omnia sunt præparationis insignia. In hac hebdomada, septem antiphonæ secundi toni cantantur, unaquæque per ordinem suo die, usque ad nativitatem, quæ ideo sunt secundi toni; quia diriguntur ad Christum qui factus est gigas geminæ substantiæ, et sunt septem, quia requievit in eo spiritus sapientiæ, et intellectus, spiritus consilii et fortitudinis, spiritus scientiæ et pietatis, et spiritus timoris Domini[52], per quæ septem dona suæ nobis Incarnationis gratiam ministravit. Ipse enim est sapientia, qua Pater omnia fecit[53], qui venit in spiritu sapientiæ docere nos viam prudentiæ. Ipse est Adonai, qui nomen suum indicavit Moysi[54], cui legem dedit in Sinai[55], qui venit in spiritu intelligentiæ nos redimere. Ipse est radix Jesse[56], qui crucis in patibulo stetit in signum populorum, qui in spiritu consilii venit nos liberare. Ipse est clavis David qui aperit et nemo claudit, claudit et nemo aperit[57] cellaria paradisi et inferni, qui in spiritu fortitudinis venit nos de inferni claustris educere.

Ipse est oriens sol justitiæ[58], qui spiritu scientiæ nos venit illuminare. Ipse est rex gentium, lapis angularis[59], qui venit salvare nos spiritu pietatis. Ipse est Emmanuel, *nobiscum Deus*[60], qui per spiritum timoris venit ad salvandum nos, et charisma nobis dedit amoris. Omnes hæ antiphonæ incipiunt per O, quod potius admirative, quam vocative ponitur. Vel ideo sunt septem, quia cantantur in designatione antiquorum patrum, qui septenario servientes adventum Domini exspectabant, unde in omnibus *Veni* dicitur. Cantantur autem in Vesperis, quia Dominus venit in vespera mundi; hic est Elias, qui sero carnes, et in mane panes vescitur[61], Dominus, scilicet noster, qui in ultima ætate mundi carnem assumpsit et diluculo resurgens in panem angelorum transivit[62]. Si novem secundum quosdam cantantur, additur una pro Virgine quæ

concepit; altera pro angelo qui ad Virginem introivit[63]. Si duodecim fuerint, duodecim prophetæ exprimuntur, qui Christi adventum prædicaverunt, quem duodecim apostoli testimonio roboravere, ex quo duodecim tribus et ex eis duodecim millia signati salvantur[64].

CAPUT V.
IN VIGILIA NATALIS DOMINI.

Hodie scietis quia veniet Dominus, et mane videbitis gloriam ejus[5]. Dies iste vigilia dicitur natalis Domini, vigiliæ a pastoribus inceperunt. More antiquo duo nocturnalia præcipuis festivitatibus agebantur officia, unum tantum in initio noctis a pontifice cum suis capellanis absque *Venite*, illud in medio noctis articulo, sicut adhuc ab aliquibus in solemnibus observatur, et populus qui ad festum venerat, tota nocte in laudibus vigilabat; sed postquam illusores laudabile institutum in ludibrium mutaverunt, et turpibus cantilenis, et saltationibus, et fornicationibus operam dederunt, vigiliæ sunt interdictæ et dies jejuniis dedicati pristinum vigiliarum nomen retinuerunt; inter quas vigilia Domini celebrior est et præcipua, proprium habens officium nocturnum atque diurnum. Super *Venite*, *hodie scietis, quia veniet Dominus, et mane videbitis gloriam ejus*, hoc est de Exodo parva mutatione transsumptum, nam cum dixisset Dominus filiis Israel : « Ecce ego pluam vobis panes de cœlo, dixerunt Moyses et Aaron ad eos, vespere scietis quod eduxerit vos Dominus de terra Ægypti, et mane videbitis gloriam ejus[66]. » Vespere enim coturnix, et mane manna super castra descendit. Coturnix caro Christi, manna figura fuit verbi Dei[67], panis vivi qui de cœlo descendit[68], vespere carnem et mane verbum accepimus, cum in fine sæculorum « Verbum caro factum est[69], » et hoc in finibus sæculorum, licet verisimilius vespera dicatur, tamen et mane dicitur, eo quod in eo, velut tempore gratiæ, sol justitiæ nobis illuxit[70], et novum mane novum scientiæ lumen, Novum Testamentum credentibus reparavit. Igitur, *hodie scietis et mane videbitis gloriam ejus*, id est in tempore gratiæ Verbum incarnatum per experientiam cognoscetis; unde sic illis dictum est hoc, ut se præpararent ad esum Dominicæ carnis; vel dicitur spiritualiter ad eos, qui in Salvatoris ortu fuerunt, et verum manna suscipere meruerunt, vel hæc brevis clausula verius ex una parte ad Nativitatem, ex alia pertinet ad resurrectionem, sic *hodie*, id est vita præsenti *scietis*, quia veniet Dominus, id est panis vivus, qui de cœlo descendit[71], *et mane*, id est in resurrectionis gloria, non solum humanitatem, sed etiam *gloriam* divinitatis *ejus videbitis*.

Ad Laudes : *Judæa et Hierusalem nolite timere*,

[51] Rom. 15. [52] Isa. 11. [53] Psal. 105. [54] Exod. 6. [55] Exod. 31. [56] Isa. 11. [57] Isa. 22; Apoc. 3. [58] Zach. 6; Malach. 4. [59] Isa. 28. [60] Isa. 7. [61] III Reg. 17. [62] Psal. [63] Luc. 1. [64] Apoc. 7. [65] Exod. 16. [66] Ibid. [67] Cor. 10. [68] Joan. 6. [69] Joan. 1. [70] Malach. 4. [71] Joan. 6.

cras egrediemini, et Dominus erit vobiscum. Hoc frequens et celeberrimum divinæ consolationis oraculum mittit nos ad historiam Paralipomenon, quando, regnante Josaphat, congregati sunt filii Amon et Moab cum habitatoribus montis Seir adversus Judam, convenitque omnis Juda in Hierusalem et in templum Domini ad precandum faciem ejus, et stantibus illis coram Domino cum uxoribus et liberis, et vociferantibus ad Dominum exclamavit Jahaziel filius Zachariæ, levites de medio multitudinis in spiritu Domini dicens : « O Juda et Hierusalem nolite timere, cras egrediemini, et Dominus erit vobiscum [72]. » Amon interpretatur *populus turbidus,* Moab *ex patre,* Seir *hispidus;* hæc sunt vitia hominum turbantia et exasperantia a diabolo procedentia, quæ fuerant ad nostrum introitum congregata, nec erat qui adjuvaret, donec venit Samaritanus in carne, qui vulneratum fomentavit et stabulario commisit [73]; ad eos ergo, qui ante Nativitatem Domini tenebantur in potestate diaboli, vel in claustris inferni sermo dirigitur. *O Juda et Hierusalem,* id est confitentes et pacem desiderantes, *nolite timere, cras,* id est in proximo *egrediemini, et Dominus erit vobiscum.* Similis vobis, habitabit in vobis. Moraliter o activi, quibus est peccatorum confessio necessaria, et o contemplativi, quibus est pacis visio in desiderio, « nolite timere eos qui occidunt corpus [74], » *cras,* id est in proximo *egrediemini* de corpore mortis hujus [75], *et Dominus erit vobiscum,* ergo cupite dissolvi et esse cum Christo [76]. Ex his duabus clausulis, videlicet, *hodie scietis, quia veniet Dominus* ; *Juda et Hierusalem nolite timere;* fere cætera nocturni officii contexuntur, de quo scias quod in quacunque feria vigilia Domini venerit, illius feriales psalmos cum antiphonis et canticum obtinebit : at si fuerit in Dominica, sex responsaria de historia canite, et tria de ipsa vigilia cum laudibus suis. Hodie quoque et usque ad nocturnæ Epiphaniæ Symbolum Athanasii, secundum quorumdam consuetudinem, subticetur, diurni quidem officii constat esse intentionem ostendere, non solum quod Christus natus sit, sed etiam et de quo, et cur natus sit, et quantus sit : Natus est, ut dicitur in Epistola Pauli [77] et in Evangelio [78], cum esset de semine David, de Maria desponsata Joseph; hodie namque Mariæ desponsatio legitur, ut sciatur quod alii fuerit desponsata, scilicet Joseph; et ab alio fecundata, scilicet a Spiritu Sancto. Natus est ut populum salvum faceret et iniquitatem terræ deleret; *hodie* in spe per sacramenta gratiæ, *mane* in re per revelationem gloriæ : hæc patent in introitu et graduali : *hodie scietis, et Alleluia.* Crastina die, quidam habent *Alleluia, Ave Maria;* Alleluia tamen in vigiliis non cantatur propter ob-

servationem jejunii, nisi fuerit in Dominica, tunc enim non omittitur propter resurrectionem Domini. Idem quoque patet in communione, revelabitur. Sed quia ejus incarnatio erat futura Judæorum dispersio, ideo versus in graduali subditur, *qui regis,* in quo pro eis oratur. Quantus sit ostendit psalmus qui cantatur ad introitum, scilicet : *Domini est terra* [79]. De quo etiam sumitur offerenda : *Tollite portas,* et vide quoniam hæc vigilia propriam habet collectam, ideoque debet in Vesperis dici, quod et in omni vigilia (secundum quosdam), generaliter est observandum, ut si propriam habet collectam in missa, dicatur et in vesperis ; si non habet propriam, dicatur in vesperis collecta festi sequentis. In vesperis autem vigiliæ natalis psalmi cantantur : *Laudate pueri Dominum* [80]. *Laudate Dominum omnes gentes* [81]. *Lauda, anima mea, Dominum* [82]. *Laudate Dominum, quoniam bonus* [83]. *Lauda Hierusalem* [84], secundum quosdam, in quibus invitamur ad laudes. At (secundum alios), *Laudate pueri* [85]. *Qui confidunt* [86]. *In convertendo* [87]. *Memento* [88]. *Benedictus Dominus Deus meus* [89], et merito; quia primus devotos invitat ad Dominum laudandum jugiter et prædicandum. Secundus monet in Domino confidere. In tribus sequentibus causa redditur, quare sit laudibus instandum et in Domino confidendum, scilicet : quia nostram captivitatem convertit [90] et nobiscum magnificavit [91]; quia promissa complevit, dum fructum ventris David super sedem ejus constituit [92]; quia inclinavit cœlos atque descendit [93]; quia demum de alto manum suam emittet [94], ut nos eripiat ab aquis multis et a filiis alienis.

CAPUT VI.
IN NATALI DOMINI.

Puer natus est nobis [95]. In fine anni Dominus voluit nasci, ut ostenderet se venire in ultima ætate mundi. In sexta feria conceptus, in Dominica natus fuit; in sexta feria crucifixus, in Dominica resurrexit, ut qui hominem in sexta feria plasmatum perdiderat, in sexta feria liberaret, et qui in Dominica veniens, oriens ex alto [96], nos illuminaret, et hæc regula compati comprobatur. Nam si retro percurras v. illius anni invenies concurrentem. In nocte quoque natus est, juxta illud : « Dum medium silentium tenerent omnia, et nox suum peraget cursum, omnipotens Domini sermo a regalibus sedibus venit [97], » inde est quod media nocte ad annuntiandum nativitatem surgimus; quia credimus tunc Virginem peperisse et puero profescenninis, id est cantilenis quas nutrices pueris faciunt, *Gloria in excelsis Deo* [98] cantasse; sed nec vacat a mysterio. In nocte namque natus est, ut se clam sub carne latentem venire signaret, vel ut se ad illumi-

---

[72] II Par. 20.   [73] Luc. 10.   [74] Matth. 10.   [75] Rom. 7.   [76] Phil. 1.   [77] Rom. 1.   [78] Matth. 1.
[79] Psal. 22.   [80] Psal. 112.   [81] Psal. 116.   [82] Psal. 145.   [83] Psal. 146.   [84] Psal. 147.   [85] Psal. 112.
[86] Psal. 124.   [87] Psal. 125.   [88] Psal. 131.   [89] Psal. 143.   [90] Jer. 1.   [91] Psal. 125.   [92] Luc. 1 ; Psal. 131.
[93] Psal. 17.   [94] Psal. 143.   [95] Isa. 9.   [96] Luc. 1.   [97] Sap. 18.   [98] Luc. 2.

nandum nostram noctem venire demonstraret; quo- A
niam habitantibus in regione umbræ mortis lux
orta est eis [99]. Unde ab ejus natali dies prolongan-
tur, quia credentes in eum ad æternitatis lucem
vocantur. Rationabiliter itaque nocturna celebrantur officia, et secundum antiquum morem ascribun-
tur duo natali Domini nocturnalia. Unum in quo
antiphonæ : *Dominus tanquam diffusa est*, et responsoria *hodie nobis*, cum aliis concinuntur ; aliud
in quo antiphonæ : *Dominus, in sole elevamini*, et
responsoria : *Ecce agnus Dei* cantantur, sed hoc ad
Octavam relinquitur. Nunc primo insistamus super :
Venite, Christus natus est nobis, venite, adoremus.
Hoc in persona angelorum cantatur, a quibus pastores, vel potius omnis populus ad adorandum natum Dominum invitatur. Nos igitur ad hæc tripudia
invitati, ei congaudentes in tribus psalmis psallimus.

In quorum primo agitur de æterna Christi et ineffabili genitura ; in secundo vero de Christi incarnatione ; in tertio de laudibus sponsi et sponsæ ; eique in tribus lectionibus per Isaiæ oracula testificamur, qui non tam prophetice quam evangelice
incarnationem Christi descripsit : ei quoque in tribus responsoriis cum angelis jubilamus, quæ repræsentant nobis cuncta in cœlis et in terris [100] per
hanc Christi nativitatem restaurata. In primo quorum, in quo gaudet exercitus angelorum, cantatur
restauratio cœlestium. In secundo ubi pax vera descendit, cantatur reparatio terrestrium. In tertio ubi C
dicitur quod introivit in regionem nostram, recolitur liberatio in regione umbræ mortis habitantium [1]. Et quia hæc cuncta Trinitas operatur, idcirco, secundum quosdam, ad singula, vel secundum
alios, post hæc tria subditur gloria. Quia vero ineffabiliter fabrica mundi per verbum Dei creatur [2] ;
idcirco in fabrica mundi jubilatur. Item quia ineffabiliter de Virgine, tanquam sponsus de thalamo
suo processisse creditur [3], idcirco in tanquam
neuma resonatur ; item quia ineffabiliter Patri et
Spiritui sancto coæqualis esse prædicatur, idcirco
in *Gloria Patri* jubilus exsultat. Et quia ipse est
alpha et omega [4], idcirco in A et O modulatur.

In secundo nocturno, lectiones de expositionibus
legimus, et cantantes cum pastoribus jucundamur,
dum ipsorum devotionem recolentes, eos ad Bethleem festinasse et Christum in præsepio canimus D
invenisse [5]. In tertio nocturno primo ponitur antiphona : *Ipse invocabit me*, quæ est de vi differentia, et septimo loco inducit psalmum : *Misericordias
Domini in æternum cantabo* [6] ; quia ejus misericordia cantatur, qui septiformi gratia venit eum redimere, qui fuerat vii die creatus et lapsus [7]. In
eodem nocturno frequentatur in antiphonis *Alleluia*, quia in tertio tempore, id est gratiæ, advenit

mundo lætitia ; in eodem legimus Evangelia ; duo
versantur circa temporalem nativitatem, in tertio
gigas geminæ substantiæ declaratur. Et attende
quod novenarium per tria nocturna distinguimus,
ut patres trium temporum intelligamus sociandos
novem ordinibus angelorum, unde in primis duobus
Alleluia subticetur, quia patres illis sociati sunt,
sed murmurabant infra claustra inferni ; at in tertio frequentatur, quia patres nostri temporis transeuntes, angelis illico sociantur. Ternarius in primo nocturno, tres sunt patres in tempore primo :
Abraham, Isaac et Jacob. Ternarius in secundo :
Legislator, psalmista et propheta. Ternarius in tertio : homines de tribus partibus orbis, aut Ecclesia
primitiva, Ecclesia gentium et ultima conversio reliquiarum, qui omnes per bonam operationem, et
doctrinam Evangelicam, et fidem sanctæ Trinitatis,
perveniunt ad collegium angelicæ societatis [8]. Solent mulieres parturientes visitare. et matri. et filio exennia ferre : has in reponsoriis trium nocturnorum imitamur, dummodo Christum, modo virginem salutamus, vel quasi utrique munera offerentes, utrique applaudimus. Et vide quia in primo
prophetæ, in secundo doctores, in tertio leguntur
evangelistæ, quia de incarnatione Christi prophetia
præcessit, quam sub obscuram expositor, quasi
pastor enucleavit, Evangelista elucidavit. Item attende quod ante nocturnos solent tres panni, secundum quosdam, super altari deponi, et singulis nocturnis unus auferri, primus est niger pro tempore
ante legem ; secundus subalbidus pro tempore legis;
tertius profusus rubore pro tempore gratiæ, quo
tertio sublato luminaria plenius accenduntur Ecclesiæ. Post hæc cantatur Evangelium Matthæi :
Liber generationis Jesu Christi [9]. Jacob in nocte dormiens vidit scalam, eique Dominum innixum, in
ea descendentes angelos et ascendentes [10]. Quid est
scala Jacob? nisi generatio Christi, cui Dominus
innititur, dum per Joseph in ultimo gradu locatur ;
angeli descendentes et ascendentes sunt omnes electi, qui prius ad suscipiendam Incarnationis Christi fidem humiliantur, et postmodum ad videndam
ejus gloriam sublevantur : quia factus homo Deus
primo vagit in cunis, et baptizatur in aqua Jordanis,
postmodum cœlestibus coruscat miraculis [11] ; per
primum nos docet humiliari exemplo suæ humilitatis [12] ; per secundum nos erudit humiles suscitari
ad intelligendam gloriam suæ divinitatis. Utrumque
scilicet descensum et ascensum Matthæus et Lucas
videntur innuere, dum Christi generationem de-
scribunt, alter descendendo, alter vero ascendendo.
Vel ideo Matthæus [13] descendendo computat ; quia
humanitatem Christi describit, per quam ad nos
descendit. Lucas [14] ascendendo refert, quoniam a
baptizato incipiens usque ad Deum ascendit, effe-

[99] Isa. 9.   [100] Ephes. 1.   [1] Isa. 9.   [2] Gen. 1 ; Psal. 32.   [3] Psal. 18.   [4] Apoc. 1.   [5] Luc. 2.   [6] Psal. 88.
[7] Gen. 1 et 2.   [8] Rom. 11.   [9] Matth. 1.   [10] Gen. 28.   [11] Matth. 3. [12] Phil. 2.   [13] Cap. 1.   [14] Cap. 3.

ctus ostendens baptismi; quia baptizati efficiuntur
filii Dei. Scalam dormiens vidit in nocte : ideoque
hanc generationem legimus in nocte profunda, non
somno corporeo, sed supernorum contemplatione
dormientes. Juxta illud : « Ego dormio, et cor
meum vigilat [15]. » Et attende quod hæc generatio incipit a David et Abraham, et concludit Joseph. Quibus
tribus factæ sunt promissiones, dictum est
enim ad Abraham : « In semine tuo benedicentur
omnes gentes [16], » quæ promissio hominem significat ; David : « De fructu ventris tui ponam super
sedem tuam [17], » quæ promissio hominem et regem significat ; ad Joseph : « Pariet tibi filium, et
vocabis nomen ejus Jesum, ipse enim salvum faciet populum suum a peccatis eorum [18], » quæ
promissio hominem et Deum pronuntiat. Et sicut
per quadraginta duas mansiones pervenitur ad Jordanem [19], et exinde in terram promissionis, sic per
quadraginta duos patres pervenitur ad Virginem
matrem Salvatoris. In medio vero apposuit Evangelista Raab meretricem, et Ruth Moabitidem, innuens
quod Christus non solum Judæis, sed etiam gentibus venerat, quod et Propheta prædixerat : « Memor ero Raab, et Babylonis scientium me [20], » id
est latitudinis confusarum gentium. Raab enim latitudo, Babylon confusio dicitur. Evigilans a somno
Jacob prorupit in confessione Domini, dicens :
« Vere Dominus est in loco isto [21], » et nos generatione cantata concrepamus in laudes Dei, dicentes : Te Deum laudamus ; in quo etiam congratula-
mur de drachma perdita, quam mulier invenit, accensa lucerna [22]. Surgens a somno Jacob, erexit
lapidem in titulum, fundens oleum desuper [23]; et
nos generatione, et laudis confessione cantata, missarum solemnia celebramus, ubi lapidem angularem [24] erigimus, et oleum confessionis et devotionis effundimus.

Communione cantata, matutinas laudes interse-
rimus, antequam collecta ultima concludatur, in
quibus quatuor psalmi ad præsentem statum pertinent. In primo : Dominus regnavit [25], Regis decorem et pulchritudinem collaudamus ; in secundo :
Jubilate [26], nos vicissim ad laudes invitamus ; in
tertio, velut in deserto Idumeæ sitientes, et dicentes : Deus, Deus [27] ; in quarto imbrem misericordiæ petimus, dicentes : Deus misereatur [28]. Exinde creaturas Dominum laudare monemus dicentes : Benedicite [29], tres vero qui sequuntur, scilicet : Laudate Dominum de cœlis [30], cantate [31], laudate Dominum in sanctis ejus [32], ad futurum statum
pertinent, in quo una cum angelis Dominum sine
fine et intermissione laudabimus. His psalmis Ecclesia quasi choræam ducit, dum sponsa liberatori
suo in matutinis laudibus concinit, quas sacerdos
cum missæ collecta concludit, quæ varietas, licet

pro festi decore fieri videatur, missa tamen laudes
ea ratione præcedit : quia prius fuit illa æterna genitura, de qua missa loquitur ; quam aliqua fuerit
creatura, quæ Deum laudare potuerit. Una collecta
laudes [et missam terminat : quoniam ad eum referenda est Christi incarnatio, a quo est æterna generatio. Et hæc prima missa, non per Ite missa est,
sed per Benedicamus Domino, terminetur, ne populus ab officio licentietur. Quidam vero, finito nocturno, confestim incipiunt : Te Deum laudamus,
repræsentantes in hoc horam, in qua natus est
Christus : mox subjungunt missam cum Gloria in
excelsis, repræsentantes gaudium angelorum. Exinde subdunt : Liber generationis, repræsentantes
gaudium hominum ; sed nostra Ecclesia, post novem responsoria, missam celebrat ; qua finita, subdit evangelium : Liber generationis, et post evangelium : Te Deum laudamus ; quia generatio divinitatis præcessit generationem humanitatis, quorum
notitia fuit nobis materia laudis.

Nunc missarum officia prosequamur. Tres missæ in Natali Domini celebrantur secundum institutionem Thelesphori papæ, qui missam in nocte
voluit celebrari, ad ostendendum quod idem est,
qui in nocte nascitur et in altari immolatur, et ad
recordationem angelorum, qui in illa nocte ceci-
nerunt illum angelorum hymnum : Gloria in excelsis Deo [33]. Auctor officii mane voluit aliam celebrari, ut novæ Lucis in mundum introitus demonstretur ; et quia sanctificavit eum Pater ab exordio
conceptionis, ideo sacrificium offertur in exordio
lucis, seu propter visitationem pastorum ad præsepium Domini, in quo invenerunt pabulum [34], unde
quotidie reficiuntur animæ sanctorum. Rursus
tertia missa in hora tertia celebratur, ut missæ
debitus ordo servetur. Hæ tres missæ tria tempora
significant, constat enim tria tempora mundi per
hanc singularem nativitatem salvari. Per missam
quæ in nocte cernitur, tempus ante legem ignorantiæ
tenebris involutum accipitur, ideoque in nocte cantatur, et in ea legitur : Populus gentium qui ambulabat in tenebris [35]. Per missam quæ in aurora cantatur, tempus legis exprimitur in quo lux fidei
mundo per Scripturas ostenditur, ideoque, in aurora canitur, et in ea dicitur : Lux fulgebit. Per
missam tertiam quæ in die ad horam tertiam celebratur, dies salutis et tempus gratiæ denotatur, in
quo Christus nascitur ; ideoque in die canitur et in
ea dicitur : Puer natus est nobis [36] : hoc est quod in
Levitico [37] dicitur : « Vetustissima veterum comedetis, et novis supervenientibus, vetera abjicietis ; »
vetustissima est naturalis lex, vetus lex mosaica ;
nova lex Evangelica ; naturalis docuit intelligere
Deum, unde prima missa de æterna loquitur genitura : Mosaica Dominum promisit nasciturum.

[15] Cant. 5. [16] Gen. 22. [17] Psal. 131. [18] Matth. 1. [19] Josue 5. [20] Psal. 86. [21] 28. [22] Luc. 15.
[23] Gen. 28. [24] Ephes. 2. [25] Psal. 92. [26] Psal. 99. [27] Psal. 62. [28] Psal. 66. [29] Dan. 3. [30] Psal. 148.
[31] Psal. 159. [32] Psal. 10. [33] Luc. 2. [34] Ibid. [35] Isa. 9. [36] Ibid. [37] Cap. 26.

Unde in secunda missa dicitur : *Lux fulgebit.* *Evangelica prædicat natum.* Unde in missa tertia dicitur : *Puer natus est nobis.* Unde metrice scriptum est :

In natali sacrosacræ solemnia missæ,
Quid significent, aut cur celebrentur habe:
Nocte prior sub luce sequens, in luce suprema.
Sub Noe, sub templo, sub Christo sacra fuerunt,
Nox, aurora, dies, umbra, figura, Deus.

Prima missa pertinet ad generationem, quæ est de secreto, id est substantia Patris, quæ est de Patre sine matre, ideo in nocte canitur : *Quia generatio ejus non enarrabitur* [38]; vel quia omnes fuerunt ante legem, eam fere penitus ignoraverunt. Ideoque et in ea cantatur : *Hodie, et ante Luciferum genui te* [39]. Secunda pertinet ad illam generationem, quæ est de utero virginis, quæ est de matre sine patre. Ideoque diluculo canitur ; quia homines legis semiplenam de ipsa notitiam habuerunt, ideoque in ea canitur : *Lux fulgebit hodie super nos, quia natus est Dominus nobis.* Tertia pertinet ad utramque, quod ex ejus Evangelio patet, ubi namque dicitur : « In principio erat Verbum, » æterna significatur, ubi subditur, « Verbum caro factum est [40], » temporalis ostenditur, ideoque in die cantatur, quia homines gratiæ per temporalem Nativitatem plenius agnoverunt divinitatem, quia per notitiam Filii pervenitur ad Patrem [41]. Officium igitur primæ missæ pene per omnes suas partes divinam commemorat nativitatem, ut introitus : *Dominus dixit ad me : Filius meus es tu, ego hodie genui te* [42], id est æternaliter genui te, nam hodie, ut beatus asserit Augustinus, quia præsentia significat, et in æternitate nihil est præteritum quasi esse desierit, nihilque futurum, quasi nondum sit, sed præsens tantum ; quia, quidquid æternum est, semper est ; ideo divinitus accipitur ibi : *Ego hodie genui te.* Idem in graduali, et alleluia, et communione canitur, et repetitur quod in introitu præmittitur, sed quomodo hæc membra capiti suo conveniunt, scilicet evangelio nativitatem ex virgine prosequenti? sed et cum ibi dicatur : *Maria peperit filium suum primogenitum* [43], plane præmissæ materiæ coaptatur ; quia primogenitum non referimus ad Mariam, sed asserimus genitum primo, id est ante omnem creaturam, vel quia divinitas hæc calceata venit ad nos, et per hoc calceamentum divinitatem agnovimus, ideo in collectis, in lectionibus, in Evangelio, in offertorio fit evidenter nativitatis de virgine commemoratio ; unde quidam aiunt, quod intentio totius officii ad temporalem nativitatem potest referri, ut exponat : *Hodie* scilicet hac die *ante luciferum*, stellam videlicet matutinam, *genui te,* id est generationem tuam sum operatus ; et quod in Evangelio dicitur : *Maria peperit filium,* scilicet *primogenitum,* id est post, vel ante quem nullum.

Officium vero secundæ missæ totum consonat dictis pastorum dicentium, ut legitur in Evangelio : *Transeamus usque Bethleem, et videamus hoc Verbum, quod factum est* [44], qui gratulantes aiunt in Introitu : *Lux fulgebit ;* sed ait semidoctus grammaticus : cur non dicunt : Lux fulget, orta erat stella ex Jacob? [45] Convenientius tamen dicitur : *Lux fulgebit ;* quia cœlum rubet in aurora, fulget in tertia, in sexta fervet, in vespere tepet ; vel dicitur : *Lux fulgebit,* in persona legis, quæ temporalem nativitatem antiquis patribus repromisit, et subditur : *Dominus regnavit, decorem indutus est* [46], illum decorem, quo coronavit eum mater sua [47]. Hæc est humanitas, ornatus miserationis, diadema pietatis, pulchritudo charitatis, et addunt in graduali : *Benedictus qui venit,* et in alleluia : *Dominus regnavit,* et quis sit, et quantus sit in offerenda supponunt dicentes : *Deus enim firmavit orbem terræ* [48]. Et quia primus paries est ex Hebræis, ideo primitiæ, scilicet pastores in communionem loquuntur ad eos : *Exsulta, filia Sion* [49]. Ecclesia ex Hebræis dicitur : *Filia Sion,* quia in Sion, quæ et Hierusalem erat templum et Sancta sanctorum. In utraque missa statio debuit esse ad Sanctam Mariam, quia nobis de utero ejus vera salus advenit, sed causa intercurrit, ut ad Sanctam Anastasiam eatur, quæ hoc die per martyrium transivit ad Dominum ; ideoque in secunda missa secunda dicatur oratio de Sancta Anastasia. Officium tertiæ missæ personat mirabilia verbi Dei, quod erat in principio, et incipit esse caro, sicut legitur in Evangelio [50] : *Hoc verbum est puer qui, secundum prophetam, natus est nobis* [51], ut canimus in introitu ; et hoc canticum novum, de quo Propheta : « Cantate Domino canticum novum [52] ; » et Jeremias : « Novum faciet Dominus super terram [53]. » Hoc est illud brachium Domini [54], quod secundum propheticam hujus diei lectionem paravit Dominus in oculis gentium ; hæc est locutio, quam secundum apostolicam lectionem locutus est Pater in Filio qui multifarie locutus est olim patribus in prophetis [55]. Et attende quod tam in vigilia, quam in tribus missis hodiernæ festivitatis duæ lectiones sine intervallo, prima de propheta Isaia, secunda legitur de Apostolo, quia Christus pro duobus populis in uno pariete conjungendis nascitur ; vel quia super basim prophetarum fundata est columna apostolorum ; vel quia activi et contemplativi per hanc nativitatem in una fide salvantur ; vel quia per prophetas et apostolos, et evidentius per illum et istum, vel utrumque Testamentum, ejus nativitas concorditer prædicatur ; hi sunt duo Cherubin, qui propitiatorium tegunt seseque vultibus versis in propitiatorium respiciunt [56]. Per propitiatorium incarnatus Dominus figuratur, de quo Joannes : Ipse est propitiatio

---

[38] Isa. 53.   [39] Psal. 109.   [40] Joan. 1.   [41] Joan. 14.   [42] Psal. 2.   [43] Luc. 2.   [44] Ibid.   [45] Num. 24.   [46] Psal. 92.   [47] Cant. 3.   [48] Psal. 92.   [49] Isa. 12.   [50] Joan. 1.   [51] Isa. 9.   [52] Psal. 97.   [53] Jer. 31.   [54] Psal. 97.   [55] Hebr. 1.   [56] Exod. 25.

pro peccatis nostris [57]; dum ergo non discrepant, sed mysterium incarnationis concorditer narrant illud prophetando, istud asservando, in propitiatorium vultum suæ intentionis dirigunt, et se vicissim respiciunt, hoc quoque verbum est illud salutare de quo protinus canitur in graduali : *Viderunt* [58].

Hæc est lux magna, quæ descendit in virginis uterum : « Quæ illuminat omnem hominem venientem in hunc mundum [58]. » Et attende quod neumæ, quæ modulantur in *Kyrie eleison*, vel *alleluia*; potius per E, vel per A jubilantur, ut per has vocales significemus spirituale gaudium, quod nobis in partu Virginis est restitutum, cui facta est mutatio ejus nominis Eva, dicente Angelo : « Ave Maria [60]; » Ave quidem vox est gaudii, Eva luctus, quem nascentes exprimunt lugentes, E, vel A. Hic demum, est dives ille et potens qui dicitur in offerenda : *Tui sunt cœli, et tua est terra, tu humiliasti superbum* [61], sed nunquid hodie humiliavit, quando Patrem et matrem vocare nescivit ? Respondeo : Humiliavit per causam, juxta illud : « Accelera, spolia detrahe, festina prædari [62]. » In communione de eodem, qui est salutare concluditur, quod, *Viderunt omnes fines terræ* [63], quod quia beatus Petrus vidit, et confessus est præ cæteris, revelante sibi Patre, qui est in cœlis [64]; ideo statio est ad Sanctum Petrum. Illud non est silentio prætereundum, quod ab hodie ad octavam Epiphaniæ semper ad primam, tertiam, sextam et novam dicimus responsoria, et eorum versus cum Alleluia, ad repræsentandum summam lætitiæ, quæ advenit tempore gratiæ. Vesperæ quoque Natalis Domini singulis diebus prius totæ cantentur. Postea *Magnificat* cum Antiphona, et collecta de sequenti festo beati Stephani, et aliorum dicatur. Quidam vero dicunt secundam vesperam totam, quidam duntaxat antiphonam et collectam, et est privilegium istarum vesperarum; quia cum cætera officia pro supervenienti festo mutentur, istæ vesperæ non mutantur, et est singulare in istis, eo quia Dominus venit in vesperis, id est in ultima ætate mundi ad salvandum saltem reliquias generis humani.

CAPUT VII.

DE OCTAVA DOMINI.

Postquam consummati sunt dies octo, ut circumcideretur puer, vocatum est nomen ejus Jesus [65]. In die Natalitio duo festa concurrunt, parientis et partus, id est matris et filii; sed propter filii celebritatem, de matre plene solemnizare nequivimus. Ipsius ergo solemnia reservavimus ad octavam, hoc significantes quod si Christo in hac vita servierimus, de Ecclesiæ glorificatione, quam Maria figurat, in octava, id est in futura vita gaudebimus, ideoque nocturnum officium, ex magna parte ad virginem pertinet parientem; idcirco et duæ missæ

celebrantur, prima de Matre : *Vultum tuum* [66]; alia de Filio : *Puer natus est nobis* [67]; quod si quis alteram voluerit omittere, non omittat illam, quæ spectat ad virginem, ut dicat orationem : *Deus, qui salutis æternæ,* quæ dicenda est a Circumcisione usque ad Epiphaniam, et ab Octava Epiphaniæ usque ad Purificationem. In hac vero die triplex solemnitas intimatur, scilicet Ogdoadis, circumcisionis et nominis impositionis, ut in Evangelio legitur : *Postquam consummati sunt dies octo* [68] : verborum trium fit commemoratio. Prima solemnitas Ogdoadi assignatur, id est octavæ diei, et quia sequentes dies octavarum nominibus decorantur, idcirco de octavis fecundior sermo decurrat. Octavum diem celebrandum Leviticus liber insinuat, dicens : « Dies octavus erit celeberrimus atque sanctissimus [69]. » Celebrantur autem octavæ diversis et specialibus causis, verbi gratia, celebratur Octava Nativitatis ob reddendam causam primæ diei ; in die Nativitatis colimus Christi adventum ad nos, in Octavis colimus hominum adventum ad Christum ; ipse autem venit ad nos, ut iremus ad eum, et hoc ex antiphonis manifeste dignoscitur. Ibi dicitur : *Genuit puerpera regem.* Hic *O! admirabile commercium!* nomine commercii datur intelligi, aliud dari et aliud accipi. Dedit nobis Christus suam divinitatem et accepit nostram humanitatem; quod dedit, colitur in nativitate ; quod accepit, colitur in octava die. Membra juncta capiti congratulantur in festivitate præsenti, sic et in aliis antiphonis : in illis agitur de Nativitate, in istis de membrorum copulatione, quæ facta est per Nativitatem. Antiphona illa : *Mirabile mysterium hominis*, declarat assumptionem, cum dicitur : *innovantur.* Ecce nova permutatio naturarum quia Deus fit homo, et homo Deus ; sic tamen, ut quod fuit permansit, et quod non erat assumpsit, non passus commistionem, quam Sabellius identitavit, nec divisionem, quam Arius oblatravit. Ob similem causam octava celebratur Epiphaniæ. Nam in Epiphania cantatur : *Quod Dominus est baptizatus* ; in Octava causa redditur cur baptizatus, scilicet ut baptizemur, ut a peccatis per nostrum lavacrum abluamur, quod ex ipsis antiphonis declaratur : *Veterem hominem.* Hic quæritur cur Octava Passionis eodem rationis articulo non celebretur ? Sicut enim Christus, qui est sol justitiæ [70], natus est non propter se, sed ut lux nostris mentibus, qui eramus in tenebris appareret [71]; sicut etiam baptizatus, qui non est propter se, sed ut nostra peccata lavaret [72]; sic mortuus est non propter se, sed ut nos moreremur peccato, per quod nos a morte liberaret [73]. Respondeo : quia superveniens festum lætitiæ obumbrat, et abolet commemorationem tristitiæ, verumtamen licet reddatur ratio, cur non fiant, non tamen usquequaque in

[57] I Joan. 2.   [58] Psal. 97.   [59] Joan. 1   [60] Luc. 1.   [61] Psal. 88.   [62] Isa. 8.   [63] Psal. 97.   [64] Matth. 16.
[65] Luc. 2.   [66] Psal. 44.   [67] Isa. 9.   [68] Luc. 2.   [69] Levit. 23.   [70] Mal. 4.   [71] Isa. 9; Luc. 1.   [72] Rom. 6.
[73] Hebr. 2.

similibus exigitur, cur hæc fiant, nam et circum-
cisus est carnaliter, ut circumcidamur spiritualiter [74]. Jejunavit ut jejunemus [75]; pedes lavit ut lavemur [76]. Non tamen octavas istorum, aut similium celebramus. Sed Octavæ sanctorum, ut Stephani et aliorum ob causam dissimilem celebrantur.
In natalitiis enim ipsorum, receptacula colimus
animarum, in octavis resurrectionem corporum.
Unde in titulis Psalmorum dicitur, *pro octava*.

Et attende : Quod quorumdam sanctorum celebrantur Octavæ, ne hoc mysterium lateat, non autem omnium, ne vilescat, et etiam, si non valemus
omnium festa celebrare sanctorum, quanto minus
octavas eorum? Rursus dissimilem habet causam
octava paschalis solemnitatis, cui cum sit octavæ
mysterium, octava tamen additur propter octo beatitudines, quæ in illa solemni octava percipientur.
Rursus dissimilem habet causam Octava Pentecostes, quæ ideo celebratur, ut operum sancti Spiritus consummatio declaretur; est demum omnium
octavarum ratio generalis, quod octava redit ad caput, quod de beatitudinibus asserit Augustinus.
Idem quoque dies primus est et octavus, id est Dominicus. Ideoque resurrectio Domini dicitur facta
in octava, id est in die Dominica. Idcirco igitur observatur celebritas octavarum, ut revertamur ad
primum innocentiæ statum; in cujus innocentiæ
recordatione, in octava die Circumcisio agebatur,
ut mens circumcisa fieret ab omni carnali contagione. De circumcisione et nominis impositione
sermo succedat, et merito in octavo die circumcisionis, et nominis, quod est Jesus, impositionis solemnitas celebratur; quia, sicut in die Nativitatis
ostenditur, qualiter Christus venit ad nos, ut salvaret nos, scilicet per incarnationem; sic in octavis
ostenditur, qualiter veniemus ad ipsum, ut salvemur ab ipso, scilicet per circumcisionem. De circumcisione sciendum est quod Dominus eam præcepit Abrahæ, in signum obedientiæ et justitiæ, fidei et discretionis populi [77]. Fiebat autem in octavo
die petrino cultello in membro luxuriæ, in quo pro-
toplastus verecundiam sensit inobedientiæ, significans quod in octava gratiæ per fidem Christi omnis
peccati corruptio deleatur [78], et in octava gloriæ
per Christum omnis etiam pœnæ corruptio penitus
abolebatur [79]. Unde hoc festum celebrant subdiacones, juvenes et fortes, ad significandum, quod in
octava resurgentium nulla erit debilis ætas, non senectus, non senium, non impotens pueritia, sed
omnes occurremus in virum perfectum [80] cum hoc
mortale induet immortalitatem et hoc corruptibile
incorruptionem [81]. Hujus effectus erat peccati originalis abolitio. Cur ergo Christus qui fuit agnus

immaculatus [82], non habens maculam, neque ru-
gam [82], « qui peccatum non fecit, nec inventus est
dolus in ore ejus [84]; » cur, inquam, voluit circum-
cidi, qui nihil habuit in se, quod debuit amputari?
Respondeo : sicut voluit in templo præsentari [85],
sicut et baptizari [86], sicut et de agno paschali cum
discipulis epulari [87], sic voluit in corpore circum-
cidi non propter se, sed propter nos. Tum ne Judæi
stomacharentur in eum, dicentes : Hunc non esse
Messiam promissum in lege; quia non vivit secundum legem, qui de se ipso postea dixit : « Non veni
solvere legem, sed adimplere [88]. » Tum propter figuram; carnalis etenim circumcisio figurat præsentem spiritualem, quæ est ex gratia, et futuram, quæ erit in gloria; nec dedit nobis exemplum
carnaliter circumcidendi; quasi « circumcidimini,
Christus vobis nihil proderit [89], » sed invitavit nos
spiritualiter ad spiritualem circumcisionem, id est
vitæ innovationem, ad quam nos invitat Spiritus per
Jeremiam, dicens : « Novate vobis novale [90]. » Et
forte non sine occulta causa hæc innovationis solemnitas in anno gentilitatis novo concurrit ; quia
tunc novum annum augurata strena, et bono omine
celebrabimus, si mente et spiritu renovati fuerimus [91]; demum carnalem circumcisionem baptismi
sequentis institutione mutavit. Tum propter hone-
statem, quia honestius est aqua lavari, quam corpore mutilari; propter utilitatem, quia communius
est; cum enim solum mares circumciderentur, mares et feminæ baptizantur, et quia efficacius est,
quia circumcisio duntaxat ab originali peccato
mundaret, baptismus et mundat ab omni, et pandit
aditum paradisi. De nominibus vero Christi sciendum est quod quædam ex ipsis de Christo relative,
vel quasi relative dicuntur, ut pastor [92], sponsus [93]
et mediator [94], quædam non relative ut homo [95].
Item nonnulla ex ipsis de Christo translative dicuntur, ut agnus, ovis [96], vitulus [97], serpens [98],
aries [99], leo [100], vermis !. Item quædam, cum sint
institutione appellativa, sunt et prærogativa privilegii appropriata, ut Christus quod sic Græce, *Messias* Hebraice, *unctus* dicitur Latine. Unxit eum
Deus oleo lætitiæ præ consortibus suis [2]; hoc nomen est oleum effusum, ideoque adolescentulæ dilexerunt eum [3]; hoc nomen, cum sit Græcum,
Græca scribitur abbreviatione sic ΧΡΣ. Nam Χ ponunt Græci pro *chi*; Ρ vero pro *r*; ς autem pro *s*.
Si autem per *s* scribitur Latina terminatione finitur, ergo si longo schemate scribitur, per aspirationem ita pingatur, Christus. Jesus autem est proprie proprium nomen illius personæ impositum ei
ab Angelo in die conceptionis et ab hominibus in
die circumcisionis et dicitur *Jesus* [4] Hebraice, *soter*

[74] Luc. 2,   [75] Matth. 4.   [76] Joan. 12.   [77] Gen. 17; Rom. 4.   [78] Rom. 6.   [79] Rom. 8.   [80] Ephes. 4.
[81] I Cor. 15.   [82] Isa. 53 ; Joan. 1.   [83] Ephes. 5.   [84] I Petr. 2.   [85] Luc. 2.   [86] Matth. 3.   [87] Matth. 26.
[88] Matth. 5.   [89] Gal. 5.   [90] Jerem. 4.   [91] Ephes. 4.   [92] Joan. 10.   [93] Psal. 18.   [94] Tim. 2.   [95] Joan. 1.
[96] Isa. 53.   [97] Luc. 15.   [98] Num. 21 ; Joan. 3.   [99] Gen. 22.   [100] Apoc. 5.   [1] Psal. 21.   [2] Psal. 44.
[3] Cant. 1.   [4] Luc. 1 et 2.

Græce, *Salvator* Latine; unde Angelus ad Joseph : « Vocabis nomen ejus Jesum : ipse enim salvum faciet populum suum a peccatis eorum [6], » quod nomen Porphyrius philosophus Græca et Latina lingua peritus Latine scribebat *Jesus*, Græce per H, quam Græci pro *i* longa sonant. Unde quidam profert *Gisus*. Latini vero pro *e* longa, rectius ergo videtur sic esse pingendum JIIC per Græcam abbreviationem quam JHS per Latinam aspirationem. Vocatur etiam alpha et omega, id est principium et finis [6]. Vocatur et Emmanuel [7] quod est interpretatum *nobiscum Deus.* Nobiscum enim est per præsentiam majestatis. Vocatur præterea via, veritas et vita [8]; via in exemplo, vel in præcepto, veritas in promisso, vita in præmio. De his nominibus copiose reperies in illa sequentia : *Alma chorus.* Sabbaoth, id est *Deus exercituum* [9]; Adonai [10], quod est *Dominus;* Athanathos, id est *immortalis;* Kyrios, id est *Dominus;* Theos, id est *Deus;* Pantocrator, id est *omnipotens;* Homousios, id est *ejusdem essentiæ,* nomina sunt Dei, non tantum personæ Christi. Vocatur præterea Christus secundum Isaiam [11] admirabilis, consiliarius, Deus fortis, Pater futuri sæculi, princeps pacis : Admirabilis in Incarnatione, quid enim mirabilius est, quam quod « Verbum caro factum est [12] ? » Consiliarius in integra rerum cognitione, hic est Angelus magni consilii, « in quo sunt omnes thesauri sapientiæ et scientiæ Dei absconditi [13], » cui omne cor patet et omnis voluntas loquitur. Deus in rerum creatione : hic est enim puer, qui creavit stellas, imo omnia per ipsum facta sunt, et sine ipso factum est nihil [14]. Fortis in rerum dispositione : hæc est enim sapientia, quæ « attingit a fine usque ad finem fortiter [15], » hæc librat omnia in pondere, numero et mensura [16]. Pater futuri sæculi, in meritorum retributione, hic est enim paterfamilias, qui ponet rationem cum servis suis, et ei, qui fidelis exstitit in commissis, inquiet : « Intra in gaudium Domini tui. [17] » Princeps pacis dicitur, vel quia mediator fuit Dei, et hominum et angelorum [18], vel quia confert illam pacem, quæ exsuperat omnem sensum [19], cujus « pacis non erit finis [20]. » Vocatur etiam Christus ineffabili nomine Tetragrammaton, id est *quatuor litterarum,* quæ sunt *Jo, He, vau, He,* quæ sunt apud nos, *I, e, u, he :* est ergo nomen *Jeuhe,* quod dicitur *ineffabile,* non quia non valet fari, sed quia non est Deus hoc nomine, nisi in arduis invocandus; vel ejus sententia sufficienter nequeat explicari. Cujus interpretatio talis : Iod *principium,* he *iste,* vau *passionis vitæ,* quasi *iste est principium vitæ passionis.* Genitivus Græcorum more ponitur pro ablativo, passionis, pro passione, id est per passionem. Quomodo autem vita nostra ab ipsius morte dependeat, non sufficimus intueri. Quod diximus gentilitatem novum annum, hodie

celebrare, intellige secundum Romanos; Arabes enim incipiunt post solstitium æstivale; ab Hebræis autem inchoatur in Martio. Annum quoque intellige usualem : est enim annus solaris circuitus solis semel per zodiacum, ex quo per quadriennium quadrantis ratione unius diei summa colligitur, quæ quartum annum generat bissextilem; est annus lunaris circuitus lunæ duodecies per zodiacum, qui cum a solari diebus undecim suppletur, ex his triplicatis annus embolismalis efficitur; est etiam annus usualis hodie secundum usus hominum sumens initium. Est annus emergens capiens a quovis die principium : est annus naturalis, cum luna soli supponitur, unde sol eclypsim patitur ; est annus magnus, cum omnia sidera ad suum locum et ordinem revertuntur; est annus apud Græcos olympias ab agone olympio dictus, qui de quarto in quartum annum observabatur. Est apud Romanos annus lustralis quinque annorum spatium, quod lustrum appellabatur ; quia solutis censibus sacrificabant et urbem lustrabant. Est apud eosdem annus indictionalis, qui ter quinos continet annos. Est apud Hebræos annus jubilæus, id est remissionis, qui septennis completis annorum hebdomadibus celebratur. Est apud Christianos viatores annus benignitatis et gratiæ, in quo Christus venit et nos sola benignitate redemit. Est apud sanctos comprehensores annus æternitatis et gloriæ in quo « exsultabunt sancti in gloria [21] » sine fine.

Solarem annum per quatuor tempora : ver, æstatem, autumnum et hiemem, et per duodecim menses diviserunt philosophi. Mensis est spatium in quo luna semel percurrit zodiacum. Gentiles mensibus nomina quædam ex diis, quædam ex causis, quædam ex numeris imposuerunt. Januarium ergo dixerunt ab idolo, et re ab idolo; quia ex Jani bifrontis nomine vocaverunt, in cujus primo die Jani solemnia celebrabant, sed verius a re Januarius appellatur, ab eo quod anni Janua, et principium constituitur. Februarius autem ab idolo dicitur, scilicet a februo, id est Plutone; vel a re a febribus, vel a februo, as; quia in ejus prima die civitas februabatur. Martium ad honorem Romuli sic appellaverunt, qui eum Martis filium crediderunt, et sic ab idolo. Nam a re dicitur a maribus, eo quod tunc animantia mares desiderant. Aprilis quasi aperilis dicitur eo quod germen tunc aperitur in florem, et sic vocatur a re; ab idolo vero dicitur ab Aphros, quæ est Venus, quasi Aphrilis. Maius a Maia matre Mercurii. Junius a Junone vocatur, sed verius majus à majoribus, Junius a junioribus appellatur; quia quod majores dictabant in Maio, hoc juvenes exsequebantur in Junio. Julius a Julio Cæsare. Augustus ab Octaviano vocatur augusto, nam prius Julius quintilis, et Augustus appellabatur sextilis. September, October, November, Decem-

[6] Matth. 1.   [6] Apoc. 1.   [7] Isa. 7.   [8] Joan. 14.   [9] Isa. 5.   [10] Exod. 6.   [11] Cap. 9.   [12] Joan. 1.   [13] Col. 2.
[14] Joan. 1.   [15] Sap. 8.   [16] Sap. 11   [17] Matth. 25.   [18] I Tim. 2.   [19] Philip. 4.   [20] Isa. 7.   [21] Psal. 149.

ber, ex numeris et imbribus aeris acceperunt vocabulum.

Menses quoque in Kalendas, Nonas et Idus diviserunt. Kalendæ a colendo dicuntur, eo quod mensium principia colebantur, vel potius a Calon, quod est *bonum*; et scito quod apud Ægyptios principia mensium prænuntiabantur. Ideoque decimo Kalendas et sic de reliquis invenitur. Nonæ dicuntur a nundinis, et Idus dicitur divisio mensis. Menses etiam in se quatuor continent hebdomadas; hebdomada vero dicitur ab hebdomos Græca voce, quæ interpretatur latine *septimus*; quia septem dierum cursu peragitur. Dies est spatium viginti quatuor horarum, cujus duæ sunt partes, dies et nox. Dies est solis præsentia super terram, cujus tres sunt partes : mane, meridies et suprema. Nox est absentia solis super terram, cujus septem sunt partes : crepusculum, dictum quasi creperum, quod est dubium. Vesperum dicitur ab ortu stellæ, cui hoc nomen est. Conticinium, cum omnia silent. Intempestum, id est inopportunum, cum aliquid agere non est opportunum. Gallicinium a Galli cantu dicitur. Matutinum a stella, vel a mane. Antelucanum a luce, id est quod diluculum. Qui vero quatuor esse dicunt, crepusculum et vesperum sub conticinio comprehendunt, et matutinum in antelucano intelligunt; hæ quatuor partes vigiliæ nominantur, quod sumptum est a pastoribus, vel castrorum excubiis, quas Dominus in Evangelio aliis nominibus appellavit, scilicet : sero, an media nocte, an galli cantu, an mane. Gentes diebus a planetis nomina indiderunt, primum diem a sole nominantes, qui est princeps et gubernator omnium siderum, sicut hic dies primus dierum omnium; secundum a luna, tertium a Marte, quartum a Mercurio, quintum a Jove, sextum a Venere, septimum a Saturno : singulis planetis horas singulas tribuentes, ut cuicunque prima post viginti quatuor occurrerit, ipse planeta nomen illius diei vindicabit. Est igitur hic ordo planetarum : Saturnus, Jupiter, Mars, Sol, Venus, Mercurius et Luna, a quibus philosophi dierum nomina contraxerunt, eo quod a singulis aliquid esse in homine voluerunt, ut a Saturno tarditatem, a Jove temperantiam, a Marte fervorem, a sole spiritum, a Venere voluptatem, a Mercurio eloquentiam, a luna corpus. Apud Hebræos dicitur prima Sabbati, secunda Sabbati, tertia Sabbati, quarta Sabbati, quinta Sabbati, sexta Sabbati, Sabbatum. Et est sensus, prima Sabbati, hoc est prima a Sabbato, et sic de cæteris. Nos vero dies ferias appellamus, vel ab eo, quod feriari dicatur, quasi fari; in creatione mundi per singulos dies ait Dominus : « Fiat lux [22], » vel quia feriari est vocare, et est a gentilibus derivatum, qui dies festos ferias appellabant; nos autem omnes dies ferias appellamus, vel quia singulis missarum solemnia celebramus; vel quia quotidie a peccatis

cessare tenemur. Dicitur ergo dies Dominica, in qua Dominus resurrexit, dicitur eadem prima feria, id est prima dies, in qua sit feriandum, id est a peccatis vacandum; similiter et de aliis; vel Sabbatum olim dies feriatus est habitus, ideoque dies Dominica dicitur prima feria, id est prima a feria, sicut prima Sabbati. Sabbati vero nomen de Hebraica veritate Christiana religio conservavit.

Et attende quod sunt dies siderales, in quibus sidera moventur; et homines a navigationibus excluduntur. Sunt præliares, de quibus in libro regum [23], tempore quo reges ad bella solent procedere. Sunt intercalares, quos scimus duodecim mensibus superesse. Sunt caniculares, in quibus canicula terras incendit. Sunt solstitiales, in quibus sol stare videtur. Sunt æquinoctiales, in quibus dies noctibus adæquantur. Sunt fasti, in quibus jura fantur. Sunt nefasti, eis contrarii. Sunt festi, id est festivi, ut dies azymorum [24]. Sunt profesti, quasi procul a festis, ut feriales; sunt dies mali, unde Apostolus, redimentes tempus quoniam dies mali sunt [25]; quia in eis plus solito homines affliguntur; sunt e contrario boni; sunt dies Ægyptiaci in quibus creditur Ægyptus fuisse percussa, vel quorum observatio ab Ægyptiis fuit inventa. Est quoque dies salutis, in quo Dominus venit ad salvandum. Est dies judicii, vel dies Domini [26], in quo veniet ad judicandum [27]. Dies in quibus vivimus nostri sunt; quia in eis pro libero arbitrio certamus, at dies judicii non nostra est, sed dies Domini [28], quia suo nos remunerabit arbitrio, qui erit bonis dies lætitiæ, malis autem calamitatis et miseriæ [29]. Dies autem viginti quatuor horas, hora vero quatuor puncta. Ista quoque sunt mysteriis plena. Tunc enim Janum bifrontem colimus, cum præterita peccata plangimus, et a sequentibus præcavemus; cum obliti priorum cum Apostolo ad anteriora nos extendimus [30]. Annus est generalis Christus, cujus membra sunt quatuor tempora, scilicet quatuor evangelistæ. Duodecim menses hi sunt Apostoli, septimanæ, quilibet septem dona sancti Spiritus habentes; dies, quilibet per fidem Trinitatis ad octo beatitudines pervenientes; horæ, quilibet quatuor virtutibus redolentes; vel per annum totum hujus vitæ præsentis tempus accipimus; per quatuor tempora, quatuor status Ecclesiæ militantis, scilicet statum pacis, tyrannicæ persecutionis, hæreticæ pravitatis, simulatæ familiaritatis. Hi sunt quatuor equi, scilicet albus, rufus, niger et pallidus, de quibus Joannes loquitur in Apocalypsi [31]. Quilibet status tres continet dimensiones in electis septem lampadibus coruscantes [32], scilicet principium, medium et finem; continet et diem et noctem, id est prosperitatem et adversitatem; in utraque fuerunt duodecim prophetæ et duodecim apostoli, et etiam omnes doctores veteris et novæ legis : qui dicuntur viginti quatuor [33]; vel quia fi-

[22] Gen. 1.   [23] II Reg. 11.   [24] Matth. 26.   [25] Ephes. 5.   [26] II Cor. 6.   [27] II Petr. 2.   [28] I Thess. 2.
[29] Soph. 1.   [30] Philipp. 3.   [31] Apoc. 6.   [32] Apoc. 4.   [33] Apoc. 5.

dem sanctæ Trinitatis annuntiant per quatuor cli- A
mata mundi, vel quia sex opera exercent quadripar-
titi Evangelii , et hos omnes fulciunt quaternarum
puncta virtutum ; vel annus est militia vitæ hominis
super terram [34]. Quatuor tempora quatuor ætates,
adolescentia, juventus, senectus et senium ; vel quatuor virtutes, in quibus sanctæ Trinitati servire,
tribus virtutibus redolere, septem donis abundare
debemus in prosperis et in adversis, ut per quaternarium virtutum perveniamus ad senarium operum,
et per ternarium virtutum ad octonarium beatitudinum.

CAPUT VIII.
DOMINICA CIRCA OCTAVAM.

*Dum medium silentium tenerent omnia, et nox in
suo cursu medium iter haberet, omnipotens Sermo tuus
a regalibus sedibus venit* [35]. Tria sunt silentia, pri- B
mum ante legem, secundum sub lege, tertium erit
in gloria. Primum fuit ignorantia languoris, secundum desperatio curationis, tertium adeptio sanitatis. Homo enim ante legem morbum suum non
agnoscebat, et ideo silens remedium non quærebat ;
et hoc est primum silentium. Ut autem lex subintravit [36], languidus morbum agnovit, et per opera
legis sanari quæsivit [37] ; sed agnoscens neminem
per legem posse justificari [38], diuturnis clamoribus
fatigatus, de salute desperans iterum siluit. Et non
solum siluit homo, sed etiam omnia, scilicet homines, angeli et elementa, quæ prius Christo nascituro
vel per voces, vel per indicia præbuerant testimo- C
nia. Hoc est secundum silentium, quod cum tenerent omnia, nox in suo cursu medium iter habebat.
Triplex nox intelligitur : diabolus, fluxus vitæ præsentis et peccatum. Tria quoque sunt itinera : primum ad cœlum, secundum ad infernum, tertium
præsentis vitæ stadium. Vel medium iter est genus
humanum, vel spiritus humanus, medius inter spiritum qui moritur et carne tegitur, et spiritum qui
nec moritur, nec carne tegitur. Diabolus universum
genus humanum possidebat, et suo cursu ad barathrum perditionis trahebat. Præsens quoque vita
nox est, cujus primum est iter de non esse ad esse
per generationem ; ultimum de esse ad non esse per
corruptionem, medium de alicujus modi esse ad alterius modi esse per alterationem. Præsentis enim
cursus vitæ est quem nascendo intramus, vivendo
percurrimus, moriendo eximus : in hoc cursu nox D
ista medium iter habuit, cum mors universos quos
reperit in stadio vitæ præsentis, ad inferos traxit ;
nox quoque peccati, dum ab originali peccato incipiens per actualia discurrebat, dum naturalis et
scriptæ legis prævaricatione succedente, peccatum
ad summum venerat incrementum, medium iter
habuit, dum « mors ab Adam usque ad Moysen regnavit [39], » et etiam usque ad adventum Domini
perseveravit. Cum igitur omnis spes recuperandæ

salutis perierat, et nox secum omnia rapiebat, omnipotens sermo ad liberandum mittitur, ut divinæ
gratiæ munus amplius commendetur. Moyses Dei
famulus multa verba protulit, multos sermones im-
potentes emisit, qui quod promiserunt efficere non
valuerunt ; sed unus, et unicus est Sermo Patris :
quia « semel locutus est Deus [40], » et ipse est omnipotens ; quia non solum « dixit et facta sunt [41], »
sed « quæcunque voluit, fecit [42]. » Hic Sermo venit.
Sed unde venit ? Et quo ? A regalibus sedibus, a
consensu Patris, ab æqualitate majestatis ad carnem, ad crucem, ad mortem, a lumine cœli ad tenebras inferni. Sic veniens silentium interrupit ;
quia locutus est pacem, dedit gratiam, proposuit
misericordiam, promisit veniam. Cœperunt igitur
ægri accelerare ad medicum, et fidei puritate et
veritatis confessione magnis clamoribus remedium
flagitare. Adhuc iste Sermo loquitur, dum promissa
in suis quotidie operatur, adhuc ægrotus flagitat,
ut per gratiam sanitatem recipiat ; sed cum plena
sanitas venerit, non erit amplius quod petatur, juxta
illud : « In illa die non rogabitis Patrem quidquam [43], » et tunc erit tertium consummationis silentium.

Officium vox est primitivæ Ecclesiæ, in quo Domini recolit nativitatem, cujus fructum prædicat in
epistola : *Quanto tempore* [44] : quia de servitute
transivimus ad filiorum adoptionem, et ipsum commendat, secundum sapientiam, ut in evangelio :
Erat Joseph [45], in quo dicitur : *Puer crescebat, et
confortabatur plenus sapientia, et gratia Dei erat
cum illo.* Secundum potentiam, ut in alleluia, *Dominus regnavit* [46], et offerenda, *Deus enim firmavit* [47] ; secundum pulchritudinem, ut in graduali,
Speciosus forma [48] ; in communione vero, *Tolle
puerum* [49], tempus fugæ notatur, quo descendit
Dominus in Ægyptum, et mystice respicit ad gentilitatis adoptionem, quia Dominus de Judæa transivit
ad gentes, ut eas adoptaret hæredes. Et attende
quod, si Nativitas Domini, vel solemnitas Sancti
Stephani, vel Sancti Joannis, vel Innocentium fuerit in die Dominico, cantabitur hoc officium post
octavam Domini ; sin autem, infra octavam cantatur. Unde si Dominica fuerit in sanctorum octavis,
cantabitur hoc officium de Dominica, et fiet duntaxat commemoratio de octava. Proinde quidam
aiunt quod, sicut officium Natalis diei est gaudium
gentium, quæ viderunt salutare Dei, sic hodiernum
officium est revocandorum in fine sæculi præconium
Judæorum. Non enim gloriari debet oleaster adversus ramos bonæ olivæ [50], nec minor frater indi-
gnari contra majorem [51], sed roget inter convivia
patrem, ut exeat, et delinitum blandis monitis introducat ; quia qui modo positus est in ruinam,
ponetur in resurrectionem in Israel, sicut in Evangelio dicitur [52]. Tunc adimplebitur quod Apostolus

---

[34] Job 7.   [35] Sap. 18.   [36] Rom. 5.   [37] Joan. 5.   [38] Gal. 3, 5.   [39] Rom. 5.   [40] Psal. 61.   [41] Psal. 32.
[42] Psal. 113.   [43] Joan. 16.   [44] Gal. 4.   [45] Luc. 2.   [46] Psal. 92.   [47] Ibid.   [48] Psal. 44.   [49] Matth. 2.
[50] Rom. 11.   [51] Luc. 15.   [52] Luc. 2.

in Epistola dicit : Quod *misit Deus Filium suum,* natum ex muliere, factum sub lege, ut eos qui sub lege erant redimeret* [53]*. Tunc parvulus qui fuit *sub elementis* [54], id est sensu litterali, hæres erit, et regni solium obtinebit; sed nunc est Dominus in Ægypto [55], scilicet apud gentes, quæ quondam sub Pharaone, scilicet diabolo, militabant, sed tunc per fidem revertetur ab Ægypto in terram Israel, scilicet ad Judæos, cum reliquiæ salvabuntur [56]; de qua reversione agitur in Evangelio : *Defuncto Herode* [57], quod legitur in vigilia Epiphaniæ, quæ totum præter evangelium a missa de aurora mutuatur officium : *Lux fulgebit,* eo quod in Epiphania, gloriosa apparitione Domini comprehensoria, qua, sicut est, Dominus apparebit [58], sancti fulgebunt in Deo [59], et Deus fulgebit in eis. De hac die quæritur, si sit in ea jejunandum ; et quidem videtur, quia sibi officium appropriatur, et alleluia in officio, nisi in Dominica, subticetur.

CAPUT IX.

IN EPIPHANIA DOMINI.

Tribus miraculis ornatum diem colimus. Hodie stella magos duxit ad præsepium. *Cum enim natus esset* Dominus *in Bethlehem Judæ in diebus Herodis regis, ecce magi ab Oriente venerunt Jerosolymam dicentes : Ubi est qui natus est rex Judæorum? Vidimus enim stellam ejus in Oriente, et venimus adorare eum* [60]. Zoroastes rex magicam artem invenit, de cujus semine Balaam exstitit, qui de Christo prophetavit dicens : « Orietur stella ex Jacob, et consurget homo de Israel [61]. » Ex hujus progenie hi tres magi fuerunt, qui adorare Dominum cum muneribus, auro, thure et myrrha venerunt. Magi dicti sunt mathematici, scilicet in stellis periti. Iñ tres fuere primitiæ gentium, a quibus Dominus voluit adorari, ut a tribus partibus mundi, Asia, Africa et Europa, et ex tribus filiis Noe, gentes innueret convertendas : qui tria munera obtulerunt, dum in auro regem, in thure Deum, in myrrha credidere mortalem. Vel per tria munera physicam, ethicam, logicam, vel historiam, tropologiam et allegoriam, vel sapientiam fidei, orationem et bonam intelligimus operationem. Venere autem, stella duce, a natali duodecimo die, ut significaretur gentes ad fidem Christi, « sermone cooperante [62], » per duodecim apostolos attrahendas. Sed si primitus in die natali stellam viderunt, quomodo tam cito de tam remotis partibus venire potuerunt? Respondent quidam quod ante nativitatem eam viderunt; alii, quod super dromedarios venerunt : dromedarius est animal minus camelo, sed velocius eo ; currit enim una die quantum equus tribus diebus. Ideo dicitur a δρομος, quod est *cursus,* et ἀρετά, quod est *virtus.* De stella quæritur quo devenerit post completum officium. Respondent quidam quod in puteum cecidit, et adhuc quibusdam, sed non nisi virginibus, apparet;

alii quod in primordialem resoluta est materiam. Quoad hoc miraculum dicitur hæc solemnitas Epiphania, ab ἐπί, quod est *supra,* et φάσις, quod est *apparitio.* Hodie Christus « cum esset incipiens annorum triginta [63], » in Jordane baptizatus est a Joanne tribus de causis, ut omnem justitiam adimpleret [64], ut Joannis opera comprobaret, ut aquis vim regenerativam tribueret. Ideo in tricesimo anno voluit baptizari, et postea prædicare, quia prædicator prius fortis debet esse et mundus in se, et post hæc aliis prædicare. Hæc etiam ætas convenit prædicatóri. In Jordane baptizatur in signum humilitatis, a Joanne in signum gratiæ Dei. Jordanis enim *descensus,* Joannes *Dei gratia* interpretatur ; quia his qui in baptismo humiliantur gratia Dei confertur. In hoc baptismo Trinitas apparuit, Pater in voce, Filius in carne, Spiritus sanctus in columbæ specie; ideoque secundum hoc miraculum hæc solemnitas vocatur Theophania, a Θεός, quod est *Deus.* Hodie, revoluto anno, Dominus aquam vertit in vinum ad nuptias architriclini [65], secundum quod miraculum hæc solemnitas Bethphania vocatur, a *beth,* quod est *domus.* Ait Beda super commento Lucæ Dominum eodem die, revoluto anno, quartum fecisse miraculum, scilicet, de refectione panum ; secundum quod dicitur hæc solemnitas Phagiphania, a φαγεῖν, quod est *comedere.* Sed de hoc quasi non authentico non solemnizat Ecclesia. De tribus vero primis miraculis quæritur, quod miraculum cui miraculo præferatur ? Aiunt Græci baptisma cæteris præferendum, propter quod baptismi sacramentum numerosius et solemnius hodie concelebrant, quibus in canonibus Romana contradicit Ecclesia. Tum quia alterius et alterius rationis fuit ejus, et noster baptismus, tum « quia quicunque baptizati sumus in Christo, in morte ipsius, » non in baptismo, « baptizati sumus : Consepulti enim sumus cum illo per baptismum in morte [66]; » unde postquam surrexit a mortuis baptizandi potestatem, et formam dedit apostolis, dicens : « Euntes, docete omnes gentes, baptizantes eos in nomine Patris et Filii et Spiritus sancti [67]; » de quo cum eos ante passionem instruere potuisset, noluit, dans intelligi gratiam regenerationis ex sua resurrectione cœpisse, et vim regenerativam aquarum ex suo latere profluxisse ; eminet itaque potius illud, quod a magis utique gentilibus est adoratus, quod cordibus gentium magnam spiritualium præstat materiam gaudiorum : assumens enim illos « pax nostra fecit utraque unum [68]. » Quid cœlesti miraculo plenius , quam quod magos non Scripturæ, non hominis, non angeli magisterium, sed per stellam docuit solius Spiritus sancti oraculum ? Quid cœlesti magisterio dignius ? Quid auro regem, thure Dominum, et myrrha confiteri mortalem ? Ex his tribus miraculis, præsertim ex primo hujus diei

---

[53] Gal. 4.   [54] Ibid.   [55] Matth. 2.   [56] Isa. 10, et Rom. 9.   [57] Matth. 2.   [58] I Joan. 3.   [59] Matth. 13.   [60] Matth. 2.   [61] Num. 24.   [62] Marc. 16.   [63] Luc. 3.   [64] Matth. 3.   [65] Joan. 2.   [66] Rom. 6.   [67] Matth. 28.   [68] Ephes. 2.

compaginatur officium, nocturnum videlicet et diurnum. Nocturnum in sui principio discrepat ab usitato : non enim cantatur : *Venite, exsultemus Domino* [69], tum quia reges ad Dominum adorandum veniunt [70], non etiam invitati, unde statim post : *Domine, labia mea aperies* [71], quasi ex improviso dicetur : *Afferte Domino* [72] (secundum nostram consuetudinem, cantatur antiphona summam continens sequentis officii, scilicet tribus miraculis). Tum etiam *Venite* non cantamus, nec invitatorium, ne Herodiare videamur; ipse namque invitavit principes sacerdotum, et scribas populi, et sciscitabatur ab eis ubi Christus nasceretur; magis enim dixit : *Cum inveneritis, renuntiate mihi, ut et ego veniens adorem eum* [73], quod dicebat, non ut Christum adoraret, sed perderet; simili de causa, triduo ante Pascha pacis osculum nemini damus, ne proditori Judæ similes videamur. Tum forte, quoniam ad sextam reservatur antiphona : propter gentes, quæ sexta mundi ætate ad fidem Christi venere, vel ad significandum quod Christus ad quem psalmus invitat, venit in plenitudine temporum [74]; senarius enim perfectionem significat. Notandum est quod in antiphonis priorum nocturnorum non ponitur Alleluia; quia statui veteri deputantur.

Primus nocturnus tangit tempus legis naturalis, in quo Abraham arietem offerebat [75], in quo se ad psallendum, adorandum Dominum invitabant; secundus vero tangit tempus legis Mosaicæ, in quo prophetæ gentes venturas ad adorandum Dominum prævidebant; tertius vero ad novum pertinet Testamentum, quod habet initium a baptismo : quapropter habet antiphonam in capite : *Fluminis impetus*, cum psalmo : *Deus noster* [76], et cum hujusmodi ordo psalmorum præposterus, et inusitatus, qui merito tenet septimum locum; quia pertinet ad septiformem gratiæ spiritum per vim baptismi collatum; sequentes quoque antiphonæ cum psalmis suis novum indicant Testamentum, et hi tres psalmi quidem monstrant commotionem gentium contra prædicationem apostolorum, subversionem idolorum et conversionem fidelium. Hæc autem diximus secundum quorumdam consuetudinem : nos enim *fluminis impetus*, cum suo psalmo ponimus in primo nocturno, et *Venite* in tertio, servantes psalmorum ordinem rectum, naturalem et consuetum : quod et congruit, quia gentes in tempore gratiæ venere ad fidem. Et vide quod ascensus in antiphonis consideretur; continet enim prima periocha sacerdotes; secunda, reges; in tertia, usque ad angelos pervenitur; in tertio nocturno frequentat Alleluia : quia tertio tempore redempta lætatur Ecclesia, post tertium nocturnum sequitur evangelium de baptismo et generatione Christi [77]. Et vide quia duo evangelia de generatione Christi leguntur in nocte; unum in nativitate, alterum hodie, quia utraque

generatio Christi in nocte, id est obscura, nec priorum sensibus intellecta ; una est carnalis, altera spiritualis; in carnali descendimus computantes, et ponitur *genuit* ut carnalis, et temporalis exprimitur successio ; in spirituali ascendimus, et ponitur *qui fuit*, et subditur filius, ut spiritualis generationis denotetur adoptio. Quare autem Matthæus descendat, et Lucas ascendat, superius prætractavimus ; vel ideo ascendendo computat Lucas, quia proprium est sacerdotum ut ab infimis perducant plebem ad suprema. Evangelio lecto, *Te Deum laudamus*, de Christi generatione gaudentes, altisone resonamus. Officium vero diurnum totum pertinet ad id quod diximus esse præcipuum, et principale miraculum, scilicet ad primitias gentium et ad munera magorum.

Sancta ergo Ecclesia de gentibus electa pro suo vocationis initio gaudens, Deo generosum laudis offert pro sua salute præconium, dicens : *Ecce advenit*, quod sumitur de Isaia [78], sed non sic ibi continue reperitur; licuit enim cantoribus ad instar apicularum, quæ ex diversis floribus unam mellis dulcedinem componunt, ex variis locis Scripturæ cantum Deo hilaritatis componere, gratior est mistura bonorum. *Ecce*, in propatulo est, quod Dominus natura, dominator effectu *advenit*, ad nos venit, scilicet carnem assumpsit; vel ut alludamus præsenti diei, ad nos venit, scilicet qui in carne latebat, per multa signa Deus esse apparuit, ut per stellam et munera, per vocem paternam et Spiritum in columba cætera sint manifesta. Et attende quod moris est in hac die Pascha Domini prænuntiare his verbis : *Novit charitas vestra, fratres charissimi, quod, annuente Christi misericordia, tali die Pascha Domini celebrare debetis :* ideo prænuntiatur, quia non sicut cæteræ festivitates celebratur; cæteræ namque stabiliter annuatim observantur, solem et stellas comitantur, sol gerit typum Christi qui est sol justitiæ [79], stellæ sanctos significant juxta illud Apostoli : « Stella differt a stella in claritate [80], » sicut ergo sol et sidera secundum visum nostrum sunt immutabilia, sic Christi nativitas et sanctorum natalitia immutabiliter celebrantur. Paschalis vero solemnitas ex mandato Domini lunam sequitur, ut inferius declarabitur; luna vero secundum visum hominum crescere et decrescere sæpe videtur. Rursus nec eadem est per singulos annos in eodem die; namque est hodie xiv, revoluto anno additis xi, erit hodie xxv, et tertio anno additis xi, et abjectis xxx, erit hodie vi. Rursus Paschalis solemnitas non nisi in die Dominico celebratur, sed qui dies Dominicus est, in futuro secunda feria nominabitur, et ideo illa solemnitas variatur, cujus mutatio mutationem inducit LXXmam. LXXmam Ascensionis et Pentecostes, cæteros namque numero dies nec plures, nec pauciores, opor-

[69] Psal. 94. [70] Matth. 2. [71] Psal. 50. [72] Psal. 28. [73] Matth. 2. [74] Gal. 4. [75] Gen. 22. [76] Psal. 45. [77] Luc. 3. [78] Cap. 5. [79] Mal. 4. [80] I Cor. 15.

tet, sicut inferius docebimus, esse inter LXXmam
et Pascha, inter Pascha et Ascensionem, inter Pascha et Pentecosten. Ideoque necessario illa solemnitas prænuntiatur, ut sciamus per quod temporis
spatium post festivitatem Epiphaniæ nos illam historiam *Domine, ne in ira tua* [81], cantare, et
quando LXXmam oporteat inchoare. In Dominico
die, qui infra Octavam occurrit, secundum nostram
consuetudinem, lectiones sunt de Dominica ad *Benedictus*, antiphona *Fili*; ad *Magnificat*, antiphona
Puer; introitus *In excelso*, epistola *Obsecro*,
evangelium *Cum esset*, oratio *Vota*. Postquam
fit commemoratio de Epiphania, cæteræ horæ de
Epiphania dicantur. Sed horum ratio, et excursus
inferius exponetur. In Octava Epiphaniæ de baptismo, scilicet de secundo Epiphaniæ miraculo jubilatur, ut in antiphona *Veterem hominem*, et cæteris quæ sequuntur, quæ translatæ sunt de Græco
in Latinum. Ideoque gravius in dictamine continetur idioma, quæ sunt de VII tono, quia pertinent ad
baptismum, ubi septiformis gratia sancti Spiritus
operatur, et sunt VII pro veræ Octavæ, ad quam
Baptista ducit, baptismi mysterio et baptismi merito. Officium ad Octavam differtur, quia vicem
tenet circumcisionis, quæ in VIII die celebrabatur,
et cantatur hac die invitatorium; quia prædicantibus apostolis, ad baptismum sunt homines invitati.
Tertium miraculum, scilicet conversio aquæ in vinum, ad Dominicam reservatur quæ Octavam sequitur. Unde fit judicium quod non ante VIII licuit, sed ex nunc duntaxat liceat sacramentum colere nuptiarum.

CAPUT X.

DE OFFICIIS POST DOMINICAM PRIMAM EPIPHANIÆ.

*Domine, ne in ira tua arguas me, neque in furore
tuo corripias me* [82]. Hanc historiam, tam in antiphonis quam in responsoriis Dominicalibus et ferialibus, de psalmis constat assumptam, qua utimur ab Octava Epiphaniæ usque ad LXXmam;
quia in præcedentibus solemnitatibus ad sæculare
gaudium lapsi sumus, conviviis et cantibus lascivis
indulsimus; idcirco psalmis ad pœnitentiam invi-
tantibus utimur in responsoriis et antiphonis, et
Epistolas Pauli, quæ quodammodo ad pœnitentiam
instruunt, recitamus. Unde sequenti die post Octavam, epistolas et ferialia ponimus; vel quia, sicut
post legem prophetia, sic post evangelium Scriptura sequitur apostolica. Quam pœnitentiam quia
pro spe lætitiæ subimus, ideo jubilamus psalmos
et alleluia cantamus; quod in ultimo ad vesperam
multiplicamus officio; quia digne pœnitentes de
hac vita ad requiem transeunt, et immensam angelorum lætitiam percipiunt sempiternam. Sed de
his latius inferius dicemus. Officia vero diurna
iliam habent considerationem; pertinet enim ad
apparitionem, id est deitatis manifestationem: sic-

ut enim a die Natalis usque ad Epiphaniam apparuit ex officiis humanitas Salvatoris [83], sic in tribus
Dominicalibus quæ sequuntur officiis divinitas
elucet ejusdem. Nam in prima Dominica legitur
evangelium: *Cum factus esset Jesus annorum duodecim*, in quo dicens: *Nesciebatis quia in his, quæ
Patris mei sunt, oportet me esse* [84]? manifeste declarat se esse Deum, illum scilicet cui millia millium
serviunt angelorum [45]. Ideoque cantatur: *In excelso
throno*, ubi dicitur quod eum adorant angelorum
multitudo, in graduali collaudant; ad idem in alleluia et offertorio terram invitant dicentes: *Jubilate Deo, omnis terra* [86]. Sed quia laus Salvatoris
non bene sedet in labiis peccatoris [87]; ideo vitæ
sanctimoniam Apostolus in Epistola præhortatur
et obsecrat. Communio consonat evangelio. In secunda vero Dominica legitur evangelium in quo dicitur quod Dominus invitatus ad nuptias, aquam
vertit in vinum [88]; quod fuit magnum suæ divinitatis indicium. Solus enim Deus potest naturam
mutare et nostrum corruptibile in gloriam reparare. Propter quod cum omnis terra adoret, et
psallat [89], et jubilet, et confiteatur et laudet, et
angelos ad laudandum invitet, ut apparet in introitu,
graduali, alleluia et offerenda; communio consonat evangelio. In tertia Dominica legitur evangelium: *Cum descendisset* [90], in quo dicens: *Volo,
mundare*, benignitatem et potestatem suæ divinitatis ostendit. Unde leprosus mundatus, quasi
chorsula, tam angelos quam homines ad Deum adorandum invitat, dicens in introitu: *Adorate Dominum* [91], et in graduali: *Timebunt* [92], et causam reddit in alleluia et offerenda, dicens: *Dextera Domini* [93]; communio consonat evangelio.

Ecce quam evidenter in Dominicalibus tribus officiis divinitas apparet, quæ tres sunt, quia tribus
annis Dominus prædicavit, et suam divinitatem
miraculis declaravit. Hæc tria officia Christi nobis
insinuant beneficia præstita nobis ad lætificanda
corda nostra; unde cantamus in offertoriis: *Jubilate* [94]: jubilandum enim est, quod nos educit de
claustris inferni, et liberat de inferno inferiori [95],
vel quia in primo istorum trium annorum, id est
statim post baptismum, post tentationem accessere
angeli et ministravere ei [96]. Ideo statim post Epiphaniam in Dominica die quæ ante Octavam occurrit, cantatur in introitu: *In excelso*; et legitur
evangelium: *Cum factus esset Jesus annorum* XII [97];
et bene congruit, ut illud post XII diem Nativitatis,
proxima Dominica legeretur quod post, duodecimo
anno constat esse peractum et, si necesse fuerit,
in sequenti etiam Dominica repeteretur. Nostra tamen obtinet consuetudo ut si terminus LXXmæ
prolongatur, in Dominica infra Octavam tantum de
Epiphania dicatur. Si autem Epiphania fuerit in
Dominica post Octavam, Dominicale officium dese-

[81] Psal. 6. [82] Psal. 6, 37. [83] Tit. 3. [84] Luc. 2. [85] Dan. 7. [86] Psal. 99. [87] Eccle. 15. [88] Joan. 2.
[89] Psal. 65. [90] Matth. 8. [91] Psal. 95. [92] Psal. 101. [93] Psal. 117. [94] Psal. 65. [95] Psal. 85.
[96] Matth. 4. [97] Luc. 2.

ratur; et quia in secundo anno miraculis manifestius coruscavit, ideo in secunda Dominica legitur
epistola in qua gratiarum dona scribuntur [98], et
evangelium de initio signorum Domini recitatur [99];
quod etiam ea congruit ratione, quoniam hoc miraculum secundo baptismatis anno legitur esse peractum, quod quia litteræ in spiritum, terræ in
cœlum, corruptibilis in incorruptibile mutatio
figuratur, ideoque omnis terra Deum adoret, in introitu jubilatur.

Dicitur tamen quod Augustus Cæsar ad gloriam
Romani imperii fecit edictum ut de singulis civitatibus orbis aliquis Romam veniret, afferens inde
tantum terræ, quantum pugnus capere posset, ut
per hoc omnes Romano imperio subditos esse constaret. Quod etiam factum est. Et ex ea terra mon-
ticulus prodiit super quem ecclesia postmodum
ædificata fuit in hac Dominica dedicata. Ideoque
in ejus dedicatione cantatur : Omnis terra adoret
te [100]. Et quia in tertio anno sua nos passione redemit, per quam utrumque populum ab æterna infirmitate curavit [1], ideo legitur evangelium de infirmo et leproso curatis [2]; ideoque fit in cantibus
verborum geminatio, ut Lætata est Sion, et exsultaverunt filiæ Judæ [3], et in graduali : Timebunt gentes. . . . et reges [4], et in alleluia et offerenda : Dextera Domini, dextera Domini [5]. Per utriusque vero
populi curationem adauctus est numerus angelorum. Ideoque in introitu ad laudes invitantur cum dicitur : Adorate [6]. Verum quia non sanatur putridus humor, nisi deponatur superbiæ tumor, ideo
legitur in epistola, ut, ad exemplum Christi patientis et non percutientis, non simus malum pro
malo reddentes [7]. Addunt quidam quartam Dominicam, et quartum evangelium, quo, Christo in naviculam ascendente, mare turbatur et ipse dormiens a suis excitatur [8], quia secundum quosdam
in quarto anno post baptismum crucem ascendit, et
diabolus turbam Judæorum commovit, et Christus
somno mortis obdormivit, et ad utilitatem suorum
tertia die resurrexit.

Eorum quoque non est silentio prætermittenda
sententia, qui totum spatium hujus temporis, scilicet a Natali usque ad Purificationem, ascribunt
infantiæ Salvatoris; ideoque non debent, ut aiunt,
fieri commemorationes sanctorum, maxime de
cruce, ne objiciatur, « non coquas hædum in lacte
matris [9]. » Ideoque in vigiliis nocturnis, legitur de
Novo Testamento propter præsentem vitam ejusdem hominis Christi, quam dies isti significant, magnusque præco sanctæ novitatis Paulus in gentium
manus accedit, qui cum veteri lege novam conferens gratiam, legem factorum deprimebat, et legem
fidei cum palma justitiæ sublevabat, et est hæc
quædam XLma Christi constans ex duobus per-

fectis numeris, senario duplicato et XXVIIIo. Duplicitas senarii duplicem significat perfectam humanitatem corporis et animæ, unitas majoris perfecti,
divinitatis unitatem; ideo sicut in XII diebus jubilatur de apparitione humanitatis, sic in XXVIIIo
de apparitione divinitatis. Hanc XLmam in gaudio
celebramus, quia Christi incarnatio fuit gaudium
angelorum et hominum. Post quam XLmam sequitur Ypopanti, id est, præsentatio Domini, qua excitamur ad nostram præsentationem Deo et Patri.
XLta ergo dies præsentem statum demonstrant Ecclesiæ, ubi per quatuor mundi partes satagimus,
ut Decalogum impleamus, [id est « juste et pie vivamus in hoc sæculo, exspectantes beatam spem,
et gloriam regni magni Dei [10], » in qua præsentatione apparebit nobis Dominus gloriosus. Ideoque his diebus cantatur versus : Quoniam ædificavit Dominus Sion, et videbitur in gloria sua [11]. Inde
est etiam quod circa Ypopanti merito cantatur introitus : Adorate [12], quia tunc erit nobis ad faciem manifestum, chorum angelorum adorare Dominum.

CAPUT XI.
DE YPAPANTI DOMINI.

Postquam impleti sunt dies purgationis Mariæ [13],
etc. Duo fuere in lege præcepta, quorum alterum ad parientem, alterum pertinebat ad partum.
Ad parientem, ut si mulier masculum pareret, XLta
diebus ab ingressu templi veluti immunda cessaret [14] : quia puerperium in immunditia conceptum
dicitur XLta diebus informe : at si feminam, spatium temporis duplicaret : sanguis enim menstruus,
qui partum comitatur, usque adeo censetur immundus, ut ejus tactu, sicut Solimus ait, fruges ares-
cant et herbæ moriantur. Sed quare tempus pro
femina duplicatur? Solutio : quia dupla est feminei
germinis maledictio; habuit enim maledictionem
Adæ, et insuper, « In dolore paries [15]; » vel quia,
sicut ait peritia physicorum, feminæ in conceptu
manent informes duplo tempore masculorum. Transactis purificationis diebus pariens offerebat columbam et turturem pro peccato ad partum, quia pro
filio vel filia offerebat agnum anniculum in holocaustum, et quæ agnum habere nequiverat, offerebat duos turtures, vel duos pullos columbarum,
alterum in holocaustum pro filio, alterum pro suo
peccato, significans, sive quis robusta, sive debilia
creaverit opera, pro his offerebat agnum, scilicet
divitias innocuæ vitæ, vel columbam et turturem,
scilicet simplicitatem et castitatem; vel actionem
et contemplationem, semper autem pro peccatis
utriusque irrigui compunctionem. Hæc oportuit
virginem observare, non ut indigens purgaretur,
nec ut filius sanctificaretur, sed ne legem solvere
videretur. Duplex est igitur hodierna solemnitas

[98] Rom. 12.   [99] Joan. 2.   [100] Psal. 65.   [1] Isai. 55.   [2] Matth. 8.   [3] Psal. 96.   [4] Psal. 101.
[5] Psal. 117.   [6] Psal. 96.   [7] Rom. 12.   [8] Matth. 8.   [9] Exod. 23, et Deut. 14.   [10] Tit. 2.   [11] Psal. 101.
[12] Psal. 96.   [13] Luc 2.   [14] Levit. 12.   [15] Gen. 3.

parturientis et partus, id est matris et filii, quo ad matrem dicitur purificatio, quo ad filium Ypopanti, quod interpretatur *obviatio*, quia sicut in hodierno legitur evangelio : Simeon obviavit Domino dum a parentibus præsentabatur in templo [16]; imo, secundum Malachiam, dominator Dominus venit ad templum [17] : *Simeon namque, vir justus et timoratus, responsum acceperat a Spiritu sancto non visurum se mortem donec videret Christum Domini,* sic *accepit eum in ulnas suas, et dixit : Nunc dimittis, Domine, servum tuum in pace* [18]. Sed Anna superveniens Domino confitebatur, exspectans Redemptionem Israel [19]. Propterea de regina, de rege, de Anna, et Simeone prophetice et evangelice tam nocturnum quam diurnum celebratur officium.

Sed illud non est silentio prætereundum, quod in hac die solemnem cum cereis processionem facere consuevimus, quasi cum Anna et Simeone Domino visibiliter occurrentes. In manibus enim lumina portare est cum Simeone confiteri, et credere Christum esse paratum ante faciem omnium populorum, *lumen ad revelationem gentium* [20], quod « illuminat omnem hominem venientem in hunc mundum [21], » et qui visibiliter eum portare non possumus, ejus visibile signum, et ei conveniens gestamus in manibus. Per ceram etenim Christi humanitatem accipimus : sicut enim apes ceram cum melle virginali producunt opere ; nulla enim libidine solvuntur, nullo concubitu miscentur; sic beata Virgo Christum Deum et hominem salva uteri sui genuit integritate. Per ellychnium mortalitas, per ignem exprimitur ejus divinitas : qui-

dam per ellychnium intelligunt divinitatem, et per flammam ignis dona sancti Spiritus, quibus fuit præ participibus inflammatus [22]. Candelas igitur in figura Christi post XLta dies manibus portamus in festo Virginis, ut cum quinque prudentibus virginibus accensis bonorum operum lampadibus sponso Christo [23], portantes nostros manipulos [24] obviemus, et per beatam Virginem cœlestem urbem ad nuptias intrare, et in cœlesti templo post quadragenarium pœnitentiæ et observationem Decalogi et evangelicæ doctrinæ per Christi misericordiam purgati præsentari possimus. Qui ante cancellos in ipsa processione decantant : *Responsum accepit*, significant prophetas et nativitatem Domini, et misericordiam prænuntiantes. Melodia respondentium est gaudium hanc Dei misericordiam suscipientium. Tenentes igitur eas in manibus dicamus : *Suscepimus, Deus, misericordiam* [25]. Mulieres quoque in hoc beatam Virginem imitantur, cum post partum transactis quadraginta diebus, ecclesiam ingrediuntur, significantes quod si Virginem fuerint imitatæ, post vitam præsentem ingredientur æternam. Et attende quod gentiles in hujus mensis principio civitatis mœnia lustrabant, et Februo, id est Plutoni consecrabant, quam lustrationem Sergius papa mutavit in hodiernam processionem. Et attende quod Purificatio non habet octavam, eo quod ad veterem legis ritum, et non ad novum pertinet Testamentum , figurans quod in quadragenario vitæ per quadragenarium pœnitentiæ sic purificemus, ut in cœlesti sanctuario sistere valeamus.

[16] Luc. 2.   [17] Mal. 3.   [18] Luc. 2.   [19] Ibid.   [20] Ibid.   [21] Joan. 1.   [22] Psal. 44; Hebr. 1.   [23] Matth. 25.   [24] Psal. 125.   [25] Psal. 47.

LIBER SEXTUS.

PROLOGUS.

Ordine præpostero nobis ab ecclesia generis humani proponitur error, et deviatio, a qua sicut superius egimus, quia non decuit inchoare, post primum specialis tractatus opusculum, in quo de revocatione tractavimus ; pulsat animum debitum ordinis naturalis, et auris prurit exigere, unde nos studuerit medicus revocare. Ideoque in hac secunda specialis tractatus parte operæ pretium est de ipsa generis humani deviatione proponere capitula.

CAPUT PRIMUM.
DE DOMINICA IN SEPTUAGESIMA.

Circumdederunt me gemitus mortis [26]. Hæc Dominica LXXma nominatur eo quod hic habet exordium LXXta dierum, quæ incipit hodie, et terminatur in sabbato Paschalis hebdomadæ, quæ LXXma

est rememorativa præteritorum, et significativa præsentium. Rememorat enim tempus LXXta annorum, quibus Israel fuit sub servitute Babyloniorum. Legitur [27] enim, Nabuchodonosor, rex Babylonis, Hierusalem bellica manu destruxit, populum captivavit, et LXXta annis operibus duris affecit; unde Jeremias : « Servient regi Babylonis septuaginta annis [28], » verumtamen annis LXta transactis, Cyrus, qui et Christus dictus est, regnum Babylonicum subjugavit, populoque redeundi licentiam dedit [29]; unde pars cum Zorobabel ad patriam rediens templum Hierosolymis cum gaudio ædificavit [30], pars autem in captivitate remansit usque ad completionem LXXta annorum. Quibus completis, sub Dario et Assuero feliciter reversi sunt, et tunc duplex gaudium habuere. Mystice Nabuchodonosor diabolus, Babylonia mundus, Hieru-

[26] Psal. 17.   [27] IV Reg. 25.   [28] Jer. 25.   [29] I Esdr. 1. Isa. 45.   [30] I Esdr 2.

salem est paradisus. Nabuchodonosor populum a
Hierusalem in Babyloniam captivavit, cum diabolus genus humanum de paradiso in confusionem
et exsilium hujus mundi seduxit [21], ubi LXXta
annis affligitur. Vel quia præsens vita septem dierum curriculo volvitur; vel quia septem millibus
annorum includitur. Ab initio mundi usque ad ascensionem Domini vi millia computamus, ex tunc
quidquid temporis sequitur usque ad finem sæculi
vii millenario comprehendimus, cujus terminum
solus Deus novit. Ecce duas annorum septuagesimas
unam historialem, alteram mysticam, utramque
præsens dierum LXXma quam celebrat Ecclesia,
repræsentat; historialem rememorat, mysticum significat et figurat. Sicut enim filii Israel in illa
captivitate organa deposuere, dicentes : « Quomodo
cantabimus canticum Domini in terra aliena [22] ? »
de quibus Jeremias : « Perdam ex eis vocem gaudii
et lætitiæ, vocem sponsi et sponsæ [23]; » sic et nos
in vita præsenti non gaudere, sed lugere debemus.
Quod repræsentamus in hoc tempore, cum deponimus signa lætitiæ in cantibus, vestibus et cibis. In
cantibus ut Alleluia. Causa est quod Alleluia non
quamvis laudem, sed illam gloriam significat de
qua dicitur in Psalmo : « Exsurge, gloria mea,
exsurge, psalterium cum cithara, exsurgam diluculo [24]. » Gloria Patris est Filius, qui citharam nostræ humanitatis assumpsit, quam in passione fra-
ctam, per resurrectionem in psalterium reformavit. Hanc prophetæ voluere videre, et non viderunt [25]. A nobis quoque sponsus abiit et recessit [26].
Cum igitur statum Ecclesiæ nondum redemptæ recolimus et nostrum incolatum plangimus [27], merito
Alleluia deponimus. Quod quidam sepeliunt in Sabbato ad sextam, quidam ad nonam, quidam in vesperis, quidam in matutinis, quidam in prima diei
Dominicæ, quæ varietas provenit ex diei varia in-
choatione. Quidam enim diem incipiunt a meridie,
quidam a nona, quidam a vespera, quidam a media
nocte, quidam ab aurora. Ecclesia vero inchoat a
vesperis; quia « nox præcessit, dies autem appropinquavit [28], » ideoque rectius in vesperis Alleluia deponitur, et hoc statuit Alexander papa secundus, ut ejus geminatio ad finem præcedentis
temporis pœnitentiæ, quia laus sequetur angelica,
ut superius diximus, referatur, vel ejus depositio
luctui sequentis assignetur. Unde et quædam ecclesiæ Alleluia deponunt cum magno tripudio; quædam vero cum gemitu et suspirio; illi repræsentant futuram reparationem, isti de paradiso ejectionem [29]; sic Alleluia licentiantes frequentamus, sicut recessuris a nobis collum et os, frontem et oculos osculamur. Pro deposito alleluia utitur in principio horarum Ecclesia : Laus tibi, Domine, rex
æternæ gloriæ, non quod æquipolleant : illa enim

vox est angelica, ista humana; illa Hebraica, et
ideo dignior; ista Latina, et ideo minus digna. In
antiphonis et responsoriis utimur : In æternum. In
missa pro Alleluia dicimus tractum. Non fit com-
mutatio in Hebraica lingua, quæ, sicut Hieronymus
ait super Isaiam, Græco sermone opulentior est,
nec fit in Græca, quæ Latina ditior est; sed pro Alleluia commutat omnibus pauperior lingua Latina,
ad significandum paupertatem vitæ præsentis.
Item lætitiam in cantibus intermittimus, ut Te
Deum laudamus, excepto secundum quosdam, quod
in cathedra Beati Petri cantetur, eo quod sit hymnus inthronizandorum, et eo die Petrus fuit in Antiochena cathedra inthronizatus. Item lætitiam in
cantibus intermittimus, ut Gloria in excelsis, excepto in Cœna Domini, si episcopus adfuerit, et missam celebraverit, propter olei reverentiam; et merito Te Deum laudamus, et Gloria in excelsis
subticemus; quia cum nos merito peccatores repræsentemus, in ore peccatoris [40] non bene personant præconia Salvatoris, vel quia, ut prædiximus, status repræsentatur Ecclesiæ, nondum per
Christum redemptæ. Hæc autem cantica sunt ad
Christum specialiter pertinentia.

Et vide quia triplex est cantus Ecclesiæ : unus
tristitiæ, ut in hoc tempore; alius lætitiæ, ut in Pascha; tertius gloriæ consummatæ, ut in die Pentecoste. In vestibus lætitiam intermittimus; quia,
sicut illi vestes nuptiales deposuere, sic et nos
dalmaticam, et subdiaconales quæ sunt vestes solemnes similiter, et usuales lugubres in hoc tempore debemus inducere vestes. In cibis quoque
tristitiam repræsentamus, tum quia jejuniis affli-
gimur, tum quia delicatis non utimur.

Jejunandum quidem esse Zacharias ostendit, dicens : « Cum jejunaretis per hos septuaginta annos,
nunquid jejunium jejunastis mihi [41] ? » Ideoque
proximam hebdomadam jejunio Græci sanctificant.
Jejunemus itaque saltem ab amicitia hujus mundi;
verum sicut illi in LXo anno per Cyrum a Babylonica servitute sunt liberati, sic nos in sexta ætate
sæculi per Christum sumus a diaboli servitute redempti, nobisque reddita est innocentiæ stola per
remissionem baptismi [42], ideoque in Sabbato sancto
unum alleluia cantamus, jam spe quietis æternæ et
recuperationis patriæ gratulantes. Et sicut pars cum
Zorobabel repatriavit, pars vero in captivitate remansit [43], sic et pars fidelium defunctorum cum
Christo surrexit [44], pars in exspectationis consolatione permansit; pars quoque viventium pervenit
ad fidei gratiam, pars perstitit in perfidia; sed et
illi qui Hierusalem sunt reversi, quamvis lætitiam
habuere, tamen pro uxoribus et filiis, et pro sociis,
pro apparatu, sollicitudine non caruere, sic et nos
in præsenti Ecclesia laboramus et ingemiscimus, et

[21] Gen. 3.   [22] Psal. 136.   [23] Jer. 7.   [24] Psal. 56.   [25] Luc. 10.   [26] Cant. 6.   [27] Psal. 119.
[28] Rom. 13.   [29] Gen. 3.   [40] Eccli. 15.   [41] Zach. 7.   [42] Luc. 15.   [43] I Esd. 2.   [44] Matth. 27;
[ ] Thess. 4.

quamdam corporis sollicitudinem gerimus [45] : propterea eum Alleluia tractum in Sabbato et in hebdomada graduale cantamus. Completo LXXmo anno, omnes sunt reversi, et ideo gaudium geminavere, propterea in Sabbato albarum alleluia duplicamus, significantes quod, finito nostro exsilii tempore, captivitas absolvetur, stola geminabitur. Moraliter etiam quilibet in paradiso per aquam baptismi generatur, post baptisma per peccata in Babyloniam captivatur, ubi cum dierum septenario conversus et agit septenarium in luctu pœnitentiæ, ut in die resurrectionis ad cœlestem Hierusalem cum gaudio revertatur. Et vide quod alleluia in Sabbato deponitur in declivo, in Sabbato inchoatur, in Sabbato geminatur ; quoniam in lapsu Adæ, qui erat in magna quiete, gaudium perdidimus, sed animabus in requie recuperamus, et corporibus in resurrectione denique geminabimus. Illud etiam notabile est quod LXXma incipit a mœrore, et terminatur in lætitiam, per quod significat pœnitentiam ; hæc est namque natura pœnitentialium psalmorum. Item partem habet in tristitia, partem in lætitia semiplena ; quoniam qui cum pœnitentia transeunt, percipiunt animarum beatitudinem, vel saltem certam in purgatorio exspectationem. Item LXta diebus repræsentamus viduitatem Ecclesiæ, scilicet urque ad sanctam quartam feriam ; postea tribus mortificationem carnis nostræ, usque ad sanctum Pascha ; deinde sex diebus opera misericordiæ quæ si facimus post baptismum, in Sabbato consequimur requiem et geminam lætitiæ stolam. Item incipit a Dominica et terminatur in Sabbato, eo quod a mansione paradisi nostra captivitas inchoavit, et usque ad futuram requiem perdurabit, vel quia qui per peccatum a Domino nostro recessimus, per misericordiam ad requiem revertemur. Rursus incipit a Februario juxta Zachariam, qui dicit in XImo mense Sabat : « In secundo anno Darii factum est ad eum verbum Domini [46] : » Sabat nostra lingua vertitur in virgam, sonat enim austeritatem et correctionem ; quia in hoc tempore LXXmæ de peccatis nostris per quæ sumus a diabolo captivati, nos corripere et emendare debemus. Item per decem hebdomadas extenditur ; quia per Decalogum ad lætitiam pervenitur. Igitur quia per LXXmam tempus deviationis et culpæ significamus, et nostram præsentem captivitatem recolimus ; ideo Genesim incipimus, et Heptaticum, et Ruth legimus usque ad Dominicam Palmarum. Ubi humani generis error et deviatio, et notatur expulsio, quam etiam flebiliter canimus, et canendo flemus, imo et antiquam historiam prosequimur, in qua miseriæ veteris vitæ narrantur, ejectio Adæ [47], diluvium Noe [48], et exitus Abrahæ [49]. In matutinis laudibus omittitur Dominus regnavit [50] ; quia psalmus est lætitiæ, et

perfectos informat, sed dicimus : Miserere mei, Deus [51], et Confitemini [52] ; quia per pœnitentiam venitur ad laudis confessionem, et per timorem ad spem : primus enim psalmus inculcat nobis timorem de pœna peccatorum ; sed quia per contritionem innascitur fiducia nobis ad Dominum accedendi, ideo Deum laudantes dicimus ad alterutrum : Confitemini. De his duobus, scilicet timore et spe, dicit Moyses : « Non accipies loco pignoris inferiorem et superiorem molam [53], » id est a peccatore, qui debitor est, timorem et spem. In prima vero cantatur : Deus, in nomine tuo [54], cum sequentibus, et Dominus regnavit [55], ne aliquid de psalterio prætermittatur, quod totum in septimana legatur, cum totum olim singulis diebus legeretur ; ea de causa dicitur et Confitemini [56], vel ut instruantur pueri, ut sciant in ramis palmarum Domino confiteri [57]. Hujusmodi enim psalmus proprie ad illam diem pertinet, propter istum versum : O Domine, salvum me fac ; o Domine, bene prosperare ; Benedictus qui venit in nomine Domini [58]. Quod in missa cantatur : Circumdederunt me gemitus mortis, vox est primitivæ Ecclesiæ plorantis in Abel protomartyre præcentore, cujus sanguis de terra clamavit ad Dominum, qui aperuit os suum, et suscepit eum de manu Cain fratris sui [59]. Unde statio est ad Sanctum Laurentium, cujus mors pretiosa [60] novo et inaudito genere passionis clamavit in cœlum, et audita est per universum mundum. Unde et in Romana Ecclesia præ cæteris martyribus est authentica. Vox est etiam humani generis ingemiscentis quod gaudium et lætitiam perdidit, tribulationem et dolorem invenit [61]. Languidus enim homo descendens de Hierusalem in Jericho incidens in latrones, spoliatus, vulneratus, semivivus relictus [62], a felicitate paradisi, a facie sui Creatoris ejectus, plorans ait : Circumdederunt me gemitus mortis. Sed quia divinum de recuperatione salutis accepit oraculum, dicente Domino ad serpentem : « Inimicitias ponam inter te et mulierem, semen tuum et semen illius ; tu insidiaberis calcaneo ejus, et ipsa conteret caput tuum [63] ; » hujusmodi enim verbis victoria promittitur Redemptoris, qui, cum sit semen duntaxat mulieris, inimicitias contra serpentem in tantum exercuit, ut caput ejus contereret, et ejus vasa diriperet et ei omnem potestatem auferret [64]. Ideo subdit : In tribulatione mea invocavi Dominum, et exaudivit de templo sancto suo vocem meam [65], more prophetico præ nimia certitudine præteritum ponitur pro futuro ; ideoque dilectionem Redemptori promittit subdens : Diligam te [65]*.

Sed quia longa via restabat ab Adam usque ad nativitatem Christi, LXXVII etenim generationes in Evangelio computantur [66], ideo legitur epistola de longo stadio : Nescitis quod ii qui in stadio cur-

[45] Rom. 8 ; II Cor. 5.   [46] Zach. 1.   [47] Gen. 3.   [48] Gen. 7.   [49] Gen. 12.   [50] Psal. 92.   [51] Psal. 50. [52] Psal. 117.   [53] Deut. 24.   [54] Psal. 21.   [55] Psal. 92.   [56] Psal. 117.   [57] Matth. 21.   [58] Psal. 117. [59] Gen. 4.   [60] Psal. 115.   [61] Psal. 114.   [62] Luc. 10.   [63] Gen. 3.   [64] Luc. 11.   [65] Psal. 17.   [65]* Ibid. [66] Luc. 3.

runt [67], ubi invitamur ad bellum, quia, « non est nobis colluctatio adversus carnem et sanguinem, sed
adversus principes et potestates [68], » et monemur
de militiæ disciplina, scilicet abstinere ab his quæ
pugnam impediunt, ut victores bravium accipiamus, et torque victoriæ coronemur. Et quia hoc
stadium sex ætatibus distinguitur, et quia qui mane
conducti sunt, pondus et æstum portavere murmurantes, quia novissimi primitus intravere, ideo legitur evangelium de sex ætatibus et de murmurantibus [69]. Consolantur se tamen longanimes in spe,
dicentes in graduali : Adjutor [70], et cum se esse in
profundo delictorum agnoscant, a similitudine Jo-
næ, clamant, gemunt et orant [71], dicentes in tractu : De profundis [72]. Et attende quod omnes fere
tractus authentici gravibus vocibus componuntur,
et omnes fletum et tristitiam sanctorum in præsenti
vita, seu activa seu contemplativa degentium, per
lacrymabilem cantum et gravitates sonorum insinuant : unde tractus dicuntur, vel quia præ gravitate sui tractim cantantur, vel quia sancti suspirantes gemitum ab imo pectoris trahunt. Licet enim
aliquando gaudeant, vel pro beneficio gratiæ jam
perceptæ, vel pro spe percipiendæ gloriæ, unde aliquoties prorumpunt in melos et verba lætitiæ, tamen
in lacrymarum valle morantes, præsertim cum incolatum nostrum Ecclesia repræsentat, lacrymas
effundunt super flumina Babylonis [73-74] pro suis, et
aliorum excessibus, dum ex vicinitate Babylonici
fluvii, alios vident aspergi, alios jam immersos ex
rapacitate fluminis deorsum ferri. Sed quia præsens
ploratus quandoque fit pro irriguo superiori, quandoque pro inferiori [75], modo pro dilatione supernæ
beatitudinis, unde : « Heu mihi ! quia incolatus
meus prolongatus est [76], » modo propter maculas
vitæ præsentis, unde : « Poculum meum cum fletu
miscebam [77] ; » ideo licet tractus graves habeant
voces, tamen in verbis quandoque lætitiam exprimunt, ut Laudate [78], quandoque tristitiam repræsentant, ut De profundis [79] ; vel quod tractus tractim cantatur, et suaviter insonat auribus, significat quod cum Apostolo in longanimitate et suavitate perseveremus [80]. In offerenda, Bonum est [81],
modo qui languet, sed redemptionem exspectat,
Deum confitetur et laudat, modo perturbatur et miratur quod boni laborant et mali floreant [82], subdens : Quam magnificata [83], modo interitum peccatorum et exaltationem bonorum per unicornem
christum futuram prædicit; communio, Illumina [84],
vox est servi spoliati gloria vultus Dei, qui positus
in tenebris orat, ut inimicitiarum paries dissolva-
tur [85], ut jubare veri solis irradiatus non confundatur; vel omnis planctus officialis insinuat, cui
affectui debitores esse debemus, scilicet quod per

planctum, et humilitatem perveniamus ad Domini
passionem.

CAPUT II.

DOMINICA DE SEXAGESIMA.

Exsurge, quare obdormis, Domine? exsurge, et non
repellas in finem [86]. Hæc Dominica LXma nominatur eo quod hic habet exordium LXta dierum, quæ
incipit hodie, et terminatur in quarta feria paschalis
hebdomadæ, ubi cantatur : Venite, benedicti [87].
Sexagesimus numerus viduitatem significat, eo
quod claustrum ingreditur continentiæ, sicut trige-
simus conjugium, eo quod se blandis digitis osculetur. Hæc ergo LXma significat tempus viduitatis
Ecclesiæ, scilicet quo viduata fuit per mortem, id
est lapsum protoplasti, vel per absentiam sponsi,
qui peccatoribus abest per gratiam, et viatoribus
per humanitatis præsentiam. Licet enim Christus
nobis sit præsens secundum divinitatem, juxta illud : « Ero vobiscum usque ad consummationem
sæculi [88], » tamen absens est secundum quod peregre profectus est [89] ; et dicitur LXma a sexies decem. Ad remedium etenim et ad consolationem data
sunt in præsenti sex opera misericordiæ et decem
præcepta Decalogi, ut se in eis exerceat, et per eorum observationem sibi sui sponsi mereatur januam
aperiri. Hæc qui observaverit audire merebitur :
Venite, benedicti, quod cantatur in ultimo die
LXmæ; vel senarius numerus perfectus est suis
partibus; computatus denarius mercedem significat
operum [90]. Si quis ergo per denarium, scilicet per
perfectionem operum, mercedem quærit, ipse percipiet regnum in feria quarta promissum. Hujus diei
nocturnum officium est eadem quæ in LXXma cantatur historia de lapsu primi hominis, per quem
viduatur et peregrinatur Ecclesia.

In officio vero diurno exsilium deplorat, et per
liberationem Deum exorat, dicens : Exsurge, quare
obdormis, Domine [91]; dubitative loquitur, quia peccata separant inter Deum et hominem. Humiliata
est enim in pulvere anima nostra, et hæsit in terra
venter noster, sed exsurge et redime nos propter
nomen tuum, non propter nostrum meritum; tu
enim dignatus es redimere nos, non sumus digni
suscipere : cujus liberationis in officio diurno modus
exprimitur, et effectus; modus, quia facienda erat
per eum, qui formam servi accipiens, exivit [92] seminare semen suum, sicut legitur in evangelio [93],
et quia seminaturus erat per aratores, scilicet apostolos, quorum fuit unus vas electionis [94], spermo-
logus, qui plus aliis seminavit, per quem gentes
gratiam cognovere [95], ideo statio est ad Sanctum
Paulum, ideoque de ipso mentio fit in collecta, ubi
dicitur : Deus, qui conspicis, quia ex nulla nostra
virtute subsistimus, vendidimus enim nos sub pec-

---

[67] I Cor. 9.   [68] Ephes. 6.   [69] Matth. 20.   [70] Psal. 9.   [71] Jonas 2.   [72] Psal. 129.   [73-74] Psal.
156.   [75] Josu. 15.   [76] Psal. 119.   [77] Psal. 101.   [78] Psal. 146.   [79] Psal. 129.   [80] II Cor. 6.
[81] Psal. 91.   [82] Psal. 72.   [83] Psal. 103.   [84] Psal. 32.   [85] Ephes. 2.   [86] Psal. 43.   [87] Matth. 25.
[88] Matth. 28.   [89] Matth. 25.   [90] Matth. 20.   [91] Isa. 59.   [92] Phil. 2.   [93] Luc. 8.   [94] Act. 9.   [95] Act. 17;
I Cor. 15.

cato [96], et in nobis non est virtus solvendi [97], ideo- A
que oramus, ut Dominus se intromittat ad solvendum; ob id quoque labores et pericula Pauli numerantur in epistola [98] : *Libenter suffertis*, et attende
quod sæpe suum stationes ordinantur officium, ut
hodie; quia statio est ad Sanctum Paulum, agitur
in oratione et epistola de laboribus Pauli, similiter
intuitu stationis mentio fit de martyribus Cosma et
Damiano in quinta feria, et de Susanna in Sabbato
ante mediam XLmam. Rursus Paulus, bonus athleta,
modum evadendi exprimit in epistola confortans,
ut despiciamus insipientes dominos, qui nos in servitutem redigunt, qui nos devorant. Effectus exprimitur in graduali et in tractu; quia disseminatio
verbi quibusdam fuit odor vitæ in vitam, quibusdam
odor mortis in mortem [99], quidam enim positi sunt,
ut rota, et stipula ante faciem venti [100]; quidam cognovere nomen Dei, et ad pœnitentiam sunt com-
moti, ut fugiant a facie arcus [1], scilicet judicii, et
liberentur electi. Post commotam terram semen in-
ducitur, ut in evangelio sequitur, et attende quod
in LXXma vinea colitur, et ager in LXma seminatur. Offerenda : *Perfice gressus* [2], consonat evangelio; timendum est, ne semen verbi Dei secus
viam expositi a volucribus, scilicet immundis spiritibus, diripiatur, aut a sollicitudinibus et divitiis
hujus sæculi suffocetur, aut honorem, scilicet pin-
guedinem charitatis non habens arescat in nobis,
et sic non perficiantur gressus nostri. Oremus itaque singuli, oremus universi, ut Dominus gressus C
nostros perficiat, mirificet super nos misericordias
suas, custodiat semen ut pupillam oculi, ne a spinis
suffocetur; protegat sub umbra alarum, ne solis
ardore desiccetur; eripiat ab impio, ne de nostris
cordibus auferatur [3], ut bona terræ fructificet, et
fructum afferens in patientia, dicat : *Ego cum justitia apparebo in conspectu tuo* [4], et sic in communione
cantatur : *Introibo ad altare Dei* [5]; cum terra simus, in horrea cœli non ascendemus, nisi verbo
Dei portemur, sed per ipsum sublevabimur portantes manipulos [6] justitiæ lætificando Deo juventutem
nostram in vigore vernalitatis æternæ.

CAPUT III.
DOMINICA IN QUINQUAGESIMA.

*Esto mihi in Deum protectorem, et in domum re- D
fugii ut salvum me facias* [7]. Hæc Dominica Lma nominatur eo quod hic habet exordium Lta dierum,
quæ incipit hodie, et terminatur in die sancto Paschæ. Decebat enim ut sicut tres fuerant illius popu-
puli reversiones, prima sub Zorobabel, secunda et
tertia sub Esdra [8], sic nos nostra peccata deflentes
et de peccatis misericordiam implorantes tres faceremus terminationes, scilicet in Sabbato, in quarta
feria et in Pascha reverteremur ad gloriam trium-

phantes. Hæc ergo Lma significat tempus remissionis; Lmus etenim annus jubileus in veteri lege dicebatur [9], scilicet remissionis, vel pœnitentiæ, et
Lmus psalmus : *Miserere mei, Deus*, psalmus est
remissionis et pœnitentiæ, et eo maxime utimur in
hoc tempore, et dicitur Lma a quinquies decem, et
septem in se perfectas continet septimanas; quinarius ergo significat quinque vulnera Christi, aut
quinque opera sensus humani, et denarius decem
præcepta Decalogi, et septenarius septiformem gratiam Spiritus sancti. Si ergo firmiter passionem
Domini crediderimus et per exteriorem administrationem Decalogum in sancto Spiritu compleverimus,
consequemur a Domino remissionem et perveniemus
ad beatam et gloriosam resurrectionem. Vel Lta
dies in pœnitentia ducimus, ut in sequentibus Lta
diebus, scilicet a Pascha usque ad Pentecosten, quos
in lætitia sumus acturi, non excedamus, quin die
Pentecostes Spiritus sancti gratiam suscipere mereamur. In hujus diei nocturnali officio legitur, et canitur de diluvio; quia per ipsum pœnitentia designatur, sicut enim diluvium per ter quinquaginta
dies extenditur, sic pœnitentia pro cogitatu, pro
verbis et pro factis injungitur. Et est notandum
quod prius de diluvii pœna, quam de Abrahæ obedientia canitur, et demum in antiphonis evangelicis de cæco illuminato subjungitur; quia qui se
a peccatorum sordibus per pœnitentiam laverit, et
Dei mandatis obedierit, a Christo illuminari gaudebit. Officium vero diurnum sumit a cæco, scilicet
humano genere fundamentum. Nam ut legitur in
Evangelio : *Cum appropinquasset Dominus Jericho,
cæcus sedebat secus viam mendicans et dicens : Fili
David, miserere mei*, licet a turbis increparetur; cui
Dominus : *Respice, fides tua te salvum fecit* [10]. Hic
cæcus est humanum genus quondam ignorans Deum,
se ipsum, natale solum et concupiscentiam esse
peccatum [11]; qui licet a turbis invisibilium hostium
impediretur, præveniens tamen adventum illumi-
nationis, ab eo, in quem sperabat, petit in introitu
protectionem, refugium et ducatum in via, salutem
et liberationem, dicens : *Esto mihi in Deum protectorem et in locum refugii* [12]. Populus revertens
planctu, fuga et orationibus utebatur [13]. Sic et nos
per pœnitentiam revertentes, modo plangimus, dicentes : *Circumdederunt* [14] et *Exsurge* [15]; modo fugi-
mus et oramus, dicentes : *Esto mihi in Deum protectorem et in locum refugii* [16], ubi etiam innuimus, quod in expeditione simus, et in LXXma plan-
gebamus, et in LXma dubitabamus, nunc de protectione confidimus. Epistola consonat evangelio
non solum ex eo verbo, quod ibi dicitur : *Videmus
nunc per speculum et in ænigmate* [17]; sed ex eo quod
excellentiorem viam demonstrat, scilicet charita-

[96] Rom. 7.   [97] Matth. 18.   [98] II Cor. 11.   [99] II Cor. 2.   [100] Psal. 82.   [1] Psal. 59.   [2] Psal. 16.
[3] Ibid.   [4] Psal. 42.   [5] Ibid.   [6] Psal. 125.   [7] Psal. 50.   [8] I Esdr. 2 et infra.   [9] Levit 25 ;   Num. 36.
[10] Luc. 18.   [11] Rom. 7.   [12] Psal. 50.   [13] I Esdr. 3 et infra.   [14] Psal. 17.   [15] Psal. 43.   [16] Psal. 50.
[17] I Cor. 13

tem. Hæc est per quam fides salvificans operatur, hæc est oculus cordis, qua quisquis caret, cæcus est, in tenebris ambulat, et nescit quo vadat [18]; nam cum Dominus illuminare genus humanum incœpit [19], oculos ejus hoc collyrio prius inunxit [20], dicens : ‹ Diliges Dominum Deum tuum [21]. › In hac epistola ponuntur monumenta nostræ militiæ necessaria, fides, spes et charitas, tria hæc.

In graduali triumphatori militiæ gratias exsolvimus de certa spe triumphi, dicentes : Tu es Deus qui facis mirabilia; et quia generis humani duo sunt populi, et ambo sunt per Christum illuminati, et participes triumphi, ideo dicitur : Notam fecisti in gentibus virtutem tuam, et subditur : Liberasti filios Israel et Joseph [22], ideoque in tractu : Omnis terra ad illuminatoris et triumphatoris præconia invitatur, cum dicitur : Jubilate [23], quasi dicat : ‹ Accedite ad eum, et illuminamini [24], › Servite Domino qui fecit nos [25], non ei cui vendidimus nos [26]; ideoque in Evangelio cæcus petitionem congeminat, dicens : Fili David, miserere mei [27]; ideoque in offerenda gratias de illuminatione utriusque populi duplicat, dicens : Benedictus es, Domine; Benedictus es, Domine [28]; et aliis verbis magis ac magis dupliciter illuminari póstulat, dicens : Doce me justificationes tuas, doce me justificationes tuas [29], vel bis dicit justificationes propter viam testimoniorum veritatis et mandatorum. Sed quia non satis est ad viam pervenisse et illuminationem scientiæ percepisse, nisi abjiciamus opera carnis [30], congrue terremur illorum exemplo, de quibus dicimus in communione Manducaverunt [31]. Et quia in magno corpore cæci hujus, princeps Petrus est illuminatus, dicente ad eum Filio Dei : ‹ Beatus es, Simon Bar-Jona quia caro et sanguis [32]; › ideo convenienter ad eum hæc statio deputatur; et nota evangeliorum consequentiam rationabiliter ordinatam : in LXXma vineam colimus, in LXma semen spargimus, in Lma fructum lucis in cæco illuminato colligimus.

CAPUT IV.

IN CAPITE JEJUNII.

Convertimini ad me in toto corde vestro, in jejunio, et fletu, et planctu, et scindite corda vestra, et non vestimenta vestra [33]. Hæc dies Caput jejunii nuncupatur; hac etenim quarta feria quadragesimale jejunium inchoatur; exceptis sex Dominicis diebus, triginta sex in jejunio remanebant. Unde sanctus Gregorius triginta sex dies abstinentiæ duntaxat nobis insinuat. Forte nondum erant hi quatuor additi, quos oportuit addi ad supplementum quadragesimalis jejunii, et recte incipientes a quarta feria quadraginta sex dies continuamus in abstinentia. Legitur enim quod Salomon in quarta ætate ædificavit Domino templum [34]; ideoque nostra jejunia a quarta feria incipiunt ut

in Pascha Dei templum esse possimus; vel ideo a feria quarta jejunare incipimus, quia Christum eadem die suum jejunium inchoasse didicimus, cum in quarta feria baptizatus fuerit, et in eadem baptismatis die jejunium inchoaverit; vel quia quaternarius est numerus laterum æqualitate perfectus. Unde fortitudo quartum tenet locum in numero virtutum, et hoc nomen fortis quartum est in nominibus Christi. Ideoque eadem feria vocantur catechumeni, et ad ordines ordinandi, et sicut legitur quadraginta sex annis templum ædificatum, sic præsens jejunium quadraginta sex diebus in abstinentia continuatur.

Unde in Evangelio : ‹ Quadraginta sex annis ædificatum est templum hoc, et tu in tribus diebus excitabis illud [35] ? › Si quis dixerit, a primo anno Cyri, in quo fuit cœpta ædificatio templi usque ad sextum annum Darii, in quo apud Esdram legitur consummata, quadraginta quinque annos solummodo computari, sciat quod secundum Josephum in XLVI ejus eminentiora fuere completa. Templum etiam corporis Christi XLVI annis creditur ædificatum; quia Virgo XII annorum exstitit cum Unigenitum genuit, qui anno XXXIV, secundum quosdam, mortis calicem bibit. Unde nomen Adam, quod ex quatuor compaginatur, ei merito convenit. Litteræ vero nominis ejus, cujus corpus ex quatuor elementis conficitur, non immerito ex quatuor mundi climatibus assumuntur, scilicet Anatole, quod est oriens, Dytis quod est occidens, Arctos quod est septentrio, Mesembria quod est meridies, quæ alphabetali calculo, in eumdem numerum surgunt; nam A in numero Græcorum significat unum, D vero quatuor, item A unum, M vero quadraginta, quæ simul juncta XLVI fiunt. Eapropter quadraginta sex dies observamus in abstinentia, ut qui carnaliter per quatuor mundi partes a primo parente conspergimur, illo numero afflicti secundi Adæ corpori conformemur, ut illum in sancto Pascha digne percipere mereamur. Vel quia puerperium XLVI diebus in utero jacet informe, ideo tot diebus jejuniis et orationibus vacamus, ut informe nostrum Domino reformemus. Qui ergo usque nunc in expeditione fuimus, nunc pugnam sanctis jejuniis inchoamus. Unde in collecta : Concede, quæsumus, Domine, præsidia militiæ Christianæ sanctis inchoare jejuniis.

Et quia Quadragesimale jejunium hodie, secundum ecclesiasticam institutionem, habet initium; idcirco in nocturno et diurno officio frequentantur cantus et lectio de jejunio, quæ de epistola, Convertimini [36], et evangelio, Cum jejunatis [37], potius assumuntur. Sed jejunium infructuosum est sine cordis contritione, lacrymarum effusione, eleemosynarum largitione, vigiliis et oratione, quæ omnia sunt

---

[18] Joan. 12.   [19] Luc. 1.   [20] Apoc. 3.   [21] Matth. 22.   [22] Psal. 76.   [23] Psal. 99.   [24] Psal. 33.   [25] Psal. 99.   [26] Rom. 6 et 7.   [27] Luc. 18.   [28] Psal. 118.   [29] Ibid.   [30] Gal. 5.   [31] Psal. 77.   [32] Matth. 16.   [33] Joel. 2.   [34] III Reg. 6.   [35] Joan. 2.   [36] Joel 2.   [37] Matth. 6.

fructus pœnitentiæ, quæ sunt arma nostræ pugnæ.
Idcirco et de istis quædam in nocturnis et diurnis
officiis inseruntur, ut in introitu : Misereris [38], et in
graduali : Miserere mei [39], et in tractu : Domine [40].
Et attende quod hoc tractu usque ad Passionem
utimur, in secunda·quarta et sexta feria, ut in diebus arctiori jejunio deputatis incœptæ pœnitentiæ
memores, oratione et jejunio combinemus. Offerenda : Exaltabo te [41], est gratiarum actio de impetrata
remissione; communio : Qui meditatur [42], est aliorum
exhortatio de legis meditatione : et consonat Evangelio, quia meditari in lege est thesaurizare in cœlo [43]; hæc autem missa cantetur in nona, et mox
vespera sequatur, ut in Quadragesima. In hac missa, et in omnibus Dominicis diebus usque ad Passionem Domini dicenda est præfatio : Qui corporali
jejunio. Quidam tamen in Dominicis quotidiana
utuntur, eo quod ab arcto jejunio excipiuntur.

Illud non est silentio prætereundum quod Samaritanus ille, qui dolorem agnovit [44], dicens : Circumdederunt me [45], ideoque orationes ingeminavit, dicens : Exsurge [46], et Esto [47], videns non posse curari sine cataplasmate pœnitentiæ, hodie per medicinam salutis induit cinerem humilitatis et cilicium asperitatis, quia cinis et cilicium sunt arma
pœnitentium. Hodie namque capitibus nostris cineres imponimus, ad memoriam reducentes quod
dictum est Adæ : « Pulvis es, et in pulverem reverteris [48]. » Hoc etiam habitu confitentes, quia non
sumus dii neque de cœlo, qui dii esse cupivimus [49],
sed homines et de terra principium habemus, Job
quoque favillam et cinerem ad memoriam revocamus [50]. Hodie cilicia vestimus, protoplasti perizoma
recolentes [51], Ninivitarum pœnitentiam ad memoriam revocantes [52], Joannis habitum recolentes [53].
Hodie pedes nudamus, nuditatem repræsentantes
Adæ [54], et significantes quod indigemus ornatu
gratiæ. Hodie processionem facimus, innuentes
quod repatriare contendimus, sed quoniam hostes
nobis in itinere scimus obsistere [55], ideo armati
virtutibus nitimur ad pugnam « contra spiritualia
nequitiæ [56] » obviam ire. Hodie quoque diem ex-
pulsionis nostræ de paradiso recolentes, de ecclesia peccatores ejicimus, et ejectis pœnitentiam sep-
tennem, aut alias, pro criminum quantitate, injungimus, quia genus humanum in Adam lapsum,
judicio Dei, in hoc exilio septem millibus damnatur annorum. Maria quoque leprosa septem diebus
exstitit extra castra [57]. Exsilium quoque indicimus,
quia Cain in manifestam Dei vindictam factus est
vagus et profugus super terram [58] : carcer vero
pœnitentiæ a Joseph habet initium [59]. Tam in carcere quam in exsilio comam et barbam nutriunt;

A cujus incultus a Joseph [60], vel David ▪ ▪ ▪ ▪ ▪ ▪ cœpit exemplum. In hoc exsilio baculum portant in
signum correctionis, per quam reditur ad gratiam
communionis. Est autem hic baculus cubitalis,
quia in qua mensura mensi fuerint, remetietur
eis [62]. Formam vero ejectionis in concilio reperies
Agathensi; canones autem pœnitentiæ in libro pœnitentiali.

In quinta feria legitur epistola de Ezechia [63], et
evangelium de puero centurionis [64]. Illi dies adjecit
Dominus, isti sanitatem restituit : per quæ monemur jactare cogitatum nostrum in Domino [65], ad
eum clamare, in eum credere [66], eum perseveranter orare [67]. In sexta feria legitur epistola, Clama [68], et evangelium, Audistis [69]. In utroque Dei testimonia, quæ a carnalibus carnaliter intelligebantur, spiritualiter exponuntur; nam in epistola dicitur non esse jejunandum ad lites et contentiones, in
evangelio dicitur, quod non diligamus, non eleemosynas faciamus, non oremus, ut ab hominibus videamur. Igitur in utroque a vana gloria dehorta-
mur, et ad spiritualem intelligentiam, et opera misericordiæ invitamur, ne de via pereamus [70], sed veniam a Domino consequamur. In Sabbato legitur
epistola : Si abstuleris [71], ubi nobis lux, et requies
promittuntur; et evangelium : Cum sero [72], ubi
apostoli de conflictu maris ad portum accedunt securitatis, et de tenebris ignorantiæ ad notitiam perveniunt Salvatoris. Hoc Sabbatum, licet habeat epistolam et evangelium sicut nonnulla per anni circuitum, non tamen est in cantibus officiatum, quoniam secundum quosdam nondum erat solemni jejunio deputatum : hodie vero jejunemus, ut ad Sabbatum perveniamus.

CAPUT V.

PRIMA DOMINICA DE QUADRAGESIMA.

Invocabit me, et ego exaudiam eum, eripiam eum,
et glorificabo eum, longitudine dierum adimplebo
eum [73]. Hæc Dominica Quadragesima nominatur, eo
quod habet hic exordium quadraginta dierum, quæ
incipit hic et terminatur in Cœna Domini : per quos
quadraginta pœnales dies rememoramus quadraginta annos, quibus populum ab Ægypto ad patriam redire cognovimus. Legitur enim quod filii
Israel in Ægypto sub Pharaone longo tempore ser-
viere [74], sed per Moysen liberati quadraginta annis
eremum transiere [75], pastum de cœlo [76], potum de
saxo durissimo percipientes [77], et sic ad terram
lacte et melle manantem denique pervenere [77.]
Mystice numerus iste, ut ait Augustinus, laboriosi
hujus temporis est sacramentum, quo adversus
diabolum dimicamus. Tempora enim quadripartitis
vicibus currunt, et mundus quatuor partibus ter-

---

[38] Sap. 11.   [39] Psal. 56.   [40] Psal. 102.   [41] Psal. 29.   [42] Psal. 1.   [43] Matth. 6.   [44] Luc. 17.   [45] Psal.
17.   [46] Psal. 43.   [47] Psal. 30.   [48] Gen. 3.   [49] Ibid.   [50] Job 30.   [51] Gen 3.   [52] Joan. 3.   [53] Matth. 3.
[54] Gen. 3.   [55] Exod. 13.   [56] Ephes. 6.   [57] Num. 12.   [58] Gen. 4.   [59] Gen. 39.   [60] Gen. 41.   [61] I Reg. 21.
[62] Matth. 7, et Marc. 4.   [63] Isa. 58.   [64] Matth. 8.   [65] Psal. 54.   [66] Joan. 14.   [67] Luc. 11.   [68] Isa. 58.
[69] Matth. 5.   [70] Psal. 2.   [71] Isa. 58.   [72] Marc. 6.   [73] Psal. 90.   [74] Exod. 12.   [75] Num. 14   [76] Exod. 16.
[77] Exod. 17.   [77] Josue 5.

minatur : nos ergo qui longo tempore in hoc mundo sub diabolo servivimus, sed per Christum liberati, cujus corpore pascimur, et sanguine potamur [78], per observantiam decem præceptorum, et quatuor Evangeliorum, quæ multiplicata quadragenarium faciunt, ad terram lacte et melle manantem, scilicet ad paradisum redire debemus. Itaque celebrantes hanc Quadragesimam, et illos annos quadraginta recolimus, et nostram reversionem ad patriam significamus. Sed quoniam exeuntes ab Ægypto per XLII mansiones terram promissionis intravere [79], et mox Pascha celebravere, ideo duos dies addentes post XLII dies Pascha Domini celebramus, et in die quam fecit Dominus exsultamus [80]. Si quis ergo festinat ad patriam [81], hunc numerum satagat adimplere. Eodem quoque numero genealogia Domini a Matthæo describitur [82], Jechonia bis computato; si quis ergo desiderat per baptismum pervenire ad Christum, illo numeri sacramento perveniat, sicut Hieronymus ait, quo Dominus a patriarcha pervenit ad virginem, quasi ad Jordanem, qui pleno gurgite fluens Spiritus sancti gratiis redundabat. Ex his autem XLII diebus, sex Dominicæ a jejuniis excipiuntur, nam per quadraginta sex hebdomadas habentem totum hujus vitæ tempus accipimus, vel quia surget in quinquagenarium calculo multiplicationis, vel quia sit tempus afflictionis, vita vero sex ætatibus mundi vel hominis variatur, in qualibet licet universaliter sint afflictiones, aliquid tamen habuimus consolationis, ubi in prima delectabatur Adam in paradiso [83]. In secunda Noe consolabatur in cataclysmo [84]. In tertia Joseph Israelem a fame liberavit [85]. In quarta Salomon in pace regnavit [86]. In quinta de Babylonia reversi sumus [87]. In sexta de sponsi præsentia exsultavimus [88]; vel, licet in singulis nostris ætatibus delinquamus, unde et in singulis hujus temporis hebdomadibus, et plangendo canimus, et canendo plangimus, et carnem criminum incentivam jejuniis affligimus; tamen per sex opera misericordiæ peccata corrigimus, et peccatorum veniam promeremur, unde sex Dominicis afflictionem jejuniorum absolvimus. Vel forte in memoriam Dominicæ resurrectionis, et pro spe nostræ resurrectionis hoc tantillum in nostro fletu percipimus consolationis. Sex itaque diebus a jejunio de XLII exceptis, XXXVI duntaxat remanent in jejunio, hi sunt decima dierum nostrum CCCLXV numero decurrentium; dignum enim fuerat, ut qui de aliis rebus decimas damus, etiam de diebus decimam solveremus, ut quidquid aliis temporibus contra Dei præcepta peregimus, hac dierum decima corrigamus, unde forte hoc tempus debet potius decima quam quadragesima nominari. Sed sicut Hæbræi decimam suorum bonorum Deo summo Regi dabant [89], sic ethnici

suis diis et regibus suorum bonorum quadragesimam persolvebant, quam et hodie Veneti navalibus in teloneis extorquent, et ideo forte a ritu gentilium hoc tempus non decimam, sed quadragesimam nominamus. Huic tamen Xmæ in XXXVI diebus in jejunio quatuor præcedentes dies adduntur, in memoria eorum quatuor, quæ nos incurrisse lugemus, scilicet quod propter escam de paradiso sumus ejecti, quod bestiali cibo addicti, quod his pœnis afflicti, quod apud tartara durius affligendi, vel ad intelligentiam quatuor ordinum quos in judicio futuro videbimus. Primus erit judicantium, hi sunt perfecti; secundus per judicium judicandorum, hi sunt conjugati; tertius est damnatorum, hi sunt increduli; quartus est damnandorum, hi sunt fideles bonis operibus vacui, vel potius moraliter, ut quidquid ex lascivia quatuor elementorum, quidquid præterea in quatuor temporibus anni, quidquid in quatuor curriculis diei, contra observantiam quatuor Evangeliorum commisimus, horum quatuor dierum jejuniis emendemus, vel ut per quatuor virtutes nos ad jejunium fulciamus, ut anima, quæ quatuor mortibus cogitationis, locutionis, operationis, consuetudinis vel impœnitudinis moritur, earum auxilio sublevetur, et sic verius hoc jejunium quadragesima nominatur, in quo quidquid contra legem et Evangelium delinquimus, emendare tenemur, vel denarium Deo quater offerimus, ut pro quotidianis peccatis nostram disciplinam memoriter et devotius observemus. Quaternario numero, ut ait Augustinus, diurna et annua curricula peraguntur; dies enim matutinis, meridianis, vespertinis et nocturnis defluit horis; annus vero labitur vernis, æstivis, autumnalibus et hiemalibus mensibus, in quibus omnibus ab amore retrahimur æternorum, et ideo per quaternarium quotidianum excessum intelligimus delictorum. Denarius vero totam nostram continet disciplinam. Nam, ut idem asserit Augustinus, Creatoris et creaturæ scientia significat quæ ad homines pertinet erudiendos; nam scientia et disciplina est ut creatura serviat Creatori. Creator Deus est, ex quo omnia, per quem omnia, in quo omnia [90], et ideo Trinitas Pater, et Filius, et Spiritus sanctus hic colitur ab animo, qui eum diligit ex toto corde, tota anima et tota mente [91].

Hæc tria sunt : animo corpus subjicitur ad regendum ex elementis quatuor compaginatum. Ergo quadraginta diebus jejunare, est hunc denarium quater ducere, scilicet nobis temporaliter confirmare, et temporalia commissa per hunc denarium, id est servitium, quod creatura Creatori exhibeat emendare. Vel ideo quadraginta diebus jejunamus orationibus prævenientes ut in sequentibus quadraginta, scilicet a Pascha usque ad Ascensionem,

[78] I Cor. 10.   [79] Jos. 5.   [80] Psal. 117.   [81] Heb. 4.   [82] Matth. 1.   [83] Gen. 2.   [84] Gen. 8.   [88] Gen. 42 et infra.   [86] III Reg. 5.   [87] I Esd. 1   [88] Matth. 9.   [89] Levit. 27.   [90] Deut. 32.   [91] Matth. 22.

quos in lætitia sumus acturi, non excedamus quin A junium vi feriæ natura debilitaretur. In redemptione
caput nostrum ad cœlos sequi valeamus. Vel qua-
draginta diebus jejunamus, ut eo numero, quo a
Deo recessimus, eidem reconciliemus, nam per
quaternarium corporis vel anni, mundi vel diei,
præcepta Decalogi violavimus. Hoc numero Nini-
vitæ pœnituere [92]; hoc spatium dabitur eis, qui sub
Antichristo apostatabunt, hæ sunt cortinæ sacerdotum in atrio tabernaculi quadraginta cubitorum [93];
vel potius quadraginta diebus jejunamus, ut scientia legis, et prophetarum, et maxime Domini nostri
Jesu Christi imitationem et gratiam mereamur; jejunavit enim Moyses ad accipiendam legen quadraginta diebus [94], similiter et Elias [95], Daniel quoque
tribus hebdomadibus jejunavit [96], Dominus noster
quadraginta diebus absque cibo post baptismum
statim, ubi tentatus est in deserto a diabolo, jejunavit [97]. At illi jejunavere pro merito, sed Dominus
pro institutione, jejunavit etiam et pro exemplo,
unde nonnulli unam quadragesimam duntaxat observant. Communius est tres observare, eo quod
Moyses, ut tradunt Hebræi, ter ascendens ad Dominum jejunavit, vel potius, quia tres in tribus leguntur jejunasse quadragenis, Moyses, Elias, Dominus, sed cum Dominus cujus imitatores esse debemus post baptismum illico jejunaverit.

Cur Ecclesia post Epiphaniam non statim, sed
ante Pascha jejunandum instituit? Solutio. Primo:
quoniam Christi passioni resurrectio continuatur;
jejunamus ergo ante Pascha rogantes, ut cui per C
afflictionem carnis compatimur, cum illo in gloria
resurgamus [98]. Et est ad instar ægroti, qui magis
affligitur, cum approximat sanitati. Secundo: quoniam hoc tempore filii Israel terram promissionis
intraverunt [99], vel de Babylonia reversi sunt, et mox
Pascha celebravere. Jejunamus ergo ut, peracto labore, cum Christo resurgamus, et de hac vita ad æternam transitum faciamus. Tertio: quoniam verno
tempore naturali motu caliditatis et humiditatis
cuncta viventia lasciviunt in libidinem: jejunamus
igitur hoc tempore, ut jumentum nostrum castigan-
tes in servitutem redigamus [100], et ab impetu luxuriæ refrenemus. Hanc igitur Ecclesia Quadragesimam prædictis ex causis instituit jejunandum. Sed
quia clerici sicut præcedunt populum ordine, sic D
deberent præcedere sanctitate: ideo Telesphorus
papa VIImam addidit septimanam, vocans hoc tempus quinquagesimam, quod nec etiam mysterio caret; nam, sicut per sex hebdomadas vi intelligimus
misericordiæ opera, sic per vii hebdomadas, vii
modi significantur, quibus crimina remittuntur,
scilicet per baptismum, per martyrium, per eleemosynam, per indulgentiam, per prædicationem, per
charitatem, per pœnitentiam; procedente vero tempore, quoniam ex præmissione quorumdam pontificum bis in Sabbato comedebatur, ne propter je-

junium vi feriæ natura debilitaretur. In redemptione
Sabbatorum hujus temporis addidere hebdomadam
octavam, vocantes hoc tempus sexagesimam. Demum
propter venerationem Dominicæ ascensionis
statuere sancti Patres, ut quinta feria sicut Dominica celebris haberetur; unde et adhuc eadem die
lautius procuramur; pro illis nonam hebdomadam
addidere, et sic septuagesimam instituere; totam
secundum Græcos jejunio sanctificantes, de quibus
superius satis copiose tractavimus. Nunc ad Quadragesimam revertamur, quod tempus, quia pœnitentiæ solet et debet ascribi, pœnitentiæ vero fructus
sunt jejunium, et vigiliæ, et aliæ carnis afflictiones,
eleemosyna corporalis, et spiritualis, et alia opera
misericordiæ, oratio et deprecatio, et aliæ species
contemplationis, fletus et lacrymæ, et alia insignia
contritionis, ideoque de his et similibus, ad pœnitentiam pertinentibus in diurnis et nocturnis officiis, in hac die, et sequentibus copiose legit, et
cantat Ecclesia. Et est notandum quod propter jejunii principium ordo intercipitur historiarum, cum
in septuagesima et sexagesima cantatum fuerit de
Adam, et in quinquagesima de Noe, et Abraham. In
hac prima interponitur de fructibus pœnitentiæ; in
secunda vero de Jacob, in tertia de Joseph, in quarta
cantabitur de Moyse; hodiernum vero diurnum officium pugnaturos per jejunia contra diabolum hortatur viriliter ad dimicandum. Mos est ducis pugna-
turi tironibus dimicaturis proponere, qui juste pu-
gnant, quod præmium exspectant, qua cautela, et
quibus armis utantur, quorum exempla sequantur,
quorumve auxilium præstolantur, causam prædicat
Evangelium, et cautelam, quæ omnia ex præsenti
colliguntur officio. Sed colligere lectori relinquo,
et quidem jam pars pugnæ peracta est; quia dicit
ille, quem invocavimus protectorem: *Invocabit me,
et ego exaudiam eum* [1], et in epistola: *Tempore accepto exaudivi te, et in die salutis adjuvi te* [2]. In
graduali nos angeli custodiunt [3], in tractu veritatis
scuto circumdamur [4]; in evangelio ad triumphum
tendimus, inimico dicentes: *Vade retro, Satana* [5].
Et attende quod ab hac die hunc psalmum: *Qui habitat*, frequentat Ecclesia, quia sit his diebus in magno certamine constituta. Hic autem psalmus informat eos qui in certamine positi suam in Domino
ponunt spem, et ab ipso postulant adjutorium.

Rursus ab hac die usque ad Parasceven cruces
operiuntur, et velum ante altare suspenditur; quod
a veteri lege derivatum esse creditur. Velum namque, secundum legem, miro opere contextum et
pulchra varietate distentum, inter sancta sanctorum suspendebatur, per quod arca populo velaba-
tur [6], quod in passione Domini scissum est [7], hoc
est cœlum, quod dividit inter corporalia et spiritualia, quo nobis celatur Christus, et civitas illa
superna, quod postmodum, ut liber complicatur [8],

[91] Jon. 2.   [93] Exod. 26, 36.   [94] Exod. 34.   [95] III Reg. 19.   [96] Dan. 10.   [97] Matth. 4.   [98] Rom. 6.
[99] Jos. 5.   [100] I Cor. 9.   [1] Psal. 90.   [2] II Cor. 6.   [3] Psal. 90.   [4] Ibid.   [5] Matth. 4.   [6] Exod. 26.   [7] Matth. 27.
[8] Isa. 34.

et ut tentorium colligetur [9], et tunc facies Domini revelabitur [10]. Vel hæc est rhomphæa, quæ fuit ante januam paradisi [11], quæ sublata est in passione Domini, vel potius hæc est littera legis, scilicet carnalis observantia, quam et velamen super faciem Moysi positum significavit, quod est super corda Judæorum usque in hodiernum diem [12]; ideoque non vident faciem Moysi gloriosam, scilicet legis spiritualem intelligentiam. Hæc est tenebrositas aquarum in nubibus aeris [13], scilicet obscura sententia in prophetis.

Quia igitur in hoc tempore designatur tempus deviationis et culpæ et præsertim illorum qui adventum Domini præcesserunt, et velamen ante oculos habuerunt, idcirco, sicut his diebus Vetus legitur Testamentum, in quo littera continetur obscura de incarnatione, et passione et resurrectione Domini, et de futuri gloria regni; sic cruces operiuntur et latent, et velamina suspenduntur et pendent. Sed quoniam etiam tunc fuere animalia ruminantia, et ungulas scindentia, et boves arantes [14], scilicet Scripturarum mysteria discernentes, et spiritualiter intelligentes, ideo post velum ingrediuntur sacerdotes pauci, quibus « datum est nosse mysterium regni Dei [15]. » Hæc velamina in passione Domini removentur, tum quia velum templi scissum est [16], tum quia gladius igneus remotus est, tum quia cœlum reseratur, et liber clausus septem signaculis aperitur [17]. Evidentius apertus est in Christi resurrectione, cum sensus apostolorum aperuit, et ejus Scripturas exposuit [18] : evidentissime aperietur in nostra resurrectione, cum nobis cœlestis gloria denudabitur. Et est hodie statio ad Lateranas, quæ constructa est in honore Salvatoris, et plusquam prophetæ Joannis, eo quod officium hodiernum Salvatoris nostri prophetice resonat felicitatem, qui præ omnibus, et pro omnibus super aspidem et basiliscum ambulavit et leonem et draconem conculcavit [19].

Feria secunda legitur evangelium [20] quo Filius hominis in sua majestate venturus et gentes ante se positas separaturus ostenditur, sicut pastor oves ab hœdis, statuens oves a dextris, hœdos a sinistris, inquiens illis : *Venite*, et intonans istis : *Discedite*. Hic nimirum sermo propheticus, juxta eumdem sensum, prævenit in Epistola, dicente Domino : *Ecce ego requiram oves meas, et educam eas in terram suam, et pascam eas in montibus Israel, in rivis, in sedibus, in pascuis pinguibus* [21]. Quæ in epistola posita non sunt nisi regnum, de quo in evangelio dicitur : *Venite, benedicti Patris mei, percipite regnum quod vobis paratum est ab origine mundi*. Item, ut inter oves computemur, et hoc regnum percipere mereamur, oculi nostri sint ad Dominum Deum nostrum, et oremus ut misereatur nostri [22], ut respiciat super servos, et exaudiat preces eorum, et det nobis intellectum, ut non timeamus millia populi circumdantis nos [23].

Et non est silentio prætereundum quod, quia præceptum habemus, ut pro regibus et omnibus qui in sublimitate positi sunt [24], et pro his, qui in pressuris et ignis camino laborant, oremus. Idcirco preces hoc die facimus, et de tertio in tertium duntaxat diem, ne populus afficiatur tædio facimus. Ut autem nos sub potenti manu Domini humiliemus [25], in hoc die et omnibus sequentibus, orationibus deputatis in principio primæ orationis vice totius officii, *Flectamus genua*, dicimus. Et attende quod ob plures causas nos ad terram prosternimus : tum, quia Christum adorantes eum ad terram descendisse et carnem de terra credimus induisse ; tum quia reducimus ad memoriam, cum in paradiso quasi angelici creati fuerimus, corpora nostra propter lapsum nostrum inter animalia bruta jacere et animam corporali mole gravari [26]; tum ut ipso actu confiteamur nos peccatores esse, et terrenis desideriis inhærere, dum vultum terræ et animam pavimento infigimus [27]; tum ut cordis contritionem significemus et erubescentiam, eo quod oculos ad Deum levare non audemus [28]; tum quia de pulvere sumpti sumus [29]; tum quia per nos non erigimur; tum quia videmus ubi sumus, et quare cadimus; tum ut quia Christo omne genu flectitur [30], innuamus. Unde nec est unum tantum, sed utrumque flectendum, ne Judæis similes videamur [31], vel ut inter duliam et latriam in hoc differentiam assignemus. Hic autem ritus a gentilibus sumpsit exordium, qui honorem regibus exhibentes, eos genu flexo adorant, imo potius ab ipso Abraham, qui cadens in terram Dominum adoravit [32], quem prophetæ fuere imitati, et Apostolus, dicens : « Flecto genua mea ante Patrem Domini nostri Jesu Christi [33]. » In privatis quidem orationibus, quando nos ad terram sternimus ob præmissas causas, quandoque, flexis genibus, elevata facie oramus, quasi dicentes : *Trahe me post te* [34]; quandoque « stantes » oramus, quasi lætantes quod « in domum Domini ibimus [35], » in primo exprimimus conditionem, in secundo vero desiderium, in tertio spem, in tantum hoc die et in sequentibus oratio super populum dicitur, quæ est vicaria sanctæ communionis.

Olim omnes communicabant, et communicaturos diaconus ad flectendum genua invitabat; nunc vero, quia multi suscipiunt Domini corpus indigne, pro communione utimur oratione, diacono scilicet suo fungente officio, et dicente: *Humiliate capita vestra Deo* [36]; quia « quicunque se humiliaverit

[9] Num. 9.   [10] I Cor. 13 et II Cor. 3.   [11] Gen. 3.   [12] Exod. 34 et II Cor. 3.   [13] Psal. 17.   [14] Levit. 11 et Deut. 14.   [15] Luc. 8.   [16] Matth. 27.   [17] Apoc. 6.   [18] Luc. 24.   [19] Psal. 90.   [20] Matth. 25.   [21] Ezech. 54.   [22] Psal. 122.   [23] Psal. 3.   [24] I Tim. 2.   [25] I Petr. 5.   [26] Sap. 9.   [27] Psal. 118.   [28] Luc. 18.   [29] Gen. 2 et 3.   [20] Philipp. 2.   [31] Matth. 27.   [32] Gen. 17.   [33] Ephes. 3.   [34] Cant. 1.   [35] Psal. 121.   [36] I Cor. 11.

exaltabitur [37], » et quisquis his bonis actibus bene-
dicetur, æternæ benedictioni ascribetur. In hac sacerdos milites Christi pugnæ commendat ad dimicandum contra hostem antiquum, et insidias inimicorum, et ideo munit eos per ministrum armis
humilitatis dicens : *Humiliate capita vestra Deo*,
et sic tandem infundit super eos protectionem suæ
benedictionis; et hoc magis in Quadragesima, quando
adversarius noster sollicitus circuit quærens quem
devoret [38], et in prima quidem collecta genua flectimus in postulatione justitiæ, quæ est necessaria
in præsenti vita, in ultima vero conquiescimus in
gratiarum actionem pro diurno denario vitæ futuræ [39] :
hæc autem faciemus per totam Quadragesimam,
nisi in Dominicis diebus et in missis festivis usque
ad Cœnam Domini.

Feria tertia legitur evangelium [40] de his qui ven-
debant et emebant in templo, quos Dominus potenter
ejecit, et verbo redarguit et relictis calumniatori-
bus, in Bethaniam abiit, scilicet in domum obedientiæ, scilicet ad gentes quæ in auditu auris factæ
sunt obedientes [41]. Bene ergo in prophetica lectione
præmittitur : *Quærite Dominum, dum inveniri potest* [42], et loquitur ad calumniatores Judæos, ut quærant eum, dum prope est ; quia veniet tempus,
quando prope eos non erit, scilicet cum in Bethaniam, id est ad gentes transiverit. Et quod sequitur, « prosperabitur in his, ad quæ misi illud, » Evangelio congruit, in eo quod potenter, et prospere
venditores ejecit, et mensas nummulariorum et ca-
thedras vendentium columbas evertit. Cætera quæ
in introitu, graduali, offerenda et communione
cantantur, sunt quærentium Dominum orationes,
consolationes et gratiarum actiones.

Feria quarta solemnitas jejunii duplicatur, unde
pœnitentium asperius jejunantium corpora desiccan-
tur; in his *non* habitat, sicut in Evangelio dicitur,
*Spiritus immundus, qui ambulat per loca arida quæ-
rens requiem et non invenit* [43]; quia corpora jejuniis
desiccata, fastidit; ad jejunia ergo libentius appetenda Moysi [44] et Eliæ [45] præmittuntur exempla,
quorum uterque in singulis lectionibus quadraginta diebus et quadraginta noctibus jejunasse perhibetur. Propter itaque jejunii geminationem duo
versus in graduali ponuntur; et attende quod ad
priorem orationem dicimus : *Flectamus genua*, ad
secundam vero *Dominus vobiscum*, non autem *Flectamus genua ;* dicitur enim sitam in duorum testamentorum memoriam. Ea quæ in introitu, graduali,
tractu, offerenda, communione cantantur, sunt
consolationes, et orationes, ut jejunantes a tribulationibus eripiantur, et ne his qui jejuniis affliguntur, inimici dominentur.

Feria quinta, legitur evangelium [46] in quo Judæi
gloriantes, quod essent filii Abrahæ, convincuntur

non esse filii Abrahæ; quia non faciunt opera ejus,
sed ex patre diabolo, ejus opera faciendo. Vel ut
quibusdam moris est, legitur evangelium [47] de divite qui apud inferos cruciatur, patremque vocans
et deprecans Abraham, non ut filius exauditur. His
consonat illud propheticum, quod in epistola præmittitur, quod si vir justus genuerit filium sanguinem effundentem, et universa detestanda facientem,
ipse quidem in justitia sua vivet ; filius autem ejus,
qui operatus est iniquitatem, morte morietur [48]; et
cætera, quæ sunt in introitu, graduali et offerenda
sunt laudes et orationes justi. Communio : *Panis
quem ego dedero* [49] declarat, unde justus vivat, scilicet de carne Christi. Et attende, quod feriæ quintæ
olim propria non habebant, sed a Dominicis æsti-
valibus, in offerebatur, et eorum evangelia non
sunt de jejuniis instituta, sed de divite et Lazaro,
et viduæ filio suscitato. Olim etenim, ut prædiximus, non jejunabant, sed uti in Dominicis solem-
nizabant, sed postmodum a Gregorio juniore Quadragesimæ fuerunt adjunctæ jejunio, et in offeratæ.
Inde est quod varietas epistolarum et evangeliorum
in quintis feriis reperitur.

Feria sexta legitur evangelium in quo baptismi
gratia significatur, qua juventus animæ sicut aquilæ
renovatur [50], et redimitur de interitu vita ejus, et
coronatur in misericordia et miserationibus; nam
piscina [51] significat Judaicum populum, vel beatam
Virginem, in quam Angelus magni consilii descendit [52], cum formam servi accipiens, se ipsum exinanivit [53]; motus aquæ turbatio Judæorum, sanitas
unius conversio gentium in unitate fidei convenien-
tium, in sacramento baptismi humiliter descendentium. Huic congruit prophetica lectio, ubi dicitur :
*Si averterit se impius ab impietate sua, feceritque ju-
dicium et justitiam, vita vivet, et non morietur* [54].
Sed a diuturno languore sanabitur. In introitu et
graduali orat ægrotus in aquam descendens; in
offerenda et communione agit gratias de sua liberatione, et increpat Judæos incredulos de sua obstinatione. Sabbato ordinatis, et cæteris altaris
Christi ministris hoc evangelium competenter legitur : *Assumpsit Jesus Petrum, Jacobum et Joannem, et duxit eos in montem excelsum* [55]. Sacerdotes
enim et cæteri altaris ministri cum ad tantum ministerium promoventur, quasi in montem altissimum cum Domino ascendunt ut, revelata facie,
splendidam ejus faciem speculentur [56], et intelligant
quid cum ipso, vel de ipso Moyses et Elias, scilicet lex et prophetæ loquantur, et populo inferiori
annuntient fidem catholicam, et moralem doctrinam. Congrue igitur præmittitur apostolica lectio :
*Rogamus vos, fratres, corripite inquietos, consolamini
pusillanimes* [57]; ipsorum est enim hoc officium, qui
ad hoc ordinati sunt, ut pastores sint animarum.

[37] Matth. 23.   [38] I Petr. 5.   [39] Matth. 20.   [40] Matth. 21.   [41] Psal. 17.   [42] Isa 55.   [43] Matth. 12.
[44] Exod. 24.   [45] III Reg. 19.   [46] Joan. 8.   [47] Luc. 16.   [48] Ezech. 18.   [49] Joan. 6.   [50] Psal. 102.   [51] Joan.
5.   [52] Isa. 9.   [53] Phil. 2.   [54] Ezech. 18.   [55] Matth. 17.   [56] II Cor. 3.   [57] I Thess. 5.

Canticum : *Benedictus es* [58], et tractus : *Laudate* [59], A
laudes sunt ordinatorum, cætera sunt orationes, aut
eorumdem, aut universaliter pœnitentium, unde
ad orationes prophetiarum flectere genua non obliviscuntur. Quidam aiunt quod ob reverentiam
apostolicæ lectionis, quæ hodie legitur, ad orationem super populum capita non humiliamus.

CAPUT VI.

DOMINICA SECUNDA IN QUADRAGESIMA.

Egressus Jesus secessit in partes Tyri et Sidonis,
et ecce mulier Chananæa ab illis finibus egressa cla-
mabat, dicens : Domine, miserere mei, Fili David [60].
Hæc Dominica antiquitus intitulatur Dominica vacat, non quod omni vacat officio, sed aliquo : non
enim vacat nocturno, nec epistola, nec evangelio, B
sed solo cantu diurno. Ideoque nec in antiphonario,
nec epistolario, nec in evangeliario, sed duntaxat
in graduali Dominica vacat debet intitulari. Nocturnum officium ad historias redit, ubi cantatur de
Jacob, qui patrem cibavit, fratrem supplantavit [61],
scalam vidit, lapidem erexit, oleum infudit [62], Deum
vidit, cum angelo pugnavit [63]. Hæc omnia conveniunt pœnitentibus, et vitia supplantantibus. Diurnum officium capit ab evangelio, sicut et cætera,
fundamentum, ubi de Chananæa legitur, cujus a
dæmonio filia vexabatur. Mulier Chananæa mater
est Ecclesia, filia peccatrix anima, orat Ecclesia
fidem servans in simplicitate, patientiam in humilitate, constantiam in stabilitate pro qualibet anima C
peccatrice, ut detur ei facultas resistendi peccato,
et fundetur in ea sanctificatio, de qua dicit Apostolus in Epistola : *Hæc est voluntas Dei sanctifi-*
catio vestra, ut abstineatis a fornicatione ; ut sciat
unusquisque vestrum vas suum possidere in sanctifi-
catione [64]. Cætera quæ sunt in introitu, graduali,
tractu, offerenda et communione, clamores sunt
Chananeæ quæ aliunde sumuntur. Romanus enim
pontifex cum præstandis ordinibus esset intentus,
quos a vespera incipiens in Dominica die præstabat officium ordinare nequivit, ideoque inscribitur
Dominica vacat, et officium aliunde suscepit. Suscipitur autem a die jejunii ; quia passiones mali
desiderii [65], quæ per dæmonium significantur,
pro quibus ejiciendis orat mulier in Evangelio : D
« Non ejiciuntur nisi oratione et jejunio. »

Feria secunda legitur evangelium : *Ego vado et*
quæretis me, et in peccato vestro moriemini [67], ubi
insinuat se ad gentes transiturum, et Judæos propter peccatum infidelitatis deserturum, quod Daniel [68] prævidens lacrymosa conquestione deplorat,
et postulat Domini furorem et iram avertere, et
faciem super sanctuarium desertum ostendere. Ea
quæ in introitu, graduali, offerenda, communione

cantantur, sunt orationes et consolationes, et
laudes conversæ gentilitatis conversarumque gentium, quibus Dominus tribuit intellectum [69].

Feria tertia legitur evangelium de supercilio Scribarum et Pharisæorum, qui sedebant super cathedram Moysi dicentes et non facientes, quos tandem
percutit, concludens : *Qui se exaltaverit humiliabi-*
tur, et qui se humiliat exaltabitur [70] ; eo quod illi su-
perbi a magisterio scientiæ Dei removendi, et humiles magistri de gentibus illorum erant cathedram
etiam accepturi, quod etiam per illam Sareptanam
viduam designatur [71], de qua in lectione præmittitur, ad quam perrexit Elias, cum multæ essent viduæ in Israel, quibus fimbrias magnificantibus, et
in sterilitatis superbia permanentibus dicitur :
« Auferetur a vobis regnum Dei, et dabitur genti
facienti fructum ejus [72] ; et alibi : « Mandabo nubibus meis, » scilicet prædicatoribus, « ne pluant
super illam imbrem [73] ; » Sareptanæ vero viduæ
quæ Dominum in fidei suscepit hospitio et duo crucis ligna collegit, et subcinericium pœnitentiæ panem fecit, humilitatis suæ merito, nec farina defecit
in hydria, nec oleum in lecytho ; quoniam et legis
habet scientiam et Evangelii spiritualem observat
intelligentiam. Sareptana itaque mulier in introitu
suum erga Christum affectum ostendit dicens : *Tibi*
dixit cor meum [74] ; et in graduali se ipsum consolatur et hortatur, dicens : *Jacta cogitatum tuum* [75] ;
in offerenda misericordiam petit [76], in communione quasi secura se mirabilia narraturam promittit [77].

Feria quarta legitur Evangelium in quo Dominus
discipulis suam passionem revelans ait : *Ecce ascen-*
dimus Hierosolymam, et Filius hominis tradetur. [78]
Quæ passio fuit humani generis redemptio, unde in
fine concluditur : *Filius hominis veniet dare animam*
suam redemptionem pro multis [79]. Bene ergo præmittitur oratio Esther, quæ orat Dominum pro hæreditate quam redemit, et bene convenit historia de
qua sumitur hæc oratio Passioni ; quia sicut Aman
crucem Mardochœo paravit, et in ea captus est [80], sic
diabolus Christo, et in ea deceptus est. Orans igitur
Esther dicit in introitu : *Ne derelinquas me* [81] ; et in
graduali : *Salvum fac populum* [82], et quasi de salute
secura, subdit in offerenda : *Ad te, Domine* [83], et in
communione concludit : *Justus Dominus* [84], vel potius sunt verba Christi patientis, qui dicit in versu
graduali : *Ero similis descendentibus in lacum*, pendens igitur in cruce [85], sibi et suis adjutorium petit,
qui de Patris justitia et gratia confidit.

Feria quinta legitur evangelium, in quo docet
Dominus non in hominis, sed solius Dei testimonio
confidendum, dum de se ipso loquens, ait secundum carnis fragilitatem : *Si ego testimonium perhi-*

---

[58] Dan. 3.   [59] Psal. 116.   [60] Matth. 15.   [61] Gen. 27.   [62] Gen. 28.   [63] Gen. 32.   [64] I Thess. 4.
[65] Ibid.   [66] Matth. 17.   [67] Joan. 8.   [68] Cap. 9.   [69] Psal. 15.   [70] Matth. 23.   [71] III Reg. 17.   [72] Matth.
21.   [73] Isa. 5.   [74] Psal. 26.   [75] Psal. 54.   [76] Psal. 50.   [77] Psal. 9.   [78] Matth. 20.   [79] Ibid.   [80] Esth. 15.
[81] Psal. 57.   [82] Psal. 27.   [83] Psal. 24.   [84] Psal. 10.   [85] Matth. 27.

beo de me ipso, testimonium meum non est verum; A et laudat [3]; in offerenda, oculos suos petit illumi-
et infra : *Ab homine testimonium non accipio* ; et in-
fra : *Habeo testimonium majus Joanne* [86]. His consonat lectio de Jeremia [87] præmissa : *Maledictus
qui confidit in homine; et ita : Benedictus vir qui
confidit in Domino* ; confidens igitur orat in introitu,
et graduali, et offerenda, in persona Moysi, in qua
fit verborum repetitio; quia sæpe pro populo ad
Dominum intercessit [88]. Communio : *Qui manducat*,
ostendit quid utilitatis proveniat confidenti, scilicet
quod in Christo maneat, et Christus in eo [89]. Hæc
communio bene congrueret Sabbato ante Dominicam Palmarum.

Feria sexta, legitur in evangelio de patrefamilias,
qui vineam locavit agricolis, qui non tantum servos, sed hæredem proprium occiderunt, dicentes : B
*Hic est hæres, venite occidamus eum, et habebimus
hæreditatem ejus* [90], cui parabolæ consonat lectio,
quæ præmittitur de Joseph, de quo fratres dixerunt :
Ecce somniator venit, venite occidamus eum [91].
Hæres et Joseph typum gerunt Domini, qui vendi-
tus, morti traditus [92], et sepultus est [93], et sic ejectus
est de vinea sua, et tanquam lapis inutilis ab ædificantibus reprobatus [94], cum regno Dei transmigra-
vit ad gentes facientes fructum ejus, sicut Joseph
translatus a suis ad alienos pavit Ægyptios, qui
quoniam justitiam dilexit, et tam fratrum quam
aliorum insidias multas evasit [95], ideo cantat in introitu : *Ego autem cum justitia apparebo* [96]; et in
graduali : *Ad Dominum cum tribularer* [97], et in offe- C
renda : *Domine, in auxilium* [98], et in communione :
Tu, Domine, servabis [99].

Sabbato tam in evangelio, ubi legitur [100] de homine, qui duos filios habuit, quam in epistola, ubi
legitur de Jacob, et Esau [1], duorum populorum,
Judaici videlicet et gentilis, significatio continetur.
Quorum prior, quoad cultum unius, scilicet Judaicus, junioris, id est gentilis populi pœnitentiam
patre suscipiente, invidia torquetur, foris stans,
quem gaudere potius oportuerat ; quia frater suus
mortuus fuerat, et revixit, perierat; et inventus
est[1'], quia sicut in introitu canimus : *Lex Domini irreprehensibilis convertens animas, testimonium Domini fidele, sapientiam præstans parvulis* [2], et quidem bene consonat. Evangelio præcurrens epistola, D
cum illic juniore fratre epulante cum patre, major
foris permanet in agro, sic Jacob epulas offerente,
et consilio Rebeccæ, quæ Spiritum sanctum significat, ad benedictionem festinante, Esau foris in
venationibus occupatur; terrenis enim sensibus et
carnalibus observationibus detentus Judaicus populus gratiam spiritualem amittit. Gentilis vero conversus ad pœnitentiam de lege Domini in introitu
gloriatur et cantat; in graduali, Domino confitetur

nari, ne dormiat, aut inimicus ei prævaleat [4]. Et
attende quod rationabiliter, in secunda Quadragesimæ septimana legitur evangelium de filio prodigo
ad patrem revertente; quia gentilis populus per
doctrinam legis et Evangelii ad Creatoris cultum
revertitur, et quivis pœnitens per fidem et operationem, vel per duo præcepta charitatis Domino
reconciliatur.

CAPUT VII.

DOMINICA TERTIA IN QUADRAGESIMA.

*Oculi mei semper ad Dominum, quoniam ipse evel-
let de laqueo pedes meos* [5]. Nocturnum officium hujus tertiæ Dominicæ ordinem comitatur historiæ.
Cum enim in Dominica præcedenti cantatum fuerit
de Jacob, in hac succinitur de Joseph qui, venditus
a fratribus [6], fratres in fame ditavit [7]; et Christus
a Judæis crucifixus genus humanum sua morte redemit, et redimendo a dæmonio liberavit, ut in
hodierno legitur Evangelio, super quo diurnum
fundatur officium : *Erat enim Jesus ejiciens dæmonium et illud erat mutum* [8], et secundum alium
evangelistam [9], etiam surdum, hoc est genus humanum in diaboli potestate ligatum, et mutum, et surdum, loqui et audire verba Dei; sed cum forti armato fortior supervenit, et vasa ejus diripuit, foras
misso principe mundi [10], surdus audivit, et mutus
Verba Dei narravit. Qui ergo fuerat mutus, nunc
facundus et gratulabundus dicit in introitu : *Oculi
mei semper ad Dominum* [11]; et ne iterum deficiat,
implorat subdens : *Respice in me* [12], et in graduali :
Exsurge, Domine [13]. Deinde vox quondam muti fe-
cunda facundia, cujus os aperuit Sapientia, preces
suas ingeminat, et decenti similitudine, in tractu
perorat dicens : *Ad te levavi* [14]; in offerenda, jam
eloquens prædicat justitias Domini rectas, eo quod
a se humiliato dæmonium exierat, sed ad Judaicum
populum superbientem spiritus immundus redierat.
In communione de muto factus orator gratulatur
quod, sicut passer invenit sibi domum, et turtur
nidum [15], ne autem reddamus vires hosti qui assumat septem spiritus secum nequiores se, qui ingressi habitent in nobis [16], exaudiamus Paulum,
militem illius fortioris egregium, qui docet in Epistola, ut simus *imitatores Dei, sicut filii charissimi*,
ne sit in nobis *fornicatio*, vel *immunditia* [17]. Sequamur in martyrio Laurentium, apud quem hodie
statio celebratur, sicut ille fortem armatum, scilicet
diabolum de atrio suo, quod Roma fuit, ejecit,
unde Prudentius in persona martyris :

> *Discede, adulter Jupiter,*
> *Stupro sororis oblite,*
> *Romam relinque liberam.*

[86] Joan. 5.   [87] Cap. 17.   [88] Exod. 32.   [89] Joan. 6.   [90] Matth. 21.   [91] Gen. 57.   [92] Matth. 26.   [93] Matth.
27.   [94] Psal. 117.   [95] Gen. 39 et infra.   [96] Psal. 16.   [97] Psal. 119.   [98] Psal. 39.   [99] Psal. 11.   [100] Luc.
15.   [1] Gen. 27.   [1'] Luc. 15.   [2] Psal. 18.   [3] Psal. 91.   [4] Psal. 12.   [5] Psal. 24.   [6] Gen. 37.   [7] Gen. 42
et infra.   [8] Luc. 11.   [9] Matth. 9.   [10] Joan. 12.   [11] Psal. 24.   [12] Psal. 9.   [13] Psal. 122.   [14] Psal. 18.
[15] Psal. 83.   [16] Luc. 11.   [17] Ephes. 5.

Sic nos vitiorum flammas exstinguentes, de diabolo triumphemus.

Feria secunda. Significat Dominus in evangelio se ad gentes transiturum, cum dicit : *Nemo propheta acceptus est in patria sua* [18], ac si dicat : Quia me non honoratis, transibo ad eos qui me honorabunt. Item cum subdit Eliam non ivisse ad viduas Israel, sed duntaxat ad viduam Sareptanam [19], et Elisæum non sanasse leprosos Israel, sed duntaxat Naaman Syrum [20]; amplius in eo quod *ejecerunt eum extra civitatem, et duxerunt in supercilium montis, super quem fundata erat civitas illorum, ut præcipitarent eum; ipse autem transiens per medium illorum ibat*, significatur ab illis transitura salus. Cum enim ex supercilio superbiæ, in qua unanimiter habitabant, eum in profundum oblivionis præcipitare vellent, ipse pedibus suis, id est sanctis prædicationibus suis per medium eorum ivit ad gentes. Bene ergo huic evangelio præmittitur lectio de Naaman Syro [21] : Elisæus enim Christum, Naaman leprosus significat gentilem populum, idololatram et immundum, qui venit ad Christum fide: sed Christus non ivit ad illum corpore, sed mandavit illi dicens : *Vade, et lavare septies in Jordane*, hoc est quod ait apostolis : « Euntes in mundum universum, docete omnes gentes, baptizantes eos in nomine Patris, et Filii, et Spiritus sancti [22]. » Septies leprosus lavatur, quoniam in baptismo Septiformis gratias Spiritus sancti operatur, ex quo renascimur, et remissionem peccatorum accipientes in novitatem innocentiæ sicut parvuli restituimur. Cætera quæ in introitu, graduali, offerenda, communione cantantur, sunt orationes, consolationes et gratiarum actiones Naaman Syri, id est gentilis populi, exhibitæ Christo, qui dedit ex Sion salutare Israel, et avertit captivitatem plebis suæ [23].

Feria tertia. Commendatur in evangelio opus misericordiæ, dicente Domino : *Si peccaverit in te frater tuus, corripe eum;* et infra : *Dimitte peccanti in te, non dico septies, sed usque septuagies septies* [24]. Corripere et dimittere opera sunt misericordiæ. Pulchre ergo præmittitur lectio de mulieris oleo multiplicato ; mulier enim quædam viro mortuo ad Elisæum clamabat ; quia creditor ejus filios in servitutem redigere contendebat, cui præcepit Eliseus vasa vacua mutuari, ostia claudere, oleum infundere, de quo multiplicato solveret creditori, et viveret de reliquo [25]. Hæc est Ecclesia, quæ generat filios in baptismate, quos defuncto sanæ cognitionis intellectu, diabolus improbus fœnerator pro nummis perniciosæ voluptatis et pravæ actionis trahere conatur in servitutem perpetuæ mortis, sed Christus data potestate ligandi, et solvendi pastoribus, sicut in evangelio hodierno legitur, præcipit ostia claudere et vacuis vasis oleum infundere, scilicet pec-

catores privatæ corrigere, et vacuos scientia replere, et eis misericorditer nondum *septies, sed septuagies septies*, scilicet de universis transgressionibus indulgere, et quidem sæpe redundat oleum, ut in Magdalena [26]. Sed quem non ungit oleum indulgentiæ, *sit tanquam ethnicus et publicanus* [27], et asperioris secetur cauterio pœnitentiæ. Mulier itaque pro filiis orans, ait in introitu : *Ego clamavi* [28]; in graduali : *Ab occultis* [29]; demum precibus exaudita gratias agit in offerenda : *Dextera Domini* [30]; et docet in communione quales se debeant exhibere, qui volunt oleum misericordiæ. Qui volunt requiescere in monte, ingrediantur sine macula, et operentur justitiam [31].

Feria quarta. Legitur evangelium [32], in quo Dominus Pharisæos calumniantes quod discipuli Domini transgrediantur traditiones seniorum, versa vice redarguit, et criminationis spiculum in actores caute retorsit, scilicet quod propter traditiones hominum transgrediantur Dei mandata, illud maxime : *Honora patrem et matrem* [33]. Bene ergo præmittitur lectio, ubi ab honore patris inchoatur, et alia Dei mandata sequuntur. Item quod in Evangelio dicitur : *Populus hic labiis me honorat, cor autem eorum longe est a me,* hoc est quod in lectione præmittitur : *Stetitque populus de longe* [34]. Item quod in evangelio discipuli accedentes ad Jesum docentur ; in epistola Moyses accedens ad caliginem, in qua erat Deus, instruitur : quæ in introitu, graduali, offerenda, communione cantantur, sunt Moysi, vel discipulorum Domini orationes et gratiarum actiones.

Feria quinta legitur evangelium, in quo Dominus venientes ad se turbas, ut eum regem facerent : quia manducaverant de panibus ejus, et saturati fuerant, hortatur dicens : *Operamini non cibum qui perit, sed qui permanet in vitam æternam,* quas redarguerat, dicens : *Venistis ad me, non quia signa vidistis, sed quia de panibus manducastis* [35], in quo percutit sacerdotes, qui veniunt ad altare, non quia delectet eos mysteria contemplari, sed quia decimas appetunt, et oblationes, cui congrue præmittitur lectio Jeremiæ [36], ubi Dominus promittit se habitaturum cum eis, et sic quasi regem futurum eorum, qui talem cibum fuerint operati, ut calumniam non faciant, innocentem sanguinem non effundant, sed vias suas bonas faciant et recte inter virum et virum dijudicent [37]. Salus populi, vox Domini est populum consolantis. Graduale, offerenda et communio, voces sunt populi de regis gratia confidentis, et est hodie statio ad sanctos Cosmam et Damianum, ideoque de eis fit mentio in collecta.

Feria sexta legitur in evangelio quod Jesus fatigatus ex itinere hora sexta sedit super puteum

[18] Luc. 4.   [19] III Reg. 17.   [20] IV Reg. 5.   [21] IV Reg. 5.   [22] Marc. 16; Matth. 28.   [23] Psal. 13. [24] Matth. 18.   [25] IV Reg. 4.   [26] Luc. 7.   [27] Matth. 18.   [28] Psal. 16.   [29] Psal. 18.   [30] Psal. 117. [31] Psal. 14.   [32] Matth. 15.   [33] Exod. 20.   [34] Ibid.   [35] Joan. 6.   [36] Cap. 7.   [37] Psal. 77.

loquens cum muliere Samaritana, quæ venerat
haurire aquam [38]. Notum est mysterium, Dominum
ex itinere quo ad nos in sexta venisse ætate, usque
ad mortem fatigatum, sedisseque super puteum,
id est humanæ sapientiæ superasse profundum,
qui docuit Samaritanam, scilicet Ecclesiam alienigenam, quæ hauriebat aquam mortuam de cister-
nis, ut biberet, scilicet de obscuris doctrinis philosophorum, quæ satiare non poterant, ex qua qui
biberet sitiret iterum, sed qui biberet ex ea quam
ipse daret, id est Spiritu sancto, non sitiret in
æternum. Huic congrue præmittitur lectio de filiis
Israel dicentibus ad Moysen : *Da nobis aquam* [39],
qui, licet diffidens virga bis silicem percussit, unde
egressæ sunt aquæ largissimæ. Moyses significat
Judaicum populum incredulum, populus sitiens
genus humanum, petra Christum [40], quem Moyses
bis percussit, cum in crucis duobus lignis appendit [41], post percussionem aqua sancti Spiritus inundavit. Jesus itaque fatigatus, virga percussus, in
introitu : *Fac mecum* [42], in graduali : *In Deo speravit* [43], in offerenda : *Intende* [44], et in communione :
Qui biberit [45], orans pro populo sese suosque consolatur.

Sabbato legitur Evangelium [46] de muliere deprehensa in adulterio, de cujus sententia Scribæ et
Pharisæi Dominum tentaverunt, si pro misericordia
legis obviaret justitiæ, vel pro justitia declinaret
misericordiam, quibus sic obviat mansuetudo cum
justitia, ut recedentibus accusatoribus, quos cau-
teriata subtrahit conscientia, solæ remaneant miseria et misericordia. Huic Evangelio congrue præmittitur lectio Danielis, quamvis Hieronymus dicat quod non inveniatur in Hebraico, ubi legitur :
*Susanna a falsa criminatione adulterii Dei auxilio
liberata* [47]; at illa per misericordiam, ista vero la-
pidationem evasit per justitiam. In hoc ergo officio
obviant sibi veritas et misericordia [48] eodem præsidio pietatis in simili sexu, sed disparibus causis.
Utraque igitur orat in introitu, dicens : *Verba* [49],
et offerenda, *Gressus* [50], in graduali vero se consolatur [51], communio de evangelio sumitur. In hujus
sabbati completorio antiphona : *Media vita* cantatur,
eo quod nunc mediana Quadragesimæ incipiat septimana; qui vero eam in præcedenti quinta feria
cantant, numerum dierum jejuniis afflictorum attendunt. Hanc itaque scholasticis viris sub brevi-
loquio duximus exponendam : *Media vita*, Christus
est, ipse enim est mediator Dei et hominum [52], ipse
« via, veritas et vita [53], » ipse quidem sanctus, ipse
Deus, ipse fortis [54], ipse misericors et salvator [55].
Ad Christum ergo sermo dirigitur : *O media vita* id
est O Christe; vel media vita sancta Trinitas est,
quæ est in se vita, et nobis vita media, id est
sufficiens, et communis, ad quam sermo dirigitur;

o media vita, scilicet o sancta Trinitas; ideoque
subdistinguitur : sancte Deus, sancte fortis, sancte
misericors, id est Pater, Fili, et sancte Spiritus,
a quo, et per quem, et in quo salvamur, et ideo
Salvator, et Trinitas appellatur; ad quemcunque
tamen sermonem dirigimus, adjutorium quærimus, quia in morte sumus, in miseriis præsentis
vitæ, petimusque ne tradat nos amaritudini mortis
æternæ; vel, o Domine, nos existentes in vita
media sumus in morte. Prima fuit vita justitiæ et
innocentiæ, in qua creatus est homo; secunda
vita peccati et miseriæ, in quam lapsus est homo;
tertia erit vita immortalitatis et gloriæ, ad quam
reparabitur homo; nos igitur in media vita sumus
in morte; quia vita peccati media mors est vitæ
justitiæ, et ideo quærimus adjutorem; vel o fidelis
vita media, id est sperne temporalia bonis malisve
communia, quia in morte sumus, ideoque te adjutorem, Domine, postulamus.

CAPUT VIII.
DOMINICA QUARTA IN QUADRAGESIMA.

*Lætare, Hierusalem, et conventum facite omnes,
qui diligitis eam* [56]. Omnis scientia proprium loquendi, scribendi, significandi continet idioma.
Sicut familiare est theologis numerorum inimicitias
præterire, sic per ejusdem appellationis, vel de-
monstrationis numeros idem pariter significare,
verbi gratia, sex opera misericordiæ significantur
per VI, et LX, et per sex C., sex millia. Salus tamen perfectionis augmento pro adauctæ decadis
additamento. Septuaginta igitur annos Babylonicæ
captivitatis, sicut per septuaginta dies, et supra
diximus, sic etiam et per septem Dominicas memorat Ecclesia, primam quarum, cum sit ab hac
ultima septima Septuagesimam vocat, et sextam,
Sexagesimam, quintam Quinquagesimam. Quia
igitur populus in illa septuagenaria captivitate sedit, et flevit super flumina Babylonis [57]; et in fine,
Cyro permittente, lætabundus exivit, et gratulans
Hierusalem introivit [58], ideo cum in prima Dominica populus captivatus fleverit dicens : *Circumdederunt me* [59]; et in secunda oraverit dicens :
Exsurge Domine [60], in tertia quoque oraverit dicens : *Esto mihi* [61], in quarta consolationem acceperit, dicente Domino : *Invocabit me, et ego exaudiam eum* [62], in quinta quoque orationi rursus in-
stiterit dicens : *Reminiscere* [63] in sexta vero, Dario
licentiam tribuente, consolationem de reversione
perceperit, ideoque dixit : *Oculi mei* [64], in hac septima, tanquam in fine Septuagesimæ ingrediens
Jerusalem gratulabundus exsultat, dicens : *Lætare,
Jerusalem* [65].

Septenarium quoque vitæ præsentis, quæ septem
dierum curriculo volvitur, vel, ut diximus, septem
millibus annorum includitur, vel potius septem

[38] Joan. 4.   [39] Num. 20.   [40] I Cor. 10.   [41] Joan. 19.   [42] Psal. 85.   [43] Psal. 27.   [44] Psal. 5.   [45] Joan. 4.
[46] Joan. 8.   [47] Dan. 13.   [48] Psal. 84.   [49] Psal. 5.   [50] Psal. 18.   [51] Psal. 22.   [52] I Tim. 2.   [53] Joan. 14.
[54] Dan. 9.   [55] Isa. 9.   [56] Isa. 66.   [57] Psal. 136.   [58] I Esd. 1   [59] Psal. 17.   [60] Psal. 45.   [61] Psal. 50.
[62] Psal. 90.   [63] Psal. 24.   [64] Ibid.   [65] Isa. 66.

ætates, quibus mundus ipse distinguitur, sicut per A
dies septuaginta, sic per septem Dominicas repræsentat Ecclesia. Prima ætas est ab Adam ad Noe,
secunda vero, a Noe usque ad Abraham, vel secundum quosdam, ad Moysen; tertia, a Moyse ad
David, quarta a David usque ad transmigrationem Babylonis; quinta, a transmigratione Babylonis usque ad
adventum Domini, sexta, usque ad finem sæculi; septima, similiter usque ad eumdem finem. Simul enim
currunt, sed illa in vigilantibus, et laborantibus,
ista in dormientibus et quiescentibus, ubi requiescunt electorum animæ inter ubera lætantes matris
suæ supernæ Jerusalem. De his ætatibus ait Dominus : In sex tribulationibus liberaberis, et in septima non tanget te malum [66]; » senarias dicit tribulationes omnes, sex ætatum angustias, sex ventos, qui nos a sex lateribus feriunt, qui sunt ab
anteriori, suggestio dæmonum, a posteriori peccatorum delectabilis memoria præteritorum, ab
inferiori titillatio carnis, a superiori consensus
rationis, a dextris prosperitas, a sinistris adver-
sitas : a quibus omnibus qui liberatur per Dominum
liberatur. Unde : « multæ sunt tribulationes justorum, et de omnibus his liberavit eos Dominus [67]. »
Liberamur autem in morte, quæ est confinium vitæ
ad vitam, a quo in ætate septima requiescent
animæ a laboribus suis [68]. Quod has septem ætates
septem Dominicæ repræsentent, ex earum declaratur officiis : in prima quarum velut infantia mundi
clamat homo a felici delectatione dejectus, in qua C
protomartyr Abel occiditur, cujus sanguis de terra
clamavit ad Dominum [69], ideoque ejus voce quasi
præcentoris clamat Ecclesia : Circumdederunt me
gemitus mortis [70]. Et quia per multas ætates et longa
tempora oportet eam in hujusmodi laborare gemitibus, et portare pondus diei et æstus [71], ideo legitur epistola de longo stadio [72], et de ætatibus legitur in Evangelio.

In secunda vero Dominica, velut in pueritia
mundi, concipiens homo spem suæ reconciliationis,
ex eo quod Dominus dixit ad Noe : Ego statuam
pactum meum vobiscum [73]. » Hujus pacti vel reconciliationis accelerationem voce Noe quasi præcentoris implorat Ecclesia dicens : Exsurge, quare obdormis, Domine [74]. Cujus reconciliationis modus in D
evangelio, et cæteris exprimitur, et effectus, ut
suprà docuimus. In tertia vero Dominica, velut in
adolescentia mundi, concipiens homo suam liberationem, ex eo quod eduxit Dominus per Moysen,
et Aaron filios Israel de Ægyptiaca servitute [75] suæ
protectionis et liberationis accelerationem voce
Moysi quasi præcentoris orat Ecclesia dicens : Esto
mihi in Deum protectorem [76]. Et vide quia, quando
misit Dominus Moysen ad populum et fecit coram

eis mirabilia, et dedit eis vitæ mandata [77], ex tunc
cœpit ille magnus cæcus illuminari, scilicet genus
humanum, de quo in hodierno legitur evangelio,
qui sic increpatur a turba, dum lucem a Domino
postularet [78], sicut filii Israel opprimebantur ab
Ægyptiis, dum peterent ire viam trium dierum,
ut Domino sacrificarent [79]. Quarta Dominica juventutem designat Ecclesiæ, in qua regum diademate
coronatur, et sapientia prophetarum ornatur, in
quorum manibus Christus assimilatur [80]; nam regum et prophetarum David eximius eligitur [81], qui
manu fortis, et visu desiderabilis interpretatur, qui
Christum nomine præsignavit, victoriis præfiguravit, psalmis, et canticis annuntiavit, sicut enim
David Goliam [82] et Leonem, sic Christus diabolum
superavit, qui super aspidem et basiliscum ambulavit. Unde hodiernum officium voce David præcentoris in cantibus celebratur [83], et in Evangelio de
victoria Christi personatur [84]. Quinta Dominica significat senectutem Ecclesiæ, in qua deficere naturalis calor incœpit. Nam, templo diruto, populo
sub Nabuchodonosor in Babylone captivato [85], Ecclesia captivata nec altare, nec templum habuit,
sed ad salices organa sua suspendit [86]. Unde nec
ab re hæc Dominica vacat, nec habet officium, nisi
ab alia feria mutuatum; illa vero Dominica peccatricis designat animæ captivitatem, quæ, non nisi
in jejunio et oratione repellatur [87]; idcirco Ecclesia,
quasi voce Danielis in illa captivitate clamantis [88],
de jejunio mutuatur officium, quod totum mœrore
perficitur, et per Chananeæ filiam a dæmonio vexa-
tam eadem animarum captivitas intelligitur. Idcirco
de ipsa legitur evangelium [86].

Sexta Dominica significat Ecclesiæ senium, scilicet fines sæculorum, cum Dei Filius venit in
mundum et a diaboli potestate liberavit genus humanum. Unde ne sit immemor accepti beneficii et
ingratum, gratulatur et ait : Oculi mei semper ad
Dominum [90]. Merito ergo legitur evangelium de dæ-
moniaco liberato [91]. Hæc autem septima et ultima
Dominica sabbatum significat mundi, in quo sanctorum animæ requiescunt, deposito carnis onere,
et velut post bella victrices depositis armis feriatæ
lætantur, et singulis stolis remuneratæ binas in
gloria præstolantur. Illic Jerusalem quæ sursum
est, quæ libera est, quæ est mater nostra [92], lætatur, et diem festum agens [93] pro numero filiorum de peregrinatione redeuntium repositas refun-
dit epulas, et lactens ex suis uberibus exprimit
consolationis maternæ delicias. Unde quidquid hodie canitur in nocturnis, est de liberatione populi de
Ægypto, scilicet de liberatione animæ de corpore
mortis hujus [94]. Quod autem in diurno personatur officio, est de lætitia et satietate cœlestis Jeru

[66] Job. 5.   [67] Psal. 33.   [68] Apoc. 14.   [69] Gen. 4.   [70] Psal. 17.   [71] Matth. 20.   [72] I Cor. 9.   [73] Gen. 7.
[74] Psal. 43.   [75] Exod. 12.   [76] Psal. 30.   [77] Exod. 20.   [78] Luc. 18.   [79] Exod. 5.   [80] Ose. 13.   [81] I Reg. 16.
[82] I Reg. 17.   [83] Psal. 90.   [84] Matth. 4.   [85] IV Reg. 25.   [86] Psal. 136.   [87] Matth. 17.   [88] Dan. 9.
[89] Matth. 15.   [90] Psal. 24.   [91] Luc. 11.   [92] Gal. 4.   [93] Psal. 75.   [94] Rom. 7.

salem; nam et satietas de quinque panibus, et duo
bus piscibus, de qua legitur in evangelio [95], satietatem designat æternam quæ hic incipit, et terminatur in futuro. Nunc enim per ea quæ de libris
Moysi, psalmorum et prophetarum accipimus, ex
parte cognovimus [96]. Tunc vero Jesus qui abiit
trans mare Galileæ, id est « resurgens a mortuis [97]»
omnes sæculi amaritudines pertransivit, omnem
multitudinem ad se venientem, et omnes supernæ
Jerusalem filios eam ablactatos grandi saturabit
convivio, cujus in typum Abraham ablactato filio
liberæ unico Isaac in die ablactationis, grande
convivium celebravit [98]. Omnes ergo hoc convivio
satiandos sancti Spiritus allocutio consolatur dicens : *Lætare, Jerusalem*, et attende quod verba
lætitiæ multiplicantur, eo quod a multiplicibus tribulationibus liberamur, et ad multiplicia gaudia
evocamur : *Et conventum facite omnes qui diligitis eam*, quia satiabimur, quia ibitis « in domum
Domini [99], ubi erit pax et abundantia, de qua in
graduali canitur : ad quam cum pervenerimus,
complebitur quod in tractu subditur : *Non com-
movebitur in æternum qui habitat in Jerusalem [100]*;
in offerenda invitantur ad laudes omnes in illa
mensa convivantes [1]; sed ne quis intelligeret de
Jerusalem Palæstina, in communione determina-
tur, ut intelligantur quæ dicta sunt de Jerusalem
quæ nondum est ædificata, sed adhuc ædificatur,
ut civitas [2] ex vivis lapidibus, in quam ascendunt
tribus, tribus Domini [3], tribus regales et tribus
sacerdotales.

Ipsa quoque ecclesia, ad quam statio hodierna præfigitur, sanctam civitatem cœlestem Jerusalem nomine suo designat : dicitur enim sancta Jerusalem,
ut, peregrinantibus in hoc sæculo civibus cœli, qui
non habent hic civitatem permanentem, sed futuram
inquirunt [4], ipso nomine supernæ civitatis memoriam excitet, et eam a longe peregrini salutent [5];
differt autem hujus stationis ratio ab ea quæ est
adventus Domini secunda, quia videlicet illa futuræ beatitudinis est annuntiatio; hæc, quasi præsentis contemplatio : inde et festivius agimus; quia
spei nostræ festivitas est. Hac enim die Christianus imperator coronatur, ut coronam supernæ Jerusalem meditetur. In hac die rosam auream Romanus pontifex plenam balsamo propriis manibus
gerit, non gratia temporalis delectationis, sed spiritualis significationis; flos enim iste florem illum
significat, qui de se loquitur dicens : « Ego flos
campi et lilium convallium [6]; » aureus est, quia
« Rex regum, et Dominus dominantium [7], » cujus
rubor apparuit in insignibus passionis [8], et odor
in gloria resurrectionis. Hac quoque die duæ collectæ Romani ordinis auctoritate dicuntur, sicut in
Annuntiatione Dominica, ut quasi duplex festum

exsolvere videamur. Si quis objiciat : Cur hoc in
festis præcipuis, ut Nativitatis Domini, et similium, non observatur? respondeo, quia per octavas
producuntur, nec unius diei observantia coangu-
stantur. Quidam vero aliter a Septuagesima distinguunt officia, nec deserit eos verborum materia,
dicentes quod una populi peregrinatio legitur in
Ægypto [9], et una captivitas in Babylone [10] : per
utramque significatur nostra peregrinatio et captivitas in hoc mundo : Duæ quoque reversiones
populi Dei leguntur : una de sub Pharaone per mare
Rubrum et desertum ad terram promissionis [11];
altera de Babylone in Jerusalem [12]. Per quas significantur nostræ reversiones, prima de sub potestate diaboli per baptismum et pœnitentiam ad
Ecclesiam; secunda est de hujus mundi confusione
ad æternæ pacis perfruitionem. Captivitas et peregrinatio, sicut supradiximus, per septenarium di-
latantur. Unde per quatuor hebdomadas deno-
tantur.

In omnibus ergo nocturnis officiis, et diurnis
quidquid legitur et cantatur, aut vox est peregrinorum de sua peregrinatione dolentium, aut vox
captivorum de sua captivitate gementium, aut vox
est redeuntium de tenebris ad lucem, de infidelitate
ad fidem, aut vox est redeuntium de luctu ad gaudium, de mundo ad cœlum, et quidem sæpius in
nocturnis vox est peregrinantium, in matutinis
laudibus captivorum, in missali officio redeuntium;
quæ quorum sit, diligens lector attendat. Per quid
autem nostra reversio fiat, in duabus sequentibus
Dominicis Passionis exprimitur, scilicet per Domini passionem, quia duæ sunt nostræ reversiones, vel duæ Domini passiones, una in seipso, altera qua patitur in corpore. Unde : « Saule, quid
me persequeris [12]? ». Mox Dominica resurrectionis
sequetur, in qua nostra reversio consummabitur.

Feria secunda legitur evangelium in quo, Pharisæis interrogantibus Jesum quod signum ostenderet, et in qua potestate nummularios de templo eji-
ceret, respondit : *Solvite templum hoc, et in tribus
diebus excitabo illud [14]*, loquens de templo corporis sui; non imperat, sed prædicit. Sequitur : *Ipse
non credebat seipsum eis [15]*. Huic evangelio recte
præmittitur lectio de duabus meretricibus, quæ
coram Salomone de vivente filio contendebant, quarum alteri dicenti : *Nec mihi nec tibi, sed dividatur [16]*,
non reddidit infantem vivum rex Salomon. Hæ mulieres Synagogæ et Ecclesiæ typum gerunt : Synagoga peperit filium, quem dormiens oppressit, hic est
Christus, quem carne genuit, et secundum humanitatem in cruce suspendit, Ecclesia quoque filium habuit, quem illæsum servavit, hic est Christus quem
in utero fidei concepit et peperit, quem divinitatem

[95] Joan. 6.   [96] I Cor. 13.   [97] Rom. 6.   [98] Gen. 21.   [99] Psal. 121.   [100] Psal. 124.   [1] Psal. 138.
[2] Psal. 121.   [3] Ibid.   [4] Hebr. 13.   [5] Hebr. 11.   [6] Cant. 2.   [7] Apoc. 19.   [8] Isa. 63.   [9] Gen. 46; Exod.
1.   [10] IV Reg. 25.   [11] Exod. 12.   [12] I Esdr. 1.   [13] Act. 9.   [14] Joan. 2.   [15] Ibid.   [16] III Reg. 3.

vivere non dubitavit. Hi sunt duo hirci, quorum A alter mactatur, et alter emittitur [17]. Hi sunt aries et Isaac [18]; quasi duo filii, non tamen duo Christi, sed unus identitate personæ, gigas geminæ substantiæ quem Synagoga utero fidei nec concepit, nec peperit, sed desideravit occidi, et adhuc memoriam ejus cupit exstingui. Sed verus Salomon puerum, scilicet semetipsum, non credidit Synagogæ, sed transivit in fidem Ecclesiæ, quodam modo dicens apostolis : « Date huic infantem vivum ; hæc enim est mater » nostra [19]. Hæc est igitur quæ orat in introitu, graduali, communione, et in offerenda omnem terram ad jubilandum invitat [20].

Feria tertia legitur evangelium in quo arguit Judæos de prævaricatione legis Moysi dicens : *Nonne Moyses dedit vobis legem, et nemo ex vobis facit legem ?* [21] Quare non debet eis illa Moysi oratio patrocinari, scilicet « Quiescat ira tua, et esto placabilis super nequitia populi tui [22]. Deinde arguit eos de homicidio subdens : *Quid me quæritis interficere ?* Bene igitur huic evangelio præmittitur lectio, qua dicitur a Domino Moysi : *Descende de monte, quia peccavit populus tuus, dimitte ut irascatur furor meus contra eos, ut deleam eos ;* cui Moyses : *Cur, Domine, irascitur furor tuus,* etc. [23]. Hæc oratio valuit pro illis usque ad tempus in quo crucifixerunt Filium Dei, sicut Moysi promiserat Dominus, dicens : *Dimisi juxta verbum tuum. Verumtamen in die ultionis visitabo et hoc peccatum eorum* [24]; quæ in introitu, et graduali ponuntur sunt orationes Moysi ; quæ vero in offerenda et communione, sunt consolationes ejusdem.

Feria quarta sacramenta quæ novæ sunt Ecclesiæ propria, inchoantur, scilicet scrutinia. Filios Israel prædiximus in septuagesimo anno de Babylonica captivitate reversos [25]. Reversi vero incertos habuere sacerdotes. Unde Esdras et alii sapientes genealogias diligenter scrutati sunt, et Judæos a gentilibus, sacerdotes a Judæis separaverunt [26]. Ita et nos non in aliqua præcedentium, sed duntaxat in hac hebdomada, quæ finem illius septuagesimæ designat scrutinia inchoamus, ut credentes ab incredulis segregemus, quos in sacrosancta solemnitate nostræ redemptionis, ex D aqua et spiritu renovemus. Moris quippe fuit in Ecclesia non alio tempore regenerationis nostræ celebrari sacramentum, nisi mortis immineret periculum. Unde : « quicumque in Christo baptizati sumus, in morte ipsius baptizati sumus » [27], sicut a mortuis resurrexit : sic in novitate spiritus ambulemus [28]. Omnis igitur Ecclesiæ proles, quam per anni circulum divini verbi pabulo generabat, hac die sua nomina dabat, in quibus erat perscrutandum ne qua radix amaritudinis inesset [29],

ut in hæreticis, ne sancta illis prius darentur, quam christiana fides radices in mentibus eorum fixisset [30], unde, nominibus datis quilibet eorum per sequentes dies usque ad Paschæ solemnitatem fidei regulam audiebat, et sic lactatus, et grandescens in plenilunio, id est in baptismo plena fide symbolum reddens Christo commoriebatur, et resurgebat : ideoque dicebatur catechumenus, quod interpretatur *audiens,* vel *instructus,* quoniam in fide baptizandis necessaria, etiam conversatione morum post baptismam observanda instruebatur. Unde catechizatio dicitur *instructio,* et *scrutinium,* a scrutando, at priusquam sagena piscibus multiplicantibus impleatur [31]; quia periculosum erat tantam multitudinem differre propter occasiones mortis, præsertim propter infantes, quorum tenera vita levi occasione succiditur, visum est expedire passim baptizandis indulta licentia, cuncta prævenire pericula, baptismi tamen solemnitate vel in paucis ad Dominicam resurrectionem propter similitudinem reservata. Quarta vero feria potius quam alia die scrutinium inchoatur, quinque ex causis : Primo quia sicut quarta feria stellæ creatæ sunt, et soli et lunæ sociatæ [31], ita fideles hodie concipiuntur qui Christo soli, et Ecclesiæ lunæ conjunguntur ; secundo, quia in quarta ætate sæculi Christianum imperium ex promissione sumpsit exordium, jurante Domino ad David : De fructu ventris tui ponam super sedem tuam [32]. » Ideoque merito christiana religio in quarta feria, et in quarta hebdomada capit initium quæ juvenilem ætatem hominis repræsentat, quæ apta est gubernaculo imperii et regalem ætatem significat, quæ innovata est ex promissione regni Christi de quo, regno angelus ad Virginem : » Regnabit in domo Jacob in æternum [34]; » tertio, quia sicut in quarta ætate per Salomonem templum Domino ædificatum est [35], ita et nunc baptizandi in templum Domini, hac quarta feria præparantur : quarto, quia ut in quarta feria proditus est Dominus a Juda, ut pro redimenda Ecclesia moreretur, sic quarta feria catechizatur Ecclesia, ut pro Christo acquirendo nulla vitet pericula ; quinto, quoniam quatuordecim agnus diebus observabatur, et præparabatur, et luna quinta decima immolabatur [36].

Decet ergo ut Ecclesiæ nova soboles', quæ ad moriendum Christo præparatur, diebus quindecim, anterioris jejunio spiritualiter saginata ætati lunæ, quæ illam significat, exæquetur ; nam si sexta feria, quæ est passione quinta decima, scrutinia celebrarentur, tredecim tantum dies in jejunio præparationi restarent, quia, duobus intervenientibus diebus Dominicis, jejunare non licet. Igitur, dum quarta feria scrutinia inchoantur, et sequentes

---

[17] Levit. 16.   [18] Gen. 22.   [19] III Reg. 3.   [20] Psal. 99.   [21] Joan. 7.   [22] Exod. 32.   [23] Ibid.   [24] Ibid. [25] I Esdr. 1.   [26] I Esdr. 2, 8.   [27] Rom. 6.   [28] Ibid.   [29] Hebr. 12.   [30] Matth. 7.   [31] Matth. 13.   [32] Gen. 1. [33] Psal. 131, 8 ; II Reg. 7.   [34] Luc. 1.   [35] III Reg. 7.   [36] Exod. 12.

quindecim dies doctrinæ fidei et disciplinæ morum A et jejuniis impenduntur, nova Ecclesia pulchra ut luna [37], fide plena, Christo commoriens, et resurgens illi in baptismate copulatur. Et licet scrutinia, ut diximus, diebus quindecim observentur, tamen septies tantum scrutinia celebrantur, ut dum septenario numero implentur catechumeni, detur illis septiformis gratia Spiritus sancti. Hoc autem ordine scrutinia celebrantur : Cum infantes venerint ad januam ecclesiæ, nomina infantium ab acolytho scribuntur. Postmodum per nomina vocantur in ecclesia, et statuuntur masculi ad dexteram, et feminæ ad sinistram. Ad januam veniunt qui fidem petunt, fides enim est Ecclesiæ janua ; quorum nomina scribuntur in cælo [38], et viriliter agentes [39] in judicio statuentur a dextris, effeminate vero viventes a sinistris [40]. Deinde exorcista, cujus est hoc officium proprie, interrogat si diabolo renuntient, operibus et pompis ejus. Omnis quippe homo qui in originali peccato nascitur, jure domini diaboli subditur : cujus jus fideles effugiunt, dum Christi jugo se subdunt [41]. Opera diaboli quædam spiritus, quædam corporis operatione patrantur ; spiritus ut superbia, ira et similia ; corporis, ut fornicatio, ebrietas, et similia. Pompæ diaboli sunt spectacula, choreæ, ludi, lasciviæ, et, ut breviter perstringam, omnes honores vani atque superflui ; Deinde de fide Patris et Filii et Spiritus sancti interrogantur, sine qua nemo Deo placere legitur [42]. Dehinc diabolus exsufflatur, ut Spiritus sancti habitaculum efficiantur ; frontibus eorum signum crucis pro sigillo imprimitur, ut domus Dei contra dæmones muniatur. Hoc signum videns, diabolus contremiscit, et fugit, reminiscens quod eo victus fuit. Fronti vero crux imprimitur, ut Christum crucifixum se non erubescere moneantur. Postmodum per orationes in unitate recipiuntur Ecclesiæ, per salis gustum condiuntur doctrina sapientiæ.

Deinde per exorcismos diabolus effugatur, ideoque ter *maledicte* repetitur, quia per fidem Trinitatis diabolo viriliter obviatur. Seorsum mares ad austrum, seorsum feminæ ad aquilonem exorcizantur, quia majora magis intelligentibus, et minora minus capientibus, et frigidis sunt propinanda. Quod saliva nares et aures tanguntur, hoc petitur, ut doctrina, quæ fluit de altissimis [43], per aures eorum introeat, eisque suave redoleat. Ab ostiario introducuntur et excluduntur ; quoniam a Spiritu sancto per Christum, qui est ostium [44], in cœli cellarium introducentur [45], vel opposita romphœa excludentur [46]. Ab acolytho, qui est accensor luminum illuminantur, ut effugatis peccatorum tenebris et erroris cœcitate depulsa, lumine intelligentiæ illustrentur. A diacono super eos Evangelium legitur, quoniam 'eis evangelica doctrina

proponitur ; quatuor autem in ultimo die leguntur eis evangeliorum initia ; quia de quatuor mundi partibus ad fidei veniunt sacramenta [47]. Quod unus de masculis, et una de feminis ab acolythis in sanctuarium deferuntur, significat, quod de utroque sexu ad fidem evangelicam convertuntur ; Symbolum Apostolorum, et Oratio Dominica super masculos et feminas dicuntur, et exponuntur Græca et Latina lingua, ubi utraque fuerit Ecclesiæ notatum, ut omnis lingua Domino confiteatur [48], tum ut omnis sapientia, omnisque potentia ad Dominum referatur. Græci namque sapientia, et Romani potentia præcellebant. Expositionem Orationis Dominicæ superius in tractatu missæ præmisimus.

Hæc autem sub compendio Symbolum apostolicum B exponamus, ubi Patrem creatorem omnium confitemur, ubi et Filium æqualis potestatis adjungimus, qui de Spiritu sancto conceptus, et natus de Virgine prædicatur, qui passus, crucifixus, mortuus, et sepultus fuisse dicitur qui ad inferna descendisse, et die tertia resurrexisse cognoscitur, qui cœlos ascendisse, et ad dexteram Patris sedere creditur, qui venturus ad judicandum vivos et mortuos exspectatur. In hoc eodem Symbolo Spiritus sanctus in eadem cum Patre, et Filio deitate indiscrete adjicitur ; in eodem sancta Ecclesia catholica nominatur, in qua sanctorum communio, peccatorum remissio, carnis resurrectio, vitæ æternæ perceptio perdocentur. Cujus symboli verba quidem C pauca sunt, non humanæ sapientiæ sermone, sed vera divinitus ratione disposita. Mysteria vero magna sunt per prophetas longis temporibus ante prævisa, et per apostolos declarata : unde Symbolum dicitur communis morsus, vel collatio, eo quod in eo duodecim articuli quasi secreta proponuntur, et ab apostolis conferuntur, quæ et distinguere, et auctoritatibus intendimus Veteris Testamenti munire. *Credo in Deum patrem omnipotentem, creatorem cœli et terræ.* Aliud est, ut ait Augustinus, credere Deo, aliud credere Deum, aliud credere in Deum. Credere Deo est credere vera esse quæ loquitur, quod et mali faciunt, et nos credimus homini, sed non in hominem ; credere Deum est credere quod ipse sit Deus, quod etiam et dæmones D faciunt ; credere in Deum est credendo amare, credendo in eum ire, credendo ei adhærere, quod soli boni faciunt. Ergo qui dicit Credo in Deum mentitur, si non diligit Deum ; nisi dixeris quod in persona loquitur Ecclesiæ, vel non quid sit loquitur, sed quid debeat esse. Dicens Deum singulariter, deorum effugit pluralitatem, unde : « Audi, Israel : Deus tuus unus est [49], ᵉt Apostolus : « Unus Deus, una fides et unum Baptisma [50]. » Dicens *Patrem,* incipit personas distinguere, de quibus Isaias : « Qui appendit tribus digitis molem terræ [51] ? » et alibi : « Seraphim clamabant : sanctus, sanctus,

---

[37] Cant. 6.   [38] Luc 10.   [39] Psal. 26.   [40] Matth. 25.   [41] Matth. 11.   [42] Hebr. 11.   [43] Eccli. 24.
[44] Joan. 10.   [45] Cant. 2.   [46] Gen. 5   [47] Luc. 15.   [48] Philipp. 2.   [49] Deut. 6.   [50] Ephes. 4.   [51] Isa. 40.

sanctus [52], » et Dominus : « Baptizate omnes gentes, in nomine Patris et Filii, et Spiritus sancti [53]; »
et Joannes evangelista : « Tres sunt qui testimonium dant in cœlo : Pater, Verbum et Spiritus [54].
Pater est prima non tempore, sed auctoritate in
Trinitate persona. Quod sequitur *omnipotentem*,
nomen est essentiale, ut in Symbolo Athanasii
declaravimus, ideoque illud ad subjectum Deum vel
ad relativum Patrem non sine ratione referimus
dicentes : *Credo in Deum* omnipotentem, vel in
Patrem omnipotentem. Similiter et quod sequitur,
creatorem cœli et terræ; ubi confutatur hæreticus,
qui alium cœli, alium terræ asserit creatorem ;
alium cœlestium, alium terrestrium ; alium corporum, alium animarum, contra quos ait David :
« In principio tu, Domine, terram fundasti, et
opera manuum tuarum sunt cœli [55]; » et Apostolus :
« In ipso condita sunt universa, in cœlo et in
terra [56]. »

*Et in Jesum Christum, Filium ejus unicum, Domi-
num nostrum.* Ecce altera in Trinitate persona, hic
est Jesus qui salvum fecit populum a peccatis
eorum [57], hic est unicus Patris Filius, de quo David : « Filius meus es tu, ego hodie genui te [58]; »
et Apostolus : « Misit Deus Filium suum, natum
de muliere, factum sub lege [59]; » hic est Dominus
noster, quia nos creavit, quia nos servos alienos
pretio sanguinis emit. Quidam jungunt *unicum Dominum nostrum.*

*Qui conceptus est de Spiritu sancto, natus ex
Maria Virgine :* Ecce primum Christi sacramentum,
scilicet incarnatio, ac si dicat, qui cum sit Deus,
factus est homo, non ex virili semine, sed conceptus operatione Spiritus sancti; *Natus ex Maria
Virgine*, unde Isaias : « Ecce Virgo concipiet, et
pariet Filium, et vocabitur nomen ejus Emmanuel [60], » et angelus in Evangelio; « Ave, Maria,
gratia plena Dominus tecum, » et infra : « Spiritus
sanctus superveniet in te, et virtus Altissimi obumbrabit tibi [61]. »

*Passus sub Pontio-Pilato, crucifixus, mortuus et
sepultus est.* Ecce secundum in humilitate Christi
sigillum, scilicet passio cujus tempus describitur,
sub Pontio Pilato; forma subditur, *crucifixus*, finis
concluditur, *mortuus et sepultus*, unde plangens
dicit ex ore David et Jeremiæ : « Foderunt manus
meas et pedes meos, et dinumeraverunt omnia
ossa mea [62]. » De morte, ait propheta, Domini fuit
exitus mortis [63]. »

De sepulcro. Isaias : « Sepulcrum ejus gloriosum [64]. » Hæc sunt in Evangelio manifesta.

*Descendit ad inferna, tertia die resurrexit a mor-
tuis.* Ecce tertium sacramentum, scilicet resurrectio, sed de descensu ad inferna præmittitur, et a

quo mortui liberantur, unde in Osea : « De manu
mortis liberabo eos, de morte redimam eos, ero
mors tua, o mors, ero morsus tuus, o inferne [65]. »
Hic est Evangelicus fortis, qui fortem ligavit, et ejus
vasa diripuit [66]. Hic est qui dicit in Psalmo : « Ego
dormivi, et soporatus sum, et resurrexi, quoniam
Dominus suscepit me [67], » qui Patri dicenti : « Exsurge, gloria mea, exsurge, psalterium et cithara [68], »
brevi sermone respondit : « Exsurgam diluculo [69], »
cujus resurrectionis mulieres et viri perhibent testimonium in Evangelio [70]

*Ascendit ad cœlos, sedet ad dexteram Dei Patris
omnipotentis.* Ecce quartum sacramentum, scilicet
ascensio, ascendit enim, sicut ait David : « Super
cherubin et volavit, volavit super pennas ventorum [71], » et : « Paravit in cœlo sedem suam, et
regnum ejus omnibus dominabitur [72]. » Cui Pater
ait : « Sede a dextris meis, donec ponam inimicos
tuos scabellum pedum tuorum [73]; » et ut ascensio-
ni quoque de visu testimonium non deesset, ut ait
Lucas : « Videntibus discipulis elevatus est, et nubes suscepit eum ab oculis eorum [74]. »

Inde venturus est judicare vivos et mortuos. Ecce quintum quod nondum est opertum sigillum,
veniet enim rex manifeste, cui Pater judicium dedit [75], et sicut David : » Et parabit in judicio thronum suum et judicabit populos in justitia [76], » et
alibi : « Deus manifeste veniet, Deus noster, et non
silebit [77], » et Lucas : « Ita veniet, sicut vidistis
eum euntem in cœlum [78], » et Micheas : « Judicium
Domini est populo suo [79]. »

Credo in Spiritum sanctum. Ecce tertia in Trinitate persona ; scilicet Spiritus sanctus, de quo
Moyses : « Spiritus Domini ferebatur super a-
quas [80], » et David : « Flavit spiritus et fluent
aquæ [81]; » et Dominus in Evangelio : « Spiritus,
qui a Patre procedit [82], » docebit vos omnia [83]; »
ille enim docet, ille sanctificat, ille unit, ille peccata
remittit. Per hunc resurrectionem in gloriam, per
hunc consequitur vitam æternam.

Unde sequitur, *sanctam Ecclesiam catholicam*, et
junges ita, *credo in Spiritum sanctum, sanctam catholicam* Ecclesiam, id est per Spiritum sanctum
Ecclesiam fidelium sanctificari ; similiter, et quæ
sequuntur : *credo in Spiritum sanctum, sanctorum
communionem*, scilicet per Spiritum sanctum sanctos in vinculo charitatis uniri ; et *credo in Spiritum
sanctum, remissionem peccatorum*, id est per Spiritum peccata remitti ; similiter, *credo in Spiritum
sanctum, carnis resurrectionem et vitam æternam*, id
est per Spiritum sanctum carnem gloriam consecu-
turam et animam vitam æternam. Vel sic *credo in
sanctam Ecclesiam catholicam*, nec ita dicimus, ut
asserit Augustinus, credere in Ecclesiam, sicut in

[52] Isa. 6.   [53] Matth. 28.   [54] 1 Joan. 5.   [55] Psal. 101.   [56] Col. 1.   [57] Matth. 1.   [58] Psal. 2.   [59] Gal. 4.
[60] Isa. 7.   [61] Luc. 1.   [62] Psal. 21 ; Jer. 18.   [63] Psal. 67.   [64] Isa. 11.   [65] Osc. 13.   [66] Luc. 11.   [67] Psal. 3.
[68] Psal. 56.   [69] Ibid.   [70] Matth. 28; Marc. 16; Luc. 24; Joan 20.   [71] Psal. 17.   [72] Psal. 102.   [73] Psal.
109.   [74] Act. 1.   [75] Joan. 5.   [76] Psal. 9; Psal. 97.   [77] Psal. 49   [78] Act. 1.   [79] Mich. 6.   [80] Gen. 1
[81] Psal. 147.   [82] Joan. 15.   [83] Joan. 14.

Deum credere, Ecclesiam credimus, dum in Ecclesia conversantes in Deum tendimus, et quæ sequuntur nos inde sequi firmissime profitemur, scilicet
*sanctorum communionem, peccatorum remissionem,
carnis resurrectionem et vitam æternam.* Unde sic
junges : *Credo in sanctam Ecclesiam catholicam,
sanctorum communionem,* id est per fidem quam
habeo existens in sancta et universali Ecclesia,
assequor sanctorum communionem, id est concordiam et unionem : sicut est enim unus Pastor, sic
unum ovile [84], sicut unus Deus sic una fides, et
unum baptisma [85]; vel percipio sanctorum communionem, id est panem benedictionis, de quo dicitur : ‹ Crede et manducasti [86]. › Similiter et quæ
sequuntur : *Credo in sanctam Ecclesiam, remissionem,* id est per fidem, quam habeo existens in sancta et universali Ecclesia, consequor peccatorum
remissionem, id est lepræ curationem, de qua dicitur in lege [87], et Evangelio [88] : Maria soror Aaron
cum septem diebus fuerit extra castra, esta a lepra
mundata [89], Naaman Syrus septies in Jordane lotus est a lepra curatus [90]; sic et Dominus decem
leprosos mundavit, sed unus tantum dedit gloriam
Deo [91]; de Magdalena quoque dicitur : ‹ Quia dimissa sunt ei peccata multa, quia dilexit multum
[92]. › Paralytico quoque Dominus ait : ‹ Fili, remittuntur tibi peccata tua [93]. › Sequitur :
*Credo in sanctam Ecclesiam Catholicam, carnis
resurrectionem,* id est per fidem, quam habeo existens in Ecclesia, consequor carnis resurrectionem,
de qua Job : ‹ Credo quod Redemptor meus vivit,
et in die novissimo resurrecturus sum, et in carne
mea videbo Deum Salvatorem meum [94]. › Unde et
in Evangelio : ‹ Deus Abraham, Isaac et Jacob
non est Deus mortuorum sed vivorum [95], et Apostolus : ‹ Omnes quidem resurgemus, sed non omnes
immutabimur [96]. › Similiter jungendum est et
quod sequitur : *Credo in sanctam Ecclesiam catholicam vitam, æternam,* id est per fidem, quam habeo
in Ecclesia, consequar vitam æternam. Hæc est
terra viventium, de qua David : ‹ Credo videre bona Domini in terra viventium [97]. › Est autem vita
æterna videre Deum Patrem, et quem misit Jesum
Christum [98]. ›

His ita peractis de Ecclesia neophyti ejiciuntur,
quia qui regenerati non sunt, nec inter Dei filios
computari, nec Christi mysteriis convenit interesse.
Quidam catechumenos ante evangelium ejiciunt,
sed non laudo, cum eis sit prædicandum Evangelium, sicut prædicaverunt apostoli primitiis gentium. Sed sacrificio interesse non debent, tum
quia orat sacerdos pro *circumstantibus, quorum fides cognita est, et nota devotio :* isti autem adhuc
infideles vocantur, tum quia quod conficitur, illis
porrigitur. Et attende quod ante hanc quartam fe-

riam in Dominica, vel in secunda feria est hujus
quartæ feriæ scrutinium populis annuntiandum his
verbis : *Scrutinii diem, dilectissimi fratres, quo
electi nostri divinitus instruantur, imminere cogno-
scite, ideoque sollicita devotione sequenti quarta feria
circa horam nonam convenire dignemini, ut cœleste
mysterium, quo diabolus cum sua pompa destruitur,
et janua cœlestis regni aperitur, inculpabili mysterio
peragere valeamus.*

Item feria quarta, finitis missarum solemniis,
presbyter annuntiat ut Sabbato proximo ad
scrutinium revertantur, et sic iterum, atque iterum annuntiat donec septem scrutinia complean-
tur.

Nunc missæ hujus diei prosequamur officium :
legitur ergo evangelium de cæco nato [99]. Hic est genus humanum, qui principem tenebrarum sequens,
perdidit oculos in primo parente [100] : ideoque cœ-
cus dicitur a nativitate. Pro hoc exspuit Dominus
in terram, et fecit lutum, et linivit oculos ejus dicens : *Vade ad natatoriam Siloe, et lava. Abiit ergo,
lavit et vidit* [1]. Sputum quod a capite descendit, divinitatem Christi significat, Verbum quod Pater
eructavit [2], Pater caput, Verbum in terram quam
omnis ventus agitabat, exspuit, cum Filium misit, et
in Virginis utero in unam personam pulveri nostræ
naturæ conjunxit. Ergo lutum ex sputo et pulvere,
Christus est ex divinitate et humanitate ; cujus fides
cum cæco magno prædicatur, cujus oculi luto,
quod fecit Dominus, liniuntur, qui ad natatoria
mittitur cum catechizatus, id est verbo prædicationis instructus, in baptismi fonte lavatur. Et vide :
Quod Siloe *fons missi* dicitur ; id est Spiritus sancti
qui missus a Patre et Filio inibi maxime operatur.
Ab hoc Evangelio universa membra dependent officii, verbi gratia : *Dum sanctificatus fuero in vobis,
congregabo vos de universis terris, et effundam super
vos aquam mundam, et mundabimini ab omnibus in-
quinamentis vestris* [3]. Sanctificatur Dominus in catechumenis, dum audiunt, et credunt quod sanctus
sit ; effunditur super eos aqua munda, scilicet Spiritus sanctus, per quem visibilis aqua mundificat ;
quo mundati sic vivunt, ut testimonio ei sint
quod sanctus sit, cujus præcepto et ipsi sancti
sunt. Idem legitur in prima lectione, et additur :
*Auferam cor lapideum de carne vestra, et dabo vo-
bis cor carneum.* Cor carneum, id est molle habent
catechumeni, dum capiunt in Scriptura, vel disciplina doctrinam fidei, quam non capiunt corda Judæorum lapidea, quæ confringuntur, quorum in typum fractæ sunt priores tabulæ [4]; in typum vero
gentium aliæ præcisæ [5]. Alia quoque lectio, *Lavamini et mundi estote* [6], similiter ad catechumenos
baptizandos pertinet.

Leguntur autem duæ lectiones, quoniam catechu-

---

[84] Joan. 10.   [85] Ephes. 4.   [86] D. Augustinus.   [87] Levit. 14.   [88] Matth. 8.   [89] Num. 12.   [90] IV Reg. 5.
[91] Luc. 17.   [92] Luc. 7.   [93] Matth. 9.   [94] Job. 19.   [95] Matth. 22   [96] I Cor. 15.   [97] Psal. 26.   [98] Joan. 17.
[99] Joan. 9.   [100] Gen. 3.   [1] Joan. 9.   [2] Psal. 44.   [3] Ezech. 36.   [4] Exod. 32.   [5] Exod. 34.   [6] Isa. 1.

meni ad operationem geminæ dilectionis, vel ad
doctrinam utriusque Testamenti, vel de fide et moribus sunt instruendi. Unde in prima lectione de
fide, in secunda vero de moribus agitur ; baptizandi enim, ut ait Augustinus, non solum docendi
sunt, quid credere debeant, sed etiam quemadmodum se ab hoc pravo sæculo eripiant. Evangelizare
Christum est non tantum dicere quæ sunt credenda de Christo, sed quæ observanda sunt ei qui accedit ad compaginem corporis Christi ; et sicut sunt
duæ lectiones, ita etiam duæ collectæ, sed ad unam
tantum genua flectimus, quoniam ad unitatem fidei
catechumenos invitamus. Sic quoque sunt duo gradualia ad eundem sensum concinentia ; vox est
etenim Ecclesiæ novam sobolem catechizantis : Venite, filii; audite me, timorem Domini docebo vos [7] ;
et illa : Beata gens, etc. [8]. Nec immerito augmentum
lectionum, collectarum et gradualium accumulat
præsens officium , ut augmentum filiorum habeat
spiritualium augmenta ciborum. In offerenda sunt
præconia cæci, scilicet generis humani, vel Christiani
populi, pro sua illuminatione Deum laudantis, et ad
laudes alios invitantis [9]; communio est ejusdem cæci confessio dicentis, Lutum [10], et repetitur; quia
cæcus Judæis bis dedit tale responsum, vel quia in
duobus populis Deus illuminavit genus humanum.
Cum enim eum foras ejecissent Judæi nihil de luto
audire volentes, ipse non cessavit lutum, id est incarnationem Domini, confiteri dicens : Lutum fecit, etc. Unde sequitur illa beatitudo, de qua Dominus : « Beati eritis cum vos oderint homines,
et persecuti vos fuerint [11]. »

Illud non est silentio prætereundum quod ubi
scrutinia peraguntur, propriæ collectæ pro catechumenis dicuntur : Omnipotens sempiterne Deus Ecclesiam tuam. Item, remedii, etc. Hodierna vero statio
ad Sanctum Paulum non immerito celebratur, tum
quia fuit catechizator orbis terrarum, Doctor videlicet gentium [12], tum quia mirabiliter fuit ipse catechizatus [13]. Non enim didicit Evangelium ab homine, sed miraculosa Domini revelatione [14]. Ipse quoque non longe dissimilis est evangelico cæco. Nam
a nativitate cæcus in anima, triduo cæcus in corpore ad natatoria baptismi salutaris accessit, et
anima et corpore vidit, et decertantibus Judæis, et
eum extra suam synagogam ejicientibus, lutum, id
est incarnationem D mini prædicavit.

Feria quinta, legitur evangelium ubi Dominus
ait : Pater meus usque modo operatur, et ego operor [15]. De qua operatione intelligat subjungit : Sicut Pater suscitat mortuos, et vivificat, sic et Filius
quos vult vivificat, ubi agitur, ut dicit Augustinus,
de resuscitatione præsenti, quæ fit per fidem, qua
transit homo a morte falsitatis ad vitam veritatis ,
a morte iniquitatis ad vitam justitiæ. Huic evange-

lio recte præmittitur lectio de filio Sunamitis, quem
puer missus ab Elisæo cum baculo non resuscita-
vit ; demum veniens Elisæus se super puerum incurvavit, huc et illuc deambulavit, puer autem septies oscitavit, et oculos aperuit [16]. Hæc resuscitatio pueri resuscitatio est per fidem generis humani, ad quod resuscitandum misit Dominus puerum
cum baculo, scilicet Moysen cum legis aculeo, quæ
dicebat : Si quis hæc vel illa fecerit morte moriatur ; sed nequivit suscitare mortuum, quia , Paulo
teste, lex neminem duxit ad perfectum [17]. Domum
versus veniens Elisæus se super puerum incurvavit,
cum servi formam accepit [18], deambulavit , quando
prædicavit ; vel cum ad gentes de Judæa transivit ,
et ex his septies puer oscitavit, et oculos aperuit ,
quia homo mortuus in peccatis, septiformem gratiam Spiritus sancti recipiens , fide in Domino vivit [19], et sic amoris spiritu reviviscit, quem terro-
ris virga, non corripit. Cætera quæ in introitu, graduali, offerenda, communione cantatur, resuscitati
sunt consolationes et orationes.

Feria sexta. Legitur evangelium de Lazaro,
quem Dominus diligebat [20]. Isque typum gerit cujusque fidelis, qui, licet sit amicus Domini per fidem, illi tamen moritur per iniquam operationem,
obrutus in sepulcrum malæ conscientiæ, fetens per
labem infamiæ, qui tandem per occultam inspirationem Dei, magna timore futuri judicii, quasi magno Salvatoris clamore concussus , ad vitam per
pœnitentiam resilit, et, conscientiæ sepulcro per
confessionem aperto, a vinculis peccatorum absolvitur. Et attende quod semper hac die quæ est a
Passione Domini quinta decima, hoc legitur evangelium, quia constat hac die Lazarum suscitatum.
De quo Evangelio sumitur responsorium : Occurrerunt Judæi, quod hodie cantatur : cui evangelio
congrue præmittitur lectio de filio Sareptanæ mortuo, quem suscitavit Elias, ponens eum super lectum, et expandens se tribus vicibus super eum [21].
Hæc mulier est Ecclesia , quæ fide suscipit Christum in hospitio cordis ; filius ejus quilibet fidelis,
qui tunc moritur, cum morte dignum peccatum
admittit. Lectus Eliæ catholicam designat Ecclesiam, in qua sola animæ reviviscunt , dum per fidem Trinitatis a peccatorum morte resurgunt. Cætera laudes confessiones et consolationes sunt cujuslibet a peccatis resuscitati.

Sabbato legitur evangelium : Ego sum lux mundi [22], ubi de seipso Dominus perhibet testimonium,
et per legem probat necessario concedendum : cui
congruit lectio quæ præmittitur, ubi ait : Ecce
testem populis dedi eum ducem et præceptorem gentibus [23]. Et attende quod duæ lectiones hoc Sabbato leguntur ob eas causas quas in quarta feria
præmisimus ; nam in hac die scrutinium, et etiam

[7] Psal. 33. [8] Psal. 32. [9] Psal. 65. [10] Josue 9.   [11] Matth. 5. [12] I Tim. 9 [13] Act. 2. [14] Gal. 1.
[15] Joan. 5. [16] IV Reg. 4. [17] Hebr. 7. [18] Philipp. 2. [19] Rom. 1. [20] Joan. 11. [21] III Reg. 17.
[22] Joan. 8. [23] Isa. 55 : Nunc in missali non hic prædicta lectio, sed altera ex cap. 49 Isaiæ.

ordines celebrantur, unde propter augmentum filiorum convenit, ut accrescant spiritualium alimenta ciborum. Recte igitur præmittitur in introitu
illa vox Ecclesiæ : *Sitientes*, *venite ad aquas* [24].
Ubi vocantur catechumeni ad baptismum, ordinandi ad ordinis sacramentum, utrique ad lucem,
et sapientiæ ebrietatem, et convenit hæc aqua sapientiæ cum evangelica luce quia idem est lux
mundi, et sapientia Domini, idem fons vitæ, et lumen de lumine. Cætera, quæ in graduali, offerenda
et communione dicuntur, consolationes sunt catechumenorum, aut etiam illius cui contradicebant
Judæi testimonium.

CAPUT IX.

DOMINICA DE PASSIONE.

Judica me, Deus, et discerne causam meam [25].
Post septem Dominicarum ordinatissimam dispositionem, quibus, ut dictum est, septem ætates mundi
figurantur quæ omnes sunt passione redemptæ;
ipsius Dominicæ passionis celebratio inchoatur, et
quasi longa funeris pompa præmissa, sequitur ipsa
nostræ salutis victima, ingerens oculis ea quæ pro
nobis pertulit vulnera, et mortis insignia. Incipit
autem hujus celebritas passionis a fine Sabbati,
id est a vespera lucem hujus Dominicæ præcedente;
quoniam , Lazaro in præcedenti sexta feria suscitato, quidam de Bethania abierunt ad Pharisæos,
et narraverunt eis miraculum, quorum multi ascenderant Jerosolimam, ut sanctificarent se [26]. Mos
erat Judæis ex præcepto legis sanctificare seipsos
ante Pascha , ipsamque sanctificationem initiari
prima die mensis primi, qua tabernaculum fuerat
dedicatum, et qua præcipiebatur agnum eligere ad
immolandum. Cum igitur ea sexta feria fuerit Neo-
menia, id est prima dies mensis [27], ad sanctificationem, multi Judæi, pontifices et Pharisæi convenerant, qui audientes signum, mox, ut Joannes
ait, hoc est in Sabbato « collegerunt concilium
adversus Jesum et ex illo die cogitaverunt, ut interficerent eum ; ac deinceps Jesus non in palam
ambulabat apud eos [28]; » quia nondum venerat
hora ejus ; ideoque in vespera Sabbati, quasi post horam ejus concilii, publicum luctum incipit Ecclesia, suo compatiens Domino, ut capiti membra, et
ex tunc lugendo recitat vexillum regis, mysterium
crucis, acetum, fel, et arundinem, clavos et lanceam perforati corporis, diem passionis, orationes
patientis , illusiones inimicorum , et insidias eorum.

Hæc et his similia in vesperis et nocturnis plangit officiis, quæ de authenticis Veteris et Novi Testamenti sunt congesta Scripturis. Ideoque et non
quodammodo secedimus, dum voces lætitiæ subticemus. Nam *Gloria Patri* in responsoriis, et ad
missam in introitu subtrahimus ; similiter ad *Venite*, ubi repetitio invitatorii solet mutari , ut ad

primum versum repetatur a medio, et ad secundum
a principio. Subticetur *Gloria*, tum quia versiculus
ille ad laudem pertinet Trinitatis , secunda vero
Trinitatis persona passioni subjacuisse memoratur.
Unde tota Trinitas dehonestatur, tum quia « Dominus jam non in palam ambulabat. » Ideoque
vocem laudis ejus et gloriæ quodammodo supprimimus, et aliquantulam silentio præterimus : non
tamen usquequaque, quia nec in fine psalmorum.
Remissior enim debet esse luctus, quia non statim
post habitum concilium traditus est Agnus in manus
lanistarum. Jeremias in nocturnis frequentatur vigiliis, tum quia verbis, et suis pressuris passionem
Domini designavit, et in tribulationibus non decessit, licet aliter autumnent Judæi, scilicet eum a populo descendente in Ægyptum lapidatum, tum quia
cæcitatem Israel præfiguravit ; in eo quod Sedechias
captus est, et occisis filiis ejus a rege Babylonis,
exoculatus est [29]. Captus est enim Judaicus populus
in superbia sua, cujus oculos, filiis occisis, id est
carnalibus legis operibus, in quibus nihil vitalis
gratiæ Dei remansit , diabolus eruit , ut videntes
cæci fiant [30] : obscurati sunt oculi eorum, ne videant, et dorsum eorum semper incurvatur [31]. Tum
etiam, quia futuram abjectionem gentis Judaicæ
sub typo captivitatis, quæ tunc accidit, lacrymosis
lamentationibus deploravit.

Hæc supra scripta Passionem Domini celebrantes
duabus hebdomadis observamus, tum propter duo
Testamenta, quorum alterum Dominum passurum,
alterum vero passum annuntiat, tum quia pro duobus populis passus est, tum quia in manibus patriarcharum assimilatur, et in verbis prophetarum prænuntiatur [32], sive, quia qui ante legem et sub lege
inglorii et murmurantes , in inferno fuerunt , per
Christum in tempore gratiæ reconciliati sunt, quod
per tertiam significatur hebdomadam, id est paschalem. Nunc diurnum missæ prosequamur officium, ubi ex eo quod in evangelio dicitur : *Jesus
abscondit se et exivit de templo* [33], evidenter innuitur quod templum et universa Judæorum sancta
erant propter eorum superbiam a Domino deserenda, juxta illud : « Auferetur a vobis regnum
Dei [34], » et illud Josephi : « Transeamus ab his
sedibus, » idem in epistola declaratur, scilicet quod
melior pontifex, perfectius tabernaculum [35], efficacius sacrificium commutatur [36], cum vetera novis
supervenientibus abjiciuntur. Introitus, *Judica me,
Deus* [37]; et graduale : *Eripe me* [38], voces sunt Domini de templo exeuntis, et secundum humanitatem orantis, ut manifesto discrimine discernatur
causa ejus, id est justitia ejus, id est fides Evangelii a justificationibus legis : quod etiam factum
est in eo quod templum destructum et sacrificia
sunt abolita. Si enim stetisset potentia regni Judaici, cultusque veteris templi majori fuisset im-

[24] Isa. 55. [25] Psal. 42. [26] Joan. 11. [27] Exod. 12. [28] Joan. 11. [29] IV Reg. 25. [30] Luc. 8. [31] Psal.
68. [32] Ose. 13. [33] Joan. 8. [34] Matth. 21. [35] Hebr. 9. [36] Levit. 26. [37] Psal. 42. [38] Psal. 142.

pedimento Christianæ fidei, quia non facile potuissent carnales discernere vacuitatem veteris sacerdotii, si fulciretur prosperitate et gloria temporali. Sicut enim mortuo Moyse filii Israel, Josue duce, transierunt Jordanem [39], sic destructo veteri sacerdotio, transimus ad salutarem Christi baptismum.

In tractu subdit causam, cur de templo exierit, quia *Sæpe expugnaverunt me a juventute mea* [40], scilicet a sanguine Abel justi prolungaverunt iniquitatem, perseveranter occidendo meos [41] usque ad meipsum, de quo dixerunt : « Hic est hæres ; venite; occidamus eum [42]. » In offerenda *Confitebor* [43], præmium poscit obedientiæ, *factus obediens usque ad mortem* [44], dum secundum humanitatem subdit : *Retribue servo tuo, et vivam,* id est resurgam, et tunc custodiam, id est custodiri faciam *sermones tuos* [45]. Communio, *Hoc est corpus meum* [46], vox novi pontificis de templo exeuntis, semel in sancta per proprium sanguinem ingredientis [47], ipsumque pro tribus ordinibus effundentis, scilicet pro Noe, Job et Daniele. Unde vice trina repetitur, cujus sacerdotii, quia Petrus primus fuit hæres, primus post Christum dignitate et tempore pontifex, qui dicentem : « Sequere me [48], » secutus est ; simili morte cinctus, quo nolebat adductus [48*], recte ad ipsum statio in hodierno celebratur officio.

Feria secunda legitur Evangelium, ubi dicit Dominus : *Quæretis me, et non invenietis, et ubi ego sum, vos non potestis venire* [49], muro scilicet infidelitatis obsistente. Quo dicto se transiturum ad gentes minabatur. Unde quoque illi divinantes dixerunt : *Nunquid in dispersionem gentium iturus est* [50] ? Huic evangelio recte præmittitur lectio de Jona propheta, qui missus est prædicare Ninivæ civitati magnæ, quem fugientem in Tharsis fluctibus marinis immersum cœtus absorbuit, et tertia die vivum evomuit, et tunc demum Ninive ad ejus prædicationem territa triduo pœnituit [51] ; Jonas *columba* dicitur : hic est Christus, qui ad salutem mundi a Deo Patre missus est ; et cum nollet corporali præsentia gentem adire, inter Judæorum persequentium fluctus et seditiones remansit : quem mors absorbuit, sed tertia die surrexit. Ad cujus prædicationem per apostolos, dum mundus trina mersione baptismi lavatur, pœna triduana salvatur. Cætera sunt orationes Ninivitarum orantium et Regem gloriæ confitentium.

Feria tertia legitur evangelium in quo dicitur quod Jesus ambulabat in Galilæam : *Non enim volebat in Judæam ambulare* ; quia Judæi quærebant eum interficere; et infra cum privatim ascendisset in Judæam ad diem festum, Judæi quærebant eum dicentes : *Ubi est ille* [52] ? Huic evangelio congruit lectio, quæ præmittitur de Daniele, quamvis

non inveniatur in Hebraico, qua dicitur quod congregati Babylonii ad regem dixerunt : *Trade nobis Danielem, qui Bel destruxit, et draconem interfecit* [53]. Babylonii congregati ad regem quæsierunt Danielem, et Judæi congregati quæsierunt Christum. Illi miserunt illum in lacum leonum, isti vero miserunt illum in aram, de qua descendit in sepulcrum ; ille morsus leonum evasit, iste a mortuis resurrexit. Ibi rex confessus est esse magnum Deum Danielis, hic Babylonia credidit facta fidelis juxta illud Petri : « Salutat vos Ecclesia, quæ est in Babylone collecta [54]. » Cætera sunt consolationes Danielis, vel Christi orationes.

Feria quarta legitur evangelium in quo non solum Christum quem quærebant, sed etiam se Deum testatus est Dominus dicens, Judæis quærentibus si esset Christus : *Loquor vobis, et non creditis,* et infra : *Ego et Pater unum sumus* [55]. Audiat Arius unum ; audiat Sabellius, quod non dixit unus. Recte igitur illa præmittitur lectio, in qua populo duræ cervicis se per varia præcepta Dominum Deum esse testatur, dicens : « Ego sum Deus vester [56] ; » sic isti rebelles, et filii rebellium injuriosi et filii injuriosorum, duram cervicem habentes, a repromissione longe fieri meruerunt, sicut illi in deserto prostrati sunt [57]. Cætera sunt verba Christi inimicorum insidias evadentis, et Patrem orantis et exaltantis [58].

Feria quinta legitur evangelium, ubi dicitur, quod cum quidam vellent apprehendere Jesum, et tamen nemo misisset in eum manum, dixerunt pontifices ad ministros : *Quare non adduxistis eum ?* Responderunt ministri : *Nunquam sic locutus est homo, sicut hic* loquitur ; et infra Nicodemus : *Nunquid lex vestra judicat hominem, nisi prius audierit quid faciat ?* At illi pontifices invidentes, et in semetipsos rixantes, *domum reversi sunt, unusquisque in domum suam* [59] ; quia nec operibus credunt, nec etiam suis testibus acquiescunt, sed ut Scripturam obumbrent, et ne quid de ipso laudis audiant, aures obturant et latitant, atque ob culpam Christiani repudii pœnam merentur exsilii, et quidem exsulant, et exsulabunt sicut patres eorum Danielis temporibus exsulaverunt. Sed quia reliquiæ Israel salvæ fient [60] ; ideo sicut tres pueri [61] pro illis patribus oraverunt, sic et nos pro reliquiis. Oratione trium puerorum continetur oratio ; cætera sunt voces populi sua scelera confitentis, et ad gratiam anhelantis ; et attende quod hac die legitur Evangelium convenienter, ubi dicitur : *Quod reversi sunt, unusquisque in domum suam,* et in offerenda cantatur : *In salicibus in medio ejus suspendimus organa nostra* [61] ; quia post hanc diem nullum evangelium legitur, in quo Dominus Judæis publice

[39] Josue 3.   [40] Psal. 128.   [41] Matth. 23.   [42] Matth. 21.   [43] Psal. 118.   [44] Philip. 2.   [45] Psal. 118. [46] I Cor. 11.   [47] Hebr. 9.   [48] Joan. 21.   [48*] Ibid.   [49] Joan. 7.   [50] Ibid.   [51] Jonas. 3.   [52] Joan. 7.   [53] Dan. 14.   [54] I Petr. 5.   [55] Joan. 10.   [56] Levit. 19.   [57] Exod. 32; Act. 7.   [58] I Cor. 10.   [59] Joan. 7.   [60] Isa. 10; Rom. 9.   [61] Dan. 3.

prædicasse narretur. Ecce illud ergo divinitatis
organum in illis salicibus, id est infructuosis hominibus Babylonis suspensum[62].

Feria sexta legitur evangelium : *Collegerunt pontifices & Pharisæi concilium adversus Jesum, et
dicebant : Quid faciemus, quia hic homo multa signa
facit ? si dimittimus eum sic, omnes credent in eum ;*
causamque suæ sollicitudinis quasi rationabilem
adhibebant dicentes : *Venient Romani, et tollent
nostrum locum, et gentem*[63] ; erant enim sub imperio Romanorum ; quia jam ablatum erat sceptrum
de Juda et dux de femore ejus[64], et Pilatum præsidem Romanæ potestatis habebant. Causam itaque
suæ sollicitudinis prætendebant, ne, cum rex appel-
laretur, ipsi rei majestatis apud Romanum imperium
addicerentur. At illi, quia sic timuerunt pruinam,
irruit super eos nix[65], et duplici sunt contritione
contriti[66]. Nam et locum perdiderunt et gentem[67],
et deleti de libro viventium, in terra sunt scripti.
Unde lectio præmittitur Jeremiæ de ipsorum, qui
pro temporalibus Dominum dereliquerunt, duplici
contritione. Cætera verba sunt Domini Mediatoris
inter insidias inimicorum secundum humanitatem
orantis.

Sabbatum vacat, quia Dominus papa eleemosynam dat. Dominus in hoc Sabbato Bethaniam venit,
in domo Simonis recubuit, Martha ministravit,
Maria unguento pretioso Jesu pedes inunxit, et
domum odore implevit[68]. In quibus tria nobis
commendantur, obedientia, eleemosyna et fama.
Si enim obedientes sumus, ad nos venit, et in nobis
Dominus requiescit ; si pauperibus subvenimus,
cum Martha ministramus ; sed cum Maria ungimus,
cum virtutum studiis indulgemus : vel hoc celebri
mysterio commendatur duntaxat odoriferum opus
eleemosynæ ; Maria namque typum gessit Ecclesiæ,
pedes Domini pauperes sunt et infirmi qui, quamvis extrema sint, ejus tamen sunt membra per
conjunctionem et unitatem fidei. Mulier pedes Domini ungit, et capillis suis qui corpori fluunt,
extergit, quoties divites, qui sunt in Ecclesia, pauperes fideles blandimento misericordiæ fovent, et
de his quæ sibi abundant, illorum inopiam supplent. Augustinus dicit quod illud unguentum justitia
fuit, ideoque libra fuit. Unge itaque pedes Jesu,
juste vivendo, ejus sectare vestigia, capillis terge,
pauperibus de superfluis tuis impende. Ut itaque
dominus papa, celebrem cum Martha ministrante,
vel cum Maria pedes ungente, capillis tergente,
Domino cœnam exhibeat, hoc Sabbato eleemosynam donat, ut exhibeat membris Christi, quod
devotæ mulieres exhibuere capiti, et sic domus
impleatur odore unguenti, id est mundus vel Ecclesia bona fama, ut nobis imitationis pretiosum
relinquatur exemplum. Hac etiam die mandatum
celebrat, cum in cœna Domini ob magnitudinem

officii hoc agere nequeat, atque ita domino papa
circa pedes Domini et mandatum occupato, merito vacat hoc Sabbatum officio ; verumtamen inscribitur evangelium de proditione Judæ, cui recte
præmittitur lectio Jeremiæ, ubi dicitur : *Venite,
cogitemus contra Justum cogitationes*[69].

CAPUT X.

DOMINICA IN RAMIS PALMARUM.

Domine, ne longe facias auxilium tuum a me[70].
Notabile est et admiratione dignum quod, quasi
eodem cursu, mundum creavit Dominus et recreavit.
Sicut enim creaturus hominem, et cœtera propter
hominem, a Dominica die incepit, sexque diebus
operatus, sexta feria hominem creavit, et in Sabbato ab omni opere cessavit[71]. Sic hominem recrea-
turus a Dominica incepit, Jerusalem ingrediens,
singulisque diebus ingressus, feria sexta redemit
in cruce patiens, et in Sabbato requievit in sepulcro dormiens. Sicut igitur hac prima die dixit :
‹Fiat lux[72],› a luce incipiens opus creationis ; sic
eodem die cum luce vel claritate hoc opus ingreditur salutiferæ passionis. Hac etenim die Jerusalem passurus ingreditur[73], quod non solum
mundi primordiis, sed etiam præcepto congru.t
legis. Erat enim tunc decima luna de qua Dominus
ad Moysen : ‹ Decima die primi mensis tollat
unusquisque agnum per familias, et domos suas,
et servabitis usque in quartam decimam diem
ejusdem mensis, et immolabit eum universa multitudo filiorum Israel ad vesperum[74]. › Ut ait
Beda : ‹ Concordia non solum in rebus, sed etiam
in temporibus invenitur Veteris et Novi Testamenti ;
sicut enim decima die immolandus agnus domum
introducitur, sic passurus Christus Jerusalem ingreditur. Hic est enim verus Agnus, qui abstulit
peccata mundi[75], qui hac decima die se offert
Jerusalem ingrediens passioni. Ingressurus autem,
ut in hodierno legitur evangelio, præmisit duos
discipulos, ut adducerent asinam alligatam, et
pullum cum ea. Adducentes vero *imposuerunt super
eos vestimenta sua, et eum desuper sedere fecerunt ;
plurima autem turba straverunt vestimenta sua in
via, alii autem cædebant ramos de arboribus, et qui
præibant, et sequebantur, clamabant : Hosanna filio
David, Benedictus qui venit in nomine Domini*[76].

Mystice : equitatus tuus, o Domine, salvatio[77] ;
per hæc enim significasti quod ascensurus ad montem Olivarum, id est ad dexteram Patris, qui est
‹ Pater misericordiarum et Deus totius consolationis[78], › mittens apostolos, qui, ligandi et solvendi potestate recepta[79], asinam et pullum, id est
Judaicum populum et gentilem, ab oneribus peccatorum absolverent, et, adducto genere humano
tibi per fidem, supersedens (sedes enim Dei est
anima justi[80]), super sedendo salvares, et in cæles-
tem Jerusalem adduceres, angelis cum palmis et

[62] Psal. 136.   [63] Joan. 11.   [64] Gen. 49.   [65] Job. 6.   [66] Jer. 17.   [67] Joan. 11.   [68] Joan. 12.   [69] Jer.
18.   [70] Psal. 21.   [71] Gen. 2.   [72] Gen. 1.   [73] Matth. 21.   [74] Exod. 12.   [75] Joan. 1.   [76] Matth. 21   [77]
Habac. 3.   [78] II Cor. 1.   [79] Joan. 20.   [80] D. Greg. hom. 33.

ramis olivarum, quæ sunt insignia pacis et victoriæ, cum laudibus occurrentibus. In repræsentatione hujus gloriosæ Dominicæ receptionis, celebrat hodie cum ramis et floribus Ecclesia processionem, olivas et palmas gerens in manibus. Si non habet olivas, alias portat frondes, et flores, maxime qui vireant diuturno virore : moraliter etiam innuens quod, cum processionem facimus, Christum ad nos venientem excipimus. Cum pueris obviam imus, si innocentiam observamus; olivas gerimus, si misericordiæ operibus indulgemus ; palmas portamus, si de vitiis et diabolo victoriam obtinemus; virentes flores et frondes gestamus, si virtutibus exornamur; vestimenta sternimus, carnem mortificantes ; ramos carpimus, sanctorum vestigia imitantes.

Quod Ecclesia civitate egreditur, ovanter ad crucem et promontoria vadens, recolit pueros Hebræorum ivisse montem versus Oliveti, et innuit quod « absit nobis gloriari, nisi in cruce Domini nostri Jesu Christi [81] ! » Absit et sperare in quantalibet gloria mundi! Qui autem pontifici extra urbem juxta crucem constituto cum suis occurrunt, et cum ipso populum præcedente civitatem ingrediuntur, accuratius faciunt. Forte et hac nostra processione recolimus processionem filiorum Israel, qui hac die Jordanem siccis pedibus transiverunt, et cum triumpho terram promissionis intraverunt [82]. Nec est hæc processio inter alias Dominicales computanda. Hæc enim est præconium passionis, illæ vero significativæ sunt et rememorativæ Dominicæ resurrectionis, vel ascensionis, de quibus infra dicemus. Unde rectius faciunt qui ante tertiam Dominicalem præmittunt processionem, et post tertiam hujus diei cum palmis celebrant. Et quidem nostræ processioni lectio Zachariæ et evangelium Joannis præmittuntur, quoniam ibi Dominica processio prophetatur, bic historia declaratur.

In tractu infantes ad præconia invitantur; passio vero in missa legitur [83], quoniam Dominus ingrediens Jerusalem calici passionis exponitur, vel quia « extrema gaudii luctus occupat [84], » et ideo post gaudium processionis subditur lectio passionis, vel quia Dominus illi exsultationi inseruit lamentum eversionis [85], et quia dixit pendens in cruce : Deus meus, Deus meus, ut quid me dereliquisti [86]? Constat vigesimum primum psalmum totum ex ipsius persona conscriptum; unde pene totus in ejus persona in hodierno cantatur officio. Primum in introitu : Domine, ne longe facias, orat Patrem, ne elonget auxilium, id est resurrectionem, sed ab unicornibus, id est ab his, qui sunt singularis superbiæ suam liberet humilitatem; in tractu verbis ejusdem psalmi prolixius utitur. Epistola congrue passioni præmittitur, ubi dicitur, quod Christus factus est obediens usque ad mortem, mortem autem crucis [87]. De graduali quæritur cur hac die cantetur, cum ejus personæ nullatenus convenire videatur ; non enim personæ Christi convenit : Mei pene moti sunt pedes [88]. Sed psalmus ex quo sumitur est illorum correctio, qui Deum duntaxat in prosperitate laudabant. Has laudes Christus evacuat, qui nos sua passione confirmat ne scandalizemur, videntes malos prosperari, et bonos deprimi.

Quis enim justus videns ipsam Justitiam crucifixam, non patienter ferat, si eum adversitatis gladius aut virga percutiat? Tamen et pars gradualis personæ Christi congrue coaptatur, cum dicitur : Tenuisti, etc. Nam in voluntate sua eum deduxit, et in manus inimicorum tradidit. In offerenda manifesta sunt verba Christi patientis, et insignia passionis, quæ sumpta sunt de psalmo sexagesimo octavo, qui totus ex persona Salvatoris orantis in passionis agone conscribitur. Et attende quod hac die, et in tertia et in quarta feria, dicitur ante passionem : Dominus vobiscum, sed non, Gloria tibi, Domine ; nostræ tamen consuetudinis est ad nullam passionem præmittere, Dominus vobiscum, nec Gloria tibi, Domine, nec librum osculari, nec incensare, nec etiam nos, vel librum signare, sed cum venitur ad eum locum : Altera die [89], etc., incensum datur, liber osculatur, fontibus signum crucis imprimitur, communio de Passione sumitur, quæ duplicatur, vel quia Dominus pluries sic oravit, vel quia pro duobus populis passus fuit. Et attende quod hæc hebdomada Major appellatur, quia prolixius, et majus habet officium. Dicitur etiam Poenosa, quia tunc debemus peccata nostra punire; dicitur et Sancta, quoniam impii justificantur in ea, in qua utimur præfatione de Cruce.

Feria secunda, secunda dies mundanæ creationis, minus et cæteris ornata diebus. Nam cum dixisset Dominus : « Fiat firmamentum in medio aquarum [90], » non est additum, « vidit Deus quod esset bonum [91]. » Licet enim apud Septuaginta Interpretes hoc quidem addatur, tamen in veritate Hebraica non habetur : in quo binarius numerus infamatur, quia primus ab unitate degenerat et divisionem significat. Unde in ipso facta est aquarum divisio ; non est ergo mirum si hac dies secunda, quæ respicit illam, et diximus, minus cæteris in officio suo Dominicæ mortis purpuratur insignibus. Verumtamen hujus diei continet evangelium, quod venit Jesus Hierosolymam, et cum gentiles eum videre vellent [92], utpote salutem suam, de qua Jacob : « Ipse erit exspectatio gentium [93] », granum frumenti se appellavit [94], Judæorum infidelitate mortificandum, sed gentium fide multiplicandum, et infra subdidit : Si exaltatus fuero a terra, omnia traham ad me. Hoc dicebat significans qua morte esset moriturus [95]. Quia ergo Hierusalem venit, et in manus quærentium se, animam suam tra-

[81] Gal. 6. [82] Jos. 3. [83] Matth. 26, 27. [84] Prov. 14. [85] Luc. 19. [86] Matth. 27. [87] Philipp. 2.
[88] Psal. 72. [89] Matth. 27. [90] Gen. 1. [91] Ibid. [92] Joan. 12. [93] Gen. 49. [94] Joan. 12. [95] Ibid

didit, congrue præmittitur lectio Isaiæ dicentis in persona Domini : *Retrorsum non abii, corpus meum percutientibus dedi* [96]. Cætera sunt orationes passuri, quibus impugnantes expugnari et se postulat eripi.

Feria tertia passionem præcedit lectio Jeremiæ dicentis in persona Domini : *Ego quasi agnus qui portatur ad victimam*, et infra : *Consilia cogitaverunt adversum me dicentes : mittamus lignum in panem ejus* [97]. Per hos dies quibus Dominus docebat in templo, et noctibus ad montem Oliveti revertebatur, hæc fuerunt illorum consilia : quia superbus Aman quærebat in domo sua quomodo perderet Mardochæum [98] : hic est diabolus quærens in cordibus Judæorum quomodo interficeret Jesum, hoc lignum est crux Domini, Judæis scandalum, sapientibus stultitia [99], nobis vero gloria. Unde in introitu : *Nos autem gloriari oportet in cruce Domini* [100]. Cætera sunt verba Christi agonizantis et resurrectionis gloriam exorantis.

Feria quarta formatus est sol visibilis ad mundi lucem [1], et venditus est Sol justitiæ ad nostram salutem [2] : Hac etenim die pacti sunt Judæi dare pecuniam proditori, qui spopondit eis tradere Salvatorem [3]; igitur pro eo quod hæc feria est Ecclesiæ capite diminuta, per totum anni circulum, secundum post sextam feriam obtinet locum in observatione pœnitentialium jejuniorum. Propterea quoque hac die passio legitur [4], ubi Dominus in agonia factus orasse dicitur. Ne quis ergo stare præsumat elatus, cum ille pro nobis genua deposuerit, præcinitur in introitu : *In nomine Domini omne genu flectatur* [5], quia ex his pro persecutoribus orare tenemur. Docet ordo Romanus hac die genuflexiones et orationes facere, quas in sexta feria consuevimus recitare. Et vide quod hæc antiphona, licet rarum sit, de Apostolo sumitur, et intercipit institutor officii : *Omnis lingua confiteatur*, eo quia Judaica silet. Deinde sequuntur duæ lectiones, et ad utramque *Flectamus genua* dicitur. Et sunt hæ lectiones Isaiæ, qui satis evidenter commercium innuit venditoris dicens : *Ecce merces ejus cum eo* [6]. Sed et habitum exprimit patientis, dicens in prima : *Quis est iste qui venit de Edom*, id est sanguineis vel terrenis Judæis, *tinctis vestibus*, id est membris corporis, quæ sunt vestimenta divinitatis, sanguinis purpura sumpta, *de Bosra*? Bosra est civitas in Moab, et interpretatur *firma*; translativa est Jerusalem, quam Dominus suo firmaverat quondam auxilio, sed facti Moabitæ, id est ex patre diabolo [7], vestes regis tinxere purpura sanguinis. Cumque respondisset : *Ego qui loquor justitiam* [7*]. Iterum interrogatur : *Quare ergo rubrum est indumentum tuum, et vestimenta tua sicut calcantium in torculari* [8]? Quasi cur cruentatus es pressura

crucis, si tu justitiam loqueris ? at ille : *Torcular calcavi solus* [9], pro omnibus, ut omnes liberarentur. In secunda quoque lectione describitur in eodem schemate, in quo ab evangelista repræsentatur in passione, ubi *non est ei species, neque decor* [10], et infra : *Sicut ovis ad occisionem ducetur*. Duæ vero lectiones leguntur : quia Christus pro duobus populis traditur. Ad utramque genua flectuntur, quia ab utroque populo adoratur, et quia in ejus nomine cœlestium, et terrestrium genuflectitur [11].

Post primam, graduale cantatur; post secundam, vero tractus : utrumque in persona Christi, cum tribulabatur, orantis est ; tractus autem quinque versus habet, propter quinque vulnera Christi. Et attende quod hic agitur, quod unus amplius versiculus, et in Parasceve et in Sabbato Quatuor Temporum, invenitur, scilicet ut epistolam continuo tractus sequatur. In aliis enim diebus epistolas aut graduale sequitur, aut alleluia, ne nos musicus reprehendat dicens : ‹ Cantavimus, et non saltastis, lamentavimus, et non planxistis [12]. › Alleluia canitur pro salutatione, graduale pro planctu subjungitur pœnitentiæ. Sed quia musicus ille nobis aufertur, nam hodie venditur, in Parasceve crucifigitur, ideo ad majorem luctum insinuandum tractus epistolam committatur. Quod enim tractus majorem luctum significet quam graduale, per hoc innuitur, quia nunquam cum alleluia cantatur, nisi ob causam specialem in Sabbato paschali, ubi duæ lectiones leguntur, quia Christus qui pro nostra anima et carne mortem subiit, nunc morti ascribitur : pro utrisque enim Christus mortuus est. Unde Ambrosius : ‹ Caro Christi pro salute corporis et sanguis pro anima nostra effusus est. › In prima recolitur mors animæ ; ideoque unus versus sequitur, quia unus homo non nisi unam habet animam ; in secunda corporis, ideoque tractus cum quinque versibus sequitur, ut quinarius sensuum corporis insinuetur, per quorum fenestras mors ingreditur [13]. Lecta passione, in offerenda repetita committatur oratio. In communione vero sunt voces et verba flentis, et tamen de Sion, pro qua patitur, misericordia consolantis [14].

CAPUT XI.
GENERALIA TRIUM DIERUM.

Sicut fuit Jonas in ventre ceti tribus diebus, et tribus noctibus [15], sic triduanæ Dominicæ mortis exsequias tribus diebus in magna tristitia repræsentat Ecclesia ; et, ordine inusitato propter inordinata corda Judæorum, suum celebrat officium, incipiens a quinta feria duabus ex causis, vel quoniam jam intervenerat infame commercium Judaicæ proditionis, vel quia septuaginta duobus horis voluit defuncti Christi exsequias celebrare. Ut septua-

---

[96] Isa. 50.   [97] Jer. 11.   [98] Esther 5.   [99] I Cor. 1.   [100] Gal. 6.   [1] Gen. 1.   [2] Malach. 4.   [3] Matth. 26.
[4] Luc. 22, 23.   [5] Philipp. 2.   [6] Isa. 62, 63.   [7*] Joan. 8.   [7] Isa. 63.   [8] Isa. 53.   [9] Ibid.   [10] Ibid.   [11] Philipp.
[12] Matth. 11.   [13] Jer. 9.   [14] Psal. 101.   [15] Matth. 12.

ginta duorum discipulorum tristitiam posset exprimere, noctem vero Dominicæ resurrectionis decebat victoriæ gaudiis illustrari; et ideo mortis
luctum nocte quintæ feriæ oportuit præveniri.

Illis itaque tribus diebus, id est septuaginta duobus horis, scilicet quintæ et sextæ feriæ, et Sabbati,
hujus insignia tristitiæ humanis auribus et oculis
præferuntur, videlicet quod neque nocturnæ vigiliæ,
neque horæ diurnæ initium et finem habeant consuetum. Subticentur enim in vigiliis nocturnis :
Deus in adjutorium, hymnus, *Gloria* etiam in fine
psalmorum, *Jube, domne*, et *Tu autem* in lectionibus, quarum tres potius lamentando quam legendo
leguntur, singulæ candelæ per psalmos singulos
exstinguuntur; alicubi duodecim, alicubi viginti
quatuor, alicubi septuaginta duo luminaria disponuntur. Quibus exstinctis ad *Benedictus* [16], vocis
quasi crepantis sonus emittitur, deinde per *Kyrie
eleison* lugubria lamenta cantantur; et sic vigilia
cum *Pater noster*, et *Miserere mei Deus* [17], et inusitato fine clauduntur, et quinque reliquæ horæ
usitatis principio carent, et fine. Imminente vespera, id est in fine quintæ feriæ, majora sequuntur
tristitiæ incitamenta, quoniam altaria spoliantur,
vino lavantur, campanæ conticescunt, tabulæ compulsantur; omnes præter nocturnas vigilias, regulares horas absorbet triste silentium. Usum novimus, mysteria requiramus.

Regularibus igitur horis principium et finem subtrahimus, quia Christus qui est « alpha et omega,
initium et finis [18], » est nobis ablatus, et in manus
impiorum traditus. Ideoque laudibus nostræ jocun-
ditatis, id est regularibus horis capita præcidimus,
quia capite diminuti sumus, fines quoque ipsarum,
ut, *Per Dominum nostrum*, et *Benedicamus Domino*,
et *Gloria Patri*, omnino omittimus. In quo repræsentamus antiquam Ecclesiæ consuetudinem : Hieronymus enim hunc usum instituit, et Damaso
scripsit : « Similiter et *Te Deum laudamus* sub silentio præterimus. » Quomodo enim eum rogabimus
in nostrum intendere adjutorium quem proprio
auxilio destitui cernimus ? Quomodo ei exsultabimus, quem capi, flagellari, et in cruce pendere videmus ? Vel ideo invitatorium non cantamus, ut
conventum malignantium [19], qui adversus Jesum
fecere concilium [20], devitemus. Quomodo ei cantabimus gloriam et hymnum laudis, dum factus est
opprobrium gentium et abjectio plebis [21] ? Si enim
gloria ejus est resurrectio, juxta illud : « Exsurge,
gloria mea [22], » ergo humiliatio est mors et sepultura.

Quomodo quoque *Jube Domne*, et *Tu autem*,
benedictio vel misericordia postulatur, cum pastor
misericors deficiat et arietes disperguntur [23] ? Vel
per *Jube Domne*, intelliguntur ad prædicationem
euntes, per *Tu autem*, a prædicatione redeuntes.

Quoniam ergo his diebus nulli a Christo mittebantur, vel ad eum revertebantur, ideoque neutrum
dicitur; novem lectiones a canonicis et monachis
dicuntur, tres primæ de Jeremia propheta lamentationes, quæ non tam legendo quam plangendo recitantur [24], quia sicut rex Josias a Jeremia, sic rex
noster ploratur ab Ecclesia ; inscribuntur per alphabetum Hebraicum : Aleph interpretatur *doctrina*,
beth *domus*, gimel *plenitudo*, daleth *tabularum*.
Hæc est prima connexio ubi dicitur quod doctrina
Ecclesiæ quæ est domus Dei [25], est in plenitudine
Scripturarum. He, *ista*, vau, zain, et heth *vita*.
Hæc est secunda connexio, ubi dicitur quod ista, et
hæc doctrina, quam prædiximus, est vita qua vivimus. Teth *bonum*, jod *principium*, hæc est tertia
connexio, ubi dicitur quod *bonum est principium*,
per Scripturas, quasi per speculum, saltem in
ænigmate cognoscere Dominum [26]. Caph *manus*,
lamed *cor et disciplina*, hæc est quarta connexio
ubi dicitur, quod merito cordis disciplina exigitur ;
quia nihil facere possumus, nisi quæ facienda sunt
agnoverimus. Mem *ex ipsis*, nun *sempiternum*,
sammech *adjutorium*, hæc est quinta connexio,
ubi dicitur, quod ex Scripturis est nobis sempiternum auxilium. Hain *oculos*, pe *erravit*, zadi *justitia et consolatio mentibus*, cof, *aspice*, ress, *caput*,
se, *super vulnus*; tau, *signum*, vel *consummatio*,
hæc est septima connexio, ubi et in Domino, sit
mysticus intellectus, ubi dicitur aspice in Scriptura
contineri caput nostrum, a quo habemus medelam
super vulnera, et consequemur consummationem,
id est vitam æternam.

Tres aliæ de Psalmista, tres aliæ lectiones de
Apostolo subsequuntur, ut pateat, quod quem prophetæ prævidere occidendum, apostoli docent occisum. Et vide quia novem psalmi, novem lectiones,
et novem sunt responsoria, ternis nocturnis disposita, eo quod tria genera hominum, quæ per agrum,
molam et lectum unum [27] distinguuntur, quæ in
tribus temporibus creduntur fuisse, scilicet patriarcharum, legis et prophetarum ; et ad inferos descendisse : Sociavit Dominus actioni, et cognitioni, et
gaudio novem ordinum angelorum. Psalmi pertinent ad actionem, lectiones ad operum Dei cognitionem, responsoria vero ad exsultationem. Sic
itaque Salvatoris exsequiæ celebrantur, ut in modico apice ab aliorum defunctorum exsequiis distare
videantur. Exstinctio vero, quæ sequitur, candelarum, est harum proprie proprium exsequiarum.
Nam hæ tenebræ tribus noctibus celebratæ, significant tenebras, quæ tribus horis, ab hora sexta
usque ad horam nonam fuere super faciem terræ,
dum sol pendebat in cruce [28]; et ideo tribus noctibus lumen exstinguitur; quia verus sol triduo jacuit in sepulcro; duodecim luminaria exstinguuntur,
cum duodecim apostoli disperguntur, juxta illud :

[16] Luc. 1. [17] Psal. 50. [18] Apoc. 1. [19] Psal. 63. [20] Joan. 11. [21] Psal. 21. [22] Psal. 56. [23] Zach.
13; Matth. 26. [24] Thren. 1. [25] I Tim. 3. [26] I Cor. 15. [27] Luc. 17. [28] Matth. 27.

‹ Percutiam pastorem et dispergentur oves gregis [29]. ›

Per viginti quatuor luminaria secundum quosdam, similiter apostolos intelligimus, qui sunt duodecim horæ nocturnæ, id est Ecclesiam illuminantes, qui Dominum gloriæ in nocte hujus sæculi prædicavere. Unde in festivis noctibus viginti quatuor gloriæ decantantur, verbi gratia, primo ad *Deus in adjutorium*, secundo ad *Venite*, tertio ad hymnum, novies ad psalmos, ter ad responsoria, item ad *Te Deum*, item ad *Deus in adjutorium*, quinquies item ad psalmos, idem ad hymnum, demum ad *Benedictus*, quæ consideratæ fiunt viginti quatuor gloriæ, quasi totidem horæ, quas omnes glorias propter exstinctum solem justitiæ subticemus, et ideo luminaria toties exstinguimus. Per septuaginta duo luminaria, septuaginta duos discipulos accipimus, quorum tristitiæ scandalum repræsentamus; idem etiam intelligimus, per septuaginta duas horas ut prædiximus, in tristitia celebratas; vel numerosa luminaria, quæ surgentes ad matutinas reperimus ardentia, significant sanctos, qui prophetando sermone lucentes, solem justitiæ [30] nasciturum quasi stellæ præviæ nuntiaverunt, quos Judæi occidere. Exstinctio igitur candelarum excæcationem Judaicæ gentis significat quæ prophetas occidit, et eos qui ad se missi fuerant lapidavit [31], tandem occiso Domino prophetarum, in tenebris perfidiæ cecidit. In eo quod singulæ ad psalmos exstinguuntur, significatur quod singuli prophetæ ab illis sunt occisi, completo suæ ministerio prophetiæ; quæ ultima exstinguitur major cæteris, secundum quosdam, significat Christum, qui fuit Dominus prophetarum; secundum vero alios, non major cæteris, et similiter significat Christum, qui reputatus est quasi unus ex prophetis [32]. Hic ultimus exstinguitur; quia nullus post eum apud illos propheta surrexit, sed exstinctus, ejus perfidiæ tenebras dereliquit. Ad canticum autem evangelicum exstinguitur, quia Christus evangelizans occidetur; et attende quod pastoris officia, ut capitulum, subticentur; quia pastores dispersi fuerant; versus tamen, quod est minorum officium, non demittitur; quia discipuli minus cogniti videbantur. Unde et hoc officium triduanum potius a minoribus celebratur in typo minorum discipulorum, et mulierum quæ Dominum sequebantur. Vociferatio ad *Benedictus* [33] in tenebris, concrepatio est Judæ proditoris, et cæci discipuli salutatio, ‹ Ave, Rabbi [34]; › clangor, et tremor canentium est tumultus Dominum persequentium, et eum ironice adorantium. Vel significantur lamenta sanctarum mulierum quæ sequebantur Dominum, quæ leguntur propterea lamentari ‹ se dentes contra sepulcrum [35]. ›

Est autem, secundum quorumdam consuetudinem, hic ordo canentium : Cantores ante altare decantent *Kyrie eleison, Christe eleison, Domine, miserere;* chorus respondeat, et clamet similiter populus. Cantores, *Christus Dominus factus est obediens pro nobis;* chorus et populus respondent similiter. Cantores, *Christus, Dominus qui passus est;* chorus et populus similiter. Cantores, *Christus, Dominus;* chorus vero et populus semper respondeant, *Kyrie eleison, Domine miserere.* Hoc tamen, quia pro nobis vita in ligno moritur, non nisi in sexta feria proferatur. Oratio et alia quæ sequuntur sub silentio in tenebris, significant quod apostoli trepidavere in occultis. Postmodum novus ignis de lapide vel cristallo producitur, quia per Christum mediatorem nostrum nobis Spiritus sanctus infunditur. Reaccenditur autem ad nostram utilitatem et propter nostram infirmitatem, quia sine lumine non possumus esse, alioquin post primam exstinctionem deberet exstinctus remanere usque ad resurrectionem. Altare Christum significat; sicut enim præeminet templo, sic Christus corpori suo, ‹ quod est Ecclesia [26]. › Unde : ‹ Altare de terra facietis mihi [37]. › Altare de terra facere est incarnationem ejus credere vel sperare; super quod munus offerimus etiam, et actus nostros incarnationis Dominicæ fide solidamus.

Cum itaque nudum altare conspicimus, illud propheticum ad memoriam revocamus, scilicet : ‹ Ecce vidimus eum, et non est ei species, neque decor, et consideravimus eum despectum, et novissimum virorum [38]; › quod accidit in passione, quam antea formosus, speciosus forma præ filiis hominum exstitit [39]; › vel altaris exspoliatio Christi est denudatio, qui fuit denudatus ad columnam et ad crucem, cum divisere milites sibi vestimenta sua [40], feceruntque partes quatuor, et super tunicam miserunt sortem [41]. Vel altare nudum significat Christum ab apostolis derelictum. Unde : ‹ Qui juxta me erant, de longe steterunt [42]; › et in Evangelio : ‹ Relicto eo, omnes fugerunt [43] : › nam vestimenta altaris sunt. Vel significant Christum divinitatis gloria denudatum. Unde : ‹ Deus, Deus meus, ut quid me dereliquisti [44]? Clamat caro moritura separatione divinitatis, id est quia non præstabat solitum auxilium, hic est Noe, qui vineam plantavit, bibit, inebriatus est, et denudatus est [45]. Christus in quo requiem invenimus animabus nostris [46], qui gentem Judaicam fovit, de cujus amaritudinibus inebriatus est, cum somno mortis soporatus est; et tunc apparuit divinitatis gloria denudatus. Vino et aqua altaria lavantur ad significandum, quod de latere Christi fluxere sanguis et aqua [47], vel ut ostendatur quod non Joannis, sed suo baptismo fuerit baptizatus, scilicet ex aqua et Spiritu sancto. Lavantur autem cum psalmodia pœnitentiali, vel

[29] Zach. 13.   [30] Malach. 4.   [31] Matth.. 23   [32] Matth. 16.   [33] Luc. 1.   [34] Matth. 26.   [35] Matth. 27.   [36] Coloss. 1.   [37] Exod. 20.   [38] Isa. 53.   [39] Psal. 44.   [40] Matth. 27.   [41] Joan. 19.   [41] Psal. 37.   [42] Matth. 26.   [44] Matth. 27.   [45] Gen. 9.   [46] Matth. 2.   [47] Joan. 19.

cantu ad passionem pertinente. Hispida vini et A olei, cum quibus lavantur, flagella significant, quibus pectus sacratissimum tundebatur.

Et attende quod quidem in ipsa quinta feria, hora jam advesperascente, altaria denudantur, sed duntaxat, in Parasceve lavantur quod magis congruit rationi. Campanæ conticescunt, per quas apostolos intelligimus, qui, charitatis igne docente, in protectione Dei cœli [48] quasi terræ fortitudinis commanentes, intus suspensa ratione pœnitentes, non tacebant prædicare nomen Dei : sed in passione non solum conticuerunt, sed etiam fugerunt [49], et veritatem negaverunt. Unde campanis silentium non indicimus, nisi a vespera qua traditus est Dominus, quando videlicet omnes fugerunt discipuli, præter Joannem qui erat notus pontifici [50]. Nostræ tamen consuetudinis est ad primam quintæ feriæ, et non ulterius campanas sonare : per signum vero tabulæ terrorem accipimus ; ideoque tabula percutitur ; quia magnus timor a Judæis apostolis incutiebatur. Vel per lignum in ligno, malleum, scilicet in tabulato suspensum, intelligimus Christum, qui est lignum plantatum secus decursus aquarum [51], qui in crucis ligno pependit. Solum ergo lignum pulsatur, quia solus torcular calcavit [52], vel in usu ligneo Salvatoris innuitur humanatio ; etenim humilior est æris sono. Notatur antiqua Ecclesiæ consuetudo. Unde orientalis Ecclesia usum adhuc tenet lignorum, non propter æris penuriam, sed propter vetustatem. C Silentium horarum significat illud silentium apostolorum, quando jam non circuibant evangelizando vicos et urbes, sed hymno dicto exierunt cum Jesu in montem Olivarum, qui, cum dixisset Dominus : « Ecce appropinquat, qui me tradet [53] ; » præ tristitia dormitaverunt, et a laudibus conticuerunt ; unde a completorio silentium inchoatur. Sed cum diurnas horas triste silentium aperiat, quare nocturnas vigilias melodia colorat? Respondeo, quia diurnis horis significamus præsentiam Dominicæ passionis. Nocturnis autem vigiliis priora tempora designamus, quibus futuram eamdem passionem prophetæ prænuntiaverunt, qui quia non tacentes interfecti sunt, idcirco nobis voces illorum proferentibus, candelæ, ut prædiximus, exstinguuntur. D

CAPUT XII.

IN COENA DOMINI.

Sume tibi, Moyses, aromata prima et oleum de olivis [54]. Sicut feria primæ hebdomadæ, quæ fuit nostræ creationis genus ex aquis ortum [55], partim remittitur gurgiti, partim levatur in aera, ut stirpe una proditum diversa rapiat loca, sic et in quinta feria hujus hebdomadæ, quæ est nostræ recreationis, sacramenta unius ejusdemque salutis, partim nos deprimunt in tristitiam, partim levant ad gaudia, id-

eoque diverso cultu vel habitu tristitiæ videlicet, et lætitiæ, hodierna celebrantur officia, et quidem causas tristitiæ superius exposuimus ; nunc vero causas lætitiæ prosequamur. Hodie namque pœnitentes absolvuntur, et ejecti ab ecclesia in capite jejunii hodie in gremium matris suæ recipiuntur pluribus ex causis ; quia, sicut prædiximus, hac die pisces separantur ab avibus, pisces in imis et humidis relinquuntur, sed ad cœlestia volucres elevantur [56]. Pisces sunt peccatores, sed volucres innocentes aut pœnitentes, vel quia Joannes Baptista in fine quintæ ætatis pœnitentiam prædicavit [57], et Christus in fine quintæ ætatis, qui postea solvit chirographum humani generis [58]; ideo Ecclesia pœnitentes in quinta feria solvendos esse instituit vel quia hodie captus est Dominus et ligatus [59], ideo ligati hodierna die solvuntur ; ut quid enim misericordia ligatur, nisi ut miseros peccatores solveret pœnitentes? sicut ait Apostolus : « Christus pro impiis mortuus est [60], » vel quia hodie lavit Dominus pedes discipulorum [61], ideo fit hodie solutio pœnitentium, nam lotio pedum remissionem denotat peccatorum. Forma reconciliationis est hæc : exit pontifex ad januas patentes Ecclesiæ, ubi jacent pœnitentes in terra prostrati, et eos vice Christi vocat ad timorem Domini, dicens : *Venite, venite, venite, filii, audite me, timorem Domini docebo vos* [62], hanc esse vocem Christi, probat titulus psalmi, de quo sumitur, qui talis est. *Psalmus David, cum immutavit vultum suum coram Abimelech, et ferebatur manibus suis, et dimisit eum Abimelech* [63]. Abimelech interpretatur *Patris mei regnum*, per quem Judæos accipimus, coram quibus verus David mutavit vultum, id est sacrificandi ritum, et ferebatur in manibus, quando panem et vinum dedit discipulis suis, dicens : « Hoc est corpus meum, et hic est sanguis meus [64], » quod quidem hodie factum est ; dicens ergo pontifex vicarius Jesu Christi *venite*, pœnitentes invitat ad corporis sanguinisque convivium ; proinde pro eis orat, genua flectit, eos admonet, eosque reconcilians in ecclesia introducit. Illud notabile est quod undique januæ pateant, ut advertas nec ab austro, nec ab aquilone, id est nec justos, nec peccatores quin accedant ad misericordiam prohibendos, et a Pascha, eo quod in octava nostræ resurrectionis nullum erit improperium peccatorum electis. Illud quoque notabis quod recepti, crines et barbam, quam nutrierant, deponunt et se vestes mundas induunt, a Joseph capientes exemplum, qui de carcere sublatus, tonsus est, lotus et vestibus decoratus [65]. Per hæc quoque innuitur quod deponentes multitudinem peccatorum, induunt vestimenta virtutum.

Hodie chrisma conficitur et consecratur. Tres sacræ sunt species unctionis, oleum infirmorum,

[48] Psal. 90.   [49] Matth. 26.   [50] Joan. 18.   [51] Psal. 1.   [52] Isa. 63.   [53] Matth. 26.   [54] Exod. 30.   [55] Gen. 1. [56] Ibid.   [57] Matth. 3.   [58] Col. 2.   [59] Matth. 26.   [60] Rom. 5.   [61] Joan. 13.   [62] Psal. 33.   [63] 1 Reg. 21. [64] Matth. 26.   [65] Gen. 41.

oleum chrismatis et oleum catechumenorum. Poterat Dominus fidelibus absque visibilibus signis gratiam suam infundere; poterat enim antiquos sine circumcisione, modernos sine oleo et aqua salvare. Salvavit enim Abel et Noe, qui circumcisionis gladium non sensere; salvavit innocentes [66], qui sine aqua et oleo, sanguinem pro Christo fudere. Salvat etiam illum; qui fideliter ad sacramentum festinans, morte praevenitur, qui non re sacramenti, sed specie sacramentali privatur. Sed maluit haec observari, tum ut ministri non torpeant, sed exerceantur, tum ut humilitas comprobetur, tum ut ex visibilibus « invisibilia ipsius, a creatura mundi, per ea quae facta sunt, intellecta conspiciantur, sempiterna quoque virtus ejus et divinitas [67]. » Quod exponens Augustinus ait in psalmo vigesimo quarto : oleum visibile in signo est, oleum invisibile in sacramento est, oleum spirituale intus est ; sicut oleum visibile infirmitates fugat, artus recreat et illuminat, sic invisibilis gratia, quae per oleum figuratur et per unctionem infunditur, vitia fugat, virtutes corroborat, et radiis veri solis illustrat, unde post institutionem, haec suo tempore contemnere, secundum Augustinum, peccatum est mortale. Instituit autem Dominus circumcisionis signum antiquis et nobis aquam baptismatis, oleum infirmorum apostoli, unde in Evangelio : « Ungebant aegrotos oleo et sanabantur [68]. » Oleum chrismatis et catechumenorum instituere apostolici viri, unde illud prius ; quia prior est et venerabilior doctrina apostolorum, quam apostolicorum; oleum infirmorum est quo unguntur infirmi secundum quod Jacobus ait : « Infirmatur quis in vobis, advocet sacerdotes, ut orent super eum, et ungant eum oleo sancto [69]. » Aiunt quidam hanc unctionem per unum sacerdotem fieri posse, sed non debere, si plures possunt adesse; hujus olei benedictio in eo loco canonis bene dicitur, ubi uvas benedicere consuevimus, scilicet ubi concluditur : *Veniae, quaesumus, largitor admitte, per Christum Dominum nostrum.* Non enim habet proprium officium, id est non in capite verba salutationis, ut *Dominus vobiscum*, non *oremus*, nec in fine concluditur, ut caeterae orationes, *per Dominum nostrum*, sed exorcismo et benedictione finita, statim subjungitur, *ver quem haec omnia, Domine, semper bona creas*, etc., et hoc ideo quia non est officium per se, sed est embolismus praecedentis officii, scilicet illius orationis : *Nobis quoque peccatoribus*, sicut *Libera nos, quaesumus*, est embolismus praecedentis Dominicae orationis.

Rationabiliter hujus olei quod est infirmorum benedictio, illi orationi conjungitur, ubi pro poenitentibus et migraturis oratur. Rursus rationabiliter ibi oleum morientium conficitur, ubi mors Domini consummatur, ut sicut mors Christi destruxit auctorem mortis, sic gratia, quae per unctionem morienti confertur, destruat peccata, quae sunt causa

mortis [70]. Quod oleum offertur a populo, sumptum est de Exodo [71], ubi dicitur : « Praecipe filiis Israel, ut offerant tibi oleum de arboribus olivarum, quod ministerium significat terrenam administrationem debere adesse spirituali, juxta illud : « Si vobis spiritualia seminamus, magnum est si carnalia vestra metamus [72]? » quod cum offertur, simplex liquor est, sed benedictione fit sacramentum, quod non tantum pontifex, sed presbyteri-benedicunt. Inde est, quod hoc sacramentum fuit a Christo discipulis institutum, vel tractum est ab antiqua consuetudine, qua consueverant in Ecclesia primitiva presbyteri simul cum pontifice verbis et manibus corpus Christi conficere, forte ad testimonium, vel ad juvenculae disciplinam, ut hodie cum ordinatore faciunt noviter ordinati. Quod in hujus duntaxat olei benedictione, Spiritus Paracletus nominatur, ut ibi : *Emitte Spiritum sanctum Paracletum de coelis*, non sine causa esse, quod ut pateat videamus, quid Spiritus operatur in singulis. Oleum ergo catechumenorum, quod exorcismale potest non incongrue nominari, jubet diabolum recedere a catechumeno, qui adhuc pro mortuo deputatur. Oleum chrismale sanctificat viventem ex mortuis. Oleum infirmorum medelam tribuit sauciatis, aegritudinem sequitur dolor, dolorem consolatio, Paracletus *consolator* interpretatur. Qui autem mortuus est, non dolet, quia non sentit, et ideo non sequitur consolatio; qui vero sanctificatur, dolorem non habet, et ideo consolatione non indiget. Oleum principale quod chrisma vocatur, ex balsamo mundissimo et purissimo conficitur oleo. Chrisma Graece, Latine dicitur *unctio*, unde Christus, id est *unctus*. Chrisma initium habuit a Veteri Testamento, ubi Dominus praecepit Moysi, ut chrisma conficeret, dicens : « Sume tibi aromata prima et oleum quo tabernaculum dedicaret, et arcam testimonii, et Aaron et filios ejus, et reges ungeret [73]. » Moyses autem non legitur unctus oleo [74] naturali, sed unctione solummodo spirituali, sicut Christus. Inde est quod unctione chrismatis ecclesias dedicamus, calices consecramus, pontifices et reges inungimus, et quia omnes tenemur oleo bonorum operum et misericordiae relucere, et fidei balsamo redolere, sed et membra Christi regis et summi pontificis esse, ut nos ipsos bonis moribus regamus et Domino sacrificemus ; ideo quilibet et hac unctione chrismatis inungitur duabus vicibus, a simplici sacerdote in vertice, ab episcopo in fronte. Ideoque duabus vicibus, quia bis datus est spiritus, quem significat, scilicet, quando Christus insufflavit apostolis, dicens : « Accipite Spiritum sanctum [75], » et quando misit de coelo Paracletum [76]. Et attende quod hoc facit episcopalis confirmatio baptizato, quod tutor pupillo; nam, quid prodest, si quispiam magnum conferat haereditatem filio, nisi provideat ipse, vel lex, vel praeses, illi tutorem? Paracletus est regene-

[66] Matth. 2.   [67] Rom. 1.   [68] Marc. 6.   [69] Jac 5.   [70] Hebr. 2.   [71] Cap. 27.   [72] I Cor. 9.   [73] Exod. 50.
[74] Psal. 44.   [75] Joan. 20.   [76] Act. 2.

ratis in Christo consolator, custos et tutor, qui possent, diabolo suadente, sicut parvuli suam perdere facultatem, id est baptismatis utilitatem, si hunc non haberent tutorem. Chrisma igitur signum est Spiritus sancti, qui bene per hanc voluit speciem significari. Oleum enim alios liquores in levitate superat, et claritate, ut nautarum arte probatur. Balsamum excellit odore, ut praticorum testimonio roboratur, sic Spiritus quem replet, illuminat et a fluctibus peccatorum alleviat; et in quo spiraculum facit, odorem suavitatis emittit. Recte in chrismate balsamum commiscentur et oleum, eo quod oleum vitam significat, balsamum vero doctrinam, in quovis chrismate uncto, gratiæ septiformi repleto, debet vita consonare doctrinæ; sunt enim connexa, ut in ipsis donis apparet; quia sapientia ad vitam pertinet, intellectus et consilium ad doctrinam, fortitudo ad vitam; scientia quoque ad doctrinam, pietas ad vitam; vel per oleum misericordiam, per balsamum intellige famam et opinionem bonarum virtutum. Lucere namque nostra opera debent coram Deo et hominibus, ut qui vident, glorificent Patrem nostrum, qui in cœlis est [77]. Rursus oleum membra fessa refovet, balsamum redolere facit, fovet, cum peccata relaxans, fortitudinem operum præstat, quæ in alios per balsamum boni odoris inspirat, vel per chrisma Christum accipimus. Unde oleum effusum est nomen suum [78], qui cum sit de lumine lumen, nos illuminavit; cum sit lapis angularis [79], utrumque parietem pacificavit, qui portavit in se langugres et vulnera peccatorum [80], qui volavit, volavit super pennas ventorum [81], in cujus odore currimus unguentorum [82].

Oleum quoque sanctum a lege sumpsit exordium, quo reges tantum et sacerdotes ungebantur, sed hodie qui tenemur nos ipsos regere, et in sacrificium offerre omnes eo in scapulis ungimur, et in pectore, in scapulis, ut simus robusti ad portandum onera legis; in pectore, ut simus intelligentes mandata ejus. Utriusque olei, id est chrismatis, quod ideo principale vocatur, quoniam ad ejus unctionem, principaliter Spiritus sanctus datur, et olei sancti consecratio, proprium habet officium; quia utrumque primo exorcizatur, deinde ad *Dominus vobiscum*, et *Sursum corda* benedictio inchoatur, finiturque per *Dominum nostrum*. Sed in exorcismo sancti olei concluditur : *Qui venturus est*; quia pertinet ad diabolum ab eo, qui adhuc mortuus est, effugandum, qui audiens futurum judicium, in quo se scit esse damnandum, facilius effugatur : quia illius tremore concutitur. In exorcismo vero chrismatis olei concluditur : *Qui vivit et regnat*; pertinet enim ad eos qui resurrexere, et vivunt cum Christo; in utriusque ampullam ter halat episcopus, qui per spiritum suum a pulmone organoque in publicum

procedentem, et ampullam operientem, demonstrat tertiam personam, scilicet Spiritum sanctum a Patre et Filio prodeuntem, in corpore Domini habitare; ampulla enim cum chrismate, corpus significat cum divinitate, vel trinus habitus innuit Trinitatem, quod in benedictione dicitur. Hæc unctio vultus nostros jucundos efficit, ac serenos, per vultus nostros manifestationem operum intelligamus. Utrumque in ea canonis parte consecratur, ubi pax datur, quoniam ad hoc ungimur, ut pax regnet in nobis; nisi enim pacifici Deo fuerimus, et hominibus, donis Spiritus sancti per unctionem chrismatis nullo modo repleri merebimur; nam et olea, ut Isidorus ait, arbor est pacis insignis, cujus fructus oliva, et succus oleum nominatur. Utrumque etiam simili solemnitate offertur, salutatur et refertur, forma vero solemnitatis hæc est dicto post benedictiones episcopales : *Et pax ejus sit semper vobiscum*. Antequam dicatur *Agnus Dei*, solus pontifex communicet, et cum communicaverit, sedeat, et ampullas exspectet, et hoc solemnitatis ordine portentur. Duo præcedant acolythi cum luminaribus, deinde vero duæ cruces, in medio quorum acolythus portet ampullam chrismatis futuri. Postea sequantur duo thuribularii, in quorum medio acolythus portet ampullam olei futuri catechumenorum. Ampulla cum oleo humanitatem significat plenam Spiritu sancto : ergo duo luminaria, duæ cruces et duo thuribula sunt lex et prophetiæ, quæ prædixerunt Christum passum, et tamen esse Deum. Deinde sequitur evangelium, quoniam evangelium sequens affirmat, quod lex et prophetiæ prædixerant. Demum duodecim presbyteri sequuntur bini et bini. Testes chrismalis mysterii, hi sunt apostoli bini ad prædicationis officium destinati cooperatores [83], et testes Domini nostri Jesu Christi [84]. Cantus istorum, scilicet *O Redemptor*, prædicationem et orationem significat apostolorum [85]. Quod ampulla per singulos ordines ad altare defertur, innuit quod Dominus in corpore suo ante passionem, officia sex ordinum adimplevit. Quidam vero alium servant ordinem, scilicet acolythus præcedit cum lumine; sequuntur duo presbyteri, unus cum incenso, et alius cum cruce, in medio quorum diaconus cum Evangelio. Deinde sequuntur acolythi cum ampullis, quatuor pallium super eos ferunt, demum omnes, duo sequentes cum cantu deducunt, quæ repræsentant umbram præteritam et veritatem. Acolythus enim cum lumine significat angelum in columna ignis, qui præcessit populum ad patriam gradientem [86]. Presbyter cum incenso est Aaron cum sacerdotali officio, alius cum cruce est Josue cum sceptro; diaconus cum Evangelio, Moyses cum Decalogo, pallium est tabernaculum vel columna nubis. At in veritatis exemplo, qui præcedit cum lumine est Joannes Baptista [87]. Diaconus est Christus in medio Moysi et Eliæ [88];

---

[77] Matth. 5.   [78] Cant. 1.   [79] Ephes. 2.   [80] Isa. 53.   [81] Psal. 17.   [82] Cant. 1.   [83] Luc. 10.   [84] I Cor. 3.   [85] Luc. 24 ; Act. 1.   [86] Exod. 13.   [87] Matth. 3.   [88] Matth. 17.

pallium nubes lucida, quæ illos obumbravit; duo cantores sunt prædicatores duo præcepta charitatis populis annuntiantes. Secundum vero romanum ordinem, ampullæ in sinistro brachio deferantur, quia Christus conversatus est in vita præsenti, et cum sindone antequam veniant ad altare media pars cooperiatur, et media denudetur, quia Christus ante passionem modo latuit, ut cum fugit in Ægyptum [89], cum inter cognatos quærebatur, cum parentibus subjiciebatur [90]; modo se palam exhibuit, ut cum prædicavit ultra hominem dicens : « Ego et Pater unum sumus [91], » et cum miracula fecit, in quibus suæ divinitatis virtutem ostendit; cum autem ab altario benedictæ recedunt, de manu pontificis exeuntes, visibiles et nudæ salutentur, quia Christus ab ara crucis præsentiam suam eis præbuit, quos testes suæ resurrectionis esse voluit. Cæteris autem invisibiles, et coopertæ ad salutandum deferuntur; quia Christus in cœlum rediens, factus est hominibus invisibilis, qui licet eum non videant, tamen quotidie venerando salutant; ergo sindon munda est ejus caro, vel conversatio immaculata. Quinquies ab episcopo salutatur, ut de quinque vulneribus ei gratiarum actio reforatur. His itaque peractis, schola dicat : *Agnus Dei*; et communionem, deinde communicent presbyteri, et cæteri communicaturi.

Tunc chrisma vetus et oleum in lampadibus comburatur, et novum per presbyteros dividatur. Hæ tres unctiones ex eodem fiunt liquore; quia, licet divisiones operationum sint, idem tamen est spiritus, qui operatur omnia in omnibus [92]. Hæ tres unctiones hac die merito consecrantur; quoniam hodie agnus ad vesperam immolabatur, de cujus sanguine uterque postis et superliminare domorum in quibus erat edendus, liniebatur, ut hoc signo viso exterminator Ægypti [93], domos sacri convivii præteriret intactas, quo præfiguratum est, si frontibus nostris unctione chrismatis quasi sanguine Christi, qui unctus interpretatur, signum crucis imprimitur, diabolus in domibus animarum nostrarum nullam nocendi habeat potestatem. Recte ergo qua die illud figurativum agebatur, significatum solemniter celebratur. Sed dices : consequens est igitur, ut hac nocte pueri confirmentur, id est in frontibus chrismate sacro signentur ? Respondeo : Sancta Ecclesia diem illum, in quo passus est Dominus, luctui dedicavit, et solemnitatis et convivii gaudium in diem tertium, quo resurrexit Dominus, reservavit, ut tunc demum pro recuperata salute animarum, quæ parata est in sexta feria, et pro futura corporum resurrectione, quæ donata est nobis in octava, paschalis Agni convivium celebremus, dicentes : *Pascha nostrum immolatus est Christus. Itaque epulemur* [94]. Rectius ergo sumentes illud, unde postes nostrarum frontium signare debeamus, ab ipsa signatione usque ad convivium paschale cessamus, ut tunc sub

Pharaone transeuntes per mare Rubrum, signantes domos contra exterminatorem celebremus paschale convivium. Sed dices : Cur itaque usque in Sabbatum chrismatis unctio non differtur ? Respondeo : Quia ab hac quinta feria usque in vesperam Sabbati, a missarum solemniis vacamus. Ipsum autem chrisma non nisi inter missarum solemnia fas est consecrari, sed ante missam baptismum convenit celebrari, ut infra dicemus. Vel in quinta feria unctio celebratur, quia Christus in quinta fuit unctus ætate; nam in quinta venit, qui in sexta sanguine consecravit, de cujus unctione dicit Daniel : « Ungatur Sanctus sanctorum [95]; » et Isaias : « Spiritus Domini super me, eo quod unxit me; ad annuntiandum mansuetis misit me, ut mederer [96]; » et David : « Unxit te Deus, Deus tuus, oleo lætitiæ præ consortibus tuis [97]; » cujus unctio extunc cœpit, cum « Verbum caro factum est [98], » cum plenitudo divinitatis in eo corporaliter habitavit [99]. Tunc autem completa est, cum in baptismo super ipsum Spiritus sanctus in specie columbæ descendit [100]. Ideoque unctio quæ hodie conficitur ad ungendum, usque ad baptismum defertur, ut significemus Spiritum super Dominum in baptismo visibiliter descendisse, et nos in baptismo Spiritum sanctum accipere. Ex his patet in vespera Sabbati, statim post baptismum esse confirmandum, ut postea celebretur paschale convivium, et quidem puto saltem in paucos esse inchoandum confirmationis mysterium. Hodie cœnas Dominus cum discipulis, inter cœnandum lavit pedes eorum ; surgens enim a cœna lavit, et post lotionem iterum recubuit [1]. In eo ergo quod Joannes dicit hæc fieri, *cœna facta*, intelligitur parata, non consumpta. In lotione pedum nobis humilitatis exemplum præbuit, et mysticum figuravit : *Exemplum enim*, inquit, *dedi vobis, ut quemadmodum ego feci, ita et vos faciatis* [2]. Quomodo cum simus pulvis et cinis [3], non erubescimus cervicem erigere, cum opifex humani plasmatis dignatus est se discipulorum vestigiis applicare ? Quod humilitatis exemplum moriturus exhibuit, ut eorum quos suos scribebat hæredes, mentibus arctius inhæreret. Mystice surrexit a cœna, id est a convivio paternæ gloriæ cum prodiit ex accubitu Patris. Vestimenta sua deposuit, cum se exinanivit [4]; linteo se præcinxit, cum formam servi accepit [5]; misit aquam in pelvim, qua pedes lavit discipulorum, dum effudit sanguinem in remissionem peccatorum, quo lavantur pedes, id est actus nostri : quamvis enim loti simus in baptismo per fidem, si tamen dixerimus quia peccatum non habemus, nos ipsos seducimus [6]. Nam cum postea vivitur, terra calcatur, unde Petrus quamvis esset lotus, et mundus, tamen audivit : *Si non lavero te, non habebis partem mecum* [7], quotidie pedes lavat nobis, cum interpellat pro nobis [8]. Ad quod significandum hodie pavimenta Ecclesiæ la-

[89] Matth. 2.   [90] Luc. 2.   [91] Joan. 10.   [92] I Cor. 12.   [93] Exod. 12.   [94] I Cor. 5.   [95] Dan. 9. [96] Isa. 61.   [97] Psal. 44.   [98] Joan. 1.   [99] Col. 2.   [100] Matth. 3.   [1] Joan. 15.   [2] *Ibid.*   [3] Gen. 18. [4] Phil. 2.   [5] *Ibid.*   [6] I Joan. 1.   [7] Joan. 15.   [8] Rom. 8.

vantur. Nam lotio pavimentorum est signum lotio-
nis pedum, et lotio pedum est signum remissionis
peccatorum. Sed ad hunc sensum evangelicæ lo-
tionis recte præmittitur epistola : *Convenientibus*,
ubi ostenditur qualiter hoc sacramento lavamur,
scilicet si manducantes, non manducemus et biba-
mus indigne [9]. Illud validum humilitatis exemplum
tanquam hæredes et filii memoriæ commendantes,
ad ejus exemplum, mandatum in hodierna vespera
celebramus dupliciter. Primum est prælatorum ad
subditos, secundum quorumlibet ad pauperes. Constat quod prælatis potestas et humilitas sunt necessaria. Potestate usus est Dominus, quando flagello de
resticulis facto, ejecit nummularios de templo [10].
Hanc indixit Dominus protoplasto, ut dominaretur
bestiis terræ [11].

Si ergo subditi fuerint similes bestiis, utantur
baculo, et virga prælati. Humilitate usus est Dominus, dum lavit pedes discipulorum, dicens : *Qui
major est vestrum, fiat ministrator* [12]. Cumque pedes
eorum lavisset, edidit eis sermonem splendidissi-
mum, in quo sedule repromittit Spiritum sanctum [13]. Unde et nos lotis discipulorum pedibus
eumdem sermonem legimus vel audimus, significantes quod non nisi lotis et mundis gratia Spiritus sancti confertur ; secundum mandatum præfiguravit Dominus in Sabbato præcedenti, quando
venit Bethaniam, et Maria unxit pedes Jesu, et capillis extersit, et impleta est domus ex odore unguenti [14]. Pedes ungere est pauperes eleemosynis
fovere ; capillis extergere est eos superfluis reficere : hujus mandati figura. Merito prævenit illud,
sic enim debemus lavare pedes eleemosynarum unguento, ut lavemur a Domino, cujus mandati hic
est ordo. Prius panem comedimus, et pauperes inde
reficimus; deinceps a mensa surgentes, pedes pauperum lavamus ; quo facto, ad mensam redimus, et
iterum comedimus, reficimus et reficimur. Sed objicitur, quia sub anathemate præceptum est, ne
ideo jejunium hac die solvatur? Respondeo : Non
est hoc jejunium frangere, sed cœnam exemplo
Domini interrumpere. Unde nec mensa parata movetur, hinc inolevit mos canonicus, ut cum mandatum celebrant, primo in claustrales officinas, pauperes introducant, ad convivium discumbant, eosque sufficienter reficiant ; nimirum Christus in illis
suscipitur, in Bethaniam, id est in domum obedientiæ, in qua Dominus epulatur cum Maria, quæ surgens a cœna, lavit pedes Jesu : sic pauperes epulantur, imo Dominus in pauperibus, cum filia contemplationis effundentis in eos libram unguenti, id est
intentionem eleemosynæ suaviter coram Domino
redolentis. Hodie quoque cœnans Dominus cum discipulis, post typicum agnum, tradidit eis corpus
et sanguinem suum [15] Vetus finiens Testamentum

et inchoans Novum, quod decuit fieri in fine quintæ
feriæ, adveniente sexta feria, eo quod in fine quintæ ætatis, et in primordio sextæ lex finem, et Evangelium sumpsit initium. Nunc in eo completur, quod
in eodem antea figurabatur, quando Judæis eum
lapidare volentibus, exivit de templo et abscondit
se ab eis [16]. Tunc enim exivit, quando eorum sacrificia dereliquit; tunc se abscondit, cum novi sacrificii ritum instituit, in quo a carnalibus agnosci
nequivit. Igitur quia verus pontifex hodie sacrificium verum et novum instituit, Novumque Testamentum suis hæredibus moriturus sanguine suo
conscripsit, ideo sicut sol interdum inter medias
nebulas rutilat, sic missa inter tristes horas exsultat ; nam in medio tristitiæ sola missa solemnem
concentum, lætumque ministrorum meretur ornatum, ne quid venustatis sancto sacrificio desit, utpote in die suæ institutionis : est enim dies istæ
solemnior omni alia solemnitate, exceptis solemnitatibus Trinitatis; nam omnes ministri, qui possunt,
vestes debent habere solemnes, non solum ob solemnitatem novi sacrificii, sed etiam, quia perditas
sanctitatis vestes recuperant pœnitentes, sed et cantica lætitiæ cantantur et gloriæ, ut *Gloria in excelsis Deo*, non solum ob solemnitatem Eucharistiæ,
sed etiam, quia chorus angelicus gaudet de reconciliatione pœnitentium, de unctione credentium,
per quæ pax confertur hominibus bonæ voluntatis [17]. Unde secundum nostram consuetudinem,
pax datur, sed secundum alios, ad tertium *Agnus
Dei*, non dicitur *Dona nobis pacem*, sed *Miserere
nobis*, nec pax datur, quia Judas hac nocte pacis
osculo tradidit illum [18], qui est vera pax et fecit
utraque unum [19]. Sed *Gloria in excelsis* et cæteræ
solemnitates non ab aliis, nisi ab episcopis observentur, qui soli habent in hodiernis sacramentis
plenitudinem potestatis. Verumtamen nec ab aliis
Flectamus genua, nec oratio super populum profe-
rantur. Missæ vero officium nostræ redemptionis
continet summam et mysterium. Nam in evangelio
legitur de pedum lotione [20], in epistola de corpore
Christi et sanguine [21], in introitu vero de cruce [22],
in graduali de morte [23], in offerenda de resurrectione [24]. Nam hæc omnia secundum mysticum
sensum ex Evangelio, quod est caput officii pendent.
Christum enim, ut prædiximus, a cœna surgere est
ab accubitu Patris venire; vestimenta deponere, se
exinanire [25]; linteum præcingere, formam servi
accipere [26]; aquam in pelvim mittere, sanguinem
suum effundere ; pedes lavare, peccata remittere
linteo extergere, passionis fide mundare; vestimenta
resumere, est vestem gloriosæ carnis induere. Iterum recumbere, est ascendere et in dexteram Dei
sedere [27], ad hæc pertinet offerenda ; discipulos docere, est eis Spiritum sanctum mittere [28]. Verum-

[9] I Cor. 11.   [10] Joan. 2; Matth. 21.   [11] Gen. 1.   [12] Luc. 22.   [13] Joan. 13.   [14] Joan. 12.
[15] Matth. 26.   [16] Joan. 8.   [17] Luc. 2.   [18] Matth. 26.   [19] Ephes. 2.   [20] Joan. 13.   [21] I Cor. 11.
[22] Gal. 6.   [23] Phil. 2.   [24] Psal. 117.   [25] Phil. 2.   [26] *Ibid.*   [27] Hebr. 1.   [28] Act. 2.

tamen, quia nondum perfecti credebant, ideo non dicitur *Credo*, communio sumpta est de evangelio [29]. Ecce breviter summa redemptionis humanæ, quæ fuit omnibus sufficiens, unde agitur in oratione : *Deus a quo*, *et Judas*, de duobus generibus pœnitentium, uno proficientium, ut latronis confitentis, qui audire meruit : « Hodie mecum eris in paradiso [30], » et alio non proficientium ut latronis contemnentis, et Judæ proditoris, qui se suspendit laqueo [31]. Quæ quoque Redemptio facta est in vespera mundi, id est in sexta ætate sæculi : ideoque missa vespertina synaxis in senario psalmorum numero continuatur, et utrumque sub una oratione officium terminatur, per *Ite missa est*, si episcopus adest, vel per *Benedicamus Domino*, propter vespertinam conclusionem : *Concedat nobis Redemptor, per sacramenta, perfectum ut consequamur redemptionis effectum.*

CAPUT XIII.
IN PARASCEVE.

Egredimini, filiæ Sion, et videte Regem in diademate, quo coronavit eum mater sua [32]. Sicut in sexta die Deus formavit hominem de limo terræ, et inspiravit in faciem ejus spiraculum vitæ [33], sic in sexta ætate et sexta feria deformatum reformavit, captivatum a diaboli potestate redemit, dum pro nobis, non pro se crucifixus, languores nostros tulit et dolores ipse portavit [34]. Et hæc est illa sexta feria, quæ sibi nomen Parasceven antonomastice vindicavit. Parasceve *præparatio* interpretatur. Omnis autem sexta feria Parasceve dicebatur a Judæis inter Græcos dispersis, eo quia in quinta feria præparabant quæ forent in Sabbato necessaria, juxta quod de manna fuerat eis præceptum [35], scilicet sexta die colligetis ex eo duplum, quoniam in Sabbato non licebat cibos parare, sicut nec manna colligere. Qui vero inter Romanos degunt hanc diem usitatius cœnam puram cognominant. Hæc autem sexta feria sibi Parasceve nomen quadam specialitate retinuit; quia Dominus hac die nobis et pro nobis obtulit illud manna dulcedinis, quod nobis sufficiat ad Sabbatum æternitatis. De qua die quæritur utrum sit observanda in gaudio et lætitia, vel potius in tristitia? Videtur enim, quod gaudiis sit celebranda solemnibus, eo quia sit principium nostræ salutis. Item si sanctorum martyrum passiones, quibus ad immortalitatis gloriam transivere, festivis decorantur honoribus, et merito, quia « pretiosa in conspectu Domini mors sanctorum ejus [36]; » videtur quod hæc passio excellentiori sit veneranda tripudio; quia Rex sanctorum sanctis paradisum aperuit, dicens criminoso : « Hodie mecum eris in paradiso [37]; » qua captivitas est mundi redempta, inferni claustra confracta, janua cœlestis aperta. Item gloriandum, ait Apostolus, in cruce Domini nostri Jesu Christi [38].

Respondeo : Sancti statim post martyrium evolant ad regnum, Christus vero descendit in infernum; unde et si quædam nos ad exsultandum invitent, quædam tamen alia nostram exsultationem obnubilant, ut auctoritas et conscientia culpæ. Nam ex evangelica didicimus auctoritate, ut hac die contristemur, et Judæis gaudium relinquamus. Cum enim dixisset Dominus : « Modicum et non videbitis me, et iterum modicum et videbitis me; » statim adjunxit : « Mundus gaudebit, vos vero contristabimini [39]. » Rursus mulieribus eum plorando sequentibus ait : « Nolite flere super me, sed flete super vos et filios vestros [40]. » Gaudio ergo, nostræ culpæ conscientia contradicit, quia nos contumaces servi commisimus, quod vapulat ille Dominus : « Exsolvit enim quæ non rapuit [41]. » Differendum est igitur gaudium tantæ salutis, necessariæ redemptionis, ereptæ captivitatis, januæ cœlestis apertionis, de quibus objecimus; differendum est, inquam, usque in diem tertium quo victor resurrexit, et tunc pro redemptione animarum, quæ hac die patrata et resurrectione corporum, quæ illa die condita est pro duplici munere solemnitas geminetur ecclesiæ. Hac vero die tristitiam repræsentet, ambulet unusquisque demisso capite, propter conscientiam culpæ; solvamus cum Moyse calceamenta de pedibus, ut audiamus Christum de medio rubi dicentem : « Videns vidi afflictionem populi mei, et gemitum eorum audivi et descendi liberare eum [42]; » non salutet unus alium. Unde nec hac die dicendum est : *Dominus vobiscum*, nec osculetur, quia Judas cum salutatione et pacis osculo tradidit Dominum [43].

A mane usque ad nonam teneamus profundum mœrori amicum silentium cum solitudine meditationis, recolentes pugnam et opprobria Salvatoris. Nam et Moyses ait : « Dominus pugnabit pro vobis, et vos tacebitis [44]. » Hora vero nona, quia Dominus moriturus clamavit : « In manus tuas, Domine, commendo spiritum meum [45], » et centurio dixit : « Vere Filius Dei erat iste [46], « et Joseph, et Nicodemus acceperunt corpus et involverunt linteis cum aromatibus [47]; quia licuit his et aliis discipulis appropinquare, et funeri querelas deprimere dilapsi persecutoribus divino spectaculo satiatis, vel per miracula territis; hac, inquam, hora nona conveniamus, ut funeri. Nona cantata, planctum funebrem exhibeamus hoc ordine. Primo duæ lectiones leguntur; quia pro duobus populis passus est Christus, Hebræo scilicet et gentili, vel pro salute, ut prædiximus, carnis et animæ. Et scito quod hic ordo servatur antiquus et ex consuetudine sumitur Ecclesiæ primitivæ, quæ non repellebat penitus Judaismum; qui legebat in Sabbatis suis unam lectionem ex lege, alteram ex prophetis. Leguntur

[29] Joan. 13. [30] Luc. 23. [31] Matth. 27. [32] Cant. 5. [33] Gen. 2. [34] Isa. 53. [35] Exod. 16.
[36] Psal. 115. [37] Luc. 23. [38] Gal. 6. [39] Joan. 16. [40] Luc. 23. [41] Psal. 68. [42] Exod. 5. [43] Matth.
26 ; Luc. 22. [44] Exod. 14. [45] Luc. 23. [46] Matth. 27. [47] Joan. 19.

autem sine titulo; quia caput Ecclesiæ nobis aufer- A propter Judæ salutationem; et secundum quosdam,
tur. Prima sumitur de Oseæ prophetia [48], secunda
vero de lege [49]; quoniam passio Christi fuit a prophetis prænuntiata [50] et a lege præfigurata; hæc
sunt duo animalia in medio quorum agnoscitur;
hi sunt Moyses et Elias, inter quos transfigura-
tur [51]. Prima est præconium resurrectionis, cum
ibi dicatur : *Post duos dies vivificabit nos, et in die
tertia suscitabit nos* ; in secunda modus exprimitur
passionis, ubi dicitur : *Immolabit eum universa
multitudo ad vesperam.*

Duo tractus intercantantur; singulas enim lectiones
singuli tractus sequuntur, quod luctui congruit.
Nam tractum cantum constat esse lugentium, ideoque tractus in longum protenditur : lugemus enim B
pro peccatis quæ committimus, pro pœnis quas
patimur, et pro incolatu qui prolongatur [52]; et non
cantatur graduale cum tractu, ut in quarta feria,
sed duo tractus, ad intentionem majoris luctus.
Primus tractus nos excitat ad tremorem, dicente
Habacuc : *Domine, audivi auditionem tuam, et timui* [53]. Si enim Habacuc videns in manibus Christi
cornua crucis expavit, quid faciemus videntes fortitudinem ejus in nubibus cœli? Et habet hic tractus quatuor versus, ad significandum quatuor cornua crucis, quibus Christus constans ex quatuor
elementis affigitur inter duos latrones; unde in uno
versuum cantatur : *In medio duorum animalium
crucifigitur*; vel homo redimitur constans eisdem
quatuor elementis, ad fidem vocatus e quatuor partibus orbis. Ut autem magis hominem excitet ad C
timorem, in plerisque sic cantatur ecclesiis, ut post
singulos versus, tractus vicissim, nunc a principio,
nunc a medio repetatur. Secundus tractus instruit
nos ad orationem in tempore tribulationis, per vocem David, contra Goliam decantantis et dicentis :
Eripe me, Domine, ab homine malo [54]; noster enim
David, Christus hodie magnum Goliath, id est diabolum debellavit. Et habet hic tractus decem versus; quia per nostram transgressionem Decalogi,
nos Golias captivavit, a cujus potestate nos hodierna passione Dominus liberavit; quædam vero
ecclesiæ evitant hodie tractum : *Qui habitat in adjutorio* [55], et olim cantabatur; quia Christus a diabolo velut a dracone : primo, scilicet in jejunio, D
latenter fuit tentatus [56], secundo ab eodem velut a
leone, acriter est in passione vexatus. Quod in illo
versu notatur : *Super aspidem et basiliscum ambu-
labis, et conculcabis leonem et draconem* [57]; vel quia
in serie psalmi hujus docemur imitari passionem
Christi; sed prævaluit consuetudo, ut : *Eripe me,
Domine* [58], cantetur; quoniam ibi certamen passionis exprimitur. Postea legitur passio secundum
Joannem. Verumtamen sine *Dominus vobiscum,*

propter Judæ salutationem; et secundum quosdam,
sine titulo, quia capitis patimur diminutionem.
Duabus de causis legitur hodie passio secundum
Joannem [59], tum quia ultimo post alios scripsit,
tum quia passioni præsens interfuit. Notus enim
pontifici aliis fugientibus securus accessit, et juxta
crucem stetit, cum matre Domini et sorore matris;
quem cum vidisset Dominus, matri sicut filium
commendavit, et sicut filio matrem [60]. Rationabiliter ergo in die qua nostris oculis passio repræsentatur, ejus testimonium legitur [61], qui vidit et testimonium perhibuit, et scimus quia verum est testimonium ejus.

Nunc consideremus ea quæ Dominus pertulit;
quia non solum quæ gessit, sed etiam quæ passus
fuit, ad nostram ædificationem pertinere voluit : per
spineam ergo coronam, quam capiti ejus imposuerunt [62], illud significatur, quod de illo fuerat prophetatum, scilicet peccata nostra ipse portavit [63]. Nam spinæ peccata designant, quæ animam pungunt et lace-
rant; quæ propter peccata etiam terræ nostræ leguntur
inflictæ, ut : « Terra tibi spinas et tribulos germinabit [64]. Ecce *filiæ Sion videte regem* Salomonem *in spineo
diademate, quo coronavit eum mater sua* [65], Synagoga, in die desponsationis ejus et in die lætitiæ cordis ejus. In hac scilicet die, qua nascituræ sibi
sponsæ, id est Ecclesiæ, in lætitia cordis sui, prima
elementa produxit. Per vestem purpuream [66], qua
circumdedere eum, ejus intelligimus mortalitatem,
per coccineam [67], charitatem; coccus enim est ignei
caloris : sed in veste sacerdotali bis tinctus [68] jubetur assumi, propter dilectionem Dei et proximi.
Dominus autem propter nimiam charitatem suam,
qua dilexit nos, induit vestem mortalitatis [69], et
bibit calicem passionis, in eo quod ejus facies vela-
batur, colaphizabatur et alapis cædebatur [70], velamen Judæorum, intelligimus, qui eum usque in
hodiernum diem [71] in vicis colaphizant, et maledictis exalapant. Nobis in patientia prædictorum
præbuit humilitatis exemplum. *Postmodum crucifixerunt eum.* Crux, quod multis modis in Veteri
Testamento fuerat figurata. Dictum est angelo per-
cutienti Ægyptum, ubi T, Tau, scriptum invenies,
primogenitum non occides [72]. Omnes enim damnantur, qui per fidem Mediatoris non salvantur.
Moyses etiam erexit serpentem æneum in deserto,
et omnes qui videbant eum, salvabantur a morsu
serpentium [73]. Serpens æneus similitudinem habet
serpentis, non tamen est verus serpens; sic Christus similitudinem habuit carnis peccatricis, non
tamen peccatrix est [74]. Crucis figura est quadripartita, vel propter quatuor elementa, quæ in nobis
viliata, sua passione curavit. Vel propter homines,
quos de quatuor partibus orbis ad se traxit, juxta

---

[48] Ose. 6.   [49] Exod. 12.   [50] Habac. 3.   [51] Matth. 17.   [52] Psal. 119.   [53] Habac. 3.   [54] Psal. 139;
I Reg. 17.   [55] Psal. 90.   [56] Matth. 5.   [57] Psal. 90.   [58] Psal. 139.   [59] Joan. 18.   [60] Joan. 19.   [61] *Ibid.*
[62] *Ibid.*   [63] Isa. 53.   [64] Gen. 3.   [65] Cant. 3.   [66] Joan. 19.   [67] Matth. 27.   [68] Exod. 28.   [69] Ephes. 2.
[70] Matth. 26; Joan. 18.   [71] II Cor. 3.   [72] Exod. 12.   [73] Num. 21.   [74] Rom. 8.

illud : « Si exaltatus fuero a terra, omnia traham ad me ipsum[75]. » Et Sedulius ait :

Quatuor inde plagas quadrati colligit orbis.

Vel hæc quadratura pertinet ad mortalitatem; habet enim longitudinem, latitudinem, sublimitatem et profundum. Profundum est acumen, quod terræ infigitur; longitudo est inde ad brachia, latitudo est in expansione, altitudo vel sublimitas a brachiis ad caput. Profundum significat fidem, quæ est posita in fundamento[76]; altitudo, spem, quæ est reposita in cœlo; latitudo, charitatem, quæ etiam ad sinistram, id est ad inimicos extenditur[77]; longitudo, perseverantiam[78], quæ sine fide concluditur.

Aiunt quidam quatuor ligna quatuor genera in Domini cruce fuisse, scilicet basem, et erectum, transversum, et tabulam quam Pilatus fecit addi, ut fieret inscriptio tituli ; milites vero, cum Dominum crucifixissent[79], diviserunt sibi vestimenta sua, et super tunicam miserunt sortem[80]. Quod duo subdiaconi, vel diaconi repræsentant, duos pannos altari superpositos removentes. Vel remotio pannorum fugam significat apostolorum, qui erant quasi vestes Christi. Nam Petrus negavit[81], Joannes nudus aufugit[82]. Vestis inconsutilis non dividitur[83]; quæ significat unitatem Ecclesiæ, et veritatem Catholicæ fidei, quæ non valuit a schismaticis scindi. Et attende quatuor esse Christi vestium depositiones. Nam in cœna deposuit, et resumpsit[84]. Ad columnam et apud Herodem nudatus legitur, et reindutus[85]. Ad crucem vero nudatus est, et non reindutus[86]. Prima pertinet ad apostolos quos in brevi resumpsit; secunda pertinet ad pœnitentes, quos resumit assidue; tertia pertinet ad reliquias, quas resumet in fine ; quarta vero ad perversos baptizatos, qui non resumuntur, sed æternaliter damnabuntur.

In hora sexta crucifixus est Dominus, et « factæ sunt tenebræ ab hora sexta usque ad nonam[87]. » Inde est quod apud quosdam in hora sexta ignis exstinguitur, et in nona reaccenditur. Quia sol in sexta lumen abscondit, et in nona reddidit, has trium horarum tenebras in trium dierum tenebris figuramus, ut supradiximus. « Egredimini, filiæ Sion[88], ab his tenebris, imo ab illis quæ per istas significantur, id est cæcitatem mentium quæ adhuc operit faciem Judæorum. » Cum Dominus penderet in cruce, sitienti acetum cum felle mistum porrexere[89], de quo « cum gustasset noluit bibere[90]. » Sitiebat Dominus salutem generis humani, sed vinea Domini Sabaoth, de qua exspectabat, ut faceret uvas et fecit labruscas[91], et potui suo mortis miscuit amaritudinem, qua modice gustata, id est per triduum, jam de genimine vitis illius bibere noluit[92]. « Resurgens enim a mortuis jam non moritur; mors illi ultra non dominabitur[93]. » Ergo

per reprobatam aceti amaritudinem, intelligimus gentis Judaicæ reprobationem. Per arundinem vero, ejus animam intelligimus. Hæc est virga conversa in colubrum[94], ut colubros assumeret Ægyptiorum. Anima enim Christi quodammodo descendens in mortem, quæ per colubrum in mundum intravit, mortes peccatorum absorbuit[95], et item in virgam, id est in potestatem pristinam rediit. Quod crura Domini non franguntur[96], significat universas vias ejus inviolabiles; sicut enim per ossa virtutes, sic per crura vias ejus accipimus. Unde in Canticis : « Crura ejus, columnæ marmoreæ fundatæ super bases aureas[97], » id est itinera ejus pulchra super divinitatis sapientiam firmata. Igitur ossa ejus nec crura franguntur; quia virtutes ejus, et viæ non violantur. « Unus militum lancea latus ejus percussit, et continuo sanguis et aqua exivit[98]. » Hæc erat arca Domini, id est humanitas Salvatoris, quæ fenestram, id est vulnus lanceæ habet in latere[99].

Et vide quia quinque partita fuit effusio sanguinis Jesu Christi : prima in circumcisione, secunda in sudore, tertia in flagellatione, quarta in crucifixione, quinta in lanceatione. Sed in cruce quinaria effusio sanguinis invenitur. Unde canon missæ in quinque partes dividitur. Sed qualiter decuit, ut latus lancea foraretur, cujus crura ne frangerentur, non decuit; sic decuit, ut sicut de costa dormientis socia formata fuerat Eva[100], sic de latere mortui soror et sponsa nasceretur Ecclesia, quæ sanguine redimitur et aqua lavatur[1]. Unde : « Nisi quis renatus fuerit ex aqua et Spiritu sancto, non potest introire in regnum cœlorum[2]. » Siquidem hujus aquæ sacramentum ab hoc miraculo sumpsit exordium. Baptizatus est ergo Dominus in sua passione, de quo baptismo loquitur ad filios Zebedæi : « Potestis bibere calicem quem ego bibiturus sum? Aut baptismo, quo ego baptizor, baptizari[3]? » Nomine calicis et baptismi passionem designat martyrii. Et alibi : « Baptismo habeo baptizari, et quomodo coarctor, usque dum perficiatur[4]. » Quo baptismo sordes lavit suæ mortalitatis, de quibus in Zacharia legitur : « Jesus indutus erat sordidis vestibus[5], et sordes nostræ infirmitatis. Unde : In firmitates nostras ipse tulit[6]. »

Perfecta passione, orationes pro omnibus dicuntur, quia licet persecutiones patiamur ab inimicis, tamen semper ad orationes reverti debemus ; vel quia Christus pro omnibus crucifigitur, pro omnibus se ad aram crucis obtulit; vel quia stans ad aram pro cunctis oravit, juxta illud : « Stetit angelus juxta aram templi, habens thuribulum aureum in manu sua[7]. » Hodie pro nobis ad aram stetit, et orationis thuribulum adolevit. Oravit enim pro se dicens : « Pater, clarifica Filium tuum[8] ; » et pro

---

[75] Joan. 12.   [76] Hebr. 5.   [77] Matth. 5.   [78] Matth. 10.   [79] Matth. 27.   [80] Joan. 19, et Psal. 21.
[81] Matth. 26.   [82] Joan. 18.   [83] Joan. 19.   [84] Joan. 13   [85] Joan. 19.   [86] Matth. 27.   [87] Matth. 27.
[88] Cant. 5.   [89] Matth. 27.   [90] Ibid.   [91] Isa. 5.   [92] Matth. 26.   [93] Rom. 6.   [94] Exod. 7.   [95] I Cor. 15.
[96] Joan. 19.   [97] Cant. 5.   [98] Joan. 19.   [99] Gen. 6.   [100] Gen. 2.   [1] Ephes. 5.   [2] Joan. 3.   [3] Marc. 10.
[4] Luc. 19.   [5] Zach. 3.   [6] Isa. 53.   [7] Apoc. 8.   [8] Joan. 17.

suis dicens : « Pro his rogo, quos dedisti mihi [9] ; » A
et pro his qui credituri erant in eum, dicens : « Non
tantum pro his rogo, sed pro illis qui credituri
sunt in me [10]. » Recte ergo licet omni tempore pro
omni statu Ecclesiæ fideliter orare debeamus, præcipue tamen hac die solemni pro notis, et pro cunctis etiam alienis, ut gentilibus et Judæis, schismaticis et hæreticis orationes offerimus, juxta illud :
« Et data sunt ei incensa multa [11], » sed et quia
Dominus in cruce pendens oravit decantans hunc
psalmum : « Deus, Deus meus, respice in me [12], »
et a quibusdam creditur, usque ad : « In te, Domine, speravi, » et cum ventum esset ad hunc versum [13] : « In manus tuas, Domine, commendo spiritum meum, emisit spiritum [14]. »

Ideo et nos in solite more post passionem oramus : B
Habet enim usus ut in aliis diebus ante evangelium
orationes dicamus, hodie vero post passionem evangelicam orationes multiplicamus. Item, usus habet
Ecclesiæ, ut ante orationes dicatur, Dominus vobiscum, quæ est propria vox et sacerdotis officium ;
sed his orationibus, ideo non præmittitur, quia Sacerdos et Dominus noster occiditur. Ad singulas
orationes genua flectimus, quia nationes omnes Christo genua curvare monstramus, vel ut per habitum
corporis ostendamus devotionem mentis. Pro Judæis
vero non flectimus genua, ut vitemus illorum illu-
sionem, quoniam irrisorie sua Deo flectebant [15], vel
quia cæcitas, quæ contigit in Israel [16], nulla potest
oratione depelli, donec plenitudo gentium subintra-
verit [17], ideo non est pro eis vehementer orandum,
ideoque nec genua flectimus. Est tamen orandum
utrumque, quoniam futurum est, ut qui est exaltatus in cruce, omnia trahat ad se [18]. Et cave quod
non sunt orationes, quæ præmittuntur genuflexionibus, sed sunt præfationes, et exhortationes, quæ
omnes incipiunt ab Oremus, in quibus ostenditur
pro quibus in sequentibus orationibus orare valeamus. Unde in fine duntaxat orationum sequentium
respondetur. Amen.

Tres accusationes Judæi contra Dominum propo-
suere, scilicet quod tributum negasset [19] ; quod se
regem fecisset [20], et quod se Filium Dei dixisset [21].
Contra has tres accusationes, tres Salvator eis ob-
jicit accusationes quæ de Michæa sumuntur, scilicet : D
Popule meus; Quia eduxi; Quid ultra debui [22]? Ubi
exprobrat eis beneficia sua, scilicet liberationem de
Ægypto, regimen in deserto, introductionem in terram optimam. Ac si dicat : Accusas me de negatione
tributi, potius deberes agere gratias ; quia te liberavi de servitute Ægypti. Accusas quod me regem
feci, potius deberes agere gratias ; quia te in deserto
regaliter pavi. Accusas quia dixi me Filium Dei, potius deberes agere gratias, quia terram lacte et

melle manantem contuli tibi. Tres quoque illusiones
ei fecere. Prima fuit quando velata facie colaphis
eum cædebant [23]; secunda, quando milites flexis
genibus eum adorabant, dicentes : « Ave, rex Judæorum [24], » quod Judæis ascribitur, quia curam dedere ; tertia, quando pendenti in cruce dicebant :
« Vah qui destruis templum Dei [25]. » Contra has
tres illusiones tres præmittimus adorationes ; Agios,
Sanctus, et hæc in duabus linguis, Græca scilicet
et Latina. Nam tertia silet Hebræa. Vel tres antiphonæ : Popule meus, quia eduxi, quid ultra debui, sensibus parum, aut nihil differentes, verbis et modulatione consimiles. Triplicem tituli Scripturam significant; qui scriptus fuit Hebraice, Græce et Latine :« Jesus Nazarenus rex Judæorum [26]. » Si principium tituli tribus linguis scriptum fuerit ignoratur,
sed de hac clausula constat, « rex Judæorum. » Hebraice sic, Malchos Judæorum; Græce basileos ex-
omosoleon; Latine rex confitentium. Quod quia ne-
gavere Judæi, dicentes : « Noli scribere, rex Judæorum; sed quia ipse dixit : Rex sum Judæorum [27]. »
Idcirco istud in illis antiphonis astruitur ab effectu,
scilicet quod tanquam rex eorum eduxit eos de Ægypto et deduxit eos per desertum, et introduxit in
terram bonam. Quod in titulum scriptum fuit « Jesus, » in singulis concluditur antiphonis. Salvatori ;
quod ibi « Nazarænus, » ad singulas respondetur
Agios, Sanctus; et quia titulus tribus linguis fuit
scriptus, ideo duabus linguis respondetur, Græca
scilicet, et Latina, quæ scriptum adorant. Hebraica
vero contradixit, et adhuc blasphemat.

Supradictas ergo diaconi vel presbyteri albis induti canentes antiphonas, crucem illo deferunt, ubi
Græce ac Latine respondetur, ac devote adoratur;
quia Dominus crucifixus transivit a perfidia Judæorum ad confessionem et devotionem gentium, por-
tantibus illum innocentibus apostolis et cantantibus, id est totis viribus opprobrium crucis confitentibus et prædicantibus, interdum tamen persecutionum pondere fessis, aliquantulum quiescentibus.
Unde : Qui crucem portant nunc eunt, nunc ut
fessi subsistunt. Exinde velamen auferunt læti clamantes : Ecce lignum crucis, hoc est velamen quod
fuit super faciem Moysi [29]. Hoc est illud quo se
Dominus a Judæis abscondit [30], quod revelatum est,
quando velum templi scissum est [31]; quod etiam
Dominus revelavit quando in cruce pependit, ideoque dixit : « Consummatum [32]; » nam ante passionem omnia Christianæ fidei sacramenta, et tota legis doctrina latebat sub littera, sed in passione sunt
omnia revelata. Tunc vexilla Regis prodeunt, quæ
antea latuere, tunc et Dominus revelavit, quando
sensum Scripturarum aperuit [33]. Hoc est lignum,
quo aquæ dulcescunt amaræ [34], quæ legem signifi-

[9] Joan. 17   [10] Ibid.   [11] Apoc. 8.   [12] Matth. 27; Psal. 21.   [13] Ibid.   [14] Luc. 23; Psal. 30.   [15] Matth. 27.
[16] Rom. 8.   [17] Ibid.   [18] Joan. 12.   [19] Luc. 23.   [20] Joan. 19.   [21] Ibid.   [22] Mich. 6.   [23] Matth. 26.
[24] Matth. 27.   [25] Ibid.   [26] Joan. 19.   [27] Ibid.   [28] I Cor. 1.   [29] Exod. 34; II Cor. 3.   [30] Joan.
8.   [31] Matth. 27.   [32] Joan. 19.   [33] Luc. 24.   [34] Exod. 15.

cabant, quæ hanc amaritudinem præcipiebant, oculum pro oculo, et similia [35]. Sed dulces efficiuntur, dum lignum Dominicæ passionis et dicta evangelica proponuntur : « Qui te percusserit in unam maxillam, præbe ei et alteram [36]. » Crux denudata salutatur; quia per crucem salus hominibus reformatur, et sicut a Judæis incredulis deridebatur, sic nunc a fidelibus adoratur. Sed cum Dominus in asina fuerit honoratus [37], et in cruce dehonestatus, quare crucem et non asinam adoramus? Respondeo : honor in asina terrenus erat, et salus non inde prodibat, sed opprobrium in cruce nostra salus erat. Hic est gladius David, quo Goliam occidit [38], qui diu fuit servatus, et in honore habitus. Ita crux qua diabolus occiditur [honoratur,] adoratur, [id est cum reverentia salutatur,] et osculatur, [et hæc species adorationis, dulia vocatur, quæ debetur etiam creaturis. Est alia quæ latria nuncupatur, qua solus Deus est adorandus.] Dum autem crucem osculamus, nos ad terram prosternimus, ut humilitas mentis per habitum corporis demonstretur; et quia sicut Christus humiliatus est Patri pro nobis usque ad mortem [38], sic nos ejus mortis imitatores humiliari oportet. De hoc cultu crucis ait Sedulius :

Neve quis ignoret speciem crucis esse colendam.

De modo prostrationis ait Augustinus : « Si quis sic humiliatur ut genua figat, adhuc habet quo amplius humilietur. Quisquis sic humiliatur, ut hæreat venter ejus in terra, ultra quo humilietur, non habet. Dum crucem adoramus, laudes ejus et præconia decantamus, scilicet antiphonas et rhythmos : *Crucem tuam. Crux fidelis, Pange, lingua.*

His ita rite peractis sacerdos se casulam induat, ad altare accedat. Tuncque more solito subdiaconus, vel duo presbyteri deferant ad altare corpus Dominicum, quod pridie fuit reconditum. Rationabile videtur ut hac die corpus Domini conficeretur, et inde usque in diem Sabbati, jugi silentio consopiti, a sacri altaris ministerio vacaremus. Hac enim die Christus immolatus, Sabbato quievit in sepulcro, et discipuli totam noctem sequentem in tristitia transegere, donec, mulieribus diluculo referentibus quæ audierant et viderant [40], in gaudium respirare cœperunt. Respondeo : *Dominus noster pridie quam pateretur, accipiens panem et calicem, benedixit, deditque discipulis suis, dicens : Hoc est corpus meum, Hic est calix meus.* Tunc est immolatus in manibus suis, de qua immolatione subjunxit : *Hoc facite in meam commemorationem* [41]. Ab hac igitur, quæ non est omittenda, cum sit firmiter injuncta, sexta feria est dies secunda, qua velut in monumento quiescat. Sabbatum vero tertia, qua velut a morte resurgat. Præterea, quia Dominus in parte noctis, quæ lucescit in prima Sabbati resurrexit [42], idcirco illam a silentio, vel tristitia, quam exigebat. requies sepul-

cri vehementer abstraxit, et eam gaudii jubar incorporabiliter illustravit. Triduum ergo Dominicæ mortis, quod perfici nequivit eo respectu, quo ipse est a Judæis trucidatus, eo transponitur, quod ipse manibus est immolatus. Cujus quoque rei illud maximum est indicium, quod in nocte Cœnæ luminaribus exstinctis vigilias celebramus, sicque fit, ut in quinta feria, quasi sexta in duplum manna colligatur [43], quoniam in hac die quasi Sabbato non invenitur ; vel hodie corpus Christi non conficitur ; quia pro nobis hodie revera immolatur, et, veniente veritate, debet figura cessare ; vel quia sublatus est hodie verus sacerdos. Descendit enim ad inferos : vel quia ablata est hostia de manibus Christi, et nostris. Non ergo sacrificent amici, dum trucidant inimici, vel quia velum templi scissum est [44], et altare destructum [45]; vel quia Moyses ait : « Vos tacebitis, et alius pugnabit pro vobis [46], » scilicet Christus ; « torcular enim calcavit solus [47]. »

Cum igitur hac die non sit corpus Domini conficiendum, ad hanc diem est causa triplici reservandum : Prima est propter infirmos, ne aliquis decedat sine viatico ; secunda est propter religiosos, qui his tribus diebus communicant ; tertia est propter officium adimplendum. Species autem vini causa triplici non reservatur; prima est, quia de facili ex negligentia laberetur ; secunda est, quia dixit Dominus in cœna : « Amodo non bibam de hoc genimine vitis, donec bibam illud in regno Patris mei [48]; » tertia est, quia per panem, Novum intelligimus Testamentum ; per vinum vetus, ad quod significandum cum bibisset Dominus, inquit : « Consummatum est [49], » et calix finitur, et panis servatur, eo quod lex finem [50], et evangelium habet initium [51]: Novis enim supervenientibus, vetera transierunt. Cum autem duo presbyteri corpus Dominicum ad altare detulerint, sacerdos assistens, eo super corporali deposito, et calice, sicut moris est, cum vino in calice collocato dicat : *Oremus. Præceptis salutaribus.* Constat hunc locum esse in canone, ubi elevato calice cum corpore Domini dicitur : *Per omnia sæcula sæculorum* et sequente hac præfatione : *Præceptis salutaribus.* Calix interim cooperitur, in quo nobis illud figuratur, quod de cruce depositum corpus Domini sepelitur. Ideoque per duos presbyteros, qui corpus ad altare deferunt, repræsentamus Joseph ab Arimathæa, et Nicodemum, qui tulerunt corpus ad sepeliendum [52]. Tres canonis articuli super deposito corpore proferuntur, scilicet : *Præceptis, Pater noster, et Libera nos, quæsumus* ; quia tribus diebus, ut infra dicemus, sepultus Dominus occultatur. Ex præmissis colligitur, quod sola oratio Dominica non sufficiat ad Eucharistiam consecrandam.

Si enim sufficeret, non esset necessarium corpus

[35] Exod. 21.   [36] Matth. 5.   [37] Matth. 21.   [38] I Reg. 17.   [39] Philip. 2.   [40] Luc. 24.   [41] Matth. 26. I Cor. 11.   [42] Matth. 28.   [43] Exod. 16.   [44] Matth. 27.   [45] I Mach. 4.   [46] Exod. 14.   [47] Isa. 63. [48] Matth. 26.   [49] Joan. 19.   [50] Levit. 26.   [51] II Cor. 5.   [52] Joan. 19.

Domini conservari ad diem hodiernum. Tali modo missam apostoli celebrabant; prius enim missam celebraturi, ad conficiendum, hæc verba solummodo proferebant : *Hoc est corpus meum, hic est sanguis meus.* Sed postea orationem Dominicam addidere, et hæc est apostolorum consuetudo, quæ hic repræsentatur. Beatus vero Gregorius, Gelasius et Cœlestinus, alia superaddidere ; cum ventum fuerit usque ad : *Per omnia sæcula sæculorum,* more solito sacerdos hostiam frangat, qua fracta, non dicat *Pax Domini sit semper vobiscum,* eo quod oscula circumstantium non sequuntur. Similiter et tertiam portionem in calicem mittens, non dicat : *Hæc sacrosancta commistio corporis et sanguinis Domini ;* non enim sanguis adest. Unde quæritur si ex contactu vinum consecratur ? Respondeo : Non consecrari, sed sanctificari. Est enim differentia inter consecratum et sanctificatum. Consecrare est consecrationem transubstantiare, similiter accipitur sanctificare, sed laxe ; sanctificari est ex tactu sacræ rei reverendum effici. Exinde *Agnus Dei* prætermittatur ; quia non videtur invocandus esse, qui cernitur in agone deficere. Cum silentio communicet presbyter, et omnes communicare debent. Unde communio non cantatur, sed nobis silentibus, sanguis ille quem sumimus, de ore nostro pro nobis clamat ad Dominum. Nos enim sumus illa terra, quæ aperuit os suum et bibit sanguinem Abel [53], id est Christi quem effudit Cain, id est Judaicus populus. Unde factus est vagus et profugus super terram [54], juxta illud : « Disperge illos in virtute tua [55], » factus est maledictus illa maledictione : « Sanguis ejus super nos [56]. » Facta communione, Psalmi vespertini senario numero decantentur, et sub una collecta : *Respice, Domine,* totum officium, id est missa et vesperæ terminentur. Hoc facto, crux reponatur in suo loco. Alicubi est consuetudo, ut chorus dicat psalmos ante eam. Episcopus etiam, aut ejus vicarius, usque ad illam horam, in qua Dominus resurrexit. Officio celebrato, uno duntaxat reficimur ferculo, eo quod hac die unum solum sibi Dominus incorporavit, latronem videlicet cui dixit : *Hodie mecum eris in paradiso [57].*

CAPUT XIV.

IN SABBATO SANCTO.

Induite novum hominem, qui secundum Deum creatus est [58]. Sicut Deus operibus creationis mundi sexta die completis, septima requievit ab omni opere quod patrarat [59], sic in sexta ætate recreationis operibus consummatis, juxta quod Dominus dixit pendens in cruce : « Consummatum est [60], » in septima requievit ætate. Cum enim anima ejus passibilitatem corporis exivit, quodammodo in requie fuit. Sicut etiam hominis creatione in sexta feria facta, in die proxima requievit, sic ejusdem recreatione in eadem feria celebrata, Dominus in sepulcro

dormivit. Ideoque dies ista Sabbatum appellatur, quod *requies* interpretatur, antonomasia Sabbatum sanctum, propter requiem Jesu Christi, in cujus morte sanctificati sumus, vel propter fontem baptismi, qui hodie benedicitur, ubi constat novam prolem Ecclesiæ sanctificari. In quo circa vesperam noctis, quæ lucescit in prima Sabbati [61], officii solemnitas inchoatur, et quasi per totam noctem usque ad diei claritatem continuatur, ut illud adimpleatur : « Nox illuminatio mea in deliciis meis, et nox sicut dies illuminabitur [62]. » Tribus enim de causis hæc dies illuminata refulget in deliciis nostris. Propter redemptionem animarum, quæ licet sit in die Parasceves morte Domini reparata, ejus tamen gaudium et lætitia est ad hanc noctem præmissa ratione translata. Propter resurrectionem corporum, quæ, Domino resurgente, prima Sabbati speratur futura ; ideoque vigilamus, et resurgenti vigilando concinimus. Propter baptismi sacramentum, quod hodie celebratur ; quoniam ab illis causis sumpsit exordium, et illarum nobis tribuit fructum. Celebratur enim hac die catechumenorum officium, ut catechumeni Christo consepulti per baptismum in morte, cum eo resurgant [63], *Hæc ergo nox* Pascha dicitur quod *transitus* interpretatur, quia transivit Dominus de mundo ad Patrem, de morte ad vitam. Transimus et nos (« Pascha enim immolatus est Christus ») [64] de hoste ad Patrem, de tenebris ad lucem, de reatu ad gratiam, de pœna ad gloriam, de pugna ad victoriam. Hæc nox in plenilunio celebratur, luna jubar luminis a sole mutuatur. Luna est Ecclesia, sol Christus, qui, dum occidit, occiditur ; sed ejus occasu Ecclesia gratiæ plenitudine illustratur. Hæc nox, æquinoctio transacto, eum dies noctem superat, celebratur ; quia post ignorantiam prolongatur de Deo scièntia ; et ubi abundavit iniquitas, superabundavit et gratia [65]. Hæc nox celebratur in vere, eum post hiemis asperitatem flores vernant, volucres jubilant ; quia, pulso perfidiæ gelu, mundus floruit pulchritudine virtutum, et in omnem terram exivit sonus [66] apostolorum. Hæc nox est utriusque diei communis : nam usque nunc dies naturaliter præcedebat noctem ; significans lapsum primi Adæ, qui ad tenebras de luce descendit ; sed ex nunc artificialiter nox diem præcedit, insinuans reparationem secundi Adæ, qui nos ad lumen de tenebris reparavit. Hæc nox quadragenarium terminat afflictionis et quinquagenarium inchoat absolutionis, quia per resurrectionem de servitio captivitatis ad jubileum transibimus libertatis. Hæc nox mediat inter septimam et octavam alterius Testamenti alpha et omega ; nunc officium, et ejus ordinem, prosequamur. In principio igitur officii totus in Ecclesia debet ignis exstingui, et novus de lapide, calybe percusso, vel crystallo soli objecta debet elici et de sarmento foveri ; ignis ve-

[53] Gen. 4. [54] Ibid. [55] Psal. 58. [56] Matth. 27. [57] Luc. 23. [58] Eph. 4. [59] Gen. 2. [60] Joan. 19. [61] Matth. 28. [62] Psal. 138. [63] Rom. 6. [64] I Cor. 5. [65] Rom. 5. [66] Psal. 18.

tus veterem significat legem, cujus in morte Christi figuræ completæ fuere, et ideo velut exstinctæ cessare debuerunt, sed de lapide, id est Christo, qui est lapis angularis [67], qui verbere crucis percussus, Spiritum sanctum nobis effudit ; vel de crystallo inter solem et escam mediante, id est Christo qui fuit mediator inter Deum et nostram infirmitatem [68], qui, sicut testatur, ignem in terram mittere venit [69]. Novus ignis elicitur, dum per ejus passionem, resurrectionem Spiritus sanctus nobis infunditur, cui præbet alimenta idem Christus, qui est vitis vera [70]. Non est vana religio solemni processione ad hujus ignis benedictionem exire : « Eamus, inquit Apostolus, ad eum extra castra, improperium ejus portantes [71]. » Procedentes igitur ad illum ignem, meminisse debemus, exeundum nobis ad illum, quem Judæi extra castra projecerunt, et benedicimus illum cum cruce et aqua, ut nos vi passionis ejus, per quem Spiritum sanctum accipimus, lotos esse significemus. Et attende quod sicut his singulis diebus, cœna Domini Parasceve, et Sabbato sancto, ignis exstinguitur ; sic, aiunt quidam, ut novus ignis in memoriam passionis, ut prædiximus, accendatur ; cum igne solemniter benedicto, exeat diaconus ad fores Ecclesiæ dicens ter : *Lumen Christi*, cui respondet chorus : *Deo gratias*.

Exinde veniens in chorum, cereum benedicit. Benedictionem cerei Zosimus, Ecclesiæ Romanæ pontifex vicesimus octavus instituit, ut Christus ad memoriam visibiliter reduceretur. Qui, sicut ait Augustinus, est in omnibus rebus ad memoriam reducendus, a cujus dulcedine benedictionis inchoantur præconia Dominicæ resurrectionis. Nam cereus renovatus et illuminatus Christum significat, qui in carne gloriosa resurrexit a mortuis, et verus Deus apparuit, et vere in eo splendor exstitit divinitatis, qui tristitiam discipulorum, imo totum mundum serenavit sua lætitia charitatis, quem contristaverat exstinctio lampadum, id est prophetarum, et majoris lampadis, id est passio Salvatoris, cujus ceram apis sine concubitu mater eduxit ; quia Christi carnem virgo Maria concepit et peperit [72], et Deum in carne quasi mel in cera proferens inviolata permansit. Cum itaque per cereum Christus significetur, merito annus ab incarnatione Domini consequenter inscribitur ; vel quia Christus est maximus annus antiquus et plenus dierum [73], in quo est plenitudo bonorum omnium [74]. Sicut in anno fertilitas fructuum, cujus duodecim menses, apostoli, dies fideles, horæ sunt pueri baptizati. Indictio quoque et epacta nihilominus inscribuntur ; quoniam actiones hominum, et successiones temporum, Christo disponente, ordinantur. Et attende quod indictio spatium quindecim annorum, et singulus eorum vocatur æra ; æra vero tributum, quod annis singulis solvebatur.

Cereum diaconus benedicit, non sacerdos vel episcopus ; quia Christi resurrectionis præconium, per minorem sexum fuit apostolis manifestatum, scilicet .mulieres [75], non per apostolos mulieribus. Nam, quia mulier a diabolo missa viro mortem obtulit [76], pulchre sexus idem a redivivo Christo missus, virili sexui vitam evangelizavit. Accedens ad benedicendum frustula secum portat incensi, ut ea cruciculæ cereo insculptæ offerendo infigat : illæ namque mulieres emerunt aromata, ut venientes Jesum ungerent crucifixum [77]. Benedicens ait : *Exsultet*. Cum post salutat populum, eum reddit benevolum et attentum, dicens : *Dominus vobiscum*.

In *columnæ illuminatione*, hujus columnæ præconia novimus, quam in honore Domini rutilans ignis accendit ; ubi quidem innuitur, quod idem per cereum præsentatur, quod per columnam, quæ præcedebat filios Israel [78], præfigurabatur ; columna quippe nubis figuram tenuit humanitatis ; columna vero ignis, divinitatis, columna filiis Israel in tertia mansione, post esum agni, concessa, ut Hieronymus ait : Præcessit populum ad mare Rubrum, et per desertum, quousque Jordanem transiret, et terram promissionis intraret. Inde est quod cereus tertia die post cœnam Domini ante baptismum, est secundum quosdam, benedictus, ante neophytos, ad baptisterium, et in officiis usque in octavam solemnitatis, vel ante pontificem, qui est caput populi, deportatur. Columna tra populo faciebat, obumbrabat a sole, protegebat ab hoste, illuminabat in nocte, sic Christus obumbrat contra æstum vitiorum, protegit a suggestionibus dæmonum, illuminat omnem hominem venientem in hunc mundum [79], donec eum perducat ad regnum cœlorum, offerens, etc. *Quam rutilans ignis accendit*, hæc est divinitas quæ humanitatem in sepulcro jacentem iterum animavit, id est animam corpori copulavit, vel novam ignis novam ipsius doctrinam, qui ait . « Mandatum novum do vobis [80], » aut novam gloriam in resurrectione exhibitam figuravit. Sequitur: *Qui licet divisus in partes mutuati tamen luminis detrimenta non novit* ; ex eodem igne cerei consecrati omnes, qui sunt in ecclesia, cereoli accenduntur, misit enim Dominus ignem in terram [81], et quid voluit nisi eum vehementer accendi ? et de plenitudine ejus omnes accepimus [82] ; stans etiam *in die*, qua resurrexit in medio discipulorum, ait illis : « Accipite Spiritum sanctum [83], » quos apostolos binos ad prædicationis officium delegatos [84], duo minores cerei repræsentant, vel prophetas et apostolos, vel omnes Ecclesiæ doctores, gemina charitate ardentes, aut etiam verbo et opere præfulgentes. Si autem non fuerit nisi unus cereus minor, significat ordinem apostolorum, quibus sicut de se dixerat : « Ego sum lux mundi [85], » sic de eis adjunxit : « Vos estis lux mundi [86], » Ambo catechu-

[67] Ephes. 2. [68] I Tim. 2. [69] Luc. 12. [70] Joan. 15. [71] Hebr. 13. [72] Isa. 7. [73] Dan. 7. [74] Joan. 1, Col. 2. [75] Luc. 24. [76] Gen. 3. [77] Marc. 16. [78] Exod. 13. [79] Joan. 1. [80] Joan. 13. [81] Luc. 12. [82] Joan. 1. [83] Joan. 20. [84] Luc. 10. [85] Joan. 8. [86] Matth. 5.

menos præcedunt, quia Christus per se et per apostolos Ecclesiam illuminavit. Offerens incensum
dicit : *Suscipe, sancte Pater, incensi hujus sacrificium vespertinum;* vespertinum legis sacrificium
significabat in mundi vespera Dominum immolandum ; cum ergo crux insculpitur, 'crucifixi statua
designatur . *Quàm* , etc.

Cereus benedictus in octava Paschæ secundum
quorumdam consuetudinem ad fumigandas domos
populo distribuitur, eo quod in ultima resurrectione
Christus fidelibus in præmio tribuetur, ad quod
expressius significandum Romani agnos faciunt de
cera oleo mista ; in agno enim cereo, agnus præ-
figuratus, et in Pascha immolatus ad memoriam
reducitur, cui sanctus Gregorius oleum infudit,
quando Paschalis agni mysteria reservavit. Sequitur
de baptismo quem hodie celebramus; quoniam hac
nocte fortem fortior superveniens alligavit [87] et
paradiso spolia reddidit. Item « quia quicunque
baptizati sumus in Christo Jesu, in morte ipsius
baptizati sumus, consepulti enim sumus cum illo
per bap'ismum in morte , ut quomodo resurrexit
Christus a mortuis per gloriam Patris, ita et nos
in novitate vitæ ambulemus [68]. » Mors Christi nostræ
mortis fuit abolitio [89], sed mors Christi simpla, nostra
vero dupla ; nam per unam Christi mortem , ejus
mortis in baptismo nanciscimur abolitionem, quæ
mortis Christi suscipit in baptismate similitudinem,
hæc est mors animæ, quam statim salvatrix gratia
depellit ; aliam vero, quæ corporis est , censuræ
justitiæ reservavit, sed et hoc mortale absorbebi-
tur. Et rationis erat ut sicut mors animæ causa
fuerat corporeæ mortis, sic etiam justificatio spiritus causa fieret gloriosæ corporeæ mutationis.
Baptismum Dominus instituit, cum de latere suo
sanguinem et aquam produxit, quem postea edictali
lege firmavit, dicens : « Nisi quis renatus fuerit
ex aqua, et Spiritu sancto, non introibit in regnum
cœlorum [90]. » Baptizatus est Dominus in sua passione, unde : « Baptismo habeo baptizari [91]. » et
quomodo coarctor usque dum perficiatur, in quo
fluvium sanguinis, et aquæ profudit, et totum
corpus, quod est Ecclesia [92] lavit, et super nivem
dealbavit [93] ; sic de latere Christi nascitur Ecclesia,
sicut de latere Adæ fabricatur Eva [94]. Ille ergo fuit
baptismus Abrahæ et aliorum universalis et latronis in cruce pendentis [95]. Paulum vero legimus
baptizatum [96] ; quia nondum erat in corpore universalis Ecclesiæ, sed in synagoga Satanæ. De aliis
apostolis utrum fuerint aqua baptizati, reperire
non potuit Augustinus , sicut ait in epistola quam
scribit ad Seleucianum; quidam aiunt eos fuisse aqua
baptizatos, cum Dominus lavit pedes eorum [97]. Alii
non dubitant eos fuisse baptizatos aqua , forma
Joannis aut Christi [98], per quorum ministerium
Christus alios baptizavit. Baptizaverunt enim alios

ante passionem, ut quidam arbitrantur, in forma
Joannis, post resurrectionem in forma Salvatoris,
dicentis : « Euntes , docete omnes gentes , baptizantes eos, in nomine Patris, et Filii, et Spiritus
sancti [99]. » Hæc est sacramenti forma substantialis ;
cætera vero solemnitatis , in quibus diabolus adjuratur, et quasi judiciali sententia condemnatur.
Quæ quo leguntur ordine prosequemur. Leguntur
igitur in quibusdam ecclesiis viginti quatuor lectiones. Duodecim Græce propter auctoritates Septuaginta Interpretum , quorum auctoritas floruit
in Græcia ; Latine propter auctoritatem Hieronymi,
cujus translatio prævaluit in Italia ; unde , licet
sint viginti quatuor lectiones, non tamen sunt nisi
duodecim in sententiis lectiones, quæ Græce et Latine leguntur propter auditorum diversitatem , ut
prædiximus, cum de Sabbatis quatuor temporum
loqueremur. Duodecim autem leguntur, quia baptizandi catechumeni duodecim apostolorum doctrina imbuuntur ; qui duorum dierum varietatibus
instruuntur, scilicet in quarta feria et hodie , ut
si forte per oblivionem dilapsum est, quod in quarta
feria post mediam Quadragesimam didicerunt, aut
si aliqui abfuerunt, nunc perfectius et plenius instruantur ; vel his duobus duorum dierum varietatibus instruuntur, non ut doctrinam intelligant
variare ; sed , secundum Bedam , vitam præsentem
sciant in fide et operatione consistere. In quibusdam
vero ecclesiis sex tantum lectiones leguntur ; quia
catechumeni ad opera misericordiæ invitantur.
Quotcunque legantur, tituli subticentur, vel quia
Christus caput nostrum [100] nondum nobis redditur;
vel potius , quia baptizandi , ad quos pertinet officium, in Scripturarum ignorantia detinentur. Cum
enim Scripturam non intelligant, non expedit eis
auctores nominare. Tituli namque in lectionibus
recitantur, ut auctores cœlestis doctrinæ, et cives
supernæ Hierusalem intelligantur, et sapientes, qui
audiunt, amore dulcedinis nominis concivium suorum avidius lectionem intelligant. Quia ergo neophyti cives illius cantantes ignorant , ideo lectionis
titulos non pronuntiant. Propterea quoque in nocte,
et sine tono leguntur; quoniam in eis insipientes ,
et catechumeni simplices instruuntur, vel idcirco
duodecim lectionibus , quæ catechumenis leguntur,
tituli subtrahuntur; quia neophyti nondum sunt
inter duodecim millia signati [1]. Lectiones typum
gerunt Eliezer servi Abrahæ, qui jussu domini sui ,
mortua Sara, Isaac Rebeccam duxit in uxorem,
quam invenit ad fontem, cui dedit armillas , et in-
aures ad ornandam faciem, nec mora relinquit
patris domum , et hilariter festinat ad sponsum [2].
Sacerdotes antiqui dierum legati Dei Patris venientes ad fontem baptismi novæ plebi, Christo nostro,
risui vel gaudio conjungendæ porrigunt , legendo lectiones , in aures fidei et doctrinæ quæ armillas

[87] Luc. 11.   [88] Rom. 6.   [89] Hebr. 2.   [90] Joan. 3.   [91] Luc. 12.   [92] Ephes. 5.   [93] Psal. 50.   [94] Gen. 2.
[95] Luc. 23.   [96] Act. 9.   [97] Joan. 13.   [98] Joan. 4.   [99] Matth. 28.   [100] Ephes. 1.   [1] Apoc. 9.   [2] Gen. 24.

induitur, dum obediens operatur. Isaac conjungitur, dum obliviscens populum suum et domum patris sui[3] per dilectionem Christo copulatur, et hæc fiunt, mortua Sara ; quia synagoga, quæ illum genuit, sanguine suffocata, cum dixit : « Sanguis ejus super nos et super filios nostros[4], » sponsa de gentibus acceleravit Ecclesia.

Prima lectio scilicet : *In principio creavit Deus cœlum et terram*, convenit baptizandis, ex eo quod in ea dicitur : *Spiritus Domini ferebatur super aquas; et infra : Faciamus hominem ad imaginem et similitudinem nostram*[5]. Ad imaginem est, in quantum rationalis est, ad similitudinem est in quantum bonus est, imago namque respicit naturalia sed similitudo gratuita, imagine homo carere non potuit, sed similitudinem ob culpam amisit, quam, ut recuperaret, Spiritus Domini fertur super aquam baptismi, ergo ideo legitur, quia in ea Trinitatis mentio innuitur, et Spiritus sancti virtus ostenditur, item convenit baptizandis ex distinctione dierum et operibus eorumdem. Sicut *in principio creavit Deus cœlum et terram*, sic et nunc creat in Baptismo novam Ecclesiæ prolem, *et dividit aquas ab aquis*, spirituales a carnalibus, et ex aquis producit pisces et volucres[6]; id est eos qui sæcularibus innatant curis et eos « quorum conversatio est in cœlis[7], » terra quorum, id est caro, aliis producit herbam virentem, et pomiferum, et ligna virtutum, aliis germinabit spinas et tribulos vitiorum ; omnibus tamen in firmamento Scripturæ, sol et luna, et cætera luminaria præsunt[8], doctores, videlicet majores et minores, qui relucent super bonos et malos[9], sapientibus et insipientibus[10], et sicut postmodum hominem creavit, et denique requievit[11], sic in baptismo recreat, et regenerat, et requiem dat hic a culpa, sed futuram exspectamus, quæ erit simul perfectius a culpa et pœna.

Secunda lectio, scilicet : *Noe cum quingentorum esset annorum*[12], per hoc convenit sacramento baptismi ; quia loquitur de inundatione diluvii, in qua sicut peccatores pereunt et justi salvantur; sic in baptismo peccata delentur, et animæ liberantur.

Tertia scilicet *tentavit Deus Abraham*[13], per hoc accedit ad baptismum, quoniam Isaac denuntiat immolandum. Hic est Christus, in cujus morte baptizati sumus[14], in quo benedictionem accipimus.

In quarta lectione *factum*, manifesta est figura baptismi ; nam per sacerdotem Moysen[15] repræsentamus, per baptismum mare Rubrum ; per cereum columnam, per catechumenos Ægyptios, per jam baptizatos, Hæbræos, unde illorum voce mox sequitur canticum victoriæ : *Cantemus*, cantandum est enim quoniam in morte nostri agni Ægyptiorum primogenita moriuntur et in mari Rubro Ægy-

plii submerguntur, peccata enim originalia et actualia in baptismo sanguine Christi rubenti penitus absorbentur.

Quinta quoque lectio scilicet : *Hæc est hæreditas*[16], manifeste baptisma pronuntiat, ubi dicitur : *Omnes sitientes, venite ad aquas*[17].

Sexta, scilicet : *Audi Israel*[18], indicat incarnationem, dicens : *In terris visus est, et cum hominibus conversatus est*[19].

Septima, scilicet : *Facta est super me*[20], nostram insinuat resurrectionem.

Octava, scilicet : *Apprehendent septem mulieres virum unum*[21], septem innuit dona, quæ in sacramento baptismatis conferuntur. Christi etiam, et Ecclesiæ continet conjunctionem, quæ facta in Salvatoris incarnatione, plenius fiet in resurrectione. Ideoque illæ duæ præmittuntur lectiones, conjungitur etiam Ecclesia Christo in lavacri sacramento, unde et hic subditur : *si abluerit sordes filiarum Sion*[22], propterea, sequitur canticum : *Vinea facta est dilecto. Vinea enim Domini Sabaoth, domus Israel est*[23].

Nona scilicet : *Dixit Dominus ad Moysen*[24], immolationem præcipit agni Paschalis, id est Christi, cujus sanguine redimimur et aqua lavamur.

Decima, scilicet : *Factum est verbum*[25], manifeste quoque declarat passionem Domini, quæ fuit origo baptismi.

Undecima quoque renatis congruit, scilicet : *Scripsit Moyses*[26], ubi legem Dei renatis præponit, et in cantico superna promittit[27]. Ideoque sequitur canticum : *Attende*.

Duodecima, scilicet : *Nabuchodonosor*, etiam baptisma declarat, in quo Spiritus sanctus peccata consumit, sicut angelus flammam fornacis exstinxit[28]. Unde catechumeni canticum : *Sicut cervus*[29], cum gaudio resonant ; quia fontem vitæ desiderant. Qui quatuor legunt lectiones, istis utuntur. *In principio*, *Factum est in vigilia, Apprehendent septem mulieres, Hæc est hæreditas*, vel *scripsit Moyses*, quæ quatuor hodie leguntur, quia quatuor fidelium genera, scilicet simplices, intelligentes, provecti et sapientes, quatuor modis videlicet per historiam, allegoriam, tropologiam, anagogen erudiuntur. Hodie namque neophytis nostris quadruplex mensa proponitur. Nam ●ima lectio simplices de sua formatione crudit, ubi dicitur : *Faciamus hominem ad imaginem et similitudinem nostram*[30], et item masculum et feminam creavit eos. Unde sacerdos orat ut imaginem catechumenis, quam in hominibus creavit, restituat. Secunda lectio, intelligentes, de modo restitutionis per allegoriam instituit, dicens : *Ægyptios in mari submersos*[31], Hebræos liberatos, significans dæmones et peccata

[3] Psal. 44.   [4] Matth. 27.   [5] Gen. 1.   [6] Ibid.   [7] Phil. 3.   [8] Gen. 1.   [9] Matth. 5.   [10] Rom. 1.   [11] Gen. 2.   [12] Gen. 5, 6.   [13] Gen. 22.   [14] Rom. 6.   [15] Exod. 14.   [16] Isa. 54.   [17] Isa. 55.   [18] Bar. 3.   [19] Ezech. 37.   [20] Isa. 4.   [21] Ibid.   [22] Ibid.   [23] Isa. 5.   [24] Exod. 12.   [25] Joan. 3.   [26] Deut. 31.   [27] Deut. 32.   [28] Dan. 3.   [29] Psal. 41.   [30] Gen. 1.   [31] Exod. 14.

submergi, et animas in baptismate liberari. In persona igitur Hebræorum, et eorum, qui a vitiis liberantur in fonte, sequitur canticum victoriæ : *Cantemus*. Postea sacerdos orat, ut sicut illi ab Ægyptiis, sic isti a dæmonibus liberentur. Tertia lectio provectos, per tropologiam edocet, ubi dicitur quod *sordes filiarum Sion* laventur *in spiritu judicii* et *sanguis Hierusalem in spiritu ardoris* [32]; quia quod leve est, lavant lacrymæ, quod grave asperitas pœnitentiæ, quæ omnia per septiformem Spiritum lavantur in fonte. Hæc sunt septem mulieres, quæ apprehenderunt virum unum. Hanc canticum sequitur : *Vinea*; quia bonos mores lætitia comitatur æterna, et pertinet hoc canticum ad Synagogam, quæ conjugetur viro, cum intraverit gentium plenitudo [33]. Postmodum sacerdos orat, ut post præsentia, æterna bona percipiant. Quarta lectio sapientes per anagogen erigit ad cœlestia, dum hæreditatem promittit æternam [34]; hanc duo cantica sequuntur, quoniam in illa hæreditate baptizati corpore, et anima gratulabuntur, vel quia in lectione, duo conjunguntur, scilicet mores præsentis vitæ et hæreditas futuræ, de quibus Propheta : « Anima ejus in bonis demorabitur, et semen ejus hæreditabit terram [35]. » Ideoque verba lectionis et canticorum conveniunt. Ibi dicitur : *Omnes sitientes*, hic vero : *Sitivit anima* [36], ibi : *David fidelis* [37]: hic : *Deus fidelis* [38], ibi : *Descendit imber* [39], hic , « Descendit sicut ros » verba mea [40], sed post canticum : *Attende cælum*, sacerdos orat, ut firma sit hæreditatis promissio. Post aliud canticum : *Sicut cervus*, iterum orat, ut fontem vitæ catechumeni sitiant; lectiones autem cantica subsequuntur in persona catechumenorum, quia catechumeni futuri sunt de numero centum quadraginta quatuor millium, qui cantant canticum novum [41], vel quod potius est, exsultant, quoniam ab Ægyptiorum oneribus liberantur. Sed quia quandiu sumus in corpore, hæc exsultatio debet esse in tremore et laboriosa carnis mortificatione, ideo cantus efferimus in tractus, qui sunt lugentium, et significant præsens exsilium. Item prima lectio lapsum narrat humanum, unde nullum sequitur canticum : quia lapsus homo ignarus *Deo gratias* non cantavit, sed obmutuit et obsurduit. Ideo baptizando dicitur : *ephpheta, quod est adaperire* [42]. Tres sequentes tria tempora mundi respiciunt, ante legem, sub lege, sub gratia, quibus ad restitutionem lapsi, proponitur esse necessarium sacramentum baptismi. Unde in secunda lectione, de his quibus nondum erat lex data, dicitur : *Omnes in Moyse baptizati sunt in nube et in mari* [43]. In tertia de his qui erant sub lege, dicitur : *Si laverit Dominus sordes filiarum Sion* [44]. In quarta : *Omnes sitientes* [45], invitat ad bibendum aquas de fontibus Salvatoris, qui dixit

Samaritanæ : « Qui biberit aquam quam ego dedero, fiet in eo fons aquæ vivæ salientis in vitam æternam [46]. » Quia igitur in singulis temporibus remedium agnovere baptismatis, ideo tribus lectionibus singula cantica succinuntur, et quartum sine præcedenti lectione concluditur, ut taciturnitati primæ vicem rependant neophyti, ut qui de lapsu siluerant, certificati de restitutione gaudia geminent ; vel doctrinam ulterius non exspectant, quoniam gaudentes festinant ad lavacrum : *Sicut cervus desiderat ad fontes aquarum* [47]. Illud sciendum est quod quisquis fuerit ordo, quatuor sunt cantica per quatuor pedes, ut de lectionibus supradiximus ; et dicuntur cantica , quia cantantur, vel quia in libris authenticis cantica nominantur. Nam de primo dicitur : *Cecinit Moyses carmen Domino* [48], de secundo : *Cantabo dilecto meo canticum patruelis mei* [49], de tertio : *Scripsit Moyses canticum* [50], de quarto dicitur in præfatione cantici. Illud notabile est quotcunque fuerint lectiones, quod semper orationes sequentes ad lectiones, et tractus respiciunt præcedentes, et est præposterus ordo ; alias primo sacerdos orat, secundo legit lector, exinde succinit cantor. At hic primo legitur, ut neophytis doctrina fidei proponatur. Secundo cantatur in persona illorum, ut cognoscatur quanta sit devotio, et hilaritas baptizandorum, qua cognita, sacerdos orat confidenter ut eorum devotio non deficiat, sed incrementa suscipiat ; et sicut lectionibus tituli supprimuntur, sic eadem ratione orationibus *Dominus vobiscum* subtrahitur. Dum lectiones leguntur, duodenarius adimpletur numerus litaniarum, per tres quaternarios clericorum , quibus oratur, ut in baptizandis doctrina capiat apostolorum fide Trinitatis et quatuor virtutibus præditorum ; vel septenæ fiunt ad impetrandam septiformem gratiam, et quinæ ad obtinendam quinque sensuum custodiam, et quia per nos ad hoc impetrandum non sufficimus, sanctorum suffragia postulamus. At illud non est silentio prætereundum, quia in lectionibus et litaniis, senes præcedunt, et juvenes subsequuntur, vel quia senex servus adduxit Rebeccam, ut Isaac juvenis apprehenderet eam [51], vel quia in baptismate juvenescit Ecclesia, et renovatur, ut aquilæ juventus nostra [52].

His rite completis solemniter, ut in processionibus, ad fontes accedimus cantantes hos versus : *Rex sanctorum*, et non debent esse fontes nisi in Ecclesia quia mater est, ex qua nova progenies generatur, baptismus dicitur *unctio*, vel *lotio*. Baptismum Noe in diluvio [53], Moyses in mari Rubro [54], Salomon in mari Æneo [55] præfiguravit. Joannes officio demonstravit [56], Dominus baptismo confirmavit, passione consecravit, mandato præcepit [57]. Episcopus vel sacerdos Deum Patrem orat, et per

[32] Isa. 4. [33] Rom. 11. [34] Isa. 54, 55. [35] Psal. 26. [36] Psal. 41. [37] I Reg. 22. [38] Deut. 52. [39] Isa. 55. [40] Psal. 132. [41] Apoc. 14. [42] Marc. 7. [43] I Cor. 10. [44] Isa. 4. [45] Isa. 55. [46] Joan. 4. [47] Psal. 41. [48] Exod. 15. [49] Isa. 5. [50] Deut. 31. [51] Gen. 24. [52] Psal. 102. [53] Gen. 7. [54] Exod. 14. [55] III Reg. 7. [56] Matth. 3. [57] Joan. 19; Matth. 28.

Jesum Christum, Spiritum sanctum implorat. Ideoque prius legit in modum orationis, sed postmodum gaudens Spiritum sanctum advenisse, gratias agens, cantat in modum præfationis. Fontis consecratio, in nomine sanctæ Trinitatis, et maxime in sancti Spiritus invocatione perficitur; sancta namque Trinitas sic opera sua divisit, ut Pater hominem conderet, Filius redimeret, Spiritus sanctus illuminans regeneraret, et regenerans illuminaret; et tamen indivisibilia sunt opera Trinitatis : spiritum adoptionis sacerdos implorat ut aquam sanctificet et fecundet : cum in modum crucis manu dividit aquam, recolit quod Moyses aquam tactu ligni dulcoravit [58], et aqua illa baptismum, lignum vero crucem præfiguravit.

Per insufflationem in transversum, immundi spiritus expulsionem insinuat. Ideoque dicitur : *Spiritus immundus abscedat*, in quo adimpletur verbum Domini : « Princeps mundi hujus ejicietur foras [59]; » per trinam in altum eam fieri in sanctæ Trinitatis invocatione demonstrat. Egresso diabolo, aqua munitur crucis signaculo cum dicitur : *Sit hæc sancta*, ut sit *libera ab impugnatoris incursu*, ne ulterius locum habeat redeundi; et rursus ad idem, per invocationem sanctæ Trinitatis munitur, cum subditur, *sit fons vivus*. Per trinam, etenim manufactam divisionem trinam sanctæ Trinitatis accipimus operationem, quod ex ipsis adjectivis in oratione convincitur; quia fons vivus ad Patrem; aqua regenerans ad Filium, unda purificans refertur ad Spiritum sanctum; sicut enim in baptismo Christi [60] Trinitas adfuit ut Pater in voce, Filius in persona, Spiritus sanctus in columba, sic et nostra benedictio per invocationem debuit fieri Trinitatis; cum ergo dicitur : *Per Deum vivum*, Pater innuitur, deinde Filius cum subditur *Per Jesum Christum*; exinde Spiritus sanctus cum additur *Virtus Spiritus tui*. Et attende quod in hujus serie benedictionis miracula facta in aqua ponuntur, scilicet quod in creationis primordio « spiritus super aquas ferebatur [61], » quod in diluvio [62], per aquam nocentis mundi crimina purgabantur, quod in principio ab arida separatur [63], quod in convivio in vinum convertitur [64]; ut sicut tunc miraculose Domini jussis aquæ paruerunt, ita nunc præter naturalem mundationem, quam lavandis possunt adhibere corporibus, sint etiam miraculose purificandis mentibus efficaces. Vocis mutatio est sancti Spiritus adventatio, vel potius mentis quædam humilis præparatio ad impetrandum adventum Spiritus sancti in aquam. Quem post alta voce, et hilari sacerdos invitat, dicens : *Descendat in hanc*. Unde cum protinus cereos in aquam mittimus, Spiritum sanctum in aquam descendere non dubitamus, et secundum hoc unum duntaxat immittimus; una enim fuit columna in nocte fulgida, in die nube-

cula [65]; hic est Christus, qui venit, ut qui non vident videant, et qui vident cæci fiant [66]; sed quasi duo leguntur; sicut enim cereus illuminatus columnam rememorat ignis, et personam significat Filii, sic cereus exstinctus columnam nubis et personam Spiritus sancti. Unde secundum quosdam rationabiliter in aquam duo cerei deponuntur. Cereus cum a cereo illuminatur, significat apostolos, columnas Israeliticas Spiritu sancto repletos, a Christo fuisse illuminatos. Quidam vero differunt utrumque cereum neophytorum illuminare, quousque lampades illuminentur ecclesiæ. Vel duo cerei dilectionem significant Dei et proximi : qui vertitur ad dexteram dilectionem Dei, qui vero ad sinistram dilectionem proximi; per chrismatis et aquæ commistionem, significamus Christi et Ecclesiæ conjunctionem; exinde pueri baptizentur, ita prius interrogentur de fide, et si abrenuntient Satanæ, et operibus ejus, et pompis ejus, ut eis oris confessio fiat ad salutem [67].

Et vide quod hoc officium prælibatum est in scrutinio, sed forsitan ideo repetitur; quoniam aliqui abfuerant, vel quia per negligentiam quod acceperant amiserunt, et quod per abrenuntiationem primus hospes expellitur, per confessionem, secundus ingreditur. Propter hanc abrenuntiationis et confessionis repetitionem, titulatur in sacramentario, *In sabbato Paschæ ad reddentes*: reddunt enim quod in scrutiniis acceperunt. Deinde in pectore et inter scapulas oleo liniuntur, ut ad fidem et operationem roborentur : per pectus fidem, per scapulas operationem; per hæc duo salvatur homo. Vel ut mente et corpore tuti abrenuntient operibus diaboli, spiritualibus et carnalibus; vel in pectore ut capaces sint ad intelligendum verbum Dei, in scapulis, ut robusti sint ad portandum jugum Domini [68]. Postea baptizantur his verbis : *Baptizo te in nomine Patris et Filii et Spiritus sancti*; et quia in nomine Trinitatis baptizantur, ideo tertio immerguntur, vel, ut per fidem sanctæ Trinitatis a tribus mortibus eripiantur, scilicet, cogitationis, locutionis et operationis, vel ut a tribus prævaricationibus liberentur, scilicet legis naturalis, Mosaicæ et Evangelii, vel ut trinæ morti Christi conformentur, quoniam in morte ipsius baptizati sumus [69]. Est autem in hunc modum mersio facienda. Primo recta facie versus aquam, et verso capite ad orientem. Secundo verso capite ad aquilonem. Tertio verso capite ad meridiem, ut crux in mersione formetur; quia qui baptizatur, mundo crucifigitur, et cruci Christo configitur [70]. Quod vero pueris nomen imponitur in baptismo, inde est quia baptismus est vicarius circumcisionis, in qua nomina pueris imponunt Hebræi, eo quod tempore circumcisionis Abrahæ nomen fuerit immutatum : cum enim prius diceretur Abram [71], postea dictus est Abraham. Cum puerum

[58] Exod. 15.   [59] Joan. 12.   [60] Matth. 3.   [61] Gen. 1.   [62] Gen. 7.   [63] Gen. 1.   [64] Joan. 2.   [65] Exod. 13.   [66] Joan. 9.   [67] Rom. 10.   [68] Matth. 11   [69] Rom. 6.   [70] Gal. 2, 6.   [71] Gen. 17.

de fonte sacerdos extraxerit, illum patrini suscipiant, quibus eum in manu tenentibus, eum in
vertice chrismate sacerdos inungat, in quo quasi
desponsatur, et ei Spiritus sanctus pro arrhabone
tribuitur, quod papa Silvester instituit [72]. Cum
enim gremium dilataretur Ecclesiæ, nec omnibus
episcopi valerent per confirmationem occurrere, ne
sine chrismatis unctione perirent, instituit ut a sacerdotibus in vertice supra cerebrum, ubi est sedes
sapientiæ ungerentur, et quod hic datur spiritus
pro Arrhabone, in confirmatione vero sequenti,
quæ fit per episcopum, datur ad robur et augmentum gratiæ, si decesserit pro rata gratia, dat augmentum et gloriæ. Verumtamen et sine unctione
credimus solo baptismo salvari, sed stella differt a
stella in claritate [73]. Sacerdos inungens his verbis
utitur : Deus omnipotens, Pater Domini nostri Jesu Christi, qui te regeneravit ex aqua et Spiritu sancto, quique dedit tibi remissionem omnium peccatorum, ipse te liniat chrismate salutis in vitam æternam ; episcopus vero confirmans similibus utitur
verbis dicens : Omnipotens sempiterne Deus, qui
regenerare dignatus es hunc famulum, vel hanc famulam tuam ex aqua et Spiritu sancto, quique dedisti ei remissionem peccatorum omnium, emitte in
eum septiformem Spiritum tuum Paracletum de cœlis.
Orat episcopus pro confirmandis, quod sumptum
est de Actibus apostolorum, ubi dicitur : Cum audissent apostoli, qui erant Hierosolymis, quod recepit Samaria Verbum Dei, miserunt ad eos Petrum
et Joannem, qui, cum venissent, oraverunt pro eis ut
acciperent Spiritum sanctum. Tunc imponebant manus super illos et accipiebant Spiritum sanctum [74].
Ex quo colligitur quod illuc ire debent episcopi,
ubi sunt, quibus necesse sit manus imponi. Cumque
illuc venerint, orent pro eis, dicentes : Emitte in
eos Spiritum septiformem, Spiritum sanctum tuum
Paracletum de cœlis. Nullus enim discipulorum, ut
ait Augustinus, dedit illis Spiritum sanctum, sed
orabant ut veniret in eos, quibus manus imponeb-
bant. Quare septiformem Spiritum dixerit subdit :
spiritum sapientiæ et intellectus, spiritum consilii
et fortitudinis, spiritum scientiæ et pietatis, et
adimplevit eum spiritu timoris Domini [75]. Propheta,
sicut ait Gregorius, de Christo loquebatur, qui
de cœlestibus ad ima descendit ; nos autem qui
a terrenis ad cælestia tendimus, hos gradus ascendendo numerare debemus, ut a timore ad sapientiam perveniamus : « Initium ergo sapientiæ est
timor Domini [76]. » Hic est primus ascensionis gradus. Sed timor ante Omnipotentis oculos nullus est,
qui non sublevatur ad pietatem, qui proximo non
miseretur, qui ejus tribulationibus non compatitur ;
ideoque secundus gradus est pietatis. Sed quia pietas, quandoque per inordinatam vel dissolutam misericordiam erat, si forte parcit quæ parcenda non

sunt, parcit temporalem pœnam, sed ædificat ad
gehennam, ideo tertius gradus est scientia quæ docet quid ex justitia puniat, quid ex misericordia
dimittat. Sed quid, si sciat quid agere debeat, sed
virtutem recte agendi non habeat? Crescat itaque
scientia in quartum fortitudinis gradum, ne timore
trepidet, sed defendat bona quæ sentit. Sed si
fortitudo provida non fuerit, et minus circa vitia
circumspecta, ipsa præsumptione in casum ruit ;
ascendat igitur ad quintum gradum scilicet ad
consilium, ut provideat, quo se præmuniat. Sed
consilium non adest, ubi intellectus deest ; ascendamus igitur ad sextum gradum, scilicet intellectum. Sed quid si intellectus magno acumine vigilet? Ascendamus ad septimum gradum scilicet sapientiam, ut quæ acute intellectus invenerit, ma-
ture sapientia moderetur. Sapientia namque pertinet ad vitam, sicut scientia pertinet ad doctrinam.

Sequitur : Consigno eum signo crucis in vitam
propitiatus æternam. Consigno, inquam, ut Spiritum
non amittat. Hac oratione completa, ut dicit Romanus libellus, faciat crucem episcopus cum pollice et
chrismate in frontibus singulorum, ita dicens :
Signo te signo crucis, confirmo te chrismate salutis,
in nomine Patris, et Filii, et Spiritus Sancti. Amen.
Tam sacerdos quam episcopus ungit signaculo crucis, ad ostendendum signum quo redempti sumus ;
illud enim exterminatori ostendimus in præsenti,
ut domos nostras pertranseat [77], et ostendemus Domino in futuro, ut nos inter redemptos enumeret.
Ideoque in frontibus hoc signum ponitur ab episcopis, tum quia tutius videtur, quod in fronte figitur,
tum quia ibi aurea lamina cum ineffabili nomine a
pontifice portabatur [78]. Chrismatis unctio ad vitam
pertinet, et doctrinam quæ duo connexa in septem
donis, ut prædiximus, inveniuntur. Cum pollice fit
unctio, quia in consecratione pontificis est ad hoc
spiritualiter consecratus, vel quia omne datum optimum descendit a Patre luminum [79]. Ut hæc manus
impositio a solis fiat episcopis, Beda super Actus
apostolorum [80] ab eis probat assumptum sic : Philippus fuit unus de septem diaconis ; si enim apostolus fuisset, manum imponere potuisset, ut acciperent Spiritum sanctum ; hoc enim solis pontificibus debetur. Inunctum salutat episcopus, dicens :
Pax tibi. Hic enim modus salutationis ad novum
pertinet hominem, qui secundum Deum creatus
est, in sanctitate et veritate [81]. Septem diebus hæc
unctio conservetur, et non lavetur ; quia Spiritus
sanctus per hanc unctionem in septem donis venit
ad hospitem ; nam et ad hospites primitivos ejus
adventus diebus totidem observatur. Vel quia per
septenarium præsentis vitæ curriculum intelligimus. In septem diebus unctio non lavetur, ut in
nobis adimpleatur, quod Salomon ait : Omni tem-

[72] Hunc locum allegat. Guil. Durand in Rationali, l. 1, c. 8, n° 10. [73] I Cor. 45. [74] Act. 8.
[75] Isa. 11. [76] Psal. 110. [77] Exod. 12. [78] Exod. 28. [79] Jac. 1. [80] Cap. 8. [81] Ephes. 4.

SICARDI CREMONENSIS EPISCOPI

pore sint vestimenta tua candida, et oleum de capite tuo non deficiat [82]. » Baptizatus, mitra coronatur et alba veste induitur; quia Christi regis et sacerdotis membrum efficitur, nam per mitram regis coronam, per albam sacerdotalem accipimus dignitatem. Vel per albam, significamus innocentiæ stolam, quam in primo parente perdidimus, sed per Christum in baptismo recipimus. « Amicti stolis albis, » ut dicit Apocalypsis [83], et item : « Beati qui lavant stolas suas, ut sit potestas eorum in libro vitæ. [84] » Est autem hæc alba vestis de lino ad similitudinem cappæ facta, cui secundum quosdam fimbria supersuitur rubricata, quæ repræsentat funem, quam Raab per fenestram dimisit [85], ad cujus signum salvata est, et domus ejus tota, et significat passionem Domini, quæ est salvantis origo baptismi.

Secundum quosdam, baptizandis dantur et calceamenta, quæ sunt Dominicæ mortis insignia, exemplo ejus, qui propter nos mortuus est, carnem suam vitiis et concupiscentiis mortificet baptizatus [86]. Ecce minor filius, scilicet gentilis populus, qui substantiam suam vivendo luxuriose consumpserat, et porcos in longinqua regione paverat alienos, nunc revertitur, cui pater vitulum saginatum occidit; annulum, id est fidei signaculum, tribuit [87], quam, dum profitetur se credere, constat in tabulis cordis scriptam habere. Primam quoque stolam Pater induit, juxta illud : Omnes qui in Christo baptizati estis, Christum induistis [88]. Hæ sunt vestes sine quibus, qui convivium regis ingreditur, audiet vocem terribilem: « Amice, quomodo huc intrasti, non habens vestem nuptialem [89] ? » Illud notandum est quod cum sacerdos omnes de baptismate levat, omnium pater est et omnes docere tenetur : sic dicitur Marcus fuisse filius Petri. Sed quia non posset omnibus vacare, et debita jura persolvere, ideo curæ patrinorum, vel competentium illos commendat, qui dicuntur competentes, quasi cum puero baptismum, vel fidem petentes, qui pro eis spondeant, eosque Symbolum et Orationem Dominicam doceant, quæ omnes Christiani, aut lingua Latina, aut paterna scire tenentur, et qui hæc ignorat, Christianus non esse convincitur. Cumque illos illa docuerint, eos pro suo posse custodire debent, ne a fide vel justitia devient, utpote fidejussores illorum fidei, responsuri de omni excessu eorum in die judicii. Nec dubitandum est alterum in alterius fide salvari, et per confessionem fidelium catechumenos a dæmonibus liberari; quia legimus filiam Syrophenissæ per confessionem maternam, ab immundo spiritu liberatam [90]; cujus rei causam Augustinus ostendit, dicens : « Ut quis regeneretur per officium alterius, facit hoc unus spiritus, ex quo regeneratur oblatus; non enim scriptum est : Nisi

quis renatus fuerit ex voluntate parentum aut fide offerentium, sed ex aqua et Spiritu sancto [91], ergo aquæ fortis sacramentum, et Spiritus intus operatur gratiæ beneficium. » Numerus patrinorum hic est : unus ad omnia sacramenta sufficere potest; sed quia in ore duorum vel trium testium stat omne verbum [92], ideo tres ad plus debent esse, ut carnalis copula per spiritualem impediatur [93]. Et aiunt quidam quatuor genera hominum a patrinatu esse prohibenda, scilicet monachos vel monachas, item infideles, item semifideles, ut qui non sunt confirmati. Item simul vir et uxor nisi voto præstito castitatis, sed et cognati a quibusdam prohibentur [94], quoniam expedit, ut per baptismum charitatis dilectio propagetur.

Et attende quod bis in anno canonice baptizatur, scilicet duntaxat in Sabbato quod requies interpretatur; quoniam æterna requies per baptisma tribuitur [95]. Igitur in Sabbato paschali baptisma celebremus, ut Christo mortuo consepeliamur, et Sabbato Pentecostes, ut Spiritum sanctum in baptismo recipere mereamur. Sed nullus nisi sacerdos baptizare præsumat; quia canones contradicunt. Verum frequens est aliquid extra canones inveniri, nam qui necessitate ægritudinis, persecutionis, obsidionis et naufragii coarctantur, omni tempore, et a quovis etiam laico, dummodo in nomine Patris, et Filii, et Spiritus sancti, et aqua simplici baptizentur; et si supervixerint, ut volunt quidam, post hæc a sacerdote catechizentur. Quidquid tamen sit de catechismo, in fronte chrismentur ab episcopo. Nam et in hac simplicitate baptizabant apostoli, scilicet in stagnis et fontibus, et duntaxat in nomine Trinitatis explicito vel implicito, utpote in nomine Christi, sed Clemens ex doctrina Petri addidit unctionem chrismatis et olei. Leo, Damasus et Ambrosius solemnitates alias addiderunt, ut exorcismos, et similia, et quæritur non otiose si in cervisia vel medone, oleo, vino, aut alio liquore liceat baptizare? Respondent quidam, non nisi in aqua pura licere. Præterea si esset aqua turbida, vel lixivium, dicunt quidam quod potest baptizari. Quando autem alius liquor scilicet, vinum, vel oleum, vel alius humor blavæ vel gomi mistus aqua, ipsi aquæ prædominatur, non potest baptizari, et si non immergitur cum verbis, non fit, id est si prius vel ante dicantur verba, quando mergatur. In aqua baptizatur, quia copiosius invenitur, et hanc Spiritum in principio fovisse legitur [96], et quia sordes abluit, sitim comprimit, imaginem reddit, ignem exstinguit; sic in baptismate a peccatorum sorde lavamur, a fonte vitæ potamur, in imaginem perditam restauramur, unde ignis pœnarum exstinguitur. Quod autem in Evangelio legitur : « Ille vos baptizabit Spiritu san-

[82] Eccl. 9. [83] Cap. 4. [84] Apoc. 22. [85] Josue 2, 6. [86] Gal. 5. [87] Luc. 15. [88] Jer. 51; Hebr. 8, 10. [89] Matth. 22. [90] Matth. 15. [91] Joan. 3. [92] Matth. 18. [93] Modo per concilium Tridentinum unus tantum admittitur, aut duo ad summum, seu unus et una. [94] Hoc impedimentum per dictum concilium modo sublatum est. [95] Hoc intelligendum est de baptismo solemni. [96] Gen. 1.

cto et igne [97], » sic intelligitur spiritu sanctificationis et igne tribulationis in præsenti, vel purgationis in futuro, vel igne ardoris, quo accensi sunt apostoli in die Pentecostes [98]; et nos accendimur in manus impositione, qui consumit lignum, fenum et stipulam [99]; quia Deus noster ignis consumens est [100], et calorem præstat vitæ æternæ, et lumen, videndi ea, quæ sunt mortalibus oculis clausa. Hæc quam diximus, canonica baptismi solemnitas in hora nona celebratur, quoniam in eadem Christus exspirasse legitur [1], in cujus morte baptizati sumus [2]; hac etiam hora venit angelus ad Cornelium nuntians ei baptismum [3]; hac hora linteum Petro apparuit, animalibus plenum. Neophytis baptizatis lampades ecclesiæ, et eorum cerei protinus accendantur, ut bonorum operum lampadibus Christo reverenter occurrant filii Ecclesiæ per Christum illuminatæ; nec debuerunt cerei neophytorum antea illuminari quam Spiritus sanctus eorum corda purgaverit. Solemus hanc illuminationem differre usque ad officium missæ, sive ut credamus per impositionem manus episcopi eos illuminari, sive quia in nocte celebratur, quæ sicut illustrata est gloria resurrectionis, sic illuminetur cereorum luminibus. Solemnitate baptismi completa, campanæ pulsantur secundum quosdam, et ad fontes itur cum triplici litania. Et vide quod ante baptismum, et post litaniæ circa baptisterium peraguntur, quia legitur in Apocalypsi: « Iris erat in circuitu sedis [4]. » Iris significat intercessiones sanctorum, sedes Ecclesiam, pro qua præcedentes adventum Christi, et sequentes sancti devotissime oraverunt, et orant. Fit autem hæc litania circa fontes usque ad Sancte Joannes, ora pro nobis, eo quod primus fuit baptista. Deinde similiter cum terna litania reditur usque ad Omnes sancti, orate pro nobis, ad ostendendum quod omnes sancti orant pro Filio baptizato, qui mortuus fuerat, et revixit, perierat et inventus est [5], ut in vera fide Trinitatis participet sacramento baptismatis, vel ut Dominum quem confessus est, diligat toto corde, tota mente, totis viribus [6]. Baptismo celebrato possunt presbyteri missam celebrare, quia statim convivium sacrificii vespertini construitur [7], et pro filio invento vitulus saginatus adjicitur [8]. Hic est Christus qui dicitur vitulus, quia pro nobis est immolatus; et ideo saginatus, quia plenitudine divinitatis [9] impletus; cui convivio senior Filius, id est Judaicus populus non vult interesse, sed stans foris detrahit; exibit autem Pater ad eum, et ut ingrediatur ad epulas suadebit, quando reliquiæ Israel convertentur et salvæ fient [10]. Interim non est plenum paternæ domus, id est præsentis Ecclesiæ, gaudium, quia licet Judaicus populus semper oderit salutem gentium, Ecclesia tamen Christianorum dolet quod sua salus fratri pariat scandalum, ideoque nonnulla orna-

menta in tam festivo subtrahuntur officio, ut introitus, gradualis, offertorium et Agnus Dei, et communio; vel ideo introitus subticetur, quia caput nostrum adhuc est apud inferos, et nondum nobis redditur; vel antiquus mos repræsentatur, quando missæ non habebant introitus, igitur hoc officium per Kyrie eleison inchoatur, ut de venatis lætitia declaretur; et memento quia fuit hæc, ante Cœlestinum papam, incipiendi missam consuetudo. Gloria in excelsis Deo subjungitur, quia pax hominibus bonæ voluntatis [11] in baptismo tribuitur; unde gaudent angeli, quoniam de ipsis ordo angelorum decimus restaurabitur. Quod enim Gloria in excelsis, canticum sit angelorum nulli dubium est, cum quibus chorus exsultat, personant symphoniæ, et signa concrepant, quæ hactenus secundum quosdam fuerunt muta.

Sequitur: Dominus vobiscum, non Pax vobis, et ita dicitur oratio: Deus, qui hanc sacratissimam noctem; hic constat quod hæc missa, vel in nocte, vel saltem in solis occasu debet celebrari, nec ut Hieronymus ait: Usque ad noctis medium licet dimittere populum exspectantem adventum Christi, ut infra dicetur: « Et celebrantem diem festum in condensis usque ad cornu altaris [12]. » Sed nec in hac die Sabbati, sicut nec in præcedenti missa fuit celebranda; quia constat apostolos his diebus siluisse et in tristitia fuisse. Simile est in Sabbatis ordinationum; quoniam tam in hac die quam in illis missa non est de Sabbato, sed pertinet ad diem Dominicam. Exinde renatos Paulus alloquitur, dicens: « Si consurrexistis cum Christo [13], » qui baptizantur, id est ad similitudinem mortis ejus, simul etiam in Christo resurgunt, in quo est eorum vita abscondita, cum quo apparebunt in gloria, ad quam repræsentandam ministri altaris solemnes vestes induunt, vel ut renatorum stolam innocentiæ demonstrarent; graduale non canitur, quia baptizati per opera nondum in virtutibus gradum fecerunt; vel quia data est per Cyrum licentia revertendi [14], idcirco sine mora prorumpunt in vocem confessionis et laudis dicentes: Alleluia, Alleluia, quod a Septuagesima conticetur, modo redditur; quia sicut spes libertatis fuit per Cyrum exhibita captivatis, sic in baptismo et in resurrectione Christi nobis jucunditas futuræ vitæ promittitur, et est hic alleluia, angelorum de baptizatis exsultatio, qui misericordiam Domini consecuti sunt.

Unde sequitur: Confitemini Domino quoniam bonus, quoniam in sæculum misericordia ejus [15]; quod enim alleluia, canticum sit angelorum, Joannes in Apocalypsi [16] demonstrat, dicens: « Audivi quasi vocem tubarum multarum in cœlo dicentium: Alleluia. » Vel est communis resurrectionis gratulatio: hic enim psalmus proprie ad diem pertinet resurrectionis, unde ibi dicitur: Hæc est dies quam

[97] Matth. 5, [98] Act. 2. [99] I Cor. 3. [100] Deut. 4. [1] Matth. 27. [2] Rom. 6. [3] Act. 10. [4] Apoc. 4. [5] Luc. 15. [6] Matth. 22. [7] Psal. 140. [8] Luc. 15. [9] Col. 2. [10] Rom. 11. [11] Luc. 2. [12] Psal. 117. [13] Col. 3. [14] I Esd. 1. [15] Psal. 117. [16] Cap. 19.

fecit Dominus. Sed quoniam revocatis a captivitate Babylonica magna superfuit sollicitudo, et renatis, qui resurrexerunt in resurrectione prima, grandis superest labor bonorum operum [17], ut partem habeant in resurrectione secunda, in quo labore super est metus et fletus, propter periculum gehennæ, et præsentis excessus, et desiderium vitæ æternæ, ideo post alleluia, quod significat lætitiam de spe, tractus sequitur, quod significat luctum de excessibus et incolatu a regno. Sicut enim homo de gaudiis paradisi transivit ad tristitiam mundi, de quiete ad sudorem, sic renati de lætitia remissionis ad solitudinem laboris, et ad lacrymas irrigui superioris et inferioris; non enim expedit hic sine fletu gaudere, et est hic ordo præposterus, et inconsuetus. Non enim consuevimus alleluia cantare cum tractibus, sed cum gradualibus, sed et tunc gradualia præponimus, et postea succinimus alleluia, ut in die crastina; sed hic alleluia præcedit tractum propter gaudium revertentium; in aliis præcedit graduale, propter profectum proficientium; vel præponitur alleluia, in memoriam prioris status Adæ, subsequitur tractus in memoriam sequentis status; vel alleluia neophythorum significat præcedentem purificationem, tractus sequentem coinquinationem; vel alleluia verbum Hebræum erudiendis dignitate præcedit, quoniam hæc lingua primo Deum laudavit. Hucusque fuit sacrificium neophytorum, et ad eos fuere voces officialium; sed dehinc resurrectio ad memoriam revocatur, nam in Evangelio legitur [18] de sollicitudine mulierum quærentium Dominum, ante quod Evangelium lumen non portatur; quia nondum venit hora, qua Dominus resurrexerat, sed apud inferni tenebras latitabat; vel quia mulieres, solummodo mortalem esse credebant, et occulte ad tumulum ibant; vel pro cæcitate ignorantium posse resurgere. Portatur autem incensum; quia mulieres emerunt aromata, ut venientes ungerent Jesum : *Credo in unum Deum* subjungitur, et per totam sequentem hebdomadam frequentatur, quo renati asseverant, se in Deum tendere, et ea quæ de Christo dicta sunt in Evangelio, firmissime credere. Offertorium vero non cantatur, quia mulieres offerentes aromata propter legis mandatum silenter et latenter venerunt ad monumentum [19]. Præfationem : *Te quidem omni tempore,* constat ad resurrectionem Domini pertinere, ideoque tam in hac missa, quam in diebus sequentibus usque ad Ascensionem cantatur, excepto quod hic dicitur : *In hac potissimum nocte,* cras, et infra octavam dicetur : *In hac potissimum die,* transacta octava dicatur : *Te quidem omni tempore,* sed in hoc potissimum gloriosius prædicare.

Sanctus, sanctus, sanctus non omittitur, quoniam angeli resurgentis laudes non omiserunt, sed resurrectionem mulieribus annuntiaverunt. In canone quoque cum dicitur : *Communicantes,* additur : *Et hanc noctem sacratissimam celebrantes,* ubi similiter fit supradicta mutatio, in quo etiam fit mentio de renatis, cum dicitur : *Hanc igitur oblationem servitutis nostræ, sed et cunctæ familiæ tuæ quam tibi offerimus, pro his quoque quos regenerare dignatus es ex aqua et Spiritu sancto.*

Agnus Dei non cantatur, quoniam apostoli vel mulieres conticebant, et non esse Agnum qui tolleret peccata mundi credebant. Quidam vero ter dicunt : *Agnus Dei,* cum *miserere nobis* : Non enim dicendum, *Dona nobis pacem,* nec pax est tribuenda, vel propter vitandum osculum proditoris, vel quia Christus qui est vera pax nostra [20] nondum pacem annuntiavit, quia nondum resurrexit, quare in die resurrectionis apostolis ait : « Pax vobis [21]. » Unde forte hic modus salutationis ab episcopo in principio missæ hujus differtur, ut novam salutationem in die suæ originis populus affectuosius amplectatur; nostræ tamen consuetudinis est ut pax detur ea ratione, qua *Gloria in excelsis Deo* cantatur, secundum quosdam. Hic cerei accenduntur, quia per Agnum qui tollit peccata [22], quasi tenebras mundi, lumen accipiunt baptizati. Communio quoque non cantatur, forte quia baptizati non communicant usque in diem crastinum, vel quia vicem ejus supplent vesperæ quæ sequuntur. Tacentibus tamen cantoribus nihilominus sacerdos suum implet officium, quia mulieribus et apostolis timentibus et dubitantibus de resurrectione, Dominus operatus est nostram salutem [23]. Facta communicatione, vice communionis vesperæ decantantur ita : Antiphona, alleluia cum unico et brevissimo psalmo : *Laudate Dominum omnes gentes* [24], et antiphona vesperæ autem, cum hymno evangelico : *Magnificat* [25] : ambo sine *Gloria Patri et Filio* ; quia nondum est Filius gloriosus. Ideo tam breves vesperæ decantantur, ne neophyti, qui nondum consueverunt audire officium, tædio afficiantur, demum cum oratione missa concluditur. Vesperæ ante missæ orationem cantantur, ne finita missa populus abeundi licentiam habere videretur, vel totum officium in una oratione completur, quoniam in Christi passione sacramentum baptismatis consummatur, vel dies hic in missam non in vesperam terminatur, ut Christus qui nos morte redemit, sine fine laudetur, qui est in sæcula benedictus.

CAPUT XV.

DE PASCHALI SOLEMNITATE.

Resurrexi, et adhuc tecum sum [26]. Hodierna solemnitas, resurrectio Domini, vel Pascha vocatur. Resurrectio dicitur, quoniam hac die Dominus resurrexit. Sed quæritur utrum in nocte, vel qua hora Dominus resurrexerit? Respondeo, secundum Hieronymum, Ambrosium et Græcum sermonem, quod noctis tempus elegit. Hic est enim Samson, qui ab

[17] Apoc. 20.   [18] Matth. 28.   [19] Luc. 25.   [20] Ephes. 2.   [21] Luc. 24.   [22] Joan 1.   [23] Psal. 73.
[24] Psal. 116.   [25] Luc 1.   [26] Psal. 138.

inimicis obsessus, nocte portas tulit et in verticem montis ascendit [17]. Samson interpretatur *sol eorum*, hic est Christus, sol justitiæ [18], qui custodibus obsessus, et armis, media nocte, a somno mortis exsurgens portas inferni jus mortis auferens, ad dextram Patris ascendit, nocte quoque resurgens nobis innuit quod in secundo adventu ita ut *fur in nocte veniet* [19], quemadmodum factum est in diebus Noe et Lot [20], quando vendentibus cunctis, et ementibus, et plantantibus, et ædificantibus, repentinus supervenit interitus; hoc ergo nobis tempore significavit, quod semper debemus esse parati; quia sicut hominibus quiescentibus resurrexit, ita « qua hora non putatis Filius hominis veniet [21]. » Et hæc causa quare ut supradiximus, usque ad noctis medium non licet dimittere populum, ut Dominus venturus vigilantes inveniat : sicut enim mulieres somnum oculis non dederunt, sed noctem pro die, desiderium pro luce, lunam habuere pro sole, et a vespere iter accipientes, diluculo, dum adhuc essent tenebræ, ad monumentum venerunt et aromata portaverunt [22]; sic animæ fideles mente vigiles cum odoribus virtutum festinant ad illum, qui sicut fur veniet ad judicium. Aiunt tamen quidam, quod per quadraginta horas mortuus exstitit, ut quatuor partes mundi in legis Decalogo mortuos vivificaret. Duæ namque sunt noctes mortis illius, qui nostras duas mortes fugavit, et unus est dies qui tenebras illuminavit. His Augustinus consentire videtur, qui dicit : « Dominum diluculo surrexisse. » His etiam consentit Ecclesia, quæ pro resurrectione matutinas eadem celebrat hora. Sunt autem quadraginta horæ, quatuor vespertinæ parasceves, et triginta sex duarum noctium, et unius diei. Verum, quacunque resurrexerit hora, constat quod hac die, quæ est per synecdochen a die mortis tertia, resurrexit. Triduana mors exstitit, ut trium temporum peccata deleret, pro singulis temporibus, singulos dies mortis expendens; vel ut nobis propitiationem Trinitatis individuæ obtineret. Inde est quod sub trina immersione in Trinitatis nomine baptizamur. Hoc est triduum Hebræorum, de quo : « Ibimus viam trium dierum, et sacrificabimus Deo nostro [23]. » Abraham quoque proficiscens ad immolandum Isaac pervenit in locum, quem dixerat ei Deus [24], in die tertio; hoc est triduum de quo Dominus ait : « Hodie, et cras dæmonia ejicio, sanitates perficio, tertia die consummor [25]. »

Primus dies est pœnitentiæ, in quo passus est; secundus justitiæ, in quo dormivit; tertius retributionis, in quo resurrexit. Pœnitentia cruciat, justitia tranquillat, retributio lætificat; hi tres dies significantur per tres quinquagesimas psalmorum; ideoque prima terminat in pœnitentiam : « Mise-

rere mei, Deus [26]; » secunda in justitiam : « Misericordiam, et judicium cantabo tibi, Domine [27]; » tertia vero in laudem : « Omnis spiritus laudet Dominum [28]; » hos tres dies Ecclesia repræsentat per vigilias et festivitates, et octavas sanctorum. Dominus etiam triginta tribus annis super terram ambulavit, in quibus ternarium duplicavit, unum decem, et alterum limitis singularis. Si ergo ternarius apud philosophos est insignis, pro eo quod præter unitatem primus est eorum, qui non recipiunt sectionem; apud theologos insignior, tum propter individuam Trinitatem, tum propter Christi conversationem, tum propter mortem, quietem et resurrectionem. Hac die surrexit, quæ est mundi prima, et rediens ad caput, octava, de qua dicitur in Paralipomenon [29], et in titulis psalmorum. Quam octavam, sicut septem mundi præcedunt ætates, quarum sex sunt viantium, et una dormientium; sic septem dies nostræ recreationis hanc diem præcedunt. Sicut quoque septem dominicæ a *Circumdederunt*, usque ad *Lætare*, *Hierusalem* præcesserunt, quasi interposita Dominicæ passionis memoria; hæc Dominica octavæ ætatis sequitur repræsentativa. In qua sicut octava est eadem primæ, sic restituetur homo in idipsum, ad quod fuerat conditus, imo supra primæ originis reparabitur dignitatem, et consequetur corporis et animæ felicissimam immortalitatem. Hoc forte significat octava beatitudo, quæ redit ad caput, id est ad primam; quoniam utriusque præmium est regnum cœlorum [30]. Hanc etiam octavam circumcisio significabat, quam lex octavo die præcipiebat [31], ad idem respiciunt sanctorum octavæ, quorum natalitia colimus, quoniam egressos a corporibus primam recipere stolam non dubitamus, scilicet beatitudinem sempiternam. Addimus et octavas; quia recepti sunt in immortalitatem gloriosam. Hac die resurrexit, quæ fuit mensis primi decima septima. Mensis primus est apud Hebræos, Nisan, id est *Aprilis*, qui menses computant secundum lunæ cursum duodecies, vel terdecies repetitum. Duo namque sunt anni : communis et embolismalis; communis habet duodecim lunationes, embolismalis vero tredecim. In mense primo resurrexit die crescente; quia per ejus resurrectionem, tenebræ mortis cœpere minui, et dies vitæ cœpit augeri, et quia ipse est lumen de lumine, per quem venitur ad diem lucis æternæ. In luna decima septima resurrexit, ut per observantiam Decalogi perduceret nos ad æternam requiem Sabbatismi. Ergo tunc surrexit, cum luna petit alta, ad significandum quod Ecclesia debet petere alta vi tutum, et scandere templa cœlorum. In tertia hebdomada lunæ resurrexit, per quod tertium tempus advenisse, scilicet gratiæ, significavit. Inde est quod cum semper in lunatione Aprilis

[17] Judic. 16. [18] Malach. 4. [19] I Thess. 5. [20] Matth. 24. [21] Luc. 12. [22] Joan. 20. [23] Exod. 5. [24] Gen. 22. [25] Luc. 13. [26] Psal. 50. [27] Psal. 100. [28] Psal. 150. [29] II Paral. 7. [30] Matth. 5. [31] Gen. 17; Levit. 12.

hanc solemnitatem, et in plenilunio ex mandato Domini celebremus, quandoque in nostro Aprili, quandoque in Martio solemnizamus. Sed cum eam post lunationes duodecim constituimus, innuitur quod per decem præcepta legis et duo præcepta charitatis, ad resurrectionis gloriam perveniemus ; si vero eam post lunationes tredecim observamus, innuitur quod per Decalogum, et fidem Trinitatis perveniemus ad gloriam æternitatis. Illud attende quod cum Judæi fixum habeant Paschalem terminum in decimam quartam lunam, nos in sequenti Dominica diem Domini celebramus, tum, sicut ait Augustinus, ut nostra festivitas a Judæorum discrepet festivitate, tum quia ex jussione angeli monemur hoc festum in Dominica celebrare. Solemnitas ista Pascha vocatur, et est hoc nomen primæ declinationis, et neutri generis, quod in tribus solis Græcis nominibus invenitur, scilicet Pascha, manna et mammona, vel est tertiæ declinationis, ut dicatur, Pascha, paschatis, sicut dicitur phantasma, phantasmatis. *Phase*, Hebraice ; *Pascha*, Græce, *transitus* Latine. In nominatione hujus solemnitatis Græca utimur lingua, non Hebræa, licet sit dignior, ne judaizare videamur. Item Græca utimur non Latina propter auctoritatem, Græca tantæ fuit auctoritatis antiquitus in Italia, ut festivitates et dignitates Græcis vocarentur nominibus, ut Pascha, Pentecoste, Epiphania Hypopantis; dignitates, ut episcopus, archiepiscopus, apostolicus ; vel secundum Augustinum, hoc nomen Pascha divina dispositione compositum est a Græco *Paschin*, quod *pati* sonat, et Hebræo *phase*, quod *transitus* interpretatur. Bene hæc duo in hoc nomine conveniunt, quoniam in passione Domini fuit transitus ejus, unde ab eo die, quo Agnus ad immolandum includebatur, id est a Ramis palmarum usque ad octavas Paschæ, Pascha vocatur ; verumtamen secundum consuetudinem vulgi, Dominica de Ramis palmarum, dicitur Pascha floridum, sexta feria Phase, hodie vero Pascha. Et dicitur Pascha historice, allegorice, tropologice, anagogice : historice, quia quando Pascha legitur celebratum, angelus exterminator Ægyptum pertransit, et primogenita interfecit per illas, domos, quarum postes agni sanguine in forma Tau oblitas non invenit [42]. Tunc etiam populus Israel de Ægypto transivit, id est exivit, tertiaque die mare Rubrum pertransiit [43]. Allegorice transit Ecclesia per baptismum ab infidelitate ad fidem. Tropologice transire debet anima per confessionem et contritionem de vitio ad virtutem. Anagogice, transivit Christus de mortalitate ad immortalitatem, de morte ad vitam, de claustris inferni ad gaudia paradisi, ut nos transire faciat de hac mundi miseria ad æterna gaudia.

Hæc solemnitas, quocunque vocabulo nominetur, est solemnitas solemnitatum : sicut dicuntur Sancta sanctorum et Cantica canticorum, eo quod excedunt alia cantica, sic dicitur solemnitas solemnitatum, eo quod solemnitates cæteras hujus solemnitatis antecedit nobilitas. Ideoque omnia lætitiæ proponuntur insignia ; nam templum emundatur et ornatur, in parietibus, in choro, in altari et ministris : in parietibus enim cortinæ; pallia oloserica extenduntur, in choro dorsalia tapeta, banchalia disponuntur ; velamen quod erat ante crucem, vel in altum erigitur, vel removetur, vel retro altare ponitur ; quia prius occulta modo sunt manifesta. Altare quoque suis ornamentis decoratur, ut vexillis, crucibus quæ secundum quosdam, significant victoriam Jesu Christi ; textis evangelicis, phylacteriis, id est vasculis de argento, vel auro, vel ebore, vel quovis metallo, aut lapide pretioso, ubi reliquiæ reconduntur, quod statutum fuit contra Helvidium, qui fideles deridebat, eo quod sanctorum cineres observabant, contra quem statuit Ecclesia, ut honorifice servarentur, quasi decem præcepta, scilicet in vasculis pretiosis, et simili vocabulo nuncupatis. Nam phylacterium phylacterii est chartula, in qua decem præcepta Pharisæi portabant, et dicitur a *Phylaxe* quod est *servare*, et *Thorath* quod est *lex*, unde in Evangelio : « Dilatant phylacteria, et magnificant fimbrias [44] ; » phylacteria est vasculum, ubi sanctorum reliquiæ reponuntur, et dicitur a *Phylaxe* quod est *servare*, et *teron* quod est *extremitas* : quia aliquid de extremitatibus, ut dens, vel digitus, vel aliquid tale servatur.

Vestitur altare palliis pretiosis, in quo trium colorum velamina ponuntur in quibusdam ecclesiis scilicet nigrum, subalbidum et rubeum, ad tria tempora significandum : nigrum significat tempus ante legem, quod removetur, finita prima lectione cum responsorio suo. Subalbidum quod significat tempus sub lege, removetur ad secundam; rubeum quod Christi significat passionem, ad tertiam. Hic templi talis et tantus ornatus spiritualiter nostri templi designat ornatum ; ministri quoque ad decorem hujus solemnitatis se balneis prælavant, barbas et plantas, id est coronas, radunt, et capillos deponunt, vestes nigras exuunt et albas induunt ; quæ, licet ad decorem fiant, ad spiritualem quoque hominem referuntur. Non enim lavamur ad voluptatem, sed ad significationem. Nam per extrinsecam ablutionem significamus in animo emundationem : rasio pilorum, qui sunt stomachi superfluitates, depositio est superfluorum ; capillos super aures tondere, est quinque sensus corporis ad serviendum Domino expedire. Plantam nudare est medium inter nos, et Deum removere ; nigram vestem exuere, est asperitatem pœnitentiæ deponere ; albas induere, est stolam immortalitatis firmiter exspectare ; vel per albas vestes significamus stolam innocentiæ renatorum, vel repræsentamus hodiernam apparitionem angelorum [45]. Ecce in templo tam gloriose decorato, ministri tam de

[42] Exod. 12. [43] Exod. 14. [44] Matth. 23. [45] Marc. 16.

center ornati accedunt ad officium, qui noctur- A
nale celebrantes officium, tribus psalmis utuntur ad
repræsentandum ea trium dierum opera, quæ Dominus repromisit [46], scilicet, dæmones ejicere,
sanitates perficere, et die tertia consummari ; de primo prima dicit antiphona : *Consilium meum non
est cum impiis*, et psalmus : *Beatus vir qui non
abiit in consilio impiorum* [47] ; de secundo, secunda :
Dedit mihi gentes, et psalmus : *Dabo tibi gentes* [48] ;
de tertio, tertia cum psalmo suo : *Ego dormivi* [49].
Primum disjungit ab impiis, secundum conjungit
capiti, tertium facit nos resurgere per justificationem. Primum in exorcizatis expellit diabolum per
abrenuntiationem, secundum in eis sanitatem perficit per fidem, tertium eos justificat per manus
impositionem ; his ergo tribus psalmis utimur ad
significandum hæc tria nobis exhibita, diaboli abrenuntiationem, capitis conjunctionem, mentium
justificationem ; vel ad figurandum quod per opera
fidei, spei et charitatis repellantur a nobis opera
tenebrarum, scilicet suggestio diaboli, delectatio
carnis, et consensus animi ; vel ad repræsentandum sepulturam triduanam, quæ præcessit resurrectionem diurnam ; vel potius per tres psalmos,
tria tempora significantur ; tres antiphonæ cantantur in quibus patriarchæ, prophetæ et apostoli significantur ; tres lectiones leguntur, quia lex, psalmi, prophetiæ, resurrectionem Domini profitentur ;
tria responsoria subsequuntur, quia tres ordines,
Noe, Job, Daniel Christi resurrectione salvantur. C
Singulis responsoriis, *Gloria Patri* subjungitur in
quibusdam ecclesiis, quia Trinitas ab omnibus ordinibus collaudatur ; in quibusdam vero non nisi
unum *Gloria*, tribus responsoriis, secundum generalem consuetudinem, continuatur ; vel ternarium
in omnibus frequentamus propter sacramentum
baptismi, in trium personarum nomine celebrati ;
vel paucitate utimur lectionum propter paucitatem,
quæ tunc aderat, prædicatorum. Nam apostoli numero pauci, metu Judæorum muti, de morte Domini
mœsti, de audita resurrectione quasi deliri [50] ; qua
paucitate volunt quidam uti usque in Pentecosten,
quando facti sunt prædicatores numero plures,
et sancto Spiritu ferventiores [51] ; alii solemnitatem potius attendentes, integrum et solemnem ser- D
vant numerum ; quia etsi apostoli muti fuerunt, tamen alloquium angelorum et frequens Domini visi-
tatio non defuerunt.

 Tertio responsorio cum *Gloria* decantato, cum
cereis et solemnitate de choro ad aliquem locum
tendimus, ubi sepulcrum imaginarium coaptamus,
et ibi introducuntur personæ, sub personis mulierum et duorum discipulorum Joannis et Petri, qui
ad sepulcrum Domini quærentes eum, venerunt,
et quædam aliæ personæ in personis angelorum,
qui Christum a mortuis resurrexisse dixerunt [52] ;

in personis quorum recte cantari potest, illa secundi responsorii particula : *Nolite timere*, et cætera usque ad finem responsorii. Tunc redeunt ad
chorum, quasi fratribus referentes quæ viderunt et
audierunt : in personis quorum convenienter cantatur illud responsorium : *Congratulamini*, sine
versu ; si quis autem habet versus de hac repræsentatione compositos, licet non authenticos,
non improbamus. Tunc chorus, audita Christi
resurrectione, prorumpit in vocem altisone cantans : *Te Deum laudamus*. Quidam hanc repræsentationem faciunt, antequam inchoent matutinas,
sed hic est locus proprius eo quod *Te Deum laudamus* exprimit horam, qua Dominus resurrexit :
Noster autem sacerdos crucem ante matutinum
incensat, et aspergit aqua benedicta, et ter alta
voce dicit ante altare : *Christus Dominus noster
resurrexit a mortuis*, et chorus respondet : *Deo
gratias*. Postea sequitur antiphona : *Christus resurgens*, versiculus : *Dicite in nationibus*, oratio :
Respice.

Postea crux ponatur in loco suo, et interim
cantetur antiphona : *Super omnia* ; deinde laudes
matutinæ cantentur. Quod psalmi, qui cantantur
ad laudes matutinas ad resurrectionem pertineant,
superior stylus aperuit. Ad primam vero quidam
dicunt totum psalmum : *Confitemini Domino* [53],
quia præcipue ad resurrectionem pertinet ; alii solum versum : *Hæc dies* : quo etiam in hac et aliis
horis utimur pro capitulo, quia vitam illam figuramus, qua doctrina nullis erit necessaria [54], sed
omnes docti gratulabimur et exsultabimus. *Quicunque vult* non dicitur ; quia hoc tempus significat
octavam, ubi non erit fides, quæ evacuabitur sed
res, quæ comprehendetur. Ob eamdem causam
parvum Symbolum subticetur in prima, scilicet.
Credo in Deum, quoniam « cum venerit quod
perfectum est, evacuabitur quod ex parte est [55]. »
Preces etiam prætermittuntur, quia ubi non erit
miseria, non erit petenda misericordia ; ubi non
erit tentatio, non erit dicendum : *Libera nos a malo*.
Ut hac die processio celebretur, ex Evangelii auctoritate contrahitur, ex eo quod dicunt angeli
mulieribus : *Ite, dicite discipulis, quia præcedet
vos in Galilæam* [56] ; et Dominus ad eas : *Nuntiate
fratribus meis, ut eant in Galilæam, ibi me videbunt* [57]. Galilæa *transmigratio* dicitur ; in Galilæam
ire, fuit de Judæis ad gentes transire, de qua
transmigratione postea dixit : « Euntes docete omnes gentes baptizantes eos in nomine Patris, et
Filii, et Spiritus sancti [58]. » In significationem
hujus transmigrationis, hodie solemnem processionem agimus, et in significationem baptismi,
nos et loca aqua benedicta conspergimus ; non
tamen hodie benedicitur, nec in Pentecoste ; quoniam de fonte ad reservandum sumitur, antequam

[46] Luc. 13.   [47] Psal. 1.   [48] Psal. 2.   [49] Psal. 3.   [50] Joan 20 ; Luc 24.   [51] Act. 2.   [52] Joan. 20.
[53] Psal. 117.   [54] Jer. 31 ; Hebr. 8.   [55] I Cor. 13.   [56] Marc. 16.   [57] Matth. 28.   [58] Ibid.

chrisma infundatur, et antequam aliquis immer-gatur, nec aspergimus, ut rebaptizemur, sed ut gratiam divini nominis cum memoria baptismatis invocemus. Aqua etiam munditiam vitæ significat, et luminaria quæ in processione præcedunt, opera bona, ut illud evangelicum in nobis impleatur : « Sint lumbi vestri præcincti, et lucernæ ardentes in manibus vestris [59]. » Crux quoque præcedit, ut carnem crucifigamus cum vitiis et concupiscentiis [60]. Inter aspergendum cantamus *Vidi aquam*, quod sumitur de Ezechiele [61], cui Dominus civitatem ostendit ædificatam super montem et vergentem austrum, in qua erat mirabile templum. Civitas est Ecclesia, de qua dicitur : « Non potest abscondi civitas supra montem posita [62]. » Templum est corpus Christi de quo : « Solvite templum hoc, et post triduum excitabo illud [63]. » Aqua de templo egrediens est fons baptismatis de latere Christi procedens [64].

Sed cum fuerit lanceatus lævo, cur hic dicitur a latere dextro? Respondeo : Duo sunt latera Christi, dextrum et lævum. Dextrum est divinitas, lævum humanitas ; a latere igitur dextro exivit ; quia de divina Christi natura, Spiritus sanctus, aqua invisibilis procedit, qui aquæ visibili, quæ de latere lævo, id est de humanitate lanceata profluxit, salvandi virtutem tribuit. Recte igitur hoc in hac processione cantamus in laudem fluminis hujus, cujus inundatione per mortem Christi reviximus ; quæ processio hoc ordine celebratur : cruces præcedunt, et vexilla quæ sunt insignia victoriæ Jesu Christi. Deinde sacerdotes dealbati, exsultantes in laudes resurrectionis præcedunt, cum tanta populi sequentis exspectatione, per distinctas et morosas stationes, ut corporaliter illud propheticum impleri videatur : « Cum jucunditate exibitis, et cum gaudio deducemini [65]. » Nam montes et colles exsilient exspectantes vos cum gaudio. In hac processione nihil resonet quod sit veteris historiæ, sed ea solum cantentur, quæ gloriam personent Evangelii, inter quæ illud præsertim admittitur : virtute magna reddebant apostoli testimonium resurrectionis Jesu [66] ; quia, sicut diximus, in Galilæam transmigratis, est apostolorum prædicatio. Cum ventum est ad medium templi, utriusque sexus populo circumstante, totis viribus chorus in vocem exsultationis erumpat cantans antiphonam : *Sedit angelus*, quæ exprimit quid apostoli docuerunt, scilicet Christum vivere ; et est totis viribus concinendum, et in auditum circumstantium offerendum ; quia, « in omnem terram exivit sonus eorum [67] ; » vel hodierna processio illud nobis recolit, quod rex gloriæ cum exercitu redemptorum de infernalibus claustris ad cœlestia regna migravit. Et attende quod in hac die apostolico procedente, stuppa super caput ejus accenditur, quæ velociter incineratur, ut reminisca-

tur quod ipse in cinerem debeat redigi, et ornatus ejus in favillam converti, sed et in momento sic sit transitura gloria mundi. Ab hodierna processione omnes Dominicales processiones originem contraxerunt in quibus etiam caput membra sequuntur in quibus duntaxat de Novo Testamento cantetur ; sed inter aspergendum post Pentecosten dicatur antiphona : *Asperges me, Domine* ; quod de fide passionis et humilitate baptismatis propheta prædixit [68] ; et scias quod aspersio salis et aquæ sumpsit ab Eliseo principium, qui salem aqua miscens sterilitatis vitium emundavit [69], qua memores, etiam legalis aspersionis, quæ fiebat sanguine agni, aspergimur, ut per fidem veri sanguinis liberemur, et fortiores in bonis operibus efficiamur [70]. In hujusmodi processionibus, quæ fiunt per anni circulum in Dominicis, frequentius Virginem salutare, et aliquid, quod eam proprie pertineat cantare debemus. Unde consuetudo inolevit, ut in claustris habeatur oratorium Virginis, quam in statione prima ex primaria consuetudine salutamus. Licet enim dicatur : quod Magdalenæ resurgens primum apparuit [71], tamen verius creditur quod Matri ante omnes apparuit ; sed ad evangelistas hoc dicere non pertinuit quorum fuit officium testes resurrectionis inducere, sed non decuit ad testificandum pro Filio, Matrem adducere ; si enim verba extranearum feminarum visa sunt deliramenta [72], quomodo non magis matrem pro Filii amore crederent delirare? Verius ergo creditur quod Filius matri primo resurgens apparuit, sed illa ut ab initio cœperat, conservabat omnia verba hæc conferens in corde suo [73], quod si ideo non crederetur, quia nullis hoc evangelistarum testimoniis attestatur, consequens est quod post resurrectionem matri non apparuerit ; quia ubi vel quando, nullus edisserit ; sed absit, ut matrem tam dura negligentia talis filius inhonoraverit! Non sic Romana sentit Ecclesia quæ prima die Paschæ apud beatam Virginem celebrat stationem quasi proponens Hierusalem, id est Virginem, quæ vidit pacem præ aliis in principio lætitiæ suæ [74], quo circa sicut prima die ad sanctam Mariam præscribitur, sic ad ejus honorem, in Dominicalibus processionibus prima statio deputatur, ut eam laudibus extollentes, et ad ejus oratorium festinantes, cum sponso dicere videamur : « Vadam ad montem myrrhæ et ad collem thuris [75]. » Mons est beata Virgo Maria, de quo sine manibus lapis exciditur [76], qui mortificationis et orationis plantis inseritur ; ad quam Filius vadit apparendo, et nos vadimus adorando ; quod vero de choro ad aliquod imus altare, ibique stationem facimus, significat quod animæ ibunt ad Christum, et concinent in consortiis angelorum.

Nunc missæ prosequamur officium, quod in illum æternitatis diem intendit, cujus aditum Deus per

[59] Luc. 12.   [60] Gal. 5.   [61] Cap. 47.   [62] Matth. 5.   [63] Joan. 2.   [64] Joan. 19.   [65] Isa., 55.   [66] Act. 4.
[67] Psal. 18.   [68] Psal. 50.   [69] IV Reg. 2.   [70] Exod. 24 ; Hebr. 9.   [71] Marc. 16.   [72] Luc. 24.   [73] Luc. 2.
[74] Psal. 136.   [75] Cant. 4.   [76] Dan. 2.

Unigenitum suum, devicta morte, reseravit, ubi qui Patri dicenti : *Exsurge gloria mea, exsurge psalterium et cithara*, respondit : *Exsurgam diluculo* [77]; quia primus resurrexit primitiæ dormientium [78]; præcentor primam vocem per ora prophetarum emittit dicens ad Patrem : *Resurrexi, et adhuc tecum sum* [79]. Per hujus capitis resurrectionem patet aditus paradisi, ut oratio prima demonstrat, licet sit festum laudis, tamen inter laudandum adjicitur oratio sacerdotis. Laus habet lætitiam, oratio gemitum, promissum est nobis aliquid, nondum habemus ; quia verax est, qui promisit, gaudemus ; quia non habemus, gemimus, et ut habeamus oramus, et ad hujus cantici novitatem neophytos Paulus invitat et instruit [80], ut expurgato in baptismo veteri fermento. sic custodiant novitatem conspersionis ut perveniant ad novitatem resurrectionis. Gradualis : *Hæc dies* [81], cum sit luctus liberantium non videtur in illa die recte cantari, in qua repræsentatur æternum gaudium ; sed quare per hanc cantetur hebdomadam, superius exposuimus, cum de Septuagesima tractavimus ; hic quoque adjicimus, propter baptizatos graduale cantari, quoniam arripuerunt laborem militiæ, ut pervenirent ad Alleluia æternæ lætitiæ. Grandis enim labor et gravis superest, ut partem habeant in resurrectione secunda, et cantatur graduale sex diebus, propter senarium operum. Exinde continuabitur, *Alleluia*, sed quia in hoc labore spem habemus futuræ lætitiæ, et gaudium præsentis justitiæ, ideo licet cantus sit gravis, tamen verbis dicitur exsultandum, tam in ipso quam in versibus ejus, qui per totam dispertiuntur hebdomadam. Et dies temporis, unde : « Hodie si vocem ejus audieritis [82], » id est si in tempore quo vivitis ; et est dies æternitatis. Unde : « Melior est dies una in atriis tuis super millia [83]. » Hanc diem hodierna festivitas inchoat, ideoque recte demonstrative dicitur : *Hæc dies*, et hodie resurrexit Dominus, sed hæc dies dum est in aurora, vel in ascensu vocatur dies salutis et gratiæ. Cum fuerit in meridie, vocabitur æternitatis et gloriæ. Hæc declivum non sentiet, ideoque solemnitas ista vesperam non habet, Alleluia. *Pascha nostrum*, quasi dicat *Laudate Dominum*; quia *Pascha nostrum immolatus est Christus* [84]. Evangelium secundum Marcum legitur [85], tum quia figuram Leonis tenet, ut rugitum Leonis resurgentis evangelizaret, tum quoniam angelum juvenem describit coopertum stola candida, ubi juventus baptizatorum innuitur, quæ renovabitur ut aquilæ [86], et erit sine macula et ruga [87]. Offerenda : *Terra tremuit* [88], vel dicitur de terræ motu, qui fuit cum Dominus resurrexit, vel de illa die, quando faciet auditum judicium, hoc scilicet : « Venite, benedicti, et ite, maledicti [89], » tunc enim terra tremuit, id est impii terrebuntur ;

quia etiam « virtutes cœlorum movebuntur [90], » et terra quiescet, id est impii nocere desinent. Communio sicut Alleluia sumitur de epistola [91]; aiunt quidam quod *resurrexi* vox sit Sponsi ad sponsam, eam de morte sua in præsenti tempore consolantis, cui sponsa : *Posuisti*. Cætera sunt concentus angelorum et hominum de Christi resurrectione gaudentium, vel vox est generis humani, quod in Adam cecidit et per Christum resurrexit. Et attende quod duplex est hujus diei sacrificium, vespertinum, scilicet, et matutinum. Vespertinum celebratum est in nocte, matutinum in die ; quia duplex est causa hodiernæ solemnitatis, redemptio animarum, quæ Parasceve in vespera, Christi morte parata est, et resurrectio corporum, quæ prima Sabbati, Christo resurgente confirmata est. Et vide quod hac die benedicitur Agnus, qui, secundum Romanum ordinem, non ad altare sed ad mensam est benedicendus. In regularibus autem horis ab hodie usque ad octavam Pentecostes semper ad responsoria, et eorum versus dicimus *Alleluia*. Demum cum omnes regulares horæ supradictæ novitatis præferunt insignia, vespertina synaxis, scilicet congregatio est hujus festivitatis claritate præ cæteris illustrata : non enim eam per *Deus in adjutorium* inchoamus, quoniam in illa vita non sicut hic adjutorio indigebimus ; sed per *Kyrie eleison* inchoatur, quia vespertina hora Sabbati Paschalis baptisma fuit per *Kyrie eleison* inchoatum, et in Trinitatis nomine celebratum, propterea in eadem hora et in eisdem verbis per totam hanc hebdomadam in festivæ regenerationis jucunditatem sancta Trinitas adoratur. Vel per *Kyrie eleison* incipitur, ut quasi non existens per se officium, missæ officio continetur ; nam, ut diximus, hæc dies vesperam non habet, quia declivum æternitas non agnovit. Tres psalmi sub uno *Alleluia* dicuntur ; quia per fidem Trinitatis ad æternum Alleluia, id est gaudium pervenitur ; vel hi tres psalmi resurrectioni, quæ tertia die facta est, conveniunt Jesu Christi. pro capitulo sequitur : *Hæc dies* sicut in aliis, quia ibi non erit necessaria doctrina; sed exsultatio ; vel ut notetur, sollicitudo baptizatorum adhuc peregrinantium et laborantium ; quia nondum habent gaudium, nisi spei, quo pervenient ad Alleluia rei; pro hymno sequitur *Alleluia*, quod est proprium illorum civium hymnus.

Post *Magnificat* cum antiphona, dicta oratione, proceditur ad salutandum crucem, per quam et in qua nacti sumus animarum redemptionem.

Exinde cum jubilis ad fontem procedunt, ubi duo psalmi cantantur ; quia per geminam dilectionem ad fontem vitæ pertingitur, qui etiam psalmi baptizatis, et baptismo conveniunt. Baptizatis ut *Laudate, pueri, Dominum* [92], qui circa fontes can-

[77] Psal. 56. [78] I Cor. 15. [79] Psal. 158. [80] I Cor. 5. [81] Psal. 117. [82] Psal. 94. [83] Psal. 85. [84] I Cor. 5. [85] Cap. 16. [86] Psal. 102. [87] Ephes. 5. [88] Psal. 75. [89] Matth. 25. [90] Luc. 21. [91] I Cor. 5. [92] Psal. 112.

tantur, et est admonitio laudis ad neophytos, qui
facti sunt pueri, id est a vitiis puri, pro quibus mater Ecclesia jubilat ad fontes in laudem ejus gratiæ, per quem meruit esse, quod in cantico amoris
audivit : « Fons hortorum, puteus aquarum viventium [93]. » Postea transitur ad oratorium Sancti Andreæ cum psalmo : *In exitu Israel* [94], qui convenit
baptismo cum dicitur : *Quid est tibi, mare, quod fu-
gisti ?* [95]. Ad Sanctum Andræam itur ; quia mons
sicut aries exsultavit [96], cui Gregorius spiritualiter
devotus exstitit, unde Ecclesiam illi fabricavit.
Quod cum processione ad fontem solemniter imus
per septem dies, ad memoriam reducimus transitum Israel per mare Rubrum [97], qui moratus est
juxta littus septem diebus, et singulis veniebat ad
littus, cantans Domino canticum Moysi ; vel transitum per Jordanem in ordine factum, vel processiones vespertinales hujus hebdomadæ reversionem
significant captivitatis Babyloniæ [98]. Hæc est enim
hebdomada revertentium, qui in fine suæ captivitatis revertentur ad Dominum ; et sic vesperæ trina
statione complentur, sicut hic baptismus in Trinitatis nomine celebratur ; qui vero fontes non habent,
non exeant, sed quinque psalmos continue dicant,
et post collectam diei, de cruce collectam adjungant.
Hæ eædem vesperæ quotidie repetuntur ; quia pro
una et eadem die tota hebdomada reputatur. Illud
quoque notabile est quod a Pascha usque post Pentecosten, non flectimus genua, sed stantes oramus,
ut libertatem, quam resurgendo nobis acquisivit Dominus, profiteamur. Nam et mulieres ad visionem
angelicam non corruerunt, sed vultum solummodo
inclinaverunt [99] ; sed et preces omittimus, quia non
erit deprecatio miserorum, sed duntaxat laudatio
beatorum, similiter et in Dominicis et in festivis,
in quibus repræsentatur nostra resurrectio et societas angelorum. Sed hæc apud canonicos, nam
apud quosdam monachos aliter in precibus observatur, sicut in lectionibus et stationibus. Nam neque
se coarctant ad ternarum numerum lectionum, nec
cum fontes non habeant, fontium vacant solemnitatibus, nec in vespertinis delectantur stationibus :
hæ namque sunt pontificales traditiones, et ad pastores plebium pertinentes.

Ad supradicta hodierna officia omnes Christiani
debent libere convenire ad applaudendum gloriæ
resurrectionis quæ revelabitur in nobis [100]. Hæc
solemnitas igitur est jubilæus Christianorum, in qua
discordes pacificentur, offensa remittantur, qui deli-
querant reconcilientur, debita non exigantur. Erga-
steria non aperiantur, venalia non exponantur, exceptis illis sine quibus cœna duci non potest, captivi relaxentur, pastores et servi ad servitia non
arctentur, ut libertate valeant perfrui, et in festivitate futuræ lætitiæ delectari. Inde est quod in
claustris quarumdam ecclesiarum etiam episcopi
cum suis clericis Decembrica libertate utuntur, descendentes etiam ad ludum choreæ, vel pilæ, quamvis non ludere laudabilius sit, et dicitur hæc Decembrica libertas, eo quod mense Decembris pastores, servi et ancillæ quadam libertate apud gentiles a dominis donarentur, et collectis mensis cum
eis convivarentur. Et attende quod gentilitas ad
plausum idolorum choreas instituit, ut deos suos,
et voce laudarent, et eis toto corpore servirent, volentes etiam in eis, aliquid more suo figurare mysterii ; nam per circuitionem intelligebant firma-
menti revolutionem, per manuum complexionem
cœlorum connexionem, per melodias cantantium
harmonias planetarum ; per corporum gesticulatio-
nes, signorum vel planetarum motiones ; per plausum manuum et strepitum pedum, crepitationes
tonitruorum ; sed quod illi suis idolis exhibuerunt,
cultores unius Dei ad ipsius præconia converterunt.
Nam populus de mari Rubro egressus, choream
duxisse, et Maria cum tympano legitur præcinuisse,
[1] et David ante arcam totis viribus saltavit et cum
cithara psalmos cecinit [2], et Salomon circa altare
cantores instituit, qui voce, tuba, cymbalis, organis
et aliis musicis instrumentis cantica persolvisse leguntur [3].

Cum autem hæc solemnitas illam octavam significet, quæ sequitur septenarium hujus vitæ, cur habet octavas, cum etiam ejus celebritas protenda-
tur non tantum per octo dies, sed et usque ad diem
Pentecostes ? Respondetur quia resurrectio futura
significata est per circumcisionem, quæ octava die
mandata est [4], cui veræ circumcisioni octo sunt
beatitudines [5], quarum octava redit ad primam, ut
quasi in cithara Domini, de qua dicitur : *Exsurge,
gloria mea, exsurge psalterium et cithara* [6], personet
cœleste diapason ; et ideo ad repræsentandum has
beatitudines solemnibus octo dierum officiis celebremus octavas Dominicæ resurrectionis, quæ causa
est et signum nostræ futuræ circumcisionis. Quas
beatitudines coaptat Augustinus in libro *De doctrina Christiana* septem spiritibus, omittens ultimam ; quia redit ad primum : Timor, inquit, efficit
paupertatem, id est humilitatem : dum enim mortem timemus æternam, superbiæ motus ligno crucis affigimus ; pietas, mansuetudinem : dum enim
Deum colimus, quod est officium theosebiæ, mite-
scimus, et nos divinæ Scripturæ subjicimus ; scientia, luctum : nam qui apponit scientiam, apponit dolorem [7] ; fortitudo, tolerantiam in adversis, ut semper esuriamus justitiam et sitiamus [8]. Consilium
efficit misericordiam, dum alterius miseretur, qui
sui vellet alterum misereri. Intellectus purgat oculum mentis, ut mundi corde Deum videant [9] ; sapientia facit pacem pectoris, ut perveniatur ad pacem
æternitatis. Ecce quod per gradus a timore pervenitur ad sapientiam. Unde : « Initium sapientiæ ti-

---

[93] Cant. 4. [94] Psal. 113. [95] Ibid. [96] Ibid. [97] Exod. 14. [98] I Esdr. 1. [99] Luc. 24. [100] Rom. 8.
[1] Exod. 15. [2] II Reg. 6. [3] II Par. 5. [4] Gen. 17. [5] Matth. 5. [6] Psal. 56. [7] Eccl. 1. [8] Matth. 5.
[9] Ibid.

mor Domini [10]. » Septem ergo diebus baptismalia
celebrantur officia, vel quia baptizati Spiritu septiformi ditantur, vel quia ipsorum temporis universitas dierum septenario volvitur, quibus quia præcipue fides, spes, charitas, sunt necessaria, ideo
tribus psalmis utimur in matutinis; sed exinde multiplicantur, ut boni mores diversorum operum ac-
cumulentur, vel per septem dies unius coloris officium celebramus, ut totius nostræ vitæ curriculum,
ad mortem et resurrectionem Domini referamus;
sicut enim dies resurrectionem, sic nox mortem
Domini repræsentat · una die resurrexit Dominus,
sed tamen per septem dies dicimus : *In hac potissimum die gloriosius prædicare*, et : *Hæc est dies.*
Una fuit Christi mors, tribus continuata diebus,
sed tamen per septem noctes, tres psalmos dicimus,
et tres lectiones. Ille ergo tres cantat psalmos in
nocte, qui mente se tenet consepultum Christo, et
mortuum esse peccato, qui non operatur peccatum
[11]. Ille cantat, *hæc dies*, per septem dies, qui in
justificatione perseverat. Nunc his spiritibus et beatitudinibus, singulorum dierum officia coaptemus.
Superius igitur officium ipsius Dominicæ Resurrectionis pertinet ad timorem, qua timemus terribilem
sententiam Judicis. Cum enim dicet Patri Rex et Judex omnium, *Resurrexi, et adhuc tecum sum* [12], in
suggillationem inimicorum dicentium : « quando
morietur, et peribit nomen ejus [13]; tunc magnus
erit timor et tremor, unde et in offerenda : *Terra
tremuit* [14], hic spiritus timoris et fundamentum ponitur, super quo firmiter ædificatur; est enim primus septem graduum, per quos juxta Ezechielem [15]
ad portam orientalem ascenditur. Sed movere potest cur a timore incipientes in sapientia termi-
nemus, cum Isaias [16] cœperit a sapientia, et descenderit ad timorem? Sed Isaias hæc dicens, Salvatorem descripsit, et a summo descendit. Nos vero de
terrenis ad cœlestia tendere conamur, et ideo gradus ascendendo connumerare debemus, ut a timore
ad sapientiam pervenire possimus. Et quia hic spiritus, ut diximus, efficit humilitatem, ideo statio est
ad Sanctam Mariam, quæ fuit regina humi-
lium, unde inquit : « Respexit humilitatem ancillæ
suæ [17]. »

Secunda feria, legitur evangelium [18] de duobus
discipulis euntibus in Emmaus, quibus Dominus
Scripturas aperuit Moysi et omnium prophetarum,
cui congruit lectio Actuum apostolorum, ubi dicitur : *Huic omnes prophetæ testimonium perhibent* [19].
In hoc evangelio probat Dominus suam passionem
humano generi necessariam, et fingens se longius
ire, talem se illis exhibuit in corpore, qualis apud
illos erat in mente, et hoc argumento peregrinos
esse cogendos; et panem in Ecclesia benedicendum.
Nam quem in expositione Scripturæ non cognove-

runt, in fractione panis agnoverunt; quia non auditores, sed factores legis justificabuntur [20], et veritas melius operando quam audiendo intelligitur.
Et attende quod hoc hodie, licet legatur evangelium de apparitione Domini, non tamen hodie, sed
heri hæc apparitio fuit; decem etenim apparitiones
Christi post resurrectionem in evangeliis inveniuntur, quinque in ipsa die, quinque postea, sed et in
Apostolo dicitur [21] quod apparuit Jacobo, et quingentis fratribus simul. Aiunt quidam quod et ipsa
die primo apparuit matri, sed et Jacobo, qui votum
voverat non comedere, sed et Joseph qui pro eo
tenebatur in carcere. Ex Evangelio sumitur *Alleluia,
Mane*, et offerenda : *Angelus*, ex eo quod ibi dicitur
mulieres visiones vidisse angelorum, qui dicunt
eum vivere, similiter et communio : *Surrexit*, ex
eo quod ibi dicitur : « Surrexit Dominus vere et apparuit Simoni. » Ad pietatem ergo pertinet hoc officium, in quo continetur rememoratio Scripturarum, et
per pietatem accedit ad mansuetudinem. Mansuetis
autem terra promittitur illa de qua dicitur : « Beati
mites, quoniam ipsi possidebunt terram [22], » scilicet fluentem lac, et mel, unde et in introitu : *Introduxit vos Dominus in terram fluentem lac et mel*
[23], et sunt hæc verba Moysi, populum post esum
agni de Ægypto ducentis; introduxit, inquam, spe;
sed et in illam introduxit re, quam Caleph dedit
Aseæ filiæ suæ [24], irrigatam irriguo superiori et in-
feriori. Irriguum inferius|timor est; superius, amor.
Caleph etenim, qui quasi *cor* interpretatur, dat
animæ devotionem cum timore pariter, et amore.
Hodierna statio est ad Sanctum Petrum, vel quia
sicut Virgo humilibus, sic fuit Petrus mitibus in
exemplum, vel quia largiori gratia utrumque dedit
ei Deus irriguum inferius, cum post trinam nega-
tionem flevit amare [25] : superius cum Dominus resurgens apparuit Simoni, sicut legitur in Evangelio [26], et canitur in communione.

Feria tertia legitur evangelium : *Stetit Jesus* [27].
ubi dicitur quod hac voce : *Pax vobis*, apostolos
Dominus salutavit, et subauditur; sit, vel est : quia
fuit prima vox ejus ad discipulos post resurrectionem. Ideo vicarius ejus utitur ea, cum primo se
vertit ad populum; sed ut ostendat se unum ex nobis, postea dicit : *Dominus vobiscum*. Ubi quoque
multifario suam resurrectionem probavit, scilicet,
per visum, per tactum, cum se palpabilem demonstravit, et cicatrices ostendit, quas tribus de
causis præcipue reservavit, ad probationem resurrectionis, ad intercedendum pro nobis, ad impro-
perandum perfidis. Rursus per gustum; quia cum
discipulis manducavit, in quo cibus assumptus creditur, sicut aqua per ignem vel radium solis absu-
mitur, resolutus. Manducavit autem partem piscis
assi, et favum mellis. Ipse quidem est piscis ca-

[10] Psal. 110. [11] Rom. 6. [12] Psal. 138. [13] Psal. 40. [14] Psal. 75. [15] Cap. 40. [16] Cap. 11.
[17] Luc. 1. [18] Luc. 24. [19] Act. 10. [20] Rom. 2. [21] I Cor. 15. [22] Matth. 5. [23] Exod. 13. [24] Jos. 15.
[25] Matth. 26. [26] Luc. 24. [27] Ibid.

plus in aquis humani generis laqueo mortis. Ipse favus, scilicet mel in cera, id est divinitas in humana natura : comedimus cum talem credimus. Ipse quoque piscem assum comedit et favum, cum nos pro Christo in camino tribulationis assatos, ab amore internæ dulcedinis non recedentes, sibi ad æternam quietem incorporat, ubi sociabimur vera dulcedine. Rursus eamdem per auditum probat, cum Scripturas exponit, quod pertinet ad scientiam, unde, in introitu, aqua sapientiæ, beati viri potati referuntur [28], intonante de cœlo Domino. In offerenda : Et Altissimo dante vocem suam [29], fontes aquarum apparuisse memorantur. In communione qui cum Christo surrexerunt, quæ sursum sunt, quærere et sapere jubentur [30]. Præterea in Evangelio sensus ad intelligendum Scripturas discipulis aperitur. Scripturarum quippe intelligentia lamentorum et luctus est causa effectiva. Sicut enim per medium occisorum gradiens, saltem aliquantulum represso risu compungitur, sic qui legit in Scripturis prophetas occisos, et Dominum prophetarum, saltem aliquantulum dolore mordetur, et quanto quis sua peccata intelligit, tanto in luctum, et pœnitentiæ lamenta prorumpit ; hic luctus quem scientia efficit, non est luctus mortuorum, qui fit communi lege naturæ, sed est pœnitentiæ. Unde : cum Dominus discipulis sensum aperuit Scripturarum, addidit : Oportuit prædicari pœnitentiam et remissionem peccatorum in omnes gentes [31]. Licet igitur his diebus sit gaudiis vacandum, tamen ineptam lætitiam removeamus, nec carnes agni sine lactucis agrestibus comedimus [32] ; quia : « Beati qui lugent [33]. »

Illud notabile est quod, cum omnes graduales versus hujus hebdomadæ sumantur de psalmo cxvii, hodiernus sumitur de cvi, eo quod iste psalmus exhortatur fideles ad laudes Dei, qui per scientiam sui redemit et liberavit eos a quadruplici tentatione; quia liberavit eos de necessitatibus eorum, id est ab infidelitate, et quia liberavit eos de necessitatibus eorum, id est a prava consuetudine, et liberavit eos a tædio bonæ actionis, et eduxit eos a versutiis hæreticæ impugnationis. Alleluia, Oportebat, sumitur de Evangelio. Hodierna statio est ad Sanctum Paulum, vel quia singulari gratia Dominus ei aperuit intelligentiam Scripturarum, ut ipse testatur : Non a me, nec ab homine accepi Evangelium meum, sed per revelationem Domini nostri Jesu Christi [34]; vel per eum maxime adimpletum est, quod in hodierno legitur Evangelio, scilicet, oportuit prædicari pœnitentiam in omnes gentes. Ideoque et ejus prædicatio legitur in hodierna lectione Actuum Apostolorum [35]; et vide quia per hos tres dies est solemnius feriandum, in sequentibus autem licet viris ruralia opera exercere, non tamen feminis nere ; quia ruralia magis sunt necessaria ; nunquam vero choreas du-

cere ; quia dicit Gregorius : « Melius fodere et arare, quam choreas ducere. » Inde est quod illi singuli dies habent responsoria propria, cæteri mutuata : secundum quosdam quidam habent usque in quintam feriam appropriata. Illud quoque, licet risum moveat, non tamen a mysterio vacat quod in quibusdam regionibus in feria secunda mulieres viros verberant, viri vero mulieres in hac tertia. Per quod notatur quoniam se invicem corrigere debent, ne alter ab altero his diebus tori debitum exigat; Julianus enim papa saltem tribus diebus ante communionem, et tribus post ab amplexibus vacare præcepit, quod sumptum est a Davide, qui cum pueris suis accepturus panes propositionis, ait ad Abimelech : « Continuimus ab heri, et nudiustertius [36]. »

Feria quarta legitur evangelium, ubi dicitur quod Mane facto stetit in littore maris, dicens discipulis piscantibus : Mittite in dexteram navigii rete, miserunt et traxerunt pisces CLIII. Deinde septem illos discipulos, qui piscabantur, ad convivium invitavit, dicens : Venite, prandete : et dedit eis panem et piscem assum [37]. Mare dies est judicii, in quo transacta nocte sæculi non apparebit Dominus ulterius in fluctibus sæculi, sed stabilis erit in æternitatis soliditate. CLIII pisces in dextera navigii reperti et ad littus tracti sunt in fide Trinitatis perfecti, in dextera, in fine sæculi congregandi. Septem discipuli cum Domino discumbentes, est Ecclesia Spiritu septiformi illustrata, quæ receptis corporibus ad epulas, cum Domino discumbet æternas, ubi epulabitur non in fermento veteri, sed in azymis sinceritatis et veritatis [38], et comedet non serpentem pro pisce, nec lapidem pro pane [39] sed panem verum et piscem assum, id est cognoscet Christum esse Deum et hominem passum. Hæc est illa saturitas, qua « beati qui esuriunt et sitiunt justitiam, quoniam ipsi saturabuntur [40]. » Quod ergo dicitur in Evangelio : Venite, prandete, hoc est quod cantatur in introitu : Venite, benedicti Patris mei, percipite regnum [41] : hoc etenim regnum est prandium æternum, ubi erunt pisces magni, sed unus super prunas, non passioni sed amoris, de quo Isaias [42] dicit ; « Dominus cujus ignis in Sion, et caminus in Hierusalem. » Et vide quia rationabiliter in feria quarta nobis regnum a Christo promittitur, quia in quarta ætate regnaverunt David et Salomon, in quorum manibus Christi regnum specialius et plenius significatur. Et quia Petrus supradictum rete traxit in terram; ipsi enim commissa est Ecclesia, ipsi specialiter dictum est : « Pasce oves meas [43]. » Ideo pro epistola sumitur ejus prædicatio de Actibus apostolorum [44]. Ad saturitatem quoque pertinet offerenda : Portas cœli aperuit [45], scilicet prophetas qui prædixerunt, angelos qui annuntiaverunt. Mariam quæ genuit, apostolos qui prædicaverunt, doctores qui exposuerunt. Per hos omnes pluit

[28] Eccl. 15. [29] Psal. 17. [30] Col. 3. [31] Luc. 24. [34] I Reg. 21. [37] Joan. 21. [36] I Cor. 5. [39] Luc. 11. 21. [44] Act. 3. [45] Psal. 77.

[32] Exod. 12. [33] Matth. 5. [31] Gal. 1. [35] Cap. 13. [40] Matth. 5. [41] Matth. 25. [42] Cap. 31. [43] Joan.

Dominus manna in ora egentium animarum, id est A solemnitatis in offerenda vocatur ; *Hic est dies ma-*
Dei verbum vel corporis sacramentum, ut non de- *gnus et præclarus, dies de die, lumen de lumine, in*
ficerent in via tendentes ad patriam, ubi comedent *quo exivimus de terra Ægypti, et ducti sumus in ter-*
panem angelorum. Versus gradualis : *Dextera Do-* *ram fluentem lac et mel* [61]. In quo Æthiops exuit ni-
mini [46], congruit verbo Evangelii : *Mittite in dexte-* gredinem [62], et Maria suæ accidiæ cæcitatem [63] ; cu-
ram navigii rete, vel potius vox est hominis in lit- jus virtutes nos populus acquisitionis in commu-
tore stantis, id est in æternitate, et dicentis : *Dex-* nione annuntiare jubemur ; « quia de tenebris vo-
tera Domini fecit virtutem [47], quia potentia Verbi cavit nos in admirabile lumen [64]. » Pertinet igitur
mihi uniti fecit me vincere mortem. Ideoque *Dex-* hoc officium ad consilium et misericordiam. Ma-
tera Domini exaltavit me [48], id est laudabilem fecit gnum enim fuit consilium peccatricis, pedes lavare
me. Itaque repetit : *Dextera Domini fecit virtutem ;* lacrymis, ut misericordiam consequeretur ; et quia
ut ostendat resurrectionis qualitatem, scilicet æter- fratres Domini, de quibus agitur in evangelio sunt
nam. Unde sequitur : *Non moriar sed vivam* [49]. apostoli, per quos hæc omnia sunt adimpleta, scili-
Juxta quem sensum canimus cum Apostolo in alle- cet os muti apertum, disertæ linguæ infantium, id-
luia et communione Christi resurrectionem [50], et eo statio fit ad sanctos apostolos.
pertinent hæc ad fortitudinem, et quia Laurentius B Feria sexta legitur in evangelio [65] quod discipuli
fuit piscis assus, fortis in esurie, et esuriens in abierunt in Galilæam, et viderunt Dominum, et for-
fortitudine, ideo statio fit hodie ad Sanctum Lau- mam acceperunt baptismi, scilicet, in nomine Pa-
rentium. tris et Filii, et Spiritus Sancti, quem Dominus his
    Feria quinta legitur in evangelio quod Maria, verbis injunxit : *Euntes docete omnes gentes, bapti-*
quæ fuerat in civitate peccatrix, quæ lavit pedes *zantes eos, in nomine Patris, et Filii et Spiritus Sancti.*
Domini, Pharisæo murmurante [51], stabat ad monu- Docentes eos servare omnia quæcunque mandavi
mentum foris plorans, et post allocutionem angelo- vobis. Ubi notandum est quod auditor prius est
rum conversa retrorsum vidit Jesum, et prius vocata catechizandus, id est de fide docendus. Secundo
vocavit magistrum. Cui Jesus : *Noli me tangere, non-* baptizandus, tertio in mandatis Dominicis instruen-
dum enim ascendi ad Patrem meum et Patrem vestrum, dus. Ideoque scrutinia præcedunt baptisma. Ga-
Deum meum et Deum vestrum [52]. Hæc est eccle- lilæa *transmigratio* interpretatur, quod bene con-
sia de gentibus, quæ deserens errores cucurrit ad gruit baptizatis, qui de vetustate vitæ transeunt
fontem gratiæ, Judaico populo invidente. Foris ste- ad novitatem [66], quæ transmigratio repræsentata
tit ; quia legis et prophetarum scientiam non in- est in transitu maris Rubri [67]. Ideoque cantatur
troivit, sicut centurio [53], et eunuchus, qui cum le- C in introitu : *Eduxit eos Dominus,* etc. [68], et in offe-
geret Isaiam, non intelligebat ; sic et multi alii quæ- renda : *Erit vobis hic dies memoriale,* scilicet, in
sierunt, et tamen foris steterunt [54]. : ut legimus quo mare transitis [69]. Repræsentata est etiam in
quosdam Philippo dixisse : « Volumus Jesum vi- Noe [70]. Ideo legitur de eo in Epistola Petri : *Chri-*
dere [55], » sed non illuxit eis veritas ante ascensio- *stus semel* [71]. Sicut namque Noe, qui *requies* dici-
nem. Unde subditur *Noli me tangere ; nondum enim* tur, rexit arcam super undas cataclysmi, sic Chri-
ascendi ad Patrem meum, sed vade ad fratres meos, stus requies vera gubernat Ecclesiam super unda
et dic eis : Ascendo, etc. Ac si dicat Ecclesiæ · *Non* baptismi. Versus gradualis, servato ordine : *Lapi-*
tanges me per fidem ante ascensionem, sed postea *dem quem reprobaverunt ædificantes, hic factus est*
venies ad me fide per fratrum meorum prædicatio- *in caput anguli* [72], cum communione, gloriam ex-
nem. Tunc adimplebitur illud Oseæ : « *Vocabo non* primit, et honorem quo per passionem coronatus
plebem meam, plebem meam, et non misericordiam est Dominus, dicens in Evangelio : « *Data est mihi*
consecutam, misericordiam consecutam [56]. » De my- *omnis potestas in cœlo et in terra* [73] ; » pertinet
stico hujus evangelii sensu hodiernum procedit of- igitur hoc officium ad munditiam cordis ; in ba-
ficium. Gentilis enim Ecclesia est ille mutus, et D ptismo namque lavantur corpus et anima. Et
illi infantes Deum loqui nescientes, de quibus can- quia mundis cordibus visio Dei promittitur, ut
tatur in introitu : *Victricem manum* [57], etc. Unde ibi : « *Beati mundo corde, quoniam ipsi Deum vi-*
in collecta : *Deus qui diversitatem gentium,* etc. [58], *debunt* [74] ; » et per munditiam ad intellectum per-
quod in evangelio per peccatricem significatur, in venitur, ideo recte in Evangelio dicitur quod
epistola per Æthiopem [59] : uterque enim significa- transmigrantes Deum viderunt, et videntes ado-
vit gentilem Ecclesiam justificandam, quæ conjun- raverunt, quod quia fuit in monte, scilicet in Nacta est Judaico populo per lapidem angularem de zareth, et ut Hieronymus ait, in domo Mariæ.
quo in versu gradualis dicitur : *Hic lapis lucidus est,* Ideo hodierna statio est ad Sanctam Mariam.
et illuxit nobis [60], ut canitur in alleluia. Ideoque dies   Sabbato legitur in evangelio [75] quod Petrus et

[46] Psal. 117. [47] Ibid. [48] Ibid. [49] Ibid. [50] Luc. 24 ; Rom. 6. [51] Luc. 7. [52] Joan. 20. [53] Act. 10.
[54] Act. 8. [55] Joan. 12. [56] Ose 2 ; Rom. 9. [57] Sap. 10. [58] Joan. 20. [59] Act. 8. [60] Psal. 117.
[61] Exod. 13. [62] Jer. 13. [63] Luc. 7. [64] I Petr. 2. [65] Matth. 28. [66] Rom. 6. [67] Exod. 14. [68] Psal. 77.
[69] Exod. 12 ; Levit. 23. [70] Gen. 7. [71] I Petr. 3. [72] Psal. 117. [73] Matth. 28. [74] Matth. 5. [75] Joan. 20.

Joannes accurrerunt ad monumentum. Et licet A
Joannes præcucurrerit, tamen Petrus sequens prius
introivit, et postea Joannes. Hi sunt duo populi :
Petrus significat gentes quæ posterius venerunt ad
notitiam passionis, sed tamen ex primis crediderunt.
Joannes Synagogam quæ in lege et prophetis prius
audivit Domini passionem, sed nondum credere in
mortuum voluit. Credet autem, cum reliquiæ Israel
salvæ fient [76]. De his duobus populis, scilicet credentibus et non credentibus, Petrus loquitur in
epistola hodierna : Deponentes [77] ; de credenti dicitur in introitu : Eduxit Dominus populum suum
[78], eduxit Dominus Israel de Ægypto cum auro et
argento, sed eis in deserto murmurantibus, et ideo
pereuntibus [79], eduxit eos qui non murmuraverunt
de deserto in terram promissionis [80], in voce ex- B
sultationis. Propter eosdem omittimus graduale, et
duplicatur alleluia : quia qui neophyti laborabant,
nunc Deum voce et opere laudant. Ad eosdem
pertinet alleluia : Laudate, pueri, Dominum [81] : totus enim ille psalmus ad electionem dirigitur gentium
quod ex ejus illo fine probatur : ‹ Qui habitare facit
sterilem in domo [81*]. › Ejusdem pueris convenit quod
canitur in offerenda : Benedictus qui venit in nomine
Domini [82]. Hunc enim versiculum cantaverunt
pueri occurrentes Domino ad passionem venienti [83].
Quod sequitur : Benediximus vobis de domo Domini [84], adjecit mater Ecclesia, dicens pueris suis :
Benediximus vobis, id est signavimus vos baptismate, nos qui sumus familia Domini ; quia Deus C
Dominus illuxit nobis [85]. Sequens versus : Hæc
est dies, ad gaudium spectat credentium. Ille alius
lapidem, quem reprobaverunt, ad suggillationem
Pertinet Judæorum. ‹Ad eosdem credentes pertinet communio : Omnes qui in Christo [86], etc.
Pertinet igitur officium istud ad pacificos, qui filii Dei vocabuntur [87] ; ‹dedit › enim Dominus‹ his, qui
credunt in nomine ejus, › ‹potestatem filios Dei fieri [88], › quibus datur sapientia perfrui. Maternum
exigit privilegium Lateranensis ecclesiæ, ut cum in
ea cœptum sit baptismum in die Sabbati Paschæ,
in eadem hodie concludatur, quæ est sedes apostolica, in honore sancti Salvatoris, et Joannis Baptistæ a Constantino constructa. [Et vide quia nomen ad lateranas antiqua probra spurci Neronis D
accusat, qui maleficis potionibus usus, illic latens
ranas evomuit ; sed ubi abundavit iniquitas, illic
superabundavit et gratia [89]. Nunc enim illic Romani imperii mater est Ecclesia]. Quæ illos quos
in Sabbato sancto genuit, hac octava die spirituali
petra circumcidit ; quæ non credentibus est lapis
offensionis et petra scandali, sed credentibus est
honor, et caput anguli [90]. Hæc circumcisio non
est carnalis, sed spiritualis, de qua Petrus in hodierna dicit epistola : Deponentes omnem malitiam

etc. [91]. Hæc est Sephora uxor Moysi, quæ filios circumcidit, dicens ad Moysen : ‹ Sponsus sanguinum
tu mihi [92] ; › Moyses Christus est. Sephora alienigena, mater Ecclesia de gentibus sumpta, quæ ne
Moyses occidatur in filiis, filios circumcidit, quo
rum sanguis Moysi pedes, id est vestigia tangit.
Christus enim passus est pro nobis, vobis relinquens
exemplum, ut sequamini vestigia ejus [93], cui Ecclesia : Sponsus sanguinum tu mihi es, quasi dicat :
Tu mihi te, vel me tibi despondens, sanguinem
tuum in dotem fudisti. Ideoque et ego meam carnem crucifigam vitiis et concupiscentiis [94], et si ar-
ticulus exegerit, sanguinis mei vicem rependam.
Et attende quod hæc septimana vocatur In albis,
eo quod baptizati olim his diebus candidis vestibus
utebantur a die baptismi usque in hodiernum diem,
ad significandum, ut prædiximus, innocentiæ stolam, et debet per dies octo portari, ut in præsenti
septenario corporum munditiam conservemus, quibus in octava glorificationem in requie adipiscemur ;
his enim vestibus innuimus I quales in præsenti
vita esse debemus, scilicet mundi, et qualia corpora
sumus denique recepturi. Et solent hæc vestimenta
esse duplicia ; quia sancti duplicia possidebunt [95],
videlicet beatitudinem et glorificationem.

Quod et in Sabbato deponunt ea, significat quia
requiem in exitu vitæ invenient, et cum rursus
lotæ fuerint eas non alii, sed iidem residuunt ; quia
animæ corpora non aliena recipient, sed ea, quæ in
hac vita rexerunt. Hac tota septimana baptizati ad
ecclesiam deferuntur, ut corpore Salvatoris alan-
tur, ad instar filiorum Israel, qui, post transitum
maris, manna sunt educati ante ingressum terræ
promissionis : quos sicut columna præcessit [96], sic
istos cereus antecedit. Attende quod ii octo dies
totam vitam repræsentant Christianam ; dies baptismi
introitum fidei, in quo baptizati unum concinunt
alleluia ; quia stolam suam lavant in sanguine
Agni [97] ; sed tractus sequitur, quoniam adhuc pere-
grinantur. Ille tractus tamen est laudationis ; quia
‹ cantabiles sunt ei justificationes Domini in loco
peregrinationis [98] › vel repræsentat vitam veteris
Adæ, qui fuit in statu lætitiæ, ideoque alleluia cantatur ; sed hæc lætitia non fuit sempiterna, ideoque
tractus sequitur. Sequentes sex dies, in quibus graduale et alleluia cantantur, totam vitam præsentem,
vel propter sex opera, vel propter sex ætates hominis, repræsentant, in quibus in actione et contemplatione laboratur, in sudore vultus sui homo pane
vescitur [99] ; sed alleluia post graduale cantatur ;
quia labor et tristitia in gaudium convertentur [100].
Omnes pene versus, graduales de psalmo Confitemini [1] assumuntur, quoniam hic psalmus de æterna
loquitur lætitia. Hoc autem Sabbatum futuram vitam significat, in qua geminatur alleluia propter

[76] Rom. 11.   [77] I Petr. 2.   [78] Psal. 104.   [79] Num. 21 ; I Cor. 10.   [80] Jos. 4.   [81] Psal. 112.   [81*] Psal.
112.   [82] Psal. 117.   [83] Matth. 21.   [84] Psal. 117.   [85] Ibid.   [86] Gal. 3.   [87] Matth. 5.   [88] Joan. 1.   [89]
Rom. 5.   [90] I Petr. 2.   [91] Ibid.   [92] Exod. 4.   [93] I Petr. 2.   [94] Gal. 5.   [95] Isa. 61.   [96] Exod. 16.   [97]
Apoc. 7.   [98] Psal. 118.   [99] Gen. 3.   [100] Joan. 16.   [1] Psal. 117.

Christi, et nostram resurrectionem , vel propter binas stolas, quas induent corpus et anima, vel quia tunc erit lætitia sempiterna [2]; quia lætitia, unum *alleluia ;* quia sempiterna, secundum concinitur *alleluia.* Hodie terminatur Septuagesima, quam superius captivitati Babylonicæ [3] comparavimus, quam etiam comparare possumus filiis Israel, qui cum essent in Ægyptiaca servitute [4], fleverunt dicentes : *Circumdederunt* [5] *: Exsurge* [6] *: Esto* [7].

Officium quartæ feriæ, id est capitis jejunii, ita est, ac si dicatur Moysi, Solve calceamentum de pedibus tuis. Officium quadragesimæ, est quasi contentio Pharaonis et Moysi, ut liberaretur populus Dei [8]. Baptismus mare Rubrum [9]. Transitus per desertum sub ducibus, est deportatio neophytorum per hanc hebdomadam sub presbyteris et patrinis, et sic pervenitur tandem in hoc Sabbato ad terram promissionis, ideoque frequentatur alleluia, quæ frequentatio fit ab hoc Sabbato usque ad Sabbatum post Pentecosten. Hi sunt quinquaginta dies annuum jubilæum, *id est* jubilatione plenum, scilicet futuram vitam significantes in qua per omnes vicos Hierusalem ab universis cantabitur alleluia. Sicut enim

in præcedenti præsens vita, sic in ista futura exsultatio significatur. Unde in illa jejuniis et orationibus intendimus, in ista jejunia relaxamus et laudibus indulgemus. Primam figuravit Christi passio, secundam resurrectio ; vel ut in præcedenti actio, in ista intelligitur contemplatio ; de anno tamen quinquagenario in Pentecoste latius prosequemur. In vesperis hodiernis feriales psalmi cum alleluia dicuntur. Attende quod in antiquis libris annotinum Pascha notatur, quod anniversarium dicitur : olim etenim qui in præcedenti pascha baptizati fuerunt, in sequenti anno diem suæ regenerationis solemniter recolebant, reducentes ad memoriam secundam nativitatem, de qua dixit Dominus Nicodemo : « Nisi quis renatus fuerit ex aqua, et Spiritu sancto [10], etc. » Nicodemus figuram tenet eorum qui credunt, aut fidem acceperunt, sed nondum fideliter operantur : tales sunt neophyti, qui per hoc Evangelium solemnizant. Quod forte sumitur a gentili populo miseriam nascebatur, natalitium observabat (4). Multo magis, ille celebrandus est, in quo regeneramur ad gratiam, ut regnemus in gloria.

[2] Isa. 61. [3] IV Reg. 25. [4] Exod. 2. [5] Psal. 17. [6] Psal. 43. [7] Psal. 30. [8] Exod. 3, [9] Exod. 7, et infra. [10] Joan. 3.

(4) Locus corruptus.

LIBER SEPTIMUS.

PROLOGUS.

Vetus Adam præcepti prævaricator a via justitiæ declinavit [11], sed misericors Dominus, qui non obliviscitur misereri [12], errabundum per nuntios revocavit. Domum filio revertenti, Pater occidit vitulum saginatum, stolam dedit, et annulum [13], et licet gratiæ datæ consumpserat portionem, tamen ad æternam eum reconciliat hæreditatem. Quam reconciliationem in sequenti periocha celebrat solemnizans Ecclesia

CAPUT PRIMUM.

DOMINICA IN OCTAVA PASCHÆ.

Quasi modo geniti infantes, rationabile sine dolo lac concupiscite [14]. Hodiernæ diei officium ad octavam pertinet quidem beatitudinem, quæ est : « Beati qui persecutionem patiuntur propter justitiam, quoniam ipsorum est regnum cœlorum [15], quæ, quia redit ad caput primum, eadem est, quæ prima, ideo idem fere cantatur officium. Verumtamen et paululum differt, eo quod ejusdem beatitudinis alia in prima, alia in hac ultima causa notatur ; ibi enim humilitas cum dicitur : « Beati pauperes spiritu [16] ; » hic vero martyrium cum dicitur : « Beati qui persecutionem patiuntur [17]. » De quo martyrio dicitur in Evangelio [18] *Cum esset*, quod foribus clausis, discipulis intus manentibus propter metum Judæo-

rum, Dominus in medio illorum stetit, et pacem illis annuntiavit. Per discipulos clausos omnes illos accipimus, qui persecutionem patiuntur propter justitiam [19], qui non audent venire in publicum ob rabiem persecutorum, sicut nec discipuli propter metum Judæorum. De eodem martyrio loquitur Joannes in Epistola [20], *Omne quod natum est,* dicens : « Tres sunt qui testimonium dant in terra, spiritus, aqua, et sanguis. » Illis tribus testibus, scilicet Spiritu sancto, aqua baptismi, martyrio sanguinis Christi, confirmatur fides nostra, et adjudicatur his regnum, qui persecutionem patiuntur propter justitiam. Ad idem martyrium pertinet *alleluia. Post dies octo.* Introitus vero, *Quasi modo geniti,* per sequentes dies hebdomadæ cantandus est ; quod etiam congruit Evangelio per aliam sententiam , quam Dominus de futuris fidelibus proferens in Evangelio : *Beati,* inquit, *qui non viderunt et crediderunt* [21], ubi fides a Domino commendatur, sed ne solam fidem nobis sufficere putaremus, prælibatur nobis in introitu regula vivendi, ut hauriamus lac doctrinæ de uberibus Salvatoris [22], vel matris Ecclesiæ, sine qua fides mortua est [23]. Huic sententiæ consonat extrema particula præcedentis Epistolæ, scilicet : « Qui credit in Filium Dei habet testimonium Dei in se [24]. » Similiter et commu-

[11] Gen. 3. [12] Psal. 76. [13] Luc. 15. [14] I Petr. 2. [15] Matth. 5. [16] Ibid. [17] Ibid. [18] Joan. 20, [19] Matth. 5. [20] I Joan. 5. [21] Joan. 20. [22] Isa. 12. [23] Jac. 2. [24] I Joan. 5.

nio : *Mitte manum*, etc., cujus plana littera fidem
nostram ædificat, sed si intus perspicimus, per
Thomam reliquias Israel accipimus, quæ non credent nisi cum res apparuerit, præcedentibus Enoch
et Elia. Nos autem laudabilioris fidei sumus ; quia
in auditu auris obedivimus [25]. Sic ergo credamus,
et credentes vivamus, ut beatitudinem consequamur.

CAPUT II.
DOMINICA PRIMA POST OCTAVAM PASCHÆ.

Misericordia Domini plena est terra [26]. In hac
Dominica celebrantur concilia, in quibus est forma
quam sequi debeant, animarum pastoribus proponenda. Ideoque per hodiernum officium eis forma
proponitur, et exemplum. Forma ut sint misericordes, unde in introitu : *Misericordia Domini plena
est terra*, et sint constantes in verbo Dei, unde sequitur : *Verbo Domini cœli firmati sunt*. Exemplum,
ut Christus qui *passus est pro nobis, vobis relinquens
exemplum, ut sequamini vestigia ejus*, sicut legitur
in epistola [27] ; qui fuit pastor bonus, cognoscens
oves suas, et ponens animam suam pro ovibus suis,
sicut legitur in Evangelio [28], de quo cæteræ partes
officii pendent, ut : *Alleluia. Ego sum Pastor bonus* ; similiter et communio ; offerenda vero, quæ
est : *Deus, Deus meus, ad te de luce vigilo* [29] ; sic
congruit Evangelio ; quia psalmus iste sic intitulatur : *Psalmus David, cum esset in deserto Idumææ*.
Desertum sunt Judæi Deum deserentes et a Deo deserti. Iidem sunt Idumæi, id est terreni vel sangui-
nei, qui fuderunt sanguinem prophetarum [30], et
Domini. In hoc deserto Christus bonus Pastor posuit animam pro ovibus suis, dans nobis exemplum
ut pro custodia gregis ad Deum, non ad mercedem
vigilemus, manus levemus, et veniente lupo non
fugiamus, sed animam pro ovibus ponamus, ne
fures aut mercenarii deputemur. Attende quod ante
resurrectionem lex et prophetæ legebantur ; post
resurrectionem vero, Apocalypsis, et Epistolæ canonicæ, quæ sunt apostolorum, leguntur, et cantibus jubilantur ; lex etenim, et prophetæ Christi
passionem et resurrectionem prædixerunt, sed apostoli jam factam annuntiaverunt et testificati sunt.
Ideoque responsorium illud cantatur : *Virtute magna
reddebant apostoli testimonium resurrectionis* [31]. Et
vide quia secundum Romanum ordinem semper in
Dominicis novem lectiones leguntur ; licet Magunti-
num concilium a Pascha usque ad Pentecosten,
tres tantum instituerint esse legendas, ut servitium
in die cantetur ; quia in futuro Trinitas comprehendetur, et a sanctis in luce Domino servietur. Rationabiliter quoque legitur Apocalypsis et canitur, eo
quod in ea visio Christi, et angelorum collocutio
memoratur. In illa enim vita, quam Paschale significat tempus, animæ visione Trinitatis et angelorum

consortio gratulabuntur. Legitur autem Apocalypsis cum historia, *Dignus*, quindecim diebus, postea
legantur epistolæ cum historia, *Si oblitus*, usque ad
Ascensionem, adjunctis quoque sermonibus et homeliis. Quod autem in quodam responsorio dicitur:
Decantabat populus in Israel alleluia, et canit universa multitudo Jacob legitime, et ipse David [31]
cum cantoribus citharam percutiebat in domo Domini, illud respicit quod regno Saul destructo, id
est mortis imperio, arca, id est humanitas Salvatoris, in qua sunt manna, id est verbum, et tabulæ
testimonii, id est thesauri sapientiæ et scientiæ Dei
absconditi [33], in Hierusalem ducitur et in tabernaculo collocatur, ut æterna pacis visione fruatur et
ad Patris æqualitatem gloriosus exaltetur. Cum superius temporibus infantiæ Domini Paulum dixerimus esse legendum, nunc vero Scriptura cæterorum apostolorum, patet quod toto tempore sive
ante passionem, sive postea, qua Domini præsentia
memoratur, congrue præcones Novi Testamenti
loquuntur, ut quasi ab uberibus sponsi filii consolationis lacte potentur ; hæ namque Scripturæ sunt
ubera [34], de quibus dicitur : « Meliora sunt ubera
tua vino [35]. » De quibus sic nos reficiat Dominus,
cujus *misericordia plena est terra* [36], ut omnes de
plenitudine ejus accipiamus [37].

CAPUT III.
DOMINICA SECUNDA POST OCTAVAM PASCHÆ.

Jubilate Deo, omnis terra [38]. Hæc et cæteræ quæ
sequuntur Dominicæ usque ad Ascensionem pertinent ad gaudium resurrectionis, quod Dominus in
cœna promiserat futurum post tristitiam passionis.
Quæ duo, scilicet tristitiam et gaudium, Dominus
in Evangelio [39], *Modicum* etc., per similitudinem
mulieris parturientis ostendit, quæ quoque Petrus
innuit in Epistola [40], *Obsecro*, per abstinentiam et
glorificationem. In abstinentia enim labor est, ut
parturientis, in glorificatione qua Deus glorificatur
in operibus nostris, est gaudium, ut nati hominis
in mundo. Sicut enim cum mulier peperit, non
meminit pressuræ propter gaudium, quia natus est
homo in mundo, sic qui detrahebant nobis, ex
nostris operibus glorificant Deum in die visitationis.
Quod præfiguratum est in Thamar [41], quæ cum de
Juda concepisset et de fornicatione apud Judam
accusata fuisset, illa perferens annulum, armillam
et baculum : De viro inquit, cujus hæc sunt concepi.
Thamar operiens vultum est Ecclesia de præteritis
erubescens erroribus, sedit in itinere, quo Judas
ibat ad lavacrum ad tondendas oves, id est occurrit Christo ad baptismum venienti, quemadmodum
desiderat cervus ad fontes aquarum [42]. Quæ cum
de Christo fidem concepit, et eamdem fidem pro
annulo, opera fidei pro armilla, justificationem pro
virga suscepit, accusatur a gentibus et Judæis,

---

[25] Psal. 17. [26] Psal. 32. [27] I Petr. 2. [28] Joan. 10. [29] Psal. 62. [30] Matth. 21, 23. [31] Act. 4.
[31] II Reg. 6. I Par. 15. [33] Col. 2. [34] Isa. 66. [35] Cant. 4. [36] Psal. 32. [37] Joan. 1. [38] Psal. 65.
[39] Joan. 16. [40] I Petr. 2. [41] Gn. 38. [42] Psal. 41.

quod sit mendacio formata et errore polluta. At
illa per prædicta pignora probat quod ex vero Deo
concepit, cum quo glorificabitur in die visitationis. Ad hoc gaudium pertinet introitus : *Jubilate
Deo.* Nam et huic psalmo titulus præscribitur : *In
finem canticum resurrectionis.* Ad idem pertinet offerenda : *Lauda, anima mea, Dominum*; nam et
hic psalmus intitulatur ab *Alleluia*, quodque in
ipsius versu dicitur : ‹ Dominus erigit elisos, Dominus solvit compeditos [43], › congratulatio est illorum, quorum tristitia est conversa in gaudium.

CAPUT IV.
DOMINICA TERTIA POST OCTAVAM PASCHÆ.

*Cantate Domino canticum novum, quia mirabilia
fecit* [44]. In hac Dominica legitur Evangelium :*‹ Vado
ad eum qui me misit, et nemo ex vobis interrogat
me: Quo vadis ? sed quia hæc locutus sum vobis,
tristitia implevit cor vestrum; sed expedit vobis ut
vadam, quia si non abiero, Paracletus non veniet
ad vos; si autem abiero, mittam eum ad vos* [45].
Multi hæc verba referunt ad Ascensionem, putantes eum tunc primum abiisse, sed oberrant; quia, ut
ait Lucas [46], quando ascendit reversi sunt discipuli
in Hierusalem cum gaudio magno, hic autem dicitur : *Tristitia implevit cor vestrum*, et infra : *mundus autem gaudebit, vos vero contristabimini.* Item
oberrant, quoniam ea die qua resurrexit, insufflavit
apostolis, dicens : ‹ Accipite Spiritum sanctum,
quorum remiseritis peccata, remittuntur eis [47]; ›
hic autem dicitur, *si non abiero, Paracletus non veniet ad vos.* Non ergo de itinere Ascensionis, sed
Passionis hic accipit. In morte namque de mundo
transivit ad Patrem, nam et hæc verba dixit ea
nocte qua tradendus erat; unde pascha *transitus*
interpretatur de hoc : de hoc ergo transitu, ait *vado
ad eum qui me misit, et nemo ex vobis interrogat me,
Quo vadis?* Quibus verbis æquipollent et illa : ‹ Torcular calcavi solus; circumspexi, et non erat auxiliator [48]. › Post hunc transitum constat datum esse
Paracletum, Spiritum videlicet sanctum, consola-
torem, in remissionem omnium peccatorum. Quod
non fieret nisi unus pro omnibus debitum Adæ
solveret. Nam Joanne testante [49], nondum erat
spiritus datus; quia nondum Christus glorificatus,
nec alio modo nisi per sanguinem accepimus reconciliationem, juxta Apostolum dicentem : ‹ Sine
sanguinis effusione, non fit remissio [50]. › Ergo si
non abiero, id est si mortuus non fuero, *non veniet
Paracletus*, id est non fiet peccatorum remissio.
Cui æquipollet illud : ‹ Nisi granum frumenti mortuum fuerit [51], › etc. Item quod ait : ‹ Rogabo Patrem meum, et alium Paracletum dabit vobis [52]; ›
non melius accipit, quam quod in cruce rogavit,
ubi exauditus est pro sua reverentia [53]. Verumtamen quoniam ex ascensione certificati apostoli de

potentia Domini exspectaverunt spiritum in monte
promissum, recte juxta eam canimus et legimus,
quomodo moriturus illum promisit, et cœlum
ascensurus repromisit, ut mortem ejus causam do-
nationis sciamus effectivam. Quod in Evangelio sequitur : *Cum venerit, arguet mundum de peccato, de
justitia et de judicio, sic intellige; de peccato infidelitatis, quod habent; de justitia, quam non habent; de judicio, quod non timent; huic Evangelio
recte præmittitur lectio : Omne datum optimum* [54];
Paracletus enim promissus est, *datum optimum do-
numque perfectum.* Per hoc donum veterem hominem exuimus, novum induimus. Quod est cantare
canticum novum [55]. Et ideo in introitu : *Cantate,
cantamus*; et in offerenda : *Jubilate* [56], jubilamus;
quia donum hoc causa est jubilationis æternæ. De
Evangelio sumitur alleluia, *expedit ut ego vadam,*
et communio : *Dum venerit Paracletus consolator
noster.*

CAPUT V.
DOMINICA QUARTA POST OCTAVAM PASCHÆ.

Vocem jucunditatis annuntiate, et audiatur [57]. In
hac Dominica legitur evangelium : *Si quid petieritis Patrem in nomine meo, dabit vobis ; Petite et accipietis, ut gaudium vestrum plenum sit* [58]. Hæc in
fine sermonis sui locutus est Dominus de gloria
ascensionis, in qua discipuli certificati sunt de
omnipotentia Salvatoris; quia scilicet, ut ait Joannes, ‹ habemus advocatum apud Patrem Jesum
Christum, et ipse est propitiatio pro peccatis [59]. ›
Ideoque juxta ascensionem hoc præmittitur evangelium, sed quia ne petamus inhonesta, lingua est
refrenanda, ideo legitur Epistola : *Estote factores,*
ubi subditur : *Si quis putat se religiosum non refrenans linguam suam, hujus vana est religio* [60]. His autem, qui sicut in fine legitur, *immaculatos se custodiunt ab hoc sæculo*, dicitur : *Petite, et accipietis,*
sicut dixit Elias ad Eliseum : ‹ Postula a me quod
vis, ut faciam tibi ante quam tollar a te. At ille.
Obsecro ut spiritus tuus duplex fiat in me [61]. ›
Elias enim, currus Israel et auriga ejus Christus
est, qui ut auriga doctrinæ verbo Ecclesiam regit,
et ut currus divinitatis vehiculo in cœlum subve-
hit. Eliseus hic quilibet vir apostolicus, in quo duplex efficitur spiritus Christi, Christus enim mitis
inter homines ambulavit, unde Spiritus sanctus
super eum in specie columbæ apparuit [62]. Sed idem
spiritus facit apostolicos viros, prout causa, vel
tempus exigit, modo mites, modo zelo ferventes.
Ad subditos namque nunc in virga, nunc in spiritu
veniunt mansuetudinis [63]. Quod autem dicitur : *Petite et accipietis*, intellige quod petitio debet esse
pia et perseverans; pia quidem ut expediat,
perseverans ut non deficiat. Gaudium quod in
Evangelio promittitur, est jucunditas, quam usque

[43] Psal. 145. [44] Psal. 97. [45] Joan. 16. [46] Cap. 24. [47] Joan. 20. [48] Isa 63. [49] Joan. 7. [50] Hebr.
9. [51] Joan. 12. [52] Joan. 14. [53] Hebr. 5. [54] Jac. 1. [55] Col. 3. [56] Psal. 97. [57] Psal 65. [58] Joan. 16.
[59] 1 Joan. 2. [60] Jac. 1. [61] IV Reg. 2. [62] Matth 59. [63] 1 Cor. 4.

ad extremum terræ in introitu nuntiare monemur. A
Est et beneficium pro quo in offerenda benedicere
gentes [64] invitantur. Est et illud salutare [65], quod
etiam annuntiare in communione jubentur, per
quod plenum gaudium accipere merebantur.

CAPUT VI.

IN LITANIIS.

Exaudivit de templo sancto tuo vocem meam [66].
Illius evangelicæ promissionis, scilicet « Petite et
accipietis [67], » memor sanctus Mamertus Viennensis episcopus, in ea firmam spem ponens, in hac
hebdomada litanias instituit, de quibus ut latius
prosequamur, sciendum est quod litania Græce,
Latine dicitur *supplicatio*, eo quod in litaniis Domino supplicamus, ut nos ab omni adversitate, et
subitanea morte defendat, et sanctos rogamus, ut B
pro nobis ad Dominum intercedant. Sunt autem
duæ litaniæ, major et minor : major celebratur in
festo Beati Marci, et dicitur major tum auctoritate
instituentis, tum auctoritate loci ; apostolicus enim
eam instituit Romæ, cujus institutionis causas,
Paulus, montis Cassinæ monachus, Longobardorum
historiographus, ita describit, dicens, quod tempore Pelagii papæ tanta fuit aquarum inundatio
per Italiam, quod aquæ ascendebant usque ad superiores fenestras templi Neronis, quod erat miraculum. Tunc per Tiberim affluit multitudo serpentium, inter quos fuit maximus draco, ex quorum
flatibus aer est corruptus, et inde emersit pestis
inguinaria qua homines passim, et subito morie- C
bantur ; qua cum pene totus Romanus populus deleretur, Pelagius papa omnibus jejunium et processionem indixit, sed in ipsa processione, cum
septuaginta aliis exspiravit, cui substitutus Gregorius primus, qui et Magnus dictus est, hanc litaniam ubique terrarum observari præcepit, ideoque
dicitur hæc litania Gregoriana, vel Romana. Minor litania dicitur in respectu superioris a minori
auctoritate instituentis et loci. Beatus namque Mamertus eam Viennæ instituit : temporibus etenim
ejus circa Viennam terræ motus crebro fiebant, et
domus et ecclesiæ corruebant. Sabbato quoque Paschali, dum ipse Mamertus divinum celebraret officium, igne cœlitus misso combustum est civitatis
illius palatium. Præterea bestiæ, ut lupi et apri, D
non solum in villis, sed etiam in civitatibus turma-
tim contra homines confligentes, eos devorabant.

Propter has pestes sanctus Mamertus triduanam
processionem et triduanum indixit jejunium. Ad
similitudinem Ninivitarum [68] triduanum consueto
more jejunium indicitur ; aut propter tres mundi
partes, quæ sunt Asia, Africa et Europa, vel propter tres ordines Ecclesiæ, scilicet Noe, Job, et
Daniel, qui omnes indigent pœnitentia. Et illud triduum elegit, quod est inter præmissam sponsionem :
« Petite et accipietis, » et Dominicam ascensionem,

ut sicut Ninivitas ab urbis subversione liberavit,
sic nos a cladibus eripiat, et quasi cœlum ascensurus memoratæ sponsionis petitionem exaudiat
nobisque demum cœlum ascendere tribuat [69]. Tempus etiam vernale tam apostolicus in sua quam
episcopus in suis litaniis elegit, eo quod tunc fructus
terræ sunt in flore et teneritate, et ideo facile cor-
rumpuntur per temporis incommoditatem. Quod
ut Deus avertat, preces facimus et litanias. Unde
per panem et piscem et ovum, de quibus legitur in
Evangelio [70], hæc tria quidam exponunt, scilicet
fructum terræ, fructum aquarum, fructum animalium. Moraliter vero per piscem fidem, per ovum
spem, per panem intellige charitatem, quæ hoc
tempore sunt petenda, ut a vitiis resurgentes his
virtutibus roborati cœlum cum Domino scandere
valeamus. Rursus bellicosum tempus elegit, in quo
rogat Ecclesia, ut qui destruxit consilium Achito-
phelis [71], destruat eorum consilia, qui tota die constituunt prælia [72], et pacem violant in Ecclesia.
Cumque ex institutione Beati Mamerti laudabilis
triduani jejunii consuetudo in Gallicana duntaxat
Ecclesia servaretur ; denique fuit Romæ canonizata, et sic particularis facta est universalis. Illud
notabile est quod hæ triduanæ litaniæ sunt antiquiores litania majori ; hæ namque tempore Zenonis imperatoris institutæ fuere, illa vero tempore
Mauritii ; quis quam præcesserit chronographia describit. In omnibus litaniis hic esset ordo servandus,
et olim servabatur. In primo loco processionis
clerici ; in secundo claustrales, ut monachi et canonici ; in tertio moniales ; in quarto pueri ; in quinto
laici ; in sexto viduæ ; in septimo conjugatæ. Sed
Romæ ex instituto Gregorii sic ordo notatur, scilicet
clerici viri, monachi et monachæ, conjugatæ, viduæ,
pueri, illi di illi procedant ecclesia. Sed quod nequimus in numero personarum, supplemus in numero litaniarum ; septies enim litaniam dicere
debemus, antequam insignia deponamus. In omnibus litaniis hæc insignia deferuntur, cruces et
vexilla. Quorum usum a Constantino sumpsit Ecclesia, qui cum in somnis crucis signum vidisset,
eique dictum fuisset : *Vince in hoc*, jussit crucem
in vexillis bellicis insigniri. Quod autem crux major a bajulo crucis de altari tollitur, recolit quia
de Christi humeris tulit eam Simon Cyreneus [73].
Quarumdam Ecclesiarum consuetudinis est etiam
draconem deferre primis duobus diebus ante crucem et vexillum, cum longa et inflata cauda ; tertio
vero die post crucem, et vexilla cum cauda depressa. Hic est diabolus, qui nos per tria tempora
ante legem, sub lege, sub gratia fallit, aut fallere
cupit. In primis duobus erat quasi dominus orbis,
ideoque princeps, vel deus mundi vocatur, inde
est quod in primis duobus diebus cum inflata cauda
præced.t ; in tempore vero gratiæ per Christum

[64] Psal 65.   [65] Psal. 95.   [66] Psal 17.   [67] Joan. 16.   [68] Joan. 3.   [69] Joan. 16.   [70] Luc. 11.   [71] Esth.
7.   [72] Psal. 139.   [73] Matth. 27

victus fuit , nec audet regnare patenter , sed ho-- A
mines seducit latenter, inde est quod in ultimo die
sequitur cum cauda depressa. Ex his modo leo,
modo vero draco vocatur. Leo fuit ad Christum
crucifigendum , draco ad tentandum, leo quoque
erit tempore Antichristi, de quo Joannes dicit in
Apocalypsi [74] : « Vidi Satan de cœlo cadentem velut
fulgur, et traxit secum tertiam partem stellarum. »
Per has stellas homines intelligimus, quorum prima
pars perfecti, secunda imperfecti , tertia reprobi,
qui sunt cauda diaboli. In omnibus litaniis jejunandum est cibo Quadragesimali, non divina auctoritate
Scripturæ, sed institutis majorum, quæ sunt tenenda
pro lege; in omnibus est etiam ambulandum in
pœnitentiali et flebili habitu, quasi ad repræsentandum mulieres, quæ plangentes , sequebantur B
Dominum [75]. Pro imminentibus enim periculis
juxta mandatum Domini plangendum nobis est
super nos et super filios nostros. In omnibus etiam
omnes debent a servilibus operibus vacare viri et
mulieres, etiam servi et ancillæ, et donec processio
terminetur , processioni adesse : ut sicut omnes
peccaverunt, sic, et omnes pro venia supplicent,
omnes ad Deum corda cum manibus elevent, id est
studium orationis erigant cum merito bonæ operationis. Denique omnes litaniæ eodem celebrantur
officio. Quo commonemur per evangelicam similitudinem perseverare, pulsantes ad ostium amici
scilicet Christi, cujus pueri secum sunt in cubili;
quia post laborem passionis quiescit in lecto gloriæ C
consummatæ cum suis. Ab hoc amico tres panes
petimus, id est intelligentiam Sanctæ Trinitatis, ut
alius amicus, id est noster amicus qui ad temporalia deviaverat appetenda, et redit ad viam quæ
ducit ad patriam, superna meditando cœlesti ali-
monia reficiatur; ut autem ad intelligentiam Trinitatis pervenire possimus, instantia triplici postulamus, dum petimus orando, quærimus recte
vivendo, pulsamus perseverando ; et tria pedimus,
scilicet fidem, spem et charitatem, quæ per piscem,
ovum et panem accipimus. Quibus tria Dominus
opponit, scilicet Serpentem, Scorpionem et Lapidem, quæ sunt infidelitas, retro aspicere et reminisci præteritorum, duritia cordis, rigor scilicet
odiorum.   D

Epistola [76] quoque pulsantis ad amici januam
competenter animat ad perseverantiam, proferens
exemplum de Elia, ut argumentemur a simili,
amicum posse vinci improbitate pulsandi. Nec te
moveat quod de Justo proponatur exemplum, unde
ibi dicitur : Multum valet deprecatio justi assidua.
Peccatoribus enim Jacobus loquebatur apostolus
ita dicens : Confitemini alterutrum peccata vestra [77].
Confiteri peccata est principium justitiæ : « Justus
enim in principio accusator est sui [78], » id est ab

accusatione sua incipit justificari. Jacobus ergo
vocat justum peccatorem accusatione sua justifi-
catum. Quidquid petere debeat, prima docet oratio,
scilicet, ut contra adversa omnia muniamur ; qui
quasi certificatus de precibus exauditis cantat in
introitu : Exaudivit [79], et in offerenda : Confitetur
Domino nimis [80], id est per improbitatem , propter
quam surgit evangelicus amicus, qui dat amico suo
panes quotquot habet necessarios, et ad camdem
confessionem cæteros invitat in Alleluia : Confitemini [81]; communio : Petite, et accipietis sumpta
est de Evangelio. Illud demum de processionibus
est generaliter advertendum, quod sicut in missa,
Christi pro nobis in mundum legatio figuratur, sic
in processionibus nostris ad patriam nostram reversio denotatur, et nostrarum processionum solemnitas egressum populi de Ægypto pene in omnibus
comitatur. Sicut enim ille per Moysen ereptus est
de manibus Pharaonis [82], sic populus Dei per Christum liberatur de ore leonis. Sicut tabulæ testamenti de monte accipiuntur [83], sic liber Evangelii
sumitur de altari. Eos columna ignis præcedebat [84],
et nos lumen candelæ præcedit. Præ turmis illorum
signa ferebantur, et ante nos cruces et vexilla portantur. Levitæ portabant tabernaculum fœderis [85],
et nostri subdiacones et diacones plenaria portant
et capsas. Arca fœderis a sacerdotibus portabatur,
et apud nos scrinium, aut feretrum cum reliquiis
a presbyteris deportatur. Aaron summus sacerdos
sequebatur ornatus, et apud nos episcopus infulatus. Apud eos Moyses cum virga, apud nos rex
cum sceptro , vel episcopus cum sambuca. Ibi
clangor tubarum, hic strepitus campanarum. Ibi
populus armatus, hic virtutibus adornatus. Ibi populus aspergebatur sanguine [86], hic aqua benedicta
cum sale. Illis obviat Amalech sitiens [87], nobis
turba dæmonum nostræ vitæ semper insidians. Josue
victor existit [88], et noster Jesus victoriam nobis
obtinuit. Cum ad aliquam ecclesiam tendimus, tunc
quasi ad terram promissionis accedimus. Cum
ecclesiam cantantes introimus, quasi gaudentes
ad patriam pervenimus. Cum circa ecclesias feretrum campanarum compulsione portamus, quasi
cum arca, cum sono tubarum, cum clangore populi
Jericho circuimus. Jericho vero corruit et destruitur, cum in nobis concupiscentia vincitur; David
etiam et Salomon nos ad processiones informave-
runt, cum Arcam Domini David in tabernaculum [89],
Salomon in templum [90], cum hymnis et canticis
portaverunt, et sub alis cherubin locaverunt, sic
humanitas Christi ascendens cœlum ingreditur et
ab angelis perenniter adoratur.

CAPUT VII.

IN VIGILIA ASCENSIONIS.

Omnes gentes plaudite manibus [91]. In Vigilia Ascen-

---

[74] Luc. 10; cap. 12. [75] Luc. 23. [76] Jacob. 5.
[77] Ibid. [78] Prov. 18. [79] Psal. 17. [80] Psal. 108.
[81] Psal. 106 et 117. [82] Exod. 12. [83] Exod 31; 34.
[84] Exod. 13. [85] Num. 2. [86] Exod. 24. [87] Exod. 17.
[88] Jos. 6. [89] II Reg. 6. [90] III Reg. 8. [91] Psal. 46.

sionis Domini evangelium legitur : *Sublevatis oculis in cœlum dixit Jesus : Pater, venit hora, et nunc est, clarifica Filium tuum ut. Filius tuus clarificet te* [92]. Quod nunc ideo legitur, quia quod passurus oravit, hominibus iniotuit cum ascendit, vel quia in fine concluditur : *Ego ad te venio*, in quo rogat pro his quos dedit ei Pater, ut sint in Patre unum, id est in corde uniti vicissim unde præcedit epistola : *Multitudinis credentium* [93]. De hac unione, scilicet hominum ad Deum, et inter se in introitu præmitti non potuit. Nam in manibus operatio, in plausu lætitia, in manuum conjunctione charitatis intelligitur communicatio. Sic ergo manibus plaudere jubemur, ut quæcunque operamur, omnia in hilaritate et charitate fiant. Vel pertinet introitus iste cum alleluia : *Ascendit*, et cum offerenda : *Portas cœli aperuit* [94], ad futuram ascensionis solemnitatem. Communio sumitur de Evangelio. Quidam non incongrue supradicta officia Paschalis hebdomadæ, per septem dona Spiritus sancti, ad eos referunt, qui sunt baptismo renati, ut renatus afflatu spiritus sapientiæ dicat : Resurrexi [95], qui per Adam cecideram, nunc a morte animæ resurrexi; per quid resurrexerit Evangelium [96] declarat, scilicet per resurrectionem Domini ; quid inde acquisierit, spiritus instruit intellectus, dicens : Introduxit vos in terra [97], scilicet Ecclesia, et adhuc addit spiritus consilii, aqua sapientiæ potavit eos [98]; quid inde quoque acquirere debeat spiritus indicat fortitudinis dicens : ‹ Venite, benedicti Patris mei[99]. › Quod ex his collatis beneficiis Deum laudare debeat, spiritus scientiæ docet, dicens : ‹ Victricem [100]. › Quid resurrectio renatis attulerit, spiritus pietatis indicat dicens : ‹ Eduxit eos Dominus in spe [1], › et adhuc spiritus timoris adjungit, dicens : ‹ Eduxit Dominus populum suum [2]. › Pro his omnibus beneficiis in baptismo collatis hominibus angeli gratulantur, homines Domino confitentur, et ad Christi præconia se invicem exhortantur, gratias agunt, jubilant, beneficia et beneficiorum causas rememorant, et ad majora confidenter aspirant, et circa hæc cæteræ partes officiorum suprascriptæ septimanæ versantur. Et vide quia hic mutatur ordo donorum. Et attende quod per officia hujus septimanæ ad quatuor introitus quater, et ad tres ter ponitur alleluia ; quia sancta Trinitas a quatuor mundi partibus collaudatur, et de Christi resurrectione et de hominum receptione.

In prima Dominica : *Quasi modo geniti* [3] baptizati monentur a matre, ut infantes innocenter vivere, et lac sanctæ Scripturæ concupiscere, ut Paschale sacramentum per Christi resurrectionem acquisitum moribus et vita teneant, mundum vincant, et cum Christo triumphent, et lætitiam in corpore et anima simul obtineant, propter quam Alleluia duplicata, vel quia mortem evaserunt, et spem vitæ habere meruerunt, vel propter actionem et contemplationem, vel propter gaudium prædicatorum et conversorum.

In secunda vero Dominica, scilicet : *Misericordia Domini* [4], baptizati jam instructi Christi misericordiam intonant, et Trinitatem prædicant. Nam in *misericordia* Spiritum, in *verbo* Filium, in *Dei*, Patrem annuntiant. Præponunt vero Spiritum, per quem sunt sanctificati, deinde Filium per quem redempti, deinde Patrem cui reconciliati, et quia Trinitatem concinunt, ideo ter jubilant alleluia.

In tertia Dominica : *Jubilate* [5], baptizati ad laudem Dei totum mundum invitant, et Trinitatem personant, cum in Deo Patrem, in nomine Filium, in laude Spiritum sanctum accipiunt. Et quia per duo præcepta charitatis firmantur in fide Trinitatis, ideo prius bis, deinde ter concinunt alleluia.

In quarta Dominica : *Cantate* [6], rursus baptizati ad Dei laudem gentes conversas invitant, et Trinitatem commemorant. Dum in Domino Patrem, per mirabilia Filium, per justitiam intelligunt Spiritum sanctum. Et quia fidem Trinitatis gentes a quatuor mundi partibus acceperunt ; ideo Trinitatem sub quarto alleluia concludunt.

In quinta Dominica : *Vocem jucunditatis* [7], rursus baptizati liberatorem suum gentibus annuntiant, qui Trinitatem per ter positum concinunt Alleluia ; et sicut hic continetur instantia prædicantium, sic in offertorio : *Exaudivit* [8], sollicitudo se ab errore convertentium, et in offertorio : *Omnes gentes* [9], applausus in cœlum intelligitur ascensurorum.

CAPUT VIII.
DE ASCENSIONE DOMINI.

Ubicunque fuerit corpus, illic congregabuntur et aquilæ [10]. Dum Redemptorem nostrum cœlos ascendisse credimus, spem nostram vacillantem erigimus, et mente in cœlestibus habitamus : spei namque certitudine jam rem possidemus, ad quam illum pervenisse gaudemus, et quod nunc spe, Deo propitio sumus possessuri in re ; inde est quod eorum, quæ in ascensione cantantur, quædam sunt ascensionis peracta narratio, ut illud : *Post passionem* [11], et illud : *Omnis pulchritudo*, et illud : *Ascendens* [12], et illud : *Ascendit Deus* [13]; quædam sunt consolatio sponsi ad sponsam, ut : *Non turbetur cor vestrum neque formidet* [14]; › et illud : *Tempus est, ut revertar* [15], et illud : *Si non abiero* [16]. Quædam sunt aggratulatio sponsæ ad sponsum, ut illud responsorium : *Exaltare, Domine* [17], et illud : *Ponis nubem* [18]. In narratione spes concipitur, in consolatione erigitur, in aggratulatione certificatur,

---

[92] Joan. 17.   [93] Act. 4.   [94] Psal. 77.   [95] Psal. 138.   [96] Marc. 16.   [97] Exod. 13.   [98] Eccli. 15. [99] Matth. 25.   [100] Sap. 10.   [1] Psal. 77.   [2] Psal. 104.   [3] Petr. 2.   [4] Psal. 52.   [5] Psal. 65.   [6] Psal. 97. [7] Psal. 65.   [8] Psal. 6.   [9] Psal. 71.   [10] Matth. 24.   [11] Act. 1.   [12] Psal. 65.   [13] Psal. 46.   [14] Joan. 14. [15] Job 12.   [16] Joan. 14.   [17] Psal. 20.   [18] Psal. 105.

vel delectatur. Similiter in officio diurno narratur A ascensio in epistola [19], et evangelio, ubi dicitur quod Dominus *assumptus est in cœlum, et sedet ad dexteram Dei* [20], id est in æqualitate Patris, et in alleluia, *Dominus in Sina* [21]. Consolatur sponsus in alio alleluia : *Non vos relinquam* [22]. Aggratulatur sponsa in communione, dicens : *Psallite Deo qui ascendit super cœlum cœli ad orientem* [23], hoc est, usque ad Verbum sibi rationaliter unitum, quod non dicitur ortum, vel oriturum, sed oriens [24] : quia semper Filius a Patre procedit [25]. Vel super cœlum cœli ad orientem, hoc est super firmamentum cœli ad orientalem plagam. Quod cantatur in introitu, et offerenda : *Viri Galilæi* [26], sumitur de epistola, in qua clausula percutitur ab angelis eorum superbia, qui transfixerunt [27], et eorum mundana sapientia, qui non cognoverunt [28], et eorum pigritia qui talenta sibi commissa cum lucro debito non reportaverunt, et sollicitatur eorum desiderium, qui adventum Domini diutius exspectaverunt [29]; hoc enim officium totum consistit in sollicitudine et gaudio.

Et attende quod hac die non est processio negligenda, per quam Dominum cum discipulis de Hierusalem in montem Oliveti processisse commemoramus [30], vel nos eum sequi debere figuramus, quo videlicet introivit [31], et eadem via scilicet per viam obedientiæ, propter quam exaltavit illum Deus, et dedit illi nomen quod est super omne nomen [32]. Quod repræsentavit cum duxit eos foras C in Bethaniam [33], quæ interpretatur *obedientia*. Unde in processione cantant quidam responsoria ad ipsam eductionem pertinentia, ut eduxit Dominus ; cum igitur hac die processionem rationabiliter agamus, nihilominus et hoc rationabilius est, quod non sicut in die Paschæ, vel cæteris Dominicis antequam tertia dicitur, sed ea cantata celebratur. In Paschali et Dominicalibus aqua benedicitur in memoriam baptismatis, et venerationem ; ideoque præcedunt tertiam, in qua Spiritus sanctus super discipulos descendit [34], ut sicut prius baptizamur, et postea Spiritum sanctum accipimus, sic aqua benedicta prius nos, et nostra loca respergimus, et post modum adventus sancti Spiritus memoriale, id est tertiam decantamus. Cur autem in Dominicis D diebus baptismatis memoria renovetur, superius enodatur. At in hac die tertia cantata, processio celebratur similiter et omnes aliæ, quæ non sine aquæ benedictione solemniter celebrantur, tum ut missæ conjungantur officio, tum quia nullus eum sequitur, nisi sanctificatus Spiritu sancto. Et vide quod primitiva Ecclesia quintam feriam observabat in memoriam ascensionis, sicut et Dominicam in memoriam resurrectionis, et tunc in quinta feria

fiebat processio, processionis hodiernæ rememorativa, sed multiplicatis sanctorum solemnitatibus, sublata est quintæ feriæ solemnitas de medio, et translata est processio ad Dominicam. Ecclesiam ingredientes et ad ecclesiam redeuntes recolimus apostolos regressos in Hierusalem [35], sed licet illi sine Christo, nos tamen cum cruce crucifixi ; quia dixit : « Vobiscum ero usque ad consummationem sæculi [36]. »

CAPUT IX.
DOMINICA POST ASCENSIONEM.

Exaudi, Domine, vocem meam, qua clamavi ad te [37]. Apostoli post primam unctionem, quam in Christi morte susceperant, insufflante illo et dicente : « Accipe Spiritum sanctum [38], » secundam exspectabant quam promiserat Dominus dicens : « Si abiero mittam Paracletum ad vos [39]. » Exspectantes ergo decantant in introitu : *Exaudi* ; qui rursus de psalmo vicesimo sexto, *Dominus illuminatio*, assumitur, cujus titulus est, *in finem psalmus David*, priusquam liniretur ; agitur enim ibi de unctione David quæ fuit triplex [40]. Primo namque unctus est in signum regis futuri, secundo in regem super tribum Juda [41], tertio super totum Israel [42]. Nos quoque idem cantamus, quia unctionem tertiam exspectamus. Prima enim unctio est in baptismo, secunda in confirmatione, aut in pœnitentiæ confessione ; tertia erit in resurrectione. Vel prima fuit in apostolis, secunda in Judæis, tertia in gentibus. Unguentum enim quod descendit in barbam Aaron [43], id est in apostolos, qui fuere barbati, id est viri perfecti et consummati, et fuere Aaron, id est montani scilicet Christi, qui fuit mons in vertice montium [44]; illud, inquam, unguentum descendit in oram vestimenti, id est in Judæos electos apostolis vicinos Dominum vestientes, et descendit sicut ros Hermon in montem Sion id est gratia exaltati perfundit gentes Deum speculantes. Et quoniam apostoli exspectantes, ut diximus, erant in templo, et orantes, laudantes, et benedicentes Deum [45], idcirco in nostra exspectatione in epistola : *Estote prudentes* [46], invitamur ad orationes, et in offerenda : *Lauda, anima mea, Dominum* [47], provocamur ad laudes. Quis autem fuerit effectus illius apostolicæ unctionis, Evangelium [48] declarat : *Cum venerit*, ubi dicitur : *Vos testimonium perhibebitis; quia ab initio mecum estis.*

Et attende quod ob præmissam causam, scilicet quoniam apostoli exspectabant indui virtute ex alto, hæc septimana dicitur exspectationis, in qua solent quidam jejunare et orationi vacare usque ad Pentecosten, eo quod apostoli per hoc tempus jejunasse leguntur. Sed magister Gilbertus probat jejunandum non esse, quia est de Paschali tempore, et quinquagesima Pentecostes. Hieronymus quoque, Ambrosius et Augustinus aiunt inter Pascha et Pentecosten, non esse ex necessitate jejunia indicenda ; voluntate enim omni tempore a cibis percipiendis possumus abstinere, sed ex necessitate non oportet. Unde Ambrosius : Per hos quinquaginta dies jejunium nescit Ecclesia, sicut ipsa Dominica, qua Dominus resurrexit : sunt enim hi dies veluti Pascha, et Dominica celebrandi, in quibus sicut ait Beda, majoribus epulis et hymnis cœlestibus est vacandum, ob reverentiam Dominicæ resurrectionis [49], ob memoriam Dominici convictus cum discipulis, ob spem gloriæ immortalis. Verumtamen ab hac auctoritate pœnitentes excluduntur. Sed et Gregorius litanias excepit. Illud etiam notabile est, quod octavam Dominicæ Ascensionis, quæ debet in quinta feria terminari, ulterius oportet prorogari : licet enim officium Dominicæ in quinta feria operatur, tamen in nocturnis officiis sextæ feriæ, et Sabbati invitatorium, et responsoria de ascensione cantantur. Verumtamen nocturnales psalmos dicimus cum tribus lectionibus, et *Te Deum laudamus* omittimus, sed quare, cum apostoli essent laudantes Deum [50] ? Nec mireris cum simile invenias a Nativitate Domini usque ad Epiphaniam ; sed et totum Paschale tempus simile continet ; quia unam et eamdem repræsentat octavam. Nec vacat a mysterio, quoniam et apostoli exspectantes per observationem decem præceptorum Paracletum in mysterium denarii accipere meruerunt [51]. Et nos etiam exspectantes per eamdem observationem denarium vitæ percipiemus æternæ. In his decem diebus legendi sunt Actus apostolorum ; quos qui sequitur, Spiritum sanctum accipiet, et denarium promerebitur.

CAPUT X.
DE VIGILIA PENTECOSTES.

Veni, Sancte Spiritus. De adventu Spiritus Sancti solemnitas est veneranda, tum propter personam quæ est æqualis Patri et Filio, tum propter causam. Advenit enim Spiritus, ut hæreditatem Patris testamento legatam, Filii sanguine conscriptam, in Dei prætorio advocatione defendat coram principibus terræ contra Judæos, hæreticos, paganos, falsos fratres et dæmones. Ipse enim postulat pro nobis gemitibus inenarrabilibus [52]. Nunc adventum præfigurat baptismus in Sabbato constitutus ; solemniter enim baptismus in hoc Sabbato celebratur, tum ut post Pascha nati, vel necessitatibus impediti baptizentur, tum quia Petrus hoc die tria millia baptizavit [53], tum quia Filius in digito Dei fortem devicit [54], ideoque idem opus per idem mysterium repræsentatur, digito veniente, et Filio resurgente, tum quia baptismi generatio prima est sancti Spiritus operatio, tum quia sicut hodie descendit in apostolos [55], quem descensum baptismum Dominus appellaverat, dicens : « Vos autem baptizabimini Spiritu Sancto [56] ; » sic in baptismate descendit, licet invisibiliter in baptizatos. Sed dicet aliquis, ergo baptismus debet in Dominica et hora tertia celebrari. Et quidem hoc sacramentum ad illum diem et illam horam pertinet, sed in Sabbato ponitur, vel propter mortem Christi, vel quia requiem per hoc sacramentum nanciscimur, licet alias propter occasionès fluctuantis mundi aliquando celebretur. Et quidem baptisma nostrum propius accedit ad baptismum apostolorum, quam Christi. Christus enim baptizatus est non propter se, sed propter nos, ut nobis formam tribueret ; apostoli vero baptizati sunt propter sua peccata deflenda, sic et nos propter nostra, sed illi primo in aqua, deinde per spiritum in terra, postremo per spiritum de cœlo. At nos præsente episcopo simul baptizamur ; et per confirmationem Spiritum sanctum accipimus. Quod si quando aliter facimus, ad illum tamen diem et illam horam totum procul dubio referamus. Baptismi vero officium superius assignatur. Hoc tamen notabile est, quod quatuor duntaxat hodie lectiones leguntur ; in vigilia Paschæ prima fuit : *In principio creavit Deus, cœlum et terram* [57] ; hic autem prima est : *Tentavit Deus Abraham* [58]. Hæ namque duæ lectiones reddunt nobis in memoriam duos patres, carnalem et spiritualem, ab Adam omnes sumpsimus carnalis generationis initium, ab Abraham vero spiritualis generationis exordium. Ille per inobedientiam nos omnes perdidit [59]. Ideo post illam primam non sequitur canticum ; quia per Adam nascimur ad luctum. Iste per obedientiam semini suo benedictionem promeruit [60]. Ideoque post hanc primam sequitur canticum, quia per fidem Abrahæ properamus ad gaudium ; quidam tamen aiunt tractum nullum sequi debere, quia pro promissione sibi facta nullum cecinit canticum Abraham, quia nullum socium cum quo cantaret, habebat solus Dei cultor et peregrinus in terra aliena . Et bene congruit hæc lectio præsenti diei, quia in effusione sancti Spiritus data est gentibus benedictio, de qua Dominus ad Abraham : « In semine tuo benedicentur omnes gentes [61], » huic recte congruit oratio : *Deus qui Abrahæ famuli tui.* Secunda lectio : *Scripsit Moyses* [62], datam legem declarat, quæ hodie data est et novam significat, quæ in cordibus fidelium diffusa est [63]. Unde canticum sequitur, in quo æterna lætitia repromittitur.

Tertia lectio. *Apprehendent septem mulieres* [64], etc., septem dona Spiritus sancti pronuntiat, quæ bonis moribus quemlibet virum informant, unde canticum sequitur, quia bonos mores gaudium comitatur.

Quarta lectio : *Audi, Israel* [65], virtutes quæ dona comitantur insinuat ut sapientiam, prudentiam, lumen et pacem. Unde canticum sequitur, quia pro his et in his æternaliter gratulabimur. Prima resonat

[49] Luc. 24.   [50] Ibid.   [51] Matth. 20.   [52] Rom.8.   [53] Act. 2.   [54] Luc. 11.   [55] Act. 2.   [56] Act. 1.   [57] Gen. 2.   [58] Gen. 22.   [59] Gen. 3.   [60] Gen. 22.   [61] Gen. 12 et 22.   [62] Deut. 31.   [63] Hier. 31 ; Hebr. 8 et 10.   [64] Isa. 4.   [65] Baruch. 3.

historiam, secunda allegoriam, tertia tropologiam, A Ubi enim spiritus spirat, organum ad laudes invi-
quarta vero anagogen. Et vide quod hoc interest in- tat.
ter lectiones paschales et istas pentecostales, quod
distat inter Adam et Abraham, ibi recolitur huma-

CAPUT XI.

IN PENTECOSTE.

ni generis periclitatio usque ad internecionem per
inobedientiam Adæ, hic humani generis restitutio
usque ad salvationem per obedientiam Abrahæ, in
quibus omnibus tituli subticentur : quoniam auctores Scripturæ adhuc a catechumenis ignorantur.
Cætera de baptismo ex superiori doctrina pandun-
tur. Sed nunc missale officium exaretur. Ab hoc
itaque Sabbato usque ad sequens septem sunt officia, quæ omnia pertinent ad sancti Spiritus majestatem, ad ejusdem operationem, ad baptizatorum
instructionem, una die proprium non habente, sed
a Dominica, vel a quinta feria Paschali officium
mutuante, hæc missa per *Kyrie eleison* incipitur,
ut de renatis Ecclesiæ lætitia declaretur, de quibus quia *Gaudent angeli, Gloria in excelsis Deo*
subjungitur, vel quoniam apostoli priusquam susceperunt Spiritum, erant laudantes et benedicentes Deum [66]. Hodierna vero lectio : *Factum est cum
Apollo*, unicam baptismi Christi commendat dignitatem, in eo quod baptizati baptismo Joannis baptizati sunt baptismate Christi [67]. Sed et Spiritus
sancti prædicat potentiam et gratiam, qua baptizatos fecit variis linguis loqui [68]. Alleluia, in memoriam innocentiæ primitivæ cantatur, sed quia non
fuit sempiterna, ut prædiximus, in tractum convertitur. In Evangelio Spiritus ille promittitur, et ejus
operatio, scilicet de Trinitate scientia intimatur :
quod autem ibi dicitur *alium Paracletum dabit vobis* [69], alium dicit in persona, et alium in operatione.
Alia est enim persona Patris, alia Filii, alia Spiritus sancti. Nam cum per Filium habeant omnia
esse, vivere, sentire, discernere, intelligere per
Spiritum Sanctum habent bene esse, sancte vivere,
recte sentire, prudenter discernere, sapienter intelligere. *Credo in unum Deum*, non est omittendum,
quia cum symbolum hoc derivatum sit a symbolo
apostolorum, fidem quam habeant insinuat. Offerenda : *Emitte* [70], manifeste ad operationem Spiritus pertinet, quia per eum Dominus benedicitur,
per eum cœlum sicut pellis extenditur, id est Scriptura ut quasi nihil lateat, explanatur. Similiter
et communio : *Ultimo*, ad eamdem pertinet spiritus operationem, qui facit flumina velut aquæ vivæ
de ventre credentis exire [71], id est affluentiam salutaris doctrinæ. Et est ut quibusdam placet hæc
missa per *Benedicamus Domino* concludenda. In vesperis hi psalmi secundum quarumdam ecclesiarum
consuetudinem concinuntur : *Lauda Dominum quoniam bonus est* [72], psalmus *Lauda anima mea Dominum* [73], *Lauda Hierusalem, Dominum* [74], eo quod
in his psalmis laudes Dei magis resonare videntur,

Spiritus Domini replevit orbem terrarum [75]. Populus antiquus tria solemnia celebravit : scilicet
Pascha, quia Deus liberavit eos a servitute Ægypti
et percussione angeli [76]; Pentecosten, quia tunc
susceperunt legem [77]. Scenopegiam, id est fixionem
tabernaculorum, in Septembri [78]. Hæc festa quæ septem diebus protelabantur præcipua dicebantur, et
Sabbatum quod interveniebat vocabatur Sabbatum
sabbatorum, id est Sabbatum festorum. Addiderunt
ad hæc et alia ob eventus alios, ut encænia, scilicet,
dedicationem templi. Nos vero duo illorum solummodo reservavimus, Pascha videlicet et Pentecosten,
sed alia et alia ratione; illi namque Pascha celebravere quia transierunt ab Ægyptiaca servitute, nos
Pascha celebramus quia per Christum redempti sumus. Illi celebravere Pentecosten quia susceperunt
legem, nos autem ideo celebramus quia Spiritum sanctum accepimus. Illi quidem legem acceperunt carnalem scriptam in lapideis tabulis ad significandum duritiam populi [79], nos autem intelligentiam spiritualem
scriptam in cordibus hominum digito Dei. Et dicitur
pentecoste, *quinquagesima* : data est enim lex, in monte Dei Oreb, vel Choreb, vel Sina, quod idem est, quinquagesimo die ab immolatione agni paschalis : agnus
enim immolatus est decimo quarto die Aprilis, lex
C vero data est quarto die mensis tertii, dicitur tamen
esse data tertia die. Jam enim, inquit Scriptura [80],
advenerat dies tertia, et claruerat, et cœperunt
audiri tonitrua ; die namque tertia, descendit Dominus super montem ad dandum legem, et Moyses
ascendit ad Deum, et descendens narravit omnia
plebi, maneque rursus ascendens duas tabulas scriptas accepit. Et cave, ut in secundo mense duntaxat triginta dies computes, secundum lunam ergo
XVI in primo, XXX in secundo, quatuor in tertio
quinquaginta faciunt, sed attende quod non omnis
quinquagesima vocatur Pentecoste, est Lma dierum,
Lma annorum, Lma psalmorum, Lma personarum,
Lma denariorum.

Quinquagesima dierum triplex est, est enim una
D ab *Esto mihi, Domine* [81], usque ad Pascha, secunda est a Pascha usque ad Pentecosten, tertia est a
Sabbato in Albis usque ad Sabbatum post Pentecosten. Prima est pœnitentiæ et afflictionis, secunda est lætitiæ et exsultationis, tertia est gloriæ et
glorificationis ; figurat enim octavam duplicis stolæ. Ideoque per illam duplicatur Alleluia. Quinquagesima vero annorum fuit annus jubilæus [82], in
quo libertas volentibus reddebatur. Quinquagesima
vero psalmorum triplex est, et tres status significat Christianæ religionis, quorum primus est pœni-

tentiæ, secundus justitiæ, tertius laudis vitæ æternæ; ideoque prima terminatur in *Miserere mei Deus* [83], secunda in *Misericordiam et judicium* [84], tertia in *Omnis spiritus laudet Dominum* [85]. Hi sunt CL psalmi, totidem fuere dies diluvii [86]; hos ergo canimus ut a diluvio et omni periculo liberemur. De quinquagesima personarum Abraham quæsivit a Domino dicens : « Si quinquaginta justi fuerint ibi, nunquid parces eis [87]? » De quinquagesima denariorum dicitur in Evangelio de duobus debitoribus, quorum unus debebat quingentos denarios et alius quinquaginta [88]. Sed de his nihil ad præsens, solus enim quinquagesimus dies a Pascha, Pentecostes (usitato vocabulo) nominatur, a *pente*, quod est *quinque*, et *coste* quod est *decem*, quia qui per quinque sensus corporis in vinea Domini laborabunt, hi spiritu replebuntur, in futuro æternæ retributionis denarium accipere merebuntur [89].

Et surgit hic numerus ex septenario in seducto superaddita unitate, septem enim hebdomadæ sunt a Pascha usque ad hanc diem, tum quia in hac die septiformis gratia datur, tum quia meritis gratiæ septiformis per septenarium hujus vitæ ad illam unam pervenitur, de qua dicitur : « Unam petii a Domino, hanc requiram [90], » septem namque millibus annorum, expletis per septiformem Spiritum ad idem gaudium perveniemus. Et attende quod antiqui observabant septimum diem, ut Sabbatum, septimam septimanam, ut Pentecosten, septimum mensem ut septembrem, septimum annum ut jubilæum, septimum septimæ decadis annum, ut sexagesimum septimum annum, et de hoc semel, cum data fuit eis licentia de captivitate Babylonica revertendi [91]. Hic quoque numerus surgit ex quadragenario suis partibus multiplicato, qui tenet in se bonorum operum perfectionem, vel superadjuncto denario, qui non continet eorumdem remunerationem. Et merito quidem de statu contritionis et pœnitentiæ pervenitur ad statum remissionis et gloriæ, et per operum perfectionem ad remunerationem. Et recole quod sicut ex legis præcepto in Pascha offerebant manipulos spicarum [92], sic in Pentecoste duos panes primitiarum. Nos igitur ab eo quo Dominus resurrexit, et corpus suum quasi novarum frugum manipulum sacrificavit, diem quinquagesimum observemus, in quo Spiritum sanctum accepimus, et duos panes offeramus, gratias agentes pro lege tunc in lapidibus data et pro gratia in cordibus nostris diffusa [93]. Solemnizemus post septem hebdomadas die quinquagesimo, jubilæum repræsentantes, ut post circulum hujus vitæ ad annum æternitatis pervenire possimus, in quo non laborabimus, sed antiquam possessionem, quam peccando perdidimus, recuperabimus. In hoc die tres ponuntur antiphonæ : *Factus est repente* [94], *Confirma* [95], *Emitte Spiritum* [96], quæ com-

paratæ ad tres paschales antiphonas : *Ego sum* [97], *Postulavi* [98], *Ego dormivi* [99], abundantiorem significant perfectionem. Plus enim est spiritu vehementi repleri [100], qui pulverem pedum excutiat, quam cum impiis non computari; plus est confirmari, quam in hæreditate deputari; plus est renovari faciem terræ, quam a peccatis resurgere [1].

Quidam novem, sicut in aliis Dominicis, volunt legere lectiones, sed canonicum est tres duntaxat legere, propter sacramentum baptismi in trium personarum nomine celebrati, vel ob triduanam sepulturam Domini, cui sumus in baptismate consepulti [2], vel quia in potentia miraculorum unum est opus individuæ Trinitatis; vel propter fidem, spem et charitatem, quas ab initio intellectus debet omnis Christianus habere. Tam nocturnum quam diurnum officium prædicat miraculum hodiernum, quod in epistola evidentius declaratur, cum dicitur : *dum complerentur dies Pentecostes, erant omnes discipuli pariter in eodem loco, et factus est repente de cœlo sonus* [3], qui significavit illum, qui erat iturus in omnem terram, de quo in omnem terram exivit sonus apostolorum [4]. Sequitur, *tanquam advenientis spiritus vehementis.* Ideo venit in spiritu vehementi, quia sicut ventus vehemens projicit pulverem a facie terræ, sic adventus Spiritus ejicit a corde hominis omnem terrenitatem. Sequitur, *et factum est quia apparuerunt illis dispertitæ linguæ, tanquam ignis.* In igne datur, ut faceret eos ferventes amore charitatis ; vis ignis unam materiam consumit, ut ligna, alteram reficit et fovet ut corpora nostra ; sic ignis Spiritus sancti rubiginem peccatorum consumpsit, et animas ad amorem Dei et proximi calefecit ; in linguis datur ut efficeret eos facundos in omni genere sermonis. Quare *repleti Spiritu sancto cœperunt loqui variis linguis prout Spiritus sanctus dabat eloqui illis*, vel linguis omnibus loquebantur vel sua, quia id est Hebræa lingua loquentes ab omnibus intelligebantur, ac si loquerentur propriis, ipsi quoque linguas omnium quasi propriam intelligebant. In hora tertia datur, quia sancta Trinitas prædicanda mandatur; dedit igitur Spiritus sanctus facundiam, dedit et omnium scientiam, et doctrinam, unde in Evangelio : *Ille vos docebit omnia* [5], et introitu : *Spiritus Domini replevit orbem terrarum* [6], ubi Dei prædicatur potentia, qui solus ubique, solus omnia replet, nisi enim ubique, non fuisset simul in apostolis magno terrarum spatio separatis nec esset in diversis fontibus consecrandis. Vel replevit orbem terrarum, dum apostolos inebriavit, quorum sonus in omnem terram exivit [7]; et quoniam orbis terræ per quatuor climata separatur, ideo quater alleluia concinitur. Duplex vero, quod post epistolam canitur *alleluia*, vel significat, ut sæpe diximus, duplicandam lætitiam, vel etiam spiritum

---

[83] Psal. 50.   [84] Psal. 100.   [85] Psal. 150.   [86] Gen. 8.   [87] Gen. 18.   [88] Luc. 7.   [89] Matth. 20.   [90] Psal. 26.   [91] II Par. 36.   [92] Levit. 25.   [93] Rom. 5.   [94] Act. 2.   [95] Psal. 67.   [96] Psal. 103.   [97] Psal. 1.   [98] Psal. 2.   [99] Psal. 3.   [100] Act. 2.   [1] Matth. 10.   [2] Rom. 6.   [3] Act. 2.   [4] Psal 18.   [5] Joan. 14.   [6] Sap. 1   [7] Psal. 18.

bis apostolis datum scilicet de terra et de cœlo, vel eos spiritu et mente psallentes[8] ; vel conversionem duorum populorum. *Et hoc quod continet omnia, scientiam habet vocis*, id est novit, qua mente quisque loquatur ; vel habet scientiam omnium, per quæ et de quibus potest vox humana variari, vel scientiam vocis, id est vocem scientiæ habet, id est facit nos habere, ut quæ ipso inspirante apostoli proferrent, cum intelligentia pronuntiarent. Offerenda : *Confirma*[9], huic diei convenit ; constat enim fidem datam fuisse apostolis, sed infirma fuit in eis. Unde Petrus ad vocem ancillæ negavit[10] ; quam eis Dominus hodie confirmavit, et nos nobis petimus confirmari. *A templo sancto tuo quod est in Hierusalem, tibi offerent reges munera*, id est apostolorum Ecclesia, qui sunt Ecclesiæ fundamenta, nam « salus ex Judæis est[11]. » Communio : *Factus est*, sumitur de epistola[12]. Et vide quoniam hoc festum per septem dies celebratur, vel propter præsentis vitæ sacramentum, vel propter animarum Sabbatismum, vel quia per septem dona Spiritus sancti, corporibus et animabus plena gaudia conferuntur : unde septem ultimi psalmi a laudibus titulantur ; quia per septiformis gratiæ operationem gaudia conferuntur æterna. In quibus dies leguntur quotidie lectiones, ut septem fratres tres procurent sorores[13], id est septem dona tres virtutes, fidem, spem, charitatem, ut Gregorius prosequitur in *Moralibus*; horum enim dierum officia septem donis Spiritus sancti adaptantur ; hesternum igitur, et hodiernum, pertinent ad sapientiam, et intellectum, ut ex superioribus patet.

Secunda feria agitur in officio de assumptione gentium, ad quarum salutem *misit Deus Filium suum Unigenitum in hunc mundum, ut salvaretur mundus per ipsum*, ut testatur hodiernum evangelium[14], quam salutem operatus est Spiritus sanctus. Nam Petro loquente, cecidit Spiritus sanctus super gentes, ut hodierna testatur epistola[15]. Ad quam salutem perficiendam, ut cantatur in introitu : *Cibavit eos Dominus ex adipe frumenti et de petra melle saturavit eos*[16], sermo divinus frumentum est, cujus palea Judæi et adipe satiantur gentiles[17]. Vel frumentum Christus est, cujus adeps Spiritus sanctus, quo fideles satiantur, melle de petra, id est doctrina de Christo procedente, in quo sunt omnes thesauri sapientiæ et scientiæ Dei[18]. Hic quoque ob promissiones Dei quater concinitur alleluia, sic et in sequentibus exponere memor eris. Ad eam quoque perficiendam, ut concinitur in offerenda : *Intonuit de cœlo Dominus*[19], quando factus est repente de cœlo sonus[20], *et apparuerunt fontes aquarum*[21], id est revelata sunt per Apostolos velamina Scripturarum, et hæc omnia facta sunt Spiritu operante. Unde sequitur in communione : *Spiritus sanctus docebit vos quæ-*

cunque dixero[22]. Et attende quod assumptio gentium ad tempus fuit dilata, unde : « In viam gentium ne abieritis[23], » sic tempore congruo fuit denique imperata. Unde : « Ite, baptizantes omnes gentes[24]; » per se namque gentibus non prædicavit, sed per apostolos. Sic Isaac minori filio Jacob nihil de offerendo sibi cibo mandavit, ut benedictionem acciperet, sed per operationem Rebeccæ primatum benedictionis accepit[28], quæ quia facta sunt occulto Dei judicio, unde exclamat Apostolus : « O altitudo divitiarum sapientiæ et scientiæ Dei[26], » ideo hodiernum officium pertinet ad consilium. Et sciendum est quod per totam septimanam solemnitates sunt servandæ, ut *Gloria in Excelsis*, *Credo*, et *Ite missa*, et *Te Deum*, et *Alleluia*, tum ut baptizatorum saluti congaudeamus, tum ut futuræ lætitiæ plenitudinem figuremus.

Tertiæ feriæ continet officium commendationem apostolorum et successorum, hi sunt ostiarii, de quibus agitur in evangelio[27], qui ovibus aperiunt ostium fidei. Constat namque non aliter accipi gratiam, nec intrari Ecclesiam nisi per apostolicæ fidei januam. Isti manus super baptizatos imponunt, et sicut dicitur in epistola : *Baptizati proinde Spiritum sanctum accipiunt*[28]. Istorum vox est in introitu : *Accipite jucunditatem gloriæ*, in quo, quia per geminam dilectionem ad fidem pertingimus Trinitatis, ideo quinquies concinimus alleluia. Et est sensus : *Accipite jucunditatem. gloriæ*, id est Spiritum sanctum, qui vos glorificabit et clarificabit, ut quisque de se dicere possit, quod dicitur in communione : *Spiritus qui a Patre procedit, ille me clarificabit*[29], qui vobis quoque, ut in offerenda cantatur : *Portas cœli*[30], id est apostolorum Scripturas aperiet, et quoniam hæresiarchas in spiritu fortitudinis sunt aggressi, et aggrediuntur, idcirco pertinet hodiernum officium ad fortitudinem. Non incongrue dicunt : Qui spiritum faciunt ostiarium ; ipse namque per ostium Christum introducit ad Patrem.

Quarta feria officio suo prædicat scientiam, quæ est donum Spiritus sancti, qui sanctos usque adeo illuminavit. Quod de quinque libris Moysi, paucisque prophetarum Scripturis librorum copia crevit, quod Daniel prævidens ait : « Pertransibunt plurimi, et multiplex erit scientia[31]. » Quod mystice nobis innuit Evangelium[32] de quinque panibus et duobus piscibus, quæ sicut multiplicata sunt inter ora comedentium. Sic lex et prophetæ inter studia contrectantium. De hoc spiritu dicit sapientia in lectione prima : *Spiritus Domini replevit orbem terrarum*[33], et Isaias in secunda : *Nolite, ubi effundam aquam super sitientem*, et infra, *effundam Spiritum sanctum super semen tuum*[34]. Et vide quod duæ lectiones leguntur, eo quod ad fidem duo populi

[8] I Cor. 14. [9] Psal. 67. [10] Matth. 26. [11] Joan. 4. [12] Act. 2. [13] Job. 1. 42. [14] Joan. 3. [15] Act. 10. [16] Psal. 80. [17] Joan. 12. [18] Col. 2. [19] Psal. 17. [20] Act. 2. [21] Psal. 17. [22] Joan. 14. [23] Matth. 10. [24] Matth. 28. [28] Gen. 27. [26] Rom. 9; Rom. 11. [27] Joan. 10. [28] Act. 8. [29] Joan. 15, 16. [30] Psal. 77. [31] Dan. 12. [32] Joan. 6. [33] Sap. 1. [34] Isa. 44.

convertuntur, vel quoniam ordinandi in utriusque Testamenti pagina imbuuntur, quibus in evangelio panis, id est sacra Scriptura proponitur. His præcedens congruit introitus : *Deus dum egredereris* [33].

Nam per scientiam egressus est Deus, id est notus effectus ; et quia meditando sacras expositiones, exposuere Scripturas, ideo in offerenda cantatur : *Meditabar in mandatis tuis* [36], et quia dicunt id ipsum, nec sunt in eis schismata, recte in communione subjungitur : *Pacem meam* [37]. Et attende quod solemnitati sancti Spiritus jejunium quatuor temporum non derogat hodiernum, sed potius illustrat ; quia deliciæ sancti Spiritus, deliciarum carnalium fastidium important, et quia sponso ablato apostolis jejunandum erat, sicut Dominus prædixerat, quando « sponsus auferetur ab eis, tunc jejunabunt [38]; » unde repleti Spiritu sancto sponte jejunare cœperunt [39]. Quocirca in præcedenti secunda feria quidam æstivalem inchoant quadragesimam, quidam vero sanius hodiernum jejunium autumant hujus temporis quadragesimalis initium ; cui quidam terminum statuunt in festivitate Sancti Joannis sive sex habeat septimanas, sive nequaquam. Alii festivitatem Sancti Joannis includunt, et eo usque jejunantes sine termino præfixo procedunt, ubi senarium compleant hebdomadarum. Hanc quadragesimam probat Hieronymus non esse necessitatis, sed voluntatis, dicens : Nos unam facimus quadragesimam, illi tres, quasi tres passi fuerint salvatores, non quod per totum annum jejunare non liceat, excepta Pentecoste, sed quod aliud sit necessitate, aliud voluntate munus offerre. Sed hæc dixit Hieronymus contra Montanum hæreticum, qui apud suos tribus quadragesimis statuit jejunandum.

Quinta feria non habet officium proprium, sed a die Dominica mutuatur, ut a Sabbato in Sabbatum septem duntaxat sint officia, septem donis Spiritus sancti deputata ; quidam tamen et huic officio mutuato non incongrue donum ascribunt, hujusce ascriptiones facere non a Sabbato, sed a Dominica incipientes. Qui in Dominica ponunt Spiritum sapientiæ, in secunda feria intellectus, in tertia consilii, in quarta fortitudinis et in hac quinta ponunt Spiritum scientiæ qui dat scrutari profunda, sicut canitur in alleluia. *Spiritus omnia.*

Sexta feria agitur in Evangelio de filia archisynagogi [40] quæ post sanationem hemoroyssæ resuscitatur : in quo significatur illa sancti Spiritus operatio ; quia synagoga nunc mortua pietate revivi scet, postquam plenitudo gentium [41] eadem introierit pietate. Huic congrue præcedit illa prophetica lectio : *Exsultate, filia Sion, in Deo, qui dedit vobis imbrem matutinum et serotinum* [42]. Hæc est doctrina evangelica nobis per apostolos collata, jam

prædicata, et adhuc novissimis temporibus prædicanda, ibi subjungitur *et comedetis, et saturabimini cibo*, videlicet spirituali, de quo in introitu : *Repleatur os meum laude tua* [43], unde et puellæ resuscitatæ jussit dare manducare, refecta namque interius, dicet quod in offerenda canimus : *Benedic, anima mea, Domino* [44], et tunc impletum erit universaliter quod in communione cantatur : *Spiritus ubi vult spirat* [45], prius vadens ad Judæos, secundo ad gentes, postmodum rediens ad Judæos ; quia « nemo potest dicere Dominus Jesus, nisi in Spiritu sancto [46]. »

Sabbato figurat officium duorum concordiam populorum, Judæi videlicet et gentilis. Ili sunt duo cæci, de quibus dicitur in Evangelio [47], quod sunt illuminati a Christo ; de qua concordia loquitur Paulus, in epistola ad Judæos et gentiles directa dicens [48] : *Justificati ex fide, pacem habeamus ad Deum per Dominum Jesum Christum*, sed cum pax, aut concordia nequaquam vera sit, nisi per charitatem, ideo præcinitur in introitu : *Charitas Dei diffusa* [49], in quo ter ponitur alleluia, quoniam ad fidem Trinitatis pervenitur per obsequia charitatis. Et non solum reliquæ partes officii, sed etiam lectiones ad jejunium pertinentes attestantur operationem et gratiam Spiritus sancti, ut prima : *Effundam de Spiritu meo* [50], et secunda : *Locutus est* [51]. Ubi dicitur : Numerabitis septem hebdomadas usque ad alteram diem expletionis hebdomadæ septimæ, » præsentem intellige festivitatem quæ olim dicebatur festivitas hebdomadarum ; et quia postquam gentes intraverint, reliquiæ salvabuntur [52], idcirco eis nunc flentibus, et sponsum expectantibus dicit Dominus : *Nam vos relinquam orphanos* [53], quod in communione canimus ; quia igitur hæc concordia fiet imminente die judicii, qui erit etiam electis causa timoris, idcirco pertinet hoc officium ad timorem, vel quia timor introducit charitatem, licet charitas foras mittat timorem [54]. Et nota quod in ordine istorum officiorum descendendo computamus, in ordine vero Paschalium, secundum Augustinum, ascendendo ; quia per hæc descensus ad nos Spiritus sancti, per illa noster ad illum significatur ascensus. Et cave quia præter hæc officia ad jejunium pertinentia, quæ in quarta et in sexta feria, et in hoc Sabbato exposuimus, aliæ quidem lectiones, et evangelia, in eisdem diebus inveniuntur, quæ forte solemnitati magis appropinquare videntur, sed tam hæc quam illa gratiam Spiritus personant, et operationem. Unde quidam non incongrue duas missas celebrant, unam in tertia de festo cum *Gloria in excelsis Deo*, et credo, aliam in nona de jejunio sine *Gloria in excelsis Deo* : in qua sunt clerici ordinandi, qui merito in hac hebdomada ordinantur, ut sancti Spiritus dona percipere mereantur. Et

[33] Psal. 77. [36] Psal. 118. [37] I Cor. 1 ; Joan. 14. [38] Matth. 9. [39] Act. 13, 14. [40] Matth. 9. [41] Rom. 11. [42] Joel. 2. [43] Psal. 70. [44] Psal. 102. [45] Joan. 3. [46] I Cor. 12. [47] Matth. 9. [48] Rom. 5. [49] Ibid. [50] Joel. 2. [51] Levit. 23. [52] Rom. 11. [53] Joan. 14. [54] Joan. 4.

memento, quod in hac die terminatur quinquagesima, unde et hodie frequentatur alleluia, et cantatur pro gradualibus *alleluia*, nec flectuntur genua ; pertinet enim ad octavam. Et illud quidem generale est quod quoties in die de tempore gratiæ materia assumitur, aut dies ad octavam refertur ; genua non flectimus, sed in orationibus stantes collatam nobis gratiam, et conferendam gloriam profitemur, ut cum olim essemus servi curvi, non fracto jugo incedamus erecti, ut in Dominicis diebus, et sanctorum natalitiis, et Paschalibus.

Inclinare tamen capita possumus, ut mulieres devotas ad monumentum imitemur [55]. Illud quoque non est silentio prætereundum, quod quatuor sunt status Ecclesiæ : primus est culpæ, secundus culpæ et pœnæ, tertius pœnæ et gratiæ, quartus gratiæ et gloriæ. Primum repræsentat Ecclesia in Septuagesima, ideoque subticet, *Te Deum*, et *alleluia* ; quia non est speciosa laus in ore peccatoris [56], et *Gloria in excelsis Deo*, quia positus est inter Deum et homines paries inimicitiarum [57]. Secundum repræsentat in Adventu, ideoque etiam supradicta cantica subticentur præter alleluia ; quia lex data Deum intelligere docuit et laudare. Tertium repræsentat in æstivo tempore ; ideoque propter gratiam acceptam in festivis ista cantantur, sed propter pœnam in ferialibus subticentur, præter alleluia,

quod etiam quotidie frequentatur ; quia spes de resurrectione futura non infirmatur. Quartum repræsentat inter Pascha et Pentecosten, ideoque suprascripta cantica lætitiæ quotidie frequentantur, et multiplicantur. Verum quia nondum habemus gloriam, quam exspectamus [58], ideo *Te Deum laudamus*, et *Gloria in excelsis*, in ferialibus subticemus, et in Dominicis, in quibus quasi dupliciter resurrectionem repræsentamus, scilicet intuitu temporis et diei, duo alleluia propter duplicem stolam cantamus, sed in ferialibus unum, quoniam ante resurrectionem anima duntaxat fruitur beatitudine. In festivitatibus sanctorum duo, vel propter octavam, vel propter requiem et perfruitionem. Nec te moveat, quod non est rectum, sed præposterum ordinem Ecclesia repræsentat, eo quod erunt novissimi primi et primi novissimi [59] ; sic ergo varietas dierum et statuum humanorum varietatem induit officiorum, ut alia celebrentur cum responsorio solo, alia cum alleluia solo, alia cum alleluia et responsorio, alia cum responsorio et tractu, alia cum alleluia et tractu, ut in Sabbato sancto ; quia neque actus hominum sunt iidem, ut interdum lugeant et laborent, interdum gaudeant et contemplationi operam dent [60]. Responsorium significat actionem, alleluia contemplationem, tractus luctum, alleluia lætitiam.

[55] Luc. 34.   [56] Eccl. 15.   [57] Isa. 59.   [58] Rom. 8.   [59] Matth. 20.   [60] Eccl. 3.

LIBER OCTAVUS.

—

PROLOGUS.

Licet a devio simus Scripturarum præconio evocati, sed et Domini sanguine pretioso redempti, tamen adhuc viatores, et de torrente in via bibentes [61], peregre proficiscimur [62] et a Domino peregrinamur [63], quam peregrinationem repræsentat Ecclesia in Dominicis usque ad Adventum sequentibus.

CAPUT PRIMUM

DOMINICA IN OCTAVA PENTECOSTES, QUÆ EST PRIMA POST PENTECOSTEN.

Domine, in tua misericordia speravi, exsultavit cor meum in salutari tuo [64]. De hac Dominica, quæ est prima post Pentecosten, triplex est varietas ; quidam enim cantant de Trinitate, alii de Octavis. alii vero historiam incipiunt, *Præparate*. vel *Deus ¡omnium exauditor* ; qui de Trinitate cantant, hanc rationem allegant, quia post adventum Spiritus sancti, confestim prædicari et in baptismo celebrari cœpit fides, et confessio Patris et Filii, et Spiritus sancti. Nam ante resurrectionem, non innotuit distinctio Trinitatis, post resurrectionem regula data, « euntes in mundum universum, do-

cete omnes gentes, baptizantes eos, in nomine Patris et Filii, et Spiritus sancti [65], » nunc primum acta est exhibita, cum in ipsa die Pentecostes tria millia hominum sunt conversa. Recte igitur post adventum Spiritus illico sequitur officium Trinitatis, ut post acceptum baptismum, et receptum Spiritum, fidem quam prædicamus vocibus, exerceamus operibus. Totum itaque Trinitatis officium nocturnum, seu diurnum sanctam redolet Trinitatem, in quo legitur evangelium : *Erat homo ex Pharisæis* [66], in quo remedium baptismi commendatur, quod in Trinitatis invocatione confertur. Huic congruit præcedens lectio de Apocalypsi [67] : *Vidi ostium*, ubi dicitur : *Mare vitreum simile crystallo*. Mare namque baptismum significat. Ibi quoque sequitur : *Sanctus, sanctus, sanctus, Dominus Deus Sabbaoth*, ubi Trinitatis notatur unitas.

[Officia Trinitatis Alcuinus invenit ; temporibus namque Attilæ, qui Christianos flagellavit, et omnia fere volumina professionis Christianæ destruxit, Alcuinus magister Caroli historiam de Trinitate composuit, responsoria scilicet et antiphonas, missam et sequentiam ; fecit etiam historiam de Sancto

[61] Psal. 109.   [62] Matth. 25.   [63] II Cor. 5.   [64] Psal. 12.   [65] Matth. 28.   [66] Joan. 3.   [67] Cap. 4.

Stephano, quas ambas obtulit Alexandro papæ, qui respuit illam de sancta Trinitate, dicens : « Sicut non est speciale officium unitatis, sic non oportet esse Trinitatis, maxime, cum singulis Dominicis festum sit unitatis et Trinitatis. » Tandem superveniente hæresi Ariana, fere fuit Trinitatis fides exstincta, sed Hilarius, et Eusebius, et Ambrosius restiterunt. Consensit igitur ea de causa Gregorius magnus, ut de Trinitate specialia cantaremus, et ecclesia ædificaremus, licet similia de unitate non fiant. Multi enim de Trinitate dubitaverunt, qui in confessione unitatis nullatenus erraverunt. Exinde igitur est, quod de historia Trinitatis inveniatur varia consuetudo. Alii namque non utuntur ea, sequentes reprobationem Alexandri. Alii utuntur ea, et cantantes eam in hac prima Dominica, sequuntur primam institutionem Alcuini. Alii ponunt eam in ultima Dominica, sequentes ultimam approbationem Gregorii.] Qui autem celebrant de octavis, eamdem ponunt epistolam, et idem quod prædiximus evangelium propter baptismatis sacramentum, cæteris observatis, sicut in die solemni. Celebrant autem octavam, ad insinuandum perfectionem, vel consummationem operum Spiritus sancti. Per septem dies opera gratiæ septiformis, in octava consummatio declaratur. Et quoniam octava redit ad caput, omnia sicut in die festo a vespera in vesperam in ipsis vesperis et tribus nocturnalibus psalmis observant. De his octavis dicit Augustinus : « Celebrationem octavarum feriarum novi homines celebramus. Baptismus neophytorum licet in Sabbato peragatur, ad illum tamen baptismum pertinet, quem apostoli susceperunt in die Pentecostes [68], cujus octava dies est Dominica sequens. » Qui vero historiam : *Præparate*, ponunt (sicut nos in hac nostra Ecclesia facere consuevimus), melius faciunt quia Romanam sequuntur Ecclesiam, nostræ peregrinationis recolentes, et recurrentes historiam. Nam per Septuagesimam significavimus expulsionem generis humani de patria paradisi ; per quadragesimam servitutem populi sub Pharaone ; per Pascha agni immolationem ; per quadraginta dies paschales, quadraginta annos in deserto ; per Rogationes, terræ promissæ ingressionem ; per septem dies Pentecostes, in quibus septem dona dividuntur, terræ datæ divisionem. Per tempus ergo, quod ab hodie sequitur, significamus populi afflictionem et gubernationem factam per judices et reges. Ideoque ponuntur in manibus lectorum quatuor libri Regum : quorum primum scripsit Samuel ; secundum Nathan : tertium et quartum Neemias ; et duo libri Paralipomenon, quos scripserunt sapientes Synagogæ. Et quia judicum maximus Samuel, et regum maximus fuit ipse David, et ejus filius, idcirco istorum dicta potius, et opera in historia jubilantur. Vel ideo ista leguntur, quia sicut illi pugnaverunt, sic et nos, accepto Spiritu pugnare debemus. *Præparate*,

vox est Samuelis [69]. *Deus exauditor*, vox David regis [70]. Qua historia utendum est usque ad Kalendas Augusti. David itaque dum a Saul et servis suis affligitur, et ad gentes ire compellitur : de suis viribus diffidens, et de Dei adjutorio præsumens ait in introitu : *Domine, in tua misericordia speravi* [71]. In collecta vero : *Deus in te sperantium* [72]. O at similiter in graduali : *Ego dixi* [73], in alleluia : *Verba mea* [74] ; in offerenda : *Intende* [75] ; de necessitatibus suis liberationem implorat. In communione, pro collatis beneficiis gratias agit dicens : *Narrabo* ; in evangelio [76] utriusque persona exprimitur, dum in divite Saul, in Lazaro David pauper accipitur, qui divitem de non exhibita charitate redarguit, per quam regni solium acquisivit, quæ in epistola commendatur cum dicitur : *Deus charitas est* [77]. Mystice Lazarus mendicus Christianus est populus, qui dum esset gentilis confugiens ad fidem Trinitatis cupiebat refici de interiori sensu legis, quasi de micis, quæ cadebant de mensa divitis judaici populi. Hic Lazarus affligitur a Judæis, ab infidelibus, ab hæreticis, a malis catholicis, qui omnes purpura vestiuntur et splendide epulantur. Judæi purpura carnis est nobilitas, de qua gloriabantur, dicentes : Nos filii Abrahæ sumus [78] ; epulum vero ipsius, lex Mosaica. Gentilium et malorum catholicorum purpura divitiæ sæculares. Epulum vero, philosophica scriptura vel carnalia desideria. Hæreticorum purpura est bonorum operum simulatio ; epulum, corruptibilis sermo. Sed Christianus populus humiliter sua peccata confitens, terrena despiciens, cœlestia petens, ut ulcerosus abjicitur : cum a prædictis in hac vita contemnitur, sed qui perdit hic animam suam, inveniet eam [79]. Hujus ergo mendici vox est : *Domine, in tua.* Qui velut cantor hodiernus in introitu de Dei misericordia præsumit, et in epistola causam reddit, quia *Deus charitas est, qui prior dilexit nos, et misit Filium suum propitiationem pro peccatis nostris*, et ad charitatem persecutores invitat, subdens : *Diligamus Deum* [80]. Et adhuc in graduali, in alleluia, in offerenda devotius orat.

In communione, et in fine introitus gratiarum promittit impendere actiones. Secunda feria, licet sit de hac Dominica varia Ecclesiarum consuetudo, in hoc tamen conveniunt omnes, ut per hebdomadam prædictæ historiæ, *Præparate*, responsoria et antiphonæ decantentur, et Regum libri legantur ; in diurnis vero officiis Romana Ecclesia per totam septimanam Dominicam repetit, salvo quod in quarta, et sexta feria speciales epistolæ et evangelia titulantur. Tempore quodam, Dominico officio nondum ordinato, hæresi pullulante, ne officium divinum deperiret, prima feria cantabant de Trinitate, in secunda de charitate, in tertia de sapientia, quarta de Spiritu sancto, quinta de angelis, sexta de cruce Domini, Sabbato de beata Maria. Sed postea factum est ut illud cessaret, quod ne-

---

[68] Act. 2.   [69] I Reg. 7.   [70] I Reg. 17.   [71] Psal. 12.   [72] Psal. 40.   [73] Psal. 5.   [74] Ibid.   [75] Psal. 9.   [76] Luc. 16.   [77] I Joan 4.   [78] Joan. 8.   [79] Joan. 12.   [80] Joan. 4.

cessitate urgente factum fuerat, et Dominico officio ordinato, statutum est, ut prima feria suum haberet officium, scilicet de Trinitate, secunda de angelis, quia tunc primo creati sunt in bonis gratuitis ; tunc enim divisa fuit lux a tenebris [81], id est boni angeli a malis ; quia tunc cecidere mali, boni vero confirmati sunt. Prima autem feria creati fuerunt in bonis naturalibus ; cantatur etiam alia de causa, ut scilicet defunctis adhibeamus suffragium angelorum. Eadem quoque feria missa pro defunctis cantatur quia, ut dicunt quidam, in prima feria refrigerium habent illi qui sunt in purgatorio, et statim secunda feria ad pœnas redeunt ; ut autem laboribus eorum subveniatur, missa pro defunctis cantatur. Institutum quoque fuit, ut quarta feria jejunaretur, et in illa die debet cantari missa de die Dominica ; in sexta feria de cruce, in septima de beata Virgine. Quod initium habuit, quia olim in Constantinopoli in quadam ecclesia erat imago beatæ Virginis, ante quam dependebat velum, quod totam cooperiebat imaginem. Hoc velum sexta feria post vesperas recedebat ab imagine, nullo movente sed Dei miraculo, quasi deferretur in cœlum, ut ad plenum posset imago a populo prospici. Celebratis autem vesperis in Sabbato descendebat ante eamdem iconam, id est imaginem, et ibi manebat usque in sextam feriam. Hoc viso miraculo sancitum est, ut semper illa feria de Beata Maria in Ecclesia decantaretur. Vel ideo, quia ipsa est porta nobis ad regnum cœlorum, quod per diem Dominicam figurabatur ; ideo solemnizamus de illa feria septima, quæ præcedit diem Dominicam, vel ut solemnitas matris solemnitati filii continuetur, et ut festivius agatur in die, in quo Deus requievit ab opere [82]. Alcuimus vero magister Caroli rogatu archiepiscopi Bonifacii instituit missam de Trinitate in Dominica die, in feria secunda de sapientia, in feria tertia de Spiritu sancto, in feria quarta de charitate, in feria quinta de angelis, in feria sexta de cruce, in Sabbato de Sancta Maria. Nonnulli celebrant de angelis in secunda feria. Alii pro defunctis, in tertia pro peccatis vel pace ; in quinta pro tribulatione, in sexta ut superius de cruce, et in Sabbato de Virgine, etc., ut superius dictum est. Cujus missam quidam solemniori semper cultum celebrant, scilicet cum Gloria in excelsis Deo, et Te Deum laudamus in ejusdem Virginis dicitur matutinis. Quod si aliæ missæ cantentur, orationes de præmissis materiis interseruntur, ut per suffragia patrocinia sentiantur.

CAPUT II.

DOMINICA SECUNDA POST PENTECOSTEN.

actus est Dominus protector meus, et eduxit me in latitudinem [83], qui accepto regno fecit cœnam magnam, de qua dicitur in Evangelio : Multos invitavit amicos et inimicos [84]. Sed cum inimici, qui

fuerant fautores Saulis, venire noluerunt : loquitur ad eos qui venerant, dicens in epistola : Nolite mirari, si odit vos mundus [85], hic etiam hodie oracula præcidit in introitu, dicens : Factus est Dominus protector meus. Et adhuc in cæteris cantibus, modo gratias agit Deo, qui tot bona tribuit ei [86], modo orat ut eum ab hostibus eruat [87]. Mystice David est Christus, qui cœnam fidei præparavit, multos invitat, qui se excusantes sæcularia spiritualibus anteponunt, humilitatem prætendunt in vore, superbiam in actione. Cum enim dicitur eis : relinquite sæculum, sequimini Dominum : « Vende omnia quæ habes et da pauperibus, tolle crucem, et sequere me [88], » respondet unus : Villam emi, alius : Juga boum emi quinque [89], alius : Uxorem duxi ; nam cogitatio terrenorum, delectatio quinque sensuum, voluptas carnis, impediunt ad cœnam accedere, Jesu Christi. Alios autem compellit intrare, ut pauperes spiritu [90]. Quibus discumbentibus ait quod legitur in epistola : Nolite mirari, si odit vos mundus, et infra : Filioli non diligamus verbo, neque lingua, sed opere et veritate [91]. Chorus ergo discumbentium satietate refectus exsultat in introitu dicens : Factus est Dominus ; et adhuc in sequentibus gratias agit et adorat. Et attende quod alleluia Dominicalia sæpius omittimus, quoniam aliter, et aliter in aliis, et in aliis gradualibus disponuntur. Ea igitur diligens lector attendat, et diligenter universitatibus officiorum assignet. Illud tamen est adjiciendum, quod alleluia de Trinitate, Qualis Pater, in Dominicis canimus, ut fidem hilariter profitentes, ad speciem perveniamus.

CAPUT III.

DOMINICA TERTIA POST PENTECOSTEN.

Respice in me, et miserere mei, quia unicus et pauper sum ego [92]. David cum regnaret et prosperitate floreret, adulterum et homicidium commisit [93] ; sed, propheta eum increpante, pœnituit. Hæc est ovis quæ perierat et inventa est. Per David intelligimus quemlibet pœnitentem, quem consolatur Dominus in evangelio [94], dicens : Qui perdiderit ovem, aut drachmam gratulatur cum invenerit eam ; et : Gaudium est in cœlo super uno peccatore pœnitentiam agente. Ubi notatur, quanta sit cura Deo de peccatoribus convertendis, quanta sit angelorum congratulatio de conversis, quos etiam consolatur et admonet Petrus in Epistola, dicens : Humiliamini sub potenti manu Dei ; et infra : Cura est Deo de nobis ; et infra : Ipse perficiet, confirmabit et consolidabit vos [95]. In hunc ergo pœnitens omnem suam sollicitudinem ponat ut hic dicitur : Cogitatum suum jaciat [96]. Ut in graduali cantatur : Spem suam figat [97]. Ut in offerenda subjungit : Sperent in te [98]. Hic pœnitens orat in introitu : Respice in me [99] ; et in communione : Ego clamavi. Et attende quod hoc officium

[81] Gen. 1.   [82] Gen. 2.   [83] Psal. 17.   [84] Luc. 14.   [85] I Joan. 3.   [86] Psal. 12.   [87] Psal. 6, 7.   [88] Luc. 18 ; Matth. 16.   [89] Luc. 14.   [90] Matth. 5.   [91] I Joan 3.   [92] Psal. 24.   [93] II Reg. 11.   [94] Luc. 15.   [95] I Petr. 5   [96] Psal. 54.   [97] Psal. 9.   [98] Psal. 24.   [99] Psal. 16.

cantatur circa festum Sancti Joannis Baptistæ quia
legitur populum ad pœnitentiam provocasse [100].

CAPUT IV.

DOMINICA QUARTA POST PENTECOSTEN.

Dominus illuminatio mea, et salus mea, quem ti-mebo [1]? David post peccatum adulterii et homicidii, sic est afflictus ab Absalone filio suo judicio Dei [2], quod ejectus est de solio regni [3]. Hic est hypocrita qui alios judicans, festucam in oculo fratris, in suo vero trabem non considerat [4]. Per hunc igitur quemlibet hypocritam figuramus super aliquos re-gnantem et afflictiones patientem [5]. Cui dicit Domi-nus in Evangelio : *Estote misericordes, sicut et Pa-ter vester cœlestis misericors est* ; et infra : *Nolite judicare et non judicabimini*, et ita infra : *Cæcus cæcum ducere non potest*; et infra : *Ejice trabem de oculo tuo* [6]. Huic etiam ad tolerantiam passionum Paulus in epistola dicit : *Existimo quod non sunt condignæ passiones hujus temporis ad futuram glo-riam, quæ revelabitur in nobis* [7]. Hic demum passio-nibus afflictus, et moribus castigatus, oculo cordis humiliatus, exsultat in introitu dicens : *Dominus illuminatio mea* [8]. Orat in graduali et in offerenda, applaudit in communione, quod ei Dominus adjutor exstiterit et liberator [9], quod non sibi, sed Domino tribuit.

CAPUT V.

DOMINICA QUINTA POST PENTECOSTEN.

Exaudi, Domine, vocem meam qua clamavi ad te [10]. David post flagella regnum cum tripudio red-ditur, et filio ejus promittitur. Hic est Christia-nus populus, qui persecutorum malleis concutitur : hæc est navicula, quæ fluctibus tunditur [11]. Hoc est rete, quod præ multitudine piscium frangi videtur, sicut in evangelio legitur [12]; pisces sunt carnales et hæretici, qui non tantum Ecclesiam premunt, sed etiam quantum in eis est, rete fidei rumpunt. Hos pisces invitat Apostolus ad opera spiritus, et ad vinculum unitatis dicens in epistola : *Omnes unanimes in oratione estote* [13]. Inter hæc pericula Ecclesia constituta orat in introitu : *Exaudi* [14], et in graduali : *Protector* [15], et quia quandoque tran-quillitati redditur, eique pro solatio pax æterna promittitur; ideo gratias agit in offerenda, ei, qui sibi tribuit intellectum [16], et in Communione : *Unam petii a Domino* [17], propositum suum confir-mat in unitate fidei, ut perveniat ad unitatem spei. Et attende quod hoc officium cantatur circa festum Beati Jacobi. Quia sicut dicitur in Evangelio : « Re-lictis retibus, secutus est Dominum, et factus est piscator hominum [18], » supplantator, re et nomine, vitiorum.

CAPUT VI.

DOMINICA SEXTA POST PENTECOSTEN.

Dominus fortitudo plebis suæ [19]. David moriens pro devictis hostibus Deo gratias agit. Et ut bonus paterfamilias Salomoni uncto et ejus populo bene-dicit [20]. Hæc est Ecclesia, quæ filios in baptismate generatos, et chrismate confirmatos instruit ad perfectionem, dicens in evangelio : *Nisi abundave-rit justitia vestra plus quam Scribarum et Phari-sæorum, non intrabitis in regnum cœlorum* [21] ; in-struit ad vitæ novitatem, et Christi imitationem, dicens in epistola : *Quicunque baptizati in Christo in morte ipsius baptizati sumus*, et infra : *In novi-tate vitæ ambulemus* [22]. Et hortatur in introitu ; quia Dominus est fortitudo [23], Filius autem instru-ctus, orat in graduali : *Convertere* [24], et in offe-renda : *Perfice* [25], et se Domino immolaturum pro-mittit in Communione : *Circuibo* [26], ut justitia sua abundet in Domino.

CAPUT VII.

DOMINICA SEPTIMA POST PENTECOSTEN.

Omnes gentes plaudite manibus [27]. Defuncto Da-vid successit pacificus Salomon, sub quo sopitis bellis, in laude Dei populus exsultavit [28]. Ideoque in hac Dominica veniunt ad manus legentium libri Sa-pientiæ, scilicet, opera Salomonis, ut Parabolæ, Ecclesiastes et Cantica, liber Sapientiæ, quem Philo composuit, et Ecclesiasticus, quem Jesus, filius Sirac edidit, et tamen Salomoni propter sty-lum attribuuntur. Et historia in principio, quibus utendum est usque ad Kalendas Septembris, vel his nunc utimur operibus sapientiæ ; quia mensis iste calidus est, et æstum significat vitiorum, in quo nos oportet sapienter degere, sicut in medio natio-nis pravæ atque perversæ [29], vel quia mensis iste scilicet Augustus sextus est, unde sextilis ante Au-gustum Cæsarem vocabatur, et verus noster Salo-mon in sexta ætate venit, qui fecit utraque unum [30], qui fuit Dei virtus et Dei sapientia, qui docuit nos sapienter vivere et docere [31]; hic est Christus, Rex regum [32], qui septem panibus, et paucis pisciculis, ut legitur in Evangelio [33], satiavit eos, qui de longe venerant, et eum triduo sustinuerant. Hi scilicet qui ad Dominum ab idololatria convertuntur, et fidem Trinitatis habentes esuriunt et sitiunt justi-tiam [34]. Qui prius servierant immunditiæ et iniqui-tati ad iniquitatem, nunc autem serviunt justitiæ in sanctificationem, ut legitur in epistola [35] : *Huma-num*, etc. Quos refectos rex pacificus ad plauden-dum invitat in introitu : *Omnes gentes* [36], et in gra-duali : *Venite, filii* [37], vocat ad timorem Dei. Illi vero se ipsos Domino offerentes in holocaustum [38],

---

[100] Matth. 3. [1] Psal. 26. [2] II Reg. 11. [3] II Reg. 15. [4] Matth. 7; Luc. 5. [5] Job 34. [6] Luc. 6. [7] Rom. 8. [8] Psal. 88; Psal. 12. [9] Psal. 17. [10] Psal. 26. [11] Matth. 8. [12] Luc. 5. [13] I Pet. 3. [14] Psal. 26. [15] Psal. 83. [16] Psal, 15. [17] Psal. 29. [18] Matth. 24. [19] Psal. 22. [20] III Reg. 1. [21] Matth. 5. [22] Rom. 5. [23] Psal. 17. [24] Psal. 89. [25] Psal. 16. [26] Psal. 26. [27] Psal. 46. [28] III Reg. 5. [29] Phil. 2. [30] Ephes. 2. [31] I Cor. 1. [32] Apoc. 19. [33] Marc. 8. [34] Matth. 5. [35] Rom, 6. [36] Psal. 64. [37] Psal. 33. [38] Dan. 5.

orant in offerenda, et communione. Hic est notandum, quod quoties mutatur historia, cantandum est ad vesperas Sabbati responsorium de historia, et in matutinis similiter nonum responsorium de historia. In cæteris vero Dominicis, ad vesperas in Sabbato : *Deum time;* in matutinis dicere consuevimus novum responsorium de Trinitate, ut eam confiteamur, per quam salvamur.

CAPUT VIII.

DOMINICA OCTAVA POST PENTECOSTEN.

Suscepimus, Deus, misericordiam tuam in medio templi tui [39]. Salomon templum Hierosolymis ædificavit, auro et gemmis ornavit, et in eo cultum Dei per ministeria sacerdotum celebrem ordinavit [40]. Templum hoc est Ecclesia, quæ ædificatur, dum ejus fides destructis hæresibus roboratur, de quibus in evangelio dicitur : *Attendite a falsis prophetis* [41], quod et si de hypocritis et falsis Christianis possit intelligi, specialiter tamen de hæreticis qui, quia Spiritu Dei non aguntur, filii Dei non sunt, ut in epistola dicitur : *Debitores* [42]. Quibus enim spiritus testimonium reddit, hi filii sunt Dei. Qui lætabundi exclamant in introitu : *Suscepimus* [43], et orant in graduali : *Esto* [44], et hæreticos terrent in offerenda : *Populum* [44]. Et eosdem alliciunt, in communione : *Gustate* [46]. Templum etiam est beata Virgo Maria, in qua vere suscepimus Dei misericordiam. Unde circa ejus festum rationabiliter præsens cantatur officium : cum sit templum Domini, et sacrarium Spiritus sancti.

CAPUT IX.

DOMINICA NONA POST PENTECOSTEN.

Ecce Deus adjuvat me, et Dominus susceptor est animæ meæ [47]. Post septimum annum templum dedicatur [48], ideoque post septem dies hæc Dominica de eadem re officiata notatur. In qua dedicatione munera offeruntur, arca infertur, Deus laudatur. Hæc dedicatio templi est per septiformem Spiritum facta corroboratio fidei. Qua corroborata, jura ecclesiastica statuuntur, debita repetuntur, sicut in evangelio dicitur [49], in quo *dominus laudavit villicum iniquitatis,* qui memor Dominicæ indignationis misericorditer egit cum debitoribus suis. Hic est quivis præpositus animarum, qui memor suæ fragilitatis, qua vel peccavit, vel peccare potuit, vel poterit, peccata confitentibus pœnitentiam misericorditer imponit. Huic congruit epistola [50] : *Non simus,* ubi dicitur : *Qui se existimat stare, videat ne cadat,* ut vidit villicus iste, qui de collato beneficio remissionis Deo confitetur, et gratias agit in introitu, dicens : *Primum quærite regnum Dei* [51]

CAPUT X.

DOMINICA DECIMA POST PENTECOSTEN.

Dum clamarem ad Dominum, exaudivit vocem

meam [52]. Dedicato templo Dominus Salomoni apparuit [53]. Per quod Dominum preces Salomonis exaudisse innotuit; fide namque roborata, Dominus per multorum miracula coruscavit, et sicut Salomon levitas reprobos reprobavit, approbatos elegit, sic Dominus, ut legitur in evangelio [54] : *Ejecit de templo vendentes et ementes,* et ut dicitur in epistola [55] : *Scitis, eos elegit, quibus Spiritus dona divisit. Alii namque datur sermo sapientiæ* [56]; ut Dioscoro et Ignatio, qui ad instar angelorum alternatim psallere choros instituit. *Alii sermo scientiæ* [57], ut Athanasio, qui fidem per articulos distinxit. *Alii fides* [58], ut Petro, super quam petram fundatur Ecclesia [59]. *Alii gratia sanitatum* [60], ut Antonio, qui multos curavit. *Alii operatio virtutum* [61], ut Martino, qui miraculis coruscavit. *Alii prophetia* [62], ut Joanni Eremitæ. *Alii discretio spirituum* [63], ut Machario. *Alii genera linguarum* [64], ut Hieronymo. *Alii interpretatio sermonum* [65], ut Ambrosio. Hi cum intelligunt suas preces a Domino exaudiri, jubilant in introitu : *Dum clamarem* [66], et in alleluia : *Te decet* [67]. Ubi notandum est quod fere ubicunque in cantu scribitur Hierusalem, neuma producitur, ut cœlestis Hierusalem jubilatio figuretur. Idem est, quoties Alleluia duobus versibus insignimus, ut de stola duplici gaudeamus. Orant in graduali : *Custodi* [68], et in offerenda : *Ad te* [69]. Quorum sacrificium acceptatur, unde in communione : *Acceptabis sacrificium* [70]. Et attende, quod hoc evangelium [71], in quo Hierosolymorum destructio prædicatur, legitur in Augusto ; quia prius a Nabuchodonosor, postmodum a Romanis in hoc mense destructa fuisse civitas invenitur. Nostram civitatem stabiliat Dominus, et voces nostras exaudiat. Nobisque Spiritus dona dispertiat.

CAPUT XI.

DOMINICA UNDECIMA POST PENTECOSTEN.

Deus in loco sancto suo, Deus qui inhabitare facit unius moris in domo [72]. Regina Saba Hierosolymam venit videre templum et audire sapientiam Salomonis [73]. Quæ in templo quidem oravit, aurum et gemmas obtulit. Hæc est Ecclesia quæ de ritu gentilitatis et de viis erroris venit Hierosolymam, id est ad *visionem pacis,* audire sapientiam Christi, regis pacifici, et obtulit sapientiæ aurum et gemmas naturalium virtutum. Hæc se diu fuisse peccatricem cognoscit, et ideo sub parabola publicani se humiliat, et dicit : *Deus, propitius esto mihi peccatori* ; de quo Dominus in evangelio concludit : *Qui se humiliat exaltabitur* [74]. Huic congruit Epistola Pauli humilis et quieti, in ea de se dicentis : *Ego sum minimus apostolorum* [75]. Hic humilis Dominum laudat, et gratias agit, in introitu : *Deus in loco* [76], et in graduali, et in offerenda, et cum munera prædicta

[39] Psal. 47. [40] III Reg. 6. [41] Matth. 7. [42] Rom. 8. [43] Psal. 47. [44] Psal. 30. [45] Psal. 17. [46] Psal. 33. [47] Psal. 53. [48] III Reg. 8. [49] Luc. 16. [50] I Cor. 10. [51] Matth. 6. [52] Psal. 54. [53] III Reg. 9. [54] Matth. 21. [55] I Cor. 12. [56] Ibid. [57] Ibid. [58] Ibid. [59] Matth. 16. [60] I Cor. 12. [61] Ibid. [62] Ibid. [63] Ibid. [64] Ibid. [65] Ibid. [66] Psal. 54. [67] Psal. 64. [68] Psal. 16. [69] Psal. 24. [70] Psal. 50. [71] Luc. 19. [72] Psal. 67. [73] III Reg. 10. [74] Luc. 18. [75] I Cor. 15. [76] Psal. 67.

obtulerit, cæteros, maxime Pharisæum, qui decimas
obtulerat, ad offerendum invitat, in communione :
Honora [77], sed nunc temporis hæc communio congrue cantatur, quando frugibus horrea, et cellaria
vino replentur, quibus devote Dominus honoratur.

CAPUT XII.
DOMINICA DUODECIMA POST PENTECOSTEN.

Deus in adjutorium meum intende [78]. Salomone
quidem mortuo, regnum dividitur [79]. Et ideo mensis
Septembris historia bipartitur. Prima pars in una
historia consolidatur. Alia variatur, quia regnum
Juda in David familia stabilitur; sed regnum Israel
occupatur a plurimis. Unde et historia de his justis,
qui gentibus intermisti fuerant compilatur : ut de
Job, Tobia, Judith et Esther. Sed et hæc opera veniunt in manus legentium; ita in prima Septembris
hebdomada legitur Job, quem ipse scripsit, cum
responsoriis : *Si bona.* In secunda liber Tobiæ, quem
ipse composuit. In tertia Judith, quem Achior edidit. In quarta, liber Esther, quem Mardochæus, vel
potius Esdra composuit. Sed et liber Esdræ post
hæc opera recitatur; et cum his cantatur responsoria : *Peto, Adonai, Domine;* his temporibus prophetavit Elias, qui gessit typum Christi. Sic, mortuo Constantino, Ecclesia separatur. Una pars est
catholica, altera per multa schismata separata ; a
quibus catholica multa adversa pro Domino tolera-
vit, sicut illi, quorum opera nunc temporis leguntur. Inter catholicos quidam sunt perfecti, quidam
imperfecti. Perfecti sunt prædicatores, idonei ministri et cooperatores Dei. Qui dicunt in epistola [80] :
Fiduciam talem habemus, etc. Hi adducunt imperfectos et alienos, surdos et mutos ad gratiam Jesu
Christi, sicut legitur in evangelio [81]. Illi quidem
surdi sunt et muti, qui obsurdescunt a præceptis
audiendis, et obmutescunt a præconiis extollendis.
Vox itaque perfectorum est : *Deus in adjutorium
meum intende* [82]. Qui Dei adjutorium implorant, ut
hæreticis valeant resistere, et eos corrigere, et ad
Dei gratiam adducere. Aut vox est imperfectorum
proficientium, qui ut proficiant, Dei implorant auxilium. In graduali : *Benedicam* [83], et alleluia : *Domine, refugium* [84], vox siquidem est perfectorum
gratias agentium de illis se a persecutione aliquoties temperantibus, et istis proficientibus. Et quia
Moyses fuit unus eorum, qui se obtulerunt pro peccatis subditorum, ideo in offerenda cantatur : *Precatus est Moyses* [85]. Isti perfecti sunt terra illa, quæ
satiata fructu operum, donis videlicet, Spiritus sancti,
producit fenum jumentis, id est doctrinam hominibus.
Unde in communione : *De fructu* [86] et attende quod
recte de Job et Moyse insimul cantatur; quoniam
contemporanei reperiuntur, per quorum exemplum ad patientiam, et mansuetudinem invitamur.

CAPUT XIII.
DOMINICA DECIMA TERTIA POST PENTECOSTEN.

Respice, Domine, in testamentum tuum [87]. Eliæ
discipulus exstitit Elisæus, cujus meritis hostium
multitudo fugatur, et civitas a periculo liberatur [88].
Hic est Samaritanus de quo legitur in Evangelio [81];
qui hominem qui inciderat in latrones, videlicet
genus humanum quod lex vel propheta reconciliare
non potuit, liberavit. Assumens enim nostram humilitatem, oleum misericordiæ et vinum justitiæ
peccatorum plagis infudit, et super jumentum corporis sui peccata nostra perferens ad stabulum Ecclesiæ usque perduxit. Et stabulariis, id est apostolis et successoribus commendavit. Hunc quippe
sacerdos, vel levita sanare nequivit; quia lex neminem ad perfectum duxit, unde in epistola [90] : *Abrahæ.*
Ubi probatur quod ex lege non est justificatio; quia
tunc erant omnia sub peccato. Itaque vox populi
liberandi et infirmi generis humani sanitatem a Sa-
maritano petentis : *Respice,* eadem in graduali, *Respice et exsurge* [91]. similiter in offerenda : *In te,
Domine* [92]. Communio : *Panem de cœlo* [93], quæ sumitur de libro Sapientiæ, est liberati gratiarum actio.

CAPUT XIV.
DOMINICA DECIMA QUARTA POST PENTECOSTEN.

*Protector noster, aspice, Deus, et respice in faciem
Christi tui* [94]. Multis regibus Hierusalem et Juda,
multa beneficia Deus contulerat. Solus Ezechias
monitus ab Isaia [88] ut domui suæ disponeret, pro
acceptis beneficiis gratias rependit. Hic est unus
decem leprosorum, de quibus agitur in evangelio [96];
quod cum omnes essent mundati, non est inventus
nisi unus, qui daret gloriam Deo. Illis ergo, qui
gratias non egerunt, dicitur in epistola [97] : *Spiritu
ambulate, et desideria carnis non proficietis.* Ille itaque unus qui Ecclesiæ significat unitatem, orat in
introitu : *Protector,* ubi dicitur : *Melior est dies una
in atriis tuis super millia* [98], id est melius est corde
uno et anima una id ipsum sapere, quam schismata
generare ; et gratias agit, in graduali : *Bonum est* [99],
et alios ad idem invitat, in offerenda : *Immittit angelus* [100]; quæ quidem offerenda, bene simul cum
Tobia cantatur, cum et ejus filius per angeli obsequium liberetur. Ubi dicitur : *Gustate et videte* [1], et
quid sit gustandum, in communione cantatur : *Panis quem ego dabo* [2]. Feria quarta legitur evangelium [3] de surdo et muto, quem apostoli curare non
potuerunt, eo quod illud genus dæmoniorum non
ejicitur nisi in oratione et jejunio, quod bene diei
convenit. Hodie namque jejunium est quatuor Temporum. Ideoque duæ lectiones leguntur, ut ordinandi in duobus præceptis charitatis, vel duabus
legibus instruantur : prima de calcatore uvæ, tempori conveniens [4]; secunda, videlicet Esdræ, con-

---

[77] Prov. 3.   [78] Psal. 69.   [79] III Reg. 12.   [80] II Cor. 3.   [81] Marc. 7.   [82] Psal. 69.   [83] Psal. 33.
[84] Psal. 89.   [85] Exod. 32.   [86] Psal. 103.   [87] Psal. 75.   [88] IV Reg. 5.   [89] Luc. 10.   [90] Hebr. 7; Gal. 3.
[91] Psal. 75.   [92] Psal. 30.   [93] Sap. 16.   [94] Psal. 83.   [95] Cap. 58.   [96] Luc. 17.   [97] Gal. 5.   [98] Psal. 83.
[99] Psal. 117.   [100] Psal. 33.   [1] Ibid.   [2] Joan. 6.   [3] Marc. 9.   [4] Amos, 9.

grait ordinandis [2]. Quibus dicitur in introitu : *Ex- sultate* [6]. Qui meditari [7] promittunt in offertorio. Communio : *Comedite pinguia* [8], sumitur de lectione secunda.

Feria sexta hodiernum officium pœnitentiam exprimit ordinandorum. Unde in Evangelio [9] : *Factum est*, peccata paralytico dimittuntur. Et in lectione Oseæ ad conversionem instruuntur [10], et in introitu : *Lætetur* [11], ad quærendum Dominum invitántur. Graduale et communio sunt orationes electorum. Offerenda, consolatio eorumdem.

Sabbati quoque officium ad doctrinam pertinet ordinandorum, qui monentur in Evangelio [11], ne doctrina ipsorum sit sterilis, ut fici arbor infructuosa ; nec vita illorum sit terrenis implicita, sicut mulier incurvata. In epistola [13] vero, ubi de primo et secundo agitur tabernaculo, monentur ut sic serviant in tabernaculo Ecclesiæ militantis, ut Domino præsententur in tabernaculo triumphantis. In lectionibus, hoc Septembris jejunium indicitur, causa institutionis et ejus utilitas intimatur. Cæteræ sunt ordinandorum exhortationes, orationes et consolationes. Communio, scilicet *Mense septimo*, de Levitici [14] lectione assumitur. Merito in hoc mense fit clericorum ordinatio, quoniam in hoc mense fiebat tabernaculorum celebratio. Ordinati vero sunt Ecclesiæ ministri in Dei tabernaculo per septiformem gratiam in septem gradibus constituti. Ideoque celebratur ordinatio in tertia septimana ; quia in tertio tempore, scilicet gratiæ, fuit ab apostolis instituta, olim tamen alia ratio fuit a sapientibus assignata. Nam olim instituta fuere jejunia, in prima septimana Martii, in secunda Junii, in tertia Septembris, in quarta Decembris, ut imitarentur initia thessere decadum Jesu Christi. Cum enim quis ordinatur quodammodo, ut Christo attineat, generatur, prima ergo persona thessere decadis est Abraham, a quo sumitur ordinatio primæ hebdomadæ Martii. Prima persona secundæ thessere decadis est David, a quo sumitur ordinatio secundæ Junii septimana. Initium tertiæ est Jechonia a quo sumitur ordinatio in tertia septimana Septembris. Demum est Christus in quarto loco, a quo sumitur ordinatio in quarta septimana Decembris. Sumuntur autem potius ab his personis, quam ab aliis ordinationes. Vel quia fuerunt in genealogia majores, vel propter nominum interpretationes. Dicitur enim Abraham : *Pater multarum gentium*, David *fortis*; Jechonia *præparatio Domini*.

Sic illi, qui ordinantur, debent esse patres, fortes, præparati ad Evangelium Jesu Christi. Vel sicut a persona in personam sunt quatuordecim generationes, sic ab ordinatione in ordinationem septimanæ quatuordecim inveniuntur, ut ordinandi periti sint, et in Decalogi et Evangelii disciplina.

Nunc autem jejunia ex causis præmissis aliter ordinantur, scilicet, jejunium universale, in prima hebdomada Quadragesimæ ; æstivale in hebdomada Pentecostes ; autumnale, sicut prius, in tertia septimana Septembris. Ita ut semper in tertia quarta feria inchoatur. Hiemale semper in Sabbato ante vigiliam Domini terminetur. Et memento quod supra scripta quatuor Temporum jejunia sunt inviolabiliter observanda, et nulla voluntaria occasione mutanda. Tum ut pro ubilibet ordinandis Domino supplicemus. (Licet enim in hac Ecclesia hodie ordinatio non celebretur, tamen cum alii clerici ordinentur jejunandum est, et pro eis orandum ; quia sunt nobis fratres et in domo unanimes [15]. Tum ut unitas Ecclesiæ diversis hominum usibus non divellatur, quod quidem fieret, si uno prandente, alius jejunaret. Rursus memento quod apostolici usque ad Simplicium in Decembri semper ordines celebrabant, ut ordinandos coaptarent generationi Jesu Christi ; Simplicius vero addidit ordines in Februario tribuendos, ut ordinandos vicinius incorporaret corpori Jesu Christi.

CAPUT XV.

DOMINICA DECIMA QUINTA POST PENTECOSTEN.

Inclina, Domine, aurem tuam ad me [16]. Josiæ regi prophetavit Jeremias Hierusalem destructionem et populi captivitatem, quoniam ad terrenorum sollicitudinem se converterat, et Dei legem et justitiam deseruerat [17]. Congregans Josias populum præcepit legem neglectam custodiri, sed et nunc temporis non desunt, qui sperant in incerto divitiarum, de victu potius, et vestimento solliciti, quam de regno Dei [18]. Quibus magnus Josias in Evangelio dicit : *Nolite solliciti esse, quid manducetis, nec quid induamini. Primum quærite regnum Dei et justitiam ejus, et hæc omnia adjicientur vobis* [19]. Eosdem Paulus alloquitur in epistola [20] : *Si Spiritu vivimus, Spiritu et ambulemus. Non efficiamur cupidi inanis gloriæ.* Et ita qui seminat in carne, metet corruptionem. Eorum igitur, qui hæc Josiæ præcepta fideliter amplectuntur, vox est in introitu : *Inclina* [21], et in graduali : *Bonum est* [22], et in offerenda : *Exspectans* [23]; communio vero declarat cibum regni petendi, et fructum quem sequimur ex eo, quia manemus in Deo.

CAPUT XVI.

DOMINICA DECIMA SEXTA POST PENTECOSTEN.

Miserere mihi, Domine, quoniam ad te clamavi tota die [24]. Josia defuncto, Hierusalem destruitur, populus captivatur et premitur [25]. Ideoque in hoc mense Octobri Machabæorum historia legitur, et cantatur : *Adaperiat* [26], qui a suis adversariis admodum premebantur. Quorum partem primam Simon pontifex edidit ; aliam Joannes filius ejus ; posteriorem quidam Judæus agrestis, sed eruditus.

---

[2] II Esdr. 8.   [6] Psal. 80.   [7] Psal. 118.   [8] II Esdr. 8.   [9] Luc. 5.   [10] Ose. 14.   [11] Psal. 104.   [12] Luc. 15.   [13] Hebr. 9.   [14] Cap. 23.   [15] Psal. 67.   [16] Psal. 85.   [17] IV Reg. 22, 23.   [18] I Tim. 6.   [19] Matth. 6.   [20] Gal. 5.   [21] Psal. 85.   [22] Psal. 91.   [23] Psal. 59.   [24] Psal. 85.   [25] IV Reg. 23, 24.   [26] II Mach. 1.

Hi captivi militantem designant Ecclesiam, in qua sunt duces et satellites, doctores et discipuli, perfecti et imperfecti. Doctores vidua significat evangelica [26]; quæ vidua est, quia militans cum Sponso triumphanti non est. Cujus filius moritur, cum discipuli pro quovis crimine ab Ecclesiæ corpore separantur : resuscitantur, cum gratia infunditur. Hæc igitur orat in evangelio pro filii resuscitatione, id est gratiæ infusione. Et hortatur in Epistola [27] : *Ne deficiat in tribulationibus*, et hujus rei gratia flectit genua sua. Hæc eadem orat introitu : *Miserere* [27*], et in offerenda : *Domine* [28]. Graduale respicit ad id quod dicitur in evangelio : *Accepit autem omnes timor* [28*]. Communio : *Domine, memorabor* [29], gratiarum est actio. Vel hic mensis Octobris, ut quidam aiunt, designat octavam. Sicut ergo Judæi finitis præliis et templo restaurato, in hymnis et confessionibus Domino benedicebant [30]; sic in octava magnæ festivitatis sancti festivius exsultabunt [31].

CAPUT XVII.
DOMINICA DECIMA SEPTIMA POST PENTECOSTEN.

Justus es, Domine, et rectum judicium tuum [32]. Daniel in captivitate positus somnia regis exposuit [33]. De morte Susannam eripuit [34]. Ipsum vero Deus de lacu leonum liberavit [35]. Hic est exemplo ad id quod legitur in evangelio : *Cum intraret* [36]. Nam residens in novissimo loco meruit ascendere, et cum se humiliaret, meruit exaltari, invitans alios in Epistola Pauli ad humilitatem, dicens : *Obsecro vos ego, vinctus in Domino, ut digne ambuletis vocatione, qua vocati estis, omni cum humilitate et mansuetudine* [37], hoc est ad exemplum ejus, qui vos vocavit, qui fuit, in medio discipulorum, sicut qui ministrat [38]; qui dixit est : « Discite a me quia mitis sum et humilis corde [39]. » Introitus : *Justus es, Domine* [40], collaudat illam sententiam evangelicam : *Omnis qui se exaltat humiliabitur, et qui se humiliat exaltabitur* [41]. Graduale : *Beata gens* [42], universalem continet beatitudinem illorum, qui se humiliaverunt, et flagella Domini cum patientia sustinuerunt. Offerenda manifeste declarat Danielis exemplum, cum dicitur : *Oravi* [43], in cujus versu fit mentio de angelo : quod satis congruit; quoniam hoc officium cantatur circa dedicationem Sancti Michaelis. In communione monet Daniel suos captivos, aut quivis humilis suos convivas, sua vota Domino reddere; et se humiliare « ei qui aufert spiritum principum [44], » id est superborum, dicens : *Da huic humili locum* [45].

CAPUT XVIII.
DOMINICA DECIMA OCTAVA POST PENTECOSTEN.

Da pacem, Domine, sustinentibus te, ut prophetæ tui fideles inveniantur [46]. Prædictus Daniel [47] in servitute positus oravit pro populi libertate : cui angelus apparuit, qui et populum dimittendum, et Christum nasciturum prædixit. Maximus itaque Daniel revertentes a peccatorum captivitate monet in Evangelio [48]. Accesserunt, ut legem Moysi in duobus præceptis observare non obliviscantur. Vel, secundum alios, in alio monet evangelio [49], ut cum sederint in cathedra, si bene prædicant, non male vivant. In epistola [50] gratias agit Paulus de reversione captivorum et remissione peccatorum, et collatione donorum. Introitus itaque vox est Danielis, pacem revertenti populo deprecantis, qui in graduali : *Lætatus sum* [51], lætatur ; quia populus intraturus in domum Domini, prænuntiatur ; in offerenda et communione invitat et monet populum revertentem, ad instar Moysi, altaria erigere et hostias immolare [52].

CAPUT XIX.
DOMINICA DECIMA NONA POST PENTECOSTEN.

Salus populi ego sum, dicit Dominus [53]. Transactis septuaginta annis, Cyrus populum abire permisit, cui populo Zorobabel et sacerdotes verba Dei annuntiant, et ad revertendum confortant. Sic noster Cyrus, ut in hodierno legitur evangelio dixit paralytico sanato : *Surge, tolle lectum tuum et vade in domum tuam* [54]. Sed prius, ut in epistola dicitur [55], oportet te novum hominem induere, ut valeas in domum tuam redire. Qui ergo populum a captivitate liberavit, qui paralyticum a dissolutione sanavit, veraciter in introitu cantat : *Salus*, etc. Populus autem liberatus, et paralyticus sanatus orationem et elevationem manuum, in graduali dirigit ad eum, dicens : *Dirigatur* [56]; sed et pedes olim dissolutos confortat, in offerenda : *Si ambulavero, ad ambulandum, in medio tribulationum* [57], et in communione : *Tu mandasti* [58], ad custodiam justificationum.

CAPUT XX.
DOMINICA VICESIMA POST PENTECOSTEN.

Omnia quæ fecisti nobis, Domine, in vero judicio fecisti [59]. Post reversionem a captivitate, Hierusalem reædificatur, et templum restauratur per Zachariam et Aggæum, Esdram et Malachiam [60], per quos adventus Domini prænuntiatur. Ideoque in hoc mense Novembris usque ad Adventum Domini cantatur historia de prophetis : *Vidi Dominum*, et in manus legentium scripta veniunt prophetarum, Ezechielis, Danielis, et Duodecim prophetarum, qui liber ab ipsis editus est, vel a senioribus Synagogæ. Captivitas illa corporalis, nostram significat spiritualem. A captivitate reversio est peccatorum remissio. Rex itaque prophetarum volens super-

---

[26*] Luc. 7. [27] Ephes. 5. [27*] Psal. 85. [28] Psal. 70. [28*] Psal. 101. [29] Psal. 70. [30] II Mach. 10. [31] Joan. 7; Psal. 149. [32] Psal. 118. [33] Dan. 2. [34] Dan. 13. [35] Dan. 14. [36] Luc 14. [37] Ephes. 4. [38] Luc. 22. [39] Matth. 11. [40] Psal. 118. [41] Luc. 14. [42] Psal. 32. [43] Dan. 9. [44] Psal. 75. [45] Luc. 14. [46] Eccli. 36. [47] Cap. 9. [48] Matth. 22. [49] Matth. 23. [50] I Cor. 1. [51] Psal. 121. [52] Exod. 40; Psal. 95. [53] I Esdr. 1, 2. [54] Matth. 9. [55] Ephes. 4. [56] Psal. 140. [57] Psal. 137. [58] Psal. 118. [59] Dan. 5. [60] Passim.

nam Hierusalem restaurare, nuptias filio celebra- A
vit, et sicut in evangelio legitur [61], multos ad cœleste prandium invitavit. Et attende quod tres
nuptiæ leguntur in evangelio. De primis dicitur
quod *Simile est regnum cœlorum homini regi, qui fecit nuptias filio suo* [62]. Hic filius est Christus, qui humanam naturam sibi copulavit; ubi fuit thalamus
Virginis uterus : unde *tanquam sponsus procedens
de thalamo suo* [63], *ad has nuptias homines ante
legem per patriarchas, deinde per prophetas sub
lege invitavit. De secundis dicitur* [64] : *Vos similes
hominibus exspectantibus dominum suum, quando
revertatur a nuptiis.* Hic dominus Christus est,
novus homo, qui ascendens angelicam naturam sibi
copulavit. Ad has nuptias gentes per apostolos
convocavit.

De tertiis dicitur : *Virgines quæ præparatæ erant,
cum eo intraverunt ad nuptias* [65]. Hic sponsus
est Christus qui Ecclesiam post judicium sibi copu-
labit, et in thalamo gloriæ collocabit. Ad has per
prælatos Ecclesiæ quotidie invitamur. De primis solemnizat Ecclesia in Christi Nativitate; de secundis
in Ascensione; de tertiis in Resurrectione. Christus
sponsam assumet, et de Babylonia mundi in cellarium paradisi introducet [66]. De quibus nuptiis hic
potest intelligi. Cum enim intrasset homo non habens vestem nuptialem, ejectus est in tenebras exteriores [67]; cæteri nuptialem induti, sunt cum Domino copulati. Hi sunt lapides vivi, ex quibus ædifi-
cantur muri Hierusalem [68]. Ne igitur ad captivitatem similem revertamur et a nuptiis excludamur, C
monet nos Paulus in epistola præcedenti : *Videte
quomodo caute ambuletis, non quasi insipientes,
sed ut sapientes* [69]. Introitus itaque : *Omnia quæ
fecisti* [70], vox est Danielis captivitatem præteritam
recolentis, et eam suis meritis Dei judicio ascriben-
tis. Similiter in offerenda : *Super flumina* [71]; captivitatem illam ploramus; sed in graduali : *Oculi
omnium* [72], gratias agimus. In communione . *Memento verbi* [73], postulamus ut nuptias promissas in
spe, percipiamus in re.

CAPUT XXI.
DOMINICA VICESIMA PRIMA POST PENTECOSTEN.

In voluntate tua, Domine, universa sunt posita [74]. D
Reversi a captivitate, quamvis civitatem construxe-
rint tamen a circumjacentibus adversariis impugnantur [75]. Cum enim homo positus in conflictu
virtutum et vitiorum interdum cœperit sanctis florere virtutibus, et uxor ejus, sicut vitis abundans
excreverit in lateribus domus suæ, id est Ecclesiæ,
et filii ejus sicut novellæ olivarum in circuitu
mensæ suæ [76], ex improviso tentator domum constantiæ concutit, et opera virtutum conterit. Hujus
itaque præliationis concussionem, vel periculum

significat, in evangelio febris, quæ pene exstinxe-
rat reguli filium [77]. Præcedens epistola [78] hunc præ-
liatorem confortat, et arma spiritualia inducit dicens : *Confortamini.* Vox igitur præliantis est : *In
voluntate tua* [79], et in graduali : *Domine, refugium* [80],
et in communione : *In salutari* [81]. Ubi aut Deo victoriam ascribit, aut orat, aut gratias agit. In offerenda vero : *Vir erat* [82], fortis præliatoris exemplum proponitur. Ea namque in homine moraliter intelliguntur, quæ in Job historialiter leguntur.
Ubi notandum est quod in offerenda verba non repetuntur, at quasi ridiculose in versibus geminan-
tur : quod inde est, quia ægrotanti et loqui co-
nanti verba intercipiuntur, et sæpius incœpta vix efficiuntur. In versibus, Job ægrotans loquitur. In
offerenda vero scriptor non ægrotans de Job in tertia persona profatur, cujus nobis in exemplum patientia commendatur.

CAPUT XXII.
DOMINICA VICESIMA SECUNDA POST PENTECOSTEN.

*Si iniquitates observaveris, Domine, Domine, quis
sustinebit* [83]? Adhuc populus Dei affligitur, quod
peccatis exigentibus promeretur. Et hæc afflictio
corporalis spiritualem significat afflictionem, quæ
fuit ab exordio mundi, est et erit usque in finem
sæculi. Increbrescet autem in temporibus Antichristi, quando refrigescet charitas multorum [84], quando veniet rex rationem ponere cum servis suis, et
servum tradet tortoribus, quoadusque universum
debitum reddat, ut hodiernum prædicat evangelium [85]. Cujus debiti laxationem ut quisquis nostrum obtineat, orandum est ne charitas refrige-
scat, sed sicut in epistola dicitur hodierna : *Magis
ac magis abundet in omni scientia* [86]. Magnitudinem
itaque sui debiti quivis attendens, dicit in introitu :
Si iniquitates [87]; utilitatem charitatis, quæ et peccare prohibet, et commissa debet, aspiciens, ait in
graduali : *Ecce quam bonum, et quam jucundum habitare fratres in unum* [88]. Quæ cohabitatio est unguentum, id est remissio peccatorum, quæ descendit a capite Christi in barbam, id est in apostolos
et in oram, id est in nos. Servus nequam evangelicus hoc unguentum non habebat; quia conservo
debitum non relaxabat. In offerenda : *Recordare*,
quæ sumpta est de oratione Esther [89], commonemur
orare, ut placeant verba nostra in conspectu Regis,
qui posuit rationem cum servis. Hæc, inquam,
verba : *Dimitte nobis debita nostra* [90]. Non autem
placebunt hæc verba in conspectu Principis, nisi
dimiserimus *et nos debitoribus nostris.* Quod canitur in communione : *Dico*, sumitur ex evangelica
auctoritate, ubi peccator intelligitur debitor, qui debitori compatitur, de cujus conversione gaudium in
cœlo habetur [91].

[61] Matth. 22. [62] Ibid. [63] Psal. 18. [64] Luc. 12. [65] Matth. 25. [66] Cant. 1. [67] Matth. 22.
[68] I Petr. 2; Psal 50. [69] Ephes. 5. [70] Dan. 3. [71] Psal. 136. [72] Psal. 144. [73] Psal. 118. [74] Esther. 13.
[75] I Esdr. 4 et infra. [76] Psal. 127 [77] Joan. 4. [78] Ephes. 6 [79] Esther 13. [80] Psal. 89. [81] Psal.
118. [82] Job 1. [83] Psal. 129. [84] Matth. 24. [85] Matth. 18. [86] Philip. 1. [87] Psal 129. [88] Psal. 132.
[89] Cap. 14. [90] Matth. 6. [91] Luc. 15.

CAPUT XXIII.

DOMINICA VICESIMA TERTIA POST PENTECOSTEN.

Dicit Dominus : Ego cogito cogitationes pacis, et non afflictionis [92]. Usque adeo demum populus afflictionibus premebatur, quod dare censum Cæsari cogebatur; quod illud tempus figuravit, in quo suo servitio Antichristus populum universum adducet unde legitur evangelium in quo proponitur si liceat censum dari Cæsari, an non [93]? Ubi monemur, illum sequi, ad cujus imaginem sumus creati. Qui non solum animam nostram fecit ad imaginem sui, sed ut in epistola dicitur : *Corpus humilitatis nostræ configurabit corpori claritatis suæ* [94]. Et quoniam tunc temporis Israelis reliquiæ salvabuntur [95], illud in introitu Dominus annuntiat, quod de eis fuerat prophetatum, scilicet : *Ego cogito cogitationes pacis, et non afflictionis, invocabitis me, et ego exaudiam vos, et reducam captivitatem vestram de cunctis locis* [96], qui respondent in graduali : *Liberasti nos* [97], et in offerenda : *De profundis* [98]. Quos denuo Dominus in communione certificat de salute dicens : *Amen dico vobis* [99].

CAPUT XXIV.

DOMINICA VICESIMA QUARTA POST PENTECOSTEN.

Sequitur et alia Dominica, in qua legitur evangelium de filia principis, et hemorroissa [100]. Filia principis est Synagoga; hemorroissa, gentilium Ecclesia. Illi primo salus promittitur, sed isti primo donatur. Demum illi promissa confertur; salutem enim Judæis paratam gentilis prævenit Ecclesia. Sed cum plenitudo gentium intraverit, tunc Israel salvus fiet [1]. Quæ ut impleantur orat in epistola Paulus dicens : *Non cessamus pro vobis orantes* [2]. Et attende quod hæc Dominica proprium cantuale non habet officium, vel quia vexabitur Ecclesia persecutionibus Antichristi, et ideo sua continet organa; vel quia præcedens officium huic evangelio rectissime coaptatur; vel quia hæc Dominica sæpius abundat, et ideo proprio vacat officio.

CAPUT XXV.

DOMINICA VICESIMA QUINTA POST PENTECOSTEN.

Sequitur etiam et alia lectione et evangelio decorata. In qua legitur evangelium de quinque panibus, quibus saturavit Dominus quinque millia hominum [3]. Quod etiam ad illud tempus congrue spectare videtur, in quo Judæa quinque librorum Moysi spirituali saturabitur intelligentia. Tunc implebitur illud Jeremiæ quod legitur vaticinium : « Ecce dies veniunt; « ubi dicitur : » In diebus illis salvabitur Israel [4]. » Huic quoque lectioni præcedens cantuale concordat officium. Sicut enim in lectione dicitur : *Vivit Dominus, qui eduxit, et adduxit semen domus Israel de terra aquilonis, et de cunctis terris* [5], sic et in introitu cantatur : *Reducam captivitatem vestram de cunctis locis* [6]. Soluti ergo illa, qua nunc

tenentur captivitate, in graduali : *Liberasti* [7], gratiarum referunt actionem, et in offerenda : *De profundis* [8], ad hoc porrigunt orationem; qui suæ petitionis, in communione : *Amen dico vobis* [9], recipiunt certificationem. Illud demum notabile est, quod historiæ veteris excursum fecimus in Dominicis a David usque ad Adventum Domini, eique stadium currentis Ecclesiæ comparavimus, ab adventu humilitatis usque ad ultimum majestatis. Ideoque in hac ultima Dominica cæteras concludente recte ponitur officium, quod ad utrumque Domini pertinere possit adventum, ut illud Jeremiæ propheticum : *Ecce dies veniunt, et suscitabo* [10], ecce primus adventus; *In diebus illis salvabitur Juda* [11], ecce secundus. Sed et in evangelio [12], recte agitur de quinque panibus; quia post quinque millia annorum, datus est nobis, in primo adventu panis angelorum [13]. Abhinc etiam quinque Dominicæ computantur usque ad diem illum, in quo panis ortus in præsepio prædicabitur [14]. Nostræ consuetudinis est hanc epistolam et hoc evangelium cum officio ponere Trinitatis. Infra hebdomadam vero sicut in cæteris ferialis. Et congrue circa festum Sancti Andreæ hoc evangelium legitur, quoniam in eo ipsius mentio continetur. Illud etiam non est silentio prætereundum, quod, licet nocturnas lectiones æstatis ad illam seriem temporis, quæ fuit a David usque ad adventum Domini, retulerimus, congrue tamen etiam ad illam referre possumus, quæ a primitiva cœpit Ecclesia. Sicut enim Sauli successit David, unde primo legitur in primis libris Regum [15], sic dæmonum cultui cultus unius Dei; et sicut regnum David per Roboam et Jeroboam in scissuras dividitur, ut legitur in libris sequentibus [16], sic Ecclesiam scindit hæreticorum insania. Demum sequuntur libri Salomonis; quia post pugnas hæreticorum claruere in Ecclesia sanctorum doctorum ingenia. Postmodum sequitur liber Job, ubi agitur de persecutionibus et consolationibus ejus; quia, quamvis in pace floreat Ecclesia, tentationes tamen non desunt spiritualium adversariorum. Quorum quanto occultior est pugna, tanto difficilior, sed gloriosior acquisita victoria erit.

Rursus quoque adjiciendum est quod singulos menses præteritis possumus adaptare temporibus. Nam per Januarium, in quo novus annus inchoatur, tempus a diluvio intelligitur, ubi mundus renovatur. Per Februarium, in quo alleluia deponitur, illud tempus innuitur, in quo universitas linguarum confunditur. Per Martium, in quo Quadragesima sæpius celebratur, illud accipitur, in quo Dei populus in Ægypto affligitur. Per Aprilem ubi Pascha observatur, illud tempus ostenditur, in quo populus a Pharaone liberatur. Per Maium, in quo de Pente-

---

[92] Jer. 29. [93] Matth. 22. [94] Philip. 3. [95] Rom. 11. [96] Jer. 29. [97] Psal. 43. [98] Psal. 129. [99] Marc. 11. [100] Matth. 9. [1] Rom. 11. [2] Coloss. 1. [3] Joan. 6. [4] Jer. 23. [5] Ibid. [6] Jer. 29. [7] Psal. 43. [8] Psal. 129. [9] Marc. 11. [10] Jer. 23. [11] Ibid. [12] Joan. 6. [13] Psal. 77. [14] Luc. 2. [15] I Reg. 16. [16] III Reg. 12.

coste solemnizatur, illud tempus recolitur, in quo A
populus in terra promissionis gratulatur. Junius et
Julius, in quibus historia Regum legitur, regnum
Saul et David commemorant. Augusto in quo liber
Sapientiæ recitatur, regnum sapientis Salomonis
insinuatur. Reliqui quatuor menses regna principalia notant, scilicet Babylonicum orientis, Persarum, quod est in meridie, Græcorum, quod est in
aquilone, Romanorum, quod est in occidente. Igitur historia Job, quæ legitur in Septembri per duas
hebdomadas, regnum exprimit orientis. Unde ibi
dicitur : *Erat vir ille magnus inter omnes orientales* [17] , et legitur per duas hebdomadas, quia regnum illud duravit duas annales hebdomadas, id

[17] Job. 1.

est per bis septingentos annos : tot enim inveniuntur a tempore Nini, a quo regnum Babyloniæ incepit, usque ad Cyrum regem Persarum, in quo
defecit. In reliqua parte Septembris, regnum Persarum innuitur. Quocirca duæ historiæ leguntur, eo
quod nunc de Persis, nunc de Medis regès assu-
mebantur ; historia Machabæorum, quæ legitur in
Octobri, Græcorum significat regnum, sub quibus
Machabæi fuere afflicti. Per Novembrem et Decem-
brem, in quibus prophetiæ leguntur, regnum Romanorum, in quo Christi religio viget, accipitur. Prophetiæ vero maxime de Christo loquuntur, cujus
nativitas est in fine anni, sicut regnum Romanorum in fine mundi.

LIBER NONUS.

De Festivitatibus sanctorum, et prius eorum, quæ sunt ab Adventu usque
ad Nativitatem Domini.

« Exsultant sancti in gloria, lætantes in cubilibus suis.[18] » Quondam viatores, facti sunt comprehensores [19]. Quondam peregrini [20], facti sunt
reges domestici [21] : quorum exsultationi eo exsultat Ecclesia, cum eorum celebrat natalitia. Sed
quia sicut cedrus Libani multiplicabitur in domo
Domini [22], saltem de paucis pauca in medium proferamus. De illis ergo solemnitatibus sanctorum,
quæ in Adventu contingunt, hoc est, secundum
quosdam, generaliter observandum quod, licet in
adventu subdiaconalibus tunicis et dalmaticis Ecclesia non utatur, et *Te Deum laudamus, Gloria in
excelsis*, et *Ite missa est* intermittantur, tamen in
festo Sancti Andreæ et Sancti Thomæ prædictas
laudes et glorificationis insignia non omittit, sed
ubique in eis non immerito solemnizat ; in cæteris C
vero sanctorum solemnitatibus non ita, nisi ubi
celebratur, aut commemoratur ecclesiæ Dedicatio,
aut ejus sancti festivitas, cujus Ecclesia proprio
est insignita vocabulo. In istis igitur, id est Sancti
Andreæ et Sancti Thomæ et dedicationibus ecclesiarum, et in festis ipsis ecclesiis appropriatis in
hora tertia, seu mane, missa de festo cum prædictis solemniis celebratur. Quod et in aliis festis novem lectionum est, dum tamen sine solemniis, observandum. In hora vero nona, missa de jejunio
cantetur. Illud quoque non est silentio prætereundum quod, si festum Sancti Andreæ fuerit in die
Dominico, cum in eodem secundum regulam in-
choetur Adventus, festum ad secundam feriam D
transferatur ; quia ille dies Dominicus privilegiatus
est. Idem in similibus, ut infra dicemus. Regula
vero de Adventu initio hæc est : *Andreæ festo propinquior esse memento*. Vel sic : *Andreæ festo quæ-*

cunque propinquior exstat. Adventum Domini feria
prima docet. Aliam prædiximus, cum de Adventu
Domini tractaremus. Itaque festum Beati Andreæ
quandoque præcedit Adventum, quandoque in ipso
continetur Adventu.

CAPUT PRIMUM.

DE SANCTO ANDREA.

Beati Andreæ passionem scripsere presbyteri
Asiani, ejusdem Andreæ discipuli, dicentes quod
de crucis mysterio, et altaris sacrificio disputavit.
In Achaia multum populum acquisivit, tandem sub
Egæa proconsule crucis patibulum subiit. In quo
biduo pendens, nec Deum laudare, nec populo desiit prædicare. Unde populus eum a proconsule repetebat, dicens : « Concede nobis hominem justum.
Redde nobis hominem sanctum. » Demum, cum Deo
gratias agens in patibulo exspirasset, Maximilla corpus ejus conditum aromatibus sepelivit. Ex hac
legenda, et vocatione ipsius, quæ in Evangelio continetur : « Ambulans Jesus juxta mare [23], » ipsius
compaginatur historia.

CAPUT II.

DE SANCTO NICOLAO.

Beati Nicolai vitam, et in vita sua patrata miracula, memoriali stylo doctores Argolici mandavere,
dicentes quod ex illustri prosapia ortus, ab
utero matris, vel a puerilibus annis fuit Spiritu
sancto repletus. Qui tres virgines ab infami fatris
commercio liberavit. Qui ad summum sacerdotium
divina fuit revelatione promotus. Qui nautis nau-
fragantibus subvenit. Qui triticum multiplicavit.
Qui Dianæ fallaciam oleo incentivo detexit. Qui
quosdam a capitali sententia, et alios a carcere
liberavit. Ex cujus tumba oleum resudat, diverso-

---

[18] Psal. 149.   [19] I Cor. 13.   [20] I Petr. 2.   [21] Ephes. 2.   [22] Psal. 91.   [23] Matth. 4.

SICARDI CREMONENSIS EPISCOPI.

rum medicina languorum. Quod substituto pontifice sede privato profluere desiit, restituto profluxit. Quantis ergo hic Nicolaus post obitum coruscavit miraculis, nec stylus sufficit scribere, nec ul-
lius facundia posset exprimere. » Ex hac ergo legenda hodierna compaginatur historia.

CAPUT III.

DE SANCTA LUCIA.

Beata Lucia pro matre hemorroissa ad sepulcrum
Beatæ Agathæ virginis intercedebat. Cui Beata Agatha per somnium dixit : « Soror mea Lucia quid a
me petis, quod per te poteris ipsa præstare continuo ? » et infra : « Sicut per me civitas Catanen-
sium sublimatur a Christo, ita per te civitas Syra-
cusana decorabitur. » Et sanata est mater ejus ex
illa hora. Postmodum cum patrimonium pauperibus erogasset, eam sponsus coram Paschasio consule accusavit, cui, cum eam ad dæmoniorum sacrificium invitaret, Evangelii et Apostoli sermonibus erudita, constanter in faciem restitit. Ideoque
recte in diurno officio cantatur : *Dilexisti justitiam* [24],
Et *Diffusa est gratia* [24b]. Unde Paschasius eam leno-
nibus violandam, et igni cremandam exposuit. At
leno vincitur et ignis exstinguitur. Demum virgo
Lucia gladio per viscera transforatur et moritur.
Ex hac legenda hodierna compilatur historia.

CAPUT IV.

DE SANCTO THOMA.

Beati Thomæ legenda, et si quid ex ea sumptum
in responsoriis, vel antiphonis reperitur, inter apocrypha deputatur.

CAPUT V.

DE FESTIS A NATIVITATE DOMINI USQUE AD SEPTUA-GESIMAM.

De festis a Nativitate Domini usque ad Septuagesimam hæc regula est observanda, quod in festo
Sancti Stephani, et cæteris, aut quæ occurrant,
aut quæ occurrere possunt, tam matutinæ, quam
cæteræ horæ de festo cantentur, exceptis vesperis
ad Nativitatem Domini pertinentibus. Quibus de
Nativitate cantatis, cantetur antiphona, cum versiculo, et collecta, quando cum antiphona adjiciunt
Magnificat.

CAPUT VI.

DE SANCTO STEPHANO.

Beati Stephani passio perpetrata creditur in Augusto. Ea, inquam, die, qua ejus celebratur inventio. Et inventio facta est in die hodierno. Sed
quia festum passionis dignius est festo inventionis,
ideo transportatur ad tempus Dominicæ Nativitatis.
Vel eo quod hac die dedicata sit ejus basilica ; vel
quia Stephanus est protomartyr : qui primus post
Domini Ascensionem, eodem scilicet anno Passionis Domini, martyrium pro Christo sustinuit, quod
est nasci in cœlis. Cujusmodi natalem nobis Christi
Nativitas contulit. Decuit ergo Natalem Stephani

Natali Domini continuari, ut notaretur alteram ex
altera sequi. Unde legitur : *Heri natus est Christus
in terris ut hodie Stephanus nasceretur in cœlis*, ex
quo verbo colligitur quod obitus sanctorum, na-
tales, aut natalitia nominentur, eo quod tunc in
angelica societate nascantur. Cujus historiam composuit Alcuinus Caroli capellanus : nocturnales antiphonas de psalmis, quibus attitulantur, accepit ;
cætera de Actibus apostolorum [25] evidentius assumuntur, ex eo loco : *Stephanus plenus gratia*, etc.
Frequentatur autem alleluia in versiculis, vel pró-
pter solemnitatem Dominicæ Nativitatis, vel propter gaudium de consortio Stephani, et angelicæ
concionis. In hac die legitur evangelium [26] de oc-
cisione prophetarum, in quo dicitur : *A sanguine
Abel justi;* sicut enim ille fuit protomartyr in Veteri Testamento, sic iste in Novo ; vel quia ibi dicitur : *Lapidas eos qui ad te missi sunt.* Stephanus
autem legitur [27] lapidatus. Vel quia ibi dicitur :
Benedictus qui venit in nomine Domini, quód congruit proximæ Nativitati. Hujus festum, qui fuit
eximius diaconorum , debent celebrare diaconi ,
dummodo non usurpent officium presbyterii, sicut
alicubi desipiunt, super lectiones dando benedictiones.

CAPUT VII.

DE BEATO JOANNE EVANGELISTA.

Beati Joannis evangelistæ Natalis, vel Transitus
non contigit hodie. Sed cum esset nonaginta novem
annorum, in quadragesimo quarto anno post passionem Domini, hujus mundi viam deseruit in
nativitate Beati Joannis Baptistæ. Unde quia festum
illius majus est , quo inter natos mulierum major
non exstiterit [28], in cujus nativitate angelus gaudere
prædixit [29], idcirco festum hujus ad eam diem
transfertur in qua Ephesi legitur infulatus. Quod
et ea decuit ratione, ut Sponsus, qui est rubicundus
et candidus [30] duos haberet comites : Stephanum
martyrio rubicundum, et Joannem virginitate candidum. Hic supra pectus Domini in cœna recubuit [31],
cui Christus Virginem virgini commendavit [32]. Hic
testimonium Christo perhibuit [33]. Apocalypsim
composuit. Hic exsilio est relegatus, et olei dolio
missus. Tandem senium in pace finivit. Ideoque
dixit Dominus : « Sic eum volo manere, quid ad
te ? » [34] Aiunt quidam quod, cum post celebratam
missam descendisset in tumulum, evanuit ab oculis
circumstantium. Et cum terra scaturiat ex fundo ,
addunt eum sub terra vivere et terram ejus anhelitu
scaturire. Alii, in cœlum translatum esse. Igitur
partim ex Evangelio , partim ex ejus tribulatione
hodierna complicatur historia. In cujus ultimo responsorio, scilicet *In medio Ecclesiæ*, quod sumitur
de libro Sapientiæ [35], in quo agitur de spiritu intellectus, neuma jubilatur, quia per spiritum intellectus fuit de ineffabili verbo Dei locutus. Qui

[24] Psal. 44. [24b] Ibid. [25] Act. 6 et 7. [26] Matth. 23 [27] Act. 7. [28] Matth. 11. [29] Luc. 1. [30] Cant. 5.
[31] Joan. 13. [32] Joan. 19. [33] Joan. 21. [34] Ibid. [35] Eccli. 15.

quoniam accepto lumine Deo sacrificium obtulit
virginitatis, ideo missa cantatur in exordio lucis;
quæ autem in utraque missa cantantur et leguntur,
manifeste ad ipsum pertinere videntur, et quia presbyter fuit et episcopus, hujus festum presbyteri
maxime celebrent et episcopi.

CAPUT VIII.
SANCTORUM INNOCENTIUM.

Innocentium passio non protinus secuta est in
die quarto, sed anno revoluto. Nam in primo anno
Herodes magos exspectavit, et accusatus Romam
ivit. Qui rediens et videns quod illusus esset a magis, in die quarto secundi anni pueros interfecit a
bimatu et infra [36]. *Bimatus* Græce, Latine dicitur
annus vel *biennium*. Timuit enim ne puer cui sidera
famulantur, supra vel infra ætatem sibi speciem
transformaret. Tunc impletum est illud Jeremiæ [37]:
« Vox in Rama, id est in excelsis, audita est. Rachel plorans filios suos, » mulieres videlicet Bethlehem, juxta quam sepulta est Rachel [38]. «Noluit consolari, » id est inconsolabiliter doluit, de eo quod
non sunt, id est esse desierunt. Hodiernæ historiæ
de psalmis nocturnales sumuntur antiphonæ;
cætera de Evangelio, vel Apocalypsi [39] liquido colliguntur. Quod autem dicuntur centum quadraginta
quatuor millia, finitum ponit; quia Deus omnes
sub certo numero comprehendit. Sed et numerus
mysterium continet Trinitatis perfectæ per quatuor
mundi climata divulgatæ. Nam ternarius ductus per
quaternarium facit duodecim. Et rursus duodecim
per quaternarium quadraginta octo. Et quadraginta
octo per quaternarium, centum quadraginta quatuor. Quod etiam dicitur: « Vidi sub altare Dei
animas interfectorum [40], » sic est accipiendum,
quod Joannes vidit animas occisorum sub altare,
id est humiliatus capiti suo, vel in abscenso,
quia nemo percipit hic, quomodo ibi sint. Hæc die
subtrahuntur vestes festivæ, ut dalmatica et subtile, et subticentur cantica lætitiæ, ut *Te Deum laudamus, Gloria, Alleluia* in missa, et *Ite missa est,*
eo quod ad inferos descenderunt. Vel quia in his
parvulis intelliguntur pusilli Ecclesiæ, qui mortem
per hæreticos patiuntur : est enim Herodes, hæreticus versipellis; vel propter maternam tristitiam
repræsentandam : et hæc quidem observanda sunt,
nisi festum advenerit in Dominica die. Tunc enim
nullum canticum prætermittitur, propter gaudium
futuræ glorificationis. Dicimus tamen, *Gloria Patri,*
et in nocturno frequentamus etiam *Alleluia* ; quia,
licet ad inferna descenderint, tamen per resurrectionem Christi assumptis in gaudio non hæsitamus,
unde quidam pro *alleluia* in missa cantant, *Laus
tibi.* Alii cantemus *Eia.* Quæ cantantur et leguntur
in missa quam manifeste ad innocentes pertineant,
expositione non indigent. Festum Innocentum pueri
celebrent innocentes, dummodo indebitum non
usurpent officium.

CAPUT IX.
FELICIS IN PINCIS.

Felicis in Pincis a loco titulus assumitur. Pincis
enim locus est juxta urbem, ubi corpus confessoris
feliciter honoratur, cujus anima in cœlo felicius coronatur.

CAPUT X.
MARII MARTHÆ, AUDIFAX, ET HABACUM.

Beatorum martyrum Marii, Marthæ, Audifax et
Habacum passionem Romani scripsere presbyteri,
quod cum ad jussum Claudii, Marii manus inci-
derentur, et filiorum Audifax et Habacum, Martha
sanguinem mariti et filiorum colligebat, et inde
faciem suam liniebat. Demum pater et filii sunt
decollati, et postmodum semiusti, et Martha submersa puteo obdormivit in Domino. Ex his in hodierno festo antiphonæ colliguntur.

CAPUT XI.
SANCTORUM FABIANI ET SEBASTIANI.

Beatorum martyrum Fabiani, et Sebastiani festivitas sub duplici collecta commemoratur, in
missa et utraque una per Dominum terminatur,
Nocturnale officium, quod duntaxat ad sanctum
pertinet Sebastianum, ex ejus vita et passione constat procul dubio derivatum. Qui licet imperatoribus fuisset acceptus, eorum tamen jussu fuit sa-
gittatus, et donec deficeret fustigatus. Cujus corpus in cloacam prius ejectum, post a quadam
matrona juxta apostolorum fuit vestigia colloca-
tum.

CAPUT XII.
SANCTÆ AGNETIS.

Beatæ Agnetis passionem sanctus scripsit Ambrosius, dicens quod ignibus fuit injecta. Quibus
per orationem exstinctis, vitam gladio percussa
finivit : ex qua passione cantualem constat historiam mutuatam. Quam quia præfecti filius adama-
vit, recte in ejus festo cantatur introitus : *Me exspectaverunt peccatores* [41]. Illud autem notabile
non est infructuoso silentio tegi quod hæc festivitas non habet octavam. Unde nec scribendum est,
octavo Agnetis, sed secundo Agnetis, ut non intelligatur octava, sed solemnitas repetita, propter
miraculum, quod ea die contigit, dum parentibus
apparuit dicens : « Nolite lugere me mortuam, sed
congratulamini mihi, quia cum his virginibus
sedes accepi ;» et celebratur officium, sicut in principali festo.

CAPUT XIII.
DE FESTIS A SEPTUAGESIMA USQUE AD PASCHA.

De festis a Septuagesima usque ad Resurrectionis diem hæc est, secundum quosdam, regula observanda, quod in festo Purificationis, et Cathedræ
Sancti Petri, et Sancti Matthiæ, et Annuntiationis,
et Dedicationis, et patroni specialis, et in annotino
Pascha, laudis cantica, ut *Te Deum, Gloria in excelsis* et *Ite missa est* non supprimantur, sed omnia

[36] Matth. 2.   [37] Cap. 31.   [38] Gen. 35.   [39] Cap. 14.   [40] Apoc. 6.   [41] Psal. 118.

ut in aliis temporibus, præter. *Alleluia*, cantentur.
Et una missa de festo, altera de jejunio in Quadragesima celebretur, sicut in jejunio, id est cum litaniis, et genuflexionibus.

CAPUT XIV.

DE SANCTO BLASIO.

Beatus Blasius medicus, non solum homines, sed etiam animalia ægrota sanabat. Cum tandem episcopus factus fuerit incarceratus, quædam mulier ei cibum cum candela ferebat, qui dixit mulieri quod, singulis annis, in die obitus sui, ad ejus memoriam, candelam offerret, et Deus eam ab infirmitatibus et adversitatibus liberaret, et quod ipsa in bonis temporalibus abundaret. Quod et factum est. Ex his igitur inolevit consuetudo, ut pro variis infirmitatibus hominum et jumentorum ad ipsum vota plurima dirigantur, et ad ejus honorem cum candelis vota solvantur.

CAPUT XV.

DE SANCTA AGATHA.

Beatæ Agathæ passio cantualem nobis præbet historiam, quæ post alapas, equuleum et tortiones, post mamillarum abscissionem et curationem, et in carbonibus volutationem, tandem est in carcere consummata. Ad cujus caput in tumulo posita est tabula visibiliter per angeli ministerium, in qua erat scriptum : *Mentem sanctam, spontaneam, honorem Deo, et patriæ liberationem*; ideoque inolevit consuetudo, circa vicos cum tabula ejus imaginem continente processionem fieri.

CAPUT XVI.

IN CATHEDRA SANCTI PETRI.

Beati Petri Cathedram celebramus, eo quod in sede Antiochena fuit locatus episcopus. Unde, licet forte : *Gloria in excelsis*, et *Ite missa est*, secundum quosdam subticeantur, tamen, *Te Deum laudamus* omittere non debemus; quia in electione pontificum cantare consuevimus. In nocturnali ergo officio, historiam beati Petri propriam cantamus. In diurno vero cum episcopali solemnizamus officio, scilicet. *Statuit* [42] : hujus sedem recolimus, ut per eum sedem in cœlo nobis paremus. Quinto decimo vero Kalendas Februarii primum Romanæ sedi sedisse in *Martyrologio* legitur.

CAPUT XVII.

DE SANCTO MATTHIA.

Beatus Matthias sorte ad apostolatum electus [43], sicut meruit apostolorum consortium, ita quoque similis solemnitatis officium. Hic fuit unus de septuaginta discipulis, qui pro Juda Iscarioth sorte ab apostolis fuit electus. Ideoque Matthias interpretatur *donatus*.

CAPUT XVIII.

IN ANNUNTIATIONE VIRGINIS.

De Annuntiatione Domini ita consuevit opponi, scilicet quod *Gloria in excelsis*, quod est canticum Nativitatis, et *Ite missa est*, quod est Resurrectionis,

et *Te Deum laudamus*, quod est drachmæ repertæ [44], in ea cantari non debeant, eo quod nondum ea Dominus in rebus humanis fuerat prosecutus; sed qui solemnizare contendunt, respondent hoc festum esse festorum Christi fontem et principium : et licet nondum in re, vel in tempore prædicta contigerant, tamen in spe ipsorum prodigia præcedebant. Si hoc festum fuerit in Dominica passionis, vel olivarum, ad secundam feriam transmutabitur ; hoc enim generale est in privilegiatis Dominicis. Si autem hoc festum in triduo ante Pascha occurrerit, in Sabbato ante palmas anticipabitur ; quidam vero transferunt ad octavam. Similiter si fuerit in die Paschæ, non incongrue poterit infra hebdomadam celebrari, in quo historia de Adventu compilata cantatur.

CAPUT XIX.

DE FESTIS A RESURRECTIONE USQUE AD OCTAVAM PENTECOSTES.

De festis a Resurrectione usque ad octavam Pentecostes, hæc regula generaliter est observanda, quod in omnibus sanctorum festis cantetur historia : *Beatus vir* [45]. Hæc in apostolis, martyribus, confessoribus, virginibus; hæc in uno et in pluribus frequentatur : unus enim iste *Beatus* Christus est, secundum regulam Ticonii, caput et membra. Hic est enim martyr, de quo dicitur in antiphona : *Filiæ* [46], quem, scilicet caput, coronavit Dominus stola immortalitatis, in hoc tempore solemnitatis et lætitiæ [47], scilicet membra, postea coronabit, et in illo tempore, quod istud significat, quod erit æternitatis et gloriæ. Hic est qui loquitur in officio nunc temporis frequentando; frequentamus autem in hoc tempore in festivitatibus sanctorum identitatem officiorum, eo quod in suo significativo idem erit denarius omnium [48] : et quia tunc glorificati erimus unum cum Christo nunc temporis glorificato. Item alia regula, scilicet quod in festo trium lectionum unum solummodo *alleluia*, et in festo novem duo cantentur, unum de resurrectione, quod non repetitur, et alterum de festo. Sed quæritur quare non celebretur festum illorum, qui cum Christo resurrexisse creduntur, et cœlos ascendisse? Unde in Evangelio : « Multa corpora sanctorum qui dormierant surrexerunt cum Christo [49]. » Solutio : De ipsorum morte non est solemnizandum, quia ad inferos descenderunt, de glorificatione siquidem solemnizare debemus. Sed propter auctoritatem majoris hoc non valemus, sed eorum festa per alia tempora distribuimus, scilicet cum ipsorum ecclesias dedicamus. Inde est quod alicubi terrarum inolevit non reproba consuetudo ad memoriam sanctorum Veteris Testamenti ecclesias ædificare et consecrare, ut Abraham, Isaac et Jacob, David et Danielis, et aliorum.

[42] Eccli. 45.   [43] Act. 1.   [44] Luc. 15.   [45] Psal. 111.   [46] Cant. 3.   [47] Psal. 8.   [48] Matth. 20.   [49] Matth. 27.

CAPUT XX.

DE SANCTO MARCO.

In festo Sancti Marci observantur litaniæ majores ad sanctum Petrum, de quibus diximus.

CAPUT XXI.

SANCTORUM PHILIPPI ET JACOBI.

In Kalendis Maii celebratur passio Philippi et Jacobi Minoris. Qui minor dictus est, non ætate, sed vocatione : quod hodie in fratrum susceptione consuetudo servat Ecclesiæ. Iste Jacobus dictus est frater Domini [50], quia ei assimilabatur in facie. Vel quia erant consanguinei germani. Judæi ex more fratres eos vocabant, qui ex utraque parte sanguinis se contingebant. Dominus Jesus et Jacobus filii fuerunt duarum sororum, quæ nupserant duobus fratribus, Joseph et Alphæo ; Jesus putabatur filius Joseph, Jacobus Alphæi filius fuit [51]. Iste Jacobus fuit episcopus Hierosolymitanus, qui, post Pascha Domini, prior missam in Hierusalem celebravit. Qui cum prædicaret nomen Christi, perticis fullonum præcipitatus est a Judæis de pinnaculo templi. Antiphonæ, quæ eis appropriantur, de verbis Evangelii assumuntur. Et attende quod in primitiva Ecclesia celebrabantur in hac die non solum festa horum, sed etiam omnium apostolorum. Sic enim in plenariis invenitur antiquis. Cum enim apostoli particulares non habent solemnitates, statutum fuit, ut in die passionis istorum celebraretur omnium solemnitas apostolorum, eo quod hoc tempus maxime consonat gaudiis singulorum. Significat enim octavam ubi Deus erit omnia in omnibus [52], et bonum unius erit gaudium omnium.

CAPUT XXII.

DE SANCTA CRUCE.

Constantinus imperator in signo crucis multitudinem barbarorum devicit. Cujus mater Helena lignum crucis in Calvaria per quemdam Judam invenit. Cujus inventionis diem Hierosolymitana duntaxat prius celebravit Ecclesia. Sed postmodum Eusebius papa illum ubique celebrari præcepit. Hoc eodem die festivitas est Alexandri, Eventii et Theoduli martyrum. Et ideo in matutinis commiscetur officium. Hic Judas, olim Judæus, conversus ad fidem, factus est episcopus Hierosolymitanus. Et vocatus mutato nomine Cyriacus, quem Julianus Apostata interfecit. [Hic Julianus a pueritia magus, dum ad ejus invocationes multitudo dæmonum concurrisset, fecit signum crucis, et omnes evanuere. Hic Julianus cum esset monachus tres ollas auri cuidam abstulit mulieri, quæ illi religionis simulatori aurum celans sub cinere commendavit, quod ille furatus, cinerem solummodo reddidit. Cum quo Romam fugiens prius consulatum, et postmodum acquisivit imperium. Hic ergo, cum vellet per artem magicam imperare, ut dæmones propitios ad obsequendum haberet, memor quod in

A signo crucis quasi odio penitus evanuerant, Judam crucis inventorem mutato nomine Cyriacum episcopum interfecit. Sed hunc Cyriacum alius Cyriacus vindicavit. Nam cum Julianus destructionem cuidam monasterio minaretur, et fratres pertimescerent, visum est abbati quadam nocte, quod beata Virgo monasterium introiret et cuidam militi nomine Cyriaco a septem diebus sepulto præciperet, ut eam de Juliano vindicaret. Hic itaque arreptis armis templo affixis, equum adhuc in stabulo existentem ascendit, et ad inimicos se transtulit Juliani. Sequenti vero die abbas visionem monachis revelavit, qui omnia diligentius inquirentes, nec militem in sepulcro, nec arma in templo, nec equum invenere in stabulo. Tertia die confligente B Juliano cum hostibus, a prædicto mortuo est interfectus. Qui sequente nocte, jubente abbate, ad tumulum rediit et equum, et arma in suis reposuit locis. Sepultus itaque est Julianus Constantinopoli, de cujus tumba fetor intolerabilis evaporat.]

CAPUT XXIII.

DE SANCTO JOANNE ANTE PORTAM LATINAM.

Festum Joannis ante portam Latinam, festum est Beati Joannis Evangelistæ, quem Domitianus in ferventis olei dolio posuit ante portam Latinam : sic enim olim vocabatur. Sed beatus Joannes nullam in eo sustinuit læsionem, ipsum divina gratia protegente. Tamen quoad se martyr exstitit, et illud Evangelium adimplevit : « Calicem meum bibetis [53]. » Ideoque statuit Ecclesia ejus constantiam recolere, et hoc voluntatis martyrium celebrare, ac si martyrium pertulisset in re. Post hæc Domitianus illum in Pathmos insulam relegavit, ubi Apocalypsim vidit.

CAPUT XXIV

FESTUM SANCTÆ MARIÆ AD MARTYRES.

Festum Sanctæ Mariæ ad Martyres dedicatio est ecclesiæ Sanctæ Mariæ, ad honorem ipsius, et omnium martyrum. Cum enim singula Romanorum idola non potuissent habere singularia templa, Romani quidem commune templum ædificavere, quod *Pantheon* nominavere. Quod abjectis idolis Bonifacius ad honorem Beatæ Virginis, et omnium martyrum dedicavit. Nondum, enim fiebat festiva D commemoratio confessorum. Statuit igitur hac die, scilicet iii Idus Mai festum martyrum celebrari, sicut festum Apostolorum in Kalendis. Sed utrumque festum, scilicet, Apostolorum et Martyrum commemorationem, Gregorius septimus transtulit ad diem Kalendarum Novembrium.

CAPUT XXV.

DE SANCTO MICHAELE.

Festum victoriæ Sancti Michaelis inde sumit originem quod, cum barbari depopularentur Apuliam, Christiani, jejunio triduano indicto, sancti Michaelis auxilium imploravere : per cujus patrocinium hostes terga dedere, et Christiani victoriam obtinuere.

---

[50] Gal. 1.   [51] Luc. 3.   [52] I Cor. 15.   [53] Matth. 20.

Quocirca statutum est, ut ad honorem sancti Michaelis, commemoratio hujus victoriæ celebraretur
singulis annis in viii Idus Maii.

CAPUT XXVI.

DE FESTIS QUÆ SUNT AB OCTAVA PENTECOSTES USQUE
AD ADVENTUM DOMINI.

De festis quæ sunt ab octava Pentecostes usque
ad Adventum Domini, hæc est regula observanda,
quod prævidendum est, si Dominicæ deficiant, vel
usque ad Adventum abundent. Si enim deficerent,
festa, quæ in eis occurrerent, ad secundas ferias,
transferantur; alioquin in ipsis, exceptis privilegiatis,
licite celebrentur.

CAPUT XXVII.

SANCTORUM MARCELLINI ET PETRI.

Passio Marcellini et Petri nobis præbet de ipsis
cantuales antiphonas; Petrus enim exorcista in carcere positus, Arthemii et Candidæ filiam dæmonia-
cam liberavit. Quos Marcellinus presbyter ejus socius baptizavit.

CAPUT XXVIII.

SANCTORUM GERVASII ET PROTASII.

In festo beatorum Gervasii et Protasii cantatur
introitus: Loquetur Dominus pacem in plebem suam
[55]. Eo quod illa die pax inter Romanos et Longobardos facta fuerit. Officia namque sanctorum partim conveniunt ipsis sanctis, partim his eventibus,
qui in ipsorum evenere diebus.

CAPUT XXIX.

DE SANCTO JOANNE BAPTISTA.

Nativitas Beati Joannis Baptistæ habet vigiliam,
et solemnitatem, non autem octavam. Mos fuit
olim ut in festivitatibus sanctorum venirent homines
cum uxoribus et filiabus ad ecclesiam, et ibi cum
luminaribus pernoctarent. Quod adhuc in quibusdam locis secundum antiquam consuetudinem servatur. Sed quia frequenter contingebat in his vigiliis virgines corrumpi, et ad maleficia majorem
opportunitatem haberi, propterea, sicut prædiximus, institutum est, ut vigiliæ in jejunia converterentur. Nomen tamen antiquum in omnibus perseverat; vocantur enim vigiliæ, et non jejunia. Hæc
tamen Nativitatis solemnitas utrumque ob sui reverentiam continet, scilicet jejunium et pernocta-
tionem. Sed cum beatus Joannes sit in peccato conceptus, cur ejus nativitas celebratur? Respondeo:
Duplex est nativitas, prima in utero, secunda ex
utero; prima conceptionis, secunda parturitionis.
Conceptus est quidem in peccato, sed sanctificatus
in utero. Juxta illud: « Antequam exires de vulva
sanctificavi te [56]. » Quod licet Jeremiæ dicatur, tamen de utroque accipitur. Et ideo hæc ejus nativitas celebratur. Sed quomodo erat sanctificatus
qui dixit: « Ego a te debeo baptizari [56], » id est
a peccato mundari? Respondeo: Hoc in persona
dixit Ecclesiæ: celebratur igitur hæc nativitas
propter historiam et propter allegoriam. Propter

historiam quoniam angelus eam prædixit, et addidit: Multi in nativitate ejus gaudebunt [57]. » Huc
accedit quod sterilis peperit, senex genuit, mater
prophetavit, pater obmutuit, denique benedixit.
Propter allegoriam; quia præfiguravit ortum gloriæ, præcessit præco Judicem, in annuntiatione, in
nativitate, in prædicatione, in morte, in descensu
ad inferos. Officium ergo hujus solemnitatis partim
est de Veteri Testamento, partim de Novo; quia
Joannes fuit finis Veteris, et initium Novi Testamenti. Fuit lapis angularis inter Vetus et Novum
Testamentum. Unde una missa cantatur in aurora;
quia ipse fuit finis noctis. Nam « Lex et prophetæ
usque ad Joannem [58], » et initium diei. Ejus namque nativitas fuit aurora nativitatis Christi, quasi
ortus solis, vel in exordio lucis sacrificium offertur,
quoniam ab incepto lumine obtulit sacrificium abstinentiæ. Alia cantatur in die, secundum aliarum
solemnitatum consuetudinem. Et attende quod in
hoc festo non est alleluia frequentandum, quamvis
in aliis frequentetur aliquando, vel quia Joannes
figurat legem, vel quia ejus nativitas fuit ante Domini resurrectionem. Quidam tamen faciunt officium absque alleluia, in initio noctis, propter figuram legis, et post iterant officium cum alleluia in
medio noctis, terminantes illud in principio lucis
propter memoriam Dominicæ resurrectionis, et nostræ futuræ glorificationis.

CAPUT XXX.

SANCTORUM JOANNIS ET PAULI.

Joannis et Pauli passio a quodam fuit Terren-
tiano descripta. Hi duo fuere discipuli familiares,
vel potius eunuchi Constantiæ, filiæ Constantini et
Helenæ. Qui Gallicanum sponsum Constantiæ converterunt. Demum sub Juliano imperatore a Ter-
rentiano decollati, quem postea delicti pœnituit, et
ad fidem Christianorum accessit. Ex hac legenda
compilantur cantuales antiphonæ.

CAPUT XXXI.

APOSTOLORUM PETRI ET PAULI.

Apostolorum Petri et Pauli passio fuit eodem die,
et sub eodem, scilicet Nerone principe, perpetrata, licet quidam aliter sentiant. Sed quamvis
eos principis et diei conjungat identitas, tamen ob
Romanam civilitatem pœnarum intercessit diversitas; quia Petrus crucifixus est, et Paulus decollatus. Quæ pœna videbatur minus dedecoris continere: ipse enim « civis Romanus, » sicut legitur in
Actibus apostolorum [59]. Quorum corpora conjunxit
eadem sepultura. Sed demum, Christiana religione
crescente, cum utrique Apostolo Christiani propriam
ædificassent ecclesiam, ut vellent eorum corpora
separare, dubitarent autem quæ cujus essent ossa,
orantibus illis, responsum est majora fore prædicatoris, minora piscatoris, et sic ab invicem separata in propriis sunt ecclesiis collocata. Alii dicunt
quod Sylvester papa volens ecclesias consecrare,

[55] Psal. 84.   [56] Jer. 1.   [56] Matth. 3.   [57] Luc. 1.   [58] Luc. 16.   [59] Cap. 22.

tam magna quam parva ossa in lance, summa cum A
reverentia ponderavit. Et medietatem in una ecclesia medietatem in alia collocavit. Cum ergo eodem
die sit passio perpetrata, eodem esset eorum solemnitas celebranda. Sed beatus Gregorius instituit ut, eo die, celebraretur specialius solemnitas
Petri ; in sequenti, commemoratio Pauli : tum quia
eo die fuit dedicata ecclesia Petri : tum quia major
est dignitate : tum quia prior conversione, et secundum quosdam passione : tum quia primatum tenuit
Romæ. Quod autem invenitur alicubi Paulum esse
majorem, alibi vero esse æqualem, sic intelligitur :
major est prædicatione, minor dignitate, æqualis
vitæ sanctitate. Hoc festum habet vigiliam, solemnitatem et octavam ; vigiliam ut ei compatiamur,
cum quo regnare quærimus [60] ; solemnitatem, ut de B
ipsorum prima stola lætemur ; octavam, ut de secunda futura procul dubio gratulemur. Considerantes enim jam sanctis adesse principium felicitatis, finemque, id est consummationem extendi usque
in octavam resurrectionis, jure usque in octavam
diem producimus diem solemnitatis. In solemnitate
itaque Petri cantatur historia, partim ex Evangelio,
partim ex Actibus apostolorum, partim ex ipsius
passione, vel miraculis compilata. In commemo-
ratione vero sancti Pauli cantatur historia præsertim ex verbis ipsius collecta, cujus antiphonæ versibus insigniuntur : quia plus cæteris in prædicatione laborasse creditur [61]. Infra octavam non singularia, sed utriusque communia cantantur officia, C
ut : Ecce mitto vos [62].

CAPUT XXXII.
DE FESTO DIVISIONIS PETRI, ET PAULI.

De festo divisionis apostolorum diversi diversa
sentire videntur. Quidam enim dicunt quod sit
de illa divisione, quæ facta est in Hierusalem post
duodecim annos, quando separati sunt ad prædicandum gentibus. Alii, de prædicta ossium divisione
Petri et Pauli, quæ facta fuit in Nonis, aut viii
Idus Julii, in quo festo, illa sequentia magna cantatur : Cæli enarrant [63]. Et illud evangelium legitur [64] : Recumbentibus. Quod est Evangelium Ascen-
s onis. Quidam in fine incipiunt : Dominus quidem
Jesus postquam locutus est, etc. [65].

CAPUT XXXIII.
SEPTEM FRATRUM.

Septem fratrum filiorum sanctæ Felicitatis, qui
per varia supplicia nacti sunt regnum æternæ felicitatis.

CAPUT XXXIV.
DE TRANSLATIONE SANCTI BENEDICTI.

De Translatione Sancti Benedicti. Devastato enim
ejus, sicut prædixerat, a gentibus monasterio, translatum est corpus ejus in Gallias, et ibi condigne
sepultum.

CAPUT XXXV.
DE SANCTO JACOBO MAJORE.

Beatus Jacobus Major, frater Joannis Evangelistæ,
filius Zebedæi [66], missus est ad prædicandum Hispanis ; sed eis verbum audire nolentibus, Hierosolymam rediit, et quos converterat, errantes invenit,
propter Hermogenem et Philetum arte magica miracula facientes. Quos apostolus aggrediens ad fidem convertit. Hunc Herodes gladio decollavit [67].
Cujus corpus Hermogenes, et Philetus et alii tres
discipuli in navi posuerunt. Et intrantes mare sine
remige sepulturæ locum divinæ Providentiæ tribuerunt. Et tandem in Hispania in regno Lupæ
applicuerunt. Erat enim regina sic vocata nomine
et merito vitæ. Cui dixere discipuli : « Dominus
Jesus Christus misit corpus discipuli sui ad vos, ut
saltem suscipiatis mortuum, quem noluistis suscipere vivum. » Quos cum Lupa carnifici commen-
dasset, et ipse eos in carcerem misisset, carcerem
exierunt, et demum carnificem, et ejus civitatem
ad fidem converterunt. Quod audiens Lupa doluit,
et boves indomitos ad deferendum corpus apostoli
fraudulenter exhibuit, qui signo crucis impresso
mansueti effecti sunt. Posuerunt ergo discipuli
corpus super lapidem vivum, cui lapis cessit, et
sarcophagum ipsa depositio sine opere humano
corpori coaptavit. Hunc ergo lapidem cum corpore,
usque in medium palatium Lupæ, sine alicujus regimine portaverunt. Unde stupefacta regina ad fidem est conversa ; et de ejus palatio ecclesia est
dedicata. Festum igitur Beati Jacobi, quod est viii
Kalendas Augusti, festum hujus dedicationis est, non
ejus passionis, cum passus fuerit circa Pascha, ut
in illa continetur epistola : Misit Herodes [68]. Hoc
itaque festum non habet vigiliam, vel jejunium.

De Jacobis binis non ambigat amodo quivis.
Hic satus Alphæo fuit, alter et a Zebedæo,
Quem prius audisti, fratrem memor assere, Christi,
Jerusalem primum legimus quem sede potitum
Vulgo solemnis Maii solet esse Kalendis.
Major, id est iste, frater fuit Apocalistæ,
Qui sibi natalem Julii colit a pede septem.

CAPUT XXXVI.
SANCTI PETRI AD VINCULA.

D

Festum Sancti Petri ad Vincula fuit taliter institutum : Theosebia, uxor Theodosii imperatoris, Hierosolymam proficiscens, vidit in Alexandria festum
celebrari in Kalendis Augusti de triumpho habito
de Cleopatra, et Marco Antonio. Unde vehementer
doluit quod damnato et gentili tantus honor exhiberetur ; perveniens Hierosolymam, catenas, quibus
Petrus sub Herode fuerat alligatus, acquisivit, Romam rediens eas apostolico præsentavit, qui alias
catenas, quibus sub Nerone fuerat alligatus, appor-
tari præcipit, quæ se tangentes usque adeo sunt
miraculose conjunctæ, ac si semper fuissent eadem.

[60] Rom. 8 ; II Tim. 2.   [61] I Cor. 15.   [62] Matth. 10.   [63] Psal. 18.   [64] Marc. 16.   [65] Ibid.   [66] Matth.
4.   [67] Act. 12.   [68] Ibid.

Theodosius igitur, ad honorem Beati Petri ecclesiam ædificavit, ibique catenas imposuit, quæ dedicata est in Kalendis Augusti, ubi solemnitas Piscatoris offuscaret solemnitatem imperatoris, et catena Petri exstingueret torquem Augusti.

CAPUT XXXVII.

DE INVENTIONE SANCTI STEPHANI.

Inventionem Sancti Stephani diximus esse factam eo die, quo ejus passio celebratur, et e converso, sed facta est transmutatio prædictis causis. Illud autem sciendum est, quod in ejus inventione multa fecit miracula Deus. Unde in hoc die in quo celebratur inventio, sermo de miraculis est populo proponendus. Historiam vero cantare consuevimus, excepto responsorio : *Hesterna die Dominus.*

CAPUT XXXVIII.

DE TRANSFIGURATIONE DOMINI.

Transfigurationem Domini celebramus in die Sancti Sixti, non quod ea die fuerit facta, sed ab apostolis manifestata. Transfiguravit enim se Dominus circa principium veris, ubi discipulis, qui viderant, præcipit ne cui dicerent, donec resurgeret a mortuis [69]. Illi ergo usque ad hunc diem eam penitus celavere, quia ergo hæc transfiguratio ad illum pertinet statum, quem, post resurrectionem fideles sunt habituri. Idcirco hac die sanguis de novo vino conficitur, si valeat inveniri, ut significatur quod in Evangelio dicitur : « Amodo non bibam de hoc genimine vitis, donec bibam illum novum in regno Patris mei [70]. [Quod si nequiverit inveniri, saltem parum de matura uva in calicem comprimatur, aut racemi benedicantur, ex quibus homines communicentur.

CAPUT XXXIX.

DE SANCTO LAURENTIO.

Laurentium et Vincentium cognatos beatus Sixtus Romam de Hispania duxit. Vincentius in Hispaniam rediit, ibique martyrio vitam finivit. Laurentius Romæ remansit, ubi gravissima tormenta sustinuit sicut in ejus legenda continetur, ex qua cantualis historia compilatur. Habet autem sanctus Laurentius duo privilegia : solus enim inter martyres habuit vigiliam, quam superius jejunium appellavimus. Secundum est in octava : ipse namque duntaxat, et sanctus Stephanus habent octavam inter martyres, sicut Martinus inter confessores. Tertium est privilegium in regressibus antiphonarum, sicut de Beato Paulo prædiximus ; sed Paulus habet regressus propter excellentiam prædicationis, iste vero propter excellentiam passionis. Licet enim aliqui sancti vel majora, vel æque gravia sustinuere tormenta, non tamen ea tam generaliter, et sic authentica tenet Ecclesia : tum propter loci dignitatem, passus namque fuit Romæ : tum propter ipsius auctoritatem. Sicut Laurentius Sixtum, sic Hyppolitus secutus est Laurentium, de quo-

rum passionibus jubilat Ecclesia in antiphonis.

CAPUT XL.

DE ASSUMPTIONE SANCTÆ MARIÆ.

Transitus beatæ Virginis antonomastice Assumptio nominatur, quæ prius est assumpta in anima, et postmodum sicut pie creditur, assumpta in corpore. Elizabeth mulier religiosa de Saxonia dicit sibi revelatum fuisse quod quadraginta diebus post assumptionem animæ, assumpta fuit in corpore. Et attende quod quinque sunt festivitates authenticæ de beata Virgine : prima est Nativitas, secunda est Annuntiatio, tertia Partus, quarta Purificatio, quinta est Assumptio. Verumtamen secunda et tertia potius sunt Domini ; inter alias, quæ ad Virginem specialiter pertinent hæc major est ; regulariter enim verum est de quolibet sancto quod majus est festum transitus, quam aliud de eo ; quia de miseria transit ad vitam, nisi in casu, ut in Joanne Baptista. Ideoque duntaxat hæc Virginis festivitas habet jejunium et octavam, in qua dicuntur quædam quibus in ecclesiarum dedicationibus utimur. Lectiones quoque de cantico amoris, et antiphonæ et responsoria similiter assumuntur, eo quia figuram tenet Ecclesiæ : sicut enim beata Maria mater est et virgo et sponsa, sic et Ecclesia, mater sanctorum, nomen tenet virginitatis et sponsæ ; virginitatis, inquam, mentis et fidei, quæ prævalet virginitati carnali. Unde : « Despondi vos uni viro virginem castam exhibere Christo [71]. » Est autem hujus cantici legenda medietas usque ad octavam ; alia vero medietas ad Nativitatem ejusdem Virginis reservetur. Huc ergo congrue accedit, quod circa festum istud Salomonis libri legantur. Sermo vero Hieronymi : *Cogitis me Paula, et Eustochium,* a quibusdam legitur in Ecclesia, sed factus est ad hoc, ut legatur in capitulo et in mensa. In missa legitur evangelium [72] de Martha et Maria Magdalena secundum allegoriam : beata namque Virgo fuit castellum, quia bene se munivit contra diabolum ; ipsa fuit Martha, quia nulla melior in actione ; ipsa fuit Maria, quia nulla melior in contemplatione, de cujus contemplatione dicitur : « Maria conservabat omnia verba hæc in corde [73]. » Et vide quod quatuor sunt evangelia de beata Maria ; unum est : *Missus est* [74], quod non debet dici, nisi in Adventu et Annuntiatione ; alia possunt dici, quoties de ipsa peculiaris missa debet cantari, ut illud : *Stabat* ante crucem, ubi dicitur [75] quod Virgo virgini commendatur ; et nota quod in hac die benedicuntur herbæ ; quia sicut lilium inter spinas, sic et inter filias [76].

CAPUT XLI.

DE DECOLLATIONE SANCTI JOANNIS BAPTISTÆ.

Beatus Joannes Baptista fuit decollatus circa Pascha, cujus corpus sepeliere discipuli sine capite in Sebaste civitate, ubi Dominus multa operabatur miracula. Unde illuc Christianorum turba maxima confluebat, ideoque Julianus Apostata ejus ossa per agros spargere fecit ; sed cum miraculâ non cessa-

[69] Matth. 17.   [70] Matth. 26.   [71] II Cor. 11.   [72] Luc. 10.   [73] Luc. 2.   [74] Luc. 1.   [75] Joan. 19.   [76] Cant. 2.

rent, ossa collegere, et ea combussere, et in pulverem ventilavere; sed digitus ille, quo Dominum demonstravit dicens : « Ecce Agnus Dei [77], » comburi nequivit, vel latenter a fidelibus sublatus est : quidam enim fideles, qui gentilibus intererant, quod occultare poterant, reservabant. Hoc itaque festum est de collectione, et combustione ossium, quod celebrat Ecclesia, quasi in jam mortuo secundum martyrium; vel cum beata Tecla præfatum digitum inter Alpes attulisset, et ecclesiam construxisset, dedicata est, et est hoc festum dedicationis. Vel caput Hierosolymis fuit humatum, quod beatus Joannes duobus monachis orientalibus, qui Hierusalem adorare venerunt, revelavit, qui juxta Herodis habitaculum illud Kalendas Martias invenere; sed post ab aliis per lacum in Emissenam civitatem in quodam specu ignobiliter fuit reconditum, donec denuo Marcello presbytero revelatum, et per ejus urbis episcopum iv Kalendarum Septembrium elevatum. Ex quo tempore cœpit in eadem urbe Decollatio celebrari, ea die, ut arbitror, quo caput est elevatum, et cantatur historia de antiphonis martyrum, et responsoriis, et antiphonis causam decollationis continentibus compilata.

CAPUT XLII.
DE SANCTO FELICE ET ADAUCTO.

Cum beatus Felix ad martyrium traheretur, accessit quidam, et ait carnificibus : Et ego Christianus sum; cui carnifices: Ergo et tu, cum eo venias. Cum ergo nomen ignoraretur, vocatus est Adauctus; alii dicunt Audactus.

CAPUT XLIII.
DE CONCEPTIONE ET NATIVITATE SANCTÆ MARIÆ.

Conceptionem beatæ Virginis quidam aliquando celebravere, et forte adhuc aliqui celebrant, ob revelationem cuidam abbati in naufragio factam. Sed non est authentica, imo videtur aliquibus prohibenda, dicentibus quod fuerit in peccato concepta. Nativitas etiam olim celebrari non solebat, sed quidam vir religiosus pluribus annis audivit angelos in hac nocte solemnizantes in cœlis, cui causam quærenti revelatum est angelos gaudere, quoniam beata Virgo nata fuit in illa nocte, quod apostolicus authenticavit, et inde festum celebrari præcepit, quod nec habet jejunium, nec octavam, in quo cantatur historia de laudibus beatæ Virginis, et legitur evangelium [78] : Liber generationis. Ubi quæritur, quare potius Joseph quam Mariæ generatio computetur? Respondeo : Vel quia Joseph et Maria de eadem tribu fuere : tribus autem genealogiæ per viros et non per feminas est computanda ; vel quia maluit vocari filius fabri [79], quam matrem lapidari, et revera filius est fabri illius, qui fabricatus est auroram et solem [80].

CAPUT XLIV.
DE EXALTATIONE SANCTÆ CRUCIS.

Exaltatio sanctæ Crucis ideo celebratur, quia Cosdroas, rex Persarum, Hierosolymam invadens loca sanctissima profanavit, et lignum Dominicæ crucis secum tulit : [quod sedens in solio, sibi a dextris posuit, loco filii; gallum a sinistris, loco Spiritus sancti, et se patrem jussit nominari.] Quod audiens, romanus imperator Heraclius vindicavit, qui bellum adversus Persas indicens Cosdroen superavit; qui cum postea crucem Domini Hierosolymam portaret, portæ per se clausæ sunt, et audita est vox de cœlo : Regem regum non sic intrasse Hierusalem, sed humilem, et super asinam sedentem [81]; quod rex audiens humiliatus est, et portæ sponte apertæ et rex civitatem introivit pedibus nudis, et cum per crucem tunc miracula fierent, crucem exaltavit, et Exaltationis diem in futuris temporibus, episcopis sibi consentientibus, in suo imperio statuit esse solemnem. Est tamen Inventionis festum majus quam festum Exaltationis. Illud enim ab Eusebio papa institutum, istud per Heraclium. Verumtamen et Sergius papa longis post temporibus in sacrario beati Petri invenit capsam argenteam, et in ea crucem ex salutiferi ligni magna portione compositam, pretiosis lapidibus adornatam, quæ posita in basilica Salvatoris adoratur a populo in die Exaltationis, in quo celebratur et festivitas martyrum unde commiscetur officium.

CAPUT XLV.
DE DEDICATIONE SANCTI MICHAELIS.

Dedicatio Sancti Michaelis quare celebratur, in ejus historia declaratur; sed quare, cum sit festum omnium angelorum, in laudes quorum de Apocalypsi jubilatur, quare singularius ascribitur Michaeli? Respondeo : Quia ipse est, qui missus est in Ægyptum [82], qui fecit illas plagas, qui divisit mare Rubrum [83], qui duxit populum suum per desertum et duxit in terram promissionis [84]; hic est præpositus paradisi, custos animarum, ideoque illum magis venerari debemus. Et est nomen unius angeli, vel potius quoties aliquis ad aliquid magnum et mirabile faciendum mittitur, Michael nuncupatur.

CAPUT XLVI.
DE SANCTO REMIGIO.

Beatus Remigius primum regem Gallorum inunxit, gentem Francorum ad fidem convertit, qui inter cætera miracula puellam a morte suscitavit, ideoque Francorum papa dicitur et in tanta veneratione habetur in Francia, quod festum illius offuscat festum Beati Michaelis.

CAPUT XLVII.
DE SANCTO LUCA.

Beatus Lucas, natione Syrus, beati Pauli discipulus, Antiochensis patriarcha, prædicator exstitit in Bithynia, ubi sua morte non martyrio vitam finivit. Duo volumina composuit : Evangelium et Actus apostolorum; a beato Paulo præsertim edo-

[77] Joan. 1. [78] Matth. 1. [79] Matth. 13. [80] Psal. 73. [81] Matth. 21. [82] Exod., 12. [83] Exod. 14. [84] Exod 15.

ctus, etiam et ab aliis didicit, quod docuit, præ A
dicavit, et scripsit.

CAPUT XLVIII.
APOSTOLORUM SIMONIS ET JUDÆ.

Simon et Judas fratres quoque Domini fuisse
dicuntur. Anna et Hismeria sorores fuere. De Hismeria nata est Elisabeth, quæ fuit mater Joannis
Baptistæ [85], filii Zachariæ; Anna de Joachim genuit
beatam Virginem, quæ nupsit Joseph. Mortuo Joachin, nupsit Anna Cleophæ fratri Joseph viri Mariæ, et genuit aliam Mariam, quæ nupsit Alphæo,
ex quo suscepit Jacobum Minorem, Simonem et
Judam, qui dicitur Thaddæus, et Joseph Barsaban,
qui cognominatur Justus, ne propter injustitiam
credatur ab apostolatu fuisse reprobatus. Mortuo B
Cleopha nupsit Anna Salome, et suscepit tertiam
Mariam, quæ nupsit Zebedæo, qui genuit ex ea Jacobum Majorem [86], et Joannem evangelistam. Unde
hi versus, de linea beatæ Virginis.

Tres tribus Anna fertur peperisse Marias,
Quæ nupsere viris : Joseph, Alphæo, Zebedon ; item
Anna viro Joachin peperit te, Virgo Maria,
Ex qua processit sine semine vera Sophia.
Post hoc de Cleopha peperit te virgo sororem,
Quæ parit Alphæo Simonem, Jacobum Minorem,
Joseph Barsaban Thaddæum nomine Judam.
Hoc quoque,defuncto cuidam Salome copulatur
Ex qua natorum Zebedæi genitrix generatur.

Et attende quod *fratres* in divina Scriptura pluribus modis accipitur, natura, gente, cognatione, similitudine, religione. Natura ut Jacob et Esau [87], C
gente ut omnes Judæi. Unde : ‹ Si emeris fratrem
tuum, › et ibi : ‹ Constitue unum de fratribus tuis,
principem super te, quem Deus elegerit [88]. › Cognatione, ut : ‹ Ecce mater et fratres tui foris stant
quærentes te [89]. › Similitudine, ut : Jacobus frater
Domini [90]. Religione, ut ‹ Vade, dic fratribus meis [91] ›;
et : ‹ Ecce quam bonum et quam, jucundum habitare
fratres in unum [92]. ›

CAPUT XLIX.
IN FESTIVITATE OMNIUM SANCTORUM [93].

De festo Omnium Sanctorum pauca superius præ-
libavimus. Hic tamen adjiciendum est hoc festum
habere jejunium, quod non debet mutari, ut quidem faciunt propter sanctum Quintinum, cujus fe- D
sti variatur officium, prout habetur varietas sanctorum : primum enim responsorium est, secundum quosdam, de sancta Trinitate, secundo loco
de beata Maria, tertio de angelis, quarto de prophetis, quinto de apostolis, sexto de martyribus,
septimo de confessoribus, octavo de virginibus,
nono simul de omnibus beatis. Alii ponunt in primo
loco de unitate : ‹ Vidi Dominum sedentem [94]. ›
Secundo vero de Trinitate. Huic festo bene congruit epistola de numero signatorum [94], et evangelium de numero beatitudinum [95].

CAPUT L.
DE EXSEQUIIS MORTUORUM.

Festo Omnium Sanctorum continuatur commemoratio mortuorum. Tres sunt dies continui tribus mysteriis deputati. Nam vigilia Omnium Sanctorum dies est afflictionis, solemnitas dies est exsultationis, hodie vero dies est orationis. In
primo, nos jejunando affligimus, præsentis vitæ miseriam recolentes. In secundo, sanctorum beatitudini congaudemus, gratiarum actiones Domino referentes. In tertio, pro his qui in purgatorio detinentur oramus, eis modo mitiorem pœnam, modo
plenam absolutionem orationibus impetrantes;
quorum officium primo fuit ab apostolis institutum, sed ab origine, ut testatur Isidorus in libro
De officiis ecclesiasticis, fuit adauctum, et plenius
ordinatum. De quo dicit Augustinus in Enchiridion.
Dicimus origine in ecclesiasticis officiis post apostolos fuisse secundum; hoc officium a veteri lege
sumpsit initium. Nam, mortuo Jacob, flevere filii
septuaginta diebus in Ægypto, septem in Arad [96].
Mortuo Moyse, flevit populus triginta diebus [97], inde
est quod hodie septenarium et tricenarium observat pro defunctis Ecclesia. Septenarium, ut ad
animarum perveniat sabbatismum, vel ut eis dimit-
tatur universitas delictorum : septenarius etenim
universitatis est numerus ; quia totum hominem
comprehendit; anima enim tres habet vires, rationabilitatem, concupiscibilitatem, irascibilitatem ;
corpus autem quatuor elementa, vel quatuor humores, vel cum septenarium celebramus, interceci-
mus pro peccatis quæ mente commisere, et corpore. Ideoque dicit Salomon : ‹ Luctus filii mortui septem diebus [98]. › Tricenarius ex tribus constat denariis.

Hæc itaque mortuis celebramus, ut per decem præceptorum observationem perveniant ad sanctæ Trinitatis perfruitionem, ut vel per orationes emende-
tur,quod in fide Trinitatis et opere Decalogi deliquere;
quidam tamen tribus diebus officium celebrant mortuorum juxta illud : ‹ Qui tetigerit cadaver hominis, aspergatur hac aqua die tertia [99]. › Et in libro
Sapientiæ. ‹ Fac luctum hominis secundum meritum ejus, uno die, vel duobus, propter detractionem
[100], › subaudi præter diem obitus. Tres autem dies
celebramus, ut sint Christi membra, qui in corde
terræ triduana jacuit sepultura ; vel ut mortuis remittantur peccata quæ commisere cogitatione, verbo
et opere, vel commisere peccantes in sanctam Trinitatem. Vel pro spiritu, anima et corpore. Quidam
celebrant novenarium, ut a pœnis liberati associen-
tur novem ordinibus angelorum; non tamen approbatur, sed interdicitur, quoniam a gentilibus introductum esse videtur, qui mortuos suos novem diebus lugebant, et in nona die cineres recondebant,
et hoc spatium novemdiale, id est novem dierum

[85] Luc. 1. [86] Matth. 4. [87] Gen. 25. [88] Deut. 17. [89] Matth. 12. [90] Gal. 1. [91] Joan. 20. [92] Psal.
132. [93] Vide sup. cap. 24. [94] Act. 7. [94b] Apoc. 7. [95] Matth. 5. [96] Gen. 50. [97] Deut. 34. [98] Eccli. 22.
[99] Num. 19. [100] Eccli. 38.

planctum, vel officium appellabant. Quidam addunt quadragenarium et quinquagenarium, ut per afflictionem pœnitentiæ perveniant ad jubilationem. Quadragenarius namque numerus est pœnitentiæ, propter quadragenariam populi afflictionem, et quadragesimam Jesu Christi [1], et quia ex suis partibus aggregatis surgit in quinquagenarium, qui significat jubilæum et annum remissionis; quia per contritionem et afflictionem pervenitur ad peccatorum remissionem, ad octavam ætatem, in qua erit remissio et plena libertas, vel ideo celebrant quadragenarium et quinquagenarium, ut condonetur eis per orationes viventium quidquid commisere in transgressione decem præceptorum, et quatuor evangeliorum, et quinque sensuum. Melius tamen sicut ternarium mortuis, sic quadragenarium vivis ascribimus. Unde pro peccatis quadragesimas injungimus : quoniam delinquunt in corporis quaternario et præceptorum decalogo. Centesimum diem ea constat indagine celebrandum, ut mortui transeant a læva in dexteram, a militia in triumphum, a terra in cœlum, a miseria in gloriam, a morte in vitam, et quidem hos dierum terminos, nonnulli benignius interpretantur, ut per eos præcedentes nullatenus excludantur, in quibus vacare otio debeamus; sed cum in singulis diebus usque ad prædictos terminos facienda sit memoria mortuorum, celebrius in terminis officia peraguntur. Anniversarium universalis observat Ecclesia, ut de annis calamitatis perveniatur ad annum æternitatis. Sicut anniversarium sanctorum celebramus ad ipsorum honorem, et nostram utilitatem, sic etiam defunctorum ad ipsorum utilitatem et nostram devotionem, sperantes eos aliquando ad sanctorum consortium transituros. Quemcunque diem luctui deputemus, in his semper exsequiis ad instar triduanæ Christi sepulturæ, laudis et lætitiæ Christi cantica subticentur : ut : Domine, labia mea aperies [2], et Deus in adjutorium meum intende [3], et Venite exsultemus [4], et Gloria Patri, et Jube, Domine, et Benedictus, et Tu autem, et Te Deum laudamus; et Benedicamus, et Deo grátias, et Ite missa est. Lætitiam subticemus, quia non bene conveniunt, nec in una sede morantur luctus et gaudium, tristitia et lætitia. Laudes supprimimus, quia quo mortui transeant, ignoramus, et ideo nescimus unde Dominum laudare debeamus de justitia vel misericordia. Gaudium subticemus, quia tristes in hunc mundum intravimus, et tristiores eximus. In vigiliis itaque mortuorum tria sunt genera lectionum : de Job, de libro Sapientiæ, ut ibi sumas initium, « Melius est ire ad domum luctus, quam ad domum convivii [5]; » præterea, de quodam sermone Augustini, quem fecit de mortuis. Quidam legunt etiam de psalmis. Undecunque fuerint lectiones, ita sunt terminandæ : Beati mortui qui in Domino moriuntur [6], sicut in Isaia [7] : Convertimini ad me, et salvi eritis; et in Jeremia : Hierusalem, Hierusalem, convertere ad Do-

minum Deum tuum [8]. Hoc psalmo Te decet [9] utimur in exsequiis mortuorum : quoniam ibi agitur de reditu captivitatis filiorum Israel in terram promissionis; sic isti de captivitatis miseria ad vitam proficiscuntur æternam. Ad missam non debet thus portari per chorum nec offerri, id est altare thurificari, sed circa corpus tantum, nam in lege prohibitum fuit [10], ne pro peccatis offerretur oleum lætitiæ [11] et thus suavitatis, sed luctus et contritio mentis. Exsequiæ vero mortuorum pro ipsorum celebrantur excessibus, et mors primum est vindicta peccati, eadem ratione non debet cum oleo celebrari; quia dicit Origenes, sacrificium pro peccato non fit in oleo. Ad eamdem missam pax non datur, quia non mortuis communicamus : nos enim sumus in sexta ætate, illi vero in septima. Unde cum celebratur missa de die, non debet esse corpus infra ambitum ecclesiæ. Quod si corpus adesset, exportetur, licet sit apostolicus, vel imperator, in vestibulum ecclesiæ, et cantata missa de die, ad missam pro mortuis reportetur; vel ideo pax non datur, quia utrum cum Creatore pacem habeant, ignoramus, vel quia in exsequiis mortuorum, sequimur exsequias Dominicæ passionis, ubi subtrahitur osculum pacis.

Quantum expedit pro defunctis missarum solemnia facere inde patet, quod in historia invenitur Anglorum, scilicet quemdam presbyterum opinatum esse de fratre suo, quod esset mortuus in bello, qui tamen non erat mortuus, sed vinculatus. Missas ergo pro illo quasi defuncto quotidie celebrabat. Tempore missarum quotidie solvebantur vincula vulnerati.

Et attende quod cum integre defunctorum celebratur officium, a vespera est incipiendum : Placebo Domino [12], et non est in vespera terminandum; quoniam hoc officium finem habebit, cum animæ salvandorum ab omni pœna liberatæ lætitia perfruentur æterna. Sanctis de quibus certi sumus, quod beatitudinem perfruuntur, duas vesperas attribuimus, primas pro stola animæ jam accepta, secundas pro stola corporis percipienda, quæ nunquam finem habebit. Post vespertinalia vero, et matutinalia defunctorum officia cantamus psalmum : Domine, ne in furore [13], qui cum sit in ordine sextus, pro octava intitulatur, quasi in sex ætatibus Dominum per hunc psalmum rogantes, ut septem ætatum tormenta possimus evadere, et ad octavam gloriæ pervenire. Rursus sciendum est quod quidam omni tempore festivis exceptis, orant generaliter pro defunctis in officio vespertinali, et matutinali, quidam pro eis missam quotidie celebrant, quidam in initio mensis novem psalmos, novem lectiones et novem responsoria cantant, et quidem sancta et salubris est religio, pro defunctis exorare, ut a peccatis solvantur, quibus si supplicationes deessent, frustra in locis quantumlibet sanctis exanimata corpora ponerentur; delectat

[1] Matth. 4.   [2] Psal. 50.   [3] Psal. 69.   [4] Psal. 94.   [5] Apoc. 14.   [6] Eccle. 7.   [7] Isa. 45.   [8] Jer. 4.
[9] Psal. 64.   [10] Levit. 5.   [11] Psal. 44.   [12] Psal. 114.   [13] Psal. 6.

stylum de mortuis et morituris, sepultis et sepe- A
liendis aliquid addere, quod aures pascat, et animas
foveat. Moriturus itaque dum laborat in extremis,
super cinere et palea deponatur, ad instar beati
Martini, qui jacens in cinere vitam finivit, in quo
innuitur quod cinis est et in cinerem revertetur ¹³ *.
Antequam passio Christi, vel pars ejus legatur, ut
ad majorem compunctionem moveatur, crux etiam
ante pedes ejus ponatur, ut moriens eam cernat,
et magis conteratur, et debet recta facie jacere, ut
cœlum respiciat, et antequam exspiret, ejus anima
Domino commendetur. Postquam exspiravit, campanæ pulsentur, ut populus audiens, oret pro eo,
pro muliere bis, quia ipsa invenit alteralitatem.
Ipsa enim prima fecit hominem alienari a Deo ¹⁴ ;
pro viro ter, quia primo inventa est trinitas in
homine. Primo enim formatus est Adam ex terra,
secundo Eva ex costa ¹⁵, tertio homo ex utroque,
et ita est ibi trinitas. Pro clerico tot vicibus, quot
ordines habet, ad ultimum compulsari debet, ut
ita sciat populus pro quo sit orandum. Similiter
compulsatur, cum ad ecclesiam defertur, et cum de
ecclesia ad tumulum deportatur. Sed attende quod
antequam ad ecclesiam deferatur, lavetur, ad significandum quod si anima per confessionem fuerit a
culpa mundata, utrumque in die judicii, corpus et
anima glorificationem et munditiam consequatur
æternam; cum vero corpus lotum fuerit, induatur
secundum statum et ordinem suum. Laicus cilicio
induatur, ut hac veste repræsentet insignia pœnitentiæ; nam cinis et cilicium sunt arma pœnitentium. Alicubi vero maxime divites sudariis in-
duuntur, caligis et sotularibus calceantur, quod
sumitur ab eo quod in evangelio ¹⁶ legitur de
sudario et sindone Christi. Clerici vero tondeantur,
et radantur, et induti vestes sui ordinis sepeliantur,
quod licet in aliis ordinibus propter paupertatem
sæpius omittatur, tamen in sacerdotibus et episcopis non patimur omittendum : vestes enim
sacerdotales virtutes significant, cum quibus præ
cæteris sunt Domino præsentandi. Hic quæritur
utrum homines sint futuri nudi post diem judicii?
Videtur quod vestiti : tum ex hac universali ecclesiarum consuetudine, quæ mortuos consuevit induere;
tum quia Dominus in transfiguratione vestitus D
apparuit ¹⁷, unde vestimenta ejus apparuerunt
alba sicut nix ; tum quia post resurrectionem quoque vestitus apparuit, tum quia angeli solent apparere vestiti ¹⁸. Respondeo : Hæc omnia nobis in
figura contingunt, nihil de veste vel corporis qualitate præsumimus, cum sufficiat credere, quod in
salvandis non erit infirmitas, nec ulla deformitas.
Exinde corpus revestitum in feretro ad ecclesiam
deportetur, et cum missa celebrata fuerit, percantet
eum sacerdos, et si plures fuerint sacerdotes,
omnes habeant stolas, et dicant orationes cum illo

qui præcantavit eum. Præcantatus portetur ad speluncam a consimilibus, ut diaconus a diaconibus,
sacerdos a sacerdotibus, si adsunt, alioquin necces-
sitas non habet legem, demum clericus a clericis,
laicus a laicis, et præsertim ab illis, qui sunt ejusdem consortii, seu fraternitatis. Mulieres vero
corpora defunctorum non debent portare, ne cogantur sua membra lasciviam incitantia denudare.
In spelunca vero aqua ponitur benedicta propter
illusiones dæmonum ; solent enim desævire in
corporibus mortuorum, ut quod non potuerunt in
vita saltem faciant in sepultura. Thus apponitur, vel
propter fetorem vitandum, vel ad ostendendum, quod
mortuis prosit auxilium orationum. Carbones apponuntur in testimonium sepulturæ, plus enim durat
carbo sub terra, quam aliquid aliud; cum ergo carbo
sub fovea reperitur, sepultura fuisse deprehenditur.
Unde ad communes usus de cætero non redigitur.
Hedera quoque, vel laurus apponitur, ut animæ
vita perpetua significetur ; licet enim corpus deficiat, anima tamen vivere non desistit. Cupressus
etiam alicubi apponitur, et aliæ frondes quæ fetorem valeant inhibere. Aiunt quidam cupressum
apponi, quia cæsa non iterum surculescit, sed tota
moritur; sic homo mortuus, non denuo reviviscit.
Fiunt autem hæc, non quia cadaveribus insit sensus, sed vel ad figuram, vel ad resurrectionem spe-
randam, vel ad Dei provocandam benevolentiam,
cui placent talia pietatis officia.

Et attende quod sepulcra variis nominibus appellantur; locorum itaque alius est sacer, et qui per
manus pontificis est Deo dicatus, ut ecclesia ; alius
sanctus, ut qui servitoribus ecclesiæ deputatur, de
quo sub interminatione æternæ pœnæ sancitum
est, ne quis eum violare præsumat, ut secundum
canones ambitus ecclesiarum, secundum leges
muri et munimina civitatum. Alius religiosus, ubi
secundum statuta Romanorum corpus integrum,
aut caput hominis sepelitur ; caput ideo dico, quia
truncus sine capite locum non efficit religiosum ;
quia nullus duas sepulturas potest habere, sed ubi
caput, ibi sepultura ejus dicitur esse, sive sit Judæus, sive paganus. At secundum statuta Christianorum locus non est religiosus, nisi ubi Christianus fuerit sepultus ; qui locus vocatur cœmeterium,
ut prædiximus, id est humatorum, vel mortuorum
dormitorium, et est triginta, vel quadraginta passuum, forte ob easdem causas, quibus diem terce-
narium et quadragenarium diximus observandos.
Dicitur et polyandrum, vel andropolis, quasi civitas virorum, a polis, quod est civitas, et andros,
quod est vir. Dicitur et sepulcrum quia inibi sepulti sunt sine pulsu. Dicitur et mausoleum ; Mau-
solus fuit vir quidam, cui defuncto fecit uxor gloriosam sepulturam, quam mausoleum a viro nomi-

¹³* Gen. 3.   ¹⁴ Ibid.   ¹⁵ Gen. 2.   ¹⁶ Joan. 20.   ¹⁷ Matth. 17.   ¹⁸ Joan. 20.

navit. Unde inolevit consuetudo, ut quælibet nobilis sepultura mausoleum vocetur.

Dicitur et dormitorium a dormiendo, quoniam ibi requiescunt eorum corpora, *qui in Domino moriuntur* [19]. Dicitur et monumentum, quasi monens mentem cujuslibet transeuntis, quod cinis sit et in cinerem revertetur [20]. Dicitur et tumulus, quasi tumens tellus. Dicitur et ergasterium, ab *erga*, quod est labor, et *staron* quod est statio, eo quod ibi jaceant corpora spirituum, qui requiescunt a laboribus suis [21]. Dicitur et sarcophagus a *sarcos* quod est *caro*, et *phagum* quod est *comedere*, quia ibi caro comeditur, id est consumitur. Dicitur et Pyramis, a *pyr* quod est *ignis*, vel quia corpora igne cremata et incinerata ibi reconduntur, vel quia hoc genus sepulturæ ad instar ignis, incipit a lato, et tendit in acutum et altum ut pyramis illa, quæ dicitur acus Sancti Petri, ubi repositi sunt cineres Julii Cæsaris, de quo est dubium, utrum sit unus, aut plures. Unde si lapis est unus, dic qua fuit arte levatus; si lapides multi, dic ubi contigui; et vide quoniam antiquitus homines in suis domibus sepeliebantur, sed propter fetorem cadaverum, statutum est, ut extra civitatem sepelirentur in omni loco ad hoc deputato : nobiles in montibus, ignobiles in radicibus eorum. Hæc de gentilibus; sed de iis qui unum Deum coluere, sciendum est quod in prima ætate duo sacramenta fuere duntaxat inventa : oblatio videlicet et pœnitentia [22]. In secunda crevit cultus unius diei, qua Noe fecit arcam et ad sacrificandum inclusit animalia [23]. In tertia vero, ampliatus est cultus, dum Abraham emit agrum ad faciendum sepulcrum [24]. In quarta, dilatatus est cultus Dei, quia lex est per Moysem data [25], et sacrificia sunt instituta [26]. In quinta, magis iterum ampliatur per Salomonem [27], qui templum fecit, et servitores instituit. In sexta venit Christus, qui se obtulit hostiam Deo placentem et omnibus sufficientem [28]. Itaque cœmeterium ab Abraham sumpsit initium. In cœmeterio igitur Christianorum non nisi Christianum convenit sepeliri, non Judæum, non paganum, sed nec quemlibet Christianum; nullus enim interfectus in maleficio sepeliatur in cœmeterio, ut latro in latrocinio, adulter in adulterio, miles in hasti ludio, pedes in fustiludio, bellator in bello non justo, hæreticus, excommunicatus, et sui ipsius homicida. Omnes ii sepeliantur sepultura asini [19], nisi probatum fuerit eos cum pœnitentia transivisse, vel sacerdotem aut pœnitentiam petivisse; similiter et quem de lupanari, aut loco consimili exire constitit, si in ipso exitu moriatur, eadem sepultura scilicet asini sepeliatur, nisi, ut supra probatum fuerit, eum pœnitentiam habuisse, vel postulasse. Ergo latro sub patibulo in quo suspenditur, sepeliatur; cæteri suprascripti ubilibet, dummodo extra cœmeteria

A   sepeliantur, nisi satisfecerint; quod si satisfecerint, ei cœmeteria non negentur. At si quis in ludo pilæ vel trochi, choreæ vel balnei, vel similium subito moriatur, poterit in cœmeterio sepeliri; quia, licet faceret quod facere non deberet, tamen nemini nocere intendebat; sed, quia mundialibus occupabatur, aiunt quidam quod sine psalmis, et cæteris mortuorum exsequiis sepeliatur. Verum si quis incumbens operi necessario vel utiliter faciendo subito moriatur, nisi notorium fuerit vel eum esse in aliquo criminali, vel eum ex genere delicti anathemate fore notandum, et in cœmeterio sepeliatur, et pro ipso exsequiæ celebrentur; mulier ergo, quæ in partu moritur, quamvis in ecclesiam portari non

B   debeat, ut quidam aiunt, forte, ne pavimentum sanguine maculetur, sed extra ecclesiam ei obsequium celebretur, tamen in cœmeterio sepeliatur; alii quod licite in ecclesiam deferatur. At si cum puero in ventre decesserit, de ventre puer abstrahatur, et mortuus extra cœmeterium sepeliatur. Defensori justitiæ, si in justo prælio moriatur, cœmeterium et officium libere conceduntur. Interfecti tamen in ecclesiam non portentur, ne pavimentum sanguine maculetur; quod si cœmeterium habere nequiverint, sepeliantur ubicunque locum aptum invenerint. Illud autem notabile est quod ubicunque Christianus extra cœmeterium sepelitur, crux capiti apponatur, vel ad designandum eum fuisse Christianum, vel quia diabolus timet accedere ubi locum

C   signo crucis viderit insignitum. Si quis autem in æquore moriatur, si terra vicina fuerit, illuc navigent ad eum sepeliendum, alioquin in capsella cum pecunia, si habet, includatur, et in mare projiciatur, ut qui eum invenerit, sciat se pretium accipere, quo eum terræ debeat commendare. Esto autem quilibet sic sepeliendus ut, capite posito ad occidentem, pedes dirigat ad orientem, in quo innuitur, et quasi positione oratur, ut de casu festinet ad ortum, de mundo ad cœlum; et vide quod orationes quæ exspirationem præcedunt, ut animæ commendatio, et quæ sequuntur, ut vigiliæ et cæteræ mortuorum exsequiæ pro valde bonis sunt gratia-

D   rum actiones, pro valde malis sunt qualescunque vivorum consolationes, pro mediis, id est non valde bonis pœnarum purgationes. Sunt enim animæ, quæ, statim ut exeunt a corporibus, ut passer volant ad Dominum; sunt aliæ quæ descendunt in infernum, sunt mediæ, quæ vadunt in purgatorium, quarum intuitu fiunt eleemosynæ, orationes, jejunia et sacrificia, sed propter incertitudinem pro omnibus etiam fiunt; melius enim supererunt ista his, quibus nec prosunt, nec obsunt, quam deerunt his, quibus prodesse possunt.

CAPUT LI.
QUATUOR CORONATORUM.

De quatuor coronatis hoc notabile reperitur, quod

---

[19] Apoc. 14.   [20] Gen. 3.   [21] Apoc. 14.   [22] Gen. 4.   [23] Gen. 7.   [24] Gen. 23.   [25] Exod. 34.   [26] Levit. 1.
[27] III Reg. 7 et infra.   [28] Phil. 4.   [29] Hier. 22.

quinque fuerunt, qui venerant ad construendum templum Diocletiani; cognito quod erant Christiani, martyrio sunt coronati, quorum nomina, quia nota fuere, idcirco in collecta ponuntur. Post duos annos, alii quatuor martyrium susceperunt, quorum corpora sepulta sunt juxta corpora prædictorum quinque, quorum nomina, quia fuere ignota, vindicaverunt sibi nomen quatuor coronatorum, et statuit Melchiades, ut dies eorum sub nominibus prædictorum quinque celebris haberetur; postea vero fuere cuidam religioso eorum nomina revelata, scilicet : Severi, Severiani, Carpofori et Victorini, nomina tamen festi et loci propterea non mutantur.

CAPUT LII.
DE SANCTO MARTINO.

Beatus Martinus fuit de Pannonia, quæ est circa Austriam, oriundus; inde quoque fuit beatus Hieronymus. Hic Martinus duplici gaudet privilegio, scilicet : quia par apostolis dicitur in officio, et quia solus inter confessores habet octavam ; par quidem apostolis propterea dicitur, ut quidam aiunt, quia per eum magna et numerosa miracula coruscarunt, vel potius propter hoc sequens speciale miraculum : Cum Turonis esset episcopus, quidam pauper et nudus ab eo tunicam petiit, unde procuratori suo præcepit, ut illi tunicam emeret, qui emit penulam, id est pene nullam, quæ vix ad genua et in manicis vix extendebatur ad brachia, quam videns beatus Martinus, illam induit, et suam pauperi dedit. Exinde cum stans ad altare missarum solemnia celebraret, laxis sacræ vestis manicis retro labentibus, nuda usque cubitum brachia remanserant, et confestim torques aurei brachia circumdederunt, et globus igneus apparuit super caput ejus, per quod ostensum est Spiritum sanctum super eum, sicut super apostolos, descendisse[30], propter quod parapostolis dicitur exstitisse. Hic solus inter confessores habet octavas, sicut Laurentius inter martyres habet vigilias, ille enim dixit : « Igne me examinasti, et non est inventa in me iniquitas[31] ; » hic vero dæmoni dixit : « Nihil invenies in me, cruenta bestia. » Ecce quomodo concordant argumento, et ideo conveniunt privilegio. Attende quod cappam ejus reges Francorum portare consuevere in præliis, unde ipsius custodes ab ipsa capellani dicuntur. Cantualis historia ex ejus Vita et miraculis compilatur.

CAPUT LIII.
DE SANCTA CECILIA.

Beata Cecilia Valerianum sponsum suum, et Tiburcium fratrem ejus ad fidem convertit. Rursus ad ejus prædicationem Urbanus papa quadraginta (sic) baptizavit. Tandem Almachius eam fecit igne cremari, et jussit postea decollari, sed ei caput, licet tertio ictu percussa, non potuit amputari, ex hac passione vel legenda cantualis compilatur historia,

sic de beati Clementis et cæterorum, ut generalius dicam, sanctorum operibus, miraculis et passionibus moris est antiphonas et responsoria compilare.

CAPUT LIV.
GENERALIA DE FESTIS.

Generaliter de festis est attendendum quod si duo festa pleno officio in uno die conveniunt, aut de uno pleniter agatur, et de altero duntaxat per antiphonam et orationem mentio fiat, aut alterum in diem alterum differatur ut festum Pauli. Item nullius sancti post missam mentionem facit Ecclesia, de quo tantum tria responsoria canit, sed festum novem lectionum ad omnes celebrat horas. In omni festo novem lectionum cantatur : Te Deum laudamus, Gloria in excelsis, et Alleluia, nisi in casu, ut in Adventu, et Septuagesima, et in festo Innocentum, et utimur antiphonis de laudibus ad primam, ad tertiam, ad sextam, ad nonam, et genua non flectimus, eo quod eos ad lætitiam sempiternam transisse credamus. Inde est etiam, quod in tertia periocha, quæ ad Novi Testamenti gloriam pertinet, frequentamus sæpe in antiphonis alleluia ut Exaltabuntur cornua justi[32], alleluia, Lux orta est justo, alleluia[33]. Item si major festivitas præcedit minorem, totum fiat de præcedenti et antiphona duntaxat, ut supra, et oratio de sequenti. Quod si minor majorem, fiet de capitulo in antea de sequenti, nisi præcedens trium solummodo lectionum, et nisi sequens, festum fuerit principale, ut beatæ Virginis, apostolorum, et oratorii proprium : tunc enim cantarentur totæ vesperæ de sequenti ; si autem festivitates æquales fuerint, a capitulo in antea de sequenti cantetur. Item si festum papæ martyris, totum officium de martyre fiat, excepta missa, quæ est de episcopo celebranda. Rursus si festum novem lectionum fuerit in Sabbato, vesperæ de Sabbato celebrantur, nisi festum fuerit principale : illud autem principale dicimus, in quo Credo in unum Deum canere consuevimus ; tunc enim a capitulo in antea cantabitur de Dominica ; si autem fuerit in Dominica privilegiata, ad secundam feriam transferatur. Privilegiatam illam dicimus cui appropriatam historiam invenimus. In aliis vero, licet solemnizare de festo. Quidam vero, ne homiliam evangelicam prætermittant, transferunt ad secundam feriam. Quidam sex lectiones de festo, et homiliam de Dominica pronuntiant. At si festum novem lectionum in secunda feria fuerit, in die Dominico, dicantur vesperæ de ipsa Dominica, nisi festum fuerit principale, tunc enim de festo a capitulo cantabuntur, sed et idem in festis Sancti Michaelis, Sancti Laurentii, Sancti Martini et Sancti Nicolai facere consuevimus ; at si festum fuerit Beatæ Virginis, vel oratorii proprium, totæ vesperæ de festo cantantur. Rursus in illorum sanctorum vigiliis nona de festo cantetur, in quorum vigiliis missa de vigilia celebratur.

[30] Act. 2.   [31] Psal. 16.   [32] Psal. 74.   [33] Psal. 96.

CONCLUSIO.

—

Hæc sunt fercula et meri vini pocula, fratres et filii, quæ vobis, ut pincerna in cœna et cœnaculo, præsentavimus; quibus ostia claudimus, ne fauces masticando fatiscant, ne stomachus plenus eructet, quia

Omne supervacuum pleno de pectore manat.

A Comedite ergo, et bibite quod satis est, justitiam tamen esurientes, et in præsenti epulo sitientes, ut in futuro satiemini, cum apparuerit gloria Domini [24]. Amen.

[24] Matth. 5.

Explicit Mitrale.

INDEX CAPITULORUM.

—

SICARDI

CREMONENSIS EPISCOPI

CHRONICON.

PRÆFATIO.

(MURATORI, *Rerum Ital. Script.*, tom. VII, pag. 523.)

—

Sicardus Cremonensis episcopus, ævo suo illustris, famam quoque apud posteros sibi quæsiverat Chronico ab antiquissimis temporibus ad sua usque deducto, quod tamen majorum nostrorum incuria hucusque delituit. Hujus Historiæ mentionem non uno in loco olim deprehendi, hoc est in libris ms. Gualvanei de la Flamma, et Andreæ Danduli, atque in editis aliorum scriptorum. Quare nihil non egi ut alicubi monumentum hoc Italicæ eruditionis, tandiu nobis ereptum, detegerem; dolens nempe tam paucas ex antiquis Italiæ historiis ad nos pervenisse, pauciores vero publica luce donatas. Et quidem Sicardus is erat qui et ex eruditione sua, atque ex tempore quo floruit, magni nobis faciendus videbatur.

Deprehendi tandem ex catalogo librorum aliquot nondum editorum Augustæ bibliothecæ Cæsareæ Vindobonensis, Chronicon Sicardi, diu olim a me conquisitum, ibi asservari cum hoc titulo : *Sighardi episcopi Cremonensis Chronicon incipiens a creatione mundi, pertingit usque ad A. C. 1221.* Meminerat et Lambecius in *Comment. de Bibl. Cæs.*, lib. II. Quare pluribus egi apud præclarissimum procerem comitem Antonium de Collalto, ut ab illustrissimo tunc et doctissimo bibliothecæ Cæsareæ præfecto, postea vero Romanæ Rotæ auditore, nunc autem celsissimo Tridentinæ episcopo ac principe, Joanne Benedicto Gentilotto, mihi impetraretur ejusmodi operis exemplar. Ejus tamen conatibus, meisque votis tunc nullus effectus respondit. Certior interea factus fui opus idem scriptum reperiri in bibliotheca serenīss. electoris ducis Bavariæ.

Sed et illic spes mea frustrata est; nam dum gravi bello cedere, ac solum vertere coactus fuit ille excelsi animi princeps, exemplum hujus Chronici expetente Cæsareo quodam ministro, codex ms. ac membranaceus e bibliotheca eductus cum ipsius ministri morte inopportuna evanuit. Interea cum attentiori oculo perscrutarer ms. codices Estensis bibliothecæ, visus sum mihi inscius possidere quod alibi tanta anxietate quærebam. In eadem quippe bibliotheca servatur membranaceus ac pervetustus codex, quem scriptum censeo temporibus Guilielmi de Bobio episcopi Regiensis, hoc est circiter annum Christi 1290; in hunc enim episcoporum desinit catalogus episcoporum Regiensium in calce libri positus. Ibi vero Chronicon innominati auctoris habetur cum hocce tantum titulo : *Incipit Chronica imperatorum Latinorum et Græcorum, et regum Longobardorum, et aliarum nationum.* Primum capitulum est *de Ptolemæo Dionysio, et de gestis quæ fuerunt suo tempore, et aliis baronibus, et de gestis Pompeii.* Subsequuntur capitula *de Julio Cæsare, et de gestis ejus.* Tum *de Octaviano imperatore,* etc. Hisce, quæ ex probatis auctoribus decerpta erant, mirabar subinde interspersa fabulosa quædam commenta, nempe *de visione quam vidit Octavianus imperator de beata Maria. De patre et matre Pilati,* aliaque id genus, quæ mihi insulsum consarcinatorem, imo ridendum exhibeant, ac proinde ab ipsa Historia animum meum prorsus avertebant. Verum legere pergens, quo plus progredior, eo pluris æstimandum scriptorem reperio. Tum se mihi in postrema parte objiciunt, quæ ab uno Sicardo profecta nemo negabit, quale potissimum illud erat, quod de Homobono Cremonense, piissimo viro in sanctorum album sua cura illato, ad annum 1198 is refert, seque anno 1203 in Armeniam fuisse peregrinatum : quod revera a Sicardo episcopo factum auctor est Ughellus in *Ital. sac.*, tom. IV, atque ante eum scriptor Vitæ Innocentii III pontificis maximi adnotarat, quo teste episcopus Cremonensis cruce assumpta in Orientem navigavit. Ad hæc narrat ille quæ tum Constantinopoli, tum in Armenia gesserit, ut demum agnoscas Sicardum plane his verbis sese pinxisse.

Sed quod me in eam sententiam vehementius induxit, Gualvaneus de la Flamma in *Manipulo Florum* non semel Sicardi Chronicon laudat. Ad annum 390 sunt ejus verba : *Hic, idest in ista civitate Mediolanensi, Virgilius natione Mantuanus togam secundum Sicardum suscepit.* Potuisset Gualvaneus hujus rei testem afferre Eusebii Chronicon a S. Hieronymo Latinitate donatum, a quo hæc Sicardus sumpsit; verum sat illi fuit, vetustissimo scriptore dimisso, Sicardum recentem commemorare, a quo revera hæc producuntur cap. 1. Rursus idem Gualvaneus cap. 37 auctor est, Maximianum Augustum *Mediolani imperialem purpuram deposuisse secundum Sicardum.* Eadem exhibet et Chronicon Estense. Ad hæc Gualvaneus cap. 49 ejusdem *Manipuli* scribit : *Isto tempore fuit bellum de Rivolta; et ipso tempore secundum Sicardum apud Cremam totus populus Cremonensis ductus fuit Mediolanum in carceribus.* Exhibentur hæc ipsa in Chronico nostro ad annum 1159. Denique, ut alia loca prætermittam, Gualvaneus cap. 205 Mediolanensium prælium atque victoriam in bello adversus Fridericum Ænobarbum referens ait : *Unde clamat Sicardus* : « O rota fortunæ, quæ quondam humiliavit Mediolanenses, et nunc exaltavit; imo Dominus, qui pauperes fecit Mediolanenses, et modo ditavit, superbum deponens de sede. » Eadem verba repetit

Corius Mediolanensis historicus sub nomine *Aicardi scriptoris eorum temporum*, Sicardum memorare volens : quem errorem si in typographos rejicere velis, non impedio. Sunt et alii veteres qui a Sicardo exclamationem hanc mutuati in suas historias intulerunt. Atqui eamdem totidem verbis habet Chronicon Atestinum ad annum 1176. Quam concordiam rerum ubi perspexi, etsi chronologi nomen non appareret, hunc tamen alium a Sicardo esse non posse tandem statui.

Quamobrem litteris denuo supra laudatum eruditissimum Cæsareæ bibliothecæ præfectum Gentilottum, nunc amplissimum Tridentinum episcopum, conveni, simulque Estensis Chronici exemplar ad eum misi, ut perspiceret utrum cum Vindobonensi codice paria complecteretur. Ille eumdem scriptorem utrobique deprehendit, quanquam inter se in nonnullis codices discreparent. Quare ut est in omnia humanitatis officia pronus, venia facta ab Augustissimo Romanorum imperatore Carolo VI, hujusce Collectionis meæ patrono clementissimo, Cæsareæ bibliothecæ codicem a tempore Caroli Magni usque ad finem describendum curavit, et ad me continuo misit, quo mihi in promptu esset de hoc argumento lectores commonefacere tutius. En ergo quæ animadverti. Vindobonensis codex purum putum Sicardi Chronicon exhibet, deductum a creatione mundi ad annum 1221. Prologi titulus, miniatis litteris efformatus, ab hisce verbis exordium sumit : *Incipit Prologus super Chronicam, quæ est a domno Syghardo Cremonensi episcopo edita. Rerum Creator omnium et opifex earumdem genus humanum in ea sorte locavit, ut sibi vicissim vivant*, etc. Tum Chronici initium ita se habet : *Adam nomina rebus imposuit, de cujus costa formata est Eva, de qua genuit Cain*, etc. Exinde breviarium exhibet tum sacræ, tum profanæ historiæ usque ad tempora Caii Julii Cæsaris, quæ tamen omnia, utpote nullius ævo nostro usus, perlibenter suis in tenebris jacere sum passus. Postea uterque codex, videlicet Cæsareus ac Estensis, pari concordia breves Romanorum imperatorum Vitas, atque iisdem verbis, complectuntur ad annum usque 1213, in quem desinit Estensis. Hæc autem inter eos differentia intercedit, quod codicis Estensis Chronicon eodem sæculo, quo Sicardus e vivis excessit, interpolatum est ab anonymo quodam, quem patria Regiensem puto; aliqua enim intermiscuit, fabuloso plene atque exsibilanda ; ac præterea quædam ad reges Longobardos, et alia postremo loco ad civitatem Regiensem spectantia, ac potissimum nomina consulum ac potestatum illius urbis adjecit. Quod pleraque hæc additamenta præciderim, lectores, ut puto, facile mihi ignoscent ; putidas enim fabulas nemo sani capitis amet. Quæ vero ad Regium Lepidi pertinent, infra loco suo, hoc est in altero Chronico, a me Lector accipiet.

Sed illud in primis animadvertendum est in hoc discrepare inter se codices istos, quod nonnulla in Atestino desiderentur quæ in Cæsareo occurrunt ; et vicissim haberi in Estensi multo plura quæ frustra in Cæsareo requiras. Atque id potissimum perspicias in iis quæ Sicardus Estensis narrat de gestis suo tempore in Oriente a crucesignatis. Hæc eumdem Sicardum habere auctorem qui peregrinantibus in eam regionem sese adjunxerat. At iis de rebus ne χρὸ quidem complectitur Sicardus Vindobonensis. Unde autem effluxerit dissimilitudo ista inter ejusdem Chronici exemplaria, si quis petat, conjecturam hanc meam responsum habeat. Ut infra edisseram, duplex Chronicon post se reliquit Sicardus. Cæsareus codex unum tantummodo complectitur, quale ab hoc auctore procusum est, hoc est sine ullo prorsus additamento. Contra Estensis codicis scriptor, quippe qui, ut conjicio, non amanuensis, sed auctoris gloriam consectaretur, in usum suum, præter paucas aliorum historias, illud ipsum Sicardi Chronicon magnam partem in suam invexit Historiam, ac præterea ex altero ejusdem Chronico lacinias aliquot decerpsit, suoque operi immiscuit. En igitur quare uberior interdum ac ditior videatur historicus noster in codice Estensi quam in Cæsareo. Dixi geminum Chronicon videri mihi a Sicardo fuisse conscriptum ; hujus enim rei idoneum testem laudare possum Gualvaneum de la Flamma supra memoratum, qui circiter annum Christi 1325 florebat, ac Manipulum Florum, sive Mediolanensis historiæ Breviarium concinnabat. Ita ille ad annum 1214 scribit : *Isto anno Sicardus episcopus Cremonensis, qui Mitrale et Chronicam pulcherrimam composuit, in Domino moritur.* Rectius fecisset Gualvaneus, si in subsequentem annum 1215 Sicardi obitum rejecisset. Sed quod nunc quærebamus, vides, Sicardum duo diversa opera contexuisse, alterum *Chronicæ* seu *Chronici* titulo distinctum ; alterum vero *Mitrale* nuncupatum. Non minus istud quam illud historia fuisse complexum, mihi perquam verisimile est (4) ; tum quod *Mitrale*, non pontificum, sed *imperatorum* alibi a Gualvaneo appellatur ; tum etiam quod ab eodem Gualvaneo *Mitrale*, non secus ac *Chronicon*, ut liber historicus citatur atque adhibetur. Fortassis in uno ex iis libris *Vitas imperatorum*, in altero vero *Romanorum pontificum Vitas*, atque historiam potissimum ecclesiasticam fuerit persecutus.

Itaque in edendo hoc opere hujusmodi ratione sum usus. Dimissis quæ nativitatem Domini præcedunt, utpote superfluis, codicis Estensis textum produco ab ejus exordio usque ad Caroli Magni imperium. Commenta ibi sparsa atque, ut puto, a Regiensi consarcinatore adjecta, sustuli ; reliquis autem additamentis, si qua sunt, peperci, aut quod minime videbantur a Sicardi calamo aliena, aut quod non inutilia scitu duxi. In eodem autem codice Estensi ms. ac membranaceo alterum Chronicon habetur, hactenus ineditum cujus mentionem feci in Præfatione ad Godefridum Viterbiensem (5). Illius titulum accipe : *Incipit Liber de temporibus, et ætatibus. Breve compendium collectum ex variis chronicis, et per ordinem digestum de temporibus, in quibus sederunt certi pontifices Romani, et imperatores imperaverunt, reges regnaverunt, sederunt Regini pontifices, consules et potestates. Civitatem Reginam rexerunt,* etc. quam postremam partem, hunc titulum præferentem *Memoriale potestatum Regiensium*, ut nuper sum pollicitus, edere suo loco constitui. Exordium autem ducit hæc Historia ab ortu Christi, et fere tota versatur in Vitis Romanorum pontificum, quas tamen easdem esse deprehendi ac vulgatæ sub Anastasii Bibliothecarii nomine, sed plerumque breviatas. In ora codicis historica quædam additamenta apponuntur, ad martyrum præcipue aliorumque sanctorum memoriam servandam, inter quæ nonnulla mihi e Sicardo desumpta fuisse videbantur. Rem uno exemplo ostendam. Ad Vitam Damasi I papæ hæc in margine adjiciuntur : *His temporibus Damasi papæ, Valentiniano et Valente imperatoribus, anno secundo Valentiniani, Damasus, et paulo post Ursinus diaconus Romæ fuerunt episcopi; sed prævaluit Damasus. Hic damnavit Liberium, et annullavit omne quod fecerat. Anno V Valentiniani Hilarius Pictaviensis moritur. Anno VII, Eusebius Vercellensis moritur. Anno XI, Ambrosius, cum esset catechumenus, Mediolani ad sacerdotium postulatus, multipliciter fugiens, a Valentiniano legitur audivisse « Noli timere, quia Deus, qui elegit te, ipse te adjuvabit ; et ego adjutor et defensor tuus semper existam. » Post hæc consecratur episcopus. Ex tunc Italia ad fidem convertitur, et Aquileienses clerici quasi chorus sanctorum habentur.*

<hr>

(4) Post editum supra Sicardi *Mitrale*, Muratorium hic omnino falsum esse nemo non videt. Edit.
(5) Vide *Patrologiæ* tom. CXCVIII.

Temporibus quoque Valentiniani Athanaricus rex Gothorum Christianos persecutus est. Eunomius, discipulus Arii, fidem impugnavit, sicut et Apollinaris Laodicenus, qui, etc. Hæc a uctorem habere Sicardum Cremonensem, testis est mihi locuples Andreas Dandulus in Chronico, lib. iv, cap. 13, ad annum 568, ubi hæc leguntur : *Dicit autem Sicardus episcopus quod Aquileienses clerici hoc tempore quasi chorus sanctorum habebantur.* Verum quæ Sicardi sint in eo Chronico, quæve aliorum scriptorum, tuto discernere nemo, ut censeo, possit; ac propterea ab iis edendis supersedi. Cum vero ad Caroli Magni imperium Sicardi Historia venit, tunc Vindobonensis Cæsareæ bibliothecæ codice uti incipio, simulque Estensi, ita ut quæ plura habet hic noster, pone subjiciam, sed semper indicato alterutro codice, unde sumpta sit narratio. Quæ vero exigui momenti variantia sunt, subdam ad instar notarum. Hac ratione quidquid potui de Sicardi reliquiis colligere, erit in posterum eruditæ genti ad manus.

Reliquum est ut nunc de hoc ipso Sicardi labore quid ego sentiam atque sentiendum judicem, studio omni deposito, edicam. Quæ ille congessit usque ad tempora Caroli Magni, medico usui futura sunt eruditis iis quibus curæ est a fontibus, non autem a rivulis, historiæ veritatem haurire. Attamen ibi quoque nonnulla mihi videre videor quæ alibi frustra perquiras, deperditis nempe ante hæc tempora historiis, quibus ille suo tempore utebatur. Quod si illic te lædat fabulosum aliquid, aut male consutum, quod resecare ego ausus non fuerim, tu aut illud Regiensi scriptori Sicardum sarcienti tribue, aut Sicardo ipsi, ævo parum critico degenti, ignosce. Nam et ille in ea Historiæ parte quæ eum procul dubio Auctorem agnoscit, non satis sibi cavit a fabulis atque erroribus vulgarium chronologorum. Cujus rei exemplum petenti ejusdem Caroli Magni Vita statim occurrat ; eum quippe Sicardus tradit peregrinatum in Palæstinam, et per duodecim præcipuos pugnatores bella gessisse (nos *Paladini* appellamus) inter quos *Rolandus, Uliverius*, etc. Hæc a Romanensibus fabulis desumpta. Ita ille quatuor nobis Berengarios Italiæ reges obtrudit, quem errorem in Historia plurimi subinde propagarunt. Sed quod plus mirere, etiam domi suæ hospitem se prodit Sicardus. Si ei credimus, sub Ottone I Augusto *Luyso Cremonæ* fuit episcopus, *qui corpus beati Hymerii transtulit.* Imperante sub Ottone II *Liutprandus Cremonæ* fuit episcopus. Sed veniam det Sicardus : ex uno episcopo duos illos incaute fecit ; neque enim a Liuzone alius est Liutprandus, uti jam diu recte adnotavit Ughellus, atque ego in Præfatione ad Chronicon ejusdem Liutprandi tom. II *Rer. Italic.* satis evicisse me puto (b). Quare jam intelligas quam facile rudibus iis sæculis cæspitarent historici, quoties de eventibus ab ætate sua remotis res erat, et eos deficiebant coævi scriptores. Attamen quæ hactenus attuli, nihil obstant, quominus Sicardi fetus, aliis antiquioribus additus, suum quoque præsidium eruditioni præbere possit, ac potissimum ubi sui aut proxime præteriti temporis acta enarrat. Si non alia ipsum nobis commendarent (commendant autem plura) hoc unum ejus laudem, et quidem non exiguam, statuere queat. Eleganti enim sermone supra sæculi sui morem singula describit, atque ita Friderici I Augusti expeditionem postremam in Orientem, et subsecuta crucesignatorum gesta ob oculos ponit, ut fortasse, quod est ad res eorum temporum Orientales, plerosque alios scriptores post se relinquat. Adde, neminem ex nostris tot nobis quot Sicardus monumenta reliquisse de inclyta progenie marchionum Montisferrati, eorumque præclaris in Oriente gestis. Atque hinc est cur dolcam quod utilissimi scriptoris lucubrationes aliquot jam exciderint, neque omnes educere in omnium conspectum queam. In his etiam quæ nunc prodeunt, optassem ut emendatiores codices mihi præsto fuissent ; abundant enim vitiatis lectionibus tam Cæsareus Vindobonensis quam Estensis. Sed quando nec plura , nec meliora exhibere licet, erit honesti Lectoris hæc quæ dare possum, sibi ac aliis bonarum litterarum amatoribus gratulari, mihi vero in reliquis proniorem fortunam precari.

(G) Vide *Patrologiæ* tom. CXXXVI, col. 783.

SICARDI CHRONICON.

De Ptolemæo Dionysio, et de gestis, quæ fuerunt suo tempore, et de aliis baronibus, et gestis Pompeii, et de morte dicti Pompeii.

Ptolemæus Dionysius apud Ægyptum regnavit annis XXX. Apud Judæos Alexandra, mortuo viro, regnavit an. IX, quæ primogenitum Hircanum declaravit pontificem. Temporibus Dionysii orta est hæresis Pharisæorum. Apud Romanos Albanorum civitas capta est occasione civilis belli, et bellum gladiatorum fuit in Campania. Post hæc nova bella consurgunt in Hispania, in Pamphilia, in Macedonia et in Dalmatia : de omnibus triumphaverunt Romani. Nicomedes rex Bithyniæ populum Romanum hæredem instituit. Lucullus Mithridatem virum insanientem, Byzantium quæ nunc est Constantinopolis, fugavit et oppressit. Interea novum bellum in Italia oritur, non levius bello Annibalis. Lucullus, victa Armenia, et Mesopotamia, et Nisibi capta pri-

mus imperator est appellatus. Alter Lucullus capta Bile, et cæteris urbibus de Hæsis triumphavit usque ad Danubium, et de profugis in Rhodopæis montibus et multis aliis. Confecto bello Macedonico, adhuc manente Mithridatico, Creticum reparatur, ad quod Metellus missus cepit universam Provinciam, unde Creticus est appellatus. His temporibus Marcus Pontius Cato Stoicus philosophus agnoscitur. Defuncta Alexandra Hircanus filius Alexandri et Alexandræ sedit in sede pontificali apud Judæos annis XXXIV, quem multum persecutus est Aristobulus frater ejus. Sed tunc Hircani consiliarius erat Antipater Idumæus, cujus consilio fugit Hircanus ad Aretam regem Arabum, qui venit in Judæam, et obsedit Hierusalem. Audiens Pompeius, qui erat in Armenia, dissensionem fratrum, ascendens Hierusalem, cepit eam, et templum profanavit, et equos, ut dicitur, in porticibus stabulavit : ob quam rem dicitur, quod qui fuerat in præliis fortunatissimus prius, post hæc fuit infortunatus. Pompeius itaque Hierosolymis tributum imposuit, Hircanum pontificem confirmavit, Aristobulum captivavit, et rediens Romam, Syriæ administrationem et Judææ Scauro commisit. Hic est, qui Hispaniam, Albaniam, Armeniam, Asiam, Syriam, Lusitaniam, Piratas, Mithridatem et Judæam subjugavit, unde et imperator est appellatus. Sed et Catilina contra patriam conjuravit, qui demum in agro Piceno cum suis confossus est. Postmodum Gabinius Scauro succedit ; gentem Judæorum per pentarchias, id est *quinque conventus*, divisit. Sub Gabinio militabat Marcus Antonius. Gabinio successit Crassus, factus præses Syriæ ; qui ut Parthos comprimeret, templum auro exspoliavit, quare merito auro in os infuso interiit ; cui successit Cassius. Julius vero Cæsar de Germanis, Gallis, Britannis triumphavit, et omnes inter Rhenum, et Rhodanum, et Alpes usque ad Oceanum subjugavit. Appius rex Romano populo Lybiam testamento concessit. Eisdem temporibus Virgilius in pago, qui dicitur Andos, juxta Mantuam nascitur, qui postea Cremonæ studuit, Mediolani togam sumpsit, et inde Romam venit. Horatius Venusii nascitur. Apollodorus Græcus, Titus Livius historicus, et Curio promptus orator, claruerunt. Rediens Julius de Gallia victor Romam, exercitu dimisso apud Ariminum, quæsivit alterum consulatum ; sed contradictum est a Pompeio, Marcello et Catone : ideoque Julius Cæsar solvit Aristobulum Romæ ligatum, et mittens eum exercitu sperabat obtinere victoriam ; sed ab amicis Pompeii occisi sunt Aristobulus, et Alexander filius ejus. Alius vero filius Antigonus fugit ad quemdam Ptolemæum, qui accepit sororem Antigoni uxorem, et genuit Lysaniam, qui post fuit Abilinæ tetrarcha. Et reversus Julius ad exercitum contra patriam se armavit. Pompeius autem, et omnis senatus, et universa nobilium multitudo de Urbe aufugit, et in Græciam transivit, et contra Cæsarem bellum paravit. Cæsar utique vacuam Urbem ingressus, se dictatorem fecit. Inde vadens in Hispaniam, exercitum Pompeii superavit. Inde transiens in Græciam cum Pompeio in Æmathia dimicavit. Unde Lucanus :

Bella per Æmathios plus quam civilia campos. Pompeius victus fugit in Alexandriam, ut a Ptolemæo rege Ægypti peteret auxilium. Sed et Ptolemæus occidit eum, et caput et annulum misit ad Cæsarem. Cæsar autem Alexandriam ivit, et cum Ptolemæo navali certamine dimicavit, cujus corpus in lorica aurea fuit inventum. Eo mortuo, regnum Cleopatræ sorori ejus, cum qua consuetudinem stupri habuerat, dedit. Regnavit annis xxii et fuit dicta Cleopatra soror et uxor dicti Ptolemæi. Hæc a serpente periit, et sic regnum Ptolemæorum, vel Lagidum, defecit, quod stetit per annos ccxcv. Antipater autem fuerat cum Pompeio ; sed eo mortuo Cæsar adhæsit, et Ægyptios ad obsequendum Cæsari sua prudentia inclinavit. Ejus ergo gratia Cæ-

sar pontificatum confirmavit Hircano. Fecit Hircanum regem et Antipatrum judicem procuratorem. Postmodum in Thessalia, Africa, Hispania cum Pompeii fautoribus de omnibus triumphavit. Romam rediens singulare imperium obtinuit.

De Julio Cæsare, et de ejus gestis, et de morte ejus.

Julius Cæsar regnavit apud Romanos annis iv, mensibus vii. Fuerat ante Romæ imperatum sub septem regibus annis 243. Postea vero sub consulibus res acta est annis 464. Cœpitque Julius imperare anno primo Cleopatræ, et anno post pontificatum Hircani. Cum igitur honores ex sua voluntate præstaret, et senatui ad se venienti non assurgeret, conjuratum est contra eum, et viginti tribus vulneribus, dolo Bruti et Cassii, confossus est. Vir, quo nullus unquam felicius in bellis enituit, nam quinquagies dimicavit ; quo nullus celerius scripsit, nemo velocius legit : quaternas epistolas simul dictavit ; tantæ fuit bonitatis, ut quos armis subegerat, clementia magis vinceret. Ab hoc Cæsare principes Romanorum Cæsares appellati sunt. Julius Cæsar Idibus Martii occisus est in curia a senatoribus. Obiit autem anno ætatis suæ lvi. Cujus corpus combustum est, et tumulatum in columna, quæ Julia nuncupatur. Ante mortem ejus fulmen cecidit in foro, quod de nomine ejus statuæ superposito C litteram capitalem abrupit ; et fenestræ thalami ejus tanto strepitu sunt apertæ, quod domum rupturam crederent. Eadem die datæ fuerunt ei, cum iret in Capitolium, litteræ mortis indices, quæ in manu occisi nondum solutæ fuerunt inventæ. Post mortem ejus tres soles apparuerunt in oriente, convenientes in unum corpus solare, significantes quod trium potestates redirent in monarchiam, vel significantes quod notitia trini et unius Dei toti orbi imminebat futura. Romæ Basilica Julia dedicatur. Antonius mensem Quintilem Julium nominavit, quia in eo mense Julius natus est. His temporibus boves in suburbano Romæ ab aratorem locuti sunt, frustra se urgeri dicentes, magis defuturos homines quam frumenta. Nota, Pompeium in Ægypto a Ptolemæo rege Ægypti occisum esse, cum Pompeius ad eum confugeret. Unde Cæsar cum persecutus occidit Ptolemæum, pro eo quod ausus fuerit principem Romanorum occidere. His temporibus, Servius Sulpicius jurisperitus, et Publius Servilius Isauricus claruerunt. Cassius in Judæa templum exspoliat.

De Octaviano imperatore, et de gestis et actibus, quæ fuerunt suo tempore.

Octavianus Cæsar Augustus regnavit apud Romanos annis lvi et mensibus v. Annis xii cum Antonio, xliv solus. Anno ab Urbe condito 710, quidam dicunt 700 minus 8, Antonius Cæsaris occisores persequebatur, quos senatus fovebat. Ergo contra Antonium missi sunt duo consules, et cum eis tertius, scilicet Octavianus adolescens sexdecim annorum, natus Patre Octaviano senatore, maternum genus trahens per Juliam familiam, nepos Julii,

Cæsar suum dedit nomen, et hæreditatem testamento reliquit. Igitur hi profecti contra Antonium, juxta Mutinam vicerunt eum. Et ecce rursus civilia bella. Sed post duo consules mortui sunt, et illi exercitus Cæsari paruerunt ; qui cum Antonio pacem fecit, et cum exercitu et Antonio Romam rediit. Item Antipater mortuus est bibendo venenum. Quatuor habebat filios, scilicet Phasælum procuratorem Judæorum, Herodem procuratorem Galilææ, Josephum, Pheroram, et filiam Salomam. Itaque reversi sunt Antonius et Octavianus. Mortem Cæsaris vindicantes, occiderunt Ciceronem oratorem, et multos nobiles, et post hæc Brutum et Cassium. Dimicantes obtinuerunt, diviseruntque inter se Rempublicam. Octavianus Hispaniam, Galliam et Italiam ; Antonius Asiam, Pontum, Syriam et Orientem, qui Phasælum et Herodem procuratores tetrarchas effecit. Sed rex Parthorum Hierusalem obsedit et Antigono regnum restituit, tradens ei Hircanum et Phasælum. Herodes autem fugiens venit Romam, et coronatus est in regem super Judæam. Rediens Herodes cum Romanis cepit Hierusalem, et Antonius occidit Antigonum, et confirmavit Herodi regnum. Ad hæc Antonius, repudiata sorore Cæsaris Octaviani, cujus bajulus post mortem Cæsaris remanserat, nitebatur multo certamine ei auferre imperium ; et duxit in uxorem Cleopatram reginam Ægypti potentissimam in auro et argento et lapidibus pretiosis, et populo. Cumque Antonius et Cleopatra cum magno apparatu navium et populi contra Romam venire cœpissent, hoc Romæ auditum est. Octavianus vero cum ingenti apparatu obviam ivit, et aggressus est eos ad Epyrum, et sic orta est pugna ; in qua pugna navis reginæ, quæ tota erat deaurata, cœpit declinare. Quod Antonius videns declinavit, quem insecutus est usque Alexandriam, qui irruit in ferrum et se ipsum occidit. Cleopatra autem videns conservatam se pro triumpho, ornata auro, et lapidibus pretiosis voluit sua pulchritudine Octavianum decipere, et sicut cæteros ad libidinem specie provocare. Sed non est flexus ; imo eam custodiri præcepit. Videns igitur se despectam intravit ita ornata mausoleum viri sui, et posuit ad mamillas duas Persinas, quod est genus serpentis. Octavianus autem tulit inde infinitam pecuniam ex illa victoria, et triumphavit Alexandriam et Ægyptum, et totam regionem Orientis, et ita victoriosus reversus est Romam. Et susceperunt eum senatores et omnis populus Romanus cum magno triumpho. Et quia victoria ista fuit in Sextilibus Kalendis, posuerunt ei mensi nomen Augustus, ab augendo Rempublicam. Statuerunt, ut omni anno in Kalendis Augusti tota civitas hanc festivitatem illius victoriæ ad honorem Octaviani Cæsaris, et tota Urbs floreat et gaudeat in tanta festivitate.

Additamentum posterioris, sed antiqui scriptoris ad chronicon Sicardi in codice Estensi.

Hic ritus perduravit usque ad Arcadii viri Eudoxiæ tempora, quæ mortuo ejus marito remansit cum filio suo Theodosio parvulo, quæ viriliter regebat imperium, ac si vir ejus Arcadius viveret. Hæc inspirante divino nutu, et negotio reipublicæ, ivit Hierosolymam, sepulcrum Domini, et alia sanctuaria visitatura. Inter multa negotia reipublicæ comprovinciales detulerunt ei ingentia munera, inter quæ catenas beati Petri apostoli. Et cogitavit non alibi eas catenas poni, nisi ubi beati Petri corpus requiescit in pulvere. Veniens autem Romam in Kalendis Augusti vidit illum antiquissimum ritum paganitatis a populo Romano celeberrime fieri in Sextilibus Kalendis, quem nullus Romanorum pontificum removere potuit. Aggressa est papam Pelagium, et senatores et populum, quatenus hoc munus, quod petere vellet, ei concederetur. Cui diligenter condonare promiserunt. Regina vero dixit : *Video vos tam sollicitos in Sextiles festivitates in honorem imperatoris mortui Octaviani pro victoria, quam fecit contra Ægyptios. Rogo vos, ut mihi donetis honorem imperatoris mortui Octaviani ad honorem imperatoris cælestis, et apostoli Petri, cujus catenas a Hierosolymis adduxi. Et sicut ille liberavit nos ab Ægyptiaca servitute, ita ille imperator cælestis liberet vos a servitute dæmonum. Et volo facere ecclesiam ad honorem Dei et beati Petri, ibique ponere catenas ; quam ecclesiam et domnus apostolicus dedicet in Kalend. Augusti, et vocetur Sanctus Petrus ad Vincula, ubi domnus apostolicus annualiter in hac ecclesia missarum solemnia celebret. Et sicut beatus Petrus ab angelo fuit a vinculis absolutus, ita Romanus populus cum benedictione a peccatis absolutus incedat.* Quod populus audiens, gravissime suscepit : tandem papæ et reginæ concessit, quæ fabricavit ecclesiam, quam domnus papa dedicavit in Kalend. Augusti, sicut Eudoxia Christianissima imperatrix proposuerat ; ubi posuit catenas beati Petri prælibatas, et catenas beati Petri Neronianas, et beati Pauli, ut ibi populus Romanus in hoc die Kalendarum Sextilium confluat, et salutet catenas apostolorum Petri et Pauli.

Anno XLI Octaviani Augusti natus est Joannes Baptista, qui exsultavit in utero matris, et natus solvit linguam patris. Prædixerat enim angelus Zachariæ sacerdoti seni, quod de Elisabeth sterili et sene filium generaret, quod quia discredidit, factus est mutus. In sexto vero mense missus est Angelus Gabriel in civitatem Nazareth ad virginem Mariam desponsatam Joseph, dicens : *Ave Maria, gratia plena, Dominus tecum,* etc., ut in Evangelio continetur (*Luc.* 1). His temporibus Octaviani, fontem olei manasse de Transtiberi usque in Tiberim, et e taberna meritoria per totam diem ; significans gratiam Christi ex gentibus. Et circulus ad speciem cœlestis arcus circa solem apparuit, ejusdem gratiæ significativus. Temporibus Cæsaris Octaviani Augusti Falcidius legem tulit, quæ Falcidia nomi-

natur. Virgilius, Horatius, Ovidius Naso, Varrus
et Nicea, Æmilius Veronensis, Quinctilius Cremonensis poetæ, et Cornelius, Sallustius historici, Ar-
torius medicus Augusti, Varro philosophus, Albu-
cius Novariensis, et Messala Corvinus rhetores fuerunt. Ægyptus itaque Romano imperio per Octavianum subacta est anno xv regni ejus, apud quam
regnatum fuerat post Alexandrum per duodecim
reges annis 295. His temporibus, Herodes contra
regem Arabum ab Antonio missus fuerat ; sed rediens in gratiam Cæsaris admissus est, et amplians
ei regnum, tradidit ei Trachonitidem, et Myrrhæam,
et totam maritimam usque ad Pyrgum Simeonis ;
deditque ei Cæsar cccc Galatas satellites, qui
postea vocati sunt Herodiani. Eodem tempore, ut
ait Tertullianus, vel potius xlii anno imperii Cæsaris Augusti, et xxxii regni Herodis, Maria peperit filium primogenitum. Hic est finis quintæ ætatis, quæ senectuti comparatur, eo quod in hac
plebs Hebræa in multis malis oppressa est, et continet generationes xiv. Fuerunt anni ab Adam
usque ad Christum anni 5199, a diluvio 3300 minus 43, ab Abraham 2015, a David 1046. A transmigratione Babylonis 589 ; alii dicunt, 586. Ab
Urbe condita 752 ; quidam dicunt, 53. Nota. A
cujus tempus elucidandum, aliquot annos, qui ad
rem pertinent, singulariter et evidentius decla-
remus.

Anno igitur Octaviani Augusti x defecit pontificatus Judæorum. Anno xi Herodes alienigena, filius
Antipatri Ascalonitæ, et matris Epyridis Arabicæ,
suscepit, ut prædiximus, a Romanis Judaicum regnum. Cujus principatus modo per duces, modo
per reges, modo per pontifices fuerat hactenus a
Judæis obtentus. Imminente vero Christi nativitate
ad alienigenam translatum est, ut adimpleretur illud Propheticum : *Non deficiet princeps*, vel *non
auferetur sceptrum de Juda, nec dux de femore ejus,
donec veniat qui mittendus est, et ipse erit exspectatio
gentium* (Gen. xlix). Sed Herodes combussit libros
genealogiæ gentis Judæorum, ut deficientibus pro-
bationibus crederetur ad eum pertinere regnum.
Hic complentur 69 anni hebdomadæ Danielis, qui
faciunt 483. Defecit etiam successio generis sacerdotalis, cum emeretur sacerdotium a Romanis.
Anno Octaviani Augusti xlvii et regni Herodis
xxxvii scatentibus e corpore vermibus miserabiliter Herodes mortuus est ; qui fuit in aliis fortunatissimus, sed in domesticis infelicissimus. Qui
multas civitates construxit, scilicet Cæsaream, quæ
Turris Stratonis antea vocabatur ; Samariam re-
parans, Sebasten, id est Augustam, nominavit. In
Hierusalem multas domos ædificavit, et turrim,
quam ad honorem Antonii vocavit Antoniam, sed
nunc dicitur Turris David. Construxit et aquilam
auream super Speciosam Portam templi ; et ad honorem posuit Romanorum, quam Judæi dejecerunt
in morte ipsius. Fecit et in Ascalone domum regiam, unde Ascalonita vocatus est. Fecit et templa

multa ad honorem Cæsaris, sed et templum Domini decoravit. In Syriæ singulis urbibus opera
multa construxit ; sed homicidia et parricidia multa
commisit. Nam Hircanum, et filium ejus, et sororem suam, uxorem cum duobus filiis, et socrum, et
duos viros sororis unum post alium fecit occidi.
Jussit quoque Sileam nobiliores in morte sua Judæos occidere ut, eo mortuo, plangeretur ab universa Judæa saltem invita. Et cum de novem uxoribus numerosam genuisset prolem, tres jussit occidi, Antipatrum, Alexandrum et Aristobulum.
Tres autem superstites exstiterunt, Archelaus, Herodes Antipas et Philippus. Aristobulus vero reliquit filium suum Herodem Agrippam et filiam He-
rodiadem. Mortuo Herode, orta est inter fratres de
regno seditio ; inter quos, cum Romæ coram Cæsare litigassent, Cæsar regnum divisit, medietatem
Archelao, aliam medietatem inter Herodem Anti-
pam et Philippum. Archelao quidem Judæam tradidit et Idumæam. Herodi regionem trans flumen, et
Galilæam, Philippo Ituræam et Trachonitidem.
Factus est Archelaus dinarchus, sed quandoque
monarchus, intellige secundum opinionem vulgi,
vel promissionem Augusti, vel jactantiam sui. Herodes autem et Philippus facti sunt tetrarchæ.
Anno xlviii regni Augusti, et primo Archelai, et septimo fugæ Christi, monitus est Joseph per Angelum, ut rediret in terram Hierusalem. Sed audiens,
quod Archelaus regnaret in Judæa, noluit illuc venire, sed veniens in Galilæam cum matre et puero
habitavit in Nazareth. Anno Augusti liv, cum esset
puer Jesus duodecim annorum, ascendit Hierosolymam cum parentibus ad diem festum, et sedit in
templo in medio doctorum, audiens et interrogans
(*Luc.* ii). His temporibus, censu Romæ agitato, inventa sunt hominum nonagies et trecenta et sexaginta millia. Romam veniens Archelaus, cum accusaretur, a Cæsare damnatus est, et apud Viennam in exsilium relegatus. Sol eclipsim patitur,
et Augustus moritur, cum regnasset xiv annis
post Nativitatem Domini. Aiunt quidam, quod regnavit annis lvi, mensibus vi, diebus x.

*De Tiberio Cæsare filio Octaviani adoptivo et gene-
ro ; et de Pontio Pilato, quem dictus Cæsar procuratorem Judææ instituit. Et de gestis et actis,
quæ fecit, et fuerunt suo tempore.*

Tiberius Augustus filius adoptivus fuit Octaviani Cæsaris. Apud Romanos regnavit annis xxiii.
Hic vivente Augusto sub eo de Rhætis, Vindelicis,
Armenis et Pannoniis triumphavit ; ideoque Augustus adoptavit eum in filium. Fuit enim privignus
ejus, et gener. Similiter adoptavit et Agrippam, id
est Herodem. Tiberius adoptatus Darmatas seu Sarmatas in Romanam redegit potestatem. Factus imperator multos reges ad se per blanditias vocatos
non remisit, inter quos Cappadocem Archelaum retinens, cujus regnum in provinciam vertitur, et
Mazaram civitatem, caput regni, Cæsaream appellavit. Hic Tiberius vino indulsit, unde cum nomen

habéret Claudius Tiberius Nero, joculatores voca- A
bant eum Caldius Biberius Mero. Apud Judæos re-
legato in exsilium Archelao, missi sunt procuratores unus post alium : Coponius, Marcus Annius
Cuphus, Valerius, qui sæpe vendidit sacerdotium.
Anno XII Tiberii Cæsaris Philippus tetrarcha Pa-
neadem Cæsaream Philippi vocavit, constituens
in ea plurimas ædes, et Sephorim aliam civitatem
Juliam vocavit. Anno XIII Valerio Romam reverso
Tiberius Pontium Pilatum Judææ procuratorem instituit, qui Hierusalem veniens statuas Cæsaris
erexit ; et cum Judæi supplicassent de statuis amo-
véndis, minatus est eis mortem ; at illi potius mortem eligebant, quam leges patrias profanarent. Ad-
mirans itaque Judæorum constantiam in legalibus
institutis, statuas jussit auferri. Anno XIV Tiberii B
Herodes tetrarcha Tiberiadem condidit, et Libya-
dem. Anno XV imperii Tiberii Cæsaris, procurante
Pontio Pilato Judæam, tetrarcha autem Galilææ
Herode, Philippo autem fratre ejus tetrarcha Itu-
reæ et Trachonitidis regionis, et Lysania Abilinæ
tetrarcha , sub principibus sacerdotum Anna et
Caipha, prædicatur baptismus pœnitentiæ in remissionem peccatorum. Et veniens omnis Judæa
in Betharam regionem trans Jordanem baptizaba-
tur ab eo. Erat autem Joannes vestitus pilis camelorum, et zona pellicea circa lumbos ejus : locustas et mel silvestre comedebat, in deserto inha-
bitans (Matth. III). Eo tempore erant tres sectæ
Judæorum, a communi vita et opinione distantes.
Pharisæi phylacteria, scilicet pictacia chartarum, C
quibus Decalogus erat inscriptus, in brachiis et in
fronte gerebant, et spinas in fimbriis. Animas defunctorum dicebant transire in alia corpora usque
ad resurrectionem. Sadducæi negabant resurrectionem, putantes animas cum corporibus interire.
Essæi, vita quasi monachi, dicebant animas omnes
a principio creatas, pro temporibus incorporari.
Eodem tempore dicti Tiberii Cæsaris exierunt Sca-
thodrii de Scanadabia insula in mari Oceano posita ; qui venientes juxta Rhenum, fecerunt Burgos,
ideoque dicti sunt Burgundiones. Cujus tempore
primi habitatores dicebantur Allobroges. Et cum
regnasset Tiberius annis v post passionem Domini
mortuus est. Eodem tempore Sudarium Veronicæ D
deportatum fuit Romam de Hierusalem, et liberatus fuit Tiberius a lepra ; et vindicta Christi facta
fuit de Judæis propter mortem Christi ; et mortui
et destructi fuerunt principes sacerdotum, et venditi per Titum et Vespasianum ; et Pilatus in navi
vivus deductus fuit Romam.

De Caio Caligula, et de Herode tetrarcha, qui occidi
fecit Joannem Baptistam , et de gestis, quæ fecit ,
et fuerunt suo tempore.

Anno ab Incarnatione Domini 38, Caius Caligula
regnavit apud Romanos annis IV, mensibus X. Hic
fuit sceleratissimus. Nam cum sororibus suis stu-
pra commisit : post eas exsilio condemnavit. Hic
anno primo imperii sui Agrippam, id est Herodem,

de vinculis liberavit, et Judææ regem instituit, et
apud Judæos regnavit annis VII. Herodem vero te-
trarcham apud Lugdunum exsilio condemnavit,
ubi cum Herodiade adultera extrema mortuus est
egestate, anno ab Incarnatione Domini 38. Anno 17
vel secundum quosdam 16, Imperii Tiberii Cæsaris, Herodes tetrarcha jussit decollari Joannem Baptistam : caput datum est puellæ in disco, et humatum est corpus in Hierosolymis : Discipuli sepelierunt in Sebaste. Audivit autem Herodes famam de
Jesu, et dubitabat an esset Joannes, qui resurre-
xisset a mortuis, et quærebat eum videre. Tempore Caii Caligulæ Pontius Pilatus incidens in multas
calamitates, demum se propria manu occidit. Caius
Caligula jussit in templo et synagogis Judæorum,
et suas et Jovis imagines erigi , et se Dominum vocari.

De Claudio et de morte beati Jacobi fratris Joan-
nis , et de gestis, quæ fecit et fuerunt suo tem-
pore.

Anno ab incarnatione Domini nostri Jesu Christi
43, Claudius patruus Drusi , qui apud Maguntiam
sepultus est, regnavit apud Romanos annis XIV ,
mensibus VII, diebus XXVIII. Hic de Britannis triumphavit, et Orcades insulas Romano adjunxit imperio. Rex Agrippa (alio nomine dictus Herodes)
occidit Jacobum, fratrem Joannis, gladio ; sed is,
qui eum obtulerat ad martyrium, capite punitus est
quia confessus, se esse Christianum. Petrum quoque misit in carcerem ; sed angelus Domini eripuit
eum de manibus Herodis. Anno IV descendens Herodes vel Agrippa in Cæsaream, sedens pro tribu-
nali gloriabatur, et post mortem inter deos relatus
est, et divus appellatus. Cujus temporibus descriptio facta est ; Romæ sexaginta octo centena
quadraginta quatuor millia ; alibi dicitur : sexagies
mille millia nongenta quadraginta unum millia hominum inventa sunt. Eisque temporibus triginta
millia virorum in die Paschæ constipatione populi
in foribus templi necantur, ut dies festus converte-
retur in luctum. Anno VI Claudii tanta fames fuit
Romæ, quod imperator vix furorem plebis evase-
rit. Post hæc Claudius Agrippæ filium Agrippam
substituit in regnum Judæorum, et regnavit apud
Judæos annis XXXVI. Eodem tempore Felix quemdam Ægyptium falsum prophetam , qui multa millia virorum congregaverat, ut irruerent in Hierusalem, de quo Acta apostolorum faciunt mentionem ,
in fugam convertit. Cum itaque Paulus coram Felice, fuerit accusatus, Felix liberam concessit ei
custodiam. Anno IX Judæos tumultuantes Roma
ejecit.

De Nerone imperatore, qui multa mala fecit et fieri
fecit suo tempore, quia interfecit matrem, amitam,
et uxorem, fratrem et magistrum suum Senecam.
Et de morte beati Jacobi, Marci, Petri et Pauli ,
et Lucani, et aliis gestis.

Anno ab Incarnatione Domini 58, Nero apud Romanos regnavit annis XIV, mensibus VII, diebus
XXVIII. Hic fuit similis Caligulæ avo suo, et eo pe-

jor, quia matrem, amitam, uxorem, fratrem et magistrum suum Senecam occidit, qui fuit de civitate Cordubensi, patruum Lucani. Et civitatem incendit, ut similitudinem ardentis Trojæ videret. In re militari nil ausus, fere Britaniam perdidit, et Armeniam. Qui tantæ fuit luxuriæ, ut retibus aureis et funibus purpureis piscaretur. Romæ Thermas ædificavit. Anno VII imperii Neronis Jacobus frater Domini Hierosolymitanus episcopus de pinnaculo templi pertica fullonis jactatus et mortuus est. Anno secundo imperii sui Festum Felici substituit præsidem Palæstinæ, a quo Paulus Cæsarem appellavit. Cui Festus : *Cæsarem appellasti : ad Cæsarem ibis.* Cum rex Agrippa venisset Cæsaream ad salutandum Festum, indicavit Festus regi de Paulo, coram quo Paulus etiam comparuit. De morte beati Marci evangelistæ multipliciter est scriptum.

Additamentum posterioris , sed antiqui scriptoris ad chronicon Sicardi in codice Estensi.

In passione sua legitur, quod imperantibus Gaio et Junio (alibi, quod primo Neronis anno, quidam octavo) mortuus est. *Hic Petri in baptismate filius, et in sermone discipulus fuit. Hic Evangelium in Italia scripsit rogatu Romanorum , ut quod Petrus docuerat verbo, litterati in memoria conservarent. Post hæc in tota regione Ægypti baptizatis ordinavit episcopum. Multos quoque varios infirmos sanavit, leprosos mundavit, dæmoniacos liberavit. Demum ecclesia constructa per fratres in loco, qui Buculus nominatur, insidiatores in mense Pharmuthi , id est Aprili et festivitate septiplica fune trahentes eum, dicebant : « Trahamus bubalum de Buculi. » Sanctus vero Domini gratias agebat Domino Jesu Christo, dicens : « In manus tuas Domine, commendo spiritum meum. » Et tunc cum gentiles reliquias ejus comburerent, factæ sunt tenebræ, tempestas et imber. Posuerunt ergo justi corpus ejus in Alexandria in loco lapidis excisi cum gloria, venerantes memoriam ejus.* Quod longo tempore post Venetias creditur esse translatum, ubi colitur et veneratur. Et merito ad Italiam translatum est, ubi ejus Evangelium primo prædicatum. Cujus discipulus fuit Hermagoras Aquileiensis. Hermagoras vero Syrus, et Inventius Papiensis, claruerunt. Eodem tempore Neronis, discipuli Pauli fuerunt Dionysius Areopagita, qui apud Athenas sacerdotium adeptus est, et Crescens, et Trophimus, qui ad Gallias profecti sunt ; et Lucas, qui ad ejus doctrinam scripsit Evangelium, et ad ejus sequelam Actus apostolorum.

Demum vero cum a Romanis quæreretur ad pœnam, quia magnam partem senatus occiderat, a senatu fugatus est et occisus. Dicitur quod se ipsum occidit, et in eo omnis Augusti familia consumpta est. Temporibus Neronis Lucanus claruit, qui deprehensus in conjuratione quadam , brachium ad secandas venas præbuit, Horatius rhetor, qui et Thebaidos appellatur. Eo tempore terræ motus Ro-

mæ et in Asia fuerunt. Fulmen cecidit ante mensam Neronis. Ejus tempore Cornutus poeta magister Persii claruit. Sed Cornutum Nero misit in exsilium. Eodem tempore, an. XII Neronis et XXXVI post passionem Domini , et LXX ab Incarnatione (alibi dicitur XIV Neronis, et XXXVII Dominicæ passionis) Nero Petrum occidit crucis patibulo, capite deorsum, sicut elegit, verso ; et sepultus est in Vaticano juxta viam Triumphalem ; et eodem die Paulum occidit gladio. Hic fuit Judæus Gamalielis discipulus, qui XIV scripsit Epistolas, sed propter stylum de ultima dubitatur , et creditur esse Barnabæ , et Lucæ, vel Clementis. Et cum ad Paulum Seneca scripsisset epistolas , Paulus quoque scripsit ad eum. Est autem sepultus in Via Ostiensi, anno XXVII, ut quidam aiunt, post passionem Domini. Hi duo, sicut ait Clemens, habuerunt uxores. Nam Petrus, cum uxorem vidit duci ad passionem, gavisus ait : *O conjux, memento Domini.* Paulus negat se suam circumducere , ut expeditius posset prædicationi vacare.

De Galba, et Ottone, et Vitellio, et Vespasiano , et aliis gestis.

Anno ab Incarnatione Domini 72, post mortem Neronis Galba in Hibernia , Otto Romæ , Vitellius in Germania, Vespasianus in Palæstina electi sunt ad imperium. Nero namque contra Judæos Vespasianum miserat. Sed Galba septimo mense capite truncatur. Hujus temporibus fuit Linus papa , Otto levi prælio victus se ipsum occidit ; Vitellius a ducibus Vespasiani occiditur. Itaque Vespasianus exercitum filio Tito commendans, Romam venit, et confirmatus regnavit annis IX, mensibus XI, diebus XXII. Qui moderatissime rexit imperium : erat enim justus, largus, lætus, patiens, immemor offensarum. Ecclesia, quæ Hierosolymis congregata fuerat, responso accepto, transivit ad castrum, Pellam nomine, trans Jordanem. Ablatis justis viris Titus anno secundo imperii patris sui Judæam et Hierusalem diebus Azymorum subvertit , diebus merito, quibus Dominum occiderunt. Alii occiderunt gladio, alii fame, usque adeo quod matres filios comederent. Alii vero igne combusti sunt, alii venumdati, alii captivati, usque ad decies centena millia. Hic est igitur ille, secundum Prophetam, *Aper de silva, qui devastavit eam (Psal.* LXXIX). Fuerunt autem a prima ædificatione templi, quod fuit sub Salomone, usque ad hanc ruinam anni 3102, alii dicunt 3089. A secunda , quæ fuit sub Dario 590, a captivitate sub Antiocho 258, a Passione Domini 59 vel potius 40 (supra isaiata legitur 42). Hanc ruinam prodigia præcesserunt, scilicet cometes stella similis gladio , et immensum fulgur repentinum in templo , et voces dicentes : *Transmigremus hinc;* et janua ferreis vectibus munita, sponte patefacta : currus et quadrigæ, armatorum cohortes in aere, et vitula in sacrificiis agnum enixa ; et prophetia cujusdam rustici clamantis, et nil aliud in ore habentis, quam verba hæc : *Væ* *ab oriente , vox ab occidente , vox a quatuor ventis ,* vox super Ilierusalem et templum, vox super sponsam et sponsum : væ Israelitis !* et divisio civium, quia pars templum, pars tenuit arcem , pars reliquam civitatem. Unde Isaias (*Cap.* LXVI) : *Vox populi de civitate, vox de templo.* Post excidium Judæorum ex diversis locis convenientes in unum Apostoli, cæterique discipuli, qui supererant, elegerunt Simonem Cleophæ filium, et Jacobo substituerunt. Temporibus Vespasiani Achaia, Lycia, Rhodus, Byzantium, Samos, Thracia, et multæ aliæ regiones, quarum quædam liberæ, quædam sub regibus degebant, amissis regibus sub Romano imperio rediguntur, capitolium incenditur, et ædificari incipit.

De Vespasiano, et de vindicta, quam fecit de Judæis, et de pestilentia Judæorum, fame et mortalitate eorum, et aliis gestis. Et de Josepho.

Refert Josephus, quod propter peccatum mortis Jacobi Justi factum sit excidium Hierusalem, et dispersio Judæorum. Sed non solum ob mortem Jacobi, sed etiam ob mortem Domini præcipue hæc destructio facta est , secundum quod Dominus dicit : *Non relinquetur inde lapis super lapidem , eo quod non cognoveris tempus visitationis meæ* (*Matth.* XXIV). Sed quoniam Dominus *non vult mortem peccatoris* (*Ezech.* XXXIII), et ut ipsi excusationem non haberent, per XL annos pœnitentiam eorum expectavit, et per apostolos, maxime per Jacobum fratrem Domini, inter eos continue prædicantem , eos ad pœnitentiam revocabat. Sed, cum per admonitionem eos non posset revocare , voluit eos saltem prodigiis exercere. Nam in his XL annis, sibi ad pœnitentiam datis, multa monstra et prodigia, sicut refert Josephus, evenerunt : *Nam stella præfulgens gladio per omnia similis visa est civitati desuper imminere , ac per totum annum exitialibus flammis ardere. In quodam festo Azymorum hora noctis nona tantus fulgor aram templi circumdedit , ut omnes diem clarissimum putarent. In eadem festivitate vitula ad immolandum adducta, inter ministrorum manus agnum subito est enixa. Post aliquot dies prope solis occasum visi sunt currus , et quadrigæ in omni regione per aerem fieri, et armatorum cohortes misceri nubibus, et urbem circumdare agminibus improvisis. In alio die festo qui Pentecostes appellatur, noctu sacerdotes in templum ingressi ad ministeria ex more complenda, motus quosdamque strepitus senserunt , ac voces subitas audierunt dicentes : « Tran eamus ab his sedibus. »* Ante quartum etiam annum belli , vir quidam nomine Jesus, Ananiæ filius in festo Tabernaculorum repente clamare cœpit : « *Vox ab oriente, vox ab occidente, vox a quatuor ventis, vox super Hierusalem, et super templum : vox super sponsos et sponsas , vox super Hierusalem universam.* » Prædictus igitur vir capitur, cæditur, verberatur ; sed ille aliud dicere nequiens, quanto plus verberabatur, tanto eadem fortius clamabat. Ad Judicem igitur adducitur; tormentis

diris afficitur; usque ad putredinem ossium laniatur. Sed ille nec preces nec lacrymas effundebat, sed cum quodam ululatu per singula pene verbera eadem proferebat, addens etiam hoc : « *Væ, væ Hierosolymis.* » Hæc Josephus.

Cum autem Judæi nec admonitionibus converterentur, nec tantis prodigiis terrerentur, post XL annum Dominus Vespasianum et Titum Hierusalem adduxit, qui ipsam civitatem funditus destruxerunt. Vespasianus namque Romam adiit, et destruendi Judæam et Hierusalem a Tiberio licentiam impetravit. Per annos igitur plures exercitum congregavit, et Hierusalem cum copioso exercitu Vespasianus advenit; et in die Pachæ Hierusalem per circuitum potenter obsedit, ibique infinitam multitudinem, quæ ad diem festum venerant, conclusit. Per aliquod autem tempus, antequam Vespasianus Hierusalem adveniret, fideles, qui ibi erant, a Spiritu sancto admonentur, ut inde recedant, et in quodam oppido trans Jordanem, quod Pellam vocant, secedant, ut ablatis ab urbe sanctis viris cœlesti vindictæ fieret locus, tam de urbe sacrilega, quam de populo scelerato.

Quamdam autem civitatem Judææ nomine Jonaparam, in qua Josephus princeps et dux erat, primo omnium est aggressus. Sed Josephus cum suis viriliter resistebat. Tandem Josephus videns imminere excidium civitatis, assumptis undecim Judæis, subterraneam domum intravit, ubi quatriduana fame jacuerunt afflicti. Judæi vero consentiente Josepho malebant ibidem mori quam Vespasiani se subjicere servituti. Volebant se mutuo interficere, et sanguinem suum in sacrificium Deo offerre. Et quoniam Josephus inter eos erat dignior, volebant eum primitus occidere, ut ejus effusione sanguinis Deus citius placaretur; vel ut Chronica dicit, ideo mutuo se interficere volebant, ne darentur in manibus Romanorum. At vir prudens Josephus et mori nolens, judicem mortis et sacrificii se constituit; et quis prior alio occisurus esset, inter binos et binos sortem mittere jussit. Missis itaque sortibus, sors nunc unum, nunc alium morti tradidit, donec ventum est ad ultimum, cum quo Josephus sortes missurus fuit. Tunc Josephus homo strenuus et agilis gladium illi abstulit, et quid magis eligeret, vitam scilicet aut mortem, requisivit, et ut sine dilatione eligeret, præcepit. Et ille timens respondit : *Vivere non recuso, sed gratia tui vitam conservare valeo.* Tunc Josephus uni familiari Vespasiani, et sibi etiam familiari, latenter locutus est; et ut sibi vita donaretur, petiit; et quod petiit, impetravit. Cum autem ante Vespasianum Josephus esset adductus, dixit ei Vespasianus : *Mortem meruisses, si hujus petitionibus liberatus non esses.* Josephus : *Si quid perperam actum est, in melius commutari potest.* Et Vespasianus : *Qui victus est, quid facere potest ?* Et Josephus : *Aliquid facere potero, si dictis meis aures tuas demulsero.* Et Vespasianus : *Concedatur, ut verbis inhæreas; et quidquid boni dicturus es, pacifice audiatur.* Et Josephus : *Imperator interiit, et senatus imperatorem te fecit.* Et Vespasianus : *Si propheta es, quare non es vaticinatus huic civitati, quod meæ subjicienda sit ditioni?* Et Josephus : *Per quadraginta dies hoc eis prædixi.* Interea legati Romanorum venerunt. Vespasianum imperatorem sublimatum asserunt, eumque venerati sunt. Hæc supradicta Chronica testatur, quod scilicet Josephus Vespasiano prædixit tam de imperatoris morte, quam de sua sublimatione. Reliquit autem Vespasianus Titum filium suum in obsidione Hierusalem.

Titus autem, ut in Historia apocrypha legitur, audiens patrem suum in imperium sublimatum, tanto gaudio et exsultatione repletur, quod nervorum contractione ex frigiditate corripitur, et altero crure debilitatus paralysi torquetur. Josephus autem audiens infirmitate laborare, causam morbi, et morbum, et tempus morbi diligenter inquirit. Causa nescitur ; morbus ignoratur. De tempore autem, quoniam audita patris electione hoc sibi accidit, aperitur. Josephus autem vir sapiens et providus ex paucis multa conjecit, et ex tempore morbum et causam invenit. Sciens quod gaudio et lætitia superabundanti debilitatus fuit, animadvertens itaque quoniam contraria contrariis curantur ; sciens etiam quidquid amore conquiritur, dolore frequenter amittitur, quærere cœpit, an aliquis esset, qui principis inimicus obnoxius teneretur. Et erat ibi servus adeo molestus Tito, ut sine vehementi conturbatione nullatenus in eum posset respicere, nec etiam nomen ejus audire. Dixit itaque Tito : *Si curari desideras, omnes, qui in meo comitatu venerint, salvos efficias.* Cui Titus : *Quicumque in tuo comitatu venerint, securus habeatur et salvus.* Tunc Josephus cito prandium fieri præcepit, et mensam suam mensæ Titi oppositam locavit, et servum a dextris suis sedere fecit. Quem Titus respiciens, molestia conturbatus infremuit ; et qui prius gaudio infrigidatus fuerat, accessione furoris incaluit, nervosque distendens curatus fuit. Post hæc Titus et servum in sui gratiam, et Josephum in sui amicitiam accepit.

Biennio igitur a Tito Hierusalem obsessa, inter cætera mala, quæ obsessos graviter perurgebant, tanta fames omnes tenuit, quod parentes filiis, et filii parentibus, viri uxoribus, et uxores viris cibos non tantum ex manibus, sed etiam ex ipsis dentibus rapiebant. Juvenes etiam ætate fortiores velut simulacra per vias oberrando palam exanimes cadebant. Qui mortuos sepeliebant, sæpe super ipsos mortuos mortui cadebant. Fetorem autem cadaverum non ferentes, ex publico sumptu ipsa sepeliebant ; sed deficiente sumptu et vincente cadaverum multitudine, de muro cadavera præcipitabant. At Titus circuiens cum videret valles cadaveribus repletas, et totam patriam ex eorum fetore corruptam, manus suas cum lacrymis ad cœlum levavit : *Deus, tu vides, quia ego hæc non facio.* Tanta ibi

fames erat quod calceamenta sua et corrigias comedebant. Matrona etiam genere et divitiis nobilis, sicut legitur in *Historia ecclesiastica*, cum prædones ejus domum intrantes eam omnibus exspoliassent, nec sibi ulterius quod comederet remansisset, parvulum filium suum lactantem tenens in manibus, ait : *Infelicis matris infelicior fili! In bello, in fame, in direptione cui te reservabo ? veni ergo nunc, o mi nate, esto matri cibus, prædonibus furor, sæculis fabula.* Et his dictis, filium jugulavit et coxit ; et dimidium comedens, partem alteram occultavit. Et ecce confestim prædones odorem carnis coctæ sentientes in domum irruunt, et nisi carnes prodat, mortem minantur. Tunc illa detegens infantis membra : *Ecce,* inquit, *vobis partem optimam reservavi.* At illos tantus horror invasit, quod nec loqui potuerunt. Et illa : *Meus est hic filius, meum est peccatum, securi edite, quia prior ego comedi quod genui. Nolite fieri aut matre religiosiores, aut feminis molliores. Quod si vicit vos pietas, et horretis, ego totum comedam, quæ dimidium jam comedi.* Illi vero trementes et territi discesserunt.

Tandem secundo anno imperii Vespasiani Titus Hierusalem cepit, et captam subvertit, templumque funditus destruxit. Et sicut Judæi Christum triginta denariis emerant, sic et ipse uno denario triginta Judæos vendidit. Sicut autem narrat Josephus, nonaginta septem millia Judæorum venditi sunt, et undecies centena millia fame et gladio perierunt.

—

Additamentum antiqui interpolatoris ad chronicon Sicardi in codice Estensi.

Legitur quoque, quod Titus intrans Hierusalem, quemdam murum densissimum vidit, ipsumque perforari præcepit, factoque foramine quemdam intus senem aspectu et canitie venerabilem invenerunt. Qui requisitus, qui esset, respondit se esse Joseph ab Arimathia Judææ civitate, seque a Judæis ibidem inclusum et muratum fuisse, eo quod Christum sepelisset ; addiditque quod ab illo tempore usque nunc cœlesti sit cibo pastus, et divino lumine confortatus. In Evangelio tamen Nicodemi dicitur quod, cum Judæi ipsum reclusissent, Christus resurgens eum inde eripuit, et in Arimathiam duxit. Potest dici, quia cum eductus a prædicatione Christi non cessaret, a Judæis iterum est inclusus.

—

Mortuo quoque Vespasiano imperatore, Titus filius ejus eidem in imperio successit, qui fuit vir clementissimus et multæ liberalitatis, tantæque bonitatis fuit, sicut ait Eusebius Cæsariensis in Chronica, et testatur Hieronymus, quod dum quodam sero recordatus fuisset, quod illo die nil boni egisset, aut nihil dedisset, ait : *Diem perdidimus.*

De origine Josephi, et nativitate, et cujus filius fuit ; et de compositione librorum, quos fecit.

Operæ pretium sane est post ista noscere, quis

fuerit hic Josephus, et unde vel ex quo genere originem ducens : qui tantam nobis materiam rerum gestarum cognitionemque præstitit. Exponit ergo etiam hæc ipse de se hoc modo, scribens : *Josephus Mathathiæ filius Hierosolymis sacerdos, qui et in ipso primo bello Romanos oppugnavit, et posterioribus nihilominus interfuit præliis necessitate constrictus.* Constat igitur, hunc virum per idem tempus non solum apud Judæos proprios cives, verum etiam apud Romanos habitum esse nobilissimum, ita ut litterarum merito in urbe Roma etiam statua donaretur, et libri ejus bibliothecæ traderentur. Conscripsit itaque *Antiquitatum* historiam in xx libris. *Belli* vero *Judaici* cum Romanis historiam vii voluminibus comprehendit, qua non solum Græca facundia, verum etiam et patrio, id est Hebræo sermone, suis etiam civibus se edidisse confirmat : dignus, cui præ cæteris omnibus debeat credi. Sed et alia ejusdem viri exstant *De Judæorum vetustate* duo volumina, in quibus contradicere Appioni cuidam Grammatico videtur, qui illis temporibus adversum Judæos scripserat, et ad alios quosdam, qui mores gentis Judæorum atque instituta laceraverant. In primo ergo ex his libris duobus, quæ volumina apud Hebræos in auctoritate habentur, secundum majorum traditionem per hæc docet.

Prologus de libris quos Josephus composuit contra Appionem.

Neque igitur innumera, inquit, *apud nos habentur volumina inter se invicem discordia ; sed duo tantum et viginti sunt libri, qui omnium temporum seriem continent, qui et juste creduntur divinitus inspirata. Ex quibus quinque sunt Moseos, continentes legem vitæ, et successionis humanæ prosapiam, usque ad ipsius Moseos terminum protendentem ; qui paulo minus trium millium annorum continentiam gerunt. A morte vero Moseos usque ad Artaxerxem, qui regnavit apud Persas, quæ gesta sunt, prophetæ quinque per ea tempora tredecim voluminibus conscripserunt. Reliqui vero quatuor libri, hymnos in Deum, et vitæ instituta ac monita mortalibus tradunt. Ab Artaxerxe vero usque ad nostrum tempus singula quidem conscripta, non tamen priori simili fide sunt habita, pro eo quod non exstiterit prophetarum jugis et certa successio. Rebus ergo ipsis constat, quod nos venerabiliter utamur Scripturis nostris. Nam, quamvis tot sæcula intercesserunt, neque addere quis unquam, neque auferre aut permutare quid ausus est. Sed omnibus gentis nostræ hominibus insita hæc quodammodo, atque ingenita fides est, credere, hæc Dei esse consulta, et his jugiter inhærere, ac pro ipsis, si ita res poposcerit, libenter et animam ponere.* Sit etiam hæc pars historiographi his in locis a nobis, ut arbitror, non incompetenter inserta. Est adhuc ejus aliud elegans satis volumen : quod animus sit, qui imperium teneat in nobis. Quem libellum quidam *Machabæorum* attitulaverant, pro eo quod certamina inibi et agones pro pietate a Machabæis fratribus desudata contineat. Sed et in

A fine vicesimi *Antiquitatum* libri significat idem ipse, composuisse quatuor volumina comprehensura secundum fidem et religionem patriam *De Deo, et de substantia ejus, ac legibus, et cur quædam apua eos liceant, quædam non liceant.* Sed et alia nonnulla opuscula a se dicit esse composita. In fine etiam supradicti vicesimi *Antiquitatum* libri, Justum quemdam ex Tiberiade, qui conatus sit hoc idem opus, quod ipse explicuerat, aggredi, arguit falsitatis per hæc verba : *Sed non ego te imitatus in his, quæ conscripseram. Ipsis enim imperatoribus obtuli libros meos, cum adhuc ipsa, quæ gesta sunt, pene in oculis haberentur ; quippe qui conscius mihi essem, servare in omnibus veritatem, nec me dictorum testimonio fefellit opinio. Sed et aliis pluribus obtuli, quorum multi etiam ipsis interfuere bellis, sicut Agrippa rex, et nonnulli ejus propinqui. Imperator quidem Titus in tantum probavit, ex istis debere libris ad omnes homines rerum gestarum notitiam pervenire, ut manu subscriberet publice ab omnibus eos legi debere. Rex vero Agrippa sexaginta duabus epistolis de Operis nostri veritate testatus est, ex quibus et duas inserui.* Sed de his satis. Nunc ad narrationis nostræ seriem redeamus.

De Tito Vespasiani filio imperatore.

Anno ab Incarnatione Domini 82, Titus Vespasiani filius regnavit apud Romanos annis ii et mensibus ii. Qui fuit Græca et Latina lingua disertissimus, facundus, pius, largus ; dicens, nullum debere tristem ab imperatore discedere ; unde cum quadam die recordatus fuisset in cœna, se nil illo die cuiquam præstitisse, ait : *Amici, hanc diem perdidi.* Hujus temporibus Cletus, quem Petrus presbyterum fecit, successit post Petrum papam.

De Domitiano imperatore filio Vespasiani.

Anno ab Incarnatione Domini 84, Domitianus filius Vespasiani, et frater Titi junior regnavit apud Romanos ann. xv. Hic superbissimus fuit, ut se Deum et Dominum jusserit appellari, et aureas et argenteas statuas in Capitolio sibi erigi, mensem Octobrem Domitianum suo nomine quoque vocari. Verumtamen Romæ multa opera fecit, Capitolium, Forum, Porticus Divorum, Isium, et Serapium, Horrea, Præparatoria, et Pantheon, et Stadium, et multa alia. De Dacis et Germanis triumphavit. Eunuchos fieri prohibuit. Philosophos et mathematicos de urbe ejecit. Christianos persecutus est, et Joannem apostolum in ferventis olei dolio posuit, et cum inde illæsus exisset, in Pathmos insula relegavit, ubi Apocalypsim scripsit. Eodem tempore Domitiani, Josephus a Vespasiano jam captus Romam venit, et multa conscripsit, præsertim xxiv. *Antiquitatum* libros ab exordio mundi usque ad xiv annum hujus Domitiani, unde statua Romæ donatus est. Et eodem tempore Quinctilianus Romæ scholam habuit, et salarium de Fisco primum accepit. Eodem tempore omne genus et regnum Hebræorum, et præcipue regis David omnino deletum fuit a Domitiano imperatore, exceptis quibus-

dam, qui dicebant non deberi sibi terrenum imperium, sed cœleste, quos ad voluntatem eorum libe-
ros abire permisit; demum cum multos nobiles
de senatu occidisset, suorum conjuratione occisus
est.

De Nerva imperatore.

Anno ab Incarnatione Domini 99, Nerva apud
Romanos regnavit ann. I et mens. IV. Vir fuit strenuus et modestus, qui missos in exsilium per Domitianum solvit. Idem creditur de Joanne apostolo,
qui reversus est Ephesum. Ista est metropolis
Asiana. Audi fabulam de Joanne. Cuidam episcopo
quemdam juvenem commisit. Episcopo absente, juvenis princeps latronum effectus est. Cum repeteret
eum Joannes, ait episcopus : *Mortuus est.* Cui Joannes : *Bonum te custodem fratris animæ reliqui !* Demum per Joannem ad pœnitentiam revocatus est.

De Trajano imperatore.

Anno ab Incarnatione Domini 100, Trajanus regnavit apud Romanos ann. XIX et mens. VI, et diebus XV. Hic fuit tantæ civilitatis et fortitudinis,
ut omnibus præcedentibus principibus merito præferatur ; nam cum alii imperium defendissent, iste
nobiliter ampliavit. Nam Asia et Babylonia capta
usque ad Indiæ fines accessit. De Dacis et Scythis
triumphavit. Hymbrios, Sauromatas, Arabas, et
Boffotanos in fide accepit. In mari Rubro classem
instituit, ut fines Indiæ subjugaret. Armeniam, Assyriam, Mesopotamiam subjugavit, et provincias
fecit. Nil elegit injustum ad augendum fiscum. Sed
persecutor fuit Christianorum. Nam cum Plinius
cujusdam provinciæ procurator eum consuluisset,
si Christianos occideret, cum nil mali in eis repe-
riret, præter obstinationem non sacrificandi, et an-
telucanos cœtus ad canendum cuidam Christo, ut
Deo; respondit quod nullus Christianus inquire-
tur; si quis tamen incidenter prævenitur, puniri
oporteret. Demum Trajanus apud Seleuciam Isauriæ, ut dicitur, mortuus est, cujus ossa in urna
aurea in Foro delata super columnam sunt. Solus
omnium intra urbem in foro sepultus est. In his
diebus Anacletus papa Romæ sedit. Post eum successit Evaristus papa Romæ.

De Adriano imperatore.

Anno ab Incarnatione Domini 120, Adrianus regnavit apud Romanos ann. XXI. Hic cognominatus
est Ælius. Facundissimus fuit et diligentissimus
circa ærarium, et militum disciplinam. In utraque
lingua peritus. Pater Patriæ dictus. Tributa urbis
relaxavit. Alexandriam a Romanis subversam publicis instauravit expensis ; et ad instaurandam civitatem Nicomediæ, quæ in terræ motu corruerat,
de publico dedit expensas. Atheniensibus sibi petentibus de libris Draconis et Solonis jura composuit.
Contra Sarmatas bellum gessit. Judæos secundo,
Romano imperio rebellantes anno secundo imperii
sui cepit. Sixtus papa Romæ sedit. Sixto successit
Telesphorus.

De Tito Antonino imperatore.

Anno ab Incarnatione Domini 142, Titus Antoninus regnavit apud Romanos ann. XXII, et mens. III.
qui Pius propter clementiam dictus est; Pater Patriæ, quia accusationibus incensis debita relaxavit,
Ærarium opulentum servavit; regibus amicis non
minus venerabilis. Eodem tempore Galenus medicus
claruit, qui Pergami natus claruit. Eodem tempore
sedit Romæ Hyginus papa. Post eum successit
Anicius : post eum successit Pius in episcopatu.
His temporibus Hygini papæ, Valentinus, et Cerdo,
et Marcion hæretici Romam venerunt. Valentinus
dicebat, duo esse principia, profundum, et silentium, et ex his triginta sæcula. Cerdo et Marcion,
duo principia, bonum et malum. Ambo resurrectionem carnis negabant, animæ tamen salutem
promittebant. In Alexandria vero Basilides suam
doctrinam evomuit, dicens CCCLXV cœlos secundum
numerum dierum anni. Hoc autem nomen *Abrasas*
commendabat, quia numerum istum contineat. Cujus discipuli se Gnosticos nominabant ad præsumptionem excellentioris scientiæ. Sed ab aliis dicebantur Bothonitæ, id est cœnosi, a turpitudine,
quam in mysteriis exercebant, contra quem scripsit
doctus Agrippa.

De Marco Antonino Vero, cum fratre Lucio Aurelio imperatoribus.

Anno ab Incarnatione Domini 165, Marcus Antoninus Verus cum fratre Lucio Aurelio regnavit
apud Romanos ann. XIX, et mens. I. Usque ad hoc
tempus singulares fuerunt Augusti. Hinc primum
bini. Hi Seleuciam ceperunt, de Parthis triumphaverunt. Contra Germanos et Sarmatas, Marcoman-
nos, Quados, Dacos, Vandalos, Suevos, Pannonios
dimicarunt. Et cum suus exercitus æstuaret, quibusdam militibus Christianis, qui sub eo militabant, orantibus, contra spem largissimus imber effusus est in exercitu, sed in hostes fulgur et ignis.
Marcus, defuncto fratre, filium suum Commodum
regni consortem fecit, et multis multa largitus est,
ita quod ærarium exhauserit ; pecuniam, quæ debebatur, tabulis incensis remisit. Et ne quid boni-
tati deesset, seniores leges novis constitutionibus
temperavit. Adeo magnificus fuit, ut centum simul
leones exhibuerit. Cumque Smyrna civitas Asiæ
corruerit terræ motu, per decennium ad ipsius in-
staurationem tributa remisit. Octavo anno Marci
Antonini Soter Romæ fit papa.

De Commodo Marci filio imperatore.

Anno ab Incarnatione Domini 184, Commodus
Marci filius regnavit apud Romanos ann. XIII. Nihil
paternum habuit, nisi quod contra Germanos dimicavit. Septembrem a suo nomine Commodum nominari voluit. Thermas Romæ fecit. Uxoris poculo
est occisus. Adeo nequam fuit, quod etiam mortuus
humani generis diceretur inimicus, quia multos
nobiles interfecit. Victor Eleutherio in apostolica
sede successit. Hisque temporibus fuerunt Cata-
phrygæ, a Phrygia dicti hæretici, qui secundas

nuptias condemnabant, quorum auctor fuit Monta- A
nus, qui se Paracletum nominabat, habens secum
duas mulieres, Priscam, et Maximillam insani spiritus, quæ se prophetissas esse jactabant.

De Helvio Pertinace imperatore.

Anno ab Incarnatione Domini 197, Helvius Pertinax regnavit apud Romanos mensibus VI. Hic se-
ptuagenario major cum præfecturam urbis ageret,
ex senatus-consulto imperare jussus est; et quia
pertinaciter resistebat, Pertinax dictus est; quem,
cum senatus rogaret quod uxorem suam vocaret
Augustam, respondit : *Quod sufficeret, quod regnaret invitus.* Pertinax Juliani scelere occiditur.

De Juliano imperatore.

Anno ab Incarnatione Domini 197, Julianus apud
Romanos regnavit mensibus VII, quem apud Pon-
tem Milvium Severus occidit. Post dictum Helvium
Pertinacem fuit.

De Severo imperatore.

Anno ab Incarnatione Domini 198, Severus regnavit apud Romanos ann. XVII. Hic fuit oriundus ex
Africa, philosophus, civilibus studiis clarus, sed
parcus. Multa bella feliciter gessit, nam Parthos,
Arabas, Britannos superavit; et quemdam Clau-
dium Albinum, qui fuerat in morte Pertinacis, et
se cæsarem in Gallia fecit, apud Lugdunum occidit. Receptas provincias vallo cingi fecit a mare ad
mare per CXXII milia passuum, et mansiones fecit.
Christianos persecutus est. Demum Eboraci moritur in Britannia.

De Antonino Severi filio imperatore.

Anno ab Incarnatione Domini 217, Antoninus
Severi filius, proprio nomine Bassianus, regnavit
apud Romanos ann. VII, mens. VI, dictus cognomento Caracalla a genere vestis, qua utebatur, et
ejus nomine vocata est. Thermas Romæ fecit, quæ
dictæ sunt Antonianæ. Impatiens libidinis fuit usque
adeo, quod novercam duxit uxorem. Nihil memora-
bile præter quod diximus fecit. Hujus temporibus
fuit Zephyrinus papa, cui successit Calixtus papa.
Et Antonini Severi filii hujus tempore Quinta Editio inventa est Hierosolymis, cujus auctor non apparuit. Ammonius Alexandrinus canones evangeliorum composuit. Hierosolymis Alexander, adhuc D
vivente Narcisso episcopo ordinatur propter ætatem; habebat enim CXVI annos, et cum eo pariter
Ecclesiam rexit. Sed Tertullianus sanctam impugnavit Ecclesiam; et persecutio magna fuit Christianorum.

De Macrino imperatore.

Anno ab Incarnatione Domini 223, quidam imperator nomine Macrinus regnavit apud Romanos
ann. I, mens. II. Nihil dignum memoriæ fecit.

De Marco Aurelio Antonino imperatore.

Anno ab Incarnatione Domini 224, Marcus Aurelius Antoninus regnavit apud Romanos ann. IV.
Hic exstitit impudicus, quod nullum genus obsce-
nitatis omisit.

De Alexandro Aurelio imperatore.

Anno Domini 228, Alexander Aurelius regnavit
apud Romanos ann. XIII. Hic Xerxem regem Persarum vicit, et disciplinæ militaris tam severus corrector fuit, ut quasdam legiones tumultuantes ex-
auctoraverit. Ulpianum, Paulum, Papinianum ju-
risperitos assessores habuit. Thermas ædificavit,
eunuchos reprobavit, dicens esse tertium genus
hominum, nec videndum, nec usu habendum. Et
demum apud Maguntiam decollatus est. Eodem tempore Romæ sedit Urbanus papa.

De Maximino imperatore.

Anno Domini 241, Maximinus regnavit apud Romanos ann. III. Hic ex corpore militari primus, et
ab exercitu sine senatus auctoritate imperator
electus est; qui fuit persecutor ecclesiarum, sub
quo Pontianus Romanus pontifex in Sardinia deportatus martyrio coronatur. Hic a Pupieno occiditur, quo tempore regnum usurpans occiditur. Pontiano successit Anterus papa. Tempore Pontiani
papæ, et Maximini Berillus hæreticus Ecclesiam
impugnavit. Sabellus hæreticus desipuit, cujus discipuli Sabelliani, et Patripassiani dicti sunt, quia
identitatem et Trinitatem dogmatizantes Patri
etiam passionem ascribebant.

De Gordiano imperatore.

Anno Domini 244, Gordianus regnavit apud Romanos ann. VII, quo Romam ingresso Pupienum et
Albinum, qui imperium arripuerant, interfecit.
Hic Parthos, Persas et Medos superavit. Fraude
Philippi occisus est. Post Gordianum Philippus
cum filio suo imperavit ann. XII. Hic Philippus
Christianus per Origenem efficitur. Ambos Decius
occidit. Eodem tempore sedit Romæ Fabianus papa,
qui per columbam Spiritus sancti electus est; qui
statuit singulis annis chrisma renovari et vetus
comburi. Hic martyrio coronatur. Eodem tempore
supervenit Novatus ex Africa, et separavit de Ecclesia Novatianum, et quosdam confessores, postquam
Moyses in carcere defunctus est, qui fuit ibi menses XI, et sic multi fugerunt. His temporibus fuerunt hæretici dicentes, animas cum corporibus interire simul, et cum corporibus iterum suscitan-
das. Item et alii nomine Elcesaitæ, qui licet de
Novo et Veteri Testamento, quibus voluerant,
testimoniis uterentur, tamen multa refutabant, ut
Apostolum; et dicebant se habere librum de cœlo
lapsum.

De Philippo imperatore.

Anno Domini 250, Philippus apud Romanos regnavit annis XII. Qui filium suum sibi æquivocum
regni consortem effecit, et urbem sui nominis in
Thracia constituit; et primus omnium de Romanis imperatoribus in Christum credidit, et, ut dicitur, Christianus effectus est. Cui, cum vellet in
Paschali solemnitate communicare, rogavit episcopus, donec peccata confessus esset, staret inter
pœnitentes; quod patienter fecit. Hic thesauros

beato Sixto donavit. Philippus severus fuit, et a Decio ambo occisi sunt.

De Decio imperatore.

Anno Domini 257, Decius apud Romanos, regnavit ann. I, mens. III. Hic de Pannonia natus fuit. Civile bellum compressit. Filium cæsarem fecit: et cum Philippos patrem et filium occidisset, in odium eorum Christianos persecutus est, et beatos Laurentium et Hippolytum interfecit. Decius a diabolo et ab hostibus interficitur.

De Gallo cum filio suo Volusiano.

Anno ab Incarnatione Domini 258, Gallus cum filio suo Volusiano, regnavit apud Romanos ann. II, mens. IV. His temporibus fuit pestis, quæ pene genus humanum exstinxit. Ab Ejula occiditur. His temporibus fuit Novatus Romanus presbyter hæreticus, a quo Novatiani dicti sunt; sed se ipsos non Novatianos, sed Catharos appellabant, id est mundos, propter munditiem; secundas nuptias non admittebant, reconciliationem pœnitentibus denegabant. Hoc tempore Lucius papa Romæ sedit.

De Æmiliano imperatore.

Anno Domini 258, Æmilianus natione Maurus, regnavit apud Romanos mens. II, tertio namque mense luit pœnam tyrannidis occupatæ.

De Valeriano et Galliceno.

Anno Domini 258, Valerianus, et Gallienus Valeriani filius, regnavit apud Romanos ann. XV. Valerianus in Rhætia electus est ab exercitu. Gallienus Romæ a senatu. Valerianus persecutus est Christianos, sed non diu, quia dum bellum gereret in Mesopotamia, captus est a Sapore rege Persarum, et apud Parthos ignobili servitute consenuit. Nam Sapor equum ascensurus, pedem ejus cervicibus imponebat. Gallienus vero prius feliciter, demum perniciose gessit imperium. Nam eo in omnem lasciviam dissoluto, Germani venerunt usque ad Ravennam. Alamanni, vastatis Galliis, transierunt in Italiam. Dacia perditur. Græcia, Macedonia, Pontus, et Asia per Gothos depopulantur. Pannonias occupant Parthi, Mesopotamiam et Assyriam. Germani obtinuerunt Hispanias, ceperuntque Cetetonem civitatem. Horum igitur imperium Romano fuit nomini perniciosum. Illorum ignavia seu infelicitate Galliæ demum per Posthumum, qui in Gallia purpuram accepit, receptæ sunt. Demum Gallienus Mediolani moritur. Dionysius papa parochias divisit, et in singulis propter pœnitentes singulos instituit sacerdotes. Et post eum Felix papa. Sub hoc Gallieno septem tyranni regnaverunt: primus Geminus apud Nursam, secundus Posthumus decem annis in Gallia regnans occiditur, tertius Æmilianus Maguntiæ occiditur, quartus Marius ibidem interficitur, quintus Victorinus Galliæ creatur et occiditur, sextus Tetricus a militibus occiditur, septimus Maurus in Syria ab uxore occiditur.

De Claudio imperatore.

Anno Domini 274, Claudius regnavit apud Ro-

manos ann. I, mens. IX. Hic parcus fuit, modestus, justus, et regendæ reipublicæ idoneus; qui Gothos Illyricum et Macedoniam vastantes prælio vicit; Alamannos apud Lacum Benacum superavit. Ob quæ clypeus aureus et aurea statua fuit ei in Capitolio collocata, et post mortem divus appellatus est. Eodem tempore Dionysii papæ, Claudii, et Valeriani, et Gallieni ejus filii, Paulus Samosatenus hæreticus exstitit, qui Christum solum hominem confitebatur. Et Manes, a quo Manichæi, qui fuit de Perside, qui nunc dicebat se Christum, nunc Paracletum: et fecit duodecim discipulos ad instar Christi. Et prædictus Claudius morbo obiit. Post Quintilius frater Claudii imperator eligitur.

De Quintilio fratre Claudii.

Anno Domini 276, Quintilius frater Claudii a senatu imperator eligitur; sed XVI die sui imperii apud Aquilegiam occiditur.

De Aureliano imperatore.

Anno Domini 276, Aurelianus regnavit apud Romanos ann. V, mens. VI. Vir in bello potens, haud dissimilis Alexandro; qui tribus præliis in Italia, scilicet apud Placentiam et Ticinum victor exstitit. Tetricum, qui adhuc Galliam tenebat, superavit; et Aurelianis civitatem ædificavit, et Zenobiam uxorem quondam Odenati, quæ mortuo viro adhuc Orientis tenebat imperium, superavit apud Inmas non longe ab Antiochia. Cum itaque triennio Romanum orbem ab invasoribus liberasset, ingrediens Romam triumphum habuit, quasi receptor Orientis, præcedentibus eum Tetrico, et Zenobia. Hic primus apud Romanos diadema capiti suo imposuit, et aurata veste usus est. Hic Romam firmioribus muris cinxit. Templum soli ædificavit. Populo usum porcinæ carnis instituit. Demum cum Græciam introisset, inter Constantinopolim et Heracleam fulmen juxta ipsum cecidit, et non multo post occisus est, et inter deos annumeratus est.

De Floriano.

Anno Domini 282, Florianus regnavit apud Romanos mens. II, diebus XXIII. Nil egit memoria dignum. In Tharso occiditur.

De Tacito imperatore.

Anno Domini 282, Tacitus regnavit apud Romanos mens. VI. Vir egregius. Sed nihil potuit, morte præventus.

De Probo.

Anno Domini 285, Probus regnavit apud Romanos ann. VI, mens. III. Vir militaris et civilis, qui Gallias a barbaris occupatas recepit. Et cum bella innumera peregisset, pacem orbi recuperavit, dicens, milites in brevi necessarios non futuros. Iste Probus a militibus occiditur. Ipse tyrannos occidit, Saturnum, Proculum et Bonosum. Cujus temporibus Felix Romæ sedit episcopus, cui successit Eutychianus Romæ episcopus. Et his temporibus invaluit hæresis Manichæorum, dogmatizans duo principia, bonum et malum; purgationem per sua sacramenta promittens, non recipiebat. Vetus Testamentum et Novum corrumpebat; quæ usque in hodiernum diem venenum effudit.

De Caro cum filiis suis Numeriano et Carino.

Anno Domini 289, Carus apud Romanos regnavit ann. II, cum filiis Numeriano et Carino, quos cæsares instituit. Carus vero cum Parthos et Persas vicisset, super Tigridem fulmine percussus interiit. Numerianus per insidias, Carinus in prælio brevi tempore occiduntur. Quorum tempore Caius Romæ sedit episcopus, qui fuit de genere Diocletiani imperatoris.

De Diocletiano.

Anno Domini 290, Diocletianus regnavit apud Romanos ann. XX. Hic Herculium Maximianum cæsarem fecit, qui pacem Galliæ reformavit, ideoque ex Cæsare fecit Augustum, assumens cum consortem imperii, et regnavit ann. XVI. Et quia Britannia, Africa et Ægyptus, et Oriens occupabantur, Constantium quoque et Galerium cæsares fecit. Constantio privignam Herculii dedit uxorem, nomine Theodoram : Galerio suam dedit nomine Valeriam. Cum his igitur, et per hos Britanniam recepit, et Galliam, et Africam, et Ægyptum. Cum itaque Diocletianus victis hostibus tam gloriose regnaret, primus se ut Deum adorari præcepit, et gemmas in vestibus inseri fecit et in calceamentis; prius enim imperatores salutabantur ut judices, et sola purpura privatum habitum exercebant. Thermas Romæ fecerunt Diocletianus et Maximianus; Romæ triumphum habuerunt, præcedentibus victis hostibus, et præda virorum. Demum Diocletianus Nicomediæ, Maximianus, Mediolani purpuram deposuerunt, et privatam vitam elegerunt, dicentes, se propter ætatem minus idoneos regimini reipublicæ; quod a tempore non fuit auditum. His temporibus Marcellinus Romæ fit episcopus, cui successit Marcellus, cui, cum fuisset per XXX dies corpus martyris inhumatum, beatus Petrus apostolus apparuit in visione dicens: *Marcelle, sepeli corpus fratris mei Marcellini juxta me, ut quos non separavit martyrium, quosque justificavit Dei gratia, non separet sepultura;* quod factum est, quia secus pedes apostoli sepultus est.

De Constantio et Galerio.

Anno Domini 310, Constantius et Galerius, qui prius cæsares erant, creantur augusti, et diviserunt orbem; et Constantius Italiam, Gallias et Africam, Galerius vero Illyricum, Orientem et Asiam obtinent. Sed Constantius vir egregius et civilis fisco divitias non accumulans, dicens, publicas opes melius a privatis haberi quam intra unum claustrum servari, solum Galliis voluit esse contentus. Amicus fuit Christianorum, quos in sua religione vivere concessit. Obiit autem Eboraci, et inter divos relatus est. Reliquit vero tres notandos filios, scilicet Constantinum de Helena concubina, et Constantium, et Dalmatium de Theodora uxore legitima. Dalmatius genuit alium Dalmatium. Constantius vero Gallum et Julianum. Et Constantinus concubinæ filius successit ei, rex in Britannia factus. Galerius vir militaris Illyrico moratus, duos cæsares fecit. Maximinum, quem præfecit Orienti, et Severum, cui dedit Italiam. Sed interim Maxentius filius Herculii Maximiani Romæ apud Romanos Augustus appellatur. Veniens ergo Severus in Italia a Galerio missus, urbem obsedit; sed a militibus desertus est, et fugiens Ravennam, interfectus est. Aspiravit Herculius Maximianus ad resumendum fastigium, intendens nudare filium; et profectus est ad Constantinum, cui Faustam filiam suam dederat in uxorem; sed et cum eum interficere vellet, detectis insidiis per filiam, quæ viro detexit, fugit Herculius Massiliam, ubi et mortuus est. Per idem tempus Galerius fecit Licinium imperatorem imperii sui consortem. Sicque Galerio defuncto respublica a quatuor imperatoribus regebatur, Constantino, Maxentio, Licinio, et Maximino. Maximinus persecutionem in Christianos molitus, moritur apud Tarsum; sicque Licinius solus obtinuit Orientem. Constantinus autem cum jam regnasset quinque annis, affectavit totius orbis imperium; et cum sollicitus esset, quod Romam haberet civitatem, in sexto anno regni sui, congregata multitudine barbarorum supra Danubium contra eum, vidit in somno crucis figuram in cœlo splendere, et audivit dici sibi Græce *en to auto nica,* quod Latine sonat : *In hoc vince.* Jussit igitur hoc signum ex auro et pretiosis lapidibus fabricari in vexillo et armis suis. Igitur hoc signo, et sacerdotum consilio, qui dicebant, quod Christus in hoc signo vicit mortem, et diabolum, et infernum, et victoriosus cœlos ascendit, audacter ingressus est bellum, et obtinuit : veniensque Romam movit bellum adversus Maxentium, et vicit eum, et occidit apud Pontem Milvium; et ita Constantinus Romæ positus est in solio, ut ille. Adhuc Diocletianus vivebat, et in villa sua moritur; et solus privatorum inter deos refertur. Licinius Orientis imperator Christianos persequitur, sub quo Basilius Ponti episcopus martyrio coronatur; sed demum Thessalonicæ a privatis occiditur. Constantinus ergo monarcha effectus est, qui tres filios habebat, scilicet Constantinum, Constantium, et Constantem, et cæsares instituit, qui præessent Galliæ, Orienti et Italiæ. De Gothis, Cimbris, et multis aliis triumphavit. Multas leges composuit, sed uxorem Faustam occidit.

Constantini temporibus Eusebius Romæ sedit episcopus, sub quo, ut quidam aiunt, inventa est crux Domini nostri Jesu Christi, et baptizatus est Judas frater beati Stephani, et Quiriacus vocabatur. Eusebius Constantinum catechizavit. Eusebio successit Melchiades. Timotheus Romæ pro Christo patitur, cujus martyrium sanctus papa Melchiades dedicavit. Sed et hic Melchiades martyrio coronatus est. Omnes pontifices præter...... hucusque martyrio coronati exstiterunt. Post hunc Romæ Silvester fit episcopus, qui propter persecutionem in monte Soracte latebat; quo latente, Constantinus, qui variis curis implicitus distulerat baptizari, lepra percussus est. Qui cum ei consultum fuisset, ut in puerorum sanguine lavaretur, audiens maternos fletus, ait : *Dignitas Romani imperii de fonte nascitur pietatis*. Et sic pietas imperatoris pii jussit matribus filios reddi; propter quam pietatem proxima nocte misit Dominus Jesus apostolos suos Petrum et Paulum ad eum, qui suaserunt, ut per Silvestrum baptismum acciperet, et per orbem ecclesias restauraret. Citatus ergo Silvester ad eum veniens monuit, ut per hebdomadam jejunaret, templa idolorum clauderet, incarceratos relaxaret, eleemosynas faceret. Quibus peractis, baptizavit eum. Coram quo, et Cratone philosopho, Zenone philosopho, et illustribus judicibus superavit undecim Judæos, de fidei nostræ articulis disputantes, probans, quod tres sunt personæ, et unus Deus, et quod Christus Deus est, et quod ipse sit, qui a prophetis prænuntiatus est. Duodecimum vero indocilem superavit, vivificando Taurum, quem verbo Judæi occiderunt.

Ad hæc igitur Helena mater Augusti, quæ judaizare incœperat, ad fidem conversa est, et ad majorem nostræ fidei affectationem cujusdam draconis ora conclusit. Proinde Christiana religio brevi tempore multiplicata est, et per orbem usquequaque diffusa; et quæ hactenus in latebris convenit, ex nunc auctoritate principum res publica fuit, uti et Christus, et Ecclesiæ sacramenta. Nam edicto Constantini templa gentilium subvertuntur, ecclesiæ constituuntur. Nam et ipse ecclesiam Sancti Petri, terram ipsemet fodiens, et alias patriarchales, et alias Romæ construxit. Refugientibus ad ecclesiam impunitatem permisit. Decimas ad dedicationem ecclesiarum censuit offerendas, et per judices exigendas. Dominicæ diei vacationem indixit. Crucis patibulum prohibuit. Signum crucis in numismate figurari præcepit. Possessiones ecclesiis concessit. Nam et regalia Silvestro dedit : et statuit, ut omnes episcopi subsint Romano pontifici; et ut Ecclesia in tranquillitate maneret, Byzantium secessit, quam fabricis et honoribus ad tantum fastigium provehere molitus est, ut Romæ faceret æmulam, et secunda Roma diceretur, quæ a Constantino Constantinopolis appellatur.

Silvester itaque Romæ sedens auctoritate pontificali publice usus est, qui statuit, ne Romanus præsul ab aliquo judicetur, et ne presbyter nisi xi testibus condemnetur, et ne major a minore accusetur, et ne clericus ante laicum judicetur. Præterea nomina dierum in ferias commutavit, et in quarta, et sexta feria, et Sabbato jejunium diffinivit propter Dominicam sepulturam. In Dominica vero die solemnizatum propter resurrectionem, et in quinta feria propter ascensionem. Qui quoque statuit, quod presbyter chrismate liniat baptizatum in vertice. Et præcepit in Ecclesia uti dalmatica semiplena,

quæ potius collobii nomine est appellanda. His temporibus Arius presbyter Alexandrinus multos suæ associavit impietati, dogmatizans, Patrem et Filium et Spiritum sanctum non esse unius essentiæ; contra quem Nicæna fuit synodus congregata cccxviii episcoporum, ubi cum de fide tractaretur, imperator ait ad sacerdotes : *Deus dedit vobis potestatem de nobis judicandi. Vos autem non potestis ab hominibus judicari. Item, vos estis dii* (Psal. LXXXI). *Non est conveniens, ut homo judicet deos; sed ille solus, de quo dicitur : « Deus stetit in synagoga deorum (ibid.). »* Ubi Symbolum apostolorum fidei est exaratum, et multa præterea per episcopos constituta. Donatus quoque impie dogmatizavit, baptizatos rebaptizans, et Filium minorem Patre, et Spiritum sanctum minorem Filio docens. Aiunt quidam, ut *in Tripartita historia* legitur, quod Constantinus ultimo suæ ætatis anno baptizatus sit ab Eusebio Nicomediensi episcopo. Distulerat enim tanto tempore baptizari, desiderans hoc in Jordane fluvio promereri. Alii, quod baptizatus a Silvestro, rebaptizatus ab isto Ariano, eo quod in dogma declinaverat Arianum. Quod si verum est, usus bono principio, malo concluditur fine. Sed abhorret a vero, ut catholica indubitanter credit Ecclesia. Demum cum Constantinus bellum pararet in Persas, juxta Nicomediam mortuus est, anno ætatis suæ LVI, regni XXXI, cujus mortem crinita stella prænuntiavit. Cujus temporibus Alexander Alexandriæ fit episcopus, fortissimus Evangelii prædicator. Paphnucius confessor et Ægypti episcopus. Quirinus episcopus, et Sisinius martyrio coronatur. Methodius episcopus, qui fuit Tyri episcopus, multa composuit, qui ad extremum temporibus Constantini, vel, ut quidam aiunt, Decii et Valeriani, martyrio coronatus est. Juventus presbyter Hispanus Evangelia versibus dictavit heroïcis. Spiridion Cyprorum fuit episcopus. Cujus caulibus cum adhuc essent fures accedentes, nullo ligante subito ligabantur. Cui filia defuncta de quodam deposito interroganti respondit. Cujus horreum cum fideliter in victualibus occurreret plenum, cuidam fraudatori exinanitum apparuit. Qui quoque cibis aliis deficientibus, cuidam peregrino defecto carnes porcinas obtulit in Quadragesima comedendas, et ne peregrinus comedere vereretur, ipse prius comedit. Helena Constantini mater pergens Hierusalem, locum Dominicæ Passionis ubi erectum erat simulacrum Veneris, expurgavit, ubi tres cruces invenit; quarum una fuit Dominica; quæ, orante Macario episcopo, sic discernitur, quia tactu ejus mortuus suscitatur, mulier ab ægritudine liberatur. Præterea clavos invenit, partem quorum in galea filii, partem in freno posuit. Sicque adimpletum est illud Zachariæ : *Erit quod in freno est equi sanctum Domino*. Ligni quoque pars est in tiara sacerdotali. Pars dicitur in statua Constantini.

De Constantino, Constantio et Constante.

Anno Domini 311, Constantinus, et Constantius,

et Constans filii Constantini, quos prædictus pater A eorum cæsares instituit, regnaverunt apud Romanos ann. xxiv. Jusserat autem Constantinus pater supradictorum, quod Dalmatianus nepos, Dalmatii fratris filius, cum filiis imperaret. Sed factione interemptus est. Constantinus apud Aquileiam occisus est. Constans aliquando consulte regnavit, qui Francos domuit; sed Arianus effectus est : militibus intolerabilis, factione Magnentii tyranni, non longe ab Hispaniæ partibus interfectus est. Constantii fuit diversa fortuna. Nam a Persis multa perpessus est, Sapore rege Persarum Mesopotamiam vastante, et Nisibi civitatem obsidente. Magnentium Tyrannum, qui Gallias, Hispaniam, Africam et Italiam obtinuerat, vicit, qui apud Lugdunum se propria manu occidit ; et Decentius frater ejus, quem B ad tuendas Gallias Cæsarem miserat, audita morte fratris, Senonis laqueo se suspendit. Cuidam quoque Veternioni circa Illyricum electo regium insigne detraxit. Ad hæc Gallum filium patrui cæsarem fecit, et Orienti præfecit. Gallus autem Judæos oppressit, et multos nobiles Antiochiæ interfecit. Demum a Constantio propter invidiam occisus est. Silvanus etiam, qui res novas in Galliis moliebatur, exstinctus est. Solus ergo Constantius princeps et Augustus in Romano fuit imperio. Qui Julianum Galli fratrem cæsarem fecit, et Constantiam sororem sibi dedit in uxorem, eumque ad Gallias misit, ubi multa per ipsum egregia facta sunt. Demum Julianus, barbaris fugatis a militibus augustus appellatus est. Cumque adversus Constantium arma C levaret, Constantius nimia cogitatione inter Asiam et Cappadociam mortuus est. Eisdem temporibus Marcus Silvestro successit, Marco Julius, et post Julium Liberius Romæ sedit episcopus. Successit Felix papa.

De Juliano monacho et apostata.

Anno Domini 264 Julianus monachus et apostata regnavit apud Romanos ann. ii, mens. viii. Hic liberalibus disciplinis exstitit eruditus, et utraque lingua peritus. Hic coquos, tonsores et eunuchos exosos habuit. Coquos, quia cibis simplicibus utebatur, ut philosophus; tonsores, quia unus multitudini sufficiebat; eunuchos, quia uxor ejus obierat. Scriptores vero antiquæ fortunæ restituit, eisque D salarium instituit. Et ut sine contradictione obtineret imperium, simulata religione jussit episcopos de vinculis Constantii penitus relaxari. Sed cum fuerit ab initio Christianus, et, ut dicitur, monachus, factus imperator, ad idola rursus reversus, factus est Christianorum proditor et persecutor. Qui Galilæos, id est Christianos (sic enim prius nominabantur) poetarum et philosophorum prohibuit legere disciplinas, dicens : Nostris telis vulneramur, quia Christiani nostris scriptis armati contra nos bella suscipiunt. Qui dum in odium Christi Judæis templum Hierosolymitanum reparandi licentiam tribuisset, eis repurgationem facientibus terra de valle crescebat, eisque reparantibus subito fit ter-

ræ motus, saxa discutiuntur, et igneo globo ab interiori templo egresso ædificatores prosternuntur incendio. Sed ne crederetur hoc casu factum, in vestibus cunctorum crucis apparuit signum. Qui quoque signum de publicis imaginibus jussit auferri; et Jovis et Martis, et similium formas imprimi. Ut ubicunque ritus paganorum et sacrificia devotius servarentur, præcepit ut sacerdotes paganismi ritus imitarentur Christianorum, et sanctimoniam sacerdotum. Denique Julianus de Parthis victor remeans, in Persas profectus, conto ilia perfossus interiit, et a paganis inter divos relatus est. Utrum vero ab homine, vel ab angelo sit occisus penitus ignoratur; cujus mortem præsens spiritu, sed absens corpore quidam religiosus agnovit. Post dictum Julianum successit Jovianus imperator.

His temporibus, Liberii papæ et Juliani fuit Hilarion monachus : et multi martyres pro Christo passi sunt, ut Gordianus et Epimachus ; Romæ Joannes, et Paulus, et Donatus. Theodulus in Phrygia, qui dum cremaretur, ait ad carnificem : Altera latera igni suppone ; ne dum comburere cœperis, semicrustas invenias. Basilius presbyter vitam martyrio finivit. Ossa beati Joannis Baptistæ combusta, et in pulverem dispersa. Athanasius, Eusebius Vercellensis, Osius Cordubensis concilium Alexandriæ celebrant, ubi Patrem, Filium, et Spiritum sanctum Trinitatem nominaverunt, et his nominibus substantia et subsistentia utendi licentiam tribuerunt contra eos, qui dicebant non esse utendum, quia substantia diffinitur, Deus vero diffiniri non potest, et Evagrius ait : Quod ineffabile est, ratione taciturnitatis adoretur. Nota quod prædicti papæ Liberii, et Constantii filii quondam Constantini tempore fuit Maximianus Treverorum episcopus, qui Athanasium cum honore suscepit ; sed postmodum Athanasius Alexandriam ad litteras Constantii reversus est. Eusebius quoque Vercellensis episcopus martyr et episcopus natione Sardus, et Dionysius Mediolanensis episcopus, et Romanus presbyter nomine Pancratius, damnantur exsilio, qui contradicebant Ario. Serapion multa conscripsit. Joannes cognomento Sappes Persarum episcopus, et Eusebius presbyter Romanus confessor et martyr, Martinus presbyter, et Archelaus diaconus claruerunt, cujus corpus Cremonam episcopus Lando portavit. Hilarius vero Pictaviensis multa de Christiana religione composuit, qui fuit lucifer Romanorum, lucerna Ecclesiarum, lapis pretiosus, qui ad quæcunque sermone pulchro ascendit, aureoque ore locutus est. Sed synodus apud Seleuciam, Ariminium et Mediolanum celebratur, in quibus damnatur fides nostra, quia omnes toto orbe polluebantur Ecclesiæ Ariana impietate. Sed quidam Audeus, a quo Audiani, qui et Antropophormitæ dicti fuerunt, Deum conformem humanæ imagini dogmatizabant, quia dixit : Faciamus hominem ad imaginem, et similitudinem nostram (Gen. i). Macedonius etiam auctor erroris, Spiritum sanctum creaturam esse docebat, unde ejus discipuli Macedoniani, vel Pneumatici, vel Semiariani, quia ex parte consentiebant eis, dicebantur. Photinus præterea negabat, Christum ante sæcula natum. Acacius fuit novi erroris inventor, seu verius imitator. Aetius vero pro suis categoriis et syllogisticis prælectionibus ab Ecclesia pellitur. Apostoli namque nos fidem, non dialecticam docuerunt. Cujus discipuli non dicebantur Aetiani; sed vocati sunt Eunomiani ab Eunomio discipulo ejus. Eudoxius etiam Patrem dixit *Asebis*, et Filium *Eusebis*, quæ vocabula cum active et passive ponantur, ab Ecclesia cum auctore sunt repudiata. *Asebis* enim *non colens* vel *non cultus*; *Eusebis*, *bene colens*, vel *bene cultus* interpretantur. His temporibus, Sapor rex Persarum in Christianos sæviens Antiochiam venit. Sed orationibus Jacobi episcopi prævalere non potuit, cujus precibus ciniphes et culices exercitum confuderunt, ejus animalia violantes et fugere compellentes. Macarius discipulus Antonii eremiticam vitam duxit. Plures autem fuerunt Macarii sanctimonia commendandi. Donatus magister Hieronymi grammaticam docuit. Victorinus rhetor statuam in foro promeruit. Reliquiæ Timothei discipuli Apostoli Constantinopoli inveniuntur. Ossa beati Andreæ apostoli et Lucæ evangelistæ, qui obierat in Bethania, a Constantinopolitanis miro favore de Achaia translata suscipiuntur.

De Joviano imperatore.

Anno Domini 367, Jovianus regnavit apud Romanos mens. VIII. Hic cum ab exercitu fuit electus, ait, se Christianum non posse præesse paganis. Cui exercitus: *Et nos per Julianum Christi nomen abjecimus: Christiani tecum esse volumus;* quibus auditis imperii sceptra suscepit. Qui cum Sapore rege Persarum rerum necessitate compulsus pacem fecit, sed ignobilem; quia Nisibin, et magnam partem Mesopotamiæ sub certis finibus ei tradidit; quod ab urbe condita nunquam accidit, ut licet legiones Romanæ sub jugo immitterentur, sicut accidit in Numidia, et Numantia, et Hispania: nihil tamen finium tradiderunt. Demum repente mortuus est, et inter deos relatus est. Cujus tempore synodus Antiochiæ celebratur, qua Macedonius damnatus est. Et quidem res ecclesiastica sub eo disposita bene fuisset, nisi mors talem principem hominibus abstulisset. Eodem tempore prædicti Joviani fuit beatus Geminianus episcopus Mutinensis; et eodem tempore fuit Liberius papa, et beatus Severus archiepiscopus Ravennæ, qui electus fuit per columbam Spiritus sancti.

De imperatoribus Valentiniano, et Valente.

Anno Domini 368, Valentinianus et Valens frater ejus regnavit apud Romanos ann. XIV et mens. V. Pater horum fuit quidam Gratianus, genere Pannonicus, officio funarius, cui venalitium funem portanti filio Valentiniano quinque milites nequierunt extorquere; quo merito allectus est ad militiam et

inde ad præfecturam millenariam. Cum sub Juliano militaret, et Christianam fidem gereret, jussus ab imperatore, aut idolis immolare, aut a militia discedat, discessit. Sed mortuis Juliano et Joviano, qui in Christo millenarium perdiderat tribunitium, in locum persecutionis accepit imperium. Qui fratrem Valentem in regni consortium assumit, sed et filium germanum de uxore Severa genitum, necdum puberem fecit augustum. Valentinianus Saxones oppressit, et Burgundionum plus quàm octoginta millia, qui non multo post tempore Christiani effecti sunt. Demum cum bellum contra Sarmatas pararet, apud Burguionem apoplexia mortuus est. Anno secundo Valentiniani Damasus, et paulo post Ursinus diaconus Romæ fuerunt episcopi, sed prævaluit Damasus. Valens imperator fautor Arianorum ecclesiam quamdam a Catholicis abstulit, et Arianis dedit. Ad quem accedens Basilius ait: *Imperator, scriptum est: « Honor regis judicium diligit (Psal. XCV), » et iterum: « Judicium regis justitia. » Et cur cor tuum imperavit, ut Catholici de ecclesia ejicerentur, et Arianis daretur?* Cui imperator: *Iterum ad contumelias reverteris, o Basili. Non decet te.* Et ille: *Decet me pro justitia etiam mori.* Tunc Demosthenes præfectus epularum imperatoris, fautor Arianorum, et loquens pro eis, fecit barbarismum; cui ait Basilius: *Tuum est de pulmentariis regis cogitare, non dogmata divina decoquere.* Qui mox confusus tacuit. Dixit imperator Basilio: *Vade, et judica inter eos, sed non secundum immoderatum amorem populi.* Abiens ergo dixit coram Catholicis et Arianis, ut fores ecclesiæ clauderentur, et utriusque partis sigillo munirentur; et ad quorum orationes aperirentur, sua esset. Quod cum omnibus placuisset, orantibus Arianis tribus diebus et noctibus, et venientibus ad fores ecclesiæ, non sunt apertæ. Tunc Basilius, processione ordinata, venit ad ecclesiam, et facta oratione, levi ictu de baculo pastorali fores tetigit, dicens: *Tollite portas, principes, vestras, et elevamini portæ æternales, et introibit rex gloriæ (Psal. XXIII).* Et continuo sunt apertæ. Et intrantes, Deo gratias reddiderunt, et reddita est ecclesia Catholicis. Fecit autem imperator promitti multa Basilio, si sibi consentiret. *Pueris,* ille respondit, *ista conveniunt, nam qui divinis saginantur eloquiis, corrumpere de divinis dogmatibus, nec unam syllabam patiuntur.* Tunc imperator indignatus dum de ejus exsilio sententiam vellet scribere, primus, secundus, tertius calamus fractus est, unde indignatus chartam fregit. Tum temporis Romæ sedebat Felix papa. Post eum successit Liberius secundo.

De Gratiano imperatore.

Anno Domini 382, Gratianus post mortem Valentis regnavit apud Romanos ann. VI. Hic fuit literis mediocriter instructus, parcus libidinis, cibi et somni, imperii sui; qui templa Domino dedicavit; qui ut Orthodoxos pastores exsulantes ad ovilia redirent, procuravit. Hic Valentinianum fratrem

parvulum socium assumpsit imperii, quem pater
de Justina genuerat. Nam Severam uxorem legitimam matrem Gratiani repudians, pulchritudine
captus cujusdam Justinæ virginis, Valentinianus
eam duxit uxorem, de qua genuit Valentinianum :
genuit, et Justam, et Gallam. Gratianus præterea
Theodosium filium Theodosii in consortem assumpsit imperii, sibique tenens Hispaniam, Theodosio
regnum tradidit Orientis. Vidit in somnis, quod
Meletius Antiochensis episcopus se chlamidem ve-
stiret episcopalem, corona caput ornaret. Veniens
Constantinopolim, præcipiensque, ut congregaren-
tur episcopi, Meletium ex præcedenti visione cognovit. Gratianus cum videret sibi hostes in Galliis
imminere, fretus Christi patrocinio, impari numero
se in hostem dedit, quos incredibili felicitate con-
fecit. Sed quidam Maximus in Britannia imperator
efficitur, contra quem, cum ad Gallias venisset,
Gratianus accessit; sed fugiens, Lugduni captus,
et occisus est. Maximus ultra procedens Valentinianum Augustum de Italia expulit, et Victorem
filium suum regni consortem effecit. Valentinianus igitur in Orientem ad Theodosium fugit. Interim Theodosius omnem suam fiduciam ad opem
Christi conferens, Alanos, Hunnos, Gothos incunctanter aggressus vicit, et cum Athalarico rege Gothorum fœdus iniit. Athalaricus ergo Constantinopolim veniens, et videns magnalia imperatoris et
urbis, ait : Imperator, es Deus terrenus. Cumque
apud Constantinopolim naturæ concesserit, Theodosius condignæ tradidit sepulturæ. Unde Gothi
benignitatem Theodosii considerantes, se Romano
dederunt imperio. Parthi quoque, cæteræque bar-
baræ nationes, prius Romanis inimicæ, ultro legatos ad Theodosium miserunt, et cum eo fœdus inierunt. His temporibus, Damasus papa, et post Damasum Syricius papa.

De Theodosio et Valentiniano.

Anno Domini 388, Theodosius et Valentinianus
regnaverunt apud Romanos ann. vii, et postea solus
ann. iii. Theodosius ergo cum Thracias liberasset
ab hoste, Arcadium filium suum, quem fecit Augustum, Constantinopoli derelinquens, contra Maximum se armavit, eumque major fide, sed longe
minor bellico apparatu, apud Aquileiam cepit et occidit. Filium quoque Victorem interfecit. Theodosius Romam veniens, Valentinianum restituit, et
Constantinopolim remeavit. Valentinianus itaque
restitutus Italiæ potitur imperio. Sed cum in Galliam
transisset, dolo Arbogastis comitis, et Eugenii
Grammatici eloquentissimi, apud Viennam strangulatus est. Arbogastes igitur Eugenium elegit imperatorem nomine, ipse actu imperator. Theodosius hoc audiens, fultus prophetia cujusdam Joannis monachi, imo auxilio Dei, Arbogasti et Eugenio
qui, cum Mediolanum exirent, dixerunt, quod si
victores redirent, in Ecclesia stabularent, et clericos sub armis ponerent, bellum intulit. Sed a suis
quasi destitutus, signo crucis et oratione obtinuit.

Ventus enim flavit ex parte Theodosii, qui spicula
hostium repellebat, et sua fixius infigebat. Captus
est igitur Eugenius, et occisus. Arbogastes se ipsum
occidit, unde.

O nimium dilecte Dei ! tibi militat æther ;
Et conjurati veniunt ad classica venti.

Cum itaque Theodosius in pace regeret solus, templa gentilium omnino destruxit, leges instituit, la-
scivias in commessationibus prohibuit, consobri-
narum nuptias interdixit. Hujus quanta fuerit apud
Dominum et homines devotio, præsenti patet exemplo. Nam, cum apud Mediolanum' ecclesiam vellet
intrare, prohibitus est ab Ambrosio, nisi publice
pœniteret, quia multa millia hominum Thessalonicæ fecit occidi. Qui prohibitionem humiliter pertulit, satisfactionem non erubuit. Rursus cum inter
cancellos post oblationem moram faceret, ait Ambrosius : Egredere, quia purpura imperatores efficit,
non sacerdotes. Imperator patiens obedivit. Hujus
uxor fuit Placidia, quæ curam habebat pauperum,
visitans xenodochia, ollas eorum propriis manibus
tergens, jus degustans et offerens, et similia faciens,
quæ mos est famulis operari ; quæ marito dicebat :
Cogita quid fuisti et quid sis, et Creatori non eris
ingratus. Quæ precibus obtinuit, ne imperator cum
Eunomio sermonem haberet ; timebat enim, ne
calliditate ipsius in ejus errorem incurreret. De
hac genuit Theodosius Arcadium et Honorium.
Qua defuncta, Gallam filiam Valentiniani senioris
et Justinæ duxit uxorem, de qua genuit Placidiam,
cui postea matris nomen accessit. Mortuus est
Theodosius apud Mediolanum, cujus corpus Constantinopolim translatum est. Utramque rempublicam filiis Arcadio et Honorio quietam reliquit. Regnavit autem Theodosius partim cum
Valentiniano, partim solus cum filiis ann. xvii.

De Arcadio et Honorio.

Anno Domini 398, Arcadius cum jam cum patre
regnasset ann. xii, post mortem patris regnavit cum
fratre Honorio ann. xiii. Arcadius in Oriente, Honorius in Occidente. Interea Gildo comes Africæ
Africam usurpavit, cujus frater Maselzer perfidiam
perhorrescens in Italiam venit. Gildo filios duos occidit. Maselzer sciens per Theodosium, quantum
valeat oratio pro fide Christi, dies aliquot cum sanctis in jejuniis continuavit. Vidit itaque noctu beatum Ambrosium, paulo ante defunctum, sibi victoriam et modum, diem et locum indicantem. Pergens
ergo cum quinque millibus, octoginta millia hostium
sine bello in deditionem accepit. Gildo in Africam
rediens strangulatus interiit. Maselzer superbia tumens ecclesiam Dei temerare ausus est ; nam quosdam inde extraxit, de quo sacrilegio punitus est.
Radagaysus rex Gothorum cum ducentis millibus
Gothis repentino Italiam inundavit impetu. Invadit
illico Romam. Clamatur a cunctis, se hæc ideo
perpeti, quod neglexerint sacra deorum. Blasphematur Christus. Sed non sinit Deus suam potentiam
minorem infidelium virtute videri. Capitur Rada-

gaysus, et tanta Gothorum multitudo in monte Fæ- A
sulano, quod singuli singulis aureis venderentur. Arcadius autem cum a Roma rediret, Theodosium
filium relinquens Constantinopoli, moritur. Cujus
temporibus Anastasius papa; post Anastasium Innocentius papa. Anastasius Acacium hæreticum voluit occulte revocare, et percussus ab angelo interiit.

De Honorio cum Theodosio filio fratris sui Arcadii.

Anno Domini 410, Honorius cum Theodosio filio
fratris sui Arcadii regnavit apud Romanos ann. xv.
Honorius circa initia imperii sui Romanis bellum
gladiatorum interdixit. Contra quem Gothi armantur, et Alarico duce anno ab urbe condita 1164,
Romam invadunt; ex parte incendunt, et a sexto
die quo ingressi fuerant, deprædata urbe fuerunt B
egressi. Ecce igitur altera Babylon. Sicut enim Babylon post 1164 annos a sui conditione vastata est
a Medis, et ab Arbace rege ipsorum, sic post totidem annos a sui conditione, Roma vastatura Gothis
et ab Alarico rege ipsorum : præcepto prius dato,
ut quantum possent, a sanguine temperarent, et si
quis in sacra loca, præsertim sanctorum Petri et
Pauli basilicas, intraret, securus maneret. Tunc
Alarico defuncto, Athaulphum regem constituentes
Gothi Romam redeunt, ut si quid residui fuerat,
more locustarum erodant, auferentes inde Placidiam, quam sibi Athaulphus duxit uxorem. Interea
Stilico, qui fuerat tutor Honorii, ut filium substi-
tueret imperio, Suevos, Alanos, Wandalos, Burgun- C
diones ad arma commovit. Quo cognito, pater et
filius occiduntur. Constantinus etiam tyrannus in
Britannia imperator electus, misit in Hispaniam
filium Constantem nomine. Contra quem Honorius
Constantium comitem strenuum et bellicosum misit ad Gallias, qui Constantinum apud Arelatem
occidit. Filius etiam Constans apud Viennam peremptus est. Athaulphus præterea Gothorum imperator effectus a Constantio capitur. Hos et multos
alios tyrannos Honorius industria Constantii superavit. Itaque Walia rex Gothorum effectus Placidiam honeste servatam fratri restituit, et pacem
cum eo fecit; quam Honorius Constantio dedit uxorem, de qua genuit Valentinianum. Præterea illum
in consortem suscepit imperii. Sed evolutis sex D
mensibus mortuus est. Post hæc Honorius exercitum
in Britanniam misit, ad defendendum eam a Scotis
et Pictis. Similiter et in Hispanias ad defendendum
eas a Wandalis et Alanis. Placidia vero vidua a fratre Honorio repulsa, ivit in Orientem cum filiis
Honorio et Valentiniano, quæ a Theodosio Arcadii filio honeste recepta est. Honorius autem cum
regnasset cum patre annis duobus, et cum fratre
annis xiii et cum nepote xv pacatam relinquens
urbem, apud Romam moritur, et juxta martyrium
Petri apostoli sepelitur, cui soboles nulla remansit.
Licet enim duas Stiliconis filias, unam post alteram, habuisset, Dei tamen judicio virgines decesse-
runt. Quo mortuo, quidam Joannes invasit imperium

fultus auxilio Castieii magistri militiæ et Aetii. Cujus
tempore sedit Romæ Zosimus; post eum successit
Bonifacius papa. Post Bonifacium Cœlestinus papa.

De Theodosio II imperatore.

Anno Domini 426, Theodosius apud Romanos
regnavit anno xxv. Hic usque adeo fuit sapiens,
quod inter confabulantes experimentum omnium
videretur habere causarum; usque adeo patiens et
clemens, ut nullum se lædentium morti subjiceret,
dicens : *Utinam ad vitam possem mortuos revocare!*
Quarta et sexta feria Christianitatis studio jejunabat. Sacris litteris eruditus philosophiam operibus
exercebat. Regalia ejus sicut monasterium erant;
iram, tristitiam et libidinem sicut inimicos superabat. Cujus uxor Eudoxia Christianissima plurimum
litterata. Theodosius itaque Valentinianum filium
amitæ suæ, scilicet Augustæ Placidiæ, cæsarem
facit, et cum militibus et matre mittit eum contra
Joannem ad recipiendum imperium. Venientes igitur mira felicitate Joannem opprimunt et regnum
victores accipiunt. Et quia Ravennates Joanni fave-
rant, eos depopulati sunt. Quibus, sicut mare Rubrum patuit Moysi, sic terra paludosa et invia, adi-
bilis et pervia facta est. Castinum exsilio damnave-
runt, Aetio venia data, quia ejus studio Hunni ad
propria remearunt. Ad hæc Valentinianus de cæsare
fit augustus. Post hæc Bonifacius intra Africam rebellis efficitur, qui ad auxilium suum Wandalos et
Alanos intromisit, Africam, rapinis et ferro, flam-
maque vastantes. Sed, pace facta, venit Bonifacius
ad Italiam, ubi morbo exstinctus est. In pace illa
data est Wandalis in Africa portio ad inhabitandum;
ubi Gensericus rex eorum, volens Catholicam fidem
Ariana impietate subvertere, quosdam episcopos de
civitatibus suis ejecit, suæque hæresi constituit;
nolentes diversis suppliciis afflictos occidit. Postea
dolo pacis Carthaginem cepit, et loca divini cultus
in habitacula privata convertit. Est autem Carthago
a Wandalis capta anno Domini 585, postquam cœpit Romanæ ditioni parere. Item Gensericus Siciliam graviter affligit. Theodosius imperator contra
Wandalos exercitum cum magna classe direxit; sed
magis fuere Siciliæ oneri, quam præsidio. Genserico
Carthaginem reverso, Hunnis Illyricum et Thracias
devastantibus, exercitus Theodosii ad defensionem
Orientalium revertitur provinciarum. Postmodum
inter Valentinianum et Gensericum pax firmata est,
et Africa inter eos certis spatiis divisa est. Interim
Aetius Patritius effectus est. Gundicarium Burgundionum regem bello contrivit. Interim Gothi quoque
Narbonenses infestant; contra quos, Hunnis auxi-
liantibus, bellum geritur, cum quibus etiam pax
facta est humilius quam ante prælium poposcis-
sent. Wandalis et Gothis ita furentibus, Theodosius
ad Valentinianum Constantinopolim vadit, et filiam
ejus nomine Eudoxiam in uxorem accepit. Rursus
Britannia incursionibus Scotorum et Pictorum premitur. Piratæ partem insulæ invaserunt, quibus
Angli societatem promittunt; sed ex adjutoribus

impugnatores fiunt. Piratæ quoque Siciliam vastaverunt. Demum Theodosius Constantinopoli moritur, et sepelitur; qui dicitur habuisse cursorem nomine Palladium, qui terminos Romani pertransibat
imperii; unde quidam ait de ipso : *Iste vir, cum sit
lata Romana respublica, eam parvulam sua velocitate
demonstrat.* Eodem tempore Romæ sedit supradictus
Cœlestinus, et post eum Sixtus papa, et post eum
successit Leo papa.

De Martiano imperatore.

Anno Domini 452, Martianus regnavit apud Romanos ann. vii. Valentiniano adhuc in Occidente
regnante. Fuit autem Martianus vir gravissimus,
non solum reipublicæ, sed et Ecclesiæ necessarius :
contra quem, et Valentinianum, gravissimum oritur bellum. Nam Attila rex Hunnorum, qui Blenda
fratrem suum regni consortem occiderat, Thracias
et Macedoniam, Pannonias, et Daciam, Turcos, et
Rugos, et cæteras nationes, Aquilonis in finibus
commaneates, cum suis regulis sibi parere coegit.
Ad demoliendum etiam Occidentale imperium aspiravit. Igitur non minori fultus sagacitate, quam armorum fortitudine, amicitiam petebat Gothorum
contra Romanos, et Romanorum contra Gothos, ut
si hos divideret, utrosque facilius subjugaret. Cujus
astutias Aetius prævidens, cum Theoderico rege
Gothorum fœdera fecit. Occurrit igitur Aetius Attilæ,
fueruntque Aetio in auxilio Gundicarius rex Burgundionum, et Theodoricus rex Gothorum, Franci,
Saxones, et Alani, et alii multi. Convenere ex utraque parte in campos Catalaunicos : congrediuntur,
et 280 millia hominum occiduntur. Ibi rex Gothorum occubuit. Utrique parti fuit lacrymabilis pugna. Neuter cessit exercitus, sed tamen Attila superatur. Torismundus Theodorici filius de paterno
funere dolens, statuit Attilam obsidione coarctare
usque ad internecionem. Sed Aetius timens, si Attila occideretur, ne Romani a Gothis opprimerentur,
suasit Torismundo redire domum, ut susciperet regnum. Quo reverso, Attila reintegratis viribus, et
majori collecto exercitu, Italiam furibundus per
Pannonias introivit, Aquileiam aggressus, quam obsedit triennio. Demum cum ciconiæ uno impetu ex
urbe volarent, et pullos rostris forinsecus exporta-
rent, hoc augurio fultus Attila urbem expugnavit et
cepit.

De Leone imperatore.

Anno Domini 459, Leo Major regnavit apud Constantinopolim ann. xv, apud Romam vero quidam
Avitus imperator efficitur. Quo defuncto, Majorianus
apud Ravennam invadit imperium : quo juxta Tar-
raconam occiso, quidam Severus apud Ravennam
eligitur. Cujus tempore Sogor rex Alanorum in Italiam venit, sed a Ricimere præside Liguriæ superatus, et juxta Pergamum occisus est. Severo successit Anthemius; cujus temporibus Gensericus rediens
in Italiam, navali certamine superatus est. Servandus præfectus Galliarum, et Romanus Patricius aspirantes ad imperium, capti sunt. Ricimer, qui Me-

diolani morabatur, insidias paravit Anthemio; et
licet sanctitate pollens Epiphanius episcopus Ticinensis pacem composuisset, Ricimer tamen fœdus
violans, urbem invadit. Roma dividitur : pars illum,
pars sequitur istum. Bilimer rector Galliarum veniens in auxilium Anthemii, a Ricimere superatur
et occiditur. At post mensem tertium languoribus
cruciatus interiit. Quidam quoque Olybrius regiam
dignitatem adeptus est septem menses, et occubuit.

De Zenone imperatore.

Anno Domini 464, Zeno apud Constantinopolim
regnavit ann. xviii. Mater autem pueri Leonis, timens impetum Zenonis, puerum occulte clericum
fecit, qui in clericatu permansit usque ad tempora
Justiniani. Zenone puerum exigente, mater alium
similem obtulit. Apud Romam quidam Augustulus
in Italiam veniens, fugato nepote Patricio, qui regnum
invaserat, imperium invasit et obtinuit. Mox Odoacer
cum multitudine Herulorum et Thuringorum ab extremis Pannoniæ finibus in Italiam venire contendit, qui
transiens per rura Noricorum, audita fama Severini
servi Dei, ad eum petiturus benedictionem accessit. Cui
benedictione data Severinus ait : *Vade nunc ad Italiam
Odoacer, vilissimis pellibus indutus, multis cito plura
largiturus.* Ingresso Italiam patritius Orestes occurrit, sed intra Ticinum recepit se. Odoacer vero civitatem fortiter expugnatam ingreditur, gladius sæ-
vit, omnia ignis assumpsit, Orestes capitur, et apud
Placentiam detruncatur. Ad hæc Odoacer multas
civitates solo æquavit; totam Italiam subjecit; regiam dignitatem arripuit; adimpleta est Severini
prophetia. Augustulus videns universam Italiam
subdi viribus Odoacris, cum rempublicam vix undecim mensibus tenuisset, imperialem deposuit majestatem : et ita venerabile Romanorum imperium,
et Augustalis illa sublimitas, quæ ab Augusto, scilicet Octaviano, incepit apud Romam, cum hoc Au-
gustulo periit. Anno ab Incarnatione Domini 473
Odoacer Romam ingressus per xiv annos quiete
possedit regnum Italiæ. Sed post Theodoricus
filius Theodemir regis, rex et ipse Ostrogo-
thorum, qui gratiam Zenonis imperatoris habebat in tantum, quod eum consularibus apud
Constantinopolim fascibus sublimasset, eique
statuam æream equestrem ante palatium ere-
xisset, conquerentibus Ostrogothis, quod imperia-
lia sibi stipendia non sufficerent, ad imperatorem
accedens suorumque penuriam exponens, Italiam
sibi petiit. Annuit imperator, et Italiam ei concessit, populumque Romanum commendavit. Proficiscens, primo Gepidorum regem, et regem Bulgarorum prostravit. Demum juxta Sontium flumen
Aquileiæ castrametatus est; ubi Odoacer sibi occurrens fugatus est. Exinde cum Theodoricus Veronam accederet, Veronæ Odoacer occurrit, cujus
exercitus in fugam conversus ex magna parte in
Athesi mergitur. Theodericus Veronam invadit.
Odoacer Romam rediit, sed obseratis portis exclu-
sus, Ravennam reversus est, cujus munitionum

obstacula fecit. Theodoricus vero pertransiens Me- A diolanum accessit, ubi multitudo militum ad eum pervenit. Sed Odoacris exercitus crevit, ideoque Theodoricus se apud Ticinum munivit. Interim Gundubaldus rex Burgundionum Liguriam ingressus multa diripuit, et captivos abduxit. Theodoricus Ravennam accessit, et pene per triennium obsedit. Tandem Odoacrem in fide susceptum occidit. Post beatissimum Epiphanium ad Gundubaldum pro redimendis captivis nuntium misit, cui, exceptis illis, pro quibus pretium dedit, sex millia captivorum concessa sunt. Igitur Theodoricus Romam profectus, a Romanis magno gaudio suscipitur, quibus singulis annis ad subsidium concessit centum viginti millia tritici modiorum. Et sic tertio anno sui ingressus in Italiam, totius Italiæ adeptus est ditionem; nisi quod Gothis Ticinum ingressis, mox Rugi civitatem invadunt, et per biennium depopulantur. Theodoricus iste, licet illitteratus, fuit tamen sapientissimus, qui dicebat, quod *Qui habet aurum, et dæmonem, celare non potest.* Hic cuidam sponsæ metu sponsi filium proprium deneganti ait : *Non habebis virum, nisi hunc, quem tu negas filium :* quo audito, statim confessa est suum esse filium. Et ecce alius Salomon. Hic Veronæ, Ravennæ, Ticini palatia fecit, cujus tempore felicitas maxima fuit, pax et abundantia magna. Hic ut sui regni vires stabiliret, Chlodovici regis Francorum filiam accepit uxorem. Sorores suas et neptes tradidit, unam regi Wandalorum, C aliam regi Thuringorum, aliam regi Wisigothorum, alios aliis, ita ut gens non prætermitteretur, quæ Theodorico vel pactionis fœdere, vel affinitate non fuerit sociata. Dum hæc apud Italiam aguntur, apud Britanniam Saxones et Britones hinc inde confligunt; et nunc hi, nunc illi palmam habuerunt. Sed tandem Saxones potiores totum per longum insula potiuntur. Apud Africam Hunnericus successit Generico Arianus; ccc et ultra capit episcopos catholicos; multis manus et linguas abscidit, nec tamen catholicæ confessionis loquelam eripuit. Ecclesias clausit; sed, Zenone imperatore supplicante, reserantur, et episcopi reconciliantur. Apud Orientem Thracia a Bulgaris devastatur. Constantinopolis incenditur. Cujus temporibus Simplicius D papa sedit. Post eum successit Felix papa; et post eum successit Gelasius papa.

De Anastasio imperatore.

Anno Domini 492 Anastasius regnavit apud Constantinopolim an. xxvi qui Eutychianam sapuit hæresim, dicens in Christo duas naturas deitatis et humanitatis. Hujus temporibus sedit Anastasius papa Romæ, a cujus communione multi clerici discesserunt, eo quod communicasset Photino, qui communicaverat Acacio. Post quem duo papæ fuerunt electi, Symmachus et Laurentius. Unde post multa facta homicidia Symmachus obtinuit et firmavit, in festis cantari *Gloria in excelsis Deo,* etc., et habitacula pauperibus instituit.

De Justino imperatore seniore.

Anno Domini 519 Justinus senior regnavit apud Constantinopolim annos ix. Ad hunc quoque misit Hormisda papa virum sanctitate præcipuum Germanum Capuanum episcopum pro fidei reintegratione, qui digne susceptus est, et fidem consolavit. Hoc tempore apud Africam catholica reformatur Ecclesia. Nam, defuncto Thrasimundo Ariano, successit Hildericus filius ejus ex captiva filia Valentiniani principis ortus, quem pater moriens voluit astringere, ne catholicæ faveret Ecclesiæ; at ipse priusquam regni jura susciperet, universos episcopos in exsilium missos restituit, et catholicam Ecclesiam in Africa reformavit, quæ LXXIV annis fuerat destituta. Justinus similiter apud Orientem cœpit sævire, ut hæreticorum nomen exstingueretur. Quod cum Theodoricus rex adhuc in Italia vivus, Ariana labe pollutus, audivit, Joannem papam, qui Hormisdæ successerat, ad Justinum dirigit, intimans, quod nisi hæreticis suas redderet Ecclesias, universos Italiæ populos occideret. Joannes Constantinopolim ingrediens, turbis occurrentibus ei, in conspectu populi cæco lumen reddit supplicanti. Hic itaque de sua suorumque salute sollicitus, magnis fletibus Justino supplicat, ut suæ legationis seriem, licet injustæ, accipiat, ut Italiæ perituræ consulat. Annuit imperator.

De Justiniano imperatore.

Anno Domini 527 Justinianus apud Constantinopolim regnavit an. xxxviii. Justinianus ab Augusto quinquagesimus primus sumpsit imperium, regnantibus in Francia adhuc filiis Clodoici. Iste Christianissimus imperium quasi jam mortuum prudentissime suscitavit; rempublicam reparavit. De Persis per Belisarium patricium magnifice triumphavit. Leges ante editas nimietate diffusas in compendium conformavit, atque correxit; nam omnes Constitutiones principum, quæ utique in multis voluminibus habebantur, intra duodecim libros coarctavit, idemque volumen *Codicem Justiniani* appellari præcepit; cursumque singulorum magistratuum, sive judicum leges, quæ usque ad duo millia pene libros erant extensæ, intra quinquaginta librorum numerum redegit, eumque codicem *Digestum,* sive *Pandectarum* vocabulo nuncupavit. Quatuor etiam *Institutionum* libros, in quibus breviter universarum legum textus comprehenditur, noviter exposuit. Novas quoque leges, quas ipse statuerat, in unum volumen redactas eumdem codicem *Novella* nuncupari sancivit. Nam per Belisarium Wandalorum gentem, capto eorum rege Gelismero, usque ad internecionem delevit, Africamque totam post annos nonaginta et sex Romano imperio restituit. Rursumque Belisarii viribus Gothorum in Italia gentem, capto Witige eorum rege, superavit. Mauros quoque post hæc Africam infestantes, eorumque regem Antalam per Joannem exconsulem mirabili virtute protrivit. Pari etiam modo et alias gentes belli jure compressit. Quam ob causam pro-

pter horum omnium victorias ut Alamannicus,
Gothicus, Francicus, Germanicus, Alanicus, Wan-
dalicus, Africanusque diceretur, habere agnomina
meruit. Exstruxit quoque idem princeps intra urbem Constantinopolim ecclesiam Sanctæ Sophiæ,
id est Sapientiæ divinæ, quæ est Christus Filius
Dei; insuper alia infinita ecclesiarum beneficia
miro opere et ornamento construxit. Regem Herulorum nomine Craten convertit, et baptizavit. Tunc
etiam rex Hunnorum nomine Garda, et cum eo
quædam mulier vidua ex principibus Hunnorum, et
alii gentis illius, centum millia baptismi gratiam
receperunt. Rex itaque Atalaricus cum matre sua
Eudoxia in tuitionem Justiniani imperatoris suscipitur. Atalarico post pauca a suis occiso, mater
ejus Theodatum in regnum suscipit, qui postea ingratus et perfidus eam in balneo strangulavit. Justinianus, Wandalis ab Africa eliminatis, Africam
in Romanam provinciam reformavit. Theodatus
traditor et strangulator uxoris, pœnas Justiniani
metuens, Agapitum papam ad imperatorem pro petenda indulgentia et pace transmittit; qua impetrata, fecit se ab ipso pontifice ad fidem catholicam
revocari. Ubi et ipse pontifex diem suum functus,
dum per portam regiæ urbis feretrum portaretur,
cæcus quidam tacto feretro fuit illuminatus. Post
hæc Belisarius patricius Theodatum ob commissum
in uxorem scelus occidit, et Witegisium post Theodatum regnum invadentem captum ad imperatorem
transmisit; atque totum regnum Gothorum, quod
Jordanis auctor eorum per duo millia annorum et
amplius stetisse commemorat, tunc finivit, atque
per eum sub Justiniano tam Wandalis ab Africa,
quam Gothis ab Italia exstirpatis, utrasque provincias in pristinam Romanorum subjectionem reduxit. Hucusque Jordanis episcopus natione Gothus,
ut ipse testatur sua Chronica, Gothorum Historias
protelavit. Belisarius patricius cum Theodeberto
filio Chlodovici fratre Lotharii, qui cum ducentis
millibus Italiam invaserat, bellum commisit, et ro-
gantibus Francis pacem concessit. Interea Parthi
totam Syriam et urbem Antiochiam invadunt et depopulantur, quibus occurrens Belisarius patricius,
Wandalorum et Gothorum triumphator, vicit, et a
terminis Romanorum repressit. Iis diebus Gothi
cum rege suo Totila tumultuantes in Italiam deferuntur. Eisdem temporibus gens Langobardorum,
quæ ab insula Scantia, quam alii vocant Scandina-
viam, a qua etiam primi Gothi egressi fuerunt,
cum Alboino rege suo in Pannonia habitabant;
qui non multo post Italiam occupaverunt. Belisarius
patricius in Italia manens, præcepto Theodoræ Augustæ Silverium papam invitus in exsilium misit.
Vigilio quoque successori suo similiter fecit. Iis
quoque temporibus sedit sanctus Agapitus papa; et
post eum Silverius papa; et post Silverium Vigilius papa; cui successit Pelagius papa, et post eum
Joannes papa.

*De regibus Longobardorum et gestis eorum, quæ fe-
cerunt, et fuerunt suis temporibus.*

Primus rex Longobardorum vocabatur Agelmun-
dus filius Agionis, et regnavit annis xxxiii et gu-
bernavit, et rexit Longobardos per idem tempus, et
adoptavit in suum filium, qui postea fuit secundus
rex Longobardorum.

Secundus rex Longobardorum fuit Lamissio post
Agelmundum, et regnavit annis xl.

Tertius rex Gildeoth filius Letech regnavit xxiv
annis.

Quartus rex Gildeothot rex Longobardorum regnavit et rexit xxi annis.

Quintus rex Gedeus, sub quo in Ruglanda provincia Rugorum temporibus Odoacri, de quo prædiximus, habitabant, in quam multis bellis et laboribus venerant fatigati.

Sextus rex Claffo filius Gedeonis regnavit xxviii
annis.

Septimus rex Walterus regnavit annis vii.

Octavus rex Vacco dux super aliquantis Longo-
bardicæ gentis principatus est, et ex filia filium
suscipiens, eum Walterium nominavit.

Nonus rex Andolin, qui Longobardos in Pannoniam duxit, et fuit pater Alboin. Rodelindam in matrimonium habuit, quæ ei Alboin, virum bellis
aptum et per omnia strenuum, peperit. Mortuus est
itaque Andolin, et regnavit annis xxi. Ac deinde
in regnum jam decimus Alboin ad regendam patriam cunctorum votis accessit.

Alboinus decimus rex Longobardorum sedes proprias, hoc est Pannoniam, amicis suis Hunnis con-
tribuit, eo scilicet ordine, ut si quo tempore Longobardis necesse esset reverti, sua rursus arva re-
peterent. Igitur Longobardi, relicta Pannonia, cum
uxoribus et natis, omnique supellectile Italiam properant possessuri. Habitaverunt autem in Pannonia
annis xlii de qua egressi mense Aprili per indictio-
nem primam alio die post sanctum Pascha, cujus
festivitas eo anno juxta calculi rationem ipsis Kalendis Aprilis fuit, cum jam anni a Domini Incarnatione 568 essent evoluti.

Clepus undecimus rex, nobilissimus vir, quem
Liguriæ provinciæ regem statuerunt et fecerunt,
regnavit duobus annis et mensibus sex. Post mortem ipsius regis sub judicibus fuerunt per decem
annos. Postea elegerunt alium regem.

De Justino minore imperatore, nepote Justiniani.

Anno Domini 567 Justinus minor apud Constantinopolim regnavit ann. xii. Hic fuit nepos Justiniani. Vir in omni avaritia deditus, contemptor
pauperum, senatorum spoliator; cui tanta fuit cupiditas et rabies, ut arcas juberet ferreas fieri, in
quibus ea, quæ rapiebat, auri talenta congereret.
Quem etiam ferunt in hæresim Pelagianam dela-
psum. Hic cum a divinis mandatis aurem cordis
averteret, justo Dei judicio, amisso rationis intellectu, amens effectus est. Hic Tiberium cæsarem

ascivit, qui ejus palatium, vel singulas provincias A gubernaret.

De Tiberio imperatore.

Anno Domini 578. Tiberius Constantinus regna-- vit apud Romanos annis VIII. Huic Sophia Augusta paravit insidias, volens Justinianum filium suum sublimare. Sed spe sua cassata est. Hic Persas de- bellavit et vicit, et magnam prædam cum XX pariter ;elephantis adduxit. Demum Mauritium virum stre- nuum una cum filio Sophiæ elegit in imperium, filiamque suam sibi tradidit, dicens : Sit tibi impe- rium cum hac puella concessum ; utere eo felix, me- mor semper, ut æquitate et justitia delecteris. Iste Tiberius fuit homo justus, utilis, et strenuus, ele- emosynarius, in judiciis æquus, in victoriis clarus, et quod his omnibus superavit, verissimus Christia- nus. Eodem tempore fuit Benedictus papa primus, et post eum Pelagius papa secundus.

De Mauritio imperatore.

Anno Domini 585 Mauritius Cappadox primus ex Græcorum genere in imperium confirmatur ; regna- vit annis XX. Hic quinquaginta millia soldorum misit Oldeberto regi Francorum, ut Lombardos impugnaret, et de Italia exterminaret.

Autharum filium Delfonis Longobardi elegerunt in regem, et fuit duodecimus rex Longobardorum , qui regnavit annis VII et destruxit civitatem Birsiliæ positam super ripam fluminis Padi, et modo dicitur Bersellus.

Agiluf tertius decimus rex Longobardorum , qui C sicut Authari assumpsit regiam dignitatem, sic et in matrimonium Theodolindam ejus uxorem, cujus supplicatione rex fidem catholicam tenuit, et pos- sessiones Ecclesiæ ampliavit. Cui reginæ Gregorius papa primus multa scripsit.

De Phoca imperatore.

Anno Domini 606 Phocas regnum invasit apud Constantinopolim, qui regnavit annis VIII. Cujus anno secundo beatus Gregorius cum sedisset annis XIII, et mensibus VI, et diebus X, migravit ad Chri- stum. Eodem tempore Prasini et Veneti per Orien- tem et Ægyptum bella moverunt. Agiluf pacem cum Phocate composuit annualem. Persæ Romanis Hierosolymam et multas provincias abstulerunt , et sancta profanantes, etiam vexillum Dominicæ D crucis abducunt. Contra Phocatem Heraclianus, qui tunc Africam regebat, bellum movit, eumque regno et vita privavit, tradens regnum Heraclio filio suo. Eodem tempore sedebat Romæ beatus Gregorius papa primus, et post eum successit Sa- binianus papa primus, et post eum successit Boni- facius papa tertius, cui successit Bonifacius papa quartus, qui impetravit a Phocate imperatore tem- plum, quod Pantheon vocabatur, quod idem impe- rator eidem Bonifacio dedit et concessit. Et ibi dictus papa fecit Ecclesiam in honorem Beatæ Mariæ et Omnium Sanctorum in Kalendis Novembris. Et tempore prædicti Bonifacii papæ fuit Mahometh.

De Heraclio Heracliani filio.

Anno Domini 614, Heraclius Heracliani filius apud Constantinopolim regnavit annis XXXII, alii dicunt annis XLVIII. Hic fuit Christianissimus qui , crucem Domini Hierosolymas reportavit. Hic duos filios habuit, Heracleonem et Constantinum. Agiluf cum Heraclio, et cum Francis pacem composuit. Sed Avares Forum-Julii capiunt ad proditionem Romildæ uxoris Gisulfi ducis Fori-Juliani, quam rex Avarum promisit accipere in matrimonium. Sed Longobardis peremptis et captis, rex una nocte habuit eam in matrimonio ; alia nocte tradidit duodecim Avaribus, qui sibi succedentes eam libi- dine satiarent. Novissime jussit eam ligari ad pa- lum, inquiens : Talem te dignum est habere virum in maritum, quæ potius libidini, quam civium et consanguineorum saluti prospicere voluisti. Hujus ducissæ duæ filiæ, ne Avaribus contaminarentur, carnes pullorum crudorum mamillis fasciis alliga- verunt, ut putrefactæ feterent. Cum igitur Avares eas contingerent, putantes eas naturaliter fetere, dicebant omnes Lombardas fetidas. Quarum postea nupsit una regi Alamannorum, alia principi Bajoa- riorum. Ad hæc cum regnasset Agiluf XXV annis, diem clausit extremum, cujus filius fuit Adaloald rex.

Adaloald filius Agiluf quartus decimus rex Lon- gobardorum cum Theodelinda matre sua successit, et tunc fuerunt Ecclesiæ restitutæ.Cumque regnasset Adaloald annis X et mente insaniret, a Longobardis ejectus est.

Arioald substitus est rex quintusdecimus Longo- bardorum, et regnavit annis XII.

Rotharus sextusdecimus rex Longobardorum, qui fuit fortis et justus , sed arianus ; et tunc fere in qualibet civitate Longobardorum erant duo epi- scopi, unus catholicus et alter arianus. In civitate Ticinensi apud basilicam Sancti Eusebii Anastasius arianus episcopus resedit , sed postea ad fidem catholicam est conversus, et tunc erat alter epi- scopus catholicus. Codicem composuit Rotharus legum, quæ Longobardæ vocantur, anno LXVII, ab introitu Longobardorum in Italiam. Multa subju- gavit ; et cum regnasset annis XVI, regnum Longo- bardorum Rodoaldo filio suo reliquit.

Rodoaldus decimus septimus rex Longobardorum regnavit annis V. Cujus uxor Godiperga ecclesiam apud Ticinum Sancti Joannis construxit. Interim Simsebinus princeps Gothorum multas in Hispania urbes sibi subjecit, et Judæos sui regni ad fidem convertit. Heraclio successit Heracleonus filius, qui regnavit annis II, deinde frater ejus Constantinus, qui regnavit mensibus VI. Cui successit filius æqui- vocus, Constans etiam nominatus. Hisque tempo- ribus fuit Romæ papa Deusdedit ; cui successit Bonifacius papa quintus. Post eum successit Hono- rius papa primus ; post quem successit Severinus papa ; et post eum Joannes papa quartus ; et post eum Theodorus papa primus.

De Constantino, qui et Constans.

Anno Domini 649 Constantinus, qui et Constans, apud Constantinopolim regnavit annis xxviii, qui fuit hæreticus. Cujus temporibus Martinus papa fuit primus, quem, quando missarum solemnia celebrabat, Spatarius quidam occidere voluit, sed percussus aorasia eum non vidit. Demum Constantinus eum misit in exsilium, ubi migravit ad Dominum, et miraculis coruscavit. Cui successit Eugenius papa primus, canonum scientia plurimum eruditus. Et post eum Vitalianus, qui cantum composuit, quo hodie Romani utuntur. Hujus Constantini temporibus regina Persarum, nomine Cæsara, privato habitu Constantinopolim venit, et baptismum, quem desiderabat, accepit, quam Augusta de fonte levavit. Quod audiens rex Persarum, legatos ad Augustum pro uxore direxit. Legati reginam petunt. Imperator se reginam ignorare fatetur, sed mulierem noviter baptizatam ostendit. Quam legati cognoscentes venerantur, supplicant, ut revertatur; quæ respondit : *Nuntiate regi vestro, nisi crediderit in Christum, me ulterius consortem habere non poterit.* Quid plura? Rex cum sexaginta millibus hominum Constantinopolim venit, et cum omnibus baptizatur, ab Augusto de fonte levatus. Cum uxore remittitur honoratus.

Aripertus decimus octavus rex Longobardorum, qui successit Rodoaldo, et condidit oraculum Sancti Salvatoris apud Ticinum; et cum regnasset annis novem, regnum duobus filiis Bertarith et Gondiperto reliquit. Gondipertus Ticini, Bertarith sedit Mediolani. Sed Grimoald dux Beneventanus Gondipertum fraudulenter occidit; quo audito, fugit Bertarith Mediolanensis, et stetit in exsilio.

Grimoaldus decimus nonus rex Longobardorum regnavit, qui Francos in Italiam venientes multa cæde prostravit juxta civitatem Astensem. Constantinus igitur, ut Italiam a Longobardorum manibus eriperet, Athenas venit, et mare transiens, Tarentum applicuit, et quemdam eremitam consuluit, si gentem Longobardorum posset viriliter superare. Qui respondit, quod gens Longobardorum modo superari non posset, quia beatus Joannes Baptista pro eis continue intercedit, eo quod regina basilicam ejus in Moedicia construxit. Progrediens inde, Nuceriam civitatem destruxit. Ageruntiam civitatem sane capere nequivit. Beneventum obsedit, ubi Romoald Grimoaldi regis filius ducatum habebat. Romoaldus itaque Grimoaldo patri suo nuntium direxit, auxilium petiit. Rex festinavit. Imperator Neapolim se recepit, et inde bello cum suo damno peracto, Romam perrexit. Cui papa Vitalianus cum clero devote occurrit et populo. Imperator beato Petro pallium obtulit auro contextum; et cum mansisset Romæ diebus xii, ornamenta civitatis et ecclesiarum, et Sanctæ Mariæ, ubi fuerat Pantheon, et tecta ænea deposuit, et civitatem auro exspoliavit. In Siciliam regressus est, et ibi per quinquennium mansit; et tales Calabriæ, Siciliæ,

Africæ, Sardiniæ afflictiones indixit, quod nulli spes vitæ remaneret. Sed in balneo apud Syracusas occiditur.

De Constantino, Constantini vel Constantis Augusti filio.

Anno Domini 677, Constantinus, Constantini vel Constantis Augusti filius apud Constantinopolim regnavit annis xvii. Cujus temporibus Theodorus archiepiscopus, et Adrianus abbas a Vitaliano papa missi sunt ad informationem ecclesiarum. Ad quod Theodorus iste, ut quidam aiunt, librum pœnitentialem composuit. Vitaliano successit Adeodatus papa; post quem Donus papæ, qui paradisum ante basilicam Beati Petri candidis marmoribus mirifice statuit. Post Dono papæ successit Agatho papa, qui causa componendæ pacis inter imperatorem et Longobardos, Constantinopolim ivit, et osculum in porta civitatis cum cuidam leproso dedisset, illico sanatus est. Apud Longobardos quoque Grimoald cum regnasset annis ix, in basilica Sancti Ambrosii mortuus et sepultus est, quam apud Ticinum construxit.

Bertarith vicesimus rex Longobardorum tunc profugus, ut redeat in Italiam voce divina monetur. Reversus in regem sublimatur; cujus uxor Rodelinda basilicam Sanctæ Mariæ ad Perticas ædificavit. Ipse vero ecclesiam Sanctæ Agathæ, et Portam Palatinam apud Ticinum construxit, et martyrum Primi et Feliciani corpora condidit. Cumque regnasset xv annis, Cuniperto filio suo regnum reliquit, quem Alachis dux Tridentinus contra fidelitatem, adnitentibus ei Aldone et Agrasone Brixianis civibus, regno et palatio Ticinensi privavit. Hic Alachis clericos odio habuit; qui quodam Thoma diacono ad se veniente, ait : *Veniat, si habet femoralia munda.* Ad quem diaconus ait : *Dicite illi, quia Deus potest in meis causis reprehensionem invenire : ipse non potest.* Sed per Dei gratiam misit in auxilium regis. Rex de Alachis et exercitu ejus victoriam habuit. Hic Cunipertus uxorem suam audiens Theodotem puellam de pulchritudine commendare, eam cognovit; et in monasterio, quod ejus nomine appellatur, apud Ticinum collocavit. Franci ante venerabile corpus beati Benedicti pernoctare simulantes, in castro Cassini ossa beati Benedicti et sanctæ Scholasticæ furati sunt, et in suam patriam portaverunt. Agathoni successit Leo papa secundus; et post eum successit Benedictus papa secundus; et post eum successit Joannes papa quintus, qui composuit librum *De pallii dignitate* tempore infrascripti Justiniani Minoris filii Constantini.

De Justiniano minore Constantini filio.

Anno Domini 697, Justinianus Constantini filius apud Constantinopolim regnavit annis x. Hic Africam a Sarracenis recuperavit, et cum eis pacem fecit terra marique. Similiter provincia Africa redacta est sub Romano imperio. Hujus tempore fuit supradictus Joannes papa; cui successit Sergius

papa quem misso Zacharia spatario suo jussit Con- A
stantinus imperator deportari, quia synodo, quam
Constantinopoli fecerat, subscribere nolebat. Sed
militia Ravennæ, vicinarumque partium Zachariam
contumeliose repulit. Hunc Justinianum Leo regno
privavit, et in Ponto in exsilio reposuit. Et regnavit
is cum Tiberio annis septem. Iis diebus facta est
synodus Aquileiæ. Justinianus, post imperium re-
cuperatum, Leonem et Tiberium occidit, et quando
reuma de naso tergebat, unum de Leonis fautoribus
jugulari præcipiebat. Gallicinum quoque patriarcham Constantinopolitanum, qui ei contrarius
fuerat, erutis oculis, Romam misit, Cyrum abbatem,
qui eum in Ponto aluerat, patriarcham fecit.

Cunipertus vicesimus primus rex Longobardorum, cum regnasset ann. xii. Regnum Liuperto B
filio suo reliquit, eique tutorem Asprandum instituit. Sed Ariperth puerum occidit, tutorem fugavit,
regnum invasit, Laudum et Pergamum cepit. Hic
Ariperth, hac illac pergens, quid de se diceretur, et
qualem justitiam judices facerent, privato habitu
explorabat. Hic Ariperth Alpes Cotias Ecclesiæ Romanæ donavit vel restituit. Sed Gisulphus dux Beneventi Campaniam invasit. Iis temporibus Benedictus Mediolanensis archiepiscopus Romæ causam
habuit pro Ecclesia Ticinensi, sed victus est. Joanni
papæ successit Sisinnius, et Sisinnio Constantinus;
quem Constantinum papam Justinianus Augustus
ad se Constantinopolim venire fecit, et in platea
civitatis ejus pedibus advolutus veniam impetravit;
eumque honorifice suscepit et remisit, et privilegia C
renovavit. Cujus Constantini temporibus duo Saxonum reges Romam orationis causa venere, et ambo
mortui sunt. Demum Justiniani exercitus in Pontum contra Philippicum missus, eum fecit imperatorem, qui Constantinopolim veniens, Justinianum
occidit. Cujus temporibus in urbe Roma fames facta est magna per annos tres, post quos tanta fuit
ubertas, ut fertilitas inoptata oblivioni manda-
retur.

De Philippico imperatore.

Anno Domini 717 Philippicus apud Constantinopolim regnavit ann. i, mens. vi, qui Cyrum ad
monasterium suum remisit; Constantino papæ litteras pravi dogmatis direxit; quas papa respuit, et
hujus rei causa gesta vi synodorum in porticu
Sancti Petri fecit pingi; statuitque populus Romanus, ne charta, vel effigies, aut nomen imperatoris
reciperetur hæretici, nec pro eo ad missarum solemnia oratio fieret specialis. Hunc Philippicum
Anastasius, qui Anthemius dictus, oculis et regno
privavit.

De Anastasio imperatore.

Anno Domini 718 Anastasius apud Constantinopolim regnavit ann. iii. Constantino papæ litteras
direxit, quibus se fautorem catholicæ fidei declaravit. Hic classem contra Sarracenos in Alexandriam misit; sed urbem reversus exercitus Theodo-

sium imperatorem elegit, et coactum imperio con- A
firmavit.

Aripertus vicesimus secundus rex Longobardorum, cum regnasset ann. xii et fugeret a facie hostium suorum, in Ticino flumine suffocatus est.
Regnavit Asprandus mens. iii vicesimus tertius
rex Longobardorum, qui successit Liutprandus
filius ejus. His temporibus claruit beatus Leonardus monachus.

De Theodosio imperatore.

Anno Domini 721 Theodosius apud Constantinopolim regnavit ann. v, qui Anastasium fecit ordi-
narii presbyterum. His temporibus conversi sunt
Germani ad Christum per Bonifacium episcopum.

De Leone imperatore.

Anno Domini 722, Leo apud Constantinopolim B
regnavit ann. xxv. Hic apud Constantinopolim imagines sanctorum incendit, et mandavit Gregorio III
ut idem Romæ faceret. Sed pontifex hoc contempsit, et imperatorem excommunicavit. Exercitus
quoque Ravennæ, Venetiarumque unanimiter ele-
gissent alium imperatorem, nisi pontifex restitisset.
Augustus ad pejora progreditur, quia Salvatoris et
Genitricis ejus imagines concremari fecit; et quia
plerique Constantinopoli resistebant, aliqui sunt
capite truncati, alii aliter mutilati. Et tunc passa
est sancta Theodosia. Patriarcha sceleri non consentiens, propria sede expulsus est. His quoque temporibus Sarraceni Constantinopolim per continuum
triennium obsederunt; sed fame et pestilentia confusi sunt; et revertentes subita tempestate contritis C
navibus perierunt. Intus Constantinopolim ccc millia
pestilentia interierunt.

Liutprandus vicesimus tertius rex Longobardorum, qui fuit tantæ audaciæ, quia cum jurassent
aliqui eum occidere, cum eis silvam ingrediens,
evaginato gladio dicebat : Facite, quæ cogitatis. Et
tantæ fuit pietatis, quod eis cuncta confessis protinus dimittebat. Et cum Liutprandus regnum obtineret Longobardorum, et equitaret per districtum
Mediolani, homines illarum partium ad ejus præsentiam accedentes conquerebantur, ei, quod non
habebant mensuram, et quod unus alterum in mensura decipiebat. Qui posuit pedem super quemdam
lapidem magnum et spatiosum, volens in eo signum D
fieri ad modum pedis sui, ad quod emere et vendere
deberent. Sed Dei potentia signum pedis ejus in
ipso lapide fuit sculptum signo, et signatum, quod
usque in præsentem diem ibi apparet, et dicitur
Pes Liutprandus; ad cujus mensuram usque in hodiernum diem vendunt et emunt. Tantæ fuit potentiæ, quod Bononiam, Auximum, Subtriam, Spoletum, et alia plurima subjugavit. Ravennam obsedit,
et classem destruxit. Sed et contra Romanos multa
prælia gessit. Cum Romam obsideret, misit Gregorius III Carolo Martello claves confessionis Sancti
Petri, rogans ut urbem liberaret et Ecclesiam defenderet a Longobardis. Sed tantæ fuit devotionis,
quod Alpes Cotias Romanæ confirmavit Ecclesiæ.

Ossa beati Augustini, cum Sarraceni fuissent Sardiniam depopulati, transtulit in Ticinum, et collocavit ea in ecclesia Sancti Petri ad Velum aureum, quam ipse construxit. Ædificavit præterea in monte Bardonis ecclesiam Berceti. In Olonna ecclesiam Sancti Anastasii. In palatio ecclesiam Sancti Salvatoris, ubi clericos instituit; et sic per singula quæque loca, in quibus degere volebat. Tantæ fuit sapientiæ quod magis confidebat in orationibus, quam in armis. Pacis fuit amator qui Francorum pacem et Avarum custodivit; castus, largus, sed litterarum ignarus; qui, cum regnasset annis XXXI et mensibus VI, mortuus est.

Hildeprandus, vicesimus quartus rex Longobardorum, successit Luitprando regi. Hildeprandus regnavit mensibus VI.

Ratchius, vicesimus quintus rex Longovardorum, regnavit annis IV, mensibus IX. His temporibus Gregorio successit Zacharias in apostolica sede, Græca Latinaque lingua peritus. Qui pacem cum Longobardis fecit, et filios compatrum in matrimonio copulari prohibuit. Bonifacius Maguntinus archiepiscopus, qui Werdensem ecclesiam fecit, et Beda presbyter venerabilis, qui multa conscripsit, et Petrus episcopus Ticinensis claruerunt. Leonis anno primo mortuus est Carolus Martellus, qui apud Francos major in regia domo erat. Hic regnum Francorum a longis retro temporibus intueamur.

Post Trojæ destructionem multa millia Trojanorum sub Priamo et Antenore Ravennam applicuerunt, et Paduam ædificaverunt, ubi sepultus est Antenor. Postea vero in Scythica regione civitatem Sicambriam constituerunt. Deinde occupaverunt Germaniam, et dicti sunt Germani. Sed quia tempore Valentiniani imperatoris, ejus mandato vicerunt Alanos, vocavit eos Francos, id est feroces. Post transierunt in Thuringiam sub principibus Marcomede et Simone. Sed Simone defuncto, Marcomedis filium Faramundum regem fecerunt, et leges per quemdam sapientem, nomine Salagustum, habere cœperunt, a quo lex Salica dicta est, qua Franci utuntur. Hinc Roma decrevit, et Francia crevit. Nam, transito Rheno, cœperunt fugare Romanos, qui habitabant ibi; et cepere Agrippinam, quæ nunc Colonia dicitur ex novo incolatu eorum, et Tornacum, et Cameracum, et Rhemis, et Treverim, et Suessonam, Aurelianis, et pene totam Galliam et Germaniam ab Aquitania usque Baguciam vindicaverunt. Inter reges Francorum fuerunt Miroveus, a quo postea reges nominati sunt Mirovei; et Chlodoveus, qui Glodosindam filiam regis Burgundionum Christianam accepit uxorem; ad cujus orationes et exhortationes baptizatus est a sancto Rhemigio, angelo de cœlis oleum ministrante, quo adhuc Franci reges unguntur. Iste Chlodoveus vovit equum suum se beato Martino daturum, si triumpharet in Gothos. Triumphavit, solvit votum; sed redimere volens centum solidos transmisit; sed

equus stetit immobilis; ideoque misit alios centum solidos, et sic equus secutus est, unde Chlodoveus ait : *Sanctus Martinus est bonus auxiliator, sed charus negotiator.* Hujus Chlodovei filii, nepotes et pronepotes postea regnaverunt, scilicet Lotharius filius ejus, et filii ejus Lotharii, qui regnum diviserunt. Aribertus Parisius, Guntramnus Aurelianis, Hilpericus Senonis, Sichipertus Metis obtinuit. Sed ad tantam imbecillitatem reges devenere Francorum, quia regibus adhuc nomine solo manentibus, major in domo regia, regni erat administrator, ut venerabilis Arnulfus, Metensis episcopus, vitæ sanctitate perspicuus, et post Anchisus filius ejus ab Anchise Trojano denominatus, post quem Pippinus Grossus. Post hunc Carolus Martellus Pippini Grossi filius ex concubinatu Alpheidæ ducissæ. Qui Bagueram, Sueviam, Guasconiam, Saxoniam, Frisiam vicit, CCCLXXXV millia Sarracenorum in Hispania interfecit, eosque, bellum Narbonæ committens, maxima cæde prostravit. Et post cum Sarraceni Arelate cepissent, legatos cum muneribus mittens ad Liutprandum regem Longobardorum, contra Sarracenos auxilium postulavit. Quo in adjutorium properante, Sarraceni fugerunt. Illam quoque Provinciam subjugavit, in qua est Parisius, quæ tunc Gaudiana vocabatur. Et vocavit eam Franciam lingua latina, Theotonice Karlinguiam. Terra vero, quæ Franconia dicitur, a quodam Francone duce, ut quidam asserunt, appellata est. Primus consensu decimas Zachariæ papæ militibus dedit in feudum pro ecclesiarum necessitate. Cum itaque regnum Francorum tam feliciter per XXVII annos administrasset, sicut præmisimus, anno primo Leonis diem clausit extremum, tribus relictis filiis, Carlomanno, Pippino Nano, et Graffone, qui regni diviserunt administrationem. Sed Graffo iniquus a fratribus ejectus apud Averniam in quodam Castello permansit. Carlomannus habuit Theotoniam, Pippinus Franciam. Sed post annos quatuor Carlomannus per Zachariam papam factus est monachus in monte Syrath; postea transivit ad montem Casinum, ubi etiam porcos aliquando custodivit. Pippinus itaque Nanus solus exstitit regni administrator, Hyldrico rege nomine solo manente. Sed quia rex erat ignavus et inutilis, auctoritate Zachariæ papæ Pippinus in regem a Bonifacio Maguntino, aliisque principibus electus est, et Hyldrico in monte Casino monacho facto auctoritate Stephani papæ, qui Zachariæ successit, a fidelitate Hyldrici cum omnibus principibus est absolutus, et in regem unctus, ubi regnum Merovingorum finem accepit, et regnum Carolorum incepit.

De Constantino Leonis filio.

Anno Domini 742, Constantinus Leonis filius apud Constantinopolim regnavit ann. XXXV, qui fuit patre pejor, quia sacrificia dæmonibus immolavit.

Astulphus vicesimus sextus rex Longobardorum regnavit annis VIII, qui Dei Ecclesiam molestavit, et civitates ad jus beati Petri pertinentes invasit ; unde Pippinus Nanus rex Francorum rogatu Stephani papæ in Italiam venit, et Astulphum jurare coegit, quod Ecclesiam Romanam ulterius non molestaret. Deinde Pippinus Romam veniens honorifice susceptus est. Et eo in Franciam reverso, Astulphus nihil promissorum servavit. Unde Pippinus rediens, Ravennam et quasdam alias civitates numero viginti cepit, et Ecclesiæ Romanæ donavit, et Astulphum arctius obligavit. Mortuus est anno xiv regni sui, duos derelinquens filios, scilicet Carolum Magnum et Carlomannum, qui regnum diviserunt. Stephano papæ successit Paulus, qui sæpe monuit Constantinum pro imaginibus restaurandis ; post quem Constantinus adhuc laicus sedem invasit apostolicam ; post alius Stephanus, et postmodum Adrianus. Post Astulphum regem Longobardorum successit Desiderius rex Longobardorum.

Iste Desiderius Ecclesiam Romanam impugnans, primo cepit Faventiam, et Ferrariam, seu Comachium de Ravennate, abstulit exarchatu.

Anno Domini 755 tempore Astulphi regis et viii anno domni et Silvestri papæ primi translatum est corpus beati Silvestri Nonantulam.

Anno Domini 774, regnum Longobardorum a Carolo rege subjugatum est, per quos regnatum fuerat, postquam Italiam intraverant, annis ccvi. Deinde Carolus reversus in Franciam subjugavit Saxoniam.

—

Additamentum ad chronicon Sicardi secundum codicem Estensem.

Reperitur in Legenda Beatæ Juliæ virginis et martyris de Desiderio rege Longobardorum : Postea autem tempore præcedente quidam nobilis vir civitatis Brixiæ fidelis et devotus, Desiderius nomine, cum quodam tempore apud Ticinum barones et potentiores Longobardorum regem creaturi essent, Desiderius alloquitur Ansam uxorem suam, dicens : « Proficiscar Ticinum, ubi principes Longobardorum convenerunt, ut faciant sibi regem. » Uxor vero ejus subridens ait : « Vade : forte eligent te in suum regem. » Proficiscens devenit igitur prima die in quemdam locum, qui usque in hodiernum diem appellatur Lenum, et ponens ibi se ad quiescendum sub quadam arbore, cum obdormisset, ecce quidam serpens, qui surrexit subito, et venit ad caput ejus, et astringens caudam cum capite, fecit in modum serti coronam in capite ejus. Serviens autem suus hæc videns, noluit eum excitare, timens ne serpens læderet eum. Et dum hæc agerentur in somnis, videbatur Desiderio quod diadema regis Longobardorum poneretur super caput ejus. Excitatus autem, et serpente recedente, nulla molestia illata sibi dixit servienti suo : « Surge : eamus, quia vidi somnium, per quod puto me regem futurum. » Et dum essent in via, famulus suus confessus est ei quod sibi acciderat de ser-

pente. Intrans autem aulam, in qua erat multitudo, atque exspectans, et scire volens, quem electores eligerent in regem, cum plurimis diebus instassent electioni, et nulla ratione convenire possent in unum : qui in aula exspectabant, Desiderio dixerunt : « « Vade, Desideri ; intra ad eos, et dic ad eos, quia omnes tædio afficimur, exspectantes tanto electionem eorum. » Qui ingressus secure ad eos, narravit murmurationem omnium exspectantium regis electionem. Illi autem videntes Desiderium, de quo nulla mentio apud eos facta fuerat, dixit unus ex eis coram omnibus : « Ecce Desiderius vir nobilis est, quamvis non multum in rebus dives, strenuus in armis. Eligamus ipsum in regem. » Breviter Dei nutu omnes concordant in eum. Et adimpletum est in eo, quod dictum est : « Insuspicabile portabit diadema. » Et vocato eo in conclavi, insignia regalia imposuerunt super eum. Quod cum divulgatum esset in aula, omnes lætari cœperunt. Ipse autem non immemor de loco illo, ubi serpens cinxerat ejus caput, et ubi etiam fixerat signum, ad honorem Domini nostri Jesu et sancti Benedicti confessoris construxit monasterium ingens et nobile, ubi copiosa monachorum multitudo in sancta religione Domino devotissime deservivit, quod etiam privilegiis, villis et terris plurimis dotavit. Ansa vero uxor ejus devotissima regina, vestigia sequens mariti, intra civitatem monasterium æque nobile locuples de suo peculio fecit fieri, quod dotavit magnifice villis, terris, pratis, molendinis, fontibus, servis, mancipiis tam in episcopatu Brixiæ, quam Cremonæ, et Placentiæ, et Regii, et pluribus aliis locis. Dona etiam largissima contulit ecclesiæ dicti monasterii, aurum, argentum, lapides pretiosos, thuribula, phialas, cruces, textus Evangelii, et alia pallia samita, et sericas vestes, sicut decebat reginam Longobardorum, et tanto plus quanto ex magno affectu et pia devotione hoc agebat. Et constituit ut, de his quæ donaverat monasterio, conventus magnus haberetur sanctimonialium et virginum, quæ die ac nocte devotum obsequium Domino exhiberent. Post hæc misit devota regina gentis Longobardorum nuntios solemnes et fide dignos, ac devotos in insulam Corsicam, et mandavit ut corpus beatissimæ martyris Juliæ cum omni sollicitudine deferretur ad monasterium, quod ipsa construxerat ; qui fideliter et devote mandata complentes, corpus dictæ virginis ad civitatem Brixiæ detulerunt, et in prædicti monasterii ecclesia honorabiliter locaverunt, ubi per ejus merita et orationes multis multa beneficia conferuntur, præstante Domino nostro Jesu Christo, qui cum Patre, et Filio, et Spiritu sancto vivit et regnat in sæcula sæculorum. Amen. Iste rex Desiderius fuit ultimus rex Longobardorum

—

De Leone imperatore.

Anno Domini 777, Leo apud Constantinopolim

regnavit annis vi. Post venit Imperium in manus A
uxoris Leonis nomine Irene.

De Irene uxore Leonts.

Anno Domini 783, Irene regnavit apud Constantinopolim cum filio suo Constantino ann. x.
Cujus temporibus, scilicet anno Domini 786, Crucis signum repente in vestibus apparuit, et sanguis
de cœlo profluxit. Hanc Irenem, quia Carolo nubere

voluit, Græci monasterio intruserunt, et Nicepho-
rum elegerunt.

De Nicephoro imperatore, et filio ejus Stauratio.

Anno Domini 794, Nicephorus apud Constantinopolim regnavit ann. viii, post quem Stauratius
filius ejus regnavit mensibus iv. Apud Romam his
temporibus fuit Adrianus papa I, cui successit
Leo papa III. Hic Leo papa synodum celebravit, in
qua damnavit hæreticos dicentes Christum Dei filium adoptivum

----

Quæ sequuntur desumpta sunt ex ms. codice Augustæ Cæsareæ Vindobonensis bibliothecæ, simulque ex ms. cod. bibliothecæ Estensis. Variantia inter eos
aut in ipso textu, aut in suppositis notis, indicabuntur.

De Carolo Magno imperatore.

Anno Domini 700, anno ab Urbe condita 1552,
Carolus cum jam regnasset in Francia annis xxxiii
a Leone papa III, unctus est in imperatorem Romanorum, et imperavit annis xiv, mense uno, diebus xiii. Hic confirmavit Ecclesiæ Romanæ quæ
donaverat ei Pippinus pater suus, et adjunxit ei
ducatum Spoletanum et Beneventum, et alias etiam
ecclesias possessionibus ampliavit. Hic cum Michaele, qui post Stauratium apud Constantinopolim regnavit annis duobus, et post cum Leone
successore, pacem perpetuam hoc modo firmavit,
ut alter alterius frater nominetur, et alter ab
altero semper juvetur. Græcus imperator habeat
Orientem et Constantinopolim, et Carolus et successores habeant Romam et Occidentem. Abhinc C
igitur gesta Orientalium Græcis chronographis relinquentes, quæ apud nos gesta sunt, Occidentalia
prosequamur. His in pace compositis, Carolus
Hierusalem causa orationis per Constantinopolim
ivit, et per Siciliam, et Calabriam, et Apuliam
Romam rediit, et Aquisgranis reversus est, ubi
sedem regni constituit, et finem vitæ suscepit anno
Domini 814, anno regni sui et imperii xlvi sub-
actæ Italiæ xliv, ætatis suæ lxxii. Cujus duodecim
fuerunt præcipui pugnatores. Ronlandus (7), et Vol-
marius cum sociis suis. Duos reliquit filios Ludovicum regem Aquitaniæ, et Pippinum (8) secundum
regem Italiæ. Hujus temporibus claruerunt Alcuinus, Caroli capellanus, Stephanus venerabilis vitæ
Cremonæ episcopus, qui cum Pippino rege Italiæ D
transtulit corpus sancti Zenonis ad ecclesiam,
quam ædificaverunt, et multis possessionibus do-
taverunt.

De Ludovico filio Caroli.

Anno Domini 814, Ludovicus Caroli filius apud
Romanos cum Lothario filio suo regnavit annis xxv.
Auditaque (9) morte patris, de Aquitania veniens,
Aquisgrani per consensum principum adeptus est

imperii principatum. Apud quem Leo papa de im-
positis criminibus per nuntios se purgavit. Apud
Constantinopolim vero cum Leo regnasset annis
viii et mensibus vi, successit alius Michael, qui
regnavit annis viii et mensibus ix. Cui substitutus
est Theophilus filius ejus, qui post mortem patris
regnavit annis xiv et mensibus iii. Leoni papæ successit Stephanus, qui Ludovicum', ut quidam dicunt, inunxit. Huic Ludovico Italiam ingresso
beatus Joannes Baptista in visione apparuit in territorio Sabinensi, præcepitque ut ædificaret ei
ecclesiam, quam fecit, ubi dicitur Argentilla. Hic
regnum potenter obtinuit usque ad Pharum. Hic
tres filios habuit, Lotharium, quem consortem
fecit imperii ; Carolum, quem ducem fecit Aquitaniæ; Ludovicum, quem ducem instituit Bavariæ.
Hic Ludovicus Augustus, ut nobiles alliceret ad
clericatum, clericis licentiam dedit vestibus pretiosis indui, uti et divisas domos habendi. Hujus
temporibus Heroldus rex Danorum cum suo populo
venit ad fidem. Ejusque temporibus, scilicet anno
Domini 823 corpus Beati Marci translatum est de
Alexandria Venetias. Stephano papa successit Paschalis, qui (10) potestatem Lothario, cum in Italiam venisset, super Romanum populum, vivente
patre, concessit. Post Paschalem Eugenius, qui Librum Pœnitentiarum composuit, et in Franciam
misit. Post Eugenium Valentinus. Post quem Gregorius, qui ecclesiam Beati Marci, quam tempore
sui sacerdotii regendam habuit tempore sui pontificatus a fundamentis renovavit. Hujus Ludovici
temporibus episcopus Cremonensis fuit Atto.

De Helena imperatrice, et Niceto, Lothario, et Michaele Curipale.

Hisque temporibus Constantinopoli Helena sola
imperavit annis v. Nicetus imperavit annis ix.
Romæ Lotharius annis x. Constantinopoli Michael
Curipale imperavit annis ii.

----

(7) *Ex Codice Estensi :* Rolandus, Uliverius, et
Turpinus archiepiscopus cum sociis suis.
(8) *Ex codice Estensi :* et Pippinum regem Italiæ.
(9) *Ex codice Estensi :* audita namque morte

patris.
(10) Qui potestatem *usque ad* concessit, *desiderantur in codice Estensi.*

De Lothario Ludovici filio.

Anno Domini 840, Lotharius Ludovici filius apud Romanos regnavit annis xv. Ad hunc Theophilus imperator Constantinopolitanus legatos misit, promittens dare filiam suam Ludovico filio suo; sed dum ista geruntur, naturæ Theophilus iste concessit. Lotharius autem ab imperiali benedictione Roma reversus, a fratribus, scilicet Carolo Aquitaniæ, et Ludovico Bavariæ ducibus, regnare volentibus, impugnatus est. Divisit igitur cum eis imperium : Carolo cessit Francia, Britannia ; Ludovico Bavaria, Alamannia ;[Lothario vero Italia, Provincia et Lotharingia, a quo etiam sic denominata est. Ecce magnus defectus imperii. Cum enim Carolus quasi per medium cum Græco divisisset imperium, hic Lotharius nepos Caroli tertiam duntaxat partem habuit medietatis imperii. Qui cum tres filios habuerit, Ludovicum, Lotharium, et Carolum, quibus regnum concesserat (11), eis divisit, Ludovico Italiam cum nomine imperatoris, Lothario Lotharingiam, Carolo Provinciam. Et ecce major defectus imperii, quia devenit ad tertiam partem duntaxat tertiæ partis (12). Demum Lotharius imperator factus est monachus. His temporibus Gregorio successit Sergius in apostolatu, cujus temporibus Sarraceni vastaverunt Italiam. Cremonæ vero Quemeroardus sedit episcopus, Attonis prædicti successor.

De Ludovico Lotharii filio.

Anno Domini 855,Ludovicus, Lotharii filius, apud Romanos regnavit annis xviii. Hunc papa Sergius coronavit. Sergio successit Leo, qui ædificavit civitatem, quæ suo nomine Leoniana dicitur, et ciborium Sancti Petri, et ecclesiam quæ dicitur Sancta Maria nova. Post quem Benedictus (13). Postea Nicolaus, qui duos reges excommunicavit, Michaelem propter patriarchæ depositionem, et Lotharium propter pellicis copulationem. Hic enim papa Nicolaus de matrimonio Lothario juniori, regi scilicet Lotharingiæ, cum Gualdrada et Teuberga rescripsit. His temporibus Sarraceni Beneventum invadunt, ideoque Ludovicus fratrem suum Lotharium in suum auxilium invitavit; sed is apud Placentiam mortuus est ; unde regnum ejus Lotharingiam Carolus patruus rex Galliarum invasit. Sed adveniens imperator Ludovicus ipsum regnum Lotharingiæ, cum Carolo patruo rege Galliarum regna Franciæ et Britanniæ ita divisit, quod sedem sibi Aquisgrani retinuit. Ad hæc Beneventanus dux Adalgisus Ludovico imperatori fit rebellis, ideoque imperator in Italiam rediens, Campaniam, Lucaniam et omnes civitates Samnii cepit. His temporibus, Nicolao successit Adrianus, et Adriano Joannes. Cremonæ vero fuit episcopus Benedictus.

(11) *Ex codice Estensi :* quod sibi cessit, eis divisit, scilicet.
(12) *Ex codice Estensi :* tertiæ partis medietatis.
(13) *Ex codice Estensi :* Benedictus, cui successit Paulus papa II. Post Paulum Stephanus papa V. Cui successit Nicolaus papa I. Post eum Adria-

De Carolo Ludovici Senioris filio, et patruo junioris, agnomine Calvus.

Anno Domini 874, Carolus, Ludovici senioris filius, et patruus junioris, regnavit anno uno et mensibus ix. Hic enim, cum esset rex Franciæ, Romam venit, et imperium per Joannem papam inunctus obtinuit. His diebus, frater ejus Ludovicus rex Bavariæ et Alamanniæ apud Francfurt mortuus tres filios dereliquit, Carlomannum, Ludovicum et Carolum, qui diviserunt inter se regnum Theotonicum. Carlomannus filium habuit Arnolphum nomine de nobili femina, sed non legitimum.

De Carolo juniore.

Anno Domini 875, Carolus junior (8), Lotharii filius, apud Romanos regnavit annis vii. Hic, cum esset rex Provinciæ, Romam venit, et a Joanne papa coronatus est. Coronatus igitur privilegium fecit (9) clericorum et ecclesiarum. His temporibus Normanni Franciam invadunt, et usque Aquisgrani, Coloniamque devastant. Contra quos Carolus imperator armavit. Et tunc Godefredus, rex Normanorum, christianus effectus est, imperatore eum de sacro fonte levante. Paulo post, omnibus de Carolorum genere deficientibus, solus Carolus monarcha exstitit. Sed cum propter ægritudinem imbecillis haberetur, Arnolphus ad imperium electus est. His temporibus tres fuerunt in Lombardia episcopi gloriosi : Paulus qui Placentinam ecclesiam per Suffredum destructam reparavit, et Guibodus Parmensis, qui canonicam Parmensem instituit, et Lando Cremonensis, qui corpus martyris Archelai de Roma Cremonam portavit, et Archarium instituit, qui pro luminaribus beneficium assignavit. Hisque temporibus Joanni papæ successit Martinus ; post Martinum Adrianus.

De Arnolpho.

Anno Domini 882, Arnolphus, Carlomanni filius non legitimus, cum esset rex tertiæ partis Theutoniæ, regnavit apud Romanos annis xii. His temporibus Adriano successit Stephanus ; postea Formosus. Arnolphus igitur a Formoso coronatus imperator effectus est ; qui Pergamum cepit, et totam Italiam subjugavit. His temporibus Franci perdiderunt imperium, quod apud eos fuerat circiter cxii annis. Fuit enim imperium a pluribus, multis annis, multipliciter usurpatum, de quorum successionis ordine prosequamur. Papæ vero Formoso successerunt sequentes ordine dispositi : Bonifacius, Stephanus, Romanus, Theodorus, Joannes, Benedictus, Leo, Christophorus, qui de papa factus est monachus.

De Ludovico filio Arnulphi.

Anno Domini 902, Ludovicus regnavit annis iv apud Teutonicos. Post Ludovicum regnavit Henrinus.

(14) *Ex codice Estensi :* Carolus minor Ludovici filius.
(15) *Ex codice Estensi :* fecit de libertate clericorum.

cus Saxo, sed diadema capiti non imposuit. His
temporibus Hungari depopulantur Italiam, scilicet
anno Domini 906, viii Kalend. Octobris : posteaque de anno in annum sæpe reversi sunt et de-
prædati.

Ludovico successit Conradus nequissimus fortu-
natorum et ecclesiarum devastator. Ideoque sustulit eum Deus. Cui successit Henricus Saxoniæ dux
ad regnum vocatus.

De Berengario primo.

Anno Domini 907, Berengarius primus regnavit
annis vi. Cujus tempore sedit (16) Anastasius in
papam ; cui successit Lando. Landoni, Joannes,
qui filius Sergii papæ. Apud Teutonicos regnavit
primus Conradus. Hujus Berengarii cancellarius
nomine Joannes fuit Cremonæ episcopus, qui comitatum extra civitatem per quinque milliaria impetravit. Cujus tempore sedit Sergius papa, qui Christophoro fuerat substitutus.

De Berengario secundo

Anno Domini 913, Berengarius secundus regnavit
annis vi.

De Hugone.

Anno Domini 923, Hugo regnavit annis vi. Apud
Teutonicos regnavit Henricus. His temporibus Dal-
bertus Cremonæ fuit episcopus.

De Berengario tertio.

Anno Domini 931, Berengarius tertius regnavit
annis viii. His temporibus Joanni successerunt hoc
ordine : Leo, Stephanus, Joannes ; item Leo ; item
Stephanus ; postea Marinus et Agapitus.

De Lothario.

Anno Domini 944 Lotharius regnavit annis
duobus.

De Berengario quarto.

Anno Domini 947 Berengarius regnavit annis xi.
Qui regnum Italiæ cum imperio adeptus est, et regnavit cum Adelberto filio suo. Apud Teutonicos
regnavit primus Otto Henrici filius. His temporibus
Sarraceni Capuam invaserunt, scilicet anno Domini 949. Romani quoque patriciatus sibi tyrannidem
usurpaverunt. Agapito vero successerunt Joannes,
Benedictus et Leo. Cum has inter persecutiones
et præter has a tyrannide Berengarii maximam pateretur Ecclesia persecutionem, ad Ottonem regem
Teutonicorum a Sede apostolica legati mittuntur,
de tyrannide Berengarii conquerentes. Tum hic
primus Otto filium suum nomine similiter Ottonem
in Italiam misit, qui de Berengario triumphavit ;
totam Italiam subjugavit. Adelbertus in Corsicam
fugit. Proinde rex Otto a Joanne coronatus imperatoris nomen acquisivit. Et sic imperium ad Teutonicos pro gloriosa et victoriosa Ecclesiæ defensione
transivit.

(16) *Ex codice Estensi :* Cujus tempore sedit Sergius papa III, qui Christophoro fuerat substitutus, et
in papam electus. Cui successit Anastasius papa
III, in papatu : cui successit Lando I. Post eum
successit Joannes papa qui filius fuit Sergii

De primo Ottone imperatore.

Anno Domini 961 primus Otto apud Romanos
regnavit annis vi, qui Joanni papæ Leonem substituit, eo quod cum Adelberto convenit. Ejecto
Leone, Joannes a Romanis restituitur, cui defuncto Benedictus substituitur. Sed imperator Benedictum deposuit, et Leonem restituit, et filium suum
sibi æquivocum ab eo coronari obtinuit. Hic Leo
papa donationes factas a Justiniano imperatore,
Ariberto rege, Pippino, et Carolo Ecclesiæ Romanæ,
de consensu cardinalium, episcoporum, presbyterorum, diaconorum et totius cleri et populi Romani, imperatori Ottoni remisit, et sibi suisque successoribus concessit et largitus est, ut regnum Itali-
cum ab invasionibus liberarent et perpetuo tuerentur. Hujus majoris Ottonis temporibus Luyso Cremonæ fuit episcopus, qui corpus Beati Hymerii de
oppido sancti Flaviani sito in episcopatu Immelien-
si Cremonam transtulit..

De Ottone secundo imperatore.

Anno Domini 961, secundus Otto apud Romanos
regnavit annos xxviii. Hujus temporibus Leoni papæ successit Joannes, qui a præfecto urbis captus
et in Campaniam in exsilium missus fuit. Sed imperator a persecutoribus supplicium sumens et apostolicum restituens vindicavit. Joanni successit Benedictus, qui quoque a Thuicio Theodori filio captus in castro Sancti Angeli retrusus et strangulatus est. Benedicto successerunt Donus et Benedictus et Joannes, qui in castro Sancti Angeli fame
afflictus mortuus est. Rursus Joannes, itemque Joannes, Silvester, Joannes, aliusque Joannes. Hisque
temporibus Liutprandus Cremonæ fuit episcopus.

De tertio Ottone imperatore.

Anno Domini 994 tertius Otto apud Romanos
regnavit annis vi. Cujus temporibus terræ motus
per decem dies totam Italiam agitavit. Ejusque temporibus venerabilis Odericus Cremonæ fuit episcopus, qui arcam Beato Himerio fabricavit, et corpus sancti Gregorii martyris Cremonam de Spoleto
portavit, et ecclesiam Sancti Laurentii quondam
capellam foris muros civitatis ædificans in monasterium etiam ditavit.

De Henrico Claudo duce Noricorum.

Anno Domini 1001, defunctis Ottonibus absque
hæredibus, Henricus Claudus dux Noricorum, id
est Baguariorum, eligitur a principibus. Qui regnavit annis xxiv. Imperavit autem xi, qui (17) multa
prælia vicit. Cujus temporibus Joanni papæ successerunt hoc ordine Sergius, Benedictus, Joannes et
Benedictus, qui ejectus fuit de papatu, et Silvester
substitutus. Sed et hoc dejecto Benedictus restituitur,
quo rursus ejecto, Gregorius substitutus est, quem

papæ.
(17) *Cod. Estensis :* qui anno 1014, imperator
factus est, qui multa prælia vicit, qui apud Baben-
bergam catalogo sanctorum annumeratus est.

imperator Henricus deposuit, et ultra montes transportavit, et Clementem substituit. Hujus temporibus Henrici, capellanus ejus, nomine Landolphus Cremonæ fuit episcopus, qui monasterii Sancti Laurentii et Cremonensis populi fuit acerrimus persecutor. Quocirca populus ipsum de civitate ejecit, et palatium turribus et duplici muro munitum destruxit. Proinde licet episcopio multa conquisierit, tamen multa per superbiam, multa per inertiam perdidit. Hujus etiam Henrici temporibus luna tribus diebus sanguinea facta est. Sol defecit, et fames valida fuit. Ejusque temporibus, scilicet anno Domini 1005, Simeon eremita migravit ad Dominum, cujus corpus jacet ad Sanctum Benedictum inter Padum et Lironem.

De Conrado.

Anno Domini 1026 Conradus (18) apud Romanos regnavit annis xvi, cujus temporibus successit Clementi Damasus in papatu. Aribertus Mediolanensis fuit archiepiscopus, et Baldus Cremonæ fuit episcopus; qui quoque monasterium Sancti Laurentii persecutus est, et apud Lacum Obscurum impugnatus est. Defuncto Conrado vacavit imperium.

De Henrico secundo.

Anno Domini 1040, Henricus Conradi filius apud Romanos regnavit xvii annis; cujus temporibus in papatu sederunt Leo, qui cum Normannis in Apulea dimicavit, Victor, Stephanus, cujus tempore Pathera Mediolani exorta est; post Benedictus, Nicolaus, ejusque temporibus, scilicet et anno Domini 1052, Bonifacius marchio sagitta in Spineta est occisus; et quidem ubi sagittarius pedes et genua fixit, radix omnis aruit, et herba cum germine in circuitu sibi ulterius non germinavit, ut divinitus apparerent latentis vestigia occisoris (19).

(18) *Codex: Estensis* Conradus quidam dux Francorum successit Henrico secundo, qui neptem Sancti Henrici duxit uxorem, et regnavit apud Romanos annos xiii qui eodem anno intravit Italiam. Cujus temporibus Clementi II successit Damasus II. Anno Domini 1053, apud Constantinopolim Michael successit in imperium, qui regnavit annos iv; nam, evulsis oculis de regno a Theodora imperatrice ejectus est. Successitque Constantinus, qui monomachus factus est, et regnavit annos ii. Anno Domini 1159, Conradus moritur, et Henricus filius substituitur.

(19) *Codex Estensis :* Ejusque temporibus anno Domini 1045, ædificata est Hierosolymis ecclesia Sanctæ Resurrectionis; et anno Domini 1054, Luprandus, apostolicæ sedis Legatus, Michaelem Constantinopolitanum patriarcham excommunicavit, quod damnaret Latinos Azymitas. Anno Domini 1056, defuncto Constantino monomacho, Theodora imperatrix per biennium Constantinopolitanum rexit imperium; cui successit Michael Onricas, qui regnavit annos ii et ejectus ab Isachio factus est monachus. Successitque Isachius, qui regnavit annos ii. Anno Domini 1056, Henricus moritur, cujus corpus ultra montes translatum est. Et permansit vacuum regnum annos xxvi.

(20) *Codex Estensis:* Sed fugiens imperatoris insidias, quem de electionibus arguebat episcoporum, in Apuliam pervenit, ubi a Roberto Guiscardo

De Henrico tertio

Anno Domini 1063, Henricus apud Romanos regnavit annis xvi quem filius ejus usque adeo persecutus est, quod ei regalia resignavit. His temporibus Robertus Guiscardus invasit Apuliam, et etiam Romam impugnare præsumpsit. Hierusalem a paganis capitur. Nicolao successerunt Alexander, qui cum Cadulo Parmense episcopo sub contentione fuit electus, sed obtinuit; et Gregorius, qui captus est a quibusdam Romanis apud sanctum Altare nocte Natalis Domini. Sed eodem die dimissus, et in suo statu receptus (20) est. Arnolphus autem Cremonæ fuit episcopus. His quoque temporibus, scilicet anno Domini 1070, civitas Astensis capta fuit ab Adalasia. Demum sequentibus temporibus sequentia provenerunt. Anno Domini 1083, Nonantulam obsedit comitissa Mathildis. Anno Domini 1084, valida fames Italiam occupavit. Anno Domini 1096, multitudo peregrinorum per Cremonam transeuntium mare transivit, qui, transactis annis tribus, Hierusalem Dei gratia recuperaverunt. Anno Domini 1098, primo cœpit guerra de Cremona, frixorium Cremonensium. Anno Domini 1100, Paschalis papa creatur, quem quidam ex Romano clero adeo persecuti sunt, quod tres papalia insignia induentes eos in summos pontifices eligere præsumperint. Sed demum ab eodem Paschali confusi et prostrati sunt. Anno Domini 1102, Ferrariam obsedit comitissa Mathildis. Anno Domini 1107, Cremonenses, Laudenses, Papienses incenderunt Burgum Terdonæ in mense Augusto.

Quæ sequuntur, habet codex Estensis, usque ad cap.
De Henrico quarto. Paucula vero ex his subinde
repetuntur in Codice bibliothecæ Cæsareæ, ut infra
perspicies.

Anno Domini 1084, his temporibus sancta civi-

honorifice recepta est, sed apud Salernum sepultus est. Anno Domini 1088, imperante Henrico, his temporibus Robertus Guiscardus invasit Apuliam, et etiam Romam impugnare præsumpsit. Hierusalem a Paganis et Turcis capitur. Quidam etiam Turcomanni Orientalia regna ceperunt, qui sic dicti a Turco duce ipsorum. Homines agrestes sunt, non habentes manentem civitatem, migrantes, omnia sua bona secum portantes de loco ad locum. Anno Domini 1070, civitas Astensis capta fuit ab Adleida. Constantinopoli vero Constantinus Ducas contemporaneus regnavit annis viii, et post obitum ejus Esidechia uxor ejus vi menses rexit imperium, et nupsit Diogeni Romano, qui regnavit annis iv, mensibus iii, et captus est a Turcis in prælio in Oriente. Cujus postmodum oculis evulsis a Græcis per consensum Michaelis imperatoris, et Ducas prædicti filii Constantini, regnavit Michael per annos vi, quem Nicephorus nominatus a Græco dejecit imperio, et eo monacho facto, sponsam ejus duxit uxorem, et regnavit annis iii. Sed et hunc Alexius regno privavit, et monachicum habitum induere fecit. Anno Domini 1085, eodem tempore Gregorii papæ VII, prædictus Henricus regnabat apud Romanos. Apud Constantinopolim regnavit Alexius tum solus, tum cum filio suo Kalojanno, annis xxxvii, mensibus v. Eodem anno obsessa fuit Nonantula a comitissa Mathilde.

tate Hierusalem tandiu a gentibus possessa, cum mercatores Christiani venirent ad eam, et aurum pro tributo in Porta porsolverent, sed non haberent, nisi cum gentilibus, ubi caput reclinarent, mercatores Amelphitani plateam vacuam ante portam ecclesiæ dicti Sepulcri a civitatis principe impetrantes, asylum de suo communi ædificant juxta monasterium eorumdem, quod usque hodie Sancta Maria de Latina vocatur, in quo possent Christiani manere, cum contingeret eos accedere, posueruntque custodes, qui deberent Christianos recipere. Venientibus itaque multis peregrinis causa devotionis, venit quidam sacerdos Francigena nomine Petrus, officio eremita, qui videns Sancta profanari, festinus rediens Christianis suasit, ut ad liberandum Sanctam civitatem ab infidelibus festinarent. Concurrunt itaque peregrini ; sed plus quam centum millia Christianorum, per Constantinopolim transeuntium, quia in Dominum peccaverunt, a Turcomannis miserabiliter occiduntur. Rediens itaque Petrus, nihilominus viriliter agens, ad papam accessit Urbanum secundum.

De obsidione civitatis Antiochenæ.

Anno Domini 1098, Franci Antiochiam mense Octobris obsessam, in Junio feliciter obtinuerunt, Francis per chordarum scalas super muri apicem intromissis, operante quodam Turco, cui per somnium imperavit Christus dicens : *Quid dormis ? redde Antiochiam Christianis.* Et apparente eis sancto Georgio milite super equum album sedente, albis vestibus induto, totaque nocte clamante : *Venite post me : intremus civitatem,* obsederunt eam ; Sarraceni vero tanta inopia famis confecti sunt, quod equos, asinos, et camelos, canes, et mures, et grana in stercoribus reperta comederent. De hac victoria dictum est :

Cum fuit urbs capta tam nobilis Antiochena,
Undecies centum si subtrahis inde bis unum,
Tunc tot erunt anni Domini de Virgine nati.

Deinde Soldanus de Perside cum ingenti exercitu civitatem obsedit, et usque adeo Francos arctavit, quod multi fugerent. Sed cuidam clerico fugienti Dominus ait : *Revertere, et dic populo ut pœniteat, et salvi fient.* Commiscuerunt enim se cum mulieribus Turcorum. Cum itaque pœnitentiam egissent, civitatem in Julio exierunt, et timore Domini misso in hostes, eos viriliter fugaverunt. Fugit ipse soldanus cum xxx principibus ; fugit et Corogath nimis ferus, et nimium tædiosus. Antiochiam itaque Boamundus, cujus machinatione civitas fuerat acquisita, princeps obtinuit. Eodem anno fuit prima guerra de Crema, quæ est usque in hodiernum diem, non solum Cremonensium, sed etiam aliorum frixorium Longobardorum.

De captione per Phœnicem, Sidonem, et Tyrum, Acon, Capham, et Cæsaream, et Hierusalem.

Anno Domini 1099, Franci progressi per Phœnicem, Sidonem, et Tyrum, Acon, Capham, Cæsaream, et Hierusalem pervenerunt, et circum circa quotidie processionem nudis pedibus facientes, eam virtute magna ceperunt.

Anno milleno centeno quo minus uno
Virginis a partu, Domini qui claruit ortu,
Hierusalem Franci capiunt virtute potenti,
Quindecies Julio jam Phœbi lumine tacto.
Quippe Godefredo patre, mox principe facto,
Post quadringentos viginti circiter annos.

Est recuperata, ex quo sub Heraclio secunda vice a Sarracenis capta fuit, et deinde possessa. Capta quidem urbe quamdam crucis particulam in secreto loco repositam invenerunt, quam ad sepulcrum Domini retulerunt. Audiens hæc rex Babylonis, ut Francos in Hierusalem caperet, acceleravit. Sed Franci usque ad Ascalonam viriliter obviantes, eum viriliter impugnarunt, de quorum divitiis Franci ditati gloriose Hierusalem rediere. Sed Robertus Normanniæ comes, et Robertus Flandriæ comes per Constantinopolim ad propria remearunt. Raymundus comes Laudiciam accessit. Dux autem Godefredus, Tancredo secum retento, Hierosolymitanum obtinuit principatum. Audientes Boamundus princeps Antiochiæ, et Balduinus frater Godefredi prædicti princeps Edissæ, victoriam sociorum, maximo cum labore Hierusalem pervenerunt, et Daiberto Pisano archiepiscopo in patriarcham constituto, ad suos principatus, perfecto peregrinationis itinere, feliciter redierunt. Et fuit tempore Urbani papæ secundi.

De Boamundo.

Anno Domini 1100, Boamundus a Turcis captus est, et Godefredus Balduini frater electus est : qui Edissam Balduino comiti cognato suo committens, Hierusalem per multos labores pervenit, et modico tempore terram ultra Ascaloniam et partes Arabiæ, ut suæ ditioni subjiceret, perlustravit. Eodem anno papa Paschalis creatur, quem quidam ex Romano clero usque adeo persecuti sunt, quod tres papalia insignia induentes eos in summos pontifices erigere præsumerent. Sed demum ab eodem Paschali confusi, prostrati sunt.

De Balduino.

Anno Domini 1101, Balduinus in Bethlehem coronatur in regem, quod frater ejus recusaverat dicens, neminem debere coronari in regno, vel de regno regis Christi. Sed consultius sapientibus visum est, ut quod Christo fecerunt ad ignominiam, Christiani faciant ad honorem et gloriam. Simile est de rasura Petri, et nostra. Nondum Christiani plus quam ccc milites habebant, et tot de peditibus, qui Hierusalem, Joppem, Ramulam, et castrum Caphæ custodirent, nullumque Portum præter Joppem Cætera Sarraceni. Tunc temporis Januensium stolus advenit, convenitque inter regem, et eos, ut quicunque civitatem Sarracenorum caperent, tertiam partem haberent. Primo itaque ceperunt oppidum Assur ; deinde urbem Cæsaream Palestinæ, ubi archiepiscopum constituunt. Tempore procedente rex cum paucis contra ducem Babylonensis militiæ prope Ascalonam dimicavit, eumque et immensum illius exercitum superavit.

De captione Tortosæ, et obsidione Ferrariæ.

Anno Domini 1102, alius Francorum exercitus superveniens labores multos et damna perpessus est, sed postmodum Tortosam ceperunt; inter quos fuit comes Pictaviensis, et comes Burgundiæ, et comes Blesensis, cum quibus, et vix cc. militibus rex viginti Sarracenorum millia expugnavit infra Ramulam; aliaque vice Joppem, quam prehendiderant, gratia Salvatoris obtinuit. Eodem anno in Italia Ferrariam civitatem obsedit comitissa Mathildis.

De Boamundo, qui liberatus fuit a carcere.

Anno Domini 1103, Boamundus a Turcorum carcere liberatus est, et sicut princeps Antiochiæ receptus est, qui et Laudiciam a Tancredo, qui eam Constantinopolitani imperatoris hominibus abstulerat, acquisivit.

De obsidione Acon.

Anno Domini 1104, rex obsedit Acon, et auxilio Januensium impugnavit, eamque per deditionem obtinuit. Eodem anno Boamundus juxta Charram, quæ est prope Eufratem, contra Turcos pugnavit magna strage suorum. Dein Franciam properans filiam regis Philippi Constantiam accepit uxorem, principatu Tancredo relicto.

De Tancredo principe Antiochiæ. De expugnatione quam fecit contra Sarracenos.

Anno Domini 1105 pugnavit Tancredus Antiochiæ princeps contra Sarracenos, eosque viriliter expugnavit. Rex quoque Balduinus inter Joppem et Ramulam cum quingentis militibus, et duobus millibus peditum, quindecim millia Turcorum, Æthiopum, et Arabum superavit. Eodem anno in vigilia Nativitatis Domini Hierosolymis magnus exstitit terræ motus.

De cometa, et duobus solibus, et stellis.

Anno Domini 1106, cometa magnus, rutilus et niveus, incipiens in Februario L diebus apparuit mundo. Et duo quoque soles apparuerunt, et stellæ de cœlo pluries visæ sunt. Ugo Magnus, qui Tiberiadi præsidebat, Damascenos superavit; sed in alia expeditione interiit.

De militibus Joppitis, et Boamundo.

Anno Domini 1107 milites Joppitæ quingentos milites, et M. pedites inter Joppem et Hierusalem latitantes in latibulis superarunt. Eodem anno Boamundus, qui de Francia in Apuliam venerat cum quinque millibus militum, et quadraginta millibus peditum, Duratium obsedit, eo quod Alexius Constantinopolitanus peregrinis erat infestus.

De pace Boamundi cum Alexio.

Anno Domini 1108, Boamundus pacem cum Alexio fecit, et rediit in Apuliam.

De rege, qui Tripolim cepit.

Anno Domini 1109, rex Tripolim auxilio Januensium cum Bertramo comite cepit, et Bertramum eumdem comitem investivit.

De captione civitatis Beryti, et obsidione a Balduino rege.

Anno Domini 1110, rex Balduinus Berytum civitatem obsedit, et cepit; et Edissenis, qui a Sarracenis obsidebantur, cum Tancredo principe Antiocheno illuc adiens, annonæ auxilium dedit. Deinde Hierusalem reversus, auxilio Gernani regis Norvegensium, qui cum LX navibus venerat peregrinis, Sidonem civitatem obsedit et cepit. Eodem anno civitas Novariæ destructa est.

De obsidione Tyri, et destructione civitatis Laudæ.

Anno Domini 1111, rex Balduinus adivit principatum Antiochenum, et Tancredo contra Persas tulit auxilium. Deinde regressus Tyrum obsedit, sed non cepit. Eodem anno civitas Laudensis in Italia capta et destructa fuit a Mediolanensibus.

De morte Tancredi.

Anno Domini 1112, Tancredus moritur, successitque Rogerius cognatus ipsius.

De eclipsi solis, et terræ motu, et comitissa Siciliæ, et de concilio.

Anno Domini 1113, sol passus est eclipsim, et terræ motus in Hierosolymitano regno in illo bis exstitit anno. In quo Sarraceni Christianos suo proposito penitus destructuri, in insula, quæ est inter Jordanem, congregati sunt. Contra quos rex Balduinus cum suo damno pugnavit; et interim Ascalonitæ circa Hierusalem segetes dissiparunt. Eodem anno comitissa Siciliæ Adalaida, uxor comitis fratris Roberti Guiscardi, Acon causa peregrinationis applicuit. Eodem anno concilium apostolicus in Lateranensi Basilica celebravit, in quo cassatum est illud privilegium, potius pravilegium appellandum, a Patribus per violentiam extortum. Eodem anno civitas Cremonæ crematur incendio.

De multitudine locustarum

Anno Domini 1114, multitudo locustarum, ab Arabiæ partibus advolans, Hierosolymitanas segetes dissipaverunt. Maximus terræ motus in Antiochenis partibus fuit; domos et munimina multa subvertit, ante quem muscæ tecta non introibant.

De castrametatione, quam fecerunt Turci inter Antiochiam et Damascum. Et de subversione civitatis a terræ motu. Et de obitu comitissæ Mathildis.

Anno Domini 1115, castrametati sunt Turci inter Antiochiam et Damascum. Doldequinus itaque rex Damascenorum pacem cum rege Balduino et principe Rogerio composuit. Conveneruntque simul adversus eos. Interim Ascalonitæ Joppem obsederunt. Regibus igitur ad suas reversis, soli Antiocheni Turcos animositate valida superarunt. Eodem anno subversa est Mamistria terræ motu. Eodem anno rex Balduinus in quodam monte Arabiæ, qui est inter montem Abarim, in quo Dominus Moysem sepelivit, Jor et Synai, castrum ædificavit, et Montem nominari præcepit. Et eodem anno comitissa Mathildis obiit.

De rege Balduino, et comitissa Adelaide.

Anno Domini 1116, rex Balduinus dimisit Adelaidam, comitissam quondam Siciliæ, quam, sua vivente, apud Edissam injuste duxerat in uxorem.

De multitudine locustarum.

Anno Domini 1117, in Hierosolymitanis partibus multitudo locustarum segetes et arbores devoravit. Et luna prius rubore, postmodum tota nigredine perfusa est. Eodem anno rex Balduinus castrum ædificavit juxta Tyrum, quod Scandileon, id est caput leonis, constituit nominandum.

De morte regis Balduini et Alexii.

Anno Domini 1118, rex Balduinus universæ carnis debitum solvit, cum regnasset annis xviii. Cui tributa dederunt Cæder, et Ægyptus, Dan et Damascus. Et sepultus in Golgotha juxta fratrem suum ducem Godefredum. Cui, sobole nulla relicta, successit alius Balduinus, comes Edissenus, cognatus ipsius, qui multitudini Turcorum juxta Ascalonem viriliter restitit; sed neutra pars alteram assilivit. Eodem anno Alexius Constantinopolitanus viam universæ carnis ingressus est. Regnavit pro eo Calojannes filius ejus.

De Gelasio papa II et de pestilentia principis, et de militia et exordio militum Templi.

Anno Domini 1119, Gelasius papa II, qui Paschali papæ successit, cum in urbe concorditer fuisset electus, et in sede locatus, fugiens imperatoris Henrici festinum adventum, apud Capuam consecrationis benedictionem accepit. Imperator autem Mauritium Bracharum archiepiscopum immisit, quem populus Romanus Burdinum vocavit. Gelasius vero per Pisas et Januam transiens, apud Sanctum Ægidium applicuit, et Cluniacum usque perveniens, ibi viam universæ carnis ingressus est, et sepultus. Eodem anno Antiochenorum contra Turcos prope Artesium oppidum, quod est prope Anthiochiam, dimicantium septem millia occiderunt propter luxuriam principis et magnatum suorum. Sed post, cum rex Balduinus accessisset ibidem prope, juxta oppidum Sardonis, vel Sardarium, est dimicatum, in qua pugna, licet sanguinolenta, Christiani consecuti sunt victoriam. Eodem anno militia Templi sumpsit exordium

De Calixto papa II et aliis gestis, quæ suo tempore fuerunt, et maxime in Lombardia, et ultra mare et Antiochia.

Anno Domini 1120 Calixtus papa II creatur, apud Cluniacum electus, qui cum esset ex patre Burgundiæ comite natus, [sicut inter sæculares clarissimus, sic inter ecclesiasticos fuit eximius. Qui cum ad urbem et sedem apostolicam festinaret, ecclesiam Pisanam consecravit; Sutriumque accedens, Burdinum cepit intrusum, qui pro palafredo camelo insidens in transverso, et pro freno caudam manibus tenens, et pro pallio rubeo pilosa pelle

vestitus, urbem rediens in comitatu pontificis præcedebat; et sic multipliciter illusus, in Cavensi monasterio intrusus vitam finivit. Eodem anno rex Hierusalem et Antiochiam visitavit, et Tureis viriliter restitit prope Caliptum, et remisit omnem exactionem omnibus Sarracenis, Hierusalem causa vendendi triticum et hordeum et legumina ingressuris. Eodem anno fuit in Italia inter Cremonenses et Parmenses clades bellica, qua Cremonenses cum Parmensibus in Parmensi glarea conflixerunt.

De rege Balduino, qui destruxit castrum Jaret.

Anno Domini 1121, rex Balduinus castrum, quod Doldequinus rex Damasci xvi milliario juxta Jordanem construxerat, obsedit, et obtinuit, et ad solum usque destruxit. Cujus nomen Jartam incolæ nominabant. Fuit olim civitas Gerasa in Arabia sita.

De rege Hierusalem.

Anno Domini 1122, rex Hierusalem Antiochiam ivit, et gentem Parthicam ab infestatione compescuit.

De rege Henrico.

Anno Domini 1122, videns imperator Henricus quia non est scientia, non est potentia contra Dominum, rediit ad pacem Ecclesiæ, remittens omnem investituram, et quidquid spiritualium privilegio violento extorserat, et concedens canonicam fieri electionem et consecrationem, sic ait : In nomine sanctæ et individuæ Trinitatis. Ego Henricus, etc.

De captione Balduini a Turcis.

Eodem anno Turci Balduinum ceperunt, pro quo Eustachius, qui Cæsaream possidebat, terræ custos præficitur. Ad hæc Joppem obsederunt; sed demum juxta Azotum gens perfida fugatur, et trucidatur, et vincitur, et Dei potentia superatur. Ad hæc Venetica potentissima classis, quæ iter ad terræ sanctæ subventionem arripuerat, inde propitiante Domino acceleravit, et immensam Turcorum classem, quæ ad obsidionem venerat, apprehendit. Ad hæc Gonselinus comes Edissenus, qui diu inibi fuerat, de carcere liberatur : quod etsi callide factum fuerit, nec calliditatem scribimus, nec calliditati ascribimus, sed misericordiæ et potentiæ Dei.

De Christicolis Veneticis, qui Tyrum obsederunt.

Anno Domini 1124, Christicolæ Hierosolymitani Tyrum cum Veneticis obsederunt. Sed iterum Ascalonitæ cum sua jactura Hierusalem infestant; et Balach cum innumerabili exercitu Antiochenos invadit, quem Gonselinus Edissenus comes viriliter expugnavit, eique caput abscidit. Et sic adimpletum est somnium ejus, quod viderat, quod sibi oculos Gonselinus erueret. Igitur in mense Junio Tyrus capitur a Christianis, et in Dei nomine possidetur. Ubi ut quondam archiflamen, sic et nunc instructus est archiepiscopus, qui patriarchæ Hierosolymitano constat de facto subesse, quamvis submurmuret Antiochenus, antiquo jure Græcorum munimine fultus. Ad hæc tertia pars Tyri Venetis hæreditario jure conceditur, duabus sub regia potestate relictis. Eodem anno fuit Honorius papa III, et sedit annis vi, mense i, diebus xxviii.

De liberatione Balduinide carceribus.

Anno Domini 1125 rex Balduinus, cum fere duobus annis vinculis compeditus fuisset, de carcere liberatus Hierosolymam venit, et festinanter Antiochiam rediit. Veneti redeuntes Tondum, et Mothonem, et Samum, et Chium, imperatoris Græci insulas invadentes pro velle mœnia destruxerunt, personas captivarunt, res omnimodas abstulerunt. Rex autem Balduinus habens milites mille, et duo millia peditum, quindecim millia militum Borsequini et regis Damasci fugavit juxta castrum Hasar, et occidit, apprehendit, et sauciavit. Post hæc ædificavit castrum juxta Berytum in monte Graviano, sic dicto quasi a gladiando, quod ibi rei gladiabantur, id est damnandi judicabantur. Deinde versus Damascum duxit exercitum, ubi prædam maximam conquisivit. Postmodum contra Ascalonem, ubi hostes impulit, et intrusit.

—

Sequitur codex MS. Vindobonensis. — De Henrico quarto.

Anno Domini 1110, Henricus, Henrici filius, apud Romanos regnavit annis xv, qui Romam hoc anno, scilicet 1090 pro sua consecratione veniens Paschalem papam cepit, et in vinculis duobus mensibus et ultra tenuit, eo quod patrem prohibuerat sepeliri, ita quod per quinque annos jacuit in feretro. Et quia nolebat consecrare, nisi juramento firmaret quod de investituris ecclesiarum, episcoporum et abbatum se ulterius non intromitteret; demum, reconciliatione facta, coronatus est. Modus autem reconciliationis hic fuit, scilicet quod apostolicus invitus et coactus privilegium imperatori de investituris dedit ecclesiarum, episcoporum et abbatum; et quod electus non consecretur nisi prius a rege laudetur et investiatur. Sed post idem papa synodum in Lateranensi basilica celebravit, in qua cassatum est id privilegium, potius pravilegium appellandum, per violentiam regis extortum. Hujus Henrici temporibus Gualterus Cremonæ fuit episcopus, cui Hugo successit electus. Ejusque temporibus, scilicet anno Domini 1090 fuit bellum inter Mediolanenses et Cremonenses apud Brixianorum, Cremonensibus perniciosum. Eodem anno civitas Laudensis capta est a Mediolanensibus, et destructa. Anno Domini 1113 prædicta fuit synodus celebrata, et Cremona incendio concremata. Anno Domini 1115 comitissa Mathildis moritur, et apud ecclesiam Sancti Benedicti inter Padum et Lironem, quam ditaverat, sepelitur; quam Teudaldus avus construxerat, et Bonifacius pater ejus possessionibus ampliaverat. Anno Domini 1116, terræ motus magnus in Januario fuit, propter quem Ecclesia major Cremonensis corruit, et corpus confessoris Himerii diu latuit sub ruina. Anno Domini 1119, Gelasius Paschali successit, qui cum in Urbe concorditer fuisset electus, et in sede locatus, fugiens imperatoris Henrici festinum adventum, apud Capuam consecrationis benedictionem accepit. Imperator autem Mauritium Bracharum archiepiscopum intrusit, quem populus Romanus Burdinum vocavit. Gelasius vero per Pisas et Januam transiens, apud Sanctum Ægidium applicuit, et Cluniacum usque perveniens, ibi viam universæ carnis ingressus, et sepultus est. Anno Domini 1120, Calixtus papa creatur, apud Cluniacum electus, qui cum esset ex patre Burgundiæ comite natus, sicut inter sæculares clarissimus fuerat, sic inter ecclesiasticos fuit eximius. Qui cum ad urbem et sedem apostolicam festinaret, Pisanam Ecclesiam consecravit; Sutriumque accedens, Burdinum cepit intrusum, qui pro palafredo camelo insidens in transverso, et pro freno caudam manibus tenens, et pallio rubeo pilosa pelle vestitus, Urbem rediens in comitatu pontificis præcedebat, et sic multipliciter illusus in Cavensi monasterio vitam finiit intrusus. Videns igitur imperator, quia non est scientia, non est potentia contra Dominum, rediit ad pacem Ecclesiæ, remittens omnem investituram, et quidquid spiritualium privilegio violenter extorserat, et concedens canonicam fieri electionem, et consecrationem sic ait: In nomine sanctæ et individuæ Trinitatis, ego HENRICUS, etc. Anno quoque Domini 1120, fuit prima guerra de Parma, qua Cremonenses cum Parmensibus in Parmensi glarea conflixerunt.

De Lothario.

Anno Domini 1126, Lotharius apud Romanos regnavit annis xii, qui progeniem Henricorum nimis acriter persequebatur. Contra eum Conradus electus est, sed eo per compositionem cessante, Lotharius confirmatus est.

Hæc adduntur in codice Estensi.

Hoc anno 1126, rex Balduinus versus Damascum direxit expeditionem, et pervenerunt Tiberiadem; deinde, Jordane transito, pervenerunt Caveam Roob, et ultra Meddam turrim quamdam præcipitaverunt. Deinde ad castrum Solome, et inde ad prataria Sophar (ubi Paulus apostolus colaphum accepit a Domino, per tres dies visione privatus), audaci fortitudine processerunt. Post cum filio Doldequini regis pugnantes, victoriam adepti sunt, et Hierusalem cum triumpho reversi, duabus turribus in reversione destructis. Postea invitatus a comite Tripolitano Raphaneam civitatem obsedit, ubi Sabbaticus fluvius sex diebus siccum exhibet alveum, a septimo fluit abundanter. Cumque cepissent eam, comiti tradidit præsidendam. Ad hæc cum contra Turcos Antiochiam properasset, Babylonii portus nostros navali certamine tentaverunt, sed nihil proficientes, damna perpessi sunt. Et ecce post multos labores, multaque pericula Bojamundus adolescens, filius quondam Bojamundi majoris, de

Apulia venit in Antiochiam, ubi rex eum honorifice recepit, et unam ei de filiabus suis tradidit in uxorem, et cum filia regnum sibi hæreditario jure tradendum. Eodem anno visus est in partibus orientis, inter orientem et septentrionem, cometa, qui nascens ante lucanum, versus nonam, radium emittebat.

—

Eodem anno 1126, civitas Cumana capta est a Mediolanensibus in Augusto : eodemque anno ita gelavit Eridanus, ut super glaciem currus et equi discurrerent. Lotharii temporibus sedit Honorius in papatu; qui cum fuisset electus sub contentione Theobaldi presbyteri cardinalis, humiliter mantum deposuit. Fratres itaque videntes humilitatem ipsius, unanimiter ei obedientiam præstiterunt. Hic cum descenderet in Apuliam, ut cum Rogerio dimicaret, investigans fraudem baronum, saniori consilio Rogerium de ducatu Apuliæ investivit. Hic per Petrum presbyterum cardinalem, patriarcham Aquileiensem, et Venetum deposuit. Huic Innocentius papa successit, qui quoque sub contentione cum Petro, Petri Leonis presbytero cardinali, cui Anacletus nomen imponitur, fuit electus. Innocentio clerus, sed Anacleto præter Fragepanos Romanum vulgus adhæsit. Anacletus crucifixum aureum, aureasque coronas, et ecclesiarum thesauros accipiens, in Apuliam se recepit, et Rogerium regem esse concessit. Innocentius vero navigio Pisas pervenit, et inter Pisanos et Januenses treugas posuit; inde proficiscens apud Sanctum Ægidium concilium celebravit. Transiens in Franciam a Ludovico rege Francorum, et Henrico rege Anglorum honorifice susceptus est. Progrediens in Lotharingiam, a rege Lothario promissionem accepit, quod eum ad Beati Petri sedem reduceret. Rediens itaque Rhemis secundum, et apud Placentiam tertium concilium celebravit. Reversus Pisas inter Pisanos et Januenses pacem composuit, et recolens beneficia sibi a Pisanis et Januensibus collata, Pisanæ concessit Ecclesiæ primatum Sardiniæ, et tres episcopatus in Provincia Corsicæ. Januensem vero exemit a subjectione Ecclesiæ Mediolanensis, eamque metropolim faciens, subjecit ei Bobiensem, et quosdam Corsicanos episcopos. Dum hæc agerentur, ecce rex Lotharius festinus promissor advenit. Rex igitur et pontifex Urbem pariter adierunt, ubi pontifex sedem Lateranensis Ecclesiæ, et rex imperiale obtinuit diadema. Post hæc imperator in Alamanniam, et pontifex revertitur ad civitatem Pisanam, ubi quartum concilium celebravit. Et quoniam Rogerius Petrum hæresiarcham agnomine Anacletum adhuc in errore fovebat, Christianissimus imperator, Ecclesiæ Catholicæ advocatus, de Alamannia rediens, cum summo pontifice Apuliæ fines invasit, et totam potentis fortitudinis brachio subjugavit. Rogerius autem in Siciliam fugit. Pontifex igitur et imperator Rainonem ducem fecerunt Apuliæ. Sicque pontifex ad Urbem, et imperator

in Teutoniam cum gloria remearunt. Petrus vero hæresiarcha in errore computruit, et defunctus est; cujus sectatores alium elegerunt, quem Romani Carnicorvum nominabant. Demum ad pedes summi pontificis veniam postulantes, misericorditer recepti sunt. Auctoritate hujus summi pontificis Compostellana ecclesia facta est metropolis. Hic pontifex Tiburtum cum Romanis obsedit; sed multi capti sunt, et occisi; demum reversi Romani de Tiburtinis cum victoria triumpharunt. Lotharii temporibus Obertus Cremonæ fuit episcopus, qui sancti Himerii, quod diu latuerat, corpus invenit, et anno Domini 1129, in scrineo ferrato recondidit. Hic Lotharius anno Domini 1152, Cremam cum Cremonensibus per mensem obsedit. Sequenti anno, scilicet 1133, constructum est castrum vicecomitum, seu viscontonum. Demum Cremonenses imperialem defenderunt majestatem. Anno Domini 1135, idem victoriosus imperator Bassianum, cæterasque terras circum depopulatus invasit, et legem de feudis condidit edictalem.

—

Hæc adduntur ex codice Estensi. — De multitudine soricorum.

Anno Domini 1127, in regione Palæstinorum multitudo soricorum ebulliit, quæ boves et alia animalia devorabat, et sata penitus devastabat; quibus in vallestribus Tyriorum cataclysmo depulsis, regio illa putore corrupta est.

De Boamundo et de gestis quæ fuerunt suo tempore.

Eodem anno Boamundus Antiochenus oppidum Caphardam, quod est prope Apalmiam vel Eufemiam, obsedit, et habitatores licet se multo redimere volentes occidit. Sed orta est inter eum et Gonselinum comitem Edissenum immensa discordia, ut usque ad Antiochiæ muros diriperet universa.

De destructione Syracusæ.

Eodem anno Barbari Syracusam civitatem invadunt, comburunt, et cuncta diripiunt.

De rege Balduino, et de celebratione concilii, et confirmatione militiæ. ordinis, et regulæ Templi, et de gestis quæ fuerunt eodem tempore.

Anno Domini 1128, rex Balduinus oppidum Blahasam, quod a Sidone quatuor milliariis in arduis ædificatum fuerat, obsedit et cepit. Eodem anno apud Trecas archiepiscoporum, et episcoporum, et abbatum, inter quos sanctus Bernardus adfuit Claræ-vallensis, concilium est celebratum. In quo fuit Templi militia corroborata, et Regula sancti militaris ordinis instituta. Lotharii temporibus sedit Honorius in papatu, qui cum fuisset electus sub contentione Theobaldi cardinalis et presbyteri, humiliter mantum deposuit. Fratres itaque videntes humilitatem ipsius unanimiter ei obedientiam præstiterunt. Hic cum descenderet in Apuliam, ut cum Rogerio dimicaret, investigans fraudem baronum, saniori consilio Rogerium de ducatu Apuliæ investivit. Hic per Petrum, etc. *ut supra usque ad illa*

verba Compostellana Ecclesia facta est metropolis.
Sequitur autem : Lotharii quoque temporibus regi
Balduino successit Fulco Andegavensis comes. Iste
Fulco filiam regis Angliæ habuerat in uxorem, qua
defuncta filiis ex ea susceptis, accersitus est, ut
Melisendam primogenitam Balduini duceret uxorem. Balduinus enim filium non reliquerat, sed
quatuor filias. Accessit itaque Fulco, et reginam
accepit et regnum ; ex qua genuit Balduinum, et
Aimericum, qui fuerunt fratres regis Angliæ. Alia
sororum principi nupsit Antiocheno. Tertia comiti
Tripolitano. Quarta Deo in Bethania, abbatissæ
functa officio.

De Conrado rege.

Anno Domini 1159, Conradus apud Romanos
regnavit annis XII. Hic est Conradus, qui cum Lothario successit electus (21) : cujus temporibus in
papatu sederunt Cœlestinus papa II et Lucius papa II qui armata manu ascendit Capitolium ; sed
Romani inde ejecerunt eum. Tum successit Eugenius qui, cum esset abbas Sancti Anastasii, ex
insperato concorditer electus est. Qui papa metu
civium fugit in arcem Monticelli, et inde ad monasterium Farfense, ubi gratiam consecrationis accepit. Verum quamvis ab initio fuissent ei cives in-
festi, tamen, auctore Deo, qui spirat ubi vult, quia
potens erat in opere et sermone, conversi sunt ad
pastorem et episcopum animarum suarum, et eum
cum gaudio magno et solemni processione receperunt in Urbe. Conradi regis temporibus, scilicet
anno Domini 1159, magna pars Cremonensium
a Mediolanensibus apud Cremam capta carcerali-
bus est vinculis mancipata (22). Anno Domini 1142,
Innocentius, quem prædiximus, Tiburtum obsedit.
Anno 1146, pestis erucarum invaluit super terram,
et bona terræ consumpsit : unde sequenti anno fames nonnullos maceravit egentes. Tamen eodem
anno 1147, rex Conradus zelo Dei accensus insignitus crucis munimine transmeavit, et cum eo pariter
Ludovicus rex Galliarum (23), in quo exercitu Fredericus, Frederici ducis Suevorum filius, super omnes
exstitit strenuus et gloriosus ; id quod ei fuit occa-

(21) *Codex Estensis :* Cujus soror marchioni
Guilielmo de Monte Ferrato, nomine Julitta, fuit
matrimonio copulata, ex qua quinque filios genuit
eximiis meritis, hac serie rescribendos, scilicet
Guilielmum, Conradum, Bonifacium, Fredericum
et Raynerium, quorum diversa fuere dona fortunæ,
sicut inferius calamus declarabit.
(22) *Codex Estensis :* Anno Domini 1142 Innocentius cum Romanis Tiburtum obsedit, de quibus
multi capti sunt et occisi. Sed demum reversi Romani victoriam triumpharunt.
(23) *Codex Estensis :* Et comes Provincialium,
qui apud Constantinopolim pertransierunt. Et tunc
Manuel, qui patri successerat, licet Conradus neptem haberet uxorem, eos tamen perdidit, faciens
per loca deserta et inaquosa deduci, ubi maxima
parte fame gladioque perempta, Satelliam vix reliquiæ pervenere ; quæ cum navigio Ptolemaidem
applicuissent, scutariis salutatis una cum rege Balduino Fulconis primogenito, qui patri successerat

sio, ut postmodum a principibus vocaretur ad regnum. Anno vero Domini 1149, Placentini apud
Thabianum capti fuerunt.

De Frederico imperatore.

Anno Domini 1142, Fredericus apud Romanos
regnavit annis XXXVII, qui fuit miles strenuus, et
magnanimus, mitis, affabilis, illitteratus, sed morali
experientia doctus :

Qui mores hominum multorum vidit, et urbes.

Cujus temporibus multa et varia sequentia evenerunt. Nam eodem anno, scilicet Domini 1152, Me-
dexena capta est a Cremonensibus et Placentinis,
penitus et destructa.

Hæc addit codex Estensis.

Anno Domini 1153, Ascalona capta est a Christianis, eam Balduino rege, qui quasi alter exstitit
Machabæus, viriliter expugnante. Cui, tempore procedente, proh dolor ! viam universæ carnis ingresso, et sobolem non relinquenti, cum frater Aimericus succedere debuisset, dilatum est, eo quod propter incestas nuptias excommunicatum non decebat
inungi. Igitur affine uxore dimissa, ex qua tamen
genuit filium et filiam, Balduinum videlicet, et Si-
billam, coronatur in regem, et aliam ducens uxorem, genuit ex ea filiam nomine Isabellam. Hic Aimericus Ægyptios subjugavit, Damascenos sæpe
contrivit. Qui demum Balduinus suscepit regnum
qui, licet ab infantia lepra percussus fines tamen
regni Hierosolymitani viriliter conservavit, et Saladinum, Christi fidei inimicum, apud montem
Gizardum mirabiliter contrivit ; et dum vixit, magnifice triumphavit. Sed dum hæc felicia in Hierosolymitano regno per multorum sequentium curricula annorum fiunt, multa infelicia, odibilia Deo,
et ab hominibus improbanda in Italico imperio
committuntur.

Anno Domini 1154, rex Fredericus primo in Italiam venit, qui civitatem cepit Astensem, turres et
muros destruens civitatis. Anno Domini 1155 Anastasius papa IV creatur. Arnoldus hæreticus auctoritate Frederici regis comburitur. Terdonam rex
in regno, Templiotis pariter et Hospitaliotis, contra Damascum animantur acies, et diriguntur, et
proficiscuntur. Rege itaque Balduino cum Templa-
riis et Hospitalariis in Jordane Damasci castrame-
tato, adveniens magna nimis et fortis..................
fontibus obturatis, aquarum penuriam videns, in
multitudinem, quæ civitatem exierat, Sarracenorum
invehitur. Cumque pedestris in propria persona
duos ferocissimos singulari certamine occidisset,
cæteris terga vertentibus, ante portam Damasci
fluminis in ripa castrametatus est. Potuit ea tempestate civitas illa facillime capi, si venatores suis laqueis non illaqueasset iniquitas. Nam rex Balduinus, et prædicti collegæ aut invidia stimulati, aut
pecunia corrupti, socios falsos defraudantes, redierunt, merito et ipsi falsa pecunia defraudati. In hoc
exercitu Fredericus Frederici ducis Suevorum fratris regis filius præ cunctis exstitit strenuus et gloriosus, quod fuit demum regni occasio adipi-
scendi.

idem et Spoletum cepit, et funditus destruxit.
Deinde Romam festinans multos subjugavit hostes.
Anno Domini 1154, Adrianus papa IV creatur, qui
regem Fredericum inunxit, et imperiali diademate
coronavit. Imperator autem Romanos impugnavit,
nolentes ei fidelitatem et jus debitum exhibere, in
quorum acrimoniam et imperialem ultionem Tibur-
tinum censuit municipium restaurari. Post hæc in
Alamanniam cum triumpho rediit imperiali, et hospitatus est super fluvium Rheni. Anno Domini
1157, Mediolanenses castrum Papiensium nomine
Vegevalum destruxerunt, et Terdonam civitatem
ræædificaverunt. Anno Domini 1158 imperator in
Italiam rediens, Brixienses impugnavit, Laudam civitatem fundavit, Mediolanum obsedit; sed fœdere
facto discessit, et regalibus resignatis, pacem cum
Lombardis composuit, et legem in Ronchalibus
condidit. Anno Domini 1159, turres Placentinorum
et munimina urbis destruxit. Eodem anno Cremam
cum Cremonensibus obsedit, et vi Kalend. Februarii
dissipavit. Eodem quoque anno Obertus Cremonensis episcopus corpus sancti Gregorii martyris transtulit in ecclesiam Sancti Michaelis. His temporibus
Alexander papa creatur, qui sub contentione fuit
electus cum Octaviano, qui cognominatus est Victor.
Quo schismatis in errore defuncto, Guido de Crema
Paschalis nominatus accessit; cui similiter in errore defuncto Joannes de Struma, Calixtus agno-
minatus, in schismate fuit similiter substitutus.
Hos tres hæresiarchas imperator manutenuit, et
schisma per xvii annos in Ecclesia fovit. Et quia
dignum est, quod qui in sordibus est, sordescat
adhuc, medio tempore multa mala intulit, multa
quoque perpessus est. Anno Domini 1159, cum Mediolanensibus apud Carcanum pugnavit, et utrisque
fuit adversa fortuna. Sed anno Domini 1162 Mediolanum cepit et destruxit, inquilinis in quatuor bur-
gis partiens incolatum. Demum in omnibus Lom-
bardiæ civitatibus pro sua voluntate constituit potestates. His itaque victoriose peractis in Alamanniam rediit imperator victoriis gloriosus. Tempore
procedente Romanis Tusculanum impugnantibus et
cancellariis in fortitudinis brachio eam defendentibus, cum Romanorum multa millia cecidissent (24),
anno Domini 1167, festinus imperator venit ad urbem, et Paschalem hæresiarcham apud Sanctum
Petrum in sedem apostolicam inthronizavit. Et cum
Romani Sancti Petri ecclesiam incastellassent, non
perferens patienter, Atrium profanando combussit.
Propterea nutu Dei, qui nullum malum præterit;
impunitum, omnes pene suos mortalitate pestilentiæ perdidit. Sed contra eum eodem anno 1167 civitates Italiæ conspirarunt, Mediolanum ræædifican-

tes. Proh dolor! Etiam illa non fuit exspers conju-
rationis, quam in summo constituerat aliarum. In
se vertit manum, cum pestiferum sibi malleum proprio malleo reincudit. Sed divina ultio (25), et ultionis augmentum, ut filius patrem, libertus patro-
num, famulus Dominum, aut quivis, de quo fuerat
meritus, præsumendo jamjam hostis improvisus
feriat venerandum amicum. Redeuntem igitur Fredericum in patriam, itinere per planitiem interclu-
so, per abrupta et invia montium transire oportuit,
quousque ad Alamannica regna pervenit.

His temporibus fuit presbyter nomine Cremonensis electus, qui licet aliis meritis, et scientia dignus,
tamen propter schisma dejectus est. Et ut adimpleatur, quod vulgo in proverbiis dicitur : *Cui accidit una non erit illa sola.*

Adduntur hæc in codice Estensi.
De Manuele imperatore

Eodem anno imperator Manuel Constantinopolitanus maximam Venetorum multitudinem per totam
Græciam dispersorum in unius diei spatio cepit,
sicut aves ab absconso venatorio laqueo capiuntur.
Eo quod in cæteros Latinos in imperatoris gratiam
constitutos insultum zelo invidiæ fecerunt, et plagis
affectos reliquerant semivivos. Quocirca Veneti cum
multitudine magna virorum, et centum galeis Ro-
maniæ insulas intrantes quasdam ceperunt. Sed
apud Chio hiemantes peste fere omnes mortui sunt.
Qui autem superstites redierunt, ducem proprium
occiderunt.

Sequuntur hæc in utroque codice ms

Sequenti anno, scilicet 1168, Lombardi coloniam,
vel novam colonorum habitationem facientes, eam
ab Alexandro papa Alexandriam vocaverunt. Alii
Civitatem Novam; Papienses vero Paleam usque
in hodiernum diem appellant. Eodem quoque anno
Romani vires resumentes Albanum expugnaverunt,
et exspoliantes bonis omnibus, incenderunt.

Hæc habet unus tantum codex Estensis.
De obsidione Anconæ.

Anno Domini 1172, Christianus archicancella-
rius, qui erat archiepiscopus Maguntinus, Anconam
cum Venetis obsedit, et in tantum obsessos arctavit, ut immundas carnes, et coria condita, cæteraque illicita, vel immunda comederent, et caput
asini centum quadraginta denarios venderent. Tamen etiam victi viriliter restiterunt; et refocil-
latos a Manuele Constantinopolitano pecuniæ the-
sauris de manibus persecutoris liberavit eos Dominus.

(24) *Codex Estensis :* Infra quod tempus Theoto-
nici, qui apud Tusculanum pro imperatore morabantur, Romæ apud Montem-Portum invadunt, et
tot a Noua usque ad Vesperas occiderunt, ut nunquam ex Romanis tot millia sint cæsi, licet tempore Annibalis tot occisi sint, ut tres cophinos an-
nulorum, quos de digitis procerum occisorum idem

Annibal extrahi fecit, Carthaginem destinarit. Quorum multi apud Sanctum Stephanum sepulti sunt,
et habent hoc epitaphium :
  Mille decem decies et sex decies quoque seni.
(25) *Cod. Estens. :* Sed ultione divina plasmatus
malleus adversus plasmantem jam improvisus hostis ferit

Hæc in utroque codice.

Sequenti anno 1169, civitas Cremonæ cœpit murorum munimine cingi. Demum rediens imperator Italiam anno Domini 1174, Segusiam destruxit, Paleam obsedit, sed non messuit, nec quidquam in horrea reportavit. Eodem anno ad invocationem sancti confessoris Himerii omnipotens Dominus multa mirabilia fecit. Anno Domini 1175, cum Lombardi contra imperatorem apud Castesium congregati fuissent, eos redditis gladiis subjugavit, et in deditionem imperio dignam recepit.

Addit codex Estensis.

Circa hæc tempora victoriis gloriosis magnificus, quamvis leprosus, Balduinus rex Hierosolymitanus Guilielmo primogenito marchionis Guilielmi de Monteferrato filio sororem suam tradidit in uxorem. Erat enim specie decorus, vir militaris, miles strenuus, virtutibus armatus, viribus approbatus. Cui cum rex infirmus et elephantiosus coronam vellet imponere, Guilielmus renuit, Joppensem tenens jure successorio comitatum; sed in custodia regnum tenuit universum, et filium genuit elegantem nomine Balduinum, qui avunculo rege patreque defunctis, in regem postmodum coronatus est, licet ætate minor; qui in tutela fuit Templariorum. Ad regni tutelam Raymundus comes Tripolitanus a baronibus vocatus est.

Eodem anno fulgur cecidit in ecclesia Cremonensi. Anno Domini 1176, apud Lignianum dimicans exercitus imperatoris a Lombardis vincitur. O rota fortunæ, quæ nunc humiliat, nunc exaltat! Imo non fortuna, sed Dominus, *qui mortificat, et vivificat, deducit ad inferos, et reducit. Dominus pauperem facit et ditat, humiliat, et sublimat (I Reg. II)*; videns igitur imperator, quia *non in fortitudine sua roborabitur vir (ibid.)*, videns quia *Deus exaltat humiles, et deponit potentes (Luc. I)*, et considerans quod *Ecclesiam suam fundavit supra firmam petram, ut portæ inferi non prævaleant adversus eam (Matth. XVI)*: anno Domini 1177, humiliavit se sub potenti manu Dei, et pacem composuit apud Venetias cum Alexandro summo pontifice; et cum segregatus fuisset a gremio matris Ecclesiæ, reconciliatus est Ecclesiæ universali. Ubi et cum Lombardis ad VI annos, et cum rege Siculo ad XV annos treugam fecit (26). Quo anno Christiani cum Sarracenis ultra mare pugnaverunt et obtinuerunt, quia septem millia Christianorum triginta duo millia discum fecerunt Sarracenorum. Imperator igitur in Alamanniam rediit, et apostolicus Romam adiit, ubi anno Domini 1179, universale concilium celebravit, in quo canones constituit et promulgavit. Et tunc Offredus ordinator meus, vir simplex, mansuetus et Deo devotus Cremonæ fuit episcopus. Anno Do-

mini 1181, Lucius papa creatur, qui pro Tusculano Romanos acriter impugnavit.

Hæc ex codice Estensi.

Circa tempora ista Constantinopolitanus imperator marchioni Guilielmo de Monteferrato mandavit, ut unum de suis filiis Constantinopolim mitteret, cui filiam in matrimonio copularet. Tunc temporis Conradus et Bonifacius uxores habebant; Fredericus clericali cingulo militabat, qui postmodum fuit Albensis (7) episcopus; sed magnanimiorem effecit prosapia generis, quam ordo exigeret episcopalis. Misit igitur Constantinopolim ætate minorem adolescentem Raynerium, specie decorum et aspectu venustum, cui Manuel filiam suam Kyramariam in uxorem tradidit, eumque regem Thessalonicæ coronavit.

De Manuele et Alexio.

Successit Manueli Constantinopolitano puer Alexius filius ejus, quem post Almaton de principis filia genuit Antiocheni. Hunc, cum duobus regnasset annis, occidit Andronicus, et regnavit tribus annis; qui quoque initiata iniquitate et imperatricem matrem pueri, et Raynerium imperatoris generum cum uxore occidit. Denique multos Græcos nobiles interfecit, sed et plurimos excæcavit.

De ræsdificatione Cremæ, et de terræ motu.

Anno Domini 1185, imperator in Italiam veniens Cremam in odium Cremonensium ræsdificavit. Et eodem anno Urbanus papa III creatur. Eodem anno terræ motus non modicus fuit in Italia; et exercitus Guilielmi regis Siculi contra nequitiam Andronici se armavit; et Duratium et Thessalonicam cepit. Sed iis receptis capti sunt, vel redierunt confusi. Eodem anno nuptiæ regis Henrici et Constantiæ, Rogerii quondam Siculi regis filiæ, Mediolani celebratæ fuerunt.

Hæc ex Cæsareo Vindobonensi codice.

Anno Domini 1183, imperator cum Lombardis pacem apud Constantiam fecit. Anno Domini 1184, papa Lucius Veronam venit, qui me anno præcedente subdiaconum ordinaverat, et pro hoc adventu ad imperatorem direxerat. Anno vero Domini 1185, imperator in Italiam rediens Cremam in odium Cremonensium ræsdificavit. Quo anno ego Sicardus præsentis operis compilator et scriba, Cremonæ, licet indigne, electus sum ad episcopale officium. Eodem quoque anno Urbanus, cardinalis et Mediolanensis archiepiscopus, papa creatur. Eodem quoque anno terræ motus modicus in Italia fuit. Anno Domini 1186, imperator quoddam castrum Cremonensium, quod Manfredi nomine vocabatur, omnino destruxit. Sed auctore Domino per meum ministerium facta est inter imperatorem et cives meos reconciliatio. Anno Domini 1187,

---

(26) *Cod. Estens. addit :* et tunc fames in Italia fuit.

(27) Galbensis *habet ms. Estens*

Hierusalem a Saladino capta est, et terra Domini ab infidelibus occupata.

Hæc adjiciuntur in codice Estensi.

Causa hujus invasionis fuit iniquitas Christianorum. Cum enim inter Saladinum et Hierosolymitanum regem pax firmata fuisset, eam Christiani jussu Raynaldi principis Montisregalis et domini Vallis Hebron, caravanas Sarracenorum capientes, nequiter violarunt. Alia causa discordia fuit regis Guidonis et Boamundi comitis Tripolitani. Causa vero discordiæ fuit invidia vel indignatio, quia Sibilia regina, defuncto marito, Guidoni Pictaviensi nupserat, et, defuncto filio, coronam dederat peregrino præter ipsius comitis assensum et aliorum baronum. Modus occupationis hic fuit. Saladinus terram ingrediens, primo Tabariam, vel Tiberiadem obsedit. Rex Guido in Mascalia castrametatur. Audi præsagium vicinæ cladi indicativum. Cum ea nocte Heraclio patriarchæ sub tentorio in matutinis lectio legeretur, locus occurrit de Arca Fœderis, quæ olim capta fuit a Philisthæis. Mane facto pugnavit. Comes Tripolitanus aufugit. Rex, et Sancta Crux, et sæpe dictus marchio Guilielmus Senior de Monteferrato, qui causa peregrinationis et pro nepotis custodia terram sanctam adierat, cæterique barones unanimiter et populus capiuntur. Christianorum arces superantur, deinde Tabaria capitur. Raynaldus prædictus, actor sceleris, Saladini jussu decollatur; sed et multi alii capite detruncantur. Ad hæc et Acon, et Sidon, et Berytus, et Biblum capiuntur. Interea nutu Dei marchio de Monteferrato Conradus a Constantinopoli sepulcrum Domini visitaturus advenit, et cognoscens Acon ab infidelibus occupatum, secundo vento apud Tyrum applicuit, quem cives velut acephali gratanter excipiunt, se, et civitatem ejus moderamini supponentes. Saladinus itaque de Beryto Tyrum accedens, marchionem Guilielmum Conradi patrem, quem bello ceperat, secum adduxit, ut pro redemptione patris redditionem filii haberet et urbis; et per patrem filio significavit, ut pro ipsius et quorumdam aliorum liberatione redderet civitatem. Cui Conradus respondit quod nec unum lapidem civitatis daret. Appropians Saladinus minatus et patrem spiculis transfigendum, et Conradus, se primum sagittam in patrem missurum. O felix impietas, quæ pro Christianorum salute patrem telis barbarorum exposuit, filiali omissa reverentia, se jactat transfixurum! Sed o memoranda pia impietas, quæ amori patris amorem Dei judicat præferendum! Sed ejusdem patris hortatu patrem reputat contemptibilem, et quasi senem nullo pretio redimendum. Tyro itaque septem diebus obsessa, rediit Saladinus Aconem; indeque subjugatis Neapoli, et Nazareth, Capha, Cæsarea Palæstinæ, Joppe et Azoto, Gaza simul et Ascalone, aliisque locis Jerusalem aggregatis, eam deditione tributaria subjugavit. Templum Domini prius a Christianis irreverenter profanatum, suo more sanctificans et sanctificatum custodiens; sepulcrum autem Domini, et Bethlehem custodiæ Surianorum commisit. Ad hæc plus centum Christianorum millia subjugata abire permisit, et illos usque Tripolim perduci. Sed a Tripolitanis et Antiochenis exspoliati pedestres et abjecti Armeniam intraverunt; et usque ad Iconium dispersi, fame, frigore et nuditate justo Dei judicio ad nihilum redacti sunt, luentes pœnam, posteaquam polluerunt Dei hæreditatem. Et vide quod per Heraclium imperatorem crux fuit recuperata; sed sub Heraclio eodem fuit postea Hierusalem a Machumetinis invasa; et nunc sub Urbano papa recuperata, nunc sub Urbano per eosdem barbaros est subjugata.

Interea magnanimus de Monteferrato Conradus Tyrensis dominus navali bello bis victoriam obtinuerat, et galeas et naves nonnullas, etiam de Aconensi portu Pisanorum auxilio viriliter eductas, et virilius obtentas; et victualia sufficienter civibus conquisierat. Sed et barbacanam fortius construxerat, exspectans victoriosi impetus inimici. Igitur in mense Novembrio Saladinus ad Tyri obsidionem secundam accessit; sed et nocte perveniente murorum Barbacanæ quadraginta cubiti corruere. Memores itaque Tyrii Hiericho, plurimum timuerunt. Sed marchio non dormiens, viris ac mulieribus arenam, et lapides in gremiis etiam asportantibus, die proxima per cæmentarios restauravit. Saladinus arcatores præmisit. Marchio Pisanos Aconem direxit, faciens mulieres in specie virorum muros ascendere, ut civitas populo videretur plena. Redierunt Pisani cum victoria, duas naves conducentes onustas. Impugnavit itaque Saladinus Urbem terra marique, præsertim quia cum crederet marchionem velle pariter et Pisanos aufugere, custodiam galeis indixit, ex quibus quinque captis, viris nobilibus et piratis, armis et victualibus onustis, Saladinus dolore commotus, terrestri bello Barbacanam invasit, impugnans eam petrariis et manganis, gattis, spiculis, sagittis et telis. Cumque nimium marchio gravaretur, suis a navali victoria revocatis, terrestri prælio dimicavit, afficiens Sarracenos multiplici damno sine detrimento suorum. Videns itaque Saladinus, quod navali bello nequaquam proficeret, jussit ix galeas deduci Berytum, quas Christiani viriliter persequentes, usque adeo coarctarunt, quod octo ex illis igne proprio Saladinus comburi fecit agresti, nona littore Sidoniensi confracta. Ergo stolio Saladini destructo, cernens quod in obsidione proficere non valeret, machinis universis combustis, pridie Kalend. Januarii ab obsidione recessit; et in signum mœroris caudam equo proprio, quem equitabat, fecit abscindi, ut sic suos ad vindicandum injuriam incitaret.

Sequitur uterque codex.

Eodem anno portæ civitatis Cremonæ fuerunt ædificatæ. Eodem quoque anno Gregorius apud

Ferrariam papa creatur. Hic vir fuit religiosissimus, cujus mundus in maligno positus non fuit præsentia dignus ; et ideo cum sedisset vix duobus mensibus, sustulit eum Deus. Hic hortabatur plurimum Christianos crucis signum sumere, et ad recuperandum civitatem Sanctam Hierusalem, crucem et sepulcrum Domini festinare.

Imperator igitur victoriosus Italiam sibi et inter se pacatam relinquens, in Alamanniam rediens, signaculo crucis suscepto, honorabiles nuntios magnanimos ad Saladinum direxit, monens et invitans, ut terram desereret, quam invaserat Christi. Tunc temporis Gregorio successit Clemens in papatu. Nos autem rogatu civium nostrorum in Teutoniam ivimus, ut ab imperatore castrum Manfredi reædificandi licentiam impetraremus. Sed spe cassata redeuntes, anno Domini 1188, castrum Leonis felicius inchoavimus. Anno vero 1189, Bursam Cremonæ, quam fecimus fabricari, ultra mare pro terræ subventione, personis et rebus misimus oneratam.

—

Codex Estensis sequentia interserit.
De obsidione Azoti.

Anno Domini 1188, cum Tyrenses lignatum, vel herbulatum exire, Sarracenis occursantibus, non auderent, fame valida coarctati, jussu marchionis stolio navali, cui præerat Ugo Tiberiadis, Azotum invadunt, ubi admirandum, qui regem Guidonem ceperat, capiunt, Christianos quadraginta de carcere liberantes, et quingentos captivos milites, et pergentes cum immensa pecunia Tyrum, copiam victualium abducunt. Pro hujus admirandi commutatione recuperavit marchio patrem. Ad hæc naves peregrinorum adventare cœperunt ; sed et Margaritus, regis Siculorum admiratus, Tyro applicuit cum stolio suo, cujus cum Tyrios piratæ male tractarent, Tyrum exire compulsi, Tripolim applicuerunt, ubi fame pereuntes pœnas promeritas receperunt. Eodem anno Saladinus Tripolim accedens, vidensque se nihil proficere posse, in Antiochenum principatum vertit habenas, subjiciens Gabulum, et Laudiciam, Saonam, et Guardiam, Trapessacum, et Guasconum, et alia plura. Postea reversus in Galilæam, Belvedere castrum munitissimum, quod fines Jordanis custodiebat, vias Tiberiadis, Neapolim et Nazareth angustabat, per inediam compulit ad deditionem. Ad hæc duo comites Guilielmi Siculi regis cum quingentis militibus et quinquaginta galeris, Tyrum applicuerunt. Advenerunt et alii multi quidem peregrini cum venerabili G. archipræsule Ravennatæ, Romanæ sedis legato. Cum his itaque marchio Sarracenorum Sidonis multitudinem forti manu prostravit. Eodem anno comitem Henricum de Deti magnanimus imperator consuetudine imperiali ad Saladinum direxit, monens et monitans, ut terram desereret, quam invaserat Jesu Christi. mos enim est imperii, ut inimicis bellum indi-

cat, quia nullum occulte bello consuevit invadere.

De peregrinatione Ubaldi archiepiscopi cum aliis peregrinis ultra mare.

Anno Domini 1189, Ubaldus Pisanus archiepiscopus, similiter apostolicæ sedis legatus, et de omni occidentali provincia peregrini Tyrum applicuerunt. Et cum eos Tyrus capere non valeret, inter diversos diversa fuere, usque adeo quod de introitu regis Guidonis a Tripoli venientis in Urbem, et prohibitione marchionis, seditio peperit scandalum et civile bellum. Inter peregrinorum multiplicia vota, Acon eligitur obsidenda. Invadunt igitur eam in mense Augusti, et obsident. Sed et ipsi a Saladino similiter obsidentur. Adeo impugnantur, quod nulla erat eis spes evadendi. Sed ex insperato XL naves applicuerunt, et post eos innumeri milites et barones. Saladinus itaque Christianos diu noctuque sine intermissione affligebat. Propterea marchio, et archiepiscopus Ravennas, qui nec ad obsidionem venerant, nec ad veniendum approbaverant, ab obsessis suppliciter per Nenorensem episcopum, et Thuringiæ Langravium, ut ad eorum succursum veniant, invitantur. Venerunt, sed invito marchione, qui Turcorum versutias cognoscebat. Francigenæ de se præsumentes, ad pugnam approbant exeundum. Pugnatur, et Templarii, et peregrinorum circiter septem millia prosternuntur. Sequenti die Saladinus fecit corpora eviscerari, et in fluvium ad.... exaggerandum, et ad corruptionem aeris æt aquæ, demergi. Post hæc Lombardi marchiones, et comites, et plures quingentis milites applicuerunt, inter quos Bursa Cremonensis, quæ Cremonæ fuit fabricata, et ultra mare pro terræ sanctæ subventione, personis et rebus missis onerata. Ad hæc peregrini consilia inierunt, ut Sarracenis prohiberent civitatis ingressum pariter et egressum, qui libere a monte Muscardo patebat. Et cum non invenirentur, qui vellent illic castrametari, marchio ad omnia promptus et audax ibi castrametatus est, ideoque et a Saladino acrius impugnatus. Scopulos itaque jussit incidi marinos, ut portus ibi fieret, vasa Tyrensia recepturus, qui usque in hodiernum diem portus dicitur marchionis. Muniunt se peregrini fossatis ab intus, in circuitu et foris effossis, ut in medio constituti se ab alterutrius facilius tuerentur incursibus. Duces etiam, sive rectores, ut omnis amoveretur controversia, præfecerunt, ut Francigenæ suis, et qui de imperio, imperialibus obedirent. Et ecce XLV galeæ, quæ veniunt ex Ægypto in festo Sancti Stephani, in portu applicant Aconensi. Stupefacti ergo peregrini, terra marive conclusi, elegerunt potius pugnando mori quam sine certamine subjugari. Quos marchio ad prælia doctus exanimes factos sermonibus animat, universis asserens, quod galeas Sarracenorum penitus conculcaret. Adiit itaque Tyrum in modico galeone, quamvis illa nocte

centies ad mortem cruciatu ventorum afflictus. A
Cum itaque Tyriis necessitates exercitus aperuis-
set, et eos ad armandum galeas animasset, dixerunt : *Parati sumus tecum vivere, et in mortem ire.*
Et ecce marchio in exitu Februarii cum stolio viriliter in portu exstitit Aconensi, exonerans Sarracenorum vasa victualibus onusta pacifice eorumdem : ad hæc' cum civitas castellis capienda procul dubio superaretur, econtrario castella igne
a Sarracenis comburuntur agresti. Sed et duæ
Sarracenorum galeæ navali certamine capiuntur.

_____

*Pergit uterque codex, sed non paucis variantibus,
additisque 'ex cod. Esten.*

Eodem anno felicissimus imperator quinque habens filios, Henricum inter cæteros primogenitum, B
quem fecerat Cæsarem, Fredericum Suevorum ducem, Ottonem comitem, Conradum et Philippum
ducem, Atheleitam Christo nuptam, se et cæteros
cum regno et regalibus Cæsari commendavit, et
Occidentale relinquens imperium pacatissimum et
ordinatum, partes, his comitibus, et hoc, ut scribimus ordine, adiit Orientis (28). Exiens de Alamannia intravit in Hungariam, ubi dicitur habuisse
nonaginta millia pugnatorum, et ab Hungariæ rege
honorifice receptus Hungariam pertransivit, misitque ad imperatorem Constantinopolitanum, episcopum Monasteriensem et comitem Robertum de
Nassau, qui eos detinuit, et tres exercitus ad introitum Bulgariæ, ut transitum impedirent, præ- C
misit. Erat autem ibi nemus itineris quatuor dierum, cujus viam arctissimam præses Bulgariæ
dissipavit, et in exitu nemoris munitionem faciens,
præparavit se cum exercitibus Cæsarem impugnare.
Sed nemore magno cum labore et difficultate per-
transito, dux Suevorum, qui exercitum præcedebat', munitionem destruxit, et magnam illorum
multitudinem interfecit (29). Demum Græcus imperator maximum Græcorum, et Turcorum exercitum contra Romanum imperatorem direxit, contra quos dux Suevorum filius ejus acriter dimicans eos superavit et fugavit, et intra quædam

moenia recipientes se, maxima vi cepit, et omnes
occidit. Duodecim vero Turcos in quadam munitione, ubi se receperant, viriliter resistentes igne
cremavit. Tunc Græcus imperator ad Romanum
imperatorem misit honorabiles nuntios numero xvi
permittens securum transitum et indemnem. Licet
igitur magnanimus imperator in vindictam prædictorum, quæ nequiter Græcus commiserat imperator, vellet Constantinopolim impugnare, victus
tamen consilio principum suadentium, ut ad terram sanctam ad Christianorum festinaret auxilium, obsides petiit, et obtinuit; qui eum Galli-
polim perducentes, transitum navigio procurave-
runt. Transivit igitur Augusti exercitus quinque
diebus; dux prior, pater posterior. Cumque per-
transissent (30) venerunt Philadelphiam. Dux Phi-
ladelphiæ forum negans, ad pugnandum se armavit; sed demum videns non posse resistere, promisit forum, et imperatori cum paucis concessit
civitatis introitum. Postmodum propter caristiam
contentio fit inter Græcos et Teutonicos. Bellum
initur, et absque imperatoris voluntate per duos
dies et noctes continuo decertatur. Demum victi
Græci se in civitatis munitionem recipientes pactum inierunt, et forum tolerabile concesserunt,
commercia cum funibus in sportis porrigentes, et
eodem modo pretia recipientes. Ad hæc cum imperator Philadelphiam civitatem exiret, dux ei nuntium pro ducatu concessit, qui exercitum per devia et invia, montana et nemorosa deduxit, ubi
victualia per duos dies nullatenus invenerunt (31).
In exitu vero nemoris Græci quidam et Armeni
forum eis pro posse pacifice tribuerunt.

Ad hæc Turcomanni de Betia (32) homines agrestes, qui nullius domantur imperio, qui non in
moenibus vel municipiis, sed morantur in agris,
infinitum et innumerabilem exercitum (33) congre-
gantes, exercitum Christianum noctu dieque per
quatuor hebdomadas impugnarunt, ita quod exercitus Christianus semper incedebat armatus. Sed
tamen eorum multitudinem interfecit cum quodam
admirato, militiæ suæ magistro. Restanus vero do-

(28) *Cod. Estens.* Et in festo Sancti Georgii
arripuit iter. Et exiens de Alamannia, a Ratispona D
descendit navigio ad partes Austriæ, exercitu per
terram cum equis et curribus comitante. Deinde
per Pannoniam hospitali pro pauperibus infirmis
instituto, ei hospitalariis et necessariis assignatis,
introivit in Hungariam , ubi dicitur habuisse xc
millia pugnatorum, in quibus erant xii millia militum. Et a Bela Hungaro apud Strigonium honorifice receptus, Hungariam pertransiit; præmisit-
que ad imperatorem Isachim, etc.
(29) *Cod. Estens.* Cum Nisam civitatem appropinquaret, comites Serviæ gratanter subjici affe-
ctarunt; sed serenissimus imperator pacem affe-
ctans, eos suscipere recusavit. Deinde ix Kal.
Septembris civitatem, quæ Philippis dicitur, impugnantes eam ceperunt. Est autem civitas metropolis Macedoniæ. Alias nobis innotuit, non
Philippis, sed Philippolim adierunt. Ibi certificatus
est imperator de nuntiorum captione suorum, ibique misit litteras imperator Isachius imperatori ,

fastu et arrogantia plenas, dicens : *Ysachius a Deo
constitutus imperator sanctissimus, excellentissimus,
potentissssimus, sublimis, Romanorum moderator,
Augustus, hæres coronæ magni Constantini, dilecto fratri imperii sui maximo principi Alamaniæ
gratiam suam et fraternam et puram dilectionem.*
Tunc erat continentia litterarum indignatio de præ-
sumptuoso imperatoris adventu in Græciam. Deinde Græcus imperator maximam, etc.
(30) *Codex Estensis :* Post multos labores, et ar-
dua multa urbem Tyachium, et urbem Lyciæ,
scilicet Ægeam , ubi Cosmas et Damianus fuere
martyrio coronati, deinde Sardos pervenerunt, et
Philadelphiam.
(31) *Codex Estensis :* Pertransierunt quoque
Hierapolim civitatem, ubi passus est beatus Philippus.
(32) *Codex Estensis :* De Becia, qui et Oebeduini
vocantur.
(33) *Codex Estensis :* Exercitum plus quam centum millium.

minus illorum cum magno exercitu in strictura A hebdomadas die noctuque acriter impugnabant, et
montium transitum prohibebat, dicens, quod non Christianis præter carnes equinas victualia deficie-
transirent, nisi centum summarios auro et argento bant. Cumque non invenissent aquam per diem et
oneratos darent. Imperator autem respondit, se noctem, Turco quodam capto docente, aquam sal-
libenter dare, sed non nisi menolatum unum. Inter- sam sitibundi et famelici repererunt. Altera vero
im nuntii soldani, qui fraudulenter ducebant eum, die castrametati sunt in viridario Iconii, civitatis
dicebant, quod cito intrarent terram soldani, in Isauriæ, unde soldanus imperatori mandaverat,
qua gens illa sibi ulterius non noceret. Tunc quia quod male intraverat terram suam. Imperator au-
Deus non dimittit sperantes in se, quidam admira- tem remisit quærens, si forum tribueret, an non.
tus, cœlesti gratia inspiratus (34), imperatori adeo Soldanus respondit, se daturum; sed cum nimis
fraudem detexit, et prælium mane futurum præ- carum offerret, Christiani se ad pugnandum arma-
dixit; faciensque eum planitiem, in qua intrare runt. Et cum feria sexta Quatuor Temporum immi-
cœperat, devitare, eum per montana deduxit. Oc- neret, Godefredus Herbipolensis episcopus asse-
curritur in montanis : hinc inde pugnatur; sed cum verans se vidisse beatum Georgium contra hostes
relictis sarcinis et alimentis, dux de monte viriliter pro Christianis fortiter propugnantem, indicta pu-
descendisset, descendit et imperator, qui victoriose B gna, et carnium edendarum data licentia, proces-
hostes impugnant, et superant inimicos : in qua serunt ad bellum. Et dux quidem civitatem ex-
pugna dux petra percussus duos dentes amisit. Ab pugnans, eam viriliter obtinuit, et fere omnes re-
hinc ductores a soldano delegati fugerunt, timentes belles occidit. Imperator quoque (56) filium soldani
ne detectæ fraudis imperator faceret ultionem. post terga pugnantem vicit, ac ex eis innumerabi-
Christianus vero exercitus confisus in Domino, qui lem multitudinem interfecit.
deduxit Israel per desertum, quindecim diebus per   Urbe capta potenter, soldanus se in munitionem
quamdam planitiem progressus, carnem equinam fortissimam, quæ erat in Urbe, recipiens, misit ad
comederunt. Agrestes vero Turci, de quibus præ- imperatorem dicens, se velle forum dare, et quid-
diximus, eos fame defecisse penitus existimantes, quid vellet recipere. Imperator obsides petiit, et
rursus in bellum assurgunt prope civitatem Pholo- propter fetorem cadaverum (erant enim domus et
menam magna manu militum peditumve caterva, viæ cadaveribus plenæ) ab Urbe descendens in po-
quos invictissimus imperator devicit. Et cum mœriis castrametatus est. Dedit itaque soldanus ob-
maxima multitudo se in quadam claustra coacti sides, dedit et forum et victualia equorum. Sed
recepissent, combusserunt Teutonici universos; et quoniam equos ipse nimium caros vendere satage-
extunc agrestes illi Turcomanni non fuerunt exer- C bat, equum pro centum marchis videlicet offeren-
citum ulterius persecuti (35). Sed altera die Mele- tes, a Teutonicis econtra dolum dolo compensan-
tinus soldani filius venit obviam cum exercitu, et tibus pro marcha Ferronem recipiebant. Quod au-
ad imperatorem misit nuntios, dicens : Revertere : diens soldanus, misit ad imperatorem conquerens,
quid enim facere putas, cum habeam plura vexilla quod sui pretio deciperentur. Cui respondit impe-
quam tu milites? Et cum pervenisset imperator ad rator : Si bonum forum darent bonam acciperent mar-
quemdam pontem Turci fugerunt ante et retro. Sed cham. Constituti sunt igitur hinc inde justitiarii taxa-
dux anteriores devicit, et imperator posteriores in tores. Ad hæc procedens Christianus exercitus a
parte maxima interfecit; et sic pontem exercitus quibusdam agrestibus Turcomannis, qui non sunt
pertransivit universus. Demum maxima et infinita de potestate soldani, multas pertulit molestias,
Turcorum multitudo ex omni parte circuunt exer- quousque (37) ad Armeniæ montana pervenit. In
citum Christianorum, ita quod eundo per quatuor montibus autem Armeniæ Græcos et Armenos in-

(34) Codex Estensis : Inspiratus, aut quia forte
in nostrorum manus inciderat, metu mortis imperatorem adiit, etc.
(35) Codex Estensis : Sed defecerunt a facie imperatoris sicut pulvis, quem projicit ventus a facie
terræ. Anno Domini 1190, Melichinus soldani filius
venit obviam cum exercitu quingentorum millium
equorum, et ad, etc.
(56) Codex Estensis : In filium soldani post terga
pugnantem victrices aquilas dirigens, prædicta millia Turcorum et Turcomannorum exterminavit, et
ex eis, etc.
(37) Codex Estensis : Quousque ad Laurendam
civitatem, quæ dividit Armeniam a Lycaonia, et ad
Armeniæ montana pervenit, ubi noctis conticinio
auditur ex improviso armorum strepitus et tumultus : qui cum nullus fuisset, inde conjecturatum
est vicini augurium infortunii. In montibus autem
Armeniæ Græcos et Armenos invenit forum alacriter exhibentes. Cum ad aures Saladini hæ victoriæ
pervenissent, expavit; et die Sancto Pentecostes

Saladinus cum tanta suorum multitudine montes et
colles et planitiem operientes, quanta nusquam si-
D mul creditur apparuisse, Christianos potenter invasit, sperans omnia tentoria usurpare, et Christianos miseros captivare. Sed evanuit cogitatio ejus,
quia Christiani viriliter resistentes, ei læsionem
magnam per balistas non modicam intulerunt. Cedens itaque Saladinus magnam exercitus partem ad
resistendum imperatori transmisit. Sed, heu! paucis
diebus elapsis, et mors imperatoris innotuit, et rumor superveniens de morte Siculi regis exercitum
Christianum plurimum conturbavit. De montibus
imperator descendens, Salephy fluvium reperit, per
cujus ripam duobus diebus progressus, tertia luce
pausavit in locis amœnis.

De morte imperatoris Frederici primi.

Et cum esset æstus magnus valde, imperator descendit in flumen cum duobus militibus, se cupiens
balneare. Cumque natare cœpisset impingens in
scopulum natando vitam amisit. A militibus igitur

venit forum alacriter exhibentes. De montibus vero A est. Cui se et exercitum dux omnino commisit descendens Calephi flumen reperit, per cujus ripam paternis asseverans obedire velle præceptis. Audiens hoc Saladinus, misit exercitum sub Rachaadino fratre et Mirrhalino filio militantem, ut districtum occuparet Baruti. Quod dux et marchio percipientes, ad Aconensem obsidionem navigio pervenerunt. Quis fuerit, quantusque marchio Conradus, retro seriem percurramus. Guillelmus itaque, marchio Montisferrati, uxorem accepit dominam sororem domini Conradi regis Romanorum, et domini Frederici ducis Suevorum, de qua genuit filios quinque, Guillelmum Spadam-Longam, Conradum, Bonifacium, Fredericum et Reynerium. Iste fuit ordo nativitatis eorum, quorum diversa fuerunt dona fortunæ. Nam Guillelmum Spendetorem, virum militarem, viribus armatum, virtutibus approbatum, patriarcha et rex Hierosolymitanus, et ejus regni principes astruerunt, ut regis sororem acciperet in uxorem. Et cum rex infirmus nomine Baldoinus ei coronam vellet imponere, Guillelmus coronam renuit; sed in custodia regnum tenuit universum; et filium forma genuit elegantem qui, avunculo rege patreque defunctis, in regem coronatus est, licet ætate minor, cujus custodiam mater regia diligenter observabat. Ad hæc Emmanuel imperator Constantinopolitanus majori Guillelmo, scilicet marchioni, mandavit, ut unum de filiis suis Constantinopolim, destinaret, filiam suam, et regnum Salonich accepturum. Quia ergo Conradus, et Bonifacius uxores habebant, Fredericus clericali cingulo militabat, Raynerium adolescentem decorum aspectu Constantinopolim misit, qui promissam imperialem filiam pariter cum Salonicensi corona suscepit. Sed modico tempore

duobus diebus progressus, tertia luce pausavit in locis amœnis.

Et cum esset æstus magnus valde, imperator in flumen descendit cum duobus militibus, volens se balneare; cumque natare cœpisset, demersus est. Proh dolor! En humidum suffocat elementum, quem ignea bella nequiverunt vincere : invictus duritiæ ferri, fluidi mollitie vincitur elementi. Portantes igitur eum ad civitatem Salaphim, aromatibus condiderunt. Et Duce super exercitu constituto domino, pervenerunt Tharsum. Deinde Levoni de Montanis obviantes, ab eo magnifice recepti, et cum triumpho magno ad civitatem Mamistriam sunt deducti; ubi cum dux infirmaretur, visitavit eum Catholicus Armeniensis. Deinde profecti sunt Thegio; deinde per quamdam Portæ stricturam venerunt ad castrum, quod Gastorium nominatur, quod cum a Saladino detineretur, Christianus exercitus a sagittariis impeditus est. Et tunc patriarcha et princeps Antiochiæ occurrentes, ducem et exercitum cum triumpho Antiochiam deduxerunt. (38) Ubi de consilio principis et patriarchæ moram fecit, quousque marchionem Conradum de Monteferrato ad se vocaret, qui tunc in Aconensi erat obsidione. Qui, vocatione audita, baronum communicato consilio, Antiochiam festinus adivit, transiens per Tyrum, ubi comitem Henricum de Campania tunc applicantem maximo suscepit honore. Transiensque per C Tripolim viduas et orphanos et nobiles auro et argento sustentavit egenos. Et applicans ad Portam Sancti Simeonis, a patriarcha et principe et duce magno cum triumpho receptus, civitatem ingressus

apprehensus, ad ripam semivivus ducitur, accepta pœnitentia et corpore Domini, eo die mortuus est. Proh dolor! humidum suffocat elementum, quem ignea bella vincere nequiverunt. Invictus duritia ferri, fluidi mollitie vincitur elementi. Adimpleta est eo die prophetia in turri circa flumen constructa Chaldaicis litteris exarata, scilicet : *Melior hominibus, et potentior omnibus in aquis Salephycis suffocabitur.* Propter quam Manuel imperator Constantinopolitanus inde transiturus fecit inibi pontem ædificari. Portantes igitur eum ad civitatem Selaphim, aromatibus condiderunt. Et duce super exercitu constituto domino, pervenerunt Tharsum Ciliciæ civitatem, ubi imperatoris carnem condiderunt. Deinde Levoni de Montanis obviantes, ab eo magnifice recepti, et cum triumpho magno ad civitatem Mamistriam sunt deducti, ubi fluvius defluit, qui Geon ab incolis appellatur, cujus fons aut potius scaturigo in Quadragesima duntaxat tanta per singulos annos repletur piscium multitudine, quod ea die religiosi sufficienter reficiantur Armeni, pisces ulterius in Quadragesima non comesturi. Ubi cum dux infirmaretur, visitavit eum Catholicus Arminiensis. Quo proinde Antiochiam navigio perveniente, Christianus exercitus progressus est per Portellam, ubi Darius dicitur esse sepultus, et thesaurus Alexandri absconsus. Deinde per quamdam portæ structuram pervenit ad castrum, quod Guasconium ab incolis nominatur, quod cum a Saladino detineretur, Christianus exercitus a sagittariis impeditus est.

(38) *Codex Estensis :* Et carnem imperatoris honorifice sepelierunt, ubi de consilio principis et patriarchæ moram fecit, quousque marchionem de Monteferrato ad se vocaret, qui tunc in Achonensi erat obsidione. Qua vocatione baronum, communicato consilio Antiochiam festinus adivit. In cujus absentia, cum pedites exercitus Achonensis a nullo refrenarentur, in festo S. Jacobi vagantium plus quam octo Saracenorum impetu occiduntur. Marchio vero transiens per Tyrum, comitem Henricum de Campania tunc applicantem maximo suscepit honore, qui ad exercitum veniens, dux est ab omnibus approbatus. Transiens marchio per Tripolim, viduas, orphanos et nobiles auro et argento sustentavit egenos. Deinde applicuit ad portum Sancti Simeonis, qui quoque Soldinus ab incolis appellatur : juxta quem est Montanea nigra, quam multitudo inhabitat eremitarum, diversis linguis et moribus Deum laudantium. Unde patriarcha principe et duce magno cum triumpho receptus ad civitatem usque deductus ingressus est, cui se et exercitum dux omnino commisit, et ut paternis asseverans se obedire velle præceptis. Audiens Saladinus hæc misit exercitum sub Rachahadino fratre et Marahalino filio militantem, ut districtum occuparet Bariti. Quod dux et marchio percipientes, cum ab Antiochia usque Tripolim pervenissent, a Sarracenis, et Audocras, et aliis multipliciter infestati, a Tripoli Tyram navigio pervenerunt, ubi ossa imperatoris arcæ tumulo commendarunt.

diademate regali fruentes ambo de hoc sæculo migraverunt. Fredericus vero prædicti marchionis
filius Albensis (59) fuit episcopus, quem magnanimiorem effecit prosapia generis, quam ordo exigeret episcopalis. Nunc de Conrado historiam prosequamur.

Subsequuntur hæc in codice Estensi.

Et in Septembrio mense, in campo Aconis Theo-
tonici castrametati sunt; tuncque archiepiscopus
Cantuariensis applicuit. Deinde Christiani castra
exeuntes dimicantes proposuerunt, et Saladinum,
more Lombardorum vexillum in carrocia dedu-
centem, usque Saphoream et Recortanam, ubi Aconis fluvius oritur, insecuti sunt; cum de loco ad
eorum insecutionem castra mutaverint, postmodum
ac campum illæsi reversi sunt. Adveniente Novembrio mense valida fames Christianos invasit, ut
carnes equinas, charissimis emptas commerciis,
edere arctarentur; sicque per totam hiemem fame,
frigore, gladio macerantur. Tuncque Isabella, quondam regis Aymerici filia, regni hæreditatem, sorore
defuncta, jure successorio petens a Sighifredo Tu-
ronensi, cui nupsit, episcoporum sententia separata
est, quam barones marchioni matrimonio copulan-
tes, eum in regem et dominum elegerunt. Hic igitur ut largus et magnanimus et galeas in mari tenuit, et exercitum frumento et hordeo refocillavit
adveniente, XL navibus commerciis applicantibus.
Modius una die a centum Bisanciis ad octo
descendit, et in contiguo declinavit usque ad
annum.

De Philippo comite Flandriæ, et de rege Francorum, et duce Burgundiæ, et comite de Niverte, et comite de Baro, et aliis gestis.

Anno Domini 1191, Philippus comes Flandriæ, et
postea rex Francorum et dux Burgundiæ, comes
de Nivers et comes de Baro venerunt. Rex igitur
ante turrim Maledictam castra regalia fixit, et palatium lapideum fabricavit, Malvicinum rationabiliter appellatum, ut Maledicta turris mali vicinitate
palatii lapidum ictibus verum sui nominis sortiretur effectum. Mangana erigi fecit, Gattos et Cletas
apparari, et propter ignem agrestem laminis plum-
beis operiri. Comite vero Flandriarum in brevi defuncto, rex a Flandrensibus fidelitate recepta, turri
Maledictæ frequentius Manganis maledixit, et civitatem Acriam acrius impugnavit. Nam instrumentis
ejus combustis omnibus, ad jussum regis vehementer irati peregrini scalis appositis ascendunt muros,
sed angustia caloris et fumi denique depelluntur.
Albericus autem marescalcus regalis intra mœnia
urbana descendens, sicut leo rugiens sæviebat, et
cum bipenni, quæ et ascia nominatur, plurimos
unus occidens, occisus est. Cujus caput a Sarracenis ad collegas Mangano pro saxo trajicitur. Muro
perforato, duo Sarraceni civitatem egressi postula-

runt in Christi nomine baptizari, qui renati, fideles
in operibus inventi sunt. Mangana marchione præside reparantur, qui regi tradidit Tyrum, observans
quod promiserat, se scilicet coronato primitus venienti de civitate omnifarie redditurum. Rex autem
suis hominibus communivit. Interea Richardus rex
Anglorum sibi Cyprum insulam subjugavit; Isaac-
hium, qui se imperatorem nominabat, capiens, et
immensas divitias et victualia et animalia deducens.
Qui a Cypro pelago sulcans, navem Sarracenorum
a Beryto proficiscentem, et Aconem properantem
invenit, in qua erant septingenti viri ad bella fortissimi cum sufficientia stipendiorum, et omni genere armorum, et igne agresti, et serpentibus, et
crocodilis, et internecioni nequiter deputatis. Hanc
igitur cum viginti quatuor galeis, cum quibus in
retroguardia suarum navium accedebat, impugnavit
ter et quater cum magno detrimento suorum. Post
hæc regis improperiis et blandimentis, minis et
præmiis promissis armantur, et navem impugnando
perforant, et submergunt, duobus e naufragio tantum superstitibus reservatis; quorum unum, cum
venisset in campum, ad Saladinum, alterum misit
in urbem. Ad hæc rex Francorum, licet rege Angliæ
dissentiente, pugnam indixit. Pugnatur et muri securi inciduntur, Sarracenis Saladino mandantibus,
ut in eorum succursum studeat accelerare. Adveniente nocte marchioni custodia denegatur, a quo
Mostubus consensu regis Franciæ de colloquio datam securitatem accepit. Adveniente die coram regibus, aliisque baronibus colloquium celebratur,
in quo Mostubus civitatem reddere cum omnibus
rebus, dummodo personæ abire permitterentur il-
læsæ promisit; Christiani vero sanctam crucem,
captivos omnes, et regnum repetunt universum.
Mostubus Saladinum asserit consulendum. Obsidibus ergo datis consulitur; qui promisit crucem
reddere pariter et Aconem, mille quingentos Christianos, et centum milites, et ducenta millia Bizan-
tiorum.

Dum hæc agerentur, rex Angliæ murum aggreditur. Per deditionem civitas obtinetur IV Idus Julii,
anno Domini 1191; positisque a regibus in portis
custodibus, solis Francigenis et Anglicis patebat
ingressus, cæteris sive de Romano imperio, sive
aliunde, licet per biennium laborassent, opprobrio-
se rejectis. Nam intrare volentibus, colaphis et verberibus cædebantur. Sed et tredecim ex * polinis
pede truncati sunt. Cum igitur prope quinquaginta
millia hominum præter mulieres et parvulos et aliorum multitudinem, quæ vix numerari poterat, et
ampullas ignis agrestis, et galeas cum Salandris,
et galeonibus septuaginta, et cæteras divitias, quarum non est numerus, reges in suis manibus ha-
buissent, inter se omnia diviserunt. Judicet Ecclesia, et secutura posteritas, si quæ sanguine cæterorum, et hiemalibus fuerant parta laboribus, de-

---

(59) *Ms. Cæsar. habet* Galbensis.

cu erit culmen regalis honoris ad suas manus om- A
nino devolvere, qui non erubescebant vix tribus
mensibus insudasse. Non enim sibi victoriam, sed
Domino ascribere debuerunt. Sed cum sibi ascribere præsumpsissent, reminisci debuerant aliorum,
quorum ossa campus sanctus incinerat, vel præsens
vita libera tolerabat. Nam archiepiscopus Ravennas,
Langravius Thuringiæ, Fredericus dux Suevorum,
et multi de imperio comites et barones in Domino
mortui fuerunt ; sed et universitatis defunctorum
numerus peste, fame, gladio pereuntium est incertus. Haud tantum dubium est, quod in obsidione
ferme præter principes, ducenta millia hoc sæculo
migraverunt. Ad hæc rex Franciæ conabatur marchionem in regem promovere ; rex Angliæ Guidonem restituere. Demum interposita pactione Tyrus, B
Sidon, et Baruth marchioni cum medietate Ascalonis et Joppæ jure successorio pervenerunt. Præterea
medietas Aconis et totius regni acquisiti et acquirendi alia Guidonis ; sic tamen in vita alterius, quod
neuter diademate uteretur. Post hæc rex Franciæ
assoldatis pro se quingentis militibus et armis, quæ
sibi obvenerant, templo et hospitali, et marchioni
distributis, repatriavit cum opprobrii tamen immen-
so ubique in faciem acclamato : *Vah, qui fugis, et
terram Domini derelinquis !* Rex autem Angliæ, cum
pecunia promissa non solveretur, captivos omnes
contra fas et licitum interfecit, qui debuerant potius servari, et in servitutem redigi, præter Monos-
tobium et Carcosam , et quosdam alios milites, C
quos pro pecunia relaxavit. Verumtamen Saladinus
Christianis captivis malum pro malo non reddidit.
Rex Angliæ exinde terra marique recuperat Capham,
et Cæsaream , et cum accessisset Azotum, Jacobus
de Avena occiditur. Deinde Joppem proficiscentes
in Rama, Lydda, Turone militum, et Berthenubilo
hiemantes, Ascalonem accedunt, et videntes muros
diruptos , fleverunt super illam, muros et turres
in brevi ræædificantes. Interim inter regem Angliæ
et ducem Burgundiæ, cæterosque barones Franciæ,
discordia vehemens orta est, eo quod vilipendit eos.
Redeunt ergo Tyrum, progredientes ad marchionem, et cum eis quingenti electi milites ; cum quibus Sarracenorum casalia cursitando plurimum
proficiebant.

Progrediuntur hic ambo codices.
De Henrico VI imperatore.

Anno Domini 1190 Henricus VI, Frederici I filius,
apud Romanos regnavit post patrem annis VII. (40)
Hunc Cœlestinus papa, qui Clementi successerat,
unxit Anno 1191, et imperiali diademate coronavit.
Eodem anno imperator apostolico dedit Tusculanum,
et apostolicus Romanis. Romani vero civitatem de-

struxerunt et arcem, Tusculanos alios excæcantes,
et alios deformiter mutilantes. Eodem anno imperator cum Augusta nomine Constantia, filia quondam Rogerii regis Siculi (41), in Apuliam descendit,
ut regnum sibi, quod jure successorio (42) debebatur, et quidam regulus invaserat, obtineret. Sed
Augustam quidam pirata nomine Margaritus apud
Salernum capiens, eam regalem ad urbem, Panormum scilicet, usque deducens, honeste Augusta
dignissima conservavit. Imperator vero Neapolim
obsidens pene suis omnibus pestilentiæ morte peremptis (43), vix in Alamanniam reversus est. Eodem anno fuit infortunium, quod Malamort a Cremonensibus appellatur, eo quod apud civitatem Per-
gamensium tuentes castrum contra Brixienses cum
Pergamensibus congregati, divino judicio in se
ruentes alii in oleo præcipitantes, alii capti, muti-
latique, alii mortui sunt. Sed captos rediens de
Apulia imperator e carcere liberavit. Eodem anno
imperator Cremonensibus Cremam concessit, et
privilegio confirmavit. Eodem anno rex Franciæ et
rex Angliæ cum mare transissent, Acharonem ab
infidelibus occupatam, et diu a Christianis obsessam, viriliter impugnando ceperunt. Posteaque rex
Angliæ cum Saladino pugnavit, et Ascalonem destruxit. Qui quoque, cum mare transisset, in Sicilia quasdam civitates in deditionem receperat, insula Cypri triumphaliter obtinuerat, et naves Saladini submerserat plenas serpentibus internecioni
Christianorum nequiter deputatis. Eodem quoque
anno Conradus marchio ab assassinis occisus est,
vir militaris, et in re militari peritus, cautus et strenuus, fortis et audax, superbus, magnanimus et
devotus, humillimus. Anno 1192, imperator regem
Angliæ peregrino habitu redeuntem, a duce Austriæ
captum, detinuit in custodia, eo quod contra eum
præsconsisse (*sic*) quædam in regno Siciliæ videretur, et necem Conradi marchionis credebatur nequiter machinatus.

In codice Estensi hæc adduntur.
De rege Angliæ et aliis gestis, quæ fuerunt suo tem-
pore.

Anno Domini 1192, rex Angliæ apud Ascalonem
de reditu suo et regimine terræ sollicitus, ab universo quæsivit exercitu, cui terram committeret
conquisitam securius, et conquirendam. Post vota
diversa, quidam namque Guidonem inunctum, quidam marchionem invictum, quidam comitem Campaniæ præferebant, marchio eligitur, et in facie exercitus approbatur. Igitur a rege citatur, ut prope-
ret, regales infulas accepturus et sceptra. Octavo
Kal. Maii litteræ præsentantur. Eodem die ab assassinis occiditur, clamantibus *Non eris marchio ! non*

nequiter capientes, Messanam ad Tancredum regem
miserunt, qui eam in Panormitano palatio, et honestate, etc.

(40) *Cod. Estens.* : Annis VIII.
(41) *Cod. Estens.* : Siculi, et soror Guillelmi regis.
(42) *Cod. Estens.* : Successorio, fratre defuncto,
debebatur, obtineret. Sed Tancredus jam substitutus, apud Panormum fuerat coronatus. Cum itaque
Salernum adierit imperatrix, eam Salernitani cives

(43) *Cod. Estens.* : Peremptis, sua spe propositove
cassatus est, et vix, etc.

eris rex! quorum unus combustus est ; alius, cum
decoriaretur, confessus est, se a sene domino suo
transmissum hoc fecisse imperio regis Angliæ. Tertia die comiti Henrico illuc venienti uxor gravida
copulatur invita. Redit festinus Acon, civitatem obtinuit, et ingressum Guidoni prohibuit. Itaque rex
Guidoni Cypricum tradidit regnum, viginti Byzan-
tiorum millibus emptum. Post hæc Joppem obsedit
Saladinus, in qua patriarcha Rodulphus electus
treguas obtinuit a Saladino, qui si usque ad biduum non haberet succursum, redderet municipium;
et cum alium non haberet, se ipsum pro ovibus obsidem dedit. Duobus diebus transactis rex navigio
cum Pisanis applicuit, et Sarracenos castrum ex-
pugnantes viriliter exterminavit, cui equus a ca-
stellano paratur. Hunc solum militem pedites comitantur, et extra civitatem in Turcorum faciem
castrametatur. Stupent Turci unius militis incur-
sione fugati. Timuerunt plurimum Turci, ne rex
tam ferus invadere velit Ægyptum. Igitur utroque
exercitu fugato ad triennium treguæ pro induciis
componuntur, Ascalone destruenda, et a parte neutra possidenda. Sed et in hoc rex peccavit, quia
patriarcham obsidem compeditum non liberavit.
Adeunt igitur Christiani sepulcrum, et inveniunt
ibi Æthiopem nudum in Christianorum ignominiam oblationum libamina colligentem. Rex item
sub manu perfidi constituta sepulcrum accedere
noluit adoratum, sed festinavit ad reditum. Cum
de morte marchionis suspectus haberetur, sub habitu ministri Templariorum et Hospitaliorum usque
in Austriam, suis aliunde remissis, pervenit incolumis. Ubi, dum gallinas assaret, deprehenditur,
capitur, et duci Austriæ præsentatur. Audiens igitur imperator regem Angliæ servili habitu redeuntem a duce Austriæ captum, eum detinuit in custodia, eo quod contra eum præsumpsisse quædam in
regno Siciliæ videretur, et necem Conradi marchionis credebatur nequiter machinatus. Denique ipsum
pactione sibi placita relaxavit.

———

Progreditur uterque codex.

Anno Domini 1194, imperator in Italiam rediens,
et ad inferiora descendens, Apuliam, et Calabriam,
et Siciliam subjugavit, et omnia potenter obtinuens
bona terræ in Alamanniam, thesaurosque regni portavit, Margaritum (44) excæcans ipsum, et quos
voluit captivavit. Anno Domini 1196, corpora sanctorum martyris Archelai et confessoris Himerii in

(44) *Codex Estens. addit :* Reginam et filium
ejus, qui patri successerat, et quos voluit captivavit. O quam digna retributio Dei, qui nullum malum præterit impunitum ! Primates, qui sederunt
in insidiis cum divitibus in occultis, mensura qua
mensi fuerant metiuntur, et judicio quo judicave-
rant judicantur. Philippus autem frater imperatoris filiam Isachii imperatoris Constantinopolitani,
quæ Rogerio Tancredi filio nupserat primogenito,
viduam viro defuncto, in Panormitano invenit palatio, et inventam sibi in conjugio copulavit legitimo. Sed eumdem Isachium imperatorem Alexius

arca lapidea posuimus, altare xvii Kalend. Julii
consecrantes, et processionem solemniter cum
cxxx vexillis ecclesiasticis facientes. Anno Domini
1197, reversus imperator in Italiam, in Sicilia mortuus est et sepultus. His temporibus quidam exstitit Joachim Apulus abbas, qui spiritum habuit pro-
phetandi, et prophetavit de morte imperatoris
Henrici, et futura desolatione Siculi regni, et defectu Romani imperii : quo manifestissime de-
claratum est. Nam regnum Siciliæ multo tempore est perturbatum, et imperium per schisma
divisum.

———

*(In margine codicis Cæsarei a recentiore quodam
apposita est hæc adnotatio :* « *Plus dixisset hic auctor si vixisset et vidisset depositionem Frederici,
et successus strenuos regis Caroli in regno Siciliæ.* »)

———

Eodem anno castrum Jovis-altæ, quod a primo
lapide inchoavimus ad honorem et utilitatem palatii Cremonensis, feliciter consummavimus.

Anno Domini 1198 (45), facta est in regno de imperatoris electione seditio. Nam imperator Henricus pupillum de Augusta relinquens, a principibus
obtinuerat de pupillo electionem, et jam pupillo fecerant fidelitatem. Inter Philippum quoque Frederici filium, Henrici fratrem, patruumque pupilli, nec
non et Ottonem ducis quondam Henrici Saxoniæ
filium, ad imperium aspirantes, in Teutonicorum
regione certatur ; nam et uterque a principibus
electus est. His temporibus Innocentius papa creatur, qui ut pupillo esset adjutor, et Ecclesiæ jura
defenderet, adversus quemdam Marquoardum, qui
se quoque pupilli jura tueri, nescio quo spiritu,
fatebatur, utroque gladio dimicans, eum viribus
debilitavit. Sed tamen adhuc Apulia, Calabria et
Sicilia vario voto vacillarunt. In Alamannia quoque
varietas fuit votorum ; sed concertantium nec æqua
justitia, nec æqua potestas votorum. His quoque
temporibus fuit quidam Cremonæ vir simplex, fidelis plurimum, et devotus, nomine Homobonus, ad
cujus obitum, et ejus intercessione Dominus huic
mundo multa miracula declaravit. Eapropter (46)
peregre proficiscens, præsentiam summi pontificis
adii, et canonizationem, quam petebam, obtinui.
Anno Domini 1199, Mediolanenses et Placentini venerunt ad burgum Sancti Domnini, et postmodum
ad Castrum Novum in faucibus ; adversam suam
jacturam dolentes reversi sunt. Sed Veronenses

frater excæcans, et Alexium filium ejusdem incar-
cerans, imperium usurpavit.
(45) *Cod. Estens. :* Obiit imperator Henricus,
filius quondam Frederici imperatoris in festivitate Sancti Michaelis in regno Siciliæ ; et facta
est, etc.
(46) *Cod. Estens. :* Eapropter Romam peregre
proficiscens eodem anno, scilicet 1199, præsentiam
summi pontificis adii, et ut in Catalogo sanctorum annumeraretur auctoritate ecclesiastica,
per divinam misericordiam feliciter impetravi. Anno, etc.

Mantuanos discumfecerunt, ex eis innumeram multitudinem captivantes. Anno Domini 1200, Mediolanenses et Brixienses obsederunt castrum Suncini, sed evanuerunt in superbia sua. Nam Papienses discumfecerunt Mediolanensium exercitum ad Rosatum, Cremonenses et Placentinos ad Sanctum Andream juxta Bussetum. Eodem anno facta est inter Cremonenses et Mantuanos, inter quos diu seditio fuit, pax et concordia, et obsequiorum in osculo pacis vicissitudo. Sed inter milites Brixienses, et plebem, quam Bruzellam appellant, civilis discordia orta est, eis plurimum utrisque damnosa. *Nam*, teste Domino, *omne regnum in se divisum desolabitur, et domus super domum cadet.* Bruzella quippe partem militum dissipavit. Milites autem cum Cremonensibus confœderati sunt ; et plebeios, quibus comes Narrisius præerat, arctaverunt. Romani vero Bitervienses in forti brachio subjugarunt.

Anno Domini 1201, Cremonenses cum Brixiensibus congregati militibus, Bruzellam Brixiensium captivarunt, eorumque currum in forum, seu plateam Cremonensium deduxerunt. Deinde facta est pax inter Cremonenses, Pergamenses, Comenses et Brixienses, inter quos fuerat tanta seditio, quod nec gladio parcerent, nec incendio. Sicut enim multa mala oriuntur ex bonis nuntiis, sic Deus ex malo elicit aliquod bonum. Eodem anno Mediolanenses ceperunt castrum Papiensium, Regenale dictum. Anno Domini 1202, inter Cremonenses et Placentinos pacis fœdera componuntur. Quo anno quasi Jubilæo fere in tota Lombardia treugæ vinculantur in lustro. In quo lustro (47) maximus fuit motus peregrinorum euntium ultra mare. Inter quos fuere præcipui Balduinus comes Flandrensis, et Ludovicus comes Blesensis, et Bonifacius marchio Montis-ferrati, qui omnes apud Venetias congregati convenientes, Zadram municipium Venetis nimis infestum destruxerunt. Interea filius imperatoris Isachii, de carcere liberatus, Philippum, cognatum suum, regem Alamanniæ adiit, supplicans, ut sibi auxilium impertiret. Anno (48) Domini 1203 dux Venetorum, cæterique barones adolescentem Alexium unanimiter assumentes ad Illyricum pervenerunt. Et primo Duratium puero subjugarunt, cæterisque maritimis subjugatis Constantinopolim pervenerunt. Interea in Venetos, cæterosque Latinos Constantinopoli morantes Græcorum et Warangorum desævit atrocitas, eos impugnans, capiens et occidens. Cum cives admoniti legitimum dominum recipere recusarent, irruentes Latini viriliter in urbem ipsam, ceperunt, et palatium obsederunt, et comprehenderunt (48*). Deinde capta urbe et populata ex magna parte, et combusta, tyrannus effugit Isachius ; restituitur et Alexius adolescens, in mense Julio in ecclesia Sanctæ Sophiæ magnifice coronatur. Postea cum Græci Latinos publice injuriis multis afficerent, et privatim occiderent, Latini urbem combusserunt, et prædam maximam exportaverunt. Ad hæc cum se tyrannus Andrinopolim recepisset, imperator juvenis eum collecto exercitu cum baronibus eum fugavit, et Thraciam sibi subjugavit. Sed cum peregrini magnis remunerandi promissis instarent, beneficiorum ingratus, clam et palam beneficis adversatur. Igitur inter eum et Latinos zizaniis seminatis, Græci habentes eum exosum, quemdam Constantium (49) imperatorem efficiunt. Populus autem Alexium Mursuflium coronavit, in qua contentione præpotens fuit Alexius ille Mursuflius. Adolescens vero Alexius cum vix regnasset mensibus VII (50) suffocatur ; pater ejus Isachius moritur. Mursuflius tyrannus de solutione pecuniale a peregrinis impetitus, solvere diffitetur. Quapropter Veneti pariter

---

(47) *Hæc ita efferuntur in codice Estensi :* Merito dixerim Jubilæo, quo et in remissione peccatorum maxima Hierusalem tendentium peregrinorum accingitur multitudo. Inter quos fuere præcipui Balduinus comes Flandrensis, Ludovicus comes Blesensis, nec non et Bonifacius marchio Montisferrati. Eodem anno fuit terræ motus magnus in Syria, quo civitates et oppida nutaverunt ; etiam ipsa Tyrus fere corruit universa, et stellarum visa est in eadem provincia maxima dimicantium pugna, quarum Septentrionales de Orientalibus victoriam obtinebant. Quod non est ambiguum futuri excidii præsagium exstitisse. Nam prædicti peregrini apud Venetias congregati, cum Venetis iter arripientes, primo Zadram municipium Dalmatiæ munitissimum in sinu Adriatico situm, Venetis nimis infestum, auctorante venerabili viro Henrico Dandalo duce, et stolio Venetorum, invadunt ; quod non diu obsessum Veneti destruxerunt. Interea filius imperatoris Isachii prædictus puer Alexius de carcere liberatus, Philippum cognatum suum adiit Alamanniæ regem supplicans, ut sibi auxilium impertiret.

(48) *Codex Estens. addit :* Anno Domini 1203, tanta fuit locustarum multitudo, quod germinantia destruxerunt universa.

(48*) *In cod. Estens. hæc ita describuntur :* Et cum palatium Blachernæ obsederunt, oclighita, id est beatæ Virginis icona, ab evangelista Luca Virgini conformata, ad confusionem hostium mœnibus superponitur, sed a Latinis reverentius adoratur. Deinde basilographia, id est regalis scriptura cujusdam prophetæ Danielis Achivi, qui de imperatorum Constantinopolitanorum successionibus ænigmata scripsit, producitur in medio ; ubi cum legeretur, quod natio flava cæsarie ventura esset urbis excidio, urbemque gravi expugnatura prælio, tamen ad ultimum, (quod in ipsos decidat) peritura, hoc facto confisi Achivi repente irruunt in Latinos. Demum urbe terra marique viriliter impugnata, et ex magna parte combusta, tyrannus aufugit. Ad hæc Isachius restituitur, et Alexius adolescens in mense Julio in ecclesia Sanctæ Sophiæ magnifice coronatur. Postea cum Græci Latinos publice injuriis multis afficerent, et privatim occiderent, Latini arma sumentes, rursus urbem combusserunt, et prædam maximam exportarunt. Ad hæc cum tyrannus se Andrinopolim recepisset, imperator juvenis eum collecto exercitu cum baronibus effugavit, et sibi terram subjugavit. Sed cum, etc.

(49) *Cod. Estens. :* Constantinum.
(50) *Cod. Estens. :* Mensibus VI.

et peregrini civitatem unanimiter aggrediuntur, universam regionem in circuitu depopulantur, et Mursuflium quadam die, dum in nemorosis lateret insidiis, effugant, fratrem ejus, et vexillum, et iconam regiam capientes.

Adduntur et hæc alia in cod. Estensi.

Econtra de suis Græci viribus præsumentes, linguæ potius contumeliis armati quam audacia cordi [cordis?], rebellant. Eodem anno rex Armeniæ Antiochiam obsedit, et licet eam cum exercitu introierit, non tamen obtinuit. Eodem anno magister Petrus cardinalis apostolicæ sedis legatus apud .... Ciliciæ municipium Armeno Catholico, et xiv episcopis mitras et baculum, me præsente, in præsentia regis Armeni tribuit pastoralem, recipiens ab eo debitam Sanctæ Romanæ Ecclesiæ fidelitatem.

Anno Domini 1204, Græcorum verbis contumelicsis, et superbia increbrescente, Veneti ad bellum cum baronibus accinguntur, et urbem aggressi salo soloque viritim excertant ; machinis, telis et spiculis a Græcis resistitur ; sed fatiscentibus eis, a militibus impetuose itur in urbem. Murzuflius in fugam vertitur. Alius ad imperium, scilicet Ascari, a civibus infatuatis eligitur. Sed adveniente luce a Latinis Blacherna et Bucca-Leonum palatia occupantur. Quid plura ? Græcorum strage data, gens illa spiritu consilii destituta, quondam prudentiæ filia, nunc sine prudentia, sicut pulvis disperiit, sicut fumus evanuit, sicut fenum exaruit ; et Latinorum gens urbem Constantinopolitanam in mense Aprili victoriose obtinuit. Ad hæc barones Balduinum Flandriæ comitem in imperatorem diademate coronarunt, Venetis cum Januensibus votis conniventibus imperium sortientes. Nam quarta imperatoriæ majestati tribuitur, quartarum medietas cessit Venetis, et cætera peregrinis. Bonifacius vero marchio, qui Margaritam imperatricem, quondam Isachii, sororem Aymerici regis Hungari, sibi in matrimonio copulavit, Thessalonicam vindicavit. Murzuflius autem Alexium tyrannum adiens, et intendens bellum blanditiis, et alicujus spei seducere verbis, lumine privatus est ; rediensque ad urbem, a Latinis misericordiam impetravit. Sed cum rursus proditionis moliretur insidias , de Columna Tauri per sententiam præcipitatus est, ut sicut præsumpserat ascendere in altum, sic de alto rueret in præcipitium. Ascari quoque trans Hellespontum fugato, Latini victoriosi fere monarchiam Græcorum obtinebant.

Hæc eadem in Cæsareo Vindobonensi codice ita describuntur.

Anno Domini 1254, Veneti cum baronibus ceperunt urbem Constantinopolim. Mursuflius, qui se imperatorem putabat, fugit de urbe. Alius ad im-

perium, scilicet Astarl, a civibus facillius eligitur. Sed veniente luce, a Latinis Blacherna et Buccaleonum palatia occupantur. Quare plurima Græcorum strage data multorum , gens Latinorum urbem Constantinianam in mense Aprili victoriose obtinuit. Ad hæc barones Balduinum, Flandriæ comitem, imperatorem diademate coronarunt, votis convenientibus imperium sortientes. Nam quarta cessit imperatoriæ majestati, trium quartarum medietas cessit Venetis, et cætera peregrinis. Marchio vero Bonifacius obtinuit Thessalonicam. Mursuflius autem Alexium tyrannum adiens, et intendens aliquos seducere, lumine privatus, rediensque in urbem a Latinis veniam impetravit. Sed rursus cum proditionis moliretur insidias, de Columna Tauri præcipitatus est. Astari quoque trans Hellespontum fugato, Latini victores fere totam Græcorum monarchiam obtinebant. Eodem anno Græci quoque excitati, Latinis expulsis, se in Andrinopolim receperunt.

Quæ sequuntur, habet Estensis codex.

Adimpleta est prophetia , quam mathematicus quidam prædixit Achivus : *Gaudete septem montes, sed non mille annos :* nondum enim a Constantino millesimus advenerat annus, quando Septem-solium, id est Constantinopolis, a summo gaudio tristitiæ ruit ad ima. Eodem anno cometa magna aerem illustravit. Eodem anno venerabiles viri domnus Soffredus, et magister Petrus, presbyteri cardinales, apostolicæ sedis legati, de Syria Constantinopolim adiverunt, ubi ab imperatore, civibusque Latinis, et Græcis apud Sanctam Sophiam honorifice recepti fuerunt. Qui ibidem spiritualia negotia, tam inter Græcos quam Latinos, diffinierunt. Et divina officia, me assistente, solemniter celebrantur. Nam et ego ad mandatum prædicti cardinalis magistri Petri in Sabbato quatuor temporum ante Nativitatem Domini in templo Sanctæ Sophiæ solemniter ordines celebravi.- Quia et ipse pro amore Domini crucifixi peregrinans in Syriam, sicut prius, ut ei assisterem, in Armeniam, sic et post in Græciam fueram comitatus eumdem. Eodem anno Græci excitati quasi se, Latinis expulsis, in Andrinopolim receperunt.

Pergit uterque codex.

Anno Domini 1205, Balduinus imperator Constantinopolitanus Græcos in Andrinopoli congregatos obsedit. Sed a Blatis forinsecus congregatis et Cumanis ipse imperator cum quibusdam baronibus suis captus est et occisus (51). Exercitus autem illæsus reversus est Constantinopolim, cui præfuit Henricus frater imperatoris, duce Venetiæ jam mortuo. Marchio quoque Bonifacius, qui regnavit in Thessalonica, a Græcis et Blatis multa passus

---

(51) *Cod. Estens.* addit : Ideoque recedens ab obsidione confusus Latinorum exercitus, tamen rediit in urbem Constantinianam illæsus, cui frater imperatoris, Henrico Venetorum duce defuncto,

præfuit, Henricus nomine. vir audax et exercitio militaris. Marchio quoque Bonifacius, qui Thessalonicæ regnans, circumquaque provincias subjugaverat, a Græcis et Blactis, etc.

est. Fuit hoc anno Græcis arridens et blanda, sed
Latinis adversa fortuna.

—

Prosequitur codex Estensis.

Quam mathematici prædixerunt Achivi. Verumtamen invictus marchio vinctum, quem ceperat, Alexium, quondam imperatorem, cum uxore misit in Lombardiam, ut in custodia servaretur, et a tyrannide, quam sæpius exercuerat, arceretur.

—

Sequentia in utroque codice ita se habent.

Anno 1206, et in Orientali et Occidentali imperio apud Antiochiam prædictis ex causis inter prædictos certatur illustres. Anno 1207, Bonifacius marchio Montisferrati occiditur in prælio, filios relinquens Guilielmum in Italia, et Demetrium apud Thessalonicam successores. Anno 1208, sopita est seditio regni de Occidentis imperio concertantium. Nam Philippo in thalamo nequiter occiso successit feliciter Otto, de quo noctu præviderat in somno se dicentem futura, et his versibus prophetatum, scilicet :

Insufflo, da terræ, rex Otto, rex errat Adolfus.
   Proh dolor! Otto tibi suspice : finit ibi (52).

Anno 1209, Innocentius papa coronavit regem Ottonem. Coronatus contra patrem coronatorem suum, et contra matrem Ecclesiam, et contra regem Siciliæ pupillum, cui præter Ecclesiam non erat adjutor, sese confestim armavit. Propterea sequenti anno, scilicet 1210, papa Innocentius jam dictum imperatorem excommunicavit. Ipse vero nihilominus marchionem cum exercitu misit in Apuliam ; post vero Thusciam iter faciens, quædam loca per vim, quædam per deditionem obtinuit. Deinde properans in Capua hiemavit.

(52) *Codex Estensis addit :* Ænigmatis hoc anno sententia declaratur. Insufflo, id est spiro. Da terræ, dic terrenis, quod rex Otto, rex Romæ dolet. Et qui errat Adolfus, electus Coloniensis. Proh dolor! Otto tibi ; expositio est clausulæ præcedentis. Suspice finit ibi ; ostendit enim visio prævisori temporis determinatum hunc annum in pariete pictum, litteris adnotatum.
(53) *Codex Estensis :* et gloriose receptus, per eos ad Lambrum usque deducitur.
(54) *In Cod. Estens. hæc ita describuntur :*
Sed ex Papiensibus militibus dum reverterentur, multi a Mediolanensibus capti sunt. Rex vero Mantuam, et Veronam, atque Tridentum felicissime transiens, in singulis civitatibus exstitit gloriosus. Exinde per Curiam introivit in Alamanniam, et a principibus de die in diem fidelitatem accipiens, apud Magonciam coronatur. Postmodum apud Ratisponam solemnem curiam celebrans, a rege Bohemiæ, et ab aliis multis principibus fidelitates accepit, Eodem anno Almiramomelinus rex Mauritaniæ veniens in Hispaniam cum infinita multitudine Sarracenorum, minitabatur non solum Hispanias, sed et Romam, imo Europam capere universam. Sed Innocentius papa III. Christianorum signaculo crucis insignitorum fecit contra illos multitudinem congregari. Qui prima facie Malagon castrum ceperunt, deinde Colatravam, Alarcos, Benaventum, Petrabona occupantes. Ad Portum Muradal fixere tentoria. Portus autem arctus erat, ut ducenti ho-

Anno 1211, progrediens per Apuleam civitates et loca per deditionem usque Policornu suscepit. Dum hæc agerentur, principes Alamanniæ Fredericum regem Siciliæ, quondam imperatoris Henrici filium, de quo prædiximus, imperatorem elegerunt, citantes eum, ut in Alamanniam properaret. Quo audito, imperator festinans rediit, qui apud Laudam curiam quoque celebravit inanem. Estensis enim marchio jam cum Papiensibus et Cremonensibus et Veronensibus consensit summi pontificis fœdus inire contradictionis Inglorius igitur Alamanniam intravit.

Anno 1212, prædictus rex Siciliæ Romam veniens, a summo pontifice et a Romanis magnifice receptus est. Deinde navigio Januam attingens, per eorum manus, et Guilielmi marchionis Montisferrati usque Papiam ductus est, cui (53) Cremonenses ad Lambrum alacriter occurrentes, eum Cremonam cum tripudio, et hastiludio deduxerunt (54). Inde Mantuam et Veronam, atque Tridentum feliciter transiens, in similibus urbibus exstitit gloriosus. Exinde per curiam intravit Alamanniam, et cum principibus de die in diem solemnem curiam celebrans, a rege Bohemiæ, et ab aliis multis principibus fidelitates accepit. Eodem anno scilicet 1212, Almeramomeley rex Mauritanus veniens in Hispanias cum infinita multitudine Sarracenorum minabatur non solum Hispaniam, sed et Romam, imo Europam capere universam. Sed auxiliante gratia et virtute Domini nostri Jesu Christi, et sancti domini papæ Innocentii, reges Aragonum, et Navarræ, et Castellæ occurrerunt paganis, et eos de finibus ex parte fugaverunt vii Kalend. Augusti. Eodem anno quidam minus decem annorum infans cum infinita multitudine pauperum venit de Teutonia, mines quasi toti mundo transitum prohiberent. Nostris igitur hæsitantibus, ecce duo Christicolæ sub specie venatorum ; quibus præcedentibus ex alio montis latere contra spem Sarracenorum totus montem pertransiit Christianorum exercitus, die Sabbati non longe a castris inimicorum Christi tentoria figens. Die lunæ, diluculo, dispositis aciebus in campo xvii Kalend. Augusti congressi sunt Christiani, et inimici Christi. Et per gratiam Salvatoris, Christian.ssimis regibus Aragonum, et Navarræ, et Castellæ trucidantibus hostes terga verterunt ; quorum infinita millia Christicolarum gladius devoravit. Nam per quinque leugas fugati sine numero corruerunt. Deinde nostri habita victoria procedentes Ubendam civitatem viriliter occuparunt, in qua sexaginta millia utriusque sexus gentilium cecide-runt. Demum Christianus exercitus ad propria remeavit, agens gratias Salvatori, cui est honor et gloria in sæcula sæculorum. Amen. Eodem anno dicitur, rex Franciæ cum comite Montisfortis et quod aliis hominibus Cruce-signatis, et de prælio et exercitu, qui fuit in Hispania, quando apud Amuradal imperator Sarracenorum devictus fuit, qui quinquaginta reges habebat, a tribus regibus Hispanis, scilicet Castellæ, Navarræ, Arragonense, cum adjutorio Portugallensium, de quibus undecim millia prima acie mortui fuerunt, et cum adjutorio Portugallensium. Eodem tempore et anno, et mense Novembris papa Innocentius apud Lateranum celebravit concilium in anno 1215.

asserens sine nave transiturum mare, et Hierusalem A recuperaturum.

Quæ ita narrantur in cod. Esten.

Eodem anno 1212, sub ductu puerorum quasi duodecim annorum, qui se visionem vidisse dicebant crucis signaculum assumentium, in partibus Coloniæ pervasit multitudo innumera pauperum utriusque sexus et puerorum, Theotoniam peregrinantium, et cruce signatorum, in Italiam accessit, unanimi corde et una voce dicentium, se per siccum maria transituros, et terram sanctam Hierusalem in Dei potentia recuperaturos. Sed demum quasi evanuit universa. Eodem anno fuit fames adeo valida, præcipue in Apulia et Sicilia, ut matres etiam pueros devorarent.

Pergit uterque codex.

Anno 1213, die sancto Pentecostes, qui fuit eo anno in festo sanctorum Marcellini et Petri, scilicet secundo die intrante Junio (55), Cremonenses in auxilium Papiensium, quorum multi in transitu regis de Papia ad Cremonam capti fuerant, apud castrum Leonis cum carrocio convenerunt, non habentes in auxilio nisi ccc milites Brixienses. Et ecce factus est repente sonitus Mediolanensium cum suo carrocio velocius et fortius quam poterant adversus Cremonenses festinantium, in quorum auxilio convenerant Placentini milites, sagittarii Laudenses, et Cremenses milites, et pedites Novarienses, et Cumani milites, et de Brixiensibus totidem aut plures. Circa horam tertiam inceptum est prælium. Pugnatur fortiter et viriliter ab utraque parte usque in horam nonam. Circa vero nonam Cremonenses impetum facientes in eos, straverunt ex eis multitudinem copiosam, et captum est carrocium eorum, et multa millia pugnatorum introduxerunt in castrum Leonis.

Additamenta continuatoris in cod. Cæsareo.

Anno 1215, obiit præsul Sicardus mense Junii, hujus præsentis operis compilator. Eodem anno mense Novembris dominus Innocentius papa apud Lateranum celebravit concilium.

Anno 1217, Cremonenses et Parmenses ingressi D sunt episcopatum Placentinorum, multas eorum villas combusserunt; et in eodem reditu soli Cremonenses ceperunt Pontenurum, et fugatis Placentinis usque ad Montale cum multa præda et multis

(55) In Cod. Estens. eadem ita narrantur :
Intrantis Junii, Cremonenses in auxilio Papiensium, quorum multi, ut prædiximus, a Mediolanensibus in transitu regis de Papia ad Cremonam capti fuerant, apud castrum Leonis unanimiter cum carrocio convenerunt, non habentes in auxilio nisi trecentos milites Brixienses. Et ecce factus est repente sonus Mediolanensium cum suo carrocio, sicut sagittæ volantes, et sicut fulgur festinantium. In quorum auxilio convenerant Placentini milites et arcarii, Laudenses et Cremonenses milites et pe-

captivis ad castrum redierunt. Secundo vero die cum Mediolanensibus et Placentinis inter Fontana et Caurcium pugnaverunt; et licet magna pars Cremonensium et Parmensium jam reversa fuisset domum, tamen postremi qui remanserant, viriliter pugnantes eis omnino restiterunt, et inimicis pluribus prostratis; denique cum gaudio et exsultatione remearunt. Eodem anno obiit dominus Innocentius papa apud Perusium mense Junii, cui Honorius papa substitutus fuit.

Anno Domini 1218, Mediolanenses viribus resumptis cum infinita multitudine, Placentinorum videlicet et Papiensium, Vercellensium, Novarensium, Terdonensium, Cumanorum et Alexandrinorum, Laudensium, atque Cremensium, et aliorum B multorum, ad petitionem Placentinorum præsumpserunt ire ad burgum Sancti Damiani, dicentes se velle et posse tradere illud in manibus Placentinorum. Quibus viriliter Cremonenses, et Parmenses cum reginis et Mutinensibus juxta castrum prædictum castrametati, in manu forti se illis opposuerunt. Et ita sua opinione iniqua Mediolanenses moverunt castra sua, et applicuerunt ea inter castrum quoddam Zubellum et locum, qui dicitur Altisvillis. Cremonenses cum prædictis in eodem loco velociter occurrerunt. Die Jovis sexto intrante Junio commissum est inter eos prælium, quod duravit a nona hora usque ad solis occasum, in quo prælio Mediolanenses cum suis potenter sunt debellati atque fugati, et multis ex eis interfectis, et tractis C duobus carrociis Mediolanensium et Placentinorum vix a periculo ereptis, cum confusione et ignominia magna conversi sunt ad propria. Eodem anno imperator Otto est mortuus, cui dominus Fredericus successit, ab omnibus principibus Alamanniæ concorditer electus.

Anno 1221, primo coronatur dominus Fredericus in Romanorum imperatorem Romæ apud Sanctum Petrum.

Mille ducentis atque viginti, Christe, duobus,
Postquam sumpsisti carnem, currentibus annis,
Talia fecisti miracula, rex benedicte.
Stella comis variis Augusti fine refulsit.
Septembris lubia vites submersit et uvas.
Destruxitque Deus fluvii de monte rapacis.
Lunaque passa fuit eclipsin mense Novembri.
D *Christi Natali media quoque luce diei*
Terra dedit gemitus rugiens, fremuitque frequenter,
Tecta cadunt, urbes quassantur, templa ruerunt :
Exanimes dominos fecerunt mœnia multos.
Brissia præcipue pressit ruinosa colonos.
Flumina mutarunt cursum, repetentia fontes.

dites, Novarienses et Cumani milites, et de Brixiensibus totidem aut plures, quot in Cremonensium auxilium prædiximus advenisse. Ii omnes unanimiter uno clamore et furore, imo spiritu et impetu Cremonenses, cæterosque milites forinsecos impetunt, et impugnant, fugant, capiunt et expugnant. Sed Cremonenses habuerunt victoriam de dictis Mediolanensibus, et de exercitu, et conduxerunt carrocium supradictorum Mediolanensium per vim cum magna victoria, et lætitia in civitatem Cremonæ. *Hactenus Codex Estensis.*

Sit laus tibi, Christe, quia finis est hujus libri.

PETRUS VALLIS CERNAII

NOTITIA

(FABRIC., *Bibliotheca med. et infim. Lat.*, tom. V, pag. 280)

—

Petrus Sarnensis, sive Vallis Sarnaii seu Cernaii (*des Vaux de Cernay*) monachus, ord. Cist., in finibus diœcesis Carnotensis et Parisiensis (1), scriptor *Historiæ Albigensium* et *belli sacri contra eos* A. 1209 *suscepti* duce et principe Simone de Monteforti, quam auctor dicavit Innocentio III. Edidit primum Nicolaus Camusatus, canonicus Trecensis, Trecis 1615, 8 (2); deinde collatam cum manusc. Martini Marierii, monachi S. Martini Parisiensis, Franciscus du Chesne tom. V *Scriptor. Francor.*, p. 554-665 ; sed et Bertrandus Tissier in limine tomi VII *Biblioth. Cisterc.*, editi A. 1669. Conier Bzovium ad A. 1199, num. 34; et Carolum Vischium, pag. 276 *Biblioth. Cisterc.*, qui Gallicæ versionis facit mentionem, vulgatæ Parisiis 1569, interprete Arnoldo Sorbino, episcopo postea Nivernensi (3).

(1) Sammarthani tom. IV, pag. 901.

(2) Cum hoc titulo : *Historia Albigensium et sacri belli in eos anno 1209 suscepti, duce et principe Sinone a Monte-Forti, dein Tolosano comite, rebus strenue gestis, auctore clarissimo Petro cœnobii Vallis-Sarnensis ord. Cisterciensis monacho, cruceatæ hujus militiæ teste oculato.*

(3) De versionibus Gallicis libri Petri Vallis-Cernaii hæc adnotat D. Petit-Radel in *Histoire littéraire de la France* (t. XVII, p. 251) :

« On connaissait trois traductions françaises de cette histoire, dont une seule a été publiée, et qui est due à Arnaud Sorbin. Elle parut à Paris en 1569, plus de quarante ans avant la première publication de l'original latin. Les deux autres, restées manuscrites, sont attribuées à Guillaume Pellicier, évêque de Montpellier, par le P. Lelong (*Bibl. hist. de la France*, tom. 1, p. 376, n° 5745); mais c'est une erreur que nous devons ici relever.

« L'un des deux manuscrits qui contient vraiment la version de Guillaume Pellicier, existe à la bibliothèque de Sainte-Geneviève, et forme un volume in-folio de 249 feuillets : il est intitulé ainsi : *Histoire des prouesses et vaillantises de noble seigneur messire Simon comte de Montfort, faites par luy pour la foi catholique en l'église de Dieu, contre les Albigeois hérétiques, depuis l'an de grâce 1206 jusqu'à 1218; premièrement composée en latin, par frère Pierre.....; puis traduicte en françois l'an du Sauveur 1565, par messire Guillaume Pellicier, évêque de Montpellier.* Ce manuscrit commence par la traduction de trois lettres d'Innocent III, que Pierre de Vaux-Cernay nous a conservées et qu'il a placées comme preuves à la suite de son histoire.

« Le manuscrit qui contient l'autre traduction, appartient à la bibliothèque du roi. Il est facile de se convaincre, en le comparant avec le précédent, que ces deux traductions n'ont pas le moindre rapport d'identité. On ne trouve, en effet, dans le dernier manuscrit, ni la traduction des trois lettres d'Innocent III, qui forment le commencement de l'autre, ni celle de la lettre qui termine l'ouvrage de Pierre de Vaux-Cernay, et par laquelle Simon de Montfort ordonnait à ses sénéchaux, peu de jours avant sa mort, de défendre tous les biens et toutes les maisons de saint Dominique comme les leurs propres. L'auteur de la version manuscrite, n° 9644 de la bibliothèque du roi, n'ayant pas traduit les premiers chapitres de Pierre de Vaux-Cernay, sa version commence par le sixième. Enfin le style de ce traducteur n'a point de rapport avec celui de Guillaume Pellicier, qui est, en général, plus facile, plus clair, et dont la traduction paraît plus fidèle.

« Le père Lelong (*ibid.*) indique une quatrième traduction du même ouvrage, faite, dit-il, par un inconnu, qui vivait vers 1456; elle faisait partie de la bibliothèque de d'Urfé, n° LXIII, mais nous n'en avons pu retrouver le manuscrit, non plus que celui qui est intitulé : *Francisci Roaldi, in Petri Vallium-Sarnaii de Bello Albigensium historiam, commentariorum libri duo, in-fol.* Nous devons regretter d'autant plus de n'avoir pas vu ces commentaires, qu'ils contenaient sans doute des observations critiques sur les faits rapportés par Pierre de Vaux-Cernay. Enfin, on voyait, dit Dom Martène (*Voyage littér.*, part. II, p. 108), dans l'abbaye de Quincy, ordre de Cîteaux, diocèse de Langres, une histoire des Albigeois, dont le commencement est semblable à celui de Pierre de Vaux-Cernay, mais la fin est différente. »

PETRI

MONACHI CŒNOBII VALLIUM CERNAII

HISTORIA ALBIGENSIUM

ET

SACRI BELLI IN EOS ANNO 1209 SUSCEPTI DUCE ET PRINCIPE SIMONE DE MONTEFORTI.

(Du CHESNE, *Script. Rer. Franc.* t. V, pag. 544, ex editione Nicolai Camusati, canonici Trecensis, collata cum ms. codice domni Martini Marier, S. Martini Parisiensis monachi.)

EPISTOLA NUNCUPATORIA

AUCTORIS

AD INNOCENTIUM III PONTIFICEM ROMANUM.

—

Sanctissimo Patri et beatissimo domino INNOCENTIO *Dei gratia universalis Ecclesiæ summo pontifici, humilis licet immeritus servus ejus, frater* PETRUS *qualiscunque Vallium Cernay monachus, non solum oscula pedum, sed et ipsa pedum ejus vestigia humiliter deosculari.*

Benedictus Dominus Deus Sabaoth, qui novissime diebus nostris, sanctissime Pater, cooperante vestra sollicitudine non pigra, Ecclesiam suam in partibus Provinciæ, inter persequentes hæreticorum procellas, jam quasi penitus naufragantem, per ministrorum suorum manus, de ore leonum misericorditer eripuit, de bestiarum manibus liberavit. Verum, ne tam gloriosum et tam mirabile factum, per evolutiones temporum successivas, possit in oblivionem venire, sed nota fiant in gentibus magnalia Dei nostri, seriem fac i. qualicunque modo in scriptum redactam, vestræ, beatissime Pater, offero majestati, humiliter supplicans ne deputetur præsumptioni quod juer elementarius manum misit ad for ia : onus subire præsumpsit supra vires ; quia fuit mihi intentio in hoc opere hæc sola scribendi causa, ut sciant gentes mirabilia opera Dei ; maxime cum, sicut ex ipso dicendi modo perpendi potest. non studuerim superfluis verbis ornare codicem, sed simplicem exprimere simpliciter veritatem. Firmum igitur habeat, Pater bone, vestra dignatio sanctitatis, quod, etsi ad omnia quæ in hoc facto contigerint scribenda, per ordinem non potuerim pertingere, vera sunt illa quæ scripsi, cum nihil unquam apposuerim, nisi quod viderim oculis meis, vel audierim a aguæ auctoritatis personis et plenissima fide dignis. In prima autem hujus operis fronte breviter tango de sectis hæreticorum et qualiter provinciales, infidelitatis lepra infecti fuerint, a temporibus retroactis. Postea exprimo quomodo memorati Provinciales hæretici, per prædicatores verbi Dei, et vestræ sanctitatis ministros, admoniti fuerint ut redirent prævaricatores ad cor et sæpius requisiti deinde crucesignatorum adventus, civitatum et castrorum captiones, cæteraque ad progressum negotii fidei pertinentia, prout possum, per ordinem repræsento. Unde sciant qui lecturi sunt, quia in pluribus hujus operis locis Tolosani, et aliarum civitatum et castrorum hæretici et defensores eorum, generaliter Albigenses vocantur, eo quod aliæ nationes hæreticos Provinciales, Albigenses consueverint appellare. Ut autem lector in hoc libello quod quæsierit possit facilius invenire, sciat quod, secundum multiplices et successivos negotii fidei processus, per varias distinctiones digestum est opus istud.

INCIPIT HISTORIA ALBIGENSIS.

—

CAPUT PRIMUM.

De legatione fratris Petri de Castronovo et fratris Radulphi de ordine Cisterciensi ad provinciam Narbonensem.

In provincia Narbonensi, ubi quondam fides flo-

A ruerat, cœpit inimicus fidei superseminare zizania; desipuit populus; Christi sacramenta, qui est Dei sapor et sapientia, profanans, factus insipiens, a vera desipiens theosebia, vagus et vagans per errores in ima, factus in invio, et non in via (*Psal.*

cvi). Monachi duo Cistercienses, zelo fidei succensi, F. Petrus videlicet de Castronovo et F. Radulphus, auctoritate summi pontificis contra pestem infidelitatis instituti legati, negligentiam omnem relegantes, legatione sibi indicta officiose fungentes, urbem Tolosam ingressi sunt et aggressi, a qua venenum principaliter emanabat, plebes inficiens : sicque deficere faciens a Christi cognitione, a veridico splendore, a deifica charitate. Radix amaritudinis sursum germinans, profundius in cordibus hominum convaluerat, nec sine multa difficultate potuit explantari. Suasum est Tolosanis sæpe et multum ut hæresim abjurarent, ut hæreticos relegarent. Suasum fuit eis a viris apostolicis, sed minime persuasum, adeo siquidem morti inhæserant, qui recesserant a vita, affecti et infecti nequam sapientia animali, terrenali, diabolica; expertes illius sapientiæ quæ desursum est, suadibilis est, bonis consentiens (*Jac.* III). Tandem illæ duæ olivæ, illa duo candelabra lucentia ante Dominum (*Apoc.* IV), servis servilem incutientes timorem; minantes eis rerum deprædationem, regum ac principum dedignationem intonantes; hæreseon adjurationem, hæreticorum expulsionem eis persuaserunt. Sicque ipsi, non virtutis amore, sed secundum poetam :

Oderunt peccare mali, formidine pœnæ :

quod manifestis indiciis demonstrarunt : nam statim perjuri effecti, et miseriæ suæ recidivum patientes, in conventiculis suis, ipso noctis medio, prædicantes, hæreticos occultabant. Heu, quam difficile est a consuetudine evelli ! Hæc Tolosa, tota dolosa, a prima sui fundatione, sicut asseritur, raro vel unquam expers hujus pestis vel pestilentiæ detestabilis, hujus hæreticæ pravitatis, a patribus in filios successive, veneno superstitiosæ infidelitatis diffuso. Quamobrem et ipsa in vindictam tanti sceleris, tantum dicitur jamdudum sustinuisse manus ultricis et justæ depopulationis excidium, ut in ipso meditullio civitatis, sulcata vomeribus planities pateret agrorum. Unus etiam de regibus suis inclytis, qui tunc temporis in ipsa regnabant, Alaricus, ut creditur, nomine, in extremum dedecus, pro foribus urbis ejusdem, est suspensus in patibulo. Hujus antiquæ viscositatis fæce infectum genimen, prædictæ civitatis, genimen viperarum, non poterat etiam nunc temporis nostris a suæ perversitatis radice divelli : quinimo naturam hæreticam, et hæresim vernalem, furca dignæ ultionis expulsam, usquequaque passa in se recurrere,

Patrissare sitit, degenerare negans ,

cujus vicinitatis exemplo, sicut

Uva... compacta, livorem ducit ab uva,
Et grex totus in arvis ,
Unius scabie cadit, et porrigine porci.

(Juv. sat. II, 81.)

Vicinæ urbes et oppida, radicatis in se hæresiarchis, per ejusdem infidelitatis surculos pullulantes, inficiebantur miserabiliter et mirabiliter peste ista. Barones terræ Provincialis, fere omnes hæretico-rum defensores et receptores effecti, ipsos amabant ardentius, et contra Deum et Ecclesiam defendebant.

CAPUT II.
De diversis hæreticorum sectis.

Et quoniam se in hoc loco quodammodo ingerit opportunitas, hæreses et sectas hæreticorum, enucleatius stylo brevitatis prosequi dignum duxi. Primo sciendum quod hæretici duos constituebant creatores, invisibilium scilicet, quem vocabant benignum Deum, et visibilium, quem malignum Deum nuncupabant. Novum Testamentum benigno Deo, Vetus vero maligno attribuebant, et illud omnino repudiabant, præter quasdam auctoritates quæ de Veteri Testamento, Novo sunt insertæ, quas ob Novi reverentiam Testamenti, recipere dignum æstimabant. Auctorem Veteris Testamenti mendacem asserebant, quia protoplastis dixit : *Quacunque die comederitis de ligno scientiæ boni et mali, morte moriemini* (*Gen.* III), nec, sicut dicebant, post comestionem, mortui sunt; eum tamen revera post gustum pomi vetiti, mortis miseriæ fuerunt subjecti. Homicidam quoque ipsum nominabant, tum quia Sodomitas et Gomorrhæos incineravit, et aquis diluvii mundum delevit, cum quia Pharaonem et Ægyptios mari obruit. Omnes Veteris Testamenti Patres, damnatos affirmabant; Joannem Baptistam unum esse de majoribus dæmonibus asserebant. Dicebant etiam in secreto suo, quod Christus ille qui natus est in Bethlehem terrestri et visibili, et in Hierusalem crucifixus, malus fuit; et quod Maria Magdalena fuit ejus concubina, et ipsa fuit mulier in adulterio deprehensa, de qua legitur in Evangelio (*Joan.* VIII). Bonus enim Christus, sicut dicebant, nunquam comedit vel bibit, nec veram carnem assumpsit, nec unquam fuit in hoc mundo nisi spiritualiter in corpore Pauli. Ideo autem diximus in Bethlehem terrestri et invisibili ; quia hæretici fingebant esse aliam terram novam et invisibilem, et in alia terra secundum quosdam, bonus Christus fuit natus et crucifixus. Item dicebant hæretici bonum Deum duas habuisse uxores, Collant et Colibant, et ex ipsis filios et filias procreasse. Erant alii hæretici qui dicebant quod unus est Creator, sed habuit filios, Christum et diabolum. Dicebant et isti, omnes creaturas bonas fuisse, sed per filias de quibus legitur in Apocalypsi, omnia fuisse corrupta (*Apoc.* XIX). Ili omnes membra Antichristi primogeniti Satanæ, semen nequam, filii scelerati, in hypocrisi loquentes, mendacio corda simplicium seducentes, provinciam Narbonensem, veneno suæ perfidiæ infecerant. Fere totam Romanam Ecclesiam, speluncam latronum esse dicebant (*Matth.* XXI), et quia ipsa erat meretrix illa, de qua legitur in Apocalypsi (*Apoc.* XVII). Sacramenta Ecclesiæ usque adeo annullabant, ut sacri baptismatis undam, ab aqua fluviali non distare; sacrosancti corporis Christi hostiam, a pane laico non differre publice dogmatizarent; simplicium auribus hanc instillantes blasphemiam, quod Christi corpus etsi magnitudinem Alpium in se contineret, jamdudum consumptum a comedentibus et annihilatum fuisset. Confirmationem, confessionem, frivolas esse et inanes omnino reputabant. Sacrum matrimonium meretricium esse, nec aliquem in ipso salvari posse prædicabant, filios et filias generando. Resurrectionem quoque carnis diffitentes, quasdam adinventiones confingebant inauditas, dicentes animas nostras esse spiritus illos angelicos qui per superbiæ apostasiam præcipitati de cœlo, corpora sua glorificata in aere reliquerunt, et ipsas animas, post successivam qualiumcunque corporum septem, et terrenorum inhabitationem, quasi tunc demum pœnitentia peracta, ad illa relicta corpora remeare.

Sciendum autem quod quidam inter hæreticos dicebantur perfecti, sive boni homines; alii credentes hæreticorum, qui dicebantur perfecti, nigrum habitum præferebant; castitatem se tenere mentiebantur; esum carnium, ovorum, casei omnino detestabantur; non mentientes videri volebant, cum ipsi maxime de Deo quasi continue mentirentur. Dicebant etiam quod nulla unquam ratione debeant jurare. Credentes autem hæreticorum dicebantur illi, qui sæculariter viventes, licet ad vitam perfectorum imitandam non pertingerent, in fide tamen illorum se salvari sperabant, divisi siquidem erant in vivendi modo, sed in fide et infidelitate uniti erant. Qui dicebantur credentes hæreticorum, dediti erant usuris, rapinis, homicidiis et carnis illecebris, perjuriis et perversitatibus universis. Isti siquidem ideo securius et effrenatius peccabant, quia credebant sine restitutione ablatorum, sine confessione et pœnitentia se esse salvandos, dummodo in supremo mortis articulo *Pater noster* dicere. et manuum impositionem recipere a magistris suis potuissent. De perfectis vero hæreticis, magistratus habebant, quos vocabant diacones et episcopos, sine quorum manuum impositione, nullus inter credentes moriturus, se salvari posse credebat. Verum si morienti cuilibet quantumcunque flagitioso manus imposuissent, dummodo *Pater noster* dicere posset, ita salvatum, et secundum eorum vulgare consolatum æstimabant, ut absque omni satisfactione, absque omni alio remedio statim evolaret ad cœlum. Unde ridiculum quod super hoc audivimus duximus inserendum. Quidam credens hæreticorum, in supremo mortis articulo, per manuum impositionem a magistro suo consolationem tum accepit, sed *Pater noster* dicere non potuit, et sic exspiravit. Consolator ejus quid de ipso diceret nesciebat, salvatus videbatur per receptam manuum impositionem; damnatus quia non dixerat Dominicam Orationem. Quid plura? Consuluerunt hæretici quemdam militem, nomine Bertrandum de Saxiaco, qui erat hæreticus, quid de illo judicare deberent: miles autem tale dedit consilium et responsum : « De isto sustinebimus et dicemus quod sal-

vus sit; omnes alios, nisi *Pater noster* dixerint in fine, damnatos judicamus. » Item aliud ridiculum : Quidam credens hæreticorum in morte legavit hæreticis ccc solidos, et præcepit filio suo ut daret hæreticis pecuniam illam. Quam cum, post mortem patris, hæretici requirerent a filio, dixit eis : « Volo ut dicatis prius, quomodo est patri meo. » Et dixerunt : « Certissime scias quod salvus est, et jam in cœlestibus collocatus. » Quibus ille subridens : « Gratias Deo et vobis ; verumtamen ex quo pater meus jam est in gloria, animæ ipsius non est opus eleemosynis ; et ego tam benignos vos scio esse, quod amodo patrem meum a gloria non revocabitis. Sciatis igitur quod nihil a me de pecunia reportabitis. » Non credimus autem silendum quod et quidam hæretici dicebant quod nullus poterat peccare ab umbilico et inferius. Imagines quæ sunt in ecclesiis dicebant idololatriam ; campanas earum turbas dæmonum affirmabant. Item dicebant quod non peccabat quis gravius dormiendo cum matre vel sorore sua, quam cum qualibet alia. Illud et inter supremas fatuitates dicebant, quod si quis de perfectis peccaret mortaliter, comedendo videlicet modicissimum carnium, vel casei seu ovi vel alicujus rei sibi inhibitæ, omnes consolati ab illo, amittebant Spiritum S. et oportebat eum iterum reconsolari ; et etiam salvati, pro peccato consolatoris, cadebant de cœlo. Erant præterea alii hæretici, qui Waldenses dicebantur, a quodam, Waldio nomine Lugdunensi. Hi quidem mali erant sed comparatione aliorum hæreticorum, longe minus perversi : in multis enim nobiscum conveniebant, in aliquibus dissentiebant. Ut autem plurima de infidelitatibus eorum omittamus, in quatuor præcipue consistebat error eorum, in portandis scilicet sandaliis more apostolorum et in eo quod dicebant nulla ratione jurandum, vel occidendum ; in hoc insuper quod asserebant quemlibet eorum in necessitate dummodo haberet sandalia, absque ordinibus ab episcopo acceptis, posse conficere corpus Christi. Hæc nos de sectis hæreticorum breviter excerpsisse sufficiat. Quando aliquis se reddit hæreticis, ille dicit qui recipit eum : « Amice, si vis esse de nostris, oportet ut renunties toti fidei quam tenet Romana Ecclesia. » Respondet : « Abrenuntio. — Ergo accipe Spiritum sanctum a bonis hominibus : » et tunc aspirat ei septies in ore. Item dicit illi : « Abrenuntias cruci illi, quam tibi fecit sacerdos in baptismo, in pectore, et in scapulis, et in capite de oleo et chrismate? » Respondet : « Abrenuntio. — Credis quod aqua illa operetur tibi salutem ? » Respondet : « Non credo. — Abrenuntias velo illi, quod tibi baptizato sacerdos posuit in capite ? » Respondet : « Abrenuntio. » Ita accipit ille baptismum hæreticorum, et abnegat baptismum Ecclesiæ : tunc ponunt omnes manus super caput ejus et osculantur eum, et induunt eum veste nigra, et ex illa hora est quasi unus ex ipsis.

CAPUT III.

Qualiter et quando primum prædicatores venerunt ad provinciam Narbonensem contra hæreticos.

Anno Verbi incarnati 1206, Oxomensis episcopus, Diegus nomine, vir magnus et magnifice extollendus, ad curiam Romanam accessit, summo desiderio desiderans episcopatum suum resignare, quo posset liberius ad paganos, causa prædicandi Christi Evangelium se transferre. Sed dominus papa Innocentius noluit acquiescere desiderio viri sancti : imo præcepit ei ut ad sedem propriam remearet. Factum est igitur, dum rediret a curia, et esset apud Montempessulanum, invenit ibi venerabilem virum Arnaldum abbatem Cisterciensem, et F. Petrum de Castronovo, et F. Radulphum monachos Cistercienses apostolicæ sedis legatos, injunctæ sibi legationi, præ tædio renuntiare volentes, eo quod nihil aut parum hæreticis prædicando proficere potuissent. Quotiescunque enim vellent ipsis hæreticis prædicare, objiciebant eis hæretici conversationem pessimam clericorum, et ita nisi vellent clericorum vitam corrigere, oporteret eos a prædicatione desistere. Memorabat autem episcopus, adversus hujusmodi perplexitatem salubre dedit consilium, monens et consulens ut, cæteris omissis, prædicationi ardentius insudarent : et ut possent ora obstruere malignorum, in humilitate præcedentes exemplo, pii magistri facerent et docerent ; irent pedites, sine auro et argento, per omnia formam apostolicam imitantes. Dicti vero legati hæc omnia quasi quamdam novitatem per se arripere non volentes dixerunt, quod si quis favorabilis auctoritatis eos sub hac forma vellet præcedere, ipsum libentissime sequerentur. Quid plura ? Obtulit se vir Deo plenus, moxque familiam suam Oxomum transmittens, uno comite contentus, cum duobus sæpedictis monachis, Petro videlicet et Radulpho, Montempessulanum ingreditur, abbas autem Cisterciensis Cistercium perrexit, tum quia in proximo celebrandum erat Cisterciense capitulum, tum quia post celebratum capitulum, quosdam de abbatibus suis volebat secum adducere, qui eum in exsequendo injuncto sibi prædicationis officio adjuvarent. Exeuntes autem a Montepessulano, Oxomensis episcopus et præfati monachi venerunt ad castrum quoddam Carmanum, ubi invenerunt quemdam hæresiarcham, Balduinum nomine, et Theodoricum quemdam filium perditionis et stipulam incendii. Iste de Gallia oriundus, erat quidem nobilis genere, et canonicus fuerat Nivernensis. Postea vero, cum quidam miles, qui erat avunculus ipsius et hæreticus pessimus, in Parisiensi concilio, coram Octaviano cardinale et apostolicæ sedis legato, fuisset de hæresi condemnatus, videns iste quod diutius latere non valeret, ad partes se transtulit Narbonenses ; ubi ab hæreticis in maximo amore et veneratione est habitus ; tum quia aliquantulum cæteris acutior videretur, tum quia gloriabantur se habuisse de Francia, ubi esset fons

A scientiæ et religionis Christianæ, suæ iniquitatis socium, suæ nequitiæ defensorem.

Nec prætereundum quod Theodoricum faciebat se vocari, cum Guillelmus antea vocaretur. Habita cum his duobus disputatione per octo dies, Balduino videlicet et Theodorico, prædicatores nostri universum populum dicti castri, salutaribus monitis ad sæpedictorum hæreticorum odium converterunt. Ipsos siquidem hæreticos a se libentissime expulissent, sed dominus castri, veneno perfidiæ infectus, eos sibi familiares fecerat et amicos ; verba autem illius disputationis, longum esset per omnia enarrare. Sed hoc solummodo adnectere dignum duxi : quod cum venerabilis episcopus, dictum Theodoricum, ad ima conclusionis disputando, deduxisset :

B « Scio, inquit Theodoricus, scio cujus spiritus sis, siquidem in spiritu Eliæ venisti. » Ad hæc sanctus : « Et si ego in spiritu Eliæ veni, tu venisti in spiritu Antichristi. »

Actis igitur ibi octo diebus exeuntes a castro, venerabiles viros prosecutus est populus per leucam fere unam. Illi autem recto itinere procedentes, Biterrensem aggressi sunt civitatem, ubi per dies xv, disputantes et prædicantes, confirmabant in fide paucos qui ibi erant Catholicos, hæreticos confundebant. Venerabilis autem episcopus Oxomensis et F. Radulphus consuluerunt F. Petro de Castronovo, ut ad tempus ab eis recederet ; timebant siquidem, ne occideretur F. Petrus, eo quod ipsum odio haberent hæretici super omnes. Recessit igitur F. P. ab episcopo et F. R. tempore aliquanto. Ipsi a Biterris egressi Carcassonam gressu prospero devenerunt : ubi per octo dies morantes, prædicationi et disputationibus insistebant. Contigit tempore illo prope Carcassonam miraculum, quod præteriri non debet. Metebant hæretici segetes suas, in die Nativitatis sancti Joannis Baptistæ : ipsum enim non prophetam, sed malignissimum esse dicebant ; dum igitur meterent, aspiciens unus ex eis manum suam vidit manipulum suum sanguinolentum : quod videns, putavit quod incidisset manum ; sed inveniens eam sanam, exclamavit sociis : « Quid ultra ? » Aspicientes singuli manipulos quos tenebant invenerunt eos sanguinolentos,

D manibus conservatis illæsis. Venerabilis autem abbas Vallium Guido tunc erat in illa terra, qui manipulum sanguinolentum vidit, et ipse mihi hoc narravit.

Quia vero longum esset enarrare per ordinem quomodo viri apostolici, scilicet prædicatores nostri circuibant per castra, evangelizantes et disputantes ubique, his omissis, ad præcipua veniamus. Quodam die convenerunt omnes hæresiarchæ apud quoddam castrum in Carcassonensi diœcesi, quod dicitur Mons regalis, disputaturi unanimiter adversus viros sæpius memoratos. Ad hanc disputationem rediit F. P. de Castronovo, qui, sicut paulo ante diximus, discesserat apud Biterrim. Disputantibus autem dati fuerunt judices de ipsis credentibus hæ-

reticorum ; protelata autem fuit disputatio per xv
dies, et redacta fuerunt in scriptum hinc inde pro-
posita et tradita júdicibus, ut diffinitivam sententiam promulgarent. Videntes autem ipsi judices
hæreticos suos manifestissime superatos, noluerunt
dare sententiam, sed et scripta quæ a nostris acceperant, ne venirent in publicum noluerunt reddere,
sed tradiderunt hæreticis. His peractis, recessit F.
P. de Castronovo a sociis suis, et ivit in Provinciam, et laboravit ut componeret nobiles Provinciæ,
hac autem intentione, ut auxilio eorum qui pacem
juraverant, posset hæreticos de Narbonensi provincia exstirpare. Sed comes Tolosanus, Raimundus
nomine, inimicus pacis, noluit acquiescere dictæ
paci, donec tam per guerras, quas movebant ei nobiles Provinciæ, mediante industria viri Dei, quam
per excommunicationem ab eodem in ipsum comitem promulgatam, jurare compulsus est pacem illam.
Sed qui fidem negaverat, et erat infideli deterior
(*I Tim.* v), nunquam deferens juramento, juravit
pluries, pluries perjuravit. Quem vir sanctissimus
F. Petrus magna animi virtute corripuit, tyrannum
intrepidus aggrediens, eique in facie resistens, quia
reprehensibilis, imo damnabilis erat valde, confun-
debatque eum vir magnæ constantiæ, vir conscientiæ illibatæ, adeo ut exprobraret ei quod erat per
omnia perjurus : et vere sic erat.

CAPUT IV.

Descriptio vitæ corruptæ atque morum comitis To-
losani erga Deum et ejus Ecclesiam.

Quia ergo opportunitas se ingessit, hic de incredulitate ipsius comitis aliquid breviter explicemus.
Primo dicendum quod, quasi a primis cunabulis,
semper hæreticos dilexit et fovit, et eos in terra
sua habens, quibuscunque modis potuit, honora-
vit, usque hodie etiam, sicut asseritur, ubicunque
pergit, hæreticos sub communi habitu secum ducit, ut si ipsum mori contigerit, inter manus ipsorum moriatur : credebat enim, absque omni pœnitentia, quantumcunque peccator fuerit, se salvandum, si in ipso mortis articulo impositionem
manuum eorum potuisset adipisci. Faciebat et deferri Novum Testamentum, ut, si necesse esset, impositionem manuum cum libro reciperet ab hæreticis. Vetus siquidem Testamentum detestantur hæretici : dicunt Deum illum qui veterem legem instituit, malum esse, vocantes eum traditorem propter spoliationem Ægypti ; homicidam, propter diluvium et subversionem Ægyptiorum ; dicunt et
Moysen, Josue, David, illius mali Dei fuisse ruptarios et ministros. Dixit et sæpedictus comes quodam
die hæreticis, sicut pro certo scimus, quod volebat
facere nutriri filium suum apud Tolosam inter hæreticos, ut addisceret fidem, imo infidelitatem illorum. Dixit et quadam die quod vellet dare centum
marcas argenti ut quidam miles suus posset capere
fidem hæreticorum, ad quam multoties invitaverat
eum, et quam faciebat ei sæpius prædicari. Præterea quando hæretici mittebant ei aliqua xenia vel

ciboria, gratissime suscipiebat, et faciebat optime
servari ea, nec patiebatur quod aliquis comederet
ex eis, nisi ipse et aliqui ejus familiares. Multoties
etiam, sicut certissime cognovimus, adorabat hæreticos flexis in terra genibus, et petebat ab eis
benedictionem et osculabatur eos. Quadam die erat
dictus comes in exspectatione quorumdam hominum
qui debebant venire ad eum ; sed cum non venissent, dixit : « Bene apparet quod diabolus fecit mundum istum, quia nihil succedit nobis ad votum. »
Dixit præterea idem comes venerabili episcopo Tolosano, sicut ab eodem episcopo audivi, quod monachi Cistercienses non poterant salvari, quia tenebant oves quæ luxuriam exercebant. O hæresis
inaudita ! Dixit et comes dicto episcopo Tolosano
ut veniret de nocte in palatium ejus, et audiret prædicationem hæreticorum : unde perpenditur quod
sæpe de nocte audiebat eos. Erat quondam memoratus comes quadam die in ecclesia quadam ubi
missa celebrabatur : habebat autem secum quemdam mimum, qui, sicut mos est hujusmodi joculato-
rum, homines cum bucca histrionice deridebat.
Cum autem sacerdos qui celebrabat missam verte-
ret se ad populum, dicens, *Dominus vobiscum*, sceleratissimus comes dixit histrioni suo, ut contra faceret et derideret sacerdotem. Dixit præterea aliquando supradictus comes quod mallet assimilari
cuidam hæretico, qui erat apud Castras in Albigensi
diœcesi detruncatus membris et habitu miserabili,
quam esse rex vel imperator. Quod autem ipse hæreticos semper fovit, ex hoc habemus probatissi-
mum argumentum ; quia nunquam ab aliquo sedis
apostolicæ legato, potuit induci ad hoc, ut sæpedictos hæreticos de terra sua depelleret, licet compulsus ab ipsis legatis multoties abjuravit. Præterea adeo parvipendebat matrimonii sacramentum,
quod quotiescunque ei displicuit uxor propria,
ipsam dimittens aliam duxit, ita quod quatuor uxores habuerit, quarum tres adhuc vivunt. Habuit
enim primo sororem vicecomitis Biterrensis, nomine Beatricem : qua dimissa, duxit filiam ducis
Cipri ; hac dimissa, duxit sororem regis Angliæ
Richardi, quæ contingebat ei in tertio gradu consanguinitatis : qua mortua, accepit sororem regis
Arragonensis, quæ similiter erat consanguinea ejus
in quarto gradu. Nec silendum est quod, cum ipse
teneret primam uxorem suam, monuit eam sæpissime ut habitum religionis assumeret. Illa autem
intelligens quid intenderet, ex industria quæsivit
ab eo, utrum vellet quod ipsa in ordine Cisterciensi
fieret monialis : ipse autem dixit, quod non. Quæsivit iterum utrum vellet quod ipsa fieret monacha
in ordine Fontis Ebraldi. Respondit comes quod
non volebat. Tunc quæsivit ab eo quid ipse vellet,
et mandavit quod, si vellet fieri eremitica, ipse ei
in omnibus provideret, et factum est ita.

Erat quidam pessimus hæreticus apud Tolosam,
Hugofaber nomine, qui quondam in tantam lapsus
est dementiam, quod juxta altare cujusdam ecclesiæ

purgavit ventrem, et in contemptum Dei cum palla altaris tersit posteriora sua. O scelus inauditum ! Dixit et hæreticus prædictus quadam die quod, quando sacerdos in missa percipiebat Dominici corporis sacramentum, trajiciebat dæmonem in corpus suum : quæ omnia cum vir venerabilis abbas Cistercii, qui tunc erat abbas Grandis-silvæ in territorio Tolosano comiti retulisset; et eum moneret qui tantum facinus perpetrarat, respondit comes quod nullo modo puniret propter hoc civem suum. Abominationes prædictas narravit dominus abbas Cisterciensis, qui tunc erat archiepiscopus Narbonensis ferme viginti episcopis, me præsente in concilio apud Vaurum : adeo autem semper fuit luxuriosus et lubricus dictus comes, quod, sicut pro certo didiscimus, sorore propria abutebatur, in contemptum religionis Christianæ : ab infantia enim sua concubinas patris sui quærebat diligentissime, et cum illis diligentissime concubebat ; vix enim ei aliqua placere poterat, nisi sciret patrem suum prius accubuisse cum ea : unde et pater ipsius, tam propter hæresim, quam propter enormitatem istam, exhæreditationem suam ei sæpissime prædicebat. Præterea ruptarios mirabili quoque amplexatus est affectu dictus comes, per quos spoliabat ecclesias, monasteria destruebat, omnesque sibi vicinos quos poterat exhæreditabat : ita semper se habuit membrum diaboli, filius proditionis, primogenitus Satanæ, inimicus crucis et Ecclesiæ persecutor, hæreticorum defensio, Catholicorum depressio, minister perditionis, fidei abjurator, plenus scelerum, peccatorum omnium apotheca. Ludebat quodam die comes in ludo schaccorum cum quodam capellano, et inter ludendum dixit capellano : ‹ Deus Moysi, quem vos creditis, non poterit vos juvare in ludo isto, › et addidit : ‹ Nunquam me juvet Deus ille. › Alio tempore, cum ipse comes a partibus Tolosanis iturus esset contra adversarios quosdam suos in partes provinciæ, media nocte surgens, venit ad domum in qua hæretici Tolosani erant congregati, et dixit eis : ‹ Domini ac fratres, bellorum varii sunt eventus, quidquid de me contingat, in manus vestras commendo corpus et animam meam. › Quo facto, desuper abundanti duos hæreticos in veste communi secum adduxit, ut si forte mori eum contingeret, inter manus ipsorum moreretur. Infirmabatur quodam tempore comes maledictus in terra Arragonum, et cum multum invalesceret infirmitas, fecit sibi fieri lecticam, et in lectica illa faciebat se Tolosam deportari : et cum quadam die quæreretur ab eo, cur cum tanta festinatione se faceret deportari, cum tam gravissima infirmitate laboraret, respondit miser : ‹ Quia non sunt boni homines in terra ista inter quorum manus possim mori. › Hæretici enim a fautoribus suis boni homines vocabantur, sed et amplioribus signis et dictis se fatebatur hæreticum : dicebat enim : ‹ Scio me exhæredandum fore pro bonis hominibus istis, sed non tantum exhæredationem,

imo etiam decapitationem pro ipsis paratus sum sustinere. › Hæc de incredulitate et malitia dicti miseri dixisse sufficiat, nunc ad propositum revertamur.

CAPUT V.

De adventu xii abbatum ordinis Cisterciensis causaque prædicationis et reditu ac obitu domini Didaci episcopi Oxomensis, et disputationibus.

Celebrata disputatione prænotata in Monte-regali, dum adhuc essent prædicatores nostri apud Montem-regalem, et circumquaque verbum Dei et salutis monita seminantes mendicarent ostiatim panem suum, supervenit vir venerabilis abbas Cistercii, Arnaudus nomine; a partibus Franciæ, abbates duodecim habens secum, qui totius viri religionis, viri perfectæ et sanctæ scientiæ, viri incomparabilis sanctitatis, juxta numerum sanctissimum apostolorum, cum abbate decimo tertio; duodecim advenerunt, parati de ea quæ in ipsis erat fide et spe, omni disputanti reddere rationem (*I Petr.* III) : et hi omnes cum pluribus monachis, quos secum adduxerant, omnem sectantes humilitatem, juxta exemplar quod eis ostensum erat in monte (*Exod.* XXV), id est quod audierant de episcopo Oxomense, pedites procedebant, statim ab abbate Cisterciense longe lateque singuli dispersi; et assignati sunt unicuique termini proprii, per quos discurrendo prædicationi insisterent, disputationibus insudarent.

CAPUT VI.

De colloquio Apamiensi et morte Oxomensis episcopi.

Episcopus Oxomensis voluit ad suum redire episcopatum, ut et domui suæ disponeret, et prædicatoribus verbi Dei in Narbonensi provincia, de suis proventibus necessaria provideret. Dum ergo recederet tendens ad Hispaniam, venit apud Apamias in territorio Tolosano : et convenerunt ad eum Fulco Tolosanus, et Navarrus Consoranensis episcopi et plurimi abbates , habita ibi disputatione cum Waldensibus; plane convicti sunt Waldenses et confusi, et populus castri, præcipue pauperes ex parte maxima favit nostris : ille etiam qui constitutus erat judex in disputatione, et erat favens Waldensibus, magnusque in castro illo, renuntiavit pravitati hæreticæ, et in manu domini Oxomensis obtulit se et sua : a die etiam illa et deinceps sectatores superstitionis hæreticæ viriliter impugnavit. Huic disputationi interfuit ille pessimus traditor comes Fuxi, ille crudelissimus persecutor Ecclesiæ, Christi hostis. Hic uxorem habebat manifestam hæreticam de secta Waldensium et duas sorores, quarum una sectas Waldensium, alia vero aliorum perfidorum hæreses profitebatur. Celebrata autem disputatione prædicta in palatio ipsius comitis, idem comes Waldenses die uno, prædicatores nostros de altero procuravit. O ficta humilitas! Post hæc episcopus Oxomensis ad suum perrexit episcopatum, firmum habens propositum redeundi, quam citius posset, ad peragendum nego-

tium fidei in provincia Narbonensi. Peractis vero A
in episcopatu paucis diebus, dum redire disponeret morte præventus, in senectute sua feliciter obdormivit : prius autem quam ipse decederet, in fata decesserat supramemoratus F. Radulphus vir bonæ memoriæ, in quadam abbatia ordinis Cisterciensis prope S. Ægidium, quæ dicitur Francia vallis. Subtractis igitur his duobus luminaribus, episcopo videlicet Oxomensi et F. Radulpho, venerabilis Guido abbas vallium Sarnay in diœcesi Parisiensi, qui cum aliis abbatibus causa prædicationis, in Narbonensem provinciam venerat vir nobilis genere, sed scientia longe nobilior et virtute, qui etiam postea episcopus factus est Carcassonensis, prior inter prædicatores constitutus est et magister, abbas siquidem Cisterciensis ad alias partes se transtulit, quibusdam magnis negotiis tunc temporis impeditus. Discurrentes igitur prædicatores sancti hæreticosque disputando manifestissime convincentes : sed, quia obstinati erant in malitia, convertere non valentes post multum temporis, cum parum aut nihil prædicando sive disputando proficere potuissent, ad partes Galliæ sunt reversi. Nec prætereundum est quod, cum dictus abbas vallium Sarnay, cum supradicto Theodorico, et quodam alio hæresiarcha maximo, Bernardo scilicet de Cimorra, qui in Carcassonensi diœcesi præcipuus habebatur, disputasset pluries et eos sæpius convicisset, quodam die, cum sæpedictus Theodoricus, nihil aliud respondere potuisset, dixit abbati : ‹ Diu me detinuit meretrix, sed de cætero non tenebit : › hoc dicens, dicebat Romanam Ecclesiam meretricem. Nec silendum quod, cum sæpedictus abbas vallium Sarnay, alio die castellum quoddam prope Carcassonam, Lauranum nomine, causa prædicationis intraret, in ipso introitu castri signaculo crucis se signavit : quod videns miles quidam hæreticus qui erat in castro dixit abbati : ‹ Nunquam me adjuvet signum istud ! ›

CAPUT VII.

Miraculum de schedula, B. Dominici manu scripta,
quæ ter flammis injecta, illæsa resiliit.

Contigit tempore illo quoddam miraculum fieri, quod in hoc loco dignum duximus interserendum. Disputaverant quadam die quidam prædicatores D
nostri, viri religiosi adversus hæreticos, unus autem de nostris, Dominicus nomine, vir totius sanctitatis, qui socius fuerat episcopi Oxomensis, auctoritates, quas in medium produxerat, redegit in scriptum, et cuidam hæretico tradidit schedulam illam, ut supra objectis deliberaret. Nocte igitur illa erant hæretici congregati in una domo, sedentes ad ignem. Ille autem cui vir Dei tradiderat schedulam, produxit eam in medium : tunc dixerunt socii sui ut in medium ignem illam projiceret, et si schedula illa combureretur vera esset fides; imo perfidia hæreticorum : si vero incombusta maneret, fidem quam prædicabant nostri, veram esse faterentur. Quid plura? In hoc consentiunt omnes,

schedula in ignem projicitur ; sed, cum in medio igne aliquantulum moram fecisset, incombusta penitus ab igne resilivit. Stupentibus qui aderant unus cæteris durior ait illis : ‹ Projiciatur in ignem iterum ex tunc experiemini plenius veritatem : › projicitur iterum, iterum resiliit incombusta. Quod videns ille durus et tardus ad credendum, dixit iterum : ‹ Trina vice projiciatur, et tunc sine dubio rei exitum cognoscemus : › projicitur tertio, nec tunc quidem comburitur, sed integra ab igne resiliit et illæsa. Hæretici autem, visis tot signis, ne tunc ad fidem voluerunt converti, sed in sua manentes malitia, districtissime sibi invicem inhibuerunt ne miraculum istud per narrationem alicujus ad nostrorum notitiam deveniret; sed miles B
quidam, qui erat cum illis, qui aliquantulum consentiebat fidei nostræ noluit celare quod viderat, sed pluribus enarravit. Factum est autem hoc apud Montem-regalem, sicut ab ore viri religiosissimi audivi, qui schedulam hæretico tradidit superscriptam.

CAPUT VIII.

De martyrio fratris Petri de Castronovo, qui gladiis
impiorum occubuit.

His de prædicatoribus verbi Dei breviter prælibatis, ad martyrium viri venerabilis et athletæ fortissimi F. Petri de Castronovo, juvante Deo, veniamus : quod nullo modo melius, vel magis authentice credimus nos facturos, quam ut litteras D. papæ, narrationi nostræ inseramus, quas Christi C
fidelibus destinavit, ipsum martyrium plenius continentes. Forma litterarum hæc est :

INNOCENTIUS episcopus, servus servorum Dei, dilectis filiis nobilibus viris, comitibus, baronibus et universis militibus per Narbonensem, Arelatensem, Ebredunensem, Aquensem et Viennensem provincias constitutis, salutem et apostolicam benedictionem.

Rem credulam audivimus, et in communem luctum generalis Ecclesiæ deducendam, quod cum sanctæ memoriæ F. P. de Castronovo monachus et sacerdos, vir inter viros utique virtuosus, vita, scientia et fama præclarus, ad evangelizandum pacem, et confirmandam fidem, in provincia Auxitana cum aliis destinatus in commisso sibi ministerio laudabiliter profecisset, et proficere non cessaret : quippe qui plene in schola Christi didiscerat quod doceret, et eum qui secundum doctrinam et fidelem obtinendo sermonem, in sana poterat exhortari doctrina, et contradicentes revincere (*Tit.* 1) paratus omni poscenti semper reddere rationem (*I, Petr.* III), ut poterat vir in fide catholicus, in lege peritus, in sermone facundus, concitavit adversus ipsum diabolus ministrum suum comitem Tolosanum Raimundum, qui cum pro multis et magnis excessibus, quos in Ecclesiam commiserat et in Deum, sæpe censuram ecclesiasticam incurrisset, et sæpe sicut homo versipellis et callidus, lubricus et inconstans, pœnitudine simulata fuerat absolutus: tandem odium continere non prævalens quod ceperat contra ipsum, eo quod non erat in ore ejus verbum veritatis (*Psal.* cxviii) *ad faciendam vindictam in nationibus et increpationes in populis* (*Psal.* cxlix), ac eo fortius in eodem comite, quo magis pro majoribus erat ipse facinoribus increpandus tam tanquam collegam suum, apostolicæ sedis legatos ad villam S. Ægidii convocavit, promittens super cunctis quibus impetebatur capitulis satisfactionem plenariam exhibere. Cum autem, convenientibus illis in villam prædictam, præfatus comes salutaria monita sibi facta, modo velut verax et facilis promitteret se facturum ; et modo, velut fallax et durus, ea prorsus facere recusaret, volentibus illis demum ab eadem villa recedere, mortem est publice comminatus, dicens quod quocunque vel per terram divertant vel per aquam, vigilanter eorum observaret egressum : et confestim dictis facta compensans, complices suos ad exquisitas insidias destinavit. Cumque vero nec ad preces dilecti filii abbatis S. Ægidii, nec instantia consulum et burgensium, furoris sui mitigari insania potuisset, ipsi eos, invito comite, nimiumque dolente cum armatæ manus præsidio, prope ripam Rhodani fluvii deduxerunt, ubi nocte quieverunt instante, quibusdam ejusdem comitis satellitibus, ipsi prorsus ignotis hospitantibus cum eisdem, qui, sicut apparuit in effectu, sanguinem quærebat eorum.

In crastino itaque mane facto et missa celebrata de more, cum innocui Christi milites ad transitum se fluminis præpararent, unus de prædictis Satanæ satellitibus, lanceam suam vibrans, prænominatum Petrum, supra Christum petram (*I Cor.* x) immobili firmitate fundatum tantæ proditionis incautum, inter costas inferius vulneravit. Qui prius in ipsum respiciens percussorem, et Christi magistri sui, cum B. Stephano secutus est exemplum ; dixit ad ipsum : « Deus tibi dimittat, quia ego dimitto, » pietatis et patientiæ verbum sæpius repetendo. Deinde sic transfixus, acerbitatem illati vulneris spe cœlestium est oblitus : et instanti suæ pretiosæ mortis articulo, cum ministerii sui sociis qui fidem promoverent et pacem, non desinens ordinare, post multas ad Dominum orationes in Christo feliciter obdormivit. Qui profecto, cum ob fidem et pacem, quibus nulla est prorsus causa laudabilior ad martyrium, sanguinem suum fuderit, claris jam, ut credimus, miraculis coruscasset, nisi hoc illorum incredulitas impediret. De quorum similibus in Evangelio legitur, qua ibi virtutes Jesus non faciebat multas, propter incredulitatem eorum (*Matth.* xiii), quia, quanquam linguæ, non fidelibus sed infidelibus sint in signum (*I Cor.* xiv) Salvator tamen præsentatus Herodi, qui, teste Luca, valde gavisus est, viso ipso, proeo quod signum aliquod ab eo fieri sperabat, et facere dedignatus est signum, et reddere interroganti responsum (*Luc.* xxiii), sciens quia incredulitas signorum, non credulitatis inductio, sed vanitatis illum admiratio delectabat (*Matth.* xxvi). Licet autem ipsa prava generatio et perversa Provincia-

lium non sit digna, ut tam cito sicut forsitan ipsa quærit, de suo sibi martyre signum detur ; expedisse tamen credimus, ut unus ipse pro ipsa, ne tota pereat, moreretur (*ibid.*). Quæ contagio hæreticæ pravitatis infecta, per interpellantem occisi sanguinem, a suo melius revocetur errore, hoc est enim vetus sacrificium Jesu Christi, hoc miraculosum ingenium Salvatoris, ut cum in suis esse victus putatur, tunc vincat fortius in eisdem et ea virtute qua ipse mortem moriendo destruxit, a superatis interdum famulis suis, superatores eorum faciat superari. *Nisi granum frumenti cadens in terram mortuum fuerit, ipsum solum manet ; si autem mortuum fuerit, plurimum fructum affert* (*Joan.* xii). Sperantes igitur quod de morte hujus fecundissimi grani, sit fructus in Christi Ecclesia proventurus, cum profecto sit dure culpabilis et culpabiliter durus, cujus animam ipsius gladius non pertransit (*Luc.* ii), nec unquam penitus desperantes, cum utilitas tanta debeat in sanguine suo esse, quod suæ prædicationis nuntiis circa memoratam provinciam, pro qua ipse in corruptionem descendit ob tanta Deus tribuat incrementa. Venerabiles fratres nostros archiepiscopos eorumque suffraganeos monendos duximus, attentius et hortandos per Spiritum sanctum in virtute obedientiæ districte præcipiendo ut verbum pacis et fidei seminatum ab eo suæ prædicationis irriguis convalescere facientes, et ad pugnandam hæreticam pravitatem ac fidem catholicam confirmandam ad exstirpanda vitia et plantandas virtutes indefesso studio sedulitatis instantes. Jam dictum Dei famuli occisorem, et universos quorum ope vel opere consilio vel favore, tantum facinus perpetravit receptatores quoque vel defensores illius ex parte omnipotentis Dei Patris, Filii et Spiritus sancti auctoritate quoque BB. apost. Petri, et Pauli, et nostra, excommunicatos et anathematizatos per suas diœceses denuntient universis : et omnia loca prorsus ad quæ ipse vel aliquis ipsorum devenerint præsentibus eis, interdicto faciant ecclesiastico subjacere, singulis diebus Dominicis et festivis, pulsantibus campanis et candelis accensis, donec ad sedem apostolicam accedentes, per satisfactionem condignam mereantur absolvi, sententiam hujusmodi solemniter innovantes. Illi autem qui orthodoxæ fidei zelo succensi ad vindicandum sanguinem justum, qui de terra clamare non cessat ad cœlum (*Gen.* iv), donec ad confundendum subversos et subversores de cœlo descendat ad terram Deus ultionum, viriliter se accinxerint adversus hos pestilentes qui simul in unum pacem et veritatem impugnant, suorum remissionem peccaminum a Deo ejusque vicario secure promittant indultam, ut eis labor hujusmodi, ad operis satisfactionem sufficiat similiter illis offensis pro quibus cordis contritionem et veram confessionem oris obtulerint vero Deo hujusmodi siquidem pestilentes provinciales, non tam jam nostra diripere, sed nos perimere moliuntur ; nec solum ad peri-

mendas animas linguas acuunt, verum etiam ad
perdenda corpora manus extendunt prolisores animarum effecti, et corporum peremptores. Licet autem præfatus comes pro multis et magnis flagitiis,
quæ longum esset per omnia enarrare, jamdudum
sit anathematis mucrone percussus, quia tamen
certis indiciis, mortis sancti viri præsumitur esse
reus, non solum ex eo quod publice comminatus
est ei mortem et insidias paravit eidem, verum
etiam ex eo quod occisorem ipsius in multam familiaritatem admisit, et magnis donis remuneravit
eumdem, ut de cæteris præsumptionibus taceamus,
quæ plenius innotescunt multis. Ob hanc quoque
causam, iidem archiepiscopi et episcopi publice
nuntient anathematizatum eumdem. Et cum juxta
sanctorum Patrum canonicas sanctiones, ei qui
fidem Deo non servat, fides servanda non sit, a
communione fidelium segregato, utpote qui vitan-
dus est potius quam fovendus, omnes qui dicto
comiti fidelitatis seu societatis, aut fœderis hujuscemodi juramento tenentur astricti, auctoritate apostolica denuntient interim absolutos, et cuilibet catholico viro licere, salvo jure domino principali,
non solum persequi personam ejusdem, verum
etiam occupare et detinere terram ipsius, illius
præsertim obtentu, quod ab hæresi per suam prudentiam fortiter expietur, quæ per illius nequitiam
fuit hactenus turpiter sauciata, maculata.

Quia dignum est ut manus omnium contra ipsum
consurgant, cujus manus exstitit contra omnes.
Quod si nec sic vexatio dederit intellectum, manus
nostras in eo curabimus aggravare. Si quo modo
vero satisfactionem promiserit exhibere, ipsum pœ-
nitudinis suæ hæc signa præmittere oportebit, ut
de toto posse suo depellat pravitatis hæreticæ sectatores, et se paci satagat conciliare fraternæ, cum
principaliter propter culpam quam in utroque no-
scitur commisisse, in eum ecclesiastica fuerit prolata censura; quanquam si in suas iniquitates
Deus voluerit observare, vix posset congrue satisfacere non tantummodo pro seipso, sed pro alia
multitudine, quam in laqueum damnationis induxit.
Quia vero secundum sententiam Veritatis timendi
non sunt qui corpus occidunt, sed ille qui potest
mittere corpus et animam in gehennam (*Luc.* xii),
confidimus et speramus in eo qui, ut a fidelibus
suis timorem mortis auferret, mortuus die tertia
resurrexit (*Luc.* xxiv), quod præfati hominis Dei
mors, venerabili fratri nostro Consoranensi episcopo et dilecto filio A. abbati Cisterciensi apostolicæ
sedis legatis, aliisque orthodoxæ fidei sectatoribus,
non solum timorem non incutiet, sed amorem ac-
cendet, ut ejus exemplo qui vitam æternam temporali morte feliciter est mercatus, animas suas in
tam glorioso certamine, si necesse fuerit, pro Christo ponere non formident.

Unde archiepiscopis et episcopis consulendum
duximus, admonendo, preces præceptis, præcepta
precibus inculcantes, ut legatorum ipsorum salubribus monitis et mandatis efficaciter intendentes,
tanquam strenuissimi commilitones assistent eidem
in omnibus, quæ propter hæc ipsis duxerint injun-
genda, scientes quod sententiam quam ipsi non
solum in rebelles, sed etiam in desides promulga-
verint, nos ratam haberi præcipimus et inviolabiliter observari. Eia igitur Christi milites, eia stre-
nui militiæ Christianæ tirones, moveat vos generalis Ecclesiæ gemitus; succendat vos ad tantam Dei
nostri vindicandam injuriam pius zelus. Mementote
quia Creator noster nostri non indiguit, cum nos
fecit: qui, quanquam nostro servitio non indigeat,
ut quasi per illud minus in agendo minus voluerint fatigetur, et sua omnipotentia minor sit obsequio nostro carens, occasionem tamen in hoc articulo nobis tribuit acceptabiliter serviendi. Cum igitur post interfectionem præfati justi, Ecclesia quæ
in partibus illis est, absque consolatore in tristitia
et mœrore sedente, fides evanuisse, periisse pax,
hæretica pestis et hostilis rabies fortius invaluisse
dicatur, ac si potenter in ejus novitate procellæ
non succurratur eidem, pene penitus videbitur navis Ecclesiæ naufragari, universitatem vestram monemus attentius et propensius exhortamur, ac in
tantæ necessitatis articulo in virtute Christi confidenter injungimus, et in remissionem peccaminum
indulgemus, quatenus tantis malis occurrere non tar-
detis, et ad pacificandum gentes illas, in eo qui est
Deus pacis et dilectionis intendere procuretis: et
quibuscunque modis revelaverit vobis Deus, hæreticam ibi studeatis perfidiam abolere, sectatores
ipsius eo quam Saracenos securius quo pejores
sunt illis in manu forti et extento brachio impugnando. Prænominatum etiam comitem, qui quasi
fœdus percussisset cum eadem morte propria non
recogitat (*Isa.* xxviii), si forte vexatio sibi tribuat
intellectum, et impleta facies ejus ignominia incipiat inquirere nomen Dei ad satisfaciendum nobis
et Ecclesiæ, imo Deo, pondere non desinatis induc-
tæ super eum oppressionis urgere ipsum et fautores ejusdem de castris Domini depellendo, et aufe-
rendo terras eorum in quibus relegatis hæreticis,
habitatores Catholici subrogentur, qui scilicet orthodoxæ fidei nostræ disciplinam in sanctitate et
justitia serviant coram Deo (*Luc.* i).

Datum Laterani, vi Id. Martii, pontif. nostri
ann. ii.

His dictis de morte sanctissimi viri prælibatis, ad
narrationis nostræ seriem redeamus.

CAPUT IX.

*Tolosanus et Consoranensis episcopi Romam legan-
tur, ut pontifici maximo statum Ecclesiæ in Narbonensi provincia exponant.*

Videntes igitur prælati Narbonensis provinciæ, et
alii quos tangebat negotium pacis et fidei, deces-
sisse bonos viros Oxomensem episcopum et fratres
Petrum de Castronovo, et F. Radulphum, qui fue-

rant prædicationis in terra prænotata principes et A magistri; animadvertentes quod eadem prædicatio etiam jam peregerit ex parte maxima cursum suum, nec multum profecerit, imo penitus fructu frustrata sit exoptato, ad pedes summi pontificis judicant transmittendum. Accingunt ergo se viri venerabiles, Fulco Tolosanus, et Navarrus Consoranensis episcopi, Romamque properant, supplicaturi domino papæ ut periclitanti in Narbonensi provincia, et Bituricensi, et Burdegalensi pro pace Ecclesiæ, et quasi penitus naufraganti manum porrigat adjutricem. Dominus autem papa Innocentius, qui defendendæ fidei catholicæ necessitatibus totis nisibus occumbebat, tanto morbo manum apposuit medicam, generales et efficaces super hoc negotio litteras in Franciam transmittendo, sicut inferius plenius B exprimemus. Quod audiens comes Tolosanus, imo dicamus melius Dolosanus, perrexisse videlicet prænotatos episcopos ad curiam Romanam, timens se digne pro meritis puniendum, vidensque facta sua non posse impune transire, pœnitudinem simulans, et si possit sibi præcavens in futurum : cum multos alios jam misisset, quosdam exsecrabiles et malignos, archiepiscopum Auxitanum et Raimundum de Rebastenchs, qui quondam fuerat Tolosanus episcopus, sed meritis suis exigentibus erat depositus, misit Romam; conquestusque est domino papæ per nuntios illos, de abbate Cisterciensi, qui legatione super negotio fidei fungebatur; asserens quod eum exacerbaret nimis aspere et plus C justo; promittens etiam comes quod si dominus papa aliquem a latere suo ad illum dirigeret, ad voluntatem ipsius per omnia se haberet. Hoc autem non dixit, quia vellet, se aliquatenus emendare. Sed cogitabat, quod si dominus papa aliquem de suis cardinalibus ad eum mitteret, ipsum posset, sicut homo versipellis et callidus circumvenire : sed Omnipotens qui scrutator est cordium et cognitor secretorum (*Sap.* 1), noluit puritatem circumveniri apostolicam, noluit tegi amplius dicti comitis pravitatem. Providit igitur juste et misericorditer justus judex, ut et dominus papa comiti quasi juste petenti satisfaceret, et ipsius comitis malitia diutius non lateret. Misit enim dominus papa unum de collateralibus suis clericis, ad partes provinciæ, Milonem nomine, virum utique vita honestum, scientia D præclarum, facundia disertum, qui ut, probitatem ejus breviter perstringamus, nec terrore terreri potuit, nec minime frangi. Comes autem audiens quod veniret magister Milo, gaudio gavisus est valde, quia putavit quod sæpedictus magister ad ipsius se haberet et per omnia voluntatem, discurrensque comes per terram suam cœpit gloriari et dicere : « Modo bene est mihi, quia legatum habeo secundum cor meum, imo ipse ero legatus. » Sed omnia evenere contraria voto illius, sicut inferius exprimetur.

(4-5) Corrupte apud Ciaconium legitur *Hugo* non *Milo.*

Mittitur cum M. Milone magister Theodisius.

(4-5) Missus est autem cum dicto M. Milone, clericus quidam magister Theodisius nomine canonicus Januensis, qui sæpedicto M. Miloni assisteret, et ipsum in expediendo fidei negotio adjuvaret. Iste Theodisius vir multæ scientiæ, vir constantiæ mirabilis, vir eximiæ bonitatis, qui bene se habuit in negotio Jesu Christi, qui quanta pro eodem negotio pericula passus sit et labores, rei exitus patefecit, et nos postmodum curavimus latius intimare. Dominus vero papa M. Miloni dederat in mandatis ut de omnibus quæ ad negotium fidei pertinebant, et præcipue super facto comitis Tolosani, ad consilium Cistercii abbatis ordinaret, eo quod abbas statum negotii et versutias comitis plene sciret. Unde et dominus papa M. Miloni expresse dixerat : « Abbas Cistercii totum faciet, et tu organum ejus eris ; comes enim Tolosanus habet eum suspectum, tu non eris ei suspectus. » Descendentes igitur M. Milo et M. Theodisius (6) in Franciam, abbatem Cistercii apud Autissiodorum invenerunt. Consuluit igitur M. Milo abbatem Cisterciensem, super pluribus certis capitulis quæ ad negotium fidei pertinebant. Abbas vero de omnibus diligentius instruens, consilium suum tradidit ei scriptum et sigillatum. Monuit etiam eum et consuluit ut, antequam aggrederetur comitem Tolosanum, convocaret archiepiscopos, episcopos et alios prælatos, quos expedire videret, et eorum quæreret et haberet consilia. Quosdam etiam de prælatis, M. Miloni expresse et specialiter nominavit, quorum consiliis deberet idem magister adhærere. Post hæc abbas Cisterciensis et M. Milo perrexerunt ad regem Franciæ Philippum, qui apud Novamvillam in territorio Senonico cum pluribus de baronibus suis solemne colloquium celebrabat. Erat enim dux Burgundiæ Odo, Nivernensis et S. Pauli comites, et multi alii nobiles et potentes. Dominus autem papa mittebat regi litteras speciales monens et deprecans ut per seipsum, saltem per filium suum Ludovicum, periclitanti in Narbonensi provincia Ecclesiæ auxilium impenderet opportunum. Rex autem nuntio domini papæ tale dedit responsum, quod duos magnos et graves habebat a lateribus leones, Othonem qui dicebatur imperator, et regem Angliæ Joannem, qui hinc et inde ad turbationem regni Franciæ totis viribus laborabant. Ideoque nec ipse a Francia ullo modo exire vellet, nec filium mittere, imo satis ei videbatur ad præsens, si barones suos ire permitteret, ad perturbandum in Narbonensi provincia pacis et fidei perturbatores. Summus autem pontifex, ut ad exstirpandam pestem hæreticam, fideles populos efficeret promptiores, generales miserat litteras ad omnes prælatos, comites et barones, et universum populum in regno Franciæ constitutum, monens efficaciter et exhortans ut festinarent ad vindican-

(6) Ita exemplar M. non *Theodosius*, ut habet Ciaconius in Innoc. III.

dam in Narbonensi provincia injuriam crucifixi, scientes remissionem omnium peccaminum a Deo ejusque vicario universis indultam, qui orthodoxæ fidei zelo succensi, ad opus se accingerent hujus pietatis, dummodo contriti essent pariter et confessi. Quid plura? Publicatur ista indulgentia in Francia, armat se multitudo magna fidelium signo crucis.

CAPUT XI.

Concilium apud Montilum celebratur, ibique sistendi coram Milone dies comiti apud Valentiam præfigitur.

Celebrato apud Novani-villam colloquio prænotato, M. Milo cum collega suo M. Theodisio, ad partes provinciæ perrexit veniensque ad quoddam castrum quod Montilum nuncupatur, convocavit archiepiscopos et episcopos quamplures. Qui, cum ad eum venissent, quæsivit ab eis diligenter qualiter procedendum esset in negotio pacis et fidei, præcipue in facto comitis Tolosani; voluit etiam ut singuli prælati super certis capitulis, de quibus eum abbas instruxerat Cisterciensis, sua ei traderent consilia scripta et sigillata. Factum est ut præcepit, et quod auditu est mirabile, omnia tam abbatis Cisterciensis quam prælatorum consilia sine dissensione aliqua convenerunt. A Domino factum est istud (*Psal.* cxvii). Post hæc misit M. Milo ad comitem Tolosanum, mandans ei ut ad diem quam sibi præfigebat veniret ad ipsum apud Valentiam civitatem. Venit comes ad diem illum, et sicut fallax et sævus, lubricus et perjurus promisit legato videlicet M. Miloni, licet in dolo, quod suam faceret in omnibus voluntatem. Legatus autem, utpote vir cautus et prudens, prælatorum usus consilio, voluit et præcepit ut comes Tolosanus traderet ei pro securitate de terra quam tenebat in provincia, castra septem. Voluit etiam ut consules Avenionensis et Nemausensis civitatem, et villæ Sancti Georgii jurarent ei, quod si comes Tolosanus mandato ipsius legati venire præsumeret ex adverso, non tenerentur ei hominii seu fœderis fidelitate astricti. Comitatus insuper Ingruensis, S. R. Ecclesiæ caderet in commissum. Comes vero Tolosanus, quamvis dolens et invitus necessitate compulsus, omnia quæ legatus mandaverat, adimplere promisit. Sicque factum est ut qui abbatem Cisterciensem durum dixerat, legatum longe diceret duriorem. Hoc autem, Deo disponente, justissime factum esse creditur, quod ubi tyrannus speravit remedium, ultionem reperit et flagellum. Statim vir totius bonitatis M. Theodisius, de mandato legati, venit in partes provinciæ, ut septem castra de quibus supra tetigimus reciperet, et ea occuparet ex parte S. R. E. et muniret.

CAPUT XII.

Certis cæremoniis antiquitus usitatis, comes Tolosanus Ecclesiæ reconciliatur.

His omnibus rite peractis, descendit legatus ad villam S. Ægidii, reconciliaturus ibi comitem To-

losanum; modus autem reconciliationis et absolutionis talis fuit. Adductus est comes nudus ante fores ecclesiæ B. Ægidii, ibique coram legato, archiepiscopis et episcopis qui ad hoc convenerant plusquam viginti, juravit super corpus Christi, et sanctorum reliquias, quæ ante fores ecclesiæ expositæ cum magna veneratione, et in multa copia a prælatis tenebantur, quod mandatis S. R. Ecclesiæ in omnibus obediret. Mox legatus stolam ad collum comitis poni fecit, ipsumque comitem per stolam arripiens, absolutum cum verberibus in ecclesiam introduxit. Nec silendum quod, cum comes Tolosæ introduceretur in ecclesiam, sicut diximus, S. Ægidii cum verberibus, disponente Deo, nullatenus de ecclesia potuit exire præ turba, per viam qua intraverat; sed oportuit eum descendere in inferiora ecclesiæ, et per ante sepulcrum B. martyris F. Petri de Castronovo, quem occidi fecerat, nudum transire. O justum Dei judicium! quem enim contempserat vivum, ei reverentiam compulsus est exhibere et defuncto. Illud etiam notandum puto, quod cum corpus prædicti martyris, qui in claustro monachorum S. Ægidii prius fuerat tumulatum, post longum tempus in ecclesiam transferretur, ita sanum inventum est et illæsum, ac si ipsa die fuisset tumulatum; miri etiam odoris fragrantia de corpore sancti et vestibus emanavit.

CAPUT XIII.

Comes Tolosanus, ficte crucem sacræ militiæ signum sumit, quam quidem catholici exercitus milites pectori assutam habebant.

Post hæc omnia callidissimus comes Tolosæ, timens a facie crucesignatorum, qui ad exturbandos hæreticos et eorum fautores in proximo, venturi erant de Francia ad partes Narbonenses, petiit a legato dari crucem, ut sic terram suam a crucesignatorum infestatione tueretur. Acquievit legatus, comitique et duobus tantum de suis militibus cruces dedit. O falsum et perfidissimum crucesignatum, comitem Tolosanum dico, qui crucem assumpsit, non ad vindicandam injuriam crucifixi, sed ut ad tempus celare posset suam et tegere pravitatem! His omnibus itaque gestis, legatus et M. Theodisius redierunt versus Lugdunum, ut crucesignatis, qui statim venturi erant, contra provinciales hæreticos obviarent, per totam siquidem provinciam divulgata erat indulgentia quam fecerat dominus papa proficiscentibus contra prædictos hæreticos, ideoque quamplurimi nobiles et ignobiles contra hostes crucis armaverant se in pectoribus crucis signo. Signatis igitur in Francia ad vindicandum Dei nostri injuriam tot fidelium millibus et signandis nihil aliud supererat, nisi ut Dominus Sabaoth, qui solita bonitate et inaudita benignitate inimicis suis, videlicet hæreticis et eorum fautoribus compatiens, plures et pluries destinaverat ad eosdem; sed illi in perversitate sua perseverantes, in sua nequitia obstinati, quosdam contumeliis affecerant, alios

etiam interfecerant, missis exercitibus suis, crude- A
lissimos perderet homicidas.

CAPUT XIV.

Adventus crucesignati exercitus in partes provinciæ.

Anno igitur ab Incarnatione Domini 1209 domini
papæ Innocentii II, regnante Philippo rege Francorum, circa festum sancti Joannis Baptistæ, crucesignati omnes a diversis Franciæ partibus iter
arripientes, pari consilio et provida dispositione,
apud Lugdunum urbem Galliæ convenerunt. Inter
eos autem qui ibi adfuerunt, isti præcipui habebantur, archiepiscopus Senonensis, episcopus
Eduensis, episcopus Claromontensis, episcopus Nivernensis, dux Burgundiæ Odo, comes Nivernensis,
comes Sancti Pauli, comes Montisfortis, comes de
Barro supra Secanam, Guichardus de Bellojoco, B
Willelmus de Rupibus, senescallus Andegaviæ,
Gualcherus de Joviniaco, Guido de Levis, Lambertus
de Tureyo, multi præterea nobiles et potentes, quos
longum esset per singulos nominare.

CAPUT XV.

Comes Tolosanus it obviam crucesignatis.

Videns autem comes Tolosanus Raimundus signatorum multitudinem advenire, timensque ne
invaderent terram ejus, utpote quam de perpetratis
nequitiis, conscientiæ stimulus accusabat, exivit
obviam eis, et pervenit usque prope Valentiam civitatem : at illi egressi erant in manu excelsa, ipsos igitur inveniens prope civitatem dictam dictus
comes, pacem simulans, falsum spopondit obse- C
quium, firmissime promittens quod ad mandatum
sanctæ Romanæ Ecclesiæ ad eorum etiam arbitrium
se haberet, super quibus observandis, dedit castella
quædam pro securitate. Voluit etiam dare filium
suum in obsidem, vel seipsum. Quid plura? Etiam
associatur his hostis Christi, pergunt pariter, re-
ctoque gressu perveniunt ad Biterrensem civitatem.

CAPUT XVI.

*De malitia civium urbis Biterrensis et ejusdem urbis
obsidione, expugnatione et excidio.*

Erat autem Biterris civitas nobilissima, sed tota
veneno hæreticæ pravitatis infecta; nec solum hæretici erant cives Biterrenses, sed erant raptores,
injusti, adulteri, latrones pessimi, pleni omni
genere peccatorum. Non sit onerosum lectori si de D
malitia dictorum civium aliquid specialiter disseramus. Pergebat quadam nocte in ipso diluculo
sacerdos quidam civitatis illius ad ecclesiam divina
celebraturus mysteria, portans calicem manibus
suis : quidam autem de Biterrensibus qui se
posuerant in insidiis, arripientes sacerdotem
illum, et vehementer verberantes, fracto brachio,
ipsum gravissime vulnerarunt, accipientesque calicem quem tenebat sacerdos, ipsumque discoope-
rientes, minxerunt in eo in contemptum corporis
et sanguinis Jesu Christi. Alioque tempore, cives
sæpedicti in ecclesia B. Mariæ Magdalenæ, quæ in
civitate dicta sita est, dominum suum vicecomitem
Biterrensem Trancavilum, traditores pessimi in-

terfecerunt, episcopo etiam suo, qui vicecomitem
ab illorum manibus defendere nitebatur dentes
confregerunt. Egrediebatur die quodam canonicus
quidam Biterrensis de ecclesia majori, celebrata
missa, audiens autem tumultum laborantum in
fossatis civitatis, interrogavit quid hoc esset. Responderunt qui aderant : « Tumultus est laborantum ad fossata, quia munimus civitatem contra
Francigenas qui adveniunt; » jam enim imminebat
adventus peregrinorum : et dum ita loquerentur,
apparuit quidam senex venerandæ ætatis, qui dixit
eis : « Vos contra peregrinos civitatem istam munitis : sed quis desuper poterit vos munire ? » Per
hoc innuit, quod Dominus de cœlo bellaturus esset
eos. Quo audito, illi vehementer moti sunt et
permoti : cumque vellent in senem insurgere, subito disparuit, et nusquam potuit inveniri. Nunc
propositum prosequamur. Antequam crucesignati
ad Biterrensem pervenirent civitatem, vicecomes
Biterrensis Raimundus Rogerii nomine, nobilis
quidem genere, nepos comitis Tolosani, qui, sectans
avunculi pravitatem, in nullo hæreticos compri-
mebat, promiserat firmissime Biterrensis civibus
civitatis quod eos nullatenus desereret, sed cum
ipsis ad mortem usque perseverans in sæpedicta
civitate adventum Christi militum exspectaret. Sed
cum nostros appropinquare audiret, pacti oblitus,
fœderis nescius fidem frangens, confugit Carcassonam aliam suam nobilem civitatem, plures de
Biterrensibus hæreticis ducens secum. Pervenientes
igitur Biterrim nostri, transmiserunt in civitatem
ipsius civitatis episcopum, qui exierat obviam eis,
magistrum videlicet Regenaldum de Montepessulano, virum ætate, vita, scientia venerandum. Dicebant siquidem nostri quod causa perdendorum
hæreticorum advenerant, mandaveruntque civibus
Catholicis, si qui erant, ut in manus ipsorum traderent hæreticos, quos idem venerabilis episcopus,
qui eos plene noverat et etiam in scriptum rede-
gerat, nominaret; vel si istud facere non possent,
exeuntes de civitate dimitterent hæreticos, ne perirent pariter cum eisdem. Quod verbum cum sæpedictus episcopus ex parte nostrorum memoratis
civibus retulisset, noluerunt acquiescere; sed se
adversus Deum et Ecclesiam erigentes, inito cum
morte fœdere, elegerunt potius mori hæretici quam
vivere Christiani : priusquam enim nostri eos aliquatenus expugnarent, exierunt quidam de civitate,
cœperuntque nostros sagittis acrius infestare, quod
videntes servientes exercitus, qui publica lingua
dicuntur ribaldi, cum indignatione maxima muros
adeunt civitatis, nobilibusque exercitus nescientibus et penitus inconsultis, facto insultu ipsa hora,
quod dictu mirabile est, capiunt civitatem. Quid
plura? Statim intrantes, a minimo ad maximum
omnes fere necati, tradentes incendio civitatem.
Fuit autem capta civitas sæpe dicta in festo S. Mariæ Magdalenæ. O justissima divinæ dispensationis
mensura! Sicut in principio hujus libri diximus,

dicebant hæretici B. Mariam Magdalenam fuisse
Christi concubinam, præterea in Ecclesia ipsius
quæ erat in civitate, sicut supra tetigimus, cives
Biterrenses dominum suum occiderant, episcopo
suo dentes confregerant. Merito igitur in illius festivitate capti sunt et destructi, de qua contumeliosa
tot dixerant, cujus etiam ecclesiam sanguine domini sui vicecomitis videlicet, nec non episcopi
fœdaverant canes impudentissimi. In eadem etiam
ecclesia, in qua, ut sæpe dictum est, dominum suum
occiderant cives Biterrenses, ipsa die captionis
civitatis fuerunt usque ad septem millia de ipsis
Biterrensibus interfecti.

Notabiliter est notandum quod sicut civitas Jerusalem XLII anno a passione Domini nostri a Tito et
Vespasiano fuit destructa, ita civitas Biterrensis XLII
anno ab interfectione domini sui per Francigenas
est vastata. Hoc quoque non est omittendum, quod
sæpedicta civitas multoties devastata fuerit ob
causam superius memoratam, semper in die festi
S. Mariæ Magdalenæ; in cujus ecclesia tantum scelus perpetratum fuerat, dignam recepit ejusdem
sceleris ultionem.

CAPUT XVII.

De obsidione urbis Carcassonæ et ejusdem deditione.

Capta itaque et destructa civitate Biterrensi,
proposuerunt nostri recto gressu tendere Carcassonam, cives etenim Carcassonenses pessimi erant
hæretici, et peccatores coram Domino nimis, siquidem illi qui in castris inter Biterrim et Carcassonam positis habitabant timore exercitus fugerant,
castra sua vacua relinquentes; quidam tamen qui
non vocabantur ex hæretica pravitate, reddiderunt
se nostris. Audiens autem vicecomes quod nostri ad
obsidendam tenderent Carcassonam, milites quoscunque potuit adunavit, seque cum eis in Carcassonam recipiens, præparavit se ut contra nostros
defenderet civitatem. Nec silendum quod cives Carcassonenses pessimi et infideles, refectorium et
cellarium canonicorum Carcassonensium, qui erant
canonici regulares, ipsa etiam stalla ecclesiæ, quod
exsecrabilis est, destruxerunt, ut muros civitatis inde munirent. O profanum consilium! O munitio immunita quæ sacra immunitate, domus
Dei inviolata et destructa construitur per hæc
merito destruendam, domus rusticorum intactæ
conservantur, domus servorum Dei dejectæ prosternuntur! Pervenientes igitur nostri ad civitatem,
in circuitu fixere tentoria, obsidionem firmantes.
Depositis ergo circumquaque bellatorum agminibus,
ipsa quidem die et altera a præliis siluerunt. Civitas autem Carcassona in montis cujusdam supercilio posita, duplici suburbio cingebatur, quorum
utrumque munitum erat muris pariter et fossatis.
Die igitur tertia sperantes nostri primum suburbium quod secundo suburbio erat aliquantulum
minus forte, per insultum sine machinis se captu-
ros, impetum fecerunt unanimes in ipsum, episcopis et abbatibus cum universo clero congregatis

in unum et cum maxima devotione cantantibus,
Veni, sancte Spiritus, divinumque postulantibus
auxilium mox adfuturum, derelictum statim primum suburbium ab hostibus, vi ceperunt.

Nec prætereundum quod nobilis comes Montis-
fortis primus omnium, imo solus quoad milites, in
fossatum se misit audacter cum cæteris dictum suburbium impugnando. Quod captum, impletis fossatis, nostri terræ penitus adæquaverunt. Videntes
autem nostri quod tam facile cepissent sæpedictum
suburbium, arbitrati sunt secundum suburbium,
quod longe fortius erat et munitius per insultum
similiter capi posse. Die autem altero, ad murum
ejusdem secundi suburbii accesserunt, quibus ad
insultum instantibus, vicecomes cum suis ita se viriliter defendebat, quod ex frequenti et creberrimo
jactu lapidum, nostros a fossato quod intraverant
oportuit resilire: in quo conflictu contigit quemdam militem de nostris fracto crure in fossato remanere, ad quem extrahendum cum nullus auderet
accedere propter jactus lapidum incessantes, vir
totius probitatis videlicet comes Montis-fortis in fossatum se mittens, ipsum unico auxiliante armigero,
non sine grandi propriæ vitæ discrimine liberavit.
Quibus gestis, nostri mox machinas quæ dicuntur
petrariæ ad diruendum murum suburbii erexerunt:
quo muro aliquantulum pro jactu petrarum in summitate debilitato, nostri carrum quatuor rotarum
bovinis pellibus coopertum, cum maxima difficultate muro applicantes, ad fodiendum murum art fi-
ces submiserunt. Adversarii vero ignem, ligna,
lapides projicientes instantissime, ipsum carrum
statim comminuerunt; fossoribus tamen in conca-
vitate muri jam facta se recipientibus, quos nullo
modo a perforatione muri potuerunt retardare. Quid
plura? In crastino summo diluculo, suffosus corruit
murus, mox nostris cum strepitu intrantibus, adversarii sese in superiora civitatis transtulerunt;
sed postea videntes milites nostros exisse a suburbio, et se in tentoria recepisse, exeuntes de civitate
quotquot de nostris in suburbio, effugantes. Pluribus etiam de nostris præ difficultate exitus interfectis, in toto suburbio ignem mittunt, sese iterum
ad superiora reportantes.

Contingebat in illa obsidione quoddam, quod non
prætermittendum, sed pro maximo miraculo est
habendum. Dicebatur quod in exercitu erant homines usque ad quinquaginta millia; hostes autem
nostri omnia in circuitu civitatis molendina destru-
xerant, ita quod non poterant nostri panem habere
nisi de paucis castris circumjacentibus, et tamen in
tanta abundantia erat ibi panis quod modicissimo
pretio vendebatur, inde et dicebant hæretici, quod
abbas Cisterciensis magus erat, dæmonesque adduxerat in specie hominum, quia videbatur eis quod
nostri non comedebant. His itaque gestis, consilium
habuerunt nostri, quomodo caperent civitatem; animadvertentes autem quod, si facerent hic sicut in
Biterrensi factum fuerat civitate, destrueretur ci-

vitas, et omnia bona quæ in ipsa erant consume- A
rentur, et ita ille qui præficiendus erat terræ illi,
non haberet unde viveret, nec posset milites et servientes tenere ad terram custodiendam. Ad consilium igitur baronum tractatum est de pace in hunc
modum. Ordinatum est quod omnes egrederentur
nudi, et ita evaderent; vicecomes autem in custodia
teneretur, bona omnia remanerent illi, qui futurus
erat dominus dictæ terræ ob necessitatem superius
nominatam, factumque est ita. Egressi sunt ergo
omnes nudi de civitate, nihil secum præter peccata
portantes. Tunc adimpletum est quod dictum fuerat
per venerabilem virum Berengarium, qui fuerat
episcopus Carcassonæ. Hic, cum quadam die in
civitate sua prædicaret, civibusque, sicut solitus
erat, hæresim improperaret, noluerunt eum audire. B
Quibus ille : « Vos me audire non vultis : credite
mihi ; ego tantum mugitum emittam contra vos,
quod a remotis mundi partibus venient, qui destru-
ent villam istam. Certissime autem sciatis quod, si
ferrei et altissimi essent muri civitatis istius, non
possetis vos defendere quin pro vestra incredulitate
et malitia, condignam recipiatis a justissimo judice
ultionem. » Propter hæc et his similia quæ eis vir
sanctissimus intonabat, quodam tempore expulerunt eum dicti cives de civitate, inhibendo præconis voce districtissime et sub pœna gravissimæ ultionis, ne quis in emendo vel vendendo, sibi vel suis
auderet in aliquo communicare. Nunc id quod cœpimus exsequamur. Reddita civitate et omnibus C
egressis, eliguntur de exercitu milites, qui bona
civitatis fideliter custodirent.

CAPUT XVII bis.

Eligitur comes Montis-fortis in principem territorii et ditionis Raimundi comitis.

Quibus omnibus peractis, consilium habuerunt
barones ad invicem, quem deberent præficere terræ
prædictæ. Et primo quidem oblatum fuit terræ dominium comiti Nivernensi, postea duci Burgundiæ ;
sed accipere noluerunt. Eliguntur igitur de toto
exercitu duo episcopi et quatuor milites, et insuper
abbas Cisterciensis apostolicæ sedis legatus ad terræ
dominum eligendum : qui firmiter promiserunt
quod illum eligerent, quem secundum Deum et sæculum scirent utiliorem. Hi septem, septiformis D
Spiritus sancti gratia cooperante, totamque terram
misericorditer respiciente eligunt virum fidelem, catholicum, moribus honestum, armis strenuum, Simonem videlicet comitem Montis-fortis. Statim ab-
las Cisterciensis, apostolicæ sedis legatus, hujus
sacri negotii pater et magister et dux Burgundiæ,
comes etiam Nivernensis, ad ipsum veniunt, mo-
nent, rogant et consulunt ut suscipiat onus pariter
et honorem. Quod cum vir discretissimus instantissime renueret, et se fateretur insufficientem et indignum, mox abbas Cisterciensis et dux, ejus pedibus se provolvunt preces precibus inculcantes.
Comite autem adhuc renuente, abbas, auctoritate
suæ legationis utens, præcepit ei districtissime vir-

tute obedientiæ ut faceret quod petebant. Suscepit
igitur terræ gubernaculum vir præfatus ad laudem
Dei et honorem Ecclesiæ, depressionem hæreticæ
pravitatis. Hic adnectendum est quæddam relatione
dignissimum, quod contigerat paulo ante in Francia
de nobili comite Montis-fortis. Redibat quadam die
venerabilis abbas vallium Sarnay, Guido nomine
supradictus, qui negotium fidei contra hæreticos in
quantum poterat promovebat a duce Burgundiæ,
ipsius ducis litteras habens secum, continentes
quod dux rogabat comitem Montis-fortis, ut cum
ipso se accingeret ad militiam Jesu Christi contra
hæreticos, ingentia dona offerens, si in hoc acquiescere vellet ei. Contigit autem ut dictus abbas veniens a duce dictum comitem inveniret in ecclesia
cujusdam castri ipsius comitis, quod dicitur Rupis-
fortis, quibusdam negotiis occupatum : cumque abbas vocasset illum in partem, ducis litteras ostensurus, transiens idem comes per cancellum ecclesiæ, librum Psalterii quem super formulam invenit
apprehendens, divino nutu ex industria aperuit,
digitum suum super primam lineam tenens, dixit
abbati : Exponite mihi Scripturam istam. *Angelis
suis Deus mandavit de te, ut custodiant te in omnibus viis tuis : in manibus portabunt te, ne forte offen-
das ad lapidem pedem tuum (Psal. xc),* quod divina
dispositione provisum, rei exitus manifestissime
comprobavit.

CAPUT XVIII.

*De præclaris animi et corporis dotibus Simonis co-
mitis Montis-fortis.*

Quia vero loci opportunitas se ingessit, quod rationis ordo deposcit, hic de nobili comite Montis-
fortis, quod novimus inseramus. Primo dicetur
quod erat genere præclarus, virtute robustus, in
armis plurimum exercitatus. Erat præterea, ut accedamus ad formam, statura procerus, cæsarie spe-
ctabilis, facie elegans, aspectu decorus, humeris
eminens, brachiis exertus, corpore venustus, membris omnibus agilis et stabilis, acer et alacer, in
nulla sui vel modica parte etiam ab hoste vel in-
vido reprobandus. Demum ut ascendamus ad majora, erat facundia disertus, affabilitate comis, con-
tubernio amabilis, castitate mundissimus, humilitate præcipuus, sapientia præditus, in proposito
firmus, in consilio providus, in judicio justus, in
militiæ exercitiis sedulus, in suis actibus circum-
scriptus, in incipiendis arduus, in perficiendis non
defessus, totus divinis servitiis mancipatus. O provida principum electio! O sensata peregrinorum
acclamatio, quæ virum tamen fidelem fidei orthodoxæ providit electione defendendæ, quæ virum
tam accommodum universæ reipublicæ sacrosancto
negotio. Jesu Christi contra pestilentes hæreticos
voluit principari! Talem quippe decebat dominum
exercituum exercitui dominari, quem, ut prædictum
est, generis nobilitas, morum sinceritas, militaris
probitas adornaret ; talem, inquam, talem operæ
pretium fuit, in periclitantis Ecclesiæ defensionem

sublimari, sub cujus patrocinio innocentia Christiana secum consisteret, et hæreticæ pravitatis
præsumptuosa temeritas, detestabilis erroris sui
impunitatem non speraret, et pulchre satis de
Monte-forti oriundus naufraganti Ecclesiæ a Christo, si monte non transmittitur, ipsam a persequentibus hæreticis defensurus.

Et notandum quod, licet aliqui possent reperiri
qui in aliqua ei gratia æquipollerent, audacter dico,
vix aut nunquam reperietur in quo tanta simul
donorum tam naturalium quam gratuitorum conflux-
erit plenitudo, quem ne tot et tantarum divini numinis largitatum extolleret magnitudo, datus est ei
a Domino stimulus incessantis sollicitudinis et ur-
gentissimæ paupertatis. Cum enim Deus in captione
castrorum et destructione inimicorum, hinc ita miraculose magnifice faceret cum eo, hinc illum tot
curis vexabat, tantæ paupertatis inopia deprimebat,
quod vix licebat ei quiescere, ne superbire liceret.
Ut autem virtus viri clarissimi clarius innotescat,
non sit onerosum lectori, si de his quæ gessit retroactis aliquando diebus aliqua quæ vidimus perstringamus.

CAPUT XIX.
De benevolentia Simonis comitis erga Jadrenses, et
singulari ejus in Romanam Ecclesiam observan-
tia.

Quodam tempore idem nobilis comes et abbas vallium Sarnay Guido, qui fuit postea episcopus Carcassonæ, de quo sæpius fecimus mentionem, pro-
ficiscebatur cum baronibus Franciæ ultra mare (7).
Videntes autem nobiles Franciæ Venetiam civitatem
opulentissimam, ubi ad transfretandum debebant
de communi conducto naves ascendere, naves ipsas
de charissimo pretio conduxerunt. Erant autem nobiliores totius Franciæ. Comes videlicet Flandriæ
Balduinus, et Henricus frater ejus comes Blesensis
Ludovicus, et nobilis comes Montis-fortis et alii
multi quos non erat facile numerare. Cives autem
Venetici homines callidi et perversi, videntes quod
peregrini nostri, propter navium pretium immoderatum, exhausti essent pecunia et pene penitus
emuncti, nec tum dictum naulum ex magna parte
solvere possent, nacta inde occasione, videlicet quod
peregrini nostri erant illis obnoxii et subjecti, duxerunt eos ad destruendam civitatem quamdam Christianorum, quæ erat regis Hungariæ nomine Jadram:
quo cum peregrini nostri pervenissent, sicut mos
est obsidentium, fixere tentoria prope muros civitatis.
Comes autem Montis-fortis et abbas vallium non
sequentes turbam ad faciendum malum, noluerunt
obsidere cum aliis, sed longius a civitate se locaverunt. Interea dominus papa misit litteras suas
omnibus peregrinis, districte et sub periculo indul-

gentiæ peccatorum quam eis fecerat, et sub pœna
gravissimæ excommunicationis inhibens, ne civitatem Jadræ in aliquo damnificarent. Quas litteras
cum abbas vallium die quodam nobilibus exercitus
qui erant congregati in unum recitaret, et Venetici
ipsum vellent occidere, nobilis comes Montis-fortis
surrexit in medium, et Veneticis se opponens restitit eis, ne abbatem occiderent prænotatum. Cives
autem Jadrenses qui ibi causa postulandæ pacis advenerant, allocutus est comes nobilis in præsentia
baronum omnium in hunc modum : « Non veni,
inquit, huc ut destruerem Christianos, nullum malum vobis inferam, sed quidquid faciant alii, ego a
me et meis facio vos securos. » Sic fatur vir strenuissimus, statimque ipsi et sui a loco colloquii exierunt. Quid amplius immoremur? Barones exerci-
citus mandato apostolico non deferentes, capiunt et
destruunt civitatem. Iterum a domino papa miserabiliter et gravissime excommunicantur ; et ego, qui
ibi eram, testimonium perhibeo veritati, quia et
litteras vidi et legi excommunicationem apostolicam
continentes. Nobilissimus autem comes non acquievit plurimorum sententiæ, ut deviaret a vero, sed
exiens a consortio peccatorum, cum multo grava-
mine et dispendio, per terram desertam et inviam,
post multas angustias et multos labores baronum,
villam nobilissimam Apuliæ pervenit, ibique denuo
naves conducens perrexit, et ascendens cursu prospero ultra mare, ubi per annum et amplius moram
faciens, et multas contra paganos militiæ probitates
exercens, baronibus Franciæ quos apud Jadram (8)
dimiserat, periclitatis et mortuis fere cunctis, ipse
vivus et sanus rediit ad propria cum honore. Ab illo
igitur tempore nuntiavit triumphos quos feliciter
postmodum consummavit, et tunc honorem promeruit, quem assecutus est postea in depressionem
hæreticæ pravitatis. Nec silendum putamus quod,
cum tantus sit et talis comes iste, providit ei Dominus adjutorium simile sibi, uxorem videlicet, quæ,
ut breviter dicamus, religiosa esset, sapiens et sollicita. In ea quippe religiosa religio sollicitudinem
et sapientiam adornabat, sapientia religionem et
sollicitudinem informabat, sollicitudo religionem et
sapientiam exercitabat, insuper et Dominus bene-
dixerat dictæ comitissæ in familiæ procreatione.
Comes siquidem habebat ex ea filios multos et pul-
chros nimis. His in commendatione comitis sæpius
memorati perstrictis, ad prosequendum narrationis
nostræ ordinem accingamur.

CAPUT XX.
Comes Nivernensis ob quasdam simultates castra si-
gnatorum deserit.

Postquam electus fuit comes sæpe memoratus,
terfuit et ferme præfuit aut saltem earum pars magna fuit, turbidaque quorumdam monachorum consilia damnat, eaque de causa eum lector consulas
velim.

(8) Jadera, hodie *Zara*, urbs Dalmatiæ seu Scla-
voniæ.

---

(7) Expeditionem Byzantinam anno 1205 susce-
ptam auctor intelligit, cujus Historiam Gallice et
sincere conscripsit Gaufridus de Villa-Harduini. Sed
parum hic prudenter, imo inconsiderate prorsus,
auctor perstringit Venetos, quorum fidem, summam
industriam et fortitudinem in hac expeditione,
impense laudat dictus Gaufridus qui rebus gestis in-

modo et ordine quo superius est notatum, statim abbas Cisterciensis et ipse, ducem Burgundiæ adeunt, et comitem Nivernensem orantes et deprecantes ut in servitio Jesu Christi dignarentur adhuc aliquantulum commorari. Adhuc enim erant hæreticorum castella multa et fortissima acquirenda : ut enim prætermittamus innumera, erant circa Carcassonam tria castra munitissima, in quibus habitabant tunc temporis præcipui fidei nostræ inimici. Erat quippe ex una parte Minerba, ex alia castrum Finarum, ab alia Cabarerum. Dux autem Burgundiæ, utpote benignissimus, benigne deprecantibus acquievit, promisitque per aliquantulum tempus cum eis ad hæc moraturum. Comes autem Nivernensis nullo modo voluit deprecantibus obaudire ; sed statim ad propria remeavit : non enim bene conveniebant dux et comes ille ; sed hostis pacis diabolus ita inter illos mutuas inimicitias acuebat, quod timebant quotidie nostri ne se mutuo occiderent. Præsumebatur etiam a nostris, quod comes Nivernensis, non satis bonam gerebat erga nostrum comitem voluntatem, eo quod comes noster familiaris erat ducis Burgundiæ, et cum eo venerat a partibus Gallicanis. O quanta antiqui hostis malitia, qui promotionem negotii Jesu Christi videns et invidens, impedire voluit quod doluit promoveri ! Exercitus siquidem crucesignatorum qui fuerunt in obsidione Carcassonæ erat tam magnus et fortis quod si ulterius voluisset procedere et unanimiter persequi orthodoxæ fidei inimicos, non invenientes qui resisterent eis, totam terram illam in brevi acquirere potuissent. Sed, in quantum humana ratio potest comprehendere, superna pietas ideo aliter ordinabat, quia videlicet humani generis saluti providens, acquisitionem terræ voluit peccatoribus reservare. Pius quidem Dominus simul in brevi finiri noluit sanctissimam guerram istam, per hoc providens peccatoribus ad veniam, justis ad gratiam ampliorem, paulatim et successive hostes suos voluit subjugari, ut dum paulatim et successive proceres se accingerent ad vindicandam injuriam Jesu Christi, prolongata guerra tempus veniæ peccatoribus prolongaret.

CAPUT XXI.

Expugnatio Castri Fani-Jovis.

Paucis diebus apud Carcassonam peractis, exivit nobilis comes a civitate cum duce et magna parte exercitus, adjuvante Domino, ulterius processurus : maxima enim pars exercitus recesserat cum comite Nivernensi. Moventes igitur a Carcassona, ipsa die fixere tentoria apud villam quamdam, quæ Alzona dicebatur. In crastino consuluit dux comiti ut iret ad castrum quoddam quod dicitur Fanum Jovis. Castrum siquidem illud, a militibus et hominibus suis timore nostrorum derelictum, intraverant quidam milites Arragonenses, qui erant cum comite nostro et munierant ; plura enim de inimicis castellis nobilioribus et fortioribus terrore crucesignatorum vacua fuerant derelicta. Assumptis ergo

comes paucis militibus secum, duce cum exercitu remanente, castrum adiit prænotatum, quod acceptum, gente sua munivit. Nec reticendum quod comes Tolosanus qui fuerat in obsidione Carcassonæ, felicibusque nostris successibus invidebat, consuluit comiti nostro ut quædam castra quæ vicina erant terræ illius comitis Tolosani destrui faceret. Ipse etiam quasi sub specie boni ad voluntatem comitis nostri, aliqua castella funditus evertit, et combussit, sub hoc scilicet prætextu ne nostros de cætero impugnarent. Hoc ideo faciebat ille perfidus et iniquus, quia volebat quod terra illa destrueretur, et nullus resistere posset ei.

CAPUT XXII.

Intrat comes Albiensem diœcesim.

Cum hæc agerentur, burgenses cujusdam nobilissimi castri quod dicitur Castra in Albigensi territorio, venerunt ad comitem nostrum, parati eum suscipere in dominum et facere ejus voluntatem. Consuluit ergo dux comiti ut iret et acciperet castrum illud, quia quasi caput erat totius territorii Albigensis. Ivit ergo comes cum paucis, duce cum exercitu derelicto. Factum est autem dum esset comes in prædicto castro, et homines castri fecissent ei hominium, castrumque tradidissent, venerunt ad eum milites cujusdam castri nobilissimi prope Albiam nomine Lumbers parati facere comiti sicut fecerant illi de castris. Nobilis vero comes volens redire ad exercitum, noluit tunc ire cum eis, sed tantum recepit in sua protectione castrum, donec ire posset tempore competenti. Miraculum quod contigit in castro de Castris, in præsentia comitis noluimus præterire. Præsentati fuerunt duo hæretici ipsi comiti : alter autem eorum perfectus erat in secta hæreseos, alter vero erat quasi novitius et discipulus alterius. Habito comes consilio, voluit ut ambo incenderentur; alter vero illorum hæreticorum, ille videlicet qui erat discipulus alterius, tactus dolore cordis intrinsecus cœpit converti, promisitque quod libenter abjuraret hæresim, sanctæque R. E. per omnia obediret. Quo audito, facta est grandis altercatio inter nostros : quidam enim dicebant, quod ex quo ille paratus erat ea quæ diximus adimplere, non debebat morte condemnari. Alii econtrario asserebant illum esse reum mortis; tum quia manifestum erat ipsum fuisse hæreticum ; tum quia putabatur quod ea quæ dicebat, potius timore imminentis mortis promitteret, quam amore Christianæ religionis observandæ. Quid plura ? Acquievit comes quod combureretur hac intentione, quod si nunc convertatur, ignis esset ei pro expiatione peccatorum, si vero ficte loqueretur, reciperet pro perfidia talionem. Ligati sunt ergo ambo stricte duris vinculis et fortissimis, per crura, ventrem et collum, manibus etiam post terga revinctis. Quo facto, inquiritur ab illo in qua fide vellet mori ; qui ait : « Adjuro pravitatem hæreticam, in fide S. R. E. volo mori, orans ut mihi sit pro purgatorio ignis iste. » Accensus est igitur ignis circa stipitem co

piosus ; illo autem qui perfectus erat in hæresi in
momento combusto : alter, statim confractis vinculis fortissimis, ita sanus exivit ab igne, quod nulla
apparuit in eo combustionis nota, nisi quod
summitates digitorum aliquantulum sunt adustæ.

CAPUT XXIII.

*Castrum de Cabareto obsidione frustra tentatur a
comite.*

Rediens comes a castro de Castris, ad exercitum
remeavit, quem dimiserat versus partes Carcassonæ. Post hæc fuit consilium ducis Burgundiæ et
militum et exercitus ut tenderent Cabaretum, si
forte possent illos de Cabareto vexare, et ad redditionem castri cogere per insultum. Moventes
ergo nostri, venerunt prope Cabaretum ad dimidiam leugam, et ibi fixerunt tentoria. In crastino
autem armaverunt se milites, et magna pars exercitus, et appropinquaverunt Cabareto, ut expugnarent illud ; factoque insultu, cum parum proficere
possent, ad tentoria redierunt.

CAPUT XXIV.

*De discessu ducis Burgundiæ, et deditione Apamia-
rum, Savardini et Mirapinci.*

In crastino præparavit iter dux et totum robur
exercitus, et die tertia discesserunt a comite nostro,
ad propria remeantes. Remansit igitur comes solus
quasi desolatus, paucissimos quod habebat milites
circiter triginta, qui cum aliis peregrinis venerant
de Francia, et præ cæteris servitium Christi et comitem diligebant. Postquam igitur recessit exercitus, venit nobilis comes ad Fanum Jovis : quo dum
pervenisset, statim venit ad eum venerabilis abbas
S. Antonini apud Apamias in territorio Tolosano,
rogans ut accederet ad eum, et ipse ei traderet illico nobilissimum castrum Apamiarum. Dum autem iret comes apud Apamias, devenit ad castrum
quod dicitur Mirapeis, statimque cepit illud. Castrum illud hæreticis et ruptariis erat receptaculum,
et erat de dominio comitis Fuxensis. Capto castro
illo, comes recto itinere Apamias pervenit, quem
abbas honorifice suscepit, et castrum Apamiarum
ipsi tradidit, quod comes ab eo recepit, et fecit
abbati hominium sicut debebat. Castrum siquidem
proprie erat de dominio abbatis et canonicorum S.
Antonini, qui erant canonici regulares, et nullus in
eo debebat habere aliquid nisi ab abbate. Sed pessimus comes Fuxensis, qui castrum illud tenere debebat ab abbate, totum sibi malitiose volebat vindicare, ut inferius ostendemus. Venit inde comes
noster Savarduum, et burgenses se sine conditione
aliqua reddiderunt. Erat autem castrum illud,
scilicet Savarduum, in potestate et dominio comitis Fuxensis.

CAPUT XXV.

*Albia et Lombers veniunt in potestatem comitis Si-
monis.*

Rediens idem comes noster Fanum Jovis, proposuit ire ad castrum de Lombers, de quo supra tetigimus, ut reciperet illud. Erant autem in castro

illo milites plusquam quinquaginta. Perveniens igitur comes ad castrum, honorifice est susceptus ;
dixerunt milites, quod in crastino ejus facerent
voluntatem. Facto autem mane, dicti milites de
proditione in comitem tentaverunt. Cumque usque
ad nonam suum consilium protelassent, res innotuit comiti, qui statim quamdam occasionem simulans, indilate exiit de castro illo : quod videntes
milites secuti sunt eum, et timore ducti fecerunt
ejus voluntatem, castrumque reddiderunt, facientes
ei hominium et fidelitatem jurantes. Venit idem
comes Albiam : erat autem Albia civitas, quam tenuerat vicecomes Biterrensis ; episcopus autem Al-
biæ Guillelmus, qui erat dominus civitatis principalis, gratanter suscepit illum dominum, et tradidit ei civitatem. Quid plura ? Totam Albiensem
diœcesim comes tunc suscepit, exceptis quibusdam
castris quæ tenebat comes Tolosanus, castra siquidem illa abstulerat comes Tolosanus vicecomiti
Biterrensi. His rite peractis, comes noster rediit
Carcassonam. Post paucos autem dies, ivit comes
ad quoddam castrum quod dicitur Limosum in
territorio Redensi, ubi faceret munitionem. Castrum
siquidem illud reddidit se comiti, statim postquam
capta fuit Carcassona : quo dum pergeret, quædam
castella, quæ sanctæ Ecclesiæ resistebant, cepit,
pluresque homines castrorum illorum, digne pro
meritis patibulis suspendit. Rediens comes a castro
de Limoso, venit ad quoddam castellum quod erat
prope Carcassonam, et erat comitis Fuxi, nomine
Prissanum, ipsumque obsedit : et dum esset in obsidione illius castri, venit ad eum Fuxensis comes,
et juravit quod staret per omnia mandato Ecclesiæ,
et super dedit comiti filium suum in obsidem : insuper et castrum quod comes obsederat dimisit,
quibus gestis, comes rediit Carcassonam.

CAPUT XXVI.

*Renuit rex Arragonensis admittere comitem Tolosa-
num ad præstationem hominii ratione urbis
Carcassonæ sibi debiti, frustra hoc urgente comite.*

Rex Arragonensis Petrus, de cujus dominio erat
civitas Carcassonæ, nullo modo volebat accipere
hominium comitis, sed volebat habere Carcassonam. Cum autem die quadam vellet ire ad Montempessulanum, et non auderet, misit ad comitem
et mandavit ei ut obviaret ei apud Narbonam. Quo
facto, ad Montempessulanum rex et comes noster
pariter devenerunt : ubi cum dies quindecim fecissent, non potuit inclinari rex ad hoc, ut reciperet
hominem comitem sæpedictum : mandavit insuper,
sicut dictum fuit secreto nobilibus per totum vice-
comitatum Biterrensem et Carcassonensem, qui
adhuc resistebant sanctæ Ecclesiæ et comiti nostro,
ne componerent cum comite, promittens eis quod
ipse cum eis comitem impugnaret. Factum est autem, dum rediret comes a Montepessulano, venerunt ad eum qui dicerent, plurimos de militibus
Biterrensi, et Carcassonensis et Albiensis diœce-

sum cum castellis a fidelitate quam comiti promiserant resilisse, et vere sic erat. Insuper quosdam milites comitis, obsederant traditores quidam in turre cujusdam castri prope Carcassonam, Almaricum scilicet et Willelmum de Pissiaco. Quo audito, festinavit comes ut posset venire ad castrum illud, antequam sui milites caperentur. Sed cum non posset transire flumen, quod dicitur Atax, inundaverat siquidem aqua, oportuit eum ire Carcassonam, aliter siquidem transire non poterat flumen istud : quo dum pergeret, agnovit quod dicti sui milites capti erant. Contigerat autem, dum esset comes apud Montempessulanum, quod Bucardus de Marliaco, et Gobertus de Essigniaco, et quidam alii milites qui erant apud Saxiacum castrum quoddam fortissimum in Carcassonensi diœcesi, quod dederat comes dicto Bucardo, quadam die usque ad Cabaretum hostes insequerentur. Erat autem castrum quoddam prope Carcassonam fortissimum, et quasi inexpugnabile et multis militibus munitum : castrum istud Christianitati et comiti præ cæteris resistebat ; ibi siquidem erat fons hæresis. Dominus et ejus castri Petrus Rogerii inveteratus dierum malorum, hæreticus erat et hostis Ecclesiæ manifestus. Factum est autem dum appropinquaret dictus Bucardus et socii ejus Cabaretum, milites Cabareti qui posuerant in insidiis se, surgentes concluserunt eos et cœperunt Bucardum. Gobertum autem cum nullatenus vellet se reddere occiderunt ; captum autem Bucardum ducentes Cabaretum, posuerunt in quodam terræ castro, ubi eum per menses sexdecim in vinculis tenuerunt. Eodem etiam tempore antequam comes rediisset a Montepessulano, vicomes Biterrensis, Raimundus Rogerii, qui apud Carcassonam tenebatur in palatio in infirmitate laborans defunctus est. Nunc ad narrationis seriem revertamur.

CAPUT XXVII.

De proditione et crudelitate Guiraldi de Pepios in Simonem comitem ejusque milites.

Cum rediisset comes Carcassonam a Montepessulano, Guiraldus de Pepios miles quidam Minerbensis, quem comes maximo amore et familiaritate habebat, cui etiam custodienda commiserat castra sua, quæ erant prope Minerbam, nequissimus proditor, et fidei crudelissimus inimicus, negans Deum, fidemque abjurans, beneficiorum immemor et amoris, ab amicitia comitis et fidelitate quam ei fecerat resilivit : qui, etsi Deum fidemque ejus non haberet præ oculis, saltem benignitas comitis, quam ei exhibuerat, ipsum a tanta crudelitate debuit revocare. Veniens igitur dictus Guiraldus et quidam alii milites fidei inimici, ad quoddam castrum comitis in territorio Biterrensi, nomine Podium Soriguer, ceperunt duos milites comitis qui custodiebant castrum multosque servientes, promiseruntque cum juramento quod eos non occiderent, sed sanos conducerent usque Narbonam cum omni supellectili sua. Quod cum audisset comes, ad castrum illud quam citius potuit pervenit ; Guiraldus autem et socii ejus erant adhuc in castro. Veniens autem comes ad castrum, noluit obsidere illud, sed Aimericus dominus Narbonæ, qui ibi erat cum comite et homines Narbonenses, noluerunt obsidere cum comite, sed statim Narbonam reversi sunt. Videns igitur comes quod quasi solus remansisset, secessit nocte illa ad quoddam vicinum castrum quod vocatur caput stagni, in crastino summo diluculo reversurus. Contigit autem in castro superius notato quoddam miraculum, quod prætermittere non debemus. Cum venisset Guiraldus ad castrum Podii Soriguer et cepisset illud, parvipendens pactum quod fecerat, scilicet quod sine damno duceret eos quos ceperat usque Narbonam, servientes comitis, quos in castro ceperat usque ad quinquaginta posuit in turre castri. Ipsa autem nocte qua comes recessit a loco illo, timens sæpedictus Guiraldus ne rediret comes in crastino ad obsidendum castrum, media nocte de castro fugit, et quia non licuit ei per festinationem, illos quos in turre posuerat secum ducere, in fossa ipsius turris eos ponens, stipulam et ignem et lapides et quæcunque potuit super eos projici præcepit, usquedum eos obiisse putaret, moxque castrum deserens, duosque milites comitis, quos ceperat secum ducens Minerbam pervenit. O proditio crudelissima ! Summo autem diluculo comes, ad prælibatum castrum reversus, inveniensque ipsum vacuum funditus evertit ; ipsos autem quos in fossa posuerat Guiraldus, qui per triduum jejunaverant, sine læsione et combustione aliqua repertos extrahi fecit : o grande miraculum ! O res nova ! Inde comes progrediens, plurima castra, quæ erant dicti Guiraldi, ad solum usque destruxit, et post paucos dies rediit Carcassonam. Sæpedictus autem proditor Guiraldus cum milites comitis duxisset Minerbam, parvipendens promissionem quam fecerat, nec deferens juramento, non quidem eos occidit, sed quod est morte crudelius, dictis militibus oculos eruit, insuper auribus amputatis, et naso cum labio superiori, ipsos nudos ad comitem redire præcepit. Cum igitur expulisset eos nudos ipsa nocte, vento et gelu urgente, asperrima siquidem hiems erat, alter eorum (quod sine lacrymis audiri non debet) in quodam sterquilinio exspiravit ; alter vero, sicut ab ipsius ore audivi, a quodam paupere adductus est Carcassonam. O scelus nequam ! O crudelitas inaudita ! Initia dolorum sunt hæc.

CAPUT XXVIII.

Venit denuo abbas vallium in partes Albienses, ut pene fractos crucesignatorum animos confirmaret.

Ipso tempore venerabilis abbas vallium Sarnay Guido vir prudens et bonus, qui negotium Jesu Christi miro amplectebatur affectu, et post abbatem Cisterciensem præ omnibus promovebat, causa confortandi nostros, qui in multa depressione tunc

erant, a Francia venerat Carcassonam. Adeo siquidem ardenter sicut diximus Christi negotium diligebat, quod a principio negotii, prædicans per Franciam discurreret. Illi autem qui erant in civitate
Carcassonæ, in tanta turbatione erant positi et timore, quod quasi penitus desperantes, de fuga
tantummodo cogitabant. Circumclusi quidem erant
ex omni parte, infinitis et fortissimis inimicis, sed
vir virtutis, in illo qui eum tentationibus dat proventum, metus et depressiones eorum, monitis quotidie salutaribus mitigabat.

CAPUT XXIX.

Redit Robertus Malus-Vicinus a curia Romana.

Supervenit etiam eodem tempore Robertus Malus-Vicinus, qui a comite fuerat missus Romam,
miles Christi nobilissimus, vir miræ probitatis, perfectæ scientiæ, incomparabilis bonitatis, qui a multis annis Christi servitiis exposuerat se et sua, et
præcipue negotium istud ardentissime et efficacissime promovebat. Hic est enim ille, per quem post
Deum præ cæteris reviguit Christi militia, sicut in
sequentibus ostendemus.

CAPUT XXX.

*Acerba mors Cisterciensis archimandritæ, prope
Carcassonam trucidati.*

Eo tempore comes Fuxi, quemdam abbatem
Cisterciensis ordinis de quadam domo inter Tolosam et Fuxum, quæ dicitur Elna pro negotiis suis
miserat apud villam S. Ægidii ad legatos. Qui cum
rediret, venit Carcassonam, duos monachos et unum
conversum habens secum. Exeuntes a Carcassona
abbas et socii ejus, cum per unum fere milliarium,
ille immanissimus hostis Christi, ille ferocissimus
Ecclesiæ persecutor, Guillelmus videlicet de Rupeforti, frater Carcassonensis episcopi, qui tunc
erat, adversus eos subito insurrexit, armatus videlicet in inermes, crudelis in mites, sævus in innocentes. Qui, ob nullam aliam causam, nisi quia
Cistercienses erant, abbati xxxvi, converso vero
ejus xxiv plagas infligens, eos in loco illo hominum crudelissimus interfecit. Unum autem de
duobus monachis, sexdecim vulneribus inflictis,
seminecem dereliquit. Alter vero qui erat notus et
aliquantulum familiaris illis, qui erant cum prædicto tyranno, vivus effugit. O bellum ignobile! o
confusa victoria! Audiens comes noster qui erat
apud Carcassonam quod acciderat, jussit tolli
corpora occisorum, et apud Carcassonam honorifice sepeliri. O virum catholicum! o principem
fidelem! Monachum vero qui derelictus fuerat
semimortuus, fecit diligenter curari per medi-
cos, et sanatum ad propriam domum remisit.
Comes autem Fuxi qui abbatem et socios ejus
pro negotiis miserat, occisorem eorum in multa
familiaritate et amicitia recepit; carnificem quippe
tenuit secum. Insuper equitaturæ abbatis, quas
traditor sæpedictus rapuerat, paulo post in societate comitis Fuxensis sunt inventæ. O hominem nequissimum, comitem Fuxi dico! o pessi-

mum traditorem! Nec silendum quod sæpe memoratus homicida, divina legitimi judicis Dei ultione
percussus, sanguine occisorum contra ipsum ad
Deum de terra clamante (*Gen.* iv), sortitus est suæ
crudelitatis mercedem : qui enim viris religiosis
multiplices plagas intulerat, non multo post vulnera recipiens infinita, in ipsa porta Tolosæ a Christi militibus digne pro meritis est occisus. O justum judicium! o æqua divinæ dispensationis
mensura!

> .....*Neque enim lex justior ulla,*
> *Quam necis artifices, arte perire sua.*
> (Ovid., lib. 1, *Art. amat.*)

CAPUT XXXI

Amittitur castrum, quod dicitur Castra.

Eodem tempore burgenses de Castris, ab amicitia et dominio comitis recesserunt, militemque
unum ipsius, quem in castro illo custodiendo posuerat, ceperunt, pluresque servientes, nihil tamen
mali eis facere ausi sunt, quia quidam de poten-
tioribus de Castris tenebantur obsides Carcassonæ. Sub eodem fere die milites castri de Lumbers a Deo et comite nostro recedentes, servientes
ipsius comitis qui erant in castro ceperunt, eosque apud castrum quod dicitur Castra miserunt,
carceri et vinculis mancipandos. Burgenses autem
de Castris, ipsos et dictum militem comitis nostri,
et servientes quos ceperant, sicut supra diximus,
in quadam turre posuerunt; sed illi nocte quadam,
facto quasi fune de vestimentis suis, se per fenestram mittentes, Deo parante auxilium, evaserunt.

CAPUT XXXII.

*Recedit comes Fuxi ab amicitia comitis Montis-
fortis.*

Ea tempestate comes Fuxi qui, sicut superius
diximus, in amicitiam juraverat, castrum de Pre-
xano, quod ei tradiderat, facta proditione, cepit,
et a comitis nostri familiaritate recedens, ipsum
cepit acrius impugnare. Nam non multo post in
festo S. Michaelis venit proditor nocte ad castrum
quod dicitur Fanum-Jovis, erectisque ad murum
scalis, intraverunt hostes et ascenderunt muros et
per castrum discurrere cœperunt. Quod scientes
nostri qui erant in castro paucissimi, ipsosque aggredientes, cum confusione exire coegerunt et se in
fossatum præcipitare, et aliquos ex eis occiderunt.
Erat præterea prope Carcassonam quoddam nobile
castrum, Mons-regalis nomine : castri ipsius dominus fuerat miles quidam qui vocabatur Aymericus, quo in tota terra illa post comites potentior
sibi nobilior nullus erat. Hic tempore obsidionis
Carcassonæ, timore nostrorum castrum Montis-
regalis, vacuum dereliquit : sed postea venit ad
comitem nostrum, et aliquanto tempore ei familiaris fuit, et post paucos dies a Deo et comite traditor pessimus recessit. Castrum Montis-regalis
occupaturus comes noster commisit cuidam Francigenæ clerico custodiendum; sed ille, diabolica
suggestione corruptus, omnique deterior infideli (*I*

Tim. v), non multo post facta crudelissima proditione, dicto Aymerico memoratum castrum tradidit, et cum hostibus nostris aliquandiu mansit; sed
divina æquissima judicis ordinante censura, nobilis comes non post multo, in quodam castro quod
expugnabat prope Montem-regalem, quod Brom
dicitur, cum adversariis fidei cepit clericum sæpedictum, quem prius ab episcopo Carcassonensi
degradatum, et per totam Carcassonensem civitatem ad caudam equi distractum suspendi fecit,
dignam pro meritis recompensans talionem. Quid
amplius moramur? Ita pari malignitatis affectu similiter omnes fere indigenæ recesserunt a comite
nostro, quod amissis in brevissimo temporis spatio
castellis amplius quam quadraginta, nihil ei remansit præter Carcassonam et Fanum-Jovis et Saxiacum et castrum de Limoso, de quo etiam de-
sperabatur, et castrum Apamiarum et Savarduum,
civitas etiam Albia, cum vicino castro quod dicitur
Ambiletum. Nec reticendum quod plures de illis
quos nobilis comes in castris custodiendis posuerat, vel occiderunt proditores terræ, vel membris
detruncaverunt. Quid faceret comes Christi? Quis
in tanta adversitate non deficeret, in tanto discrimine non desperaret? Sed vir nobilis totum se in
Deum projiciens qui in prosperis erigi non novit,
deprimi non potuit in adversis. Facta sunt autem
omnia circa festum Dominicæ Nativitatis.

CAPUT XXXIII.
Comes Raimundus Romam proficiscitur.

Cum hæc agerentur, comes Tolosanus ad regem
Franciæ accessit, si quo modo posset obtinere a
rege, ut nova pædagia quæ de mandato legatorum
abjuraverat, per auxilium et confirmationem regis
posset tenere: ipse enim comes supra modum ad-
auxerat pædagia in terra sua, ob quam causam
multoties fuerat excommunicatus: sed cum nihil
apud regem proficere posset super detentionem
dictorum pædagiorum, recessit a rege Franciæ et
accessit ad dominum papam, tentans si quomodo
posset restitui terræ suæ, quam legati domini papæ
pro securitate occupaverant, sicut supra expressum
est, et summi pontificis gratiam adipisci: omnem
quippe humilitatem et subjectionem prætendebat
vir dolosissimus, et omnia quæcunque dominus
papa præciperet, promittebat se sollicite adimplere.
Quem dominus papa tot vitiis lacessivit, contumeliis tot confudit, quod quasi in desperatione positus, quid ageret ignorabat. Ipsum siquidem dicebat
incredulum, crucis persecutorem, fidei inimicum,
et vere sic erat. Verumtamen cogitans dominus
papa ne in desperationem versus, Ecclesiam quæ
in Narbonensi provincia pupilla erat, impugnaret
acrius et manifestius dictus comes indixit ei purgationem super duobus quibus maxime impetebatur criminibus, super morte videlicet legati fratris
Petri de Castronovo et super crimine hæreseos,
super quas purgationes, misit dominus papa litt-
teras suas episcopo Regiensi in provincia et ma-

gistro Theodisio, mandans quod si comes Tolosanus posset se sufficienter purgare super duobus
criminibus supradictis, reciperet ejus purgationem.
Interea magister Milo, qui, sicut supra dictum est,
in terra provinciæ, legatione pro pacis et fidei negotio fungebatur, convocavit apud Avenionensem
provinciam concilium prælatorum, in quo concilio
excommunicati fuerunt et expositi cives Tolosani,
pro eo quod ea quæ legato et crucesignatis promiserant de expulsione hæreticorum, contempserant
adimplere. Comes etiam Tolosanus in prædicto
concilio excommunicatus fuit, sub conditione tamen si, abjurata pædagia, denuo accipere atten-
taret.

CAPUT XXXIV.
Comes Raimundus spe quam in Galliæ rege repositam habebat excidit.

Rediens comes Tolosæ a Romana curia, venit ad
Othonem qui dicebatur imperator, ut ejus gratiam
acquireret, et ejus contra comitem Montis-fortis
auxilium imploraret. Inde venit ad regem Franciæ,
ut eum verbis fictis corrumpens posset ejus ad se
animum inclinare. Rex autem, utpote vir discretus
et providus, despexit eum quia contemptibilis erat
valde. Audiens autem comes Montis-fortis, quod
comes Tolosæ pergeret in Franciam, mandavit præcipuis hominibus suis de Francia, ut terram suam
et omnia quæ habebat ejus exponerent voluntati;
adhuc enim non erant hostes manifesti ad invicem.
Comes etiam Tolosanus præstito juramento promiserat quod filiam comitis Montis-fortis haberet filius
suus in uxorem: quod postea, spreto juramento,
fallax et inconstans facere recusavit. Videns comes
Tolosæ quod nihil apud regem proficeret, cum confusione ad propria remeavit: jam ad id quod dimisimus redeamus. Igitur nobilis comes Montis-
fortis hostibus suis undique circumseptus, hieme
illa in semetipso sese continuit, illud modicum terræ quod ei remanserat custodiens, suos etiam in-
festans sæpius inimicos: nec silendum quod licet
haberet infinitos hostes et paucissimos adjutores,
nunquam tamen ipsum ausi sunt aggredi bello
campali. Circa initium vero Quadragesimæ nuntiatur comiti uxorem suam comitissam (ipsam siquidem vocaverat a Francia) cum pluribus militibus advenire: quo audito, comes ivit ei obviam,
usque ad quoddam castrum in territorio Agathensi,
quod dicitur Pesenacum, ubi ipsam inveniens,
Carcassonam cum diligentia remeavit. Cum autem
veniret ad quoddam castrum quod dicitur Canis-
suspensus, dictum est ei quod homines cujusdam
castri, quod dicitur Monslauri prope monasterium
de Crassa, facta proditione, servientes ipsius qui
erant in turre castri impugnare cœpissent. Statim
comes et milites, dimittens comitissam in quodam
castro, illuc pergunt, et ita, sicut audierant, invenientes, multos de proditoribus illis ceperunt, et
patibulis suspenderunt; plures enim visis ex nostris fugerant. Post hæc venit comes et qui cum e-

erant Carcassonam, inde tendentes ad villam
quæ dicitur Alzona ipsam vacuam invenerunt :
unde procedentes venerunt ad quoddam castrum
quod dicitur Brom ; quod contra se munitum invenientes, obsederunt, et infra triduum ceperunt sine
machinis per insultum, hominibus autem castri
illius plusquam centum oculos eruerunt, nasos am-
putaverunt, dimittentes uni eorum unum oculum
ut in sugillationem inimicorum nostrorum omnes
alios duceret Cabaretum. Hoc autem fieri fecit comes, non quia placeret ei talis detruncatio membrorum hominibus illata, sed quia adversarii sui
hoc incœperant; et quoscunque de nostris invenire
poterant, membrorum detruncatione, carnifices crudelissimi trucidabant : justum enim erat ut, in foveam incidentes quam foderant (*Psal.* vii), bibe-
rent aliquando calicem quem aliis sæpissime propi-
narent. Nunquam enim delectabatur nobilis comes
aliqua crudelitate, vel cruciatibus alicujus, omnium
siquidem mitissimus erat : Illud poeticum ei manifestissime congruebat:

Hic piger ad pœnas princeps, ad præmia velox :
Quique dolet, quoties cogitur esse ferox.
(Ovid., *De Ponto* lib. 1, ep. 2.)

Ex tunc Dominus qui videbatur aliquantulum ob-
dormisse, suorum resurgens in adjutorium famulorum, manifestius facere nobiscum manifestavit :
in brevi siquidem spatio totum acquisivimus territorium Minerbense, præter ipsam Minerbam et quoddam castrum quod Ventilon dicebatur. Contigit die
quodam, prope Cabaretum, miraculum quod non
credimus prætermittendum. Peregrini nostri a Francia venerant ; ad præceptum comitis exstirpabant
vineas Cabareti : unus autem ex adversariis jactu
balistæ sagittam in quemdam de nostris dirigens,
percussit eum valide in pectore, in loco in quo
crucis signum affixum erat , putantibus autem omnibus quod mortuus esset ; erat enim penitus iner-
mis, ita illæsus inventus est quod vix sagitta nec
etiam vestimentorum ejus aliquantulum potuerit
penetrare, sed resilivit ac si lapidem durissimum
percussisset. O mira Dei potentia! o virtus immensa !

CAPUT XXXV.
Obsidio Alarici.

Circa Pascha vero venit comes et sui ad obsidendum quoddam castrum inter Carcassonam et Narbonam, quod Alaricum dicebatur : castrum illud in
montanis positum erat, et undique rupibus circum-
septum. Cum difficultate igitur maxima et dura ac-
ris temperie obsidentes nostri castrum illud, infra
undecim dies illi qui intus erant de nocte fugientibus ceperunt : plurimi de illis de castro interfecti
sunt, qui manus nostrorum effugere non potuerunt.
Inde redeuntes nostri Carcassonam, non multo post
ierunt ad castrum Apamiarum. Siquidem convenerunt prope castrum illud rex Arragonensis, comes Tolosæ et comes Fuxi, ut facerent pacem inter

comitem nostrum et comitem Fuxensem : quod
cum facere non potuissent, rex Arragonensis et
comes Tolosæ ierunt Tolosam. Comes autem Montis-
fortis dirigens aciem versus Fuxum, ibi ostendit mirabilem probitatem, veniens siquidem prope castrum,
omnes adversarios qui pro foribus stabant cum
unico milite impetiit, et, quod mirum est, omnes
intromisit, qui etiam post ipsos intrasset, nisi pontem castri ante faciem ejus clausissent. Sed cum
rediret de castro comes, militem qui eum secutus
fuerat illi de castro qui undique super muros
erant, lapidibus obruerunt, angusta siquidem erat
via et muris undique circumclusa, destructisque
terris, vineis et arboribus prope Fuxum, comes
noster rediit Carcassonam.

CAPUT XXXVI.
Heretici Arragonum regem sibi præfici cupiunt, quod ipse renuit.

Tempore illo, Petrus Rogerii dominus Cabareti,
et Raimundus Thermarum, et Aimericus dominus
Montis-regalis et alii milites qui Ecclesiæ et comiti
resistebant, mandaverunt regi Arragonensi, qui erat
in partibus illis, ut veniret ad eos, et constituentes
illum dominum suum, traderent ei totam terram.
Quod cum comes noster audisset, habuit cum militibus suis consilium, quid agere deberet. Tunc diversis diversa dicentibus, comes et sui, in hoc convenerunt ut munitionem quamdam, quæ erat juxta
Montem-regalem, obsiderent, siquidem apud Montem-regalem, congregati erant milites supradicti, regis adventum ibi exspectantes ; hoc autem ideo volebat facere comes, ut cognoscerent adversarii sui
quod a facie eorum non timebat. Paucissimos autem tunc milites habebat comes noster. Quid plura ?
Pergunt nostri ad obsidendam munitionem supradictam, quæ dicitur Bellagarda. In crastino venit
rex Arragonensis prope Montem-regalem : milites
autem qui eum vocaverant, et multos jam dies fecerant in victualibus copiosissime præparandis,
exierunt a Monte-regali, et venerunt ad regem, rogantes ut intraret Montem-regalem et facerent ei hominium, sicut mandaverant : hoc autem facere volebant ut possent expellere de terra illa comitem
Montis-fortis. Rex autem statim ut sic accesserunt
ad eum, voluit ut traderent ei munitionem castri Cabareti. Insuper dixit quod hac conditione eos reciperet in homines, si quotiescunque vellet suas ei
traderent munitiones. Consilio igitur inter se habito, prædicti milites rogaverunt iterum regem ut
intraret Montem-regalem, et ipsi facerent ei sicut
promiserant, quia rex nullo modo voluit intrare,
nisi prius facerent ei quod volebat : quod cum facere noluissent, unusquisque ipsorum cum confusione a loco colloquii recessit. Rex vero misit ad
comitem Montis-fortis et mandavit ei, dum esset comes in obsidione præfatæ munitionis, ut daret treugas comiti Fuxi usque in Pascha : quod factum est;
captæ sunt ab hostibus et dirutæ.

CAPUT XXXVII.

Obsidio Minerbæ.

Anno ab Incarnatione Domini 1210, circa festum B. Joannis Baptistæ, cives Narbonenses mandaverunt comiti nostro ut obsideret Minerbam, et ipsi pro posse suo eum adjuvarent. Hoc autem faciebant, quia illi de Minerba eos nimis infestabant, magisque eos ad hoc movebat amor utilitatis propriæ quam zelus religionis Christianæ. Comes autem mandavit Aimerico domino Narbonæ et civibus omnibus, quod si vellent eum juvare melius quam antea fecerant, et cum ipso usque ad captionem perseverare, obsideret Minerbam : quod cum illi promisissent, statim ad obsidendam Minerbam comes cum suis militibus properavit. Quo cum pervenissent, comes Montis fortis tentoria ab oriente ; quidam miles comitis qui dicebatur Guido de Luecio, cum Vasconibus qui aderant, fixit tentoria ab occidente; ab aquilone Aimericus de Narbona cum civibus suis; a meridie quidam alii peregrini : in toto enim exercitu non erat aliquis præpotens, nisi comes et Aimericus de Narbona. Castrum autem illud incredibilis erat fortitudinis, profundissimis quippe et nativis vallibus cingebatur ; itaque si necessitas ingrueret, non poterat exercitus exercitui sine maximo discrimine subvenire. Post hæc à parte Vasconum erecta est quædam machina, quæ dicitur mangonellus, in qua die ac nocte instantissime laborabant. A meridie similiter et aquilone erectæ fuerunt duæ machinæ, una hinc, alia inde. A parte vero comitis, id est ab oriente, erat magna et optima petraria, quæ unaquaque die constabat in conducendis trahentibus ad machinam xxi librarum.

Postquam autem nostri aliquantulum temporis in expugnatione castri laboraverant memorati, quadam nocte Dominica exeuntes illi de castro, venerunt ad locum ubi erat petraria, cophinosque plenos stupa, lignis siccis minutis et adipe unctis instrumentis, dorso petrariæ applicuerunt, mox igne supposito flamma altius se infundit. Erat quippe tempus æstivum et calidissimum, circa festum, ut dictum est, S. Joannis. Contigit autem, volente Deo, quod unus de illis qui trahebant ad petrariam, secessit in illa hora ad exquisita naturæ : qui, viso igne, vehementius exclamavit ; mox unus ex illis qui ignem apposuerant, lanceam projiciens, illum graviter vulneravit : fit strepitus in exercitu, currunt multi, ipsamque petrariam tam miraculose et subito mox defendunt, quod nisi per duos ictus jacere non cessavit. Post aliquot vero dies, cum dictæ machinæ, castrum ex magna parte debilitassent, deficientibus etiam victualibus, defecit illis qui intus erant, animus resistendi. Quid plura? Postulant pacem adversarii. Exit foras dominus castri, nomine Guillelmus de Minerba, cum comite locuturus ; dum autem loquerentur, abbas Cisterciensis, et magister Theodisius, de quo supra mentionem fecimus, subito ex insperato supervenerunt.

Comes vero noster, utpote vir discretus et cum consilio cuncta agens, dixit quod de deditione et receptione castri nihil faceret, nisi quod abbas Cisterciensis totius negotii Christi magister, decerneret faciendum : quo audito, abbas valde doluit utpote inimicos Christi mori desiderans, et tamen ad mortem judicare non audens, cum esset monachus et sacerdos. Cogitans ergo quomodo comitem vel dictum Guillelmum, qui etiam super redditione castri se abbatis arbitrio offerebat, posset a compromissione, quam inter se fecerant revocare : jussit ut uterque, comes videlicet et Guillelmus, modum redditionis castri in scriptum redigerent : hoc autem faciebat, ut dum scriptum unius alteri non placeret, a compromissione quam fecerant resiliret. Scriptum Guillelmi, dum esset coram comite recitatum, non acquievit comes, sed dixit domino castri ut intraret castrum suum, et se defenderet sicut posset : quod ille noluit, sed subjecit se per omnia comitis voluntati ; nihilominus tamen comes voluit, ut totum fieret, prout abbas Cisterciensis disponeret faciendum. Ordinavit igitur abbas ut dominus castri et omnes qui in castro erant, credentes etiam hæreticorum, si vellent reconciliari et stare mandato Ecclesiæ, vivi evaderent, castro comiti remanente ; perfecti etiam hæretici, quorum ibi erat plurima multitudo, nihilominus evaderent, si ad fidem Catholicam converti vellent. Quod audiens vir nobilis et totus in fide Catholicus Robertus Malus-Vicinus qui aderat, quia scilicet liberarentur hæretici, propter quos perdendos advenerant peregrini, timens quod ne forte timore ducti, cum jam capti essent, quidquid nostri vellent promitterent adimplere, resistens abbati in faciem dicit, quod hoc nostri nullomodo sustinerent. Cui abbas respondit : « Ne timeas, quia credo quod paucissimi convertentur. » His diebus præcedente cruce, et vexillo comitis subsequente, villam intrant nostri, et cantantes Te Deum laudamus, ecclesiam adeunt, quam reconciliatam, crucem Dominicam in summitate turris ponunt, vexillum comitis alia in parte locantes. Christus quippe villam ceperat, et dignum erat ut vexillum ejus præcederet, et in eminentiori loco positum, Christianæ victoriæ testimonium perhiberet ; verumtamen comes tunc non intravit.

His gestis, venerabilis abbas vallium Sarnay, qui erat cum comite in obsidione, negotiumque Christi unico amplectebatur affectu, audiens hæreticorum multitudinem congregatam in quadam domo, accessit ad eos perferens illis verba pacis et salutis monita, ipsos in melius convertere cupiebat : qui verba ejus interrumpentes, omnes una voce dixerunt : « Quare verbis prædicatis, fidem vestram nolumus ; Romanam Ecclesiam abdicamus ; in vanum laboratis ; a secta quam tenemus nec mors nec vita poterit nos revocare (Rom. viii) : » quo audito, mox abbas venerabilis exivit a domo illa, et ad mulieres, quæ in alia mansione erant congregatæ, verbum prædicationis oblaturus accessit : sed si hæreticos duros et obstinaces invenerat, obstinaciores invenit hæreticas, et penitus duriores. Mox comes noster intravit castrum, et veniens in domum ubi erant hæretici omnes congregati in unum (*Act.* iv), vir catholicus et volens omnes salvos fieri, et ad agnitionem veritatis venire, cœpit monere ut ad fidem Christi converterentur : sed cum nihil penitus proficeret, fecit eos extrahi de castro, erant autem perfecti hæretici centum quadraginta vel amplius. Præparato igitur igne copioso, omnes in ipso projiciuntur ; nec tamen opus fuit quod nostri eos projicerent, quia obstinati in sua nequitia, omnès se in ignem ultro præcipitabant. Tres tamen mulieres evaserunt, quas nobilis domina mater Buchardi de Marliaco ab igne eripuit, et sanctæ Ecclesiæ reconciliari fecit. Combustis igitur hæreticis, cæteri omnes qui erant, abjurata hæresi, sanctæ sunt Ecclesiæ reconciliati. Nobilis etiam comes dedit Guillelmo, qui fuerat dominus Minerbæ, alios redditus prope Biterrim ; sed ille non multo post, spreta fidelitate, quam Deo et comiti promiserat, recedens a Deo et comite, se inimicis fidei sociavit.

Non credimus etiam prætermittendum duo miracula quæ in obsidione castri Minerbæ contigerunt, siquidem quando exercitus pervenit ad obsidendum castrum, aqua quædam defluebat prope castrum, et erat modicissima : sed divina miseratione in adventu nostrorum ita subito excrevit aqua illa, quod suffecit abundantissime toto tempore obsidionis hominibus exercitus et equis. Duravit vero ipsa obsidio ferme per septem hebdomadas : recedente vero exercitu, sæpedicta aqua retraxit se et facta est modicissima sicut prius. O Dei magnalia! o bonitas Redemptoris! Item aliud miraculum. Cum recederet comes a castro Minerbæ, pedites exercitus mansiunculis quas fecerant peregrini de ramis et frondibus ignem miserunt ; cellulæ autem quæ erant siccissimæ ita statim accensæ sunt et tanta in altum per totam vallem flamma erupit, ac si aliqua civitas maxima comburentur : erat autem quædam cellula de frondibus similiter, in qua sacerdos quidam tempore obsidionis celebraverat, aliis mansiunculis circumclusa, quæ ita miraculose ab igne est illæsa servata, ut nec etiam aliquod in ea adustionis indicium appareret, sicut a venerabilibus personis quæ præsentes erant audivi. Statim currentes nostri ad mirabilem visionem, invenerunt quod cellulæ quæ combustæ sunt, illi cellulæ quæ incombusta mansit undique a dimidii pedis spatio jungebantur. O virtus immensa !

CAPUT XXXVIII.
Cruces in speciem fulgetræ in muris templi Virginis Deiparæ Tolosæ apparent conspicuæ.

Miraculum aliud quod contigit apud Tolosam, dum esset comes noster in obsidione Minerbæ, hic duximus inserendum. In civitate illa, prope palatium comitis Tolosæ, est quædam ecclesia fundata in honorem B. Mariæ Virginis ; parietes autem illius ecclesiæ de novo erant forinsecus dealbati. Quodam autem die ad vesperum cœperunt videri infinitæ cruces in parietibus ipsius ecclesiæ circumquaque, quæ videbantur quasi argenteæ ipsis parietibus albiores ; erant enim cruces semper in motu, apparentesque subito statim non videbantur ; siquidem multi eas videbant, sed aliis se ostendere non volebant ; ante enim quam posset digitum levare quis, disparuerat crux cui volebat ostendere : nam in modum coruscationis apparebant nunc majores, nunc mediæ, nunc minores. Duravit visio ista fere per quindecim dies singulis diebus ad vesperam, itaque fere omnis populus civitatis Tolosæ hæc viderunt. Ut vero fides dictis adhibeatur, sciat lector quod Fulco Tolosanus, Raimundus Biterrensis episcopi et abbas Cisterciensis apostolicæ sedis legatus et magister Theodisius qui in Tolosa tunc erant, viderunt, et mihi per ordinem narraverunt. Accidit autem, Deo disponente, quod capellanus prædictæ ecclesiæ, cruces videre non potuit prænotatas : quadam igitur nocte intrans ipsam ecclesiam, dedit se in orationem, rogans Dominum ut sibi dignaretur ostendere quod viderant fere omnes : subito autem vidit innumerabiles cruces, non in parietibus, sed in aere circumfuso, inter quas una cæteris major et eminentior cunctis erat : mox egrediente majore de ecclesia, omnes egressæ sunt post illam, cœperuntque recto cursu tendere versus portam civitatis ; sacerdos autem vehementissimo stupefactus, cruces illas sequebatur ; et dum essent in egressu civitatis, visum est sacerdoti quod quidam tendens in civitatem reverendus et decorus aspectu, evaginatum tenens gladium, crucibus illis præbentibus ei auxilium, quemdam magnum hominem egredientem de civitate in ipso ingressu interfecit : sæpedictus itaque sacerdos factus quasi exanimis præ timore cucurrit ad dominum Uticensem episcopum, procidensque ad pedes ejus, istud sibi per ordinem enarravit.

CAPUT XXXIX.
Comes Raimundus per legatum sedis apostolicæ a communione fidelium segregatur.

Circa idem tempus comes Tolosanus qui, sicut supradictum est, accesserat ad dominum papam, redierat a curia Romana. Dominus autem papa, sicut superius tetigimus, mandabat episcopo Regiensi et M. Theodisio, ut præfato comiti indiceret purgationem super duobus maxime criminibus, super mortem videlicet F. P. de Castronovo apostolicæ sedis legati et super crimine hæreseos. Magister vero Theodisius intravit Tolosam dum essent nostri in obsidione Minerbæ, sicut continetur in prædicto miraculo, ut super indicenda purgatione dicto comiti, consuleret abbatem Cistercii, qui erat in partibus Tolosanis, et ut de mandato summi pontificis, secundum formam Ecclesiæ cives absolveret Tolosanos, recepto scilicet juramento quod starent mandato Ecclesiæ ; sed episcopus Tolosanus jam absolverat eos juxta formam prædictam, acceptis insuper pro obsidibus et securitate decem civibus de melioribus civitatis. Cum intrasset prædictus M. Theodisius Tolosam, habuit secretum colloquium cum abbate Cisterciensi, super admittenda purgatione comitis Tolosani. M. vero Theodisius utpote circumspectus et providus, de negotio Dei valde sollicitus, ad hæc omnimodis aspirabat ut posset de jure repellere ab indicenda ei purgatione comitem memoratum : videbat enim quod si admitteret eum ad purgationem, et ipse per aliquas falsitates et dolos posset se purgare, destrueretur Ecclesia in partibus illis, periret fides et devotio Christiana.

Dum igitur super his omnibus sollicitus esset et secum tentaret, aperuit Dominus viam, modum insinuans quo posset negare purgationem comiti sæpedicto ; habuit recursum ad litteras domini papæ, in quibus summus pontifex inter alia dicebat : « Volumus ut comes Tolosanus impleat mandata nostra multa : » quippe mandata facta fuerant comiti Tolosano, utpote de expulsione hæreticorum de terra sua, de dimittendis novis pædagiis et plura alia, quæ omnia adimplere contempsit. Igitur M. Theodisius cum socio suo episcopo scilicet Regiensi, ne viderentur gravare vel injuriari comiti Tolosano, præfixerunt ipsi comiti diem admittendæ purgationis ipsius apud villam S. Ægidii. Igitur, convocatis in villa S. Ægidii ab episcopo Regiensi, M. Theodisio archiepiscopis et episcopis et aliis pluribus Ecclesiarum prælatis, comes etiam adfuit Tolosanus, conaturus si posset quoquomodo purgare se de morte legati et crimine hæreseos. M. vero Theodisius de consilio prælatorum dixit comiti, quod non admitteretur purgatio ipsius, eo quod juxta mandatum summi pontificis, eorum quæ sibi mandata fuerant, et quæ se impleturum multoties juraverat nihil implesset. Dicebat siquidem magister, quod verisimile erat, imo manifestissimum, quod comes quædam juramenta non tenuerat, de mandatis levioribus adimplendis super purgatione sua de tam enormibus criminibus, utpote morte legati ac crimine hæreseos facillime imo libentissime per se et suos complices pejeraret, ideoque ipsum comitem nullo modo admittendum esse dicebat ad purgationem super tantis criminibus, nisi prius mandata implevisset levia. Quod audiens comes Tolosanus, ex innata sibi nequitia, cœpit flere. Magister vero sciens, quod lacrymæ non erant lacrymæ devotionis et pænitentiæ, sed nequitiæ et doloris, dixit comiti : In diluvio aquarum multarum, ad eum non approximabunt (Psal. xxxi). Statim communi consilio et assensu prælatorum, propter multas et multum rationabiles causas, iterum excommunicatus fuit in eo loco comes nequissimus Tolosanus, et omnes fautores et adjutores ejusdem : nec silendum quod antequam omnia ista fierent in præterita hieme decesserat apud Montempessulanum M. Milo apostolicæ sedis legatus. Jam ad narrationis nostræ seriem revertamur. Capto igitur castro Minerbæ circa festum B. Mariæ Magdalenæ venit ad comitem nostrum quidam miles dominus cujusdam castri qui vocabatur Ventilo, et se et suum castrum reddidit comiti. Comes autem, quia per castrum illud multa mala evenerant Christianis, ad ipsum iter dirigens, turrim ipsius funditus evertit. Audiens dominus Montis-regalis Aymericus et homines ipsius castri, quod capta esset Minerba, timentes sibi, miserunt ad comitem rogantes de pace in hunc modum : Promisit idem Aymericus quod traderet comiti castrum Montis-regalis, dummodo comes daret ei aliam terram competentem planam et immunitam. Quod comes annuens, sicut postulaverat fecit ei ; sed ipse postmodum utpote pessimus traditor, fracto fœdere, recedens a dicto comite, crucis hostibus se conjunxit.

CAPUT XL.

Obsidio Thermarum.

Ipso tempore supervenit a Francia nobilis quidam Guillelmus nomine Decaicus, crucesignatus et quidam alii peregrini nuntiantes etiam comiti ingentem Britonum multitudinem advenire. Habito igitur comes cum suis consilio, confidens de Dei adjutorio, direxit aciem ad obsidendum castrum Thermarum. Dum autem iret comes ad castrum illud, milites qui erant Carcassonæ, exstruxerunt machinas quæ erant in civitate et portari fecerunt eas extra civitatem ut deferrentur post comitem qui properabat ad obsidendum Therma. Quod audientes hostes nostri qui erant Cabareti, scilicet quod machinæ nostræ expositæ erant extra Carcassonam, venerunt media nocte cum magna et armata multitudine, si forte possent eas securibus debilitare : qui cum venissent, exierunt nostri de civitate, qui paucissimi erant, ipsosque aggredientes et viriliter effugantes, fugientes circumquaque longius sunt secuti. Nec siquidem conquievit furor adversariorum ; sed adhuc imminente diluculo redierunt, si forte possent dictas machinas in aliquo debilitare : quod nostri percipientes exierunt ad eos et longius et virilius quam antea fecerunt effugare. Dominum etiam Cabareti Petrum Rogerii bis vel ter cepissent ; sed ipse cum nostris cœpit clamare : Mons-fortis, Mons-fortis, præ timore ac si noster esset ; sicque evadens et fugiens per montana nonnisi post duos dies rediit Cabaretum. Britones autem, de quibus supra fecimus mentionem, tendentes ad comitem, venerunt ad castellum, nomine Arrii, quod adhuc erat comitis Tolosæ in territorio Tolosano ; sed burgenses castelli novi Arrii noluerunt eos admittere intra castrum, sed in agris et hortis manere fecerunt nocte illa ; comes siquidem Tolosæ negotium Christi, quantum poterat, latenter impediebat. Venientes Britones Carcassonam, machinas, quas supra diximus, post comitem qui tendebat ad obsidionem Thermarum, portaverunt.

Erat autem castrum Thermarum in territorio

Narbonensi distans quinque leucis a Carcassona, castrum illud miræ et incredibilis erat fortitudinis, et quantum ad humanam æstimationem penitus inexpugnabile videbatur : in altissimi siquidem montis supercilio situm erat, super rupem maximam vivam propriam fundissimis et inaccessibilibus abyssis in circuitu cingebatur, a quibus abyssis aqua fluebat, castrum circuiens prænotatum. Item valles illas, tam magnæ, et, ut ita dicam, indescensibiles cingebant rupes, quod si quis vellet ad castrum accedere, oporteret eum præcipitare in abyssum, itemque, ut ita dixerim, repere versus cœlum. Erat præterea prope castrum ad jactum lapidis rupis quædam, in cujus summitate erat turrita munitio modica, sed fortissima, quæ vulgo Tumetum dicebatur. Ita ergo situm castrum Thermarum ex una solummodo parte adiri poterat, quia ex illa parte humiliores et inaccessibiles minus erant rupes. Castri siquidem hujus dominus erat miles quidam, nomine Raimundus, senex versus in reprobum sensum, et manifestus hæreticus, qui, ut summatim ejus malitiam exprimamus, nec Deum timebat, nec homines verebatur : de fortitudine siquidem munitæ munitionis suæ adeo præsumebat, quod modo impugnabat regem Arragonum, modo comitem Tolosanum, modo dominum suum videlicet comitem Biterrensem. Audiens tyrannus iste quod comes noster proponeret castrum Thermarum obsidere, milites quoscunque potuit adunavit, victualibusque copiosissimis et cæteris ad defendendum necessariis, castrum muniens sæpedictum paravit se ad resistendum. Veniens comes noster ad castrum, obsedit illud, cum paucis partem ejus modicam obsidendo occupavit. Illi autem qui intus erant multi et muniti a facie exercitus nostri qui erat modicus non timentes, ad hauriendam aquam ad omnia sibi necessaria videntibus nostris et resistere non valentibus, exibant libere et intrabant. Dum hæc et similia agerentur, veniebant de die in diem pauci et guttatim ad exercitum Francigenæ peregrini : adversarii autem nostri statim ut videbant hos peregrinos advenire, ascendentes muros in suggillationem nostrorum, quia scilicet illi qui veniebant erant paucissimi et inermes, irrisione conclamabant : « Fugite a facie exercitus, fugite a facie exercitus. » Non multo post, cœperunt venire cum turbis et multitudine de Francia et Alemannia peregrini. Nostri vero adversarii hæc videntes, versique in timorem, a derisione prædicta cessaverunt, minusque præsumentes facti sunt et audaces. Interea illi de Cabareto, præcipui et crudelissimi Christianæ religionis tunc temporis inimici, venientes prope Thermas, nocte et die stratas publicas circuibant, et quoscunque de nostris invenire poterant, vel morte turpissima condemnabant, vel in contemptum Dei et nostrum, oculis, nasis, cæteris membris crudelissime detruncatis ad exercitum remittebant.

CAPUT XLI.

Carnotensis et Bellovacus præsules, cum comitibus Drocensi et Pontivo in Catholicorum castra perveniunt.

Rebus sic se habentibus, supervenerunt de Francia viri nobiles et potentes, Carnotensis videlicet episcopus, Belvacensis episcopus Philippus, comes Robertus de Drocis comes etiam Pontivi habentes secum peregrinorum multitudinem copiosam : de quorum adventu comes totusque exercitus lætabundi effecti sunt et gaudentes ; sperabatur siquidem quod potentes et potenter operarentur in manu potenti et brachio excelso (*Psal.* cxxxv), Christianæ fidei contererent inimicos ; sed qui deponit potentes, humilibus dat gratiam (*Luc.* i), per potentes illos magnum quid vel honorificum noluit operari, secreto suo judicio quo ipse novit : verumtamen quantum ex humana perpenditur ratione, hoc ideo fecisse creditur justus judex, quia scilicet, vel illi non fuerunt digni, per quos magna et laudabilia operaretur magnus et laudabilis Deus (*Psal.* xcv), vel quia si quando per magnos vel magnifice fieret, totum ascriberetur humanæ potentiæ non divinæ. Ordinavit igitur melius cœlestis dispositor ut victoriam istam pauperibus reservaret, per eosque gloriose triumphans, nomini suo daret gloriam gloriosus. Interea comes noster erigi fecerat machinas quæ petrariæ nuncupabantur, quibus ad primum castri murum jacientibus, nostri in expugnatione quotidie laborabant. Erat in exercitu, vir venerabilis, Guillelmus, videlicet archidiaconus Parisiensis, qui zelo fidei Christianæ succensus, totum se pro Christi servitio laboriosis sollicitudinibus exponebat : prædicabat quotidie, instituebat collectas in sumptus machinarum, cæteraque hujus necessariæ sedulitatis officia providus exercebat. Ibat sæpissime ad nemus, ducens secum multitudinem peregrinorum, et ligna ad usus petrariarum deferri copiosissime faciebat. Quadam etiam die, cum nostri vellent quamdam machinam erigere prope castrum, vallisque profunda eos impediret, vir magnæ constantiæ, vir fervoris incomparabilis, adversus hujusmodi impedimentum, in spiritu consilii et fortitudinis (*Isa.* xi) per necessarium excogitabat remedium. Peregrinos siquidem ducens ad nemus, jussit afferri lignorum abundantiam copiosam, vallemque illam lignis, terra, lapidibus impleri fecit : quo facto, nostri dictam machinam in loci illius planitie locaverunt. Et quia non possemus omnes providas et sollicitas strenuitates dicti archidiaconi, laboresque quos in dicta obsidione sustinuit ad plenum exprimere, breviter hoc asserimus, quod huic præ cæteris, imo soli post Deum, ascribenda est pervigil, et diligentissima hujus obsidionis cura, victoria captionis. Erat siquidem sanctitate præclarus, consilio providus, animo virtuosus : cui in hujus negotii exercitio tantam gratiam divina virtus contulerat, ut in omnibus quæ ad obsidionem necessaria videbantur, peritissimus haberetur. Docebat quippe fabros, carpentarios instruebat, omnemque artificem in edocendis his quæ ad obsidionis spectabant negotium superabat, impleri faciebat valles, sicut jam dictum est, itemque cum necesse esset, altos colles profundis vallibus adæquari.

Adaptatis igitur prope castrum machinis ad murum castri per dies singulos jacientibus, cum primum murum castri viderent nostri ex continuo jactu lapidum debilitatum, armaverunt se ut primum burgum caperent per insultum : quod videntes adversarii, appropinquantibus nostris ad murum, in burgo illo ignem miserunt, et se in burgum superius receperunt ; sed cum nostri primum burgum intrassent, exeuntes ad eos adversarii, ipsos a burgo illo effugando, citius expulerunt. Dum res ita se haberet, videntes nostri quod turris quæ erat prope castrum, de qua supra mentionem fecimus, quæ vocatur Tumetum, militibus munita, captionem castri plurimum impediret, cogitaverunt quomodo caperent turrim illam. Ad pedem igitur turris illius, quæ in summitate rupis cujusdam, sicut superius diximus, erat sita, posuerunt excubias, ne illi de turre ad castra accederent, vel illi de castro eis qui in turre erant, si necessitas ingrueret, subvenirent. Post paucos etiam dies nostri inter castrum Thermarum et turrim prædictam in loco inaccessibili cum maxima difficultate et discrimine erexerunt machinam unam quæ dicitur mangonellus. Illi autem de castro mangonellum unum erigentes, super machinam nostram grandes jaciebant lapides, sed illam dirimere nequiverunt. Mangonello igitur nostro ad sæpedictam turrim continuo jaciente, videntes illi qui intus erant quod obsessi essent, et quia illi de castro in nullo eos poterant adjuvare, nocte quadam, diei timore ducti, fugæ præsidia quæsierunt, turrim vacuam dimittentes: quod cum servientes Carnotensis episcopi cognovissent,qui ad pedem turris excubias observabant, statim intraverunt, vexillumque dicti episcopi in turris superius memoratæ cacumine locaverunt. Dum hæc fierent, petrariæ nostræ ex alia parte ad muros castri continuo jacebant, sed adversarii nostri utpote fortissimi et astuti, quando videbant quod machinæ nostræ murorum suorum aliquid debilitarent, statim prope murum illum interius de lignis et lapidibus, aliud repagulum construebant : sicque contingebat quod quoties nostri aliquid de muris intrabant, impediente repagulo quod adversarii fecerant, ulterius procedere non valebant : et quia non possumus omnes eventus hujus obsidionis exprimere, hoc breviter dicimus quod illi de castro nunquam aliquid de muris perdiderunt, quin, ut superius diximus, murum alium interius ædificarent.

Dum hæc agerentur, erexerunt nostri mangonellum unum sub quadam rupe, prope castri murum, in loco inaccessibili. Cum autem jaceret mangonellus ille, hostes nostros non modicum damnificabat. Deputavit autem comes noster ad custodiam illius mangonelli trecentos servientes et quinque milites : valde enim timebatur de mangonello illo, tum quia sciebant nostri quod hostes nostri omnem darent operam ut destruerent illum, eo quod valde eos infestaret ; tum quia illi qui erant in exercitu non possent subvenire illis qui custodiebant mangonellum, si necessitas immineret, propter inaccessibilitatem loci in quo erat mangonellus. Quodam igitur die excuntes a castro adversarii, cum scutis usque ad octoginta, præparabant ad diruendum mangonellum. Sequebantur autem eos alii infiniti portantes ligna, ignem, etc., ad ignis incentivum necessaria : videntes autem trecenti servientes nostri qui custodiebant mangonellum adversarios venientes, timore ducti omnes fugerunt, ita quod non remanserunt ad mangonellum custodiendum, nisi quinque milites. Quid plura ? Appropinquantibus adversariis, fugerunt omnes milites nostri, præter unum qui vocabatur Guillelmus Scureto. Iste siquidem ut vidit eos venientes, cum maxima difficultate cœpit ascendere per desuper rupem contra eos ; illi autem unanimes irruerunt in eum ; ipse enim strenuissime se defendebat. Videntes autem hostes quod non poterant eum capere, cum lanceis projecerunt eum super mangonellum nostrum, et post eum ligna sicca et ignem ; vir autem probissimus statim surgens, statim ignem dispersit, ita quod mangonellus permansit illæsus : cœpit iterum miles noster ascendere versus hostes ; illi autem projecerunt eum, sicut antea fecerant, ignemque super ipsum. Quid plura ? Iterum surgit, hostesque appetit ; ipsi illum reprojiciunt super mangonellum usque quater. Videntes autem nostri, quod miles noster non posset evadere, eo quod nullus de nostris, posset ei subvenire, accesserunt ad murum castri, ex alia parte quasi impugnaturi : quod scientes adversarii, qui militem nostrum prædictum infestabant, retraxerunt se in castrum : miles autem noster, licet multum debilitatus vivus evasit, et per ejus incomparabilem probitatem mangonellus noster illæsus permansit. Interea nobilis comes Montis-fortis, paupertate tanta et tam urgentissima laborabat, quod sæpissime ipso etiam pane deficiente, quod comederet non habebat. Multoties quippe, sicut certissime didiscimus, imminente hora refectionis, dictus comes se de industria absentabat, et præ confusione non audebat in suum redire tentorium, eo quod esset hora comedendi, et ipse nec etiam panem solum haberet. Venerabilis autem archidiaconus Guillelmus, confratrias instituens, collectas, sicut diximus faciebat, et quidquid extorquere poterat exactor egregius, pius raptor in machinas et cætera ab obsidionem pertinentia, sollicitus expendebat.

Dum res ita se haberet, adversariis nostris aqua defecit ; nostri siquidem jamdudum obstruxerant aditus, et ad hauriendam aquam exire non poterant : deficiente igitur aqua, defecit eis virtus et animus resistendi. Quid plura? Loquuntur cum no-

stris, tractant de pace in hunc modum : Promittit A
Raimundus, dominus castri, quod nobili comiti traderet castrum illud, dummodo comes totam terram
aliam ei dimitteret : insuper castrum Thermarum
statim post Pascha ei reddere deberet. Dum autem
de compositione hujusmodi tractaretur, Carnotensis
et Belvacensis episcopi, comes etiam Robertus et
comes Pontivi recedere ab exercitu proponebant.
Supplicavit comes, rogaveruntque universi ut adhuc
in obsidione illa per tempus aliquantulum remanerent : sed cum illi nullomodo flecti potuissent, nobilis comitissa Montis-fortis eorum pedibus se pro-
volvit affectuose supplicans, ne in tantæ necessitatis articulo, negotio Domini exhiberent humerum
recedentem, comitique Jesu Christi, qui se pro universali Ecclesia morti quotidie exponebat, in tam
arcto discrimine subvenirent. Episcopus autem Belvacensis, et comes Robertus, et comes Pontivi de-
precati comitissæ noluerunt acquiescere ; sed dixerunt quod in crastino recederent, nec ullomodo
exspectarent, etiam unico die : Carnotensis autem
episcopus promisit quod adhuc aliquantulo tempore
cum comite remaneret.

CAPUT XLII.

Hæretici Thermense castrum dedere nolunt, sed
Deus in eorum exitium ingentem eis aquæ copiam
immittit.

Videns comes noster quod, recedentibus præfatis
viris, remaneret quasi solus, tam evidenti necessitate compulsus, licet invitus acquievit, ut modum C
compositionis reciperet quam adversarii offerebant.
Quid ultra ? Loquuntur nostri iterum cum adversariis, firmatur compositio supradicta. Statim mandavit comes Raimundo domino castri, ut exiens
redderet castrum suum : ille autem ipsa die exire
noluit, sed firmiter promisit quod in crastino redderet castrum summo mane. Dilationem autem
istam divina providentia voluit et providit, sicut in
eventu rerum manifestissimis probatum est argumentis : noluit etenim justissimus judex, Deus, illum
qui tot et tanta mala intulerat Ecclesiæ sanctæ
ejus, et adhuc, si posset, ampliora facturus, post
tanta crudelitatis exercitia immunem abire, recedere impunitum : ut enim de cæteris malitiis taceamus, jam triginta anni transierunt et amplius,
sicut a personis fide dignis audivimus, ex quo in
ecclesia castri Thermarum divina sacramenta non
fuerant celebrata. Nocte igitur insecuta, cœlo quasi
disrupto et cataractis apertis tam subito erupit
aquæ abundantia pluvialis, quod inimici nostri qui
aquæ penuria diu laboraverant et propter hoc reddere se proposuerant, aqua illa abundantissime
sunt refecti : cithara nostra in luctum vertitur
(*Thren.* v), luctus hostium in gaudium commutatur (*Jer.* xxxi) ; statim siquidem in tumorem versi,
resumpserunt vires et animos resistendi, eo utique
crudeliores affecti et ad persequendum nos perni-
ciosiores, quo divinum sibi in necessitate adminio-
culum præsumebant manifestius adfuisse. O stulta

et nequam præsumptio de illius se jactare adjutorio, cujus cultum abhorruerant, fidem etiam abdi-
carent ! dicebant siquidem, quia nolebat Deus ut
se redderent, pro se etiam factum asserebant, quod
divina justitia fecerat contra illos. Rebus sic se
habentibus, episcopus Belvacensis, comes Robertus
et comes Pontivi, imperfecto Christi negotio, imo
in arctissimo et periculoso dispendio derelicto, recesserunt ab exercitu, ad propria remeantes, et si
nobis dicere liceat quod ipsis facere non libuit,
non completa sua quadragesima recesserunt : ordinatum siquidem erat a sedis apostolicæ legatis, eo
quod plurimi de peregrinis tepidi erant, et semper
ad propria suspirantes, quod nullus consequeretur indulgentiam, quam crucesignatis fecerat do- B
minus papa, qui in servitio Jesu Christi, unam ad
minus non compleret quadragesimam. Summo autem diluculo, misit comes noster ad Raimundum
dominum castri, et mandavit ut redderet sicut et
die præcedenti promiserat castrum suum : ille autem aquæ abundantia refectus, pro cujus penuria
reddere se voluerat, videns etiam robur exercitus
recedere fere totum, a pacto quod fecerat inconstans et lubricus resilivit ; duo tamen milites, qui
in castro erant, quia die præcedenti promiserant
firmiter marescallo comitis nostri quod se redderent, exeuntes a castro etiam comiti reddiderunt.
Cum rediisset igitur, marescallus ad comitem, ipsum
enim miserat ut cum Raimundo loqueretur, et
verba Raimundi comiti retulisset, episcopus Carnotensis qui in crastino volebat recedere, rogat et
consulit ut marescallus ad Raimundum iterum re-
mittatur, eique quemlibet offerat compositionis modum, dummodo reddat comiti castrum suum : et
ut facilius respondendo possit persuadere quod
quærit, consulit episcopus Carnotensis quod marescallus ducat secum episcopum Carcassonensem
qui erat in exercitu, eo quod erat indigena et notus
carnifici : insuper mater ejus, quæ erat pessima
hæretica, esset in castro ; frater et ipsius episcopi
nomine Guillelmus de Rupeforti, de quo supra fecimus mentionem. Iste Guillelmus erat crudelissimus, unusque de pejoribus pro posse suo Ecclesiæ
inimicis. Venientes igitur dictus episcopus et ma- D
rescallus iterum ad Raimundum, verbis preces, precibus minas addunt, instantissime laborantes, ut
tyrannus eorum consiliis acquiescens, secundum
modum, quem supra diximus, reddat se comiti
nostro, imo Deo ; sed quia marescallus durum invenerat, obstinatum in malitia sua, episcopus Carcassonensis et marescallus, modo inveniunt duriorem : noluit etiam sustinere supradictus Raimundus, ut episcopus cum fratre Guillelmo secretius
loqueretur : nihil igitur proficientes, episcopus et
marescallus ad comitem revertuntur ; necdum tamen plene intelligebant nostri quod, sicut jam diximus, divina pietas hæc ordinabat, Ecclesiæ suæ
melius providendo. In crastino summo diluculo recessit episcopus Carnotensis, comes exiit cum eo

ab exercitu ipsum aliquantulum prosecuturus. Cum autem paululum longe esset ab exercitu, exeuntes adversarii multi et armati, unum de nostris volebant discindere mangonellis. Audiens autem comes clamorem exercitus, rediens concitus venit ad illos qui machinam discindebant, eos in castrum suum solus intrare compulit, vellent nollent, insecutusque eos viriliter non sine proprio vitæ dispendio diutius effugavit. O audacia principis! o virtus virilis! Post discessum igitur supradictorum nobilium, episcoporum videlicet et comitum, videns comes noster remansisse se quasi solum et pene penitus desolatum, in multa anxietate et perturbatione positus, quid ageret nesciebat : nullo modo enim volebat ab obsidione recedere, nec ibi poterat amplius remanere, multos quippe et armatos habebat adversarios, adjutores paucos et ex parte maxima inimicos, sicut enim prædiximus, totum robur exercitus recesserat cum episcopis et comitibus supradictis.

Erat præterea castrum Thermarum adhuc fortissimum, nec credebatur, quod nisi per multos et fortissimos capi posset : hiems insuper imminebat, quæ in locis illis asperrima esse solet ; in montanis quippe situm erat, sicut jam diximus, castrum Thermarum, ideoque propter pluviarum inundationem, ventorum turbinem, nivium abundantiam ultra modum frigidus et quasi inhabitabilis erat locus. Dum in hac tribulatione et angustia esset comes, et quod eligeret ignoraret, ecce quadam die supervenerunt a Lotharingia pedites peregrini, de quorum adventu exhilaratus comes, obsidionem firmavit contra Thermas, et, mediante industria venerabilis archidiaconi Guillelmi, resumpseruntque vires nostri, cœperuntque circa ea quæ ad obsidionem spectabant strenue laborare : statim machinas, quæ antea parum profecerant, propius ad muros castri transferentes, laborabant in ipsis continue, murosque castri non modicum debilitabant; miroque modo incomprehensibili Dei judicio contingebat res mirabilis quod machinæ, dum sæpedicti nobiles erant in exercitu, parum aut nihil profecerant : post eorum discessum ita recte jaciebant, ac si a Domino singuli lapides dirigerentur, et vere sic erat : a Domino quippe fiebat istud, eratque mirabile in oculis gentis nostræ (*Psal.* cxvii). Cum igitur nostri diutius laborassent in machinis, murosque et turrim castri ex magna parte debilitassent, quadam die in festo S. Cæciliæ, fecit comes viam quamdam, et telis cooperiri, per quam suffossores ad murum accedere et ipsum suffodere possent. Cum igitur comes in præparanda via illa tota die laborasset et jejunasset, imminente nocte, in vigilia S. Clementis videlicet, ad suum rediit tentorium : illi autem qui erant in castro, divina disponente clementia, et B. opitulante Clemente, versi in terrorem et penitus desperantes, statim exeuntes de castro, fugam arripere attentaverunt : quod illi de exercitu cognoscentes, statim clamore facto cœpe-

runt discurrere ut comprehenderent fugientes. Quid amplius immoremur? Quidam capti sunt vivi, plures etiam interfecti. Peregrinus autem quidam Carnotensis pauper et ignobilis, dum discurreret cum aliis, et fugientes sequeretur hostes, divino ordinante judicio, Raimundum dominum castri, qui in quodam loco se absconderat apprehendit, et apprehensum nostro comiti præsentavit : quod comes, quasi amplum munus suscipiens, non quidem eum occidit, sed in fundo turris Carcassonensis retrudi fecit, ubi per plures annos, dignas pro meritis pœnas et miserias sustinuit.

Contigit autem quiddam in obsidione Thermarum, quod prætermittere non debemus. Die quodam comes noster, machinam quamdam parvam, quæ lingua vulgari Catus dicitur, faciebat duci ad fodiendum castri murum. Dum igitur comes esset prope machinam illam et loqueretur cum quodam milite, brachiumque suum super collum illius causa familiaritatis teneret, ecce lapis ingens jactatus a mangonello adversariorum, cum maximo impetu veniens ab alto, percussit in capite militem prænotatum, mira Dei operante virtute, comes qui militem illum quasi amplexatus erat, illæsus permansit ; miles autem ictum mortis suscipiens exspiravit. Alia etiam die Dominica, erat comes in pampilione suo, missamque audiebat. Contigit autem, Dei providente clementia, dum staret erectus comes et audiret missam, quod serviens quidam, Deo disponente, retro ipsum prope dorsum ipsius staret, et ecce sagitta per balistam ab adversario emissa servientem illum percussit et occidit : quod divina pietate dispositum, nullus debet ambigere, ut videlicet dum serviens ille stans retro comitem ictum sagittæ susciperet, pius Deus Ecclesiæ suæ sanctæ athletam suum strenuissimum conservaret. Capto igitur castro Thermarum, et a nostris munito, in vigilia S. Clementis, comes noster direxit aciem ad castrum quoddam quod dicitur Constantia, quod vacuum inveniens, venit ad aliud castrum, quod Viridepodium vocatur, quod infra triduum sibi redditum recepit. His itaque gestis, proposuit comes ire in Albigensem diœcesim, ut castra quæ a domino ejus recesserant recuperaret : venit ergo ad castrum quod Castra dicitur, et burgenses reddiderunt ei castra, et submiserunt per omnia ejus voluntati. Inde venit comes ad castrum de Lumbers de quo prius fecimus mentionem, invenitque illud hominibus vacuum et victualibus plenum, milites enim et burgenses castri timore comitis omnes fugerant, eo quod in comitem proditionem fecissent. Comes vero castrum illud munivit statim, et usque in hodiernum diem in sua habet potestate. Quid amplius immoremur? Omnia fere castra Albigensis territorii citra Tarnum fluvium sub eodem temporis spatio recuperavit nobilis comes Christi.

Eodem tempore venit comes Tolosanus ad castrum quoddam prope Albiam, cum comite nostro colloquium habituro : ivit comes noster ad illud colloquium, et hostes parati erant rapere eum : comes enim Tolosæ quosdam pessimos traditores, qui comitem nostrum manifestissime impugnabant, adduxerat secum. Comes vero noster dixit comiti Tolosano : « Quid fecisti? Vos vocastis me ad colloquium, et vobiscum meos traditores adduxistis. » Respondit comes Tolosæ : « Non adduxi. » Cum hæc audisset comes noster, voluit eos rapere, comes autem Tolosæ supplicavit ei et noluit sustinere quod caperentur : ab illo igitur die cœpit comes Tolosæ inimicitias, quas adversus Ecclesiam et comitem nostrum conceperat, aliquantulum exercere.

CAPUT XLIII.

Solemne colloquium Narbonæ instituitur super negotiis comitum Tolosani et Fuxensis, cui intersunt rex Arragonensis, sedis apostolicæ legati, Simo a Monte-forti; sed sine profectu conventus dissolvitur.

Non post multos dies convenerunt apud Narbonam rex Arragonensis, comes Montis-fortis, comes etiam Tolosanus inter se colloquium habituri. Huic colloquio adfuerunt Uticensis episcopus et venerabilis abbas Cistercii, qui præcipue post Deum Jesu Christi negotium promovebat. Iste Uticensis episcopus Raimundus nomine, a multis diebus ardenter negotium fidei diligebat et quantum poterat promovebat, et illis diebus super eodem negotio cum abbate Cisterciensi legationis officio fungebatur. Adfuit et prædicto colloquio magister Theodisius, de quo superius facta est mentio, et multi alii viri sapientes et boni. Tractatum fuit in prædicto colloquio de comite Tolosæ et facta fuisset ei magna gratia et copiosa misericordia, si idem comes sanis consiliis acquiescere voluisset : volebat siquidem abbas Cistercii apostolicæ sedis legatus quod comes Tolosanus, dummodo hæreticos de terra sua expelleret, omnes dominicaturas et proprietates suas haberet integras et illæsas. Illa etiam jura quæ habebat in castris aliorum hæreticorum, quæ de feodo ejus erant, quæ idem comes dicebat esse ad minus quinquaginta, volebat præfatus legatus, ut quarta vel etiam tertia pars cederet in proprietatem comitis supradicti. Sprevit supradictus comes illam magnam gratiam, Deo utique in posterum Ecclesiæ suæ providente, et ita omni beneficio et gratia reddidit se indignum. Tractatum fuit præterea in prædicto colloquio de pace reformanda inter Ecclesiam et suum immanissimum persecutorem comitem videlicet Fuxensem. Ordinatum etiam fuit ad preces regis Arragonum, quod si comes ille juraret mandatum Ecclesiæ se facturum, juraret etiam quod crucesignatos præcipue comitem Montis-fortis de cætero nullatenus impugnaret. Comes noster redderet ei illud quod jam habebat de terra ipsius præter castrum quoddam quod Apamiæ nuncupatur : castrum siquidem illud nullo modo recuperare debebat, propter multas causas quæ inferius exprimentur : sed Deus æternus qui absconditorum est cognitor, qui novit omnia antequam fiant (*Dan. XIII*), nolens tot et tantas immanissimi hostis sui

crudelitates remanere impunitas, sciensque quanta mala de hac compositione contingeret in futurum, alto suo et incomprehensibili judicio, induravit cor comitis Fuxensis ; ita quod noluit recipere pacem istam, Deo utique Ecclesiam suam misericorditer visitante, ut dum hostis pacem recipere recusaret, futuræ deinde turbationis suæ ipse jam confirmativam sententiam in se daret.

Nec prætereundum quod rex Arragonum a quo comes Fuxi tenebat pro parte maxima terram suam, in castro Fuxi posuit custodes milites suos, et coram episcopo Uticensi et abbate Cisterciensi promisit, quod per terram illam nullum malum inferretur Christianitati. Juravit etiam idem rex coram dictis legatis quod, si comes Fuxi unquam a communione S. Ecclesiæ vellet recedere, et a familiaritate et amicitia et servitio comitis Montisfortis, rex ipse ad primam sæpedictorum legatorum vel comitis nostri requisitionem, in manus ipsius comitis nostri traderet castrum Fuxi. Super hoc dedit rex comiti nostro litteras suas patentes, conventionem istam plenius continentes : et ego qui litteras vidi, tenui et diligenter inspexi, testimonium perhibeo veritati. Sed quia male postea rex servavit quod promisit, et quantum exinde nostris reddiderit se infamem, luce clarius innotescit.

CAPUT XLIV.

De malitia et tyrannide comitis Fuxi erga Ecclesiam.

Quia vero locus poscit, quia opportunitas se ingessit, hic de crudeli malignitate, et maligna crudelitate comitis Fuxi, quamvis partem centesimam non possemus exprimere, aliquid breviter perstringamus. Primo sciendum quod hæreticos et hæreticorum fautores, in terra sua tenuit, fovit quantum potuit et promovit. In castro præterea Apamiarum, quod erat proprium abbatis et canonicorum B. Antonini, tenebat uxorem suam et duas sorores hæreticas cum aliorum hæreticorum multitudine copiosa, qui in castro illo, invitis prædictis canonicis et quantum poterant renitentibus, publice et privatim venenum suæ nequitiæ seminantes, corda simplicium seducebant. Ipsis etiam sororibus et uxori in proprio allodio canonicorum ædificari domum fecerat dictus comes; castrum vero Apamiarum canonicorum erat, sicut diximus; sed comes ille tenebat illud ab abbate in vita sua, et juraverat abbati super sanctam eucharistiam quod nullam abbati vel castro molestiam inferret : monasterium siquidem canonicorum situm est extra castrum ad dimidium milliarium. Quodam præterea tempore milites duo consanguinei et familiares dicti comitis, qui erant hæretici pessimi et manifesti, ad quorum consilia comes ille omnia faciebat, matrem suam hæresiarcham maximam, quæ erat amica [*forte amita*] comitis sæpedicti, in castrum Apamiarum adduxerunt ut, ibi residens, virus disseminaret hæreticæ superstitionis : quod videntes abbas et canonici memorati, et tantam Christi et Ecclesiæ injuriam ferre non valentes, hæresiarcham a castro illo

ejecerunt: quod audiens dictus proditor, comes videlicet Fuxi, in iram versus est et furorem. Alter
vero duorum illorum hæreticorum militum, qui
erant filii dictæ hæresiarchæ, veniens Apamias, in
odium canonicorum unum de canonicis, qui erat
sacerdos, divina celebrantem super altare cujusdam
ecclesiæ prope Apamias, carnifex crudelissimus
membratim divisit, et usque in hodiernum diem
manet ipsum altare illius occisi sanguine rubrica-
tam. Nec sic quievit furor carnificis; sed unum de
fratribus monasterii Apamiarum apprehendens,
oculos illi eruit in odium religionis Christianæ et
canonicorum contemptum. Ipse etiam comes Fuxi
non multo post monasterium supradictum, habens
secum ruptarios, mimos et meretrices, vocansque
abbatem monasterii, cui, sicut prædiximus, super
corpus Dominicum juraverat, quod nullam inferret
molestiam, dixit ei ut omnes traderet et sine mora
claves monasterii, quod abbas facere noluit. Verumtamen timens abbas ne tyrannus ille easdem
claves auferret per violentiam, intravit et claves
sæpedictas posuit super corpus S. Antonini martyris, quod erat super altare, cum multis aliis sanctorum reliquiis, in cujus etiam sancti honorem
ecclesia illa erat fundata. Prædictus autem comes
secutus abbatem, non deferens ecclesiæ, sanctorum
reliquias non attendens, desuper corpus sanctissi-
simi martyris, sacrorum impudentissimus violator,
claves rapuit prænotatas. Quid amplius? Abbatem
et canonicos omnes in eadem conclusit ecclesia, ob-
seratisque januis, ibi eos tenuit per tres dies; ita
quod per illud triduum non comederent, nec bibe-
rent, nec etiam ad quæsita naturæ egredi poterant.
Tyrannus autem interim omnem substantiam monasterii diripiens, in ipso infirmitorio canonicorum
in contemptum religionis cum suis meretricibus
dormiebat. Post triduum autem abbatem et canonicos de ecclesia a monasterio fere nudos expulit;
insuper per totum castrum Apamiarum, quod erat
proprium canonicorum, sicut dictum est, fecit
præconia voce clamari, ut nullus ausus esset hospitio recipere aliquem de canonicis vel abbatem :
facta est autem proclamatio hujusmodi, sub pœna
gravissimæ ultionis. O novum inhumanitatis genus! Cum enim ecclesia incarceratis solet esse refugium et damnatis, iste perversitatis auctor in
ipsa ecclesia incarcerat innocentes. Sæpedictus
etiam tyrannus statim ipsam ecclesiam B. Antonini
ex magna parte diruit, dormitorium et refectorium
canonicorum eorum, sicut visu probavimus, destruxit, et inde munitionem in castro Apamiarum
fieri fecit. Ad malorum hujus traditoris exaggera-
tionem, rem quamdam relatu dignam huic operi
duximus inserendam.

CAPUT XLV.

*Comes Fuxensis irreverenter se gerit erga reliquias
divi Antonii martyris, quæ solemni processione
gestabantur*

Est quædam ecclesia in supercilio montis cujus-

dam prope dictum monasterium, quam cum semel,
sicut consuetum habent, in anno visitarent canonici, et cum processione veneranda, corpus sui patroni venerabilis Antonini honorifice deportarent,
prædictum comitem sorte fortuita equitantem contigit pertransire, qui nec Deo, nec sancto martyri,
nec religiosæ processioni deferens, saltem signis
extrinsecis humiliari non potuit, nec de equo cui
insidebat curavit descendere, sed exerto superbiæ
collo, et elatione cervicosa, quæ sibi plurima erat
domestica pompatice præterivit. Quod videns quidam vir venerabilis, abbas videlicet de monte S.
Mariæ Cisterciensis ordinis qui unus de duodecim
longe prædictis prædicatoribus ad prædicandum venerat, et tunc temporis processioni illi intererat,
exclamavit post ipsum : « Comes, tu non defers
domino tuo sancto martyri; scias quod in villa, in
qua ex parte sancti dominium habes modo, privaberis ipso dominio, ita ut, sancto faciente, te vivente sentias exhæredatum. » Cujus boni viri dicta
fides sequitur, sicut rei exitu manifestissime declaratur. Crudelitates istas comitis Fuxi et illas
quæ sequuntur, audivi ab ore abbatis ipsius monasterii Apamiarum, viri fide digni, viri multæ
religionis, viri perspicuæ bonitatis.

CAPUT XLVI.

*Sacrilegia aliaque facinora a comite Fuxensi per
vim patrata.*

Quodam tempore sæpedictus comes ivit cum multitudine ruptariorum ad quoddam monasterium
quod dicebatur S. Maria in terra comitis Urgellen-
sis, in quo erat sedes episcopalis; canonici autem
ecclesiæ illius, timentes a facie dicti comitis, receperunt se in ecclesia, ubi tandiu fuerunt ab eo
oppressi, quod præ sitis angustia urinas suas bibere sunt compulsi; quibus tandem se reddentibus, intrans ecclesiam hostis Ecclesiæ crudelissimus, omni abstracta supellectili, crucibus et vasis
sacris fractis insuper campanis, in ea præter parietes nihil dimisit; præterea ecclesiam illam quinquaginta millibus solidorum redimi fecit. Quo
facto, dixit ei quidam pessimus miles suus: « Ecce,
inquit, destruximus S. Antoninum et S. Mariam ;
nihil adhuc nobis restat, nisi ut destruamus Deum. »
Alio etiam tempore, ut idem comes et sui ruptarii
prædictam spoliarent ecclesiam, ad tantam crudelitatis dementiam devenerunt, quod ipsis imaginibus crucifixi crura et brachia abscindentes, inde pi-
perem et herbas ad ciborum condimentum terebant
in contemptum Dominicæ passionis. O crudelissimi
carnifices! o pessimi derisores! o crudeliores ipsis
Christi crucifixoribus! o conspuentibus sæviores!
Cum vidissent ministri Herodis Jesum mortuum,
ait evangelista, non fregerunt ejus crura (*Joan.*
XIX). O novum immanitatis artificium ! o inauditæ
crudelitatis indicium ! o hominem, comitem Fuxensem dico, miserrimum miserorum ! o bestia omni

fera crudeliorem, in ipsa etiam ecclesia equos suos collocantes ruptarii, duci ipsos super sacrosancta altaria comedere faciebant.

Qua lam die dictus tyrannus cum multitudine magna armatorum erat in quadam ecclesia, statim armiger quidam ipsius comitis capiti imaginis crucifixi imposuit galeam, et ipsam imaginem armavit scuto et calcaribus : moxque idem armiger lanceam arripiens, imaginem crebris ictibus impetebat, et dicebat ei ut se redimeret. O perversitas inexperta! Alio tempore dictus comes vocavit ad colloquium episcopos, Tolosanum videlicet et Consoranensem, et assignavit eis diem et locum : die autem illa qua illi episcopi perrexerunt ad colloquium, sæpedictus comes impugnavit tota die quoddam castrum proprium abbatis et canonicorum S. Antonini Apamiensis. O nequam et perversa traditio! Fecit et aliud tyrannus memoratus quod non credimus prætermittendum. Inierat fœdus cum comite Montis-fortis, sicut longe superius diximus, filiumque suum ei tradiderat in obsidem factæ compositionis; venerabilis autem abbas Apamiarum castrum suum jam tradiderat comiti Montis-fortis. Venit igitur quodam die comes Fuxi cum ruptariis suis prope Apamias, ponensque ruptarios suos in insidiis accessit ad castrum, et mandavit burgensibus ut exirent ad ipsum, cum eo colloquium habituri, promisit que eis firmissime sub jurejurando quod secure exire poterant, quia non faceret eis malum; sed statim ut burgenses egressi sunt ad eum, vocavit secreto ruptarios suos qui in insidiis latitabant : qui venientes antequam burgenses possent intrare castrum, multos ex eis ceperunt, et captos secum duxerunt. O nequam proditio! Dicebat etiam comes sæpememoratus quod si omnes crucesignatos contra hæreticos et crucesignandos, omnes etiam qui pro fidei negotio laborant, universos insuper quibus hoc negotium placebat, manu sua interfecisset, arbitraretur se obsequium præstasse Deo. Illud quoque sciendum, quod sæpe memoratus comes juravit coram legatis domini papæ quod de terra expelleret hæreticos : quod tamen nulla voluit facere ratione. Multa quidem et alia mala commisit crudelissimus canis iste in Ecclesiam et in Deum : quod si vellemus per ordinem enarrare, nec nos possemus sufficere, nec etiam qui dictis nostris fidem de facili adhiberet; excedit quippe malitia modum. Deprædatus est monasteria, ecclesias dissipavit, omnique crudeli crudelior, Christianorum cædes anhelans, in siti sanguinis semper mansit. Difflebatur hominem, imitabatur sævitiam belluinam, factus fera pessima et non homo. Iis de ejus malitia breviter perstrictis, ad id quod dimisimus revertamur.

CAPUT XLVII.

Comes Monfortius regi Arragonum hominii jura persolvit, pro civitate Carcassonensi debita.

In supradicto colloquio Narbonensi, supplicave-

runt Uticensis episcopus et abbas Cistercii regi Arragonum, ut reciperet in hominem comitem Montis-fortis; civitas enim Carcassonæ erat de feodo regis Arragonensis. Quod cum ille facere noluisset, in crastino iterum accesserunt ad regem viri sæpedicti, procidentes ad pedes ejus, humiliter et instantissime deprecantes, ut hominium comitis recipere dignaretur; ipse autem comes, flexis ante regem genibus, suum hominium humiliter offerebat. Tandem rex victus precibus acquievit, et recepit comitem in hominem de civitate Carcassonæ, ut illam comes civitatem teneret a rege. Quibus gestis rex et comes noster, et comes Tolosæ, et Uticensis episcopus exeuntes a Narbona, perrexerunt usque ad Montempessulanum. Dum adhuc essent prænominati nobiles et prælati in Montepessulano, tentatum est de contrahendo matrimonio inter primogenitum regis et filiam comitis Montis-fortis. Quid plura? Firmabatur ab utraque parte matrimonium præfatum, videlicet a rege et comite nostro, hinc et inde præstito juramento. Insuper rex tradidit comiti, præfatum primogenitum suum custodiendum : verumtamen rex qui comiti filium suum tradiderat, non multo post, dedit sororem suam filio comitis Tolosani in uxorem : unde non modicum, nec immerito, apud nos infamem se reddidit et suspectum ; jam enim quando matrimonium illud factum est, comes Tolosæ persequebatur manifeste Ecclesiam sanctam Dei. Nec silendum quod, cum essent præfati viri in Montepessulano, et multi etiam episcopi et Ecclesiarum prælati, tractatum fuit iterum de facto comitis Tolosani. Voluerunt legati, episcopus videlicet Uticensis et abbas Cisterciensis, maximam gratiam et misericordiam facere dicto comiti, sicut superius est expressum : sed idem comes, cum promisisset impleturum se in crastino quidquid dicti legati mandassent, summo mane in crastino recessit a Montepessulano ipsis legatis insalutatis : viderat enim quamdam avem quam indigenæ vocant avem S. Martini ad sinistram volantem, et perterritus fuit valde; ipse enim more Saracenorum, in volatu et cantu avium et cæteris auguriis spem habebat.

CAPUT XLVIII.

Episcopus Parisiensis aliique nobiles veniunt in exercitum Monfortii comitis.

Anno Verbi Incarnationis 1210, circa mediam Quadragesimam, venerunt de Francia crucesignati nobiles et potentes, episcopus videlicet Parisiensis, Ingerranus de Cociaco, Robertus de Tornaco, Ivellus de Meduana et plures alii. Hi nobiles viri, in Christi negotio se nobiliter habuerunt. Cum venissent autem Carcassonam, communicato consilio, omnes dicti peregrini in hoc consenserunt, ut ad obsidendum tenderent Cabaretum. Quia autem milites de Carcassonensi diœcesi jamdudum timore nostrorum, dimiserant castra sua, et fugerant Ca-

baretum, inter quos erant duo fratres secundum
carnem, quorum unus vocabatur Petrus Miro,
alter Petrus de S. Michaele : isti ceperunt Buchardum de Marliaco, sicut supra tetigimus. Exierant autem illi duo milites a Cabareto et plures alii
cum eis, et venerant ad comitem nostrum, et reddiderunt se illi : itaque comes illis dederat terras.
Videns autem dominus Cabareti Petrus Rogerii,
quod vellent comes et peregrini obsidere Cabaretum, considerans quod valde debilitatus esset, eo
quod recessissent ab eo milites supradicti, timore
ductus, composuit cum comite nostro et baronibus
in hunc modum : Castrum Cabareti tradidit ; insuper præfatum Buchardum reddidit. Comes dedit ei
terram aliam competentem, reddito Cabareto ; mox
ad obsidendum castrum, quod Vaurum dicitur, comes et barones acies direxerunt.

CAPUT XLIX.
Obsidio Vauri.

Erat autem castrum illud nobilissimum et amplissimum, situm super Agotum fluvium, distans
quinque leucis a Tolosa. Erat in castro illo Aymericus traditor ille, qui fuerat dominus Montis-regalis, et multi alii milites inimici crucis usque ad
octoginta, qui castrum intraverant et munierant
contra nostros. Domina siquidem castri vidua nomine Giralda, pessima hæretica et soror dicti Aymerici. Venientes igitur nostri ad castrum, ex una
tantum parte illud obsederunt, non enim sufficiebat
exercitus noster, ad castrum sæpedictum undique
obsidendum. Erectis igitur post aliquot dies machinis, cœperunt nostri, sicut mos est, castrum impugnare, adversarii quantum poterant defendere : erat
siquidem in castro infinita hominum multitudo, et
armis optime munita, ita fere plures erant defensores quam essent impugnatores. Nec prætereundum
quod quando nostri primo venerunt ante castrum,
exierunt adversarii de castro, militemque unum de
nostris ceperunt, et introductum statim occiderunt.
Quamvis autem nostri ex una parte obsedissent,
divisi tamen erant in duos exercitus, et ita dispositi quod si necessitas ingrueret, exercitus exercitui
non posset sine discrimine subvenire. Sed non
multo post supervenerunt a Francia nobiles multi,
episcopus videlicet Lexoviensis, et episcopus Bajo-
censis, comes etiam Antissiodorensis et multi alii
peregrini : obsederunt igitur castrum ex alia parte;
insuper etiam facto ponte de ligno super Agotum
fluvium, transeuntes nostri aquam castrum undique
circumdederunt. Comes autem Tolosæ Ecclesiam
Dei et comitem, quantum poterat, persequebatur,
non tamen in manifesto ; adhuc enim veniebant
victualia exercitui nostro a Tolosa. Rebus ita se habentibus, venit comes Tolosæ ad exercitum. Comes
autem Antissiodorensis et Robertus de Tornaco qui
erant cognati ejus germani, cœperunt monere comitem Tolosæ ut rediens ad cor mandatis Ecclesiæ
obediret : sed cum nihil profecissent, comes cum
rancore et indignatione recessit a comite Montis-

fortis ; homines etiam Tolosæ qui erant in obsidione Vauri, recesserunt ab exercitu. Inhibuit etiam
comes Tolosæ civibus Tolosanis, ne ulterius deferrent victualia apud Vaurum. Hic narrandum est
quoddam scelus comitum Tolosæ et Fuxi nequissimum : proditio inaudita.

CAPUT L.
Peregrini multi proditorie a comite Fuxensi, instigante Tolosano interficiuntur.

Dum fieret colloquium, sicut diximus, prope Vaurum, de pace inter comitem Tolosæ et sanctam
Ecclesiam reformanda, veniebat multitudo peregrinorum de Carcassona ad exercitum : illi autem doli
ministri, traditionis artifices, comes videlicet Fuxensis, Rogerus Bernardi filius ejus et Geraldus de
Pepios et multi de hominibus comitis Tolosæ, posuerunt se in insidiis cum infinitis ruptariis in
quodam castro quod vocatur Mons-Gandii prope
Podium Laurentii : quo cum peregrini devenirent,
illi insurrexerunt in eos, et quia inermes erant et
proditionis ignari, ex ipsis innumerabiles occiderunt, omnemque occisorum pecuniam Tolosam de-
portantes, ibi inter se diviserunt. O beata occisorum agmina ! o pretiosa in conspectu Dei mors
sanctorum ! (Psal. cxv.) Nec silendum est quod,
dum carnifices prædicti peregrinos occiderent memoratos, sacerdos quidam peregrinus confugit ad
quamdam ecclesiam, quæ prope erat, ut pro Ecclesia moriens in ecclesia moreretur. Traditor autem
ille pessimus Rogerus Bernardi, filius comitis Fuxi,
a patris sui non degenerans pravitate, sacerdotem
secutus est memoratum : ingrediens autem audacter ecclesiam, ipsumque aggrediens, qualis homo
esset inquisivit. « Peregrinus, inquit, sum sacerdos.»
Ad quem carnifex : « Ostende mihi, inquit, quod sis
sacerdos. » At ille, amoto caputio a capite (erat
capa indutus), ostendit ei caracterem clericalem :
crudelissimus autem ille loco sancto non deferens
vel personæ, elevata ascia acutissima quam tenebat,
sacerdotemque per medium caracterem validissime
percutiens, ministrum Ecclesiæ in ecclesia interfecit. Jam ad id quod dimisimus redeamus.

Non credimus autem prætermittendum quod comes Tolosanus, immanis Christi hostis et crudelissimus persecutor, in castro Vauri in quo erat fons
et origo totius hæreseos, quia non erat comitis Tolosæ, imo a multis annis expugnaverat Tolosanos ob solum Christianæ religionis odium, quemdam senescallum suum latenter miserat in castrum Vauri, pluresque milites ut castrum defenderent contra nostros : quos, capto castro, comes noster ibi reperit, et diu tenuit vinculatos. O novum
proditionis genus ! intus milites suos ad castri defensionem posuerat, foris quasi præbens auxilium
a Tolosa deferri victualia permittebat. Sicut enim
supra diximus, in initio obsidionis Vauri, deferebau-
tur ad exercitum victualia sed modica a Tolosa,
sed licet venirent victualia a Tolosa, comes tamen
Tolosæ districte inhibebat ne machinæ afferrentur.

Cives etiam Tolosani circa quinque millia admonitione venerabilis episcopi sui Fulconis in auxilium nostrorum ad obsidionem venerant sæpedictam. Ipse etiam episcopus pro fide Catholica exsulans, ibi advenit : modum autem egressionis ejus a Tolosa non duximus superfluum enarrare.

CAPUT LI.

Fulco episcopus Tolosanus episcopatu pulsus, magna animi constantia exsulat, paratus etiam cervicem gladio pro Christi nomine præbere.

Erat quodam die episcopus apud Tolosam. Sabbato videlicet post mediam Quadragesimam, et, sicut mos est in episcopalibus ecclesiis, volebat die illa ordines celebrare : verumtamen comes Tolosæ tunc erat in civitate, qui pro excessu multiplici, ab apostolicæ sedis legatis nominatim erat excommunicatus : itaque in aliqua villa in qua erat, non poterat quis divina mysteria celebrare. Misit igitur ad comitem episcopus humiliter rogans et monens, ut ipse causa ludendi exiens a civitate, iret spatiatum, donec solummodo episcopus ordines celebrasset. Tyrannus autem in furorem conversus, misit ad episcopum militem unum, mandans et sub periculo capitis districte præcipiens, ut de civitate Tolosa et de tota terra comitis citius egrederetur. Vir autem venerabilis hæc audiens, in fervore spiritus, mente intrepida, clarissimo vultu, tale fertur militi dedisse responsum : « Comes, inquit, Tolosanus, non me fecit episcopum, nec per ipsum hic ordinatus sum, vel pro ipso : ecclesiastica me elegit humilitas ; non intrusit violentia principalis, non exeo propter eum ; veniat, si audet, paratus sum excipere gladium, ut pertingam ad majestatem per calicem passionis ; veniat tyrannus stipatus militibus et armatus, solum me reperiet et inermem : attendo brachium ; non timebo quid faciat mihi homo (*Psal.* cxvii). » O constantia animi ! o mirificum robur mentis ! Manens igitur intrepidus ille Dei famulatus, de die in diem exspectabat tyranni gladium ; sed cum ille non auderet eum interficere, utpote qui Ecclesiæ Dei jampridem mala intulerat tot et tanta, timebatque, ut vulgo dicitur, pelli suæ. Postquam episcopus quadraginta dies in illa mortis exspectatione peregerat, de civitate egredi proposuit Tolosana : die igitur quodam in octavis Resurrectionis Dominicæ, egrediens episcopus de civitate, ad comitem nostrum qui erat in obsidione Vauri devenit. Nostri autem in expugnatione castri continue laborabant ; adversarii vero utpote superbissimi, se instantissime defendebant : nec silendum est quod sedentes in equis ferro coopertis, super muros discurrebant in derisum nostrorum, ut sic videlicet ostenderent muros amplissimos et fortissimos se habere.

CAPUT LII.

Vaurum a Catholicis expugnatur, ibique multi nobiles viri suspendio necantur, alii flammis traduntur.

Quodam præterea die erexerunt nostri prope muros castri castella quædam de lignis, in cujus summitate Christi milites posuerant signum. Adversarii vero ad crucis vexillum instantius cum machinis jacientes, inde supradictæ crucis brachium confregerunt : statim canes impudentissimi, tantum emiserunt ululatum pariter et cachinnum, ac si de confractione crucis maximam victoriam reportarent ; sed dedicator crucis injuriam istam miraculose et manifestissime vindicavit. Contigit autem non multo post res mirabilis et mirifice extollenda, quod crucis inimici, qui de crucis confractione exsultaverant, cruce suas injurias vindicante, in festo Crucis capti fuerunt, sicut inferius ostendemus. Dum res ita ageretur, fecerunt nostri fieri machinam, quæ vulgo catus vocatur : quæ cum parata esset, traxerunt eam usque ad fossatum castri. Post hæc attulerunt nostri in magno conamine ligna et ramos, facientesque fasciculos de ipsis lignis et ramis, projiciebant in fossatum ut implerent illud ; adversarii vero, utpote astutissimi, fecerunt viam quamdam subterraneam pertingentem usque prope machinam nostram, exeuntesque de nocte per viam illam, ligna et ramos quos nostri in fossatum projecerant extrahebant, et deferebant in castrum. Quidam insuper de adversariis, accedentes prope sæpedictam machinam, illos qui sub protectione machinæ fossatum implere non cessabant, uncinis ferreis latenter et fraudulenter ad se trahere nitebantur. Quadam præterea nocte exeuntes adversarii a castro per viam subterraneam intraverunt in fossatum, jacientesque instantissime jaculos ignitos, ignem, stupam, adipem, et cætera ignis nutritiva, voluerunt comburere machinam supradictam. Duo autem comites Alemanni, custodiebant ipsa nocte vigilias circa machinam : statim clamor attollitur in exercitu, curritur ad arma, machinæque succurritur : dicti vero comites Alemanni, et qui cum eis erant Teutonici, videntes quod non possent pertingere ad hostes qui erant in fossato, cum probitate magna et sub magno discrimine projecerunt se in fossatum, hostesque suos viriliter aggredientes, retruserunt eos in castrum, prius aliquibus ex eis interfectis et pluribus vulneratis.

Interea cœperunt nostri multum turbari, et de captione castri quodammodo desperare, eo scilicet quod quidquid de die in fossato projicere possent, adversarii de nocte extraherent, et in castrum deferrent : sed dum nostri ita turbarentur, quidam ex eis subtilius excogitantes, adversus hostium insidias utile remedium invenerunt ; fecerunt siquidem ante egressum viæ subterraneæ, per quam hostes egredi consueverant projici ligna viridia et ramos : post hæc apposuerunt minuta ligna etiam sicca, ignem etiam, et adipem, et stupam, et cætera ignis incentiva in ipso viæ subterraneæ egressu ; iterum desuper projecerunt ligna et segetes virides et herbam multam : statim fumus ex igne egrediens, ita implevit totam viam subterraneam, quod adversarii ulterius non potuerunt egredi per viam illam præ fumo ; fumus etenim qui non poterat in altum prorumpere, propter ligna et segetes virides superpositas, totam, sicut diximus, viam sæpedictam implebat : quod videntes nostri solito liberius impleverunt fossatum. Quo impleto, milites nostri et servientes armati, dictam machinam per multos agones ad murum versus trahentes suffosores muro apposuerunt. Illi autem de castro, ligna, ignem, adipem, sudes etiam acutissimos et maximos desuper machinam projicere non cessabant; sed nostris viriliter ac miraculose machinam defendentibus sæpedictam, nec machinam incendere, nec fossores a muro depellere potuerunt. Dum autem nostri in expugnatione ista instantissime laborarent, episcopi qui aderant et quidam venerabilis abbas curiæ Dei Cisterciensis ordinis, qui de mandato legatorum ipsorum vices in exercitu tunc agebat, universusque clerus congregati in unum cum devotione maxima *Veni, creator Spiritus* decantabant : quod videntes et audientes adversarii, ita, Deo disponente, stupefacti sunt, et vires resistendi pene penitus amiserunt; quia, sicut postea confessi sunt, plus timebant eos cantantes quam pugnantes, psallentes quam insilientes, orantes quam infestantes. Muro igitur perforato, jam nostris intrantibus, et adversariis cum jam non possent resistere se reddentibus, volente Deo et nostros misericorditer visitante, in festo Inventionis Sanctæ Crucis captum est castrum Vauri. Mox eductus est de castro Aymericus, de quo supra tetigimus, qui fuerat dominus Montis-regalis et alii milites usque ad octoginta ; nobilis autem comes proposuit quod omnes patibulo suspenderentur : sed cum Aymericus, qui erat major inter illos, suspensus fuisset, cadentibus furcis, quæ præ nimia festinatione bene non fuerant terræ affixæ, videns comes quod mora magna fieret, alios occidi præcipit, quos peregrini avidissime suscipientes occiderunt citius in eodem loco. Dominam etiam castri quæ erat soror Aymerici et hæretica pessima, in puteum projectam, comes lapidibus obrui fecit ; innumerabiles etiam hæreticos, peregrini nostri cum ingenti gaudio combusserunt.

CAPUT LIII.

Rogerius de Comenge comiti Monfortio se adjungit ; sed postea, quam dederat, fidem fallit.

Sciendum est autem quod, cum comes noster esset in obsidione Vauri, quidam nobilis de Wasconia nomine Rogerius de Comenge consanguineus comitis Fuxi, venit ad eum ut se redderet ei : dum autem esset ante comitem in die Parasceves ut faceret ei hominium, comes illa hora cœpit casu sternutare ; audiens autem dictus Rogerius quod comes unicum sternitum emisisset, vocavit illos qui secum erant in partem, consulens eos, et nolebat illa hora facere quod comiti proposuerat : in terra enim observant auguria stultissimi homines terræ illius, qui firmissime credunt quod, si unum sternitum emiserint ipse vel aliquis habens aliquid agere, non possit ad bonum eis contingere illa die : verumtamen videns ille Rogerius quod nostri illum super hoc deriderent, timensque ne comes notaret illum de superstitione perversa, quamvis invitus fecit ei hominium et recepit ab eo terram suam, mansitque in ejus servitio diebus multis ; sed postea a fidelitate quam ei fecerat, miser et miserabilis resilivit.

Non credimus autem prætermittendum miraculum quoddam quod apud Vaurum relatione veridica cognovimus accidisse. Cujusdam militis crucesignati capa, nescio quo infortunio, comburebatur ; contigit autem miraculoso Dei judicio quod combusta tota capa, sola illa particula, in qua crux assuta erat, remansit integra et penitus incombusta. Audiens autem dominus Podii Laurentii Sicardus, qui quondam fuerat cum comite nostro, sed ab eo recesserat quando captum est Vaurum, timore ductus, dimittentes castrum Podii Laurentii, Tolosam cum suis militibus properavit. Erat autem Podium Laurentii, quoddam nobile castrum, tribus leugis distans a Vauro in diœcesi Tolosana : quod cum recuperasset comes noster, dedit illud Guidoni de Lucio viro nobili et fideli, qui statim illud intravit et munivit. Interea episcopus Parisiensis et Ingelrannus de Corti, et Robertus de Tornaco, et Ivellus de Meduana recedentibus, capto Vauro, ad propria remearunt. Capto castro Vauri, cum venissent nostri in castrum, homines comitis Tolosani attendentes etiam quod ipse comes recessisset cum rancore a comite nostro : præterea inhibuerat ne deferrentur ad exercitum machinæ et victualia a Tolosa ; insuper et præcipue quod idem comes per legatos D. papæ, pro multis excessibus excommunicatus erat et expositus ; his, inquam, omnibus diligenter inspectis, proposuit ut comitem illum, quasi jam aperte damnatum, manifestius impugnarent. Comes igitur noster movens castra, cœpit tendere ad quoddam castrum, quod dicitur Mons-Gaudii, ubi a comite Fuxi peregrini fuerant interfecti. Factum est autem, dum exercitus tenderet ad castrum illud, et dum adhuc aliquantulum longe esset, apparuit in loco illo, ubi occisi fuerant peregrini a comite Fuxi, columna ignis videntibus nostris, lucens et descendens super corpora occisorum. Venientes autem nostri ad locum, viderunt omnes occisos jacere resupinos, brachiis in modum crucis extensis. O res mira ! Istud audivi miraculum ab ore venerabilis episcopi Tolosani Fulconis qui præsens erat : apud prædictum ergo castrum comes accedens, illud funditus evertit ; homines enim castri effugerant præ timore. Inde perrexit comes noster ad aliud castrum, quod dicitur Casser, et erat proprium comitis Tolosani. Interim comes Tolosæ venit ad Castrum-novum : erat autem castrum illud nobile, quod comes prædictus igne succendit, timens ne caperetur a nostris et vacuum dereliquit. Veniens comes noster ad castrum de Casser, obsedit illud ; milites autem comitis Tolosæ qui erant in castro illo, licet fortissimo, videntes quod diu castrum illud tenere non valerent, reddiderunt

se comiti tali conditione : Promiserunt quod redde- rant ex integro reddi fecit : hoc fecit nuntium fu-
rent nostris omnes hæreticos qui erant in castro, turæ probitatis et fidelitatis comes nobilis Baldui-
ipsi autem evaderent : factumque est ita ; erant nus. Capto Monte-ferrando et quibusdam aliis ca-
enim in castro illo multi hæretici perfecti. Intrave- stris per circuitum, munito etiam a nostris castello
runt igitur castrum episcopi qui erant in exercitu, novo, quod, sicut supra dictum est, comes combus-
cœperuntque hæreticis prædicare, volentes eos ab serat Tolosanus, transiens comes noster fluvium
errore revocare : sed cum nec unum convertere Tarni, venit ad quoddam castrum quod dicitur Ra-
potuissent exierunt a castro ; peregrini autem arri- batense in territorio Albigensi : quod cum ei reddi-
pientes hæreticos ferme sexaginta, eos cum ingenti tum fuisset a burgensibus, inde vadens, proficiens
gaudio combusserunt. Hic autem manifestissime et succrescens, sex alia castra nobilia pari modo,
apparuit, quantum comes Tolosæ hæreticos dili- sine conditione aliqua acquisivit, quorum ista sunt
geret, cum in modicissimo ipsius comitis castro, nomina : Monsacutus, Galliacum, Causacum S.
inventi sunt hæretici perfecti amplius quam quin- Marcellus, Guespia, S. Antoninus. Castra ista invi-
quaginta. cem prope posita comes Tolosæ abstulerat viceco-
miti Biterrensi.

CAPUT LIV.

Clerus Tolosanus Christi corpus religiose deferens,
urbe ipsa hæreticorum nutrice et interdicta excedit.

His gestis, episcopus Tolosæ qui erat in exercitu, mandavit præposito ecclesiæ aliisque clericis
ut de civitate Tolosana egrederentur : qui statim
jussa complentes, nudis pedibus cum corpore Christi egressi sunt Tolosa. Capto autem castro de
Casser, comes noster progrediens, venit ad aliud
castrum comitis, quod dicitur Mons-ferrandus :
erat autem ibi frater comitis Tolosæ, nomine Balduinus, quem frater suus miserat ut defenderet castrum illud ; veniens comes ad castrum, obsedit illud.

Post paucos autem dies, nostris insultum facientibus, videns comes Balduinus (sic enim vocabatur),
quod diu resistere non valeret, reddidit castrum
tali pacto, quod ipse cum suis egrederetur liber, et
liberatus præstitit etiam juramentum, quod ipse de
cætero Ecclesiam vel comitem nostrum nullatenus
impugnaret, imo si vellet comes noster, ipse eum
contra omnes et in omnibus adjuvaret. Egressus
igitur comes Balduinus de castro venit ad fratrem
suum comitem videlicet Tolosanum ; sed post paucos dies, rediit ad comitem Montis-fortis, veniensque ad eum rogavit ut comes ipsum in hominem
recipere dignaretur, et ipse ei in omnibus et contra
omnes fideliter deserviret. Quid ultra ? Annuit comes, reconciliatus est comes Balduinus Ecclesiæ,
de ministro diaboli, factus est minister Christi, fideliter quippe se habens, toto nisu hostes fidei ab illo
die et deinceps expugnavit. O respectus ! o misericordia Redemptoris ! Ecce duo ex eodemque patre
fratres, sed inter se longe dissimiles : qui enim per
prophetam dixit : *Jacob dilexi, Esau autem odio*
habui (Malach. 1; Rom. ix), unum istorum incre-
dulitatis limo infixum deserens, alterum mirabiliter
et misericorditer eripuit secreto suo consilio quo
ipse novit.

Nec silentio prætereundum quod, cum comes Balduinus exiisset a Monte-ferrando, antequam veniret ad comitem nostrum, quidam ruptarii, peregrinos qui a peregrinatione S. Jacobi redibant, in
crucesignatorum odium spoliaverunt : quod audiens
comes Balduinus, diligenter inquisivit qui essent
qui hoc fecerant, et omnia quæ a peregrinis rapue-

CAPUT LV.

Prima Tolosæ obsidio per Barrensem et Montfortien-
sem comites.

His gestis, nuntiatum est comiti nostro quod comes de Barro ad Christi militiam properans esset
Carcassonæ : quo audito, comes gavisus est gaudio
magno valde ; magna enim dicebant de comite illo :
nostri etiam de adventu ejus plurimum confidebant ;
sed longe aliter se res habuit quam sperabamus,
ut ostenderet Dominus nomini suo dans gloriam,
in se non in homine confidendum. Misit vero comes
noster ad dictum comitem milites, qui eum adducerent versus Tolosam super quamdam ripariam,
ubi ipse comes noster et exercitus ejus ei occurrere
deberent ; et factum est ita. Comes autem Tolosæ,
et comes Fuxi, et hostium multitudo audientes
exercitum nostrum venire versus Tolosam, pergunt ad dictam ripariam ; non enim distabat ultra dimidiam
leugam a Tolosa. Ibi convenerunt nostri ex una
parte, hostes ex alia ; ipsi vero adversarii timentes
ne transirent nostri pontem qui erat super ripariam, citius dirui fecerant ; nostri vero circumeuntes ut possent vadum aliquod invenire, invenerunt
alium pontem, sed et ipsum tunc adversarii diruebant : sed nostri cum maxima probitate, quidam
super pontem, quidam per aquam natantes fluvium transierunt, hostesque suos usque ad ipsas
portas Tolosæ viriliter effugarunt. Inde redeuntes
ad ripariam, ibi quidem manserunt nocte illa,
etiam ibi datum fuit consilium ut obsiderent Tolosam in crastino. Igitur nostri moverunt Tolosam ;
ibi fixere tentoria ante portas. Fuit in obsidione illa
comes de Barro et plures nobiles viri de Alemannia.
Obsessa est igitur ex una parte civitas, non enim
sufficiebant nostri ut a parte alia obsiderent. Erat
autem in civitate comes Tolosanus, et comes Convenarum cognatus ejus qui eum, quantum poterat,
adjuvabat. Comes etiam Fuxi et alii milites infiniti,
cives etiam Tolosani, quorum erat innumerabilis
multitudo. Quid plura ? Ad comparationem multitudinis obsessorum, paucissimi videbantur. Quia
vero longum esset insultus omnes illius obsidionis
exprimere, istud breviter est dicendum, quod quotiescunque adversarii exibant ut nostros infestarent

nostris viriliter resistentibus, cum confusione com- A
pulsi sunt civitatem introire. Quodam etiam die,
cum exiissent hostes, nostri audacius ipsos redire
in civitatem compellerent, in ipso insultu occiderunt cognatum comitis Comigensis, et Willelmum
de Rupe-forti, fratrem episcopi Carcassonæ Bernardi, de quo superius fecimus mentionem. Alio
præterea die, dum pransi essent nostri, et, ut mos
est, post prandium pausarent in meridie (æstas
quippe erat), scientes adversarii nostros quiescere,
exeuntes per quamdam occultam viam, in exercitum irruerunt : surgentes autem nostri hostibusque
viriliter resistentes, in civitatem ipsos redire com-
pellebant. Dum hæc fierent, Eustachius de Quen et
Simon castellanus de Malpha, viri nobiles qui ab B
exercitu exierant ut præberent conductum illis qui
ad exercitum victualia afferebant, eadem hora intrabant ad exercitum victualia conducentes, et dum
essent in ingressu exercitus, obviarunt eis hostes,
qui, ut diximus, exierant de civitate, ipsosque capere attentarunt ; sed, illis viriliter se defendentibus, unus ex adversariis jacto gladio, ut eis mos
est, dictum Eustachium in latere percutiens, ipsum
occidit. Castellanus autem Malphæ per multos labores et per miræ probitatis exercitia vivus et sanus
evasit. Facta est caristia magna in exercitu, deficientibus victualibus ; insuper vero bona dicebantur de comite Barrensi, cunctis qui erant in exercitu sinistram de illo gerentibus opinionem. O justum Dei judicium ! sperabatur ab hominibus quod C
comes ille mirabilia esset facturus, hominesque plus
justo de homine præsumebant ; sed Deus qui per
prophetam dixerat : Gloriam meam alteri non dabo
(Isa. XLVIII), sciensque si nostri in illa obsidione
multum proficerent, attribueretur homini et non
Deo, noluit ibi magnifice operari. Videns igitur comes noster quod nihil proficeret, sed magnum dispendium fieret, et promotio negotii Christi detrimentum pateretur, recedens ab obsidione Tolosæ,
venit ad castrum quoddam, versus terram comitis
Fuxi, quod dicitur Alta-ripa. Quod castrum cum
munivisset servientibus, ad castrum Apamiarum
pervenit : et ecce subito venerunt ruptarii apud
Altam-ripam ; homines autem castri statim voluerunt capere servientes, quos comes noster ibi di- D
miserat et tradere raptariis ; illi autem recipientes
se in munitione castri, quæ modicæ erat fortitudinis, cœperunt se defendere. O furiosa traditio ! O
scelus nequam ! Videntes autem servientes sæpe
dicti quod non possent resistere, dixerunt ruptariis
quod redderent illis munitionem, dummodo paterentur illos abire vivos et indemnes : et factum est
ita. Sed non multo post comes noster transiit per
castrum supradictum et totum illum succendit.
Movens comes noster ab Apamiis, venit ad castrum
quod dicitur Varille prope Fuxum : quod combustum et vacuum inveniens, gente sua munivit. In

terra comitis Fuxi penetrans, castella ipsius plurima devastabat, ipsum etiam burgum Fuxi totum
combussit.

Peractis igitur circa Fuxum octo diebus, destructisque arboribus, vineis exstirpatis, comes noster
Apamias est reversus : venerant autem ad ipsum
comitem Caturcensis, episcopus missus a nobilibus
territorii Catursensis supplicantibus ut accederet
ad eos comes, et ipsi constituentes eum dominum,
ab eo acciperent terras suas ; comes autem Tolosanus dominium habuerat in territorio Caturcensi.
Tunc rogavit comes nobilis, comitem de Barro et
nobiles de Alemannia ut irent cum eo : qui omnes
concesserunt et se ituros promiserunt. Ire igitur
cœperunt ; sed cum venirent prope Castrum-novum
comes de Barro a promissione quam comiti fecerat
resilivit ; nec famæ suæ providens, vel honori, dixit ei quod nullatenus iret cum ipso. Mirati sunt
omnes, comes noster vehementissime conturbatus,
supplicavit ipse, rogaverunt universi et nihil proficere potuerunt. Mox quæsivit nobiles comes ab Alemannis, si vellent ire cum eo : qui promiserunt libentissime se ituros. Movens igitur comes noster,
tendens versus Catureum, comes autem de Barro,
aliam viam tendens, cœpit tendere Carcassonam.
In ipsa discessione, tantum opprobrium sustinuit
comes de Barro, quod non posset de facili explicari : illi enim qui erant in exercitu usque eo convi-
tiis ipsum persequebantur publice, quod præ confusione non audemus dicere et scribere quæ dicebant. Sicque factum est justo Dei judicio ut, qui
veniens ad terram Albigensium, in civitatibus et
castellis honorabatur ab hominibus, ab omnibus
timebatur, rediens confunderetur ab omnibus, in
omnium oculis vilis factus. Tendens comes noster
Catureum, transiit per quoddam castrum quod erat
comitis Tolosæ, nomine Caslatium in territorio
Caturcensi, et impetu facto, totum Castri burgum
extrinsecus succendit. Inde veniens Catureum honorifice est susceptus, et factis ibi paucis diebus,
ivit cum Alemannis supradictis, conducens eos usque ad villam quæ dicitur Rupis-amatoris : inde
redierunt Alemanni in terram suam ; comes autem
cum paucissimis Catureum est reversus ; et dum esset comes Caturci, nuntiatum est ei duos de militibus suis, Lambertum videlicet de Turcio et Galterum de Langatone fratrem episcopi Cantuariensis
(6*), a militibus comitis Fuxensis esse captos. De
modo captionis eorum, sicut ab ore utriusque ipsorum audivimus, aliquid breviter exprimamus.

Equitabant quadam diem dicti milites prope terram comitis Fuxi, cum multis de indigenis : quod
cum audisset comes Fuxi, cum maxima multitudine
insecutus est eos ; indigenæ autem qui erant cum
nostris, qui, sicut dicitur, proditionem istam fecerant, ut viderunt multitudinem venientem, statim
omnes fugerunt ; ita nostri tantum sex remanse-

(6*) Videlicet Stephani, quem Innocentius III cardinalem creavit, cujusque obitum recenset Matth.
Paris. sub an. 1228.

runt : circumdantes igitur illos sex undique adversariorum plurimi (comes enim Fuxi fugientes indigenas insequebatur), equos ipsorum omnes occiderunt. Amissis igitur equis, nostri inimicorum circumdati multitudine se viriliter defendebant : tunc quidam adversariorum qui erat inter alios nobilior, cognatus comitis Fuxi, dixit præfato Lamberto, ipsum siquidem noverat, ut se redderet : quod audiens vir multæ probitatis : « Nondum venit, inquit, hora. » Tum, ut vidit quia non posset evadere : « Tali, inquit, conditione nos reddimus, si quinque nobis promiseris, videlicet quod non occides nos, vel membra truncabis : præterea honesta tenebimur custodia, nec nos ab invicem separabis, et nos ad competentem induces redemptionem, nec in aliena potestate nos pones : si hæc omnia firmiter promiseris, sic nos tibi reddemus; quod si nolueris, parati sumus mori, sed confidimus in Domino, quia non moriemur soli, sed carissime nos vendentes, auxiliante Christo, prius ex vobis plurimos occidemus ; nondum ligatas habemus manus, nec capietis nos libere nec impune. « Audiens dictus miles verba Lamberti, promisit omnia quæ petebat libentius facturum. « Veni igitur, dixit Lambertus, et super hoc in manu mea præstes fidem. » Ille autem non fuit ausus accedere ad eum, nisi nostri ipsum prius securum fecissent. Assecuravit eum Lambertus et alii quinque ; accessit ille ad eos et tali conditione captos duxit secum : qui mox qui promiserat male servans, tradidit eos comiti Fuxensi. Comes autem ille maximis catenis ligatos in tam deterrimo et tam angusto posuit carcere, quod nec stare, nec extenti jacere valebant ; lumen etiam non habebant nec candelam, et solummodo dum comedebant, unum brevissimum foramen in illo erat ergastulo, per quod cibaria eis porrigebantur. Ibi longissimo tempore eos tenuit comes Fuxi, donec multa pecunia sunt redempti. Nunc ad id quod dimisimus revertamur.

Peractis apud Caturcum comes nobilis negotiis, pro quibus illuc advenerat, proposuit abire in terram Albigensem. Rediens igitur a Caturco, transiensque per castella sua, et visitans marchias suas, versus Apamias remeavit. Venit igitur ad quamdam munitionem prope Apamias, et invenit eam contra se munitam, erant quidem in ea sex milites et homines multi ; comes vero ipsa die munitionem illam non potuit capere, sed in crastino mane insultu facto, porta succensa, suffosso muro, ipsam munitionem vi cepit et destruxit, tribus militibus qui erant in ea et hominibus interfectis, tres solum milites ad consilium suorum reservavit, quia promiserant quod facerent reddi Lambertum de Tureyo et Galterum de Langatone Anglicum, quos, sicut dictum est, comes Fuxi tenebat : inde Apamias comes noster pervenit ; et dum esset ibi, nuntiatum est ei quod homines de Polio Laurentii, facta proditione, tradiderant villam Sicardo, qui

fuerat dominus castri : et jam tam ipse Sicardus cum suis militibus, quam homines illi milites Guidonis de Luceio qui custodiebant castrum in munitione positos impugnarent, sicut enim prædiximus, comes noster, castrum illud dederat dicto Guidoni : Quo audito, turbatus est comes, in auxilium militum properare cœpit ; et cum venisset ad Castrum-novum, venit ad eum qui diceret milites dicti Guidonis turrem Podii Laurentii reddidisse adversariis, et vere sic erat, omnia mœnia castri : quidam siquidem miles, cui [præcipue Guido sæpedictus custodiam commiserat castri sui, pecunia, ut dictum est, mediante, reddiderat adversariis turrem prædictam ; sed post aliquot dies cum de proditione in curia comitis accusaretur miles ille, et nollet se defendere per duellum, memoratus Guido illum patibulo suspendi fecit. Dimissis comes apud Castrum-novum quibusdam militibus suis ad munitionem castri, ipse ivit Carcassonam ; verumtamen antequam recederet a Castro-novo, quosdam milites et balistarios miserat apud Montem-ferrandum, ut custodirent castrum illud, jam enim comes Tolosæ et cæteri adversarii fidei vires resumpserant resistendi, videntes comitem nostrum esse quasi solum, et discurrebant per terram ut possent castra quæ amiserant per proditionem recuperare. Dum esset comes noster Carcassonæ, nuntiatum est ei quod adversarii sui in gravi multitudine veniebant ad obsidendum Castrum-novum : quo audito, comes turbatus est valde : statim misit comes ad milites suos qui erant in Castro-novo et mandavit ne timerent a facie adversariorum, quia ipse veniret et adjuvaret eos.

CAPUT LVI.

Comes Tolosanus, Castrum-novum et Simonem comitem illud defendentem obsidet.

Quadam igitur die Dominica, cum esset comes Carcassonæ et audisset missam et divinis sacramentis communicasset, iturus statim ad Castrum-novum, conversus quidam Cisterciensis qui aderat, cœpit consolari eum et, quantum poterat, animari. Cui vir nobilis totum de Deo præsumens : « Putatis, inquit, quod timeam ; Christi geritur negotium, universa pro me orat Ecclesia ; scio quod non poterimus superari. » His dictis, ad Castrum-novum vir nobilissimus properavit ; verum quædam castella prope Castrum-novum jam a dominio ejus recesserant, et de hominibus quos in castris illis posuerat, plures jam fuerant ab adversariis per proditionem interfecti. Dum igitur esset comes noster in Castro-novo, ecce comes Tolosæ, et comes Fuxi, et Gasto de Bearno, et quidam nobilis Wasconiæ cum infinita multitudine a Tolosa egressi, properabant ut obsiderent Castrum-novum. Veniebat etiam cum adversariis ille pessimus apostata, ille prævaricator, iniquus filius diaboli, minister Antichristi, Savaricus videlicet de Malleone omnem excedens hæreticum, omni deterior infideli (*I Tim.* v), impugnator Ecclesiæ, Christi hostis. O virum,

imo virus pessimum, Savaricum dico, qui scelestus
et perditus, et pudens et imprudens, currens adversus Deum exerto collo, etiam impugnare ausus
est Ecclesiam sanctam Dei! o hominem apostasiæ
principem, crudelitatis artificem, perversitatis
actorem! o hominem malignorum participem, o
perversorum consortem, o hominem opprobrium
hominum, o virtutis ignarum, o hominem diabolicum, imo totum diabolum! Audientes nostri tantam
multitudinem advenire, consuluerunt quidam ex
ipsis comiti ut aliquos de suis dimittens ad defensionem castri, secederet ad Fanum-Jovis, vel etiam
Carcassonam : sed habito saniori consilio, Deo melius providente, adversariorum adventum in Castronovo comes voluit exspectare.

Nec silendum quod, cum comes esset in Castronovo, et jam quasi esset in manu inimici, ecce
missus a Deo Guido de Luceio cum quinquaginta
ferme militibus supervenit, siquidem miserat omnes
comes nobilis regi Arragonensi in auxilium contra
Turcos de quorum adventu exhilaratus est comes,
omnium nostrorum animi confortati. Rex autem
ille utpote pessimus, qui nunquam dilexerat negotium fidei vel comitem nostrum, militibus quos
comes miserat in ejus auxilium, valde inurbanum
se exhibuit, imo etiam, dum milites ipsi redirent
ad comitem nostrum, de mandato ipsius comitis
per litteras eis facto, rex perfidissimus, sicut dictum fuit, ipsis nostris militibus ad capiendos eos
in via insidias præparaverat : innotuit sæpedictis
militibus proditio, et a strata publica declinaverunt. O crudelis pii operis recompensatio ! o tanti
servitii dura stipendia. Jam propositum exsequimur. Comite igitur apud Castrumnovum, secretius
inimicorum suorum adventum exspectante, ecce
quodam die subito, cum infinita multitudine venerant hostes qui quasi locustæ terram operientes,
circumquaque discurrere cœperant : ut autem ap-
propinquaverant castro, statim homines de burgo
exteriori, per desuper murum se præcipitantes, et
ad adversarios transferentes, burgum ipsis in primo
accessu dimiserunt. Intrantes igitur adversarii
burgum, cœperunt huc illuc discurrere, lætabundi,
gaudentes. Comes vero noster tunc erat in mensa ;
armantes autem se nostri postquam comederant,
de castro sunt egressi et quotquot de adversariis
in burgo invenerunt citius effugarunt, fugientesque
adversarios et trementes de burgo viriliter ejecerunt. Quo facto, comes Tolosæ et qui cum ipso
erant fixerunt tentoria a parte castri super montem : post hæc ita fossatis, lignis, repagulis se
cinxerunt, ut non tam obsidentes, quam obsessi
viderentur, videbaturque quasi fortior, et ad ac-
cessum difficilior locus, in quo erat exercitus obsidentium, quam castrum obsessum. Cum autem sero
esset, adversarii intraverunt burgum ; erat enim
hominibus vacuum, quia nostri propter paucitatem, non poterant illud munire ; non enim erant in
castro inter milites et servientes amplius quam

quingenti homines, cum hostes fere centum millia
esse crederentur. Timentes autem hostes qui burgum intraverant, ne nostri expellerent eos, sicut
antea fecerant, ipsum burgum lignis et quibuscunque potuerunt munierunt a parte murorum, ne ad
eos exire possent, murumque forinsecum qui erat
inter burgum et exercitum pluribus locis perfora-
runt, ut liberius fugere possent, si necessitas immineret. In crastino autem exeuntes nostri de
castro, et quidquid adversarii fecerant destruentes,
ipsos de burgo sicut prius fecerant projecerunt, et
fugientes usque ad tentoria sunt secuti : nec silendum credimus in quo tunc discrimine nobilis erat
comes : comitissa quippe erat apud Vaurum ; primogenitus ejus Almaricus apud Fanum-Jovis infirmabatur ; filia, quam in terra illa genuerant, nu-
triebatur apud Montem-regalem, nec poterat alter
alterum videre, vel in aliquo subvenire : illud quoque supprimendum non est quod, licet nostri essent
paucissimi, omni die exibant, hostesque crebris-
sime et validissime impetebant, nec enim sicut
jam diximus, nostri videbantur obsessi, sed potius
obsidentes, tot vero repagulis, sicut dictum est,
adversarii se cinxerant, quod nostri ad eos intrare
non poterant, licet ardentissime affectarent. Illud
quoque adjiciendum est quod servientes nostri ad
hostium oculos, quotidie equos nostrorum longe a
castro ad dimidiam leugam ad aquandum ducebant ; vineas etiam quæ erant prope exercitum pedites nostri, videntibus et invidentibus adversariis,
quotidie vindemiabant ; erat enim tempus vinde-
miarum.

Quadam autem die, pessimus ille traditor comes Fuxi et filius ejus Rogerius Bernardi, non
impar malitia, et magna pars exercitus venientes
prope castrum, voluerunt impugnare nostros qui
præ foribus castri armati stabant. Videntes autem
nostri illos appropinquare cum maxima ipsos im-
petentes, ipsumque filium comitis Fuxi et plures
alios de equis præcipitantes, ad sua cum confusione tentoria redire compulerunt. Et quia non
possemus omnes insultus et eventus illius obsidionis ad plenum exprimere, istud breviter asserimus, quod quotiescunque adversarii ad nostros
accedere ausi sunt, causa alicujus impetus faciendi, nostri tota die ante portas foris castrum manebant, bellum desiderantes, ipsos cum maxima
eorum erubescentia in sua tentoria reduxerunt.
Cum hæc aguntur, vicina castra per circuitum recesserunt a dominio comitis nostri et reddiderunt
se comiti Tolosano. Die quadam illi de Cabareto
miserunt ad comitem Tolosæ et mandaverunt ei
ut veniret vel mitteret ad eos, et ipsi statim ei
reddiderunt Cabaretum : castrum autem Cabareti
distabat a Castronovo quinque leugis. Nocte igitur quadam moventes adversariorum plurimi a castris suis missi a comite Tolosano, cœperunt ire
ut acciperent Cabaretum : cum autem essent hostes nostri in itinere, divina disponente clementia,

viam quæ ducebat Cabaretum perdiderunt, et diutius deviantes per invia ad sæpedictum castrum Cabareti pervenire nequiverunt; sicque post longas vagationes ad castra, unde exierant, sunt reversi. Interea erigi fecit comes Tolosæ machinam quæ dicitur mangonellus, cœpitque jacere mangonellus in castrum, sed obfuit nostris in modico aut in nullo. Post aliquot autem dies parari fecit comes Tolosanus machinam quamdam miræ magnitudinis, ad diruendum murum castri; jaciebantur autem in machina illa maximi lapides, et quidquid contingere poterant diruebant. Cum jecissent autem hostes in machina præfata per multos dies, accessit ad comitem Tolosæ quidam suus jaculator et dixit ei : « Ut quid in machina illa tot et tanta expenditis, ut quid muros castri hujus destruere satagitis, nonne videtis quotidie quod usque ad tentoria nostra veniunt hostes nostri, et exire non audetis? Certe deberetis velle quod ferreus esset murus, ut ad nos accedere non valerent. » Contingebat siquidem in illa obsidione præter solitum res mirabilis; quia, cum obsidentes obsessos soleant impugnare, obsessi nostri jure contrario, suos impetebant crebrius obsessores; nostri præterea adversarios deridebant in hæc verba : « Cur in machina vestra et tanta et tot expenditis, in diruendo diutius laboratis? Credite nobis; nos ab expensâ vobis parcemus, nos expediemus vos a labore, viginti solummodo marchas nobis date et nos ipsius muri centum cubitos in longitudine funditus diruentes, terræ faciemus adæquari, ita ut si ausi fueritis, nonobstante muro ad nos libere transeatis. » O virtus animi! o fortissimum robur mentis!

Die quadam exiens comes noster a castro, tendebat ut discinderet machinam supradictam; adversarii autem tot circa machinam illam fecerant repagula fossataque, quod nostri ad eam pertingere nequiverunt : vir autem fortissimus, comes videlicet noster, sedens in equo, fossatum quoddam amplissimum et profundum transire voluit, et in suos irruere audacius inimicos. Quod videntes quidam de nostris, discrimenque inevitabile si comes istud faceret attendentes, arripientes ipsum per frenum, tenuerunt ne se morti exponeret imminenti : quo facto, omnes nostri, nullo de suis amisso, ad castrum redierunt, pluribus de adversariis interfectis. Rebus sic se habentibus, misit comes noster marescallum suum Guidonem de Levis, virum fidelem et armis strenuum, ut a Fano-Jovis et Carcassonæ faceret victualia deferri ad comitem, hominibus etiam Carcassonensibus et Biterrensibus præciperet, ut ad comitis auxilium festinarent; sed cum nihil proficere posset, *omnis quippe* terra *corruperat viam suam (Gen.* vi), ad comitem remeavit. Comes iterum remisit eum, et cum eo virum nobilem Matthæum de Marliaco fratrem Buchardi : qui venientes ad homines terræ comitis, iterum atque iterum rogaverunt ut ad comitem venirent,

minas precibus adjicientes : sed cum perversi homines et jam vacillantes, nolentes eos audire, etiam tunc Aimericum dominum Narbonæ et cives Narbonenses adierunt, rogantes et monentes, ut ad adjuvandum comitem festinarent : responderunt cives Narbonenses et dixerunt marescallo, quod si Aimericus dominus eorum iret cum eis, ipsi eum sequerentur, ipse vero nullomodo utpote vir multum argutissimus, potuit ad hoc induci. Exeuntes autem dicti milites nostri a Narbona, de tam populosa civitate, vix trecentos homines extraxerunt, et cum venissent Carcassonam, de tota terra illa non potuerunt habere homines plusquam quingentos : quos cum vellent ducere ad comitem, illi nullomodo voluerunt, sed omnes statim ad propria refugerunt. Interea perfidissimus comes Fuxi, quoddam castrum quod erat Buchardi de Marliaco prope Castrumnovum a parte orientali versus Carcassonam, quod S. Martinus dicitur, et quasdam alias munitiones in circuitu occupaverat et munierat contra nostros. Comes autem mandaverat Buchardo de Marliaco et Martino Algais, qui erant cum comitissa apud Vaurum, ut venirent ad Castrumnovum. Iste Martinus miles erat Hispanus, quondam ex nostris; sed quam pessime postea se habuit in sequentibus ostendetur.

CAPUT LVII.

Acerrimo conflictu, illustrique victoria, crucesignati Fuxi comitem ad arcem Sancti Martini profligant.

Erat autem cum comite nostro miles quidam Carcassonensis de Monte regali Guillelmus cognomine Catus, cui dominus comes terram dederat, ipsumque militem fecerat, quem in tanta familiaritate habebat, quod filiam ipsius comitis dictus Guillelmus levaverat de sacro fonte; comes siquidem et comitissa et omnes nostri de ipso super omnes indigenas confidebant, adeo quod dominus comes proprium suum primogenitum ipsi tradidit aliquando custodiendum. Miserat autem comes a Castronovo ad Fanum-Jovis ut homines de castris vicinis in auxilium comitis adduceret ad Castrumnovum; sed iste omni hoste deterior, omnium pessimus traditorum, ingratus beneficiis, oblitus amoris, associatis sibi aliquibus indigenis, pari crudelitatis affectu, in tantam nequitiam pariter consenserunt ut marescallum prædictum et socios ejus redeuntes a Carcassona caperent et traderent in manus comitis Fuxensis. O iniquum proditionis genus! o pestis dura! o crudelitatis artificium! o adinventio diabolica! innotuit autem marescallo prædicto, et ab insidiis declinavit. Nec prætereundum quod plures homines terræ illius, aliqui etiam abbates qui castra multa habebant, recesserunt tunc a comite nostro, et juraverunt fidelitatem comiti Tolosano. O juramentum exsecrabile! o infidelitas infidelis! Interea Buchardus de Marliaco, et Martinus Algais, et quidam alii milites comitis nostri venientes a castro Vauri, et ad auxilium comitis properantes, venerunt Saxiacum castrum Buchardi, quia non audebant venire recta via a Vauro ad Castrumnovum. Die autem præcedenti ingressum eorum in Castrumnovum, comes Fuxi, qui eorum adventum præsciebat, exiens ierat ad castrum supradictum, quod dicitur S. Martinus, per quod milites nostri debebant transire, ut impugnaret eos. Nobilis vero comes noster istud sciens, Guidonem de Luceio, castellanum de Malpha, vicecomitem Donges militesque alios usque ad quadraginta, misit suis in auxilium, et mandavit quod in crastino sine dubio, contra prædictum comitem Fuxi, pugnam essent habituri.

Missis illis militibus, non remanserunt cum comite inter milites et armigeros in equis amplius quam sexaginta. Videns autem comes Fuxi quod comes noster misisset suis in auxilium, recedens a castro S. Martini, rediit ad exercitum ut inde assumens armatos, secum rediret ad impugnandum marescallum et eos qui cum eo manebant. Interea comes noster, Guillelmum Catum et milites indigenas qui cum eo in Castronovo erant allocutus est in hunc modum : « Ecce, inquit, fratres charissimi, comes Tolosæ et comes Fuxi, viri potentes cum infinita multitudine sanguinem meum quærunt; ego autem sum in medio hostium quasi solus, rogo vos pro Deo, quatenus si timore vel amore ducti, vultis ire ad eos et a me recedere, non celetis, et ego sanos et salvos usque ad ipsos faciam vos conduci. » O nobilitas viri ! o excellentia principis ! Respondens autem alter Judas, Guillelmus videlicet Catus, dixit : « Absit, domine mi, absit ut a vobis recedamus, etenim et si omnes vos reliquerint, usque ad mortem vobiscum perseverabo (*Matth.* xxvi). » Similiter autem et omnes dixerunt. Sed non multo post, dictus traditor cum quibusdam sociis suis recessit a comite, factus de familiarissimo, crudelissimus persecutor. His ita gestis, marescallus et Buchardus de Marliaco, et qui cum ipso erant summo mane, audita missa, facta confessione et communione Dominici corporis suscepta, ascensis equis ad comitem dirigunt iter suum. Comes autem Fuxensis, sentiens eos venire, accepta secum de melioribus exercitus totius innumera multitudine equitum armatorum, pluribusque etiam millibus peditum electorum, pugnaturus contra nostros obviam properavit : fecerat autem idem comes tres turmas. Comes autem noster qui erat illa die ante foras Castrinovi, et adventum suorum sollicitus exspectabat, videns quod comes Fuxi ad dimicandum contra eos properaret, illos qui secum erant consuluit quid facere tunc deberent, diversis diversa sentientibus, dicentibus quibusdam ipsum debere ad custodiam castri remanere, aliis econtrario dicentibus ut ad auxiliandum suis militibus properaret : vir indefessæ virtutis, vir probitatis invictæ dixisse perhibetur : « Paucissimi in castro isto remansimus, totumque Christi

negotium pendet ex hoc bello; absit ut milites nostri moriantur in prælio gloriosi; ego vivus et ignominiosus evadam; volo vincere cum meis vel cum meis mori; eamus et nos, et, si necesse fuerit, moriamur cum illis. » Quis inter hæc se a lacrymis contineret! sic fatur lacrymans, statimque suis properat in succursum. Comes autem Fuxi ut appropinquavit nostris, tres turmas quas fecerat in unam redegit.

Hic adjiciendum quod episcopus Caturcensis et quidam monachus Cisterciensis, qui de mandato abbatis Cistercii, de negotio Jesu Christi curam gerebant, veniebant cum marescallo. Qui videntes hostes venientes bellumque imminere, cœperunt hortari nostros ut viriliter se haberent, promittentes firmissime quod, si tam glorioso certamine pro fide occumberent Christiana, remissionem adepti peccatorum, omni statim gloria et honore coronati, mercedem reciperent sui certaminis et laboris. Strenuissimi autem milites nostri, certi quidem de præmio, sed et bonam de reportanda victoria spem habentes, hilares et intrepidi hostibus occurrebant; illi autem veniebant in unum conglobati. Ordinaverunt autem ipsi adversarii aciem suam; illi qui in equis sedebant, ferro coopertis incedebant medii; reliqui autem equites ex una parte, pedites vero ex altera optime muniti : habito igitur nostri inter se consilio, quod illos qui habebant equos coopertos prius impeterent. Dum hæc fierent, aspiciebant nostri a longe, viderunt comitem nostrum exeuntem a Castronovo, et in eorum auxilium properantem : statim duplicata audacia, animosiores effecti, invocato Christo in hostes se medios immiserunt, ipsosque dicto citius penetrarunt; illi autem victi in momento et confusi, fugæ præsidia arripuerunt : quod videntes nostri, statim ad pedites qui stabant a parte altera se vertentes, de illis innumerabiles occiderunt. Nec silendum quod, sicut marescallus veridica relatione asseruit, contra unumquemque ex nostris erant hostes plusquam triginta. Agnoscatur igitur operata divinitas; non enim potuit comes noster bello interesse, quamvis sub festinatione maxima adveniret; jam enim suis militibus victoriam dederat victor Christus. Insequentibus igitur nostris fugientes adversarios et extremos quosque cædentibus, facta est hostium strages magna; de nostris autem non occubuerunt amplius quam triginta, cum de inimicis innumerabiles fuerint interfecti. Nec prætereundum quod Martinus Algais, de quo supra tetigimus, in primo insultu de bello resiliens fugere cœpit : quem venerabilis episcopus Caturcensis, qui prope erat fugientem videns, et quid factum esset requirens : « Mortui, inquit ille, sumus omnes : » Quod vir Catholicus non credens, ipsumque durius objurgans, redire compulit ad certamen.

Prætereundum etiam non est quod fugientes hostes præ timore mortis, exclamabant fortiter : « Mons-fortis, Mons-fortis, » ut sic se fingerent esse de nostris, et manus persequentium evaderent arte

tali. Nostri vero artem istam arte alia deludebant : A
cum enim audiret aliquis de nostris, quempiam
hostium exclamare Mons-fortis præ timore, dicebat
ei : « Si noster es, occide istum fugientem, » de-
monstrato videlicet de fugientibus. At ille, timore
ductus, suum socium occidebat; sed ille qui socium
occiderat, occidebatur, mercedem recipiens fraudis
suæ et sceleris a nostris. O res mirabilis et inaudita! qui enim causa occidendi nostros ad bellum
accesserant, justo Dei judicio suosmetipsos occidentes nobis famulabantur, licet inviti. Postquam
nostri hostes diutius fugaverant et occiderant infinitos, stetit comes in medio campo, ut suos qui
insequentes hostes circumquaque dispersi erant,
recolligentes congregaret.

Interea ille apostatarum omnium præcipuus, B
Savaricus videlicet de Malleone et magna multitudo
armatorum, egressi a loco castrorum, ad foras
accesserant Castrinovi, ibique stantes cum magna
superbia, elevatis vexillis, belli exitum exspectabant; plurimi etiam ex ipsis inferius burgum intrantes, cœperunt acrius impugnare illos qui in
castro remanserant, quinque videlicet solummodo
milites et paucissimos servientes, sed quamvis
essent paucissimi, infinitos hostes armis et balistis
munitissimos, de ipso burgo repellentes, se strenuissime defendebant. Videns igitur dictus proditor, Savaricus videlicet, nostros in campo belli ob-
tinuisse victoriam, cernensque quod illi qui erant
cum eo castrum capere non potuissent, recollectis
suis, confusus ad tentoria remeavit. Comes autem C
noster et qui cum eo erant, a campo reportata victoria revertentes, in ipsa tentoria adversariorum
irrumpere noluerunt. O invicti milites! o Christi
tirones, sicut jam supradictum est, hostes tot se
repagulis concluserant et fossatis, quod nostri nisi
de equis descenderent, ad eos accedere non valebant : quod cum comes facere festinaret, consuluerunt quidam ut differret in diem alteram, eo
quod recentes essent hostes, nostri vero prælio
fatigati : acquievit comes utpote qui omnia agens
cum consilio et semper, in his obtemperare voluit.
Rediens igitur in castrum vir nobilis, sciens quia
Dei esse virtutem, Dei esse victoriam, descendens
de equo in ipso introitu Castrinovi, nudus pedes D
ad ecclesiam perrexit, omnipotenti Deo pro collatis beneficiis gratias repensurus, in qua ecclesia
decantantes nostri cum devotione et exsultatione
maxima, Te Deum laudamus, in hymnis et confessionibus benedicebant Dominum qui magna fecit
in populo suo, et victoriam de suis contulit inimicis (II Machab. x).

Non credimus autem prætereundum quoddam
miraculum, quod contigit ipso tempore, in quadam
abbatia ordinis Cisterciensis, quæ est in territorio Tolosano et dicitur Grandis-Silva. Monachi domus illius in magna afflictione positi erant, quia
si nobilis comes Montis-fortis caperetur in Castronovo vel occumberet in bello, imminebat eis mors

et gladius : comes siquidem Tolosanus et complices
sui, super omnes, exosos habebant monachos Cistercienses ordinis, et præcipue domum illam, eo
quod abbas Cisterciensis Arnaldus apostolicæ sedis
legatus, cui exhæredationem suam præ cæteris im-
putabant, abbas fuerat domus illius. Quadam itaque die, dum quidam monachus dictæ domus, vir
religiosus et sanctus, celebraret divina, in ipsa
eucharistiæ consecratione, ex intima cordis devotione, pro dicto comite Montis-fortis, qui tunc temporis in dicto Castronovo obsessus erat supplicavit.
Ad quem vox divina : « Quid pro eo oras? tot pro
ipso sunt orantes, quod oratione tua non est
opus. »

CAPUT LVIII.
Castrumnovum obsidione liberatur.

Interea comes Fuxi novum proditionis artificium
adinvenit, imitans videlicet patrem suum diabolum,
qui cum in uno fuerit superatus, ad alia nocendi
convertitur argumenta. Misit igitur nuntios suos
longe lateque per castella, qui comitem Montis-
fortis in bello superatum assererent; quidam etiam
excoriatum dicerent et suspensum ; qua de causa
reddiderunt se id temporis adversariis nostris. In
crastino vero gloriosæ victoriæ, consuluerunt comiti nostro milites sui ut exiret de Castronovo,
quosdam de suis dimittens ibi, pergensque per terram suam, homines quos posset adunaret. Exiens
igitur comes de Castronovo perrexit Narbonam :
veniebant autem de Francia tunc peregrini, Alanus
videlicet de Rociaco, vir multæ probitatis, et quidam alii, sed pauci. Comes autem Tolosæ et qui
cum ipso erant, videntes quod nihil in obsidione
Castrinovi proficerent, per aliquot dies combusta
machina sua, cum magna confusione ad propria
sunt reversi. Nec silendum quod non fuerunt ausi
egredi de castris suis, donec agnoverunt comitem
nostrum a castro exisse. Dum igitur esset comes
noster apud Narbonam, haberetque secum supradictos peregrinos, plures etiam congregasset de
hominibus indigenis, ut rediens pugnaret contra
comitem Tolosanum et eos qui cum eo erant, nuntiatum est ei quod comes dictus et sui recesserant
ab obsidione Castrinovi. Comes autem noster, dimissis indigenis, quos adunaverat, peregrinos tantum
ducens secum, rediit ad Castrumnovum, et proposuit quod omnes in circuitu munitiones, quæ ab
ejus dominio recesserant, funditus everteret. Quod
dum fieret, nuntiatum est ei quoddam castrum,
nomine Constantianum versus Thermas ab ejus ju-
risdictione resilisse, et se inimicis fidei reddidisse :
quo audito, statim properavit comes ut castrum
illud obsideret : quod castrum cum per aliquot dies
impugnasset, videntes qui intus erant quod non
poterant resistere, se et castrum comiti reddiderunt, ut suam de ipsis faceret per omnia voluntatem : quo facto, rediit comes ad Castrumnovum ;
statim nuntiatur comiti nostro quod homines castri, quod dicitur Mons-acutus in diœcesi Albiensi,

reddiderant se comiti Tolosano, munitionesque castri et eos quos comes noster in eo custodiendo posuerat, impugnabant : properavit comes noster; sed antequam posset pervenire, illi qui erant in munitione prædicta, jam reddiderant adversariis munitionem. Quid plura? Omnia in circuitu castra nobilissima et fortissima, exceptis duobus paucissimis, tunc quasi in uno die reddiderunt se comiti Tolosano. Nomina autem castrorum nobilium, quæ tunc temporis sunt amissa, sunt hæc in Albiensi diœcesi : Rabasten, Mons-acutus, Galliacum, castrum de Grava, Cahusacum, S. Marcellus, Guespia, S. Antoninus; in d.œcesi autem Tolosana jam se reddiderant ante obsidionem Castrinovi, in ipso tempore obsidionis Podium Laurentii, Casser, S. Felix, Mons-Ferrandus, Avinio, S. Michael, Cuc et Saverdunum : præterea perdita sunt alia castra minora, quæ non possemus per singula enarrare : dicuntur siquidem amplius quam quinquaginta. Quamdam autem pessimam et inauditam traditionem quæ facta est tunc in castro de Gravis, quod est in diœcesi Albiensi, non credimus prætermittendam.

Nobilis comes noster, cuidam militi Francigenæ castrum illud tradiderat : miles autem ille credebat se hominibus castri plusquam opus esset ; illi autem de ejus morte cogitabant. Quadam vero die, faciebat sæpedictus miles dolia sua refici a quodam carpentario dicti castri : et dum idem carpentarius unum dolium refecisset, dixit præfato militi ut inspiceret et videret utrum dolium esset bene reparatum : qui cum caput in dolium submisisset, carpentarius elevata securi, caput illius amputavit. O crudelitas inaudita ! Statim insurrexerunt homines castri, et paucos Francigenas qui erant in castro occiderunt; quod cum audisset nobilis comes Balduinus, de quo supra tetigimus, frater comitis Tolosani, quadam die summo diluculo venit ante castrum. At illi exeuntes obviam, putantes quod ipse esset comes Tolosæ, eo quod similia arma portaret, introduxerunt eum in castrum, et lætabundi et gaudentes, crudelitatem quam fecerant narraverunt : ille autem cum armata multitudine in eos insiliens, fere omnes a minimo usque ad maximum interfecit. Videns comes noster quod tot et tanta castra amisisset, venit Apamias ut castrum illud muniret; et cum ibi moraretur, mandavit ei comes Fuxi, quod si solummodo quatuor dies exspectaret, veniret ipse et pugnaret contra ipsum. Comes autem noster remandavit ei, quod non solummodo quatuor dies, imo plusquam decem apud Apamias exspectaret ; comes autem Fuxi non fuit ausus venire : insuper milites nostri, etiam sine comite nostro, terram Fuxensem intraverunt, et quoddam castrum dicti comitis destruxerunt. Post hæc reversus est comes noster versus Fanum-Jovis, misitque castellanum de Malfa, et Gaufridum fratrem ejus, milites strenuos cum aliis paucissimis ad quoddam castrum, ut facerent deferri bladum a ca-

stro ad Fanum-Jovis, ad muniendum castrum ipsum. Qui cum redirent a castro prædicto, filius comitis Fuxi, a patris nequitia non degenerans, posuit se in insidiis juxta viam per quam dicti milites venire debebant ; habebat autem traditor ille secum armatorum multitudinem copiosam. Transeuntibus autem nostris, surgentes hostes de insidiis aggressi sunt eos, circumdantesque dictum Gaufridum, ipsum undique infestabant. Ille autem, utpote miles optimus, se viriliter defendebat ; habebat vero paucissimos adjutores. Cum ergo equum suum jam amisisset, et esset jam in suprema necessitate, dicebant ei hostes ut se redderet ; vir autem miræ probitatis, tale fertur dedisse responsum : « Christo, inquit, me reddidi ; absit ut ejus me reddam inimicis : » sicque inter hostium ictus, gloriosum, ut credimus, spiritum exhalavit. Occubuit etiam cum eo quidam strenuissimus juvenis, cognatus dicti Gaufridi et alii pauci ; miles quidam vero, nomine Droco, vivum se reddidit : quem comes Fuxi detinuit incarceratum ; castellanus autem de Malfa vivus evadens, amissis fratre et cognato, gemebundus ad castrum, a quo recesserant, remeavit. Post hæc revertentes nostri ad locum, et tollentes corpora occisorum, sepelierunt ea in quadam abbatia ordinis Cisterciensis, quæ dicebatur Bolbonia. Tempore illo Guillelmus, venerabilis archidiaconus Parisiensis, et quidam alius magister Jacobus de Vitriaco, de mandato et ad preces episcopi Uticensis, quem dominus papa pro negotio fidei contra hæreticos legatum præfecerat, qui etiam ipsum negotium diligebat et efficaciter promovebat, prædicationis officium assumpserunt. Qui zelo fidei succensi, Franciam imo Alemanniam circumeuntes, tota hieme illa, incredibilem fidelium multitudinem ad Christi militiam signo crucis in pectoribus signaverunt ; isti siquidem duo, præcipue post Deum, fidei negotium in partibus Gallicanis et Teutonicis promoverunt.

CAPUT LIX.

R. Malvicinus centum stipatus militibus ex Gallia Montfortio comiti suppetias venit.

Rebus sic se habentibus, ille nobilissimus militum, ille Christi servus, ille Jesu negotii amator præcipuus et promotor Robertus videlicet Malvicinus, qui præcedenti ætate perrexerat in Franciam, redibat habens secum de electis militibus Franciæ plusquam centum, qui omnes ducem suum fecerant et magistrum. Hi omnes admonitionibus virorum venerabilium episcopi videlicet Tolosani et abbatis Vallium signati, accinxerant se ad militiam Jesu Christi; qui tota hieme illa in servitio Jesu Christi perseverantes, supradictum negotium, quod in multa depressione tunc erat, nobiliter erexerunt. Audiens comes dictos milites advenire, ivit obviam eis usque Carcassonam : quo cum pervenisset, fit exsultatio incredibilis inter nostros, fit gaudium magnum valde : inde venit comes cum dictis militibus usque ad Fanum-Jovis. Ipso tempore comes

Fuxi obsederat quoddam castrum cujusdam militis indigenæ, nomine Guillelmi Daura, qui comiti nostro adhærens, ipsum quantum poterat adjuvabat. Erat autem castrum illud prope terram comitis Fuxi, et vocabatur Carun; comes autem Fuxi jam illud castrum impugnaverat per xv dies. Moventes igitur nostri a Fano-Jovis properabant ut comitem Fuxi amoverent ab obsidione dicti castri. Comes autem ille, audiens nostros advenire, relictis ibi machinis suis, cum magna confusione fugiens, ab obsidione recessit; nostri vero per aliquot dies devastantes terram ejus, quatuor de castellis ejus destruxerunt. Inde redeuntes ad Fanum-Jovis, properaverant ut obsiderent quoddam castrum in Tolosana diœcesi, quod dicitur Pomaireda : quod castrum cum per aliquot dies impugnassent, quodam die facto insultu, fossatum castri vi impleverunt; sed, nocte superveniente, non ceperunt castrum ipsa die : videntes autem qui in castro erant quod quasi capti erant, media nocte perforantes murum, clanculo aufugerunt : quo facto statim nuntiatur comiti quod castrum quoddam, nomine Albedunum in diœcesi Narbonensi, ab ejus dominio recessisset, quo dum pergeret comes, dominus castri venit obviam ei, et se et castrum ejus tradidit voluntati.

CAPUT LX.

Venit Guido de Monte-forti ad comitem Montis-fortis fratrem suum de ultramarinis partibus, cujus adventu mirifice exsultat comes.

His gestis, venit comes ad illud nobile castrum in diœcesi Albigensi, quod dicitur Castra : ubi dum moraretur et ageretur festum Dominicæ Nativitatis, venit ad ipsum Guido frater ejus germanus, rediens a partibus transmarinis. Iste Guido frater comitis cum ipso ierat ultra mare; sed, redeunte comite, remansit iste Guido in partibus transmarinis, quia duxerat ibi uxorem nobilissimam de regio semine, quæ erat domina Sidonis, quæ etiam veniebat cum eo, cum filiis suis, quos de ipso Guidone susceperat. Nec silendum quod dum veniret dictus Guido ad comitem, quædam castella in territorio Albiensi quæ resilierant a dominio comitis sæpememorati, Guidoni se reddiderunt; quanta autem in adventu fratris fuerit comitis et nostrorum exsultatio non est qui posset explicare. Post paucos autem dies properaverunt nostri ad obsidendum quoddam castrum in Albiensi diœcesi, quod dicitur Tudelle, et erat patris Giraldi de Pepios illius pessimi traditoris. Impugnantes autem nostri castrum, post paucos dies illud ceperunt, et fere omnes in ore gladii interfecerunt; solummodo pater Giraldi unus evasit, quem comes reddidit pro quodam milite, quem comes Fuxi tenebat in vinculis nomine Drocone de compenso consanguineo Roberti Malvicini. Post hæc properavit comes nobilis ut obsideret quoddam castrum, quod dicitur Cahusacum in territorio Albiensi, ubi cum media hieme, præter solitum esset in obsidione et paucissimos haberet secum, per multos labores et angustias

cepit illud castrum. Comes autem Tolosæ, et comes Comingensis, et comes Fuxi cum infinita multitudine congregati erant apud quoddam castrum proximum nomine Galliacum, miseruntque nuntios ad comitem nostrum, mandantes quod venirent ad impugnandum eum. Hoc autem dicebant, ut si possent terrere comitem nostrum, suam forte dimitteret obsidionem. Miserunt semel, miserunt iterum, et tamen non sunt ausi venire : videns autem comes quod non venirent, dixit suis : « Ex quo non veniunt certe, ego ibo et visitabo illos; » et accipiens secum armatos de suis, properare cœpit tendens versus Galliacum, cum paucis ibat spirans et anhelans bellum. Quod audiens comes Tolosæ et qui cum eo erant, exeuntes a Galliaco, fugerunt versus quoddam castrum proximum, nomine Montem-acutum. Comes autem noster secutus est eos usque ad castrum illud : quod videntes illi inde fugerunt; at illi egressi a castro illo, fugerunt versus Tolosam. Videns igitur comes noster quod non auderent eum exspectare, ad castrum unde venerat remeavit.

His ita rite peractis, misit dominus comes ad abbatem Cisterciensem qui erat apud Albiam, quærens ab eo quid facto opus esset. Consilium autem abbatis fuit, ut comes obsideret castrum illud S. Marcelli, quod prope Albiam ad tres leugas situm erat. Comes vero Tolosæ, cuidam pessimo traditori Geraldo de Pepios, commiserat castrum illud. Venientes igitur nostri ad castrum, tantum ab una parte obsederunt illud; erant siquidem paucissimi, castrum vero magnum et fortissimum. Statim certa machina nostri cœperunt fortiter impugnare. Post aliquot vero dies comes Tolosæ, et comes Comingensis, et comes Fuxi, cum incredibili multitudine venientes, intraverunt castrum ut illud defenderent contra nostros : et quia castrum, licet amplum, non potuit capere tantam multitudinem, fixerunt tentoria sua plurimi hostium ex alia parte castri : quo facto, nostri ab expugnatione castri non desistebant, adversarii se quantum poterant defendebant. O res mirabilis et stupenda! cum obsidentes soleant obsessos numero et fortitudine superare, obsessi ferme in decuplo plures erant quam obsidentes : non enim erant nostri amplius quam quingenti : habebant præterea dicti comites innumerabilem peditum multitudinem; nostri vero habebant pedites nullos aut paucissimos. O grande factum! o novitas inexperta! nec silendum quod quotiescunque adversarii exire ausi sunt adversus nostros, statim a nostris cum virtute maxima sunt repulsi. Quodam denique die comes Fuxi, cum multis exiens de castro, veniebat ut nostram petrariam debilitaret : quod videntes servientes nostri, ipsosque solo jactu lapidum viriliter repellentes, antequam milites nostri armari potuissent, in castrum recluserunt. Facta est autem caristia magna in exercitu; non enim poterant nostri habere victualia, nisi ab Albia : adversarii præterea nostri

cum maxima multitudine exeuntes, ita stratas pu- A
blicas observabant quod illi de Albia non audebant
venire ad exercitum, nisi comes dimidium gentis
suæ mitteret pro conductu. Peracto igitur in obsidione illa mense uno, sciens comes quod si paucos
milites quos habebat divideret, dimidiam partem
secum retinens, dimidiam pro victualibus mittens,
exeuntes adversarii, qui infiniti erant, hos vel illos
expugnarent : tam evidenti necessitate compellente
perplexus, postquam per plures dies panis in exercitu defecerat, ab obsidione recessit.

Nec prætermittendum quod, cum comes ipsa die
Parasceves, utpote totus catholicus, et divino servitio mancipatus, in pampilione suo Dominicæ passionis officium faceret solemniter celebrari, audientes adversarii clericos nostros cantantes, in B
subsannationem et derisum (*Psal.* XLIII) ascendentes muros ululatum teterrimum emittebant. O
perversa infidelitas ! O infidelis perversitas ! si quis
autem diligenter consideret, ampliorem in ista obsidione honorem et gloriam consecutus est comes
noster, quam unquam fuerat, in alicujus castri, licet fortissimi, captione : ab illo siquidem tempore
et deinceps, ejus probitas magna emicuit, constantia plus refulsit. Nec silendum quod, cum comes
noster a castro recederet sæpedicto, adversarii, licet infiniti, non sunt ausi exire ut nostros recedentes aliquantulum impugnarent. Miraculum quod
contigit ipso tempore in diœcesi Rutenensi nolumus præterire. Prædicabat namque quadam die C
Dominica in quodam castro abbas quidam de Bo-
navalle, ordinis Cisterciensis, ecclesia autem modica erat, et non poterat capere populum qui aderat : qua de causa egressi erant omnes, et ante
foras ecclesiæ prædicationem abbatis audiebant.
Circa finem vero prædicationis, cum venerabilis
abbas vellet hortari populum qui aderat super as-
sumendis crucibus contra Albigenses, subito videntibus cunctis apparuit crux in aere quæ versus
partes Tolosanas tendere videbatur. Miraculum
istud audivi ab ore dicti abbatis, viri religiosi et
grandis auctoritatis. Recedens comes ab obsidione
S. Marcelli, ipsa die scilicet in vigilia Paschæ, venit
Albiam, actum ibi festum Dominicæ Resurrectionis. Advenerat autem ibi a Francia venerabilis ab- D
bas Vallium, de quo supra fecimus mentionem ;
erat enim electus in episcopum Carcassonensem :
quem cum comes et milites nostri in prædicta repe-
rissent civitate, gavisi sunt valde ; omnes enim
ipsum affectu præcipuo diligebant : erat etiam a
multis annis familiarissimus comiti ; idem insuper
comes, quasi ab infantia, ejus consiliis se subdiderat, ad ejus se habuerat voluntatem. Ipso etiam
tempore electus fuerat abbas Cistercii Arnaldus,
de quo sæpe fecimus mentionem, in archiepiscopum
Narbonensem. Ipsa die Paschæ exiens comes Tolosæ, et qui cum eo erant a castro S. Marcelli,
venerunt Galliacum quod tribus leugis distat ab
Albia. Cogitans autem comes noster ne forte glo-

riarentur adversarii se vicisse nostros, volensque
palam ostendere quod a facie eorum non timebat,
crastino Paschæ exiens ab Albia cum suis ivit
Galliacum, suos invitans ad prælium inimicos. Et
cum illi non essent ausi egredi adversus eum, ipse
Albiam remeavit. Electus autem Carcassonensium,
de quo supra tetigimus, erat in civitate illa, et ego
cum eo : me enim adduxerat secum de Francia,
ob solatium suum in terra aliena peregrinus, cum
essem monachus et nepos ipsius.

CAPUT LXI.

Obsidio Altipulli, et expugnatio fortissima atque ca-
ptio gloriosa.

Peractis apud Albiam aliquot diebus, perrexit
comes cum suis ad castrum quod dicitur Castra ;
ubi cum fecissemus paucos dies, habito comes consilio, proposuit comes obsidere quoddam castrum
inter Castra et Cabaretum, quod dicitur Altuspul-
lus ; castrum siquidem illud, circa tempus obsidionis Castrinovi, reddiderat se comiti Tolosano.
Exeuntes igitur a castris quadam die Dominica,
scilicet in quindenna Paschæ, venimus ante castrum
prædictum ; hostes autem qui ad defendendum intraverant castrum illud, cujus suburbia magna,
exeuntes adversus nostros, cœperunt eos acrius
infestare ; nostri vero, mox illos in castrum retru-
dentes, a parte una castri fixere tentoria ; erant
enim pauci. Castrum autem Altipulli, in altissimi
et arduissimi montis arduitate, super rupes maxi-
mas et quasi inaccessibiles situm erat ; tantæ siquidem erat fortitudinis, sicut ipse vidi oculis et experientia didici, quod si apertæ essent januæ castri, et nullus penitus resisteret, non posset quis
sine gravi difficultate ipsum castrum perambulare
et ad turrim ipsius pertingere. Præparantes igitur
nostri petrariam unam, ipsam die tertia adventus
sui erexerunt, et fecerunt jacere ad turrem castri. Eadem etiam die armaverunt se nostri milites, descendentesque in vallem ad pedes castri,
voluerunt ascendere in castrum, si forte illud capere possent per insultum. Factum est autem dum
intrassent primum burgum, ascendentes illi de castro super muros et domos, cœperunt ingentes lapides creberrimosque jacere super nostros. Alii
autem in loco per quem nostri intraverant ignem
copiosum accenderunt : videntes igitur nostri quod
nihil proficerent, eo quod hominibus quasi inaccessibilis esset locus ille, jactus etiam lapidum sustinere non possent, per medium ignem, non sine
gravi dispendio exierunt. Quadam autem die pessimam et crudelissimam traditionem quam fecerant
illi de castro, non credimus prætermittendum.
Erat autem cum comite nostro miles indigena cognatus cujusdam traditoris, qui erat in castro, qui
etiam ex parte dominus fuerat Cabareti. Mandaverunt igitur illi de castro comiti nostro ut mitteret
ad eos dictum militem ut haberent cum eo colloquium de compositione, et per ipsum quod vellent
comiti remandarent. Dum igitur accessisset ad eos

de licentia comitis miles prædictus, loquereturque
cum eis in porta castri, quidam de illis de castro
sagittam ictu balistæ dirigens, ipsum gravissime
vulneravit. O proditio crudelissima! Sed non multo
post, scilicet ipso die vel in crastino, contigit, justo Dei judicio, quod ille traditor, qui dictum militem nostrum cognatum suum, ad colloquium vocaverat, in eodem loco ubi vulneratus fuerat, in
crure videlicet, ipse a quodam de nostris validissi-
mum vulnus accepit. O justa divinæ ultionis mensura! Interea petraria nostra ad turrem castri continue jaciebat. Die autem quarta ab initio obsidionis, post occasum solis, orta est spississima nebula:
illi de castro divino timore correpti, nacta occasione
apti temporis, exeuntes de castro fugere cœperunt,
quod nostri percipientes, statim, clamore facto, in
castrum irruerunt, et quotquot invenerunt de hostibus
interfecerunt. Alii autem in ipsa obscurissima nocte,
illos qui fugiebant insecuti, aliquos ex eis comprehenderunt; in crastino autem fecit comes castrum
illud dirui et comburi : quibus gestis, milites qui
venerant a Francia cum Roberto Malovicino, sicut
superius dictum est, et tota hieme præcedente
fuerant cum comite, recedentes ab eo fere omnes
ad propria remearunt.

CAPUT LXII.

*Insurgunt Narbonenses malitiose contra Almaricum
filium Simonis comitis.*

Scelus quoddam civium Narbonensium, quod
ipso tempore perpetrarunt, non credimus omittendum : cives enim Narbonenses, homines erant
pessimi, et nunquam dilexerant negotium Jesu Christi, licet per ipsum negotium infinita provenissent
eis bona. Quodam die Guido frater comitis nostri,
et primogenitus comitis Almaricus Narbonam perrexerunt : et cum esset in civitate illa dictus Almaricus, utpote puer, causa spatiandi intravit palatium Aimerici domini Narbonæ; palatium autem
illud vetustum erat, et quasi in solitudinis desertum redactum. Cum igitur dictus Almaricus quamdam fenestram palatii manu tangeret, et vellet eam
aperire, fenestra illa nimia vetustate consumpta
casu cecidit : quo facto, Almaricus rediit ad domum Templariorum ubi tunc hospitabatur. Guido
vero frater comitis hora illa erat in domo archiepiscopi Narbonensis, et statim cives Narbonenses
quærentes occasionem ad faciendum malum, imposuerunt prædicto parvo filio videlicet comitis, quod
voluisset vi intrare palatium Aimerici. O modica
sceleris perficiendi occasio, imo nulla! Statim
armaverunt se cives præfati, et currentes donec
venirent ad locum ubi erat puer, in ipsam domum
Templariorum irrumpere satagebant : videns autem puer, quia quærebant animam ejus, armavit
se et in quadam turre domus Templariorum se recipiens, a facie hostium se abscondit : at illi domum sæpedictam instantissime impugnabant; alii
Francigenas quos in civitate reperiebant apprehen-
dentes, plures occiderunt. O rabies iniquorum !

duos etiam armigeros proprios comitis interemerunt. Guido vero frater comitis in domo archiepiscopi erat hora illa, et egredi non audebat. Postquam vero dicti cives diutius impugnaverant domum in qua erat Almaricus, tandem consilio cujusdam civis Narbonensis, quieverunt ab impugnatione illa ; sicque puer de gravi periculo liberatus,
vivus per Dei gratiam et sanus evasit. Nunc ad id
quod dimisimus revertamur.

Recedens comes nobilis a castro Alti-pulli cum
militibus paucissimis, intravit terram comitis Tolosani : post paucos autem dies, venerunt ad eum
plures de Alemannia peregrini ; cœperunt præterea de die in diem venire peregrini, qui, ut supra
diximus, ad prædicationem Guillelmi venerabilis
archidiaconi Parisiensis et M. Jacobi de Vitriaco,
crucesignati erant : et quia non possemus omnia
sigillatim exprimere, quomodo videlicet misericors
Deus a diebus illis negotium suum cœpit mirabiliter promovere, hæc breviter dicimus, quod' comes noster in brevissimo tempore plura castra vi
cepit, multa etiam vacua invenit. Nomina autem
castrorum, quæ infra tres septimanas recuperavit
comes, sunt ista : Castrum quod dicitur Cuc,
Mons-Maurus, S. Felix, Casser, Mons-Ferrandus,
Avinio, S. Michael, et alia multa. Dum autem esset
exercitus apud castrum quod dicitur Sanctus Michael
distabatque una leuga a Castronovo, supervenit
episcopus Carcassonensis Guido, qui fuerat abbas
Vallium et ego cum eo ; ipse enim post captionem
Alti-pulli, recesserat ab exercitu adhuc electus, et
perrexerat Narbonam, ut cum domino abbate Cisterciensi, qui etiam erat electus in archiepiscopum
Narbonensem, consecrationis beneficium sortiretur.
Destructo igitur funditus castro, quod dicitur S.
Michael, proposuit comes obsidere illud nobile castrum quod dicitur Podium Laurentii; quod etiam,
sicut supra diximus, anno præcedenti a dominio
ejus recesserat. Moventes igitur et ad castrum illud tendentes, fiximus tentoria in loco prope Podium Laurentii, ad duas ferme leugas. Ipsa die
supervenerunt peregrini, præpositus videlicet Coloniensis Ecclesiæ potens et nobilis, pluresque cum
eo nobiles Alemanni : comes autem Tolosæ erat
apud Podium Laurentii cum suis ruptariis infinitis; verumtamen audiens nostros appropinquare,
exspectare non est ausus ; sed cum velocitate exiens
de castro, omnesque castri homines secum trahens, fugit versus Tolosam, castrum vacuum derelinquens. O vecordia hominis, o contemptibilis
stupor mentis! In crastino summo diluculo venientes ad castrum, et invenientes ipsum vacuum, ulterius processimus et fiximus tentoria in quadam
valle. Guido autem de Luceio, cui comes jamdudum
dederat castrum illud Podii Laurentii, intravit illud et gente sua munivit. Exercitus autem moratus
est duos dies prope castrum in quadam valle : ibi
nuntiatum est comiti nostro, quod peregrini multi
et magni Rothomagensis videlicet archiepiscopus.

Robertus, et electus Laudunensis Robertus, Guillelmus venerabilis archidiaconus Parisiensis, pluresque alii nobiles et ignobiles veniebant a Francia
Carcassonam. Videns autem comes quod multum
exercitum haberet secum, habito consilio, Guidonem fratrem suum et Guidonem marescallum misit
obviam dictis peregrinis Carcassonam, ut alium
facientes exercitum per se, ad alias partes se ver-
terent, Christi negotium promoturi. Comes autem
movens cœpit tendere apud castrum de Rabastenx. Ut autem prætermittentes superflua, ad magis utilia attingamus, dicamus breviter quod illa
tria castra nobilia, videlicet Rabastenx, Mons-acutus, Galliacum, de quibus sæpius fecimus mentionem, tunc quasi uno die sine obsidione et difficultate aliqua se nostro comiti reddiderunt. Audientes
burgenses castri, quod dicitur S. Marcellus, quod
comes noster, recuperatis pluribus castris, ad obsidendum eos properaret, timore ducti, miserunt
ad eum supplicantes, ut eos in pace recipere dignaretur, et ipsi voluntati ejus traderent castrum.
Comes autem scelera eorum recogitans et perversi-
tates inauditas, nullo modo voluit componere cum
eis, sed nuntios eorum ad ipsos remittens, mandavit quod pacem ipsi vel concordiam, nullo pondere
vel pretio possent aliquando adipisci : quod audientes dicti homines, fugientes de castro suo, ipsum
vacuum reliquerunt : ad quod cum venissemus, fecit illud comes comburi, turrimque ejus et omnes
muros, terræ penitus adæquari : inde progredientes, venimus ad illud proximum castrum, quod
Guespia dicebatur : quod cum invenissemus vacuum, jussit comes illud destrui et comburi ; unde
proficiscens comes, in ulteriora procedens perrexit
ut obsideret S. Antoninum. Comes autem Tolosæ
dederat castrum illud cuidam militi homini pessimo et perverso.

Factum est autem, dum pergeremus ad castrum
illud, episcopus Albiensis præcesserat nos, et venerat ad castrum sæpedictum, oblaturus pacem,
moniturusque dictum militem ut nostro comiti redderet castrum illud : ille autem utpote superbissimus, cum magna indignatione respondit : « Sciat
comes Montis-fortis quod burdonarii nunquam
poterunt capere castrum meum ; » burdonarios autem vocabat peregrinos, eo quod baculos deferre
solerent, quos lingua communi burdones vocamus.
Audiens hoc comes, festinavit ad obsidionem castri sæpedicti. Quadam vero die Dominica, in
octavis videlicet Pentecostes, venimus ad castrum
S. Antonini, illud obsessuri, et fiximus tentoria ex
una parte castri ante portas. Castrum autem illud
nobilissimum, in valle quadam, ad pedes montis,
in loco amœnissimo situm erat. Inter montem et
castrum juxta muros ipsius castri, perlucida fluebat
aqua ; ex alia autem parte castri, erat grata planities, partemque illam nostri occupaverant obsessores. Exeuntes autem adversarii a castro, cœperunt tota die nostros sagittis a longe infestare. Ad-

vesperascente die, egressi hostes a castro, cœperunt
aliquantulum progredi, nostrosque de longe aggredi,
sagittas suas usque ad tentoria dirigentes ; quod
videntes servientes exercitus, et præ confusione
diutius sustinere non valentes aggressi sunt adversarios, ipsosque in castrum suum repellere cœperunt. Quid plura ? Fit clamor in exercitu, currunt
peregrini pauperes et inermes, ipsoque comite
nostro et militibus exercitus nescientibus et inconsultis, castrum impugnare cœperunt, tantaque
et tam incredibili et penitus inaudita probitate adversarios impetebant, quod ex continuo jactu lapidum timorem mittentes in eos pariter et stuporem,
abstulerunt eis in unius horæ spatio tres fortissi-
mas barbacanas. O quasi sine ferro pugna ! O
victoria gloriosa ! Testem enim invoco Deum quod,
post redditionem castri, intravi ipsum castrum, et
vidi parietes domorum, quasi corrosos ex ictibus
lapidum, quos nostri jecerant peregrini. Videntes
autem illi de castro quod amisissent barbacanas,
exeuntes a castro ex alia parte, per aquam fugere
cœperunt : quod videntes peregrini nostri transierunt aquam illam, et quotquot apprehendere potuerunt, in ore gladii peremerunt. Captis barbacanis,
peregrini nostri retraxerunt se ab insultu ; jam
enim inclinata die, nox imminebat. Circa mediam
igitur noctem, videns dominus castri quod, amissis
barbacanis, quasi captum erat castrum, misit ad
comitem nostrum, quasi paratus reddere castrum,
dummodo ipse posset evadere. Quem redditionis
modum cum comes renueret, dominus castri iterum
misit ad eum, exponens ejus per omnia voluntati.
Summo igitur diluculo, jussit comes omnes extrahi
de castro, habitoque cum suis consilio, quod si
homines utpote rudes et agricolas interfici faceret,
castrum illud, destructis habitatoribus, redigeretur
in solitudinem. Saniori igitur comes usus consilio,
dimisit homines ; dominum vero castri, qui totius
hujus mali causa fuerat, retrudi jussit in imo carceris Carcassonensis, ubi in custodia et vinculis
per multos detentus est dies : milites etiam paucos
qui erant cum eo fecit comes carceri mancipari.

CAPUT LXIII.

*Vocatus comes ab episcopo Aginensi, vadit et recipit
civitatem.*

Erant autem tunc temporis in exercitu Uticensis
et Tolosanus episcopi et episcopus Carcassonæ,
qui nunquam ab exercitu recedebat. Communicato
igitur cum istis consilio, in hoc comes ejusque
milites consenserunt, ut dirigeret comes aciem
suam versus territorium Aginnense ; episcopus siquidem Aginnensis, jampridem mandaverat comiti
nostro quod si ad partes Aginnenses se transferret,
ipse et sui consanguinei, qui potentes erant in terra
illa, eum pro posse suo adjuvarent. Erat enim
Aginnum civitas nobilis, inter Tolosam et Bured-
galam in amœnissimo loco sita : civitas illa in
territorio suo a diebus antiquis fuerat regis Angliæ.

sed rex Ricardus, quando dedit sororem suam
Joannam Raimundo comiti Tolosano in uxorem,
civitatem sæpedictam cum territorio suo dedit pro
matrimonio sororis suæ comiti Tolosano. Dominus
etiam papa comiti nostro dederat in mandatis ut
omnes tam hæreticos quam hæreticorum fautores impugnaret auxilio crucesignatorum. Moventes igitur a
castro S. Antonini, venimus recto gressu ad quoddam
castrum comitis Tolosani, quod dicebatur Mons-cuc.

Nec silendum quod munitiones, per quas trans-
iebamus, quæ timore nostrorum, ab incolis erant
derelictæ, de quibus poterat provenire malum aliquod Christianitati, faciebat comes funditus everti
vel comburi. Quoddam præterea nobile castrum
quod est prope Antoninum nomine Caslutium,
quod tenebat comes Tolosæ, traditum est tunc temporis comiti nostro, mediante industria viri nobilis
et fidelis, comitis videlicet Balduini. Comes enim
noster jam habuerat antea castrum illud; sed homines de castro anno præterito ab eo recesserant
et reddiderant castrum comiti Tolosano. Audientes
autem homines castri de monte tunc nostros advenire, timore ducti omnes fugerunt, castrum vacuum
relinquentes : erat autem castrum illud nobile, et
in optimo et fortissimo loco situm. Comes vero
noster dedit ipsum supradicto comiti Balduino,
fratri comitis Tolosani. Inde progredientes, venimus prope quoddam castrum ad duas leugas, quod
dicebatur Penna, in territorio Aginnensi : castrum
illud commiserat comes Tolosæ cuidam militi se-
nescallo suo, qui dicebatur Hugo d'Alfar et erat
Navarrus : insuper et filiam suam non de legitimo
matrimonio eidem militi dederat in uxorem. Audiens miles ille advenire comitem Montis-fortis,
adunavit ruptarios suos fortes et munitissimos circiter quadringentos. Omnes autem homines castri
a minimo usque ad maximum expulit a castro;
ipse vero cum ruptariis suis in munitionem se recipiens, victualibusque copiosissimis, omnibusque
quæ ad defensionem necessaria videbantur, munitionem ipsam optime muniens, paravit se ad resistendum : quod audiens comes noster, proposuit
obsidere illud, sed habito cum suis consilio, prius
ire voluit Aginnum, ut in potestate sua reciperet
civitatem. Assumens igitur de militibus exercitus
secum quos voluit, perrexit Aginnum, exercitu in
loco in quo erat ejus reditum exspectante, perve-
niensque Aginnum, honorifice est susceptus. Insuper
et cives constituentes eum dominum suum, præstito sacramento fidelitatis, tradiderunt ei civitatem. Quibus omnibus rite peractis, comes ad exercitum remeavit, castrum de Penna obsessurus.
Anno Domini 1212, III Non. Junii, die Dominica
venimus ad destruendum castrum Pennæ, illud,
adjuvante Domino, obsessuri. Hugo autem d'Alfar,
qui erat custos castri, de quo supra tetigimus, videns appropinquantem exercitum signatorum, se et
ruptarios suos in castri munitione recepit, per totum burgum inferius ignem mittens : erat autem

castrum Pennæ nobilissimum in territorio Aginnensi, in cujusdam siquidem collis amœnitate
situm, latissimis et fecundissimis circumquaque
vallibus cingebatur : ornabat quippe castrum hinc
terrarum opulentia, illinc pratorum planities gra-
tiosa ; hinc delectabilis silvarum amœnitas, illinc
lætificans fertilitas vinearum ; arridebat insuper
aeris desiderata salubritas, circumcurrentium opu-
lenta jucunditas fluviorum ; ipsa autem castri munitio supra rupem fundata maximam et nativam,
muris munita fortissimis, quasi inexpugnabilis
videbatur. Richardus siquidem rex Angliæ, cujus
supradiximus fuerat castrum Pennæ, munitionem
supradictam fortissime munierat, puteumque in ea
fodi fecerat, quia castrum illud erat quasi caput et
clavis totius territorii Aginnensis. Prædictus autem
comes, Hugo videlicet cui comes Tolosæ castrum
illud dederat, munitionem illam adeo munierat
electis bellatoribus et minutis victualibus, insuper
et machinis quæ dicuntur petrariæ, lignis, ferro et
omnibus ad defendendam munitionem necessariis,
quod non posset quis credere munitionem sæpedictam, per multorum annorum curricula posse capi.
Fecerat denique intra sæpedictam munitionem
officinas fabrorum duas, furnum et molendinum.
Multiplici ergo munimine septus, obsidionem quasi
intrepidus exspectabat. Venientes autem nostri ante
castrum, fixere tentoria circumquaque : in ipsa autem
fixione tabernaculorum, cœperunt aliqui de castro
egredi, nostrosque sagittis acrius infestare. Post
aliquot autem dies, intra burgum quod combustum
fuerat, erexerunt nostri petrarias ut jacerent versus
munitionem : quod videntes illi de castro, erexerunt
et ipsi petrarias, ad perturbandum et impediendum
nostras, jacientesque lapides magnos et creberrimos, nostros haud modicum infestabant. Post hæc
nostri plures petrarias erexerunt : verumtamen
quamvis machinæ nostræ continue jacerent, domos
quæ in munitione erant confringerent, muros ipsius
munitionis debilitabant in modico aut in nullo.
Erat autem tempus æstivum et calidissimum, circa
festum videlicet B. Joannis Baptistæ.

Nec silendum credimus quod comes noster paucos habebat milites, licet multos haberet pedites
peregrinos. Unde contingebat quod quoties nostri
causa impugnationis accedebant ad munitionem,
adversariis quia muniti erant et docti ad prælium se
viriliter defendentibus parum aut nihil proficere
poterant. Quadam die etiam cum nostri sæpedictam
munitionem infestarent, quoddam repagulum de
lignis muro proximum vi ceperunt, sed adversarii
per desuper murum, creberrimos lapides jacientes,
nostros statim a repagulo quod ceperant repule-
runt; cumque nostri se in interiora recepissent,
exeuntes adversarii, in ipso ardore diei veniebant
ut comburerent machinas nostras, afferentes secum
ignem et stipulam et cætera ad ignis incentivum
necessaria : sed, nostris viriliter resistentibus, petrarias nostras non solum comburere, sed nec ad

ipsas quidem accedere poterant. Non solum autem illa die exierunt adversarii contra nostros, sed per multas vices exibant, nostrosque, prout poterant, infestabant. Erat in obsidione illa venerabilis episcopus Carcassonæ, de quo sæpius mentionem fecimus, et ego cum eo. Hic in exercitu Domini, de mandato archiepiscopi Narbonensis, qui fuerat abbas Cisterciensis, et erat legatus, sicut superius est præmissum, vice fungens legati, in fervore spiritus indefesso, in labore corporis incredibili, officium prædicationis, cæteraque ad obsidionem pertinentia sedulus exercebat ; ut breviter dicam, tanto et tam importabili curarum sibi invicem succedentium pondere premebamur, quod vix licebat nobis comedere, vix modicum pausare. Nec prætermittendum quod, dum esset comes in obsidione Pennæ, venerunt ad eum omnes nobiles terræ illius, et facientes ei hominium, acceperunt ab eo terras suas.

Dum res ita se haberet, Guido de Monte-forti, frater comitis nostri, et archiepiscopus Rothomagensis Robertus, et electus Laudunensis Robertus, et Guillelmus archidiaconus Parisiensis, et Ingerranus de Bova, cui comes noster jam pridem terram comitis Fuxi pro parte concesserat, pluresque alii peregrini, egressi a Carcassona, versus terram Fuxensem se transtulerant et venerant ad quoddam castrum quod dicitur Anclanetum, quod statim per insultum vi capientes, hostes qui in eo erant ceciderunt : quod audientes illi qui erant in castris vicinis, castella sua tradentes incendio, a facie nostrorum fugerunt ; nostri vero castra illa perambulantes, ea funditus evertebant. Inde procedentes versus Tolosam, castra multa et fortissima quæ derelicta erant vacua penitus destruxerunt : ex quo etiam ceperunt Anclanetum, non invenerunt qui auderet pro, in aliquo castro licet fortissimo expectare : timor quippe magnus irruerat super omnes habitatores terræ illius. Dum ita viriliter se haberent nostri prædicti, misit ad eos comes noster, mandans ut venirent ad eum apud Pennam. Peregrini siquidem qui erant cum eo, peracta quadragena sua in exercitu, volebant fere omnes ad propria remeare : properantes igitur viri prædicti, veniebant ad comitem. Quodam autem die venerunt ad castrum fortissimum, quod dicitur Penna in Albiensi : castrum illud adhuc Christianitati et comiti resistebat, semperque ruptariis erat plenum. Cum ergo venissent supradicti peregrini ante castrum illud, ruptarii qui erant in castro exeuntes adversus nostros, unum de nostris militibus occiderunt; nostri autem nolentes in captione castri diutius morari, eo quod comes noster vocaret eos sub festinatione, destructis in circuitu castri segetibus et vineis, recedentes nostri ad comitem festinabant. Illi autem de castro post discessum nostrorum, qui ibi fuerant per aliquot dies, venerunt ad locum ubi nostri militem, qui occisus fuerat, tradiderant sepulturæ, extrahentes corpus de tumulo et per plateas distrahentes, bestiis et avibus exposuerunt. O

iniqua rabies ! o crudelitas inaudita ! Pervenientes sæpius dicti peregrini ad comitem qui erat in obsidione Pennæ, ab eo cum ingenti gaudio sunt suscepti, statimque divisis circumquaque agminibus, fixere tentoria prope castrum. Comes autem cum suis militibus obsedit castrum a parte occidentis ; in illa enim parte erant machinæ nostræ adaptatæ; Guido vero frater comitis, ab alia parte, scilicet ab oriente, fixit tentoria, et in illa parte erigens machinam, cœpit et ipse castrum fortiter impugnare. Quid plura? Multiplices adhuc eriguntur machinæ, instant nostri impugnationi castri : erant autem circa castri circuitum novem machinæ erectæ : et quia omnia quæ in illa obsidione gesta sunt sigillatim exprimere non valemus, attingamus ad summa.

Videns comes noster quod machinæ nostræ non poterant diruere murum castri, fecit fieri aliam machinam, longe præ cæteris majoris magnitudinis : et dum machina illa pararetur, archiepiscopus Rothomagensis, et electus Laudunensis et cæteri qui cum eis erant, expleta quadragena sua, recedere volebant ; singulis etiam diebus, completa quadragena recedebant peregrini, veniebant autem nulli aut paucissimi. Sciens igitur comes noster quod quasi solus remanebat, in multa angustia positus, accessit ad majores exercitus, et supplicavit ne Christi negotium, in tanta necessitate desererent, sed adhuc per aliquantulum temporis spatium morarentur : dicebatur autem quod multitudo magna peregrinorum veniens a Francia erat Carcassonæ, et vere sic erat. Nec silendum quod præpositus Coloniensis, omnesque Alemanni, qui multi et nobiles cum eo et post eum venerant, jam ab exercitu recesserant. Audiens electus Laudunensis, preces comitis non exaudivit ; sed quamdam infirmitatem prætendens nullo modo potuit detineri : similiter et cæteri fere omnes fecerunt, solummodo archiepiscopus Rothomagensis, qui se in servitio Dei laudabiliter habuerat, secum tenens propriis sumptibus plurimos milites, et familiam multam nimis, ipse benignus, benigne comiti acquievit, et tandiu cum eo remansit, donec, novis supervenientibus peregrinis, ipse de licentia et voluntate comitis cum honore ad propria remeavit. Cum ergo recessisset episcopus Laudunensis, et pars magna exercitus, cœpit venerabilis archidiaconus Guillelmus, vir magnæ constantiæ et mirificæ probitatis, in his quæ ad obsidionem pertinebant instantissime laborare ; episcopus autem Carcassonensis, propter quædam negotia perrexerat Carcassonam. Interea illa magna machina, quam superius commemoravimus, parabatur : quæ dum parata fuisset, fecit eam dictus archidiaconus a parte quadam erigi prope castrum ; illa autem machina, utpote magna magnos jaciens lapides, murum castri paulatim debilitare cœpit. Post aliquot vero dies, supervenerunt peregrini, de quibus supra fecimus mentionem, abbas videlicet Sancti Remigii

Remensis, et quidam abbas Suessionensis, decanus A
etiam Antissiodorensis, qui ibi postea defunctus
est, et archidiaconus Catalaunensis, viri magni et
litterati, plures et milites et pedites peregrini : qui
cum venissent, venerabilis episcopus Rothomagensis, de voluntate et benevolentia comitis recedens
ab exercitu repatriavit; illi autem qui supervene-
rant, cœperunt in expugnatione castri strenue laborare. Quodam die adversarii nostri, pauperes et
mulieres quos secum habebant, ejecerunt a castro
et exposuerunt morti, ne victualia eorum consu-
merent. Comes autem noster, ejectos illos noluit
occidere, sed redire repulit in castrum. O nobilitas
principis ! dedignatus est occidere quos non ceperat,
nec de illorum morte credidit adepturum se gloriam,
de quorum captione non fuerat assecutus victoriam. Igitur cum machinæ nostræ diutius jecissent
intra munitionem omnesque domos et refugia quæ
in ea erant confregissent, machina insuper magna,
quæ de novo erecta fuerat, ipsum murum munitionis debilitare cœpisset, videntes illi qui in castro
erant, quod non poterant diu se tenere, et si castrum
vi caperetur, omnes in manu gladii traderentur, attendentes insuper quod nullum habituri essent succursum a comite Tolosano, tentaverunt cum nostris
de compositione, in hunc modum : Debebant reddere comiti nostro castrum, dummodo ipsi evaderent cum armis suis. Quo audito, habuit comes
cum suis consilium, utrum reciperet compositionem
quam adversarii offerebant. Attendentes autem nostri quod fere omnes peregrini erant quasi in recursu, completa scilicet quadragena sua, et quod
comes remaneret ibi quasi solus ; considerantes
etiam quod illi de castro, adhuc per multos dies
poterant resistere, cogitantes insuper quod comes
multa alia et magna necessaria habebat facere;
hiems vero imminebat, in qua non poterat obsidionem tenere.

His, inquam, omnibus circumspectis, consuluerunt comiti ut acquiesceret compositioni quam adversarii offerebant. Anno igitur incarnati Verbi
1212, mense Julii, in festo S. Jacobi, ejectis adversariis, recepit comes nobile castrum Pennæ. Die
autem crastina supervenit venerabilis archiepiscopus Remensis Albericus, vir multæ bonitatis, qui
negotium Jesu Christi devotissimo amplexabatur
affectu, venitque cum eo cantor Remensis, et quidam alii peregrini : non credimus autem supprimendum quod, dum esset comes noster in obsidione
Pennæ, rogavit Robertum Malumvicinum, ut ipse
pergeret ad quamdam villam valde nobilem, nomine Marmandam, quæ fuerat comitis Tolosæ, ac-
ciperetque eam ex parte comitis nostri et custodiret : vir autem nobilissimus, licet gravissima infirmitate laboraret, non accusans laborem, nec fa-
tiscentem prætendens infirmitatem, libenter ac
liberaliter acquievit. Hic est enim de cujus præcipue circumspecta providentia, saluberrimoque consilio pendebat comes, imo totum negotium Jesu

Christi. Veniens Robertus ad villam prædictam,
honorifice a burgensibus est susceptus ; sed quidam
servientes comitis Tolosæ, qui custodiebant munitionem castri, noluerunt se reddere, sed cœperunt
resistere , ipsamque defendere munitionem : quod
videns vir strenuus videlicet Robertus, statim ante
munitionem fecit erigi unum mangonellum : qui
cum aliquot lapides jecisset, dicti servientes reddiderunt munitionem. Mansit autem Robertus in villa
illa aliquantis diebus, et post hæc rediit ad comitem
apud Pennam. Capto castro Pennæ et munito, proposuit comes noster ut obsideret quoddam castrum
proximum, nomine Biron : castrum illud dederat
comes Tolosæ cuidam traditori, nomine Martino
Algais, quia, sicut in superioribus diximus, fuerat
cum comite nostro, sed postea proditione facta ab
eo recesserat : hic in castro prænotato moram faciens, adventum nostrorum ibi voluit exspectare :
quod justo Dei judicio provisum rei exitus demonstravit. Venientes igitur nostri ante castrum obsederunt illud : post hæc, impugnatione facta, per
multos labores et miræ probitatis exercitia, ascendentes muros, vi burgum ceperunt. Statim adversarii se in munitionem receperunt, videntesque
quod non poterant resistere, quæsierunt pacem, parati reddere munitionem illam, dummodo evaderent ipsi vivi, quod comes nullatenus facere volebat : verumtamen timens comes ne furtive evade-
ret dictus traditor, Martinus videlicet Algais, propter cujus captionem, comes præcipue obsederat
castrum illud, obtulit adversariis quod si traditorem illum in manibus ejus traderent, ipse eos ab
imminentis mortis angustia liberaret. Quo audito,
illi avidissime currerunt, Martinumque arripientes,
ipsum comiti tradiderunt : quem comes arripiens,
obtulit ei confessionem, sicut aliis damnatis facere
consueverat vir catholicus; post hæc ligatum ad
caudam equi, per exercitum distrahi fecit, distra-
ctumque digne pro meritis patibulo suspendi. Venit
ibi eo tum nobilis quidam princeps Vasconiæ Gasto
de Bearno, homo pessimus, qui semper adhæserat
comiti Tolosæ, facturus colloquium de compositione : comes autem noster, quia ipsa die componere nequiverunt, alterum ei diem assignavit apud
Aginnum ; sed ille pacis inimicus, a compositionis
pacto resiliens, ad diem illam venire noluit. Dum
hæc agerentur, nobilis comitissa Montis-fortis, et
venerabilis episcopus Carcassonensis et ego cum eo,
a partibus Carcassonæ properabamus ad comitem ,
habentes nobiscum paucos pauperes et peregrinos.

Nec silendum quod dum pergimus, multi de peregrinis nostris, propter calorem ferventissimum et
arduitatem viæ, deficiebant in via : venerabilis autem Carcassonensis episcopus et nobilis comitissa,
eorum dolori compatientes, eos tota die in equis
suis, retro se deportabant; aliquando etiam, uterque ipsorum, episcopus videlicet et comitissa, super
equum suum duos levari faciebant peregrinos, ipsi
autem pedites incedebant. O compassio pia epi-

copi! o nobilis humilitas comitissæ! Cum autem A venissemus Caturcum, ad comitem properantes, dictum est nobis quod illic prope erant castella, in quibus ruptarii et inimici fidei morabantur : cum ergo accederemus ad castella et essemus paucissimi, divina clementia mirabiliter operante, perterriti hostes et a facie nostra fugientes, plura castra et fortissima vacua reliquerunt : quæ, postquam destruximus, venimus ad comitem apud Pennam.

His omnibus rite peractis, habito comes nobilis cum suis consilio, proposuit obsidere quoddam castrum, nomine Moisiacum, quod erat in potestate comitis Tolosani. Venientes igitur ad castrum in vigilia Assumptionis B. Mariæ, obsedimus illud. Castrum autem Moisiaci situm erat ad pedem montis quadam planitie, prope fluvium Tarni, in loco B plurimum fertili et amœno; vocatur Moisiacum, a *moys*, quod est aqua, eo videlicet quod dulcissimis intus fontibus abundat. Homines autem castri, cum audissent nostros accedere, vocaverunt ad se ruptarios et homines Tolosanos quamplurimos, ut eorum auxilio resistere nostris possent; erant autem ruptarii illi, homines perversi et pessimi : cum enim castrum illud jamdudum fuisset a legatis D. papæ interdictum, eo quod faveret hæreticis, impugnaretque Ecclesiam cum comite Tolosano, dicti ruptarii in contemptum Dei et nostrum, campanas ecclesiæ, quæ in castro erat nobilis et amplissima, omni die, ad omnem horam, festive faciebant pulsari. Rex siquidem Franciæ Pippinus in castro illo C monasterium mille fecerat monachorum. Post paucos dies, fecit comes parari machinas et erigi prope castrum, quæ jacientes cœperunt aliquantulum murum debilitare, erexerunt autem et adversarii machinas suas, et fecerunt jacere contra nostras : viri autem venerabiles, et hujus negotii rectores et magistri, scilicet episcopus Carcassonensis et Guillelmus archidiaconus Parisiensis in his quæ obsidioni erant necessaria instantissime laborabant; archiepiscopus etiam Remensis, qui ibi erat, verbum prædicationis et exhortationis sæpissime et libentissime peregrinis ministrans, et in his quæ opus erant obsidioni se humiliter exponens, et sua liberaliter expendens, valde erat necessarius negotio Jesu Christi : quodam autem die exierunt adversarii a castro, et cœperunt venire ut debilitarent machinas nostras : currens autem comes noster et quidam de nostris armati, hostes in munitionem suam retrudebant. In illo autem conflictu, quidam de adversariis sagittam dirigens, comitem nostrum in pede vulneravit, sed et quemdam juvenem de nostris, qui erat nepos archiepiscopi Remensis, capientes, illum post se traxerunt; quem occidentes et turpiter detruncantes ad nos projecerunt. Venerabilis autem archiepiscopus avunculus occisi juvenis, licet affectu diligeret eum singulari, propter servitium tamen Jesu Christi, mortem nepotis æquanimiter sustinens, et multa animi virtute dissimulans, cunctis qui in exercitu erant,

miræ patientiæ et magnanimitatis exemplum demonstrat.

Nec silendum est quod circa hujus obsidionis initium, cum præ paucitate peregrinorum, non possemus castrum undique obsidere, exibant quotidie adversarii a castro, venientesque per super montem, qui castrum supereminebat, cum multa superbia exercitum infestabant; peregrini autem nostri ascendentes ad eos tota die contra illos dimicabant. Quotiescunque vero adversarii aliquem de peregrinis nostris occiderant, in contemptum nostrorum circumdantes corpus occisi, in ipsum singuli gladios infigebant : tantæ enim crudelitatis erant, quod non sufficiebat eis, si aliquem nostrorum occisum viderent, nisi nova adjicientes vulnera; omnes quotquot erant hostes, corpus defuncti, gladiis suis transverberabant. O pugna contemptibilis! o rabies iniquorum! Cum autem hæc agerentur, cœperunt venire de die in diem a Francia peregrini; episcopus etiam Tullensis Regenaldus, die quadam cum aliis peregrinis supervenit. Crescente igitur peregrinorum multitudine, occupaverunt dictum montem, venientibusque paulatim peregrinis, sicut antea facere consueverant, castrum fere undique obsederunt.

Nec silentio prætereundum quod antequam castrum undique esset obsessum, exeuntes adversarii a castro, et ascendentes in montem, quando videbant episcopum Carcassonæ sermonem exhortationis ad populum habentem, in turbam populi qui sermonem audiebat, cum balistis sagittas jaciebant; sed per Dei gratiam nullum lædere potuerunt : et quia non omnia quæ ibi gesta sunt, possemus latius exprimere, accingamur ad summa. Postquam machinæ nostræ diu jecerant, et debilitarant muros castri, fecit fieri comes machinam quamdam, quam lingua vulgaris Catum dicit : quæ cum facta esset, jussit comes trahi eam ad fossatum castri, quod latissimum et profundissimum erat, aqua etiam plenum. Adversarii autem, quædam extra fossata repagula de lignis fecerant, et post illa repagula iterum aliud fossatum, manebantque semper inter illa duo fossata, et inde exibant sæpius et infestabant nostros : interea dicta machina nostra ad D fossatum trahebatur. Erat autem cooperta pellibus bovinis recentibus, ne ab hostibus posset comburi; adversarii autem quamdam machinam petrariam, faciebant jacere assidue super machinam illam, ut diruerent illam. Dum autem esset machina sæpedicta super primum fossatum, nihilque superesset, nisi ut ipsum fossatum sub protectione a nostris impleretur, quodam die post occasum solis, exeuntes adversarii a castro, attulerunt ignem, ligna sicca, stipulam, stipam, carnes salsas, adipem, oleum, et cætera ignis incentiva, cœperuntque instantissime projicere ut comburerent machinam nostram. Habebant præterea balistarios, qui nostros defendentes machinam gravissime vulnerabant. Quid plura? Altius erupit flamma, turbati sumus omnes. Comes autem et frater ejus Guido erant inter machinam.

Projicientes igitur adversarii indefesse ad incendendum ignem necessaria, nostri constantissime et cum multo labore, vinum, aquam, terram, in ignem mittebant, alii autem instrumentis ferreis, frusta carnium et vasa oleo plena, quæ adversarii jactabant, ab igne extrahebant. Sic itaque nostri per incredibiles caloris et laboris anxietates, quod sine lacrymis videri vix posset, sæpedictam machinam, ab igne exemerunt. In crastino autem armantes se peregrini nostri ad castrum undique accesserunt, intrantesque audacissime primum fossatum, per multos labores et constantissimas probitates, repagula lignea confringebant; adversarii autem, qui inter repagula et in barbacanis erant, ipsas barbacanas, prout poterant, defendebant. Cum fieret autem insultus iste, episcopus Carcassonæ, et ego per exercitum discurrebamus nostros exhortantes. Archiepiscopus autem Remensis, et Tullensis et Albiensis episcopi, et Guillelmus archidiaconus Parisiensis, abbas etiam Moisiaci cum quibusdam monachis, reliquusque clerus exercitus in montis descensu ante castrum stabant, induti vestibus albis, et nudis pedibus tenentes ante se crucem, cum reliquiis sanctorum, voce altissima et devotissima cantabant, *Veni, creator Spiritus*, divinum auxilium flagitantes : nec defuit exorantibus Paracletus; sed mox ut versum hymni, scilicet, *Hostem repellas longius*, tertio repetentes incœperunt, exterriti adversarii divinitus et repulsi, dimissis barbacanis, ad castrum confugerunt, seque intra murorum ambitum concluserunt.

Interea burgenses cujusdam castri comitis Tolosæ quod proximum erat, et vocabatur castrum Saracenum, venerunt ad comitem nostrum et reddiderunt ei castrum illud : misit etiam comes Guidonem fratrem suum, et comitem Balduinum fratrem comitis Tolosæ, et alios milites ad aliud castrum nobile, quod erat comitis Tolosæ, distans quinque leugis a Tolosa, super Garumnam fluvium situm, nomine Verdunum; homines autem castri illius sine conditione aliqua reddiderunt se comiti nostro; similiter autem omnia in circuitu castra se reddiderunt, excepto uno, quod dicitur Mons-Albanus. Audientes burgenses Moisiaci, quod castella, quæ in circuitu erant, se reddiderant comiti nostro; videntes etiam quod resistere non valebant, miserunt ad comitem postulantes pacem; cogitans autem comes, quod erat adhuc satis forte, nec poterat capi vi, sine multa nostrorum interfectione; attendens etiam quod si caperetur vi, destrueretur villa quæ optima erat et propria monachorum. Videns insuper quod omnes qui in castro erant pariter interirent, dixit tali conditione reciperet illos, si ruptarios illos et omnes qui causa munitionis castri venerant a Tolosa traderent in manus ejus; ipsi insuper jurarent super sacrosancta Evangelia quod non impugnarent de cætero Christia-

nos : quibus rite peractis, traditisque ruptariis et hominibus Tolosanis, recepit comes castrum et restituit ipsum abbati, salvo eo quod de jure habuerant in castro comites Tolosani. Accipientes autem peregrini nostri ruptarios, avidissime interfecerunt. Nec silendum credimus quod castrum Moisiaci, quod in vigilia Assumptionis B. Mariæ obsessum fuerat, in festo Nativitatis ejusdem Virginis captum fuit : agnoscitur ergo operata B. Virgo. Movens comes a Moisiaco, proposuit obsidere castrum quoddam prope Fuxum, nomine Saverdunum in diœcesi Tolosana : castrum illud a dominio comitis nostri recesserat, comesque Fuxi, qui illud tenebat, occasione castri illius, castrum Apamiarum plurimum infestabat. Interea quidam peregrini nobiles de Alemannia, venerant Carcassonam. Ingerrannus autem de Bova, cui supradiximus, comes noster concesserat pro parte magna terram comitis Fuxi; alii etiam milites nostri qui custodiebant terram Carcassonensem, dictos Alemannos apud Apamias duxerunt. Comes autem Tolosæ et comes Fuxi, erant apud Saverdunum : moventes autem milites nostri cum Alemannis, properabant versus Saverdunum : quo audito, comes Tolosæ et comes Fuxi fugerunt a Saverduno : sicque sine conditione vel pugna Ingerrannus recuperavit Saverdunum.

Dum hæc agerentur, comes noster cum suo exercitu a Moisiaco veniebat; et cum esset prope Saverdunum, ipse ivit Apamias, ubi erant Alemanni; exercitus vero perrexit Saverdunum. Comes autem assumens Alemannos, equitavit ante castrum Fuxi, et inde rediit ad exercitum, qui recesserat a Saverduno, et perrexerat ad Altamripam; homines autem Altæripæ a facie eorum fugerant, et dimiserant castrum vacuum; comes autem munivit castrum Altæripæ, quia per illud suos arcere poterat inimicos, erat enim situm inter Tolosam et Fuxum. His gestis, proposuit comes invadere terram comitis Convenarum, venitque ad castrum quoddam, quod erat prope Tolosam, nomine Murellum; erat enim castrum illud amœnissimum, super Garumnam fluvium situm. Cum autem appropinquaremus castro Murelli, homines castri timentes a facie nostra, fugerant et intraverunt Tolosam : sed et quidam ex ipsis, in pontem castri qui erat ligneus et longissimus super Garumnam, per quem transire debebamus, ignem miserunt. Cum venissemus igitur ante castrum, et, ponte combusto, non possemus in ipsum intrare, comes et plures de nostris mittentes se in aquam, quæ profunda erat et valida, non sine grandi periculo transierunt; exercitus autem fixit tentoria citra aquam : statim currens comes cum quibusdam suis ad pontem, ignem cum multo labore exstinxerunt, statimque tanta abundantia aquæ pluvialis erupit adeoque aqua prædicta excrevit quod nemo sine gravi propriæ vitæ periculo poterat illam transire. Vespere autem facto, videns nobilis comes, quod fere omnes milites et fortiores exercitus transeuntes per aquam intrassent castrum, pedites

autem et invalidi non valentes transire, remansis-
sent citra aquam, vocavit marescallum suum et dixit
ei : « Volo redire in exercitum. » Cui ille : « Quid,
inquit, quid dicitis? Robur exercitus totum est in castro isto, ultra aquam non sunt nisi pedites peregrini ;
præterea tam magna et valida est aqua, quod nullus
modo posset eam transire ; insuper venire possent
Tolosani, et vos et omnes peregrinos interficere. »
Respondit comes marescallo : « Absit a me ut faciam
quod consulitis ! pauperes Christi expositi sunt gladio, et ego in munitione manebo ! fiat de me voluntas Domini. Certe ego ibo et manebo cum eis. »
Statim exiens a castro, transivit aquam et rediit ad
exercitum peditum, mansitque ibi cum paucissimis, scilicet quatuor vel quinque militibus, plures
dies, donec, facto ponte, totus transivit exercitus.
O magna probitas principis ! o virtus invicta ! noluit enim cum militibus manere in castro, dummodo pauperes expositi peregrini erant in campo.

CAPUT LXIV.

*Comes Montfortiensis San-Gaudentium occupat,
Tolosam modis omnibus divexat. Comes Raimundus ad Arragonensem regem confugit, ut ab eo
auxilia impetret.*

Dum comes noster moraretur in castro Mureili,
venerunt ad eum episcopi Convenarum et Conso-
ranensium, viri venerabiles et Deo pleni, qui negotium Jesu Christi unico diligebant affectu, exhibitione operis promovebant, quorum etiam consilio
et industria, comes adierat partes illas. Monuerunt
igitur comitem ut ulterius procederet, et sine pugna
et gladio maximam reciperet Wasconiæ partem :
properans igitur comes, perrexit ad castrum quoddam quod dicebatur S. Gaudentius, et fuerat comitis Convenarum : homines autem castri tradentes
ei castrum ipsum cum gaudio receperunt ; venerunt
etiam ibi ad eum nobiles illius, facientesque ei hominium, receperunt ab eo terras suas ; insuper penetrans montana apud Fuxum, terram Rogerii de
Cominges nepotis comitis Fuxi ex parte maxima
devastavit. Interea Carcassonensis episcopus, qui
cum quibusdam peregrinis in castro Murelli remanserat, circa munitionem castri ipsius assidue laborabat. Peractis comes noster in Wasconia negotiis,
pro quibus perrexerat, rediit Murellum : non enim
habebat milites peregrinos, nisi comitem Tullen-
sem, et quosdam alios milites paucissimos : sed
quamvis esset cum paucis, frequenter tamen equitabat usque ad portas Tolosæ ; illi autem qui in Tolosa erant innumerabiles et munitissimi, non audebant exire adversus eum ; ipse vero omnia in circuitu
devastans, munitiones ante ipsorum oculos devastabat. Erat autem Tolosa civitas ultra modum
plena populo, quia Biterrenses, et Carcassonenses,
et Tolosani hæretici, et hæreticorum fautores et
ruptarii, amissis divino judicio terris suis, Tolosam intraverant, adeoque impleverant, quod ipsa

claustra monachorum civitatis, expulsis canonicis,
fecerant pecorum ovilia et stabula equorum. O nidus hæreticorum Tolosa ! o tabernacula prædo-
num !

Nec prætermittendum quomodo afflicta et obsessa erat tunc Tolosa. Comes enim noster erat ex
una parte apud Murellum ; quidam milites nostri
ex alia parte apud Verdunum ; comes Balduinus ex
alia ; Guido frater comitis ex altera. Hi omnes ex
omni parte Tolosam circumdantes, et usque prope
portas ipsius sæpius equitantes, eam non modicum
infestabant. Comes autem Tolosæ qui, peccatis
suis exigentibus, exhæreditatus, præter Tolosam et
Montem-Albanum, perdiderat terram suam, ad regem Arragonum confugerat, ab eo super recuperatione terræ suæ consilium et auxilium quæsiturus.
O justum justissimi judicis Dei judicium ! o mise-
ricordissimi fratris videlicet P. de Castronovo veridica sententia ! dicebat siquidem vir bonus, sicut
ab illis audivi, qui ab illius ore sæpius audierunt.
Negotium, inquiebat, Jesu Christi in partibus istis
nunquam prosperum sortietur effectum, donec aliquis de nobis prædicatoribus pro defensione fidei
moriatur, et utinam ego prior persecutoris excipe-
rem gladium ! Ecce miser ille comes Tolosanus,
cum mortem huic sanctissimo viro videlicet intulis-
set, eo quod ipsum de perpetratis nequitiis publice
et in facie redargueret vir bonus, post hæc se eva-
sisse putavit, post hæc recuperare se credidit terram suam ; sed, Domino retribuente vindictam,
sanguinemque sui martyris vindicante, unde speravit se habere lucrum, nisi dispendium gravissimum, inde damnum irrecuperabile reportavit.

Diligenter etiam est notandum quod dictus comes
miser ille occisorem viri Dei in maximo amore et
familiaritate receperat, adeo quod per civitates et
castella ipsum ducens, quasi pro spectaculo omnibus dicebat : *Iste solus me diligit ; iste solus concordat maxime votis meis ; iste eripuit me ab inimico ;*
licet autem crudelissimum homicidam illum comes
prædictus ita extolleret, ipsum muta etiam animalia abhorrebant. Sicut enim multorum et proborum
virorum canonicorum Tolosanæ Ecclesiæ, veridica
relatione audivimus, ab illo die quo prædictus homicida memoratum virum Dei occidit, in detesta-
tionem tanti sceleris, nunquam canis dignatus est
accipere de manu ejus. O res miranda ! O res
inaudita ! Hoc idcirco inseruimus, ut quam juste
comes Tolosæ exhæreditatus sit ostendamus.

Dum res ita se haberet, ut supradictum est, Rogerius Bernardi filius comitis Fuxensis, prope Carcassonam cum ruptariis transiens, equitabat quodam die versus Narbonam, ut si quos inveniret
peregrinos, vinctos perduceret Fuxum, aut morte
crudelissima condemnaret. Factum est igitur, dum
iret, obvios habuit paucos peregrinos, qui tendebant ad comitem nostrum, venientes a partibus
Gallicanis : peregrini autem illi, videntes hostes venientes, putantesque quod essent de nostris, intre-

pidi adversariis occurrebant (7). Traditores siquidem prædicti in his nequitiæ suæ providebant, quia
videlicet lento passu et per stratam publicam ambulabant, ut non esset facile advertere quod non
essent de nostris. Ut autem appropinquaverunt ad
invicem, statim crudelissimi carnifices, insurrexerunt in nostros qui pauci erant et inermes, utpote
proditionis ignari, occidentesque plures de nostris,
et membratim dilacerantes, reliquos secum duxerunt usque Fuxum, ubi eos tenentes in vinculis,
tormentis validissimis dilaniabant : cum maximo
siquidem studio nova quotidie et inexperta excogi-
tabant supplicia, quibus suos affligerent captivos.
Sicut enim ab ore cujusdam militis nostri audivi,
qui ibi tenebatur in vinculis, qui præsens erat et
videbat, captivos suos cruciabant illi tot et tantis
tormentis, quod Diocletiano et Maximiano posset
æquiparari malitia, vel etiam anteferri. Ut enim
prætermittamus ibi minima, ipsos sacerdotes et
divini mysterii tractatores frequentius suspende-
bant; quandoque etiam, quod dictu horribile est !
ligatis ad genitalia membra funibus, ferocissime
distrahebant. O crudelitas immanis ! o rabies inaudita !

CAPUT LXV.

*Conventus episcoporum et baronum apud Apamiam
celebratur a Simone comite, ubi multa decreta et
leges statuuntur, quas se comes servaturum pollicetur.*

Anno Incarnationis Domini 1212, mense Novembris, convocavit nobilis comes Montis-fortis episcopos et nobiles terræ suæ, apud castrum Apamiarum celebraturus colloquium generale. Causa
autem colloquii hujus ista fuit, ut comes noster,
in terra quam acquisierat, sanctæque R. E. subjugaverat, institui faceret bonos mores, hæretica spurcitia procul pulsa, quæ totam corruperat terram
illam, bonæ tam cultu religionis Christianæ, quam
etiam de temporali pace et quiete, consuetudines
plantarentur. Terra siquidem illa ab antiquis diebus deprædationibus patuerat et rapinis ; opprime-
bat quippe potens impotentem, fortior minus fortem. Voluit igitur comes nobilis cunctas consuetudines fixosque limites terræ dominis ponere quos
transgredi non liceret, quatenus etiam milites de
suis certis et rectis redditibus recte viverent; minor etiam populus sub alis dominorum posset vivere, immoderatis exactionibus non gravatus : ad
quas consuetudines statuendas, electi fuerunt viri
duodecim qui super sacrosancta Evangelia juraverunt, quod pro posse suo tales consuetudines ponerent, per quas Ecclesia sua libertate gauderet,
tota etiam terra in statu firmaretur meliori. De
illis autem xii electoribus, quatuor fuerunt ecclesiastici, duo scilicet episcopi, Tolosanus et Consoranensis, unus Templarius, unusque Hospitalarius ;
quatuor præterea Francigenæ milites , quatuor

etiam indigenæ, duo milites et duo burgenses, per
quos dictæ consuetudines, satis competenter positæ et firmatæ. Ut autem consuetudines illæ inviolabiliter servarentur , antequam proferrentur in
medium, nobilis comes omnesque milites sui super
quatuor Evangelia juraverunt quod supra memoratas consuetudines nunquam præsumerent violare :
ut etiam majorem obtinerent firmitatem redactæ
sunt in scriptum, sigillo etiam comitis et omnium
episcoporum, qui ibi plures erant, firmatæ et munitæ. Dum hæc agerentur apud Apamias, hostes
fidei a Tolosa egressi , discurrere cœperunt per
Wasconiam et facere mala quæcunque potuerunt.
Venerabilis autem episcopus Convenarum, assumptis secum aliquibus de militibus nostris, perrexit
in Wasconiam, terramque illam ab hostibus fidei
viriliter defendebat : nobilis autem comes noster
perrexit Carcassonam et inde Biterrim, habiturus
colloquium cum archiepiscopo Narbonensi super
his quæ spectabant ad negotium Jesu Christi. Dum
autem essemus apud Biterrim, et sedes episcopalis
vacaret, canonici illius Ecclesiæ, communi assensu,
elegerunt venerabilem archidiaconum Parisiensem
Guillelmum in suum episcopum et pastorem : sed
ipse nulla ratione ad hoc potuit induci, ut electioni
eorum assensum præberet.

CAPUT LXVI.

*Rex Arragonensis venit Tolosam et colloquium habet
cum comite Simone, et apostolicæ sedis legato.*

Circa festum vero Dominicæ Apparitionis, rex
Arragonum Petrus, qui negotio fidei plurimum invidebat, venit Tolosam, et fecit ibi milites, excommunicatis et hæreticis communicando ; mandavit-
que rex archiepiscopo Narbonensi apostolicæ sedis
legato, et comiti nostro, quod volebat habere colloquium cum eis, et de pace et de compositione inter
comitem nostrum et hostes fidei tentare. Igitur assignata fuit communi assensu dies et locus inter
Tolosam et Vaurum, ubi colloquium celebrari deberet. Cum igitur venissemus ad locum consilii,
rex cœpit rogare archiepiscopum Narbonensem et
episcopos, de restituendis terris comitibus Tolosano,
Convenarum, et Fuxensi, et Gastoni de Bearno; archiepiscopus autem Narbonensis respondit regi, ut
omnes petitiones suas redigeret in scriptum, et
scriptas et sigillatas mitteret episcopis apud Vaurum. Rex vero Arragonensis , postquam applausum
magnum fecerat comiti nostro, et fratri et filiis ejus,
rogavit ipsum comitem, ut octo diebus desisteret a
malefaciendo inimicis suis , cui nobilissimus et
urbanissimus respondit : « Non desistam, inquit,
a malefaciendo, sed ob reverentiam vestram, ces-
sabo his octo diebus a benefaciendo. » Similiter
autem et rex promisit ex parte hostium nostrorum,
quod ipso tempore colloquii, non facerent nostris
malum. Sed ipsi infidelissimi, cum scirent nostros
convenisse ad colloquium, licet nos per regem fe-

---

(7) *Fertur etiam pro certo quod aliqui eorum super arma deferebant habitum monachorum Cister-*

ciensium et alios præcedebant. — Hæc habentur in
margine ms.

cissent securos, discurrere cœperunt per terram
nostram versus Carcassonam, et multa mala facientes, plurimos etiam occiderunt. O fraus nequam!
Die tertio postquam recessit rex a loco colloquii,
et intravit Tolosam, scripsit petitiones suas ad
archiepiscopos et episcopos nostros, in hæc verba :

Petitiones regis Arragonensium ad prælatos in con-
cilio apud Vaurum congregatos.

Quoniam sacrosancta mater Ecclesia non solum
verba, sed verbera quoque docetur habere, devotus
Ecclesiæ filius P.. Deo miserante, rex Arragonensis, pro comite Tolosano, ad sinum ejusdem matris Ecclesiæ cupiens redire, et a sanctitate vestra
petit humiliter, et rogat instanter, quatenus faciendo satisfactionem personalem pro excessibus
quibuscunque, prout ipsi Ecclesiæ visum fuerit expedire, ac pro damnis et injuriis illatis diversis
ecclesiis et prælatis satisfaciendo id quod clementia
matris Ecclesiæ ipso comiti duxerit injungendum,
restituatur clementer et misericorditer ad possessiones suas, et alia quæ amisit. Quod si forte in
persona comitis nollet Ecclesia ipsius petitionem
audire, petit et rogat hoc idem pro filio ; ita tamen
quod puer nihilominus satisfaciat personaliter pro
excessibus, vel in frontaria Saracenorum cum militibus eundo in subsidium Christianorum, vel in
partibus transmarinis , secundum quod Ecclesia
melius arbitrabitur expedire ; et infans in terra sua,
in tam diligenti custodia et tam fideli cura, ad honorem Dei et S. R. E. habeatur, usquequo de bonitate sua signa compareant manifesta.

Et quoniam comes Convenarum, nec fuit unquam
hæreticus, nec eorum susceptor, sed potius impugnator, et ideo terram dicitur amisisse, quod asti-
terit consobrino et domino suo, comiti Tolosano ;
petit idem rex et rogat pro eo, sicut pro vassallo
suo, ut restituatur ad terram suam, satisfaciendo
quoque ad arbitrium Ecclesiæ, si eum apparuerit in
aliquo deliquisse.

Item comes Fuxensis, cum nec sit, nec fuerit hæreticus, pro eo memoratus rex petit et rogat sicut
pro consanguineo suo charissimo, cui sine verecundia in jure sic deesse non potest, quatenus pro reverentia ipsius et gratia restituatur ad sua, satisfaciendo nihilominus Ecclesiæ in his et pro his quibus clementiæ matris Ecclesiæ eum apparuerit deliquisse.

Item, pro Gastone de Bearno vassallo suo petit
sæpedictus rex et rogat affectuose, quatenus restituatur ad terram suam et fidelitates vassallorum suorum , maxime cum paratus sit parere,
et ad arbitrium Ecclesiæ satisfacere coram judicibus non suspectis, si nobis causam ipsius audire et
expedire non licet.

In omnibus tamen præmissis duxit memoratus
rex, misericordiam potius quam judicium invo-
candum, mittens ad clementiam vestram clericos
et barones suos super præmissis, ratum habiturus
quidquid a vobis cum eis fuerit ordinatum. Sup-

plicans ut talem habere dignemini circumspectio-
nem et diligentiam in hoc facto, ut in negotio Christianitatis in partibus Hispaniæ, ad honorem Dei et
S. matris Ecclesiæ dilatationem, prædictorum baronum et comitis Montis-fortis subsidium posset
habere.

Datum Tolosæ, xvii Kal. Februarii.

Responsio concilii.

Illustri et dilecto in Christo P. Dei gratia regi
Arragonum , comiti Barchilonensium , concilium
apud Vaurum (*Lavaur*), salutem et sinceram in Domino dilectionem.

Petitiones et preces vidimus, quas pro Tolosano
et ejus filio et Fuxensi et Convenarum comitibus,
et nobili viro Gastone de Bearno, vestra regalis se-
renitas destinavit : in quibus etiam litteris, inter
cætera Ecclesiæ filium dicitis vos devotum ; super
quo Domino Jesu Christo, ac regali vestræ celsitu-
dini, gratiarum referimus actiones, et in cunctis
quibus secundum Deum possemus, propter illam
mutuam dilectionem, qua vos sancta Romana mater Ecclesia, sicut intelligimus, amplectitur, et vos
ipsam, nec non et ob reverentiam excellentiæ vestræ regalis, admitteremus affectuosius preces vestras. Super eo quod pro comite Tolosæ petitis et
rogatis, hæc duximus serenitati regiæ respondendum, quod tam causa comitis quam filii, quæ pendet ex facto patris, auctoritate superioris est a nobis exempta cum idem comes Tolosæ, Regiensi episcopo et magistro Theodisio, a domino papa negotium suum fecerit sub certa forma committi. Unde,
sicut credimus, memoriter retinetis quot et quantas gratias dicto comiti, post multos excessus ipsius, dominus papa fecit ; nec non et quam gratiam, ad intercessionem vestram et preces, venerabilis Narbonensis archiepiscopus, apostolicæ sedis
legatus, tunc abbas Cistercii apud Narbonam et
Montempessulanum , eidem comiti faciebat, biennio, si bene meminimus, jam transacto. Volebat siquidem idem legatus, omnes dominicaturas et proprietates eidem comiti remanere integras et illæsas : et ut illa jura quæ habebat in castris aliorum
hæreticorum, quæ de feodo ejus erant, sine Al-
berga, sine Quista. sine Cavalgata, eidem integra
remanerent. De illis præterea castris quæ erant
aliorum hæreticorum, quæ de feodo ejus non erant,
quæ idem comes dicebat esse quinquaginta, volebat
præfatus legatus, ut quartalis et tertia pars eorum
caderet in proprietatem comitis supradicti. Spreta
vero comes illa magna gratia domini papæ ac prædicti legati et Ecclesiæ Dei, veniens directe contra
omnia juramenta, quæ olim præstiterat in manibus
legatorum, et addens iniquitatem iniquitati, crimina criminibus, mala malis, Ecclesiam Dei et
Christianitatem , fidem et pacem cum hæreticis
et ruptariis impugnavit et damnificavit, adeo ut
omni gratia et beneficio reddiderit se indignum.

Quod autem pro comite petitis Convenarum, taliter super hoc duximus respondendum. Pro certo

intelleximus quod, cum post excessus suos multiplices, et juramenti transgressionem fœdus cum
hæreticis et eorum fautoribus contraxisset, et ipsam Ecclesiam, licet nunquam in aliquo læsus esset, cum eisdem pestilentibus impugnasset, licet
postmodum diligenter fuerit admonitus, ut cessaret a cœptis, et rediens ad cor, tandem reconcilia-
retur ecclesiasticæ unitati : nihilominus idem comes, in sua nequitia exstitit, excommunicationis et
anathematis vinculo alligatus, de quo etiam, ut dicitur, comes Tolosæ asserere consuevit, quod ipse
comes Convenarum eum ad guerram impulit et
induxit. Unde idem comes, auctor per hoc guerræ
et malorum quæ Ecclesiæ multipliciter provenerunt
exstitit. Verumtamen si talem se exhibuerit, ut absolutionis beneficium mereatur, postmodum cum
fuerit absolutus, et habuerit potestatem standi judicio, si de aliquo quereletur, Ecclesia ei justitiam
non negabit.

Petit præterea regia celsitudo, pro comite Fuxensi, ad quod taliter respondemus, quod constat
de ipso, quod hæreticorum exstitit a longo tempore receptator, præsertim cum non sit dubium
quin credentes hæreticorum hæretici sint dicendi :
qui etiam post multiplices excessus suos, post
præstita juramenta, post obligationes tam personarum quam rerum, post injectionem manuum in
clericos, et detrusionem eorum in carcerem, pro
quibus causis et multis aliis anathematis mucrone
percussus : post illam etiam gratiam, quam idem
legatus ad intercessionem vestram, olim ipsi comiti faciebat, cruentam cædem exercuit in signatos,
tam laicos quam clericos, qui in paupertate et simplicitate sua, contra Vauri hæreticos in Dei servitium ambulabant ; qualis autem et quanta erat illa
gratia, bene recolit, sicut credimus, regia celsitudo, ad cujus preces cum eodem comite compositionem faciebat dictus legatus. Sed quod non fuit
facta illa compositio (per ipsum comitem stetit :
exstant enim litteræ ad dominum comitem Montis-
fortis regali sigillo munitæ, talem clausulam continentes : Dicimus etiam vobis quod, si comes Fuxensis noluerit stare placito illi, et vos postea non
audieritis preces nostras pro eo, non erimus inde
vobis dipacati : verumtamen, si dederit operam ut
absolutionis beneficium consequatur, et postmodum, cum absolutionis fuerit gratiam consecutus,
de aliquo quereletur, justitiam ei Ecclesia non negabit.

Postulatis insuper et rogatis, pro Gastone de Bearno, ut restitueretur ad terram suam, et ad fidelitates
vassallorum suorum, super quo vobis taliter respondemus. Ut alia multa, imo potius infinita, qui in ipsum Gastonem dicuntur, ad præsens silentio transeamus, confœderatus tamen hæreticis et receptatori-
bus seu defensoribus eorum contra Ecclesiam et signatos, est Ecclesiarum et ecclesiasticarum perso-

narum manifestissimus persecutor. Venit in auxilium Tolosanorum ad obsidionem Castrinovi. Inter-
fectorem Fr. P. de Castronovo, apostolicæ sedis legati habet secum ; ruptarios diu tenuit atque tenet.

In anno præterito, ruptarios in cathedralem ecclesiam Oleronis induxit, ubi amputato fune de quo
pendebat pixis continens corpus Domini nostri Jesu
Christi in terram cecidit, et quod nefas est dicere,
ipsum corpus Dominicum est per terram expensum;
transgressus juramenta manus in clericos violentas
injecit : pro quibus et aliis causis pluribus, quas
ad præsens tacemus, idem Gasto excommunicationis
et anathematis est nexibus innodatus. Verumtamen
si satisfecerit Ecclesiæ, prout debet, et absolutionis
beneficium consequetur, et conquestus fuerit de
aliquo, audietur de jure suo. Aliter siquidem, pro
prædictis sic excommunicatis, clarissime princeps,
vestram regiam majestatem intercedere non deceret,
nec nos pro talibus et in talibus audemus aliter respondere. Ad hæc, serenitatem vestram regalem monemus et hortamur in Domino, quatenus ad memoriam revocare dignemini honorem (7*) quem vobis fecit sedes apostolica, et illum quem impræsen-
tiarum illustri regi Siciliæ sororio vestro facit, quid
etiam D. papæ in vestra promisistis unctione, et
quid vobis sedes apostolica dederit in mandatis.
Oramus ut Deus ad honorem suum, et S. R. Ecclesiæ, per multa tempora vos conservet. Quod si per
hanc nostram responsionem, vestræ regiæ majestati
non fuerit satisfactum, nos ob reverentiam vestram
et gratiam, D. papæ curabimus intimare.

Datum Vauri, xv Kal. Februarii.

Audiens rex Arragonum responsiones prælatorum nostrorum, vidensque petitiones quas fecerat
penitus refutatas, affectumque suum non posse perduci ad effectum, alium circumventionis modum
invenit. Misit itaque nuntios ad prælatos, mandans
et rogans, quatenus inducerent comitem Montis-
fortis, ad hoc ut comiti Tolosano cæterisque fidei
Christianæ inimicis treugas daret, usque ad futurum
proximum Pentecostem, vel saltem usque in Pascha : quod audientes prælati nostri, animadverten-
tesque quod rex ob nihil aliud peteret hoc, nisi ut
hoc audiretur in Francia, sicque devotio tepesceret
signatorum, petitionem istam, sicut et primas fecerant, refutarunt. Quia vero longum esset omnia
enarrare per ordinem quæ rex ille mandavit, et nostri ei respondenda duxerunt, istud breviter dicamus, quod hæc fuit tota intentio dicti regis, laborare videlicet, ut comes Tolosæ et alii religionis
Christianæ inimici sui, restituerentur ad terras suas,
vel saltem ipsis treugæ darentur a nostris, ob intentionem superius memoratam. Nostri vero, viri prævidi et constantes, nec terras reddere, nec treugas
concedere voluerunt. Videns rex quod nihil proficere potuisset, in grave dispendium famæ suæ pa-
cum pompa peractæ litterarium monumentum profert Cacon. in eodem Innocentio.

(7*) Petrus etenim anno 1204 Romæ ab Innocentio
III regiis insigniibus decoratus est, cujus rei summa

riter et honoris, apposuit quod excommunicatos et
terras eorum quas adhuc tenebant, in sua protectione reciperet : et ut suam nequitiam, aliquantulum
palliaret, sedem apostolicam appellavit ; prælati autem nostri, huic appellationi quia multiplicibus ex
causis frivola erat et invalida minime detulerunt ;
sed archiepiscopus Narbonensis apostolicæ sedis legatus misit litteras in hunc modum :

Illustrissimo domino PETRO, Dei gratia regi Arragonensi, frater A. divina miseratione Narbonensis archiepiscopus, apostolicæ sedis legatus, salutem
in charitate animi et visceribus Jesu Christi.

Intelleximus non sine turbatione multa ac amaritudine animi, quod civitatem Tolosæ ac castrum
Montis-Albani et terras propter crimen hæreseos,
ac alia multa et nefanda facinora traditas Satanæ
ac ab omni communione matris Ecclesiæ separatas,
et crucesignatis auctoritate Dei, cujus nomen in
his graviter blasphematur expositas, disponitis in
protectione ac custodia vestra recipere, ac eas contra Christi exercitum defensare. Cum igitur hæc, si
vera sint, quod Deus avertat ! non solum in salutis
vestræ dispendium, sed in honoris regii ac opinionis
vestræ et famæ possint cedere detrimentum, Nos
qui salutem vestram, et gloriam et honorem zela-
mus, totis visceribus charitatis, celsitudinem regiam
rogamus, consulimus, monemus et hortamur in
Domino, et in potentia virtutis hujus, et parte Dei
Redemptoris nostri Jesu Christi, ac sanctissimi vicarii ejus domini nostri summi pontificis, auctoritate legationis qua fungimur, inhibemus, et modis,
quibus possumus, obtestamur ne per vos, vel per
alios, terras recipiatis vel defendatis prædictas. Optamus autem quatenus tam vobis quam et ipsis taliter
dignemini providere, ne communicando excommunicatis et maledictis hæreticis et fautoribus eorumdem, labem excommunicationis incurrere vos contingat. Unum autem non volumus serenitatem vestram latere quod si quos de vestris, in defensionem prædictæ terræ duxeritis relinquendos, cum
omnes excommunicati sint ipso jure, vos denuntiari
excommunicatos, tanquam defensores hæreticorum
publice faciemus.

Rex Arragonensis, in nullo resipiscens, sed quæ
male proposuerat, pejus adimplens, hæreticos omnes et excommunicatos comites, Tolosanum videlicet, Convenarum et Fuxensem, Gastonem de Bearno omnesque milites Tolosanos et Carcassonenses,
qui pro hæresi exhæreditati Tolosam confugerant ;
cives etiam Tolosanos in sua protectione suscepit,
et ab ipsis juramentum recepit ; civitatem etiam Tolosanam, quæ est proprie de dominio regis Franciæ,
et totum illud terræ, quod illi adhuc tenebant, in
sua custodia recipere præsumpsit. Non credimus
omittendum quatenus tam, quod essent nostri prope dictum
colloquium apud Vaurum, comesque Montis-fortis
ob reverentiam regis, diebus colloquii, inimicis treugas dedisset, et rex similiter ex parte adversariorum
treugas firmasset, ipso tempore colloquii manenti-

bus treugis, nostrisque non caventibus, equitarunt
hostes pluries per terram nostram prædamque multam capientes, plurimosque insuper homines occidentes, multos captos ducentes, mala ubique gravissima intulerunt : super quibus malis, cum rex
sæpius requireretur a nostris, non fecit ullatenus
emendari. Videntes igitur nostri quod rex detineret
eos nuntiis, litteris et etiam appellationibus superfluis, et nihilominus tempore colloquii et treuga-
rum nostros ab excommunicatis quorum causam
fovebat, permitteret apertissime et sæpissime in-
festari, a Vauro recesserunt ; verumtamen antequam
recederent, scripserunt D. papæ de communi negotio Ecclesiæ, et de præfato colloquio in hunc modum :

*Litteræ synodi Vaurensis ad dominum papam
Innocentium.*

Sanctissimo Patri in Christo ac beatissimo domino suo INNOCENTIO Dei gratia summo pontifici, devoti et humiles servi ejus, archiepiscopi, episcopi
et alii Ecclesiarum prælati, apud Vaurum pro sanctæ fidei negotio congregati, cum omni affectione,
longum vitæ spatium et salutis.

Ad agendas paternitatis vestræ sollicitudini dignas
grates, cum nec lingua nec calamus nobis sufficiant,
retributorem omnium bonorum exoramus ut nostrum in hac parte suppleat defectum et abunde
vobis retribuat omne bonum, quod nobis et nostris
aliisque partium nostrarum Ecclesiis tribuistis. Cum
enim in partibus istis, pestis hæretica, antiquitus
seminata, nostris partibus, usque adeo succrevisset,
quod cultus divinus ibidem haberetur omnino in opprobrium et derisum, et in clerum et bona ecclesiastica, hinc hæretici inibi ruptarii grassarentur, et
tam princeps quam populus, in reprobum sensum
datus, a fidei rectitudine deviavit, ut per vestros
exercitus signatorum, quos ad emundandas spurci-
tias pestis hujus, sapientissime destinastis, et Christianissimum eorum principem, comitem Montis-
fortis, intrepidum omnino athletam et invictum
Dominici prælii bellatorem : Ecclesia quæ tam miserabiliter ibi corruerat, caput inibi cœperit rele-
vare, et in parte maxima destructis adversitatibus
et erroribus universis, terra dudum a cultoribus ho
rum dogmatum conculcata, demum divino cultui as-
suescat : restant vero adhuc reliquiæ dictæ pestis,
Tolosa videlicet civitas, cum castris aliquot, ubi
tanquam sordes in sentinam cadentes, residuum
pravitatis hæreticæ se collegit : quorum princeps,
comes scilicet Tolosæ, qui ab antiquis temporibus,
sicut multoties jam audistis, hæreticorum et fautor
exstitit et defensor, et pro viribus quæ sibi remanserunt, impugnat Ecclesiam, et, quoad potest pro fidei hostibus, ejus cultoribus se opponit. Ex quo
enim rediit a sanctitatis vestræ præsentia cum mandatis, in quibus, ultra omnem meritorum exigen-
tiam suorum, egeratis misericorditer cum eodem,
introivit, sicut manifeste videtur, angelus Satanæ in
cor ejus, et gratiæ vestræ beneficiorum ingratus, de
his quæ coram vobis promiserat nihil implevit : imo

pedagia sæpius abjurata vehementer adauxit , et
ad omnes quos scivit nostros et Ecclesiæ adversarios se convertit. Sane per Othonem Dei et Ecclesiæ
inimicum, opinatus contra ipsam Ecclesiam vires
assumere, sub ipsius confidentia manifeste, sicut asseritur, minabatur quod Ecclesiam de finibus suis
et clerum radicitus exstirparet; hæreticos et ruptarios, quos multoties abjuraverat, extunc ferventius
solito fovere studuit et tenere.

Cum enim Catholicorum exercitus obsideret
Vaurum, ubi sedes erat Satanæ et quasi hujus erroris hæretici provincia, ipse in subsidium perversorum, misit milites et clientes, et in castro suo
quod Casser appellatur, fuerunt inventi et combusti a crucesignatis plusquam quinquaginta hæretici, præter credentium eorum multitudinem copiosam. Invocavit etiam contra Dei exercitum, Savaricum inimicum Ecclesiæ, regis Angliæ senescallum, cum quo Christi pugilem prædictum comitem
Montis-fortis apud Castrumnovum Arii obsidere
præsumpsit; sed Christi dextera faciente, cito fuit
ejus præsumptio in confusionem conversa, ita quod
pauci Catholici infinitam arianorum multitudinem
effugarunt. Prædictorum autem Othonis et regis
Angliæ confidentia defraudatus, ut qui baculo arun-
dineo nitebatur, cogitavit iniquitatem abominabi-
lem, et ad regem Marrochitarum nuntios destinavit subsidium ejus, non solum in terræ nostræ, sed
totius Christianitatis exitium implorando, sed conatum ipsius divina pietas impedivit. Episcopum
Agennensem a sede propria expellendo, bonis omnibus spoliavit, et abbatem de Mosiaco cepit, et
abbatem Montis-Albani fere per unum annum tenuit captivatum. Ruptarii quoque ipsius et complices peregrinos clericos et laicos innumerabiles
variis tormentis affecerunt et nonnullos detinent
ac diutius tenere captivos; in his omnibus non
aversus est furor ejus, sed adhuc manus ejus ex-
tenta, ita ut fiat quotidie semetipso deterior, et
omnia mala quæ potest per seipsum et filium et
complices suos Fuxensem et Convenarum comites
et Gastonem de Bearno, viros sceleratissimos et
perversos, contra Dei Ecclesiam operetur. Cum autem ultione divina et censura ecclesiastica memoratus athleta fidei, comes Christianissimus terras
ipsorum, tanquam hostium Dei et Ecclesiæ sancto
et justo occupavit prælio fere totas, ipsi adhuc in
sua persistentes malitia et humiliari sub potenti
manu Dei contemnentes (I Petr. v), nuper ad regem Arragonum recurrerunt, per quem forte intendunt vestram circumveniri clementiam, et Ecclesiam suggillare. Adduxerunt enim ipsum Tolosam nobiscum, qui de mandato legati et delegato-
rum nostrorum apud Vaurum conveneramus, colloquium habiturum, qui quæ aut qualia proposuit,
et quæ nos ei duxerimus respondenda ex rescriptis
quæ vobis sigillata mittimus plenius cognoscetis.
Omnes igitur unanimiter et concorditer hæc præmissa sanctitati vestræ intimamus, liberantes ani-

mas nostras, ne per defectum significandi in negotio fidei, de contingentibus aliquid omittatur :
pro certo namque sciatis quod, si terra quæ dictis
tyrannis, cum tanta justitia et multa Christianorum
effusione sanguinis est ablata, ipsis aut hæredibus
eorum restituatur, non solum fieret novissimus error pejor priore (Matth. xxvii), sed exinde excidium clero et Ecclesiæ inæstimabile immineret.
Ad hæc quoniam enormitates abominabiles et alia
scelera prædictorum, per singula præsenti pagina
non credimus adnotanda, ne librum texere videremur, quædam in ore nuntiorum posuimus, quæ
sanctis auribus vestris poterunt viva voce referri.

Nuntii qui detulerunt litteras istas ad D. papam
fuerunt hi : Venerabilis Convenarum episcopus, abbas de Claraco, archidiaconus Parisiensis Guillelmus, M. Theodisius, et clericus quidam, qui diu
fuerat corrector litterarum, in curia D. papæ, et
dicebatur Petrus Marci. Priusquam autem venirent
ad curiam dicti viri providi et discreti, rex Arragonum per nuntios suos circumvenire intendebat
simplicitatem apostolicam, et per suggestionem
falsitatis et veritatis suppressionem, impetraverat
litteras in quibus D. papa præcipiebat comiti Montis-fortis, quatenus comitibus Convenarum (Cominges) et Fuxi, et Gastoni de Bearno, redderet terras
suas. Scripsit etiam archiepiscopo Narbonensi alias
litteras in quibus D. papa, indulgentiam quam fecerat proficiscentibus contra hæreticos Albigenses
videbatur revocare. Venientes igitur nuntii nostri
ad curiam Romanam, D. papam invenerunt aliquantulum durum, eo quod nimis credulus fuisset
falsis suggestionibus nuntiorum regis Arragonensium ; sed postea, veritate comperta, per nuntios
nostros, quidquid fecerat ad regis nuntiorum suggestionem, revocavit in irritum, et ipsi regi misit
litteras in hæc verba :

*Litteræ D. papæ regi Arragonensium, ne opponat se
negotio Ecclesiæ.*

INNOCENTIUS episcopus, servus servorum Dei, PE-
TRO illustri regi Arragonensium.

Is in cujus manu sunt omnium corda regum
(*Eccli.* x), inspiret tibi humiliter exoratus, ut prudenter attendens, quod juxta mandatum apostolicum, nos oportet arguere, obsecrare, increpare
(*II Tim.* iv), nostras increpationes, quas paterna
affectione in te depromimus, devotione recipias
filiali , et sic obtemperes salubribus monitis et
consiliis, et correctionem apostolicam recipiendo,
demonstres te in his et affectum habuisse sincerum in quibus absque dubio, per effectum nosce-
ris deliquisse. Sane ad totius fere mundi notitiam
jam pervenit, nec serenitatem tuam credimus ignorare, aut etiam diffiteri, quod inter cæteros principes Christianos, te specialiter studuimus honorare,
per quod et potentia tibi accrevit et fama : et utinam cum his et prudentia et devotio pariter, cum
his accrevissent ! quod licet nobis gratum existeret,
tibi tamen amplius expediret. Verum in hoc, nec

tibi providisse dignosceris, nec nobis, ut decuit, A nifeste defendunt, excommunicationis sint vinculo
detulisse; quia, cum Tolosani cives, tanquam pu innodati : unde cum mandatum pro talibus sic obtrida membra sint præcisi excommunicationis tentum non teneat, illud tanquam subreptum pemucrone et ipsa civitas supposita sit interdicto, pro nitus revocamus. Si vero iidem ecclesiasticæ unieo quod quidam eorum manifesti sunt hæretici, plu tati reconciliari desiderant, prout dicunt, venerares vero credentes, fautores et receptatores eorum bili fratri nostro Narbonensi archiepiscopo apoac defensores, adeo ut alii quoque quos Christi stolicæ sedis legato, nostris damus litteris in
exercitus, imo verius ipse Christus, qui contra ipsos mandatis ut, recipiens ab ipsis non solum juratusuis adinventionibus provocarant, a suis fecit ta riam cautionem, cum sua jam sint juramenta
bernaculis emigrare, ad Tolosanam quasi quam transgressi, sed et aliam quam viderent expedire,
dam sentinam erroris confugerint civitatem, tu di beneficium absolutionis impendat, et iis rite prævini timoris oblitus quasi prævalere valeas contra missis, quasi veræ devotionis indiciis, legatum de
Dominum, vel avertere manum ejus contra eos latere nostro, virum honestum, providum et constanexigentibus suis culpis extentam, ipsos in defen tem, ad partes illas curabimus destinare, qui non
sionem sub specie pietatis impietatem exercens, in declinans ad dexteram vel ad sinistram, sed inscandalum populi Christiani et propriæ famæ di B cedens regia via, semper quæ recte facta inspendium recepisti. Nuper igitur auditis quæ venera venerit, approbet et confirmet, errata corrigat et
bilis frater noster Segobiensis episcopus, ac dilectus emendet, et tam nobilibus antedictis quam aliis
filius Columbus nuntii, ac nuntii legatorum nostro conquerentibus, exhiberi faciat justitiæ complerum et comitis Montis-fortis in præsentia nostra pro mentum.
ponere voluerunt, et litteris hinc inde directis lenius intellectis, habito cum fratribus tractatu ac Interim ergo inter te et terram tuam et dictum
consilio diligenti, volentes honori tuo quantum ad comitem Montis-fortis, volumus et mandamus firfamam, saluti quantum ad animam, indemnitati mas treugas fieri et servari. Mandantes nihilominus
quantum ad terram paternam sollicitudine præca comiti antedicto, ut pro terra quam a te tenet, revere. Serenitati tuæ, in virtute Spiritus sancti sub verenter exhibeat quod exhibere tenetur. Illud auobtentu divinæ ac apostolicæ gratiæ providimus in tem excellentiam tuam volumus non latere, quod si
jungendum, ut prænominatos deseras Tolosanos, Tolosani et nobiles supradicti adhuc quoque in ernon obstante promissione vel obligatione quacunque rore suo duxerint persistendum, nos per indulgenpræstita, in elusionem ecclesiasticæ disciplinæ, ipsis C tias innovatas, crucesignatos et fideles alios excitaquandiu tales exstiterint, non impensurus consi mus, ad exstirpandam pestem hanc, divino freti
lium, auxilium vel favorem. Si vero iidem ad Ec auxilio, insurgentes tam contra ipsos quam contra
clesiæ redire desiderant unitatem, prout fuit a di quoslibet alios receptatores et defensores ipsorum
ctis nuntiis tuis propositum, coram nobis, nos ve qui plus ipsis hæreticis sunt nocivi, procedant in
nerabili fratri nostro F. Tolosano episcopo, viro nomine Domini Sabaoth. Monemus igitur serenitaintegræ opinionis et vitæ, qui testimonium habet tem tuam, rogamus et obsecramus in Domino, quanon solum ab his qui intus, sed ab his etiam qui tenus quæ promisimus, prompto animo, quantum
sunt foris, nostris damus litteris in mandatis, ut ad te pertinet, exsequaris, pro certo sciturus quod,
adjunctis sibi duobus, eos qui voluerint de corde si aliter (quod non credimus), duceres faciendum,
puro et conscientia bona, et fide non ficta redire præter indignationem Dominicam, quam ex hoc
(I Tim. 1), sufficienti ab eis cautione recepta, re contra te procul dubio evocares, grave et irreparaconciliet ecclesiasticæ unitati; illos vero quos bile posses incurrere detrimentum, nec nos quanin erroris sui tenebris persistentes, idem episcopus tumcunque diligamus personam, tibi contra fidei
de labe notaverit hæreticæ pravitatis, exterminari Christianæ negotium, possemus parcere vel deferre;
faciat a civitate jam dicta, et bona eorum omnia D quantum enim tibi immineret periculum, si Deo et
confiscari, ita quod nullo unquam tempore reci Ecclesiæ præsertim in causa fidei te opponeres, ut
piantur in ipsa, nisi forte divinitus inspirati, se consummationem sancti operis impediret, non soveros fidei orthodoxæ Christianos, exhibitione bo lum vetera, sed etiam moderna possunt te exempla
norum operum demonstrarent, et sic ipsa civitas movere.
reconciliata pariter et purgata, sub apostolicæ sedis protectione consistat; non molestanda de cætero Datum Laterani, XII Kal. Junii pontificatus nostri
a comite prædicto vel aliis Catholicis, sed defen anno XVI.
denda potius et fovenda. Miramur insuper et movemur quod pro terra nobilium vestrorum comitis Post censummatum prælatorum concilium apud
Fuxensis et Convenarum et Gastonis de Bearno Vaurum, cum rex Arragonensis exiisset de Tolosa,
restituenda sibi, per nuntios suos, apostolicum et plures de militibus suis ob civitatis custodiam, et
suppressa veritate mendacium exprimentes, sub hostium Christi auxilium dimisisset in eadem civiripi fecistis mandatum, cum propter multa et magna tate, post paucos dies mandavit comiti nostro
eorum flagitia ob hæreticorum favorem quos ma quod volebat habere cum eo colloquium prope Narbonam; comes autem noster volens deferre regi ut
Domino quantum posset secundum Deum et obedire, respondit quod l.benter iret ad colloquium

prænotatum. Rex autem non venit ad locum collo- A
quii, nec unquam venire proposuerat; sed tam de
Arragonensibus quam de Tolosanis hæreticis et
ruptariis multi venerunt, et timebatur ne venientem
comitem cum paucis ad colloquium proditiose caperent; innotuit comiti quod fiebat, et a loco colloquii declinavit.

CAPUT LXVII.

Rex Arragonum, comiti Montis-fortis per feciales
bellum indicit.

Post paucos vero dies, præfatus rex misit nuntios ad comitem ferentes ipsius litteras, in quibus
continebatur quod rex diffidabat comitem, et ei
quantum poterat minabatur. Verumtamen comes
noster, licet rex illum cum tanta superbia diffidas-
set, nullum damnum voluit inferre terræ regis, a
quo diebus singulis mala multa et gravia sustine-
bat, homines siquidem Catalaunenses intrabant terram nostram, et eam quantum poterant infestabant.
Post aliquot vero dies, misit comes noster ad regem,
Lambertum de Turreio probum militem et discretum quærebatque a rege per prædictum militem
utrum super diffidatione præmissa per nuntios regis rex ita se haberet, mandabatque etiam ei, quod
in nullo unquam ei fore fecerat, sed paratus erat
ei reddere quod debebat. Offerebat insuper, quod
si de ipso rex conquereretur super terris hæreticorum, quas de mandato summi pontificis, auxilio
crucesignatorum acquisierat, paratus erat stare
juri in curia D. papæ, vel in curia D. Narbonensis
archiepiscopi, apostolicæ sedis legati; quasdam C
etiam litteras tradidit militi prænotato, quas regi
præsentari præcepit, si in sua obstinatia duceret
permanendum. Continentia autem litterarum hæc
erat : Scribebat comes regi absque salutatione, significans ei quod ex quo ipse post tot juris et pacis oblationes sibi factas, in sua diffidatione et obstinatia permanebat, comes eum similiter diffide-
bat, dicens quod nullo ei de cætero jure servitii
tenebatur, sed per Dei auxilium tam de ipso quam
de aliis se defenderet Ecclesiæ inimicis. Veniens
sæpedictus miles ad regem, coram ipso multisque
baronibus terræ suæ, diligenter et provide omnia,
quæ comes in ejus ore posuerat, per ordinem enarravit; obstinatus autem rex, omnem respuit mo- D
dum pacis, nec a diffidatione sua contra comitem
animum voluit revocare. Statim sæpedictus nuntius
litteras comitis super diffidatione regi præsentavit,
quæ in communi tam ipsius regis quam baronum
suorum audientia sunt perlectæ : quibus lectis et
plenius intellectis, rex et sui in iram versi sunt et
furorem. Post hæc emisso nuntio ab aula regia et
diligenter custodito, quæsivit rex a suis consilium
quid facere deberet de nuntio supradicto. Consuluerunt autem eum quidam barones sui quod mitteret ad comitem nostrum, mandans et præcipiens
ut veniens ad ipsum in sua curia, faceret ei ut suo
domino quod debebat : quod si comes nollet venire,
judicabant ipsum nuntium reum mortis. In crastino

autem venit nuntius ad curiam, et quæ die præcedenti ex parte comitis dixerat, diligentius replica-
vit, audacter se etiam obtulit, quod si quis de militibus regis vellet dicere, quod comes noster regem injuste offendisset, vel exstitisset ei aliquando
infidelis, paratus erat in ipsa curia regis dominum
super fidelitate defendere per duellum : sed cum
nullus auderet eum impetere, omnes tamen clama-
rent durius contra illum, tandem ad preces quorumdam Arragonensium militum, quibus aliquantulum erat notus, dimissus a rege post multa mortis pericula ad comitem remeavit. Ex tunc sæpedictus rex, qui a retroactis diebus, persecutus fuerat comitem Jesu Christi, sed tantum in occulto,
cœpit ipsum gravare in omnibus et persequi mani- B
feste.

CAPUT LXVIII.

Ludovicus regis Galliæ filius, sumpta bellicæ crucis
tessera, multos ad eam sumendam inducit.

Anno ab Incarnatione Domini 1212, mense Februario, Ludovicus filius regis Franciæ, mitissimus
juvenis et bonæ indolis adolescens, signo crucis signavit se contra hæreticos : quo audito, infiniti milites ejus amore et æmulatione provocati, signum
crucis vivificæ assumpserunt. Rex vero Franciæ
audiens quod filius suus cruce signatus esset, multum doluit ; sed causam doloris ejus non est nostrum exponere. Prima vero die Quadragesimæ celebravit rex generale colloquium in civitate Parisiensi ut ordinaret de motione filii sui, et sciret qui
et quanti et quales irent cum eo. Erant tunc Parisiis Tolosanus et Carcassonensis episcopi, viri totius sanctitatis, qui tunc venerant in Franciam ut
promoverent negotium fidei contra hæreticos pestilentes. Rex autem Arragonensis qui, quantum poterat, impediebat negotium, nuntios suos misit ad
regem Franciæ, episcopum scilicet Barcilonensem,
et quosdam milites cum eo ; duabus autem de causis, misit rex Arragonum nuntios illos. Sollicitabat
enim regem Franciæ per nuntios suos, ut daret ei
filiam suam in uxorem : sæpedictus enim rex Arragonum, uxorem suam legitimam, filiam Guillelmi
de Montepessulano, dimittere volebat ; imo, quantum in se erat, jam dimiserat ; ipsa autem ad dominum papam accesserat, conquerens quod vir
suus injuste dimisisset eam. Summus autem pontifex, cognita plenius veritate, dedit sententiam contra regem et confirmavit matrimonium inter ipsum
et præfatam reginam. Volebat autem rex ille habere filiam regis Franciæ in uxorem, ut sic posset
eum per talem confœderationem sibi allicere, et
avocare cor ejus a dilectione negotii fidei, et auxilio nobilis comitis Montis-fortis ; sed videntes supradicti nuntii regis Arragonum, jam manifestum
et publicum esse in curia regis Franciæ, quod dominus papa confirmasset matrimonium inter regem
et reginam Arragonum, non fuerunt ausi de contrahendo matrimonio, pro quo venerant facere
mentionem. Secunda autem causa adventus eorum

in Franciam, hæc fuit : sæpe memoratus rex civitatem Tolosanam, quæ ab antiquo fuit et erat receptaculum hæreticorum et sentina, nec non ipsos hæreticos et fautores eorum in sua custodia et protectione receperat, excommunicatis hæreticis plene et plane communicans, laborabatquequantum poterat, quasi sub specie pietatis, impietatem exercens, ad hoc ut peregrinorum devotio cessaret et zelus tepesceret signatorum ; volens civitatem Tolosam, et quædam circumadjacentia castra, quæ adhuc Christianitatem impugnabant manere illæsa, ut sic totum sacrosanctæ fidei negotium posset postmodum destruere et penitus dissipare. Ob hoc etiam misit litteras quasdam regi Franciæ et comitissæ Campaniæ, et multis aliis, sigillatas sigillis multorum episcoporum terræ suæ, in quibus D. papa intendebat revocare indulgentiam quam fecerat contra hæreticos sæpius memoratos, litterasque illas faciebat publicare per Franciam, ut a peregrinatione contra hæreticos animos omnium revocaret.

His breviter perstrictis, de illius malitia proposito exsequamur. Videns episcopus Barcilonensis, et alii nuntii regis Arragonum, qui venerant ad hoc ut laborarent, quod peregrini non irent contra hæreticos, quia Ludovicus filius regis Franciæ et multi nobiles cum eo, contra hæreticos se signassent, non fuerunt ausi etiam mutire de revocatione nostrorum a devotione peregrinationis prædictæ ; sic nihil eorum pro quibus venerant facientes, ad regem Arragonum sunt reversi, Rex autem Franciæ, qui sicut diximus, convocaverat barones suos Parisiis , ordinavit de peregrinatione filii et aliorum qui crucesignati erant, et motionis diem præfixit, in octava videlicet Dominicæ resurrectionis. Quid plura ? Fit ingens Christianorum gaudium et exsultatio, hæreticis autem mœror et timor magnus : sed heu ! post modicum, cithara nostra in luctum convertitur (*Job* xxx), luctus hostium in gaudium commutatur (*Esther* xiii) : antiquus enim hostis generis humani diabolus , videns quod negotium Christi esset quasi in consummatione, mediante labore et industria crucesignatorum, novum nocendi artificium inveniens , impedire voluit quod doluit consummari : suscitavit enim regi Franciæ guerras et occupationes tot et tantas, quod oportuit eum retardare filium suum et crucesignatos ab exsecutione propositæ peregrinationis.

CAPUT LXIX.

Manasses Aurelianensis et Guillelmus Antissiodorensis episcopi fratres, crucem adversus Albigenses assumunt.

Ea tempestate, episcopus Aurelianensis Manasses, et Antissiodorensis episcopus Guillelmus, viri per omnia laudabiles et constantes , duo magna, imo præcipua tunc temporis Gallicanæ Ecclesiæ lumina, fratres insuper secundum carnem germani, crucem assumpserant contra hæreticos superius comprehensos : hi videntes signatorum multitudinem remansisse, scientesque negotium fidei, in arcto dis-

A crimine constitutum, pro eo quod hostes fidei , pro remansione peregrinorum , cornua solito crudelius assumpsissent, collectis secum militibus quotquot potuerunt, miro fervore spiritus et virtute iter arripuerunt contra hæreticos , parati non solum sua expendere, sed et seipsos, si oportuerit, periculis et morti exponere pro servitio Jesu Christi. Properantes igitur viri Deo pleni, recto itinere pervenerunt Carcassonam ; de quorum adventu, nobilis comes Montis-fortis, et pauci qui cum eo erant , gavisi sunt gaudio magno valde (*Matth.* II). Invenerunt autem dicti episcopi nostros in castro quodam prope Carcassonam, quod dicitur Fanum-Jovis ; fecerunt autem in castro illo paucos dies, post quos perrexit comes cum episcopis ad castrum Murelli prope Tolosam, de quo supra fecimus mentionem : inde equitarunt nostri ante Tolosam, ut Christi et suos arcerent crebrius inimicos ; sed miles quidam nomine Alardus de Estrepiq, et alii pauci qui non satis bene se habuerant in negotio Christi , noluerunt ire cum eo. Comes autem non habebat tantum exercitum ut circa Tolosam , vel aliquod aliud forte castrum posset obsidionem firmare, proposuit frequenter equitare ante Tolosam cum exercitu quem habebat, ut et munitiones quæ circa Tolosam erant multæ et fortes everteret, arbores decorticaret, segetes et vineas exstirparet ; tempus siquidem messionis instabat ; sicut autem proposuit, ita et fecit. Sæpedicti autem episcopi semper erant cum comite , seque quotidie pro Christi servitio periculis exponebant : de suo præterea dabant larga dona militibus, qui cum eis erant in servitio Dei ; redimebant captivos, et cætera largæ et sanctæ probitatis officia viri sanctissimi sollicite exercebant. Quia vero non possemus omnia sigillatim exprimere, istud breviter dicimus, quod infra paucos dies, septemdecim munitiones everterunt nostri, segetes etiam Tolosæ , vineas et arbores ex parte maxima destruxerunt.

Nec silendum est quod, cum nostri equitarent ante Tolosam, et Tolosani et ruptarii qui erant Tolosæ duplo plures quam nostri, frequenter exibant, et nostros a longe infestabant ; sed, quoties nostri ipsos volebant impetere, ipsi fugam arripiebant. Inter munitiones autem quas nostri destruxerunt , erat quædam munitio prope Tolosam satis debilis et immunita. Quidam autem milites strenuæ probitatis, scilicet Petrus de Sissi, Simon de Sesnes, Robertus de Sartis, qui supportaverant ab initio pondus guerræ, rogaverunt comitem, ut dimitteret eis munitionem illam, ut ibi morantes, equitarent ante Tolosam, et infestarent sæpius Tolosanos. Comes autem licet invitus, victus tamen precibus eorum, annuit eis. Circa festum nativitatis B. Joannis. Baptistæ, comes voluit ut primogenitus suus Almaricus fieret novus miles. Ordinavit autem comes de consilio suorum, qui in Castronovo, quod est inter Tolosam et Carcassonam , celebraretur ista novæ militiæ solemnitas, in festo nativitatis B. Joannis.

Dum hæc agerentur a comite, et illis qui cum eo A
erant, Guido de Monte-forti, frater germanus comitis, erat in obsidione cujusdam castri, quod dicitur Podium celsum in diœcesi Albiensi; a quo recedens, properavit ad comitem fratrem suum qui et ipse
properabat, ad Castrumnovum Arii, propter novam filii sui Almerici militiam, de quo supra tetigimus, eo quod instaret nativitas B. Joannis. Venerunt etiam sui barones et milites de terra comitis
ad novæ militiæ festivitatem; modum autem ipsum,
quo prædictus filius comitis factus fuit miles Christi, exprimere volumus, utpote novum et a sæculis
inauditum.

CAPUT LXX.

Almaricus filius comitis Simonis fit miles.

Anno verbi incarnati 1213, comes nobilis Montis
fortis, et plures barones, et milites ipsius, in festo nativitatis B. Joannis, convenerunt apud Castrumnovum Arii: erant autem cum comite duo venerabiles episcopi memorati, et quidam milites peregrini. Christianissimus autem comes voluit et
rogavit Aurelianensem episcopum ut filium suum
Christi militem faceret, et ipsemet traderet ei cingulum militare; venerabilis autem episcopus diu
multum restitit, sed tandem victus precibus comitis
et nostrorum, petentibus acquievit. Comes autem
quia tempus æstivum erat, et quia Castrumnovum
non poterat competenter capere tantam multitudinem, eo quod jam semel vel bis fuisset destructum
in amœna planitie juxta castrum, fecit figi plures C
papiliones. Ipsa autem die nativitatis S. Joannis,
venerabilis Aurelianensis episcopus, induit se pontificalibus indumentis, celebraturus in papilione
quodam missæ solemnitatem. Convenerunt autem
tam clerici quam milites ad audiendam missam;
astante igitur episcopo ante altare, et missam cele-
brante, apprehendens comes Almaricum primogenitum suum per dexteram, et comitissa per sinistram,
accesserunt ad altare et obtulerunt illum Domino, rogantes episcopum ut faceret eum militem ad servitium
Jesu Christi. Quid plura? Statim Aurelianensis et
Antissiodorensis episcopi, flexis genibus ante altare,
cinxerunt puerum cingulo militari, incipientes cum
devotione maxima, *Veni, creator Spiritus.* O novus
et inexpertus militiæ modus, quis ibi se a lacrymis D
contineret? hoc modo et ordine sæpedictus puer,
cum magna solemnitate, factus est novus miles:
qua solemnitate expleta, movens comes post paucos dies a Castronovo cum episcopis et filio suo,
equitavit ante Tolosam, captisque aliquibus de Tolosanis, perrexerunt nostri Murellum: venerunt
ibi ad comitem nobiles Wasconiæ plures; vocavit
enim eos et voluit comes ut facerent hominium
parvo filio suo, et factum est ita. Post paucos autem dies, movit comes a Murello versus Wasconiam, ducens filium suum ut traderet ei partem
Wasconiæ jam acquisitam, et per Dei auxilium acquireret acquirendam. Episcopi autem remanserunt
Murelli, die tertia ad propria reversuri: suam enim

peregrinationem diebus XL, laudabiliter, utpote per
omnia laudabiles expleverant, cum labore magno
et expensis. Die autem tertia moventes episcopi a
Murello, tendebant Carcassonam. Videntes autem
Tolosani et alii hostes fidei quod comes noster pergeret cum filio suo in Wasconiam, episcopi vero et
qui cum ipsis erant peregrini, reverterentur ad
propria, nacta occasione securitatis, egressi a Tolosa cum exercitu magno, obsederunt milites quosdam de nostris, scilicet Petrum de Sissi, Simonem de Sesne, Rogerum de Sartis et alios paucos,
qui, sicut diximus superius, munitionem quamdam
satis debilem et immunitam tenebant prope Tolosam.

Venientes adversarii ad munitionem illam, cœperunt nostros acriter impugnare, obsessi quantum
poterant se defendere. Post paucos autem dies, videntes obsessi nostri quod non possent diu se tenere,
cogitantes etiam quod non poterant habere tempestivum succursum, eo quod comes perrexisset in
Wasconiam, episcopi autem et peregrini reverterentur ad propria, post duras angustias, reddiderunt se adversariis, tali tamen conditione et securitate apposita, quod adversarii conservarent vitam
et membra. Illud autem supprimendum non est
quod prædicti episcopi, qui jam erant Carcassonæ,
cum audissent milites nostros, obsessos esse prope
Tolosam, consuluerunt, monuerunt et supplicave-
runt peregrinis, qui cum ipsis erant, ut cum eis
reverterentur ad succursum obsessorum. O viri per
omnia commendabiles! o viri virtutis! Acquieverunt omnes, egressique a Carcassona festinabant
ut succurrerent obsessis; sed cum venissent prope
Castrumnovum Arii, dictum est eis quod jam capti
erant obsessi nostri a Tolosanis; et vere sic erat.
Quod audientes cum dolore multo, reversi sunt Carcassonam; adversarii autem duxerunt milites captos Tolosam. Statim omnibus infidelibus deterio-
res, non deferentes promissioni vel sacramento,
milites nostros, quos, ut dictum est, de vita et
membris securos fecerant, distrahi fecerunt ad caudas equorum per plateas civitatis, et distractos in
patibulis suspenderunt. O grave traditionis et crudelitatis genus! Nobilis autem comes Montis fortis,
qui, sicut diximus, duxerat filium suum in Wasconiam, et multa castra et fortia, jam per Dei auxilium acquisierat, cum audisset quod Tolosani obsedissent milites suos prope Tolosam, dimittens filium
suum in Wasconia, festinanter rediit ut succurreret
obsessis; sed antequam ad eos pervenire posset,
jam capti erant et Tolosam perducti. Rex Arragonensis Petrus, præterita hieme, nuntios suos miserat Romam, insinuans domino papæ, per falsissimam suggestionem, quod comes Montis-fortis, injuste abstulisset terras suas comitibus Convenarum, et Fuxi et Gastoni de Bearno: dicebat etiam
rex, quod tres nobiles prædicti nunquam fuerant
hæretici, licet manifestissimum esset quod hæreticos fovissent et sanctam Ecclesiam toto nisu impu-

gnassent : inescavit Dominus papæ quod negotium A fidei consummatum esset contra hæreticos, ipsis hæreticis procul fugatis, et de terra Albigensi penitus exterminatis, ideoque necesse erat quod dominus papa indulgentiam quam fecerat proficiscentibus contra hæreticos, penitus revocaret, eamque transferret, vel contra paganos Hispanienses, vel ad subsidium terræ sanctæ. O inaudita sub specie pietatis impietas ! hoc enim dicebat rex pessimus, non quod de angustiis et necessitatibus S. Ecclesiæ pertineret ad eum, sed ut negotium Christi contra hæreticos, quod per multos annos cum maximo labore et multa sanguinis effusione fuerat miraculose promotum, ipse suffocaret et destrueret in momento, sicut manifestissimis indiciis demonstravit. Summus autem pontifex, nimis credulus falsis suggestionibus B regis, ipsius petitionibus facile acquievit. Misit nempe litteras suas comiti Montis-fortis, mandans ei et præcipiens ut prænotatis comitibus Convenarum et Fuxi et Gastoni de Bearno, viris sceleratissimis et perditis, terras suas, quas justo Dei judicio, auxilio crucesignatorum acquisierat, redderet indilate, suam præterea indulgentiam, quam fecerat proficiscentibus contra hæreticos revocavit. Postmodum etiam, misit dominus papa legatum suum in Franciam magistrum Robertum de Corceone (8), Anglicum natione, cum multis paribus litterarum et indulgentiarum, ut sollicite prædicaret, et prædicari faceret, pro succursu terræ Hierosolymitanæ. Qui legatus veniens in Franciam sollicitudine non pigra, C injunctum exsequens officium, cœpit discurrere per Franciam, archiepiscoporum et episcoporum concilia celebrare, prædicatores instituere, modisque omnibus terræ sanctæ negotium promovere. Prædicatores quoque illos qui laborabant pro negotio fidei contra hæreticos sæpedictos, eidem negotio abstulit, et fecit eos pro terræ sanctæ negotio prædicare, et ita quantum ad humanum judicium, quasi in abolitionem venit negotium fidei contra hæreticos pestilentes. In tota siquidem Francia non erat nisi unus, venerabilis scilicet Carcassonensis episcopus, vir eximiæ sanctitatis, qui pro sæpedicto fidei negotio laboraret : ipse enim cum magna instantia discurrebat per Franciam et negotium fidei ne in oblivionem veniret, omnimode in quantum poterat D promovebat. His de statu Franciæ præmissis ad narrationis seriem redeamus.

Cum emanassent litteræ apostolicæ a curia, in quibus dominus papa mandabat comiti Montis fortis ut redderet terras tribus nobilibus supradictis, Christianissimus comes noster et episcopi terræ Albigensis miserunt nuntios suos ad dominum papam, episcopum videlicet Convenarum, archidiaconum Parisiensem Guillelmum, quemdam etiam abbatem de Claraco, viros providos et constantes : duos etiam clericos, quos dominus papa jam miserat a latere

suo comiti Montis fortis, magistrum scilicet Theodisium Pisanum, qui negotium fidei miro amplexabatur affectu, et Petrum Marci, qui fuerat notarius domini papæ, et erat de Nemausensi diœcesi oriundus. Hi omnes venientes ad curiam ipsam, tam duram et admodum sibi difficilem invenerunt, quia nuntii regis Arragonensis, quorum quidam morabantur in curia, animos fere omnium qui erant in curia per suggestionem falsitatis inclinaverant sibi : tandem post multos labores, dominus papa agitata plenius veritate, per nuntios comitis misit litteras regi Arragonensi, in quibus asperrime increpabat eum, eo quod Tolosanos et alios hæreticos in sua protectione et custodia recepisset, injungebatque ei districtissime, in virtute Spiritus sancti, ut ab eis recederet indilate, nec eis impenderet de cætero auxilium vel favorem. Conquerebatur insuper per litteras dominus papa de rege Arragonensi, eo quod per falsi suggestionem omnimodam impetrasset litteras apostolicas de restituendis terris comitibus Convenarum, Fuxi et Gastoni de Bearno : unde D. papa litteras illas tanquam subreptitias revocabat. Mandabat præterea in eisdem litteris nobilibus prædictis et civibus Tolosanis ut ad concilium et voluntatem Narbonensis archiepiscopi apostolicæ sedis legati et episcopi Tolosani, satisfacerent Deo et redirent ad Ecclesiæ unitatem ; quod si nollent, dominus papa præcipiebat per memoratas indulgentias populos excitari contra Tolosanos et fautores eorum. Hæc fuit summa litterarum. Quibus litteris impetratis nuntii nostri a curia redierunt. Nobilis autem comes Montis-fortis et qui cum eo erant gravi tunc temporis discrimine arctabantur ; erant enim quasi soli, et pene penitus desolati, eo quod pauci vel nulli in eorum auxilium venirent a Francia peregrini : sicut enim jam diximus, jam pene in oblivionem venerat negotium fidei per novam prædicationem legati, quem D. papa miserat in Franciam pro terræ sanctæ, ideoque fere nulli signabant se cruce contra hæreticos pestilentes. Rex præterea Franciæ, per intestinas guerras quas habebat, non permittebat quod milites, qui se jamdiu crucesignaverant contra hæreticos, attingerent ad perficiendum vota sua ; super hæc omnia, dicebatur in tota terra Albigensium, et celebri jam erat sermone vulgatum, quod rex Arragonensis congregabat exercitus suos, ut intraret cum superbia terram nostram militesque Christi de terra illa penitus exstirparet. Comes autem noster, iterato discrimine, misit ad filium suum, qui in Wasconia erat in obsidione castri, quod dicitur Rupes fortis, mandans ei ut recedens ab obsidione festinanter veniret ad eum ; timebat enim ne, si rex intraret Wasconiam cum exercitu suo, posset eum comprehendere, eo quod paucissimos Francigenas secum haberet : pius autem Dominus Jesus, qui semper ad-

(8) Illius habetur commemoratio in Necrologio Ecclesiæ Trecensis, ad diem 6 Feb. ibique *Rob. de Torcon* nominatur ; a Ciaconio in Innoc. III vocatur *R. Corson*, et a M. Paris in Henr. III *R. de Sumercote,* quem veneno sublatum asserit sub anno 1241.

jutor est in opportunitatibus in tribulatione (*Psal.* ix), ita ordinavit ut filius patris mandato obediret, et de dimissa obsidione erubescentiam non haberet : ea si quidem nocte qua litteræ comitis venerunt, adversarii qui erant in castro obsessi, rogaverunt ea quæ pacis sunt, parati reddere castrum et captivos quos tenebant ferme sexaginta, dummodo ipsi permitterentur abire illæsi. Quo, quia instabat necessitas, concesso, Almaricus filius comitis, castrum illud muniens paucis militibus, ad patrem suum properavit ; tota autem terra Albigensium in multa turbatione et vacillatione erat posita, hostes siquidem fidei et milites regis Arragonensis, quia jam longam moram fecerant in Tolosa, circuibant per ante castella nostra, invitantes indigenas ad apostasiam et redditionem nostram. Plures autem ex ipsis ob securitatem regis Arragonensis, quem cum maximo desiderio exspectabant, convertebant se ad adversarios, et ita plura castra magna et fortia reamisimus.

Ea tempestate, nobilis comes Montis fortis et episcopi terræ Albigensis duos abbates miserunt ad regem Arragonum, qui litteras et mandatum D. papæ deferrent ad eum, supplicantes ei, juxta mandatum apostolicum, ut ab hæreticorum auxilio desisteret, nec Christianitatem impugnaret. Rex autem, utpote fallax et subdolus, respondit in dolo quod omnia quæcunque mandabat ei summus pontifex, libenter adimpleret : sed, licet semper promitteret mandatum apostolicum libentissime se facturum, noluit tamen revocare milites suos, quos præterita hieme Tolosæ dimiserat, per quos cum Tolosanis et aliis hæreticis Christianitatem impugnaret ; sed et alios plures Tolosam misit milites. Præterea de terra sua quos poterat adunabat, et insuper, sicut audivimus, partem terræ suæ non modicam pignori obligavit, ut haberet unde conducere posset stipendiarios in auxilium hæreticorum et Christianitatis impugnationem. O crudelitas subdola ! o proditio crudelissima ! licet enim toto posse suo exercitus contra nos adunaret, promittebat tamen quod mandatum domini papæ de deserendis hæreticis et excommunicatis libenter adimpleret, ut nos immunitos redderet et securos ; sed quia non sit prudentia nec consilium contra Dominum (*Prov.* xxi) rei exitus demonstravit. Per id tempus, sæpe memoratus rex Arragonensis, ut iniquitatem quam contra Christum et suos conceperat parturiret, egressus de terra sua cum infinita equitum multitudine ingressus est Wasconiam, volens, si posset, totam terram, quæ per Dei gratiam et auxilium cruce signatorum fuerat acquisita, hæreticis reddere et suo dominio subjugare. Ingressus fines Wasconiæ, cœpit tendere versus Tolosam ; plura autem castella Wasconiæ, per quæ transitum faciebat, timore ejus reddiderunt se illi. Quid ultra ? fit in tota terra illa sermo de adventu regis celeberrimus ; gaudent indigenæ plures, plures apostatant ; reliqui ad apostatandum se parant. Rex autem impius

cum circuisset plura castella, venit ante Murellum, quoddam nobile castrum, sed quoad fortitudinem satis debile, distans tribus leucis a Tolosa ; sed, licet muris esset debile et fossatis, erat tamen munitum militibus triginta, et paucis peditibus, quos nobilis comes Montis-fortis, ibi ad custodiam castri dimiserat, qui Tolosanos præ cæteris impugnabant. Veniens rex Arragonum Tolosam, congregavit Tolosanos et alios hæreticos, ut obsidionem firmaret circa Murellum.

CAPUT LXXI.
Obsidio Murelli.

Anno Domini nostri Jesu Christi 1213, iv Id. Sept., feria 5 post Nativitatem beatæ Mariæ rex Arragonum Petrus, congregatis comitibus Tolosano, Convenarum et Fuxi, et copioso exercitu Arragonensium et Tolosanorum, Murellum obsedit ; erat autem castrum Murelli situm super Garonnam fluvium prope Tolosam ad tres leucas versus Wasconiam. Accedentes adversarii ad castrum Murelli, statim primo incursu, primum castri burgum intraverunt, quia obsessi nostri non poterant illud munire ; pauci quidem erant, et se in aliud burgum aliquantulum fortius receperant, ipsum tamen primum castri burgum hostes citius dimiserunt. Statim milites nostri de castro miserunt ad nobilem comitem Montis-fortis, significantes ei quod obsessi erant, et rogantes quod succurreret eis, quia modica, imo quasi nulla habebant victualia et de castro egredi non audebant. Erat comes apud castrum quod dicitur Fanum-Jovis, distans octo leucis a Murello ; proposuerat enim ire Murellum, ut muniret illud tam hominibus quam victualibus, pro eo quod de adventu regis Arragonum, et de obsidione Murelli aliquid suspicaretur. In ipsa autem nocte, qua comes proposuerat egredi a Fano-Jovis, comitissa nostra quæ ibi erat, somnium vidit, unde perterrita fuit valde : videbatur enim ei quod ab utroque brachio suo in magna abundantia exibat sanguis. Quod somnium, cum mane comiti referret, et diceret vehementissime super hoc se turbatam, comes respondit : « Quasi una de mulieribus estis locuta ; putatis enim quod more Hispanorum sequamur somnia vel auguria. Certe et si somniassem hac nocte me interficiendum esse in bello ad quod propero, securius et libentius irem, ut stultitiæ Hispanorum et hominum terræ hujus, qui somnia curant, et auguria plenius contrairem. » His dictis, exivit comes a Fano-Jovis, et properabat cum suis versus Saverdunum ; et dum esset in via, venit ad eum nuntius missus a militibus, qui in castro Murelli erant obsessi, ferens eorum litteras continentes quod rex Arragonum obsidionem firmasset ante Murellum. Quo audito, omnes nostri jam de futura victoria spem habentes, gavisi sunt valde. Statim comes mandavit comitissæ, quæ et ipsa recedens a Fano Jovis, tendebat Carcassonam ; milites quotquot potuit congregavit. Rogavit insuper quemdam nobilem de Francia, vicecomitem

videlicet Corbolicum, qui, peracta peregrinatione
sua revertebatur ad propria, ut rediret et festinaret ad succursum comitis nostri; qui libenter
acquievit, et libenter se redditurum spopondit.

Moventes igitur prænotatus vicecomes cum suis
et pauci milites quos, sicut diximus, comitissa mittebat comiti in succursum, venerunt ad Fanum-
Jovis. Comes autem noster, et qui cum eo erant,
properantes Saverdunum, venerunt prope quamdam abbatiam Cisterciensis ordinis, quæ dicitur
Balbona: ad quam divertens comes noster, intravit
ecclesiam causa orationis, et etiam se et suos orationibus monachorum commendaret. Et cum prolixius et diutius orasset, arripiens ensem quo erat
præcinctus, posuit illum super altare dicens: « O
bone Domine! O Jesu benigne! tu me, licet indignum, ad tua prælia elegisti. Desuper altare tuum
hodie arma accipio, ut præliaturus prælia tua, a te
accipiam justitiam præliandi. » His dictis, exiens
comes cum suis, venit Saverdunum. Erant autem
cum comite septem episcopi et tres abbates, quos
Narbonensis archiepiscopus apostolicæ sedis legatus
congregari fecerat, ut cum rege Arragonensi de
pace et concordia loquerentur; sed et quidam milites, circiter triginta, nuperrime venerant a Francia, ut votum suæ peregrinationis complerent: inter quos erat quidam miles juvenis et frater comitis
nostri ex parte matris, nomine Guillelmus de Barris. A Domino facta sunt ista. Cum venisset comes
Saverdunum, convocatis militibus qui cum ipso venerant, quæsivit ab eis auxilium, quid facto opus
esset: ipse autem de hoc omnimode aspirabat,
sicut ab ore ipsius postea audivimus, ut ipsa eadem
nocte iret et intraret Murellum, quia princeps fidelissimus multum de suis sollicitus erat obsessis;
cæteri autem volebant nocte illa manere Saverduni,
eo quod erant jejuni et lassi, et dicebant quod
forsitan oporteret eos in ipsa via cum hostibus
habere conflictum. Acquievit comes, licet invitus,
utpote qui semper omnia –cum consilio faciebat. In
crastino summe diluculo vocavit capellanum suum,
faciensque confessionem ordinavit testamentum
suum, ipsumque testamentum scriptum et sigillatum misit ad dominum abbatem Bolbonæ, mandans
et ordinans quod, si contingeret ipsum in bello
occumbere, mitteretur Romam prænotatum testamentum et confirmaretur a D. papa.

Postquam autem factus est dies, episcopi qui
erant Saverduni et comes, et omnes sui convenerunt ad ecclesiam. Statim unus ex ipsis sacris vestibus se induit, missam celebraturus, in honorem B.
Mariæ Virginis: in qua missa omnes episcopi ex-
communicaverunt comitem Tolosanum et filium
ejus, comitem Fuxi et filium ejus, comitem Convenarum, et omnes fautores, et coadjutores et defensores eorum. In qua sententia procul dubio rex
Arragonum involutus est, licet episcopi ex industria nomen ejus suppresserint, tamen pro eo
facta fuit excommunicatio, quia ipse non solum

erat adjutor dictorum comitum et defensor, sed
totius militiæ quæ exercebatur in obsidione Murelli, caput erat et auctor. Celebrata missa, comes
et sui armis se induunt, et egredientes a Saverduno
in quadam planitie juxta castrum ordinaverunt
acies, in nomine sanctæ et individuæ Trinitatis. Et
procedentes venerunt ad quoddam castrum, quod
dicitur Altaripa, quod medium est inter Saverdunum et Murellum: inde progredientes, venerunt ad
quemdam locum transitu difficilem, inter Altari-
pam et Murellum, in quo loco arbitrati sunt nostri
quod haberent obvios hostes, quia lutosus erat locus, via astricta et aquosa. Erat autem prope locum illum quædam ecclesia, in qua secundum consuetudinem intravit comes causa orationis: inun-
dabat autem ipsa hora pluvia, et milites nostros
non modicum infestabat, sed orante milite Jesu
Christi, videlicet comite nostro, cessavit pluvia;
fiunt nubila in serenum. O immensa bonitas Conditoris! Cum surrexisset comes ab oratione, rea-
scensis equis locum prædictum transierunt, nullumque hostilem obicem invenerunt. Inde progredientes, venerunt usque prope Murellum, citra
Garonnam. Rex autem Arragonensis, et qui cum
eo erant a parte alia, ultra Garonnam, castrum
obsederant, multiplicati super arenam maris. Mil.tes
autem nostri, utpote ardentissimi, consuluerunt
comiti, ut statim intrans castrum, bellum cum hostibus committeret ipso die, sed comes nullo modo
voluit, quod ipsa die fieret bellum, quia erat hora
vespertina, et nostri tam milites quam equi, erant
lassi, hostes vero recedentes [recentes?].

Præterea ipse comes omnem volebat exhibere
humilitatem et offerre regi Arragunum verba pacis,
et supplicare ne contra Ecclesiam veniens, se Christi jungeret inimicis. His ergo de causis, noluit comes quod congressus fieret ipso die. Transeuntes
igitur pontem, intraverunt Murellum, statim episcopi nostri, plures et pluries nuntios miserunt ad
regem, orantes et deprecantes ut misereri dignaretur Ecclesiæ sanctæ Dei; sed rex, ut obstinatissi-
mus, nullis ipsorum petitionibus acquiescere voluit,
nec aliquid pacifice respondere, sicut inferius continetur. In ipsa nocte, vicecomes Corboliensis, et
pauci milites Francigenæ, qui veniebant a Carcassona, de quibus supra tetigimus, intraverunt Murellum, de quorum adventu, comes et qui cum eo
erant, gavisi sunt valde. Nec prætermittendum
quod, in castro Murelli, non erant victualia quæ
possent sufficere nostris in unum diem; et ipsa
quidem nocte res ita se habuit.

CAPUT LXXII.

De strenuissima pugna et gloriosissima victoria co-
mitis Montis-fortis et suorum, habita in campo Mu-
relli de rege Arragonum et hostibus fidei.

In crastino summo mane, intravit comes basilicam suam, quæ erat in munitione castri, auditum
missam; episcopi autem nostri et milites perrexerunt ad ecclesiam quæ erat in burgo, ut et ipsi mis-

sam audirent. Comes autem audita missa, de munitione exivit in burgum cum suis, et a suis consilium habiturus, et nostri simul loquerentur; erant inermes, pro eo quod de pace cum rege quodammodo per episcopos tractabatur. Statim episcopi, de communi nostrorum assensu, discalceatis pedibus voluerunt ire ad regem, supplicaturi ei ne Ecclesiam impugnaret. Et cum misissent nuntium, qui talem episcoporum nuntiaret adventum, ecce plures de hostibus armati in equis intraverunt burgum in quo erant nostri; erant enim fores apertæ, quia nobilis comes non permittebat ut clauderentur. Mox comes noster allocutus est episcopos, dicens : « Videtis quia nihil proficitis, sed magis tumultus fit; satis, imo plusquam satis sustinuimus; tempus est ut nobis detis licentiam dimicandi. » Episcopi autem, quia necessitas sic urgebat, concesserunt eis. Tunc nostri, recedentes a loco illo colloquii, perrexerunt unusquisque in domum suam ut se armarent : cum autem intraret comes munitionem castri, ut se armaret et transiret per ante basilicam suam, subito introspexit et vidit Uticensem episcopum celebrantem missam et dicentem, *Dominus vobiscum*, post evangelium ad offerendam. Statim cucurrit comes Christianissimus, et flexis in terram genibus, et junctis manibus ante episcopum, dixit ei : « Do et vobis offero animam meam et corpus meum. » O devotio principis ! Post hæc intrans munitionem, armis se munivit. rediensque iterum ad episcopum, in prænotata basilica, denuo obtulit se ei et arma sua ; sed cum flecteret genua ante altare, brachile ejus a quo dependebant caligæ ferreæ, ruptum est medium. Sed vir Catholicus ex eo quod acciderat, nihil timoris, nihil turbationis concipiens, aliud brachile afferri præcepit : quo facto egressus est de basilica comes : cui egredienti adductus est equus suus ; quem cum vellet ascendere, essetque in loco eminenti, ita quod videri posset a Tolosanis, qui erant foris castrum, equus, elevato capite, percussit comitem, et a se aliquantulum resilire fecit ; quod videntes Tolosani, in derisionem comitis ululatum maximum emiserunt. Quibus comes Catholicus dixit : « Vos modo clamando deridetis me, sed confido in Domino, quod victor clamabo post vos usque ad portas Tolosæ. » Quo dicto comes ascendit equum, veniensque ad milites qui in burgo erant, invenit eos armatos et paratos ad bellum. Consuluit autem comiti miles quidam, ut numerari faceret milites suos, et sciret quot essent. Cui comes nobilis : « Non est, inquit, opus ; satis sumus ad superandum per Dei auxilium hostes nostros. » Omnes autem nostri, inter milites et servientes in equis, non erant plusquam octoginti, cum hostes centum millia esse crederentur ; paucissimos autem et quasi nullos pedites nostri habebant. Insuper et comes nobilis inhibuerat ne quis pedes egrederetur ad pugnam.

Dum igitur comes et milites nostri mutuo loque-

rentur et de bello tractarent, ecce episcopus Tolosanus advenit habens mitram in capite, in manibus vero vivificæ lignum crucis. Mox nostri cœperunt descendere de equis et singuli crucem adorare. Episcopus autem Convenarum, vir miræ sanctitatis, videns quod in ista adoratione crucis a singulis nimia fieret mora, arripiens de manu Tolosani episcopi lignum crucis, ascendens in locum eminentiorem, signavit eos, dicens : « Ite in nomine Jesu Christi, et ego vobis testis sum, et in die judicii fidejussor existo, quia quicunque in isto glorioso occubuerit bello, absque ulla purgatorii pœna, æterna præmia et martyrum gloriam consequetur, dummodo confessus sit et contritus, vel saltem firmum habeat propositum, quod statim, peracto bello, super peccatis de quibus nondum fecit confessionem, ostendet se sacerdoti. » Qua promissione ad instantiam nostrorum militum repetita, sæpius et multoties ab episcopis confirmata, statim nostri, per cordis contritionem et oris confessionem mundati a peccatis, donantes sibimetipsis si quis adversus aliquem querelam haberet, egrediuntur de castro, et tribus aciebus dispositis, in nomine Trinitatis, contra hostes intrepidi procedebant. Episcopi autem et clerici intraverunt ecclesiam, deprecaturi Dominum pro servis suis qui se pro ejus nomine morti exponebant imminenti : qui orantes et clamantes in cœlum, tantum pro imminenti angustia mugitum emittebant in cœlum, quod ululantes dici deberent potius quam orantes. Ibant igitur milites Christi gaudentes ad locum certaminis, parati pro ejus nomine, non solum contumeliam, sed et mortem pati. Qui egressi de castro, in campi planitie juxta castrum viderunt hostes paratos ad pugnam, quasi totum mundum. Statim prima acies nostra audacter in hostes insiliit, et in ipsos medios se immisit ; mox secunda subsequitur, hostes penetrat sicut prima, in quo congressu rex Arragonensis occubuit, et multi Arragonenses cum eo ; ipse enim utpote superbissimus, in secunda acie se posuerat, cum reges semper esse soleant in extrema. Insuper arma sua mutaverat, armisque se induerat alienis. Videns comes noster duas acies suas in medios hostes mersas, et quasi non comparere, irruit a sinistris in hostes qui stabant ex adverso innumerabiles. Stabat autem ordinatio ad pugnam juxta fossatum quoddam, quod erat inter ipsos et comitem nostrum ; statim irruens comes in hostes prænotatos, et licet non videret aliquam viam, per quam ad eos posset pertingere, invenit tandem in fossato modicissimam semitam, ordinatione divina, ut credimus, tunc paratam : per quam transiens, in hostes se dedit, et, utpote miles Christi fortissimus, ipsos fortissime penetravit. Nec silendum est quod, cum comes vellet in ipsos irruere, ipsi eum cum gladiis suis tanto nisu a parte dextera pepugerunt, quod pro nimia ictuum impulsione ruptus est ei staphus sinister ; nobilis vero comes, calcar sinistri pedis voluit infigere cooperturæ equi, sed

ipsum calcar confractum de pede resilivit; miles
tamen validissimus non cecidit, sed hostes valide
percussit. Quidam autem de adversariis comitem
nostrum valide percussit in capite; vir autem nobilis dictum militem cum pugno cecidit subtus
mentum, de equo cadere fecit. Quod videntes socii
dicti militis, qui infiniti erant, sed et cæteri omnes
adversarii nostri, victi citius et confusi, fugæ præsidia quæsierunt : quod videntes nostri, illi videlicet qui fuerant in prima acie et in secunda, instantissime insecuti sunt fugientes, et gravissime
prosecuti; extremos etenim cædentes, ex ipsis multa
millia occiderunt. Comes vero noster et illi qui cum
eo erant, lento cursu post nostros qui eos insequun-
tur, de industria sequebantur, ut si forte hostes
conglobarent se et resumerent animos resistendi,
nostri qui fugientes divisi alter ab altero conseque-
bantur, ad comitem possent habere recursum. Nec
silendum quod comes nobilissimus non est dignatus in bello aliquem percutere, ex quo fugientes
vidit et vertere sibi tergum.

Dum hæc agerentur, cives Tolosani qui remanserant in exercitu infiniti ad pugnam parati, in
expugnando castro totis viribus laborabant. Quod
videns episcopus Tolosanus, qui erat in castro vir
bonus et mitis , eorumque miseriæ compatiens ,
quemdam virum religiosum misit ad eos, monens
et consulens ut jam tandem converterentur ad Dominum Deum suum, armaque sua deponerent, et
ipse eos eriperet a morte imminenti : in cujus as-
securationis testimonium, misit eis cucullam suam :
monachus quippe erat. Illi autem, utpote obstinati
et divinitus excæcati, responderunt quod rex Arragonensis vicerat omnes nostros, episcopus autem volebat eos morti tradere, non salvare : et hac
de causa, auferentes cucullam nuntio, ipsum lanceis graviter verberarunt. Interea milites nostri
revertebantur a cæde, cum victoria gloriosa, venientesque ad ipsos Tolosanos, ex ipsis plura millia occiderunt.

Post hæc præcepit comes quibusdam de suis, ut
ducerent eum ad locum ubi rex Arragonensis fuerat
interfectus; locum siquidem et horam interfectionis
ipsius penitus ignorabat. Veniens igitur comes ad
locum invenit corpus regis Arragonensis prostratum
in medio campo nudum; pedites siquidem nostri
ipsum jam nudaverant, quia, visa victoria, egressi
erant de castro, et quos adhuc vivos jacentes invenire potuerant, peremerant. Piissimus autem comes,
videns regem jacentem prostratum, descendit de
equo, alterum David super Saul alterum repræsentans. His omnibus rite peractis, et de hostibus fidei, tam submersione quam gladio, circiter viginti
millibus interfectis, Christianissimus comes intelligens tantum miraculum, Dei virtute, non humanis
viribus factum esse, ab illo loco ubi descenderat,
nudus pedes ad ecclesiam perrexit , omnipotenti

Deo pro collata victoria gratias repensurus : equum
etiam suum et armadedit pauperibus in eleemosynam. Ut autem veritas hujus pugnæ mirabilis et
gloriosæ victoriæ audientium cordibus plenius infigatur, litteras quas episcopi et abbates qui aderant
ad universos Christi fideles miserunt, operi nostro
duximus inserendas.

CAPUT LXXIII.

Litteræ prælatorum qui in exercitu Simonis comitis
erant, cum de fidei hostibus triumphavit (8·)

Gloria in excelsis Deo et in terra pax hominibus
(*Luc.* II), qui sanctam Ecclesiam bona diligunt voluntate. *Deus fortis et potens, Deus potens in prælio*
(*Psal.* XXIII), quinta feria infra octavas Nativitatis
beatæ Mariæ Virginis, sanctæ concessit Ecclesiæ,
devictis miraculose inimicis fidei Christianæ, victoriam gloriosam, et triumphum gloriosum, in hunc
modum : Post correctionem affectuosissimam, zelo
paternæ pietatis a summo pontifice diligentissime
regi factam Arragonensi , inhibitionemque distri-
ctissimam , ne inimicis fidei præstaret auxilium ,
consilium vel favorem, sed ab eisdem recederet indilate, et treugas haberet firmissimas cum comite
Montis fortis; quibusdam etiam litteris, quas ejusdem regis nuntii per falsissimam suggestionem
contra comitem Montis fortis impetrarant de terris
reddendis comitibus Fuxensi , Convenarum et Gastoni de Bearno, post veritatis cognitionem cassatis
a D. papa, et tanquam nullius valoris penitus revocatis; cum idem rex correctionem Patris sanctissimi
non [esset] devotione recipiens filiali, sed transiisset,
contra mandatum apostolicum superbe recalcitrans,
quasi cor habens durius induratum, licet venerabiles Patres, Narbonensis archiepiscopus apostolicæ
sedis legatus et Tolosanus episcopus sibi litteras et
mandatum summi pontificis transmisissent, mala
quæ pridem conceperat, voluit postmodum parturire,
quia in terram quam per virtutem Dei auxilio signatorum contra hæreticos et eorum defensores fuerat
acquisita, intravit cum exercitu, eamque contra
mandatum apostolicum subjugare ac prædictis inimicis reddere attentavit , parte ejus tum sibi aliquantulum subjugata, cum pars multa residui , ob
ipsius securitatem, apostatare intenderet, et se ad
apostatandum jam pararet. Congregatis insimul
comitibus Tolosæ, Fuxi et Convenarum et Tolosanorum exercitu magno valde feria III post Nativitatem beatæ Mariæ , Murelli castrum obsedit : quo
audito Patrum venerabilium, archiepiscoporum ,
episcoporum et abbatum, quos venerabilis Pater
Narbonensis archiepiscopus, Apostolicæ sedis legatus propter sanctum negotium fecerat congregari,
qui ut de dicto negotio et de pace tractarent diligenter advenerant, in Christo unanimes et devoti,
Simon comes Montis-fortis, habens secum quosdam
nobiles et potentes crucesignatos, qui nuperrime
de Francia venerant, ipsi et Christi negotio in suc-

(8·) Has litteras M. Paris inseruit historiæ Angliæ in Joanne rege, ad an 1213.

cursum, suamque familiam, quæ in Christi negotio diu secum laboraverat, iter arripuit ad castrum obsessum viriliter succurrendum. Et dum die Martis, infra octavas supradictas, venisset ille Christi exercitus ad quoddam castrum quod dicitur Saverdunum, venerabilis episcopus Tolosæ, cui commissa erat a summo pontifice Tolosanorum reconciliatio, licet de reconciliatione ter vel quater monuisset, cujus admonitionibus, licet salubribus, acquiescere postponebant, respondentes super hoc nullatenus responderc, ad dictos regem et Tolosanos in obsidione Murelli assistentes suas misit litteras, significans eis quod episcopi memorati veniebant, ut de pace et concordia diligenter tractarent, et petebat sibi dari ducatum securum. In crastino autem, prima die Mercurii subsequente, quia res sic urgebat, supradictus exercitus exiit Saverduno, festinans ad succursum Murelli celeriter advenire; dicti vero episcopi memorati proposuerant, apud quoddam castrum quod dicitur Altaripa, quod medium inter Saverdunum et Murellum, distatque ab utroque duabus leucis, ut ibi missum nuntium exspectarent : qui nuntius rediens ex parte regis respondit quod ex quo episcopi cum exercitu veniebant, non daret eis ducatum : ipsi quidem alio modo non poterant ire sine manifesto periculo propter guerram. Cum episcopi et Christi exercitus Murellum accederent, ex parte civium Tolosanorum, prior hospitalis Tolosæ ad episcopum Tolosanum missus venit, ferens eorum litteras in quibus continebatur quod modis omnibus parati erant D. papæ et ipsius episcopi facere voluntatem: quod quidem eis bonum fuisset, si compensassent verius facta dictis. Eidem vero priori statim remisso ab episcopo respondit rex quod ducatum episcopo non præberet, sed, si vellet ire Tolosam, ut cum Tolosanis loqueretur, eum concederet illuc ire : et hoc derisorie fuit dictum. Ad quod episcopus : « Non decet, inquit, servum civitatem intrare, de qua dominus suus exsul est ejectus; nec ego, cum corpus Christi de civitate illa ejectum fuerit, illuc revertar, donec Deus meus et Dominus meus revertatur. » Verumtamen dicti episcopi cum exercitu Murellum intraverunt die Mercurii superius memorata : qui sollicitudine non pigra, duos viros religiosos ad regem et cives Tolosanos destinarunt, qui a rege tale habuerunt responsum, quod propter quatuor ribaldos, quos episcopi secum adduxerant, petebant colloquium habere cum ipso, et hæc dixit in derisum et contemptum signatorum. Tolosani vero prædictis nuntiis responderunt quod in crastino super hoc responderent; et hac de causa eos usque in crastinum tenuerunt. In crastino autem, prima die Jovis, responderunt quod ipsi regi Arragonensi erant confœderati, et nihil facerent nisi regis in omnibus voluntatem. Quod cum redeuntes mane, ipsa die Jovis nuntii retulissent, episcopi et abbates discalceatis pedibus, ire proposuerunt ad regem : et cum quemdam religiosum mitterent ad nuntiandum regi adventum ipsorum in hunc modum,

patefactis januis, cum comes Montis-fortis ac crucesignati essent inermes, pro eo quod de pace episcopi et abbates insimul loquebantur, hostes Dei superbe ac fraudulenter armati, vicum subintrare cum impetu attentarunt : sed per Dei gratiam a suo fuerunt desiderio defraudati. Quorum superbiam comes et crucesignati videntes, cum sine periculo et damno maximo ulterius differre non possent, per cordis contritionem et oris confessionem, utpote viri cultores fidei Christianæ, mundati salubriter a peccatis, armis suis se viriliter accinxerunt, venientesque ad sæpedictum Tolosæ episcopum, qui auctoritate D. Narbonensis archiepiscopi apostolicæ sedis legati legationis officio fungebatur, exeundi licentiam contra hostes fidei humiliter petierunt ; qua, quia negotium erat in arcto constitutum, necessitatis articulo compellente, concessa, pro eo quod ipsam domum in qua episcopi morabantur, ipsi hostes erectis jam machinis aliisque bellicis instrumentis festinabant protinus impugnare, balistarum quarellis, jaculis atque lanceis emissis hostiliter circumquaque; Christi milites reverendi, ligni Dominici signaculo cum insigniis pontificalibus consignati, in nomine S. Trinitatis tribus aciebus dispositis exierunt. Hostes vero e contrario, multas habentes acies, et multum magnas, suis jam muniti armis tentoria sunt egressi. Quos, licet multos milites et populum multum nimis, clientes Christi de ipsius auxilio confidentes, et licet illorum respectu paucissimi, magnam multitudinem non verentes, armati ex alto viriliter sunt aggressi. Statim virtus Altissimi per manus servorum suorum hostes suos confregit, et comminuit in momento; terga enim vertentes, in fugam facti sunt tanquam pulvis ante faciem venti, et angelus Domini persequens eos erat. Ili turpiter fugientes, turpi fuga mortis periculum evaserunt, alii vitantes gladios, aquæ periculo perierunt, quamplures vero fuerunt in ore gladii devorati. De illustri rege Arragonensi, qui cum interfectis occubuit, plurimum est dolendum, quia princeps tam potens et nobilis, qui, si vellet, posset et deberet Ecclesiæ sanctæ utilis multum esse, nunc Christi adjunctus hostibus, Christi amicos et sanctam Ecclesiam improbe perturbabat.

Cæterum, cum victores a cæde et persecutione hostium reverterentur cum victoria gloriosa, sæpedictus Tolosanus episcopus, Tolosanorum stragi et miseriæ, charitative et miserabiliter compatiens, corde pio, eos qui de stragis residuo adhuc intra sua tentoria morabantur, salvare cupiens, ne perirent, ut saltem tantorum flagellorum verbere castigati, citum periculum evadentes, converterentur ad Dominum, et viverent in fide Catholica permansuri, missa eis per quemdam religiosum virum cuculla qua indutus erat, mandavit eis quod nunc demum arma sua et suam deponerent feritatem, et inermes venirent ad ipsum, ut eos salvaret de morte : qui adhuc quoque in sua perseverantes malitia, et se, qui jam victi erant, vicisse Christi

populum autumantes, non solum parere sui episcopi
admonitionibus contempserunt, verum etiam ablata
cuculla, ipsum nuntium austerius verberarunt :
post quos Christi militia recursum faciens, circa
sua diffugientes tentoria interemerunt. Certus hostium interfectorum, tam nobilium quam aliorum,
numerus præ multitudine nullatenus sciri potest ;
de militibus autem Christi unus solus interemptus
est in conflictu, et paucissimi servientes. Omnis
igitur populus Christianus pro Christianorum victoria mente pia et toto cordis affectu gratias agat
Christo, qui per paucos fideles, infidelium multitudinem innumerabilem superavit, et sanctam Ecclesiam suam de hostibus suis concessit fideliter
triumphare, ipsi honor et gloria, in sæcula sæculorum. Amen.

Nos Tolosanus, Nemausensis, Uticensis, Lodo-
vensis, Biterrensis, Agatensis, et Convenarum episcopi, et de Claraco, Villa magna et S. Tiberii abbates qui mandato venerabilis Patris Narbonensis
archiepiscopi, apostolicæ sedis legati veneramus,
et de pace ac concordia tractare, cum summa diligentia summoque studio nitebamur, præscripta
omnia, sicut quæ vidimus et audivimus, esse veris-
sima, in verbo Dei perhibemus, consignantes ea
nostrorum munimine sigilorum, utpote reservari
digna in memoriam sempiternam.

Datum Murelli, in crastino victoriæ gloriosæ, scilicet sexta feria, intra octavas Nativitatis B. Mariæ,
anno Domini 1213.

CAPUT LXXIV.

*Parta victoria apud Murellum, Tolosani ad eorum
reconciliationem obsides præsulibus dare offerunt.*

Post gloriosam et inauditam victoriam, septem
episcopi prænotati et tres abbates qui adhuc erant
in castro Murelli, credentes quod cives Tolosani,
tanto miraculo Dei pariter et flagello territi, citius
faciliusque a suis possent erroribus revocari ad
gremium matris Ecclesiæ, secundum mandatum,
potestatem et seriem mandati apostolici, rursum
tractarunt rogando, monendo, terrendo eos inducere
ad Ecclesiæ unitatem ; cumque promitterent Tolosani se mandatum apostolicum adimplere, viva voce
petierunt ab eis episcopi sufficientem cautionem
standi mandato apostolico, videlicet obsides ducentos de civibus, quoniam juratoria cautione nullatenus possent esse contenti, cum multoties Tolosani
sua juramenta super hoc eodemque negotio fuerint
transgressi : qui, post multas altercationes verborum, sexaginta tantum obsides de suis civibus se
daturos promiserunt. Episcopi vero, ob majorem
securitatem, propter magnitudinem civitatis et dolosam indomabilemque populi multitudinem, et
quia etiam alia vice datos obsides, super eodem
negotio, de ditioribus civitatis in commissum cadere permiserunt, usque ad ducentos petebant ;
ipsi vero subterfugium quærentes, sexaginta se daturos et non plures promittebant. Statim episcopi,
ne aliquam causam excusationis habere possent

Tolosani, aut occasionem aliquam subterfugiendi
et suos errores palliandi, responderunt episcopi
sexaginta obsides quos promittebant, se libenter
suscipere, et sic eos reconciliare, et in pace Ecclesiæ et unitate fidei Catholicæ conservare. Ipsi autem, jam amplius suas malitias non valentes velare,
responderunt quod nullo modo obsides darent, per
hoc manifeste denudantes quod nonnisi in fraudem
et intentionem dolosam de LX obsidibus priorem
fecerant promissionem. Hic adnectendum est quod
homines cujusdam nobilis castri, in diœcesi Albigensi, cui nomen Rabastenx, qui paulo ante recesserat a Deo et nostris, et se reddiderat Tolosanis,
audita prædicta victoria, omnes præ timore luge-
runt, castrumque hominibus vacuum dimiserunt.
Guido autem de Monte forti, frater comitis Montis-
fortis, cujus fuerat castrum, misit et occupavit
illud et gente sua munivit. Post paucos dies, supervenerunt a Francia peregrini, sed pauci, episcopus
videlicet Atrebatensis Radulphus et pauci milites
cum eo, et milites peregrini non multi. Comes autem noster et omnes qui cum eo erant, equitave-
runt in terram comitis Fuxi, ipsumque Fuxi burgum inferius combusserunt ; et inde ulterius per
terram comitis dicti equitantes, quidquid extra munitiones invenire poterant combusserunt.

CAPUT LXXV.

*Comitis Fuxensis terras Mons-fortis invadit, Nar-
bona et Monspessulanus rebellant.*

Post hæc nuntiatum est comiti nostro quod quidam nobiles Provinciæ, rupto pacis fœdere, pertur-
babant Ecclesiam sanctam Dei, insuper et stratas
publicas observantes, crucesignatis venientibus a
Francia mala quæ poterant inferebant. Habito igitur comes cum suis consilio proposuit descendere
ad partes illas, ut perturbatores pacis opprimeret,
et stratas publicas, ab incursu malignantium, redderet expeditas. Movens igitur comes cum peregrinis, qui cum eo erant, venit Narbonam ; cives autem Narbonenses, quia semper exosum habuerant
Christi negotium, et illi quam multoties, sed latenter, se opposuerant, nulla unquam ratione ad hoc
potuerunt induci, ut comitem nostrum cum peregrinis suis, aut etiam peregrinos sine comite, suam
intrare permitterent civitatem : et ideo oportuit
tunc omnes nostros manere foris nocte illa in hortis et virgultis civitatis, inde in crastino venerunt
Biterrim, et inde post duos dies progredientes,
venerunt usque ad Montempessulanum. Homines
autem Montispessulani, pares Narbonensibus in
malitia, nullo modo permiserunt comitem nostrum,
nec illos qui cum eo erant, villam suam intrare ad
hospitandum nocte illa, sed fecerunt illis per omnia, sicut cives Narbonenses fecerant. Moventes
igitur a Montepessulano, venerunt Nemausum ; cives vero Nemausenses primo quidem noluerunt
comitem in suam introire civitatem ; sed videntes
ejus iram et indignationem, ipsum et omnes qui
cum illo erant in civitatem receperunt, et multa eis

debitæ humanitatis obsequia impenderunt. Inde
progrediens comes noster, venit ad castrum de
Boucolio, ubi a dominis castri honorifice est susceptus. Inde perrexit comes in villam quæ Argentata
dicitur, eo quod in partibus illis esset quidam nobilis, nomine Pontius de Montelauri, qui episcopos
terræ, pacem et Ecclesiam, in quantum poterat
perturbabat. Omnes autem crucesignati jam recesserant a comite : nec habebat nisi secum paucos
stipendiarios et archiepiscopum Narbonensem : audiens prædictus Pontius adventum comitis nostri,
timore ductus venit ad eum, et se et sua ejus voluntati reddidit. Erat præterea in partibus illis nobilis
quidam potens, sed malus, Ademarus Pictaviensis,
qui negotium Christi semper exosum habuerat, et
corde adhæserat comiti Tolosano. Hic adventum
comitis nostri audiens, munivit castra sua, milites
etiam quos potuit in quodam castro adunavit, ut
si comes transitum faceret juxta castrum, illo exiret cum suis, et impugnaret illud : sed cum comes
nobilis per ante castrum transiret, licet cum paucissimis, memoratus Ademarus, quamvis multos
haberet secum, non est ausus egredi contra nostros.
Dum esset comes noster in partibus illis, venit ad
eum dux Burgundiæ Odo, vir potens et bonus, qui
negotium fidei contra hæreticos, insuper et comitem nostrum multo amplectebatur affectu : venerunt etiam cum duce Lugdunensis et Viennensis
archiepiscopi. Dum ergo essent dux et comes noster
prope Valentiam, apud Romam vocaverunt inimicum Ecclesiæ Ademarum Pictaviensem ad colloquium : convocatus venit, sed super his quæ pacis
erant, noluit comiti vel duci assentire. Item vocaverunt eum dux et comes noster ad colloquium,
et tunc quidem nihil proficere potuerunt. Videns
igitur quod nihil proficere posset, motus ira et indignatione dux contra Ademarum, promisit comiti
nostro, quod nisi supradictus Ademarus staret per
omnia mandato Ecclesiæ, et haberet se ad voluntatem comitis nostri, et super his bonam faceret securitatem, ipse dux cum comite nostro eum impugnaret. Statim etiam vocavit plures milites suos,
iturus cum comite nostro contra Ademarum sæpius
memoratum : quod audiens Ademarus, tandem necessitate ductus, venit ad ducem et comitem nostrum, et se obtulit eorum per omnia voluntati,
tradidit etiam quædam castra sua pro securitate,
quæ comes commisit duci custodienda.

Interea venerabilis Pater Narbonensis archiepiscopus, vir consilio providus et omnino virtuosus,
ad cujus monitionem etiam prædictus dux Burgundiæ ad partes venerat Viennenses, cœpit tentare
cum duce de negotio, pro quo ipsum vocaverat,
de contrahendo videlicet matrimonio inter primogenitum comitis nostri, nomine Almaricum, et filiam Delphini, qui erat princeps potens, et frater
germanus ipsius ducis. Acquievit dux consilio et
voluntati archiepiscopi. Interea dum hæc agerentur, Arragonenses ruptarii et alii fidei inimici cœ-

perunt discurrere per terram comitis nostri, venientesque usque Biterrim, fecerunt mala quæcunque potuerunt : sed et plures de militibus terræ
comitis nostri, perjuri effecti et innatæ sibi malitiæ
recidivum patientes, a Deo, et Ecclesia et dominio
comitis nostri recesserunt. Nobilis vero comes, peractis in Provincia negotiis, pro quibus ad partes
illas accesserat, rediit ad terram suam, statimque
terram hostium suorum aggrediens, equitavit ante
Tolosam, ubi per dies quindecim moram faciens,
multas munitiones diruit penitus et destruxit.

Dum res ita se haberet, magister Robertus de
Corceone cardinalis, apostolicæ sedis legatus, qui,
sicut superius diximus, laborabat in Francia, quantum poterat, pro negotio terræ sanctæ, prædicato-
resque nostros, qui pro negotio fidei contra hæreticos prædicare soliti erant, nobis abstulerat, facie-
batque illos pro succursu terræ sanctæ instantius
prædicare, ad bonorum et prudentium virorum consilium quosdam de prædictis prædicatoribus nobis
reddidit, ut pro negotio fidei prædicarent. Ipse etiam
ad expugnandos hæreticos Tolosanos suscepit in
pectore vivificæ signum crucis. Quid ultra? Revixit
prædicatio pro negotio fidei in Francia, multi cruce
se signant, fit comiti et nostris gaudium magnum
valde. Proditionem crudelissimam quæ facta fuit
illo tempore in comitem Bulduinum, præterire
nec volumus nec debemus. Iste comes Balduinus,
frater comitis Tolosani et regis Franciæ consobri-
nus, longe a fratris malitia et in Christi militia
totis viribus se exercens, comitem Montisfortis
et Christianitatem contra fratrem suum et alios
hostes fidei, quantum poterat, adjuvabat. Quadam
igitur die, secunda videlicet feria post primam Dominicam Quadragesimæ, venit prædictus comes ad
quoddam castrum in Cadurcensi diœcesi, quod Olima dicebatur. Statim milites de castro illo qui erant
homines ipsius comitis, miserunt ad ruptarios et
quosdam milites indigenas, pessimos traditores,
qui erant in quodam vicino castro, quod dicitur Mons
Leonardus, et significarunt eis, quod comes Balduinus erat in Olima, mandantes ut venirent, et sine
difficultate aliqua traderent eis comitem Balduinum.
Hoc idem significaverunt cuidam traditori pessimo,
sed occulto, Raterio videlicet de Castronovo. Iste
Raterius, jamdiu inierat fœdus cum comite Montis-
fortis, et juraverat ei fidelitatem. Comes etiam Balduinus de ipso quasi de amico confidebat. Quid
plura? venit mox, et comes Balduinus securus, utpote inter suos, somno se dedit et quieti. Erat autem cum comite Balduino miles quidam Francigena,
nomine Guillelmus de Contris, cui comes Montis-
fortis dederat castrum quoddam, quod dicitur Sar-
racenum. Quidam etiam serviens Francigena custodiebat castrum quod Moysiacum nominatur.
Quiescentibus igitur comite et illis qui cum eo
erant, in diversis domibus ab invicem separatis,
dominus castri, clavem cameræ in qua comes Balduinus dormiebat arripiens, obserato ostio, de

castro ad prædictum Raterium et ruptarios properavit : Quibus clavem ostendens dixit : « Quid
tardatis? ecce hostis vester in manibus vestris ;
properate et eum vobis tradam dormientem pariter
et inermem, nec solum ipsum, sed plures de vestris
hostibus vobis tradam.» Quo audito, gaudentes ruptarii et velocissime concurrentes, ad portas Olimæ
devenerunt. Statim dominus castri qui erat dux eorum qui comprehendere volebant comitem, videlicet
alter Judas, convocatis secretissime hominibus castri, diligenter quæsivit a singulis quot de sociis
comitis Balduini quisque haberet apud se hospitan-
tes : quo diligenter quæsito, ad ostia domorum
duplo plures de ruptariis armatos poni fecit quam
essent de nostris dormientes inermes. Statim accensis candelis innumerabilibus, clamor attollitur,
hostes in nostros irruunt imparatos. Raterius autem de Castronovo et prænotatus dominus castri,
venientes ad cameram in qua comes nobilis Balduinus dormiebat, aperiensque ostium, ceperunt
ipsum dormientem inermem, imo nudum : quidam
autem de nostris qui erant per castrum occisi sunt,
alii capti, nonnulli fuga opitulante evaserunt.

Nec prætereundum quod quidam de nostris, quem
vivum ceperant, præstitoque juramento ipsum de
vita securum fecerant et de membris, in ipsa postmodum ecclesia latitantem occiderunt. Arripientes
adversarii comitem Balduinum, duxerunt eum ad
quoddam castrum ipsius comitis, quod dicitur
Mons Evæ in territorio Cadurcensi ; homines autem
castri, utpote pessimi, ruptarios qui dominum
suum ducebant captum, libenter receperunt : mox
ruptarii dixerunt comiti Balduino ut faceret eis
reddi turrem castri, quam quidam Francigenæ de
mandato ipsius custodiebant. Ipse autem comes
districtissime inhibuit Francigenis illis ne aliqua
ratione turrim redderent, etiamsi viderent ipsum
comitem suspendi in patibulo, sed se instantissime
defenderent, donec haberent succursum a nobili
comite Montisfortis. O virtus principis ! O mirificum robur mentis ! Quo audito ruptarii irati sunt
valde, ipsumque comitem per duos dies jejunare
fecerunt ; quibus transactis, fecit vocari comes capellanum quemdam diligentissimum, eique puram
fecit confessionem. Qua facta, communionem postulavit corporis Jesu Christi. Sed, dum capellanus
afferret divini mysterii sacramenta, supervenit quidam pessimus ruptarius, jurans et firmissime con-
testans, quod comes Balduinus non comederet nec
biberet, donec redderet ruptarium quemdam quem
ceperat et teneri in vinculis faciebat. Ad quæ comes : « O crudelissime, inquit, nunquid panis aut
vini abundantiam, aut frustum carnis quæsivi, qui
nihil ad corporis sustentationem, sed ad animæ salutem divini mysterii communionem petii ? » Iterum carnifex cæpit firmiter asserendo jurare quod
nec comederet, nec biberet, nisi faceret quod petebat. Ad quæ denuo vir nobilis : « Ex quo, inquit,
mihi divinis sacramentis communicare non permit-

titur, ostendatur mihi saltem eucharistia, videlicet
salus mea, ut in vita ista videam Salvatorem
meum. » Qua a capellano levata et ostensa, comes
eam devotissime adoravit.

Dum hæc agerentur, illi qui erant in turre castri
timere mortis tradiderunt turrem ruptariis, recepto
tamen prius ab eis juramento quod ipsos abire dimitterent sanos pariter et indemnes ; sed traditores
pessimi, spreta religione juramenti, ipsos statim
patibuli morte turpissima condemnarunt. Quo facto,
arripientes comitem Balduinum, duxerunt eum ad
quoddam castrum comitis Tolosani, quod dicitur
Mons Albanus, ubi eum tenentes in vinculis, adventum Tolosani comitis exspectabant. Post paucos
vero dies, venit comes Tolosanus, habens secum
illos pessimos traditores, comitem videlicet Fuxi,
et Rogerium Bernardi filium ejus, et quemdam militem de terra regis Arragonensis, qui dicebatur
Bernardus de Portellis : statim ad mandatum comitis Tolosani, eductus est de castro Montis Al-
bani comes nobilissimus Balduinus. Id autem quod
sequitur, quis unquam sine lacrymis legere poterit,
vel audire? Mox comes Fuxi, et filius ejus, a patris malitia non degenerans, et Bernardus de Portellis ligaverunt funem in collo viri nobilissimi,
ipsum de voluntate, imo de præcepto comitis Tolosani suspensuri : quod videns vir Christianissimus,
instanter ac humiliter quæsivit confessionem et
viaticum ; sed canes crudelissimi utrumque ei penitus denegarunt. Quibus miles Christi : « Ex quo,
inquit, non licet me ostendere sacerdoti, testis est
mihi Deus quod prompta voluntate semper et ardenti Christianitatem et dominum meum comitem
Montisfortis [defendi], et pro hac et in hac defensione volo mori. » Vix verba compleverat, ecce tres
prænotati traditores, elevantes eum a terra, ad nu-
cis arborem suspenderunt. O crudelitas inaudita !
O alterum Cain, imo longe pejorem Cain, comitem
dico Tolosanum, cui non suffecit fratrem, et talem
fratrem occidere, nisi ipsum inaudita mortis crudelitate damnaret !

CAPUT LXXVI.

*Aymericus et cives Narbonenses comitis Montisfortis
hostes in urbem admittunt, eamque ob causam territorium Narbonense comes devastat.*

Circa idem tempus, Aymericus dominus Narbonæ
et cives Narbonenses, qui nunquam dilexerant negotium Jesu Christi, ut iniquitatem quam longe
ante conceperant parturirent, recesserunt manifeste a Deo, receperuntque in civitatem suam ruptarios, nec non Arragonenses et Cathalonenses, ut
per eos expellerent, si possent, nobilem comitem
Montisfortis : Arragonenses siquidem et Cathalonenses prosequebantur dictum comitem in vindictam sui regis. Malitiam autem istam perpetrave-
runt Narbonenses, non quia comes eos læderet in
aliquo, vel læsisset, sed quia putabant quod crucesignati de cætero non venirent : sed aliter dispone-
bat ille qui sapientes in sua astutia comprehendit.

Dum enim congregati essent Narbonæ omnes quos prædiximus hostes nostri, ut impetum facerent unanimes in comitem nostrum et paucos qui cum ipso erant, ecce subito venerunt a Francia peregrini, Guillelmus videlicet de Barris, vir probatæ militiæ, pluresque milites cum eo : quibus adjunctus, et a quibus adjutus comes noster, venit prope Narbonam, discurrensque et devastans terram Aymerici domini Narbonæ, ejus fere omnia castra cepit. Quadam autem die, proposuit comes noster equitare ante Narbonam, armatisque omnibus suis et tribus aciebus dispositis, ipse comes in prima fronte appropinquavit portæ civitatis. Hostes autem nostri egressi erant de civitate et stabant in porta. Miles autem invictus, videlicet comes noster, per locum arduum et inaccessibilem, in ipsos subito voluit insilire, hostes autem qui stabant in loco eminenti, ipsum tot lanceis impulerunt, quod, rupta sella equi in quo sedebat, cecidit ipse de equo : statim concurrunt undique hostes ad capiendum vel occidendum comitem, nostri ad protegendum ; sed nostri gratia Dei per multos labores comitem viriliter erexerunt. Post hæc Guillelmus, qui erat in extrema acie, et nostri omnes impetum fecerunt in hostes, ipsosque in civitatem intrare citius compulerunt : quo facto, comes et nostri ad locum unde ipsa die venerant sunt reversi.

CAPUT LXXVII.

Petrus Beneventanus cardinalis, apostolicæ sedis legatus, comites Fuxensem et Convenarum Ecclesiæ reconciliat.

Dum hæc agerentur, magister Petrus Beneventanus cardinalis, apostolicæ sedis legatus, missus a D. papa veniebat ad partes Narbonenses, ut de his quæ pacis erant et fidei ordinaret. Audiens autem legatus quomodo se habebant Narbonenses, mandavit eis et districte præcepit ut firmas treugas haberent cum comite Montisfortis, quousque ipse veniret. Idem etiam mandavit comiti nostro ne scilicet læderet in aliquo Narbonenses. Post paucos autem dies, venit legatus et intravit Narbonam, viso tamen prius comite nostro et habito cum ipso colloquio diligenti. Statim accesserunt ad eum hostes fidei, comes scilicet Convenarum et Fuxi, et alii multi, qui exigentibus meritis fuerant exhæredati, pro restitutione sua ipsi legato supplicaturi : legatus sapiens et discretus, omnes reconciliavit, recipiens ab eis non solum juratoriam cautionem standi mandato Ecclesiæ, sed etiam quædam castra fortissima quæ adhuc remanserant hostibus prænotatis. Rebus sic se habentibus, homines de Moysiaco tradiderunt villam Moysiaci per proditionem comiti Tolosano. Illi autem qui erant in villa ex parte comitis nostri, receperunt se in munitionem villæ satis debilem et immunitam. Comes vero Tolosanus, in gravi multitudine ruptariorum, cœpit impugnare munitionem illam per tres continuas septimanas ; sed obsessi nostri, quamvis paucissimi, se

viriliter defendebant. Quod audiens comes nobilis, statim properavit in subsidium obsessorum : sed comes Tolosanus et qui cum eo erant, plures etiam de hominibus dictæ villæ, qui factæ proditionis capitales fuerant et auctores, præscientes adventum comitis nostri, cum summa festinatione fugerunt, obsidionem quam diu tenuerant dimittentes. Comes autem noster et qui cum eo erant, audientes quod hostes prædicti aufugissent, descenderunt ad partes Aginnenses, ut castrum quod dicitur Mansum in extremis finibus diœcesis Aginnensis, quod ipso anno apostataverat, si possent, caperent per insultum. Rex etenim Angliæ Joannes, qui semper adversatus fuerat negotio Jesu Christi et comiti Montisfortis, ipso anno versus partes perrexerat Aginnenses ; plures de nobilioribus terræ illius, in ejus sperantes auxilium, recesserunt a Deo et dominio comitis Montisfortis : sed postea per Dei gratiam, frustrati sunt a spe sua. Properans igitur comes noster cum suis ad prædictum castrum, venit ad quemdam locum, ubi oportebat eum transire Garumnam. Habebat autem naviculas paucas immunitas, homines autem de Regula, quod est castrum quoddam regis Angliæ, ascenderant cum navibus multis et armaturis, ut nostris transitum prohiberent ; sed nostri intrantes aquam, ipsis invitis libere transierunt. Venientes ad castrum supradictum, scilicet Mansum, illud per triduum impugnarunt ; sed quia non habebant machinas, nec comes poterat ibi firmare obsidionem, eo quod ad mandatum legati oportebat eum redire ad partes Narbonenses, recessit a castro sæpedicto ad partes proprias Narbonenses.

CAPUT LXXVIII.

Carcassonæ antistes e Gallia cum ingenti peregrinorum multitudine revertitur.

Anno Verbi incarnat. 1214, venerabilis Carcassonæ episcopus, qui toto præcedenti anno pro negotio fidei contra hæreticos discurrendo et prædicando laboraverat in partibus Gallicanis, circa octavam Dominicæ Resurrectionis, iter ad partes arripuit Albigenses : ipse etenim omnibus crucesignatis, tam illis quos signaverat quam aliis qui de manu magistri Jacobi de Vitriaco, viri per omnia laudabilis, et quorumdam aliorum susceperant signum crucis, diem motionis alligaverat ita quod in quindena Paschæ essent pariter congregati, profecturi cum eo per partes Lugdunenses contra hæreticos pestilentes. Sed M. Robertus de Corceone apostolicæ sedis legatus et venerabilis archidiaconus Guillelmus crucesignatis suis diem prætixerant, ut essent in quindena Paschæ Biterris, contra prænotatos hæreticos per partes alias profecturi. Moventes igitur a Nivernis episcopus Carcassonensis peregrinique supradicti, itinere prospero, ad Montempessulanum devenerunt : ego autem eram cum episcopo Carcassonensi. Ibi invenimus Parisiensem archidiaconum et peregrinos qui cum ipso venerant a partibus Gallicanis. Cardinalis vero

scilicet M. Robertus de Corceone, in partibus Po-
diensibus quibusdam erat negotiis occupatus.
Proficiscentesque a Montepessulano, venimus prope
Biterrim ad castrum S. Tiberii ; ibique occurrit nobis nobilis comes Montisfortis : eramus autem, tam
equites quam pedites, circiter centum millia peregrini, inter quos unus de militibus erat vicecomes
castri Dunensis, pluresque alii milites, quos non
est opus per singulos numerare. Progredientes a
partibus Biterrensibus venimus Carcassonam, ibique fecimus paucos dies. Notabiliter autem notandum est, et pro miraculo illo est habendus totus illius anni eventus, sicut supradiximus ; quando
venit supra memoratus Petrus Beneventanus in
terram Albigensem, Arragonenses, Cathalonenses
erant Narbonæ congregati contra Christianitatem
et comitem Montisfortis, et hac de causa : comes
noster erat prope Narbonam, nec sæpe poterat
elongare, quin hostes statim totam terram in circuitu devastarent. Sed et Tolosani, et Arragonenses et Cadurcenses a remotis partibus movebant ei
guerras multum graves. Dum in hac tribulatione
esset athleta Christi, non defuit adjutor in opportunitatibus, in tribulatione (Psal. ix), in uno siquidem et eodem temporis spatio venit legatus a curia
Romana, venerunt a Francia peregrini. O magna
multitudo misericordiæ Dei, nec enim peregrini,
sicut multis visum est, sine legato aliquid magni
fecissent, nec legatus sine peregrinis adeo profecisset ; si enim hostes fidei non timerent peregrinos, non obedissent legato ; rursus si non venisset
legatus, peregrini qui tunc venerunt, contra tot et
tantos hostes parum proficere potuissent. Egit ergo
misericorditer divina dispositio, ut dum legatus hostes fidei, qui Narbonæ erant congregati, alliceret et
compesceret fraude pia, comes Montisfortis et peregrini qui venerant a Francia, possent transire ad
partes Cadurcenses et Aginnenses, et suos, imo
Christi, impugnare inimicos. O legati fraus pia !
O pietas fraudulenta !

CAPUT LXXIX.

*Guido de Monteforti et peregrini terras Raterii de
Castronovo invadunt et devastant.*

Cum fecissent supradicti peregrini paucos dies
Carcassonæ, nobilis comes Montisfortis rogavit
eos, ut cum episcopo Carcassonensi et Guidone de
Monteforti fratre germano ipsius comitis, ad partes
Rutenenses accederent, et etiam Cadurcenses, ut
terras tam Raterii de Castronovo, qui nobilissimum
et Christianissimum comitem Balduinum crudelissime prodiderat, quam aliorum hostium Christi penitus devastarent. Ipse vero comes, cum suo primogenito Almarico, descendit usque Valentiam, invenitque ibi ducem Burgundiæ et delphinum ; habitoque super præfato matrimonio consilio et assensu, comes noster, quia non erat tempus congruum ad contrahendum, nec ipse, propter multi-

modas guerræ necessitates, ibi poterat facere multos dies, dictam puellam duxit secum Carcassonam ;
ibique fuerunt nuptiæ celebratæ. Peregrini vero,
qui jam diu a Carcassona exierant, et jam episcopatum intraverant Cadurcensem, terras hostium
fidei, quæ timore eorum erant derelictæ vacuæ,
vastaverunt. Nec prætereundum est quod, cum
transiremus per episcopatum Rutenensem, venimus ad quoddam castrum, quod Mauriliacum vocatur ; illi autem de castro voluerunt nobis resistere, quia miræ fortitudinis erat castrum et penitus inaccessibile. Erat autem in exercitu nostro
magister Robertus de Corceone apostolicæ sedis
legatus, de quo supra tetigimus, qui nuperrime
venerat a partibus Gallicanis : mox nostri in suo
adventu accesserunt ad castrum et cœperunt hostes suos acriter impugnare. Videntes illi de castro,
quod amplius resistere non valerent, reddiderunt
se ipsa die legato, ad ipsius per omnia voluntatem ;
nostri vero de voluntate legati, castrum penitus
destruxerunt.

Nec silendum quod ibi invenimus septem hæreticos de secta illa quæ Waldensium dicebatur, qui
ad legatum adducti, suam incredulitatem plenius
sunt confessi : quos nostri arripientes peregrini
cum ingenti gaudio combusserunt. Post hæc nuntiatum est comiti nostro quod quidam milites Aginnenses, qui præcedenti anno ab ejus dominio recesserant, castrum quoddam munierant, quod dicitur Monspisatus. Quid plura? accessimus ad illud
obsidendum ; prænotati vero milites de Montepisato, audientes adventum crucesignatorum, timore
ducti fugerunt, castrum vacuum dimittentes, nostri
vero venientes ad castrum, illud penitus destruxerunt. Movens comes noster a Montepisato, cœpit
ulterius progredi per episcopatum Aginnensem ut
castra quæ præcedenti anno a suo dominio recesserant occuparet : omnes autem adversarii timore
ducti, antequam comes accederet ad eos reddiderunt se illi, præter quoddam nobile quod Marmanda
vocatur. Comes autem ob majorem securitatem,
ne iterum apostatarent sicut consueverant, fere
omnes turres et muros dirui faciebat, exceptis paucis de fortioribus castris, quæ ipse tam sibi quam
Francigenis munire voluit et tenere. Veniens comes
ad obsidendum castrum Marmandæ, invenit illud
contra se munitum : miles enim quidam regis Angliæ, quosdam servientes in castrum adduxerat,
vexillumque suum in summitate castri posuerat,
ut castrum defenderet contra nostros ; sed, appropinquantibus nostris et in ipso adventu suo ad
muros accedentibus, post modicam defensionem de
castro fugere cœperunt, recipientesque se in navibus per Garumnam fluvium celeriter descendebant
ad quoddam castrum proximum regis Angliæ, quod
Regula dicebatur : servientes vero regis Angliæ,
qui ad defensionem castri venerant, se in tuto receperunt. Nostri vero intrantes castrum, bona il-

lius omnia diripuerunt; servientes vero regis Angliæ, qui erant in turre, comes vivos et sanos abire
dimisit.

Post hæc datum fuit comiti a suis consilium, ut
non funditus destrueret castrum, eo quod esset
satis nobile, et in extremitate terræ suæ, sed consuluerunt ut turrim majorem muniret, cæterasque
turres et partem murorum dirueret. Quo facto, reversus est comes Aginnum. Erat autem castrum
Cassanolii nobile et fortissimum in territorio Aginnensi; ad pedem siquidem cujusdam montis, in
amœnissima planitie situm erat, sed et aquis cir-
cumfluentibus, et nativis rupibus cingebatur: erat
in castro illo sedes hæreticorum una de principalibus, et fuerat ab antiquo, homines autem castri
illius erant pro magna parte raptores et perjuri, repleti omni iniquitate et genere peccatorum; jam
enim semel et iterum reddiderant se Christianitati,
nunc etiam et tertia vice Christianitati et comiti
nostro resistere attentarunt. Erat autem castri illius
dominus major Hugo de Rominiaco, frater episcopi Aginnensis; hic comitis familiaris fuerat et
amicus; sed ipso anno, rupta familiaritate et sacramento, per proditionem, a Deo recesserat et comite memorato: collegerant etiam se alii proditores quamplurimi in castro illo. Veniens igitur nobilis comes Montisfortis cum exercitu ante castrum,
in vigilia Apostolorum Petri et Pauli obsidionem
firmavit ex una parte super montem, non enim sufficiebat exercitus ejus ad castrum in circuitu obsidendum. Post paucos autem dies, fecit comes machinas erigi ad diruendos muros castri; machinæ
autem illæ, et ad muros et intra castrum instantius
jacientes, in brevi domos castri plurimas dirue-
runt; post aliquot autem dies, supervenientibus
peregrinis, descendens comes de monte, fixit tentoria in planitie prope castrum, partem exercitus
habens secum: plures vero remanserunt in monte,
cum nobilissimo et probissimo juvene Almarico
filio comitis, et venerabili episcopo Carcassonæ
Guidone, qui ibi legati fungens officio, ad expugnationem et captionem castri instantissime atque efficacissime laborabat. Fecit autem comes in planitie
ubi se locaverat, erigi machinas quæ petrariæ nun-
cupantur, die noctuque jacientes muros castri debilitabant plurimum. Quadam autem nocte circa
auroram, exeuntes plures ex adversariis de castro,
ascenderunt in montem impetum facturi unanimiter in exercitum, venientesque ad tentorium, in
quo Almaricus filius comitis dormiebat, irruerunt
in eum validissime, ipsum capturi vel occisuri, si
possent; sed currentes nostri, et hostes viriliter
infestantes, ad castrum suum redire compulerunt.

Dum hæc agerentur in obsidione illa, rex Angliæ,
Joannes, qui dolens exhæredatione nepotis sui, videlicet filii comitis Tolosani, bonis nostris successibus invidebat, accesserat prope partes illas, ad
Petragoricensem videlicet civitatem, habens secum
exercitum magnum valde; confugerant enim plures

de hostibus ad ipsum, qui, peccatis suis exigentibus, justo Dei judicio fuerant exhæredati, quos
idem assumpsit, et diu tenuit, non sine multorum
scandalo et gravi propriæ famæ jactura. Illi vero
qui erant in castro obsessi, frequentes nuntios mittebant ad regem prædictum, petentes succursum;
et ipse eos per nuntios et promissiones plurimum
animabat. Quid plura? fit rumor celebris in exercitu nostro quia rex sæpedictus volebat in nos irruere: et fecisset forsitan, si ausus fuisset. Comes
autem fortissimus Montisfortis, in nullo perterritus est de auditis, sed firmiter proposuit quod, si
rex vellet irruere in exercitum, non ideo recederet
ab obsidione, sed se et suos defendens pugnaret
contra eum; sed sæpedictus rex, saniori usus consilio, nihil de his quæ dicebantur et quæ forsitan
proposuerat agere attentavit. Nec silendum quod
magister Robertus de Corceone cardinalis apostolicæ sedis legatus, de quo supra fecimus mentionem,
venit ad exercitum in obsidione Cassanolii, et paucos ibi faciens dies laborabat, prout potuit, utpote
homo bonæ voluntatis, ad expugnationem castri,
sed, negotiis injunctæ sibi legationis ipsum revo-
cantibus, non exspectavit usque dum caperetur castrum. Igitur laborantibus nostris in obsidione illa,
et per jactus machinarum muris castri pro magna
parte debilitatis, quadam nocte, convocatis comes
de majoribus exercitus et quodam artifice carpentario, inquisivit ab artifice illo quomodo possent
nostri ad muros accedere et castrum capere per insultum; erat enim aqua profunda inter exercitum
et castrum, et quoniam oportebat transire, si vellent nostri ad muros accedere, et non erat ibi pons,
quia adversarii ipsum a parte exteriori diruerant
ante adventum nostrum. Multis multa dicentibus,
tandem ad consilium dicti artificis in hoc conven-
runt, ut fieret pons de lignis et cledis, qui per mirabile artificium super dolia magna impulsus, per
aquam nostros ultra portaret. Statim venerabilis
episcopus Carcassonæ, qui ut ultra ingredi etiam
posset, die noctuque laborabat in his quæ obsidioni opus erant, convocata multitudine peregrinorum, fecit afferri copiosa ligna ad faciendum pontem. Postquam autem factus est pons, armantes se
nostri, paraverunt se ad insultum; impellentesque
pontem ad aquam usque venerunt: sed mox, ut
pons aquam tetigit, pro sui ponderositate et quia
ripa aquæ a parte illa alta erat, ad ima tanto impetu dilapsus est, quod nullo modo retrahi potuit
vel levari, sicque totus labor noster, quoad pontem
illum, quassatus est in momento. Post paucos autem dies, fecerunt nostri alterius modi pontem, si
forte possent per ipsum aquam illam transire; paraverunt etiam naviculas paucas, per quas, licet
cum magno discrimine, pars nostrorum transiret:
omnibusque paratis, armantes se nostri, pontem
trahunt ad aquam, alii autem naviculas ascenderunt. Illi autem de castro habentes petrarias multas contra nostros instantissime et validissime ja-

ciebant. Quid plura? projiciunt nostri pontem super aquam; sed nihil profecerunt, quia nimis brevis et omnino insufficiens erat ponticulus ille; fit mœror et luctus nostris, gaudium et exsultatio inimicis.

Constantissimus autem comes ex his quæ acciderant nihil desperationis concipiens, convocat artifices suos consolans eos, et mandans ut attentarent parare machinas ad transeundum aquam : magister vero artificum mirum et inauditum excogitavit machinæ modum; fecit enim afferri ligna multa et magna, et primo super ligna maxima construere quasi domum amplam de lignis, tectum habentem de cledis, non cacuminatum, sed planum : postea super medium tecti erexit quasi turrem altissimam de lignis et cledis, quinque habentem in altum mansiones, in quibus balistarii stare possent. Post hæc in circuitu turris illius fecit super tectum memoratum quasi murum de cledis, in quibus stare possent multi de nostris qui turrem defenderent, habentesque aquam multam in cupis magnis, ut exstinguere possent, si hostes projicerent ignem; ob hoc etiam, videlicet ne hostes possent incendere machinam illam, fecit artifex ipsam operiri totam ex parte anteriori coriis bovinis. Omnibus igitur paratis, cœperunt nostri trahere et impellere machinam versus aquam; hostes vero lapides grandes et creberrimos cum petrariis econtra jaciebant, sed nocebant per Dei gratiam in modico aut in nullo. Cum ergo nostri machinam impulissent usque ad aquam, attulerunt in cophinis terram, ligna et hujusmodi ad projiciendum in aquam : illi qui erant sub tecto inferiori securi et inermes implebant fossatum, balistarii et alii qui erant in superioribus munitionibus, impetus hostium coercebant. Quadam autem nocte adversarii quidam naviculam impleverunt lignis siccis, carne salsa, adipe et aliis lignis incentivis, volentes eam impellere ad machinam nostram, ut comburerent eam; sed non potuerunt, quia servientes nostri naviculam illam combusserunt. Quid ultra? laborantibus nostris in implendo fossato, transibat machina nostra sicca pariter et illæsa; quantum enim implebant de fossato, tantumdem machinam ulterius impellebant. Quadam igitur die Dominica videntes adversarii, transeunte machina, sibi captionis periculum imminere, projecerunt ignem contra machinam; sed nostris cum aqua ignem exstinguentibus, nihil proficere potuerunt : jam enim propinqui erant nostri et adversarii, qui se mutuo cum lanceis impetebant. Cogitans igitur comes noster ne forte adversarii de nocte comburerent machinam ipsam, eadem die Dominica circa vesperam fecit armari suos, et omnes, concrepantibus tubis, vocari ad insultum. Episcopus autem Carcassonæ et clerici qui erant in exercitu cum eo, convenerunt in locum eminentiorem prope castrum, clamaturi in cœlum et pro nostris pugnantibus oraturi. Mox igitur nostri intrantes machinam,

ruptis anterioribus machinæ cledis, cum multa probitate transiere fossatum. Interea clerici nostri, *Veni, creator Spiritus*, cum devotione maxima decantabant; adversarii autem videntes irruentes nostros, receperunt se intra muros, et cœperunt nostros per desuper muros jactu lapidum creberrimo graviter infestare; nostri vero, quia imminebat nox et quia non habebant scalas, muros conscendere nequiverunt, sed intra muros et fossatum, in modica quadam planitie stantes, barbacanas quas hostes extra muros fecerant, ipsa nocte destruxerunt. In crastino vero, tota die laboraverunt artifices nostri in scalis faciendis et aliis machinis, ut die tertia castrum ascenderent per insultum; quod scientes et timentes milites ruptarii qui erant in castro, sequenti nocte exeuntes cum armis quasi insultum facturi in exercitum, omnes fugerunt; plures autem de nostris insecuti sunt eos diutius, sed comprehendere nequiverunt; reliqui vero accedentes ad castrum media nocte, vi intraverunt, apponentesque ignem, combusserunt illud, et quos invenire potuerunt in ore gladii peremerunt : per omnia benedictus Deus, qui tradidit impios, etsi non omnes. Post hæc fecit comes noster, quasi solotenus, destrui in circuitu muros castri, sicque captum est et cassatum Cassanolium XVI Kal. Sept., ad laudem Domini nostri, cui est honor et gloria in sæcula sæculorum.

CAPUT LXXX.

De destructione castri Domæ in Petragoricensi diœcesi, quod erat pessimi tyranni G. de Cahusaco.

His ita gestis, significatum est comiti nostro quod in episcopatu Petragoricensi erant castra in quibus habitabant pacis et fidei inimici : et vere sic erat. Proposuit igitur comes progredi et invadere castra, ut per Dei gratiam et auxilium peregrinorum, expulsis ruptariis et raptoribus relegatis, pacem Ecclesiis, imo toti terræ Petragoricensi relinqueret. Omnes autem Christi et nobilis comitis nostri adversarii, audito quod captum esset Cassanolium, tanto timore percussi sunt, quod in nulla munitione etiam fortissima adventum comitis et exercitus ausi sunt exspectare. Movens igitur exercitus a Cassanolio, venit ad unum de castris, quod Doma dicebatur, et invenit illud vacuum et absque defensore : erat autem castrum nobile et fortissimum super Dordoniam fluvium, in amœnissimo loco situm. Statim comes noster turrem castri, quæ erat altissima et pulcherrima, et pene usque ad summum munita, subfodi fecit et dirui; ad dimidiam vero leugam erat castrum aliud miræ fortitudinis, quod dicebatur Monsfortis. Dominus vero castri, nomine Bernardus de Casuacio, homo crudelissimus et omnium pessimus, timore ductus, fugerat a facie comitis nostri, castro suo vacuo derelicto : tot enim et tantæ erant crudelitates, rapinæ, enormitates illius nequissimi et sceleratissimi, quod vix possent credi, aut etiam cogitari.

Et cum talis esset, procuraverat ei diabolus adju- A
torium simile sibi, uxorem videlicet quæ erat soror vicecomitis Turenæ. Hæc altera Jezabel, imo
longe pejor et crudelior quam Jezabel, omnium
malarum erat pessima feminarum, et viro in crudelitate non impar et malitia. Ambo igitur, cum
essent nequissimi, spoliabant, imo destruebant ecclesias, peregrinos invadebant, membris innoxios
detruncabant, ita quod in unico monasterio monachorum Nigrorum, quod Sarlatium dicitur, inventi sunt a nostris centum quinquaginta inter viros et mulieres, qui, manibus vel pedibus amputatis, erutis oculis, sive cæteris membris cæsis, a
prædicto tyranno et uxore ejus fuerant mutilati.
Ipsa enim uxor tyranni, totius pietatis oblita, pauperibus mulieribus vel mamillas faciebat extrahi, B
vel pollices abscindi, ut sic ad laborandum inutiles
redderentur. O crudelitas inaudita ! sed, his omissis, cum nec millesimam malitiarum dicti tyranni
et uxoris ejus partem possemus exprimere, ad
propositum redeamus.

Destructo igitur et everso castro Domæ, voiuit
comes noster subvertere castrum Montisfortis,
quod erat, sicut diximus, præfati tyranni. Mox
episcopus Carcassonæ, qui totum pro negotio
Christi se laboribus exponebat, assumens secum
partem peregrinorum, abiit et fecit dirui castrum
illud; adeo autem fortissimi erant muri illius, quod
vix poterant dirui, eo quod cæmentum in lapidem
obduruisset, unde etiam multos dies oportuit nostros facere diruendo castro. Ibant peregrini mane
ad operandum, et sero revertebantur ad locum
castrorum; exercitus enim non recesserat a Doma,
eo quod aptior et competentior exercitui erat locus.
Erat præterea prope Montemfortem aliud castellum,
nomine Castrumnovum, non impar cæteris in malitia, et hoc ipsum timore exercitus fuerat derelictum. Proposuit autem comes noster tenere et occupare castrum illud, ut per hæc melius posset
pacis compescere turbatores : sicut cogitavit, ita
et fecit. Erat insuper quartum castrum satis forte,
nomine Bænatium : hujus castri dominus pessimus
erat, et Ecclesiarum molestissimus oppressor : dedit autem ei comes noster optionem, ut unum eli- D
geret de duobus, videlicet ut infra terminum a comite et ab ipsis qui ibi erant præfixum, restitueret
male ablata, aut humiliarentur muri castri ipsius;
et ad hoc exsequendum datæ fuerunt induciæ per
plures dies. Sed cum intra dies illos, de rapinis
non fecisset restitutionem, noluit comes noster
humiliare munitionem castri Bænatii; invitoque
tyranno et multum dolente, fecit comes noster humiliare turrem et muros castri Bænatii : allegabat
enim maleficus sæpedictus castrum suum non debere humiliari, eo quod ipse solus erat in terra
illa, qui juvaret regem Franciæ contra regem Anglorum ; sed comes, allegationes istas vanas sciens
et frivolas, non destitit a proposito. Jam etiam al-

legationes prædictas tyrannus memoratus exposuerat regi Franciæ, sed nihil proficere potuit.

In hunc modum subjugata sunt quatuor castra
illa, Doma videlicet, Monsfortis, Castrumnovum,
Bænatium. In his IV castris, a centum annis et antea, sedes fuerat Satanæ, ab his egressa fuerat
iniquitas super faciem terræ. Istis igitur subjugatis,
per peregrinorum laborem, et probitatem exper-
tissimam comitis Montisfortis, reddita est pax et
tranquilitas, non solum Petragoricensibus, sed etiam
Cadurciensibus et Aginnensibus et Lemovicensibus
pro magna parte. His igitur ad gloriam nominis
Christi peractis, rediit comes noster et exercitus
ad partes Aginnenses, et data sibi opportunitate,
fecit dirui munitiones quæ erant per diœcesim
Aginnensem. Postea venit comes Figiacum, auditurus loco regis Franciæ causas et quæstiones in-
digenarum, rex enim commiserat ei in partibus
illis vices suas in multis. Multa audivit et multa
correxit, et plura correxisset, sed noluit excedere
fines regii mandati. Inde progressus versus diœcesim Ruthenensem, occupavit quoddam castrum
fortissimum prope Figiacum, nomine Capdecana-
cum, ubi ab antiquo fuerat nidus et refugium ruptariorum. Inde venit comes cum exercitu Ruthenam civitatem, impetiit autem comes comitem
Ruthenensem de multis ; ipse enim comes Ruthe-
nensis homo ligius erat comitis nostri, sed quoddam quærens subterfugium, dicebat quod partem
terræ suæ maximam tenebat a rege Angliæ. Quid
plura ? Post multas altercationes, recognovit totam
terram suam tenere a comite nostro, et de tota
terra sua fecit ei hominium, et ita facti sunt amici
et concordes. Erat prope Ruthenam castrum quoddam forte, nomine Severacum, in quo habitabant
ruptarii turbatores, tot enim et tanta mala prove-
niebant a castro illo, quod non posset de facili exprimi. Illi siquidem qui erant in castro illo non
solum Ruthenensem diœcesim infestabant, sed totam terram in circuitu ad Podium B. Mariæ. Dum
igitur comes noster esset apud Ruthenam, mandavit domino castri ut redderet ei ipsum castrum ;
ille vero de fortitudine munitionis confisus, cogitans etiam quod comes tunc temporis non posset
obsidionem circa castrum tenere, eo quod hiems
erat, et castrum illud in montanis, et in locis frigidis esset situm, noluit reddere castrum suum.
Quadam igitur nocte Guido de Monteforti, frater
comitis nostri germanus, assumptis militibus et
servientibus secum, exiens a civitate Ruthenensi,
equitavit de nocte, usque prope castrum sæpedictum, et summo diluculo, illucescente aurora, irruit subito in burgum inferius, cœpitque illud in
momento et occupavit. Illi autem de burgo receperunt se in inferiorem munitionem, in summitate
siquidem montis sita erat munitio, burgum vero
forinsecum a munitione illa per descensum montis
protendebatur. Ideo autem dictus Guido occupavit

burgum, ne adversarii, veniente exercitu, possent
illud comburere. Veniens igitur comes cum exercitu ad castrum Severaci, invenit dictum burgum
illæsum, domosque plurimas exercitui aptas ad
manendum, quas occupantes nostri, firmaverunt
obsidionem : a domino factum est illud, qui verus
est in opportunitate adjutor, et pius in necessitate
provisor. Paucis diebus transactis, erexerunt machinam unam quæ petraria dicitur, et fecerunt jacere contra castrum : adversarii vero unam similiter machinam erexerunt, et cum ipsa nostros,
quantum poterant, infestabant. Nec silendum quod
obsessos illos ita attenuaverat dominus in victualibus quod nimia penuria arctabantur, frigus præterea et hiemis asperitas ita eos affligebat, utpote
qui modicas, et vilissimas habebant vestes, quod
nesciebant quid agerent. Si quis autem de paupertate et miseria eorum miretur, noverit quod ita
subito præoccupati fuerunt, quod non licuerit eis,
nec armis nec victualibus se munire, non enim
putabant, sicut diximus, quod nostri media hieme,
et in locis tam frigidis, possent obsidionem tenere.
Post paucos vero dies, fame et siti et frigore et
nuditate afflicti, postulaverunt pacem. Quid plura ?
Post longum et varium de modo compositionis
tractatum, tandem ad proborum consilium, in hoc
convenerunt, tam nostri quam dominus castri, quod
ipse redderet comiti castrum, et comes ipsum castrum episcopo Ruthenensi, et cuidam nobili
militi qui dicebatur Petrus Brimundi traderet
custodiendum, factumque est ita. Statim nobilis
comes de mera liberalitate sua, reddidit supradicto
domino Severaci totam aliam terram suam, quam
occupaverat Guido de Monteforti : prius tamen
quam redderet ei terram suam, induxit eum ad hoc,
quod hominibus suis malum non inferret ; eo quod
se reddidissent memorato Guidoni. Post hæc etiam
nobilis comes, utpote liberalissimus, reddidit ei
Severacum recepta ab ipso hominii fidelitate et sacramento, et ita in gratiam et familiaritatem comitis est susceptus. Nec prætermittendum quod per
redditionem castri Severaci toti terræ illi reddita est
pax et quies; in omnibus laudandus est Deus, ample-
ctendus athleta ipsius fidelissimus, comes videlicet
Christianissimus Montisfortis. His omnibus rite peractis, magister Petrus Beneventanus, apostolicæ
sedis legatus, de quo supra fecimus mentionem,
reversus a partibus Aragonensibus, in quibus pro
gravibus negotiis fecerat longam moram, convocavit
celeberrimum et generalissimum concilium in quindena Nativitatis Dominicæ apud Montempessulanum.

CAPUT LXXXI.

*Concilium apud Montempessulanum legatus celebrat,
cui intersunt v archiepiscovi et xxviii episcopi, super dominio terræ conquisitæ, cujus comes a Monteforti princeps uno totius concilii ore et consensu
constituitur.*

Anno ab Incarnationis Domini 1214, in quindena
Nativitatis Dominicæ, convenerunt apud Montem-

pessulanum archiepiscopi et episcopi vocati a magistro Petro Beneventano apostolicæ sedis legato
ad concilium, ut de his, quæ pacis erant et fidei,
idem legatus secundum prælatorum consilium ordinaret. Convenerunt autem ad illud concilium quinque archiepiscopi, videlicet Narbonensis 1, Accita-
nus 11, Ebredunensis 111, Arelatensis 1v. Aquensis v.
Fuerunt episcopi xxviii, pluresque de baronibus
terræ ibi adfuerunt. Nobilis autem comes Montis-
fortis non intravit cum aliis Montempessulanum,
sed mansit diebus concilii in quodam vicino castro
quod erat episcopi Magalonensis. Homines autem
Montispessulani, utpote pessimi et superbissimi,
semper exosum habebant comitem et omnes Francigenas, ita quod ipsum comitem non permittebant
Montempessulanum intrare : hac de causa mansit
sicut diximus in castro prædicto, veniebatque quotidie usque Montempessulanum in domo fratrum
militiæ Templi foris murum, ubi egrediebantur foris
ad eum.... archiepiscopi et episcopi, quoties opus
erat. Igitur convenientibus ut prædictum est legato,
archiepiscopis et episcopis, abbatibus et aliis ecclesiarum prælatis apud Montempessulanum, fecit
legatus sermonem in ecclesia beatæ Virginis Mariæ.
Postea vocavit in domo in qua manebat archiepiscopos quinque et episcopos xxviii, abbates et alios
ecclesiarum prælatos innumerabiles : quibus in unum
congregatis, primo eos allocutus est in hæc verba :
« Repeto et requiro a vobis, sub obtestatione divini
judicii et obedientiæ debito, quo Romanæ Ecclesiæ
tenemini, ut omni gratia, odio, livore postpositis,
detis nobis fidele consilium, secundum scientiam
vestram, cui melius et utilius, ad honorem Dei et
sanctæ matris Ecclesiæ et pacem terræ, ad expu-
gnandam vel expurgandam spurcitiam hæreticorum
concedi et assignari debeat Tolosa, quam comes
Tolosanus tenuit et aliæ terræ quas occupaverunt
exercitus Christianorum crucesignatorum.» Omnes
archiepiscopi et episcopi habuerunt longam et di-
ligentem deliberationem, unusquisque cum abbatibus suæ diœcesis et familiaribus clericis suis, et
quia bonum videbatur et rectum redegerunt in
scriptum, et in hoc tandem omnium et singulorum
vota et consilia convenerunt, ut nobilem comitem
Montisfortis eligerent in totius terræ illius principem et monarcham. O res miranda ! si creandus
est episcopus aut abbas, vix in unam personam
conveniunt paucissimorum consensus; ecce in electione principis terræ, tot et tantæ personæ, in
memoratum Christi pugilem, sine aliqua dissensione
vota sua unanimiter contulerunt : a Deo procul
dubio factum est istud, et est mirabile in oculis
nostris. Postquam ergo archiepiscopi et episcopi
elegerunt prænobilem comitem modo quo prædiximus, instantissime requisierunt a legato, ut ipse
statim traderet totam terram eidem comiti; sed
habito recursu ad litteras D. papæ, quas miserat
legato, inventum est quod legatus non poterat
istud facere inconsulto D. papa : et hac de causa,

communi assensu tam legatorum quam prælatorum, Ebredunensis archiepiscopus Girardus, vir multæ scientiæ et totius bonitatis, missus est Romam, et quidam clerici cum eo, litteras tam legati quam prælatorum ferentes secum, in quibus supplicabant prælati omnes D. papæ instantissime, ut nobilem comitem Montisfortis, quem unanimiter elegerant, concederet eis in terræ dominum et monarcham.

Illud autem non credimus reticendum quod dum celebraretur memoratum concilium in Montepessulano, quodam die legatus comitem nostrum qui erat foris muros, in domo militiæ Templi fecit vocari, ut intraret ad ipsum et prælatos : statim comes intravit cum paucis, militibus vero suis, qui cum eo pauci intraverant causa spatiandi per villam evagantibus, comes erat cum legato et prælatis ipse et duo filii ejus, mox illi de villa utpote nequissimi armaverunt se clanculo pro magna parte, intrantesque ecclesiam Beatæ Mariæ, postquam comes intraverat, totam viam per quam ipsum redire putabant observantes, exspectabant reditum ejus, ut eum occiderent si possent, sed pius dominus aliter et longe melius ordinabat. Innotuit ergo comiti nostro quod fiebat, et per aliam viam quam intraverat exiens, ab insidiis declinavit. His omnibus rite gestis, et celebrato per multos dies concilio, prælati qui aderant ad propria redierunt : legatus autem et comes noster venerunt Carcassonam. Interea legatus episcopum Tolosanum misit Tolosam, ut ex parte ipsius occuparet et muniret castrum Narbonense, sic enim vocabatur munitio et palatium comitis Tolosani. Cives autem Tolosani, ad mandatum domini legati, imo potius, timore ipsius, filium comitis Tolosani fecerunt exire a munitione jam dicta, quam hactenus tenuerant, et tradiderunt eam ex parte legati episcopo suo, qui intrans munitionem tenuit eam, et munivit eam militibus et servientibus, tamen in sumptibus civium et expensis.

CAPUT LXXXII.

Primus adventus Ludovici filii regis Franciæ in partes Albigensium.

Anno Verbi incarnati 1215, Ludovicus filius regis Franciæ primogenitus, qui triennio jam transacto, crucem contra hæreticos assumpserat, sed multis et gravibus guerris fuerat impeditus, sopitis pro magna parte guerris, quas contra hostes multas et multum graves habebat pater ejus, ipse iter arripuit ad partes Albigensium, ut votum suæ peregrinationis expleret. Venerunt cum eo multi nobiles et potentes, qui omnes ad diem quam eis præfixerat, in die S. Dominicæ Resurrectionis, convenerunt ad Lugdunum. Fuerunt ibi cum Ludovico episcopus Belvacensis Philippus, comes S. Pauli, Galterus comes Pontivi, comes Sagiensis (*Seez*) et de Alancone Robertus, Guiscardus de Bello-joco, Matthæus de Monte-Maurenciaco, vicecomes Meleduni, et multi alii probi milites nobiles et potentes. Fuit

etiam ibi venerabilis episcopus Carcassonæ Guido, qui ad preces nobilis comitis Montisfortis, paulo ante pro negotio fidei ad partes descenderat Gallicanas, et cum Ludovico veniebat. Ludovicus autem et qui cum eo erant ipsum tenerrime diligebant, ejusque voluntati et consiliis in omnibus acquiescebant. In crastino Paschæ, movens episcopus cum suis a Lugduno, venit Viennam : comes autem Montisfortis occurrebat domino suo, Ludovico videlicet, lætabundus et gaudens, et descenderat usque Viennam : quanta autem fuerit in mutua illa obviatione et visione exsultatio, non esset facile exprimere. Progrediens Ludovicus cum suis Vienna, venit Valentiam ; legatus autem de quo supra tetigimus, scilicet magister Petrus Beneventanus, occurrebat Ludovico, et venerat usque Valentiam. Sicut in superioribus expressimus, memoratus legatus cives Tolosanos et Narbonenses et alios qui fuerant contra Christianitatem et comitem Montisfortis absolverat, secreto suo et provido consilio, quo ipse novit : Tolosanam insuper et Narbonensem civitates et alia castra hostium Christi in partibus Albigensibus in manu sua et protectione tenebat, timebatque ne Ludovicus, utpote primogenitus regis Franciæ, et totius terræ quam legatus tenebat dominus principalis, aliquid potestative vellet facere contra consilium et ordinationem legati, aut occupando civitates et castella, quæ legatus tenebat, aut etiam destruendo, ideoque sicut dicebatur et erat verisimile, non placebat legato adventus et præsentia Ludovici, nec mirum. Cum enim tota terra sæpius memorata veneno hæreticæ pravitatis infecta fuisset, rex Franciæ utpote dominus principalis, admonitus fuerat, et multoties requisitus, ut tanto morbo manum apponeret expulsivam, et ab hæretica spurcitia purgare intenderet regnum suum ; ipse vero non apposuerat consilium vel auxilium ut deberet, et ideo cum terra illa per D. papam auxilio signatorum fuisset acquisita, non videbatur legato quod Ludovicus deberet aut posset contra ordinationes ejus aliquid attentare. Videbatur etiam legato, qui crucesignatus erat, et tanquam peregrinus veniebat, unde non deberet ejus dispositioni in aliquo contraire. Ludovicus autem utpote mitis et benignissimus, respondit legato quod ad voluntatem ipsius et consilium se haberet. Exiens Ludovicus a Valentia, venit ad villam S. Ægidii. Dum esset Ludovicus in villa S. Ægidii, et comes nobilis Montisfortis cum eo, venerunt a curia Romana nuntii, quos sicut supra memoratum est, legatus et archiepiscopi et episcopi patriæ Provincialis miserant ad dominum papam, postulantes ibi dominum et monarcham nobilissimum et Christianissimum comitem Montisfortis. Dominus autem papa misit litteras legato et prælatis et etiam comiti Montisfortis, sub eadem forma, quibus continebatur quod ipse dominus papa totam terram quam comes tenuerat Tolosanus, terras etiam illas quas crucesignati acquisierant, et quas legatus tenebat per obsides et custodes, commendabat comiti Montisfortis custodiendam , donec in concilio generali quod in Kalend. Novemb. illius anni Romæ convocaverat, de terris prædictis plenius ordinaret : hoc audito Ludovicus et comes noster significaverunt legato de adventu nuntiorum. Legatus autem tunc erat prope S. Ægidium cum pluribus episcopis in civitate Arelatensi.

Forma litterarum domini papæ ad comitem Montisfortis hæc est :

INNOCENTIUS episcopus, servus servorum Dei, dilecto filio suo nobili viro S. comiti Montisfortis, salutem et apostolicam benedictionem.

Nobilitatem tuam dignis in Domino laudibus commendamus, quia pura dilectione, mente sincera et viribus indefessis tanquam verus et strenuus miles Christi, et invictus catholicæ fidei propugnator, prælia Domini laudabiliter præliaris, unde in omnem fere terram, tuæ fidei et fidei sonus exivit, propter quod super caput tuum multæ benedictiones effunduntur, ad gratiam tibi amplius acquirendam, et totius Ecclesiæ præcamina congeruntur et multiplicatis intercessoribus, corona tibi gloriæ conservatur, reddenda tibi a justo judice in futurum, quam propter tua merita speramus esse tibi repositam nunc in cœlis. Eïa, miles Christi, ministerium tuum imple, currens per propositum tibi stadium, donec bravium comprehendas, nec in tribulationibus unquam deficias, sciens collater aliter tibi assistere Deum Sabaoth, Dominum videlicet exercituum, ac principem militiæ Christianæ, nec velis bellicos sudores abstergere, antequam palmam victoriæ consequaris, quinimo cum bene inchoaveris bonum principium, ac media quæ postmodum laudabiliter prosequi curavisti, per longanimitatem et perseverantiam quæ coronat, laudabilius optato fine studeas consummare, sciens juxta verbum Apostoli (*II Tim.* II), neminem esse coronandum, nisi legitime decertantem. Cum igitur totam terram quam comes tenuit Tolosanus, cum aliis terris a crucesignatis obtentis, quæ a dilecto filio nostro Petro S. Mariæ in Aquito (Ciacon. habet *Æquiro*) diacono card. apost. sedis legato tenentur per obsides vel custodes, usque ad tempus concilii generalis, in quo de ipsis consilio prælatorum plenius possimus salubriter ordinare, prudentiæ tuæ duximus committendas, ut eas conserves, custodias et defendas, concedentes tibi redditus et proventus earum, cum justitiis, et cum aliis ad jurisdictionem spectantibus, cum nec possis, nec debeas propriis stipendiis militare, salvis expensis, pro munitione et custodia castrorum, quæ de mandato nostro tenentur, nobilitatem tuam cum omni diligentia commonemus, totis affectibus in Domino postulantes pro numine, ac sub obtestatione divini numinis obsecrantes in remissionem peccaminum injungendo, quatenus non refugias hanc pro Christo legationem recipere, cum ipse pro te a Patre legatione suscepta tanquam gigas cu-

currit usque ad crucis patibulum et ad mortem ; cum te totum devoveris in Christi obsequio, non deficias fatigatus, nec recuses usque ad finem bonam pro Christo militiam exercere, nec unquam in cor tuum ascendat, ut tam dulcibus paternis obvies monitis et mandatis, sed potius toto desiderio et affectu, amplecti studeas quæ mandamus, ut in perpetuum Christi amplexibus fovearis, qui te ad amplexus invitans, extendit pro te brachia indefessa ; provida etiam deliberatione diligenter attendas, ne in vacuum cucurreris, aut etiam laboraveris, si per tuam negligentiam, locustarum multitudo, quæ de abyssi puteo sunt egressæ, sed per tuum ministerium, de terra quam occupaverant ejectæ, ipsam, quod absit ! iterum occupaverint in exterminium plebis Dei.

Nos autem quia pro certo speramus, quod de tua salute sollicitus, nunquam debeas mandatis apostolicis obviare, baronibus, consulibus et aliis Christi fidelibus in terris prædictis constitutis, dedimus in mandatis, in virtute Spiritus sancti præcipientes districte, quatenus plenarie intendentes mandata tua super negotio pacis et fidei, et aliis quæ superius sunt expressa, inviolabiliter observare procurent, contra impugnatores catholicæ fidei, et pacis disturbatores, magnifice ac potenter tibi consilium et auxilium impendentes, ita quod eorum cooperante subsidio, negotium pacis et fidei salubriter exsequaris : quod quoque legato præcipiendo mandamus, ut super his statuat et disponat, quidquid ipsi negotio viderit expedire, impendens tibi consilium et auxilium opportunum, et quod statueris, faciat firmiter observari ; contradictores si qui fuerint vel rebelles, sublato cujuslibet conditionis vel appellationis obstaculo, ad id quod viderit expedire, districtione compellens.

Datum Laterani IV Non. Apr. , pontif. anno XVIII.

Progrediens Ludovicus a villa S. Ægidii, venit ad Montempessulanum, et inde Biterrim, civitas autem Biterris distat quatuor tantum leucis a Narbona ; cives autem Narbonenses timore ducti, miserunt ad Ludovicum, significantes ei, quod parati erant ad faciendam ejus in omnibus voluntatem. Nec silendum quod archiepiscopus Narbonensis Arnaldus, quantum poterat laborabat ad hoc, quod muri Narbonæ non diruerentur, ob hoc etiam descenderat obviam Ludovico usque Viennam : dicebat siquidem quod sua erat Narbona, et hoc pro parte verum erat : insuper etiam ducatum Narbonæ, quem ab antiquis temporibus comes tenuerat Tolosanus, usurpaverat sibi archiepiscopus et tenebat. Quamvis autem homines Narbonenses essent pro parte de dominio archiepiscopi, tamen contra Deum et Christianitatem , comiti Montisfortis se opposuerant, imo Christum impugnaverant toto nisu, ob hoc etiam in villam suam intromiserant hostes Christi et diu tenuerant. Archiepiscopo etiam, qui pro conservatione murorum ita

ardénter laborabat, graves præcedenti anno intu- A
lerat metus mortis, unde videbatur nostris quod
archiepiscopus contra utilitatem Ecclesiæ, et suam
etiam, instabat ne muri caderent Narbonæ; propter hoc et alia quædam, quæ non est necessarium
replicare, aliquantulum discordiæ intervenerat inter archiepiscopum et comitem Montisfortis : videbatur fere omnibus quod archiepiscopus quead
prædicta, non satis in futurum providebat utilitati
negotii fidei Christianæ. Cum essent Biterris, legatus et Ludovicus et comes Montisfortis et peregrini, omnes de voluntate legati et consilio prælatorum, qui plures illuc convenerant, ita est ordinatum, quod Ludovicus de voluntate et auctoritate
legati faceret dirui muros Narbonæ, Tolosæ, et
quorumdam castrorum, eo quod per munitiones B
illas Christianitati evenerant multa mala. Inhibuit
autem Ludovico, ne homines dictarum civitatum
perturbaret in aliquo, nisi tantum in dirutione murorum. Quod ut posset melius observari, Ludovicus
mandavit civibus Narbonæ, ut ipsi ad arbitrium
duorum militum, quos ad hoc misit Narbonam, infra tres septimanas diruerent muros suos, quod
nisi facerent, scirent se graviter puniendos. Cœperunt igitur Narbonenses diruere muros Jericho,
Narbonæ videlicet civitatis. Ludovicus autem movens a Biterris, venit cum suis Carcassonam, ubi
cum per aliquot dies moram fecisset, venit legatus.
Quadam igitur die convocavit legatus ad se in du-
mum episcopi Carcassonensis episcopos qui aderant, Ludovicum, et comitem Montisfortis, et no- C
biles qui erant cum Ludovico. Quibus omnibus
congregatis, legatus, juxta formam mandati apostolici, commendavit comiti terram usque ad concilium generale. Post hæc movens Ludovicus Carcassonam, perrexit ad quoddam castrum vicinum,
quod dicitur Fanum-Jovis, et fecit ibi paucos dies.
Interea legatus et comes Montisfortis perrexerunt
ad castrum Apamiarum. Venit ibi ad legatum pessimus comes Fuxi. Comes autem noster noluit illum videre : ibi commendavit legatus comiti nostro
castrum Fuxi, quod diu in manu sua tenuerat,
comes autem noster statim misit milites, et castrum Fuxi munivit. Nec silendum quod antequam
exirent legatus et Ludovicus a Carcassona, comes D
Montisfortis misit Guidonem fratrem suum et
milites cum eo, ad recipiendam et occupandam ex
parte ejus Tolosam. Post hæc receperunt ex parte
comitis nostri sacramenta fidelitatis a civibus, et
præceperunt eis ut diruerent muros civitatis ; acquieverunt cives licet inviti nimiumque dolentes, et
plus timore impulsi, quam amore inducti, cœperunt diruere muros suos. Ab illo igitur tempore,
humiliata est superbia civitatis Tolosanæ. Igitur
postquam legatus commendavit comiti nostro castrum Fuxi, legatus ipse et Ludovicus, et comes
Montisfortis et peregrini omnes, perrexerunt et
intraverunt Tolosam. Inde Ludovicus et peregrini,
peracto peregrinationis suæ termino videlicet XL

dierum, ad partes Franciæ redierunt. Legatus etiam
exiens a Tolosa, venit Carcassonam, ibique exspectavit per aliquos dies comitem Montisfortis. Comes autem nobilis, postquam paucos dies fecerat
in Tolosa, venit Carcassonam ad legatum. Postquam igitur legatus in terra Albigensium fecerat
plures dies, et sicut vir circumspectus et providus,
injunctæ sibi legationis officium laudabiliter fuerat
exsecutus, tota insuper terra sæpedicta de mandato
summi pontificis commendata erat nobili comiti
Montisfortis, descendensque idem legatus in partes
Provinciæ, ad summum pontificem est reversus :
nobilis autem comes Montisfortis prosecutus est legatum Carcassona, usque ad S. Antonium prope Viennam. Inde perrexit legatus Romam ; nobilis autem
comes, postquam fecit in Provincia paucos dies, ad
partes reversus est Carcassonæ, factisque ibi paucis diebus, versus partes Tolosanas et Aginnenses
se transtulit, ut visitaret terras illas, et corrigeret
corrigenda. Nec silendum quod muri Tolosæ pro
magna parte fuerant jam subversi. Post aliquot
autem dies, Bernardus de Casuacio, vir pessimus
et crudelis de quo supra fecimus mentionem, castrum quoddam in Petragoricensi diœcesi, quod
ipsius fuerat, et dicebatur Castrumnovum, proditiose recuperavit. Miles enim quidam Francigena,
cui comes custodiendum commiserat castrum illud, minus sufficienter illud munierat, sed dimiserat pene vacuum, quo audito, prædictus Bernardus venit ad castrum et obsedit illud, statim cepit, militesque qui ibi erant morte patibuli condemnavit.

CAPUT LXXXIII.

*Concilium Lateranense celebratur, in quo comitatus
Tolosanus, Simoni comiti commendatus, decreto
concilii eidem conceditur.*

Anno Verbi incarnati 1215, mense Novembri,
dominus papa Innocentius III, convocatis patriarchis, archiepiscopis, episcopis, abbatibus et aliis
ecclesiarum prælatis, in Lateranensi ecclesia, celebravit in urbe Roma generale concilium et solemne.
Inter alia quæ ordinata fuerunt in concilio et statuta, tractatum fuit de negotio fidei contra Albigenses ; venerat etenim ad concilium Raimundus
quondam comes Tolosanus et filius ejus : comes
etiam Fuxi, pacis et fidei manifestissimi turbatores, supplicaturi concilio pro recuperatione terræ
suæ quam perdiderant, divina disponente censura, suffragante auxilio signatorum. Comes vero
nobilis Montisfortis misit illuc fratrem suum germanum. Guidonem de Monteforti, aliosque fideles
nuntios et discretos. Verum quidem est, quod fuerunt ibi aliqui, etiam quod est gravius de prælatis,
qui negotio fidei adversi, pro restitutione dictorum
comitum laborabant, sed non prævaluit consilium
Achitophel, frustratum est desiderium malignorum. Dominus etenim papa, approbante pro majori
parte et saniori sacrosancto concilio, in hunc mo-

dum ordinavit de negotio memorato. Statuit siqui- A
dem et providit, quod Tolosa civitas, et aliæ terræ
a crucesignatis obtentæ, concederentur comiti
Montisfortis, qui in prædicto negotio viriliter et
fideliter laboravit supra omnes ; terram vero quam
comes Tolosanus habuerat in Provincia, custodiri
voluit summus pontifex, ut de illa fieret provisio in
parte vel in toto, filio dicti comitis Tolosani, si
tamen per certa fidelitatis et bonæ conversationis
indicia, ostenderet se misericordia dignum esse.
Sed quam male prædicta se habuerint, et qualiter
misericordiam in durum sibi convertit judicium, in
sequentibus ostendemus.

Post reditum nuntiorum suorum a concilio, comes Montisfortis, de prælatorum terræ Albigensis,
et baronum suorum consilio, perrexit in Franciam B
ad dominum suum regem, ut ab eo terram reciperet, quæ de feudo ejus erat; quantus autem honor
ei exhibitus in Francia nec a' nobis scribi, nec ab
audiente de facili credi posset; in quamcunque
enim civitatem, castellum, seu villam intrabat,
exibant ei obviam cum processione clerus et populus, clamantes et dicentes : *Benedictus qui venit in
nomine Domini (Matth.* xxi), tantaque et talis erat
pia et religiosa devotio populi, quod beatum se esse
dicebat, qui ejus poterat tangere fimbriam vestimenti. Veniens comes ad regem, ab eo benignissime et honorifice est susceptus. Post jucunda vero
gratæ familiaritatis colloquia, rex investivit comitem et confirmavit ducatum Narbonæ, Tolosani, ei
et hæredibus ejus; totam etiam terram, quam in
feudo ejus acquisierant crucesignati, contra hæreticos et defensores eorum. Cum esset nobilis comes
in Francia, Raimundus filius Raimundi P. quondam
comitis Tolosæ, puer sed non a puerilitate, imo potius a stultitia, mandatis apostolicis per omnia veniens ex adverso, spreta insuper illa magna gratia,
et copiosa misericordia, quam ei sedes apostolica
fecerat licet indigno, ad partes Provinciales accessit, et facta conjuratione contra Deum et jura civilia et canonica, cum Avinionensibus, et Tarasconensibus, et Massiliensibus, consilio et auxilio
quorumdam nobilium Provinciæ, occupavit terram
illam, quam de commendatione D. papæ custodiebat nobilis comes Montisfortis. Occupata terra D
trans Rhodanum, venit ad quoddam nobilissimum
castrum in regno Franciæ, in diœcesi Arelatensi,
in ripa Rhodani fluvii magni situm. Castrum illud
fuerat comitis Tolosæ, sed Ecclesia Romana illud
concesserat, et rex confirmaverat comiti Montis-
fortis, nec non et archiepiscopus Arelatensis, cujus
est minus dominium ejusdem castri, eidem comiti
ut vassalo in feudum concesserat, et ab eo hominium acceperat pro eodem castro. Veniens dictus
Raimundus Belliquadrum, vocatus ab hominibus
ejusdem castri, qui nostro comiti hominium fecerant, in burgum est receptus. Statim confluentibus
ad eum quibusdam nobilibus Provinciæ, civibus et
Avinionensibus et Massiliensibus, burgensibus in-

super Tarasconensibus, viris perfidis et malignis,
seneschalcum comitis Montisfortis, militesque et
servientes, qui cum dicto seneschalco munitionem
servabant, in ipsa munitione obsedit, cœpitque acriter impugnare. Quo audito, Guido frater comitis
Montisfortis, et Almaricus ipsius comitis primogenitus, cæterique barones comitis et milites, qui
erant in partibus Tolosanis, festinanter venerunt
versus Belliquadrum, ut suis, si possent, succurrerent obsessis. Erat autem cum eis venerabilis episcopus Carcassonæ Guido, qui sicut sæpedictum
est, erat in fidei negotio totus ardens. Interea comes nobilissimus Montisfortis cum festinatione
veniebat a Francia : adducebat autem secum plures
milites, quos magnis stipendiis conductos traxerat
a Francia. Properantes Guido frater comitis, et Almaricus filius ejus, versus Belliquadrum, venerunt
Nemausum civitatem, quæ distat a castro Belliquadri spatio quatuor leucarum, et manserunt ibi nocte una. Facto autem mane, audita missa, facta
confessione et communione Dominici sacramenti
percepta, ascensis equis egrediuntur a Nemauso,
Belliquadrum properantes. Ibant autem parati ad
bellum : hoc enim erat summum ipsorum et solum
desiderium, scilicet quod possent cum hostibus
capitalem habere congressum. Factum est autem
dum essemus in via, dictum est nobis quod prope
publicam stratam erat quoddam castrum Bellagarda nomine, quod reddiderat se hostibus nostris,
et etiam ipsam publicam stratam poterat plurimum C
infestare; ideoque de nobilium nostrorum consilio
divertimus ad castrum illud, quo statim capto, ibi
quievimus nocte illa. In crastino summo diluculo
audita missa, exivimus a castro illo, Belliquadrum
properantes. Ibant autem nostri parati ad bellum,
tribus aciebus dispositis, in nomine Trinitatis. Venientes autem nostri ante castrum Belliquadri, invenimus infinitam hominum multitudinem, qui milites et servientes nostros in castri munitione obsessos tenebant; sed cum essent infiniti hostes,
nostri vero respectu eorum pauci, non tamen ausi
sunt exire inferiores muros castri, licet nostri ante
muros diutissime stantes eos ad prælium invitarent.
Videntes nostri quod non exirent hostes ad dimicandum contra eos, postquam exspectaverant eos
et invitaverant ad exeundum, reversi sunt ad castrum Bellegardæ, unde venerant die altero reversuri. Dum autem essemus apud Bellamgardam, comes nobilis Montisfortis, rediens a Francia, pro-
peransque Belliquadrum, venit Nemausum. In crastino summo mane, movit comes a Nemauso, et nos
a Bellagarda, venientesque ante Belliquadrum, comes ex una parte, et nos ex altera, ipsos obsedimus obsessores. Videns filius quondam comitis Tolosani quod comes Montisfortis obsedisset Belliquadrum, convocavit quoscunque potuit, Avinionenses, Tarasconenses, Volobercenses et multos
alios de vicinis castellis et gentem perfidam, gentem apostatantem, hi enim in unum congregat[¹],

contra Deum et athletam Christi, scilicet comitem Montisfortis, obsessos nostros qui erant in munitione, quantum poterant infestabant, non enim solummodo obsederamus Belliquadrum, sed civitates et castella supradicta, imo Provinciam fere totam; fecerant autem hostes circa munitionem a parte exteriori murum et fossatum, ne nostri ad munitionem accedere possent, ipsam praeterea munitionem cum machinis quae dicuntur petrariae acriter infestabant, crebros praeterea et duros insultus nostris qui erant in munitione faciebant, sed nostri se viriliter ac mirabiliter defendebant, et ex eis plurimos occidebant. Fecerunt hostes arietem mirae magnitudinis, quam applicantes ad murum munitionis, ipsum murum fortiter concutiebant. Nostri vero, per mirae probitatis et subtilitatis artificia, ita impediebant ictus arietis, quod in nullo vel in modico, debilitaverunt murum. Fecerunt etiam adversarii multas et alias multimodas machinas, sed nostri obsessi omnes combusserunt : comes autem nobilis Montisfortis, cum multo discrimine et expensis, foris tenebat obsidionem, tota quippe terra in circuitu corruperat viam suam; non enim poteramus habere victualia ad opus exercitus, nisi a villa S. Ægidii et a Nemauso. Oportebat etiam, quod quando volebamus habere victualia a duabus villis, mitterentur milites, qui armati conducerent eos, qui victualia deferebant. Oportebat insuper quod sine intermissione, tam die quam nocte, tertia pars militum exercitus armata esset, tum quia timebatur ne hostes subito in exercitum irruerent insperati, quod tamen nunquam ausi sunt attentare, tum propter machinas custodiendas. Parari etiam fecerat comes nobilis petrariam, quae jaciebat ad primum murum burgi, non enim poterat habere plures machinas, quia non habebat milites, qui traherent eas, paucissimos habebat milites indigenas, et illi tepidi erant et trepidi, et in modico, vel in nullo, exercitui Christi proficientes. Illi vero qui erant a parte adversa, animosi erant et audaces. Nec silendum quod quando hostes aliquos de nostris capere poterant, sive clerici essent, sive laici, morte turpissima condemnabant; postquam enim suspenderant eos, alios occidebant, alios membris truncabant. O bellum ignobile, o confusa victoria! Quadam die ceperunt quemdam militem de nostris, captum occiderunt, occisum suspenderunt, suspenso manus et pedes abstulerunt. O crudelitas inaudita! Pedes insuper militis quos absciderant, projecerunt in munitionem cum mangonello, ut ita terrerent, et irritarent obsessos nostros. Interea Raimundus quondam comes Tolosæ, discurrebat per Cataloniam et Aragoniam, adunando quos poterat milites, ut eorum auxilio intrarent terram nostram, et occuparet Tolosam. Cives autem Tolosani nequam et infideles, parati erant eum recipere, si veniret. Insuper obsessis nostris qui erant in Belliquadro, victualia defecerunt, nunquam enim possent eos capere hostes, si ad sustentationem solummodo habe-

rent victum : significata est comiti nostro suorum inopia obsessorum, qui in multa anxietate positus, quid ageret nesciebat, nec enim suos obsessos poterat liberare, nec ulla ratione volebat expositos morti dimittere. Tolosana insuper civitas, et aliæ terræ quas tenebat, erant in summo perditionis periculo. His omnibus diligenter consideratis, laborare cœpit comes nobilis et fidelis, quomodo obsessos suos liberare posset et habere. Quid plura? loquuntur nostri per interpositas personas cum hostibus, fit talis dispositio, ne expositionem dicamus. Ordinatur quod obsessi nostri dimitterent hostibus munitionem Belliquadri, ita quod dimitterent eos adversarii exire cum supellectili sua tota, factumque est ita. Si quis autem consideret hujus obsidionis circumstantias, licet nobilis comes de captione Belliquadri non habuerit victoriam, tamen fidelis nobilitas, et nobilissimæ fidelitatis insignia reportavit. Recedens nobilis comes cum suis ab obsidione Belliquadri, venit Nemausum, ibique dimittens equites, qui custodientes civitatem etiam discurrerent per terram, ipse properavit Tolosam, quod audiens Raimundus, quondam comes Tolosæ, qui et ipse veniebat ad occupandam Tolosam, confusus aufugit. Accedens comes Tolosam, præmisit quosdam de militibus suis in civitatem, cives autem perfidi et ad proditionem parati, cœperunt illos, et in una domo tenuerunt inclusos : quod audiens comes, iratus et miratus est valde, vidensque quod Tolosani vellent resistere, fecit ignem apponi in parte civitatis, cives autem fugerunt in burgum adhuc volentes resistere; sed videntes quod comes vellet eos aggredi per insultum, timore ducti, exposuerunt se et civitatem ejus per omnia voluntati : comes vero muros et turres civitatis funditus everti fecit : insuper et de civibus obsides habuit, quos in castris suis posuit custodiendos. Interea homines Sancti Ægidii apostatæ et infideles, receperunt in villam suam filium quondam comitis Tolosæ, contra abbatis et monachorum voluntatem, quod videntes ipse abbas et monachi, extrahentes de ecclesia corpus Christi de villa nudis pedibus exierunt, villam ipsam interdicto et anathemati supponentes. Peractis comes nobilis apud Tolosam aliquantis diebus, ivit in Vasconiam, ibique contractum est matrimonium inter Guidonem fratrem ipsius comitis qui erat secundus natu et comitissam Bigorræ, et post paucos dies, comes rediit Tolosam.

CAPUT LXXXIV.
Obsidio Montis Grenarii.

Eo tempore, ille negotii Jesu Christi hostis antiquus et persecutor indefessus comes Fuxi, mandatis summi pontificis et generalis concilii secundi, super pace vel saltem treugis, per quindenium observandis, veniens ex adverso, munitionem quamdam extruxerat prope Fuxum quæ Mons Grenarius dicebatur. Erat autem dicta munitio in altissimi summitate montis fundata, et quantum ad humanam æstimationem, non solum inexpugnabilis, sed quasi inaccessibilis videbatur ; ibi habitabant turbatores pacis et fidei subversores, ibi hostes Ecclesiæ habebant refugium et recursum. Audiens comes nobilis Montisfortis quod per munitionem sæpedictam damna multa et gravia provenirent, quod nisi festinanter periculo occurreret imminenti, damnificari posset incomparabiliter negotium Jesu Christi, obsidere proposuit munitionem sæpius nominatam.

Anno igitur Verbi incarnati 1216, vIII Id. Febr. Montem Grenarium obsedit comes fortissimus Montisfortis. Erat autem in munitione illa Rogerius Bernardi filius comitis Fuxensis, non degenerans ab iniquitate paterna, plures erant milites et servientes cum eo ; non enim credebat quod aliquis mortalium Montem Grenarium non solum capere posset, sed etiam tali tempore obsidere auderet ; sicut enim diximus, in montanis altissimis et frigidissimis situs erat, hiems adhuc erat, quæ in locis illis solet asperius dominari, sed fortissimus comes, fidens in illo, qui aquis et ventis imperat, et cum tentationibus dat proventum, non veritus ventorum turbinem, non asperitatem nivium, non pluviæ abundantiam expavescens, in luto et frigore obsidionem suam firmans, castrum obsessum cœpit fortiter impugnare, illi de castro se defendere toto nisu. Et quia omnes hujus obsidionis difficultates et argutias vix possemus per ordinem enarrare, istud breviter dicimus, quod totus illius obsidionis status, non tam labor, quam martyrium debeat appellari. Post multos autem dies, obsessis aqua defecit, et deficientibus etiam victualibus, defecit eis animus resistendi. Obsessores autem nostri licet cum difficultate maxima, ita die noctuque omnes aditus obstruebant, quod obsessi nec victualia inferre poterant in castrum, nec audebant descendere ad hauriendum aquam. His afflicti angustiis, loquuntur de redditione castri, verumtamen nostri, non plene sciebant statum eorum, unde facilius petitioni eorum assenserunt. Modus autem redditionis quem adversarii offerebant, talis erat. Offerebant quod redderent comiti castrum, dummodo permitterentur abire cum armis suis. Exit de castro Rogerius Bernardi cum suis; juravit autem Rogerius comiti quod per unum annum non faceret ei guerram, quod juramentum quam male servaverit, in sequentibus ostendemus. Redditum est castrum in vigilia Dominicæ Resurrectionis. Statim comes nobilis castrum servientibus munivit, et post hæc, perrexit Carcassonam, erant autem castra quædam in diœcesi Narbonensi et prope Termas, in quibus habitabant ruptarii, qui peccatis exigentibus, fuerant de terris suis expulsi. Ivit comes ad partes illas, et ex castris illis quædam vi cœpit, quædam sine conditione aliqua reddiderunt. His rite gestis, pervenit comes nobilis versus partes Provinciæ, ad diœcesim videlicet Nemausensem ; villa siquidem Sancti Ægidii, inito mortis fœdere, cum Avinionensibus et Bellicadrensibus, et plura castra dictæ diœcesis, ipso anno recedentes a Deo

et ab Ecclesia reddiderant Raimundo, filio Raimundi quondam comitis Tolosani. Cum vero comes nobilis, causa peregrinationis, et de voluntate abbatis, qui plenum habet dominium in dicta villa, ad villam Sancti Ægidii pervenisset, non est admissus ab hominibus ejusdem villæ, sed appellantes ad dominum B. cardinalem, portas villæ clauserunt ; sed comes noster, sicut vir humilis et devotus, appellationi deferens, inde recessit ; venerat enim in Provincia ipso tempore magister Bertrandus, tituli SS. Joannis et Pauli presbyter cardinalis, apostolicæ sedis legatus, vir multæ scientiæ et probitatis immensæ, missus a summo pontifice, ut in Provincia Viennensi, Arelatensi, Aquensi, Ebredunensi, Narbonensi, quæ pacis sunt et fidei ordinaret ; erat autem trans Rhodanum in Arausica civitate. Cives villarum Avinionenses et Massilienses, et homines villæ Sancti Ægidii, et Bellicadrenses, et Tarasconenses, dati in reprobum sensum, et versi in apostasiam, obedire nolebant. Interea comes nobilis Montisfortis castra quæ apostataverant ipso anno, sicut prædiximus, in diœcesi Nemausensi, fortiter impugnabat. Venerant autem in ejus auxilium Girardus Bituricensis archiepiscopus, et Robertus Claromontensis episcopus viri potentes, qui anno præcedenti, crucem assumpserant contra turbatores pacis et fidei subversores. Venerunt autem cum eis milites et servientes quamplures, quorum auxilio suffultus comes, obsedit quoddam castrum prope villam Sancti Ægidii quod Postquarie nuncupatur : quo capto in brevi, obsedit aliud castrum, quod Brimicium appellatur, quod viriliter impugnans, potenter expugnavit, multosque de hominibus castri, pro meritis, patibulis suspendit ; quæ res apostatas omnes de terra illa adeo perterruit, quod dati in stuporem, castra omnia in quibus habitabant, fugientes a facie comitis, vacua dimiserunt ; in tota enim terra illa citra Rhodanum, vix remansit qui resisteret comiti, præter villam Sancti Ægidii et Bellicadrum, et aliæ munitiones paucissimæ. His gestis, descendit comes versus villam super Rhodanum, quæ dicitur portus Sancti Saturnini, cardinalis autem transivit Rhodanum versus Vivarium civitatem, volens videre comitem, et cum eo habere colloquium super negotio Jesu Christi ; non enim erat liber transitus in aliquo viciniori loco per Rhodanum, quod Avinionenses et alii hostes fidei impedirent propositum et conatum, qui sicut ipse conquerebatur, eum quodammodo obsessum tenuerant in Arausica civitate, et venit ad Sanctum Saturninum, ubi inter alias injurias, quas fecerunt ipsi legato inimici fidei atque pacis, hæc fuit non modica, quod cum ipse legatus sederet cum multis clericis in aspectu Rhodani, subito inimici Dei qui portum munierant, in personam legati septem et octo emiserunt quarellos, Deo ipsum conservante illæsum, tamen tractarius papæ qui ibi aderat vulneratus est. Comes autem cum exsultatione et festinatione maxima venit ibidem ad legatum. Quen-

tum autem honorem exhibuit comes Christianissimus cardinali, non esset facile explicare. Circa
idem tempus, archiepiscopus Bituricensis et episcopus Claromontensis, peracto suæ peregrinationis
termino, videlicet XL dierum, ad propria remearunt : comes vero noster, turrem Draconeti fortissimam, super ripam Rhodani sitam obsedit viriliter,
cepit et funditus dissipavit, captis illis omnibus
qui intus erant et vinculis mancipatis; ad hoc autem turris facta fuerat, ut esset spelunca latronum,
peregrinos et alios spoliantium, tam per terram,
quam per Rhodanum transeuntes. Post hæc omnia,
fuit cardinalis consilium et voluntas, ut nobilis
comes transiret Rhodanum, et in Provinciæ partibus, pacis compesceret turbatores; Raimundus
enim filius quondam comitis Tolosani, et Ademarus Pictaviensis, et complices eorumdem, negotium
pacis et fidei in partibus illis totis nisibus pertur-
babant. Obedivit comes nobilis cardinali, et fecit
sibi parari apud Vivariam naviculas, ut Rhodanum
transiret : quod audientes adversarii ipsius, convenerunt in unum per terram, ut eis transitum impedirent; sed et Avenionenses venientes per Rhodanum
cum navibus valde munitis, proposuerunt comiti
transitum prohibere; sed cum paucissimos de militibus comitis transire viderent, divino miraculo
versi in timorem, fugæ præsidia quæsierunt; sed
et omnes qui de terra illa adhærebant adversariis
comitis tantus terror invasit, quod castra multa
et fortia dimiserunt. Transivit igitur comes nobilis
cum suis, et venit ad castrum quod dicitur Montilium ;
cardinalis autem transivit cum eo, de cujus voluntate et mandato comes omnia faciebat. Guitaldus
autem Ademari, qui erat dominus Montilii pro majori parte, erat cum adversariis comitis, cum esset
ligius homo D. papæ, nec requisitus, voluit dictum
castrum reddere cardinali, quod receptaculum fecerat hæreticorum, sed homines de castro receperunt
comitem ; quidam enim miles, consanguineus dicti
G. qui erat alter dominus Montilii, adhærebat et
semper adhæserat comiti.

Peractis comes apud Montilium paucis diebus,
perrexit ad obsidendum quoddam castrum in diœcesi Valentina, quod dicitur Crestal, et erat Ademari
Pictaviensis. Ademarus autem, sicut jam diximus,
adversabatur comiti Montisfortis et multum persecutus fuerat episcopum Valentinum ; civitas
enim Valentia adhærebat, et semper adhæserat
comiti memorato. Veniens comes ad castrum
Crestæ, obsedit illud. Erat castrum nobilissimum
et fortissimum et militibus et servientibus bene
munitum : firmata obsidione, cœpit comes castrum
fortiter impugnare, obsessi defendere se pro viribus.
Erant autem cum comite plures de episcopis illius
terræ, et milites Francigenæ quos rex ei Philippus
per sex menses servituros miserat ferme centum.
Et dum esset comes in obsidione illa, tentatum
fuit de compositione et pace facienda, inter comitem
et Ademarum Pictavensem. Post multa autem

verba longumque tractatum, firmata est compositio
inter comitem et dictum Ademarum, promissumque
est ab utroque firmiter, quod filius Ademari haberet
filiam comitis in uxorem. Tradidit etiam Ademarus
quædam castra pro securitate, quod de cætero
comitem nullatenus impugnaret. Quidam præterea
nobilis de terra illa nomine Draconetus, qui anno
præterito recesserat a comite, reddidit se ei. Facta
est insuper compositio et pax inter episcopum
Valentiæ et sæpedictum Ademarum. Dum igitur
Dominus Jesus negotium suum ita miraculose in
partibus illis promoveret, antiquus hostis videns
impedire voluit quod doluit promoveri. Eisdem
siquidem diebus, cives Tolosani, imo dicamus
melius Dolosani, instinctu diabolico agitati, aposta-
tantes a Deo et ab Ecclesia, et recedentes a comite
Montisfortis, receperunt in civitatem suam Raimundum quondam comitem et dominum suum, qui,
meritis exigentibus, exhæredatus fuerat auctoritate
summi pontificis, imo generalis concilii Lateranensis secundi. Nobilis autem comitissa, uxor
comitis Montisfortis, et uxores Guidonis fratris
sui, et Almarici et Guidonis filiorum, et multi filii
et filiæ, tam comitis quam fratris sui, erant in
munitione Tolosæ, quæ dicitur castrum Narbonense.
Statim dictus Raimundus et Rogerius Bernardi
filius comitis Fuxi, et quidam alii qui cum eo
venerant, civesque Tolosæ cœperunt die noctuque
munire Tolosam multis repagulis et fossatis. Audito nuntio de proditione Tolosæ, Guido de Monte-
forti frater comitis, et Guido filius ejusdem comitis
et plures milites cum eis, quos comes dimiserat in
partibus Carcassonæ, ut custodirent terram, cum
festinatione perrexerunt Tolosam, et miserunt se in
munitionem prædictam, ubi erat comitissa in
domibus forinsecus, ne adversarii a parte exteriori
obsiderent munitionem.

CAPUT LXXXV.

Secunda Tolosæ obsidio.

Audiens comes nobilis apostatasse Tolosam, transivit Rhodanum et rediit festinanter ; cardinalis
autem transivit cum eo. Venientes igitur Tolosam
cardinalis et comes, obsederunt eam anno 1217.
Erat enim civitas maxima et populosa valde, et
ruptarii et faydici, nec non et multi alii qui antea
inimici erant occulti comitis Montisfortis, se receperunt in eam, ut eam defenderent contra Deum,
comitem, et Ecclesiam sanctam, pro qua comes
nobilis totis viribus laborabat. In dicta enim proditione, multa castra multique nobiles circa Tolosam,
consenserant, Valentiam loco et tempore promittentes. Cum autem comes nobilis venisset cum suis
ad fossata Tolosæ, volens per insultum capere
civitatem, repulsus est a civibus violenter, fixitque
sua tentoria juxta castrum Narbonense. Sed cum
Tolosa obsideri cum effectu non posset nisi ultra
fluvium Garumnam, qui a parte Vasconiæ Tolosam
vallabat, esset exercitus, qui exitum Tolosanis
defenderet, qui per duos pontes super ipsum flu-

vium eisdem patebat, transivit ultra comes cum A
multis, multis etiam citra dimissis cum filio suo
Almarico ; fuit illic comes nobilis aliquantis diebus,
tandem intelligens, quod exercitus Almarici non
esset sufficiens ad resistendum inimicis, transivit
fluvium, ut de duobus invalidis, unus fieret exercitus validus et securus. Sed miraculum, quod
Deus fecit in ipso transitu, non omittemus, ut
semper et in omnibus magnificetur Deus ; dum
enim ipse comes Montisfortis, totus armatus, et in
equo armato, navem intrare vellet, in flumen
cecidit, ubi aqua profundissima cernebatur : qui
cum non appareret, timor et tremor et planctus
nimius nostros tenuit universos. Rachel plorat
filium, infernus dolose exsultans ululat, nostros
appellat orphanos vivo patre ; sed qui ad preces B
Eliæ securim in aqua supernatare voluit, nostrum
de aquæ abysso levavit principem, manus conjunc-
tas ad cœlum devotissime extendentem, quem
nostri de navigio cum gaudio suscipiunt, et sanctæ
matri Ecclesiæ servant incolumem, pro qua se
opponebat obicem dictus comes. O ineffabilis clementia Salvatoris ! Interim Tolosani machinas
multas, petrarias et mangonellos erigunt ut et
castrum Narbonense præcipitent, et Bertrandum
cardinalem apostolicæ sedis legatum lapidibus
obruerent, et ejus socios, et in eo Romanam Ecclesiam lapidarent. O quoties dictus cardinalis mori
timuit, qui tanquam vir providus, pro negotio Jesu
Christi, vivere minime recusavit ! Eodem tempore C
comes nobilis hostagia ab hominibus de Monte-
albano accepit, eo quod suspecti habebantur, ne
cum Tolosanis fraudem facerent contra pacem ;
mel, inquam, illi portabant in ore, sed fel conceptum
gestabant in corde, quod comparuit res post facto,
quia cum seneschalcus Aginnensis ex parte comitis
Montisfortis et episcopus Lectorensis venissent
Montem-albanum, et nocte illa dormissent secure,
ecce illi de Monte-albano Tolosam miserant, ut
Raimundus quondam comes cum Tolosanis ad
castrum accederent, et eis seneschalcum redderent,
et socios interficerent universos ; qui Raimundus
quingentos præmisit armatos, qui in illa eadem
nocte intrantes castrum, prope enim erat Tolosam,
cum consilio illorum de castro, qui erant ad tria D
millia et amplius, plateas obstaculis munierunt, et
ad ostia domorum, ubi seneschalcus et ejus jacebant socii armatos pro custodibus posuerunt, ne illi
evaderent, nihilominus ligna plurima ostiis apponentes, ut si aliter capi non possent, igne penitus
consumerentur ; quo facto, exclamant Tolosani,
clangunt buccinæ, fit metus et strepitus magnus,
surgunt Francigenæ somnolenti et stupidi, non de
viribus confidentes, sed de solo Dei adjutorio præsumentes, armant se subito, et licet dispersi per
castrum, omnes tangit una voluntas, una fides in
Domino, una spes triumphandi : exeunt de domibus
invitis hostibus, in quos more leonis irruunt impa-
tientes. Hostes fugiunt, quidam in laqueos incidunt

quos fecerant, quidam de muris se præcipitant,
licet a nemine fugarentur. Omnia fere mobilia nostri
capiunt, cætera incendio consumuntur.

CAPUT LXXXVI.

*Tolosani obsessi in obsessores impetum faciunt.
Nobilis comes a Monteforti postridie Nativitatis
Sancti Joannis Baptistæ interimitur.*

Cum comes nobilis in obsidione Tolosæ jam
peregisset circiter novem menses, quadam die,
videlicet in crastino Beati Joannis Baptistæ, illi qui
erant in Tolosa, summo se diluculo munierunt, ut
dormientibus adhuc quibusdam de nostris, quibusdam in audienda celebratione divinorum intentis,
ipsi solita fraude et inolita malignitate insultum in
nos facerent repentinum, et ut acrius improvisos
impeterent, ut vexarent crudelius inimicos, ordinaverunt machinarum custodiæ deputatos, quod quædam pars irrueret in nostros, alii ex alia parte, in
exercitum insilirent, quatenus nostri, sicut diximus,
immuniti, a parte duplici expugnaturi, ad obvian-
dum hostibus minus essent habiles et ad sufferendum
insultum minus fortes. Nuntiatum est comiti quod
hostes sui se armaverant, et infra munitionem
suam juxta fossam latebant ; comes vero audiebat
matutinas ; quo audito rumore, sua jussit arma
parari, quibus indutus, vir Christianissimus ad
ecclesiam, auditurus missam, cum festinatione
perrexit.

Factum est autem cum esset in ecclesia, et missa
jam incepta oraret attentissime vir devotus, ecce
multitudo maxima Tolosanorum, per meatus oc-
cultos, a fossatis suis egressi, elevatis vexillis, cum
maximo strepitu et clangore, in nostros, qui prope
fossatum custodiebant machinas, irruerunt ; alii
vero ex altera parte egressi, versus exercitum
acies direxerant : factus est clamor in exercitu,
nostri se quam citius munierunt ; verum antequam
nostri essent armati, illi pauci, a nostris qui, sicut
diximus, machinarum et exercitus erant custodiæ
deputati, contra inimicos dimicantes, tot et tanta
persecutionum et vulnerum discrimina sunt perpessi, quod non posset de facili æstimari. In ipso
autem hostium egressu, venit nuntius ad comitem,
qui missam, sicut diximus, audiebat, sollicitans
eum et suis succurreret indilate, cui vir devotus :
« Sine, inquit, divina audire mysteria et redemptionis nostræ prius cernere sacramentum ; » adhuc
eo loquente, venit alter nuntius dicens : « Festinate, ingravatum est bellum, nec nostri possunt
diutius sustinere ; » ad quæ vir Christianissimus : « Non
exibo, nisi prius meum videro Redemptorem. » Cum
autem sacerdos sacræ consecrationis hostiam ele-
varet ex more, vir devotissimus flexis in terram
genibus, sed manibus elevatis in cœlum : *Nunc dimittis*, inquit, *servum tuum, Domine, secundum
verbum tuum in pace, quia viderunt oculi mei salutare tuum* (Luc. II). Et addidit : « Eamus, et si oportuerit moriamur pro illo, qui pro nobis dignatus
est mori. » His dictis, vir invictissimus ad pugnam

properavit. Ingravabatur autem bellum utrinque; pluresque hinc et inibi vulnerati fuerant et interfecti, sed adveniente milite Jesu Christi, nostris audacia et viribus duplicatis, adversarii omnes repulsi sunt, et usque ad fossata a nostris viriliter sunt retrusi. Retrahentes se comes et qui cum eo erant aliquantulum propter grandinem lapidum, et intolerabilem ruinam sagittarum, steterunt ante machinas, cledis ante se positis, quibus se tuerentur a lapidibus et sagittis; jaciebant siquidem hostes super nostros creberrimos lapides cum duobus trabuchetis, mangonello et pluribus matafundis. Unde illud quod sequitur, quis scribere vel audire; quis, inquam, istud sine dolore poterit recitare; quis sine singultibus audire; quis, inquam, non resolvatur et penitus liquefiat, audiens contritam pauperum vitam? Omnia qnippe sunt ipso recumbente contrita, ipso moriente mortua; ipse etenim erat mœstorum consolatio, ipse debilium fortitudo, ipse in afflictione refrigerium, ipse refugium miserorum. Deo lacrymabile propositum exsequimur. Dum staret comes fortissimus, sicut jam dictum est, cum suis ante machinas suas, ne hostes denuo exirent ad sæpedictas machinas diruendas, ecce lapis mangonello adversariorum projectus, percussit in capite militem Jesu Christi, qui ictu

lethali recepto, pectus suum bis percutiens, Deoque et B. Virgini se commendans, mortem imitatus B. Stephani, et ipsius lapidatus in urbe (9), cum ipso in Domino obdormivit. Nec silendum quod iste fortissimus miles Domini, imo ne fallamur, gloriosissimus martyr Christi, postquam ex ictu lapidis vulnus excepisset lethale, quinque a sagittariis vulnera receperat ad similitudinem Salvatoris, pro quo mortem patienter sustinuit, cum quo post mortem, ut credimus, feliciter gloriatur et vivit. Cui successit filius suus primogenitus Almaricus, juvenis bonus et strenuus, imitator per omnia bonitatis et strenuitatis paternæ; cui milites omnes Francigenæ quibus terras dederat, ipsi sacramentum fidelitatis, et hominium præstiterunt. Post paucos autem dies, videns novus comes quod non posset diutius in Tolosa obsidionem tenere, tum quia audita morte comitis, multi de indigenis apostatæ pessimi recedebant ab eo et Ecclesia, imo Christi hostibus se jungebant; tum quia exhaustus erat sumptibus, et victualia exercitui deficiebant, ac peregrini in terram suam redire volebant; ab obsidione recessit castrum resignans, quod tenere non poterat, Narbonense, et corpus primum apud Carcassonam curatum, more Gallico, exportavit.

(9) Primarium etenim templum Tolosanum D. Stephano dicatum est.

Explicit historia de factis et triumphis memorabilibus nobilis viri domini Simonis comitis de Monteforti.

ANONYMI SÆCULI XII.

MISCELLANEA.

—

EPISTOLA ANONYMI AD HUGONEM AMICUM SUUM

De modo et ordine legendi sacram Scripturam.

(MARTEN. *Thesaur. Anecdot.*, I, 486, ex ms. B. Mariæ de Josaphat.)

—

De modo et ordine legendi sacræ paginæ libros, Hugo mi dilecte frater in Domino, stylo compendioso mediocri aliqua tibi scribere lege promissionis coarctor : quod distuli, occupationibus meis; quod vel tandem perscripsi, charitati tuæ, quæ me torpentem excitavit, imputandum est. Malui enim vel sero promissum persolvere, quam petenti amico diutius inexorabilis et inofficiosus videri. Modum autem et ordinem quo in scholis sacra pagina doceatur, nunc explicare propositum non est ; sed ex dicendis id attendendum est quo modo vel ordine divina legenda sunt eloquia et perscrutanda, illis præsertim qui, arrepto professionis vinculo, alienæ alligati sunt obedientiæ. Sed et hic distinctio adhibenda est; alii enim sunt, qui ante conversionem utriusque paginæ lectione plene imbuti sunt; alii sunt qui in alterutram pagina tantum laudabiliter sunt promoti, antequam sæcularibus abrenuntient; alii vix primis artis grammaticæ rudimentis cognitis, ut Deo militent claustris se includunt. Præsentis igitur negotii erit docere, qua via, quibus gradibus, ad plenum sacræ paginæ intellectum illi pene rudes, pene omnis litteraturæ inscii conscendere possint. Attendant etenim hi tales cum aliis quid dicitur : *Scrutamini Scripturas* (*Joan.* v); et illud : *Beati qui scrutantur testimonia ejus, in toto corde exquirunt eum* (*Psal.* CXVIII); et illud : *Beatus qui in lege Domini meditatur nocte et die* (*Psal.* I); et illud : *Erratis, nescientes Scripturas* (*Matth.* XXII); neque virtutem ejus, et confidentia ab eo accepta qui dicit : *Confiteor tibi, Pater, quoniam abscondisti hæc a sapientibus, et revelasti ea parvulis* (*Matth.* XI); ardentibus divinam ruminentur faucibus disciplinam, donec fiant *pennæ columbæ deargentatæ, et posteriora dorsi ejus in pallore auri* (*Psal.* LXVII), id est donec ipsi fiant doctores Ecclesiæ cum nitore eloquii, charitate eorum in vera sapientia fundata. Primo igitur numerus librorum tam Veteris quam Novi Testamenti

distinguatur, et eorum ponantur nomina, et deinceps qui et quo ordine, et qualiter legi debeant demonstretur. Sunt autem libri Veteris Testamenti secundum unam considerationem XXII, secundum aliam XXIV, et isti libri trifarie dividuntur; alii enim sunt libri legis, alii prophetici, alii hagiographi, id est sancta Scriptura simpliciter appellati. Libri legis quinque sunt : Liber Geneseos, Exodus, Leviticus, liber Numerorum, Deuteronomium. Libri prophetici octo sunt : Liber Josue Bennum, liber Judicum, liber Samuel, qui prima pars libri Regum, et liber Regum, qui Hebraice ab aliis Malachim, ab aliis Malachor appellatur, liber Isaiæ, liber Jeremiæ, liber Ezechiel, liber XII Prophetarum, qui Hebraice Tharaasra dicitur. Libri hagiographi sunt novem : Liber Job, Psalterium, liber Proverbiorum, Ecclesiastes, Canticum canticorum, liber Daniel, Paralipomenon, Esdras, Esther. Connumerentur nunc isti quinque, octo et novem, et erunt XXII. Novem autem hagiographis quidam adjiciunt librum Ruth, librum Lamentationum Jeremiæ.

Libri Novi Testamenti octo tantum sunt : Quatuor Evangelia, Matthæus, Marcus, Lucas, Joannes. Alii quatuor libri qui apostolica Scriptura appellantur, sunt : Liber Epistolarum Pauli, canonicæ Epistolæ, Actus apostolorum, et Apocalypsis. Isti libri primæ et principalis auctoritatis in Ecclesia sunt. Præter distinctos libros, quinque sunt qui apud Hebræos apocryphi dicuntur, id est absconditi et dubii; Ecclesia tamen honorat et suscipit. Primus est liber Sapientiæ, secundus est Ecclesiasticus, tertius Tobiæ, quartus Judith, quintus liber Machabæorum. Præter omnes prædistinctos libros, sunt beatorum Patrum scripta, Hieronymi, Augustini et aliorum, quorum multitudinem enumerare superfluum est. Eorum tamen in sequentibus fiet mentio, qui præ aliis videbuntur ad prædictorum librorum intellectum necessaria. De numero librorum et eo-

rumdem nominibus ita dictum sit ; quo ordine et A *Veteris Testamenti.* His diligenter notatis, cum
qualiter legi debeant nunc dicatur. Ad cujus rei
notitiam intelligendum est quod utriusque Testamenti tripartita est lectio. Prima est secundum historiam, secunda secundum allegoriam, tertia secundum moralem instructionem, seu magis dicendum tropologiam. Universa autem sacræ paginæ
series secundum historiam primo, ter aut quater perscrutanda et pertranseunda. Hoc diligenter in singulis notato quæ nullomodo ad litteram possunt intelligi, quæ etiam falsa secundum litteralem intellectum, quæ inepta ad litteram intellecta, quæ inutilia, quæ indifferentia, quæ impeditiva ad vitam
æternam, ut per talium exempla quivis, licet invitus, ad allegoriam intellectum suscipiendum cogatur. Hoc autem modo et ordine libri Veteris Testamenti secundum litteram legendi sunt : primo li- B
bri Legis, secundo liber Josue et liber Judicum; tertio liber Samuel, et liber Regum, et Paralipomenon, et ex latere Josephus et Egesippus. Si autem
in talibus ignoratæ significationis dictio occurrat,
ne a lectionis impediamur progressu , habeantur
tanquam instrumenta quædam ad prædictorum librorum faciliorem intellectum, libri Isidori *Etymo-*
logiarum et liber Hieronymi *de Expositionibus*
Hebraicorum nominum , et liber *Derivationum*, qui
in copiosis armariis invenitur, et liber qui *Partio-*
narius, vel *Glossarius* appellatur, qui quanto antiquior invenitur, tanto plurium ignotarum dictio-
num continebit expositionem. In istis ignotæ dictio-
nis tam origine quam significatione reperta, faci- C
lior et intelligibilior in legendo fiet progressus. De
omnibus prædictis colligenda est summa et memoriter retinenda, ut de operibus sex dierum, de
constructione arcæ et mansionibus ejus , de promissione facta Abrahæ , de nominibus et numero
patriarcharum, et sponsis et concubinis , et filiis
eorumdem ; de numero annorum servitutis populi
Israel in Ægypto; de numero signorum et plaga-
rum , introductione populi; de lege data et accepta in monte Sina; de constructione tabernaculi
et positione ; de duodecim tribubus; quomodo circa
tabernaculum in gyrum castra posuerunt ; de ornamentis sacerdotalibus ; de numero et ordine
sacerdotum et levitarum , et de generibus sa- D
crificiorum ; de numero mansionum , et bellis a
populo Israel peractis antequam intrarent in terram
promissionis; de civitatibus destructis, retentis,
reparatis , priusquam intrarent terram promissionis ; de regibus ibi repertis, qui et quot essent, et
de nominibus et numero ducum, et factis eorumdem usque ad tempus regum ; de nominibus, numero et ordine regum, et factis eorumdem, vel eximiis, vel egregie turpibus ; de constructione templi et vasis ; de numero et ordine sacerdotum, levitarum, psallentium. In omnibus istis necessarius
erit et perutilis liber Augustini *De quæstionibus*

plena confidentia accedat quivis ad libros prophetarum, Isaiæ , Jeremiæ , Ezechielis, et XII prophetarum, Danielis, in quibus notandum quæ prophetia ad litteram completa, et quæ reservetur ad
litteram complenda, et quis propheta, sub quo
rege prophetaverit : quod solertia quorumdam
in fine bibliothecæ interdum inveniri solet. Post
hos libros leguntur : Esther et Esdras, et liber
Machabæorum, et liber Judith, et liber Tobiæ. Post
illos : Proverbia Salomonis, et liber Sapientiæ, et
liber Ecclesiasticus et Ecclesiastes ; ad ultimum
Psalterium, et Job, et Cantica canticorum ; in quibus, quia nullus intellectus ad litteram utilis est
de Christo et Ecclesia, statim primo legantur. Libri autem Novi Testamenti hoc modo et hoc ordine legantur : Matthæus primo , Marcus ejus pe-
disequus secundo, tertio Lucas, quarto Joannes,
in quibus diligenter et numerus sermonum et miraculorum notetur, et quid, ubi, et quando, et coram quibus a Domino factum dictumve sit. In his
erit tibi necessarius liber Hieronymi *De descri-*
ptione locorum Palæstinæ, liber *de Concordia Evan-*
geliorum; deinceps Actus apostolorum legendi ,
postea canonicæ Epistolæ et Epistolæ Pauli, ad ultimum liber Apocalypsis.

Tota autem utriusque Testamenti serie sic per-
specta et intellecta, consequens est sacramentis Ecclesiæ imbui, quæ in libris magistri Hugonis plene
inveniuntur; deinde natura cardinalium virtutum et
vitiorum quæ virtutibus opponuntur, undecunque
haberi poterit, perquirenda et investiganda. Rationes
autem singulorum quæ per anni curriculum fiunt in
Ecclesia, qui scire desiderat, librum qui appellatur
Candela Gerlandi(1), librum magistri Simonis, qui
appellatur *Quare,* inspiciat. Post ista liber Augustini *De doctrina Christiana,* et liber ejusdem *De*
civitate Dei, cum omni diligentia et studio legantur. Cumque in arca sacræ paginæ diligenter et studiose sese prædicto modo diligens animus exercue-
rit, intrepide tam ad allegoricam quam ad moralem lectionem se convertat , et passim ad arbitrium , quo ordine libuerit, tam Veteris quam Novi
Testamenti libros, secundum hanc bipartitam lectionem relegat , et quidquid allegorice significatum, vel significandum, vel moraliter notatum , vel
notandum occurret, sine omni labore incunctanter
hauriet. Sicque demum felici et delectabili pro-
ventu animus exsultanter exhilaratus, novis allego-
riis studendis et novis instructionibus morum meditandis vacabit. Nonnunquam tamen ad opera
Origenis, et alia consimilia, in quibus interdum
cerastes in semita tanquam explorator accedat ,
et ibi margaritas in lecto, et uvas in labruscis, et
rosas inter spineta quærere discat, ut impleatur
quod dictum est : *Et si mortiferum quid biberint, non*
eis nocebit (Matth. XVI).Si quis autem, vel lectionum

---

(1) Hujus libri præfationem ex ms. Clarevallensi supra retuli.

hic distinctarum varietate, vel librorum multitudine turbetur, attendat quid Hieronymus de modo et ordine sacram paginam legendi in Epistola ad Alletam, De institutione filiæ, dicat. Ait autem : « Discat primum Psalterium ; his se canticis sanctam vocet, et in Proverbiis Salomonis erudiatur ad vitam ; in Ecclesiasten consuescat quæ mundi sunt calcare, in Job virtutis et patientiæ exempla sectetur. Ad Evangelia transeat : nunquam ea positura de manibus, apostolorum Acta et Epistolas tota cordis voluntate imbuat. Cumque pectoris sui cellarium opibus locupletaverit, mandet memoriæ prophetas, Heptateucum, et Regum ac Paralipomenon libros. Esdræ quoque et Esther volumina; ultimo, sine periculo discat Canticum canticorum ; quod si in ex-

ordio legerit , sub carnalibus verbis spiritualium nuptiarum epithalamium non intelligens vulneraretur. Caveat omnia apocrypha, et si quando ea, non ad dogmatum veritatem, sed ad singulorum reverentiam legere voluerit, sciat non eorum esse, quorum titulis prænotantur, multaque in his admista esse vitiosa, et grandis esse prudentiæ aurum in luto quærere. Cypriani Opuscula semper in manu teneat, Athanasii Epistolas et Hilarii libros inoffenso currat pede. Illorum tractatibus, illorum delectetur ingeniis, in quorum libris pietas fidei non vacillet. Cæteros sic legat, ut magis judicet, quam sequatur, Vale. »

Nutriunt [sic] hi sortem Christo persæpe placentem,
Hoc meritum sit eis cœlestis Dindima jugis.

CUJUSDAM CANONICI REGULARIS
EPISTOLA

Ad priorem Charitatis , de canonico regulari facto monacho, quem ille repetebat.

(D. Mabillon, *Annal. Bened.*, VI, 677, ex ms. bibl. Ottobon.)

—

Venerabili ac jure diligendo domino N. priori de Charitate S. H. semper bene valere. Audistis Scripturam dicentem : *Charitas non quærit quæ sua sunt* (*I Cor.* xiii), nostis quod dico, ubi charitas est, lumen est, et tenebræ non sunt ullæ, nihil fictum patrat charitas, nihil fuscatur veritas; propterea vero amico loquor nihil dissimulans, sed cum fiducia qua nostis, quoniam ex charitate est quod dico. Si autem quod et vos idipsum sentitis, quoniam eamdem charitatem habetis ad me, non credatis quod nihil vobis dicam nisi ex charitate et pro veritate. Propterea cum fiducia loquar nihil timens offendere in charitate.

Significatum est mihi quemdam de fratribus ecclesiæ Sancti Joannis Senonensis clam de ecclesia sua eduxisse, eumque a vobis receptum et in monasterio vestro cucullatum ; præterea et vos abbati et supra memoratæ ecclesiæ ovem suam requirentibus dura quædam respondisse et minus dicenda. Non hæc conveniunt servis Christi ; apostolus super alienum fundamentum ædificare noluit, et lex divina in messem alienam prohibet falcem mitti. Si autem dicitis, quod tamen dicere vos non puto, sed quosdam qui vobiscum sunt, quia vita vestra melior est, licet omni homini quomodo vult et ubi vult, meliorem vitam et conversationem potiorem eligere, recordamini quid Magister nos docuit : apostoli de primatu contendunt ; *facta est contentio inter discipulos, quis eorum videretur esse major* (*Luc.* xxii): fortassis ideo facta est contentio, quia futura erat contentio. Adhuc contendimus, et dicit unus : Melior sum ; alter dicit : Non tu, sed ego :

Christus quid dicit? intendite : *Qui voluerit*, inquit, *major esse inter vos, erit vester servus* (*ibid.*); erit servus, erit Chanaan, erit servus servorum qui dicit membro Christi : Tu malus es, esto bonus ; verenda patris deridet, servus servorum erit. O Chanaan quare rides, quare derides ? Servus servorum eris; semen Chanaan et non Juda, species decepit te, quia veritas non est apud te ; tu gloriaris in specie tua, et sufficere putas cum non habeas veritatem. Si enim veritatem haberes, nunquam gloriareris in specie. O lingua impudica, post Christum dicere audes : Tu malus es, ego sum bonus. Ille jam dixit : *Qui voluerit major esse, erit servus*; et tu adhuc impudenter clamas : Ego melior sum? Attendis post speciem tuam, et in ipsa gloriaris; respicis nigredinem tuam, et candorem meum non attendis, quare? quia nigredo species est humilitatis ; et ego dico, quia candor species est puritatis; nigredo, species abjectionis ; candor, gloriæ et exaltationis. Commendamus nos modo de specie ; tu gloriaris in nigredine, ego in candore, tu in humilitate gloriaris; et utinam bene gloriareris ! Si enim de humilitate bene gloriareris, nunquam superbires de humilitate, contrariis contraria misceres; humilitas enim et superbia contraria sunt : non possunt simul esse duo hæc ; de humilitate superbire potes, sed cum humilitate superbiam habere non potes; quia igitur superbis de humilitate, humilitatem te non habere ostendis. Tu vis major esse, quid eris? parum est ut dicam minor, quia servus eris. Monachi dicunt : Nos meliores sumus ; canonici dicunt : Non, sed nos meliores sumus ego dico: Nec vos nec nos, quia omnes mali sumus; ubi autem omnes mali sunt, nemo melior est. Veniant, inquiunt monachi, canonici ad nos ut boni fiant, quia nos meliores sumus : si vos meliores estis, ergo et illi boni sunt; quomodo ergo apud vos boni fient, qui et sine vobis jam boni sunt; sed dicitis : Boni sunt, sed veniant ut meliores fiant. Nulli prohiberi potest quin melior fiat, si vult. Audite : dicitis quod, licet canonico, posthabita et spreta professione sua, ad vestram conversationem transire, quia, ut vos dicitis, melior est : ergo licet mulieri nuptæ, contempta matrimonii lege, ad continentiam se transferre; quia, quod negare non potestis, continentia matrimonio melior est. Obliti estis legis (*Num.* xxx), quæ dicit : Nec pro bono pejus, nec pro malo melius, idem ipsum, non aliud, quod vovisti, hoc redde; hoc enim debes. Si melius quid dare volueris, cum illo da pro illo; nam non potes nisi per illum cui hoc debes, et per illum per quem debes, quantum in te est, nec aliud

debes quam hoc quod vovisti. Si ille aliud accipere voluerit, cui hoc debes in ipsius est voluntate, non in tua potestate. De cætere, pro eo quod dicit Apostolus : *Honore invicem prævenientes* (*Rom.* xii), qui se ipsos commendant, hoc modo fortassis intelligendum putant, ut unusquisque ante alium honorem rapere festinet, jactando et se ipsum præferendo : ego sic intelligo : Qui me interrogaverit, si canonicus sum, dico monachos meliores; si monachus sum, dico canonicos potiores : hoc est mandatum Christi et Regula christiana. Quapropter si meæ parvitati creditis, non aliud sapietis, nec facietis. Quod si forte id quod a vestris minus discrete factum est, corrigere neglexeritis, timeo ne Deo displiceat; et ecclesiastici juris censura, si Romani pontificis audientiam fratres qui a vobis læsi sunt, adierint, inultum esse non permittet. Idcirco modestiæ vestræ quam hactenus Dei gratia tenuistis, nolite oblivisci. Valete.

ORATIONIS DOMINICÆ

EXPLANATIO.

(Ex codice sæculi circiter xi edidit card. Angelo Mai in libro cui titulus : *Scriptorum veterum nova Collectio e Vaticanis codicibus eruta*; Romæ, typis Vaticanis, 1825-31, in-4°, t. IX, p. 577.)

Dominus et Salvator noster, clementissimus suorum eruditor, docturus discipulos quid orarent, præmisit docendo eos quomodo orarent, dicens : *Vos autem cum oratis*, inquit, *introite in cubicula vestra* (*Matth.* vi). Quæ sunt ista cubicula ? nisi ipsa corda, quæ in Psalmo etiam significantur, ubi dicitur : *Quæ dicitis in cordibus vestris, et in cubilibus vestris compungimini* (*Psal.* iv). *Et cludentes* [*ita hic cod.*] *ostia orate Patrem vestrum in abscondito.* Parvum est intrare in cubicula, si ostium pateat importunis, per quod ostium ea quæ foris sunt improbe se immergunt, et interiora nostra appetunt. Foris autem diximus esse omnia temporalia et visibilia quæ per ostium, id est per carnalem sensum, cogitationes nostras penetrant, et turba vanorum phantasmatum orantibus obstrepunt. Claudendum est ergo ostium, id est carnali sensui resistendum, ut oratio spiritalis dirigatur ad Patrem, quæ fit in intimis cordis, ubi oratur Pater in abscondito. *Et Pater*, inquit, *vester, qui videt in abscondito, reddet vobis.* Et hoc tali clausula terminandum fuit; non enim hoc monet nunc ut oremus, sed quomodo oremus : de corde itaque mundando præcepit, quod non mundat nisi una et simplex intentio, solo et puro amore sapientia. *Orantes autem*, ait, *nolite multum loqui, sicut ethnici; putant enim quod in multiloquio suo exaudiantur.*

Et revera omne multiloquium a gentilibus venit, qui exercendæ linguæ potius, quam mundando animo dant operam, arbitrantes sicut hominem judicem verbis adduci ad sententiam, ita etiam Deum multiloquio flectendum. *Nolite itaque assimilari eis; scit enim Pater vester quid vobis necessarium sit antequam petatis ab eo*; quibus verbis docemur, non verbis nos agere debere apud Deum ut impetremus quod volumus, sed rebus quas animo gerimus, et intentione cogitationis, cum dilectione pura et supplici affectu; sed res ipsas verbis nos docuisse Dominum nostrum, quibus memoriæ mandatis, eas ad tempus orandi recordaremur.

Sed rursum quæri potest sive rebus, sive verbis orandum sit, quid opus sit ipsa oratione, si Deus jam novit quid nobis necessarium sit ? nisi quia ipsa orationis intentio cor nostrum serenat, et purgat capaciusque efficit ad excipienda divina munera, quæ spiritaliter nobis infunduntur. Non enim ambitione precum nos exaudit Deus, qui semper paratus est dare suam lucem nobis, non visibilem, sed intelligibilem et spiritalem; sed nos non semper parati sumus accipere, cüm inclinamur in alia, et rerum temporalium cupiditate tenebramur. Fit ergo in oratione conversio cordis ad eum qui semper dare paratus est, si nos capiamus quod dederit. Sed jam considerandum est quæ nos orare ille

præcipit, per quem et discimus, et consequimur A
quod oramus. Sic itaque orate vos, inquit : *Pater
noster, qui es in cœlis,* et reliqua.

Cum in omni deprecatione benevolentia conci-
lianda sit ejus, quem deprecamur, deinde dicendum quid deprecemur, laude illius ad quem oratio
dirigetur, solet benevolentia conciliari, et hoc in
orationis principio poni solet, in quo Dominus noster nihil aliud nos dicere jussit, nisi : *Pater no-
ter, qui es in cœlis.* Et quoniam quod vocamur ad
hæreditatem ut simus Christi cohæredes, et in
adoptionem filiorum veniamus, non est meritorum
nostrorum sed gratiæ Dei, eamdem ipsam gratiam
in orationis principio ponimus cum dicimus : *Pater noster,* quo nomine et charitas excitatur : quid
enim charius filiis debet esse quam pater ? et sup-   B
plex affectus, cum homines dicunt Deo : *Pater noster ;* et quædam impetrandi præsumptio quæ peti-
turi sumus, cum prius quam aliquid peteremus,
tam magnum donum accipimus, ut sinamur dicere :
Pater noster Deo? Quid enim jam non det filiis petentibus, cum hoc ipsum ante dederit ut filii essent ? Postremo quanta cura animum tangit, ut qui
dicit *Pater noster,* tanto Patre non sit indignus ?
Et gratias misericordiæ ipsius, qui hoc a nobis exi-
git, ut pater noster nullo |[*ita cod.*] sit, quod hoc
sumptu de sola bona voluntate comparari potest.
Admonentur etiam hic divites, vel genere nobiles
secundum sæculum, cum Christiani facti fuerint,
non superbire adversus pauperes et ignobiles, quo- C
niam simul dicunt Deo *Pater noster;* quod non possunt vere ac pie dicere, nisi· se fratres esse cognoscant.

Utatur ergo voce Novi Testamenti populus novus
ad æternam hæreditatem vocatus, et dicat : *Pater
noster, qui es in cœlis,* id est in sanctis et justis ;
non enim spatio locorum continetur Deus ; sed
quemadmodum terra appellatus est peccator, cum
ei dictum est : *Terra es, et in terram ibis (Gen.* III*);*
sic cœlum justus econtrario dici potest : justis enim
dicitur: *Templum enim Dei sanctum est, quod estis
vos (I Cor.* III*).* Quapropter si in templo suo habitat
Deus, et sancti templum ejus sunt, recte dicitur,
qui in cœlis es, qui es in sanctis: et accommoda-
tissima ista similitudo est, ut spiritaliter tantum   D
interesse videatur inter justos et peccatores, quantum corporaliter inter cœlum et terram ; cujus rei
significandæ gratia cum ad orationem stamus, ad
orientem convertimur, unde cœlum surgit, et lumen oritur: non tanquam ibi sit et Deus, quasi
cæteras mundi partes deseruerit, qui ubique præsens est, non locorum spatiis, sed majestatis potentia, sed ut admoneatur animus ad naturam excellentiorem se convertere, id est ad Deum, cum
ipsum corpus ejus quod terrenum est, ad corpus
excellentius, id est ad corpus cœleste, convertitur.
Recte ergo intelligitur quod dictum est: *Pater noster, qui es in cœlis,* in cordibus justorum esse dictum, tanquam in templo sancto suo. Simul etiam

ut qui orat, in se quoque ipso velit habitare quem
invocat; et cum affectu teneat [*cod.* affectat] justitiam, quo munere invitatur ad inhabitandum
animum Deus.

Jam videamus quæ sint petenda : dictum est enim
qui sit qui petitur, et ubi habitet. Primum autem.
omnium, quæ petentur, hoc est : *Sanctificetur nomen tuum.* Quod non sic petitur quasi non sit sanctum Dei nomen, sed ut sanctum habeatur ab hominibus, id est ita illis innotescat Deus, ut non
existiment aliquid sanctius, quod magis offendere
timeant. Neque enim quia dictum est : *Notus in
Judæa Deus, in Israel magnum nomen ejus (Psal.*
LXXV*);* sic intelligendum est, quasi alibi minor sit
Deus, alibi major ; sed ibi magnum est nomen ejus,
ubi pro suæ majestatis magnitudine nominatur. Ita
ibi dicitur sanctum nomen ejus, ubi cum veneratione
et offensionis timore nominatur. Ad hoc pertinet illud
quod in Psalmo dicimus de eo : *Cum sancto sanctus.
eris (Psal.* XVII*),* et cætera ; et quod in Evangelio
glorificari dicitur Pater bonis sanctorum operibus.
Deinde sequitur : *Adveniat regnum tuum ;* id est manifestetur hominibus, non quasi Deus non regnet
nunc in terra, semperque regnaverit ; sed quemadmodum præsens lux absens est cæcis, et eis qui
oculos claudunt ; ita Dei regnum, quamvis nunquam discedat de terris, tamen absens est ignorantibus. Nulli autem licebit ignorare Dei regnum, cum
ejus Unigenitus, non solum intelligibiliter, sed
etiam visibiliter in homine Dominico de cœlo venerit judicaturus vivos et mortuos ipsos. Post quod
judicium, id est cum discretio et separatio justo-
torum ab injustis facta fuerit, ita inhabitabit justos
Deus, ut non opus sit quemquam doceri per hominem,
sed sint omnes, ut scriptum est : *Docibiles Deo*
(*Joan.* VI) ; deinde beata vita omni ex parte perficiatur in sanctis in æternum ; sicut nunc cœlestes
angeli sanctissimi atque beatissimi solo Deo illu-
strante sapientes et beati sunt ; quia et hoc promisit Dominus suis : *In resurrectione erunt,* inquit,
sicut angeli in cœlis (Matth. XXII*).*

Et ideo post illam petitionem qua dicimus : *Fiat
voluntas tua sicut in cœlo, et in terra ;* id est sicut
in angelis, qui sunt cœlis, voluntas tua, ut omnino·
tibi adhæreant teque perfruantur, nullo errore ob-
nubilante sapientiam eorum, nulla miseria impediente beatitudinem eorum, ita fiat in sanctis tuis
qui in terra sunt, et de terra quod ad corpus attinet
facti sunt, et quamvis in cœlestem habitationem atque immutationem, tamen de terra assumendi sunt.
Item fiat voluntas tua recte intelligitur, obediatur præceptis tuis, *sicut in cœlo et in terra,* id est sicut ab
angelis, ita ab hominibus. Nam fieri voluntatem Dei
cum obtemperatur præceptis ejus, ipse Dominus dicit, cum ait : *Meus est cibus ut faciam voluntatem ejus
qui me misit (Joan.* IV*).* Et sæpe : *Non veni facere
voluntatem meam, sed ejus qui me misit (Joan.* VI*).* Est
etiam ille intellectus : *Fiat voluntas tua sicut in
cœlo et in terra ;* sicut in sanctis et justis, ita etiam

in peccatoribus. Quod adhuc duobus modis accipi potest; sive ut oremus etiam pro inimicis nostris; quid enim aliud sunt habendi contra quorum voluntatem christianum et catholicum nomen augetur? Ut ita dictum sit : *Fiat voluntas tua sicut in cœlo et in terra;* tanquam si diceretur : Faciant voluntatem tuam sicut justi, ita etiam et peccatores, ut ad te convertantur; sive ita *fiat voluntas tua sicut in cœlo et in terra;* ut sua cuique tribuantur, quod fit extremo judicio, ut justis præmium, peccatoribus damnatio retribuatur, cum agni ab hædis separabuntur. Ille etiam non absurdus, imo etiam et fidei et spei nostræ convenientissimus intellectus est, ut cœlum et terram accipiamus spiritum et carnem; et quod dicit Apostolus : *Mente servio legi Dei, carne autem legi peccati (Rom. vii);* videamus factam voluntatem Dei in mente, id est in spiritu: *Velle,* inquit Apostolus, *adjacet mihi, perficere autem bonum non invenio (ibid.).* Oramus ergo ut fiat voluntas Dei sicut in cœlo et in terra; id est ut quemadmodum spiritus non resistit Deo, sequens et faciens voluntatem ejus, ita et corpus non resistat spiritui. Nec illud a veritate abhorret ut accipiamus : *fiat voluntas tua sicut in cœlo et in terra,* sicut in ipso Domino nostro Jesu Christo, ita et in Ecclesia, tanquam in viro qui Patris voluntatem implevit, ita et in femina quæ illi desponsata est. Cœlum enim et terra convenienter intelligitur quasi vir, et femina, quoniam terra, cœlo fecundante, fructifera est.

Quarta petitio est : *Panem nostrum quotidianum da nobis hodie.* Quotidianum panem accipiamus spiritalem, præcepta scilicet divina, quæ quotidie oportet meditari et operari. Nam de ipsis Dominus dicit : *Operamini escam, quæ non corrumpitur.* Quotidianus autem cibus nunc dicitur, quandiu vita ista temporalis per dies decentes succedentesque peragitur. Et revera, quandiu nunc in superiora, nunc in inferiora, id est nunc in spiritalia, nunc in carnalia animi affectus, tanquam ei qui aliquando pascitur cibo, aliquando famem patitur, quotidie panis necessarius est, quo reficiatur esuriens et relabens erigatur. *Da nobis hodie* autem dictum est, quandiu dicitur hodie, id est hac temporali vita: sic enim cibo spiritali post hanc vitam saturabimur in æternum, ut non tunc dicatur quotidianus panis, quia ibi temporalis volubilitas, quæ diebus dies succedere facit, unde appellatur quotidie, nulla erit. Si quis autem etiam illa quæ de victu corporis necessario, vel sacramento Dominici corporis istam sententiam vult accipere, oportet ut conjuncta accipiantur omnia tria; ut scilicet panem quotidianum simul petamus, et necessarium corpori, et sacramentum visibile et invisibile Verbi Dei. *Et dimitte nobis debita nostra, sicut et nos dimittimus debitoribus nostris.* Debita peccata dici manifestum est, vel illo quod ait idem Dominus : *Non exies donec reddas novissimum quadrantem (Matth. v);* vel illo quod debitores appellavit qui ei nuntiati sunt exstincti vel ruina turris, vel quorum sanguinem Herodes sacri-

ficio miscuit ; dixit enim putare homines quod illi ultra modum debitores essent, id est peccatores, et addidit : *Amen dico vobis, nisi pœnitentiam egeritis, similiter moriemini (Luc. xiii).* Non hic ergo quisque urgetur pecuniam dimittere debitoribus, sed quæcunque in eum alius peccaverit; nam pecuniam dimittere illo potius jubemur præcepto, quod superius dictum est : *Si quis tibi tunicam tollere voluerit, et judicio (Matth. v),* et reliqua. Nec ibi necesse est omni pecuniario debitori dimittere debitum, sed ei qui reddere noluerit, in tantum ut velit etiam litigare; servum autem Domini, ut ait Apostolus : *Non oportet litigare (II Tim. ii).* Intelligitur etiam in ista quinta petitione qua dicimus *dimittere* et reliqua, non de pecunia quidem dici, sed de omnibus quæ in nos quisque peccat; namque in te [*ita cod.*], inquit, tibi pecuniam debitam cum habeat unde reddere, recusat reddere. Quod peccatum, si non dimiseris, non poteris dicere : *Dimitte nobis, sicut et nos dimittimus.* Illud sane tractari potest, ut quod dicimus *dimitte nobis* et reliqua, tunc convincamur contra istam regulam fecisse, si eis non dimittimus, qui veniam petunt; quia et nobis veniam petentibus a benignissimo Patre dimitti volumus. Fatendum est omnia peccata dimittenda esse, quæ in nos committuntur, si volumus nobis a Patre dimitti quæ committimus.

Sexta petitio est : *Et ne nos inferas in tentationem.* Nonnulli codices habent *inducas,* quod tantumdem valere arbitror; nam ex uno Græco quod dictum est εἰσενέγκης utrumque translatum est. Multi autem in precando ita dicunt : *Ne nos patiaris induci in tentationem,* exponentes videlicet quomodo dictum sit *inducas;* non enim per se ipsum inducit Deus, sed induci patitur eum, quem suo auxilio deseruerit, ordine occultissimo ac meritis causis etiam sæpe manifestis dignum judicat illo quem deserat, et in tentationem induci sinat. Aliud est autem induci in tentationem, aliud tentari; nam sine tentatione probatus esse nullus potest, sive sibi ipsi, sicut scriptum est : *Qui non est tentatus, qualia scit ? (Eccli. xxxiv.)* Sive alii, sicut Apostolus ait : *Et tentationem vestram in carne mea non sprevistis (Gal. iv).* Hinc enim eos firmos ipse cognovit, quod ejus tribulationibus, quæ Apostolo secundum carnem acciderant, non sunt charitate deflexi; nam Deo notissimus, et ante omnes tentationes, qui scit omnia antequam fiant. Quod itaque scriptum est : *Tentat vos Dominus Deus vester, ut sciat si diligitis eum (Deut. xiii),* illa locutione positum est *ut sciat,* pro eo quod est, ut scire vos faciat; sicut diem lætum dicimus quod lætos faciat; et frigus pigrum, quod pigros faciat, et innumerabilia hujusmodi. Non ergo hic oratur ut non tentemur, sed ut non inferamur in tentationem; tanquam si quispiam cui necesse est examinari, non oret ut igne non contingatur, sed ut non exuratur; *Vasa enim figuli probat fornax, et homines tentatio tribulationis (Eccli. xxvii).* Joseph ergo tentatus est illecebra

stupri, sed non est illatus in tentationem .Susanna
tentata est, nec ipsa inducta vel illata in tentationem; multique alii utriusque sexus, sed Job maxime
cujus admirabilis stabilitas in Domino Deo suo.
Fiunt igitur tentationes per Satanam, non potestate
ejus, sed permissu Domini, ad homines aut pro suis
peccatis puniendos, aut pro Dei misericordia pro-
bandos et exercendos. Et interest plurimum in qualem quisque tentationem incidat ; non enim in talem
incidit Judas qui vendidit Dominum , in qualem incidit Petrus cum territus Dominum negavit. Sunt
etiam humanæ tentationes , credo, cum bono quisque animo, secundum humanam tamen fragilitatem,
in aliquo consilio labitur , aut irritatur in fratrem
studio corrigendi, paulo tamen amplius quam Christiana tranquillitas postulat; de quibus Apostolus
dicit : *Tentatio vos non apprehendat, nisi humana*
(*I Cor.* x); cum idem dicat : *Fidelis Deus qui vos*
non sinet tentari supra quam potestis ferre, sed faciet
cum tentatione etiam exitum, ut possitis tolerare
(*ibid.*); in qua sententia satis ostendit, non id nobis orandum esse ut non tentemur , sed ne in tentationem inducamur. Inducimur enim si tales inciderint, quas ferre non possumus. Sed cum tentationes
periculosæ, in quas inferri, atque incidere perniciosum est, aut prosperis temporalibus, aut adversis
oriantur, nemo frangitur adversarum molestia, qui
prosperarum delectatione non capitur.

Ultima et septima petitio est : *Sed libera nos a*
malo. Orandum est enim, ut non solum non inducamur in malum quo caremus, quod sexto loco pe-

titur ; sed ab illo etiam liberemur, quo jam inducti
sumus. Quod cum factum fuerit, nihil remanebit
formidolosum, nec omnino metuenda erit ulla tentatio; quod tamen in hac vita quandiu istam mortalitatem circumferimus, in quam serpentina persuasione inducti sumus, non sperandum est posse
fieri, sed tamen aliquando futurum sperandum est.
Et hæc est spes quæ non videtur. Tria in æternum
manebunt; nam et sanctificatio Dei sempiterna
erit, et regni ejus nullus est finis (*Luc.* 1), et perfectæ nostræ beatitudini æterna vita promittitur.
Permanebunt ergo ista tria consummata atque cu-
mulata in illa vita quæ nobis promittitur ; reliqua
vero quatuor, quæ petimus, ad temporalem istam
vitam pertinere mihi videntur, quod primum est :
Panem nostrum quotidianum da nobis hodie; hoc
ipso enim quod dictus est quotidianus panis, sive
spiritalis significetur, sive sacramento, aut in victu
iste visibilis, ad hoc tempus pertinet quod appellavit hodie. Et peccata nunc nobis dimittuntur, et
nunc dimittimus; quæ harum quatuor reliquarum
secunda petitio est. Tunc autem nulla erit venia
peccatorum, quia nulla peccata. Et tentationes temporalem istam vitam infestant; non autem erunt
cum perfectum erit quod dictum est : *Abscondes*
eos in abdito vultus tui (*Psal.* xxx). Et malum a
quo liberari optamus, et ipsa liberatio a malo, ad
hanc utique vitam pertinet, quam et justitia Dei
mortalem meruimus, et unde ipsius misericordia
liberamur. Amen.

SYMBOLI APOSTOLICI EXPLANATIO.

(MAII *ibid.*, ex eodem codice.)

—

Quando beatum legimus Paulum apostolum dixisse
fidelibus : *Vos autem estis filii lucis et filii diei,*
non estis noctis neque tenebrarum (*I Thess.* v); et
iterum : *Fuistis aliquando tenebræ, nunc autem lux*
in Domino (*Ephes.* v); nulli licet ignorare per infidelitatem nos fuisse filios tenebrarum et noctis, et
per fidem filios lucis effectos et filios diei ; vel potius ipsi esse cœpimus lux in Domino per fidem,
qui antea eramus tenebræ in nobis per incredulitatem. Ergo qui tantum beneficium per fidem adepti
sumus, ut per eam eriperemur de potestate tenebrarum, et transferremur in regnum filii claritatis
Dei, debemus summopere in ejusdem fidei virtutem
de die in diem proficere, et cum apostolis a Domino
petere, ut dignetur nobis adaugere fidem; quoniam
per eam a dominio diaboli unusquisque eripitur, et
regno Christi sociatur; per ipsam diabolo resistitur, et Deo propinquatur; per ipsam qui erant filii
diaboli et filii mortis, efficiuntur filii Dei et filii re-

surrectionis. Cum hæc ergo ita absque ulla dubitatione sint, quis in tantum erit stultus, et salutis
suæ contrarius, ut non omni intentione pietatis, et
affectu puritatis quærat nunc cognoscere in fide
quod visurus est post in specie? Quid enim repre-
hensibilius esse potest, quam quemquam professionem suam ignorare? cum Apostolus omnibus fidelibus præcipiat : *Estote*, inquit, *parati ad satisfactio-*
nem omni poscenti rationem vos de fide (*I Petr.* III).
Quod si indecens est rationem fidei quærenti a
nobis, non posse ore respondere, quanto erit in-
convenientius quid unusquisque nostrum corde credere debeat, ignorare? Sed quod fidelium professio
per totam divinorum librorum seriem, partim ænig-
matibus involuta, partim rebus mysticis figurata,
partim vero apertis sermonibus est prolata, nec
possunt omnes homines Scripturam divinitus in-
spiratam, quæ talis est, secundum apostolum, ad
docendum, ad corrigendum, ad erudiendum in ju-

s:itia, in tantum addiscere, ut hoc quod sequitur in omnibus impleatur; id est ut perfectus sit homo Dei ad omnia instructus; saltem verba apostolici Symboli ita unusquisque totius studii diligentia meditari humiliter, et cognoscere veraciter, et intelligere satagat, ut professionis suæ ex toto ignarus non inveniatur. Præsertim cum hujus Symboli verba ita sint pauca, ut nullus omnino excusari possit, quin ea memoriter tenere valeat; nisi forte quispiam ita sit pecudeus, ut expers rationis merito judicetur.

De hoc namque Symbolo, quod dicitur apostolicum, ita auctoritas ecclesiastica tradit; sancti igitur apostoli cum adhuc in unum Jerosolymis consisterent, divisuri se ad prædicandum circumquaque Evangelium Christi, hoc Symbolum Spiritus sancti auctoritate ediderunt, confessionem fidei mirabili brevitate invicem conferentes; et inde appellatum Symbolum, id est *collationem*, vel *pactum*, quia id inter se ad invicem contulerunt, et ut indicium esset divisis [*cod.* divis] per diversas mundi partes prædicatoribus, ut ille verum Evangelium prædicare crederetur, qui hoc Symbolum nihil augens, vel demens, traderet auditoribus; in quo Symbolo totius (fidei) sacramenta idcirco tam brevi sermone signata sunt, ut nulli sexui, nulli ætati, nulli capacitati esset difficile ad tenendum. De hoc etiam Symbolo, vel Dominica oratione, dictum per Isaiam creditur : *Consummationem et abbreviationem audivi a Domino Deo exercituum super universam terram* (Isa. xxviii); quæ consummatio, id est perfectio et abbreviatio, de tam sublimibus rebus hominis ingenio fieri nullatenus poterat, sed facta est virtute Creatoris; ut sancti, ut dictum est, prædicatores per universum mundum uniformem fidei tenorem Ecclesiæ auribus traderent, et omni ad fidem venienti facilis esset ad memoriæ commendandum.

Sed jam quid ejusdem textus Symboli dicat, in quantum Dominus donare dignatus est, advertamus; cum enim *credimus Deum*, et *credimus Deo*, *credimusque in Deum*, primo discernenda sunt hæc tria, et perspiciendum quid commune sit, quid speciale, quid soli debeamus congrue Deo. Cum enim dicimus *credo Deum*, quid subaudiendum est, nisi credo Deum esse? Et utique non solum Deum credimus esse, sed credimus etiam et ea quæ fecit esse, sive sint spiritalia et invisibilia, sive corporea et visibilia. Nisi forte de ineffabili incommutabilitate Dei sermo est; nam ad comparationem incommutabilis illius essentiæ, ea quæ mutabilia condita sunt, tanquam non sint, hic ille solus esse dicitur, sicut ad Moysen ipse de se loquitur : *Ego*, inquit, *sum qui sum. Et dices filiis Israel: Qui est, misit me ad vos* (*Exod.* iii). Et Psalmista : *Tu autem idem ipse es, cœli*, inquit, *peribunt* (*Psal.* cxlv). Et beatus Job: *Ipse enim solus es* (*Job.* xxiii). Nam si non comparetur creatura Creatori, unamquamque rem in sua qualitate credimus esse; et tunc non solum Deum esse credimus, sed credimus

esse quoque cœlestes virtutes, quia ab eo conditæ sunt. Credimus quoque esse et inferna; cœlum namque et terram non credimus, sed novimus; quoniam *fides argumentum est sperandarum substantia rerum non apparentium* (*Hebr.* xi). Hic ergo primus modus non de solo Deo dici potest, sed et de rebus ab eo factis; et tunc demum non erit speciale soli congruens Deo. Secundo namque modo cum dicimus, *credo Deo*, quid est aliud nisi credo ea quæ dicit Veritas? credimus et ea quæ dicuntur a veracibus, id est vere sapientibus, quæ de Veritate loquuntur. Ergo neque hic modus erit specialis, qui soli competat Deo.

Tertio quoque modo quod dicimus, *credo in Deum*, de nullo alio similiter dicere possumus, neque de ulla re congrue unquam dici poterit. Hic ergo erit specialis modus, qui de solo supremo et vero Deo dicatur. Et quid est credere in Deum, aut quis credit in Deum, nisi cui fides ita est certa, ut scientia? cui fides intellectum aperit, qui intelligit non solum quia est, sed quia diligendus et colendus est; et quod faciendum intelligit facit, hoc est diligit Deum : ita ut non possit, id est nolit omnino peccare, ne forte offendat eum, quia et diligit. Et tali fide credere Deum, hoc est nasci a Deo; et de hujusmodi fidelibus loquitur Joannes apostolus, dicens : *Qui natus est ex Deo, non peccat, quia generatio Dei conservat eum* (*I Joan.* v). Generationem Dei dixit nativitatem ex Deo; et nasci ex Deo hac fide renasci per Deum; id est ut credendo cognoscas, cognoscendo diligas, diligendo inoffense adhæreas; id est ut fidem et intellectum tuum dilectione monstres, et dilectionem ab obedientia patere facias. Illi autem qui voluntate peccant, etsi fide confitentur Deum, factis tamen, secundum apostolum, negant, quos etiam incredibiles dicit. Et hæc non idcirco dicimus, ut eos qui vere fideles sunt, sine peccato esse credamus, sed sine voluntate peccandi; nam etsi non voluntate, tamen subreptione aliqua, aut infirmitate, aut oblivione peccant utique, et propterea certa fide ad Deum quotidie clamant : *Dimitte nobis debita nostra* (*Matth.* vi); et quotidie confidenter dicunt : *Credo in Deum*, id est Patrem, et Filium, et Spiritum sanctum; quam credulitatem nulli alii debemus, quia nullus aliud est Deus.

Credo igitur in Deum Patrem omnipotentem; cum enim dico *Deum*, nomen confiteor essentiæ, quia Deus nomen est essentiæ, totius videlicet Trinitatis naturæ, non unius tantum personæ : cum autem adjungo *Patrem omnipotentem*, specialem denuntio Patris personam. Nam cum de Deo loquimur, illa nomina, quæ ad substantiam ejus pertinent æqualia, sunt, et communia sunt Patri, et Filio, et Spiritui sancto; illa vero quæ personam designant, relativa dicuntur, et proprietates tantum indicant personarum. Ergo cum dicimus : *Credo in Deum*, cum Deus nomen sit substantiæ, totius videlicet Trinitatis vocabulum, quoniam tota Trinitas unius est substantiæ, de tota Trinitate dictum accipiamus. Quia necesse est, ut cum indiscretæ majestatis deitate, differentiæ quoque ostendantur personarum, ideo adjungimus, *Patrem omnipotentem*; Pater namque relativum est nomen ad differentiam, vel proprietas personæ, quia qui genuit, non est filius, sed pater; sicut qui genitus est, non est pater, sed filius; et hæc est nominis relatio, ut ex nomine patris intelligatur filius, quia non est pater, nisi habeat filium; sicut ex nomine filii intelligitur pater, quoniam non potest esse filius, nisi qui genitus est a patre. Cum enim tota Trinitas sit Deus omnipotens, non tamen tota Trinitas est Pater, nisi forte ad creaturam referantur, cujus est Trinitas Deus Pater. In illa tamen summa Trinitate, solus ille qui genuit Filium est Pater, de quo dicitur *creatorem cœli et terræ*, quod licet de tota Trinitate dici possit, quia Trinitas sicut unus est Deus, ita unus creator, et unus gubernator, et rector; in hoc tamen loco idcirco proprie Patri assignatur creatio cœli et terræ, quia usus est Scripturæ dicere Deum Patrem omnia fecisse, sed per Filium cuncta fecisse, sicut in capite Geneseos de Patre Scriptura testatur : *In principio fecit Deus cœlum et terram.* De Filio quoque in Evangelio : *Omnia per ipsum facta sunt* (Joan. 1). Unde in Symbolo solertissime singula sunt verba pensanda, ut quidquid de Patre substantialiter dicitur, similiter intelligatur de Filio et Spiritu sancto; quidquid vero personaliter, soli assignetur Patri. Similiter etiam quidquid de Filio dicitur, si de substantia vel essentia dicitur, similiter quoque de Patre intelligitur; si de persona, soli tribuatur Filio. Simili quoque modo de Spiritu sancto intelligendum est.

Sequitur : *et in Jesum Christum Filium ejus unicum, Dominum nostrum.* Subauditur *credo*. Nullum hic locum calumniæ hæretica reperiet rabies, quia dicit de Filio *Dominus est*, non (*Deus*) *est*; quoniam secundum supra scripturationem [*ita cod.* Num scripturæ rationem?] in nullum credere oportet, nisi in Deum. Deus ergo est Filius absque ambiguo, quia et in illum credimus sicut et in Patrem. Nam cum initio hujus Symboli profiteamur : *Credo in Deum Patrem omnipotentem*; et in consequentibus adjungamus : *et in Jesum Christum filium ejus unicum, Dominum nostrum*, unam nos credulitatem Patri et Filio exhibere confitemur; et quia eos una fide credimus, unum procul dubio Deum prædicamus. Et sicut illorum est una substantia, sic nostræ confessionis una credulitas. Credimus in Patrem et Filium, non alia credulitate in Patrem, et alia in Filium, quia non est alius Deus Pater, et alius Filius; alius utique est in persona, non est alius in substantia. Illa quippe conjunctio quam interponimus dicentes : *et in Jesum Christum Filium ejus*, ad distinctionem pertinet personæ, non ad divisionem naturæ, ac si dicamus : Credo in Patrem, credo et in Filium; quia alia est persona Patris, et alia Filii; una tamen ac indifferens est nostra credulitas, quia indivisa et inseparabilis est Patris et Filii deitas.

Sciendum quoque nomen Jesum esse Hebraicum; transferri tamen in Latino eloquio *salutarem*, sive *salvatorem*. Sed quia non sola appellatione, sed essentialiter Salvator habet hoc commune cum Patre, quia non solus Filius salvat, sed salvat Pater, salvat Spiritus sanctus; et non est alia salus Patris, alia Filii, alia Spiritus sancti; sed eadem salus est Patris quæ et Filii, eademque Spiritus sancti; neque alios salvat Pater, alios Filius, alios Spiritus sanctus; sed eosdem quos salvat Pater, eosdem filius, eosdem Spiritus sanctus. Sed idcirco in hoc loco solus Filius dicitur Jesus, quia solus missus est a Patre et Spiritu sancto pro salute mundi. Sed tamen non solus operatus est mundi salutem; quia licet solus sit missus, non tamen solus operatur. Missio enim ejus est personalis, operatio vero substantialis; et sicut jam supradictum est, quod personale est, non communicat alteri personæ; quod vero substantiale est, indifferens et commune est totius Trinitatis. Christus autem Græco appellatur vocabulo, quod in Latino exprimitur *unctus*; unctum autem eum oleo lætitiæ, id est Spiritu sancto, constat in assumpta carne, non in assumentis Verbi divinitate; et idcirco hoc vocabulum non habet commune cum Patre et Spiritu sancto, sed solius speciale est Filii, et hoc, ut dictum est, propter carnem. Sed tamen quia carnis et Verbi una est persona, Christus est etiam secundum carnem, Christus secundum animam, Christus secundum divinitatem, sicut dicimus Christum descendisse ad inferos, Christum jacuisse in sepulcro. Et Apostolus ait : *Neque tentemus Christum, sicut quidam eorum tentaverunt* (I Cor. x); id est quidam ex eis qui per Moysen ex Ægypto ducti sunt, quo tempore nondum erat Christus nisi secundum sempiternam divinitatem.

Filium ejus unicum. Cum dicit *unicum*, procul dubio nativitatem ejus ex substantia Patris sempiternam nos intelligere facit, quam nativitatem non communicat cum cæteris filiis Dei; dicuntur enim sancti angeli filii Dei; dicuntur et sancti homines; sed isti per ejus gratiam adoptati, non de ejus substantia editi. Unicus vero, non gratis adoptatus, sed genuina nativitate ex ejus substantia est Filius; ac per hoc non potest esse minor Patri quia cum sit figura imago substantiæ, et sapientia Patris, non potest Pater imaginis figuræ et sapientiæ suæ esse major. *Dominum nostrum.* Non solus Filius Dominus est noster, sed et Pater, et Spiritus sanctus; sicut non solus pater est Deus, sed et Filius, et Spiritus sanctus; neque alia dominatio Filii, et alia Patris; sicut nec alia deitas Patris, nec alia Filii, sed deitas et dominatio una est Patris, et Filii, et Spiritus sancti. Crebro tamen in divinis litteris in Dei vocabulo Pater; in Domini, solet intelligi Filius.

Qui conceptus est de Spiritu sancto, natus ex virgine Maria. Conceptus quippe de Spiritu sancto, hoc est gratia vel virtute Spiritus sancti ; non enim credimus, sicut quidam sceleratissimi et nefandissimi ausi sunt dicere, Spiritum sanctum in utero Virginis fuisse pro semine, tanquam hoc egerit Spiritus sanctus in conceptione Dominicæ carnis, quod agit semen paternum in conceptione cæterorum hominum, sed potentia Spiritus sancti carnem Christi creatam. Merito autem quæritur, cum opera totius Trinitatis sint inseparabilia, cur conceptionem carnis Dominicæ solus operatus esse dicitur Spiritus sanctus? Sed quia sanctificatio sit per spiritum, et idem spiritus, sic est Deus, ut sit etiam donum Dei ; idcirco Spiritus sanctus dicitur carnem in utero Virginis creasse, ut intelligamus sanctificatione divinæ gratiæ per donum Spiritus sancti ita creatam Christi carnem, ut et divinum esset opus, et in unitate personæ unici Filii Dei, absque ulla originalis peccati sorde, ita sit assumpta, ut ex ipsa conceptione sanctificata, et Dei verbo substantialiter unita, nullum posset deinceps recipere peccatum. Et in tantum sanctificata est, et divina caro facta, ut non solum ipse peccatum habere non posset, verum etiam in aliis peccata purgare efficacissime possit. Nam cæteri homines ad hoc sanctificantur ut peccatis careant ; homo tamen Dominicus ad hoc sanctificatus, ut peccatum nullo modo recipiens, peccatores ex potentia divinitatis suæ justificaret. Natus namque est de Spiritu sancto et virgine Maria : sed de Spiritu sancto non sic natus tanquam eum habeat Patrem ; de virgine vero Maria sic natus, ut eam haberet matrem ; de Spiritu sancto natus, a Spiritu sancto secundum hominem natus est, ut non de Spiritu sancto substantiam habeat ; de matre vero natus ex ejus substantia accepit carnis substantiam, hoc est de corpore Virginis traxit proprium corpus ; ut sicut divinitate erat consubstantialis Patri, sic per humanationem [cod. humanarationem] fieret consubstantialis matri, ut incomprehensibilis et invisibilis haberet in quo videretur et comprehenderetur.

Passus sub Pontio Pilato. Sicut ad veritatem fidei pertinet ut credamus, eum de infirmitate nobis medicinam procurasse, id est sua passione nos non solum a passionibus peccatorum, sed etiam a passionibus pœnarum, liberasse ; ita et ad veritatem pertinet historiæ quod dicitur, *sub Pontio passus Pilato.* Sicut necessarium est ut credamus, quod pro nostra fuit salute passus, sic congruum est ut noverimus quando fuerit passus ; quoniam, sicut Evangelium indicat, natus est Dominus tempore Cæsaris Augusti, id est Octaviani, cum Judæis regnaret Herodes ; passus est tempore Tiberii Cæsaris, cum Judæam procuraret Pilatus : constatque hunc Pilatum hominem Romanum a principe Romano, videlicet Tiberio, ad procurationem Judææ pauco tempore antequam Dominus pateretur missum, et vocatum Pontium a quadam insula Romana Urbi vicina, ubi natus fuisse fertur. Sub hoc itaque

præside passus est Dominus multas et diversas acerbæ mortis injurias, ut nos ineffabilibus honoribus suavissimæ ditaret vitæ.

Crucifixus, mortuus, et sepultus. Sacramenta crucis, mortis et sepulturæ ejus ita sunt inexplicabilia, ut nullius linguæ laudibus, sed nec sensu cujusquam possint digne explicari. Hoc tamen convenit in crucis comtemplatione nos cogitare, quia ideo Dominus inter cæteras mortes ligni suspensionem prælegit, ut per hanc restauraret primam ligni transgressionem ; ut sicut in Adam per ligni dilectionem humani generis facta dejectio, ita in Christo per ligni asperitatem fieret ejus erectio. De compositione autem ejusdem crucis ad ædificationem pertinentia multa utiliter dicuntur, unde aliquid tentare longum est ; sed tamen breviter aliquid dicere commodum est propter sacratissimi Symboli necessariam meditationem. Senserunt namque sancti doctores, quod illa verba Apostoli, ubi ait : *In charitate radicati atque fundati, ut possitis comprehendere cum omnibus sanctis, quæ sit longitudo, latitudo, sublimitas, et profundum (Ephes.* iii), ad crucis compositionem mirabiliter et veraciter aptentur. Latitudo enim crucis est in traverso ligno ubi figuntur manus ; longitudo vel illud rectum lignum, in quo totum corpus extenditur ; sublimitas quoque crucis est hoc quod super transversum lignum eminet, cui caput adjungitur ; profundum quoque ejus est hoc quod terræ infixum.

Et quia Apostolus *mortuos nos dicit (Gal.* ii) *cum Christo, et vetus homo noster simul confixus cruci cum illo, ut evacuetur corpus peccati, et ultra non serviamus peccato* ; attendendum omnino quomodo ista quatuor, id est latitudo, longitudo, sublimitas atque profundum nostræ crucifixioni convenient. Solet namque gaudium, atque hilaritas mentis per latitudinem significari ; per manus quoque significantur opera nostra ; et quia manus crucifixi in latitudine crucis, id est transverso ligno figuntur, hoc significat quia bona opera nostra tunc fiunt Deo acceptabilia, si cum hilaritate fiant. Et quæ sunt illa opera, nisi ea de quibus homini dicitur : *Tolle crucem tuam et sequere me? (Matth.* xvi.) Et iterum : *Qui autem sunt Christi, carnem suam crucifixerunt? (Gal.*v.) Crucifigitur autem caro, cum mortificantur membra nostra super terram, a fornicatione, immunditia, luxuria, avaritia, et cæteris hujusmodi (Col.* iii). Omnia enim bona quæ nunc agimus tanquam clavis præceptorum in Dei timore confixi, hilariter et cum charitate faciamus, ut cum Apostolo dicere possimus : *Non solum autem, sed et gloriamur in tribulationibus (Rom.* v) ; neque murmuremus difficultatibus, ne perdamus in cruce latitudinem hilaritatis, sed simus spe gaudentes. Per longitudinem quoque, in qua totum corpus extenditur, potentia atque tolerantia significantur, unde longanimes dicuntur, qui tolerant ; et pertinet ad perseverantiam. Per sublimitatem, vel cui caput adjungitur, significatur exspectatio retributionis, sed sublimi justitia Dei, *qui reddet uni-cuique secundum opera sua (Rom.* ii), his quidem, qui secundum patientiam boni operis, gloriam, et honorem, et incorruptionem parentibus [*al.* meren-tibus] vitam æternam. Profundum autem, quod ter-ræ infixum est, secretum sacramenti præfigurat; et pertinet ad occultam gratiam, ex qua invisibili-ter operantur, sicut ipsa profunditas terræ infixa non apparet; sed tamen superiora quæ apparent, per ipsam continentur. Igitur cum crucem Christi quis tollit, ut sequatur eum, teneat latitudinem charitatis, longitudinem perseverantiæ, habeat etiam sublimitatem ut ea, quæ cum charitate hila-riter ac perseveranter agit, ad supernum finem re-ferat, ut in actibus suis nullam aliam intentionem interserat, sed fiat sicut scriptum est : *Inclinavi cor meum ad faciendas justificationes tuas propter æternam retributionem (Psal.* cxviii). Teneat quo-que profundum, ut sciat quia omnia, quæ bene agit, quod perseverat, et hoc propter supernam inten-tionem facit, per occultam gratiam Deus per illum, et in illo agit.

Hæc de compositione crucis; nam de statu ejus alia est figura. Significat enim status crucis uni-versitatem potestatis Christi, de qua ipse ait : *Data est mihi omnis potestas in cœlo, et in terra (Matth.* xxviii), et Apostolus dicit : *In nomine Jesu omne ge-nu flectitur cælestium, terrestrium et infernorum (Phil.* ii), in qua universitate et in sublimibus caput nostrum elatum est, ubi ei ministratur ab angelis, et inferna ei subjecta sunt, et media ea, scilicet quæ infra cœlos ac terram sunt, quasi extentis brachiis potestatis suæ gubernat, regit ac mode-ratur. Est etiam qualitas crucis, ita ut si eam non erectam, sed planam, et æquali tenore libratam teneas, quatuor tibi plagas mundi monstrare videa-tur, tanquam eos quibus *mundus crucifixus est, et ipsi mundo (Gal.* vi) a solis ortu et occasu, ab aqui-lone et mari a Deo elegi et vocari.

De mortis vero ejus mysterio omnes hoc cogno-scunt fideles, quia ideo immortalis mortuus est, ut mortales ad immortalitatem reduceret; et ut spo-lia, quæ diabolus de paradiso fraudulenter abstra-xerat, non per potentiam sed per justitiam ab eo eriperet ; per justitiam scilicet, ut diabolus eos, quos per peccatum sibi subdiderat, quibusque pec-cantibus merito dominabatur, juste amitteret, cum injuste unum sine peccato et innocentem occidis-set. Sepulturæ quoque mysterium, quod actum est in capite, agitur etiam figurate in corpore ejus, quod est Ecclesia. Nam sicut Dominus sexta die laboravit in passione, sic Ecclesia a sexta die, ætate mundi, laborat in ærumnis et periculis vitæ præ-sentis; et sicut ille septima die, hoc est Sabbato, quievit in sepulcro, sic sanctorum animæ, post mo-lestias vitæ præsentis, excipiuntur ab illa requie quæ interposita est inter labores hujus vitæ, et ultimam corporum resurrectionem ; tanquam post sextam ætatis diem sabbatizantes, hoc est requiescentes,

in solis animabus exspectantes etiam octavam resur-rectionis diem, quando receptis corporibus, finita mutabilitate temporum, in incommutabili luce ani-mæ cum suis corporibus, sine ullo deinceps timore, ad visionem sublevabuntur Divinitatis, sicut *Christus resurgens a mortuis jam non moritur (Rom.* vi). Hoc igitur triduum sacratissimum crucifixi, sepulti, suscitati, unum quod significat crux, in præsenti agimus vita : biduum autem, quod significat sepul-tura et resurrectio, fide ac spe agimus, quia ea nondum videmus, nondum tenemus. Sicut enim Dominus propterea crucifixus est, ut sepeliretur et resurgeret ; ita nos ea quæ in præsenti vita agimus, sic in necessariis deputantur, ut per ea veniamus ad illa, quæ per se ipsa petenda sunt et concupi-scenda ; id est ad illam requiem animarum, quam suspirabat Paulus dicens : *Cupio dissolvi, et esse cum Christo (Phil.* i); et exinde ad illam perfectis-simam renovationem, quando absorpta morte in vi-ctoria novissima, inimica morte destructa immutati erimus, et æquales angelis facti. Unde Dominus : *Erunt,* inquit, *angeli Dei (Matth.* xxii), quod signi-ficat Dominicæ resurrectionis clarificatio.

Descendit ad inferna ut sanctos, qui per prima mortis debita ibi essent liberaret [*cod.* liberabit in se]. *Tertia die resurrexit a mortuis,* ut nobis ipse illam vitam ostenderet, quæ futura est post gene-ralem hominum resurrectionem. Resurrectio ta-men Christi ibi exstitit, ubi et mors, hoc est in sola carne. *Ascendit ad cælos ;* hoc est assumptam carnem ad regnum cœlestis habitationis sublevavit, ut ipse qui in terris mala nostra pertulit, in cœlesti-bus bona sua possideat. *Sedet ad dexteram Patris ;* hoc est regnat in beatitudine Patris ; sedere enim regnare est, sicut Apostolus exponit, dicens : *Opor-tet illum regnare, donec ponat omnes inimicos suos scabellum sub pedibus suis (Hebr.* x); dextera quippe Patris æterna est beatitudo, sicut sinistra ejus æterna miseria. *Inde venturus est judicare vivos et mortuos.* Vivos dicit eos, quos in sæculo viventes in suo adventu invenerit ; mortuos autem, qui ante ejus ultimum adventum de hac vita discesserint. *Credo in Spiritum sanctum,* similiter ut in Patrem, et in Filium. Deus ergo est Spiritus sanctus, quo-niam in nullum alium credere debemus nisi in Deum ; et fides una est, quia credimus in unum Deum Patrem, et Filium, et Spiritum sanctum, qui Spiritus sanctus consubstantialis est eis a quibus procedit, hoc est Patri et Filio. Quia sicut non po-test aliud esse generans, et aliud generatus, sed hoc est genitum quod generans Deus ; sic aliud non potest esse procedens Spiritus, et aliud ipse a quo procedit Deus ; sed hoc quod ipse est, hoc etiam ab eo procedit ; id est de Deo Deus nascitur, de Deo Deus procedit ; et non alius Deus genitor, alius Deus genitus, aliusque procedens ; sed generans, genitus, procedens, unus est Deus · hoc est Pater, et Filius, et Spiritus sanctus.

Sanctam Ecclesiam catholicam. Subauditur *credo :*

non enim dicitur : *credo in sanctam Ecclesiam,* sed credo sanctam Ecclesiam ; hoc est non in eam credo sicut in Deum, sed in ea credo esse Deum, et illam in Deo ; credo scilicet eam domum esse Dei, habitaculum Dei, sed non quæ contineat Deum, sed quæ contineatur a Deo ; et hoc est quod dixi eam esse in Deo. Ecclesia quippe Græco vocabulo vertitur in Latinum *evocatio,* vel *collectio,* et subauditur fidelium ; catholica vero interpretatur *universalis,* eo quod a solis ortu et occasu, ab aquilone et mari laudet nomen Domini, et a finibus terræ clamet ad Dominum, cum certe sit toto orbe terrarum diffusa.

Remissionem omnium peccatorum ; hoc est *credo,* omnium scilicet et originalium et actualium peccatorum remissionem fieri per baptismum, tamen in sola Ecclesia Christi, quæ et domus est Dei, extra quam nullam fas est credere remissionem, nullam justitiam : quolibet enim quis modo ab Ecclesia Christi discedat, nullam deinceps consequetur peccatorum remissionem, nullam operabitur justitiam, quoniam extra Ecclesiam positis sacramenta ecclesiastica non solum haud valent ad salutem, sed potius ad perniciem. *Carnis resurrectionem* ; subauditur *credo* ; carnis utique non animæ, quoniam anima licet pro peccatis suis moriatur, id est a sua vita, quæ Deus est deseratur, tamen substantialiter vivit, et non moritur ; et quia in substantia sua non moritur, idcirco substantiæ suæ non eget resurrectione, sed in sola, ut dictum, carne homo resurget, quia in carne moritur, et eadem quæ moritur caro, eadem etiam resurget, sed ita immortalis effecta atque spiritalis, ut deinceps mori non possit, neque ullam sentire

corruptionem ; eritque homo post resurrectionem et ejusdem naturæ, et alterius qualitatis, secundum illam Apostoli disputationem ubi ait : *Seminatur corpus animale, resurget corpus spiritale,* etc. (*I Cor.* xv).

Et vitam æternam ; subauditur *credo.* Quærendum est, cum justis futura sit vita æterna, et impiis mors æterna, quare in Symboli professione non confiteamur mortem æternam nos credere sicut vitam æternam ? Sed sciendum est quia ex contrariis contraria intelligere in promptu est ; in professione enim hujus fidei fidelium causa inserta est ; illi vero qui sunt alieni a fide, erunt extorres et de causa fidelium, hoc est vita æterna ; cum enim confiteamur sanctam Ecclesiam, remissionemque peccatorum, ac vitam æternam, quid ex contrariis de impiis sentiendum est, nisi quia qui non communicant sanctitati Ecclesiæ, remanent in immunditiis suis ? qui non participantur ei in remissione peccatorum, manent in detentione peccatorum : et tunc demum quia non erunt possessores vitæ æternæ, erunt perpessores mortis æternæ ; a qua morte hac fide eripiuntur vere fideles, non illi qui etsi verbis dicunt se nosse Deum, factis autem negant. Restat quidem hujus Symboli conclusio, id est *amen,* quod est verbum Hebraicum, transferturque in Latinum *vere,* sive *fideliter* ; et cum per totum textum Symboli aut aperte dicimus, aut tacite subaudiri facimus *credo,* ad ultimumque concludimus *amen,* quid aliud intelligi datur, nisi vere credo quod in Symbolo recitavi, fideliter credo quæ in Symbolo continentur ? Amen.

SYMBOLI ATHANASIANI EXPLANATIO.

(*Ibid.* p. 396, ex eodem codice.)

—

Injunxistis mihi illud fidei opusculum, quod passim in ecclesiis recitatur, quodque a presbyteris nostris usitatius quam cætera opuscula meditatur, sanctorum Patrum sententiis quasi exponendo dilatarem, consulentes parochiæ nostræ presbyteris, qui sufficienter habere libros nullo modo possunt, sed vix et cum labore sibi psalterium, lectionarium vel missalem acquirunt, per quos divina sacramenta vel officia agere queant ; et quia cum inopia librorum plerisque neque studium legendi aut discendi suffragatur, idcirco vultis ut saltem hanc fidei expositionem meditari cogantur, ut aliquanto amplius de Deo possint sapere et intelligere. Quia maxima omnium ista pernicies est, quod sacerdotes, qui plebes Dei docere debuerant, ipsi Deum ignorare inveniuntur ; nam sicut laico blas-

phemia, ita sacerdoti voluntaria Dei ignoratio in sacrilegium deputatur. Hoc namque opusculum non quidem est aliis sermonibus obscurum, nec laciniosis sententiis arduum, cum pene plebeio conscriptum sit sermone ; sed tamen si adjunguntur ei pro locis necessariis tractatorum [*cod.* tractorum] fidei verba, plurimum juvat ad fidei notitiam. Traditur enim quod a beatissimo Athanasio Alexandrinæ Ecclesiæ antestite [*ita cod.*] sit editum ; ita namque semper eum vidi prætitulatum etiam in veteribus codicibus, et puto quod idcirco tam plano et brevi sermone tunc traditum fuerit, ut omnibus catholicis, etiam minus eruditis, tutamentum defensionis præstaret adversus illam tempestatem, quam ventus contrarius, hoc est diabolus, excitavit per Arium, qua tempestate navicula, id est Christi Ecclesia, in medio mari, videlicet mundo, diu tantis fluctibus A est vexata, sed non soluta aut submersa; quia ille imperavit vento et mari, qui se eidem Ecclesiæ promisit usque ad finem sæculi adfuturum. Quicunque ergo de hujus maris fluctibus salvari desiderat, et in profundum abyssi, æternam videlicet perditionem, demergi pavescit, teneat integre et inviolabiliter fidei veritatem.

Ita enim incipitur ipsum opusculum : *Quicunque vult salvus esse, ante omnia opus est , ut teneat catholicam fidem, quam nisi quisque integram inviolatamque servaverit, absque dubio in æternum peribit.* Quod dicitur in capite horum versuum, hoc repetitur in fine ; nam hoc est in æternum perire, quod salvum non esse ; et hoc est salvum esse, quod non perire. Sed quid est quod integram et inviolatam servandam B admonet fidem, nisi quia nihil de illa est auferendum, nihil mutandum ? sicut in fine libri Apocalypsis terribiliter contestatum est ; demunt namque, et violant, id est minuunt et corrumpunt sacramenta fidei hæretici et schismatici, et idcirco ejicit illos foras Ecclesia, et excludit a se, ut ipsa sine macula inveniatur et ruga. Sicut enim Deus veracitas est, ita ea quæ apostolica Ecclesia de Deo docuit, vera sunt ; si aliquid horum depresseris, aut mutaveris, intrat putredo de veneno serpentis, nascitur vermis mendaciorum, et nihil integrum remanebit ; quia ubi fuerit corruptio falsitatis, non ibi erit integritas veritatis.

Opportunum namque mihi videtur paucis admonendum, quæ illa sit fides, quæ in æternum perire C non sinit ; nempe non est illa qua dæmones credunt et contremiscunt, non tamen diligunt, aut sperant quod credunt ; sed illa potius est, quæ per dilectionem operatur ; illa videlicet dilectio, de qua Dominus ait : *Qui diligit me, sermones meos servat* (*Joan.* XIV); quam dilectionem quisquis adeptus fuerit, sentit procul dubio quantum et quale bonum sit Deus. Quod etiam ex hoc evidenter ostenditur, quia nulli ab eo recedenti bene est ; a quo enim habet homo ut sit, ab eo habet ut bene sit ; et hoc est bonum hominis, ut summæ et incommutabiliter bonæ adhæreat naturæ ; quod si noluerit, bono se privat illo, cujus participatione esse ipse poterat bonus ; et magnum malum est ei bonum non esse : D propter quod etiam per justitiam Dei cruciatus consequitur. Quid enim tam iniquum quam ut bene sit ei qui voluntarie deserit summum bonum? Sed hoc malum quod fit deserendo summum bonum, idcirco plerique non sentiunt, quia inferius amant temporale bonum ; sed divina justitia est, ut qui voluntate deserit Deum, cum dolore amittat quod amat præter eum, et ab hoc dolore fides non liberet eum. Fides namque alio nomine dicitur credulitas ; nam apud Græcos fides et credulitas uno dicitur nomine. *Catholica* Græcum nomen est, interpretatur autem Latino eloquio *universalis*, quia toto mundo diffusa Ecclesia, et toto tempore hanc tenet fidem, et tenuit, neque unquam aut tempore mutata est, aut

locis variata ; nam hæreticorum fides non potest dici catholica, quia non est publica, sed privata, nec ubique tenetur, nec semper fuisse monstratur.

Sequitur : *fides autem catholica hæc est, ut unum Deum in trinitate, et trinitatem in unitate veneremur.* Unitas in deitate, trinitas in personis. Veneremur ergo unitatem Deitatis in trinitate personarum ; in qua trinitate tanta est substantiæ unitas, ut æqualitatem teneat, pluralitatem non recipiat ; tanta personarum distinctio, ut unione non permisceantur. Tres personæ unius sunt essentiæ sive naturæ, unius virtutis, unius operationis, unius beatitudinis, atque unius potestatis ; ut trina sit unitas, et una sit trinitas ; ita ut unusquisque eorum verus perfectusque sit Deus ; videlicet ex plenitudine divinitatis : nihil minus in singulis, nihil amplius intelligatur in tribus ; nec hujus trinitatis tertia pars est unus ; nec major pars duo quam unus. Ita tota Deitas sui perfectione æqualis est, ut exceptis vocabulis, quæ proprietatem indicant personarum, quidquid de una persona dixeris, de tribus dignissime possit intelligi. Et non majus sit in tribus quam in singulis ; nec minus in singulis quam in tribus ; velut si de tribus hominibus dicas quod sint immortales, ego non intelligo plus posse vivere simul tres quam singulos ; nec minus singulos , quam totos tres, quoniam trium una est immortalitas ; aut si æqualiter sint sapientes, non plus sapiunt simul quam singuli ; sed tanta est in unoquoque sapientia, quanta in tribus. Si hæc ergo in creatura inveniuntur, ubi non est una anima, aut unum corpus, nisi forte per dilectionem et fidem, quanto magis in Creatore, in Patre scilicet, et Filio, et Spiritu sancto ? qui est æterna et incommutabilis unitas, qui est indifferens trinitas, unus, unum lumen, unumque principium.

Sequitur : *neque confundentes personas, neque substantiam separantes* ; sicut enim confutantes Arium unam eamdemque dicimus Trinitatis esse substantiam, et unum in tribus personis fatemur Deum ; ita impietatem Sabellii declinantes, tres personas sub proprietate distinguimus. Sabellius quia intellexit unam esse Trinitatis substantiam, ideo confundens personas, ipsum sibi Patrem, ipsum sibi Filium, ipsum sibi Spiritum sanctum esse dicebat. Nos tamen non nomina tantum, sed etiam nominum proprietates, id est, personas confitemur ; nec Pater Filii, aut Spiritus sancti personam excludit aliquando, nec rursus Filius aut Spiritus sanctus Patris nomen personamque recipit ; sed Pater semper Pater, Filius semper Filius, Spiritus sanctus semper Spiritus sanctus. Arius vero quia cognovit tres personas, idcirco et tres asseruit divisas substantias. Sed nos confitemur quia Pater et Filius et Spiritus sanctus substantia unum sunt, personis ac nominibus distinguuntur.

Sequitur : *alia est enim persona Patris, alia Filii, alia Spiritus sancti ; sed Patris, et Filii, et Spiritus sancti una est divinitas, æqualis gloria, et coæ-*

terna majestas. Æqualis gloria, quia non est major in gloria Pater, quam Filius, aut Spiritus sanctus; non minor est gloria Spiritus sancti, quam Patris, aut Filii. Coæterna majestas, quia non est anterior Pater Filio, aut Spiritu sancto; non est posterior Spiritus sanctus Patre, aut Filio. Sciendum tamen est, quia personas dicere necessitas fecit disputationis contra hæreticos; nam in Scripturis divinis dictum non invenitur; doctores tamen licenter hoc assumpserunt, non quia Scriptura dicit, sed quia Scriptura non contradicit; nam cum dixeris tres sunt, et mox interrogatus fueris, quid sunt tres? nihil omnino respondendum restat nisi personæ; nam aliud respondeas nihil habebis, quia non potes dicere tres dii, aut tres substantiæ, aut aliquid hujusmodi, quod absit! Dicta autem persona, quasi per se una, eo quod per se sit. Dicitur etiam subsistentia, eo quod per se subsistat, nam quod nos dicimus personas, Græci dicunt ὑποστάσεις, quod interpretatur in Latino *subsistentias*; et quod apud nos dicitur *substantia*, apud illos dicitur οὐσία. Et quidem in Latina lingua quasi unum videtur esse substantia et subsistentia; in Alexandrino tamen concilio, ubi hoc primum tractatum fuit, ita definitum est, ut substantia ipsam rei alicujus naturam rationemque qua constat designet; subsistentia autem uniuscujusque personæ hoc ipsum quod exstat et subsistit, ostendat. Alia est enim persona Patris, alia Filii, alia Spiritus sancti, quia alius est in persona Pater, alius in persona Filius, alius in persona Spiritus sanctus. Non est alius in deitate, non est alius in gloria. Alius est Pater, et alius Filius, quia non est ipse Pater qui Filius; non est, tamen aliud Pater, et aliud Filius, quia hoc est Pater quod Filius.

Attendendum quoque diligenter, quod dicitur non est ipse Pater qui Filius. Pater enim genitor est, non genitus; Filius genitus est, non genitor; Spiritus sanctus non est genitor, quia non est Pater; non genitus, quia non est Filius; sed procedens est, quia Spiritus [*f.* spiratus] est: hoc est tamen Filius quod Pater, quia Deus, quia creator, quia omnipotens, et cætera nomina quæ substantialia sunt, non personalia, totius Trinitatis æqualia sunt. Sciendum quoque summopere est quod Pater, et Filius, et Spiritus sanctus inseparabiles sunt etiam in personis, quia sicut ubique est Pater, ita ubique Filius, et Spiritus sanctus; neque alium locum occupat Pater, alium Filius, alium Spiritus sanctus; non enim mundum inter se in tres partes diviserunt, quas singulas singuli implerent; quasi non haberent ubi essent Filius, et Spiritus sanctus in mundo, si totum occupasset Pater; non ita se habet vera incorporea immutabilisque divinitas. Non enim corpora sunt, quorum amplior sit in tribus quam in singulis magnitudo; nec loca suis molibus tenent, ut distantibus spatiis simul esse non possint. Si enim anima in corpore constituta, non solum nullas angustias sentit, verum etiam quamdam latitudinem invenit incorporalium locorum, sed [*f.* seu?] spiritualium

gaudiorum; cum sit quod ait Apostolus: *Nescitis quoniam corpora vestra templum in vobis Spiritus sancti est, quem habetis a Deo?* (*I Cor.* VI.) nec dicimus, si stultissime potest, non habere locum in nostro corpore Spiritum sanctum, eo quod totum nostra anima impleverit; quanto stultius dicitur ullis angustiis alicubi impediri Trinitatem, ut Pater et Filius et Spiritus sanctus ubique simul esse non possint? Inseparabile est etiam opus Trinitatis, quia quælibet persona, sicut sine aliis personis esse non potest, ita sine aliis non operatur, et nihil seorsum agit inseparabilis charitas.

Sequitur: *qualis Pater, talis Filius, talis Spiritus sanctus.* Sciendum est omnino quod qualitas de Deo proprie non dicitur; nam de illis decem speciebus categoriarum hæ sunt, quibus caret Deus; id est qualitate, quantitate, situ, habitu, loco, tempore et passione; non tamen caret substantia aut relatione, quia, Pater et Filius relativa sunt nomina unius substantiæ. Itaque absque illis speciebus intelligamus nos Deum, quantum possumus sine qualitate bonum, sine quantitate magnum, sine indigentia creatorem, sine situ præsentem, sine habitu omnia continentem, sine loco ubique totum, sine tempore sempiternum, sine ulla mutatione mutabilia facientem, nihilque patientem. Unam autem de his speciebus, id est actionem, ideo prætermisi, quia actio Creatoris longe dissimilis est ab actu creaturæ; nam creatura sine motu et labore nihil potest agere; actio vero Creatoris sine motu et labore sola fit ejus voluntate. Hoc tamen quod dicitur: *qualis Pater, talis Filius, talis et Spiritus sanctus,* propter necessitatem contra hæreticos usurpatum est, qui dissimilem Deo Patri Filium asserebant, dissimilemque Spiritum sanctum. Nos tamen dignoscamus quid sit in creatura substantiæ qualitas, quid in Creatore sine qualitate substantia: proinde si de Deo dicamus: æternus, immortalis, incorruptibilis, immutabilis, vivus, sapiens et speciosus, justus, bonus, beatus, spiritus; horum omnium quod novissimum posui, id est spiritus, quasi tantummodo videtur significare substantiam; cætera vero qualitates substantiæ ejus. Sed non ita est in illa ineffabili simpliceque natura: quidquid enim secundum qualitatem illic dici videtur, secundum substantiam vel essentiam est intelligendum: absit enim ut Spiritus secundum substantiam dicatur Deus, et bonus secundum qualitatem, sed utrumque secundum substantiam, sicut secundum substantiam sapientia dicitur Deus.

Sequitur: *increatus Pater, increatus Filius, increatus et Spiritus sanctus.* Nihil in Trinitate creatum, quia tota Trinitas unus est creator: omnis itaque substantia, quæ Deus non est, creatura est; et quæ creatura non est, Deus est. Nulla igitur differentia est in deitate Trinitatis, quoniam quod Deo minus est, Deus non est. Sequitur: *immensus Pater, immensus Filius, immensus et Spiritus sanctus.* Immensus est Deus Trinitas, quia nulla ratione, nulla exstimatione metiri valet. Mundo non capitur, sic replet mundum, ut ipse contineat mundum, non contineatur a mundo; est enim mundo superior, inferior, exterior, et interior : regendo superior, portando inferior, circumdando exterior, replendor interior : sic est per cuncta diffusus, ut non sit qualitas mundi , sed substantia creatrix mundi. Sine labore regnans, sine onere continens mundum ; non tamen per spatia locorum quasi mole diffusus ; non ut in dimidia mundi parte sit dimidius, et in alia dimidia dimidius , atque ita per totum totus; non sic, sed in solo cœlo totus, et in sola terra totus , et in parte totus, et per cuncta totus; et nullo contentus loco, sed in seipso ubique totus : ita Pater , ita Filius, ita Spiritus sanctus, unus Deus Trinitas. Sed miro ineffabili modo cum sit ubique totus per divinitatis præsentiam, non est ubique per habitationis gratiam ; et cum quosdam peccantes deserit, eisdem tamen ipsis adest per judicium, quibus deesse cernitur adjumentum ; unde non dicimus : Pater noster qui es ubique, cum procul dubio verum sit, *sed Pater noster qui es in cœlis*; in sanctis videlicet angelis, et sanctis hominibus esse dicitur non solum per præsentiam suæ immensitatis, verum etiam per gratiam suæ inhabitationis. Et propterea cum supra dicerem ubique esse Deum, addendum putavi in se ipso; est namque ubique, quia nusquam est absens; in se ipso autem , quia non continetur eis quibus præsens est, tanquam sine his esse non possit. Nam spatia locorum tolle corporibus, nusquam erunt ; et quia nusquam erunt, nec erunt. Iterum tolle ipsa corpora qualitatibus corporum, non erit ubi sint, et ideo necesse est ut non sint. Deus autem, qui corporali loco non continetur, in se ipso est, ubique scilicet per cuncta diffusus ; sed non ita diffusus sicut aqua, sicut aer, sicut etiam ipsa lux, quæ in minori loco minora sunt, et in majori majora. Deus autem cujus immensitas atque magnitudo non est molis sed virtutis, sic est etiam in quolibet uno homine sicut per cunctam rerum machinam totus.

Sequitur : *æternus Pater, æternus Filius æternus et Spiritus sanctus.* In deitate Trinitatis quod est esse, perpetuum est, quia natura initio carens, incremento non indigens, sicut non incipiatur, ita nec fine terminatur. Ibi quippe est, ubi nec exspectatur quod veniat, neque percurrit quod debeat recordari, sed est unum quod semper esse est. Quod si nos et angeli cum initio videre incipimus Deum esse, tamen hunc sine initio videmus, ubi sic semper sine fine esse, ut numquam semet [*cod.* sed] animus tendat ad sequentia, in qua nulla pars suæ longitudinis præterit, ut pars alia succedat, in qua omne quod est animus videt et tardum non esse et longum esse. Et hæc quidem per fidem novimus ; qualiter tamen sit hæc ipsa æternitas, sine præterito ante sæcula, sine futuro post sæcula, sine mora longa, sine præstolatione perpetua, adhuc non videmus. Sequitur : *et tamen non tres æterni, sed unus æternus ; sicut non tres increati, nec tres immensi, sed unus increa-*

tus, et unus immensus. Ideo non sunt tres æterni, sed unus quia sicut unius naturæ est Pater et Filius et Spiritus sanctus, sic una est eorum increatio, et immensitas atque æternitas.

Sequitur : *similiter omnipotens Pater , omnipotens Filius, omnipotens et Spiritus sanctus, et tamen non tres omnipotentes, sed unus omnipotens.* Omnipotens dicit quia omnia potest, sicut scriptum est : *Apud Deum autem omnia possibilia sunt (Matth.* xix); vel quia omnia quæ sunt, ut sint, potestate illius tenentur ne concidant. Solent autem plerique, aut quasi adulando Deo superflua de omnipotentia ejus loqui, aut non necessaria vera docere, cum cimicum, aut muscarum vel culicum multitudinem ad curam Dei pertinere aiunt et notitiam, et propter illud quod in Evangelio dicitur : *Unum de duobus aut quinque passeribus non cadere in terram sine Deo, aut fœnum agri vestire (Matth.* vi), audent prædicare quod non solum genera, sed et numerum vermium noverit Deus [*al.* atqui Dei scientiam nihil fugit], quotquot ex corruptione corporum, aut viventium , aut mortuorum, lignorumque, aut aquarum corruptionibus vivificantur. Aliqui dicunt, quia non omnia potest Deus quippe qui sibi mortem concedere nequit, nec mutari possit a bono. Sed qui ista dicere vel audire delectantur, intelligant attentissime Deum esse simplicis naturæ ita ut non sit in Deo aliud esse, aliud habere, nec est ejus aliud velle et aliud posse, sed hoc est velle quod posse. Omnia ergo quæ vult potest, et quod potest vult , quoniam sic potens est, ut dispositionem suam servet, et nullo modo sua statuta convellat; nec major est voluntas quam potentia ejus, sed neque minor ; sed utráque tanta est, quanta et ille ; quia Deus hoc est quod habet ; æternitatem quippe habet, sed ipse est æternitas sua; lucem habet, sed lux sua ipse est. Nam in creatura nulla vere simplex substantia est, cui non est hoc esse quod nosse ; potest enim esse, nec nosse ; at illa divina non potest, quia id ipsum est quod habet : ac per hoc non sic habet scientiam, ut alia sit scientia qua scit, aliud essentia qua est, sed utrumque unum, quamvis non utrumque dicendum sit, quod verissime simplex et unum est.

Sequitur : *ita Deus Pater, Deus Filius, Deus et Spiritus sanctus ; Dominus Pater, Dominus Filius, Dominus et Spiritus sanctus ; et tamen non tres dii, aut tres domini, sed unus Deus, et unus Dominus.* De unitate deitatis et dominationis sanctæ Trinitatis jam sufficienter dictum est ; sed tamen sciendum est quod Deus dicatur ad se, Dominus ad creaturas quibus dominatur ; Deus quia solus colendus, Dominus quia solus timendus ; Deus religiosorum, Dominus vero servorum. Sequitur : *quia sicut singillatim unamquamque personam Deum ac Dominum confiteri Christiana veritate compellimur ; ita tres deos aut tres dominos dicere catholica religione [ita cod.] prohibemur.* Singillatim hoc est viritim, vel singulariter, quia singulus Pater Deus et Dominus est; singulus Filius Deus et Dominus est; singulus Spi-

iritus sanctus Deus et Dominus est. Ita nos dicere
fides Christiana cogit, quia nisi ita dixerimus,
Christiani esse non possumus. Et tamen alium
Deum aut Dominum dicere Patrem, alium Deum aut
Dominum dicere Filium, alium Deum aut Dominum
dicere Spiritum sanctum, prohibet nos catholica
religio, quia si ita dixerimus, nec catholici, nec religiosi esse poterimus; sed ut Christiani simus
atque catholici, dicamus vel potius credamus, et
Patrem Deum, et Filium Deum, et Spiritum sanctum
Deum, et simul non tres deos, sed unum Deum,
qui substantia et natura sit veraciter unus.

Sequitur : *Pater a nullo est factus, nec creatus,
nec genitus. Filius a Patre solo est, non factus aut
creatus, sed genitus. Spiritus sanctus a Patre et Filio
non factus aut creatus, nec genitus, sed procedens.*
Quod factus aut creatus nec Pater sit, nec Filius,
nec Spiritus sanctus, jam supra dictum est ; sed et
de Patre, quod non sit genitus quia non est Filius,
sed genitor tantum quia Pater est, jam præmissum.
est. Nunc vero attendendum omnino quod dicitur :
Filius a Patre solo est genitus ; Spiritus autem
sanctus ab utroque ; id est a Patre et Filio procedens ; Spiritus amborum est, Patris scilicet et Filii ;
Filius autem solius est Patris ; et hæc est causa,
quæ distinguit quid differat inter nativitatem Filii,
et processionem Spiritus sancti. Filius sic est de
Patre quomodo natus, non quomodo datus ; Spiritus
vero sanctus sic est de Patre simul et Filio quomodo datus, non quomodo natus ; hoc est donum
amborum. Itaque Filius nascendo procedit, Spiritus
vero sanctus procedendo non nascitur, ne sint duo
filii.

Sequitur : *unus ergo Pater, non tres patres ; unus
Filius non tres filii, unus Spiritus sanctus non tres
spiritus sancti.* Hæc sunt illa relativa nomina vel
appellativa, in quibus trinitas invenitur ; non enim
sic dicitur : Unus Pater, aut unus Filius, sicut dicitur unus immensus, aut unus æternus, aut unus
Deus, quia illa nomina sunt substantiæ, hoc est
unitatis ; ista vero, Pater videlicet, Filius Verbum,
et Spiritus sanctus, nomina sunt personarum, hoc
est trinitatis. Et ideo relativa sunt nomina, quia
Pater ad alium refertur, hoc est ad Filium ; non
enim sibi ipsi est Pater, sed alteri, hoc est Filio :
similiter Filius ad Patrem refertur ; sed et Spiritus
sanctus, vel donum, cum dicitur, refertur ad Patrem et Filium, a quibus procedit vel datur. Nam
illa nomina substantialia, hoc est Deus, Dominus,
æternus, et cætera, de quibus jam satis scriptum est,
in quacunque persona dicantur, non referuntur ad
alium, sed ad se ipsam. Nam etsi Apostolus (*I Cor.* i)
dicat Christum Dei virtutem et Dei sapientiam,
tamen non ita est relativum in eo virtus, et sapientia sicut est quod dicitur Verbum aut Filius ;
virtus enim et sapientia in Deo substantia est ; Verbum autem, aut imago, aut Filius, relativum : quod
si Pater qui genuit sapientiam, et ex ea sit sapiens

neque hoc illi esse quod sapere, qualitas ejus erit
Filius non prolis ejus, et non ibi erit jam summa
simplicitas ; sed absit ut ita sit ! Ergo et Pater ipse
sapientia est, et ita dicitur Filius sapientia Patris,
quomodo dicitur lumen Patris ; id est ut quemadmodum lumen de lumine, et utrumque unum lumen,
sic intelligatur sapientia de sapientia, et utrumque
una sapientia. Pater igitur, et Filius simul una
essentia, et una magnitudo, et una virtus, et una
sapientia. Sed non Pater, et Filius simul ambo
unum Verbum, quia non simul ambo unus filius.
Verbum enim relative sapientia essentialiter intelligitur ; sapientia ergo Filius de sapientia Patre,
sicut lumen de lumine, et Deus de Deo ; ut singulus
Pater lumen, et singulus Filius lumen ; ut singulus
Pater Deus, et singulus Filius Deus ; ergo et singulus Pater sapientia, et singulus Filius sapientia :
sicut utrumque simul unum lumen, et unus Deus,
sic utrumque una sapientia ; sed Filius factus est
nobis sapientia a Deo, de qua cum aliquid in Scripturis dicitur, Filius nobis insinuatur. Spiritus
quoque sanctus sapientia ; et simul non tres sapientes, sed una sapientia Pater, et Filius, et Spiritus
sanctus.

Sequitur : *Sed in hac trinitate nihil prius aut posterius, nihil majus aut minus.* Hæc trinitas unus est
Deus, et quia unus est, non potest esse diversus,
quia una natura non potest se ipsa esse prior aut
posterior, major aut minor. Non est Pater prior
Filio, neque major ; sic et Spiritus sanctus posterior Patre aut Filio, vel minor. Sequitur : *Sed totæ
tres personæ coæternæ sibi sunt et coæquales ; ita ut
per omnia, sicut jam supra dictum est, et trinitas in
unitate, et unitas in trinitate veneranda sit. Quicunque
ergo vult salvus esse, ita de Trinitate sentiat.* Et hæc
jam dicta sunt. Sequitur : *Sed necessarium est ad
æternam salutem, ut incarnationem quoque Domini
nostri Jesu Christi fideliter credat.* Sicut fideliter
credenda est divinitas regnantis, ita fideliter credenda est humanitas salvantis, quia æqualis periculi
est de mysterio incarnationis prave sentire, ut de
divinitatis arcano male intelligere ; nihil enim ju-
stius quam ut salvus non sit, qui salutis mysterio
derogare non timuerit. Sciendum sane quod aliam
significationem habeat Jesus, aliam Christus, cum
sit unus Salvator ; Jesus tamen proprium nomen
est illi, sicut propria nomina sunt Elias aut Abraham ; Christus autem sacramenti nomen est, quomodo si dicatur propheta, aut dicatur patriarcha.
Jesus quoque nomen Hebræum interpretatur in Latino *salutaris,* sive *salvator ;* Christus autem Græce
dicitur, quod transfertur in Latino *unctus,* ab unctione, id est chrismate, et Hebraice dicitur Messias.

Sequitur : *Est ergo fides recta ut credamus et confiteamur quia Dominus noster Jesus Christus, Deus
pariter et homo est.* Hoc enim est illud sacramentum
ab initio ex vulva dispositum, ut semen Abrahæ
mundi conditor apprehenderet, quatenus in se ipso

nostræ probaret primitias naturæ, ut Deus homo fieret, ut singularitate personæ copulans utramque naturam, *mediator Dei et hominum* (*I Tim.* 11) hominibus appareret, et his, propter quos venerat redimendos, ipse unus esset Deus et legifer, rex et magister, redemptor et redemptio, sacerdos et oblatio, veritas et via, sapientia et doctor, qualiter et sequentibus exempla vivendi monstraret, et suo generi, id est hominibus, homo ipse factus per gratiam consuleret, quibus suffragari justitia nullatenus valebat; ut cum ille in homine mortem vinceret, natura in eo humani generis triumpharet; in illo enim nostra portio, quia nostra caro et sanguis; ut ubi regnat nostra portio, nos quoque glorificemur. Quamvis igitur peccator, de hac communione gratiæ non desperet; quia etsi peccata nos prohibent, substantia nos requirit; si delicta propria excludunt, naturæ communio non repellit. Nullum enim majus donum præstare posset Deus hominibus, quam ut verbum suum, per quod condidit omnia, faceret illis caput, et illos ei tanquam membra coaptaret ut esset Filius Dei et filius hominis, unus Deus cum Patre, unus homo cum hominibus.

Sequitur: *Deus est ex substantia Patris ante sæcula genitus; homo est ex substantia matris in sæculo natus; perfectus Deus, perfectus homo ex anima rationali et humana carne subsistens.* Ingressus est igitur Filius Dei uterum virginis, ut iterum nasceretur ante jam genitus, qui suscepit totum hominem, quia jam habebat a Patre plenissimam deitatem, non dissimilis Patri cum nascitur ex æterno perpetuus, non dissimilis homini cum ex matre nascitur moriturus; consubstantialis Patri secundum divinitatem, consubstantialis matri secundum cognatam nobis infirmitatem; quia essentialiter natus est de Patre, et essentialiter conceptus natusque de matre, ut esset unius naturæ cum Patre, et unius naturæ cum virgine; et idcirco perfectus Deus, quia non est dissimilis Deo Patri, perfectus quoque homo, quia similis homini matri; quæ mater ita illum salva virginitate concepit. Verus enim Deus, verus factus est homo, quia omnia nostra suscepit, quæ in nobis ipse creavit, id est carnem et animam rationalem. Propterea confitemur eum Deum et perfectum hominem.

Sequitur: *Æqualis est Patri secundum divinitatem, minor est Patre secundum humanitatem.* Ideo æqualis et minor, quia Deus et homo, quia sempiternus et temporalis, ut incomprehensibilis comprehendi posset, et immortalis haberet in quo moreretur. Sequitur: *Quia licet Deus sit et homo, non duo tamen, sed unus est Christus.* Non est alter Christus in deitate, et alter in humanitate, quia non sunt duæ personæ, sed una; Deus enim verbum non accepit personam hominis sed naturam; et persona divinitatis accepit substantiam carnis, ut singularitate personæ tota humanitas suscepta unus Christus sit, et unus Filius Dei atque hominis. Nam sicut tres personas sanctæ Trinitatis credimus in unitate naturæ,

ita credimus duas Christi naturas in unitate personæ. In uno etiam Christo, sicut duas credimus naturas, ita duas naturales voluntates, et duas naturales operationes indivise, inconvertibiliter, inseparabiliter, inconfuse, et has duas voluntates non contrarias, sed sequentem humanam ejus voluntatem, et non resistentem vel reluctantem, sed potius subjectam divinæ ejus atque omnipotenti voluntati: sicut enim ejus caro Dei verbum dicitur, et est ita, et naturalis carnis ejus voluntas propria Dei verbi dicitur, et est. Quemadmodum enim sanctissima atque immaculata animataque ejus caro deificata est, non est perempta, sed proprio sui statu et ratione permansit; ita et humana ejus voluntas, Dei facta est: nam Salvator, sicut humanam naturam propterea suscepit ut salvaret, ideo et humanam voluntatem vel operationem suscipiendo salvavit.

Sequitur: *Unus autem non conversione divinitatis in carnem, sed assumptione humanitatis in Deum.* Conversio mutatio dicitur; non enim conversa, id est mutata divinitas in carnem, sed manens quod erat, suscepit carnem. Humanitas quoque assumpta est in Deum, non consumpta; sicut enim Deus non mutatur miseratione; ita homo non consumitur dignitate; homo Deo accessit, Deus a se non recessit; acquievit esse quod non erat, non desiit esse quod erat. Sequitur: *Unus omnino non confusione substantiæ, sed unitate personæ.* Confusio dicitur permistio, sicut solent duo liquores ita misceri, ut neutrum servet integritatem suam. In Christo ergo non sunt permistæ substantiæ, quia servat utraque, cum alterius communione, proprietatem suam in singularitate personæ. Sequitur: *Nam, sicut anima rationalis et caro unus est homo, ita Deus et homo unus est Christus.* Sicut in quolibet homine, non est una persona animæ, et alia caro, sed ex anima et carne unus est homo; ita in Christo non sunt duæ personæ, sed una divina quæ incarnata est. Nam sicut hominis personam gestat anima; non enim corpus mortuum dicitur persona, sicut nec lapis aut lignum; ita Christi personam gestat divinitas assumptrix humanitatis; propter quod in utraque substantia dicitur, et creditur unicus et unigenitus Filius Dei; unde et Verbum propter carnem homo est, et caro propter Verbum Deus est. Sequitur: *Qui pro salute nostra passus est, sed in sola assumpta substantia.* Licet enim juxta naturam suam expers passionis exstiterit, pro nobis tamen carne passus est, quia erat in crucifixo proprio corpore impassibiliter Dei Verbum ad se referens passiones. Gratia vero Dei pro omnibus gustavit mortem, tradens ei proprium corpus, quamvis naturaliter ipsa vita sit et resurrectio mortuorum.

Sequitur: *Descendit ad inferna; ut morte ineffabili potentia proculcata exspoliaret infernum. Tertia die resurrexit a mortuis.* Ut primogenitus ex mortuis fieret primitiæ dormientium, et faceret viam humanæ naturæ ad incorruptionis recursum. Sequitur: *Ascendit ad cœlos, sedet ad dexteram Patris.*

Propterea humiliatus est Deus in homine, ut homo exaltaretur in Deo ; et unus Christus, qui inclinatur in assumptis, assumpta glorificasset in propriis, dum et affici non dedignatur injuriis, et ad æqualitatem recurrit genitoris. *Sedet ad dexteram Patris,* id est regnat in beatitudine superna ; sedere enim regnare est ; dextera vero Patris beatitudo est sempiterna. Sequitur : *Inde venturus judicare vivos et mortuos.* Inde, hoc est dextera Patris, venturus est, quia visionem humanitatis omnibus præsentaturus, ut in judicio sit conspicuus in ea forma qua judicatus est. Quærendum autem quomodo intelligatur quod ipse Dominus ait in Evangelio : *Ego non judicabo, sed Verbum, quod locutus sum vobis, judicabit vos (Joan. xii),* cum in alio loco dixerit : *Pater non judicat quemquam, sed omne judicium dedit Filio (Joan. v)* ; ita intelligendum est : Ego non judicabo ex potestate humana, sed judicabo ex potestate Verbi ; quapropter Filius hominis judicaturus est, nec tamen ex humana potestate, sed ex ea qua Filius Dei est. Et rursus Filius judicaturus est, nec tamen in ea forma apparens, in qua Deus est, sed in ea qua Filius hominis est. Ita quoque dicitur : *Pater non judicat quemquam,* ac si diceretur : Patrem nemo videbit in judicio, sed omnes Filium, quia Filius hominis est, ut sit in judicio conspicuus bonis et malis ; nam invisibiliter tota Trinitas judicabit vivos et mortuos, id est eos quos dies judicii vivos invenerit, et eos qui jam antea obierant.

Sequitur : *Ad cujus adventum omnes homines resurgere habent cum corporibus suis, et reddituri sunt de factis propriis rationem.* Adveniente Domino re-

suscitantur mortui cum corporibus suis, ut unusquisque in eo corpore, quo bona vel mala gessit, reddat rationem gestorum suorum, et in eo corpore, per quod operatus est, recipiat retributionem factorum suorum. Sequitur : *et qui bona egerunt, ibunt in vitam æternam.* Tunc enim humana substantia ad Conditoris sui similitudinem sublimabitur, et omnia ei bona, quæ naturaliter accepta per peccata corruperat, reparabuntur in melius ; id est intellectus sine errore, memoria sine oblivione, cogitatio sine pervagatione, charitas sine simulatione, sensus sine offensione, incolumitas sine debilitate, salus sine dolore, vita sine morte, facultas sine impedimento, saturitas sine fastidio, et tota sanitas sine morbo. Sequitur : *Qui vero mala egerunt, ibunt in ignem æternum.* Multi egerunt mala, qui non et ibunt in ignem æternum, quia ante mortem suam veram pœnitudinem de peccatis suis gesserunt ; sed hoc de illis dicitur, qui mala egerunt, et in malis perseveraverunt, et non emendaverunt. Æternus vero est ignis, quia æternos exhibet cruciatus, quia nunquam finietur, nec eos desinet cruciari *(ita cod.).*

Sequitur : *Hæc est fides catholica, quam nisi quique fideliter firmiterque crediderit, salvus esse non poterit.* Fideliter credamus, ut in fide non erremus ; firmiter credamus ut de creditis non dubitemus, si volumus ad æternam salutem pervenire, ubi cum angelis Deum laudantes, de illius laude vivamus, de illius laude et nos gloriemur, qui vivit et regnat per infinita semper sæcula sæculorum. Amen.

ANONYMI TRACTATUS

ADVERSUS JUDÆUM.

(D. Martene, *Thesaurus Anecdot.*, t. V, p. 1507, ex ms. codice S. Petri Conchensis.)

MONITUM.

—

Si necesse sit esse hæreses et schismata, ut qui probati sunt manifesti fiant, non sine singulari Dei providentia factum, ut Judæorum perfida natio, ac propter horrendum in Christum scelus perpetratum omnibus exsecranda, non omnino deleretur ; sed per totum terrarum orbem passim dispergeretur, ut vel paganis ipsis de sacrorum codicum veritate testimonium perhibens, fidei lucem aliis præferret, quam nec ipsa vult aspicere. Hinc belle Petrus Blesensis cap. 1 libri Contra perfidiam Judæorum *post S. Augustinum et Bedam : Ideo etiam Judæis hodie vita indulgetur, quia capsarii nostri sunt, dum ad assertionem nostræ fidei prophetas circumferunt et legem Mosaicam, nec solum in eorum codicibus, sed in vultibus eorum Christi legimus passionem. Cum autem implacabili odio Christianam religionem prosequantur, nec eam aliquando et factis et dictis impugnare destiterint, frequentes cum ipsis concertationes non habere non potuerunt ecclesiastici doctores. Sed cum sæculo præsertim xii Christianis essent infensi, perplures eo tempore scriptores, eosque omnino insignes calamum adversus eos exacuere necessarium fuit. Hinc elegantes Gilberti Westmonasteriensis, Ruperti Tuitiensis, Petri venerabilis Cluniacensis, Guiberti de Novigento abbatum, et Petri Blesensis archidiaconi Bathoniensis ea de re lucubrationes, quibus accensendus auctor sequentis Tractatus, plane gravis et eruditus ac in Scripturarum studio plurimum versatus ; cui cum res fuisset non semel cum*

Judæis, ut constat ex n. 10 et 70, omnia ipsorum subterfugia, vanas et inanes Scripturæ interpretationes, ut optime noverat, ita solide refellit, id quod facili negotio deprehendere licet ex lectione sequentis Tractatus, in quo mysterium sanctæ Trinitatis, legalium rituum abrogationem, Virginis conceptum et partum, Christi divinitatem, Judæorum reprobationem, gentium vocationem ex certis et indubitatis Veteris Testamenti testimoniis et argumentis comprobare nititur; ætatem vero suam indicat ipse auctor n. 34, ubi hæc habet : Millesimus centesimus sexagesimus, meis dico temporibus, jam annus evolvitur, ex quo Filius virginalis effulsit in mundo. Idem innuit n. 48. Porro præter hunc tractatum, quem ex veteri codice monasterii S. Petri Conchensis in diœcesi Ebroicensi annorum circiter 500 descripsimus, alium de serpentis astutia et invidia composuit, cujus meminit n. 12.

INCIPIT TRACTATUS CONTRA JUDÆUM.

—

Adversus Judæos quomodo disputandum.

1. Scripturus contra Judæum, quæso lectorem in primis, ne in his quæ dicenda sunt quærat jactantiam sæcularium litterarum, sed potius affectum nostræ parvitatis. Attendat magis nos studuisse fidei rationem exponere, quam captare laudes eloquentiæ Tullianæ. Hæc quippe nostra simplex intentio, ipso inspiciente qui scrutatur renes et corda (*Psal.* vii), non eo procedit, ut simus inanis gloriæ cupidi; sed ut de Scripturis contra perfidiam Judæorum, qui detrahunt fidei Christianæ, aliqua respondere simus instructi. Mihi scribo meisque similibus, non magnis ac sapientibus viris, qui juxta beatum Apostolum semper parati sunt respondere de ea quæ in nobis est spe, sed illis quibus mecum sola sufficit fides et sancta simplicitas. Scimus enim quia regnum Dei non est in sermone, nec in dialectica disputatione, sed in fidei simplicitate consistit. Quapropter sicut benevolum emendatorem requirimus, ita detractorem malevolum detestamur. Utrosque enim nos habituros speramus, sed magis eligimus quorumdam qui insidiando circumvolant odium sustinere, quam adversarios fidei Christianæ derogantes patienter audire, et Christi victoriam silentio præterire. Scribimus ergo non ut nostra laudentur, sed ne Judæis risum nostræ imperitiæ præbeamus, qui toties nobis insultant, et quodammodo cum Goliath dicunt : *Eligite ex vobis unum qui ineat nobiscum singulare certamen* (*I Reg.* xvii). De Novo Testamento cum eis nequaquam debemus inire conflictum; sed quidquid eis opponemus de Veteri Testamento sumendum est, ut cum conventi fuerint super his quæ negare non poterunt, arctius teneantur, et tanquam validissimis loris astricti, aut verum fateri cogantur, aut legem nescire probentur. Ideo modum in scribendo tenemus quo novimus eos velle contendere, ne possint calumniari se magis sophisticis disputationibus quam veritate vel ratione superari. Hinc est quod eis semper opponimus et respondemus ad litteram, ac multo aliter quæstiones et solutiones inferimus quam habet ordo disputandi; quia per diversa huc illucque discurrunt, et cum comprehendi se senserint, ad modum vulpis in fovea de loco ad locum resiliunt; ac ubi fortius teneri putantur, nisi præveniantur insidiæ, citius elabuntur. His obviare

studemus assertionibus prophetarum, quibus contraire non possunt, et illud quod maxime exosum habent, videlicet Deum hominem factum auctoritate prophetarum verum esse convincimus, ut in sequentibus demonstrabitur.

Ex principio Genesis probatur mysterium Trinitatis.

2. *In principio creavit Deus cœlum et terram* (*Gen.* 1). Hic primum libet interrogare Judæum, utrum dicat Deum cœli et terræ fuisse principium, an cœlum et terram aliud habuisse principium præter Deum. Forte dicturus est illud esse principium cœli et terræ, quod cœperunt existere. Si ita est, jam Deus non erit cœli et terræ principium, quia nunquam esse cœpit; sed ab eo cœpit omne esse quod creatura est. Ergo ipse principium totius creaturæ est. Si Deus principium totius creaturæ est, non est aliud principium in quo cuncta creavit præter ipsum; in ipso namque est illud in quo cuncta creavit, attestante Propheta qui ait : *Omnia in sapientia fecisti* (*Psal.* ciii). Sed quidquid in Deo est Deus est. Ergo et ipsum principium in quo cuncta creavit Deus est. Quis creavit cœlum et terram? Deus. In quo? In principio. Quid est illud principium? Deus. Ergo Deus in Deo. Duos, inquis, v s esse deos, cum Scriptura dicat : *Dominus Deus tuus Deus unus est* (*Deut.* vi). Respondemus : Lux et lumen ejus una substantia sunt. Lumen a luce est, non tamen duo, sed unum sunt. Duo vocari possunt, sed esse probari non possunt nisi unum. Itaque cum Scriptura dicat : *Dominus, Deus tuus, Deus*, nonne tres designat in vocabulis? Et cum subjungit : *Unus est*, nonne tres unam affirmat esse substantiam? Distinguit proprietates personarum, non dividit unitatem substantiæ. Unum ergo Deum in substantia diligenter attende, Patrem, et Filium, et Spiritum sanctum, ex quo, et per quem et in quo universa sunt condita. Alioquin, si volueris esse principium cœli et terræ quod cœperunt existere, audire volumus a te utrum in illo principio Deus cuncta creavit. Si in illo principio Deus cuncta creavit, ipsis existentibus cuncta creata sunt. Ergo prius cuncta cœperunt existere quam creari; quod, quia falsum est, quærimus a te quod sit illud principium in quo Deus cuncta creavit? Respondebis iterum : Quando Deus cuncta creavit, hoc illud esse principium. Quærimus adhuc utrum illud fuerit æter-

num an temporale? Si temporale, alicujus temporis fuit; sed tempus esse non potuit antequam creatum existeret. Ergo nec temporale. Si æternum est, nihil est ab æterno nisi Deus; et illud principium est ab æterno. Ergo illud principium Deus est. Si Deus cuncta creavit in principio, et ipsum principium Deus est, oportet ut fatearis principium de principio in quo cuncta creata sunt, nec tamen duo principia, sed unum principium. Si non, responde, quomodo Deus cuncta creans in principio habuerit aliud principium in quo cuncta creaverit, præter id quod in ipso est. Sed dices : Nonne cuncta creata esse cœperunt ? Non fuerunt ab æterno : ergo cœperunt esse ex tempore. Quid determinandum est ? cœperunt esse in tempore, non tamen habuerunt esse ex tempore. Principium existendi habuerunt, verum est. Sed vellem nosse a quo, utrum ab ipsa sua primitiva substantia, an ab ipso qui creavit omnem creatam substantiam ? Si a sua substantia, principium habuerunt a se ; si ab ipso qui creavit, ipse principium sit. In quo ergo principio cuncta creata sunt ? Non potes respondere in alio quam in ipso quod est Deus. Confitere ergo principium ex principio, Deum ex Deo, nec tamen duo principia, sed unum principium. At ne objicias fidei Christianæ vanum esse quod in hoc opere prædicat Trinitatem. Tu ipse expone quod paulo post sequitur : Et Spiritus Dei ferebatur super aquas (Gen. 1). Habes Deum cuncta creantem, principium in quo cuncta creavit, spiritum ejus cuncta foventem et regentem. Nunquid hoc negare poteris ? Aut Scriptura mentitur, quod dicere nefas est, aut tu errore deciperis, quod utique verum est. Nam Deus nunquam fuit sine principio quod in ipso semper est, nec sine spiritu, qui spiritus ejus est. Ergo Trinitatem in Unitate cognosce : Deum unum in substantia, trinum in personis una majestate regnantem, et omnia continentem. Probet hoc Scriptura, et exponat nobis apertius mysterium Trinitatis.

Aliud argumentum ex principio Geneseos petitum.

3. Dixit vero Deus : *Faciamus hominem ad imaginem et similitudinem nostram* (ibid.). Certe unus locutus est, cujus tamen operatio numero plurali facienda designatur, cum dicitur *Faciamus*. Quomodo unus, et quomodo *Faciamus ?* Nunquid alicujus indiget auxilio ? Si responderis Deum hoc verbo, quod est *faciamus*, voluntatem suam angelicis spiritibus intimasse. Factores etiam et cooperatores Dei sunt ad hominem faciendum. Jam ergo non erit creator unus, sed plures, quod omnino falsum est, Isaia dicente : *Quis adjuvit spiritum Domini, aut quis consiliarius ejus fuit ? (Isa.* XL). Nemo ad alium loquitur hoc modo, ut ei dicat *Faciamus*, nisi velit ut aliquid cum eo faciat. Si hoc referatur ad angelos, quomodo stare poterit quod statim sequitur : *Creavit Deus hominem ad imaginem et similitudinem suam ?* (Gen. 1.) Non dixit : Creaverunt Deus et angeli, sed creavit Deus ; nec ad similitudinem eorum, sed ad similitudinem suam. Neque una potest esse

imago vel similitudo Dei et angelorum cum de eo scriptum est : *Non est qui similis sit tibi (Psal.* XXXIX). Ergo propter Deum et imaginem ejus et Spiritum ejus dictum est plurali numero *Faciamus*, ut monstraretur Trinitas in personis. Itemque propter unitatem substantiæ et individuam operationem dictum est numero singulari *creavit* et *fecit*. Aut esse verum permitte quod Dominus de se ipso testatur, aut falsum esse convince, quod quidem non potes, quia veritas non mentitur. Cum Deus se ipsum dicat habere imaginem et spiritum, tu quis es qui repugnas ausu temerario, et dicis : Non est Deus Trinitas ?

4. Sed scio totam intentionem tuam circa hoc frustra laborare, ut dicas hoc verbum quod est *imago*, non posse referri ad aliquam personam sive substantiam. Ubi primum, quæso te, responde utrum aliquid sit Deus quod non sit substantia ? Certe hanc imaginem, de qua sermo est, alicujus præter solius Dei esse probare non potes. Sic enim ait Scriptura : *Ad imaginem Dei creavit illum, masculum et feminam creavit eos (Gen. 1).* Igitur et hæc imago de unitate substantiæ est, quæ Deus est, quia Deus non est duæ sed una subtantia. Si hæc imago unius cum Deo substantiæ est, unius potestatis, unius naturæ, unius majestatis atque virtutis est ; æqualis ergo est, quia video nihil majus aut minus, nihil inæquale sive diversum. Quod itaque referatur ad substantiam quæ Deus est, æstimo quia de cætero rationi contraire non prævales. Quomodo vero referatur ad personam inspice mecum, et præbe veritati quamvis invitus assensum.

5. Quid est illud ad quod homo creatus est ? Imago Dei. Estne aliquid quod in se vitam habeat ? Utique est, quia unius cum Deo substantiæ est. Vita est ; substantia namque quæ Deus est, vita in se vivens est. Quæso te id quod in se vita vivens est persona esse potest ? Aliquid est ab aliquo, quia imago Dei est, et ab ipso Deo est. Cum itaque ejusdem substantiæ sit, ejusdemque naturæ, sicut ipse Deus in se persona est, et imago ejus in se persona est. Secundum vero personam hanc esse negare non potes. Aut si contentiosus es, consequenter exponere debes de quo loquatur Deus, quem suam vocet imaginem, cui suam potestatem et operationem in hominis creatione communicet, quæ sit illa persona quæ loquitur in Proverbiis : *Ego in altissimis habito, et thronus meus in columna nubis (Eccli.* XXIV). Et post pauca ubi de Deo loquitur : *Quando præparabat cœlos aderam cum eo componens omnia (Prov.* VIII). Itemque : *Ego ex ore Altissimi prodii primogenita ante omnem creaturam (Eccli.* XXIV), non ab alio genita, nisi a Domino. Primogenita, inquit. Quis genuit ? Dominus. Quid ? Sapientiam. Ergone genita est ? Utique. Huc usque diffugium habere potuisti, sed nunc quo divertere possis non video. Loquitur ista quæ habitat in altissimis, quæ thronum habet in columna nubis, quæ sese fuisse testatur cum Deo quando cœlos fecit, et dicit : *Ante omnem creaturam pri-*

mogenita sum, quia non est aliquid generatum sine
generante. Genitorem cogeris confiteri simul et
genitum. Quod est illud genitum? Ipsum quod
cuncta prævidit, quod cuncta disposuit, quod cuncta
creavit cum Domino. Ipsum est quod prius dictum
est, principium in quo cuncta sunt creata; postea
imago ad quam factus est homo: hic vero dicitur Sapientia, quæ de illa divina generatione mirabili atque
ineffabili nos in quantum licet docet et instruit,
alibi dicitur brachium Domini, alibi os, alibi verbum, alibi manus, alibi dextra; et cum tot appelletur nominibus, unum nomen est, quod nescio qua
de causa exosum habes, in quo divinitas ejus manifeste declaratur, cum ab ipso Domino ad eumdem
Prophetam dicitur : *Filius meus es tu, ego hodie genui te (Psal.* ii).

Filii generatio asseritur.

6. Quid dentibus strides, et torvo me respicis
oculo? Hæc testimonia quæ contra te profero divina sunt, et ab ipso Domino dicta. Si potes ea
refellere, Deum verum falsa dixisse probabis, quod
impossibile est. Deus verus de se ipso vera loquitur,
vera de Filio suo testatur. *Filius,* inquit, *meus es
tu, ego hodie genui te.* Quid hic dicturus es ? Forte
quod hoc de David locutus est Dominus. Expone
ergo verum esse de eo quod sequitur : *Dabo tibi
gentes hæreditatem et possessionem tuam terminos
terræ (ibid.).* David non possedit terminos terræ,
imo alium possessurum esse prædixit, cum ait :
*Dominabitur a mari usque ad mare, et a flumine
usque ad terminos orbis terrarum (Psal.* lxxii). Sed
neque Salomon filius ejus unquam obtinuit Ægyptum, aut Æthiopiam, aut cæteras nationes, quod
Scriptura manifestat apertius: *Conjunctus est,* inquit, *rex Salomon affinitate regi Ægypti, et accepit
filiam ejus uxorem (I Reg.* iii). Item possedit Salomon hæc et illa, non totum orbem terrarum. Dic-
mihi, quæso, quis sit iste Filius, quem Dominus se
genuisse testatur, qui dominium totius orbis adeptus est? Languere te simula, et ideo respondere
non posse. Ipse est, ipse est de quo iterum dicitur :
*In splendoribus sanctorum ex utero ante luciferum
genui te (Psal.* cix). Quod ibi dictum *hodie genui te,*
hoc est æternaliter, hic dicitur *ante luciferum,* hoc
est ante omnia temporalia. De Filio Dei hæc et
alia his similia de multis Scripturarum locis tu ipse
contra perfidiam tuam potes assumere, tibi conscius quia male negas quod velis, nolis, intelligis.

Spiritus sancti divinitas probatur.

7. De Spiritu sancto quod ipse cum Patre et
Filio sit unus creator et conditor, in secundo versu
docetur cum dicitur : *Et Spiritus Domini ferebatur
super aquas (Gen.* i). Quid est *ferebatur super aquas,*
nisi quod ipsa adhuc tenera mundi primordia fovebat et vivificabat? Qui si vivificator, consequenter
et conditor et Deus. Quod propheta testatur dicens : *Spiritus ejus ornavit cælos (Job* xxvi). Cœlos
ornasse idem est quod fecisse. Nam quis fecit ornamenta cœlorum nisi Deus? *Fecit,* inquit, *Deus duo*

*magna luminaria; statimque subjungit, et stellas,
et posuit eas in firmamento cæli, ut lucerent super
terram (Gen.* i). Ergo Spiritus Dei Deus. Utrum
operatio eorum individua sit Isaiam interroga. *Et
nunc Dominus,* inquit, *misit me et Spiritus ejus
(Isai.* xlviii). Non solum Isaiam, sed et omnes
prophetas implevit iste Spiritus creator et conditor,
tertia persona in Trinitate, verus Deus cum Patre et
Filio in unitate substantiæ; unde et ab electis in
Ecclesiastico dicitur : *O quam bonus et suavis est,
Domine, Spiritus tuus in nobis! (Sap.* xii). Quid Deo
melius et suavius? Quid dulcius illa dulcedine quæ
corda sanctorum illustrat? Ipsum tamen quod tam
dulce, tam suave est, hoc nomine subtiliter vocaverunt quod est *Spiritus,* cujus in hoc quod bonus
et Dei dicitur, naturæ unitas et personæ proprietas
designatur. Nam cum sint alii spiritus qui dicuntur
boni, nullus tamen eorum tantæ bonitatis aut
tantæ virtutis est, qui corda sanctorum tanquam
Deus inhabitet, et tali suavitate permisceat, quæ
non est aliud nisi Deus, ut ei ab eisdem dicatur :
*Tu in nobis es, Domine, et nomen tuum sanctum in-
vocatum est super nos (Jer.* xiv). Aliud quippe est
officium servitutis, aliud bonitas et suavitas Creatoris. Si alius id in eorum cordibus ageret, et ea
tanta foveret dulcedine quam ipse Deus, nequaquam
pari desiderio soli Domino dicerent : *O quam bonus
et suavis est, Domine, Spiritus tuus in nobis! (Sap.
xii.)* Bonus utique, qui unum solum bonum inspirat sine quo non est aliud, quod qui adeptus fuerit,
eo melius habere non potest. Bonus est quo præsente recedit omne malum, dat omne bonum, quia
ipse adest qui fons et origo totius boni est. *Quam
suavis!* inquiunt. Suavis plane est illa dulcedo præ-
sentiæ Spiritus sancti, quæ corda fidelium quadam
ineffabili suavitate perfundit. Sentiri potest, sed
minime comprehendi. Dulcedine namque simul et
suavitate se ingerens, quæ harum major sit altera,
quæ ab inspirante donatur, ab inspirato nescitur,
utrumque tamen simul adesse nemo qui sit expertus ignorat. Unde quia hoc ab electis comprehendi
non potest, de gratiæ magnitudine soli Domino
gloriam ascribentes, dicunt : *O quam suavis est,
Domine, Spiritus tuus in nobis!* Multa possent super
hoc dici capitulo, sed non est tecum agendum de
suavitate quam ignoras, de gratia quam negas, de
dulcedine quam tibi facis amaram, de pietate quam
tibi facis offensam. Tamen, velis nolis, hic Dei
Spiritus dicitur, et operator bonitatis ac suavitatis
in sanctis esse probatur.

Spiritus sancti processio a Patre et Filio.

8. Quod autem et Filii sit Spiritus sicut et Patris,
audi quid idem Filius qui sapientia Patris est, dicat
in proverbiis : *En,* inquit, *proferam vobis Spiritum
meum (Prov.* i), quandoquidem se promittit esse
daturum quod suum est, et ipse sapientia Dei est,
profecto utriusque Spiritus est. Pater ergo plenus
Deus in se ; Filius Deus plenus in se ; Spiritus sanctus Deus plenus in se ; non tamen tres, sed unus

Deus: quod et Isaias in visione Domini sedentis super solium excelsum testatur se audisse Seraphim proclamantia Sanctus, sanctus, sanctus (Isai. vi); et ut non tres, quamvis tertio sanctum nominassent, et non unum intelligeremus, subjunctum est: Dominus Deus Sabaoth; quem tertio repetendo sanctum dixerunt, unum Deum esse proclamando dixerunt, Dominus Deus. Hæc ipsa agmina seraphim testata sunt, non homo, ut si non vis credere tuis litteris, credas saltem cœlestibus secretis et angelicis spiritibus.

Trinitatis mysterium probatur ex visione Abrahæ.

9. Idem apertius insinuatur in Abraham, qui tres vidit descendentes ad se, et unum adoravit in tribus. Visne dicere quod Abraham adoravit creaturam: angeli quippe creatura sunt. Aut creatorem adoravit aut creaturam. Si creaturam, idololatra fuit, quia omnis qui creaturam adorat, a veri Dei cultu recedit. Ergo Creatorem adoravit in tribus: et quid est Creator in tribus, nisi Deus in Trinitate? Tribus utique tanquam uni loquitur et dicit: *Domine, si inveni gratiam in oculis tuis* (Gen. xiii). Et post pauca subjungit: *Ideo declinastis ad servum vestrum* (Ibid.). Expone tu nobis cur modo numero singulari tanquam cum uno loquatur, modo plurali cum tribus. Sed et ipsa Domini apparitio ita describitur: *Apparuit Dominus Abrahæ in convalle Mambre, cumque elevasset oculos suos, apparuerunt tres viri, quos cum vidisset, cucurrit et adoravit, et dixit: Domine, si inveni gratiam in oculis tuis*, etc. (Ibid.), Dic mihi quis horum trium Dominus appellatus est? Dices forte quod unus eorum fuit Dominus, et duo fuerunt angeli ejus. Quid est ergo quod sequitur: *Qui dixerunt: Fac ut locutus est?* (ibid.) Nunquid Dominus et angeli pares sunt in loquendo, pares in jubendo, aut quando Abraham obsequium Domino præstare se credidit, errore deceptus idem angelis exhibuit? Estne credibile Creatorem et creaturam a sancto viro pari veneratum obsequio? Nec una persona minus honoratur ab altera, nec adoratur, nec minori habetur obsequio, nec minus auscultatur alloquio. Rogo te quæ est hæc trium personarum tanta parilitas quæ adorentur ut unus, his obsequatur ut uni, idem loquantur ut unus, pari voce jubeant, parique sermone respondeant? Aut hi tres unus Deus sunt, aut in præceptis angeli Domino pares sunt: quod absurdum est credere. Nam qui sunt illi qui dixerunt: *Fac ut locutus es?* Creatore præsente creatura proferre præsumpsit imperium? Si ita est, quomodo verum est quod ipse per Isaiam locutus est. *Ego Dominus, gloriam meam alteri non dabo* (Isai. xlii). Certe imperare gloria regis est. Angeli non imperant, sed imperata consummant, nec præsumunt usurpare Creatoris imperium, sed implere jubentis officium. Qui ergo sunt illi qui dixerunt? Illi tres qui apparuerunt. Et qui sunt illi tres? Dominus, attestante Scriptura quæ ait: *Apparuit Dominus Abrahæ*. Et ipse Abraham

videns tres, unum adoravit in tribus de quo sic legitur: *Et ait ad illos: Domine, si inveni gratiam,* etc. Illos vocavit Dominum et non dominos, adoravit ut unum Deum et non ut tres: Trinitatem in personis intellexit et credidit, et tamen Unitatem adoravit in Trinitate. sicut ipsa divinæ Scripturæ probat auctoritas. Quomodo refellere poteris, Abraham hæc non credidisse? Proba illum prius nec tunc illa vidisse, neque hæc audisse, vel ea dixisse; et demum facile poteris de neganda fide disputare. Hæc de fide nostra quæ in Deum est contra tuam perfidiam ad præsens dixisse sufficiat.

De observatione sabbati. Sabbatum Judæorum a Deo reprobatum.

10. Veniamus ad Sabbatum, et eo ordine quo quæstiones sacris litteris insertæ sunt opponamus, ut audiamus quid ad singula responsurus sis. Sabbatum de cujus otio maxime gloriaris et ante omnia dicis observandum, audi quod in principio ab ipso Domino dissolutum sit. Nam ita scriptum est: *Complevitque die septima opus suum quod fecerat, et requievit ab omni opere quod patrarat* (Gen. ii). Responde quomodo Dominus non sit operatus in Sabbato, cum eo die cuncta opera sua dicitur complevisse? Si cuncta opera sua complevit in Sabbato, jam non erant perfecta in die sexto. Si aliquid die sexto perfecturum ac completurum remansit, die Sabbati completum atque perfectum est. Non itaque perfecta Dei requies fuit in die Sabbati, quia ex parte legitur opera sua complevisse, et ex parte requievisse; non utique quod heri perfectum est, hodie completum dici debet. Nam si de hesterna die perfecto opere dicerem: Hodie completum est, nonne manifeste mentirer? Ergo Dominus creator et conditor, non, ut tu asseris, tota die Sabbati otiosus fuit; sed eo die prout ei placuit cuncta opera sua complevit: nec ante Sabbatum cuncta completa sunt, sed in ipso die Sabbati, ut Scriptura testatur. Nunc velim scire per te, qua hora diei Sabbati cessavit Deus ab opere? Si nona, frustra ante hanc horam in memoriam illius requiei Sabbatum celebratis. Si mane vel summo diluculo non est tota dies Sabbati celebranda, cujus initium non a requie, sed ab opere Dominus inchoavit. Media nocte, ait mihi quondam aliquis, cessavit ab opere. At ego risum cohibere non valens dixi: Nunquid Dominus non habuit spatium operandi per diem? Frivola sunt hæc et puerorum ludo similia. Sed dicis: Nonne scriptum est, Domino jubente per Moysen: *Memento ut sanctifices diem Sabbati?* (Exod. xx.) Respondemus: Verum est quod Dominus præcepit in lege Sabbatum observari et hostias immolari, videlicet vaccam rufam, boves de armento, hircos et agnos, oves, etc. Sed his finem per prophetam imposuit, et finiri jussit. Vis audire per quem? Isaias in principio sui voluminis sic ait: *Quo mihi multitudinem victimarum vestrarum? dicit Dominus. Plenus sum. Holocausta arietum et adipem*

pinguium et sanguinem vitulorum, et agnorum, et **A** *hircorum nolui (Isai.* 1*).* Et post pauca : *Ne afferatis ultra sacrificium : incensum vestrum abominatio est mihi. Neomeniam et Sabbatum et festivitates alias non feram. Kalendas vestras et solemnitates vestras odivit anima mea. Facta sunt mihi molesta: laboravi sustinens (ibid.).* Inter alias festivitates Sabbatum connumeratum est. Ergo et hoc inter alias reprobatum est a Domino. Ezechiel quoque sub persona Domini sic ait : *Ego dedi eis præcepta non bona, et judicia in quibus non vivent (Ezech.* XIII*).* Quæ præcepta, vel quæ judicia nisi legis? Pro nihilo gloriaris in Sabbato, aut circumcisione, aut cæteris legalibus observantiis, cum ea jam esse reprobata a Domino per prophetas ostenditur. Osee primus duodecim prophetarum ea reprobata fuisse **B** testatur, ita per eum dicente Domino : *Cessare faciam omne gaudium ejus, solemnitatem ejus, Neomeniam ejus, Sabbatum ejus et omnia festa, tempora ejus et populi Judæorum (Ose.* II*).* Michæas quoque sic ait : *Nunquid placari potest Dominus in millibus arietum, aut in multis millibus hircorum pinguium? (Mich.* VI*.)* Necnon et David in Psalmo : *Audi, populus meus, et loquar (Psal.* XLIX*).* Et paulo post : *Non accipiam de domo tua vitulos, neque de gregibus tuis hircos (ibid.)* Et iterum : *Nunquid manducabo carnem taurorum, aut sanguinem hircorum potabo? (ibid.)* His et aliis prophetarum assertionibus aperte monstratur legem et circumcisionem fuisse datas ad tempus, quousque vos ad meliora proveheret. Quæ est igitur ista præsumptio, quod, **C** lege finita, et Domino prohibente sacrificium ulterius immolari, aut Sabbatum celebrari, tu adhuc otio vanitatis torpes in Sabbato? Reprobasse satis prohibuisse est.

Judæi superstitiosæ Sabbati observationis transgressores. Duo pedum millia Sabbato ambulabant Judæi.

11. Præterea qua fronte te asseris Sabbatum observare, qui legem Sabbati minime tenes? Præceptum namque legis est, ut die Sabbatorum sedeat unusquisque in domo sua, et non egrediatur, nec ambulet de loco in quo habitat. Ergo lex Sabbati est, ut in eo non ambules, neque stes, neque jaceas, sed tantummodo sedeas. Si vel unum pedem extra limen **D** moveris, violasti Sabbatum. Aut præceptum observabis et Sabbatum, aut maledicto subjacebis, quia scriptum est : *Maledictus omnis qui non permanserit in omnibus quæ scripta sunt in lege (Gal.* III*).* Unde maledictus es, quia hanc legem minime custodientem video te per omne Sabbatum vagari per vicos huc illucque discurrere. Et cum scriptum sit : *Memento ut sanctifices diem Sabbati (Exod.* XX*),* tu in hac parte legem infringis et Sabbatum, quia utrum-

que observare contemnis. Sed dicis Barachibas (2), et Simeon et Helles (3), magistri nostri tradiderunt nobis, ut duo millia pedes ambulemus in Sabbato. Quæso te, qui sunt isti qui divinæ sententiæ præferuntur? vel cujus auctoritatis, ut magis eorum definitioni credatur quam legi mandatorum Dei? Non est hoc divinitatem colere, sed aperte Deum offendere. Nam quis, ut de his loquat qui dominantur in populo, non doleret sibi præferri vel inferiorem? Deus præcepit ut sedeas, Barachibas suadet ut ambules, non quantumcunque volueris, sed numero præfinito, videlicet duo millia pedes. O ridiculum! Nisi tecum magistrum habueris, qui mensuras pedum diligenter annumeret, facile præscriptum numerum potes excedere et pervenire usque ad tria millia. Vel si a domo tua duo millia recesseris, nonne in eodem loco quo punctum mensuræ compleveris, stare vel sedere vel jacere cogeris, ne magistri scriptam sententiam transgrediaris? Nam si redire domi volueris, non erunt duo millia, sed quatuor. Nam ulterius progredi non licebit. Quid ergo : Aderunt forte Barachibas, Simeon et Helles, ac te per cincinnum capitis apprehensum, sicut quondam Angelus Domini portavit Habacuc, domi restituent, ne falsam et imperitam protulisse videantur sententiam. Sed crede mihi, nusquam reperitur scriptum in lege Judæum volitare debere per aera in die Sabbati; sed in domo sua sedere, et non egredi de loco in quo habitat. Hæc de vana observantia Sabbati et circumcisionis post Evangelium. Transeamus ad reliqua.

Virginis partus in Genesi prædictus.

12. *Et ait Dominus ad mulierem : Cur hoc fecisti? Et illa : Serpens decepit me et comedi. Et ait Dominus Deus ad serpentem : Maledictus eris,* etc. *(Gen.* III*.)* Et post pauca : *Inimicitias ponam inter te et mulierem, et semen tuum et semen illius. Ipsa conteret caput tuum (ibid.).*Quis sit iste serpens optime nosti, ille videlicet de quo præmissum est : *Et serpens erat callidior cunctis animantibus quæ fecerat Dominus Deus (ibid.).* Verum est, nihil eo callidius aut versutius in creaturis Dei ; quia, etsi felicitatem perdidit, non tamen naturæ subtilitatem amisit, de cujus dolis et invidia in præcedenti tractatu locuti sumus. Huic post perpetratam nequitiam qua genus humanum decepit, Deus sententiam maledictionis indixit, ac majori pœna damnandum per victoriam mulieris comminatus est, quia caput ejus conterendum per semen mulieris esse prædixit. Et notandum diligenter quid secretius innuat ista sententia. De semine mulieris et non viri processurum esse promittit, per quod de serpente triumphet genus humanum. Ergo id de muliere sine viro prædictum est. Felix et gloriosa mulier ista, cui Dominus tantam potes-

---

(2) Barachibas ; seu Achibas, unus fuit ex præcipuis doctoribus sectæ Scribarum, a quo etiam suas traditiones maxima ex parte acceperunt, ut dicimus ex S. Epiphanio, lib. 1 *De hæresibus,* hæresi 15.

(3) Videtur legendum Sammai et Hillel, *ex quibus*

orti sunt Scribæ et Pharisæi, quorum scholam suscepit Achibas, quem magistrum Aquilæ proselyti autumant, inquit S. Hieronymus lib. III in cap. VIII Isaiæ, qui, ut idem paulo post subdit, *non multo prius quam et Dominus orti sunt in Judæa.*

tatem se daturum esse promisit, videlicet inimicitiarum adversus eum exercere vindictam, simulque beatum et benedictum semen parere, quod bello inter humanum genus et adversarium finem daret, per hoc quod caput ejus non tantum humiliaret, aut vulneraret, sed ex toto contereret. Quænam putas est ista mulier; aut quod est istud semen, quod non est aliud quam filius mulieris? Sic enim dicitur : *Ipsa conteret caput tuum.* Nos Latini legimus *ipsa,* sed melius habetur in Hebraico *ipse conteret caput tuum.* Quia his verbis datur intelligi quod mulier esset filium paritura, qui caput diaboli et serpentis antiqui, hoc est id quod in eo principale fuit, videlicet superbia qua generi dominabatur humano, propria virtute comminueret atque contereret: sicque per mulierem inimicitias adversus eam habentem et per filium matris injuriam vindicantem proveniret homini lapso victoria, et seductori perditio sempiterna.

13. Et notandum quod non dixit ad præsens inimicitias pono, sed illud in futuro promittens, *Inimicitias,* inquit, *ponam inter te et mulierem.* Non ergo fuit Eva, quam jam subdole deceperat, quæ tunc erat ; sed mulier longis post retro temporibus nascitura. Quomodo, inquis, id probas? Quæso diligenter attende, et Scripturæ veritatem ausculta; neque enim propter mea vero declinabit auctoritas, neque propter te mentiri volet solidissima veritas. De Eva sic legitur : *Concepit et peperit Cain dicens . Possedi hominem per Deum. Rursumque peperit Abel (Gen.* IV). Quid hi duo egerunt Scriptura manifestat apertius : Cain occidit fratrem suum. Nescio utrum hic dicere velis quod Abel, qui primus in ordine justorum est, diabolus et serpens fuerit; ac per hoc quod eum frater occiderit, Domini sententiam esse completam qua dicitur : Semen mulieris conteret caput tuum. Sed hoc falsum est, quia scriptum est : *Respexit Dominus ad Abel, et ad Cain, et ad munera ejus non respexit (ibid.).*

Quis serpens Evam seduxerit.

14. Si objeceris de hoc serpente reptili quod quotidie movetur in terra id esse dictum : et hoc utique falsum est. Nam quomodo serpens loqui potuit, qui nunquam loquendi usum accepit? Non, inquis, serpens locutus est, sed diabolus in serpente. Hic te oportet ut doceas quomodo in aliquam creaturam intrandi ante peccatum hominis diabolus potestatem acceperit, cum Scriptura testatur : *Vidit Deus cuncta quæ fecerat, et erant valde bona (Gen.* I). Num solum hoc reptile malum fuit inter cuncta quæ Deus fecit? Sed *erant valde bona.* Ergo et hoc bonum inter cætera bona. Dic mihi, quomodo potuit bonum malus inducere, vel per bonum effectum iniquitatis implere? Absit hoc a summo bono Deo, ut creaturam innocentem, et adhuc minime lædentem a maligno spiritu assumi permitteret, aut bonum a malo possideri concederet, ad hominem decipiendum, quem bonum ipse creaverit. Quare ergo, inquis, dictus est serpens? Propter mortis aculeum,

propter malitiæ venenum et nocendi desiderium. Non itaque de hoc reptili conterendo, quod vix novit insidias declinare, quamvis in natura venenosum sit, Dei procedit comminatio ; sed de illo qui callidior est cunctis animantibus quæ fecit Dominus Deus. Et ut cætera brevi sermone concludantur, quidquid mali esse potest, in eo est. De hoc conterendo sive damnando sermo Dei est. Et quamvis ipse spiritus subtilis naturæ sit, nihilque commune habeat cum carneis membrisque corporeis, ab homine tamen in carne vivente conterendus esse prædicatur a Domino, qui ait : *Ipse,* id est semen mulieris, *conteret caput tuum (Gen.* III). Quid est semen mulieris, quod masculus masculino genere præsignatur cum dicitur *ipse,* nisi homo? Et quomodo potest homo qui carne vestitur, quam Deus promisit de spiritu incorporeo vindictam assumere? Nunc tuum est mulierem et filium ejus ostendere, cum non possis de Eva quod hæc eadem ipsa sit, amplius disputare. Discute quinque librorum Moysi volumina, necnon et Ruth, Judicum et Esther, Isaiæ et duodecim prophetarum, Ezechielis, Danielis et Jeremiæ, et Baruc, etc. In his omnibus non reperies aliquam filium peperisse qui de spiritu incorporeo perfectam victoriam obtinuerit, nisi ad illam rederis quæ nostra est, olim tua in tribu Juda, modo nostra in Dei misericordia. Quod si hanc eamdem esse negaveris, scito te prophetarum assertionibus tanquam funibus validissimis esse ligandum. Non poteris huc illucque divertere, quia circumdabunt te inimici tui vallo sententiarum, circumdabunt te et coangustabunt undique prophetiæ veritate superandum. Igitur nos, auxiliante Domino Deo omnipotente, proferamus adversum te ea quæ negare non poteris, nec quibus valebis versutis disputationibus obviare. Hic per semen mulieris victoriam esse venturam Deus asseruit, cui in hoc loco non potes resistere. Eodemque benedictionem cunctis gentibus profuturam esse promisit, ubi ad Abraham locutus est : *In semine tuo benedicentur omnes gentes (Gen.* XVIII).

Christus Abrahæ semen in quo benedicentur omnes gentes.

15. Non est aliud semen, sed idem. Nam si per unum victoria de diabolo, et per aliud cunctis gentibus proveniret benedictio, duo profecto essent, cum non sit aliud hoc loco gentes benedici, quam a potestate diaboli liberari. Quod ipse Dominus sua sententia destruit, dicens : *Ipse conteret caput tuum (Gen.* III), et non ipsa. Ergo idem est semen per quod in primis promissa est victoria, per quod et Abrahæ dicitur benedictio cunctis gentibus tribuenda. *In semine,* inquit, *tuo.* Non in multitudine Judæorum, ut tu asseris, sed in uno, qui de ejus semine esset, et non in pluribus. Nam si volueris hoc verbum multitudini Judæorum ascribere, dic mihi, ubi unquam per Judæos omnes gentes benedictionem acceperint. Quod cum non poteris invenire, nobiscum quod adoramus adorare debes, et

credere. Divinum aliquid et ultra quam humana natura cognosceret in hoc ejus semine futurum intellexit, ubi ad servum suum loquitur : *Pone manum tuam super femur meum, et jura per Deum cœli* (*Gen.* xxiv). Quid sibi vult femur Abrahæ ad Deum cœli? Vel quæ est ista comparatio femoris ejus et Dei? nisi quia per semen, id est carnem ejus, benedictionem daret superna divinitas, et non tantum per carnem, sed in carne, sicut ipse Dominus ait : *In semine tuo. In Isaac*, inquit, *vocabitur tibi semen* (*Hebr.* 11); non tamen ipse Isaac illud semen. Alius ergo quam Isaac requirendus est, per quem et in quo benedictio gentibus mitti debet. Quis est iste tantus ac talis de semine Abrahæ nasciturus, per quem et in quo benedictio divinitatis universo mundo refulgeat? Alium respondere non poteris, nisi illum quem David testatur esse, dicens : *Dominus dabit benignitatem* (*Psal.* lxxxiv). Si in carne de stirpe Abrahæ danda est cunctis gentibus benedictio, et non alius sit eam daturus quam ipse Dominus, neque caro Abrahæ sine Domino in ea præsente eam dare poterit, neque Dominus, ut verum sit quod promisit, dabit eam nisi præsens in carne, quia homo quamvis de semine Abrahæ per se benedictionem divinam cunctis gentibus dare non posset, nisi Deus, qui est ipsa benedictio, præsens in carne maneret. Sed quomodo Deus et caro, id est Deus et homo, unam benedictionem darent, nisi quodammodo unum essent? Nullus potest universo mundo benedicere nisi Deus, nec juxta promissum Dei debet nisi homo. Ergo dabit eam Deus homo.

16. Et hoc probat apertius in præcedenti psalmo, dicens : *Benedictionem dabit legislator* (*Psal.* lxxxiii), hoc est benedictionem dabit qui legem dedit. Ibunt illi quibus eam dederit de virtute in virtutem, hoc est de bono per mandata legis habito in melius, quod erit ipsa benedictio quam dabit ipse Deus; et ideo de virtute in virtutem (*ibid.*), id est a lege bona transibunt in gratiam meliorem, quia videbitur ipse Deus deorum (*ibid.*) oculis carnis et aspectu corporeo in Sion, hoc est in ipsa civitate Jerusalem. Hæc eo sensu dicimus quo tua est refellenda perfidia, non quo auctoritas Ecclesiæ roboranda. Et est considerandum attentius quis sit ordo verborum. Post legem datam benedictionem esse dandam affirmat, per quam illi proficiant de bono in melius qui visuri sunt ipsum Deum in Jerusalem. Virtutum alia superior, alia inferior. Num quia Deus se videndum promittit in terra, ideo illi qui eum visuri sunt ibunt de superiori ad inferiorem? nequaquam; sed de bono ad meliorem, hoc est de lege ad gratiam, si ille qui legem dedit vel legislator benedictionem dabit, et ideo ituri sunt electi de virtute in virtutem, unde, vel quo, nisi de lege prius data in benedictionem post legem dandam? Sed et causam cur fiat hæc mutatio dexteræ Excelsi, consequenter adnectit. *Videbitur*, inquit, *Deus deorum in Sion.* Ecce quid sit illa benedictio sacrificio melior et lege fructuosior. Ipsa Dei visio, qua videri possit ab homine in Sion, id est in Jerusalem, velis nolis, qui respuis doctrinam Ecclesiæ et omnia vis interpretari ad litteram secundum tuam interpretationem stabit ista sententia.

Deus in carne oculo ad oculum videndus. Angeli hominibus quomodo apparuerunt.

17. Testatur hoc Isaias apertius ubi ait : *Propterhoc sciet populus meus nomen meum in die illa, quia ego ipse qui loquebar ecce adsum* (*Isa.* lii). Hoc est qui loquebar in lege per Moysen et prophetas, nunc ego ipse præsens sum. Et post modicum : *Oculo ad oculum videbunt, cum converterit Dominus Sion* (*ibid.*) Quid est oculo ad oculum videre Dominum convertentem Sion? Num Deus potest in sua divinitate sicut est videri ab homine? Certe ipse ait ad Moysen : *Non videbit me homo et vivet* (*Exod.* xxx), et tamen oculo ad oculum videndus esse prædicitur in Jerusalem cum converterit eam. Oculo ad oculum videri non potest nisi quod corpus est; et quod corpus est, videri, sentiri et palpari potest. Si verum est juxta prophetam quod Dominus oculo ad oculum videndus sit in Sion, et ipse Dominus in sua divinitate ab homine mortali videri non potest, vel sic vel alio modo videbitur; sed non in divinitate. Ergo in corpore, et non in quolibet aereo vel phantastico, sed humano. Angelos, inquit, sæpe viderunt Patres, non tamen ipsos angelos homines effectos. Nos hoc nequaquam negamus, sed aliud est angelum ad horam corpore assumpto ex aere nutu et voluntate Dei apparere hominibus, aliud ipsum Dominum per prophetas præsentiam propriam promittentem ad effectum promissa perducere, et sermonem opere veritatis implere. Si angeli apparuerunt Abrahæ, Lot, Moysi, Josue, Balaam et Manue, non tamen apparuerunt in carne, sed in corpore assumpto ex aere. Dominus autem non sic. Quoniam si creatura sumatur ab alia, præceptum vel promissio Creatoris est. Non id quod semel assumitur semper sic manet, sed ad horam; quia neque angelus aer, neque aer angelus esse potest, quod vero a Deo assumitur, Deus est; quia nihil in Deo quod non sit Deus.

Deus visibilis apparere non potuit nisi in carne humana.

18. Cum itaque Deus se visibilem inter homines venturum esse promittat, quæro a te utrum per rationalem an irrationalem creaturam videndus sit? Non es tantæ dementiæ ut dicas illum qui summa ratio est in se aliquid irrationale assumere. Inter omnes creaturas nihil rationale nisi homo et angelus; et quoniam angelus spiritus invisibilis est, ab omni ratione penitus est alienum, Deum invisibilem per aliud invisibile visibilem affirmare. Quid ergo? vel visibilis apparebit in homine, vel non poterit oculo ad oculum videri, juxta quod propheta de eo divinitus inspiratus asseruit. Si necesse est Deum videri per hominem ut sermo prophetarum impleatur, non erunt utique duæ, sed una persona Deus et homo. Sed nunquid Sion dicet homo? poteritne

credere Deum esse hominem? Et quare non credet? A
Homo natus est in ea. Quis? *Ipse qui fundavit eam*
(*Psal.* LXXXVI). Homo tantum? Non, imo Altissimus
qui fundavit eam ut Deus antequam nasceretur in
ea. Ergo una persona Deus et homo. Nam per id
quod in Sion natus asseritur, homo esse probatur.
Per id quod ipse in ea natus est, fundator ejus et
Altissimus prædicatur, Deus esse manifesta ratione
declaratur. Quis enim Altissimus nisi solus Deus?
vel quis potest aliquid fundare vel operari antequam fiat homo, nisi ille qui est ante omnia? Non
potes hic tergiversari, nec diverticula quærere, quia
nihil apertius hac veritate quæ per prophetam insonuit. Nam ipse qui homo est et natus est in Sion,
idem ipse, quia homo natus est et Altissimus est,
Deus est. Prius Altissimus quam homo, Deus antequam natus; fundavit Sion, et non tantum quæ B
sunt in circuitu Jerusalem, sed omnia quæcunque
creata vel facta sunt creavit et fecit priusquam
homo nasceretur in Sion : *Homo*, inquit, *natus est
in ea, et ipse fundavit eam Altissimus.* O insigne
miraculum ac vehementer Judæo stupendum! Altissimus homo natus asseritur, et ante fundator Sion
quam nativitatis ejus tempus adveniat. Deus antequam sit homo, et post nativitatis ejus impleta mysteria Deus et homo.

'19. Respondebis hoc in Hebræo non haberi. Visne
tibi Hebraicum sermonem disseramus? In quo sic
continetur : *Ad Sion dicetur vir, et ipse natus est
in ea, et ipse fundavit eam Excelsus. Dominus dinu-*
meravit scribens populos, ipse natus est in ea (ibid) C
Audi modo attentius : *Ad Sion dicetur vir,* A quo? a
Zacharia propheta, qui ait : *Ecce vir oriens nomen
ejus* (*Zach.* VI). Quid de viro isto futurum est? *Ipse*,
inquit, *natus est in ea;* ac ne simpliciter solummodo
virum intelligas, sequitur : *Ipse fundavit eam Excelsus.* In Hebraico et in Latino idem sonat solidissima veritas. Hæc ipse Dominus narravit, quia
prædixit in scripturis populorum, a quibus est illud
poeticum :

Jam nova progenies cœlo demittitur alto.
(VIRG. *Eglog.* IV.)

Et Sibylla vaticinando sic ait :

E cœlo rex adveniet per sæcla futurus,
Scilicet in carne præsens ut judicet orbem.

Jeremiæ locus de partu Virginis expenditur.

20. Hoc de scripturis populorum. Nunc principum horum qui fuerunt in ea quorum unus Jeremias sic ait : *Faciet Dominus quoddam novum super
terram; femina circumdabit virum.* Vere novum et
inauditum feminam absque virili opere gestare virum in utero. Nam eo tempore feminam de viro
concipere novum esse non potuit, quia jam usu tali
ab initio sæculi hucusque processit humana conditio. Sed novum quid a Domino faciendum nihil aliud
est quam aliquid facere quod nunquam antea fecit.
Alioquin novum esse non posset, si illud idem antea
fecisset. Feminam circumdare virum nescio quid
esse potest, nisi virum totum includi a femina, non

ut solet amplexu et osculo, neque enim id novum
est; sed ita circumdari, ut sit vir totus in femina,
id est masculus conceptus in utero; sed nec ita
novum quid erit, quia cunctis retro sæculis usita-
tum. Ergo ut novum sit quod vir concipiatur a femina, debet ordinis usus et naturæ consuetudo mutari, ut videlicet vir sine viro procedat ex femina;
et post novum conceptum appareat singularis et
inusitata nativitas. Quoddam, inquit, novum non
tantum virginem virum sine viro concipere, verum
etiam virginem parere. Virginem, inquit, vis esse,
quia feminam dixit, audi : Omnis virgo feminei
sexus est femina, non omnis femina virgo. Quare
si feminam dixit, non ideo virginitatem exclusit.
Præterea sicut novum est virginem sine viro concipere, ita novum est virginem sine peccato parere.
Hoc novum, quia ipse Dominus fecit, fuit ultra naturam. Si femina peperit quæ tempore pariendi
virgo non fuit, non est hoc novum, neque miran-
dum; quotidie enim videmus quid simile fieri. Ecce
non potest esse novum sive mirabile quod facturus
est Dominus super terram, videlicet feminam circumdare virum, nisi virgo concipiat et virgo pariat.
Nam feminam non virginem concipere sive parere,
novum esse non potest.

Michææ prophetia de loco nativitatis Christi

21. Michæas propheta inter cætera quæ Spiritus
sanctus per os ejus insonuit, de hoc viro et ejus
nativitate sic ait : *Et tu Bethlehem Ephrata, parvulus
es in millibus Juda. Ex te enim exiet qui sit Domi-*
*nator in Israel; et egressus ejus ab initio a diebus
æternitatis. Propter hoc dabit eos usque ad tempus in
quo parturiens pariet* (*Mich.* v). Hunc virum nasciturum et ejus nativitatis locum propheta manifeste
pronuntiat, illum videlicet qui sit Dominator in
Israel. Ac ne putes eum non fuisse antequam homo
fieret, consequenter adjungit : *Et egressus ejus ab
initio.* Num ab initio temporali? Non, sed *a diebus
æternitatis,* hoc est ab æterno. Et tanquam aliquis
vellet ab eo subtilius indagare quid fieret de populo
Israel : *Dabit eos,* inquit, *usque ad tempus in quo
parturiens pariet.* Quod est apertius dicere : Dabit
eos, id est Judæos, ut sint cæremonias legis et sacrificia celebrantes, non semper, sed usque ad tempus in quo parturiens pariet illum qui sit dominator, non tantum in Israel, sed in toto orbe terrarum. Et egressus ejus ab initio est, et *a diebus
æternitatis,* quia æternus ab æterno est. Propter
quod, quia ita futurum est, sustinebit Dominus
populum Judæorum usque ad tempus quo pariat
filium illa cujus partus signum est singulare vocationis gentium et abjectionis populi Judæorum. Pariet enim filium qui est ab initio et a diebus æternitatis. Quo tempore non omnes convertentur, sed
reliquiæ fratrum ejus, id est mulieris vel filii sui,
qui frater est Judæorum secundum carnem, hoc
enim sequitur : *Reliquiæ fratrum ejus convertentur
ad filios Israel.* Hoc est qui eo tempore credent ea
quæ modo pronuntio, illum videlicet qui æternus,

est, et ab initio natum in Bethlehem, et Dominum dominatorem in Israel, qui non erunt omnis populus, sed reliquiæ populi tantum, illi convertentur fide et opere ad filios Israel, qui erunt de reliquiis patris sui Jacob intelligentes illud esse completum in ipso quod ait Moyses : *Benedictio illius qui apparuit in rubo veniat super caput Joseph, et super verticem Nazaræi inter fratres suos (Deut.* xxxiii). Convertentur itaque ad eum tanquam ad dominatorem et doctorem in Israel, qui Deus erit, quia ab æterno est; et homo erit quia nascetur ex Virgine. Quo veniente quid erit agendum, procedat Osee primus in duodecim prophetis, et dicat quid eo tempore quo parturiens pariet, nos oportet agere.

Dominus quo tempore requirendus.

22. *Tempus,* inquit, *requirendi Dominum, cum venerit qui docebit vos justitiam (Ose.* x). Ordo verborum hic est : Tunc erit tempus requirendi Dominum cum venerit, cum præsens fuerit inter vos, tempus opportunum habebitis requirendi eum super his quæ pertinent ad salutem. Et quid facturus est? *Docebit vos justitiam.* Non illam tantum quæ in lege est, quam hucusque didicimus, sed illam quæ sufficiens erit ad salutem. Tunc vere tempus erit in quo splendebit doctrina justitiæ, quia ille talis ac tantus dominator et dominus, ille, inquam, per se, non per alium docebit justitiam, quæ servata prosit ad vitam, contempta demergat ad pœnam, et ideo tempus requirendi Dominum, cum ipse post prophetas Dominus venerit.

Divinitas Christi ex variis ejus nominibus asseritur.

23. Sequitur Joel et his verbis sensum præcedentis prophetæ affirmat. Ait namque : *Filiæ Sion, exsultate, et lætamini in Domino, quia dedit vobis doctorem justitiæ (Joel.* ii). Quem Isaias *Dominum* vocat, David *Hominem* et *Altissimum,* Jeremias *virum novum,* Michæas *dominatorem,* Osee *Dominum,* Joel *justitiæ doctorem* nominat, filiasque Sion cohortatur ad lætitiam et exsultationem, eo quod talem eis Dominus dederit, qui justitiam doceat verbo et opere, talisque doctor habeat discipulos exsultantes in lætitia et exsultatione. In his omnibus quid aliud nisi Deus homo prædicatur ? Modo *Dominum* vocant ut Isaias, modo *virum et hominem* ut Jeremias, *loquentem* et *docentem* ut Joel, *natum* et *conceptum* ut David. Unus est omnium sensus et una sententia, quia unus fuit in omnibus spiritus et una fides.

Prophetia Amos de Christi adventu.

24. Amos propheta postquam minas Domini contra vaccas pingues quæ erant in monte Samariæ subtili sermone descripserat, de adventu Domini et Salvatoris hoc modo subjunxit, dicens : *Postquam autem hæc fecero tibi, præparare in occursum Dei tui Israel; quia ecce formans montes, et creans ventum, annuntians homini eloquium suum, et gradiens super excelsa terræ, Dominus Deus exercituum nomen ejus (Amos* iv). Est itaque sensus verborum, o tu Israel, postquam hæc omnia sustinueris, quæ Dominus

comminatur, scito pro certo quod ipsemet sit venturus in proximo ; et ideo præparare quatenus talis sis qui tanto Domino possis occurrere. Præparare non in adventum prophetæ vel angeli; sed in occursum Dei tui, qui te creavit et fecit. Occurre itaque tibi Deus , quia ecce formans montes et creans ventum, annuntians homini eloquium suum, ut ipse loquatur homini sicut loqui solet homo ad amicum suum. Nequaquam de cœlo vel in nebula sicut locutus est Moysi et Salomoni, sed ipse gradiens super excelsa terræ , juxta David qui ait : *Justitia ante eum ambulabit , et ponet in via gressus suos (Psal.* lxxxiv). Ibit ut homo, loquetur ut homo, inter homines conversabitur, et in terra videbitur.

De libro Baruch.

25. Tuum, inquis, est hoc, qui prophetas exponis ad libitum. Respondeo : Nec mihi , nec tibi sit, sed dividatur in partes. Quod dixi ibit ut homo, non est meum ; sed David qui ait : *Ponet in via gressus suos;* loquetur ut homo, est Isaiæ qui de Domino loquens, ait : *Ego ipse qui loquebar, ecce adsum (Isa.* lii). Baruch notarius Jeremiæ prophetæ, quamvis idem liber apud vos non habeatur in canone, sic ait de Domino : *Hic invenit omnem viam disciplinæ, et dedit eam Jacob puero suo , post hæc in terris visus est, et cum hominibus conversatus est (Baruch.* i:i). Cernis me nequaquam propria voluntate seductum in contrarium extorquere sententias, sed, ut a prophetis prædictæ sunt, in lucem exponere ? Proba, si potes, hæc ita non dixisse prophetas, et ego mei erroris veniam deprecabor.

Christus ad gentes legatus.

26. Procedat Abdias propheta, et quid super his cum choro prophetarum audierit proferamus. *Auditum,* inquit, *audivimus a Domino , et legatum ad gentes misit (Abd.* i). Dicit non solum se , sed omnes prophetas audisse a Domino, quod legatum ad gentes mitteret. Legatus vices illius supplere solet a quo missus est, quodcunque præceperit aut statuerit, tanquam ipse dixisset qui misit, fixum ac stabile perseverat. Quis est iste legatus, qui missus a Domino Judæum postponit, et ad gentes ingreditur ? quod ejus propositum vel mandati executio ? Profecto ut reminiscantur et convertantur ad Dominum universi fines terræ. Hoc est ejus propositum, et hoc mandatum Dei expressum, quod unus post prophetas cunctis gentibus nuntiavit. Quis est, inquis, ille de quo loqueris ? Universus orbis, imo gentes ipsæ respondeant quis ille sit quem jamdudum missum a Domino receperunt ut Dominum. Ipsæ sibi testes sunt , quod prophetia rei veritate completa est ; sed et Jonas (cap. i) propheta qui recessit a Judæa ut pœnitentiam Ninive prædicaret, ostendit aperte quod ista legatio, repulsa Judæa, transmigraret ad gentes, unde et difficultates itineris ac in ventre ceti angustiæ tenebrosæ, necnon et hedera quæ caput ejus operuit et orto sole exaruit,

in figura illius contigerunt, quem in his præsignavit operibus.

Michææ prophetia de Domini passione et eversione Jerusalem.

27. Michæas de quo superius dictum est, sæpius de Christo ministeria [f. mysteria] manifestat. Nunc de ejus nativitate, sicut prædictum est, ac passione ejus commemorat, ut ibi : *Nunc vastaberis, filia latronis. Obsidionem posuerunt super nos, in virga percutient maxillam judicis Israel* (*Mich.* v). Ad Judæam et Jerusalem loquitur, et utrisque nomen unum imponit : *Filia*, inquit, *latronis*; non Dei, sed diaboli, nunc vastaberis : tempus erit in proximo, quo Romano veniente exercitu depopulaberis, et fere redigeris ad nihilum. *Obsidionem posuerunt super nos*, quod non est aliud quam ab ipsis obsideri Romanis ; et quare causa tantæ vastationis adveniat, subjungit : *In virga percutient maxillas judicis Israel.* Quomodo hoc completum sit, nullus qui passionem Domini legit ignorat. Dicit Jerusalem obsidendam, et post obsidionem penitus esse vastandam, eo quod percussit maxillam judicis Israel, qui est Christus.

De prædicatione Evangelii.

28. Nahum propheta post descriptam ejus eversionem, Evangelium Christi toto orbe prædicandum manifeste prænuntiat ita dicens : *Ecce super montes pedes evangelizantis et annuntiantis pacem* (*Nahum* 1). Unum insinuat qui evangelizet, hoc est evangelium primus prædicet, et annuntiet pacem quæ futura sit, non inter Babylonem et Judæam, sed inter Deum et hominem. Et pedes ejus super montes stare dicit, quod nequaquam de puro homine valet intelligi. Possibile namque est hominem super unum montem stare ; sed quod divaricatis pedibus stet super duos non video, neque id intelligi voluit ille qui scripsit. Quis ergo poterit hic esse de quo loquitur nisi Deus, qui nutu et voluntate sua montes et colles instituit ? Cujus pedes ideo super montes stare dicuntur, quia quotquot prophetæ sive magistri in lege fuerunt, qui propter ejusdem divinæ legis scientiam et alta virtutum insignia montes appellati sunt, illo inferiores sunt ; cujus evangelium tanto excellentius eminet, quanto perfectius pacem hominibus datam insinuat. Si non recipis hoc esse dictum de Christo, manifesta nobis quis ille sit qui supra montes ad litteram statum habeat, et per evangelium pacem annuntiet. Magis enim volo de tuo mucrone perfodi, quam mea sagitta quasi puncto vulnerari.

Prophetia Habacuc de Christi adventu.

29. Sequitur Habacuc et Christum in sæculi fine venturum ostendit, ita dicens : *Super custodiam meam stabo, et figam gradum super munitionem, et contemplabor ut videam quid dicatur mihi* (*Habac.* 11). Querimoniam fecerat in principio voluminis sub persona populi clamantis ad Dominum, ac juxta morem humanæ impatientiæ cum Domino dispu-

tare cupierat, causatus cur pateretur Nabuchodonosor aggravare jugum captivitatis super populum suum, et non potius redderet impio juxta impietatem suam, et justo juxta justitiam suam, ita dicens : *Usquequo, Domine, clamabo et non exaudies; vociferabor vim patiens, et non salvabis?* (*Habac.* 1.) Cui Dominus tanquam ad interrogata respondit : *Quia ecce ego suscitabo Chaldæos gentem amaram super latitudinem terræ*, etc. (*ibid.*). Cui primæ causationi respondit Dominus, et quæ esset causa plenius est exsecutus in partibus. Ideo, inquit, non misereor super Judam et Jerusalem, quia ad hoc suscitavi Nabuchodonosor ut propter peccata populi civitatem et templum incendat, ac ultionem meam experiantur qui contempserint me. Quod propheta cognoscens tanquam super temeraria inquisitione pœnitens, temperat quæstionem ac a proposito resilit, nequaquam de cætero Dominum ad deceptionem provocans, cur hoc vel illud faciat, sed divina secreta soli divino judicio derelinquens, quid in se reversus sit acturus in posterum prophetica voce subjungit : *Super custodiam meam stabo* (*Habac.* 11). Et est sensus : In sublimitate prophetiæ meæ constitutus a Domino, diligenter attendam quid divina revelatio mihi pronuntiet ac proferre præcipiat. *Figam gradum super munitionem* (*ibid.*), in ipso qui firmus et immutabilis est tota mentis intentione perseverabo, et contemplabor in illo tanquam in specula, ut videam quæ futura sunt longis post retro temporibus, quid dicatur mihi super his quæ complebuntur in tempore suo. *Et respondit mihi Dominus et dixit : Scribe visum, et explana eum super tabulas, ut percurrat qui legerit eum; quia adhuc visus procul, et apparebit in finem et non mentietur. Si moram fecerit, exspecta eum quia veniens veniet, et non tardabit* (*ibid.*). Propheta secum deliberante et ex diuturna deliberatione sententiam tandem proferente quid ageret, ad hoc totum suæ contemplationis defixit intuitum, ut in sanctitate perseveraret, et merito sanctitatis audiret quæ Dominus post tristia læta promitteret, quæ futura prædiceret. *Et respondit mihi*, inquit, non qualiscunque, sed Dominus. Respondit non ut meæ disputationi quam superius sub persona populi proposueram, sed mihi, mecum in corde meo cogitanti quid agerem, quæ futura prædicerem. Et dixit, quia pretium futurorum instituit : *Scribe visum*, non quod in corpore, sed in mente vidisti. Et quis est iste visus ? Stetit in custodia, ut omni diligentia servaret cor suum. Fixit gradum super munitionem, ut in proposito perseveraret, ac dignus haberetur indignatione divina noscendi cœleste secretum, et loquendi futura de Christo mysteria. *Et explana eum super tabulas.* Non tantum more prophetali per figuras et ænigmata scribes quæ me permittente vidisti ; sed explana visum, hoc est manifeste pronuntia, ut non sit necesse lectori propter lectionis difficultatem doctores adire ; imo celeri intellectu percurrat qui legerit eum, et sta-

tim fiat credulus, quia qui legerit et incredulus A
fuerit, non erit anima ejus recta in ipso. Hic, Judæe, manifeste damnaris, quia legis et non credis : *Si moram fecerit, exspecta eum.* Si moram fecerit quadringentorum et nonaginta annorum (tot
enim anni juxta rationem annorum lunarium computantur a tempore quo templum reædificatum est
sub Esdra et Nehemia usque ad Christum), o propheta, ne desperes minime posse promissum impleri; sed *exspecta eum,* quem tu vides in spiritu
venturum in carne, quia *veniens* non in phantas-
mate, sed vere *veniet;* et quamvis videatur sub
præscripti temporis spatio differre præsentiam ,
non tardabit quin tempore constituto promissus
adveniat. Et hoc quidem signum. Qui incredulus
est eo tempore quo hæc fierent, non erit anima B
ejus recta cum ipso, quia legis prævaricator exi-
stet, me dicente per Moysen : *Ipsum audietis tan-*
quam me, et si quis illum non audierit, delebitur
anima illa de populo suo (Gen. xvii).

30. Hæc de Habacuc quantum ad litteram. Sed
quæris ubi iste visus explanatus sit a propheta. Respondemus quod in consequenti scriptura quæ intitulatur *Oratio Habacuc,* non tantum visum, hoc
est quod vidit explanavit, sed manifeste tanquam
bonus auditor exposuit : *Domine* , inquit, *audivi* in
spiritu prophetiæ *auditum tuum (Habac.* iii) tanquam tenuis auræ sibilum. Suave quidem admodum
et lene est quod auditur a Domino ; *et timui* cognoscens et prævidens quæ facturus sis. Obstupui tanto
miraculo, et timui illud scribere digno minus eloquio. At quia tuum propositum impleri necesse est,
o Domine, *Opus tuum* sit ; et hoc oro, ut sit juxta
beneplacitum voluntatis tuæ, tempore præfinito, hoc
est *in medio annorum.* Eo tempore impleatur sermo
tuus, Domine, quo Veteri Testamento finito cum
annis sub lege transactis, vel ante legem, succedant anni de quibus locutus es : *Cogitavi dies anti-*
quos, et annos æternos in mente habui (Psal. lxxvi).
Et alibi : *Feriam vobiscum pactum sempiternum mi-*
sericordias David fidelis (Jer. xxxii). Et iterum : *Ec-*
ce dies veniunt, dicit Dominus, et disponam testamen-
tum domui Juda (Amos viii), non secundum testamentum quod dedi patribus eorum. Ergo in medio
duorum testamentorum, hoc est in fine præcedentis D
et in initio subsequentis, quando hoc medium annorum inter duo tempora fiet. Vivifica, Domine, illud opus tuum, quod superius jussisti explanari
in tabulis et apertius scribi. Certus itaque de futuris effectus, non orando sed prædicendo prosequitur : *In medio annorum notum facies (Habac.* iii).
Tunc sine omni ambiguitate quod modo promittis,
quando illud medium erit quod dividet inter duo,
videlicet inter testamentum quod dedisti patribus
nostris, et testamentum quod te daturum promittis
multum a primo diversum, ac tunc *cum iratus fue-*
ris, quia propitiatio fiet per unum cunctis, *miseri-*
cordiæ recordaberis (ibid.). Non erit amplius necesse oculum pro oculo, vel dentem pro dente resti-

tuere ; quia ejus qui in te est populi miereberis,
videlicet credituri, et severitatem legis gratiæ misericordia temperabis. *Misericordiæ recordaberis,* illius
videlicet quam primus homo peccando perdidit, cujus tantopere videris oblitus, dum reddis iratus
quod juste meremur, et subtrahis jure miserantis
affectum usquequo tempus veniat miserendi, et illud opus tuum fiat quod audivi, quod quia terribile
et sanctum est, timui videns in spiritu modum quo
illud impleri disponis. Quod quia jussisti scribi
apertius et explanari in tabulis, libenter implebo jubentis officium, ac illud opus tuum diligenter expo-
nam manifestis indiciis.

31. Audite, tribus et linguæ, gentes et populi,
quæ Domino jubente prænuntio. *Deus ab austro ve-*
niet, et sanctus de monte Pharan (ibid.). Hic est visus quem mihi ostendit Dominus, et explanare jussit. Hoc opus ejus quod audivi et timui, quod vivifi-
candum et notificandum est in medio annorum, hoc
est in illo tempore quo lex finem accipiet et gratia
sumet initium. Ac ne vobis veniat in ambiguum quo
tempore visus adimpleatur, et opus Domini veniat;
nunc vobis prædico, sicut prædixi, quod fiet in medio, annis veteris Instrumenti succedente gratuita
misericordia, et cessante ritu sacrificiorum. Opus
Dei jam venisse ipsa rei veritas comprobabit, quod
non erit aliud quam veniens ipse Deus. *Ab austro*
veniet, ut visus explanetur ad litteram, de Bethlehem consurget, quæ ad austrum sita est, quia in ea
nascetur juxta Michæam qui ait : *Ex te exiet quasi*
dominator in Israel (Mich. v). Qui idem est et non
alius *Sanctus de monte Pharan* qui mons vicinus est
monti Sinai, a quo idcirco venire dicitur, quia non
tantum ut temporalis et natus surget ex Bethlehem,
sed tanquam æternus qui legem dedit in monte Sina, et Moysi locutus est facie ad faciem. Vel Deus
ab austro sive a meridie, qua hora lux diei clarior
est, veniet, ab illo scilicet qui lucem habitat inaccessibilem, et sanctus de monte, de sublimitate
cœlorum, juxta David qui ait : *A summo cœlo egres-*
sio ejus (Psal. xviii), qui Os et Verbum Patris est,
cuncta videntis et regentis. Pharan quippe interpretatur *os videntis.* Et recte de Pharan venire dicitur,
quia Verbum procedit ex ore Altissimi. Ab austro
ergo secundum quod temporaliter natus est, venire
dicitur, et de monte Pharan, quia æternaliter ex
ore cuncta videntis Altissimi Patris procedit æternus.

32. Fortassis nimius fuerim in unius expositione
capituli, et lectori fastidium generans. Iteremus ergo quæ dicta sunt, et quid Judæus audire rogatur
breviter replicemus. Dixerat superius se super custodiam suam stare, et figere gradum super muniiio-
nem, ut contemplari posset et videre quid sibi diceretur : responsumque est illi a Domino atque
præceptum ut scriberet et explanaret in tabulis ; at
ille prosecutus jubentis imperium, hanc explanationem dedit, quod opus Domini in medio annorum notum faceret. Quid, amice, contendis ? Aut hic pro-

pheta, ut Domini præcepto pareret, visum explanavit, insinuando tempus et locum ; aut cuncta reliquit obscura, et tanquam inobediens Domini voluntatem implere contempsit. Sed ipse sibi testis est in
hoc versu quod imperata peregit. Nam docet aperte
quod in medio annorum Christus, qui et Deus, adveniet. Qua ratione, inquis, visum ad Christum re-
fers, et medium annorum ad ejus adventum? De
Christo respondemus in primis, quod hoc propheta
præter Isaiam nemo prophetarum apertius Christi
nomen insonuit. Ait namque : *Exsultabo in Deo Jesu
meo* (*Habac.* III). Sed et ea quæ de hoc nostro Jesu
futura erant, videlicet passionem et mortem clara
voce prædixit. Præmisso namque quod veniret ab
austro, mox omnipotentiam ejus subjunxit, dicens :
Operuit cœlos gloria ejus (*ibid.*). Solius Dei est ope-
rire gloria cœlos, *et laudis ejus plena est terra* (*ibid.*).
Quod hodie completum esse videre potes ad litteram.
Jesum Salvatorem totus orbis agnoscit. Tu solus
excæcatus es, et tui similes, parum videns in terra,
nihil in cœlo visurus, apud inferos totus iturus in
tenebras exteriores, nisi lucem aspicias quæ splendor ejus est cujus laude plena est terra. *Splendor*,
inquit, *ejus ut lux erit* (*ibid.*), illius videlicet qui venit
ab austro Deus, qui cœlos gloria regit, et terram laude
replet. Et quid de illo qui tantus ac talis venturus
est ? Juxta Isaiam in fortitudine veniet, ipsa tamen
occultaque *cornua in manibus ejus, et ibi abscondita
erit fortitudo ejus* (*ibid.*). Et quæ est fortitudo Dei
nisi ipse Deus ? Ipse secundum quod homo est manifestus erit, secundum quod Deus occultus, ut ait
idem Isaias : *Expectabo Dominum qui abscondit faciem suam a domo Jacob* (*Isa.* VIII).

33. Quomodo cornua in manibus ejus sint, exponat ipse, qui visionem explanare videtur. *Altitudo*,
inquit, *manus suas levavit* (*Habac.* III). Quid! pedes
ejus profundum abyssi penetrant, et manus in altum
levat ; ut oret, an ut operetur? Æstimo ut oret, ut
operetur, ut moriatur; oret in cœlis, operetur in in-
fernis, moriatur in terris. Quid enim magnum esset
si altitudo manus suas sine causa levaret ; sed altitudo quæ Deus est manus suas levavit, ut compleret
ad litteram quod prædixerat per prophetam : *Cornua
in manibus ejus* (*ibid.*). Quomodo, inquis, id in
Christo completum est. Interrogas ea quæ invitus
audire cogeris? Aspice Christum morientem in
cruce, et in utroque cornu crucis manus ejus clavis
affixas, ac inclinato capite morientis levatas in altum, et cornua videbis in manibus, ubi abscondita
est fortitudo ejus, quia in cruce positus attigit a
fine superiori cuncta regens ad finem inferiorem fortiter moriens, utraque manu suaviter cuncta dispo-
nens (*Sap.* VIII), vincens in inferno, regnans in cœlo, inter utrosque tanquam inter dextram et sinistram ipse moriens uno suavi somno mortis, quia
voluntarie cœlis reddit gloriam, terris vitam, mortem inferis, id est inferni principibus, ut cuncta ad
suum ordinem redeant, hoc est humana natura
propter quam temporalia cuncta facta sunt, ab

imis ascendat ad superos. Hæc est abscondita fortitudo morientis in cruce, et cornua tenentis in manibus.

*Medium annorum quomodo intelligendum. Ætas
auctoris.*

34. Diximus de visu quomodo referatur ad Christum, restat nunc dicendum de medio annorum
quomodo adventum ejus insinuet. Asseris quod in
fine sæculi Christus venturus sit. Ubi primum, quæso te, ut doceas quomodo finis sæculi medium annorum dici possit? si finis sæculi medium annorum
est ; tot anni sæculi post finem ejus futuri sunt quot
præcesserunt : non ergo finis dici, quod medium
erit. Si non in medio annorum juxta prophetam
notum fiet promissum Dei, discerne quo tempore
fiet, aut in fine juxta tuam sententiam, aut in medio annorum juxta prophetam. Cui vestrum magis
credendum est! Sicut finis alicujus temporis medium ejus dici non potest, ita nec medium finis. Sed
in medio annorum juxta prophetam notum fiet, ergo
non in finito statu temporum. Falsa est igitur assertio tua, qua dicis Christum in sæculi fine venturum. Videamus itaque de medio annorum et prophetam dixisse verum per omnia comprobemus. Millesimus centesimus sexagesimus sextus, meis dico
temporibus, jam annus evolvitur, ex quo Filius virginalis effulsit in mundo tempore constituto, juxta
præscriptum numerum hebdomadarum Danielis, de
quo in suo loco plenius Deo volente dicturi sumus :
quantum vero adhuc temporis restet soli Deo notum
est, mortalibus cunctis ignotum. Illud tamen medium annorum esse non dubitamus, quo dulcedo
Christianorum de cœlo stillavit in terras, et una benedictio juxta Isaac de rore cœli desuper et de pin-
guedine terræ confecta est, id est unus Christus ex
divina et humana natura proveniens, in quo notum
faciens Dominus salutare suum ante conspectum
gentium revelavit justitiam suam. Quod ideo medium annorum dicimus, quia lex una præcessit, et
altera, id est nova, subsequenter est ; translato
quippe sacerdotio, necessario facta est translatio legis, illo succedente cui dictum est : *Tu es sacerdos
in æternum secundum ordinem Melchisedech* (*Psal.*
CIX). Si hoc non concedis esse medium annorum
primæ legis et secundæ, ostende templum et sacerdotium et regnum in Judæa, ut adhuc exspectari
debeat primus Salvatoris adventus. Si vitulam spe-
ctes, nihil est quod pocula laudes. Hæc de Habacuc
hucusque dixisse sufficiat, ubi iterum atque iterum
quæso lectorem, ut hæc eo sensu dicta recipiat,
quo superiora dicta sunt, videlicet quo debeat Judæus arctari et prophetarum auctoritate convinci.
Non ignoramus quin apud majores subtiles intellectus habeantur, sed nostrum propositum est cum
Judæo confligere, non cum Christiano de Scripturarum expositione disserere.

De Sophonia propheta.

55. Veniamus ad Sophoniam qui ob profundita-
tem mysteriorum quæ de Christo prænoverat *Ar-*

ranum Domini dictus est. Hic Spiritu sancto plenus, in quo factus est præscius futurorum, gaudium quod de Christi adventu in corde conceperat, ineffabili mentis exsultatione pronuntians ait : *Lauda et exsulta, filia Sion, jubila, Israel, exsulta et lætare in omni corde tuo, filia Jerusalem* (*Soph.* III). Causamque post pauca subjungit : *Dominus Deus tuus in medio tui fortis, ipse salvabit te* (*ibid.*). Lauda, inquit, Dominum de multitudine misericordiæ suæ, maximeque exsulta juxta Joel qui ait : *Filiæ Sion, exsultate in Domino Deo vestro, quia dedit vobis doctorem justitiæ* (*Joel.* II), ut laus Dei prius ex ore procedat ex hoc quod misericordia ejus tam copiose per Christum abundat, jungiturque laudibus oris exsultatio mentis, ut omnia quæ in te sunt lætentur et laudent corde et ore, mente et opere, quia Dominus Deus tuus in medio tui erit. Et non tantum lauda et exsulta, filia Sion, hoc est duæ tribus Juda et Benjamin ; sed et tu, o Israel, jubila, tantaque in corde tuo replere lætitia, ut magis mente vultuque pronunties quam voce cantandi vel usu loquendi, quam ardenti desiderio Dominum Salvatorem exspectes, quantisque votis venientem suscipias, quam laudabili fide dilectionem ejus in corde retineas. *Exsulta et lauda, filia Jerusalem,* cui ante prædixi, ut laudares in fide et exsultares in spe ; iterum dico, exsulta et lætare in omni corde tuo, ut ex duplicata lætitia veniat geminata dilectio, et in trina laude sit una perfectio, videlicet in fide, in spe et charitate. Indixi tibi laudem et exsultationem qua prius dicta es filia Sion, id est specula quæ mecum ; quia et hoc nomen meum est, per prophetas tuos futura prævides. Nunc autem vere te filiam Jerusalem nomino, quia vides eum oculo ad oculum, qui juxta Michæam pax erit in medio tui cum venerit.

Christus Rhinoceroti comparatus.

36. Quærisne quis iste sit ? *Dominus Deus tuus qui est in medio tui fortis,* de quo Balaam in Numeris prosecutus est, dicens : *Cujus fortitudo sicut Rhinocerotis est* (*Num.* XXIII). Rhinoceros a nullo venantium capi potest, contra quem venientem si virgo sinum expanderit, statim in eam prosilit, et magis amore quam violentia appropinquatur. Ideo Balaam fortitudinem ejus Rhinoceroti comparavit, quia ad ejus similitudinem, relictis omnibus persequentibus, in medio sinu filiæ Jerusalem, id est Ecclesiæ, caput Dominus inclinavit ; et ipsa recepit in sinu quem in ulnis apprehendere Synagoga non potuit. Qui ideo libentius ad eam inclinavit, quia invenit in ea verecundiam pudicitiæ, mansuetudinem humilitatis, tranquillitatem morum, et disciplinæ custodiam. Fortis ergo in medio filiæ Jerusalem factus est humilis Dominus Deus ; unde ad lætitiam et exsultationem provocatur, lætitiam dico temporalem de ejus adventu ; ad exsultationem de perpetuo salutis obtentu, quia ita subsequitur : *Ipse salvabit te,* ideo gaudere et lætari te moneo, filia Jerusalem, quia non ut hactenus, propheta

vel angelus vices sponsi geret circa te vel operam dabit ; sed ipse qui Dominus et Deus est, ipse salvabit te. Ipse, quod non negligenter prætereundum est, ipse per suam præsentiam quam exhibebit in medio tui salvabit te. Præsens quippe erit quadam præsentia quæ salvabit, quia corporalis in carne videbitur qui ubique potentia divinitatis præsens est. Hanc præsentiam de qua prophetæ loquuntur, exhibebit in corpore. Non enim solummodo divinitatis ejus præsentiam intelligi voluerunt, qui toties ejus adventum prædixerunt ; sed aliquid retro sæculis inusitatum futurum esse crebra sententiarum permutatione testati sunt. Quid enim veri contineret sententia prophetarum qua dicitur : Veniet, veniet, apparebit, apparebit, videbitur, non morabitur, nisi Veritas, ut ita dicam, aliquando in veritate veniret ? Sophonias ergo præsentiam Domini corporalem insinuans ait : *Dominus Deus tuus in medio tui fortis, ipse salvabit te.* Dominus ad universas gentes regendas, Deus ad formandas, fortis ad aereas potestates debellandas in medio tui præsentia corporali, ipse non alius salvabit te, hoc est a potestate mortis æternæ liberabit te. Non recipio, inquis, expositionem tuam, quia magis contrarium esse videtur quam veritatis series. A me breviter hoc responsum habeto, nec ego contentioni tuæ assentio, quia neque veritati innititur, nec aliquid verisimile habere videtur. Quapropter sicut tuam falsitatem non recipimus, ita tuas assertiones auctoritate prophetarum facile reprobamus.

De prophetia Aggæi. Patriarcharum de Christo desideria.

57. Proferatur Aggæus, qui *festivus* interpretatur, in medium, et cui nostrum magis assentiat audiamus : Dominum Deum omnipotentem inducet ita loquentem ad populum Judæorum : *Adhuc unum modicum est, et ego commovebo cœlum et terram, mare et aridam ; et movebo omnes gentes, et veniet desideratus cunctis gentibus* (*Agg.* II). Quis est iste desideratus, vel a quo desideratus, quem Dominus promittit esse venturum ? Abraham patriarcha hujus desiderio inflammatus ait ad Dominum : *Domine Deus, ego vadam absque liberis, et hæres meus iste Damascus Eliezer* (*Gen.* XV). Audierat in semine benedictionem cunctis gentibus esse dandam ; et tamen quod differri dolet, impleri postulat nimio desiderantis affectu. Isaac pari voto benedictionem filii precatur adesse, dicens : *Esto Dominus fratrum tuorum, et incurventur ante te filii matris tuæ* (*Gen.* XVII). Quod nequaquam in Jacob vel in aliquo successorum ejus esse completum probare potes ad litteram. Si hoc completum esse dixeris in Joseph vel in aliquo regum, quomodo verum erit quod sequitur : *Et adorent eum tribus* (*ibid.*), cum nequaquam aliquis eorum a cunctis gentibus adoratus sit ? Soli Deo convenit, ut adoretur ab omnibus : ergo completur in Christo, sicut hodie cernitur, qui Deus est et homo de semine ejus natus. Jacob in benedictionibus filiorum exspectationem suam ad

Christum refert ita dicens: *Salutare tuum exspecta-* *bo, Domine* (*Gen.* XLIX), ac si diceret: Exspectabo Salvatorem, qui mihi veram et æternam salutem restituet. Responde ubi exspectavit iste salutare Domini, qui statim completa benedictione se collegit in lectulo, et ex luce migravit, ad patres suos appositus ad animarum loca descendit? Et tamen ibi per salvatorem salvari se credidit. Job nequaquam hujus desiderii expers fuit, sed optavit venturum in carne, quem præviderat in spiritu ita dicens: *Quis det ut veniat petitio mea, et quod exspecto tribuat mihi Deus ?* (*Job* VI.) Quis, inquit, det, id est vere fiat ut veniat, et non moretur petitio mea tandiu desiderata, quæ nihil aliud est quam Christus; et quod exspecto, videlicet præsentiam ejus, tribuat mihi Deus qui eum missurus est. Moyses quidem pari voto sic ait: *Obsecro, Domine, mitte quem missurus es* (*Exod.* IV). Quod est aperte dicere: Disponis, Domine, dare legem populo tuo, et me ductore ad terram promissionis inducere; attamen, obsecro, Domine, ut quod modo fit in figura, postquam tempus advenerit, appareat in veritate; et ad hoc mysterium tuæ voluntatis implendum, *mitte, Domine, quem missurus es* Christum, qui aquas vere vertat in sanguinem, veniatque simul in aqua et sanguine, ut, postquam baptismum dederit, proprio sanguine redimat, et sic populum suum per aram Rubrum ad terram repromissionis, hoc est ad pacem æternæ quietis, inducat. David hoc idem in psalmo precatus est, dicens: *Ostende nobis faciem tuam, et salvi erimus* (*Psal.* LXXIX). Isaias Salvatoris adventum a Domino postulans: *Emitte agnum, Domine, dominatorem terræ, de petra deserti ad montem filiæ Sion* (*Isai.* XVI). Emitte, inquit, Domine, quod adhuc in secreto tuo est, videlicet Agnum mansuetum, innocentem et justum; qui ideo Agnus dictus est, quia coram occidente se non aperiet os suum. Emitte eum, Domine, de petra deserti, Ruth veniente de gentibus ad Judæam et generante Obed, Obed Jesse, Jesse David, de cujus fructu redde nobis Dominatorem terræ, et veniat usque ad montem filiæ Sion, hoc est ut videatur in Jerusalem. Hic est Desideratus de quo nunc Aggæus propheta loquitur, quem Dominus promittit esse venturum. Adhuc, inquit, modicum est, exiguum temporis spatium restat, quia *mille anni ante oculos meos tanquam dies hesterna quæ præteriit* (*Psal.* LXXXIX); et ego commovebo cœlum et terram, mare et aridam. Quorum sensus hic est: Semel movi cœlum, quando legem dedi in monte Sinai, et descendi super eum in igne. Movi terram, quando fontes abyssi rupti sunt, et diluvium super terram induxi. Movi mare, quando in duas partes divisum est, et populus sicco pede pertransiit. Sed et aridam movi, quando os suum aperuit et peccantes absorbuit. Ad hæc unum modicum est, quia neque mille anni erunt; et ego movebo cœlum, quia cœli Dominum mittam. Movebo terram, quia aperietur et germinabit salvatorem (*Isa.* XLV).

Mare movebo, quia cetum, qui in eo est interficiam. Sed et arida movebitur, de qua Isaias loquitur: *Scissæ sunt aquæ in deserto et torrentes in solitudine, et quæ erat arida in stagnum, et sitiens in fontem aquarum* (*Isa.* XXXV). Cumque hæc omnia complevero, veniet Desideratus ob salutem in mundo, ob vitam æternam in futuro, non tantum Judæ et Israel, sed cunctis gentibus tribuendam. Veniet desideratus quidem a patriarchis, prædictus a prophetis, desideratus cunctis gentibus, quia provocatus quadam ineffabili dilectione ferventis illius... quæ de cunctis gentibus congregata sunt, ut pene præ ejus desiderio morientis,.... quæ dicit in Canticis: *Osculetur me osculo oris sui* (*Cant.* I). Hæc Aggæus de Christi adventu.

38. Si tibi volueris hæc signa expone ad litteram; cœlum dicimus esse motum, quando Christo moriente sol obscuratus est. Terra mota est juxta sensum quem superius exposuimus, quia cœli distillaverunt a facie Dei Sinai: ultra ad litteram, quia petræ scissæ sunt. Mare commovit, super quod pedibus ambulavit; et ipso in navi consistente, ad ejus imperium liquidum elementum nunc procellis intumuit, nunc tempestate sedata pacatum stetit. Aridam movit, quæ nihil aliud quam gentium multitudo illius prædicatione rigata, ut floreret ac fructum boni operis ferret, juxta Isaiam qui ait: *Florebit quasi lilium, germinabit, et exsultabit lætabunda et laudans* (*Isa.* XXXV). Florebit odore bonorum operum sicut lilium, candore munditiæ, in, cujus medio color aureus erit Deus in Christo mundum reconcilians sibi, germinans initium boni operis germinabit fructum perfectionis; et exsultabit in gaudio lætabunda de promisso, quod est: *Ubi ego sum, illic et minister meus erit* (*ibid.*); et laudans Dominum de salutis adepto beneficio. Ac post pauca subjungit: *Ipsi videbunt gloriam Domini et decorem Dei nostri* (*ibid.*). Quod nequaquam de arida vel deserta terra intelligi valet ad litteram. Cum enim præmisisset: *Lætabitur deserta et invia, et exsultabit solitudo* (*ibid.*), ut gentes intelligerentur hortatus est cum subjunxit: *Ipsi videbunt gloriam Domini* (*ibid.*). Viderunt enim Christum miracula facientem, audierunt prædicantem, susceperunt docentem, secutæ sunt præcipientem, dilexere morientem, amplexatæ sunt fide resurgentem, et jam tenent in fide regnantem. Viderunt ergo gloriam Domini in mundo, videbunt decorem Dei in cœlo. Illis itaque desideratus exstitit, illis desideratus advenit, illis fidem dedit, et vitam æternam ob meritum fidei repromisit.

De prophetia Zachariæ. Judæorum vana spes de Messia.

39. Audiamus de cætero quid de ejus adventu Zacharias propheta locutus sit. Post multa et varia quæ in textu prophetiæ suæ locutus est, pauperem regem inducit sedentem super asinum et super pullum filium asinæ, ac huic pauperi et ejus paupertati hortatur filiam Sion obviam procedere, di-

cens: *exsulta, filia Sion; jubila, filia Jerusalem*; A
ecce Rex tuus veniet tibi justus·et Salvator (*Zach.* IX).
Ipse pauper ascendens super asinum et super pullum filium asinæ, juxta prophetam; qui futurus
est, pauper erit non dives, quem tamen regem Sion
esse dicit. Ubi est ergo tota illa vana spes tua,
qua tibi repromittis regem nescio quem regnatu-
rum mille annis in Jerusalem, qui tanta abundet
auri copia, ut universæ plateæ sternantur auro
mundissimo? qui in auro et argento, juxta tuam
assertionem, tam copiosus erit, quomodo pauper
futurus prædicitur? Aut propheta fallitur, aut tua
prophetia dolose mentitur. Sed omissa fabula vanitatis, veniamus ad paupertatem veri Regis. *Exsulta*, inquit, *filia Sion; jubila filia Jerusalem*; quæ
supra jam plenius dicta sunt, non est ea necesse B
repetere. *Ecce rex tuus*, inquit, *veniet tibi*, qui modo rex tuus est, Deus vivens in sæcula. *Ecce*, quod
est demonstrandi certitudo, *Ecce veniet tibi justus*
ad judicandum, et Salvator ad sanandum, exhiben-
do præsentiam corporalem juxta quod alibi ait:
Ego veniam, et sanabo contritionem populi mei (*I*
Mach. II). Ac ne putes adventum ejus non esse
venire, sed vel indicium voluntatis suæ per angelos, vel opem auxilii per virtutes. His enim modis
huc usque et patribus et nobis apparuit. Audi quid
facturus sit, ut ex eis rei veritatem citius valeas
intueri. Ipse pauper, quantum ad humanum specta-
bit judicium, pauper in veste, pauper in victu, pauper in habitu, pauper et potens, pauper et humilis, C
pauper et mansuetus, pauper et justus, et ut cætera
brevi fine concludam, simul in unum dives et pauper. Hic ut corporis veritatem ostendat, paupertatis
amator, non super currum vel equos regia potestate ve-
hetur, sed tanquam pauper ascendens super asinum,
quod animal rudibile est, veniet tibi rex, nihil in hoc
suæ potestatis amittens. Quod in Salvatore completum esse constat ad litteram, qui ante sex dies passionis sedens in asino Jerosolymam passurus advenit.
Quantum ad mysticum intellectum, quod Judæum
libenter audire non credo, super asinum ascendit,
quia regnum populi Judæorum pro sua voluntate disposuit, cui legem tanquam frenum immisit, et sacerdotium tanquam ornamenta sedilia. Ascendit
super asinum, quia potestati ejus semper subjecta D
fuit: alioquin quomodo rex ejus fuit antequam ad
eam venit? *Rex tuus*, inquit, *veniet tibi*, qui jam
præteritis temporibus sæculorum Rex et Deus tuus
fuit, imo adhuc est et erit; ipse tibi veniet, non
tanquam districtus et puniens, sed justus et salvator, justitiam, juxta prophetam Osee, docens in præsenti. Ait enim: *Tempus requirendi Dominum, cum*
venerit qui docebit vos justitiam, qua salvabit eos qui
requirent eum, quorum corda vivent in sæcula (*Ose.* X).
Veniet ergo justus et salvator, et ne tanquam te
per ignorantiam excuses eo quod certa et præcedentia signa nescieris, scito hoc esse regiæ potestatis
ejus insigne, quod ipse pauper. Et ut in ore duorum
stet omne verbum (*Deut.* XIX), en aliud signum,

quod ipse erit ascendens super asinum et super
pullum filium asinæ. Super asinam sedens civitatem intrabit, ut hoc quod prædico possit compleri
ad litteram, et super pullum filium asinæ quia
utrumque sibi exhiberi jubebit. In quibus verbis
quid aliud quam per regiam paupertatem humano
generi justitiam et salutem provenire designat? Et
quidem non satis admiror, qua fronte pauperem regem, justum et salvatorem non recipias, cum talem
prophetica descriptio docuerit esse venturum. Divitem, inquis, et potentem exspecto, qui nos de
cunctis locis captivitatis in unum adducat, ac civitatem et templum nobis restituat. Debes hoc certe
prophetarum auctoritate probare, non tam facile pro
libitu mendacium falsitatis asserere. Sed de his hactenus.

Malachiæ prophetia de reprobatione Judæorum et
Christi adventu.

40. Videamus nunc quid Malachias qui in ordine
prophetarum duodecimus est, de abjectione populi
Judæorum et de adventu Christi prædixerit. Deum
loquentem inducit ita dicens: *Non est mihi volun-*
tas in vobis, dicit Dominus, et munus non suscipiam
de manu vestra; ab ortu enim solis usque ad occa-
sum magnum est nomen meum in gentibus, et in omni
loco offertur oblatio munda nomini meo; quia ma-
gnum est nomen meum in gentibus (*Malach.* I). Non est,
inquit, mihi voluntas in vobis, ut de cætero populus
meus sitis, vel munus, aut sacrificium, vel libamen
suscipiam de manu vestra. Non est mihi voluntas
in vobis, quia jam prævidi et elegi populum meliorem, gentes videlicet in toto orbe diffusas, quæ non
observatione Sabbati vel circumcisionis mihi com-
placeant, sed animo bonæ voluntatis et fructu perfectæ religionis: quandoquidem voluntas mea non
est in vobis, quid frustra sacrificium offertis vel
hostias immolatis? Aliud mihi magis habetur acceptum et voluntarium, videlicet quod nomen meum
magnum est in gentibus. Quod in vobis non habui,
inter gentes inveni; videlicet divini cultus amorem,
imo divinæ voluntatis effectum, quia circumcisionem cordis habent, non carnis; Sabbata celebrant,
quia a servili opere peccati cessant; hostias immo-
lant cor humiliatum et continentiam carnis, quibus
maxime placari desidero. Magnum est nomen meum
in gentibus, non tantum ab India usque ad Æthiopiam, sed ab ortu solis usque ad occasum; et hoc
non in Judæis, sed in gentibus. Ubi tota frustratur
illa sententia Judæorum qui dicunt non esse sacrificandum, neque altare construendum nisi in Judæa,
cum Isaias dicat: *In die illa erit altare Domini in*
medio Ægypti, et colent Ægyptii Dominum in hostiis
et muneribus, et vota vovebunt Domino et solvent (*Isa.*
XIX). Et in præsenti, *in omni*, inquit, *loco sacrifica-*
tur, et offertur nomini meo oblatio munda. Et ne sibi
velint ascribere quod dicitur *in omni loco*, eo videlicet quod dispersi sunt, et sic ubique legis cæremonias celebrent, audiant quod præmissum est: *Non*
est mihi voluntas in vobis sed in gentibus a quibus

offertur nomini meo oblatio munda. In quibus verbis Domini voluntatem et acceptiones oblationum ad gentes a Judæis transiisse manifeste probatur. Ubi ergo erit regnum et sacerdotium, quod tibi, Judæe, futurum esse promittis? Si aliqua sint, contraria Deo erunt, quia neque voluntas ejus in vobis est, ut regnetis, neque munus suscipiet de manu vestra ut sacerdotium celebretis. Quanti enim apud illum constent vestra solemnia, consequenti versu manifestius aperit. *Dispergam,* inquit, *super vultum vestrum stercus solemnitatum vestrarum et assumet vos secum* (*Malac.* II). Quid est hoc quod assumet aliud secum? Stercus Judæum, ut merito cum stercore pereat qui Christum Salvatorem esse negat.

41. Hæc de abjectione populi Judæorum. De adventu Salvatoris subsequitur, ita dicens : *Ecce ego mittam angelum meum qui præparabit viam ante faciem meam, et statim veniet ad templum sanctum suum Dominator quem vos quæritis, et Angelus testamenti quem vos vultis* (*Malac.* III). Edissere nobis parabolam hanc, ut audiamus quid ista significent secundum tuam sententiam. Angelus, inquis, quem Dominus se missurum promittit, Elias est, qui præcedet annuntians quæ futura sunt, et præparabit viam ante Haymenon, id est Christum nostrum, qui statim post eum venturus est. Venietque ad templum suum tanquam Dominator, eritque nobis angelus testamenti, quia legem Moysi renovabit et sacrificia celebrari instituet, audivimus sententiam tuam. Nunc auxiliante Deo, respondeamus ad singula.

42. Dicis hunc angelum Eliam esse, qui præcedat Haymenon. Hic primum volumus scire per te, utrum iste Haymenon, qui venturus est, Deus erit. Secundo quæ erunt leges aut sacrificia quæ instituet, cum in his sit voluntas Domini, ut paulo superius testatus est. Tertio quid erit templum ad quod veniet, cum templum usque ad fundamentum destructum sit, et cum ipse sit templum restituturus, quomodo ad illud veniat antequam illud restituat. Exitus acta probat, et ipsa rei veritate docetur, non futurum esse quod prophetatur, sed jam esse completum. *Mitto,* inquit, *angelum meum et præparabit viam ante faciem meam,* non dixit ante Haymenon, vel ante aliquem alium, sed ante faciem meam, hoc est ante meipsum, ac ut mos prophetarum est, repente persona mutata, de se tanquam de alio loquens subjungit : *Et statim veniet ad templum suum Dominator;* quod in Christo completum est, qui quadragesimo nativitatis ejus die in templo est præsentatus. Hic misit angelum suum ante faciem suam, non qualem tu asseris, sed qualem Isaias prædixit : *Vox clamantis in deserto : Parate viam Domino* (*Isa.* XL), quem dicimus esse Joannem Baptistam, qui angelus dictus est propter vitæ munditiam et præconium Domini venientis. Hic viam præparavit ante faciem ejus, præsentem eum esse prænuntians, ita dicens : *Medius vestrum stetit, quem vos non scitis* (*Joan.* I). Ac si diceret, in medio

vestrum et inter vos est, quem prophetæ prædixerunt, quem vos non scitis ; quia vos non recipietis eum. *Mitto,* inquit, *angelum meum ante faciem meam.* Quibus verbis se ipsum per se venturum esse designat, in hoc quod ait *mitto,* personæ suæ proprietatem et operationem insinuans ; quod subintulit *ante faciem meam,* apertius præsentiam Dei ad homines venientis ostendit. Quia cum idem sit qui loquitur et qui mittit, ipse Deus et non alius esse dignoscitur qui venturus est, cum dicit *ante faciem meam : Et statim veniet ad templum suum Dominator.* Aut Haymenon dominus et dominator est, et videberis duos deos asserere, Scriptura repugnante, quæ ait : *Dominus Deus tuus Deus unus est* (*Deut.* VI), aut pro dominatore qui Deus est alium præstolaris, qui jam venisse probatur, quia non est, neque erit templum quo futurus adveniat, et hoc verum esse probemus, Daniele ita dicente : *Civitatem et sanctuarium dissipabit populus cum duce venturo, et finis ejus vastitas* (*Dan.* IX). Et post pauca : *Usque ad consummationem et finem perseverabit desolatio* (*ibid.*). Si usque ad consummationem et finem desolatio templi perseveratura est, et impossibile est Deum, qui prophetis locutus est, in sua sententia falli, quis erit iste Haymenon, qui contra Dei propositum, contra prophetarum edicta, poterit ædificare templum vel civitatem, quorum desolatio usque ad consummationem et finem perseverabit? quod, quia ridiculum est exspectare vel credere, cum non habeas auctoritatem unde possis tuam afirmare sententiam, agnosce Dominatorem, id est Deum, jam ad templum suum venisse, et, ut hodie cernitur, jam esse transacta quæ futura contendis.

43. Sed dicis : Elias, de quo in hoc propheta dicitur : *Ecce ego mittam vobis Eliam* (*Malac.* IV), nondum advenit ; et idcirco Christianis assentire differimus, quia ejus exspectamus adventum. Sufficit huic rationi responsio brevis. Diversa diversis promittuntur locis et crebra mutatione personarum quid diverso temporum statu veniat propheticus sermo describit. Nam cum præmisisset superius : *Ecce ego mitto angelum meum et præparabit viam ante faciem meam,* quo tempore illud erat implendum, adjunxit dicens : *Statim veniet ad templum suum Dominator.* Ostende mihi templum quod a Vespasiano et Tito destructum est, et ego Christum non venisse fatebor. Si templum in Judæa non est, nec dominator ad illud venturus est quod non est. Ergo jam venit dum templum in Judæa fuit. Non est itaque futurum quod in hac prophetia texitur, sed transactum, nec aliqua ibi fit mentio de adventu Eliæ, ubi primus adventus Domini prophetatur, sed tantummodo illius de quo Isaias ait : *Vox clamantis in deserto* (*Isa.* XL). Probat hoc ita esse tempus et locus, casus et rei exitus, et quod his certius est, auditus et visus. Quo tempore vero Elias adveniat ultimo versu declaratur, cum dicitur : *Mittam vobis Eliam antequam veniat dies Domini magnus et hor-*

ribilis (Malac. iv). Dies horribilis et magnus dies A
judicii est, qui magnus erit justis propter regnum
sempiternum adeptum, et horribilis peccatoribus
propter interitum sine fine cum tormentis illatum.
Hunc diem præcedet Elias, ut, appropinquante mundi termino, corda patrum convertat in filios, et saltem in ipso temporum fine salventur reliquiæ populi Israel. Et notandum quod ait, *ut convertat,* non
jam conversos, quos non erit necesse convertere ;
sed adversos, id est Judæos, quibus dicitur, *mittam
vobis Eliam, ut convertat,* inquit, *corda patrum in
filios (ibid.),* Abraham videlicet, Isaac et Jacob, quorum primum dictum est : *In semine tuo benedicentur omnes gentes (Gen.* xxii), qui statim credidit et
fide justificatus est. Secundus odorem futuri floris
odoratus ait : *Ecce odor filii mei sicut odor agri pleni, cui benedixit Dominus (Gen.* xxvii). Tertius hac fide
ditatus ait : *Salutare tuum exspectabo, Domine (Gen.*
xlix). Sed omnes electi, quos nunc enumerare longum est, id corde senserunt, omnes dilexerunt;
quidam dilexerunt et prædixerunt, ut prophetæ;
quidam dilexerunt, prædixerunt et viderunt, ut apostoli et apostolici viri, quorum corda convertit Elias
in filios, ut ejusdem fidei sint quos in carne vivens
invenerit, cujus et patres prænominati fuerunt, ac
digno remunerentur merito qui patrum instrui merebuntur exemplo.

44. Hucusque duodecim prophetarum testimoniis innitentes ad hoc, Domino Deo miserante, venire conati sumus, ut discussis sententiis singulo- C
rum, probaremus semen mulieris, per quod de
serpente triumphus humano generi proveniret, ipsum
esse Christum, qui de Spiritu sancto conceptus et
de Maria Virgine natus est. Vis, Judæe, adhuc contra tot athletas pro Christo pugnantes velum tuæ
falsitatis opponere? Si his facile te contradicturum
æstimas, reservavi mihi adhuc duos tanquam duces
validissimos, Danielem videlicet et Isaiam, qui in
nomine Domini vindicabunt sociorum suorum prophetarum injuriam, et vindictam retribuent in hostes eorum. Daniel de statu temporum evoluto,
Isaias de vaticinio simul et evangelio. Restat ergo
ut Danielem opponamus, et ictu primo ac impetu
validissimo Judæam ad ima prosternat atque proprio mucrone spem exspectationis suæ tanquam D
caput abscindat e corpore. Prædicet tempus quo
Christus adveniat, qui est justitia sempiterna, ter-
minumque præfigat, ultra quem si Judæus exspectare voluerit, errore deceptus mendacium pro veritate recipiat. Huic angelus Gabriel, cui magis quam
Judæo credendum est, Deo jubente atque dicente :
Gabriel, fac istum intelligere visionem (Dan. viii).
non solum quæ futura essent, sed quo tempore complerentur aperuit.

45. *Septuaginta,* inquit, *hebdomades abbreviatæ
sunt super populum tuum (Dan.* ix). Super quo capitulo, quia multa a majoribus dicta sunt, valde perti-
mesco lectorem offendere, ne si aliqua dixero, me
tanquam superfluum judicet ; aut si omnino tacuero,

dextram me Judæo dedisse tanquam victum accuset.
Sed ne superfluus aut victus inveniar, procedam inter
utrumque moderamine quodam, ut nec declinem ad
dextram neque ad sinistram, sed regia via veritatis
a Daniele ad usque Christum perveniam. Ergo. auxiliante Domino Deo nostro, dicamus quod ipse do-
naverit.

Danielis prophetia de lxx *hebdomadibus exponitur.*

46. In septuaginta hebdomadibus inveniuntur anni
quadringenti nonaginta, quas ideo abbreviatas esse
dicit, quia juxta lunares menses computandæ sunt,
qui menses singuli habent dies viginti novem, et
horas duodecim, habetque lunaris annus undecim
dies minus anno solari, qui constat ex trecentis
sexaginta quinque diebus et sex horis. Ita juxta
menses et annos minoris numeri, ut hebdomades
abbreviatæ sint, computandæ sunt, et per singulas
septem anni numerandi sunt, ut unaquæque hebdomada septem annos habeat, quæ si juxta lunares,
ut dixi, annos numerentur, erunt quadringenti nonaginta anni; si vero juxta solares, superabunda-
bunt dies trecenti sexaginta quinque et sex horæ,
et per duodecim menses singulorum annorum undecim dies et sex horæ amplius reperientur. Annus
namque solaris est quo sol totum signiferum, id est
duodecim Zodiaci signa, perlabitur, et in unoquoque signo moratur triginta dies decem horas et semis. Ut ergo, juxta sententiam Gabrielis archangeli,
hebdomades abbreviatæ sunt, juxta lunares menses
earum computationem oportet accipere.

Quando illæ incipi debeant.

47. Diximus quomodo numerentur. Videamus
nunc a quo tempore numerus earum incipi debeat.
Cunctis legentibus liquet quod anno tertio regni
Joachim, regis Judæ, venit Nabuchodonosor, rex Babylonis, Jerusalem, et obsedit eam, et tradidit Dominus in manus ejus Joachim regem Juda. Tertio
itaque regni sui anno decima die captus est a ducibus Nabuchodonosor, ductusque in Babylonem, et
in loco ejus constitutus est Sedechias, filius Josiæ,
patruus ejus, cujus anno undecimo Jerusalem capta
atque subversa est, in qua captivitate cum cæteris
et Daniel ductus est, qui propter somniorum interpretationem, et præsentiam futurorum, magnus
effectus usque ad tempus quo Balthasar qui quartus
a Nabuchodonosor Babyloniorum rexit imperium,
mansit in Babylone. Hunc Cyrus, adjuncto sibi Dario
avunculo suo, interfecit, ac Chaldæorum subvertit
imperium. Isdem Cyrus, postquam regnum obtinuit,
quinquaginta circiter millia hominum captivorum
remisit in Judæam. Vasa quoque quæ Nabuchodonosor abstulerat reddidit, et templum ædificari jussit
in Jerusalem. Principes quoque populi qui reversus
est, constituit Zorobabel filium Salathiel et Jesum
filium Josedech, sub quibus tantum jactis fundamentis templi, altare constructum est. Mansit ergo opus
imperfectum, prohibentibus per circuitum nationibus, usque ad Nehemiam et vicesimum annum Arta-
xercis regis. Quo tempore regni Persarum centum et

quindecim anni f.erant evoluti, captivitatis autem Jerusalem centesimus octogesimus quintus annus
erat. Et tunc primum jussit Artaxerces muros ex-
strui in Jerusalem, cui operi præfuit Nehemias, et
ædificata est platea, et muris circumdata. Igitur a
centesimo et quinto decimo anno regni Persarum,
quando Artaxerces rex ejusdem imperii vicesimum
regni sui habebat annum, et erat octogesimæ et
tertiæ olympiadis annus quartus usque ad ducen-
tesimam secundam olympiadem, et secundum ejusdem olympiadis annum. Tiberii vero Cæsaris annum
quintum decimum, juxta lunarem supputationem,
fiunt hebdomades septuaginta, hoc est anni quadringenti nonaginta. Sed et Evangelista testante
cognovimus, quod anno quindecimo imperii Cæsaris
factum est verbum Domini super Joannem Zachariæ
filium in deserto, ut prædicaret et ostenderet præsentiam Domini venientis.

48. Hac itaque ratione ostensa, transeamus ad reliqua, studiose notantes quo tempore mysterium
septuaginta hebdomadarum Danieli sit revelatum.
In anno, inquit, *primo Darii filii Assueri, de semine
Medorum, qui primus imperavit super regnum Chaldæorum* (ibid.). Hic est Darius qui cum Cyro Chaldæos Babyloniosque superavit. Annum ætatis habens sexagesimum secundum, qui subversa Babylone ad regnum suum in Mediam reversus est,
adducens secum Danielem in eodem honore quo a
Balthasare provectus fuerat. Cyro autem propinquo
suo reliquit regni gubernacula. In hujus regni anno
primo, sive Darii sive Cyri, revelatum est Danieli
mysterium septuaginta hebdomadarum. Quod si ab
hoc tempore quo prima Cyri indulgentia Judæorum
est laxata captivitas, septuaginta numerantur hebdomades, centum et eo amplius invenientur anni
qui statutum septuaginta hebdomadarum excedant
numerum; et multo plus, si ex ea die qua Danieli
locutus est angelus, additurque amplior numerus
si captivitatis exordium hebdomadarum voluerimus
habere principium; permansit enim regnum Persarum usque ad initium Macedonum annos ducentos
triginta, et Macedonum regnarunt annis trecentis,
atque inde usque ad annum quintum decimum Tiberii Cæsaris, quando passus est Christus, numerantur anni sexaginta, qui simul faciunt annos quingentos nonaginta, ita ut centum supersint anni. A
quocunque horum temporum numerentur, tempora
non concurrent, imo multa reperientur contraria.
Teneamus ergo quod firmissimum est, et nequaquam
rationi contrarium, et hoc probemus ipsius propo-
sitione capituli.

Animadverte, inquit angelus, *sermonem, et intellige visionem : Septuaginta hebdomades abbreviatæ
sunt super populum tuum et super urbem sanctam
tuam, ut consummetur prævaricatio et finem accipiat
peccatum, ut deleatur iniquitas, et adducatur justitia
sempiterna, et impleatur visio et prophetia, ungatur*

A *Sanctus sanctorum. Scito ergo et animadverte ab
exitu sermonis, ut iterum ædificetur Jerusalem* (ibid.).
Animadverte, inquit, *sermonem,* ut nequaquam errore
deceptus falsum pro vero recipias ; sed ut in con-
sequente doceberis, corde et animo sermonem diligenter adverte, et non tantum sermonem, sed *et
visionem intellige.* Magno namque debet intellectu
subtilique perpendi, quando aliquid ex secretis Dei
mortali homini revelatur. Visio quidem magna est
et post tempora longa futura ; sed ut eam verbo et
sensu intelligas, audi principium et finem nequaquam
incertum, sed certo numero et statuto termino præ-
finitum. Septuaginta annis pene jam populus tuus
in captivitate detentus est. Adhuc *septuaginta hebdomades abbreviatæ futuræ sunt super populum tuum
et super urbem sanctam,* pro quibus nunc oras. Tanto
tempore erit populus tuus populus, et urbs tua civitas,
et non amplius, *ut consummetur prævaricatio* primi hominis qua in Deum prævaricatus est, et peccatum ejus
finem accipiat, adveniente justitia sempiterna, quæ
est et Christus, non tantum unius hominis, sed totius mundi. Ubi est, Judæe, tota insultatio tua qua
nobis insultare solebas ? quomodo, inquiens, *peccatum finem* accepit ? Ubi est illa justitia sempiterna ?
Si dixeris tempora septuaginta hebdomadarum
adhuc non esse transacta, cum quadringentis nonaginta annis superaddti sunt postquam incarnatus
est Dominus mille centum sexaginta sex anni (4),
jam non erit exspectatio salutis humanæ vel finis
peccati, sive adventus justitiæ sempiternæ, juxta
sententiam Danielis tempus per septuaginta hebdomades constitutum, sed centum vel eo amplius juxta
stultam et imperitam assertionem tuam. Sed exponat nobis apertius angelus qui locutus est Danieli,
quod erit signum tanti mysterii venientis : *Et impleatur,* inquit, *visio et prophetia, et ungatur Sanctus
sanctorum.* Cum constet quod lex et visio et prophetia jam pridem cessaverint, manifestum est
Sanctum sanctorum venisse, te nescio qua ratione
resistente ac affirmante quod in fine sæculi futurus
sit. Si in fine sæculi futura sunt quæ hic per angelum Danieli dicta sunt, mentitus est angelus, qui
terminum visioni præfixit, quod audere suspicari
extremæ dementiæ est. In septuaginta, inquit, hebdomadibus eveniet ista quæ dico. Veniet Christus,
occidetur Christus, et non erit ejus, id est ut amplius per eum regnet sicut hactenus, populus Judæorum qui eum negaturus est, Pilato dicente :
Ecce rex vester, illis exclamantibus *Crucifige eum,
non habemus regem nisi Cæsarem* (Joan. xix). Sed et
Christus postquam occisus fuerit, civitatem dissipabit populus Romanus cum duce venturo Vespasiano, et finis ejus vastitas (Dan. ix), quia *non relinquetur in ea lapis super lapidem qui non destruatur*
(Luc. xxi) ; *et post finem belli,* id est civitate subversa, et Judæis per totum orbem dispersis, statuta
desolatio, quia stabilis erit et refragari non poterit.

(4) Nota ætatem auctoris.

Usque enim ad consummationem mundi et finem per- A
severabit desolatio (Dan. ix).

49. Hæc Gabriel angelus. Econtra Judæus : Septuaginta, inquit, hebdomades nequaquam impletæ
sunt. O caput insanum ! nonne completum est quod
in fine hebdomadarum angelus prædixit esse futurum ? *In medio*, inquit, *hebdomadis deficiet hostia et
sacrificium (ibid.).* Nonne templum usque ad fundamenta destructum est, et defecerunt immolationes
hostiarum, necnon et sacrificium tam matutinum
quam vespertinum ? Esto, si volueris, adhuc tempus
hebdomadarum manere : numeres a die qua Danieli
locutus est angelus, eruntque anni mille septingenti
viginti sex et eo amplius. Revolvat prudens lector
ea quæ superius dicta sunt, videlicet annos regni
Persarum atque Macedonum, necnon et Augusto- B
rum Romanorum usque ad adventum Christi, et
post adventum ejus quot anni effluxerint, et facile
animadvertere poterit quanta falsitate cæcatus sis,
qui ducentas quinquaginta sex hebdomades et eo
amplius pro septuaginta computare conaris. Sed
neque angelicus sermo consentit in hoc, ut tali termino debeas tempora diffinire. Ait namque : *Scito
et animadverte ab exitu sermonis, ut iterum ædificetur Jerusalem (ibid.).* Qui prius, inquis, visionem
intelligere hortatus sum, iterum te ad intelligentiam
profundiorem provoco, ut scias a quo tempore numerus hebdomadarum incipi debeat. *Scito* ergo, id
est pro certo habeas, *et animadverta*, hoc est animo
retine, quod ab exitu sermonis quo iterum ædificatur Jerusalem, subaudis hebdomadarum debet ini- C
tium sumi, non ab eo tempore quo, prima indulgentia Cyri, Judæorum est laxata captivitas, et permissio data est ab eodem Cyro templum exstruendi
murosque civitatis ; sed ab illo exitu sermonis quo
iterum, hoc est alio tempore, Jerusalem ædificetur,
manifeste designat imperii Artaxerxis regis annum
vicesimum. Nehemias quippe hujus pincerna, sicut
in Esdræ libro legimus, rogavit regem, accepitque
responsum, ut ædificaretur Jerusalem. Et iste est
egressus sermo struendæ urbis, et circumdandæ
muris data licentia ; a quo tempore quia prius a Cyro
prima permissio facta est, hortatur nos sermo divinus initium hebdomadarum sumere, ab eo tempore quo iterum ædificetur Jerusalem, id est secunda D
vice qua civitatis ædificandæ permissio concedatur

Judæi qua ratione explicent lxx *hebdomadas Danielis.*
— Septuaginta Danielis hebdomadæ jam completæ.
— Dies in Scriptura pro uno anno sumptus.

50. Sed super his nulla contentio est, cum constet quod septuaginta hebdomades transactæ sint,
et Judæorum inanis exspectatio omnino falsa probetur. At quoniam super his respondere non possunt : neque enim veritas eorum protervitate mendacio potest immutari, transferunt se ad ea quæ omnino probare non possunt ; aiunt quemdam sapientissimum Judæorum hoc modo Danielis hebdomadas
numerasse. Unamquamque diem, inquit, in hebdo-

mada pro septem annis computare debemus, ut septies septem anni unam hebdomadam faciant, hoc
est annos quadraginta novem ; et hoc numero diligenter inspecto, continebunt septuaginta hebdomades annos tria millia quadringentos triginta, nec arctari poterimus intellectu vel numero quem computant Christiani, cum adhuc supersint anni mille non-
genti et eo amplius, antequam septuaginta hebdomades impleantur. Quibus respondemus, in primis
ut hoc Scripturarum auctoritate probetur, doceant-
que diem pro septem annis computari debere, cum
ipse Dominus Ezechieli locutus sic describens pro
quanto temporis spatio diem nuntiare deberet. *Diem*,
inquit, *fili hominis, diem pro anno dedi tibi (Ezech.*
iv). Si juxta Dominicam descriptionem et sanctarum
consuetudinem Scripturarum, diem pro anno debemus accipere, cesset imperitia Judæorum affirmare
quod est omnino rationi contrarium, et impossibile
veritate probari ; vel si de numero disceptare voluerint, ostendant quomodo in sæculi fine secunda vice
fient quæ jam juxta prophetiæ textum transacta sunt.
Civitatem, inquit, *dissipabit populus cum duce venturo (Dan.* ix). Quod Jerusalem subversa sit, populo
veniente Romano cum duce Vespasiano, nullus qui
historiam legit ignorat : unde facile probatur septuaginta hebdomades esse finitas, cum constet esse
transactum quod in earum fine propheta prædixit esse
futurum. Si vastatio civitatis et eversio templi nondum factæ sunt, nec populus cum duce populum Judæorum de civitate delevit, falsa sunt omnia quæ
sub Romanis acta sunt. Sed universo mundo testante, notum est quid Vespasianus et Titus egerint. Ergo
verum est illud impletum esse quod dictum est : *Civitatem et sanctuarium dissipabit populus cum duce
venturo.* Noli itaque falli de numero hebdomadarum,
nec tempus usque in infinitum extendere, cum numerus quo computare conaris in nullo sanctarum
Scripturarum libro reperiatur, ut dies pro septem
annis intelligi debeat. Lege quid Dominus locutus
sit Moysi, quando in exploratores terræ Chanaan
vindictam exercuit ; et proba, si potes, ipsum Dominum et legislatorem docuisse diem pro septem annis computari debere. *Filii*, inquit, *vestri erunt va-
gi in deserto annis quadraginta, et portabunt fornica-
tionem vestram, donec consumantur cadavera patrum
in deserto juxta numerum dierum quibus considerastis
terram. Annus pro die imputabitur, et quadraginta
annis recipietis iniquitates vestras et scietis ultionem
meam (Num.* xiv). Quadraginta diebus quadraginta
comparavit annos, sicut in Ezechiele ita in Moyse,
volens intelligi diem pro anno computari debere. Et
miror unde hujus dementiæ causam acceperis, cum
in tota serie Veteris Instrumenti minime ratio reperiatur qua probare possis spatium septem annorum
significatione vel numero unius diei articulo contineri. Si adhuc futurum est quod civitatem et sanctuarium dissipare debeat populus cum duce venturo, oportet ut prius ædificetur templum quod jampridem usque ad solum eversum est, ut iterum destrui possit ; sed semel secundum tuam sententiam

instaurandum est, ut aurea sæcula fiant, et civitas A
Jerusalem in auri et argenti copiis superabundet.
Ergo iterum destruendum est, ut prophetia stare
possit ad litteram. Dic mihi si ulterius, postquam semel reædificatum fuerit, everti debeat, et post eversionem iterum innovari. Si hoc iterum verum est,
frustra sperantur tot et tanta quæ spe fallaci nescio
per quem futura promittis, cum eadem sint denuo
destruenda, et ad nihilum penitus redigenda. Si potes hic respondere septuaginta hebdomades nondum
præteriisse, neque Christum venisse, nec populum
cum duce civitatem et sanctuarium dissipasse, nec
hostiam et sacrificium defecisse, Phillida solus habeto.

Peccatum qua ratione finem accepisse dicatur.

51. Sed dicis : Si Jesus, ut asseritis, est justitia B
sempiterna, et in ejus adventu juxta prophetam finiri debeat peccatum et prævaricatio, quomodo peccatum finem accepit, cum adhuc hodie omnis homo
peccet? Ad hæc respondemus : In illis omne peccatum sive prævaricatio terminatur, quibus Christus
factus est justitia sempiterna, quia omnes in illo
unum sunt. Testatur hoc Scriptura quæ ait : *Ejus
qui in te est populi misereberis* (*Ose.* xiv). Si populus
in Deo est, et ipse Deus justitia sempiterna est, profecto omnes in illo unum sunt per gratiam et misericordiam, non per naturam, quorum ipse miseretur.
Terminatur ergo in eis omnis prævaricatio, sive
peccatum, quia cum in Deo sunt, in quantum unum
cum ipso sunt, peccare non possunt. Est itaque in
eis finis peccati et prævaricationis, quia justitia sempiterna regnat in eis quæ Christus est. Si non recipis prophetam, audi discipulum Gamalielis, Paulum
dico apostolum : *Servus*, inquit, *et liber, omnes in
Christo unum sumus* (*I Cor.* xii). Et iterum : *Omnes
qui in Christo baptizati estis, Christum induistis* (*Gal.*
iii). Itemque : *Nihil damnationis est his qui sunt in
Christo Jesu* (*Rom.* viii). Hæc de hebdomadibus Danielis breviter dixisse sufficiat. Itaque terminum lectioni ponamus, ut in his quæ sequuntur ab Isaia
sumamus initium.

*Isaiæ vaticinia de Judæorum abjectione et Christi ad-
ventu.*

52. Expletis testimoniis duodecim prophetarum,
necnon et quæstione super hebdomadibus Danielis, D
ut potuimus, enodata, veniamus ad Isaiam prophetam, qui Christi mysteria præ cunctis apertius intuens, principatum tenet in choro prophetarum, excepto David, de cujus semine ipse Rex regum natus
est. Is tanta complectitur, tam profunda scrutatur,
tam manifesta de Christo loquitur, quod nullus est
nisi deceptus amentia, neque Judæus, neque gentilis, qui ejus possit obviare sermonibus a principio
voluminis usque ad locum ubi ait : *Verbum quod
vidit Isaias filius Amos, de Juda et Jerusalem* (*Isa.*
ii) prædicat abjectionem populi Judæorum, post cujus descriptionem transit ad nativitatem et infantiam
Salvatoris, et quod Judæum libenter audire non credo, virginem asserit filium parituram, qui non tan-

tum uno nomine quod est Emmanuel, sed et aliis
sex appelletur nominibus, id est *admirabilis, consiliarius, Deus, fortis, Pater futuri sæculi, princeps
pacis* (*Isa.* ix), de quibus in suo loco, Domino Deo
largiente, dicturi sumus. Incipiamus ergo a capite
et Judæum compellamus respondere per singula.

*Isaiæ prophetia non de civitate Jerusalem, sed de il-
lius habitatoribus intelligenda.*

53. *Visio Isaiæ filii Amos quam vidit super Judam
et Jerusalem* (*Isa.* i), a dejectione populi Judæorum
sumit exordium, ostendens ea quæ dicturus est non
de Juda et Jerusalem dici, sed super Judam et Jerusalem, ut contra eos hæc omnia futura prædicet
quæ propheticus sermo subjungit, non de omni Israel loquitur, sed specialiter contra tribum Judæ, id
est Judæos qui tunc regnabant in Jerusalem. In hos
invehitur Dominus per prophetam, et omnem creaturam sive cœlestem sive terrenam contestatur, ut
audiant quid Judæis fecit, et quod ipsi econtra malum pro bono reddiderunt.

54. *Audi, cœlum et auribus percipe, terra* (*ibid.*).
Qui quondam per Moysen, quando fœdus inii cum
filiis Israel, testes vos inter me et illos constitui, ut
si mandatis obedirent, ad altiora proveh0erem ; si
non, de contemptu punirem, dicens : *Contestor hodie cœlum et terram* ; nunc iterum vos inter me et
Judæos ad testificandum de collectione bonorum, ad
audiendum de ingratitudine beneficiorum provoco.
Audi ergo, *cœlum, et auribus percipe, terra*, quod
juste debeam de hostibus meis ultionem expetere.

*Judæi cur filii primogeniti dicti.—Primogeniti sæpius
reprobati.*

55. *Filios enutrivi et exaltavi, ipsi autem spreverunt me* (*Ibid.*). Vobis notum est qui habitatis in cœlis simulque et his qui morantur in terra, quæ et
quanta fecerim populo Judæorum, quos adoptavi in
filios, et dixi *primogenitus meus Israel*, quos enutrivi quadraginta annis in eremo, et exaltavi in terra
Chanaan, dans eis possessionem eorum : ipsi autem
pro his omnibus quæ eis feci, quem debuerant adorare ut Dominum, reddiderunt pro servitute contemptum, quia spreverunt me. Hæc Dominus de Judæis querimoniam faciendo habitatoribus cœli et terræ locutus est. Quod si Judæi superbierint eo quod
filios ac primogenitum suum eos Dominus appella-
verit, audiant se ideo dici primogenitos, quia populum meliorem et fortiorem quam eos electurus
erat, juxta quod ipse ait ad Moysen : *Dimitte me ut
irascatur furor meus super populum istum, et ego
constituam te super gentem fortiorem quam hæc est*
(*Exod.* xxxii). Respondeat Judæus quis sit ille populus, qui longe fortior et melior post eum futurus
sit, noveritque in Veteri Instrumento sæpius primogenitum esse reprobatum. Cain primogenitus fuit,
sed Abel Deo complacuit. Ismael primogenitus fuit,
sed in Isaac repromittitur benedictio cunctis gentibus tribuenda. Esau primogenitus fuit, sed benedictionem ejus Jacob *supplantator* accepit. Ruben primogenitus exstitit, sed benedictio de Christi incar-

natione futura ad Judam translata fuit; in quibus omnibus comprobatur priori populo successurum fore populum meliorem. Sequitur :

56. *Cognovit bos possessorem suum, et asinus præsepe domini sui; Israel autem me non cognovit, populus meus non intellexit* (*Isa.* i). Ostendit in quo sit contemptus ab eis, in hoc videlicet quod brutis animalibus agnoscentibus Dominum et Creatorem, populus autem Judæorum non cognoverit eum, neque intellexerit. Quod velim ut dicat mihi Judæus, si hoc de Patre et non de Filio velit intelligi, quomodo Israel Dominum non cognoverit, quem ipse Dominus eduxit de Ægypto, et per medium Rubri maris sicco pede transire fecit, ac manna pavit in eremo, sed et ad ultimum in terram repromissionis induxit : quod quia probare non potest dici de Patre, de Filio confiteri cogetur, quod ipse non sit agnitus ab eis neque intellectus, de matre Virgine natus, et reclinatus in præsepio, ubi eum pastores pecorum viderunt et intellexerunt, ac sicut Deum glorificaverunt..

57. *Væ genti peccatrici, populo gravi iniquitate, semini nequam, filiis sceleratis!* (*Ibid.*) Væ, inquit, genti Judæorum in hoc peccatrici, quod non agnovit neque recepit Salvatorem, sed interfecit. *Populo gravi iniquitate*, hoc est onerato peccatis homicidii et contemptus in Deum. *Semini nequam*, quia ex patre diabolo sunt. *Filiis sceleratis*, in quos omne scelerum genus influxit. Et causam subdit cur tanta populus Judæorum denotetur infamia.

58. *Dereliquerunt Dominum, blasphemaverunt Sanctum Israel, abalienati sunt retrorsum* (*Ibid.*). Dereliquerunt Dominum conclamantes : *Non habemus regem nisi Cæsarem* (*Joan.* xix). Blasphemaverunt sanctum Israel, dicentes : *Dæmonium habes et Samaritanus es* (*Joan.* viii). Abalienati sunt retrorsum, qui quondam fuerant in caput, nunc vertuntur in caudam. Et qua de causa sic alienentur, ipse Dominus per Jeremiam exposuit, dicens : *Reliqui domum meam, dimisi hæreditatem meam, facta est mihi hæreditas mea sicut leo in silva, dedit super me vocem suam* (*Jer.* xii). Propterea odit eam, quæ quondam fuit hæreditas, quia dedit super eum vocem suam, clamans : *Tolle, tolle, crucifige eum* (*Joan.* xviii).

59. *Facti estis mihi in satietatem, nequaquam dimittam peccata vestra.* Ad hæc causam per partes exsequitur qua Judæos abjecerit. *Non dimittam*, inquit, *peccata vestra* (*Isa.* i). Quare? quia *manus vestræ sanguine plenæ sunt* (ibid.). Et quid per hoc velit intelligi, paulo post de civitate loquens subjungit : *Quomodo facta est meretrix civitas fidelis plena judiciis? justitia requievit in ea, nunc autem homicidæ* (ibid.). Hæc omnia, inquit Judæus, propter peccata nostra comminatus est, ut de cætero nos a malo compesceret. Et hoc Scripturæ repugnat; nam aperte pronuntiat quod facti estis in satietatem, quod tantumdem valet, ac si dixisset in tædium. Contra hoc quod patrocinium vobis

assumitis, comminationem Domini pœnam esse peccatorum vestrorum, suam ponit sententiam, dicens : *Non dimittam peccata vestra*; causamque subjungit : *Manus enim vestræ sanguine plenæ sunt*, quo, vel cujus sanguine? Non bovis, non arietis, vel alicujus bruti animalis, sed hominis. Sanguis unius hominis justi quem effudistis, manus vestras infecit; et ob hujus culpam commissi facinoris *manus vestræ sanguine plenæ sunt*. Quod autem hoc peccatum homicidium sit, ut superius dictum est, ipse propheta testatur loquens de civitate : *Justitia habitavit in ea, nunc autem homicidæ*. Ob Salvatoris itaque necem, qui ab eis occisus est, vocantur viri sanguinum et homicidæ. Et quamvis superius dixisset, *non dimittam vobis peccata vestra*, ostendit tamen apud eum nullum impossibile esse, si uno tantum remedio, hoc est baptismi lavacro salutaris, salvari voluerint. Unde subinfert :

Judæorum peccata aqua baptismatis abluenda.

60. *Lavamini, mundi estote, auferte malum cogitationum vestrarum ab oculis meis* (ibid.). Quid est lavari nisi baptizari? Aqua nihil prodest nisi adfuerit qui remissionem peccatorum dederit. Non ergo de omni aqua jubetur, ut laventur, sed de ea tantum in qua peccata mundantur, quæ non est alia nisi aqua baptismatis. Et hoc facile probari potest, nam cum superius præmisisset, *Manus vestræ sanguine plenæ sunt*, et *Justitia habitavit in ea, nunc autem homicidæ*, de sanguinis effusione et homicidio peccatum eos contraxisse denuntiat, statimque subinfert quod non dimittet eis hoc peccatum, nisi laventur et mundentur. Ac si diceret : Non dimitto vobis peccatum homicidii perpetrati, nisi fueritis aqua baptismatis loti, qua peccata mundantur. Respondeat Judæus ubi invenerit scriptum in lege, quod homicidium expiationis aqua deleri debeat : quod cum reperire non poterit, noverit aquam baptismatis esse meliorem Abana et Pharphar fluviis Damasci, insuper et omnibus aquis Israel, in qua sola tribuitur omnium, operante Spiritu sancto, remissio peccatorum. *Auferte*, inquit, *malum cogitationum vestrarum ab oculis meis*. Quibus verbis manifeste novi testamenti religio commendatur, quæ non solum opera, sed et cogitationes a malo discerni jubet, simulque docet quod pro victimis et holocaustis et adipe pinguium et sanguine taurorum et hircorum, et pro thymiamate, neomeniis, Sabbato, die festo, jejuniis, kalendis, et aliis solemnitatibus, fidei Christianæ religionem magis habeat acceptabilem. Et probat in consequentibus quod si Judæi lavari voluerint aqua baptismatis, per quod solum possunt a peccato mundari, posse nigredinem peccatorum mutari candore munditiæ. *Si fuerint*, inquit, *peccata vestra sicut coccinum, quasi nix dealbabuntur* (ibid.). Hoc est, quamvis effuderitis sanguinem Salvatoris, in cujus passione signum Raab coccinum quondam in fenestra dependit, præfigurans quod ipsa et domus ejus in æternum, quæ est Ecclesia congregata de genti-

bus, a morte per ejus mortem salvaretur. Scitote
tamen quod ubi superabundavit delictum in opere,
meritum superabundavit in gratia (*Rom.* v). Si fueritis aqua loti quæ cum sanguine Christi manavit
de latere... ac velut *nix dealbabuntur*, quia rubor
rubore, id est sanguis peccati sanguine salutari, et
nigredo candore delebitur. Et si fuerint rubra quasi
vermiculus, in similitudinem cruoris veneno malignitatis intincta ; sciatis tamen quod ille tenerri-
mus ligni vermiculus qui pendebit in cruce, ut in-
terficiat illum uno mortis suæ impetu, qui jugum
peccati accrevit super populum Domini ; ille, inquam, pro confusione vestra duplici et rubore
induet vos lana mundissima proprio vellere, eritis-
que oves, et ipse pastor, sicut scriptum est : *Ego
ipse requiram oves meas, et visitabo illas sicut visitat
pastor gregem suum in die, quando fuerit in medio
ovium suarum dissipatarum* (*Ezech.* xxxiv). Audi,
Judæe, consilium Isaiæ, et festina lavari, quia quibuscunque aquis lotus fueris, nisi baptismus sub-
venerit, sorde peccati semper immundus eris, Job
attestante, qui ait : *Si lotus fuero quasi aquis vivis,
et fulserint velut mundissimæ manus meæ, tamen
sordibus intinges me, et abominabuntur vestimenta
mea* (*Job* ix). Quibus verbis ostenditur neminem a
peccato posse salvari, nisi per gratiam baptismi,
quæ in præcedenti versu subtili sermone describitur. Hæc super abjectione populi Judæorum dicta
sufficiant, sequentia videamus, et ea quæ Judæo
magis displicere noverimus, proferamus in medium. Non enim nostrum propositum est ex ordine
Isaiam exponere, sed ea quæ de Christo manifeste
dicta sunt contra perfidiam Judæorum apertius explanare.

Isaiæ prophetia de vocatione gentium expenditur.

61. Erit in *novissimis diebus præparatus mons
domus Domini in vertice montium, et elevabitur super colles, et fluent ad eum omnes gentes, et ibunt
populi multi, et dicent : Venite, ascendamus ad montem Domini* (*Isa.* ii). Post descriptam abjectionem
populi Judæorum, transit ad vocationem gentium,
et uno populo deleto, multitudinem populorum ad
montem Domini venturam esse constanter affirmat.
Prius agit de Verbo quod postea *Montem* vocat, et
dicit se vidisse Verbum de Juda et Jerusalem, statimque subjungit illud Verbum novissimis diebus
montem esse futurum in verticem montium.

62. Erit, inquit, in *novissimis diebus præparatus
mons domus Domini in vertice montium.* Quod est
aperte dicere : Novissimo tempore fiet Verbum Altissimi mons in verticem montium, hoc est sublimis supra sublimitatem sublimium. Erit præparatus,
quia prædestinatus est, ut homo fiat. *In vertice
montium*, quia homo supra homines et Sanctus
sanctorum erit. Nihil eo altius, sub quo omnis
creatura est. Ipse tamen erit præparatus, ut elevetur super colles, quia ideo fiet Deus humilis, ut
elevetur homo sublimis, ac super omnes cœlos ascendat, sedeatque ad dexteram majestatis in excel-

sis. Et quidem hoc est quod ait : *Verbum quod vidit
Isaias* (*ibid.*). In prima visione videt abjectionem
populi Judæorum, in secunda Verbum Dei sub specie montis altissimi apparendum, in tertia ipsum et
eumdem, qui mons dictus est, post Incarnationis
ejus mysterium videt Dominum sedentem super solium excelsum, ut exponat apertius quid sit mons
domus Domini in vertice montium. Sequitur : *Et
fluent ad eum omnes gentes*, non tantum una gens
de Judæa, sed omnes gentes ; ut uno populo derelicto, veniant multi populi et dicant : *Ascendamus
ad montem*, nequaquam Sinai vel Oliveti, sed montem Domini. Dicat nunc Judæus quis sit iste mons
qui tam sublimis est, ut elevetur super omnes
colles ; tam accessibilis, ut fluant ad eum omnes
gentes. Utinam circumferat oculos suos per universam Judæam, quia inde debuit iste mons surgere, et tandiu aspiciat capita montium, quousque
probaverit aggerem terræ conglobatum debere dici
montem istum, de quo Isaias locutus est : Templum, inquit, quod in monte situm est, tam sublime
erit ædificatum veniente Messia, quod super omnes
montes et colles videri poterit. Et ideo dicit quod
de Sion debeat exire lex et verbum Domini de Jerusalem. Sed si hoc verum est, quomodo propheta
postquam prædixerat omnes gentes ad hunc montem venire, et ibi doceri de viis Domini, populum
suum hortatus est, ut cum eo ad hunc montem venirent, et ambularent in nomine Domini? Sic enim
ait : *Domus Jacob, venite ambulemus in lumine Domini* (*ibid.*). Si Judæi templum et civitatem habebunt, quomodo invitantur venire ad id quod habetur ab eis? Destruit hoc propheta cum subdit :
Projecisti enim populum tuum domum Jacob (*ibid.*).
Quia noluerunt audire prophetam monentem ut venirent et ambularent in lumine Domini ; ubi aperte
innuitur quod ipse Dominus iste mons est. Dicit
enim ideo projecisse populum suum. Et ne veniat
in ambiguum quis sit iste populus, adjungit domum
Jacob. Si populus Judæorum ideo projectus est quia
noluit ad hunc montem accedere, non est iste mons
templum quod futurum est, si tamen aliquod erit,
ut Judæus affirmat. Convincat ipse propheta Judæum falsa de hoc monte dixisse. Et primum quæratur ab eo, cum probare non possit hæc esse dicta
de templo, quid dicat esse domum Domini. Si cœlum in quo Deus habitat domus Domini est, et Deus
altior cœlo est, utique mons iste Deus est. Ergo
totus hic locus de Domino est, quod videlicet ipse
sit præparatus in vertice montium, hoc est sanctus
incarnatus in medio sanctorum. Hic elevatus est
super colles, quia altior omni homine factus est
Deus homo. Ad hunc jam confluxit Ecclesia ex omni
gente congregata, simulque cum ea populi multi
dicentes : Ascendamus ad Dominum et docebit nos
viam salutis, ut eamus per eam. Probat hoc hodie
verum esse tam Jerosolymitana quam Romana Ecclesia, et completur quod in eodem propheta dictum
est : *Filii tui de longe venient, et filiæ tuæ de latere*

surgent (Isa. LX). Ac quoniam quod propheta petie-
rat obtinere non potuit, adhortatus enim fuerat
populum, ut cum eo venirent et ambularent in nomine Domini, tanquam ex consilio Judæos post
pauca præmunit, dicens : *Quiescite ab homine cujus
spiritus in naribus ejus est, quia excelsus reputatus
est ipse (Isa. II)*. Ac si dicat apertius quoniam pro-
jecti estis eo quod in montem domus Domini, hoc
est in Christum Salvatorem credere noluistis, cavete vobis de cætero, ne injiciatis manus in eum
qui Deus homo factus est inter homines; spiritum
habet et animam, et spirat ac vivit ut cæteri. Quiescite ab eo, nolite eum persequi, nolite æmulari, quia
non cedet vobis in prosperum. Erit enim vobis in ruinam et in laqueum, *lapis offensionis et petra scandali*
(*I Petr.* II), nisi cessetis ab odio quo nocere studetis.
At quia per hoc minime videt eorum cessare perfidiam, relictis eis post multa et varia quæ refert in
medio de hujus hominis glorificatione subjungit.

Prophetia de Christi glorificatione. — *Ridicula Judæorum explicatio de germine*

63. *In die illa erit germen Domini in magnificentia, et gloria, et fructus terræ sublimis, et exsultatio
his qui salvati fuerint de Israel ; et erit omnis qui relictus fuerit in Sion, et residuus in Jerusalem, Sanctus vocabitur, omnis qui inventus fuerit scriptus in
vita in Jerusalem (Isa. IV)*. Qui superius dictus fuerat *mons* propter altitudinem divinitatis, postea *lumen* Domini, quia Filius a Patre lumen de lumine
est; postremo manifeste vocatus est *homo*, ubi ait :
Quiescite ab homine cujus spiritus in naribus ejus est
(*Isa.* II); nunc tanquam ex novo *germen Domini*
appellatur, ut ejus sublimitas deitatis intelligatur
apertius. Et recte germen Domini appellatur, quia
virtus et imago Patris est. Hoc germen Domini
dixit esse *in magnificentia et gloria* in diebus illis,
videlicet quando germen Domini homo fieret; prius
in magnificentia, propter ea quæ gloriose facturus
erat inter homines; postea in gloria, propter glorificationem humanitatis assumptæ ad thronum majestatis. Quid vero sit germen in gloria, statim exponendo subjungit : *Et fructus terræ sublimis*, de
quo fructu David ait quod Dominus daret benignitatem, Filium de cœlo mitteret, et terra nostra daret fructum suum, hoc est corpus virgineum Dei
Filium generaret. Fructus ille sublimis factus est,
quia natura humanitatis ejus assumptæ super omnem creaturam exaltata est. Judæus affirmat quod
iste fructus esse debeat ficus, aut malogranatum,
aut aliquid hujusmodi. Et si ficus præter solitum in
sublimitatem status altioris accresceret, quæ inde
exsultatio salvandis de populo proveniret? Sed
fructus sublimis Filius Virginis est, elevatus ad
dextram Patris, per quem lætitia et exsultatio sal-
vatis de salute provenit; et non dixit omnem populum salvandum, sed reliquias tantum, id est
apostolos et eos qui per apostolos et eorum successores crediderunt. Sic enim ait : *Et erit omnis
qui relictus fuerit in Sion, et residuus in Jerusalem*,

A   *Sanctus vocabitur, omnis qui inventus fuerit scriptus
in vita in Jerusalem*. Relictum et residuum non solet dici aliquid totum, sed pars totius, et ipsa minima. Reliquiæ ergo populi tantum salvæ factæ
sunt, non omnis populi multitudo. Et , Deus bone !
qua ratione tibi repromittis, Judæe, Saturnia regna,
Jerusalem auream, et de cunctis partibus orbis dispersos ad Judæam confluere? Isaias affirmat, ab-
jecto populo Judæorum, omnes gentes ad montem
qui Christus est esse venturas, et Judæus adhuc
nova tempora Salomonis exspectat. Salomon namque fecit ut tanta esset auri argentique copia in
Jerusalem quanta lapidum. Hæc ipse vel his similia
futura contendit, hoc eodem propheta resistente
B   atque dicente : *Derelinquetur filia Sion sicut um-
braculum in vinea, et sicut tugurium in cucumerario,
sicut civitas quæ vastatur* (*Isa.* I), de cujus vasti-
tate superius in capitulo Danielis quædam plenius
dicta sunt. Sequitur : *Sanctus vocabitur omnis qui
inventus fuerit scriptus in vita in Jerusalem*. Cui
germen Domini fructus terræ sublimis, qui est
Christus, fuerit gloria et exsultatio, hic plane vocabitur Sanctus et erit, quia scriptus invenietur in
vita, in illa cœlesti Jerusalem, ad quam alius propheta suspirans ait : *Concupiscit et deficit anima
mea in atria Domini (Psal. LXXXIII)*. Vere Sanctus
erit, cui religio descripta superius placuerit, videlicet qui lotus fuerit in baptismo, et postea mundus in baptismi sacramento permanserit, invenie-
C   tur scriptus in vita, hoc est electus in Christo.

Deum in qua forma viderint prophetæ et patriarchæ.

64. His propheta de Christo prædictis, post quædam interposita, quæ nunc enumerare longum est,
transiit ad aliam visionem, in qua videt Dominum
sedentem super solium excelsum et elevatum (*Isa.*
VI). Sed antequam de visione dicamus, libet interrogare Judæum in qua forma prophetæ vel patriarchæ Dominum viderint. Abraham vidit Dominum
non in divinitate, sed in humana forma ; quod Judæus negare non potest, quia scriptum est : *Apparuit autem Dominus Abrahæ in convalle Mambre se-
denti in ostio tabernaculi* (*Gen.* XVIII). Cumque
levasset oculos suos, apparuerunt ei tres viri. In
humana ergo forma fuit hoc quod vidit de Domino;
D   sed ne aliquis amicorum meorum mihi objiciat
hoc non esse verum, tibi, lector, in aure dico, ne
Judæus hoc audiat; Hieronymus super eodem capitulo in Isaia locutus est : « Legimus, inquit, quod
ab Abraham visus sit Dominus in hominis figura,
et cum Jacob quasi homo luctatus sit qui Deus erat,
unde et ipse locus appellatus est Fanuel, hoc est
facies Dei : *Vidi enim*, ait, *Deum facie ad faciem,
et salva facta est anima mea (Gen. XXXVII)*. Ezechiel
quoque vidit Dominum in forma hominis sedentem
super Cherubim, a lumbis ejus et deorsum erat
quasi ignis, et superiora habebant speciem ele-
ctri. » Hæc Hieronymus, cui non est alter similis
in expositione Scripturarum. Si Deus a patriarchis
et prophetis in figura hominis visus est, permittat

nobis Judæus ut dicamus his novissimis diebus
Deum nobis apparuisse per hominem. Restat adhuc
ut nobis exponat quid Moyses de Domino, vel in
qua figura Deum viderit. Sic enim ait ad Dominum :
*Si inveni gratiam in oculis tuis, ostende mihi faciem
tuam* (*Exod.* xxxiii). Cui Dominus : *Non poteris
videre faciem meam. Ecce,* inquit, *est locus apud me;
stabis super petram, cumque transibit gloria mea,
ponam te in foramine petræ, et protegam dextra mea
donec transeam; tollamque manum meam, et videbis
posteriora mea* (*ibid.*). Si Moyses non potuit videre
faciem Domini, quid sibi vult quod ait : *Loquebatur
autem Dominus ad Moysem facie ad faciem, sicut loqui solet homo ad amicum suum?* (*Exod.* xxxiii).
Præterea si non potuit videre nisi posteriora Domini, quæro quid viderit, talos, an humeros, tergum an cætera? Sed Dominus ait : *Tollam manum
meam et videbis posteriora mea.* Satis comperit lector prudens ad quod inconveniens duci poterit, si
super hoc disputationis ordo processerit, neque
meum est ad præsens nugas Judæorum exponere,
sed mysteria veritatis inquirere. Redeamus ergo
ad visionem prophetæ, et audiamus quid viderit.

*Alia Isaiæ visio expenditur.—Quis sit Filius hominis
quem vidit Daniel.— Mysterium Trinitatis.*

65. *Anno quo mortuus est rex Ozias, vidi Dominum sedentem super solium excelsum et elevatum*
(*Isa.* vi). Ipsum profecto quem superius fructum
terræ sublimem dixerat, nunc eamdem sublimitatem exponit apertius, et Dominum in majestate divina regnantem vocat, cujus solium est altitudo
cœlorum, cui ipse præsidet, prout suæ voluntati
complacuit, quia sub eo omnis altitudo est, quæ
Deus non est. Excelsum est ergo solium ejus et elevatum, quia sub eo omnis altitudo est quæ Deus
non est. Excelsum ergo solium ejus et elevatum,
quia quidquid sublimius in creaturis est, ipsi
divinitati submissum atque subjectum est. Vidit itaque propheta *Dominum* qui super omnia est,
*sedentem super solium excelsum et elevatum. Sera-
phim stabant super illud,* hoc est illa agmina beatorum spirituum quæ excelsiora post Deum sunt in
altioribus semper commorantia. *Sex alæ uni et sex
alæ alteri* (*ibid.*). Senas alas habere dicuntur qui in
circuitu Domini sunt; quia de fabricatione tantum
mundi, quæ sex diebus facta est, notitiam juxta
Dei præceptum mortalibus præbent. Ministri enim
Dei sunt ad ejus voluntatem implendam quotquot
sunt, vel superiores vel inferiores, attestante Propheta, qui ait : *Benedicite Dominum, omnes angeli
ejus, potentes virtute, facientes verbum illius, ad audiendum vocem sermonis ejus. Duabus velabant caput
ejus, et duabus velabant pedes ejus, et duabus volabant* (*Psal.* cii). Caput Dei superioribus alis et inferioribus pedes ejus operiunt, quia præterita ante
mundum, et futura post mundum, dum soli Deo
nota sunt, media tantum videri possunt quæ in hoc
mundo facta sunt. Et notandum quod seraphim dicuntur alis suis velare Domini caput et pedes. Illa

divina substantia Trinitas, quæ tota est perfectio
Deitatis, nec caput nec pedes habere recte dici potest, quæ in sua natura hominibus invisibilis est,
angelis incomprehensibilis, utrisque mirabilis et
adoranda ac super omnia veneranda. Quamvis ergo
propheta Dominum videat sedentem super solium
excelsum ac totam Trinitatem intelligat, non tamen
videt ex toto illam perfectam atque ineffabilem
substantiam Deitatis; sed id tantum quod se visibile
præbuit, ad insinuandum post tempora multa futurum Dominicæ Incarnationis sacramentum. Nec
mirum si Deum in figura corporis videat antequam
fiat homo, cum ipse Dominus dicat : *Ego visiones
multiplicavi, et in manibus prophetarum assimilatus
sum* (*Ose.* xii), et multa in figura præcesserunt, quæ
postea rei veritate completa sunt, et hoc probemus
exemplo. Daniel tanquam in visione nocturna mysterium Incarnationis Filii Dei se vidisse testatur,
ita dicens : *Aspiciebam in visione noctis, et ecce cum
nubibus cœli quasi filius hominis venit, et usque ad
Antiquum dierum pervenit, et dedit ei potestatem, et
honorem, et regnum; et omnis populus, tribus et
linguæ servient ei* (*Dan.* vii). Præcesserunt hæc in
figura quæ postea rei veritate completa sunt. Sed
et Manuhe Dominum in hominis figura se vidisse
testatur, uxori suæ dicens : *Morte moriemur, quia
vidimus Dominum* (*Jud.* xiii). Non dixit quia vidimus angelum, sed quia vidimus Dominum. Attamen
respondeat Judæus, quis sit iste Filius hominis,
qui venit cum nubibus cœli, et ascendit usque ad
Antiquum dierum ac sempiternum Deum, cui ipse
Deus dedit potestatem et honorem et regnum, ut
omnis populus, tribus et linguæ serviant ei,
ostendatque simul quomodo potestas ejus potestas
æterna sit, et regnum ejus corrumpi non possit.
Cum omnis homo sit Filius hominum, qua ratione
debet intelligi Filius hominis numero singulari,
qui ex duorum procreatione sit generatus? Præterea quis filiorum hominum potest usque ad nubes
ascendere, penetrare cœlum et pervenire usque ad
thronum majestatis in excelsis, ut ibi detur ei ab
Altissimo potestas et honor et servitus omnium populorum ac regnum sempiternum quod finem non
habeat? Quærat donec inveniat, et tandiu quærat
quousque quærendo deficiat. Nullus poterit alius
inveniri, nisi ille flos Mariæ, Virginis Filius, qui
Deus de cœlo venit, ut ex ea carnem assumeret;
absque omni conditione virili natus est, ac Filius
hominis factus, ipsam suam humanitatem ad excelsa levavit, sicut de eo Propheta canens in psalmo
prædixerat : *Ascendens in altum captivam duxit captivitatem* (*Ephes.* iv), et *Psallite Domino, qui ascendit super cœlos cœlorum* (*Psal.* lxvii). Hinc data
est summo Patre potestas secundum quod homo
est et honor regni, ut sedeat ad dextram ejus, donec ponat omnes inimicos ejus sub scabellum pedum ejus (*Psal.* cix; *Hebr.* xi); cujus regnum sempiternum est, quia, etsi cœpit secundum id quod
homo est, tamen secundum quod Deus est, nec in-

cepit esse, nec desinit. Potestas ergo non datur ei
nisi secundum id quod homo est, quia juxta id
quod cum Patre et Spiritu sancto unus Deus est,
ejusdem cum eis potentiæ est, quæ nequaquam ab
eo auferri potest, quia Deus et homo una persona
est. Vidit itaque Isaias non totam substantiam deitatis, sed media Domini tantum, videlicet quod in
hoc mundo factus est, qui recte quoddam medium
dicitur positum inter præterita ante mundum et
futura post sæculum. Cætera vero Domini alis seraphim velata sunt, quia nobis occulta, nec possumus
intellectu percipere priora quæ fuerunt antequam
mundus fieret, nec ea quæ post finem ejus futura
sunt. De his tantum cognoscere possumus quæ in
præsenti sæculo facta sunt ; et hoc est quod duabus alis mediis volabant, et media Domini visibilia esse demonstrantur, par id dantes intelligi,
quod Deus mundo visibilis appareret in homine.
Et clamabant alter ad alterum (*Isa.* VI). Non
duo tantum, hoc est unus ad unum, sed unusquisque ad alium, resonando mysterium Trinitatis. Felix et gloriosa illa multitudo beatorum spirituum, cui data est illius summæ divinitatis videre
decorem, sentire dulcedinem, contemplari faciem,
adorare majestatem, nihil aliud agere nisi laudes
Domini resonare. Quid vero clament insinuat cum
subjungit : *Sanctus, sanctus, sanctus, Dominus exercituum, plena est omnis terra gloria ejus (ibid.).* Ut
personarum proprietates ac sacramentum Trinitatis
insinuent, tertio Sanctum clamant, ut ejusdem Trinitatis in substantia prædicent unitatem, subjungunt:
Dominus exercituum, id est omnium cœlestium virtutum. *Plena est omnis terra gloria ejus,* non tantum templum vel sola Judæa, sed omnis terra. Admirantur agmina supernarum virtutum Dominum
majestatis ad ima velle descendere, et humiliari ut
fiat homo, ostendatque gloriam suam non soli populo Judæorum, sed universo mundo ; ac cum digna
admiratione laudantes dicant : *Plena est omnis terra
gloria ejus.* Moyses cum pro adorato vitulo Dominum deprecaretur, dicens : *Obsecro, Domine, dimitte peccata populi tui*, respondit ei Dominus :
*Propitius ero illis, verumtamen vivo ego, et vivit nomen
meum, quia implebitur gloria mea omnis terra*
(*Num.* XIV). Ac si diceret : Quia cerno quod populus iste duræ cervicis est, et adhuc me præsente, vitulum adoravit ; *vivo ego, et vivit nomen meum*,
quia sicut contempserunt me, et ego contemnam
eos, ac pro una gente derelicta, *implebitur gloria
mea omnis terra*, et omnis quicunque invocaverit
nomen meum salvus erit, nec tenebitur intra unius
terræ terminos, ut inde glorientur et dicant : Non
fecit taliter omni nationi, sed per totum orbem
abundabit ex gratia, ut impleatur illud quod scriptum est : *Replebitur majestate ejus omnis terra.* Cur
ergo Judæus exspectet novum propitiatorium, ubi
habitet gloria Domini, quæ jam in omni terra refulget? Frivolum est affirmare de cætero, ut omnem
terram Dei gloria deserat, ac pro libitu Judæorum

inter alas cherub tanquam in occulto resideat. Sentiant illi quod voluerint, nos omissis fabulis otiosis quid propheta post visionem audierit videamus.

Trinitatis mysterium iterum explicatur.

66. *Et audivi vocem Domini dicentis : Quem mittam? et quis ibit nobis? (Isa.* VI) Responde : Rabbi.
Quærimus a te quid sibi velit quod Dominus loquitur de se ipso primus numero singulari dicens .
Quem mittam? et postea numero plurali subjungit :
Et quis ibit nobis? Videsne adhuc quod in substantia Dominus se velit unum intelligi et trinum in
personis? Quæ est ista in verbis Domini variatio, imo
in ipso Domino trinitatis et unitatis affirmatio? *Quem
mittam?* id unitatis est. *Quis ibit nobis?* de quibus
dicitur? non de agminibus seraphim, quia propheta
nullius vocem audivit, nisi solius Domini dicentis :
Quem mittam? et quis ibit nobis? Recordare quid
superius seraphim clamaverint, quomodo unitatem
in trinitate, et trinitatem in unitate monstraverint
ac dixerint : *Sanctus, sanctus, sanctus Dominus
exercituum (ibid.)*, et solutionem hujus quæstionis
invenies. Concedo, inquis, quod de se et de Spiritu
suo locutus sit, sed quod Filium habeat non recipio. Respondeant hic virtutes cœlorum, et utrum
bene an male senseris apertius innuant. *Sanctus,*
inquiunt, *sanctus, sanctus.* Si trinitas non est
Deus, quis est ille qui tertio dicitur Sanctus in
deitate? Aut tres personas et unum Deum confiteri
cogeris Patrem et Filium et Spiritum sanctum,
aut aliquid novum et inauditum more tuo reperies,
quod erit falsum et exsecrabile et omnino probare
non poteris. Unde quia hinc facile convinci posse
te comperis, de cætero digito compesce labellum.

Excæcatio Judæorum.

67. Sequitur : *Et dixi : Ecce Ego, mitte me (ibid.).*
Non hoc ex præsumptuosa temeritate locutus est,
sed ex magno desiderantis affectu, ut omnipotentis
pareat jussioni et populo suo voluntatem ejus annuntiet. Simulque notandum quod Domino, jubente,
Trinitas imperat, et propheta se per omnia servum
Trinitatis affirmat. *Et dixit : Vade et dices populo
huic : Audite auditu et nolite intelligere; videte visu,
et nolite cognoscere (ibid.).* Quid est hoc quod jubentur audire Judæi, et non intelligere? Certe
mysterium Salvatoris quod superius propheta cognovit et intellexit, audivit et credidit. Viderat
namque *Dominum sedentem super solium excelsum
(ibid.);* ac quia sublimis Deus dignaretur homo fieri
humilis, audierat seraphim proclamantia, quod ipso
descendente de cœlo propter ejus præsentiam venientis in carne : plena esset omnis terra gloria
ejus, cujus intellectum penitus a Judæis avertens
imperat, ut propheta prædicet eis quid futurum sit.
Audite, inquit, *audiu* verba Salvatoris cum aude-
rit, et *nolite intelligere* quia permisit Dominus indurari corda vestra, et nequaquam ad pœnitentiam
emolliuntur. *Et videte* eum visu præsentem in carne,
et *nolite cognoscere* ne Dei cassetur propositio,
quod una gens cæca fiat, ut omnis mundus videat.

At postquam propheta præceptum audierat, intelligens et ipse Domini voluntatem, orat et precatur ut ejus voluntas per omnia fiat. *Excæca*, inquit, *cor populi hujus, et aures ejus aggrava, ne forte videat oculis suis, et auribus audiat, et corde suo intelligat, et convertatur et sanem eum (ibid.)*. Hic vellem per te, Judæe, cognoscere cujus sit ista oratio, Domini imperantis, an prophetæ deprecantis, aut illius justo judicio disponentis, qui neque audiendus, neque intelligendus est a populo Judæorum? Si Domini imperantis, non est culpa populi quod cæcus fiat, sed potentia præcipientis : Si prophetæ deprecantis, quamvis ita sane possit intelligi, quomodo ad eum referri poterit quod subinfertur, *et convertatur et sanem eum*, cum solius Dei sit post conversionem dare salutem? Sed illius non incongrue, salva fidei ratione et majore auctoritate, dici potest, cui possibile est prius convertere et post conversionem præstare salutem. At cujuscunque sit, hoc imprecatur populo Judæorum, ut audiant et non intelligant, videant et non cognoscant, cæci fiant et surdi, ne convertantur et sanentur. Ubi aperte monstratur quanta miseria teneantur, qui nec audire, nec intelligere, nec videre, nec cognoscere possint Dominum Salvatorem, nec etiam pœnitentia digni sunt, ut convertantur et salutem obtineant. Sequitur :

68. *Et dixi : Usquequo, Domine? Et dixit : Donec desolentur civitates absque habitatore, et domus sine homine, et terra relinquatur deserta (ibid.)*. Ac si superius dixisset : O Domine, præcipis mihi loqui nunc populo Judæorum, ut audiant et non intelligant Salvatorem, videant eum et non cognoscant ; verumtamen usquequo, Domine, hæc sententia permanebit, ut audiens non audiat, vidensque non videat? Cui respondit Dominus : Tandiu non audiet et non videbit, et excæcatum habebit cor, donec civitates Judææ, Vespasiano Titoque pugnantibus, penitus subvertantur, in tantum ut ne nomen quidem permaneat ; et domus, si quæ remanserint, sine habitatore sint, et terra redigatur in solitudinem, et vel fuga vel captivitate in totum orbem Judaicus populus dispergatur. Dat ergo Judæis certum captivitatis atque vastationis signum, causamque describit, eo videlicet quod Salvatorem ad se venientem non receperint, neque intellexerint, sed e contrario filium patrisfamilias interfecerint, dicentes : *Hic est hæres, occidamus eum, et habebimus hæreditatem ejus (Luc. x)*. Hæc postquam de cæcitate Judaici populi et eversione Jerusalem propheta Domino revelante cognovit, transit ad obsidionem quæ facta est in diebus Achaz, præliantibus contra Jerusalem Rasin rege Syriæ et Phacee filio Romeliæ, ut sub occasione misericordiæ qua Dominus populum liberavit obsessum, filium suum de Virgine nasciturum annuntiet ; quod quia longum est per singula verba discutere, melius est ut Judæo relinquamus historiam ruminandam, et veniamus ad rem, ut prophetiam Emmanuelis tam de Virgine

nascituri, quam apud inferos animas liberaturi, ac postea super omnes cœlos ascensuri, intelligere cum propheta possimus. Hæc enim sunt duo signa, quæ dominus Achaz regi proposuit quærenda, ac optionem dedit, quod horum prius vellet accipere, aut de excelso cœlorum aut de profundo infernorum.

69. *Locutus est*, inquit, *ad Achaz dicens : Pete tibi signum a Domino Deo tuo in profundum inferni sive in excelsum supra (Isa. vii)*. Dixerat ei propheta superius, Domino jubente, *ne timeas a duabus caudis titionum fumigantium istorum (ibid.)*. Quod est aliis verbis dicere : Vide ne paveas a facie duorum istorum qui consurrexerunt adversum te, Rasin videlicet regis Syriæ et Phacee filii Romeliæ, quia utriusque imperium infra sexaginta quinque annos finiendum est. Quos ideo dico caudas titionum, quia omnis virtus eorum fine est proxima ; et si quid restat de cætero, velut fumus evanescet in posterum. Ergo ne paveas quia te et populum tuum de manibus eorum liberare decrevi. Quod si hoc præ nimia desperatione non credis, pete tibi signum a Domino, quia ipse præsto est revelare quæ facturus sit post tempora multa vel apud inferos vel supra cœlos. Pete ergo tibi hoc signum, quod in utroque potens sit, in cœlo videlicet et in inferno, quod quamvis non petieris, ipse tamen domui David daturus est, ut impleat illud quod promisit dicens : *De fructu ventris tui ponam, super sedem tuam. Et dixit Achaz : Non petam, et non tentabo Dominum (ibid.)*. Quod recte diceret, si hoc ea causa dixisset, ne fieret transgressor legis, qua dictum est : *Non tentabis Dominum Deum tuum (Deut. vi)*. Sed idololatra erat, et ideo noluit signum a Domino postulare, ne Dominus glorificaretur in eo, si signum quod postulaverat præstitisset. Quod propheta comperiens, rege impio derelicto, convertit signum et sermonem Domini ad domum David, hoc est ad Judam et Jerusalem, dicens : *Audite ergo, domus David ;* et paucis interpositis, subjungit : *Propterea dabit Dominus ipse vobis signum (Isa. i)*, quod sitis hac vice de manibus obsessorum liberandi. Non propheta, non angelus, sed ipse Dominus dabit vobis quod Achaz accipere renuit, videlicet signum quod modo non fiet, sed in futuro, et quia hoc signum dare solius Dei est. Memento quod quidquid Deus dixerit esse futurum, necesse est ut veniat : quapropter adhibe fidem promisso Dei, ut futuri signi certitudine roboratus illius fide ab instanti periculo liberéris. Non fiet statim quod loquitur, nec in continenti, sed in longinquum, ideoque majus erit meritum quod salvaberis in præsenti, si speraveris quod nondum est, et credideris quod non vides, et nunc audi, domus David.

Prophetia de Virginis partu expenditur. — Triplex illius a Judæis explicatio.

70. *Ecce virgo concipiet et pariet filium (ibid.)*. En signum quod tibi Dominus dat in præsenti, vere novum atque mirabile ; quia virgo pariet, hoc est non

modo, seu in futuro; cujus partus ideo nunc præ- A
nuntiatur, et filius datur in signum, ut agnoscas
quod Deus qui tunc nascetur ex Virgine, modo tecum est, et ob præconium et gratiam subsequentis
præveniet te, ac liberabit ab instanti periculo donum misericordiæ præcedentis. Vocabitur enim
Emmanuel (ibid.), quod est nobiscum Deus, ut ante
sæcula Deus, de Virgine natus, Homo nobiscum
conversetur in mundo. Prædixit tibi Deus filium
nasciturum qui dicatur nobiscum Deus, ac te secretum suum quodammodo præscire concessit. Crede
quod futurum est, et ob fidei meritum etiam in
præsenti beneficio gratulare, quia jam præcedit
effectus sacramenti futuri in hoc quod ejus nomine
invocato, fugatis hostibus, eris de pace simul et
triumpho secura. Ne velis dicere, quod promissam B
in præsenti victoriam debeat hoc signum, id est
nativitas Emmanuelis præcedere; quia beneficium
quod præmittit, non adimit signi subsequentis effectum. Est ergo liberatio de præsenti significatio signi, non tamen ipsum signum sacramenti futuri,
quia hoc erit ipsum signum quod virgo concipiet et
pariet filium. Hic Judæus totis viribus ad bella
procedit armatus, diversis quæstionibus præmunitus, ut si prima non potuerit, secunda vel tertia
feriat, quousque spem Christianorum vanam esse
probare sua falsitate prævaleat. Et quia hæc quæstio
sæpius inter nos ventilata ⚹Judæos de respondenda
ratione prudentiores effecit, triplicem nobis solutionem objiciunt, approbare nitentes non hæc esse C
de Christo dicta, sed vel de Ezechia, vel de filio
Isaiæ, vel de alio nescio quo, qui de nupta et experta maritum et non de virgine sit generatus; quorum oppositiones facile redigemus ad nihilum,
et filium virginalem Deum et Dominum nostrum
Jesum Christum esse, ipso auxiliante, probabi-
mus.

*Demonstratur hanc prophetiam non intelligendam
de filio Ezechiæ.*

71. Igitur incipiamus respondere fidei nostræ
adversariis, et vera falsis opponere, ut per omnia
se convictos intelligant, qui nos convincere sperant.
Aiunt hunc esse de quo propheta loquitur Ezechiam
filium Achaz, sub quo Samaria capta atque subversa est, in qua tunc regnabat Phacee filius Rome- D
liæ, et post eum Ose filius Hela, et hos esse duas
caudas titionum, quorum imperium finitum asserunt et deletum, antequam sciret Ezechias repro-
bare malum et eligere bonum, quod omnia falsum
esse probat historia, in qua sic legitur : *Regnavit
Achaz, filius Joathan, super Judam et Jerusalem
annis sexdecim, cui successit in regnum filius ejus
Ezechias annos natus viginti quinque, et viginti novem annis regnavit in Jerusalem (IV Reg xvi).* Si
Ezechias viginti quinque annorum erat quando
patri successit in regnum, et pater ejus regnavit
sexdecim annis in Jerusalem, invenitur Ezechias
primo anno regni patris sui novem annos habuisse,
et quomodo puer novem annorum eo jam tempore

quo hæc dicta sunt concipiendus erat, aut hunc
aliqua mulier iterum erat paritura? Primo namque
anno imperii Achaz prophetata sunt hæc quæ scripta commemorat. Item, quomodo stare poterit quod
sequitur; prius enim quam sciat puer rehrobare
malum et eligere bonum, derelinquetur terra quam
detestaris a facie duorum regum istorum? Siquidem
anno sexto imperii Ezechiæ venit Salmanasar rex
Assur, et obsedit Samariam tribus annis, et nono
anno regis Ose cepit eam, vinctumque Ose misit in
carcerem, et transtulit Israel in Assyrios. Si iste
qui nasciturus est tam parvulus erat, ut malum a
bono discernere nequeat, et antequam tempus
egrediatur infantiæ, terra Samariæ ab Assyriis va-
standa est, respondeant quomodo Ezechias triginta
et uno annis infantulus prædicetur, et tam rudis
ætatis, ut mel et butyrum comedens nesciat quid
sit bonum vel malum? Quod cum probare non poterunt, agnoscant esse falsum quod super Ezechia
interpretari conantur.

72. Præterea illud attendat quod is qui de Virgine
nasciturus est, non sit a propheta vocatus Ezechias,
sed Emmanuel. Hoc, inquiunt, referri potest ad
Ezechiam, quia cunctis diebus vitæ ejus fuit *Deus
nobiscum*, quod intelligitur Emmanuele. Respondemus hoc verum esse, si Ezechias eo tempore nasciturus esset, quo hæc prædicta sunt, sed jam novem
annorum erat. Ergo neque nomen, neque nativitas
ei aptari potest. Sed iste qui nasciturus est de
puella, ut ipsi volunt, vel de virgine, ut nos proba-
mus, hoc nomen debet habere. Probent Ezechiam
ætate novem annorum secunda vice non de propria matre, sed de puella natum, et unum hominem
secundum carnem posse duas matres et duas nativi-
tates habere, et dabimus ei cum secunda nativitate
hoc nomen quod est Emmanuel. Quod si bis natus
fuerit, et bis conceptus erit, quia propheta de nascituro sic ait: *Ecce virgo concipiet, et pariet filium.*
Sed quod novem annorum adolescens iterum possit
a patre generari, vel a matre concipi, et corpus
ætate solidum iterum resolvi in humorem aptum
ad concipiendum, sicut nefas est credere, ita stul-
tissimum est affirmare. Desinant itaque prophetiam
de Christo ad Ezechiam vertere, quia ex superioribus liquet, ea quæ dicunt omnino esse non posse;
et hoc quidem nos speramus satis aperte mon-
strasse.

*Demonstratur prophetiam de Christo non intelligi de
filio Isaiæ.*

73. Transeunt ad aliud, et dicunt Isaiam duos
filios habuisse, quorum unus dictus sit Jasub, alter
Emmanuel : et quia in consequentibus legitur, *et
accessi ad prophetissam, et concepit, et peperit filium
(Isa. viii),* prophetiam de filio ejus Emmanuele dictam esse contendunt. Quibus respondemus : Si
hæc de filio Isaiæ dicta sunt, quo modo præsumpsit
pater ejus filium suum hoc nomine nominare quod
est Emmanuel contra Domini jubentis imperium?
Nam sequitur : *Et dixit Dominus ad me : Voca no-*

men ejus, Velociter spolia detrahe, Cito prædare, A
quia antequam sciat puer vocare patrem suum et
matrem suam, auferetur fortitudo Damasci et spolia
Samariæ coram rege Assyriorum (ibid.). Quomodo
ista de Emmanuel filio Isaiæ dicta sunt, cum et ipse
natus sit antequam hæc propheta prædiceret? Nam
sic legitur : *Et dixit Dominus ad Isaiam : Egredere*
in occursum Achaz tu et Jasub filius tuus qui dere-
lictus est (Isa. vii). Qui Jasub ideo derelictus dicitur, quia frater ejus de quo nunc sermo est, juxta
sententiam Judæorum fugerat ad Assyrios, et prodiderat eis partem civitatis. Et hunc dicunt esse
Rapsacen, qui locutus est Hebraice ad eos qui sedebant super murum quando exercitus Sennacherib
obsederat Jerusalem. Sed fidem dictorum his a
quibus dicta sunt derelinquentes, probemus non B
eumdem esse filium Isaiæ, quem hic propheta de
virgine nasciturum affirmat. Patet cunctis qui noverunt historiam, quod sub rege Achaz ascendit
Teglaphalassar rex Assyriorum in Damascum, et
vastavit eam, et transtulit habitatores ejus Cyrenen,
et Rasin interfecit. Hinc Judæi argumentum assumunt, et ab Emmanuële transeunt ad nescio quem
filium tertium Isaiæ, quem prophetissa, ut ipsi asserunt, juxta prophetæ sermonem concepit et peperit, et nomen imposuit *Cito prædare;* et dicunt
antequam ille, qui sub rege Achaz natus est, sciret
vocare patrem et matrem, quod rex Assyriorum
Damascum vastaverit. Sed quæso, ut respondeant,
quomodo spolia Samariæ idem rex Assyriorum
abstulerit, antequam prædictus puer tempus egrederetur infantiæ, cum manifestum sit, quod sexto
anno regni Ezechiæ Samaria subversa sit a Salmanasar rege Assyriorum, utrumque debere compleri
antequam puer vocare sciret patrem et matrem asseruit, qui ait : *Antequam sciat puer hæc et illa,*
auferetur fortitudo Damasci et spolia Samariæ co-
ram rege Assyriorum (Isa. viii). Aut quomodo sub
uno completum esse probabunt quod sub duobus
regibus actum est? Quocunque anno regni Achaz
Damascus a Teglaphalassar subversa sit, illud tamen notum est, quod sexto anno regni Ezechiæ
Samaria a Salmanasar, rege Assyriorum, vastata
est. Et si primo anno regni Achaz quando hæc dicta
sunt conceptus et natus est puer, hoc enim volunt
Judæi, quod statim accessit ad prophetissam, et D
concepit, et peperit filium, et vocavit nomen ejus
Velociter spolia detrahe, cito prædare, vel ut multum sit, tertio vel quarto quomodo nesciret vocare
patrem et matrem qui eo tempore quo Samaria
subversa est, si diligenter annos numeremus, decem
et octo annorum fuit. Achaz quippe regnavit annis
sexdecim, et si puer infra quatuor annos regni ejus
primos natus est, duodecim annos qui remanent habuit sub Achaz, et sex sub Ezechia, qui simul fiunt
decem et octo. Num per tantum tempus mutus
fuit, ut non posset vocare patrem et matrem, aut
nesciret? Eligant quodcunque voluerit, et dicant
nobis utrum puer iste natus fuit antequam Dama-

scus subverteretur vel ante subversionem Samariæ.
Dum utrumque uno tempore fuisse probare non
possint, probent prius quomodo infans, quem eo
tempore natum esse volunt, a subversione Damasci
per viginti annos et supra usque ad subversionem
Samariæ semper elinguis fuerit, et discernere ne-
scierit inter bonum et malum ; simulque ostendant
de quo dictum sit. quod post pauca propheta subjungit, ubi describit exercitum Assyriorum venientem contra Jerusalem, dicens : *Et erit extensio*
alarum ejus implens latitudinem terræ, o Emmanuel
(ibid.). Num Emmanuel quem dicunt filium Isaiæ
fuisse, totam Judæam obtinuit? Nullus regum Emmanuel dictus est. Quis ergo est cui propheta loquitur, quod extensio alarum regis Assyrii, hoc est
multitudo exercitus illius, totam terram Emmanuelis operiat? Terra ejus, inquiunt, dicta est, eo
quod in ea natus est. Si hoc de nato jam Emmanuele filio Isaiæ dicunt, falsissimum est ; si de
nascituro Virginis filio, verissimum atque firmissimum est. Omnis enim mundus ejus fuit antequam
nasceretur, sed Judæa proprie ejus terra dicitur,
quia in ea nasciturus erat, quia futurum erat quod
ait propheta : *Concipiet et pariet filium (Isa. vii),*
et de præterito nequaquam valet intelligi. Simulque
notandum quod terram illius vocet antequam fiat
homo, ut potentiam deitatis ejus insinuet, qua
cuncta regit ut Deus, qui est de Virgine nasciturus
ut homo. Quod si omnibus modis obtinere voluerint, quod Isaias hunc Emmanuelem de prophetissa
genuerit, audiant quod ille qui natus fuit, si tamen
aliquis fuit, sit vocatus a Domino *Velociter spolia*
detrahere, cito prædare (Isa. vii). Respondeantque
quomodo propheta non erubuit coram duobus testibus, ut conciperet, ad prophetissam accedere ? Sic
enim ait : *Et adhibui mihi testes fideles, Uriam sacer-*
dotem et Zachariam filium Barachiæ, et accessi ad
prophetissam, et concepit et peperit filium (ibid.).
Cogamus eos, velint nolint, ut fateantur prophetam
contra legem egisse, dicente Moyse : *Turpitudinem*
uxoris tuæ non revelabis (Lev. xviii), qui duos adesse coegit ubi cum uxore coierit. Testes esse non
possent nisi vidissent vel audissent quæ propheta
fecisset. Sed absit hoc a sancto viro, ut aliquid in-
honestum vel sanctæ legi contrarium egerit. Desinant ergo non minus stulte quam imperite prophetiam de Christo referre ad Ezechiam vel ad filium
Isaiæ, cum neutrum sit probabile. Satis enim apparet ex superioribus, quod magis innituntur aperto
mendacio, quam in testimonio veritatis. His ergo
omissis intueamur rei veritatem, et quod suum esse
nolunt, nostrum esse probemus.

Verus prophetiæ sensus explicatur.

74. *Audite ergo, domus David (Isa. vii).* Quibus
superius dixeram *audite et nolite intelligere,* ne
contrarius sim sententiæ superiori, audite quid facturus sit Dominus, qui concedit auditum, sed
subtrahit intellectum. Audite novæ nativitatis arca-
num, sed abscondatur a vobis divini sacramenti

mysterium. Ait enim mihi Dominus : *Excæca cor populi hujus*, ut quamvis audiatis, tamen non intelligatis. Videatis Deum hominem factum, et non agnoscatis eum. Frustra ergo Judæi affirmant se hanc prophetiam intelligere, cum ab ipso Domino cor eorum obcæcatum sit et induratum, id est cæcari et indurari permissum, ablatusque sit ab eis intellectus prophetiæ hujus, ne convertantur et sanentur. *Audite*, inquit, *domus David.* Estne parum vobis quod molesti estis hominibus, non credentes ea quæ prophetæ prænuntiant, qui homines sunt, nisi molesti estis et Deo meo, non credentes quod ipse vobis hoc signum daturus sit, quod promittit ? Propterea non, non fiet per alium quod daturus est ; sed ipse dabit vobis signum, quod est se ipsum ; quod quamvis audiatis, non intelligetis, quia cæcati estis et indurati, ne vobis signum hoc veniat in salutem, sed fiat ipse vobis lapis offensionis et petra scandali (*I Petr.* ii) in laqueum et in ruinam. Non fiet quod antea factum est, aut post illud futurum quid simile, sed quod usus naturæ nesciet et humana ratio ignorabit.

Signa multa in Scripturis contra naturæ ordinem. — Hominis quadruplex formatio

75. *Ecce virgo concipiet, et pariet filium* (*Isa.* vii). Ecce novum, ecce mirabile sæculis inusitatum, et humanis auribus inauditum. Ecce pro una costa quam tulit Dominus de Adam ut formaret eam in mulierem, reddetur pro osse vir, pro costa corpus integrum; et quæ virum decepit, viri deceptorem decipiet, reddendo virum pro viro, pro perdito Salvatorem, pro servo Dominum, pro creatura Creatorem restituet. Et hoc quomodo ? virgo concipiet, non de viro, quia si virum cognoverit, non poterit virgo concipere; sed ipse Dominus dabit hoc signum, ut virgo concipiat. Ergo quod natura est impossibile implebit potentia Deitatis. Ne miremini si virgo concipiat, multa enim signa contra omnem usum, contra naturæ ordinem hactenus facta sunt. Rubus in igne non aruit, virga Aaron florem et fructum protulit, vellus in area maduit, et miramini si virgo concipiat? Natura non potest contra naturæ donum, nec usus contra Deum qui omnipotens est, et nihil ejus voluntati difficile. Poterit ergo verum esse, quod ipse disposuit, videlicet quod virgo concipiat. Sed cum tantum sint creator et creatura, et virgo non possit de viro concipere, ut in conceptu virgo permaneat, nec homo possit ab alia creatura concipi nisi ab homine, restat ut si virgo concipiat, non de creatura, sed de Creatore concipiat, et cum omnis conceptus ex carnis voluptate proveniat, attestante Propheta, qui ait : *In peccatis concepit me mater mea* (*Psal.* l). Nemo concipitur sine peccato, sed ipse Dominus hoc signum daturus est, quod Virgo concipiat. Ergo conceptus iste sine peccato erit. Concipiet itaque cum integritate virginitas, non de carne, sed de Spiritu; nec carnis ardorem, sed divinum florem, super quem requiescet idem Spiritus septiformis, Concipiet de virtute virginitas

et lilium germinabit, nec tamen Patrem aut Spiritum sanctum, sed tantummodo concipiet et pariet Filium. Genitum ab æterno concipiet, conceptum ex tempore pariet unigenitum Altissimi Filium. Quid natura miraris? Virtus Dei est quod Virgo concipiet, subtrahe cursum, nec quæras usum. Cesset consuetudo, mutetur agnitio. Sola divina ratio prævaleat, cui omnia possibilia sunt, cujus velle potentia, cujus posse est omnia. Virgo concipiet, non ex ardore carnis, sed ex amore divino; de virtute, non de vitio; de Creatore, non de creatura, hoc est de Spiritu sancto. Virtus Altissimi erit quod concipiet, et virtutem Altissimi, hoc est Dei Filium pariet. Et quia non erit vitium in conceptu, non erit difficultas in partu, quia virgo concipiet et virgo pariet. Absit enim a divinitate corruptio, quæ cuncta virtute penetrat, potentia cuncta perlustrat. Qui se absque omni corporis læsione ingerit desiderio mentis humanæ, non poterit salva corporis integritate nasci de Virgine? Qui non dividit terræ molem et tamen intuetur abyssos, non poterit salva matris integritate prodire? Facile est omnipotenti qui cuncta creavit ex nihilo corpus formare de corpore, et novo modo novum hominem quarta vice formare. Primum namque formavit hominem de limo terræ, secundo formavit mulierem de latere viri, tertio de commistione maris et feminæ, quartum genus est quod *virgo concipiet et pariet filium*. Prius fuit mulier sine muliere formata de viro, nunc vir sine viro de muliere formabitur, quia *Virgo concipiet et pariet filium*. Vere de Spiritu sancto conceptus erit in utero quadam ineffabili mutatione naturæ, habebitque crescendi primordia, donec perfecte novus homo formetur in utero, ut qui Dei Filius est ab æterno, Virginis filius fiat ex tempore, quem ipsa *Virgo concipiet, et* absque omni læsione integritatis *filium pariet.* Dignum namque est, ut quod potentia Dei absque omni peccato incepit, sine omni corruptione perficiat, hoc est ut matrem conservet illibatam incarnata Divinitas, et illius virginitatis honorem amplificet deitatis incarnatæ nova nativitas.

Emmanuelis nomen duas insinuat naturas.

76. *Concipiet* ergo *et pariet filium, et vocabitur* uno nomine, quod duas in ipso naturas, divinam scilicet et humanam, insinuet. *Vocabitur enim Emmanuel, quod est nobiscum Deus* (*Isa.* vii). Hoc quippe sonat hoc nomen, quod Deus inter homines est conceptus et natus ex virgine. Dicitur namque *nobiscum Deus*, quia invisibilis in sua natura ab æterno in nostra visibilis venit ex tempore, una persona Deus et homo ex duabus compacta naturis, homo cum hominibus, ut vere sit hoc quod vocabitur Emmanuel. Vocabitur quidem aliis nominibus quæ sequuntur, *Velociter spolia detrahe, cito prædare*, natus et adhuc parvulus aliis sex nominibus *Admirabilis, Consiliarius, Deus fortis, Pater futuri sæculi, Princeps pacis* (*Isa.* ix), quibus sempiterna virtus ejus et divinitas prædicabitur. Verum hoc

nomen quod est Emmanuel, exprimet in eo utramque naturam, divinam et humanam, hoc est Deum hominem esse factum inter homines, hunc Virgo concipiet et tanquam filium pariet, ut inimicitiarum vindictam exerceat, ac matris injuriam vindicando de serpente triumphet. Illa sententia Domini veritate completa, qua dictum est : *Ipsa conteret caput tuum* (*Gen.* III). [Is contra fortem virtute fortiori procedet, sinistra pugnabit ut dextera, pro matre filius, pro homine Deus, fietque pro primi parentis delicto redemptio vera, pro dolo decipientis victoria gloriosa. Hunc *Virgo concipiet, et pariet filium, et vocabitur nomen ejus Emmanuel.*

Judæorum objectio contra virginitatem Christum parituræ. — Alma vox Hebraica quid significet.

77. Hic resistunt Judæi, affirmantes nequaquam haberi in Hebraico quod virgo concipiet, sed puella. Quibus respondemus, ut dicant nobis quæ fuerit illa puella quæ concepit filium, de quo propheta nunc loquitur. Qui nisi ad opiniones superius explanatas se verterint, minime poterunt aliquam reperire, quæ hanc prophetiam impleverit, et illas omnino falsas puto sufficienter satis esse probatum. Præterea illud quod nobis objiciunt in Hebraico non haberi *bethula*, quod Latine dicitur *virgo*, sed pro hoc verbo scriptum est *alma* quod *puellam* sonat, audiant apud eos *alma* verbum esse ambiguum, et non tantum *puellam*, sed *adolescentulam* vel *absconditam* interpretari, et non quamlibet puellam, sed infra annos puellares constitutam, ac parentum studio diligentissime custoditam, et quæ nunquam patuerit virorum aspectibus resonare. Simulque respondeant ubi unquam legerint *alma* positum pro muliere nupta et virum experta. Rebecca quidem dicta est *alma*, sive puella ; sed antequam perveniret ad nuptias Isaac. Itaque sive *puella*, sive *adolescentula* dicatur, pro nobis facit. Utrumque enim recipimus, quod puella fuerit minoris ætatis, et adolescentula infra annos puellares. Cum id probare non possint, neque per historiam, neque per auctoritatem, quod de viro conceperit ; dicant nobis quæ sit ista mulier, sive puella ; vel quis sit ejus filius, et nos parati erimus assentiri veritati per omnia. Hoc tamen caveant ne dicant aliquid super hoc capitulo quod probare non possint. Adhuc enim, ut mihi videtur, super eos sententia manet, qua dictum est : *Excæca cor populi hujus, et aures ejus aggrava, ne forte videant et intelligant, et convertantur et sanem eos* (*Isa.* VI). Quæ Dei misericordia relaxabitur, quando velamen auferetur a facie Moysi, et pallium de vultu Eliæ, ut residuum populi Judæorum saltem posteriora Domini videat, ac eum per passionem et mortem ad gloriam majestatis pervenisse cognoscat. Hæc contra Judæos de præsenti capitulo breviter dixisse sufficiat.

LIBER

DE

DIVERSIS ORDINIBUS ET PROFESSIONIBUS

QUÆ SUNT IN ECCLESIA.

(D. MARTEN., *Ampl. Collect.* t. IX, col. 1027, ex veteri codice ms. S. Jacobi Leodiensis. — Haud contemnendus hic libellus scriptus fuit circa exordium ordinis Præmonstratensis, quem miris sed meritis effert laudibus auctor anonymus. Is nobis canonicus regularis fuisse videtur, utpote qui longe prolixius de canonicis quam de monachis tractat, et de illis tanquam membrum illius familiæ loquitur, num. 54 : *Si enim inspicias vigilantes* NOS, inquit, *et orantes, quomodo stupeant homines et dicant supra se esse quod* AGIMUS, etc.

PROLOGUS.

Dilectissimo fratri suo R., unica dilectione sibi conjunctus frater R., viam Dei bene ac fidenter, ut cœpit, tenere, in qua alius sic, alius sic ambulat.

Cum ab initio surgentis ecclesiæ diversi servorum Dei profectus, diversique exstiterint professionum status, et maxime nostris temporibus diversa monachorum canonicorumve surgat institutio in habitu vel cultu, ostendendum est, Deo auxiliante, quæ in talibus Dei servis differentia, quæ intentionis sit in diversis professionis forma. Ad demonstrandum ergo quod istæ diversitates professionum Deo placeant accingor. Primo loco sermonem habiturus de diversis ordinibus et professionibus monachorum et canonicorum vel aliorum, secundo de habitu diverso, tertio de epulis, quarto de labore manuum ; neminem vere moveat, quod ordinem professionum aliquantulum mutatum inveniet. Nam pro certo scio canonicos monachosque majorem locum in ecclesia tenere, et tamen neutrum horum primum positum reperiet. Ne enim dicatur de me, quod in hoc opere quæro quod meum est, meque honorare velim, ideo canonicos primo loco non ponam. At vero nec monachos primo loco ponendos putavi, ne quis canonicorum conqueratur, quod qui initio primitivæ Ecclesiæ primi ad opus Dei et testimonium Jesu esse meruerunt, primi ante monachos, qui postea esse cœperunt, positi non sint. Ideo ergo ita de ordinibus et professionibus tractare disposui, ut eremitæ, qui pauciores sunt, et aliquando soli habitant, primi ponerentur, sicut cum numeramus facere solemus, ut ab uno ad plures numerus surgat, et multiplicato numero, computator ad unum redeat. Verbi gratia cum ad centum venerit, si quid numeret adhuc invenerit, rursum ab uno numerare incipit. Ita et hic faciemus, primum eremitas ponentes, qui pauciores sunt, et soli sæpe habitant : deinde monachos quorum multiplicior est numerus, sicque ad canonicos veniemus, quorum maxima in diversis locis et frequens habitatio diverse viventium esse comprobatur. Deinde rursum incipientes ab inclusis, et ab his qui continenter vivunt, et nec canonici, nec monachi, nec eremitæ, nec inclusi, sed deicolæ, vel licoisi, id est quasi legis custodes possunt dici, ibidem revertemur ad mulieres, quæ eremiticam vitam ducunt, ascendentes ad sanctimonialium sanctitatem, necnon ad illas quæ cum sanctis vel sub sanctis viris jugum Christi suave suscipiunt. Ad ultimum vero pene ad inclusas et mulieres deicolas, quas licoisas, id est *legis custodes*, vel nicoisas vulgo vocamus, quasi sanctum Nicolaum imitantes, ordinem professionum terminabimus, ut postea de habitu et epulis et labore manuum liberius pertractemus. Postea autem subjungam de diversis ecclesiarum consuetudinibus, ostendere cupiens in Ecclesia Dei nihil agi ex consuetudine, quod ipsi conditori et capiti ecclesiæ non placeat. Igitur Dominum Deum nostrum, conditorem omnium rogamus et petimus, et te ut roges precamur, quatenus nos ad institutione servorum Dei locuturos adjuvet, ut eorum vitam imitando, ad sanctorum societatem pertingere quandoque valeamus. Valeat in Christo dilectio tua, frater charissime.

I. *De eremitis qui sæpe soli vel cum paucis habitant.*

1. De diversis ordinibus vel professionibus sermonem habituri, quæ a religiosis viris sæculi pompam fugientibus in Ecclesia Deo tenenda voventur, primum oportet ostendere, quod olim prima ætas Dei servitium et cultum libens frequentavit. Ibi enim Abel sacrificium acceptabile obtulit, Seth nomen Dei cum sua progenie invocavit, Noe quoque in sua generatione justus inventus, et ad obediendum Deo promptus, ipso jubente, arcam fabricavit. Unde quia ad eremitas principium facere disposuimus, intueamur si forte in primis hominibus aliquam horum servorum Dei similitudinem invenire potuerimus. Nam illos priores homines aliquando solos habitasse eo judicio perdocemur, quod Cain, occiso fratre suo Abel, primus legitur civitatem ædificasse, et ex nomine filii sui Enos eamdem appellasse. Testatur etiam Josephus hoc ideo eum fecisse, quod latrocinia exerceret, et ad eadem secum exercenda familiares suos domesticosque

intra muros convenire cogeret. Unde constat primam illam ætatem, licet parvo tempore, multum innocenter vixisse, quibus nec ædificandarum domorum adhuc cura erat, nec cibi potusque quanta nunc est diligentia, nec vestium vanitas, nec auri argentique tanta acquirendi solertia. Graminibus enim et aqua simplici et arborum fructibus, uti Deus dixerat, utebantur. Unde quidam facundissimus noster philosophus laudem primorum hominum carmine mirifico decantans ait :

Felix nimium prior ætas.
Contenta fidelibus arvis,
Nec inerti perdita luxu,
Facili quæ sera solebat
Jejunia solvere glande,
Nec Bacchica munera norat
Liquido confundere melle,
Nec lucida vellera Serum
Tyrio miscere veneno.
Somnos dabat herba salubres.
Potum quoque lubricus amnis
Umbras altissima pinus.
Nondum maris alta secabat,
Nec mercibus undique lectis,
Nova littora viderat hospes.

Ad ultimum vero carminis hujus idem subinfert :

Heu! primus quis fuit ille,
Auri qui pondera tecti,
Gemmasque latere volentes
Pretiosa pericula fodit?
(BOET. *De consol. Philos.* l. II, metr V.)

2. Si igitur conceditur mihi priores homines solos sæpius habitasse, quia nec in Genesi ante Cain quisquam vel civitatem vel domum legitur construxisse, et Josephus similiter ob rapinam fratricidæ illius hæc adinventa testatur, et philosophi illius carmen illos in umbra arborum morasse decantat, sine luxu, sine cupiditate illa et jactantia, quæ modo in nobis est, [viventes, et gramina ad usum vitæ, ut animantibus ita et hominibus a Deo sunt tradita, constat eosdem priores homines aliquam eremitarum similitudinem habuisse, quasi aliquem forte certum locum tenebant, vel ut homines aliquando se invisebant, tamen de ædificiis vel vestibus, cibo vel potu, vel pecunia non magnopere curabant. Locum vero certum eos nequaquam tenuisse eo modo conjicio, quia non ante Cain domus vel civitas ædificata fuit. Et Joseph eumdem metas terris et limites primum imposuisse asserit. Domorum ergo ædificandarum cura eremitis summa non convenit, ne dicatur de eis, quia eremum non incolunt, sed in eremo domos civitatum invehere gestiunt, vestis vilis, cibus grossior, permodicus talibus congruit. Exercitatio corporalis, jejunia et vigilia illos gloriosos reddunt. Eremitæ ergo nomen incassum non teneant, sed opere exornent. Habemus ergo in priori ætate eremitarum similitudinem expressam, ubi invenimus Abel justum in arborum umbra morantem, et pascuis ovium intentum, sine dubio solitudinem quæsisse, ubi et sine tumultu vixerit, et oves suæ innocentiæ indices nutriret, ac deinde de eisdem ovibus fructus capiens Domino offerret. Justum enim

26

erat, ut quia adhuc hominum paucitas erat, ille A
quem justum Dominus vocare dignatus est, solus
Dominus militaret, et quodam modo vitam solitariam,
oves, animal procul dubio quietis amicum, psallendo
institueret. Unde autem justus a Domino appellatur? quia oves pavit? non; sed quia cum oves
pasceret, studuit ut Deo placeret. Nam et illi pastores Israel secundum Ezechiel prophetiam oves
pascere videbantur, de quorum manibus oves suas
Dominus se requisiturum esse ait, quia eas non
pascerent, sed se ipsos Dominus terribiliter inter-
minatus. Non igitur inde placuit Deo.   '

3. Congruum profecto et aptum dico esse so-
litariæ vitæ pascendarum ovium opus, ubi et
quies potest esse summa, et utilitas fructuum est
maxima. Nam si bene inspicias, quid in ove ab B
utilitate vacuum? Si vellus attendas, ipsum vestit;
si pellem consideres, ipsa multis modis prodest; si
carnis inspicias, ipsa pascit; si lac cogites, parvulos alit, majores nihilominus delectat, sed et illud
quod deterius esse putatur, vide quam utillimum
agriculturæ sit, ita ut arens terra stercoris ejus fo-
mento pinguescat. Talia ergo pecora curans theo-
riam amplectebatur. Videns enim quotidie gregem
suum multiplicari, amplificationem ovilis ad cordis
latitudinem trahebat, et sicut illi greges numero
ampliabantur, sic in eo virtutum numerositas aug-
mentabatur. Quas putas laudes in corde suo Domino reddebat, cum nullus ei tumultus adesset, et
profectus virtutum simul et gregum nunquam illi C
deesset. Credo nec ipsum balatum pecorum con-
temnebat, sed secundum hunc mortalitatis hujus
ærumnam deflebat, profecto socius illius qui ait :
Infelix ego homo, quis me liberabit de corpore mortis
hujus? (Rom. vii.) Intueor etiam quodam modo solitariam vitam eum dilexisse, et qui artem diversam
ab arte fratris pessimi quæsivit, et qui conjugii copulam non curavit. Nam, ut credo, nullus usque ad
Noe in catalogo generationis humanæ nominatur,
præter hunc sine uxore vixisse, ut profecto innotesceret, quia solitarium hominem oportet sine uxore,
quæ Domini sunt, quomodo Domino placeat cogitare.

4. Age ergo, quisquis solitariam vitam amas, et
ab illo qui primus justus appellatus est exemplum D
et boni incrementum operis accipe. Inspice etiam
si alicubi noster hic Jesus huic vitæ simile quid
egerit. Scriptum est de eo in Evangelio Joannis :
Jesus vero cum cognovisset quia venturi erant, ut ra-
perent eum, et facerent sibi regem, fugit in montem
ipse solus (Joan. vi). Ecce Jesus meus solus in
monte secedit, ne eremita dubitaret montana vel
eremum solus habitare. Si ergo Dominus Jesus, sicut et ante nos sæpe dictum est, legendo in libro
Isaiæ intra synagogam lector; et eliminando de
templo nummularios, ostiarius; et ejiciendo dæmones, exorcista; et illuminando cæcos, ceroferarius; et ministrando subdiaconus, et prædicando
Evangelium regni levita, et se ipsum offerendo sa-

cerdos; non erit absurdum si secedendo in montem
vel in desertum, quod eremitarum est proprium,
vitam eorum in se ipse consecravit. Sic debent, et
illis pro bonis operibus mundus arridet facere, si
sese metiendo cognoverint, sine jactantiæ peccato
inter homines non posse bona opera facere. Habes
et in Marco scriptum, quia cum mundasset leprosum, et dixisset ei : Vide, nemini dixeris (Marc. i),
ille egressus cœpit prædicare et diffamare sermonem; ita ut non posset manifeste in civitatem introire, sed foris inde certis locis esse. Num ergo
timebat Jesus boni operis jactantiam? Non, sed os-
tendebat nobis humanam debere vitare laudem. Video
etiam Dominum Jesum pene omnium professionum
ecclesiasticarum in se ipso demonstrasse, quod etiam
pro posse suis locis ostendemus, cum de aliis professionibus sermonem texuerimus. Habes ergo in
prima ætate Abel pastorem ovium per solitudinem
Deo placentem, et ob hoc ejus suscepta munera, habes et in secunda ætate patriarchas pascuis ovium
intentos, et cum suis gregibus, id est cum sua
simplicitate, hac atque illac terrenos homines fugientes. Habes et Moysen solum et gregem pascentem in desertis Sina Domini vidisse gloriam. Inspice
etiam post datam legem Eliam, et multos alios
per solitudinem Deo placuisse. Accipe etiam gratanter Dominum meum Jesum in montem vel in
desertum fugisse, et habebis ante te quos imitari
possis. Tempore vero revelatæ gratiæ nosti quam
frequentata sit solitudinum habitatio. Quod si forte
ignoras, lege Antonii et Pauli historias ut possis
agnoscere.

5. Sed dicet aliquis : Quid audes dicere, quod
ante te nullus ausus est asserere? Quis unquam Abel
et patriarchas, Moysem et rursum Dominum eremitis assimilavit? Ad quod respondeo, me non alicui melius sapienti et intelligenti præjudicare, sed
meliora dicentem paratum audire. Sed quia optima
dicere ob ingenii mei tenuitatem fortasse nescio,
ideo semper tacebo? Qui aurum non habeo, quod
possum facio, in domo Dei vel pilos caprarum offero. Protegunt enim et ipsi ornaturam divini tabernaculi, et utiles sunt in domo Domini. Fidenter
enim dico, salva fide et pace Christiana, non multum abhorrere a vero, si illum eremitis assimilem,
qui forte eremitæ nomen non habuit, ideo quia forsitan adhuc inventum non erat, et eremiticam vitam optime tenuit, non multum contendo de nomine, ubi operis video effectum, nam sine hoc nomine potest ejusdem vitæ fructus acquiri : sine vita
vero solum nomen inane est. Participem ergo te
constitue non tantum nominis, sed etiam vitæ ere-
miticæ, et perfectum sectatorem quisquis eam aggressus es, et humilis factus, cum evangelico agri-
cola cophino stercoris terram cordis tui, ne sit
tanquam ficulnea infructuosa, humectare et pin-
guescere per pœnitentiam facito. Postea vero tanquam parvulus in Christo lac humanitatis ejus ut
nutriaris accipe, et sic justitiam quæ ex fide est,

tanquam ovium vellus indue, pellem quoque ejus, id est mortalitatem, quam pro te Jesus assumpsit, ad omnia utilia tibi detrahe, ut ad extremum carnem ejus et sanguinem, quæ vere sunt cibus et potus, digne sumens, tuum quod mortale est absorbeatur a vita, ut cum Christus apparuerit, vita nostra, appareas cum ipso in gloria.

6. Hæc autem omnia observans, vide ne alterius ordinis hominem de suo proposito vel professione reprehendas, etiamsi vitæ levioris sit, ne dilatans phylacteria tua et magnificans cum Pharisæis fimbrias, Deus ad te veniens, partem tuam cum hypocritis ponat. Ama ergo in alio quod ipse non habes, ut amet alius in te quod ipse non habet, ut utriusque sit bonum quod uterque fecerit, et conjungantur amore, qui disjunguntur opere, et fiat unusquisque cum Apostolo omnibus omnia, ut perveniatis nobiscum ad eum qui est omnis in omnibus. Cæterum non moveat quemquam si in hoc ordine quædam diversitas appareat, et aliter atque aliter unusquisque vitam suam instituat, veluti est illud, ut quidam illorum soli habitent, quidam vero adjunctis sibi duobus aut tribus aut pluribus; et illud quod alter altero levius aut durius vivit, cum et hanc diversitatem in antiquis eremitis inveniamus, et unusquisque arbitrii sui potestate utatur, ut quantumlibet et quantum vires suas pensat aggrediatur, nec a Domino inde damnetur.

7. Si autem aliquando contigerit, ut unusquisque hanc institutionem aggressus, non multum sibi utilem esse perspexerit; si aliam rursus assumat, non inde debet judicari, licet hoc levitate nimia aliquando contingat, nisi forte priorem illam institutionem se observaturum voverit, cum et arboris plantam in uno loco infructuosam et inutilem manere videamus, quæ mota de loco crescit et frondescit, et fructus in altum attollit. Si autem adhuc tibi displicet quod omnes hujus professionis homines non uno modo vivant, inspice facturam mundi a bono conditore diverse dispositam, et de diversis concordem effecisse harmoniam, ut cœlum superius, terra inferius, aqua gravior, aer levior, homo bellua sapientior, unum supra, alterum infra positum sit; et non miraberis si etiam in servis Dei alteri præferatur, et secundum Evangelium: In domo Patris mansiones multæ sunt (Joan. xiv). Secundum B. Augustinum mansionem illic pro suo quisque accepturus est merito. Placet ergo Deo ista in servis suis vitæ diversitas, nec debet dicere lutum figulo : Quare sic me vel illum fecisti? quia habet figulus potestatem facere ex eadem massa aliud vas in honorem, aliud in contumeliam, et in domo magna sunt vasa non solum aurea et argentea, sed et lignea et fictilia, et utraque ad opus domus utilia. Esto ergo vas utile et electum in domo Dei tui, ne propter incredulitatem et fratris detractionem frangaris, et tanquam testa de vase fictili habeas unde tangentem mordeas, et non habeas un-

de in te missa conserves. Lauda ex opere artificem, ex creatura Creatorem, ut si forte ipsa assequi non vales quæ alius habet, amando tamen in alio cum eo præmia vitæ cœlestis assequaris.

II. *De monachis qui juxta homines habitant, sicut Cluniacenses et eorum similes.*

8. Nunc ad illos sermo dirigatur, qui monachi nomen proprie obtinent, quorum alii a turbis omnino segregati vitam Deo placabilem jejuniis et orationibus et corporali exercitatione ducunt; alii juxta homines in civitatibus et castellis et villis positi, de eleemosynis fidelium et reditibus ecclesiarum decimisque sustentantur, soli theoriæ operam dantes, et primum quærentes regnum Dei, sperantes quod necessaria hujus vitæ, licet ea non quærant, adjicientur eis.

9. De ipso autem nomine monachi pauca dicamus. Nomen istud unum vel solum sonat. Quid ergo, dicet aliquis, a nomine et actu sibi tanta diversitas ? Si ergo monachus unus vel solus intelligitur, quare omnes aut pene omnes monachi congregatim habitant? Ad quod respondeo, quia ille unus et solus recte dicitur, quia unum et solum cum fratribus vivendi habet affectum, et a voluptate sæcularium omnino segregatum. Sed forte hoc concedatur de his qui longe se constituerunt a turbis. Si autem movet aliquem, quomodo hi qui in civitatibus degunt, hoc nomen obtinere possint, cum pater Hieronymus dicat : Monachum solitudo facit, non publicum ; respondeo nullum monachum, nec affectu nec societate sæcularibus debere conjungi. Licet enim inter homines aliquando contingat eos ædificia construere, tamen non perdunt prærogativam nominis, si frater cum fratribus, quorum bona et jucunda in unum habitantium societas est, sæcularia postponat, et blandientes syrenas in hujus vitæ pelago constitutus surda aure pertransiens horrescat. Tunc enim monachus vere unus et solus est, si cum fratribus unum sentiat, unum et solum Deum colat, et secundum Salomonem, frater adjutus a fratre unam civitatem fortem, dilectionem Dei scilicet et proximi, in corde suo constituat. Hæc de monachi nomine dicta sunt.

10. Cæterum inspiciamus si alicubi in antiquis invenire possimus harum institutionum exempla, et ostendere non recenter, nec solum post mortem et resurrectionem Christi, sed etiam antiquitus istam diversitatum observantiam, quæ nostris temporibus in monachis viget esse percelebratam. Dicamus ergo de his qui in civitatibus et castellis habitant, si quis horum simile in antiquis inveniamus. Scriptum in libro Malachim, quod dixit Samuel ad Saul postquam eum inunxit in regem : Post hæc venies in collem Domini, ubi est statio Philistinorum, et cum ingressus fueris ibi urbem, *obvium habebis gregem prophetarum descendentium de excelso, et ante eos psalterium, et tympanum, et*

tibiam, et citharam, ipsosque prophetantes, et insiliet A
in te Spiritus Domini, et prophetabis cum eis, et mu-
taberis in virum alterum (I Reg. x). Ecce quomodo
arridet vetusta historia modernis monachorum
conversationibus. Ille enim in regnum sublimatus,
ad regendum populum Dei, scilicet ut vitia exstirparet et populum virtutum nutriret et tueretur,
pro signo ei dicitur, ut in collem Dei veniat : qui
collis, sicut Hieronymus testatur, habitatio prophetarum erat ; quia decet christum Domini tales imitari, qui licet corpore sint in terra, tamen super
terram conversatione se esse in cœlis demonstrarent ; quod habitatione collis hoc loco non incon-
venienter ostenditur. Quod vero statio Philistinorum ibi esse ostenditur, ubi est habitatio prophetarum, nostro intellectui favet, quia decet et a turbis segregatos, juxta malignos, et qui sunt cadentes vel ruina populi, quod interpretantur Philis-
tiim, habitationem habere, ut *aliis odor vitæ ad
vitam* juxta Apostolum (*II Cor.* ii) existentes,
cadant et ruant ipsi maligni a malitia sua, interfi-
cientes et ruere facientes in semetipsos populum
peccatorum, ut humiliati sanentur ; *aliis odor mortis in mortem* manentes, persecutionem a filiis
mortis sustineant, ut ad purum per tribulationis
ignem decocti, dicant cum Psalmista : *Transivimus
per ignem et aquam, et eduxisti nos in refrigerium*
(*Psal.* LXV).

11. Sequitur etiam in lectione illa, *et cum ingressus fueris ibi urbem, obvium habebis gregem
prophetarum descendentium de excelso.* Intuere quo- C
niam ipsi prophetæ et in excelso manebant, et aliquando de excelso descendebant, et per civitatem
transibant. Et vide si in isto etiam tempore hoc
agitur, quando monachi qui in civitatibus habitant,
advenientes quoque suscipiunt, et donum Dei quod
ipsi habent, pro viribus aliis impendant. Unde et
descendere de excelso dicuntur, quia infirmis com-
patiuntur, ut infirmis facti infirmi infirmos lu-
crentur. Gregatim etiam veniunt, ut ubi plures inveneris vitæ unius comites, quos etiam infirmos
homines esse sicut te ipsum nosti, non dubites
cum eis uno spiritu participare. Dicitur etiam ibi :
*Quia ante eos psalterium et tympanum et tibia et ci-
thara, et ipsi prophetantes (I Reg. x).* Oportet enim D
tales homines semper habere verbum Dei, quod
quasi psalterium de superioribus resonat, et quod
de cœlo a regalibus sedibus venit, et super omnes
est, habere et tympanum, quod ex mortuis animalibus fit, pelle detracta et siccata, ut immortalitatem quam assequi cupiunt bonis operibus consoli-
dati et indurati resonent. Convenit etiam in his tibia quæ ab uno surgit et in duo extenditur, scilicet
ut Deum diligant et proximum. Habent ante se et
citharam quæ ab inferioribus resonat, quia his omnibus mortificationem Christi in corpore suo cir-
cumferre congruit, aliter enim Spiritum sanctum
assequi non valent, nisi ista observaverint, nec aliquem de his qui regnum mortis in se destruere cu-

piunt, et regnum vitæ et justitiæ in se constituere,
imitatorem sui efficient.

12. Dicitur etiam in illa Scriptura : *Et insiliet
in te Spiritus Domini, et prophetabis cum eis, et mutaberis in virum alium (I Reg. x).* Videns enim quilibet regni cœlestis particeps et vocatione divina
dignus, servos Dei ita viventes, accipit divinum
amorem, et cum eis se in conversatione jungens,
narrat futuram electorum gloriam, mutaturque in
virum alium, ut qui ante fuit blasphemus et inju-
riosus, nunc sit divinæ misericordiæ prædicator
assiduus.

13. Sed, dicet aliquis, quare id quod etiam clericis et multis aliis vel omnibus fidelibus congruere
potest, monachis tantum qui in civitatibus degunt
assignas ? Respondeo quidem omnibus Christianis
virtutes animi et regnum virtutum contra vitia et
fervorem Spiritus sancti, et susceptionem tanti
doni congruere ; sed in his quæ supradixi video
quamdam monachorum talium propriam assignatio-
nem, nam ibi video collem Domini juxta stationem
Philistinorum, invenio et urbem et in ipsa servos
Dei congregatos, et Deum laudantes : unde salva
fide conjicio, eos servos Dei qui in civitatibus degunt et monachi sunt, nec sæcularium rerum, sicut
clerici et sacerdotes, sed sui tantum curam habent,
præfigurari. Unde talibus etiam monachis cautum
esse debere confirmo, quod in pluribus locis video,
ut officinæ talium ad habitationem hominum juxta
se positorum non respiciant, sed extra sæcularium
habitationem intuitus suos defigant, ut ducti cum
Jesu in desertum a spiritu ut tententur a diabolo,
si forte diabolus habitationem illam sæcularium
ostenderit eis dicens : hæc omnia vobis ad voluptatem dabo, si procidentes a statu professionis vestræ adoraveritis me ; positi cum Moyse in Deum
Pharaonis, id est illius dissipatoris, respondeant
sibi, non tentatori : O anima, Dominum Deum
tuum adorabis, non Satanam. Intuere adhuc Dominum Jesum, si forte simile aliquid fecerit. Narrat
evangelista Joannes : *Jesus autem,* inquit, *jam non
palam ambulabat apud Judæos, sed abiit in regionem juxta desertum in civitatem Ephrem, et ibi morabatur cum discipulis suis (Joan. xi).* Ecce habes
Jesum proximum morti apud Judæos occisores suos
jam non palam ambulantem, sed regionem deserto
proximam quærentem, et in ea cum discipulis manentem, et hoc in civitate quæ dicitur Ephrem.
Ephrem interpretatur *fertilis* vel *auctus* ab augendo.
Vides quid in tentationibus suis in quibus et discipuli ejus cum ipso manserunt, sicut ipse perhibet,
quæsierit Jesus. Quæsivit enim, et esurivit et sitivit salutem et augmentum servorum suorum ; et hoc
juxta desertum, secundum propheticam vocem :
*Scissæ sunt in deserto aquæ et torrentes in solitu-
dine, ut lætetur deserta et invia, et germinans germinet et fructificet, unum* XXX, *et unum* LX *et unum*
C (*Isa.* XXXV). Tu vero qui monachus effectus es, et
sub abbatis imperio quasi cum Jesu moraris, fuge,

ne ambules per vias terræ tenebrosas ; sed aver- A
tendo faciem tuam a viis sæculi, et ab habitatione
hominum, quorum Deus novit cogitationes quoniam
vanæ sunt. Esto in Ephrem, quærens augeri et am-
pliari virtutum multiplicitate, et fratrum numero-
sitate, ut bono exemplo tuo et conversatione plurimi sæcularium convertantur, et augeatur numerus
fratrum tuorum. Taliter enim diabolum superabis,
et si quis ordini tuo et proposito causa rigidioris
ordinis detraxerit, cum Jesu in Ephrem habitans
contemnes.

14. Jam vero si requiratur a me , quia sæpe a
multis quæritur, cur ipsi de reditibus et decimis
vivant; quia his sacerdotes et levitæ sustentari per
Moysen a Domino jubentur, simpliciter, salva pace
eorum qui forte hoc quod dicturus sum contradi- B
cturi sunt, respondeo, quia qui altario serviunt,
cum altari participare debent , et qui sacerdotum
et levitarum opera in se ipsis, quantum eis a præ-
decessoribus concessum est, refundunt, sacerdotis
et levitæ mercede non debent omnino privari. Video enim ecclesias illorum, velint nolint, a fidelibus frequentari, assidue eos missas cantare , frequenter Evangelium prædicare, ad sermonem faciendum in ecclesia cogi, peccata populi de carbone
divini altaris tangere, et annuntiare populo scelera sua. Lego etiam ut qui Evangelium annuntiant,
de Evangelio vivant, et *dignus est operarius mercede
sua* (*Luc.* x), et timeo eos inde judicare, si accipiant quod ipsi merentur. Mihi autem magis timeo, C
si inde eos judicavero, ne ipse judicer. Potest enim
in istis accipiendis esse simplex et mundus eorum
affectus, qui non requirat superflua , sed exspectet
necessaria. Si autem dicatur non esse illorum illa
accipere, dicatur etiam illa sanctiora eos non debere facere. Valde etiam indecorum est, ut tot monachorum agmina , quæ nos in Dei servitio præcesserunt, et nobiscum adhuc in vita manent, pro
una re, causa scilicet ad litteram tuendæ monasticæ Regulæ, in qua, ut ipse ait qui eam condidit,
non omnis justitia tradita est, condemnare velimus,
præsertim cum ipsi quod secundum Regulam se
observaturos esse voverunt, cum interrogantur
super hoc, bene se observare respondeant et confidant. Faveo bene intelligentibus , credo se obser- D
vare Regulam respondentibus, laudo secundum
uniuscujusque monasterii legem viventes, prædico
et appello dominos et patres, admiror et veneror
ipsam regulam etiam ad litteram omnino servantes.
Nulli enim derogare volo, quem scio etiamsi diversa
ab alterius intellectu sentiat, quod diversa a fide
Christiana non teneat.

15. Quod si inter se ipsi monachi de Regula con-
tendant, et dicat alter alteri, quia laborare in agro
debet, et talia indumenta qualia in Regula prescri-
pta sunt habere, et illis vel illis epulis secundum
Regulam uti ; intelligat qui hoc dicit et credat, si
quid a sapientibus aliter quam ipse intelligit visum
est , non frustra, sed sapienter actum esse, ut vel

multorum infirmitas relevaretur, vel illorum qui se
exemplo talium monachorum salvare cupiebant ,
imbecillitas non terreretur. Ita ego eorum instituta
facta esse intelligo, neutrum æstimans Regulæ suæ
prævaricatorem, et expeto utriuscujusque orationes, quos scio in unitate fidei esse concordes ; non
enim studeo aliquem de suo ordine reprehendere,
sed ostendere cupio, quia licet diverse vivant, tamen ab uno principio ad unum finem Christum
utrique suspirant. Habent enim et ipsi Dei servi,
qui inter homines vivunt, Christum inter homines
ambulantem ; habent etiam eumdem propter incredulos ad tempus se diei festo subtrahentem, et
cum postea ascendit, non manifeste, sed quasi in
occulto hoc fecit, ut innotesceret servos Dei qui
inter homines habitant, aliquando propter homines
salvos faciendos, de alto mentis suæ se oportere
descendere, aliquando ne malorum livor illis de-
trahat, ad festum ubi reliquiæ cogitationis sunt, id
est peccatorum solutorum et remissorum recorda-
tio diem festum, ubi Deus solus videt cum Salvatore suo occulte ascendere. Pascant etiam nunc
Christum in servis suis publicani et peccatores,
detrahant illi Pharisæi, veræ scientiæ januam clau-
dentes, suscipiat Zacchæus, convivium faciat Levi,
ut sanus factus a medico cœlesti Evangelium scri-
bat. Monachus qui inter homines sicut Jesus vivit,
non potest timere alium monachum, qui sicut Pharisæus peccatricem a se repellit. Habebit et ipse
qui Regulam suam ad litteram etiam bene servat
præmium, si Jesus pro discipulis suis per sata hujus vitæ Sabbato spicas vellentibus, id est ab hominibus victum quærentibus, non reprehenderit. In
Sabbato enim discipuli spicas vellunt, quia feriati
a mundanis operibus victum a mundanis hominibus
quasi spicas accipiunt,

16. Sane monachorum Regula, ut legens adverti,
sobrios intellectores requirit, moderatosque lectores expetit, nam multa sunt quæ sanctus ille ipsius
Regulæ conditor non posuit, quia ea indubitanter
facienda noverat, sicut est illud, quod lectorem et
mensæ ministros dicit antequam ad officium accedant debere mistum accipere, nec ullum excipit
diem, unde quidam monachi dicunt secundum Regulam lectorem etiam in quadragesima debere mistum accipere priusquam legat, quia hoc Regula
dicit, nec ullum diem excipit, et ita cogunt ad come-
dendum bene valentem jejunare. Alii vero contra
non accipiendum mistum dicunt, quia commune
est et solemne jejunium. Bene isti dicunt ; sed audio quosdam abstinentes monachos etiam die Dominico secundum B. Benedicti vitam, quam in specu positus duxit, argumentantes debere vel posse jejunare,
quia omni die jejunans, etiam diem Dominicum non
prætermittebat. Utrosque video, de utrisque quid
sentiam profero. Illi qui prandere bis etiam in Quadragesima valentes dicit, respondeo pro pace universalis Ecclesiæ, quæ jejunium illud celebrat, omnem hominem qui potest debere jejunare, nec esse-

contra Regulam illam quæ licet Quadragesimam vel solemnia jejunia non exceperit, pacem tamen ecclesiæ servare voluit. Non enim dignum est, ut propter mistum monachorum accipiant occasionem jejunii frangendi mensæ potatores, nec dignum est ut dicant edaces, cum reprehensi pro soluto jejunio fuerint : Bene hoc potest fieri, quia et monachi hoc faciunt. Sic enim pro exiguo cibo monachorum forsitan turbabitur religiosa institutio Christianorum. Illi autem, qui affirmat quotidie etiam die Dominico secundum vitam beati Benedicti, quam in specu positus servavit, posse monachos jejunare, respondeo, non ex me, sed ex B. Gregorii sententia, qua dicit, quia longe ab hominibus positus eo die quo presbyter ad eum ex præcepto Domini venit, quod paschalis esset festivitas ignorabat. Quare fidenter dico, quia si ille sanctus qui ignorabat Dominicum diem, et in ipso die jejunabat, laudandus est ; ille etiam presbyter prædicandus est, qui ei dixit : Resurrectionis Dominicæ paschalis dies est, abstinere tibi minime convenit, quia et ad hoc missus sum, ut dona omnipotentis Dei pariter sumamus. Ecce intuere, si post hanc vocem sacerdotis illius sanctus ille jejunavit et se abstinuit, si vocem Domini sprevit; et si potes, Dominico die contende posse jejunare.

17. Quod vero in Regula eorum scriptum est, et sine aliqua exceptione definitum, ut ab Idibus Septembris usque ab nonam jejunium extendant, credo Dominicum diem ideo eum prætermisisse, quia sciebat illo die non esse jejunandum, nec inde aliquem dubitare, vel ob reverentiam Dominicæ resurrectionis, vel quia ita Christiana consuetudo convaluit, ut eo die jejuare non liceat, ne scandalum in Ecclesia generetur. Sunt præterea quidam præcipui dies, ut est Natalis Domini, Epiphania, et similes dies, necnon et illius sancti in cujus honore cœnobium dedicatum est, ubi quidam timentes Regulam offendere, putant continuandum esse jejunium. Volo autem monachos et canonicos sive clericos plus jejunare et abstinere quam plebeios Christianos, dignum est enim ; sed volo etiam supradictos viros communis gaudii Christianorum in cibo et potu, quantum uniuscujusque Regula patitur, aliquando, maxime in diebus solemnibus, esse consortes : nec esse credo contra monachorum Regulam quæ illos dies non excepit, si regula ecclesiastici gaudii ab eis etiam qui sæculi gaudia fugiunt, observetur. Audio enim sæpe cum talia jejunia in diebus ita solemnibus custodiuntur, multos inde murmurare, nec inde exemplum abstinentiæ sumere, sed notam austeritatis religiosis viris impingere. Nec hoc dico quasi reprehensor eorum qui perfectæ student abstinentiæ, sed volo esse consultum paci et lætitiæ universalis Ecclesiæ.

18. Sane ne illud quidem omittam, quod in utroque ordine tam monachorum quam canonicorum sunt aliqui diverso vitio laborantes, quorum alii ita consuetudines suas tuentur, quasi in his justitia constituta sit, nolentes aliquid pro tempore et loco et persona in Ecclesia mutari ; alii vero ita fastidiosi sunt, ut nihil eis quod apud ecclesiam suam agatur placeat, sed semper nova sibi de alterius monasterii consuetudine quæ sociis imponant onera perquirant, utrisque pro pace ecclesiæ suæ respondendum est. De illis qui consuetudines suas ultra modum custodiunt, dicit Augustinus (Epist. 54, novæ edit. n. 5) in epistola *De diversis consuetudinibus Ecclesiæ*, Januario notario directa : *Aliquis peregrinus in eo forte loco, ubi perseverantes in observatione Quadragesimæ, nec quinta Sabbati levant relaxantve jejunium ; non, inquit, hodie jejunabo. Quæratur causa ; quia non fit, inquit, in patria mea. Quid aliud iste nisi consuetudinem suam consuetudini alterius præponere conatur? Non enim mihi de libro Dei hoc recitaturus est, aut universæ quacunque dilatatur Ecclesiæ plena voce certabit, aut ostendet illum contra fidem facere, se autem secundum fidem, moresque hinc optimos aut illum violare aut se custodire convincet. Violant sane quietem et pacem de superflua quæstione rixando. Mallem tamen in rebus hujusmodi ut ille in hujus, et hic in illius potria, ab eo quod cæteri faciunt non abhorreret.* Hæc Augustinus de his qui ultra modum consuetudines suas custodire volunt. De his autem qui cito mutant consuetudinem, dicit in eadem epistola : *Faciat quisque quod in ea ecclesia ad quam venit invenit ; non enim quidquam eorum contra fidem est, aut mores fiunt hinc vel inde meliores. His enim causis, id est aut propter fidem aut propter mores, vel emendari oportet quod perperam fiebat, vel institui quod non fiebat. Ipsa quippe mutatio consuetudinis etiam quæ utilitate adjuvat, tamen novitate perturbat. Quapropter quæ utilis non est, perturbatione infructuosa, consequenter noxia est* (Num. VI). Hæc etiam dicit de his qui novas et alienas consuetudines sequuntur. Cæterum lectoris prudentia videat, quia et in tenendis ultra modum suis consuetudinibus et in sequendis alienis, potest schisma et perturbatio generari. Unde oportet unamquamque Ecclesiam ita vetera custodire, ut pro loco et tempore laxentur, et ita nova condere, ut ex novitate antiqua patrum auctoritas non violetur.

19. Vellem autem inter monachos uniuscujusque provinciæ, similiter et canonicos esse, ut invicem se sequerentur, ut qui in una provincia degunt, uno modo jejunarent, una consuetudine silentia tenerent. De his autem loquor qui in civitatibus et castellis habitant. Forsitan enim utrumque ita melius ac libentius teneretur ; quia si quis ea quæ ab omnibus tenerentur infringeret, se magis errasse fateretur, et forte citius corrigeretur. Sicut enim jejunium, quod a patribus observatum est, et ab omnibus ritu communi tenetur, melius ac libentius etiam inter laicos observatur, quam illud quod noviter inventum est, nec ab omnibus tenetur ; faciliusque redarguitur qui infringit ; ita credo fieret inter monachos et canonicos, si omnes observantiam unam sequerentur, essetque laudabilis supra

omne jejunium concordia, ubi omnes unam unius ordinis tenerent vivendi mensuram. Sed quia videmus etiam in uno loco alios solito more velle prandere, alios contra morem antiquum velle jejunare, oritur hinc sane rixa intolerabilis, quia alius ex auctoritate se credit facere quod facit, alius zelo justitiæ se credit accendi. Unde aliquando inter tales superbia et invidia nascitur, ut qui jejunare volunt contra non jejunantes superbiant, et qui non jejunant jejunantibus invideant. Proinde accedit gravior morbus, ut qui propter jejunium superbiunt, non contenti secum habitantes despicere, etiam alienos a suo proposito et Ecclesia, quia similiter sicut ipsi volunt non jejunant, despicere reformidant. Audivi enim quemdam, et nisi puderet dicere, plures vano tumore turgidos, detrahentes ordini alterius Ecclesiæ, et dicentes: Qualis ordo est, ubi sic prandetur, tam parum jejunatur, tam parum siletur, tot fercula sæpe sumuntur? Ad laudem Ecclesiæ suæ et ordinis hoc se putant dicere; sed vide quid inde incurrant. Primum ad cumulum superbiæ, et ut ita dicam fastigium, inde ducuntur, et tam alta fit ipsa superbia, ut videri non possit, et dum non advertitur esse superbia, creditur humilitas. Deinde dum despicitur proximus, contemnitur Christus. Redeat ergo quisquis talis ad se, non efferat se super se, ne despiciendo unum de his pusillis qui in Jesum credunt, de alto superbiæ cadat, et dignus Christi voce judicetur, cui mola asinaria de collo ejus suspendatur, et in mare projiciatur. Discat ab apostolo et abundare et penuriam pati; invitet etiam fratrem suum, si Ecclesia ejus patitur, ad id quod idem, ut bonum est, non manducare carnem et non bibere vinum, hoc est perfecte abstinere a cibis corporalibus, quantum uniuscujusque capacitas sinit, sciens etiam nihil abjiciendum ab his qui hoc adhuc aggredi nolunt, quod cum gratiarum actione percipitur. Noverit etiam non cibum, sed cibi appetitum in culpa esse. Nam et Esau vilis lenticulæ desiderio exardescens, qui sæpe venationes fastidiebat, eo desiderio primogenita perdidit; et econtrario David desideria refrenans, non vini, sed aquæ pocula captans, ipsam Domino sacrificando, se ipsum justificavit. Male ergo facit qui de vilibus cibis ventrem ingurgitat. Bene facit qui etiam de vilibus modum tenet. Bene etiam facit qui bona quæ in macello veneunt cum mensura et gratiarum actione sumit; deterior omnibus est, qui etiam quæcunque sibi deferuntur aut fastidit, aut pretiose vel laute confici gestit. Ascendat igitur qui potest, et sequatur abstinentiores, condescendat abstinens, et charitatem minus valido præbeat, ut infirmum fratrem exspectans, cum eo in perventione cursus gaudeat, ut uterque in via Dei obicem non sentiens, bravium æternæ remunerationis accipiant. Discant pusillanimes confortari. Discant fortes humiliari.

20. Ad postremum vero, ne illud omittam, quod ipsi monachi qui in urbibus et vicis morantur, sæ-

cularia sæpius tractare videntur, forensia judicia decernunt, servos habent et ancillas capitales, judicant, regunt, tuentur, filios servorum nutriunt servos futuros, terras hospitales habent, ad censum dant, reditus inde spirant et exigunt, causas singulorum veluti judices sæculares audiunt, leges suis terris et hominibus imponunt, quæ omnia sæcularia et minus religiosa esse videntur. De talibus tamen dicam quod sentio, non hoc credo ab eis inventum propter cupiditatem, sed propter servorum et hospitum utilitatem, nam videmus multos feroces dominos fugientes, sub dominio Ecclesiarum confugere, in quibus tuendis et defensandis non cupiditas ulla, sed misericordia est maxima; quodammodo enim cum fugitivos suscipiunt, urbes fugitivorum in possessione sanctorum, sicut ille antiquus populus, constituerunt. Si autem dicat aliquis non ideo debere monachos de sæcularibus se intromittere, illum admoneo qui hoc dicit, ut sobrius reprehensor sit, nec ante tempus quidquam judicet, quia lego et Jacob post amplexus desideratæ Rachelis, ad Liæ fertilis concubitum rediisse; id est illos qui gustaverunt dulcedinem contemplativæ vitæ, ad agenda opera vitæ activæ, non propter se, sed propter alios rediisse. Æqualem enim video esse misericordiam in defensandis pro posse ab iniquis pauperibus, et in nutriendis vel suscipiendis hominibus. Quod si quis reprehendit eos quæ pauperum sunt vel hospitum suorum suscipere, legat Dominum dixisse: *Reddite ergo quæ sunt Cæsaris Cæsari, et Deo quæ Dei sunt* (Matth. XII), nec miretur amplius si monachis reddant quæ Cæsaris sunt, quos fugitivi ipsi Cæsares propter tutamen sui et uxorum et filiorum et possessionum constituerunt. Non enim semper propter se monachi hoc agunt, sed propter ipsos, qui licet sæculares sint, tamen a sanctis viris auxilium protectionis exposcunt.

21. Sed dicat adhuc aliquis: Si ergo bonum est, ut eos sustentent, ut protegant, ut nutriant, quid est quod aliquando ipsos in carcerem mittunt, verberant, leges sumunt, sua auferunt? Ad hoc respondeo in his modum debere servari, ut in carcerem missi non deficiant, ut verberati a talibus non moriantur, ut leges dantes pauperes ultra modum non efficiantur, nec propter vindictam ista exerceant, sed propter correctionem cæterorum servorum et hospitum suorum, ut hæc videntes cæteri timorem habeant, et mala facere formident. Melius est enim et in ordinibus et in sæcularibus, ut unus vapulet et salvetur cum multis, quam ut effrenata humanitas, quæ vix etiam cum ei mala et plagæ pro criminibus inferuntur, se cohibere potest, accepta per misericordiam peccandi licentia, dispereat. In talibus etiam exercendis ipsi monachi modum debent aptum tenere, ne ipsi in his agendis mensuram excedant, ut appareat eos ad hæc non ex voluntate propria ferri, sed pauperum necessitati et utilitati consulere. Ad hæc etiam agenda

non debet infirma ætas laxari, nec noviter conversi ad hæc cito remitti, quia sæpe alta cedrus a statu concutitur, quanto magis novella planta, si vento sæcularitatis cœperit tangi, non citius eradicabitur ? Fortassis ista dicens aliquos sanctioris propositi viros offendo, sed hoc paci Ecclesiæ pro posse consulens dico, credens et sperans quod omnia quæ in Ecclesiis Christi in una fide manentibus observantur, summo pontifici placeant, nec oblationem uniuscujusque, quamlibet parva sit, pius sacerdos respuat, quæ de corde contrito et spiritu humiliato offeratur. Hæc de monachis qui in civitatibus et castellis et similibus locis manent diximus, alterius intellectum qui melius senserit amplectentes et lectorem deprecantes, ut si aliquid pravum diximus, non malevolentiæ deputet ; sed si quid boni scriptum est, diligat ; si vero aliquid mali, fidenter corrigat, et nobis, qui melius dicere nescimus, indulgeat.

III. *De monachis qui longe se ab hominibus faciunt, ut Cistercienses, et si qui sunt similes.*

22. Jam ad illos stylus recurrat, qui monachi nomen a turbis omnino segregati insigniunt, de quorum vita et instituto aliquid sinistrum suspicari non licet, nec inde loquentem, ne in laude ipsorum, quantacunque dixerit, peccet, timore oportet. Sunt enim in locis suis ita viventes, ut in carne manentes, quia carnalia deserunt et transcendunt, supra carnem esse jure dicantur. Miratur enim quisquis eos videt, humanæ infirmitatis tantam immutationem, nec jam esse de terra, sed esse in terra asseruntur. Intueamur tamen si alicubi in antiquis tale aliquid inveniamus. Scriptum est in libro Regum III quod Abdias minister regis Achab, tempore persecutionis et famis centum prophetas in speluncis per quinquagenos divisos aluit pane et aqua. Aiunt etiam Hebræi et B. Hieronymus assentit, quod ipse Abdias, qui inter duodecim minores annumeratur, et propterea datum ei esse Spiritum Domini, quod prophetas Spiritum Dei habentes paverit. Interpretatur vero Abdias *servus Domini*, quia vero habemus servum Domini prophetas pascentem, et habemus tempus famis et persecutionis, et centum prophetas pro perfectione, quia talis numerus in Scripturis divinis pro perfectione accipitur, et quinquagenos pro remissione, quia et in lege annus quinquagesimus remissionis appellabatur, eo quod in eo a servitute remittebantur, et possessiones recipiebant in jubilatione relaxabantur.

23. Intueamur quantum faveat antiqua historia nostro tempori, in quo si non idem forte, tamen simile quid agitur. Nam et in nostro tempore tales Dei servos illi qui terrena negotia habent, in abditis et remotis terrarum suarum locis mittunt, ut precum suarum effusione illorum peccata redimant et ut ipsi Spiritum Dei, sicut et illi, accipiant. Fit vero et hoc tempore persecutionis, quando regina impiissima Jezabel, id est *superbia* et *luxus sæculi*, servos Dei vehementer infestos habet, et quos-

cunque potest seducendo necat. Contingunt etiam hæc tempore famis, quando quæritur qui justitiam teneat, qui veritatem servet, qui aliena non rapiat, qui verbum Dei puro corde prædicet ei vix invenitur, ut impleatur etiam in vobis illud Isaiæ : *Immittam famem in terra*, etc. (*Ezech.* v). Et illud : *Pretiosior erit vir auro et homo simul obrizo* (*Isa.* XIII). Additur etiam quod centum paverit, ut perfecta charitas foras mittens servilem timorem, accipiat timorem castum permanentem in sæculum sæculi ; et ita Abdias, qui interpretatur *servus Domini*, fiat, et sicut ille prophetico dono participavit, sic iste servorum nutritor et institutor, eorum vitam diligens et imitari cupiens, ad hoc quandoque perducatur, ut quod illi agunt et ipse agat, et sic ipsorum spiritu inflammatus inardescat. Videmus sæpe tales homines, qui cum essent sæculares, et rerum affluentia et voluptatum copia abundarent, nec ab hominibus in eis esse aliqua virtus animi deprehenderetur, nisi hoc solum quod servos Dei instituebant et nutriebant, ad hoc venisse, ut pauperes effecti, pauperem Christum sequerentur, et tollentes crucem suam arctam et arduam vitam monachorum aggrederentur, et redderent homines humana tantum sapientes admiratos et stupidos in subitatione insperatæ salutis ; ita ut diceretur de eis : *Hæc est immutatio dexteræ Excelsi* (*Psal.* LXXVI). Novit enim Dominus qui sunt ejus. Nam et ipse Abdias persecutor esse S. Eliæ credebatur, eo quod minister regis persecutoris esset, et tamen quod amator esset etiam minorum servorum Dei, quam Elias, prorsus latebat. Divisi etiam sunt ipsi ab eo per quinquagenos in speluncis, quia charitatem Dei et proximi tales servi Dei in corde perfecte retinentes, quod significatur per speluncas, remissionem plenariam postmodum cum servis Dei ipsi Deo militantes assequuntur, quod per quinquaginta indicatur. Quomodo autem assequuntur ? Nunquid non assequuntur plenam remissionem, qui liberati a sæculari tumultu, soli Deo militant, et si quid molle, si quid dissolutum in domibus regum vel principum hujus sæculi in usu habuerunt, Agnum paschalem Christum succinctis renibus, id est restrictis hujus corruptionis illecebris comedentes, ab ubertate domus Dei inebriantur ? Sic enim dividuntur per quinquagenos, quia charitatem erga Deum habentes, prius ab eo remissionem accipiunt, et charitatis officia erga fratres tenentes, si quid aliqui tulerant, si quid mali fecerant, si quid dixerant, viso tanto professionis eorum decore, libentissime eis præterita peccata, quæ in se fuerant commissa, relaxant.

24. Diximus de eo et ejus similibus, qui prophetas abscondit, quantum profecerit, quid assecutus sit, quid de eis dicturi sumus qui absconsi sunt ? Intueamur ergo eorum vitam, qualis eo tempore fuerit, cum et charitate principis eis necessaria vir fortissimus subministrabat, et separatio a mundana conversatione tumultum omnem refrenabat. De abstinentia vero eorum si loqui voluero, superfluus

judicabor, cum ipsi pane et aqua, quod est commune et forte jejunium, uterentur, ut abstinenter viventes, in laudem Dei extenuarentur, nec cibis corpulentioribus gravati, pondere carnis impedirentur, sed graciles facti, corpore tenues, mente subtiles, spiritu qui in libro Sapientiæ subtilis et mobilis dicitur leves facti, ipsi replerentur. Sed et ipsi prophetæ, qui coram Eliseo propheta manebant, in quorum olla puer inscius mortiferum quid immisit, quam sobrie viverent, qui esuriem corporis herbis agrestibus depellebant? Non hoc dico quasi credam in his sumendis vel non sumendis justitiam esse statutam, cum hæc agentem præmia non sequantur, nisi ista pax et justitia et misericordia præcesserint; sed quia post illa et hæc agentem multipliciora Dei dona comitentur.

25. Inspice ergo homines illos nostri etiam temporis monachos similiter viventes, quam concors simul spiritus coadunaverit, ut unum spiritum habentes, simul viverent, unum sentirent, in nullo discrepare in alterutrum volentes similiter comederent, uno cultu et modo induerentur, ut animi concordia per exteriorem habitus consonantiam panderetur. Neque enim credo eosdem antiquos prophetas communi hominum habitu usos fuisse, ubi prout cuilibet, quisque vestem suam immutat; sed fuisse in eis existimo quod in monachis diversi ordinis inspicitur, qui multoties solummodo visi, nec interrogati, ex habitus indicio recognoscuntur, unde sint, vel cujus professionis, vel monasterii. Inde est illud quod invenio, regem Israel signa viri Dei Eliæ servos suos interrogasse, et quia vir pilosus et zona pellicea accinctus renibus pronuntiatus est, Elias Thesbytes esse a rege proclamatus est. Unde credo et inter illos qui in urbibus morabantur, et inter eos qui eremum incolebant sicut Elias, qui pilosus erat, aliquam etiam in habitu habuisse distantiam; ut in his qui juxta homines morabantur, quædam morigera et moderatior vestis esset : hi vero qui eremum incolebant, in testimonium rigidioris instituti, hispidas et duras vestes haberent. Neque enim credo Isaiam et Eliam uno habitu prophetasse, cum ille esset nobilis et urbanus, et ut legitur, regis Ezechiæ socer, hic vero populorum catervas frequenter fugiens, rigidius vixerit; sed de habitu sive istorum sive aliorum, ut in præfatione promisimus, alias Deo donante dicemus.

26. Sed qui de abstinentia prophetarum et monachorum vel de habitu loquimur, quid de charitate, de misericordia, de eleemosyna et hospitalitate et cæteris virtutibus dicemus? Superfluum credo inde multum loqui, nisi ut inde alii accendantur, cum ad tales adventantes magis in servis Dei ista experiri contigerit, quam nos aliquid verum loqui. Susceptus est a prophetantibus benigne Saul, etiam cum sanctum David persequeretur, et facto ipso Spiritu Dei prophetavit, et invitus pronuntiavit, quod Apostolus dicit, quia vere Deus in vobis est. Suscipiuntur etiam a monachis similiter ut prophetæ viventibus, qui eis sua auferre moliuntur ; ita ut audierimus a quibusdam, quod illi qui rapere venerant, vel rapaces exstiterant, viso humilitatis eorum proposito, vel monachi facti remanserint, vel accusantes se ipsos quod talia assequi dona digni fuerint, pacifici ad propria recesserint. Operantur etiam ipsi quæcunque sibi a prælatis injunguntur, cum tanta benevolentia, ut jure de eis dici possit, quod nullum eos transeat virtutis vestigium.

27. Intuere mecum etiam Dominum meum Jesum, si forte alicubi tale aliquid vel huic simile fecerit. Dicit Evangelium, quia facta die egressus ibat in desertum locum, et turbæ requirebant eum. Dicit et alibi : *Factum est autem in diebus illis exivit in montem orare, et erat pernoctans in oratione Dei* (*Luc.* vi). Primo intuendum locum, « et turbæ requirebant eum, et venerunt usque ad ipsum, » et si forte monachorum a turbis segregatorum vitæ hoc factum Domini Jesu possimus inflectere. Ante enim ab evangelista describuntur morborum et febrium in socru Petri et aliorum curationes necnon dæmonum dicentium *quia tu es Filius Dei* (*Matth.* xvi) expulsiones, et hoc cum sol occidisset, et post mane facto, iter ejus in desertum describitur, quot ergo sunt febres quibus meus Jesus imperavit ? qui morbi quos curavit ? qui dæmones quos ejecit, nisi incentiva vitiorum, quæ respectu suo et jussu exstinguit, curando medetur, ne non bene sanata iterum putrefiant, et spiritus maligni in corde peccatoris per incuriam nidificentur ? Hoc maxime convenit monacho, ut purificetur ab his, cum Jesu facto sibi die, id est illuminato corde, in desertum exeat, turbam vitiorum penitus et illius mundi qui in maligno positus est consortium simul et dominium relinquat, ut postea proficiens, et non jam sui curam solum, sed etiam aliorum habere sufficiens, a turbis pro iniquitate sua turbatis, et quid faciemus inquirentibus, requiratur, et retentus dicat, *quia et aliis civitatibus oportet me evangelizare regnum Dei* (*Luc.* iv), id est aliis turbis vel aliis ovibus, quæ adhuc non sunt de monachorum ovili et futuræ sunt, convenit dicere, ut se suosque sequaces imitentur. Sicut enim cum Antonio interiorem eremi partem penetrabit, ibi et angelorum contra dæmones auxilia, et hominum se propter Deum sequentium consortia habere merebitur.

28. Intuere adhuc si non illud etiam implebit, quod superius de Evangelio a Jesu factum posuimus. *Factum est autem in diebus illis exivit in montem orare, et erat pernoctans in oratione Dei* (*Luc.* vi). Hic etiam inspiciendum est, quo ordine id fecerit. Nam ante hoc factum, in Sabbato Jesus hominem qui habebat manum aridam curavit, et ante inutilem ad bene operandum laxavit, ut profecto ostenderet, et a malis operibus feriandum tanquam in Sabbato, et rursus ad bene operandum manus omnes, id est operationes debere extendi. Unde et illi homini qui sanatus est dicitur : *Extende manum*

tuam (*Matth.* xii), id est ad bona opera a quibus sabbatizabas te exerce. Cum vero bene operatus fueris, tunc cum Jesu in montem exeundum est ad orationem, et ibi pernoctandum in oratione Dei in excelso mentis, quasi in monte positus excelsum Deum sequatur, et exiens a corporalibus, ad summa et cœlestia rapiatur, et ibi pernoctans, id est in tota vita sua manens, quæ bonis omnibus respectu supernæ lucis non dies, sed nox est, semper ut exuatur a corpore exspectet et oret. Sic enim cum patre suo Benedicto totum mundum ante se positum quasi parvam sphæram intuebitur, et in visione Conditoris cum ipso dilatabitur.

29. Sit autem in hujusmodi servis Christi, sicut esse confidimus, fundamentum veræ humilitatis firmum et solidum, ut quantum Christo qui est fundamentum totius Ecclesiæ propinquiores esse creduntur, tanto magis humilentur, ne forte super arenam collocati, facili impulsu invadentium tentationum ruant, sed Christo inhærentes, et cum Christo lapides fortes cœlestis ædificii facti, alios invalidiores et infirmiores portare sufficiant. Observabunt autem, ut credimus, quia servi Dei sunt, ne alterius ordinis ecclesiastici viros, licet minus validi sint, despiciant, nec alta de se sapient, sed humilibus consentient.

IV. *De monachis qui sæculares dicuntur, quorum professio nulla est.*

30. De monachis autem qui dicuntur sæculares quid dicam non invenio, quia nec professionem monachi sequuntur, nec eorum vita usquam describitur. Ex magistrorum enim negligentia, et ex rerum copia et aliquando etiam inopia magis hæc vita incrementum accepit. Contingit enim aliquando ut rerum affluentia dissolutione pariat, et dum nihil temporale deest, sollicitudo et animi fortitudo protinus abest. Evenit etiam sæpe, ut cum in abbatis manu necessaria desint, quæ monachis dentur, non audeat eos pro dissolutione aliqua vel delicto redarguere, et ita fit, ut cum terrena a monachis inordinate quæruntur, ordinis districtio et æternorum præmiorum cura relinquatur. Bene igitur facient utrique si se corrigant, si nomen monachi quod portant honorent.

V. *De canonicis qui se ab hominibus constituunt, ut sunt Præmonstratenses et Sanctijudocenses.*

31. His igitur de monachis paucis pro viribus præmissis, ad canonicos veniendum est. Quorum ordo, refrigescente multorum charitate, quondam tepuerat; sed nostra ætate gratia Dei aliquantulum jam refloruit. Cujus autem auctoritatis sit eorum ordo et professio, Domino donante, pro posse ostendere tentabimus. Primum igitur intuendum est, quod iste ordo jam tripartitus habeatur, ita ut alii a turbis omnino conversatione et habitu et habitatione quantum possunt segregentur; alii juxta homines positi sint, alii inter homines habitent, unde et sæculares appellantur. Videndum est etiam quid canonici nomen insinuet. Canon enim intelli-

gitur *regula*, et canonicus dicitur regularis. Unde autem hic ordo initium sumpsit? an forte ab apostolis? Et hoc ex parte verum est, quia sic illi debent communiter vivere, et nihil proprium possidere. Sed est quod altius perscrutari posset. Ipsorum est enim populos docere, decimas accipere, oblata in domo Domini suscipere, delinquentes redarguere, correctos et pœnitentes ecclesiæ reconciliare, et alia quæ in lege antiquitus observabantur, etiam nunc in Ecclesia nostri temporis observare. Legamus in libro Numerorum, si forte invenire poterimus in eo canonicorum prætensam speciem. Describuntur enim in illo libro officia levitarum, quos Deus assumpsisse se dicit medio filiorum Israel pro primogenitis eorum, ut in tabernaculo ejus ministrarent, de quibus erat et summus pontifex. Describitur etiam quid Gersonitæ agere debeant, quid Caathitæ, quid filii Merari, et quidam eorum in tabernaculo fœderis intrare dicuntur coram summo pontifice, et involuta portare, et alii cortinas et operimentum et tentorium et omnia quæ pertinent ad altare, funiculos et vasa ministerii, et alii tabulas tabernaculi et vestes ejus, columnas et bases earum, columnas atrii cum basibus et paxillis et funibus, et omnia vasa et supellectilem. Si de omnibus his vel aliis quæ ibi scribuntur rationem reddere voluerimus, tenuitas ingenioli deficiet. Unde ad sanctos doctores lectorem remittimus. Unum tantum est ut intelligatur, quia sicut in veteri lege levitarum erat officium sanctificata custodire, et ferre, et mundare; sic et in hoc tempore canonicorum esse credo similia agere, nec quemquam ad ministerium ecclesiæ debere admitti, nisi qui regulariter et honeste vixerit, quod nomine ipsius canonici indicatur. Sicut enim in veteri lege Levitis vivendi est regula præscripta, quis quid agere debeat, nec ad aliud vacare licebat, nisi ad quod erat ordinatus, nec aliis licebat eorum officia tractare: ita credo et in hoc tempore faciendum esse. Videamus ergo si forte in his tribus familiis Levitici ordinis tripartitum ordinem canonicorum invenire valeamus, seposita summi pontificis familia, quæ hujus temporis summum pontificem, et episcopos sine dubio præfigurabat, et potestatem et dignitatem eorum prætendebat.

32. Primum igitur de illis canonicis loquamur secundum lectionis numeri significationem, qui longius ab hominibus secedunt, et actu et vita et conversatione quantum possunt ab eis longe se faciunt, ut liberius Deo ministrent. Inspiciamus igitur officia Caathitarum, qui a summo pontifice et filiis ejus arcam testamenti et altare aureum et candelabrum et mensam et digniora vasa involuta portare jubentur, et sanctuario interiori post familiam summi pontificis propinquius, quam Gersonitæ et Meraritæ deserviunt: ita ut intrent in interiori sanctuario, et involuta a summo pontifice vel filiis ejus portanda suscipiant. Isti ergo filii

Caath, quanto propinquiores erant interiori sanctuario, tanto longe fiebant a populo. Unde non immerito his comparantur canonici illi, qui sicut levitæ illi officia ecclesiastica suscipiunt, et longe ab hominibus secedentes, propinquius sanctuarii interioris vasa, id est contemplativæ vitæ gaudia secum vehunt, quibus etiam Caathitarum nomen convenit. Caath enim interpretatur *pœnitens* sive *dolens*. Tales enim prius compunguntur timore, postea amore, et de factis suis malis primum pœnitentes et veraciter flentes, postmodum a triginta annis et supra, id est a perfectione virtutis et credulitate sanctæ Trinitatis in Ecclesia sacros ordines suscipiunt, ut bene meritos quinquagesimus annus suscipiat, et liberati a voluptatibus carnis, vasa Dominica non onerati humeris deferant, sed justificati et probati custodiant.

33. Est etiam in his secundum lectionis Numeri tenorem ordo dispertitus, ut a summo pontifice dividatur unicuique onus quod portare quis debeat. Unde conjicere possumus, quod quidam eorum sanctiora pro sanctitate vitæ portanda suscipiebant, et alii qui minus validi in virtutibus habebantur, minoribus officiis deputabantur. Eadem enim familia quæ altare aureum, et candelabrum et mensam, et ipsam etiam arcam portabat, in sequentibus hyacinthinas pelles, et vectes, et lucernas, et forcipes, et emunctoria, portare perhibetur, necnon fuscinulas, et tridentes, uncinos et batilla. Intuere ergo quod similis forma in ordinibus canonicorum, qui longe ab hominibus secedunt, jam custodiatur, quando et ipsi de populo Dei tanquam Levitæ assumpti, non æqualiter sacros ordines suscipiunt. Sed aliqui eorum ad ministerium sacerdotale attolluntur, aliqui ad diaconatus officium promoventur, nonnulli ad subdiaconatus gradum asciscuntur, aliqui etiam in acolythorum, exorcistarum, ostiariorum, lectorum ordine deputantur, vel ad extremum alii minus ad hæc agenda idonei, in Ecclesia tantum ad clericatum suscipiuntur, unde etiam inter suos conversi appellantur. Qui vero in suo ordine profecerit, seniorum judicio, qui ante in minori ordine locatus fuerat, ab episcopo tanquam ab Eleazaro majorem ordinem suscipit.

34. Præter hæc etiam officia, quæ ab universali Ecclesia exposcuntur, sicut in ordinibus dicitur, quod non illa aut illa Ecclesia exposcat, sed postulat sancta mater Ecclesia; sunt alia officia quæ pro vitæ merito unicuique distribuuntur, ut inde serviant non universæ Ecclesiæ, sed fratribus suis, et hospitibus, et peregrinis, veluti est quod unus eligitur in abbatem, alter subrogatur in priorem, alter in eleemosynarium, vel coquinarium, vel cellerarium, et ut ad viliora descendam, alter alendis pecoribus deputatur, ut impleatur in eis etiam illud quod scribitur de Caathitis : *Filiis autem Caath non dedit plaustra et boves, quia in sanctuario serviunt, et cœra propriis portant humeris* (*Num.* VII); sic et canonici qui longe ab hominibus secedunt, propriis humeris onera portant, cum et spiritualia quibusque servis Dei ministrant, et in carnalibus sibi ipsos ministrantes, victum sibi de manibus acquirunt, onera propriis portant humeris, cum et Deo militant in ejus sanctuario, id est in sancta Ecclesia servientes, et quasi in utroque fortes et jugum Christi portant, nec a fidelibus decimas vel redditus, quod sacerdotum vel canonicorum, clericorumve est extorquent, licet aliquando datæ suscipiant, illos profecto imitantes, qui accepta potestate vivendi de Evangelio quod prædicabant, laborabant tamen manibus suis, ne quem gravarent.

35. Intuere etiam Dominum Jesum si aliquid egerit simile, et si forte quidquam quod canonicorum talium factis assimiletur, aliquo actu perpetraverit. Et quia tales canonicos filiis Caath comparavimus, qui tamen in ordine minorum sacerdotum erant, præter summi pontificis familiam, non indignum videatur si utrisque Jesus noster comparetur, qui minoratus est etiam paulo minus ab angelis, et didicit ex eis quæ passus est, obedientiam, ut esset sicut Caathitæ, non in se, sed in membris suis ab Eleazaro filio summi sacerdotis, qui interpretatur *Deus adjutor meus.* Pergens igitur ad passionem, susceptus est a Judæis, et eductus, et bajulans sibi crucem, exivit in eum qui dicitur Calvariæ locum, Hebraice *Golgotha*, ubi eum crucifixerunt. Primum vide ordinem, quem etiam hic observavit Jesus. Nam et familia Caath, ut supradictum est, in majores et minores sacerdotes divisa erat, et pontifex summus ex eadem erat familia. Sic et Jesus fecit, obediens existens Patri usque ad mortem, mortem autem crucis (*Phil.* II). Prius portavit crucem, sibi quasi filii Caath altare aureum, ut ipse dignus existens summo sacerdotio, postea aram illam crucis, quæ omni auro et omni mundo pretiosior est, ascenderet, ut dolens pro nobis, et vulneratus propter scelera nostra, taliter gradu summi sacerdotii juste potiretur, et acciperet nomen quod es super omne nomen (*ibid.*).

36. Tu ergo qui canonicus es, et ob vitæ et professionis tuæ decorem longe te ab hominibus faciens, et propter hoc forsitan in sanctuario propinquis ministrans, vis gradatim vel virtutes Jesu vel ecclesiastica sacramenta suscipere, ut ordo familiæ canonicalis exposcit, imitare et intuere Jesum meum non subito summa petentem, sed gradatim ad summa tendentem. Porta tibi cum illo crucem et ipsum sequere, et carnem tuam, si Christi es, cum vitiis et concupiscentiis crucifige, et exiens cum illo extra castra, totum te in Calvariæ loco cruci affige, et quasi calvus totum caput, id est principale illud mentis tuæ a terrenis habens denudatum improperium ejus portare gaudeto. Taliter etiam conveniet tibi nomen Caath, qui alia interpretatione dicitur *molares dentes,* vel *patientia.* Ruminans enim dentibus interioris hominis tui verbum Dei, et confringens subtiliter, ut possis illud glutire, et memoriæ commendare, patientiam habens erga detractores

persecutores, et findens ungulam benignus in Deum, benignus in proximum, et ruminans Dei Verbum, non sicut qui deglutit illud, ita mundum animal fies, et Jesu Christi comedens carnem et sanguinem bibens mutaberis in ipso, et membrum corporis ejus efficieris.

37. Quod si quis objiciat Caathitas etiam aliis canonicis, vel sacerdotibus, vel ministris posse comparari, et rursum Dominum Jesum crucem sibi bajulantem omnibus fidelibus suis, qui crucem ejus in se portant, posse conferri; et ego consentio, et hæc dicentem approbo. Sed non cuiquam grave debet videri, si illum propinquiorem sanctuario interiori judico, qui majorem laborem pro Christo assumpsit, vel si illum paulo amplius Christo consimilem, quam me in ejus cruce portanda dixerim, qui majorem quam ego oneris illius piissimi partem arripuit. Cum enim me amplius vigilant, jejunant, laborant, algent, et ut ad digniora veniam, cum humiliores et pauperiores pro Christo sunt, sub sarcina illa piissima quasi altiores et fortiores in medio curvatos intueor; me autem cum ipsis sub ipsa sarcina quasi humiliore humeros submisisse, et manus posuisse, et brachia tetendisse, ut infirmior quod possem facere aspicio. Sunt enim ipsi tales, qui humilitatem integre et pure custodiant, ita ut quæ viliora pro fratribus agant, stabula, ut audivimus, mundantes, et cætera contemptibilium servorum officia perficientes. Non enim dedignantur stabula, vel boum, asinorumque præsepia mundare, cum legant in Evangelio Dominum suum propter nos in præsepio dignatum jacere. Sectantur etiam et ipsi tantum circa adventantes hospitalitatem et humanitatem, ut Abrahæ et Lot consimiles jure dicantur, qui aliquando angelos susceperunt, quia hospites dilexerunt. Habent etiam in victu et vestitu tantam austeritatem, ut Joannem Baptistam imitari videantur, qui natus de sacerdotali stirpe, consortia sæcularium fugiebat, et pilis cameli zonaque pellicea vestiebatur, et mel silvestre comedebat. Ne vero per multiloquium peccatum incurrant, juge silentium tenere, vel pauca loqui dicuntur, ut cultum justitiæ omnino sequantur. Laudo professionis hujus magnanimitatem, prædico erga corporis austeritatem, amo tantam eorum humilitatem, sed modum in omnibus tenendum esse pronuntio. Cum enim audio sacerdotes et ipsum etiam abbatem in hoc ordine canonicorum, qui longe vita et conversatione a sæcularibus se faciunt, in illo etiam ordine monachorum qui similiter secedunt, de quo superius tractavimus, lac de ovibus suis mulgere, stabula mundare, vix possum credere, sed tamen cum hoc vel tandem credo, humilitatem eorum veneror et admiror. Video enim illos hæc ideo agere, ut superbia in eis omnino confundatur, et humilitas erigatur.

38. Vellem tamen eos qui circa altare quotidie ministrant, et maxime illos qui quotidie pro officio sacerdotii corpus Christi tractant, ob reverentiam ipsius corporis, quia nihil mundius esse potest, ita non agere; sed aliis qui ad illa officia suscipienda in Ecclesia adhuc idonei non sunt, hæc agendo relinquere. Nam et in libro *Numerorum*, de quo superius aliqua memoravimus, cum secundum Dei præceptum tribus Levitica numeraretur, et ab uno mense et superius numerus ipse inciperet, et usque ad xxii millia surgeret, tamen non sunt inventi a xxx annis et supra usque ad L annum, nisi octo millia quingenti octoginta, qui ad ministerium tabernaculi vel altaris possent assumi, quod igitur de his qui minores natu erant dicemus? Nihilne illi qui annorum erant xv et xx egisse dicendi sunt? Credo et illos, et credendum est virtutum habuisse exercitia, ut in minoribus probati et exercitati, decimas frustra non comederent, sed patribus suis obedientes et humiliter obsequentes, illis laxatis ab officio, unusquisque pro vitæ merito patri succederet. Ita et hic potest fieri, ut si sunt aliqui fratres in Ecclesia, qui ad illa sancta tractanda adhuc minus idonei sint, in istis quæ humilitatem exerceant, et superbiam frangant, exerceantur, ut postea emeritis senibus quiescentibus, et vasa, id est ministros ipsos vel fideles quosque custodientibus jure succedant. Illi vero sua officia quæ munditiam maxime expetunt, in omnibus honorent.

39. Quod si mihi dicat aliquis, quia omnia munda mundis. Et ego faveo, sed requiro utrum indumenta illa quibus ad altare accedunt, munda etiam exterius esse debeant, vel qua cura corporalia et mantilia seu manutergia tractanda sint. Si vero munda ea esse oportet, sicut etiam in accipiendis ordinibus subdiaconis injungitur, ut ea munda faciant, quanto magis manus quæ corpus Christi conficiunt, tangunt, elevant, portant, amplectuntur, aliis tribuunt, mundæ exterius servandæ sunt? Quod si nfundare eis domos placet, habent etiam ipsi in hoc officium suum, ut mundare debeant ecclesiæ pavimenta, non equorum stabula. Lege in libro Machabæorum, ubi elegit Judas sacerdotes sine macula, voluntatem habentes in lege, et mundaverunt sancta. Sanctus etiam Hieronymus in *Commentario Matthæi* sacerdotibus exprobrat, quod cum debuissent parietes levigare, pavimenta verrere, vasa mundare, tunc faciebant consilium quo modo occiderent Dominum. Ecce habes in mundandis ecclesiæ parietibus vel pavimentis antiquorum exemplum, quos imitari humilitati non erit inimicum, et munditiæ reverentiæque, quæ corpori Christi etiam in exterioribus debentur, non erit adversum.

40. Quod si dicat aliquis ablutione aquæ illas sordes supra memoratas cito mundari, quid erit si talia inhæserint, quæ non cito recedant? Et quid de vestimentis quotidianis, cum quibus necessario ad altare acceditur, si talibus sordibus inficiantur? Non enim quotidie possunt ipsa mutari. Si vero dicat adhuc aliquis in interioribus, non exterioribus debere esse munditiam, et quia Jesus in regione nostra sordes exteriores, sicut famem et sitim pro

nobis pati non repudiavit, amplector quidem humilitatem; sed dico sputa Judæorum jam non esse in facie Jesu quæ pependit in ligno, nec me tale corpus Christi sumere, quale fuit cum esset passibilis, sed tale quale nunc est cum sedet ad dextram Patris. Tale corpus Christi credo, teneo, amplector, sumo, in visceribus interioris mei trajicio, et corpus illud intus et exterius, sicut animam ejus mundum præ omni munditia esse pronuntio, et amo circa corpus ejus venerationem, cujus caro non vidit corruptionem. Si autem placet eis tanta humilitas et sui dejectio, placeat eis et meus circa corpus Christi cultus et devotio; sed si prætendant nobis ex regula sua laborem manuum sibi injunctum; sunt multa quæ cum reverentia illa Dominici corporis possunt exerceri, ut est fodere, ligna et segetes cædere, plantare, seminare et his similia.

41. Non hoc dico quasi reprehendam eorum humilitatem, quæ custos est cæterarum virtutum, quæque talibus indiciis propaletur; sed ostendo meam circa corpus Christi devotionem. Ipsi vero si aliud aliter sapiunt, hoc quoque illis Deus revelavit. Sane de Regula illa, quam plurimi canonicorum, quia sic intulatur, B. Augustini esse affirmant, audeo certum aliquid definire. Si enim dixero illius non esse, titulus ipse, qui ubique nomen Augustini tenet, contradicet mihi. Rursus si affirmare voluero illius esse, duo sunt quæ objici possunt, et a pluribus dicuntur, quia nec in libro Retractationum, ut ejus plures libri, posita est, nec modus verborum et styli gravitas illius Aurelii fuisse comprobat, quæ in illa Regula plurimum desunt. Certius est illud quod de vita sua in libro Confessionum ipse ponit, quod factus presbyter monasterium clericorum mox instituit, et cœpit vivere secundum Regulam sub sanctis apostolis constitutam; et illud quod de vita illius Possidius discipulus ejus scripsit. Nemo ergo pro Regula illa socium viæ Dei esse prævaricatorem credat, quam illius auctoris fuisse multi dubitant. Sit vero omnibus canonicis unus affectus observandi quid quisque voverit, vel quod unusquisque in sua ecclesia, quod religioni non obviat, invenit.

VI. De canonicis qui juxta hominum conversationem habitationem habent, ut sunt Sancti-Quintinenses, de Prato, Sancti-Victorienses.

42. Quoniam in superioribus post monachos diversi habitus et ordinis, de canonicis, qui longe se ab hominibus faciunt, pauca pro viribus diximus, nunc ad illos canonicorum mores et ordinem veniendum est, quos quasi in medio positos inspicere possumus, ut nec sicut illi qui longius secedunt consortia hominum mundanorum omnino fugiant, nec sicut illi qui sæculares dicuntur, cum hominibus habitationem suam communicent. Proponuntur enim et isti ad morum humanorum correctionem, ut mali videntes eorum vitam a malitia convertantur, et conversi vel talem vitam aggrediantur;

vel si aggredi non possunt, diligendo et pro posse imitando, et eleemosynas impertiendo, pro susceptione justi, et pro calice aquæ frigidæ saltem dato in nomine discipuli mercedem utriusque accipiant. Et quoniam illud quod in libro Numerorum de tribu filii Levi scriptum est, per figuram canonicorum vitæ servire posse superius memoravimus, et remotos canonicos filiis Caath assimilavimus, nunc intueamur si Gerson vel filios ejus, qui quasi in medio positi videntur, tali canonicorum ordini per similitudinem æquiparare valeamus.

43. Ac primum quid nomen Gerson innuat attendamus. Interpretatur autem Gerson advena ibi. Intende diligentius, et tali nomine perspecto, si quid congruum vel officiosum inveneris, studiose notato. Intuere illum qui ait: ut incola ego sum apud te et peregrinus, sicut omnes patres mei (Psal. xxxviii), et intelligere poteris servos Dei ubicunque sint, dum in corpore sunt, peregrinari a Domino, et veraciter dici posse apud Deum esse peregrinos, qui sequuntur, ut comprehendant, et in via Dei cum Deo et apud Deum ambulant, ut ad ipsum pervenire valeant; patres vero suos in hoc imitantur cum illorum vitam inspiciendo, quam longe a mundi voluptatibus sese fecerint, similia operando filios eorum se esse operibus ostendunt. Advenæ igitur sunt ibi, cum et Deum sibi locum faciunt, et longe se adhuc a cœlesti patria esse cognoscunt. Si vero melius tibi placet, ut quod dicitur Gerson interpretari advena ibi referatur ad illud quod sancti viri habitant sæpius juxta homines mundanos, et ibi tanquam advenæ non tanquam indigenæ morantur; quia eorum conversatio non hic, sed in cœlo est. Habes et in hoc versum propheticum consonantem, ubi orat et dicit: Incola ego sum in terra; non abscondas a me mandata tua (Psal. cxviii). Si vero advena ibi referatur de servo Dei ad ipsum Deum, sive de servo Dei ad mundum, utrumque illi servo Dei congruit, quia et in hac vita Deum sequitur, nec ut capit plene consequitur, et ideo apud Deum peregrinatur, et inter homines tanquam advena habitans, incolatum suum prolongatum esse, et habitationem in Cedar, heu! clamando congeminat. Si autem hanc interpretationem advenæ ad unumquemque fidelem inflectere possumus, quanto magis ad illos, qui hoc non solum vita et moribus tenent, sed etiam ipso habitu et conversatione, necnon etiam loco, ut nihil ab eo quod dicitur Gerson, id est advena, ibi discrepare videantur? Habet ergo hæc interpretatio cum canonicis qui in civitatibus vel castellis vel villis habitant, nec tamen habitationi hominum sese immiscent, aliquam consonantiam, quæ et proprie de illis dicatur, et a cæteris fidelibus non removeatur. Et quia de loco et modo habitationis fecimus mentionem, sicut superius de monachis qui in civitatibus vel castellis degunt diximus, ut officinæ eorum habitationem hominum non respiciant, ita hic canonicis similiter faciendum esse decerno, et istis,

id est canonicis rationem illam quæ de monacho- A tabernaculi, cortinas atrii et velamen in introitu,
rum habitatione reddita est, custodiendam esse quod est ante tabernaculum, portare memoran-
pronuntio. tur.

44. Considerato igitur nomine Gerson, et inter- 45. In hac trina divisione Gersonitæ partiti, pos-
pretatione discussa, intelligi, ut credo, jam potest, sunt significare canonicos qui in Ecclesiis quæ juxta
quod Gersonitarum nomen a canonicis talibus, qui homines sunt professionem serviendi Deo faciunt,
incolatum mundi actu et loco profitentur, non mul- quorum quidam ab episcopis ordinati ad communes
tum discrepare videatur. Jam vero officia Gersoni- ordines Ecclesiæ, sub manu abbatis sui, quasi sub
tarum quibus in tabernaculo ministrant conside- manu Ithamar filii summi sacerdotis, vivunt, et
remus, si forte canonicis talibus eorum onera vel provida dispensatione, prout ipse abbas unumquem-
opera aptare valuerimus. Primum ergo inspicia- que valere novit, unum introrsum, quasi circa almus quod a triginta annis et supra usque ad an- tare et circa vasa ministerii manere præcipit; alium
num L, id est a perfectione virtutis usque ad morti- vero nec totum interius, nec totum exterius, quasi
ficationem carnis et membrorum quæ sunt super ad cortinas et ad tectum fœderis, quæ quidem, ut
terram, ministrare præcipiuntur, et quid postea credo, in loco interiorum erant, sed de longe vi-
sequatur intendamus. Considerandum etiam est, B deri poterant pro merito vitæ deputat. Alium au-
quod sicut Gersonitæ pro dignitate vitæ a summo tem quem in exterioribus valere conspicit, quasi ad
sacerdote vel filio ejus Ithamar onera suscipiebant: tentorium quod pendet in introitu fœderis taber-
ita et isti ab episcopo, prout quisque profecerit, naculi et ad cortinas atrii fidenter relaxat, et ut
vel in acolytorum sorte, vel subdiaconorum gradu, manifestius fiat quod dicimus, unus in claustro
vel diaconorum dignitate, vel sacerdotum vigilantia retinetur, ut in interioribus Deo serviat, alius in
promoventur. Et ne te turbet quod dicimus, inspice eodem loco curas fratrum suorum et hospitum vel
diligentius lectionem Numeri et invenies alium quasi peregrinorum suscipit, alius equidem ad obedien-
digniorem ea quæ ad altare pertinent et vasa mi- tiam longe et ad parochiam dirigitur.
nisterii deferre, velamen hyacinthinum, aliumque
cortinas tabernaculi, et tectum fœderis, et similia 46. Et quia de parochiis quas ipsi suscipiunt su-
portare, et ut ad minora descendam, alios cortina- sceptasque regunt fecimus mentionem, dignum est
rum atrii et velaminis quod in introitu est taber- ut de hoc pauca dicamus. Nam audivi plerosque
naculi, funiculorumque portitores. Et ne putes indif- sacerdotes vel clericos laudantes quidem ordinem
ferenter eos ista vel alia portare, subinfertur: *Et* talium canonicorum, sed murmurantes, quod qui
scient singuli cui debeant oneri mancipari (Num. IV). C sæculum reliquerunt, rursus ad sæculi homines
Unde convenienter conjici potest, quod pro vitæ curandos remittantur, quasi dignum non sit eos
merito onerum erat distributio. Similis forma sæcularia negotia vel propter se vel propter alios
custoditur etiam nunc cum ab episcopo tales cano- tractare. Quapropter illud primum intuendum est,
nici ordines sacros, prout dignum videtur, quisque quod eadem familia Gersonitarum cortinas atrii in
sortitur, et gradatim ad sacramenta ecclesiastica ministerium suscipit. Atrium itaque extra taber-
promoventur. Si vero te movet quod istos cano- naculum erat et prope tabernaculum. Nam et atria
nicos Gersonitis assimilamus, vigilanter attende, et domus extra domum sunt et juxta domum, domui-
illorum in lege ritum et istorum similiter proposi- que inhærent, ut nullus de domo egredi possit vel
tum, et intelliges multam esse in utrisque conve- ingredi, nisi per atrium quod domui jungitur. Et
nientiam, quam etiam me non piget aliquatenus attende quod illi qui cortinas atrii ferebant, illorum
disserere, et quia illi sacrorum vasorum et omnium vitam, qui subtiliter ad ecclesiam venientes inve-
quæ ad altare pertinent portitores fuisse memoran- stigant, significare possunt. Illud etiam inspice,
tur, intueantur quam congruum sit canonicis, qui quod hæc familia cum vasis altaris, cum funiculis
in civitatibus et castellis et villis habitant, ut juxta D et vasis ministerii, nonnisi cortinas et tectum, sive
homines manentes ad interiora quæ significantur, velamina, vel tentoria et cortinas ibidem atrii por-
et per ea quæ ad altare pertinent, et per vasa mi- tare memorantur, quæ omnia subtilia fuisse, si
nisterii propter se ipsos resideant, et rursus pro- *Exodum* legeris, invenies; et quia similitudinem de
pter alios ad exteriora respiciant. Intuere etiam hac familia ad canonicos qui juxta homines sunt
sagaciter onera Gersonitarum, licet in illo libro in- trahere voluimus, primum intueamur officium fami-
differenter, ut credo, ponantur, quia aliqui eorum, liæ illius quam mundum fuerit, et quam subtile.
ut dixi, interiorum, ut sunt illa quæ ad altare per- Quid mundius poterat inveniri cortinis tabernaculi
tinent, curam habent; aliqui autem cortinas taber- cum factæ sunt, quid subtilius? Forsitan omnium
naculi portantes et tectum fœderis, operimentum servorum Dei munditiam præfigurabant, et subtili-
aliud non ita in interioribus, ut priores, morantur, tatem sive in Scripturis intelligendis indicant, sive
illi scilicet qui vasa ministerii et ea quæ ad altare in moribus coercendis vel suis vel aliorum, ne ab
pertinent ferunt. Nec illi ergo Gersonitæ relin- irruente iniquitate tanquam interiora tabernaculi a
quantur, qui pene expositi et interiora pene relin- tempestate lædantur. Si igitur omnia hæc mundi-
quentes, tentorium quod pendet in introitu fœderis tiam et subtilitatem servorum Dei indicant, quanto
magis illorum, qui hoc et opere exercent et habitu

vel habitatione testantur? Si enim tales canonicos prudenter inspicias, et eorum professionem consideres, invenies eos qui ex his intus in claustro resident, actus suos sociorumque subtiliter investigare, ne quid sit quod oculos divinæ majestatis offendat, eos etiam qui exterius, vel propter obedientiam vel parochiam mittuntur, subtiliter vel suos actus vel sibi commissorum pensare, et super omnia circa ministerium altaris munditiam tenere. Si igitur, ut præmissum est, illi Levitæ qui cortinas atrii ferebant, eos canonicos præfigurare possunt, qui exteriorum hominum facta subtiliter pensant, jam non erit absurdum, si canonici ipsi populum regant, qui eorum facta discutere, et sui officii respectu munda facere noverunt.

47. Si autem requiratur quare et ipsi servos habeant et ancillas, et cur sicut judices sæculares eos regant et protegant, superius de monachis hæc eadem agentibus ratio reddita sequi debet. De decimis vero quas suscipiunt, nulla quæstio esse debet, quia ut Levitæ et sacerdotes quod suum est requirunt. Addimus etiam prædictæ rationi, quod Levitis, præcipiente Domino, urbes ad habitandum datæ sunt, et oppida sex in fugitivorum auxilia, et alia oppida xLviii, cum suburbiis suis. Ex quibus omnibus liquet quod quidam Levitarum in tabernaculo et circa tabernaculum versabantur, quidam vero longe positi populos remotos docebant quæ Dei sunt, obedientes summo pontifici et filiis ejus. Similem ergo formam canonici juxta homines positi custodiunt, quosdam in matrice ecclesia tanquam in tabernaculo retinentes, quosdam vero longe ad docendos et regendos populos dirigentes, ut de reditibus et decimis fidelium et ipsi vivant, et quod superfuerit fratribus suis ad ecclesiam tanquam ad tabernaculum sacerdotibus et ministris referant. Si vero requiras quare ipsi Gersonitæ, id est advenæ, ibi sub manu Ithamar filii summi sacerdotis, qui interpretatur amaritudo, constituantur, facilis patet responsio, quia qui advenas se in hoc sæculo noverunt, dum sunt in corpore a Domino peregrinantes, salutifera et a Deo data amaritudine patriam semper requirunt, et sic sub filio summi sacerdotis Ithamar, id est sub dilato desiderio patriæ cœlestis adipiscendæ, sub quadam amaritudine vivunt, Deoque ministrant.

48. Ecce dum in umbra futurorum bonorum, id est in veteri lege canonicos vel Levitas, sacerdotesque istius temporis adumbratos fuisse quærimus, et post illam umbram veritatem sequimur, ille noster Jesus nobis ad memoriam revocatur, qui non umbratice, sed veraciter de humana infirmitate natus, et juste vel regulariter inter homines vivens, et ideo merito quasi Levites assumptus, sacerdos vel pontifex factus est in æternum secundum ordinem Melchisedech. Inquiramus ergo de illo, si forte aliquid egerit, unde tales canonicos repræsentaverit. Lege illum diligenter in Evangelium secundum Lucam proximum passioni euntem secundum

consuetudinem in montem Olivarum : secuti sunt autem eum et discipuli, et cum pervenisset ad locum, dixit illis : Orate ut non intretis in tentationem. At ipse avulsus est ab eis quantum jactus est lapidis, et positis genibus orabat dicens : Pater, si vis, transfer calicem istum a me. Verumtamen non mea voluntas, sed tua fiat. Apparuit autem illi angelus de cœlo confortans eum, et factus in agonia prolixius orabat. Et factus est sudor ejus sicut guttæ sanguinis decurrentis in terram, et cum surrexisset ab oratione, et venisset ad discipulos, invenit eos dormientes præ tristitia, et ait illis : Surgite, orate, ne intretis in tentationem (Luc. xxii). Intueamur pontificem nostrum Dominum Jesum qui penetravit cœlos, egressum secundum consuetudinem in montem Olivarum, ut omnibus se sequentibus suam misericordiam insinuaret. Egrediatur et canonicus de turbine hujus vitæ cum Domino, ut omnium misereatur, et sit omnibus omnia, ut omnes lucrifaciat. Et nota quod secundum consuetudinem in montem Olivarum egredi dicitur. Quis enim melius secundum consuetudinem in montem Olivarum egredi jure dicatur, quam ille Pater misericordiarum, qui est etiam mons montium, in quo placet Deo habitare usque in finem? Sic et canonicus debet facere, imitando illum qui tulit omnium vulnera, ut omnibus misereatur.

49. Secuti sunt autem illum et discipuli volentes ire quo ille ibat, et non valentes, sicut Petro prædixerat. Infirmi enim adhuc erant. Hoc nobis sæpe contingit, cum bona coram hominibus facimus, ut imitatores nostri sint, sicut et nos Christi. Sequuntur autem nos sicut illi discipuli adhuc infirmi sequebantur Dominum, sed in omnibus nos sequi non possunt. Cum enim pervenerint nobiscum ad locum orationis, sicut illi discipuli cum Domino, et invitantur a nobis ad orationem, ne intrent in tentationem, non possunt diu orare, non possunt diu nobiscum stare. Quid igitur nobis faciendum est? avellamur ab eis cum Domino quantum jactus est lapidis, id est ad perfectionem feramur quantum homo lapidem Christum imitari potest, relinquentes ad tempus populorum imbecillitatem, et pro eis orantes, ne Christi passionibus nobiscum valeant communicare. Positisque genibus orabat, dicens : Pater, si vis, transfer calicem istum a me. Verumtamen non mea voluntas, sed tua fiat. Manifestum est omnibus hæc dicere Dominum, non propter se qui potestatem habuit ponendi animam suam et iterum sumendi eam, sed propter illos qui in hoc tabernaculo ingemiscentes, nollent exspoliari, sed supervestiri, ut absorbeatur mortale a vita. Quid igitur? Istam orationem quam Filius obtulit Patri, nullus jam fidelium et præcipue canonicorum vel quorumlibet Dei servorum dicere potest? Potest, ut credo. Licet enim in Dei servitio magis exercitato infirmioris personam in se suscipere, sicut et Dominus clamat, caput pro membris; nec est absurdum, si majus membrum clamet pro minore, sicut non est absur-

dum majorem digitum minorem tegere et defendere. Dicat ergo perfectus quilibet, dicat et canonicus, qui cum infirmo infirmatur, cum scandalizato uritur, et oret suscipiens in se personam alterius : *Pater, si fieri potest, transeat a me calix iste.* Video enim fratres meos, viscera mea, multum trepidantes relinquere usum pristinum, et precor ut a visceribus meis transeat calix iste inveteratæ consuetudinis, relinquantque mundum qui transit cum concupiscentiis suis, et relinquat et transeat ab eis calix qui mistus est mero in calice iræ Dei, recedatque ab eis, moriaturque in eis calix Babylonis, id est cupiditatis sæcularis, ut possint et ipsi suscipere calicem salutarem, et nomen Domini perfecte invocare. Quod si fieri non potest, quod volumus omnes homines esse sicut nos ipsos, non nostra voluntas, sed tua fiat, qui cujus vis misereris, et quem vis obduras, et perfectos id ipsum sapere facis, et imperfectum nostrum viderunt oculi tui. Non enim qui adhuc perfecti non sunt omnino peribunt, sed credentes salvi fient. Hæc dicens canonicus qui forte ex præcepto abbatis sui regit plebem Dei, vel qui interius manens pro plebe Dei orationem fundit, perfecte potest dicere, ut credo, illam Dominicam vocem, fratris sui infirmitatem suam esse deputans. Si autem et hoc communiter dicat, et pro se et pro aliis videbitur orare, ut passiones peccatorum quæ operantur in membris nostris, ut fructum ferant mortis, transeant a nobis, ut liberati a peccato tanquam a calice mortis, vota nostra reddamus in atriis domus Domini in medio Jerusalem. Quid autem dicemus de tali canonico vel Levita? Nunquid ipse quem invocat et cui obtemperat Pater spirituum, relinquit eum inconsolatum ? Non. Vide ergo quis effectus illam Dominicam orationem sequatur. *Apparuit autem illi angelus de cœlo confortans eum* (*ibid.*). Apparet etiam nobis nunc magni consilii Angelus, *Panis ille qui de cœlo descendit* (*Joan.* vi), ut cor hominis confortaret, cum pro nobis et pro ejus populo supplicamus, effectum orationibus nostris præbendo, et ut sine intermissione oremus confortando, et ne quid in oratione deesset, quod in capite Christo Jesu non procederet.

50. Vide ipsum in oratione laborantem : unde etiam sequitur: *Et factus in agonia, prolixius orabat.* Quid igitur est quod Dominus meus Jesus orans Patrem in agonia fit, nisi hoc quod nos cum oramus, et ipso cum effectu nostræ orationi præstito apparente nos confortante, aura illa sæcularis cogitationis, vel carnalis infirmitatis, seu favor humanæ laudis exagitare cupit, et ab oratione divellere? Quapropter agon ille quem assumpsit Jesus, arripiendus est, licet alio modo, ut refugiamus illa sæcularia et carnalia, et prolixius orantes, turbines cogitationum fluitantium superemus.

51. Sequitur : *Et factus est sudor ejus sicut guttæ sanguinis decurrentis in terram.* Primum inspice Dominum Jesum in agonia prolixius orantem, sudore suo laborem orationis commendantem.

Deinde intuere ipsum sudorem ad instar sanguinis fluentem in terra, ut labor orationis ejus laboris nostri esset initium, et sudor ejus testimonii nostri quod pro Jesu testificamur, et ad terram, hoc est ad terrenos homines velut passu quodam decurrit, fieret incitamentum. Si enim inspicias vigilantes nos et orantes, quomodo stupeant homines, et dicant supra se esse quod agimus, intelliges laborem nostrum pro testimonio Jesu velut sanguinem, id est passionem fluxisse et pervenisse ad terram, cum homines orationes et vigilias nostras magnam esse judicent passionem.

52. Et vide quid sequatur sudorem illum sanguineum : *Et cum surrexisset ab oratione, et venisset ad discipulos, invenit eos dormientes præ tristitia.* Quid autem est quod cum Jesus orat, discipuli contristati dormiunt nisi quod nobis orantibus et in orando laborantibus, homines illi adhuc infirmi, et ad imitationem nostri assurgere adhuc non valentes, sopiuntur tamen jam a voluntate carnali. Tristitia autem quæ eos sequitur et dormire facit, quid est aliud quam pœnitentia peccatorum, quæ mentem terret et a peccato dormire facit? Quæ cum superno respectu contingit, tunc veniendum est cum Jesu ad discipulos, hoc est ad homines adhuc infirmos. Tunc increpandi, tunc admonendi, tunc excitandi, tunc dicendum est eis quod in sequentibus dicit Jesus : *Quid dormitis?* (*ibid.*) Plus vos oportet facere quam mala et cupiditates mundi relinquere. Salubris est quidem sonus iste, quiescere scilicet secundum Isaiam agere perverse; sed videte quod dictum est : *Declina a malo et fac bonum* (*Psal.* xxxvi); et illud quod sequitur in eodem propheta : *Discite benefacere* (*Isa.* i). *Surgite ergo, et orate ne intretis in tentationem.* Si enim tepidi fueritis, Dominus Jesus evomens vos ex ore suo, patietur vos induci in tentationem, quam ferre non poteritis, sicque a via Dei deviabitis. Ecce illa quæ fecit Jesus verus Levita verusque sacerdos propinquus passioni et orans diutius, canonicis qui juxta homines sunt, bene, ut credo, aptari possunt; quæ canonicus observans recte regularis poterit appellari : et si regimen super homines sæculares habuerit, et ad bona eos provocaverit, non poterit ab aliquo proinde judicari. Sed dum meum Jesum qui fons est et origo totius boni, istorum etiam canonicorum opera suscepisse conjicio, mens reminiscitur illorum qui in primitiva Ecclesia Jerosolymis morabantur, quos sancti apostoli corporaliter propter prædicationem evangelii relinquentes, mente quidem cum eis morabantur, et tempore famis quæ facta est sub Claudio, de eleemosynis credentium, ut in Actibus eorum legitur, sustentare satagebant. Quæ si recte inspicias, videbis canonicos qui juxta homines sunt similia agere, cum et illi qui interius quasi qui in Jerosolymis morantur, illos qui exterius vel propter prædicationem et regimen, vel propter obedientiam sunt, orationibus suis comitantur. Illi vero qui exterius, quasi apostoli per mundum sunt,

interius Deo servientes magnificant; et ne causam A progrediendi et minus orandi habeant, de eleemosynis fidelium reficere non desinunt.

55. Sed et illud attende quod Gersonitis, de quibus paulo antea loquebamur, plaustra et boves dati sunt, ut illorum infirmitas relevaretur, nec · sub onere suo deficerent. Quid enim sunt vehicula, nisi infirmitatis nostræ remedia? Habemus ergo plaustra, habemus et boves, quibus onera quæ in domo Domini suscepimus, feruntur, cum perfectæ orationi studentes, plaustrum nostrum, id est volubilitatem et mortalitatem nostram per boves, id est per prædicatores vel operarios exteriores cum oneribus nostris, id est cum laboribus serviendo Deo circumducimus. Per illos enim, qui nobis in exterioribus rebus ministrant, oratio nostra multum juvatur, B quia vix fieri potest, ut perfecte quis orationi studeat, qui mentem vel exterioribus rebus vel corporalibus occupat. Quod si quis etiam hoc agere prævalet, quia in Ecclesia tam perfecti viri non desunt, cum Apostolo laudet Deum, qui manibus laborabat, ne quem gravaret, et fratrum memoriam semper in orationibus habebat, sicut ipse de Romanis se agere perhibet. Utuntur autem isti potestate sibi concessa, habentes licentiam, ut qui Evangelium annuntiant, de Evangelio vivant, scientes non esse magnum, quandoquidem ipsi spiritualia seminant, si populorum carnalia metant.

55. Si autem quis mihi objiciat quod multi in his sunt qui Evangelium annuntiare nesciunt, sicut C sunt simplices quique, vel conversi. De hoc respondeo, quia qui bene vivit et propositum bene vivendi habet, professionemque suam quantum potest sequitur, de hoc recte dicitur quod evangelizat, id est bona annuntiat. Melius enim mihi annuntiare videtur, qui bene vivit, quam qui bene loquitur. Ille enim pro bono opere vel bono odore accipiet remunerationem; hic autem qui scivit voluntatem Domini sui et fecit digna plagis, vapulans multis accipiet damnationem.

56. Quod si aliquem movet quod plerique canonici, ex his dico qui juxta homines mundanos habitant, non laborant manibus, primum possumus breviter respondere, quod dicit Apostolus : *Corporalis exercitatio ad modicum utilis est, pietas autem* D *ad omnia* (1 Tim. IV). Quod enim dicit ad modicum esse utilem corporalem exercitationem, ostendit quidem illam aliquantulum valere, sed non adeo, ut super hoc præceptum alicui imponat, vel si non laboret corporaliter, deteriorem judicet. Pietas autem, quam ad omnia utilem esse denuntiat, in canonicis qui juxta homines morantur, a magistris tunc maxima exhibetur, cum in claustris retinentur, ne progredientes mundana juxta se posita videant, quibus visis in illis hæreant, et infirmas mentes molliant, et tali visu dispereant. Nam laus claustralium esse solet, si diu in claustro fuerint, si mundana videre contempserint. Si autem et hi qui in claustro sedent aliquid manibus operari volunt, bo-

num hoc esse pronuntio, et otiositatem ab eis sicut a cæteris amputandam esse judico, dicens cum Apostolo : *Qui non vult operari, nec manducet* (II Thess. III). Hoc enim ita intelligo, quod hoc non solum de laboribus manuum dicatur, sed etiam de omni opere quod ecclesiasticis viris congruit ; quod qui non fecerit, non manducet. Beata ergo judicanda est illa vita, quæ in claustro sedens, et a mundanis semetipsam quodammodo incarcerat, et in cœlestibus se ipsam dilatat. Nec ille qui laborat manibus, jactet se super eum qui sedendo laborat, quia in utroque laborem inesse constat; desidiosi judices sunt, qui laborando manibus deficiunt, et sedendo in claustro torpescunt : testis est etiam nostra infirmitas, quæ laborando lassatur, et contemplando divina quam citius ad humana redigitur. Si vero his talibus qui in claustro resident, et prope homines sunt, aliquid operari placuerit, non longius hujusmodi fratribus est procedendum, sed circa habitationes suas operandum. Hæc de canonicis qui juxta homines habitant pro posse dicta sufficiant.

VII. *De canonicis qui inter homines sæculares habitant, et sæculares dicuntur.*

57. De canonicis qui remotius vivunt, sive de illis qui juxta homines morantur, superius reddita ratio, ad loquendum de his qui inter homines habitant nos invitat, quorum professionem et actus describere et volumus et formidamus. Si enim eos laudare voluerimus, sanctioris proposito viros timemus offendere, qui eos multoties reprehendunt; si vero vituperare, verendum est, ne fratres nostros in eadem fide et Christiana devotione viventes, populumque Dei regentes contristemus. Nolumus autem, nec nobis conceditur ante tempus quidquam judicare. Vidimus enim et adhuc videmus multos tales canonicos, qui inter homines vivunt, propter quod et sæculares vocantur, suscepta bona ab ecclesia fideliter pertractasse, et simplici victu et vestitu contentos, reliqua pauperibus erogasse, multaque bona vel ecclesiis vel indigentibus fecisse. Quapropter relinquentes quidem quæ faciunt, et minus Deo placere videntur, ut sunt vestes pretiosæ, quibus plerique eorum utuntur, et domus superfluo ornatu depictæ, necnon negotia quæ plerique eorum plus justo sæculariter exercent, ostendere tentemus, Deo auxiliante, quid professio eorum contineat, quod in ecclesia habeant officium, unde Deo placeant, quem locum in ejus tabernaculo teneant, si tamen quod suum est impleant. Non enim hoc opere statui aliorum facta mordaci stylo carpere, sed uniuscujusque professio quid boni habeat, et quid simile cum antiquis sanctis, vel cum ipso Domino demonstrare.

58. Ac primum ipsum nomen quo sæculares vocantur, quod multis videtur non in prosperum eis cedere, si possumus, vertamus eis in bonum. Intueamur ergo apostolum Paulum in Epistola ad Hebræos, ubi de priori testamento loquitur : Quod

habuit, inquit, *justificationes culturæ et sanctum* A
sæculare (*Hebr.* IX). Ut enim in quodam libro inveni,
sanctum sæculare locum vocat atriorum, ubi gentiles ad Judaismum transeuntes stabant ad adorandum post Judæos, quem sine dubio sacerdotes et
Levitæ custodiebant. Inspice ergo et istos quos vocamus sæculares canonicos, si non atria ecclesiæ
forensia custodiunt, si non impuros quosque et vero
Judaismo, hoc est veræ fidei confessioni repugnantes, a sanctificatis locis arceant, et excommuni-
cando pro auctoritate sibi tradita expellant. Quibus
diligenter perspectis, intelligere poteris non ex hoc
eis competere sæculare nomen, quod plerique ex
his sæculariter vivant; sed congruenter ideo vocari
sæculares, quod sæculi homines inter quos vivant
regere et informare debeant. Bene igitur facient, si B
de communi vivant, si superflua a se resecent, et
ita canonici, id est regulares recte vocabuntur.
Optime etiam facient, si commissas sibi oves, id
est sæculares homines, fideliter gubernare studue-
rint. Ita enim nomen sæculare eis parum oberit.

59. Dico etiam in nullo debere discrepare eos ab
his qui juxta homines morantur, nisi forte quis dicat eos plus debere laxari, et plurima loca fre-
quentare, ut pluribus prodesse possint, qui super
plures primatum accipiunt. Cæterum in aliis rebus,
id est in vestitu et habitu et moribus, decerno
consimiles esse debere; sed tamen ita temperate
de eis loqui debemus, ut quod in eis corrigendum
est, et continuo corrigi non possit, quia ita inolevit C
consuetudo, toleretur, quod vero in eis bonum est,
et acceptum Deo, laudetur. Relicta igitur mordaci
reprehensione, quæ auditoribus forsitan scandalum
generaret, et illis canonicis nihil forte prodesset,
consideremus eorum in ecclesia officium; intueamur et locum, et ex libro Numeri, ut proposuimus,
similitudinem horum trahamus. Et quia filios Caath,
qui remotius et secretius Deo in tabernaculo ejus
serviebant, remotioribus canonicis assimilavimus;
et Gersonitas, qui aliquid interius in officio habebant, canonicis qui juxta homines sunt, et plus
interius et minus exterius habent, comparavimus;
nunc de filiis Merari, qui et ipsi interius et exterius in tabernaculo Dei ministrabant, ad canonicos,
quos secundum rationem superius dictam sæcu- D
lares appellari volumus, similitudinem trahamus.

60. Primum autem videamus quid Merari nomen
indicet, et postea quomodo canonicis talibus conveniat agnoscamus. Merari enim interpretatur
amaricans, sive *amaritudo*, et isti canonici similiter qui populos regunt, qui immundos de ecclesia
expellunt, qui redeuntibus ad ecclesiam pœnitentiam indicunt, qui omnia transitoria despicienda
prædicant, qui iniquis pœnas inferni, nisi resi-
puerint, proponunt; quid aliud quam amaricam-
tes dici possunt? Amaricant enim se ipsos cum
mala et peccata sua vel populorum in se commissa
vel aliis illata deplorant, amaricant et sibi commissos, cum eos pro culpis de cœtu fidelium expel-

lunt, vel cum satisfacientes pœnitentiæ laboribus
onerant; et quia ex operibus eorum officia cognoscimus; videamus a quo tempore onera ferre inci-
piant, ut postea quæ sint eorum onera perpenda-
mus; nam et ipsi a triginta annis et supra usque
ad annum quinquagesimum ministrare sicut cæteri præcipiuntur, ut in eis et perfectio virtutis
et mortificatio carnis inesse debere monstretur.

61. Portant autem tabulas tabernaculi et vectes,
columnas et bases earum, columnas quoque atrii
cum basibus et paxillis et funibus suis. Omnia
vasa et supellectilem ad numerum accipiunt, præcipiente Domino, et sic portant. Si consideremus
diligenter Meraritarum onera, inveniemus ea fuisse
gravia. Quamobrem et illos in veteri lege fortes in
præceptis Domini custodiendis fuisse oportet, quibus tam gravia et tam digna onera commissa sunt.
Si autem illi in præceptis Domini fortes dicendi
sunt, qui in umbra futuri Deo serviebant, quanto
magis illi qui in veritate Ecclesiam ejus supportare
in officio susceperunt? Et si quem movet quod filios Merari canonicis qui inter homines vivunt assimilamus, et illorum onera officiis istorum comparamus, intendat diligenter si aliquid congruum
hæc dicentes invenimus, et quia superius diximus
Meraritas interius et exterius ministrasse, vide si
non etiam canonici qui inter homines sunt hoc faciunt. Ministrant enim interius cum in ecclesia
officia ecclesiastica gradatim accipiunt, ut in domo
Dei quotidie illi serviant; ministrant et exterius,
cum plebes Dei ad Ecclesiam advocant, instruunt,
præcepta injungunt, quid unoquoque die in ecclesia facere, quid in domo, quid in agro debeant,
utrum vacare, an operari, jejunare an manducare
possint indicant. Præterea contemptores Domini-
corum præceptorum suorumve de ecclesia expellunt, correctos revocant, incorrectos condemnant,
ut ne ad mortem quidem communionem accipiant,
ne sepulturam in sacratis locis habeant. Talia autem officia quæ enumeravimus, intus et foris, ut
perspicuum est, canonici qui dicuntur sæculares
exercent. Unde merito tales, si officium suum bene
impleverint, portitoribus tabularum tabernaculi et
vectium, columnarum et basium, columnarum
quoque atrii, basiumque et paxillorum et funium
adæquari possunt. Tabulatum etenim tabernaculi
portant cum sanctorum Patrum opera et scripta,
quibus Ecclesiam Dei portaverunt et decoraverunt,
populis sibi commissis ad exemplum proponunt et
docent, quia sicut tabernaculum super tabulas in-
nitebatur affixum, sic Ecclesia stat innixa verbis et
operibus apostolorum et prophetarum. Portant vectes quibus tabulæ firmabantur, ut structura su-
perimposita non moveretur, cum testimonia et
præcepta, quæ data sunt nobis custodienda ut in
eis firmiter hæreamus, populis proponunt. Ferunt
et columnas cum doctores qui prophetas et apostolos secuti sunt, qui etiam ipsi Ecclesiam Dei portaverunt, populis imitandos esse edocent. Bases

quoque columnarum deferunt, cum regimen quod Ecclesia semper habuit plebibus ostendunt. Basis enim dicitur *rex*. Et attende diligenter quod postea de Meraritis sequitur, quia columnas atrii per circuitum cum basibus et paxillis et funibus suis portant. Cum enim superius tabulas tabernaculi et vectes et columnas et bases portare dicebantur, demonstrabatur eos in interioribus tabernaculi aliquid habuisse officii. Cum vero columnas atrii cum basibus et paxillis et funibus portare memorantur, potestatem super plebes quæ ad tabernaculum conveniebant et extra tabernaculum erant, tenuisse indicantur. Neque enim structuram atriorum ferre, et inordinate in atriis se habentes non cohibere poterant.

62. Unde quia istos Merari filios canonicis qui sæculares dicuntur assimilavimus, videndum est, quia sicut illi in tabernaculo Dei deserviebant, et rursum extra tabernaculum atria custodiebant, sic et isti interius Deo servire et contemplationi studere debent, et exterius propter alios sibi commissos militare, et onera aliorum deferre oportet. Debent etiam sibi subjectis plebibus hærere et sibi commissos non deserere. Hoc enim per paxillos tabernaculo affixos designatur. Funes etiam tabernaculi portare præcipiuntur, ut se sibique commissos charitate mutua astringant. His igitur omnibus perspectis, inspicere potes canonicos quos dicimus sæculares, si officium suum quod habent in Ecclesia bene custodierint, et professionem suam quam Ecclesiæ Dei faciunt observaverint, non dici debere sæculares, quod sæculariter vivant, sed quod sæculi homines regere debeant. Si enim primum consideremus parentum ipsorum devotionem, qui filios suos erudiendos in ecclesia offerunt, et si intueamur quales sancta Ecclesia post suam doctrinam eosdem postulet ad gradus ordinum promovendos, intelligere poterimus eos non sæculariter debere vivere, qui ideo docentur, ut speculatores domus Israel postmodum ponantur. Sed nec illud omittendum est, quod filii Merari, sicut in Numeris legitur, omnia vasa et supellectilem ad numerum accipiebant cum cæteris oneribus, sicque portabant. Hic intelligi potest etiam illud quod superius ne aliis familiis Levitici ordinis diximus, licet hic non aperte referatur, quod unusquisque pro vitæ merito officium in tabernaculo Dei sortiretur. Neque enim æstimo sibi conferri debere eos qui tabulas tabernaculi et bases et columnas et vasa ferebant, et eos qui supellectilem in ministerio suscipiebant; sed etiam illud videndum est, quod hæc familia cum dignioribus officiis etiam supellectilem accipiebant, ut intelligant hi quibus hanc Levitarum familiam comparamus, sui officii esse, ut nihil quod minimum sit in ecclesia, quod ad se vel ad populos sibi commissos pertineat, debere contemni; sed summo studio agere ut omnia ordinate et secundum Deum fiant. Quo enim super plures potestatem accipiunt, eo magis plura et majora et minora curare debent, reminiscentes quia cui multum commissum est, multum requiretur ab eo.

63. Sed ne illos quidem sacerdotes relinquere debemus, qui a pontificibus ordinati, tanquam ab Aaron et filiis ejus, ad parochias gubernandas ab episcopis vel eorum ministris mittuntur, et illis obedientes existunt. Non enim debet eorum vita a canonicorum, id est regularium conversatione discrepare, sed ordinate et regulariter, ut rectores populorum decet, inter sæculares homines vivere. Convenit etiam his, ut ubicunque inter homines habitant, et ipsi et familiæ eorum se religiosius habeant, quam cæteri plebeii homines, ut in omnibus actibus suis officium suum et ordinem honorent, et eleemosynas fidelium non frustra comedant; sed in omnibus Deum laudabilem faciant.

64. Si autem requiratur a me et horum in antiquis similitudo, habes superius eos per illos Levitas qui columnas et bases atrii ferebant significatos. Nam et atrium in quo mundi homines ad orandum conveniebant juxta tabernaculum, potest universalis Ecclesiæ latitudinem significare, quæ ubique per mundum diffusa tanquam atrium amplum se ipsam præbet, et portitores suos, id est rectores quasi columnas et bases ferentes habet. Habes etiam illud exemplum superius memoratum, ubi dictum est quod cum sex civitatibus fugitivorum XLVIII oppida Levitis sunt distributa, quod posse significare eos qui ad regendos populos et tuendos ab impiis, longe a principibus sacerdotum mittuntur, superius demonstravimus. Quid etiam nunc de his congrue potest intelligi? a matrice enim ecclesia quasi a tabernaculo et a pontificibus quasi a filiis Aaron accipiunt potestatem regendi populos.

65. Si autem requiras a me de illis qui solummodo clerici vocantur et canonici non sunt, quomodo vivere debeant, legere potes Hieronymi librum ad *Nepotianum*, et alium ejusdem ad *Oceanum*. Lege etiam Isidori libellum *De ecclesiasticis officiis*, et videre poteris qualiter se agere debeant. Sed ut ad canonicos de quibus nobis sermo est redeamus, ne illud quidem omittendum est, quod duo tantum plaustra et quatuor boves filiis Gerson ad deferenda onera dati sunt. His autem, id est filiis Merari, IV plaustra et VIII boves tributa sunt. Forsitan enim per hoc ostenditur, quia sicut Gersonitæ minus terrena curabant, et minus a terrenis hominibus recipiebant; sic canonici qui juxta homines sunt, quos per Gersonitas significari posse diximus, quia minus terrena curant, minus a terrenis recipiunt. Filii autem Merari, qui illos canonicos significant, qui de sæcularibus hominibus magis solliciti sunt, plura adjumenta a sæcularibus accipiunt, et per hoc illos indicant, qui sæcularium multiplicius curam gerentes, majora bona temporalia ab eis accipiunt.

66. Si autem tacitus quis apud semetipsum di-

cat, quare ergo canonici qui dicuntur sæculares, in matricibus ecclesiis positi, potestatem super alios etiam sanctioris propositi viros, id est super canonicos et monachos habent, et quasi primi in tabernaculo Dei sunt, cum etiam religiosioribus præcepta injungunt, sicut faciunt decani et archidiaconi. De hoc breviter possum respondere, quia canonicalis ordo antiquitus aliquantulum tepuerat, et oportebat ut illi qui de hoc ordine inveniebantur, regendas ecclesias plebesque susciperent. Nunc autem si aliis etiam canonicis sanctioris propositi et monachis præsunt, non se debent efferre, quasi digniores sint, sed modeste se habere, et illos credere digniores, quos Deus magis, postposita sæculari sollicitudine, sibi paucisque sibi commissis servire elegit, et temporalia parum curare. Perspice etiam Meraritas sub manu Ithamar filii Aaron summi sacerdotis qui interpretatur *amaritudo*, esse constitutos, ut intelligant canonici, qui Meraritis assimilantur, potestatem quam super plebes Dei habent, non sibi debere dulcescere, sed cum necessitas exercendæ potestatis incumbit, propter subjectorum obstinationem, tunc debere tristari et amaricari, et cum timore et tremore suam ipsorum salutem operari.

67. Ecce de canonicis qui dicuntur sæculares, ut potuimus, secundum umbram veritatis, id est veterem legem locuti sumus, quid de his etiam secundum ipsam veritatem quæ Christus est dicemus? Consideremus illum Levitam vel sacerdotem, quem Pater sanctificavit et misit in mundum, si aliquid fecit quod canonicorum talium professioni et ordini congruere possit. Pascha celebraturus, imo ipse verum pascha futurus, quia *pascha nostrum immolatus est Christus (I Cor. v)*, in civitatem hoc fecit parari, dicens discipulis : *Ecce introeuntibus vobis in civitatem, occurret vobis homo amphoram aquæ portans, sequimini eum in domum in quam intrat, et dicite patrifamilias domus : Dicit tibi magister : Ubi est diversorium, ubi pascha cum discipulis meis manducem? et ipse ostendet vobis cœnaculum magnum stratum, et ibi parate. Euntes autem invenerunt sicut dixit illis, et paraverunt pascha (Luc. xxii).* Repetamus ab initio capituli hoc quod proposuimus, et conferamus discipulos Domini Jesu ex præcepto Domini introeuntes in civitatem, canonicis qui inter homines habitant, ut pascha celebrent, id est *transitum* de morte ad vitam faciendum hominibus sæcularibus proponant. Ipse enim ingressus eorum civitatem, filium pacis demonstrat per ministros Ecclesiæ suæ inter homines quærere habitaculum : quod fit quando canonici vel quilibet servi Dei ab hominibus suscipiuntur. Homo vero qui discipulis in civitatem introeuntibus cum amphora vel mensura aquæ occurrit, potest indicare eos qui venientibus in aliquo loco Dei servis, modum mundationis et sanctificationis, quo indigent, ostendunt, seque per gratiam Dei jam esse habiles, ut Christus in hospitium ubi manent dignetur intrare, et pascha

verum cum servis suis celebrare. Et notandum quod ille qui amphoram portabat, paterfamilias erat, sed quasi unus e familia, qui jam aquam ministeriis paschalibus deferret. Unde credo illum patremfamilias hospitalem fuisse, quicunque ille fuerit, et servum talem ad aquam misisse, qui adventantes benigne susciperet, et in domum domini sui fidenter deduceret. Deduxit autem in domum, non solum in domum inducens, sed etiam quia hospitales esse debeant indicans. Ideo enim Dominus Jesus discipulis præcipit, ut eum in domum in quam intrat sequantur, id est ut hominem sæcularem et jam hospitalitati deditum, ipsi qui religiosi videntur, imitari debeant. Si enim aliquod bonum opus sæculare habent in quo præcellant, in hoc etiam sanctis viris imitabiles sunt. Nam sunt multi tales in sæculo sancti viri, qui Deum in cordibus habent, opera Dei faciunt, sicut fuit Cornelius centurio, qui antequam baptizaretur, erat faciens eleemosynas multas plebi, et deprecans Deum semper; unde contigit ut post visionem angelicam Petrum discipulorum Domini principem hospitio susciperet, et baptismum ab eo perciperet. Sic et multi alii in sæculo servi Dei bona opera faciunt, sed venientibus ad se religiosis viris in bono opere perficiuntur, sicque salvantur. Sæpe etiam contingit servis Dei, ut venientes ad aliquem locum Dei servitio aptum, statim inveniant aliquos ibi qui eos suscipiant, a quibus etiam locum ad habitandum accipiant, ut ubi Jesus cum discipulis pascha manducet, et sacramentum corporis et sanguinis sui quomodo celebrari debeat instituat. Unde et subditur : *Et ipse ostendet vobis cœnaculum magnum stratum, et ibi parate.*

68. Hic inspicere licet ad cœnaculum magnum stratum mentem eorum qui Christum pauperem cum servis suis suscipiunt, et in suis habitationibus ad ædificanda monasteria locum præbent, mentem jam a terrenis elevatam habent; unde dicitur quia ipse homo cœnaculum ostendit, quod in superioribus semper constat. Magnum vero est, quia dilatato suo animo illud offerunt. Stratum vero, quia ad omnia pro nomine Domini prædicando et dilatando paratum est.

69. Sequitur vero in Evangelio : *Euntes autem discipuli invenerunt sicut dixit illis, et paraverunt pascha.* Cum enim servi Dei veniunt ad civitates, et loca ubi Christiani morantur, si veraciter Dei servi sunt, inveniunt fideles qui eos suscipiant, qui eis ad serviendum Deo loca præbeant, ut ubi pascha præparent, id est homines inter quos vivunt, de morte ad vitam transire doceant. Tale pascha desiderat Jesus cum discipulis manducare, ut faciat in hominibus voluntatem ejus qui misit illum, et ut perficiat opus ejus.

70. Sed dicit mihi aliquis : Quam convenientiam ostendis de hoc capitulo evangelico ad canonicos qui inter homines vivunt? Nunquid ista omnia non possunt habere alias significationes, et aliis servis Dei congruere? Respondeo ad ista : Scio quidem

hæc ab expositoribus sanctis aliter pertractata, sed in his est quiddam canonicis istis congruum, quia et Jesus cum discipulis introivit in civitatem, et mansit in domo quadam civitatis, et hoc in cœnaculo illius domus, et ibi cum discipulis pascha celebravit, et sacramenta corporis et sanguinis sui tradidit. Perpende igitur canonicos qui inter homines vivunt, si non similiter faciunt vel facere debent. Introeunt enim in civitatem, ut pascha celebrent, id est viam de morte ad vitam sequendam ostendant, manent in domo cujusdam, cum unius præ cæteris devotio eisdem domum ad habitandum facit, vel in professione sua, et ecclesiam et domum faciendam concedit. Ostendit et cœnaculum magnum stratum, cum talem locum aptum supernis officiis demonstrat. Potest etiam iste quidam homo evangelicus plures indicare vel plures esse, sed unus dicti sunt, propter unanimem erga Deum et servos ejus voluntatem. In tali etiam loco pascha a discipulis præparatur, et a Jesu desiderabiliter manducatur, cum mansiones fratribus Deo servientibus aptantur, ut in conventu fratribus psallentibus et orantibus, et in nomine Domini Jesu congregatis, in medio eorum deambulans ipsorum profectibus reficiatur.

71. De domibus etiam communibus, quas plures eorum non habent, si a me requiras, quid respondeam nescio, nisi forte quis velit dicere eos et singulatim posse manere, et de communi posse vivere. Hoc enim et apud antiquos eremitas invenimus, quorum plerique per cellulas suas manebant, et tamen de communi vivebant. Si autem hic similiter fieret, nihil aut parum cellulæ vel domus divisæ obessent. Sed cum unusquisque familiam aggregat, insuper et mulieres secum manere permittunt, tu ipse vides quid inde contingat. Sed ut aliquid etiam congruum de habitationibus eorum dicamus, quorum bona laudare volumus et diligere, in pluribus locis ipse locus habitationis eorum ecclesiarum fabricæ est contiguus, et claustrum appellatur. Audivimus etiam in pluribus locis observari, ne quid in toto illo spatio sæculare agatur, ne quid a quoquam jocosum aut minus religiosum fiat. Feminas etiam ab illis locis arceri, et gratias Deo, quod

etiam in hoc ordine plures inveniuntur, qui ordinem suum aliquantisper honorant. Habent etiam plures eorum antiquas communes domos, ut est claustrum et refectorium, et frequenter etiam sæpius simul comedunt, audivi etiam quosdam simul quiescere; qui autem bene faciunt, alios sui ordinis viros ad similia invitent, qui autem adhuc infirmi sunt, fortiores imitentur.

72. Si autem requiratur quem tales canonici post Christum et ejus apostolos Patrem institutionis hujus et ordinis sui debeant appellare, nullum alium melius invenimus, licet multi præcesserint, qui clericorum Patres fuerint, quam B. Augustinum. Ex eo enim quod prope civitatem Hipponensem ecclesiam fratrum secundum Regulam, sub sanctis apostolis constitutam instituit, pater illorum qui juxta homines sunt recte appellatur. Ex eo vero quod in episcopio positus, cum fratribus etiam communiter vixit, eorum etiam qui inter plebes cum episcopis vel sub episcopis degunt, pater fuisse jure dicetur. Exstant etiam sermones ejus de vita clericorum habiti, ubi apparet et eos qui ante episcopatum ejus cum eo vixerunt, et eos qui in episcopatu cum eo manserunt, simili modo communiter et regulariter vixisse. Quod autem in hoc ordine agitur de quo loquimur, si bonum est, teneatur; si vero pravum, corrigatur, ut Christus in eis laudetur, et cum venerit judex omnium unusquisque in suo ordine resurgens præmia æterna consequatur. Precor autem charitatem tuam quicunque hæc legis, si talis es, cui Deus tribuat intellectum, si aliquid boni inveneris, benedic Dominum; si vero aliquid dissonum et incongruum inveneris, statim corrige, quod notabile repereris.

73. Descriptis igitur duobus tripertitis ordinibus monachorum et canonicorum, quorum partitio prima dicitur eremitarum, qui frequenter et a veteribus monachi appellati sunt, uno autem qui non in numero ecclesiasticæ Regulæ, id est monachorum sæcularium solummodo tecto et relicto, et de medio ecclesiæ utinam sublato, aliis vero ordinibus pro posse commendatis et laudatis, hic primus liber professionum vel diversorum ordinum qui sunt in Ecclesia finem accipiat.

(*In ms. codice desiderantur alii libri.*)

DIALOGUS

DE

CONFLICTU AMORIS DEI ET LINGUÆ DOLOSÆ

Auctore anonymo qui videtur sæculo xii floruisse.

(D. Bern. Pezius *Bibliotheca ascetica antiquo-nova*, Ratisbonæ, 1723, in-12, tom. I, p. 1; ex cod. ms. monasterii Wiblingensis ord. S. Bened.)

MONITUM.

Elegans hoc et scitum, pietatisque sensu plenum opusculum est, in quo ea omnia breviter proponuntur et diluuntur quæ spiritus mundi et carnis hominibus iter salutis ac præsertim vitam religiosam arripere volentibus objicere consuevit. Nomen auctoris hactenus nulla arte detegere potui. Eum fuisse ordinis Cisterciensis non immerito quis ex iis conjectet quæ paulo ante finem *secundæ diei*. Cum enim *Lingua dolosa* criminaretur cœnobitas quod *ut zizania jam excrevissent in mundo, qui propter vitia sua prorsus sint fugiendi*, quique *mutaverint vestem sed non mentem*, respondet auctor sub persona *Amoris Dei* in hunc modum : *Licet hæc ex parte vera sint, quæ commemorasti, quod de multis tecum sentio, de cunctis dicere et asserere non audeo.* Quamvis enim quidam nigredine vestium et vitiorum sint fuscati, qui gloriantur se habere Regulam Benedicti, sed tamen magna ex parte jam corruerunt, et declinaverunt ad sectam Maledicti ; non tamen ita penitus dejecti sunt in foveam vitiorum, quin aliquos habeant, qui gemunt et dolent, quæ contra sanctissimam Regulam fieri vident. Tum subdit : Videre etiam potes quosdam inter eos qui habitu se ab istis distinxerunt, et aliquantulum se ordini acrius astringunt. Quæ postrema verba, ni valde fallor, ordinem Cisterciensem respiciunt, in quo vestibus atris cum albis ab anno Domini circiter 1103 permutatis, monasticæ disciplinæ, quam auctor laudat, vigor refloruit. Denique cum dubitari nequeat, Dialogi auctorem monachum fuisse, vix crediderim eum *Linguæ dolosæ* tantum in Benedictinos concessurum fuisse, si ipse Benedictinus fuisset. Opusculum hoc ex celebris monasterii Wiblingensis prope Ulmam codice ms. mecum communicavit adm. R. D. P. Cœlestinus Mayr, ejusdem loci asceta et bibliothecarius, amicus noster longe diligentissimus.

INCIPIT CONFLICTUS AMORIS DEI

ET LINGUÆ DOLOSÆ.

—

DIES PRIMUS.

De strepitu linguæ dolosæ, quot et quantis modis nunc senes, nunc juvenes, nunc viros, nunc feminas, et, ut breviter dicamus, omnem sexum, omnem ætatem impediat, et qualiter omnem professionem inficiat, qui potest, evolvat. Nostræ parvitati ad præsens sufficiat, ut saltem de rudibus in proposito pauca loquamur. Cur autem prosopopœia utamur , majoribus judicium relinquamus. Ipsi enim experimento noverunt, quod varietas locutionis tollit fastidium veritatis. Porro in quibus mundum calcantem, cœlesti desiderio flagrantem, quot et quantos huic laqueos prætendit, quot modis, quot versutiis hunc seducere, irretire, et a religionis proposito conatur avertere, quis sufficit æstimare, quis valet explicare ? Salomonis autem verba convertendis solatio esse possunt, qui ait, quod *frustra jacitur rete ante oculos pennatorum.* Qui enim jam gerunt religionis

A propositum, si penna cœlestis amoris aa ata se suspenderint, quis eis nocere prævalebit? Si enim Deus pro eis, quis contra eos?

Perstrepere tamen *Lingua subdola* non cessat, et in hunc modum delicatis loquitur : Quid est, quod agis? labor est intolerabilis, quæ aggredi conaris ; cessa, quæso, cessa; in conatibus tuis grandis est stultitia. Quod si in corde eorum *amor cœlestis* prævaluit, nonne *Linguam dolosam* frangunt piis responsionibus? Quomodo ergo huic primæ versutiæ respondent? Dicis quod labor sit intolerabilis, quæ aggredi nitor. Sed hoc tibi considerandum, quod major est Dei mei benignitas, quam mea infirmitas ; major prudentia medici, quam languor ægroti. Scio quidem aliquantulum esse in hac re difficultatis : novi etiam arctam esse viam, quæ ducit ad vitam, et paucos ingredi per eam. Sed si difficultas est odio habentibus ; mira suavitas est, leve jugum Domini amplectentibus. Novi quoque, quod via, qua itur ad A coelestia, ampla est fidelium spei, licet arcta sit infidelium vanitati.

Ad quod *Lingua dolosa* : Miror te dicere, quod Dei tui jugum leve sit, cum bonos tantis laboribus videamus agitari, venari, concuti atque turbari, ut non a labore ad quietem, sed a quiete ad laborem esse vocati videantur, ita, ut multis, ac miris modis vexatum se fore asserat, quem Dei tui studiosum cultorem libri tui clamant.

Ad quod *Amor Dei* : Superius dixeram tibi, unde nosse satis posses, quomodo Dei mei jugum leve sit. Quod autem specialiter de quodam Dei mei cultore loqueris, nescio, quem pulsas; nisi forte ad memoriam revoces illum, quem scimus de se veraciter dixisse, quod in carceribus, in plagis supra modum, in mortibus frequenter pericula pertulerit. B

Ad quod *Lingua dolosa* : Ille est de quo dixi.

Cui *Amor Dei* : Si de ipso dixisti, qui tot et tantos labores pertulit, ut etiam tædiosum sit commemorare, quod illa pro Deo meo voluit tolerare ; conveniens tamen non est, ut sibi labores nimis graves fuerint, quos ex toto corde suscepit. Ipse namque in tribulationibus gloriabatur, et cum in varias tribulationes incidisset, omne gaudium juxta coapostoli sui verba existimavit, et non tristis, sed quasi tristis erat, semper autem gaudens medullitus. Namque consideravit, quod non essent condignæ passiones hujus temporis ad futuram gloriam, quæ post hoc sibi, et omnibus Deum meum amantibus revelanda foret (*Rom*. VIII). In hac sæpe ille lætaba- C tur, licet adhuc corruptibili corpore gravaretur.

Ad quod *Lingua dolosa* : Video multos etiam in ipso conversionis primordio tot ac tantis tentationibus vexari, commoveri, et angi, ut mallent se nunquam boni operis aliquid inchoasse, quam in tanto labore hujus vitæ tempus transire.

Ad quod *Amor Dei* : Nullus athleta sine sudore coronatur. Fidelem Deum habeo, qui mihi in tentationum fluctibus fortissima est anchora, nec patietur me tentari supra id quod possum, sed faciet cum tentatione proventum, ut possim sustinere (*I Cor*. x). Salomon etiam solatium mihi est, per quod Deus meus solutus est.

Ad quod *Lingua dolosa* : Dic, quid ille tibi dixit ? D et unde tanto gaudio suffundaris?

Amor Dei : Malum est, dicit omnis emptor, et cum recesserit, laudabitur. Hæc sunt verba præfati Sapientis.

Ad quod *Lingua dolosa* : Quis est emptor, de quo loqueris?

Amor Dei : Nec licet mihi sanctum dare canibus, nec margaritas spargere ante porcos (*Matth*. VII).

Cui *Lingua dolosa* : Si non propter me, saltem propter alios pande, quid dixeris.

Ad quod *Amor Dei* : Cum Deus meus propter perfidum Judam, Petrum et alios apostolos salubri exhortatione non fraudaverit, in hoc tibi consentio.

Lingua dolosa : Dic ergo.

Amor Dei : Emptor est, qui videlicet a sæculi vanitate conversus relinquit temporalia, ut possideat æterna, cui in conversionis exordio id quod patitur, grave nimis videtur. Adhuc enim nova conversio pristinæ vitæ commistionem habet. Sed cum recesserit, id est cum plenius ab amore mundi animum segregaverit, tunc gloriatur, quod magis in spiritualibus donis lætetur, quam prius in carnali voluptate delectaretur.

Lingua dolosa : Jam fac quod consulo. Si te delectat conversio, exspecta usque ad senectutem, cum Deum tuum noveris illos etiam denario remunerasse, qui vineam ejus undecima hora ingressi sunt, sicut illos, qui prima hora laborare cœperunt.

Amor Dei : Modo perspicacius intueor, te quidem habere speciem consulendi, sed venenum deceptionis occultare, et sub dulcedine mellis porrigere ac propinare amaritudinem fellis. Nam pestifera persuasione hortaris me senectutis tempus exspectare, cum Deus meus per Salomonem mihi dixerit, ut sui memor essem in tempore juventutis. Qui enim blandiloquis sermonibus tuis aurem accommodant, cum dixerint in corde suo : *Pax et securitas, tunc repentinus eis superveniet interitus* (*I Thess*. v). Hi nimirum Dei mei verba et providas similitudines aut ignorant aut dissimulant. Nam dum paratos esse vellet dilectores suos ait : *Si Pater familias sciret, qua hora fur veniret, non sineret perfodi domum suam* (*Matth*. XXIV). Quid est autem, quod media nocte sponsus venire dicitur, cui virginum aliæ paratæ, aliæ imparatæ occurrunt, nisi quod dies judicii sic repentine superveniet, ut prævideri non possit ? Cur non attendo, quod idem Deus meus ait : *Vigilate, quia nescitis diem, neque horam* (*ibid*.)? Cum igitur morte nil sit certius, nil hora mortis incertius, semper ad Dei mei adventum paratus esse debeo, ut cum venerit, et per ægritudinis molestiam pulsaverit, confestim ei aperiam, id est ardenter et libenter suscipiam. Si scirem, quando mors immineret, forsitan tuæ persuasioni acquiescerem, ut aliud tempus voluptati, aliud pœnitentiæ reservarem. Sed non placet mihi, ut Dei mei patientiam et misericordiam offendam, ut thesaurizem mihi iram in die revelationis justi judicii Dei mei. Scio enim, quod hi judicantur acrius, qui exspectantur diutius. Ipse quidem omni hora, omni tempore paratos nos esse voluit, qui sero, media nocte, galli cantu, et mane de habitaculo carnis animam evellit, quod diversis ætatibus evenire humano generi diligenter considerans cognoscit. Quod vero dicis undecima hora vineam ingressos denario non fraudari, magnum quidem solatium mihi esset. Sed hoc mihi terrorem incutit, quod ignoro, si tantum mihi spatium concedatur, ut usque ad præfatam horam perveniam. Qui enim pœnitenti indulgentiam promisit, dissimulanti crastinum diem non spopondit. Cur non consideras eos, qui vocati sunt mane, non exspectasse usque ad tertiam, et vocatos in tertia non exspe-

classe usque ad sextam, et vocatos in sexta et nona **A**
non exspectasse usque ad undecimam horam? Noluerunt utique tempus incertum exspectare. Volue·
runt sibi præcavere, ne fuga eorum fieret hieme et
Sabbato : ne tunc inciperent fugere cum jam non
liceret eis pede boni operis ambulare ; cum jam non
esset tempus merendi, sed recipiendi.

Lingua dolosa: Quomodo tu solus salvari vis, cum
multos non solum parva dignitate præditos, sed
etiam regia potestate præcelsos ad inferna migrasse
innueris ?

Amor Dei : Modo quasi una ex stultis mulieribus
locuta es. Non minus ardeo, si cum multis ardebo.
Non est hoc, quod dicis, sanum consilium, sed vanum solatium. Dic quæso, quid prodest mihi, si cum
Alexandro magno, Herode, Nerone, cæterisque regibus Deum meum ignorantibus, in unum damnationis fasciculum colligabor ?

Lingua dolosa : Si nil te a conversione retraheret,
solas hominum irrisiones metuere posses, ut aliquantulum exspectares.

Amor Dei : Crebro legimus tenerrimas puellas
cum sæculo et sexum vicisse, ætatem moribus trans-
cendisse, acerrimas pertulisse passiones : et cur
ego recusem ferre irrisiones ? Martyres Dei novi
crebro substantia sua privari, falsis opprobriis
obrui, flammis cremari, aquis immergi, lapidari,
secari, bestiis objici, et omnia tormentorum genera
perpeti. Minima sunt lacrymarum exempla, si solis
justitiæ non recorder facta.

Lingua dolosa : Dic aliquid de sole illo.

Amor Dei : Sol iste a Judæis frequenter irridebatur.
Deridebant enim eum, cum diceret puellam sus-
citandam mortuam non esse, sed dormire. Præsumpserunt etiam ei quidam dicere : *Ave, Rex Judæorum (Joan. xix).* Qui non solum Judæorum, sed
et omnium hominum, imo et angelorum rex erat,
hunc ironice regem appellare non formidabant.
Quid autem de ipsis Pharisæis scriptum est, cum
contra ipsorum avaritiam disputaret? Audi evangelistam dicentem : *Audientes autem hæc Pharisæi,
qui erant avari, deridebant eum (Luc. xvi).* In his
omnibus non est aversus furor eorum ; sed adhuc
in cruce pendenti insultaverunt, et dixerunt : *Si
rex Israel est, descendat nunc de cruce, et credi-* **D**
*mus ei. Alios salvos fecit, se ipsum non potest salvum
facere (Matth. xxvii).* Confiteor ergo ipsum coram
hominibus, ut ipse confiteatur me coram Patre suo.

Lingua dolosa : Cur ita diligenter intueris, quid
fecerit, aut quid passus fuerit auctor tuus?

Amor Dei : Quia conor imitari sapientem.

Lingua dolosa : Quid de sapiente scriptum est?

Amor Dei : Sapientis oculi in capite ejus (Eccl. iii).

Lingua dolosa : Quis hanc sententiam protulit?

Amor Dei : Sapientissimus Idida.

Lingua dolosa : Quis iste fuerit, ignoro.

Amor Dei : Ille fuit, de quo dixit quidam :
 *Omnipotens Ididæ poscenti dona Sophiæ
 Annuit in tantum, naturæ vincat ut usum.*

Lingua dolosa : Non est mihi curæ, quis fuerit.
Hoc video et perpendo, quod cassa est hæc sententia. Ego enim multos stultos et sapientes vidi,
quorum nullus oculos in ventre, aut alio membro
habuit, sed omnes in capite

Amor Dei : Incassum reprehendis, quod non intelligis. In sacra Scriptura, quam Deus meus per
ora dilectorum suorum nobis tradidit, multa vana
et falsa videntur ignorantibus, quæ utilia esse videntur recte intelligentibus. Unde quidam propheta Dei
mei, cum de rotis, id est duobus testamentis loqueretur, ait : *Statura erat rotis et altitudo, et horribilis
aspectus (Ezech.* 1).

Lingua dolosa : Multis verborum ambagibus me
frustra fatigas. Nam cum debes evolvere, involvis, **B**
et ignotum per ignotum exponis.

Amor Dei : Gratior est fructus, quem spes pro-
ductior edit. Ultro objectorum vilius est pretium.
Ego nondum exposui, quomodo *sapientis oculi in
capite ejus,* sed testimonio prophetico tuam stultitiam confudi, cum dicerem, quod *statura erat rotis,*
id est rectitudo inesset Scripturis.

Lingua dolosa : Quid est, quod dixisti præterea, quod *altitudo* inesset rotis, *et horribilis aspectus?*

Amor Dei: In latitudine intelligitur cœlestis dulcedinis promissio, ut est illud : *Gaudium et lætitiam
obtinebunt, fugiet dolor et gemitus (Isa.* xxxv); in
horribili aspectu intellige comminationem perpetuæ **C**
pœnæ, sicut dicitur de reprobis : *Vermis eorum non
morietur, et ignis non exstinguetur (Isa.* lxvi). Ut
autem breviter dicam, *oculi sapientis* sunt *in capite
ejus,* quia incessanter intuetur, qualiter caput suum,
id est Christus, ambulaverit. *Qui enim dicit se in
Christo manere, debet, quemadmodum ille ambulavit,
et ipse ambulare (I Joan.* 11).

Lingua dolosa : Unum est quod valde me lætifi·
cat, qui in ore quorumdam mulierum locum, et plenam requiem invenio.

Amor Dei : Sine hac die requiescere, et crastina
die plenius tibi respondebo, cum per silentium hac
nocte loquendi vires reparavero.

SECUNDUS DIES.

Amor Dei : Hesterna die, quadam pessima lætitia
elata es, ubi dixisti te gaudere, quod in ore quarumdam mulierum locum et plenam requiem inveneris. Dic ergo de hoc plenius.

Lingua dolosa : Recordare quomodo cepi Adam
per Evam. Cepi etiam illum sapientissimum regem,
ut suasu mulierum ad idolatriam corrueret.

Amor Dei : Quis est rex ille?

Lingua dolosa : Ille est, cujus tu dicta laudas, sed
facta ex parte reprobas.

Amor Dei : Forsitan ambo pœnitentiam egerunt ?

Lingua dolosa : Si, ut arbitraris, isti pœnitentiam
egerunt, adhuc non defecerunt versutiæ meæ, sed
multorum saxea corda inclino per feminea blandi-

menta, ut maternis interdum lacrymis quidam a con- A
versione retrahantur.

Amor Dei : Verum quidem est quod dicis. Sed
sicut effeminati femineis fletibus cedunt, ita viri,
hoc est virili mente præditi viriliter eos contem-
nunt, et siccis oculis ad vexillum crucis evolant,
mundum operibus immundum mundanis relinquunt,
et parentibus et quibuslibet amicis divitiis, domo,
patria, cibis lautioribus et omnibus hujusmodi
rebus spretis ad servitium summi Regis se transferunt.

Lingua dolosa : Si me viri ac feminæ interdum in
hac re superant, in hoc valde gaudeo, quod per
hæreticos dilectos meos Ecclesiam, Dei tui sponsam,
sæpius conturbo.

Amor Dei : Super hac re tibi modo plenius res- B
pondere nolo, sed breviter dico, quod Dei mei per-
missione omnes hæreses sint, ut qui probati sunt,
manifesti fiant. Nam illi cœli luminaria, scilicet
Ambrosius, Augustinus, Hieronymus tanto magis
doctrinæ suæ radios sparserunt, quanto magis
ab hæreticis dolosis quæstionibus pulsati sunt, et
præfatos dilectos tuos detexerunt, detectos confuderunt, confusos sperni fecerunt.

Lingua dolosa : Superius de conversione quorumdam loquebaris : quomodo ad alia subito digressus es?

Amor Dei : Respondi stultitiæ tuæ, cum diceres
te in rebus pessimis gavisam esse.

Lingua dolosa : Quoniam rursus de conversione C
tibi loqui placet, dic, quæso, cur non consideras
quosdam in aratrum manum misisse, et retro aspe-
xisse, ideoque regno Dei tui aptos non esse.

Amor Dei : Breviter respondeo tibi : Video Judam
cecidisse, ac in cœno vitiorum permansisse. Scio
Petrum ter negasse, et fletibus culpam diluisse;
respexit enim eum Dominus, et flevit amare (*Matth.*
xxvi).

Cultor et ante soli nunc tenet astra poli.

Lingua dolosa : Pensa diligentius, et vide multa
jam esse genera conversorum, de quibus ego plenius loqui dedignor; sed in tria genera eos divido,
scilicet eremitas, cœnobitas, et inclusos, ut breviter ostendam omnes confusione dignos esse.

Amor Dei : Tace, quæso, tace.

Desine grande loqui, frangit Deus omne superbum.
Hæc confusio in caput tuum redundabit.

Lingua dolosa : Eremitarum consortium, ut nosti,
prorsus est vitandum, et eorum vita contemptui est
habenda. Sunt enim in solitudine, quam Salomon
te docuit despicere, cum diceret : *Melius est duos*
simul esse quam unum. Habent enim emolumentum
societatis suæ. Unus si ceciderit, ab altero fulcietur.
Væ soli, quia si ceciderit, non habet sublevantem
(*Eccli.* iv).

Amor Dei : Illum *solum* dico, qui tantum quærit,
quæ sua sunt, non quæ Jesu Christi (*Phil.* ii); qui
si mille sit stipatus, tamen bene dicitur solus, quia
a dilectione fraterna est alienus. Væ igitur soli huic,

id est charitatem non habenti. Cur non intueris,
quod Deus meus, qui pro salute humani generis in
mundum venit, interdum hominum consortium declinavit, desertum subiit, cum bestiis habitavit ? Si
contemnis exempla virorum sanctissimorum, qui
latuerunt in desertis locis, etiam præfatum spernis
exemplum. Solitudo tibi videtur spernenda propter
prædicta Salomonis verba? Attende diligenter, quod
idem Salomon dixerit, ubi opportunum et saluberri-
mum mihi consilium de solitudine dedit.

Lingua dolosa : Quid dixit?

Amor Dei : Melius est sedere in angulo domatis,
quam cum muliere litigiosa in domo plena (*Prov.*
xxv).

Lingua dolosa : Dic, quis sit *angulus domatis.*

Amor Dei : Angulus domatis est vita religiosa, ab
omni sæculari actione remota.

Lingua dolosa : Quæ est *mulier litigiosa?*

Amor Dei : Mulier litigiosa est hujus sæculi actio
turbulenta, quæ amatoribus suis incessanter movet
jurgia, scandala seminat, immittit litem, dividit
unitatem, pacem violat, amicitiam dissipat, eosque
nec in semetipsis quiescere sinit, nec in fraterna
dilectione connexos esse permittit.

Lingua dolosa : Postquam respondisti mihi de
eremitis, dic quid tibi videatur de inclusis, de
quibus hoc assero, quod vanissima sit eorum
vita, quos amor Dei tui non ligat, sed parietes coarctant.

Amor Dei : Cum diligenter attendo, video quod
stultitiæ tuæ nullum modum imponis. Dicis enim
quod inclusos parietes coarctant, sed Dei mei amor
non ligat. Cur sibi subtraxerunt communem hujus
vitæ qualemcunque libertatem, nisi ut cœlestem
consequerentur dulcedinem? A communi colloca-
tione hominum se non coercerent, nisi ut Deo meo
liberius vacarent. Quod si quidam illorum hypocri-
sin intra se conteguit, non tamen de cunctis sentiendum est, quod de quibusdam, et in quibusdam
sinistrum fore cognoscitur et deprehenditur, quorum Sabbata hostes vident et derident; quamvis
enim quiescant a pravo opere, non tamen quiescunt
a prava cogitatione. Alii vero sanctum habent Sabbatum, qui vacant et vident, quoniam Deus est, et
non solum a perverso quiescunt opere, sed etiam,
quantum possunt, quiescunt a vana meditatione.
Quibus juxta vaticinium Isaiæ erit *mensis ex mense,*
et Sabbatum ex Sabbato (*Isai.* lxvi).

Lingua dolosa : Quid est hoc quod modo dixisti ?

Amor Dei : In *mense* perfectio dierum est, et per
eum in hoc loco intelligitur perfectio operum : *Sab-*
batum autem in hoc loco sanctam requiem designat.
Qui ergo in hoc sæculo perfectionem habent operis,
post hoc habebunt perfectionem sanctæ retributionis; et qui nunc quiescunt a perverso opere cum
cordis puritate, postea ab omni mentis et corporis
labore requiescent in æternitate, et post Sabbatum
spei habebunt Sabbatum requiei.

Lingua dolosa : Cum eremitis et inclusis propter

ipsorum paucitatem modo non libet mihi protelare A
sermonem : sed veniam ad cœnobitas, qui ut zizania
jam exereverunt in mundo, qui propter vitia sua
prorsus sunt fugiendi. Mutaverunt enim vestem, sed
non mentem.

Amor Dei : Licet hæc ex parte vera sint, quæ
commemorasti, quod de multis tecum sentio, de
cunctis dicere et asserere non audeo. Quamvis enim
quidam nigredine vestium et vitiorum sint fuscati,
qui gloriantur se habere Regulam Benedicti, sed
tamen magna ex parte jam corruerunt, et declinaverunt ad sectam Maledicti ; non tamen ita penitus
dejecti sunt in foveam vitiorum, quin aliquos habeant, qui gemunt et dolent, quæ contra sanctissimam Regulam fieri vident. Videre etiam potes quosdam inter eos, qui habitu se ab istis distinxerunt, B
et aliquantulum se Ordini acrius astringunt.

Lingua dolosa : Ego nullum claustralium salvandum esse duco, nec ab invicem aliquos distinguo.
Scilicet tot vitiis eos subjacere video, quod in unum
damnationis fasciculum omnes distinguo.

Amor Dei : Prius ut stultam loqui asserui ; nunc
autem cerno, quod in manifestam insaniam proru-
pisti. Unde satis etiam commotus sum, ita ut præ
commotione mentis meæ tibi modo respondere ne-
queam. Sed crastina die stultitiam tuam, Deo meo
favente, confundam.

TERTIUS DIES.

Lingua dolosa : Cum sero superior a te absces-
sissem ; ita os tuum oppilaveram, ut quod dicere C
posses, non haberes, sed confusione grandi te per-
fusum vidisti, ideoque miserabiliter obmutuisti.

Amor Dei : Non ut arbitraris, a me sequestrata
es superior sed deterior. Nam cum viderem te ad
manifestam insaniam excitatam, nolui verba sancta
effundere, sed tranquillæ menti infundere. Quidquid
enim, quantumlibet rectum sit, menti furore ebriæ
dicitur, perversum tamen esse videtur. Ad respondendum tibi non me impedit inopia, sed copia. Tot
mihi quippe exempla suffragantur, ut ambigam ,
quid ex his eligam, quodve prætermittam. Si enim
superius Martinum, Antonium, Benedictum Colum-
banum, Gregorium, Paphnutium objecissem, quid
dicis de sanctissimis apostolis, in quorum tempore
multitudinis credentium erat cor unum et anima una D
(*Act.* IV), nec quisquam eorum ex his, quæ possidebat, aliquid suum esse dicebat ?

Lingua dolosa : Tunc forsitan jocando et ludendo
dixi nullum claustralem salvari ; sed modo majori
gravitate locutura sum, ita ut verba mea magni
ponderis sint, nec ab aliquo reprobari possint. Audi
ergo fidele consilium meum, quo te munio. Conforta
cor et corpus tuum cibis lautioribus in sæculo, quod
facere non potes in cœnobio.

Amor Dei : Audio Deum meum dicentem : *Attendite, ne graventur corda vestra in crapula, et ebrietate*
(*Luc.* XXI). Nec Apostoli sui sperno dicta, ubi ait :
*Optimum est, gratia stabilire cor, non in escis, quæ
non profuerunt ambulantibus in eis* (*Hebr.* XIII).

Lingua dolosa : Cur igitur ait idem Apostolus
Dei tui cuidam discipulo : *Modico vino utere pro-
pter stomachum; et frequentes tuas infirmitates ?* (*I
Tim.* v).

Amor Dei : Non recuso uti vino ; sed diligenter
considero temperamentum illud salubre, quod ille
præmisit, ubi non ait discipulum suum debere uti
vino multo, sed *modico.* Perfectius tamen est, si fieri
potest infirmitate non urgente, et si meæ potestatis
sum, ut nullo utar, nec modico reficiar ad delectationem, sed ad necessitatem.

Lingua dolosa : Hæc omnia dicta tua confundit
Salomon, ubi dicit, bonum sibi videri, ut comedat
quis, et bibat, et fruatur lætitia de labore suo.

Amor Dei : Sed intelligis in hoc loco sacramentum
Dei mei, scilicet panis et vini, quo sacerdotes Dei
quotidie in altari reficiuntur ? Nihil est melius, quam
ut probet se unusquisque, et sic de pane illo edat,
et de calice bibat, ut sic sumat sacramentum, ut
non fiat ei acrius tormentum ; ut non sumat illud ad
perniciem, sed ad salutem.

Lingua dolosa : Ego de simplici refectione corporis, non animæ hoc eum dixisse intelligo.

Amor Dei : In hoc a te non multum dissentio ;
sed id perpendere te volo, in eodem libro, in quo
hæc dicit, multa eum ex infirmantium persona in-
tulisse, sed de domo luctus et convictus ex ratione
definiisse. *In codice ms. hic aliquid deest.*

Amor Dei : Nobilitas generis parvi pendenda est
sine nobilitate mentis. Nobilitas morum plus ornat
quam genitor.

Lingua dolosa : Quomodo potes voluntatem tuam
subdere voluntati alterius ?

Amor Dei : Quia illum imitari desidero, cui una
cum Patre voluntas est, qui ut exemplum nobis fran-
gendæ voluntatis tribueret, ait : *Non veni facere voluntatem meam, sed ejus, qui misit me* (*Joan.* VI),
Patris; qui etiam parentibus suis subdi non dedi-
gnabatur.

Lingua dolosa : Cui relinquis divitias tuas ?

Amor Dei : Illi, qui daturus est, pro caducis divitias permansuras, pro perituris et temporalibus
æternas. *Thesauri utique non prosunt in die ultionis;
justitia vero liberabit a morte* (*Prov.* XI)

Lingua dolosa : Magnam in quibusdam religiosis
considero stultitiam, qui tantis jejuniis, vigiliis, contumeliis et interdum manuum laboribus se afficiunt,
ut vix perdurare valeant, cum sciant Scripturam Dei
tui, considerantes, quod prædestinati ad vitam salvabuntur, præsciti ad pœnam damnabuntur.

*Amor Dei : Qui scrutator est majestatis, opprime-
tur a gloria* (*Prov.* XXV). Sed mel inveni, comedere
debeo, quod sufficit mihi. Quoniam non considero,
quod quidam ethnicus ait : *Quærimus arcana Dei,
cœlumque inquirere quid sit.* Debes ergo sapere ad
sobrietatem, et Dei mei judicia, quæ non possum
perscrutari, debeo venerari. Scio enim quod occulte
sint justa, et juste occulta. Quod si idcirco in pigri-
tiam resolvi debeo, quia Dei mei judicia ignoro ;

similiter, omni periculo mortis temporalis me sub- A
jicere possum. Quantumlibet enim præcaveam, ne
moriar, constitutos tamen mortis terminos præterire non valeo. Hoc autem considerare me decet,
quod prædestinatio precibus impletur. Nam obtineri
precibus non possunt, quæ prædestinata non sunt.
Sed ipsa perennis regni prædestinatio ita ab omnipotente Deo disposita est, ut electi ad hoc perveniant, quatenus orando mereantur accipere, quod
eis omnipotens Deus ante sæcula disposuit donare.

Lingua dolosa : Quid prodest in claustro psalmos
canere, et vitiis innumeris subjacere ? Nam cum a
voce vita non discordat, cum vox vitam non remor-
det, dulcis est symphonia.

Amor Dei : Vide, quæso, exempla multorum, imo
pene totius orbis partes in hæc studia declinasse. Et B
qua fronte, quo corde, qua impudentia, qua insipientia
reprehendis, quod cuncti contemplationi dediti aut
faciunt, aut laudibus efferunt ? Quod autem dicis dulcem esse symphoniam, cum vox vitam non remor-
det ; assensum porrigo, nec tamen consequens esse
concedo, ut ob hanc causam prætermittatur psalmodia. Si etiam propter quorumdam perversam intentionem dicis omittendum esse psalmorum officium, grandis te sequitur absurditas, ut dicatur
contra te, orationes, jejunia, eleemosynas, prædicationes et cætera bona opera fore deserenda, quia
hæc omnia interdum fiunt intentione perversa, nec
ullum opus est tam sanctum, quod prædicto nævo
aliquando non sit infectum. Dico ergo, imo Deus C
meus per quamdam Romanorum et totius mundi lucernam dixit : *Vox psalmodiæ, cum per intentionem
cordis agitur, per hanc tunc omnipotenti Deo ad cor
iter paratur, ut intentæ menti vel prophetiæ mysteria,
vel compunctionis gratiam infundat.*

Lingua dolosa : De hac lucerna non curo ; sed hoc
dico : quod Dei tui Apostolus ait ad quosdam, ut
cantarent *in cordibus suis Domino.*

Amor Dei : Si tantum in corde cantandum est,
quid est quod ipse de psalmis et hymnis commone-
fecit, et quod Psalmographus sæpius nos ad cantandum monuit ? Sic utique foris verba debent perso-
nare, ut corda intrinsecus ad compunctionem utiliter
concutiantur, et intentio nostra in cœlesti Jerusalem sit suspensa.

Lingua dolosa : Quid prodest distincte et tractim
in cantu et lectione quædam verba proferre ?

Amor Dei : Si distincte verba proferuntur, melius
intelliguntur, et acrius cordi inseruntur. Vide,
quæso, quid in Veteri Testamento legitur, quod volumen legis distincte ac ad intelligendum populo
Judæorum legebatur. Quod ergo ibi factum est in
cœtu Judæorum, nunc fieri debet in congregatione
monachorum, ut suavi modulatione cor triste de-
mulceatur, et sæculi tristitia quæ mortem operatur,
psalmodiæ dulcedine depellatur, animusque spirituali gaudio suffundatur, ut post lætitiam spei sequatur lætitia rei.

Lingua dolosa : Hoc omnes deterrere debet ad

monasticum ordinem accedere volentes quod cunctos
cœnobitas noverunt murmure corrumpi, detractio-
nibus infici, litibus dissociari.

Amor Dei : Non omnes, sed quidam in iis. Alii
vero instant lectioni, ut erudiantur ; orationi ut
purificentur ; operi, ut beatificentur. Et cum alii
murmure seu detractione se inficiunt, isti se vicaria
collatione reficiunt, præceptis Dominicis excitant,
exemplis sanctorum Patrum inflammant, et sic juxta
Salomonem *ferrum ferro exacuitur* (*Prov.* xxvii) ;
dum homo faciem amici sui exacuit, quia sic vivis
sermonibus se invicem incitant, ut ad lectionem avi-
diores recurrant.

Lingua dolosa : Si quis pensaret, quantum vitium
lis esset, nunquam ad sæpius dictos hypocritas se
transferret.

Amor Dei : Dic quam magnum sit hoc vitium.

Lingua dolosa : Libentissime in hoc tibi acquiesco :
pensa verba mea. Lis est homicidii exordium, suscitatio scandalorum, perturbatio ecclesiasticæ consuetudinis, contemptus dominicæ imitationis.

Amor Dei : Nunc etiam intueor diligentius, quod
sermo tuus ut cancer serpit et lethale virus incautis
infundit. Dic, quæso, dic, quæso : quomodo est lis
homicidis exordium ?

Lingua dolosa : Quia per litigia suscitantur odia.
Qui autem odit fratrem suum, homicida est (*Joan.* ii),
juxta quod Apostolus Dei tui ait.

Amor Dei : Quomodo est suscitatio scandalorum ?

Lingua dolosa : Quia per lites crebro scandala
suscitantur. Multi enim scandalizantur, cum quærunt in eis, quos sæpius dixi, fructus dilectionis, et
inveniunt spinas dissensionis.

Amor Dei : Dei mei cultores studiosi et puri, in
quantum possunt, scandalum devitant, et cum omnibus hominibus, si fieri potest, pacem conservant.
Hanc autem regulam a Deo meo sumunt, quod apud
duricordes interdum scandala oriri permittunt. Nam
si de veritate scandalum sumitur, utilius nasci per-
mittitur, quam ut veritas relinquatur. Nunc resera
mihi, quomodo sit lis perturbatio ecclesiasticæ consuetudinis.

Lingua dolosa : Lege Dei tui Apostolum, qui
ait : *Si quis autem videtur contentiosus esse, nos ta-*
D *lem consuetudinem non habemus, neque Ecclesia Dei*
(*I Cor.* xi).

Amor Dei : Dic tandem, quomodo sit contemptus
Dominicæ imitationis ?

Lingua dolosa : Vide an non in propheta Dei tui
scriptum sit de Deo tuo, quod *non contendet, neque
clamabit* (*Matth.* xii). Qui ergo litibus se scindunt,
non sunt Dei tui imitatores, sed contemptores.

Amor Dei : Non omnes hoc vitio sunt infecti, sed
quidam claustralium charitatis ardore sunt succensi, cum Deus meus per se et alios eam sæpius
commendet, in cujus præceptis legem et prophetas
pendere dicit. Et Dei mei Apostolus ait facultatum
distributionem, et corporis exustionem sine ea non
prodesse. Nunc autem de perfecta mihi potissimum

loqui libet. Ipsa etiam est contemptrix vitæ temporalis, connexio multitudinis, velamen reatus, signum
cœlestis discipulatus.

Lingua dolosa : Dic, quomodo sit contemptrix vitæ
temporalis.

Amor Dei : Considera, quomodo Dei mei Apostolus charitate præditus ait : · *Cupio dissolvi, et esse
cum Christo (Phil.* I). Et Deus meus per se ait :
*Majorem charitatem nemo habet, quam ut animam
suam ponat quis pro amicis suis (Joan.* xv).

Lingua dolosa : Hoc pande, quomodo sit connexio
multitudinis.

Amor Dei : Retorque mentis tuæ oculos ad primordia sanctæ Ecclesiæ, ubi *multitudinis credentium
erat cor unum et anima una (Act.* iv), et vide quomodo multitudo in unum connectebatur, quæ sibimet in quadam suavi, et laudabili concordia junge-
batur.

Lingua dolosa : Quomodo est velamen reatus?

Amor Dei : Quia ut dicitur : *Charitas operit multitudinem peccatorum (Jac.* v). Et alibi dicitur, quod
universa delicta operit charitas (Prov. x). Scio ipsam
esse vestem nuptialem, quæ a nobis plenius arcet
frigus infidelitatis. Qua veste ille caruit, qui in tenebras exteriores mitti meruit.

Lingua dolosa : Quomodo charitas est signum cœlestis discipulatus?

Amor Dei : Deus meus non ait discipulis suis,
quod in illuminatione cæcorum, mundatione leprosorum, suscitatione mortuorum, sui agnoscerentur
esse discipuli. Sed ait : *In hoc cognoscent omnes,
quia mei estis discipuli, si dilectionem habueritis ad
invicem (Joan.* xiii). Ipsa charitas est perfectionis
vinculum, quia omne opus a tentatione cito dissolvitur, si non per charitatem ligatur.

Lingua dolosa : Tædet me sermonis tui.

Amor Dei : Gratias ago Deo meo, quod aliquantulum versutiæ tuæ sopitæ sint : modo siles, modo
victa jaces, quia te loqui non tantum tædet, sed
etiam pudet. Et

. . . . *Jam victa jacebis,*
Nec jam mortiferas audebis spargere flammas,
Lingua dolosa cadit, quam sanctus amor superavit.
Christum collaudet, qui post hæc prælia gaudet.

ANONYMI BENEDICTINI

Qui sub Friderico Barbarossa imperatore scripsit

INSIGNIS LIBER DE PŒNITENTIA

ET

TENTATIONIBUS RELIGIOSORUM.

(D. Bern. Pezius, *Biblioth. ascet.*, t. II, p. 1, ex ms. cod. bibliothecæ Mellicensis.)

—

MONITUM.

—

Et alterum hoc *Bibliothecæ Asceticæ Antiquo-novæ* volumen ab Anonymo ausp.cor, cujus præter ætatem et ordinem, quem Benedictinum fuisse ex cap. 25 sat liquidum arbitror, reliqua prope omnia obscura incertaque sunt. Imo ex cap. 32 videtur auctor data opera nomen suum celasse, ubi contra ob-
trectatores suos id sibi solatio futurum existimat, *quod personam auctoris ignorent.* Forte tamen id de-
tegi posset, si alter ejusdem libellus, quem *Tristitiarum, quæ secundum Deum sunt,* inscripsit, et infra
cap. 10 ipse laudat, exstaret : nisi et ab hoc nomen suum abesse voluerit, quod vehementer suspicor ex
insigni quodam opusculo *De conscientia,* quod hujus nostri Anonymi stylum, methodum, ingenium et
ætatem ex asse refert, atque adeo vix alium quam eumdem auctorem habet. Porro id his verbis concludit : *Verumtamen absconde epistolam vel librum, si sic magis eligis nominari; vel si propalare decreveris,
tace nomen auctoris. Novit Auctor salutis, cui soli omnis honor et gloria,* etc. Ut adeo universim auctori
propositum fuisse videatur, editis a se libellis vel modestiæ, vel declinandæ invidiæ causa nomen suum
subducere. Opusculum hoc posterius laudatum *De conscientia* (5), proxime in lucem efferendum, in codice membraneo bibliothecæ Mellicensis, a me lit. K, num. 52, insignito asservatur. Auctorem editi hic
opusculi floruisse sub Friderico Barbarossa planissimum est ex cap. 59, ubi exstat illius rhythmus adversus monachos qui in expeditione sacra, a Friderico imperatore in terram sanctam anno 1189 suscepta, *voti et officii sui obliti, spiritu seductoris decepti, iter illud aggredientes, armis, ut laici, pugnare parabant.* Habetur hic libellus in duobus chartaceis codicibus bibliothecæ Mellicensis, quorum prior lit. G,

(5) Exstat infra.

num. 171, ex quo eum A. R. P. Gerardus Eineder, sodalis noster charissimus, exscripsit : alter vero lit. R, num. 30, notatus est. Tertium exemplum in monasterio Monscensi vidi, non citius tamen, quam sæculo xv, uti et ambo codices Mellicenses, exaratum. Potest hic tractatus commode in tres partes dispesci, quarum prima ab initio usque ad cap. 25 varias de pœnitentia quæstiones secundum veterum scita et usum pertractat : inde altera usque ad cap. 33 diversis claustralium tentationibus obviat; postrema a proximo capite usque ad finem libelli tradit, *qua ratione homo semper unus secum et cum Spiritu Dei esse possit.* Quæ omnia auctor *septuaginta tres annos* natus ex cap. 32 stylo succincto, acuto ac eleganti exsequitur.

TRACTATUS DE PŒNITENTIA.

—

Dilecto filio Senior salutem. Stesichorus inter laudem et vituperationem Helenæ fluctuans, oculos, quos nunc vituperando amisit, nunc laudando recipere meruit. Ego autem apud te tam laude tua quam etiam vituperatione æque cæcus permaneo. Igitur nequior est mea quam Stesichori fortuna. Laudem enim, qua te laudavi, calumniaris : simulatam, non veram esse dicis, quod non ex vero corde loquor ea, quæ de te loquor. Si autem laus vera non est, nec ex vero corde loquor, aut derisio est aut adulatio. Qui autem deridet, deridetur. Qui adulatur, de hoc quidam dicit :

Laudat adulator, sed non est verus amator.

Utroque vitio judicio tuo subjaceo. Quod si verum esset, merito elogium utriusque sustinerem. Sed ego neutrius mihi conscius sum : ergo judicium tuum in hac parte errat. Cur deriderem, qui materiam derisionis non haberem? Cur tibi adularer, qui nullum aliud commodum a te quæro, nisi ut te fruar in Domino?

Dicis : Nolo laudari nimis nec vituperari. In neutro nimius fui. In te dictiones aliquas, quas minus grammatice posueras, reprehendi, ut nunc, ubi in penultimo versu Musæ tuæ *cubitu* pro *cubito* posuisti. Hoc amice, non vituperando feci. Quintilianus inimicus esse noluit, cum dixit : *Hic corrige sordes.* In laudando quoque modum non excessi, dum dixi :

Vox tua quamque gravis, tamen est semper mihi sua-
                           [*vis.*
Aurea lingua tua facit omnia sic mihi chara.

Parum autem, nihil hyperbolicum dixi : dicta enim hæc fidem non excedunt. Igitur laudem tui simulatam vel hyperbolicam dicere noli. Hæc ad metrum tuum respondi. Nunc ad prosam, quam subscripsisti, accedam. Et quia longior textus erit, quod scripturus sum, non pro epistola, sed pro libello habebis.

CAP. I. *Proponuntur variæ quæstiones de agenda cum fructu pœnitentia, et tentationes fluctuantis religiosi.*

Propheta in persona Domini loquitur : *Attendi et auscultavi : nemo quod bonum est loquitur, nec est qui dicat : Quid feci? (Jer. VIII.)* Cum homo Dei gratia præventus redit ad cor et cogitare cœperit, quid et quantum peccavit, et secum rixari cœperit, quod

Deum in tot et tantis offenderit, hujuscemodi rixam Deus quærit. Hinc etenim salus hominis incipit. Revocat enim culpas ad memoriam, cogitat de pœnitentia, de conversione, de confessione, de satisfactione, et in his, quid potissimum sit vel fieri debeat, fluctuat. Talem te in litteris tuis accipio.

Dicis quippe, tibi suspectum esse, quod Deus pro peccatis tuis te nunquam coram hominibus confundi permiserit, quod hoc forte in futurum distulerit, cum venerit occulta hominum judicare, ut tunc peccatum tuum angelis et hominibus manifestum fiat. Quæris, si libera sit confessio? si sufficiat uni soli sacerdoti confiteri tantum, si peccatum non iteratur, et injuncta pœnitentia compleatur. Percontaris, cum peccatum iteratur, si secunda pœnitentia admittatur? Item interrogas, quanta et qualis debeat esse pœnitentia? Conquereris, quod animus tuus in multa distrahatur, modo in barathrum desperationis, modo ad reversionem cordis et perfectam pœnitentiam satisfactionis : quomodo nunc velis mutare locum causa majoris districtionis, quomodo velis nunc includi, nunc eremita fieri. Hæc et alia quædam id generis quæris, de quibus magnum tumultum in corde pateris.

CAP. II. *Incertitudo futurorum non desperationem sed sollicitudinem in homine generet.*

Fateor, his quoque sæpius perturbatus est animus meus. Et non solum his quæstionibus, quibus de peccatis et pro peccatis agitamur, sed et cum homo omnia facit bona, quæ facere potest, *nescit utrum odio, an amore dignus sit, quia omnia reservantur in futurum incerta (Eccle. IX).* Job quoque : *Verebar,* inquit, *omnia opera mea (Job IX).* Verba, inquis, hæc, verba desperationis sunt ; ego autem quæsivi a te verba consolationis, ut de singulis, de quibus proposui, edoctus animus meus requiem aliquam inveniret.

Audi ergo breviter consolationem, quæ corrigit omnem desperationem. *Scimus,* inquit, *quoniam diligentibus Deum omnia cooperantur in bonum, his qui secundum propositum vocati sunt sancti (Rom. VIII).* Et hoc, inquis, incertum est etiam, qui secundum propositum vocati sunt sancti. Et ego : Cur quæris scire, quod solius Dei est? *Novit Dominus, qui sunt ejus (Prov. IV).* Si vis certus esse, ora, labora et persevera, ut sis unus de his, *qui sunt ejus.* Præscientia ista Dei non securum hominem reddere debet, quia non otiosis, non tepidis, non negligentibus, sed vigilantibus, sed laborantibus, sed perseverantibus regnum Dei provenit. Omnia ergo incerta ista, recte accepta, non faciunt desperationem sed mittunt hominem in timorem ; timor vero generat sollicitudinem ; sollicitudo mandatorum Dei impletionem ; impletio mandatorum Dei spem, spes frangit desperationem. Quicunque per hos gradus, duce Spiritu sancto, ascenderit, hic desperare nequit. *Quicunque enim Spiritu Dei aguntur, hi filii Dei sunt* (*Rom.* VIII). Item : *Spiritus reddit testimonium spiritui nostro, quod filii Dei sumus* (*ibid.*).

CAP. III. *Quod Deus quosdam coram hominibus confundi permittat, quosdam vero non, partim est miseridordia, partim judicium. Quænam sit peccatori utilis et necessaria confusio ?*

His quasi quibusdam titulis propositis recapitulentur omnia, et de singulis, quid Dominus dederit, dicamus.

Commendas misericordiam Dei super te magnam, in hoc videlicet, quod, licet turpiter multumque peccaveris, excepto quod peccantem patienter sustinuerit, nunquam te coram hominibus de peccatis tuis confundi permiserit. Et post pauca : *Patientiam ipsius super me magnam dixerim an iram ? Differt forte, quod tremens dico confundere me coram angelis et hominibus, cum venerit in majestate sua* (*Luc.* IX). Et quid tibi super hoc faciendum sit, consilium quæris.

Nec ego consilium melius scio, quam quod tu ipse subjunxisti. Dixisti : *Timeo nimis; sed præveniam et præveni faciem ejus in confessione.* Verumtamen quare quosdam de peccatis suis coram hominibus confundi permittat, quosdam vero non partim patet, partim latet, partim est misericordia, partim est judicium. Misericordia est, quando Deus peccatorum diu in peccatis, ut convertatur, patienter sustinet, et homo ille hac patientia considerata confunditur in se, erubescensque misericordiæ Dei ingratus inveniri redit ad Deum, et præter quod peccavit hoc ipsum, quod patientia Dei tandiu abusus est et plangit.

Potestne peccatori confusio esse nisi coram hominibus confundatur? Ita voluit, qui dixit : *Quem fructum habuistis tunc in illis, in quibus nunc erubescitis?* (*Rom.* VI.) Hæc confusio voluntaria est et sufficiens Deo, nec indiget confusione, quæ coram hominibus est. Domine Jesu, quid tu decernis super hoc dicto? Estne in Evangelio tuo super hoc aliquod documentum? Peccator ille, qui cum Pharisæo in templo orabat, stans a longe nolebat oculos ad cœlum levare, sed percutiebat pectus suum, situ loci, habitu corporis, conscientia rea cordis confusionem indicavit. Situ, quia a longe stabat; habitu, quia nolebat oculos ad cœlum levare ; conscientia, quia pectus suum percutiebat. A longe stabat, quia

ut alter Adam patientiam Domini timebat ; oculos ad cœlum levare nolebat, quia Deum, quem peccando offenderat, in cœlo habitare sciebat ; pectus suum percutiebat, quia rea conscientia, quæ eum mordebat, sub eo latebat. Num talis confusio apud Deum sufficiens est? Dic tu, Domine Jesu, qui tunc dixisti, dic, quæso, et nunc : *Amen dico vobis*, inquit, *descendit hic justificatus ab illo in domum suam* (*Luc.* XVIII). Est ergo talis confusio sufficiens Deo, nec indiget confusione, quæ coram hominibus est.

Sed si Deus tibi parcit, tu parcere noli ; dic confessori tuo, recita quotidie Deo in corde tuo singula peccata tua, lava per singulas noctes lectum tuum (*Psal.* VI), id est singula peccata tua deplora. Confundere in conspectu Dei, et abstulisti Domino causam te coram hominibus confundendi. Misericors est Dominus Deus noster (*Psal.* LXXXV). Hæc est causa non confundendi peccatorem coram hominibus, quia per confusionem spontaneam, qua homo coram Deo apud se confunditur, homo humiliatur, humiliatus liberatur, liberatus salvatur. Hæc confusio ex misericordia est, et hæc patet. Hæc confusio hominem sperare, non desperare facit : in hac te esse volo, quia confusio hæc gloriam adducit.

CAP. IV. *Quosdam Deus coram hominibus vult confundi, ut fracta duræ mentis cervice, ad viam salutis revertantur.*

Item quare quidam pro peccatis suis coram hominibus confundantur, et hoc dicendum est. Sunt quidam adeo duræ mentis, qui nunquam nisi coram hominibus confundantur, peccare cessabunt. Hi impetu quodam feruntur, donec Deo misericorditer permittente in suis itineribus perversi in tale quid inciderint, quo pro opprobrium et confusionem a sæculi hominibus ferre non possunt, et ideo ad Deum converti compelluntur. Unde propheta : *Veni*, inquit, *ad Babylonem, ibi liberaberis.* Cum enim tale quid eis pro peccatis suis acciderit, quod sæculi honorem habere non possunt, sicut Corinthius ille, quem Paulus publice ab omnibus redargutum et confusum tradidit Satanæ in interitum carnis, ut spiritus ejus salvus fieret ; et si quis in adulterio captus et castratus fuerit, vel aliud id generis illi et illis acciderit, hi, inquam, confusionem et opprobrium sæculi non ferentes ad Deum convertuntur et ita liberantur.

Sunt et aliæ confusiones, quæ non sunt hujus quæstionis ; cum quis despectus et abjectus est sæculo, vel quia incurvis pedibus natus est vel gibbosus, vel ex divite pauper, vel ex nobili inglorius fuerit factus. Et hæc quidem nonnunquam ad meliora hujusmodi homines commutat. Sed felix est confusio, quocunque modo fit, quæ homini causa salutis est. Et hi, qui hac confusione recte utuntur, desperandi non sunt. Hæc confusiones salvandorum sunt ; quia sive clam coram Deo sive coram hominibus confundantur, ad salutem animæ confunduntur.

CAP. V. *Confusio damnandorum hic in quibusdam incipit, et in futuro consummabitur.*

Est et confusio damnandorum, quæ in quibusdam hic incipit et in futuro consummata permanebit. Et ubi est? inquis, quod dicitur : *Non judicabit Deus bis in idipsum* (*I Cor.* XI), si quidam et hic et ibi puniuntur? Dictum est hoc de his, qui peccata sua sponte in se puniunt, in quibus locus secundæ vindictæ Deo non est juxta id Apostoli : *Si nosmetipsos judicaremus, non utique dijudicaremur a Domino.* Qui vero obstinati in peccatis permanent, eorum quidam et hic et ibi puniuntur, ut Antiochus et Herodes, qui a vermibus consumpti cum magno tormento vitam præsentem finierunt, illuc pergentes, ubi vermis eorum non moritur, et ignis non exstinguetur (*Isa.* LXVI). Nec est duplex sed una vindicta, hic quidem cœpta, ibi vero continuata et æterna, et sic est una in illis vindicta.

Quæris forte cur in aliquibus æque damnandis similis ultio non appareat, id est hic et ibi. Videlicet ne si in omnibus pœnam differret, aut peccata nescire aut contemnere putaretur. Quæ autem magis in isto quam in illo ultionem manifestam præveniant, ego cum Apostolo exclamo : *O altitudo divitiarum sapientiæ et scientiæ Dei, quam incomprehensibilia,* etc. (*Rom.* XI.)

Harum igitur confusionum prima humiliat, secunda purgat, tertia damnat ; prima est suavis, secunda gravis, tertia horribilis. Prima est devotior, secunda securior, tertia damnabilior. Prima est amplectenda, secunda toleranda, tertia fugienda. Tu igitur, homo Dei, quid in his tibi tenendum, quidve fugiendum sit, prudenter discerne. Si vero prudentiæ tuæ inniti formidas, committe te clementissimo et omnipotentissimo Domino. *Ipse dabit tibi intellectum* (*II Tim.* II), et : *Ipse te enutriet, et non dabit in æternum fluctuationem justo* (*Psal.* LIV).

CAP. VI. *Consuetudo veterum monachorum quibus soli abbati extra casum extremæ necessitatis peccata sua confiteri licebat.*

Si libera sit confessio quæris, id est, si tibi vel cuilibet licitum sit, cui velit confiteri, quæris. Quod non liceat, in consuetudinibus ordinis nostri ex præcepto habemus, quod nulli nec priori ipsius claustri de criminalibus nisi absente abbate vel prælato, et hoc in extremis suis, audeat confiteri. At tu privilegia, inquis, singulorum communem legem non faciunt. Ad hoc respondeo : Lege, quam suscepisti et novisti, hac jure teneris. Hinc quoque quod ex consuetudine dixi non licere, canones quoque prohibere videntur. Urbanus secundus : *Placuit, ut nulli sacerdotum deinceps liceat quemlibet commissum alteri sacerdoti ad pœnitentiam suscipere sine ejus consensu, cui se prius commisit.*

Huic contrarium videtur, quod dicit Augustinus : *Qui vult confiteri peccata, ut inveniat gratiam, quærat sacerdotem, qui sciat ligare et solvere.* Sed nota quod hoc dictum est in quæstione illa, ubi quæri-

tur : si socio vel proximo suo etiam laico liceat confiteri, si forte sacerdos deest, nec haberi potest? Quicunque in necessitate sacerdotem quæsitum habere non potest, socio vel proximo suo confiteri licet, etiam si ligandi et solvendi potestatem non habeat. Augustinus : *Tanta est vis confessionis, ut si deest sacerdos, confiteatur proximo. Sæpe enim contingit, quod pænitens non possit verecundari coram sacerdote, quem desiderandi nec tempus nec locus offert, et si ille cui confitebitur potestatem solvendi non habeat, sit tamen dignus venia ex sacerdotis desiderio, qui crimen confitetur socio. Mundati enim sunt leprosi, dum irent ostendere ora vel se sacerdotibus, antequam ad eos pervenirent.* Unde patet Deum ad cor respicere, dum ex necessitate prohibentur ad sacerdotes pervenire.

Num igitur, ais, est dispensatio aliqua admittenda ex hoc, quod prohibeor nulli confiteri nisi magistro sacerdoti, cui me obedientia obligavi, sicut est in hoc, si sacerdos quæsitus haberi non potest, socio tamen vel proximo quis confiteri potest? Indoctus est enim et indiscretus magister meus, nescit quamlibet culpam, ut est, digne pensare : minor est in majoribus, major est in minoribus, nescit dignam pœnitentiam injungere, non potest ergo sanare. Hac necessitate ego forte constringor.

Ad hoc respondeo primo : Imputa peccatis tuis, quod talem magistrum habere meruisti. Verumtamen quod ille minus circa te facit, tu contritione cordis et majori devotione satisfactionis adimple. Denique si omnibus his quæstionibus eximere te vis, quod dico, fac. Primo confitere prælato tuo, cui te obedientia obligasti, tametsi indoctus et indiscretus sit. Deinde liberum tibi erit eadem peccata tua et aliis sacerdotibus confiteri ; quia, ut dicit Augustinus, *Quanto quis pluribus confitebitur sacerdotibus in spe veniæ turpitudinem criminis, tanto facilius consequetur gratiam remissionis. Ipsi enim sacerdotes plus jam possunt proficere, plus confitenti bus parcere.*

Hoc vero summopere cave, ne propter contemptum vel odium tui magistri alios confessores tibi quæras, nisi propter ignorantiam ejus. Præcipit enim Urbanus secundus : *Ut nullus sacerdotum quemlibet commissum alteri sacerdoti ad pœnitentiam suscipiat sine ejus consensu, cui se prius commisit, nisi propter ignorantiam illius, cui prius confessus est.* Alioquin quomodo scire poteris, si insufficiens est medicus? Obedientiam quoque tuam implesti.

Est adhuc, quod confessionem tuam liberam facit ; si videlicet sacerdos plenus rimarum est, hoc est, si continere et tacere non potest, qui confitentium peccata aliis prodat. Hunc quasi quamdam pestem fuge. De hoc Gregorius tale decretum dat : *Sacerdos ante omnia caveat, ne de his, qui confitentur peccata sua, alicui recitet, non propinquis, non extraneis. Nam si hoc fecerit, deponatur, et omnibus diebus vitæ suæ ignominiosus peregrinando pergat.*

De dispensatione hujus quæstionis, quod sensi,

absolvi, sententiæ meliori non præjudicans. Si autem judicium meum errat, tu, quod melius est, sequere. Cavendum est autem omnino in hac re, ne quis propter fugitivam confessionem aliquid supradictorum de magistro suo fingat.

CAP. VII. *Quid sit confessio et quotuplex?*

Quoniam quidem confessionis mentionem fecimus, non abs re videtur, quid sit confessio, et quomodo facienda sit dicere, quamvis in serie interrogationum tuarum illud omiseris.

Primum nota quod hoc nomen *confessio* duplicem habet significationem. Est enim confessio laudis et est confessio peccati. Confessio laudis, ut ibi : *Confessio ejus super cœlum et terram* (Psal. CXLVIII), hoc est : Laus Dei in cœlo et in terra est, vel super cœlum et terram, id est laus Dei supra est, quam angeli vel homines sciant vel possint laudare. Confessio vero peccati est ibi : *Dixi : Confitebor adversum me injustitiam meam Domino, et tu remisisti impietatem peccati mei* (Psal. XXXI). *Dixi,* id est deliberavi apud me : *Confitebor* lingua cordis, sacerdoti vero homini lingua cordis et oris : *Adversum me,* non per diabolum, non per fatum, non per hoc vel illud me excuso, sed mihimet culpam impono : *Injustitiam meam,* quia non feci quod facere debui, et feci quod facere non debui, quod injustitia est. Nam sicut justitia est, reddere cuique quod suum est; ita injustitia est, subtrahere cuique quod suum est. *Et tu remisisti impietatem peccati mei,* hoc est reatum peccati mei, quem solus Deus primo absque homine dimittit, dum peccatorem intus in anima vivere facit. Talis confessio si contrito et humiliato corde fit, et perseverans sit, et voluntaria est, spem veniæ habet.

Est et alia desperationis ut Judæ, et ea quam Judex sæculi in reis, sententia condemnantis, extorquet : de hac ad præsens negotium nil dicere est. Est igitur confessio peccati vera, quando peccator in timore Dei corde pœnitenti, peccata, quæ fecit, corde et ore Deo et homini sacerdoti confitetur in remissionem peccatorum, sicut catholica credit Ecclesia.

CAP. VIII. *Quomodo peccata sacerdoti confitenda sint secundum opinionem veterum?*

Quomodo facienda sit confessio, nolo me præceptorem exspectes, sed beatum Augustinum, qui ut in omnibus, sic et in hoc doctor et magister noster est. Augustinus in libro *De pœnitentia :* *Quem pœnitet, omnimodo pœniteat, et dolorem lacrymis ostendat. Repræsentet Deo vitam suam per sacerdotem, præveniat judicium Dei per confessionem. Præcepit enim Dominus mundandis, ut ostenderent ora sacerdotibus, docens corporali pœnitentia confitenda peccata, aut per scriptum manifestanda.*

Item Augustinus in libro *De fide ad Petrum* (6) : *Consideret qualitatem criminis in loco, in tempore,* *in perseverantia, in varietate personæ, et quali hoc fecerit tentatione, et in ipsius vitii exsecutione. Oportet enim pœnitere fornicantem secundum excellentiam sui status vel officii, et secundum modum meretricis, et in modum operis sui, et qualiter turpitudinem egit, si in loco sacrato, si in tempore orationi constituto, ut sunt festivitates et tempora jejunii. Consideret quantum perseveraverit, et defleat, quod perseveranter peccavit, et quantum perseveranter, et quanta victus fuerit impugnatione. Sunt enim nonnulli, qui non solum non vincuntur, sed ultro se peccato offerunt; nec exspectant tentationem, sed præveniunt voluntatem. Et pertractet secum, quam multipliciter actione vitii delectabiliter peccavit. Omnis ista varietas confitenda est et deflenda, ut cum cognoverit, quid peccatum est, cito inveniat Deum propitium. In cognoscendo augmentum peccati inveniat, cujus ætatis fuerit, cujus sapientiæ et ordinis. Immoretur in singulis istis, et sentiat modum criminis purgans omnem qualitatem vitii. Defleat virtutem, qua interim caruit. Dolendum est enim, non solum quod peccavit, sed quia se virtute privavit. Sic confessio facienda est.*

Turbaris, anxiaris, impossibile et indecens forte dicis, talem facere confessionem : tum quia *delicta quis intelligit ?* (Psal. XVIII.) tum quia turpe est aliqua peccata ita nude dicere, ut facta sunt. Ipse quoque confessor tuus talia audire scandalizatur. Fac ergo, quod dico. Peccata quæ intelligis, confitere; quæ non intelligis, voluntas pro posse sit. Quod ita turpe est, quod omnino turpe est, per circumlocutionem innotescere poteris. Coram Deo non erubuisti ita facere, et coram homine sic fecisse, confiteri erubescis? Si modo reticueris, veniet tempus, quo coram omnibus denudaberis. *Horrendum est incidere in manus Dei viventis* (Hebr. x).

Unde hoc, inquis, quod necesse habeam sic confiteri? Audi. Nullum peccatum erit impunitum. Si nullum peccatum erit impunitum, ergo omne peccatum scitur. Scitur autem vel ab homine vel a Deo. Quod homo scit in se, homo puniat in se. Quod Deus scit in homine, et homo nescit in se, voluntatem confitendi habeat, si sciret homo, et patienter ferat iram Domini, dicens cum Job : *Iram Domini portabo* (Mich. VII), quia merui, etiamsi non intelligit ipse homo peccatum suum : non enim *bis judicabit Deus in idipsum.* Quod autem nullum peccatum nostrum scientiam Dei fugiat, Job testatur : *Observasti,* inquit, *omnes semitas meas, et vestigia pedum meorum considerasti* (Job XIII). Et ipse Dominus per prophetam dicit : *Scrutabor Jerusalem in lucernis* (Soph. 1).

Confitere igitur, quod fecisti, sicut fecisti, et quando fecisti, et quantum fecisti, et ubi fecisti, et quis fecisti, et quæ et qualis sit persona, cum qua fecisti, vel si est impersonale, quod fecisti. Hæc omnia quoties et quam delectabiliter, et qua ætate fueris, confitere, si vis securus esse. *Horren-*

(6) Non exstat hic locus libro citato sub nomine Augustini, qui alias est S. Fulgentii.

dum est enim, sicut supra dixi, *incidere in manus Dei viventis* (*Hebr.* x).

Cap. IX. *Licet peccatum uni sacerdoti confessum pluribus confiteri, tametsi id necessarium non sit, nisi iteretur.*

Quæris si sufficiat semel et uni tantum sacerdoti confiteri, si modo peccatum non iteratur, et injuncta pœnitentia compleatur? Si peccatum non iteratur et injuncta pœnitentia compleatur, ut ego sentio, sufficit semel et uni tantum sacerdoti confiteri. Unde Joannes Chrysostomus : *Non est necesse ut, quod sacerdoti semel confessi sumus, iterum confiteamur, sed lingua cordis, non carnis apud verum judicem id jugiter confiteri debemus.* Si vero suspecta est tibi culpa tua, et certior vis fieri de venia, confitere quod velis, ut coram singulis erubescas ; quia quot erubescentias tuleris, tot remissiones accipis. Joannes Chrysostomus : *Ideo jubemur confiteri peccata, ut erubescentiam patiamur pro pœna. Nam hoc ipsum pars est divini judicii.* Augustinus : *Multum satisfactionis obtulit, qui erubescentiæ dominans nihil eorum quæ commisit nuntio Dei negavit. Laborat enim mens patiendo erubescentiam, et quoniam verecundia est magna pœna, qui erubescit pro Christo, fit dignus misericordia.* Unde patet quia, quanto pluribus quis confitebitur in spe veniæ turpitudinem criminis, tanto facilius consequitur gratiam remissionis.

Quamvis igitur in prima confessione tua deletum sit peccatum tuum, et non cogaris secundo idem peccatum, nisi iteretur, alicui confiteri : tamen si vis, per plures confiteri poteris, quia erubescentia quædam punitio peccati est, sicut satisfactio operis, et exinde humilior et cautior eris. Sufficit igitur semel et uni tantum sacerdoti peccatum, si non iteratur, confiteri per plures vero licet quidem, sed si expedit, tu judica. Omnia Paulo licent, sed omnia non expediunt.

Cap. X. *Quotiescunque in peccata labimur, semper spes veniæ resurgentibus suppetit.*

Denique quæris : Cum peccatum iteratur, si secunda pœnitentia admittatur? De hoc in *libello Tristitiarum* (7), quæ secundum Deum sunt, dixi : quod tibi sufficere posset, si memoriæ mandasses. Sed, ut video, super glaciem in te scripsi, vel in saccum pertusum misi (*Agg.* 1). Animal mundum non solum ungulam scindere, sed etiam ruminare debet. Observa et confer in corde tuo verba Dei, ut habeas omni te præsenti reddere rationem de fide et spe, quæ in nobis est. Semel itaque accipe et crede, et confitere quod ubi pœnitentia, ibi et indulgentia est. Pœnitentia autem homini peccatori a Deo est ; ab hoc et indulgentia est. Quoties ergo Deus dat homini pœnitentiam, toties dat et indulgentiam. Est igitur pœnitentia secunda, tertia et deinceps.

Pœnitentia si vera est, non semel tantum sed sæpius agi, iterumque per pœnitentiam post lapsum nos secundo et tertio et deinceps resurgere posse, auctoritate prophetarum, legis et Evangelii, et sanctorum Patrum testimoniis evidentibus edocemur.

Cap. XI. *Idem exemplis Israelitici populi confirmatur.*

Quoties peccaverunt filii Israel in deserto, et postquam intraverunt in terram repromissionis, quoties et quot modis peccaverunt, et quoties Deus eorum pœnitentiam susceperit, qui Veteris Testamenti historiam legit, non ignorat. Hujus rei testis est David : *In omnibus his*, inquit, *peccaverunt adhuc. Et cum occideret eos, quærebant eum, et revertebantur. Et dilexerunt eum in ore suo, et lingua sua mentiti sunt ei. Ipse autem est misericors, et propitius fiet peccatis eorum* (*Psal.* LXXVII).

Quid ad rem, inquis, de falsa eorum pœnitentia? De vera pœnitentia quæstio est. Respondeo : Sicut aliqui eorum fuerunt, qui falso pœnituerunt ; ita quoque aliqui in illis fuerunt, qui vere pœnituerunt. Dicis : Illud lego, istud non lego. Audi : Nec ego lego pœnitentiam Moysi vel Aaron ; Moysi quod aquam de petra producere desperavit ; Aaron, quod aureum vitulum fecit. Quod uterque tamen vere pœnituerunt, hinc constat, quia salvati sunt. Sic ergo in illis quidam fuerunt, qui videntes iram Dei vere pœnituerunt, et quoties pœnituerunt, toties indulgentiam consecuti, quamvis hoc scriptum non sit. Unde Moyses serpentem æneum in deserto exaltavit, ut percussi aspicientes sanarentur. Si ergo Deus propter falsam pœnitentiam quibusdam toties pepercit, et de malo pœnitentes liberavit, multo magis de peccatis suis vere pœnitentes toties et toties, hoc est multoties suscepit et salvavit.

Ne desit exemplum, quid dicit David, qui post peccatum Uriæ, secundo peccavit, cum populum numerari fecit, et pœnituit, et Deus pœnitentiam ejus secundam suscepit? Nam cum angelum percutientem populum vidisset : *Ego sum*, inquit, *qui peccavi, ego qui inique egi : isti qui oves sunt, quid fecerunt?* (*II Reg.* XXIV.) Ad cujus pœnitentiam, quia ex corde fuit, angelus mox a cæde populi cessavit. Quod dico de David, ipse David in psalmo qui unus est de septem, qui *pœnitentiales* dicuntur, secundam et tertiam ac deinceps pœnitentiam esse ostendit : *Putruerunt*, inquit, *et corruptæ sunt cicatrices meæ* (*Psal.* XXXVII).

Cutis, quæ de vulnere sanato occalluerit, cicatrix dicitur. Vulnus sanatum est, peccatum per pœnitentiam emendatum. Cicatrices corruptæ sunt peccata denuo commissa. Et quid de his faciendum est? In eodem psalmo hoc docet : *Quoniam iniquitatem meam annuntiabo, et cogitabo pro peccato meo* (*ibid.*). Qua spe? *Intende in adjutorium meum, Domine Deus salutis meæ* (*ibid.*). Quem Deum salutis suæ vocat, ab illo indulgentiam peccatorum exspectat.

Quoties ergo quis peccaverit et vere pœnituerit,

(7) Libellus auctoris *De tristitiis*, quæ sunt secundum Deum.

is toties indulgentiam peccatorum habebit. Quousque, inquis? Lignum in quocunque loco sive ad austrum, sive ad aquilonem ceciderit, ibi erit. Exhinc pœnitentia fructuosa nulla erit.

Amplius dicis : Res, de qua agitur, secundum quosdam res dubia est. Res autem dubia nec extorta interpretatione Scripturæ confirmari, nec uno teste probari potest. Ad hoc respondeo : In explanatione sacræ Scripturæ, si quis in verbis Dominicis, ut beatus Gregorius dicit, virtutem requirens ipse aliter, quam is, per quem prolata sunt, senserit, etiamsi sub intellectu alio ædificationem charitatis requirit, Domini sunt verba, quæ narrat. Quia ad hoc solum Deus per totam nobis sacram Scripturam loquitur, ut nos ad suum et proximi amorem trahat. Interpretatio itaque mea non est extorta ; quia ad consolationem peccatorum, ne desperent, interpretor, nec a verbis nec a sensibus positæ veritatis discedo.

CAP. XII. *Eadem de relapsu peccatoris et iterata pœnitentia prophetarum doctrina.*

Quid dicis, uno teste, uno teste nil legitime posse probari? Verum est ; quia, ut quidam ait : *Testimonium unius est quasi nullius.* Procedat ergo cum David et alius testis in idipsum. Ait Jeremias (*cap.* ii) : *Quam vilis facta es iterans vias tuas? Verumtamen revertere ad me, dicit Dominus.* Viæ hominis sunt opera hominis bona vel mala. Per bona opera homo graditur ad vitam, per mala ad mortem. Homo autem vias suas iterat, cum peccator iterum et iterum peccat. Vilis ergo fit ; quia posteriora ejus prioribus semper pejora fiunt ; quia semper se ipso deterior fit. Quod sequitur : *Verumtamen revertere ad me, dicit Dominus,* junge singulis iterationibus ; quia, quoties homo peccaverit, si ad Deum revertitur, toties ejus pœnitentia a Deo suscipitur.

Omnes prophetæ in commune hoc senserunt, scripserunt, et scriptum nobis reliquerunt, ut per patientiam et consolationem Scripturarum spem habeamus. Sic omnes prophetæ usque ad Joannem Baptistam, qui scripserunt vel prædicaverunt, hoc intenderunt, ut homines ad Deum converterentur, et per pœnitentiam sanarentur. A diebus quoque Joannis Baptistæ regnum cœlorum vim patitur et violenti, id est perfecte pœnitentes, rapiunt illud, cum eis ex misericordia datur, quod ex justitia non debetur. Sufficiunt tibi hæc de veteri? an adhuc desideras aliquid audire de novo videlicet an secunda et tertia et deinceps pœnitentia peccatoribus vere pœnitentibus concedatur? Primum ergo quæramus ab illo de cujus verbis nulla dubitatio est.

CAP. XIII. *Confirmantur asserta ipsius Christi et SS. Patrum doctrina.*

Publica, Domine Jesu Christe, qui non venisti vocare justos sed peccatores in pœnitentiam (*Marc.* ii), potentissime, sapientissime, benignissime Domine, sententiam planam et determinatam responde, qua omnem quæstionem removeas, errorem excludas, consolationem gignas. *Non dico,* inquit, *tibi, Petre, septies, sed usque septuagies septies* (*Matth.* xviii). Fidelis sermo et omni acceptione dignus, sermo clementiæ, sermo indulgentiæ, sermo sancti Spiritus numero consecratus, rivus fontis æterni, cujus vena est misericordia, quæ est super omnia opera Domini, semper fluens, et nunquam deficiens. Dic, Domine Jesu, dic, quæso, iterum eumdem sermonem, in quo dicendo auditui meo dabis gaudium et lætitiam. Si enim David nudus, et totis viribus ante arcam Domini saltavit, quia eum venturum prævidit, qui et pœnitentiam prædicabat, et indulgentiam dabat : si itidem post peccatum Uriæ per pœnitentiam salutaris Domini sibi reddi orabat; si, inquam, ille sic et sic in spe egit, quanto magis ego in re? Dic ergo, Domine, iterum sermonem : *Non dico tibi,* inquit, *Petre, usque septies, sed usque septuagies septies. O* sermo bonus super datum optimum ! Iste sermo est gaudium Dei, gaudium angelorum, gaudium quoque hominum. Gaudium Dei est, quia Pater Deus pro recepto Filio suo lætatur et convivatur. Gaudium est angelorum; quia *gaudium est angelis Dei super uno peccatore pœnitentiam agente* (*Luc.* xv). Gaudium est hominum propter certam indulgentiam peccatorum.

Ubi sunt nunc, qui se ab hac lætitia sequestrant? Ubi sunt nunc, qui secundam et tertiam et deinceps pœnitentiam fore negant? Ubi sunt nunc, qui fontem misericordiæ obstrui sibi, non mihi volunt? Sunt enim quidam, qui de innocentia et justitia sua præsumunt, et ideo nec medico, nec pœnitentia opus habere se putant, his auctoritatibus inducti : *Non est opus valentibus medico, sed male habentibus* (*Matth.* ix). Item : *Non veni vocare justos, sed peccatores* in pœnitentiam (*Marc.* viii). Alii vero sunt, qui numero, mensura et pondere peccatorum suorum gravati et perterriti de secunda et tertia et deinceps pœnitentia diffidunt. Utrosque corrigit hic sermo. Et hæc Domini sententia ad Petrum dicta, justos videlicet, ne sibi pœnitentiam non necessariam putent, qui peccatum cavere non possunt; peccatores vero, ne de pœnitentia secunda, tertia et deinceps dubitent, desperent et pereant.

Illi vero, qui secundam, tertiam et deinceps pœnitentiam non admittunt, dicunt hoc dictum ad Petrum non de gravibus sed de levibus accipiendum fore. Levia, quia inevitabilia sunt, eorum pœnitentiam secundam, tertiam et deinceps esse. Gravia vero, quia omnino vitari debent et possunt, locum secundæ pœnitentiæ non habere. Sed ut mihi videtur (8), quia interminate Dominus hoc dixit, tam de gravibus quam de levibus peccatis accipiendum. Præmisit enim quemdam judiciarium ordinem, qui magis ad gravia quam ad levia pec-

(8) Cod. *ut inde vid.*

cata tractanda pertinet. Dixit enim : *Si peccaverit in te frater tuus, corripe eum inter te et ipsum solum. Si te non audierit, adhibe tecum unum vel tres. Si illos non audieril, dic Ecclesiæ. Si Ecclesiam non audierit, sit tibi sicut ethnicus et publicanus* (*Matth.* xvIII). Et ne contemnendum hoc putaret, sequitur excommunicatio : *Amen*, inquit, *dico vobis, quæcunque alligaveritis super terram, erunt ligata et in cœlis* (*ibid.*). Ecce correptio. Ecce commonitio, ecce testes, ecce judex Ecclesia, ecce excommunicatio ! Et si cætera omnia etiam in levibus observanda forent, num quisquam pro levibus excommunicandus est? Ergo auctoritate ista est pœnitentia tam criminalium quam levium secunda, tertia et deinceps fructuosa, si modo est vera.

Consentiunt in hoc et sancti Patres. Augustinus ad Macedonium : *Quamvis caute et salubriter provisum sit, ut locus illius humillimæ pœnitentiæ semel in Ecclesia concedatur, ne medicina vilis minus utilis esset ægrotis, quæ tanto magis salubris est, quanto minus contemptibilis fuerit : quis tamen audeat Deo dicere : Quare huic homini, qui post pœnitentiam primam rursus se laqueis iniquitatis obstringit, adhuc, iterum parcis?* Item ad Macedonium : *In tantum hominum iniquitas aliquando progreditur, ut etiam post peractam pœnitentiam, post altaris reconciliationem vel similia vel graviora committant. Et tamen Deus facit etiam super tales solem suum oriri, nec minus tribuit quam ante tribuerat, largissima munera vitæ ac salutis. Et quamvis eis in Ecclesia locus ille pœnitentiæ non concedatur, Deus tamen super eos suæ patientiæ non obliviscitur.*

Item Joannes Chrysostomus de reparatione lapsi : *Talis, mihi crede, talis est erga homines pietas Dei : nunquam spernit hominis pœnitentiam, si ei sincere et simpliciter offeratur, etiamsi ad summum quis pervenial malorum, et inde tantum velit reverti ad virtutis viam, suscipit libenter, amplectitur, facit omnino, quatenus ad priorem revocet statum.*

Item Joannes Chrysostomus super locum Apostoli : « *Voluntarie enim peccantibus non relinquitur hostia pro peccato* (*Hebr.* x). » *Sciendum*, inquit, *quod hic quidam exsurgunt horum verborum occasione pœnitentiam auferentes, quasi per pœnitentiam non valeat peccator post lapsum resurgere secundo et tertio et deinceps. Verum in hoc etiam pœnitentiam non excludit, nec propitiationem, quæ sæpe fit per pœnitentiam, sed secundum baptismum et hostiam.*

CAP. XIV. *Explicantur sententiæ Patrum, datæ doctrinæ in speciem repugnantes.*

Sententias quasdam, quæ huic assertioni adversari videntur, collegi, quas ad manum habere potui. Et ne simplicioribus errorem generare possint, determinationem addidi earum. Apostolus ad Hebræos : *Voluntarie peccantibus nobis non relinquitur hostia pro peccato* (*Hebr.* x), videlicet, ut Christus iterum patiatur ; quia Christum oportebat pati semel ad multorum exhaurienda peccata. *Nec secundus baptismus relinquitur ;* quia nemo post pri-

mum baptismum rebaptizatur, sed tamen et alii modi sunt, quos iterare licet.

Joannes quoque Chrysostomus super eumdem locum ait : *Sciendum est quod hic quidam exsurgunt horum verborum occasione pœnitentiam auferentes, quasi per pœnitentiam non valeat peccator post lapsum resurgere secundo et tertio et deinceps. Unde in hoc etiam pœnitentiam non excludit, nec propitiationem, quæ sæpe fit per pœnitentiam, sed secundum baptismum et hostiam.*

Ambrosius : *Reperiuntur, qui sæpius agendam pœnitentiam putant, qui luxuriantur in Christo. Nam si vere in Christo pœnitentiam agerent, iterandam postea non putarent ; quia sicut unum baptisma, ita est una pœnitentia.* Hoc dicit non secundum generalem, sed secundum specialem morem Ecclesiæ de solemni pœnitentia, quæ apud quosdam semel celebrata non iteratur.

Item illud Ambrosii : *Pœnitentia semel usurpata, nec vere celebrata, et fructum prioris aufert, et usum consequentis amittit*, de solemni pœnitentia intelligitur. Solemnis vero pœnitentia, ut idem Ambrosius ait, est, *quæ extra ecclesiam fit in manifesto, in cinere et cilicio, quæ pro gravioribus horrendisque ac manifestis delictis tantum imponitur.* Et illa non est iteranda pro reverentia sacramenti, ne vilescat et hominibus contemptibilis fiat.

Origenes super Leviticum : *In gravioribus criminibus semel tantum conceditur pœnitentiæ locus.* Et ipse de solemni pœnitentia hoc dicit, quæ prioribus temporibus pro gravioribus criminibus semel tantum imponebatur ; sed hoc tempore in omnibus ecclesiis, quarum notitiam habemus, si iterantur illa graviora, iteratur et ipsa pœnitentia, sicut videre est in homicidis, adulteris et perjuris.

Item illud quod alibi scriptum reperitur : *Quia non est locus secundæ pœnitentiæ*, aut de illa solemni supradicta pœnitentia accipitur, aut sic intelligitur, quod homo in hac tantum præsenti vita locum pœnitendi habeat ; finita vero vita ista, secunda pœnitentia locum non habebit, quia fructuosa non erit. Erit quippe et tunc malorum pœnitentia, sed infructuosa ; quia pœnam tantum, nullam vero indulgentiam habebit.

Puto satis ex his jam constare secundam et tertiam et deinceps esse pœnitentiam. Si qui vero sunt, qui hoc non concedunt, sed contentiose agunt, quod inconveniens hinc sequatur, perpendant. Si enim pœnitentia una et semel tantum conceditur, nec fructus alterius pœnitentiæ sequentis haberi potest, si homo lapsus denuo fuerit, tunc illa prima et unica pœnitentia usque ad finem vitæ suæ homini differenda est, interim vero quid velit et quantum velit, peccet. Hoc magnum inconveniens est, Scriptura quoque contra præcipiente : *Ne differas*, inquit, *de die in diem converti ad Dominum* (*Eccli.* v). Item aliud inconveniens. Si nulla spes pœnitentiæ sequentis erit, si homo post illam primam et unicam pœnitentiam denuo in criminalibus lapsus fuerit, tunc desperatus peribit. Et magnum inconveniens est, Scriptura econtra consolante : *Quacunque,* inquit, *hora peccator ingemuerit, salvus erit* (*Rom.* x). Non dicit una, sed *quacunque hora,* alioquin potestas Spiritus sancti minor inveniretur, si tantum semel et non semper posset dimittere peccata. Caveant igitur, qui hoc denegant, ne blasphemiam illam irremissibilem in Spiritum sanctum incidant.

CAP. XV. *Qui iteratam pœnitentiam fructuosam relapsis esse negant ipsi sibi viam salutis præcludunt.*

Domine sancte Spiritus, respice et audi me propitius. Ego de cœtu eorum esse nolo qui potestati tuæ detrahunt, qui sibi aditum indulgentiæ, si denuo post primam pœnitentiam lapsi fuerint, intercludunt. Scio, Domine, quia tibi subest posse, quando, quoties et cui vis misereri. *Exsultabo, Domine, et lætabor in misericordia tua* (Psal. xxx). Magna est iniquitas mea, sed præsumo de magna misericordia tua. Quoties cor contritum et humiliatum (*Psal.* L) mihi dederis, toties et pœnitentiam dabis ; quia et hoc ipsum pœnitentia est. Non ergo tantum est una pœnitentia, sed quoties visitaveris peccatorum corda, toties erit et eorum pœnitentia. Necesse est mihi, Domine, misericordiam tuam et potentiam confiteri ; quia multoties lapsus sum in criminali. Stare nec volui nec potui ; quia prona est in malum ætas hominis ab adolescentia, propter quod indiget numerosa pœnitentia.

In conspectu throni Joannes vidit mare vitreum, quod est vita baptizatorum, fragilis ac lubrica ad casum.

> *Benigne multum, Domine,*
> *Tu lapsum scis in homine :*
> Infirma est materia.
> Versamur in miseria.

Hoc qui cantavit, misericordiam tuam sibimet provocavit; quia te misereri posse, quando velles, credidit. Credidi propter quod locutus sum, et vere credo, quia revera et hoc credit Ecclesia. Igitur qui contentiose agitis, ut aditum salutis vobis obstruatis, credite nobiscum quia lege non constringitur Spiritus sancti donum. Qui vero hoc credere nolunt, aut desperati sunt, aut ut libere peccent occasionem quærunt.

CAP. XVI. *Qualis et quanta debeat esse pœnitentia.*

Brevior tristis fuisset, si tu alter Thomas non esses. Sicut est ille, sic tu : nisi videris et tetigeris, id est omnia perscrutatus fueris, non quiescis. Nam præter alia et hoc quæsisti, qualis et quanta debeat esse pœnitentia? Super hoc omnes habemus doctorem Joannem Baptistam : *Facite,* inquit, *dignos fructus pœnitentiæ* (*Luc.* III).Vidé quid dixerit : Non omnes digni fructus sunt digni fructus pœnitentiæ. Augustinus : *Quærat anima fructus dignos, etsi non dignos pœnitentiæ. Sunt enim digni fructus virtutum, qui non sufficiunt pœnitentibus. Pœnitentia enim graviores postulat, ut dolore et gemitu mortuus impetret vitam. Noli ergo te decipere, noli tibi blon-*

diri, *noli te palpare; quia non omnes digni fructus sunt digni pœnitentiæ fructus. Quod tamen de illa pœnitentia intelligitur, quæ majorum criminum est. Non enim sufficiunt graviter delinquentibus, quæ sufficiunt minus vel parum peccantibus.*

Exstat hinc quoque sententia beati Gregorii papæ, cujus doctrina aurea est. *Ut enim,* inquit, *loquamur secundum dignos fructus pœnitentiæ, justum est, ut qui illicita commisit, a licitis quoque abstineat, et qui illicita nulla commisit, licitis quoque utatur.* Quid dixit? videlicet, ut qui illicita commisit, ut est homicidium, adulterium, furtum, sacrilegium, perjurium et cætera id ponderis criminalia, hic talis carnem non comedat, vinum non bibat, mollibus non vestiatur, cibis lautioribus non vescatur, sæculum denique relinquat, si nec uxor, vel tale est aliquid quod impediat, hominem super caput suum constituat, tribulationes in dorso suo ferat, proprietatem rerum dimittat, voluntatem suam non faciat, hæc omnia cum consilio faciat, ne quid plus vel minus præsumat juxta illam sententiam Sapientis : *Ne quid nimis.*

CAP. XVII. *Quæ forma sit pœnitentiæ de levioribus peccatis?*

Ista est pœnitentium forma, qui securi esse volunt de pœnitentia. Qui vero nulla illicita commisit, licitis utatur, sed tamen utatur hoc mundo tanquam non utatur : habeat uxorem tanquam non habens : gaudeat tanquam non gaudens ; emat tanquam non possidens (*I Cor.* VII), et quædam alia in hunc modum. Utquid? Quia sunt quædam peccata levia, quæ humanæ fragilitati quamvis parva, tamen crebra subrepunt, quæ si neglecta et collecta contra nos fuerint, ita nos gravabunt et oppriment, sicut unum aliquod grande peccatum. Quid enim interest ad naufragium, an uno grandi fluctu navis operiatur et obruatur, an paulatim subrepens aqua in sentinam, per negligentium culpam navem impleat et submergat? Unde et pro his perpetratis licet levior, tamen aliqua debet esse pœnitentia : videlicet oratio Dominica, jejunium, et in pauperes eleemosyna, et maxime altaris salutaris hostia.

CAP. XVIII. *Pœnitenti non solum dolendum est ob peccata commissa, sed etiam ob bona omissa.*

Est alius quoque pœnitentiæ modus, quem docet Apostolus : *Humanum,* inquit, *dico propter infirmitatem carnis vestræ. Sicut exhibuistis membra vestra servire immunditiæ et iniquitati ad iniquitatem : ita nunc exhibete membra vestra servire justitiæ in sanctificationem* (Rom. VI). Modus iste modus recompensationis est; ille superior satisfactionis. Recompensationis est, quia peccator non solum quod peccavit, sed etiam lugere et flere debet quod bonum non fecit, quod facere debuit. Augustinus in libro *De fide ad Petrum : Attendat peccator cujus ætatis, cujus sapientiæ et ordinis fuerit, dum peccavit. Immoretur in singulis istis, et sentiat modum criminis, purgans lacrymis omnem qualitatem criminis, defleat virtutem qua interim caruit. Dolendum est enim non*

solum quod peccavit, sed etiam quia se virtute priva- A
vit. Et hoc ergo ad dignum fructum pœnitentiæ
pertinet, ut numero virtutum adæquet numerum
vitiorum.

CAP. XIX. *David exemplum vere pœnitentis. Varii*
modi deplorandi peccata, etc.

Si tibi non sufficit hæc doctrina, qualis et quanta
debet esse pœnitentia, si quæris adhuc, accipe, lege
et intellige Psalterium, et vide quam formam pœnitendi David ille magnus peccator, ille magnus pœnitens in spiritu dictaverit et docuerit, et in operibus suis exemplum dederit. Ipse enim non tam
scripto quam exemplo absolutam, plenam et perfectam formam pœnitendi peccatoribus proposuit.
Quid enim in Psalterio scriptis docuit, hoc in historia libri Regum operibus, ut scriptum est, im- B
plevit.

Quid autem in Psalterio docuit? Videlicet quomodo peccator converti debeat : *Conversus sum,*
inquit, *in ærumna mea, dum configitur spina (Psal.*
xxxi). Quomodo confiteri debeat : *Dixi,* inquit,
confitebor adversum me injustitiam meam Domino
(*ibid.*). Quomodo singula peccata deflere debeat :
Lavabo, inquit, *per singulas noctes lectum meum(Psal.*
vi), id est per singula peccata mea. Peccatum enim
nox est, quia excæcat animam, ne Deum videre
possit. De jejunio vero inquit : *Humiliabo in jeju-*
nio animam meam (Psal. xxxiv). Et quomodo jejuno?
Cinerem, inquit, *tanquam panem manducabam, et*
potum meum cum fletu miscebam (Psal. ci). De asperitate vero vestis dicit : *Cum mihi molesti essent,* C
induebar cilicio (Psal. xxxiv). De sæculo quoque
relinquendo : *Ecce,* inquit, *elongavi fugiens, et mansi*
in solitudine (Psal. liv). De disciplina ferenda :
Posuisti, inquit, *tribulationes in dorso nostro (Psal.*
lxv). De obedientia exhibenda : *Imposuisti,* inquit,
homines super capita nostra (*ibid.*). De patientia in
persecutionibus : *Et factus sum,* inquit, *tanquam*
homo non audiens, et non habens in ore suo redar-
gutiones (Psal. xxxvii). Hæc omnia cum facta fuerint, ut effectum salutarem habere et apud Deum
in pretio esse possint, quod maxime adhuc necessarium est, Propheta addit, conversusque ad Deum
dicit : *Sacrificium Deo spiritus contribulatus ; cor.*
contritum et humiliatum, Deus, non despicies (Psal. l). D
Sicut enim secundum Paulum, nec fides, nec
eleemosyna, nec martyrium sine charitate alicui
prosunt : ita nec illa corporalis exercitatio sine
corde contrito et humiliato sufficere possunt.
Idcirco vero ad Deum hujus dicti apostropham facit, quia solus Deus intuetur cor, et solus Deus
cogitationes hominum novit. *Est enim, qui nequiter*
humiliat se, et interiora ejus plena sunt dolo (Eccli.
xix). Hoc ergo solus Deus discernere potest.

Cumque quis omnia hæc etiam in contritione et
humilitate cordis perfecerit, non de meritis præsu-
mere, sed in misericordia Dei sperare debet. Unde
Psalmista : *Ego,* inquit, *sicut oliva fructifera in*
domo Domini speravi in misericordia Dei in æter-

num et in sæculum sæculi (Psal. li). Cur autem
tanto opere has spicas colligo, cum tota messis
ipsius Psalterii, quantum ad pœnitentes pertinet, in
id ipsum sit?

Dicis : Magna sunt hæc, difficilia sunt hæc, im-
possibilia sunt hæc. Frater, magnus morbus forti
indiget medicina. Qui se dilatavit in scelere, multus
esse debet in satisfactione. Hoc quoque Dominus Jesus in suscitatione Lazari significavit (*Joan.* xi). Vide
quanta fecit Jesus. Sorores Lazari miserunt et vocaverunt Jesum. Venit Jesus, vidit sorores Lazari flentes et Judæos plorantes, et lacrymatus est Jesus. Venit ad tumulum Jesus, jussit lapidem removeri Jesus,
fetebat Lazarus jam quatriduanus, plorat Jesus, fremit Jesus, et iterum fremit Jesus, suspicit in cœlum
et orat Jesus, ut Lazarus foras veniat ; clamat Jesus,
jubet eum solvi et abire Jesus, tandem convivam
suum fecit eum Jesus. Hæc et alia fecit in suscitatione illa Jesus, non pro impossibilitate sua, sed pro
majori labore pœnitentium significando.

Dicis nunc : Quia qualis et quanta debeat esse
pœnitentia magnifice prædicasti, et nusquam
mediocrem pœnitentiam concessisti, scire velim
ad quem modum pœnitentiæ te informaveris, ut
exemplo tuo veniam sperare possim. Te enim scribente, te prodente, te accusante, unum te de
magnis peccatoribus esse cognovi. Audi : nolui
minus dicere, licet minus faciam. Facilius est dicere
quam facere. Melius est facere quam dicere : optimum dicere et facere. Sed quia me pro exemplo
habere vis in pœnitentia, quod dico, fac. *Fili homi-*
nis, ingredere domum et fode parietem, et vide abo-
minationes, quas illi fecerunt hic, fode parietem, et
iterum fode, et tertio fode sicut præceptum est prophetæ (*Jer.* viii). Fode parietem cogitationum,
parietem locutionum, fode parietem operationum,
et quidquid his singulis peccaveris, vide. Cumque
in his singulis te peccasse criminaliter cognoveris,
accipe super te T, quod est signum gementium et
dolentium. T figura crucis est, crux passio est.
Imitare ergo passionem Christi, et comple ea quæ
desunt passionum Christi in carne tua, et vir ille
indutus lineis, et atramentarium in dorso suo habens, cum viderit T super te, transiens non percutiet te.

Tenorem propositi capituli compendioso sensu
accipe sic. Si iniquitates tuas videris, et eas dimiseris, et signum super te acceperis, hoc est amaritudinem veræ pœnitentiæ ad instar passionis Christi
habueris, angelus percutiens non lædet te, hoc est,
vindicta Dei non veniet super te. Ingredere quoque
silvam peccatorum tuorum succidere, effodere,
exstirpare. Silva hæc constat ex spinis et tri-
bulis, quam primus homo propter prævaricationem præcepti in maledictione terræ suæ accepit. *Cum,* inquit, *operatus fueris terram, non da-*
bit fructus suos, sed spinas et tribulos germinabit
tibi (Gen. iii). Terra hominis caro ejus est. Ille
operatur terram, qui carnem suam in deliciis et

concupiscentiis nutrit et fovet. Spina grossior est A dicit, dic et tu : *Imperfectum meum viderunt oculi*
et aperte vulnerat. Tribulus subtile acumen habet, *tui* (*Psal.* cxxxvii). Et quid faciam? Audi Domi-
occultius pungit et difficilius exuitur. Spinæ ergo num : *Quis rex iturus adversus alium regem com-*
sunt peccata manifesta, quæ secundum Apostolum *mittere bellum, nonne sedens prius computat, si pos-*
extra corpus fiunt, ut est homicidium, furtum, per- *sit cum decem millibus occurrere ei, qui cum viginti*
jurium et similia. Tribulus est peccatum intus in *millibus venit ad se? Alioquin adhuc illo longe agente,*
carne latens, quando quis secundum Apostolum in *mittens legationem rogat ea quæ pacis sunt* (*Luc.*
corpus suum peccat, ut ille qui fornicatur quali- xiv). Jesu misericors Domine, quem mittemus, vel
bet fornicatione, qui tribulus difficile eruitur; quia, quis erit legatus noster adversus regem hunc, qui
juxta Domini dictum : *Hoc genus dæmonii non nisi* cum duplo suo venit adversus simplum nostrum?
in oratione et jejunio exire poterit (*Marc.* ix). Pec- An tu es rex ille, et tamen legatus noster? Utique
cata ergo tua, sive sint spina sive tribulus, succide Domine, secundum divinitatem tuam rex ille es,
illa deserendo, effode ea confitendo, eradica nil secundum humanitatem tuam legatus noster es,
abscondendo. qua interpellas pro nobis, non solum apud Patrem,

Dicis : Tam multa, tam magna, tam turpia sunt sed et apud te, qui cum Patre unum es. Cum tuo
peccata mea, quod ea confiteri confundor. Confusio B duplo venis adversus simplum nostrum; quia non
illa, frater, pars magna pœnitentiæ est, cui si domi- solum opera, sed et verba et cogitationes nostras
natus fueris, quod omnia confessus fueris, etiam venis judicare. Quis ergo salvari potest sine te?
misericordiam Domini citius mereberis. Et cum In tribus venisti salvare nos, doctrina, exemplo,
hæc feceris, non statim securus eris. Peccata tua oratione. Doctrina, ut doceres ignorantes; exemplo,
coram te sint semper. Cogita pro peccatis tuis. ut provocares duros ; oratione, ut confirmares defi-
Plora per singula peccata tua, ut Propheta : *Exitus,* cientes.
inquit, *aquarum deduxerunt, oculi mei, quia non* De doctrina constat, quia aut in templo, aut in
custodierunt legem tuam (*Psal.* cxviii). synagogis Judæorum, aut in monte, aut in campe-

Lacrymas, inquis, habere non possum. Quære stribus docuisti, modo discipulos tuos, modo Judæos,
has a Deo, quia donum Dei sunt. *Potum,* inquit, modo turbas. Ad quid? *Hæc,* inquit, *locutus sum,*
dabis nobis in lacrymis in mensura (*Psal.* lxxix). Si *ut vos salvi sitis* (*Joan.* v). De exemplo nihilominus
lacrymas habere non poteris, offer cor contritum et manifestum est. Dixisti enim : *Exemplum dedi vobis,*
humiliatum, quod Deus non spernit. Elige tibi in *ut quemadmodum ego feci vobis, ita et vos faciatis*
sanctis Dei patronos, qui ad hoc idonei et sufficien- C (*Joan.* xiii). Item : *Discite a me quia mitis sum et*
tes sunt, et constitue singulos per singula peccata *humilis* (*Matth.* xi). Quare? *Et invenietis requiem*
tua, ut quod merito tuo obtinere non poteris, *animabus vestris* (*ibid.*). De oratione quoque dixisti :
illorum suffragio consequaris. Ora semper, esto *Ego pro te rogavi, Petre, ut non deficiat fides tua*
ut passer solitarius in tecto (*Psal.* ci) per diem, esto (*Luc.* xxii). Item : *Non pro eis tantum rogo, sed et*
cicada cantans per noctem. Imitare Prophetam *pro his qui per verbum eorum credituri sunt in me*
dicentem : *Domine Deus salutis meæ, in die clamavi* (*Joan.* xvii). At nos doctrinam tuam fastidimus,
et nocte coram te (*Psal.* lxxxvii). Ama vigilias, exempla declinamus, quid ergo superest nisi sola
multiplica venias, pectus pugnis tunde, secretum oratio tua, per quam salvemur? Quos ergo minus
opportunis horis quære, rugitum cum gemitu emitte: doctrina, minus exemplo poteris, oratione tua, Jesu
Rugiebam, inquit, *a gemitu cordis mei* (*Psal.* xxxvii). misericors, salva.
Cuba in sacco, grossior tunica sit tibi pro cilicio, Sicut potui, non sicut volui, ad interrogata tua
non sit tibi diuturna quies lecti, nec membra resol- rescripsi. Ex abundanti fuit, et est tibi, ita scis
vat calor. Longa quies lecti , et membra resoluta omnia. Verumtamen credo , non defore aliquos de
calore nutriunt vermes vitiorum. tanta multitudine generis humani, si inciderint in

Nunquam te diabolus inveniat otiosum. Aut ora- D hanc schedam, quin aliquid doctrinæ inde percipiant.
tio in ore, aut meditatio sancta in corde, aut di- Non enim omnes sunt grandes ; sunt et mediocres,
vina lectio sit in manibus assidue. Hæc et alia per- sunt et humiles. De cæteris litterarum tuarum quæ
fectioris pœnitentiæ sunt, per quæ *regnum cœlorum* supersunt, quia tua privata sunt , aliud initium
vim patitur (*Matth.* xi). Hæc tibi, frater, sufficiant. dicendorum sumam.
Cur tibi referam angulos meos et soliloquia cogita-
tionum mearum se inter se accusantium aut etiam Cap. XX. *Quid sit venire in profundum malorum,*
defendentium? Quid tibi referam illa vel illa secreta   *et quid ac quotuplex desperatio?*
mea? *Secretum meum mihi, secretum meum mihi* Irasceris quod tarde tibi rescribo. Moras non
(*Joan.* xxiv). habeo, nisi quantum mihi de statuto somno subri-

Dicis ergo nunc : Heu! heu frater! quid faciam? pere possum. Moras non habeo, nisi quantum mihi
quia minor et insufficiens sum ad ista omnia. Puta- post communes et privatas orationes tempori super-
bam modum pœnitentiæ tuæ utrumque leviorem est, quod valde parum est. Huc accedat tardum
fuisse. Ut vero video, nil minus perfectioribus facis, nunc ingenium et tremulæ manus, quia decrepitus
si impleveris ea quæ dicis. Audi quod Propheta sum. Notarios nunquam habere potui, gratis habere
non potui, pecuniam non habui. Causa quoque fuit

quod scripta mea superflua, imo nulla judicantur. His omissis ad tua tractanda accedam. Ut autem mea melius intelligi possint tua, quibus te depinxisti, etiam ipsa verba, sicut in litteris tuis, præposui, quæ sic sunt.

Dixisti : Cum essem in peccatis, et in profundum malorum venissem, contemnens vel etiam desperans sæpius cogitabam apostatare et sequi quocunque me traxisset voluptas. Nunc vero affectibus carnis meæ per gratiam Dei sopitis, aliquantulum reversus ad cor, perfectam agere pœnitentiam meditor, a loco scilicet in quo peccavi, ad alium districtioris vel etiam disciplinatioris conversationis transire. Quoniam omnis pene disciplina nostra periit. Vel peregrinari, vel includi, aut etiam eremita fieri propter Christum desidero. Facerem horum unum, si non retineret votum et obedientia, quodque necessarius videor Ecclesiæ, quæ me enutrivit, sive ad vitam sive ad mortem, nescio, Deus scit. Inter hæc ambigua quid potissimum eligam, ignoro. Cogito me sæpe liberare ab omnibus claustri sæculique negotiis, nec proficio. Hucusque tua.

Primo possum tibi dicere, quod dicit poeta :

Mutantem vultus teneam quo Protea nodo ?
(Horat. *Ep.* I, 1; 90.)

Cum enim in tot effigies voluntatum mutaris, nonne recte quodammodo Proteum te dixerim, qui nunc vir, nunc femina, nunc longus, nunc brevis, nunc senex, nunc puer mutabatur. Cum, inquis, in profundum malorum venissem. Quid sit profundum malorum, quomodo in profundum malorum perveniatur, dicam : non te, sed simplices doceo. Non doceo ut doceam, sed doceo ut docear. Non doceo malum faciendum, sed doceo ne fiat. Profundum malorum est multitudo majorum criminum, in quod nemo subito venit. Sicut enim nemo repente fit optimus, ita nemo repente fit pessimus. Cum enim quis in consilium impiorum abierit, et peccatum aliquod primo perpetraverit, pœnitentia aliqua timorem Dei adhuc cogitans contristatur; cum vero, consumpto timore illo, viderit se impune peccasse; quia Deus peccatum illud statim noluit punire, delectatio ejusdem iterandi vel alterius faciendi succedit, tanquam filia Herodiadis, quæ in medio saltavit, et consilio matris caput Joanni abstulit. Filia Herodiadis est delectatio peccati dulcis, quæ in medio saltat, dum cor hominis iterum et iterum ad peccandum delectatio titillat. Hæc consilio matris, id est peccati caput Joannis petit, dum peccatum perpetratum Christum, qui est caput nostrum, homini tollit, per quod homo diabolo conjungitur, sicut Herodias Herodi illicite copulabatur.

Cum ergo peccatum addit peccato; quia non potest cessare vel manere in uno vitio, juxta illud: *Qui in sordibus est, sordescat adhuc* (*Apoc.* xxii); cum, inquam, cadit de peccato in peccatum, et Deus in instanti nullum punit, absque retractione

currere incipit per portas mortis (quot enim sunt peccata, tot portæ mortis sunt) in profundum malorum festinat; cumque paulatim timorem Dei deposuerit, contemnere incipit; quia propter impunitatem male securus nulla jam vel extrema tristitia cor ejus tangit. Ita consuetudine cæcatus tenetur. Exhinc desperatio nascitur, et quæ desperatio ? Vide.

Tres sunt desperationes : una, qua homo difficultate pœnitentiæ deterretur; quia se ad perficiendam pœnitentiam sufficere desperat, et converti tardat. Hæc remissibilis est, si tamen in ea non permanserit. Est et alia, qua homo desperat non remissionem peccatorum, si pœniteat, sed quod Deus de pœnitentia ejus curam non habeat. Hæc est remissibilis, quia hanc humilitas excusat, quia timet, ne præsumat. Maxima quoque pars nostrum hac laborat. Homo enim, cum fecerit bona quæ potest, *nescit utrum odio vel amore dignus sit ; omnia quippe reservantur in posterum incerta* (*Eccli.* ix). Hac desperantes non desperamus. Justitiam quidem timemus, sed de misericordia præsumimus. Est tertia quoque desperatio terribilis, videlicet blasphemia Spiritus sancti irremissibilis, quando peccator non credit, quod Spiritus sanctus possit ei dare remissionem propter criminum suorum magnitudinem, et in hoc obstinatus contemnit, quia non curat quod facit. Tunc Behemoth caudam suam in corde ejus quasi incudem malleatoris stringit, qui nodus in æternum insolubilis permanebit. Hic peccator est mortuus quartus, Domino quidem nuntiatus, sed a Domino non est resuscitatus. Est, inquam, de quo propheta dicit : *Super tribus sceleribus et quatuor non convertam eum* (*Amos.* 1).

Nunc easdem desperationes cum aliqua determinatione repetam. Prima est pusillanimitatis, secunda dubietatis, tertia perditionis. Prima indiget animi confirmatione, secunda Spiritus sancti consolatione, tertia manet absque omni remedio sine fine. Contra timiditatem primæ desperationis, quam homo ad difficultatem pœnitentiæ habet, Salomon fortitudinem promittit, dicens : *Viam sapientiæ monstrabo tibi, ducam te per semitas æquitatis, quas cum ingressus fueris, non arctabuntur gressus tui, et currens non habebis offendiculum* (*Prov.* iv). Ad tollendam dubietatem secundæ desperationis, qua homo de indulgentia suspectus est, audi quid Dominus Jesus dicat : *Non veni vocare justos, sed peccatores* in pœnitentiam (*Marc.* ii). Semper est verum : ubi vera pœnitentia, ibi est et vera indulgentia. De tertia desperatione hæc sola doctrina est, quod irremissibilis est : *Blasphemia*, inquit, *Spiritus sancti neque hic neque in futuro remittetur* (*Matth.* xii). Si dubitas blasphemiam esse Spiritus sancti quicunque obstinatus non credit Spiritum sanctum posse dare remissionem peccatorum, hinc certus fias. Quando Dominus Jesus dixit paralytico : *Confide, fili, remittuntur tibi peccata*, Judæi dixerunt : *Hic blasphemat* (*Matth.* ix). Purum hominem Christum credebant, ideo eum

blasphemare dicebant, quia dimittere peccata solius A
Dei est. Quamvis autem Christus et ipse potestatem
dimittendi peccata habeat propter cooperationem
sanctæ Trinitatis, specialiter tamen remissio peccatorum ad personam Spiritus sancti pertinet, quia
ipse est remissio omnium peccatorum. Christus
vero sicut in Spiritu sancto dæmonia ejicit, ita et
in Spiritu sancto peccata dimittit. Sic quidquid
facit, totum in Spiritu sancto facit. Si igitur Judæi
dixerunt, Christum blasphemasse, quia potestatem
dimittendi peccata quasi Deo abstulisse, et sibi videbatur vindicasse : multo magis blasphemant, qui
Spiritum sanctum peccata posse dimittere negant.
Quæ in hoc irremissibilis est, quod obstinata et
incorrigibilis est.

Non me latet alias super hac blasphemia esse B
sententias, quarum quæstionem ventilare id temporis non est. Cum igitur dicis : Cum in peccatis
essem et in profundum malorum venissem contemnens et desperans, tu discerne de qua desperatione dixeris. Tantum tertia illa longe sit a te, et
quod illa longe sit a te, indicasti, cum mox de
pœnitentia tua addidisti : *Reversus ad cor* perfectam
pœnitentiam agere sæpe meditor. Ut hæc desperatio
et hæc blasphemia ab omnibus nobis longe sit,
corde credamus, et ore confiteamur, quia Spiritus
sanctus omnium peccatorum remissio est.

Cap. XXI. *Oratio ad sanctum Spiritum pro impe-
tranda spe veniæ peccatorum.*

Domine, sancte Spiritus, qui es justitia in supernis, misericordia in infimis, qui es spiritualis
unctio in sanis, vinum et oleum in vulneratis, qui
es dexteræ Dei digitus, divisus in donis, unus et
idem in singulis, qui Paracletus diceris, qui pro
peccatis suis mœrentes consolaris, donum Dei,
æquarum fons vivus inexhaustus, misericordia,
ignis consumens, rubiginem peccati auferens, charitas Deum et nos conjungens! Omnipotentissime,
misericordissime Domine, te rogamus, ut ab hac
blasphemia custodias nos, quia vere credimus et
confitemur quod tu es omnium peccatorum remissio. Non est multitudo, non est quantitas aliqua
peccatorum, quæ potentiam et misericordiam tuam
excedat. Adsunt exempla, quibus prohemus dicta.

Multitudo peccatorum fuit in Maria Magdalena, D
cui dimissa sunt peccata multa, quantitas in Paulo
persecutore, in David verbum Uriæ. Ille misericordiam consecutus est, quia ignorans fecit; iste, quia
peccasse se dixit, audire meruit : *Dominus quoque
transtulit peccatum tuum, non morieris* (*II Reg.* xii).
Item in Corinthio illo fornicatore, cujus similis
fornicatio nec inter gentes audiebatur, cui quia
Corinthii, et Paulus donavit. Hoc specialiter totum
opus tuum fuit, Domine, sancte Spiritus, licet Deus
operatus sit Pater et Filius. Eamdem ergo misericordiam fac in omnes, qui te adorant, invocant,
et omnipotentiam tuam confitentur.

Cap. XXII. *Num locus, in quo quis peccavit, pœnitentiæ causa mutandus ?*

Nunc revertamur ad tua tractanda. De loco in
quo peccasti, ad alium transire te velle dicis. Et
causam ponis, ut tibi videtur, necessariam, videlicet districtioris et disciplinatioris conversationis,
quoniam omnis disciplina nostra pene periit. In
loco, in quo peccasti, mane, ut loculi (9), in quibus ibi et ibi peccasti, tibi sint in facie, ut si negligenter egeris, te moneant. Si dissimulare velis,
lapides te reum clament, faciantque te memorem, ne
quid per oblivionem impunitum et inemendatum
dimittas. Ad perfectam quippe pœnitentiam pertinet,
ut sigillatim in singulis locis te punias, in quibus
singulis sigillatim peccasti. Sicut enim in singulis
membris illis, in quibus homo plus peccat, plus pu-
nitur, ut dives, qui plus in lingua peccaverat; ita
in quolibet loco, in quo homo specialiter peccat,
specialiter et puniri debet.

Fabula non est, quod offero : verum est. Quidam
miles nostris temporibus inimicis suis ad viginti
villas una die combussit. In proxima nocte ejusdem
diei ab inimicis suis occisus est, a sepultura pro
culpa incendii per tres dies suspensus est. Interim
quidam sacerdos vicarius plebani per somnium
vidit quomodo miles ille pertica grossa et longa, ut
anser, confixus esset, et per singulos lares singularum domorum incensarum assaretur. Et cum incan-
duisset ut ferrum, aqua frigidissima juxta erat, in
quam demergebatur, de qua extractus iterum assa-
batur. Sic per singulas lares domorum illarum
factum est. Denique finitis assationibus illis ad montem magnum et altum transportatus est, qui aperuit
se, et de eo maxima flamma ascendit, illuc illo
intromisso mons se clausit.

Ecce testimonium habes, quod in locis singulis,
in quibus homo peccat, et puniri habeat. Sic per
singula sacra tempora, sic per singulos sacros
ordines, sic per singulas professiones, sic per singulos gradus consanguinitatis, sic quidquid tale
inveniri potest, in quibus homines peccant, singillatim punire se debent. Mane ergo in loco, in quo
peccasti, ut vivas ibi et ibi pœniteas, ne post mortem ibi et ibi exagiteris (10).

Cap. XXIII. *Quidam pœnitentes exemplo adulteræ,
paucis a Christo absolutæ, se muniunt, sed deci-
piuntur.*

Forte nunc dicis : Tædet me disputationis tuæ ;
quia pene nusquam, ubi se præbet occasio, de pœnitentia taces, et ita eam multiplicas, exaggeras, ita
difficilem exponis, ut etiam ipso auditu deterrear et
timidus efficiar. Et mirum est valde, unde hanc
formam et hunc modum pœnitentiæ habeas, cum Dominus mulieri in adulterio deprehensæ simplicem,
facilem et compendiosam indixerit pœnitentiam.

Gaudeo, frater, de hac oppositione tua ; quia quidam sunt, qui se hoc exemplo muniunt, sed deci-

---

(10) Cod. *exigaris*.

plantur. Hoc primum dicere possumus quod hoc privilegium communem legem non facit. Nonnunquam enim Deus aliqua fecit, aliis aliqua facere praecepit, quae nobis in exemplum trahenda non sunt. Praeter haec, si recte inspexeris, perfectissimam poenitentiae formam in hoc poenitentiali Domini invenies. Veni ergo, frater, huc, esto tecum, esto mecum, inspiciamus hujus poenitentiae plenitudinem, omissis quibusdam circumstantiis, quia videlicet ante hoc opus, quod in peccatrice ista facturus erat, perrexit in montem Oliveti, hoc est in altitudinem misericordiae : *Miserationes* enim *Domini super omnia opera ejus* (*Psal.* cxliv). Item et quod per hoc quod accusatores mulieris semetipsos cognoscere fecit, exemplum dedit, ut in se discant magistri, quomodo aliis peccata sua confitentibus debeant misereri. His, inquam, et aliis omissis, consideremus verba sola poenitentiae, mulieri nunc a Domino injunctae, si talis poenitentia, qualem abhorres, hic inveniri possit.

Cap. XXIV. *Mulier adultera, a Christo ex Judaeorum manibus erepta, perfectae poenitentiae formam praebuit.*

Poenitentia sic describitur : *Poenitentia est peccata commissa deflere, et deflenda ulterius non committere.* In hac tria considerantur : cordis contritio, oris confessio, operis satisfactio. In cordis contritio.e humilitas, in oris confessione verecundia, in operis satisfactione labor. Vide nunc si in peccatrice ista haec fuerint, et quomodo fuerint.

Cor contritum habuit quia cor ejus lapideum a Christo in molle demutatum est. Quod per scriptionem illam, qua inclinatus in terram scripsit, significavit ; quia cor ejus digito suo, id est Spiritu sancto ad poenitentiam informavit. Ibi humilitas fuit, quia se peccasse recognovit. Oris confessio fuit, quia propter ream conscientiam nil contradicere habuit. Quid putas verecundiae habuit, quando culpa ejus accusatoribus suis nota fuit, et Deum, quem nil latere potest, inspectorem et judicem habuit ? Maxima pars est poenitentiae verecundia, quia poenitens sponte patitur pro sua culpa. Quid putas etiam timoris habuit, quando solam sententiam lapidationis exspectavit ?

Hoc maxime nunc est in quaestione, quomodo opus satisfactionis in ista fuerit, cum nec in verbis Domini, quae ad eam dixit, aliquid tale sonuerit, nec ipsa pro culpa sua aliquid fecisse legatur. *Vade,* inquit, *non sis otiosa, sed vade,* id est profice in virtutibus. Virtutes autem nullus sine labore consequi potest. *Jam amplius noli peccare* (*Joan,* viii). Non dixit : Non pecces ; quia nemo, quo adhuc vivit, sine omni peccato esse poterit, criminale tamen quodlibet vitandum est. *Noli peccare,* hoc est voluntatem peccandi aliquod criminale non habeas. Nemo putet se severam posse poenitentiam agere, et simul voluntatem peccandi habere. Qui actu et voluntate peccata derelinquunt, continuo eis tentationes insurgunt, quae sine labore vinci nequeunt. Pro

multis unum exemplum accipe. Vitium fornicationis non superatur nisi in jejunio et oratione. In victoria igitur fornicationis conquiritur virtus castitatis. Uno enim labore et vitium vincitur et virtus acquiritur. Si ergo illa debuit ad virtutes proficere, et nolle peccare, cum utrumque sine pugnae labore fieri non potuit, perfectae poenitentiae formam Dominus in his verbis huic mulieri tradidit. Noli igitur taedere super his quae scire et facere necessarium est.

Cap. XXV. *Ob malitiam hominum religioso non facile de loco ad locum commigrandum.*

Cur vero de loco ad locum transire tibi menti sit, id causae fore fateris quia omnis disciplina nostra periit.

Tres quidem causae sunt, pro quibus mutatio loci fieri potest, videlicet persecutio, defectus necessariorum, destructio loci vel ordinis. Sed hoc tempore quo ibis, et quo fugies ? Proverbium vulgare est : *Morde digitum unum, iterum unum, et iterum unum, omnes aequaliter dolent.* Legitur in Josepho quod quidam praesagium futuri excidii, quod sub Vespasiano et Tito factum est, diu quotidie clamitaverit : Vae ab oriente, vae ab occidente, vae a meridie, vae ab aquilone, vae undique, vae et mihi ! Instar ego possum clamitare : Vae a scapulari Cisterciensium ! vae a cuculla Cluniacensium ! vae a tunica Praemonstratensium ! vae a camisia Regularium ! vae ab omnibus angulis mundi ! Ubi lex ? ubi fas ? ubi ordo ? ubi silentium ? ubi lectio ? ubi opus manuum ? ubi communis vita ? omnes quaerunt quae sua sunt, aut publice aut privatim.

Dicis mihi : De quibus haec dicis, de subditis an de magistris ? A sanctuario meo incipite. Sunt enim magistri prurientes auribus. Sunt quippe illa nunc tempora, quae apostolus Paulus futura praedixit, in quibus omnes tam magistri quam discipuli speciem pietatis sunt habentes, virtutem autem ejus abnegantes. In mundo vero ubique dolus, ubique fraus, ubique perfidia : fides nulla, et ita nulla, ut ipse Dominus dixit : *Dum venerit Filius hominis, putas inveniet fidem super terram?* (*Luc.* xviii.) Et propheta : *Non est,* inquit, *veritas, non est misericordia, non est scientia Dei in terra.* Maledictum et mendacium, et homicidium, et furtum, et adulterium inundaverunt, et sanguis sanguinem tetigit (*Ose.* iv). Sed in istis nonnullis ita praevaluerunt coenobitae saecularibus hoc tempore, ut merito eis dici possit : *Erubesce, Sidon, ait mare* (*Isa.* xxiii). Item propheta : *Justificasti in viis tuis pessimis sororem tuam Oolibam* (*Ezech.* xxiii).

Mane ergo in loco tuo, et dic quod ille dixit : Vae et mihi ! Sed quo sensu ? Ne durum tibi videatur, audi : Vae tibi, vae et mihi, vae omnibus qui zelum Dei habent, quod haec tempora videre duravimus ! *Quoniam abundavit iniquitas, refrigescet charitas multorum* (*Matth.* xxiv). Mane ergo in loco tuo. Ubique sunt scorpiones, ubique dracones, cum quibus et inter quos Ezechiel habitat. Lot quoque cum pessimis habitabat, qui animam justi iniquis operibus de die in diem affligebant.

Et quia non invenis ubi requiescat pes tuus, mane in loco tuo, ut columba reversa mansit in arca. Observa tamen et cave ne cum aliis culicem liquaveris, tu camelum glutias. Quod dico, graviter ferre noli; quia hoc dico, ut tu salvus sis. Opto enim etsi plures non possum, v l te unum consiliis meis Domino lucrari. Cum juvenis eram, piscandi consuetudinem cum hamo habebam; sæpe tentavi, multum laboravi, unum thymallum omni tempore piscationis meæ cepi, in quo multum delectabar, et domino, cum quo conversabar, in munere obtuli. Thymallum illum te interpretor, si modo hamo verbi Dei te capere possim, ut vel te solum Domino Deo meo offerre habeam, et tecum lætari, et in Domino te frui merear. Amen.

Cap. XXVI. *Quomodo quis spiritualiter loca sancta, corpore domi positus adire possit?*

Nec hoc præteribo, quod dixisti, quia animus sæpe suggerat tibi peregrinari. Quo? Jerosolymam. Ad quid? Ut visitem, inquis, ibi loca præsentia Domini corporali sanctificata, videlicet Bethlehem, Bethphage, Bethaniam, Josaphat, montem Oliveti, ipsum denique Jordanem.

Non habes ire necesse, quia tantum

Cælum, non animum, mutant, qui trans mare currunt.

Non habes ire necesse, quia hæc omnia domi poteris invenire, etsi non ipsa loca, tamen eorum significata. Bethlehem *domus panis* interpretatur. Christus, qui quondam in Bethlehem secundum carnem natus, et in præsepio est inventus, nunc ubique in omnibus sanctæ Ecclesiæ altaribus invenitur, licet non talis hic qualis ibi. *Etsi Christum,* inquit, *secundum carnem cognovimus, sed nunc non novimus* (II Cor. v). Non ergo habes necesse ultra mare uno loco quærere quod ubique invenitur. Altare eminus tuum est tua Bethlehem.

Bethphage *domus buccæ* interpretatur. Domus tua domi domus buccæ est, quia habes apud te scripta sanctorum Patrum, quorum ora Spiritus sanctus, ut talia dicerent, perflavit, quibus docent nos in hac terra esse peregrinos nec habere hic manentem civitatem, sed futuram quærere debere quæ non est illa Jerusalem, quæ servit cum filiis suis, sed illa Jerusalem, quæ sursum est, quæ libera est, quæ omnium nostrum mater est. Hæc Bethphage tibi quotidiana est, quod illa ultra mare esse non potest. Armarium ergo tuum sit tua Bethphage.

Bethania *domus obedientiæ* interpretatur. Cella tua, in qua te noto abbati et loco obligasti, Bethania tua est. Illa ultra mare semel sufficit, in ista jugiter permanere debes. Debes, inquam, operam dare, ut quemadmodum Christus de Bethania, hoc est, de domo obedientiæ (factus est enim Patri obediens usque ad mortem [*Phil.* ii]), ad cœlum, ita et tu in obedientia inventus merearis esse, ubi ipse est. Cella ergo tua sit tua Bethania.

Josaphat vallis futuri judicii est. Josaphat ultra mare, qui semel viderit sufficit. Timorem vero judicii futuri semper præ oculis habere Salomon suadet : *Semper,* inquit, *memorare novissima tua, et in æternum non peccabis* (Eccli. vii). Quod domi facere poteris, etiamsi Josaphat nunquam videris.

Mons Oliveti, mons est pinguedinis, dulcedinis et misericordiæ. Nihil sic dulce, quam hominis peccatoris misereri. Nihil sic magnum, quam hominem a peccato justificare posse : plus est enim hominem a peccato justificare, quam hominem creasse. Hanc autem misericordiam corde contrito et humiliato apud Deum invenire poteris, etiamsi montem Oliveti ultra mare nunquam videris.

Jordanis est fluvius confluens de duobus fontibus, Jor videlicet et Dan, qui ad radices Libani montis oriuntur, et grandiusculi separatim fluunt, deinde in unum amnem congregantur, et deinceps Jordanis vocantur, quod *descensus eorum* interpretatur. Sine aqua Jordanis hujus poteris baptismo et pœnitentia, duobus his remediis cooperantibus, quasi duobus fontibus confluentibus ablui et mundari, si descenderis, hoc est si te humiliaveris. Si igitur altare tuum tua Bethlehem est, si armarium tuum tua Bethphage est, si cella tua tua Bethania est, si timor futuri judicii tua Josaphat est, si misericordia tua tuus mons Oliveti est, si baptismus et pœnitentia tua tuus Jordanis est : si hæc, inquam, hoc est eorum significata domi tibi sunt et esse possunt, non igitur necesse habes ire Jerosolymam, et visitare loca illa ultra mare posita. Omnibus his occasionibus spoliatus dicis adhuc : Vel hoc mihi concede, ut eam Jerosolymam, ut saltem orem ibi. Audi : Mulier Samaritana dixit ad Jesum : *Patres nostri in monte hoc adoraverunt : et vos dicitis quia Jerosolymis locus est, ubi adorare oportet* (Joan. iv). Et Dominus Jesus : *Mulier,* inquit, *crede mihi, venit hora, quando neque in monte hoc, neque in Jerosolymis adorabitis Patrem* (subaudis : secundum ritum et opinionem, quæ tunc temporis apud illos fuerunt). *Sed venit hora, quando veri adoratores adorabunt Patrem in spiritu et veritate* (ibid.). Subaudis : ubique, secundum quod Paulus quoque dicit : *Volo vos in omni loco orare, et puras manus ad Deum levare* (I Tim. ii). Proinde Jerusalem ubique est. Non igitur necesse habes ire Jerosolymam, ut ores ibi.

Quare ergo, inquis, tanta multitudo hominum currit Jerusalem? Respondeo : Quare dicit Jesus discipulis : *Vobis datum est nosse mysterium regni Dei, cæteris autem in parabolis?* (*Luc.* viii.) Indoctum quippe et sæculi actibus semper occupatum vulgus aliquo modo meditari debet, videlicet ut qui domi pene sine Deo sunt, devotione hujusce peregrinationis erudiantur, ut Deum quem minus Spiritu capere possunt, labore tali promereantur. Simili ratione pictura fit in ecclesiis, non propter litteratos, sed propter idiotas, quoniam quod est Scriptura litteratis, hoc est pictura idiotis. Ad hoc potest quoque illud Apostoli adaptari : *Justo lex non est posita, sed injustis* (I Tim. i), plagariis, homicidis, parricidis, perjuris et similibus. Non ergo necesse habes ire Jerusalem, ut ibi ores. Tales ire permitte, quales notati sunt superiori descriptione; tu vero vota tua domi adimple.

Cap. XXVII. *Non licet religioso martyrii causa militiam sectari.*

Præter has cogitationes, imo tentationes tuas, haud dissimilis tentatio te apprehendit, sicut ex aliis litteris tuis mihi ante has missis cognovi, imo sicut ex ore tuo audivi. Dixisti enim, quod maxima cupido animum tuum incesserit, ut martyr fieres. Igitur in expeditione (11), quæ præsenti anno sub imperatore Romano Frederico, ipso duce, facta est adversus paganos, et tu ire, et cum paganis pugnare volebas, ut vel sic, occasione videlicet hujus pugnæ martyr fieres.

Ad quod quia tunc minus, nunc plenius respondeo. Aliam militiam jurasti, talis pugna tibi non licet. Exemplum præ manibus habes beatum Martinum, qui adhuc laicus dicebat : *Miles Christi sum, pugnare mihi non licet.* Et Petro sic pugnanti dictum est a Domino : *Mitte gladium in locum suum* (*Joan.* xviii). Lege omnes vitas et passiones sanctorum martyrum, et non invenies aliquem martyrum persecutorem suum interficere voluisse, ut se occideret. Novum genus martyrii est, alium interficere velle, ut se occidat.

Si te pugnare delectat, pugna ut Moyses. Moyses solus in monte plus pugnabat orando, quam Josue cum omni exercitu suo materialibus armis dimicando. Quando enim Moyses orabat, Josue vincebat; quando vero Moyses lassus intermisit, Amalec vicit. Igitur si Martinus gladio pugnare non voluit, quia aliam militiam spiritualem cogitabat, desiderabat, et tandem ipse opportuno tempore exercebat; si Petro, Domino prohibente, gladio alieno pugnare non licet; si nullus martyrum persecutorem suum tali gladio impetebat, ut se martyrem faceret: tu quoque horum admonitione inductus talem cogitationem, imo tentationem tuam longe fac a te.

In hac expeditione jam cœpta multi claustralium voti, quidam etiam officii sui obliti, spiritu seductoris decepti, iter illud aggredientes armis ut laici pugnare parabant. Super quorum dementia quid senserim, quid reprehenderim, quid suaserim, rhythmo edidi ; cujus lectionem quidam monachi graviter tulerunt, nonnulli, quibus placuit, exponendum rapuerunt. Quem hic inscribere curavi, ne pereat quod potest fore utilitati :

Fredericus imperator, afflictorum consolator,
Omni notum sit sæculo, dare se vult periculo.
Pergant secum Christiani, revertentur bene sani !
Si quis vero ceciderit, in æternum salvus erit.
Lignum crucis, signum ducis.
Via pacis, spes salutis.
Hoc sequatur exercitus, ejus signo insignitus.
Crux præcessit, non recessit, luat quod paganus gessit.

Scripta sua cunctis misit, Clemens papa hoc promisit :

(11) Ætas auctoris.

Quisquis pie, faeliter susceperit idem iter,
Liber fiat a peccato. Domino sibi placato.
Eant milites armati, non monachi, non barbati (12) :
Tales domi remaneant, vota sua adimpleant.
Magis certe juvant prece, quam pugnando manu, nece,
Supercinta floceo spata auget, non tollit peccata.
Spiritus seductorius agit hos in deterius.
Frederice imperator, sis horum examinator.
Castra tua emundato, tales inde syncopato.
Illorum apostasia; per te tibi victoria.
Achor reus in populo cunctis fuit periculo.
Ite Deo benedicti, ad hoc bellum juste scripti,
Donet vobis victoriam ad æternam memoriam.
Jerusalem liberetur, sicut prius, reparetur.
Sanctæ crucis victoria fiat nostra lætitia ! Amen.

Cap. XXVIII. *Non terrena Jerusalem, sed cœlestis, veræ pacis visio est.*

Multifariæ sunt cogitationes hominum, nec facile quiescit homo etiam cognita veritate. Dicis ergo adhuc, quia hujusmodi tentationes non facile, nec cito discedunt, sed tenaciter inhærent ad instar illius dicti :

Non missura cutem, nisi plena cruoris hirudo.
(Horat., *De art. poet.*, v. 477.)

Dicis ergo adhuc : Si me non sinis gladio pugnare pro Jerusalem, saltem concede, ut sim in pace apud Jerusalem ; quia Jerusalem *visio pacis* est.

Erras, imo Jerusalem, de qua tu intendis, nunquam vel raro pacem habuit, semper in bellis fuit, et adhuc est, sicut hodie videre est. Non ergo pacem ibi habere poteris, non pacem corporis nec cordis. Non ergo interpretatio nominis, quam tu dicis, quia Jerusalem *visio pacis* est, huic Jerusalem terrenæ convenire poterit, sed illi cœlesti Jerusalem cujus ista significativa est, cujus fines Dominus pacem posuit. Quæ est ergo ista Jerusalem quæ bellicosa est, et pacem tantum habet in nomine ? Ipsa est populi Dei, hoc est significat populum Dei, quæ quandiu hic carne peregrinatur a Domino, bella tentationum ab hostibus, a diabolo, a proximo, a propria carne tolerare habet ; in nomine autem tantum nunc pacem habet. Sed tunc in re erit Jerusalem, cum pervenerit, ubi perpetua pax et nullum bellum erit. Non ergo in istam Jerusalem habes abire, quia tu ipse tibi es Jerusalem. Hoc tantum satage, ut post laborem hujus belli pervenias ad illam cœlestem Jerusalem, quæ vere *visio pacis* est.

Cap. XXIX. *Nec solitudo nec eremitica vita, sed obedientia, prælato præstita, passionibus animum liberat.*

Tanquam hydra es multorum capitum, aliis ante succisis, adhuc unum tibi restat, videlicet quod eremita fieri meditaris. Sed quare, libenter audio ; sed cur, quæro. Quod scio, ut opinor. Conjicio enim, quod hac de causa solitudinem eremi desideras, quia importunitatem et improbitatem cohabitantium fratrum propter infirmitatem et passiones animi tui ferre non vales, putasque tibi levius esse, si solus sis, et idem sis in solitudine, qui in cœnobio fuisti.

(12) Id est *fratres laici.*

Solus in solitudine non es propter instantiam
dæmonum et tentationum, quibus solitudo ad hoc
familiarior est, sed tibi periculosior, quia si ceci-
deris, non habes sublevantem. Lectio Vitæ Patrum
testatur, quod dico, verum esse. Talis es quoque
in solitudine, qualis illuc venisti; quia passiones
animi, quas in cœnobio, et ibi pateris. Et verecun-
dius est ab eadem passione in solitudine in minori
superari, quam in cœnobio a majori forte superari.
Verbi gratia : in iram frequenter movebaris in cœnobio; sed cum non habeas in solitudine, cum quo
litiges, putas illam passionem iræ a te quiescere.

Tale quid in verbis Patrum legitur. Quidam frater
egressus de cœnobio in solitudinem, cum solus ibi
maneret, quadam die vas aqua implevit, et juxta se
posuit. Quod cadens versatum est ; quod ter ita
contigit. Tertia vice, vase illo arrepto, iratus fregit.
Qui cum ad se reversus esset, cogitavit quia ab ira
superatus est, et dixit : Ecce solus sum, et tamen
ab iracundia victus sum. Revertar ergo in cœnobium, quia ubique pugna opus est, et patientia, et
maxime adjutorio Dei. Sic reversus est in locum
suum. Nota quod iste dixit : Quia ubique pugna
opus est. Sed ubi durior pugna, ibi gloriosior est
victoria. Si igitur in cœnobio tibi contigerit plus
tolerare, cogita de majori mercede.

Ad instar hujus aliæ passiones animarum, ut est
fornicatio, superbia, et vitia similia eremitas victos de
solitudine in publicum ejecit et ejicit (sic). Mane ergo
in cella tua, et subditus esto abbati tuo et vocatione,
qua vocatus es, in ea permane. Esto vultus unius,
quia *vir duplex animo inconstans est in omnibus viis
suis*. Noli esse Proteus diversarum formarum, sed
Anna, *cujus vultus non sunt amplius in diversa
mutati*.

CAP. XXX. *Vita communis vitæ Reclusorum
præferenda.*

Quid dicam de hoc, quod pene oblitus fueram,
quod inter cætera, quibus sollicitabaris, dixisti,
animo tibi esse, etiam velle includi. De hoc nulla
est mihi doctrina, quia nec experimento nec lectione
super hoc aliquid didici. Laudabilius tamen et perfectius esse mihi videtur in conventu fratrum manere, ubi sive velis, sive nolis, oportet te ad consuetudines chori, capitolii (13), dormitorii, refecto-
rii, temporibus et horis constitutis, semper esse
paratum, et ubi ad imperium prælati et seniorum
tuorum voluntates tuas frangas.

Laudabilius, inquam, est, sic in congregatione
vivere, quam inclusum esse, qui, quando vult, orat ;
quando vult cessat ; quando peccat, non est qui
inclamet eum ; quando vult, dormit ; quando vult
surgit ; quando et quomodo vult jejunat ; quando
vult et quomodo vult, reficit ; quando et quomodo
vult, omnes voluntates suas libere facit, nec in his
omnibus aliquem arbitrum admittit; ipse sibi et lex
et judex est.

(13) Ita cod.

CAP. XXXI. *In omni ordine homo salutem consequi
voterit, si recte vixerit.*

Multæ sectæ sunt, quas homines eligunt et sequuntur, sed sollicite perpendatur, quo novissima eorum
perducant, sive ad cœlum sive ad infernum. Non
enim ille frustra dixit : *Sunt viæ, quæ videntur rectæ, sed novissima earum perducunt in infernum* (Prov.
XVI). Non accuso sectas, quæ secundum Deum sunt.
Lex enim bona est, si quis ea legitime utatur. Sed
sunt quidam, qui vel propter tædium, vel curiosi-
tatem, vel superbiam, vel vanam gloriam, vel incon-
stantiam de secta ad sectam sicut passer transmi-
grant. Hoc ille concedere voluit, qui dixit : *In
Domino confido, quomodo dicitis animæ meæ : Trans-
migra in montem sicut passer?* (Psal. X.)

Sunt enim, qui quosdam sollicitant, dicentes :
Transite ad nos, vita et ordo noster altior est. Hi
scire debent, quia in omni ordine uni Domino servitur, ubi perfectionem idoneam sibi quisque consequi poterit. Noli ergo esse passer, mane in ordine
et loco tuo. Non est tutum sæpe mutari, quia omnis
subita mutatio non fit sine quadam permutatione
animorum. Non est tutum vagari ; quia non invenies
cito præsepe tam certum ut tuum. Consilium quæ-
siisti, hoc consilium meum est.

CAP. XXXII. *Spondet auctor discipulo sua apud
Deum suffragia, et sua errata excusat.*

Post omnia, quæ in litteris tuis proposuisti,
dixisti quia propheta magnus essem in oculis tuis.
Ego scio quis sum ; peccator sum, non propheta,
nisi in hoc velis me dicere prophetam, quia a sensu
prophetarum non degenero. Quidquid illi de præterito, de præsenti, de futuro, Spiritu sancto docente,
locuti sunt vel scripserunt, ea ego credo, et secundum ea, quod loquor, loquor ; quod scribo, scribe
ad laudem Dei et ædificationem proximi. Sic ubi
erro, noli litteris meis inservire tanquam authenti
cis, sed filios excussorum, id est expositores prophetarum consule : illos securus audies.

Concludis tandem litteras illas, ut invocem gra
tiam Spiritus sancti super te, et auxilium orationis
propensius impendam pro te. Patrono opus habet,
quem intercessorem paras. Sed tamen mulier illa
Chananæa propter idololatriam a Domino cani com-
parata, pro filia exaudita est. Nam a Domino audivit : *O mulier, magna est fides tua, fiat tibi sicut
petiisti. Et sanata est filia ejus ex illa hora* (Matth.
XV). Fiat igitur et tibi secundum fidem tuam. En
morem tibi gessi. Scripsi tibi, ut rogasti, imo ut
exegisti, tanquam fidus interpres, qui verbum verbo
reddit. Ad singula, quæ proposuisti, respondi, ut
potui, non ut volui. Sententias sermonibus imperi
tis involvi, grandia serpunt humi. Hoc tantum consolatur, quod planum et breve est, quod scripsi. Tu
legis et laudas, quia diligis ; alius legit, fastidit,
vituperat, et dicit : Post gratas mensas et tot dulcia
fercula sanctorum Patrum recte bene et magnifice

scribentium iste sua nulla ingerens, tanquam papaver omaso apponit, ut vomitum fastidii provocet. Poterat enim coena sine his duci. Omne

     Ergo supervacuum pleno de pectore manat.

Contra istos hoc mihi consolationi est, quod personam auctoris nesciunt. De hoc satis dictum est.

Finis venit, finis venit, finis venit. Finis scribendi, finis vivendi, finis promerendi. Quare scribendi? quia nec oculus nec manus mihi est, nec notarium habere possum. Quare vivendi? quia septuaginta et trium annorum sum, et proinde ipsa natura me nunc urget in mortem. Quare promerendi? quia inutilis sum, nil boni facere possum. Post hoc judicium me manet, ubi mihi resurgenti reddetur, quod promerui. Igitur, frater mi, miserere mei, et in orationibus tuis memento mei. Quia me tibi ultra scripturum non credo, extremam manum imponere tibi volo. Dimidium, hoc est imperfectum dimittere te nolo. Perfectus autem eris, si id, quod dico, feceris

Cap. XXXIII. *Quomodo homo semper unus secum esse possit?*

Noli esse multus vir, id est multarum cogitationum. Esto vir unus, id est unius voluntatis, et unius intentionis, et illam voluntatem et intentionem tuam refer ad unum. Et quod est illud unum? Videlicet illud unum, quod est necessarium. Quod est illud unum? Libera et plena contemplatio Dei. Esto ergo unus, et quaere unum, adhaere uni, ut sis unus cum uno.

Dicis: Quomodo potest fieri, ut simus unus, cum secundum Paulum in quolibet nostrum duo sint homines, interior scilicet et exterior homo, et hi sibi invicem adversentur, et haec pugna inter eos maneat quandiu in ista mortali carne vivitur? Horum, quae dicis, multa doctrina apud eumdem Paulum est: *Licet*, inquit is, *qui foris est, noster homo corrumpatur, tamen is, qui intus est, renovatur de die in diem* (*II Cor.* iv). Ecce duo homines in uno homine! Et quid dixerit duos homines, et pugnam eorum exponens, manifestat: *Caro*, inquit, *concupiscit adversus spiritum, et spiritus adversus carnem* (*Gal.* v). Caro igitur et spiritus unius hominis sunt duo homines unius hominis. Quae sunt autem, in quibus discordant caro et spiritus? *Manifesta sunt*, inquit, *opera carnis, quae sunt fornicatio, immunditia, luxuria, veneficia, inimicitiae, contentiones, aemulationes, irae, rixae, dissensiones, haereses, invidiae, homicidia et his similia. Fructus autem Spiritus est: Charitas, gaudium, pax, longanimitas, bonitas, benignitas, fides, modestia, continentia, castitas* (*ibid.*). Haec sunt, scilicet illa et ista, in quibus sibi invicem adversantur caro et spiritus, sed in his tantum, qui non secundum carnem ambulant et carni repugnant, ut Paulus, sicut ipse de se manifeste testatur: *Video*, inquit, *aliam legem in membris meis repugnantem legi mentis meae* (*Rom.* vii). Unde ipse hac pugna fatigatus exclamabat: *Infelix ego homo! quis me liberabit de corpore mortis*

hujus? (*Ibid.*) Sed et his, qui secundum carnem sunt, et quae carnis sunt, sapiunt, ista pugna conquiescit; quia in eis caro, quae subjecta deberet esse spiritui, perverso ordine spiritui dominatur, ita ut jam concupiscentiis carnis spiritus non reluctetur.

Dicis: Si ergo in eis, qui secundum spiritum ambulant, pugna est, et ego unus ex illis esse volo, qui spiritum sequuntur, quomodo unus esse possum, ut tu suades? Ad haec inquam. Qui diu in mortalitate et mutabilitate hujus temporis sumus, nemo ex toto unus fieri potest; quia caro, quae adversus spiritum concupiscit, non permittit. Non tamen quis desistere vel desperare debet, sed operam det, ut quantum posset, carnem edomet, et spiritui subjiciat exemplo illorum, de quibus dicitur: *Qui autem Christi sunt, carnem suam crucifixerunt cum vitiis et concupiscentiis* (*Gal.* v). Et si plenarie in praesenti fieri non potest, sicut in futuro futurum est, laborandum tamen est, ut quod nunc ex parte est, quandoque perfectum reddatur. Apostolus hoc promittit: *Ex parte*, inquit, *cognoscimus, et ex parte prophetamus. Cum autem venerit, quod perfectum est, tunc evacuabitur, quod ex parte est* (*I Cor.* xiii). Et Dominus ad Martham: *Maria optimam partem elegit* (*Luc.* x). Partem dixit, non totum; quia quidquid homo in hac vita de Deo cognoverit, dilexerit, gustaverit, ad futuram plenitudinem pars est, non totum. *Videmus enim nunc per speculum et in aenigmate, tunc autem facie ad faciem videbimus eum sicuti est* (*I Cor.* xiii). Sunt alia quoque impedimenta, quae hominem prohibent esse unum ad unum, res videlicet et negotia saeculi, quibus homo implicatur, aliquis nolens, aliquis volens. Harum rerum meditatio, quaesitio, appetitio sunt muscae circumvolantes, quae oculos cordis, quibus Deus videri debet, confundunt. Has manu sollicitudinis abigere debet, qui vult esse unus ad unum. Hoc imperat Psalmista dicens: *Vacate et videte, quoniam ego sum Deus* (*Psal.* xlv). Igitur Deus illud unum est.

Cap. XXXIV. *Qua ratione homo cum Deo unus fieri possit.*

Quomodo autem fieri possit unus ad unum, id est homo ad Deum, merito quaeritur, cum alia natura sit hominis, alia Dei; et aliter homo sit unus, aliter Deus unum. Homo compositus est ex anima et corpore; sed alia natura est animae, alia corporis: ergo homo ex diversis compositus est. Quomodo ergo unus esse potest? Non quidem, ut unquam caro fiat anima vel e converso; sed quod concupiscentia animae, et utrarumque una fit concupiscentia semper immutabiliter tendens in unum, scilicet Deum. Unde Psalmista: *Cor meum et caro mea exsultaverunt in Deum vivum* (*Psal.* lxxxiii), quod in hac vita fieri nequit, in futuro vero plene erit. Ita fiet homo unus, cum concupiscentiam habuerit unam, non corruptam, sed renovatam, non ad se, sed super se, non horariam sed sempi-

ternam. Illud autem unum, ad quod homo fieri
debet, unus Deus est. Deus autem unum est. Quia
ejus essentia simplex est. Simplex est, quia non est
ibi aliud et aliud, unde composita constet illa
essentia. Nil accedit ei extrinsecus, nil habet diversum intrinsecus. Quidquid igitur est, essentialiter
unum est, cui totum est unum esse, et simplex
esse, quod est. Ideo verum est ei esse, quod est,
quia totum unum et simplex est esse, quod est.

Sunt nonnulla, quæ unum dicuntur, sed diversis
modis. Est unum, quod collectione dicitur unum,
quemadmodum gregem unum dicimus, in quo sunt
multa animalia. Est unum, quod compositione dicitur unum, ut corpus, in quo multa membra sunt.
Est unum, quod similitudine dicitur unum, sicut
cum vocem dicimus unam vocem, quæ a multis est
prolata. Horum omnium nihil vere est unum, secundum tamen aliquem effectum unum dicta sunt;
quia quodammodo ad unitatem accedunt. Inveniuntur quædam res, quæ vere unum dicuntur, sicut
animæ nostræ, quæ vere unum sunt, in quantum
essentialiter sunt, sed summe unum non sunt, quia
invariabiliter non sunt. Quod igitur essentialiter et
invariabiliter unum est, vere et summe unum est,
quod solus Deus est. Cum igitur natura hominis, et
natura Dei ita diversi sint, ut dictum est; quia
homo ex corpore et anima constat, quorum natura
diversa est, et ideo multiplex, nec vere unum esse
possit; quia in corpore aliud est magnitudo, aliud
color, aliud figura, et hæc invicem mutari possunt;
potest enim et mutata magnitudine manere idem
color et eadem figura, et colore mutato manere
eadem figura et eadem magnitudo, et figura eadem
non manente tam magnum esse et eodem modo
coloratum, et quæcunque alia simul dicuntur de corpore, possunt et simul et plura sine cæteris commutari, ac per hoc multiplex esse convincitur natura
corporis, simplex autem nullo modo.

Anima vero per se considerata, licet in comparatione corporis simplicior sit, tamen et ipsa multiplex, non omnimode simplex est. Quia in anima
aliud est artificiosum esse, aliud inertem, aliud
memorem, aliud cupiditas, aliud timor, aliud lætitia, aliud tristitia, et alia similia, quæ in animæ
natura inveniri possunt, manifestum est non simplicem, sed multiplicem ejus esse naturam. Dei
vero natura omnino simplex est, omnino immutabilis, omnino invariabilis, vere et summe unum
est. Cum, inquam, natura hominis et natura Dei
ita ab invicem differant, merito quæritur quomodo homo unus spiritus cum Deo esse possit, quia
Scriptura hoc dicit : *Qui Domino adhæret, unus
spiritus est? (I Cor. vi.)*

CAP. XXXV. *Quomodo plura vocabula in hominis
natura multiplicitatem, non item in divina significent?*

Antequam hanc quæstionem solvam, aliam, quam
illa est, ponam, ut hæc soluta illius sententiam non
impediat. Quæ est ergo ista quæstio? Quomodo

videlicet multa vocabula in hominis natura multiplicitatem et mutabilitatem significant : ita quoque
multa vocabula diversa de Deo, qui nec non simplex, nec mutabilis est, dicantur? Hoc inde est
quod aliter habent significare, quæ de homine
dicuntur, aliter ea, quæ de Deo dicuntur. Quæ de
homine dicuntur, quod in homine sint, non quod
homo sint, dicuntur, ut est memoria, intellectus,
dilectio, sapientia et quidquid horum simile colle-
geris. Quæ vero de Deo dicuntur, quæcunque talia
de Deo dicuntur, quæ ad se dicuntur, ut est vivus,
æternus, immutabilis, sapiens, potens, justus,
bonus, beatus, et horum omnium catalogus, quæ
secundum qualitatem substantiæ dici videntur, non
secundum qualitatem, sed secundum substantiam
dici intelligendum est. Absit enim, ut Deus secundum substantiam dicatur, et bonus secundum
qualitatem, sed utrumque secundum substantiam!
Non enim in illa simplici et incommutabili Dei
natura aliud est esse, et aliud bonum esse; aliud
magnum esse aut sapientem aut verum esse, aut
omnino ipsum esse. Sed hæc omnia, et quæcunque ad se dicitur, una et simplex et incommutabilis essentia sunt, hoc est, unum et idem sunt.
Excellit ergo Dei substantia omnibus creatis substantiis, ita ut dici possit substantia supersubstantialis. Pluraliter dixi substantiis, quia substantia
non uno modo accipitur.

Substantia enim quandoque a *substando* dicitur,
quod proprie dicitur de materia primordiali, quæ,
ut ait Plato, substat omnibus formis tam substan-
tialibus quam accidentalibus, quæ, quamvis in actu
rerum nunquam sine formis et accidentiis inveniatur, tamen ad substantiam sui eis non indiget. Nam
corpora et spiritus esse possent in natura substantiæ, etiamsi formæ omnes ab eis recederent, quod
quamvis in actu nunquam fieri possit, tamen intellectus ea sic considerare potest.

Dicitur etiam substantia a *subsistendo* quasi subsistentia, quod secundum formam substantialem,
quæ in materia subsistit, dicitur; quia fluxum materiei sub se stare facit, ut est videre in rebus tam
artificialibus quam naturalibus. In artificialibus
sic. Sit aurum, et sit rude : fluxus est quidam in
eo, quia recipere potest quamlibet formam vel
Achillis, vel Leonis. Si insculpatur forma Achillis,
sistitur illa materia a suo fluxu; quia interim dum
formam illam habet, aliam in se non recipit. In
naturalibus quoque ille primordialis fluxus sistitur, dum ei a natura talis forma imprimitur, scilicet humanitas, ita ut secundum eamdem partem
non possit recipere formam asini vel alterius cujuslibet rei.

Dicitur etiam substantia ab utroque et a *substando*
et a *subsistendo*, scilicet quæ consistit ex materia
et forma, ut quilibet homo, sicut Aristotelis substantia est a *substando*, quia substat formis substantia-
libus et accidentalibus; et substantia est a *subsistendo*, quia quodammodo subsistit, id est fluxum

materiæ suæ sistit, cum ex collectione accidentium, quæ in eum conveniunt, fit quodammodo discretum et determinatum ab alia re, quod habet ex proprietate formæ.

Hos modos propter paupertatem Latinæ linguæ uno vocabulo nos significamus. Græci vero, quorum lingua abundat in verbis, tria ibi vocabula habent : *Hypostasis*, quod dicitur *substantia* a *substando*, quia formis substat ; et *Usiosis*, quod interpretatur *subsistentia*, quod est forma substantialis ; et *Usia*, quod interpretatur *essentia*, quod est nomen compositum ex utroque, ex materia scilicet et forma, et habentis similitudinem compositi ex materia et forma , ut anima. Et ideo essentia ponitur pro composito ex utroque, quia nec forma nec materia est per se, sed compositum ex utroque proprie dicitur esse.

CAP. XXXVI. *Reditus ad solutionem principalis quæstionis de unitate spiritus humani cum divino.*

Secundum hanc considerationem excellit Dei substantia, sicut dictum est, omnibus creatis substantiis ; quia increata est, nec est materia de materia, nec substat formis, nec est subsistentia, qua fluxum materiei sistat ; quia est forma sine forma ; quia de nullis accidentiis est collecta, nec est essentia de utroque composita. Quia ergo Dei substantia, vel, quod melius dicitur, essentia ita solidum et ita immutabile, quod nec mutetur nec omnino mutari possit , simplex est, non immerito Dei substantia dicitur supersubstantialis substantia , et essentia superessentialis essentia.

Cum ergo tam diversa sit Dei natura et hominis natura, merito quæritur quomodo fieri possit quod dicitur : *Qui adhæret Domino, unus spiritus est ?* (*I Cor.* VI.) Hujus quæstionis causa, prædicta ita exaggerata sunt. Hoc primum scias, quod nullus in hac vita, qua *corpus, quod corrumpitur, aggravat animam* (*Sap.* IX), quantumvis sanctus, quantumvis spiritualis, unus spiritus cum Deo plene perfecteque fieri possit, quod in futuro reservatum est.

Quapropter puto dictum : *Qui adhæret,* non qui inhæret. Qui adhæret, foris est ; qui inhæret, intus est. Qui adhæret, separari potest ; qui inhæret, tenaciter conglutinatus est. In hunc modum secundum statum, qui nunc est, et qui futurus est, potest et illa sententia Domini accipi, qua dicitur : *In his duobus præceptis ;* videlicet charitatis, *tota lex pendet et prophetæ* (*Matth.* XXII). *Pendet* , dixit, non manet ; quod pendet, cadere potest ; quod manet, casum non timet. In hac vita charitas pendet, quia amitti potest, illa, videlicet quæ est incipiens et proficiens ; quæ autem perfecta est, et in finem perseverat, illa nunquam excidet.

Dices : Unde tibi hæc præsumptio, quod verba divinæ auctoritatis sic corrigis ? Non corrigo quod aut superflua aut male dicta sint, sed sententia sententiam parit.

Age, ingrediamur proinde considerare quomodo Deus et homo, qui diversi in natura sunt, unus

spiritus fieri possint. Uniri nequeunt, qui dissimiles sunt. Deus autem et homo dissimiles sunt ; uniri ergo nequeunt , quandiu dissimiles sunt. Hanc dissimilitudinem peccatum et pœna peccati facit. Quandiu ista dissimilitudo manet , tandiu uniri nequeunt. Similis autem erit homo Deo, cum ad antiquam dignitatem fiet, sicut creatus est ad similitudinem et imaginem Dei, imo cum fiet, supra quam creatus est, et supra quam in creatione accepit. In creatione accepit posse non mori ; in futuro accipiet, non posse mori. In creatione accepit posse non peccare, in futuro accipiet non posse peccare. Utrumque autem posse non mori et posse non peccare perdidit, cum peccavit, per quod abiit a Deo in regionem dissimilitudinis. Rediet autem ad Dei similitudinem, cum factus fuerit omnino immortalis et confirmatus, ne amplius peccare possit.

Quando fiet hoc ? Apostolus dicat : *Canet enim tuba et mortui resurgent incorrupti, et nos immutabimur* (*I Cor.* XV), tam in corpore, quam in anima. Quomodo ? de morte ad immortalitatem, de corruptione ad incorruptionem, de mutabilitate ad immutabilitatem. Per quem ? *per Dominum nostrum Jesum Christum Salvatorem nostrum, qui reformabit corpus humilitatis nostræ configuratum corpori claritatis suæ* (*Phil.* III). Anima vero, ut sit, ubi ipse est, juxta id : *Pater volo ut ubi ego sum, illic sit et minister meus (Joan.* XII). Et ubi est Christus ? in plena visione divinitatis ; quia, quidquid Deus est, anima Christi videt, totum intelligit, totum unitum sibi habet. Si Christus totum habet , quid superest nobis ? quid nos ibi videbimus ? Quantum ipse dederit. *Nemo enim novit Patrem nisi Filius, et cui voluerit Filius revelare* (*Matth.* XI). Magnus honor, ut ubi est unicus, ibi sit et adoptatus, non quidem æqualis factus divinitati, sed consociatus æternitati. Quomodo ergo erimus unus cum Domino spiritus ? Videlicet cum naturæ nostræ fluxus in illo sistetur ? quomodo fluxus naturæ in illo sistitur ?

Cum ad similitudinem divinæ formæ inseparabiliter conglutinabitur, quæ non mutatur. Tales erimus, quale illud est, quod visuri sumus. *Videbimus autem Deum facie ad faciem* (*I Cor.* XIII). Facies autem Dei una est ; facies ergo nostra una erit, quia secundum unam faciem Dei erit, et semper una erit ; quia facies Dei una immutabiliter erit, et facies Dei est ipsum totum, quod est. Totum dico, quia Deus sive dicatur sanctus, sive æternus, sive bonus, sive justus, sive beatus, non ista de eo dicuntur quasi accidentia, sed ista omnia est una vere et summe simplex ejus essentia, quia non est ibi aliud et aliud, sed omnia unum et idem sunt. Idcirco facies Dei una est. Facies nostra autem est cognitio nostra, qua Deum talem cognoscimus. Deo autem tribus modis conjungitur , visu , intellectu , amore. Visu, cum videmus quod est ; intellectu, cum intelligimus quod est ; amore cum diligimus quod videmus et intelligimus.

Cap. XXXVII. *Adhortatio ad quærendam constantem cum Deo unionem, et conclusio operis.*

Tali modo Deo inhæremus, et sic inhærendo unus spiritus cum Domino efficimur; non tamen æquales Deo, sed ad æqualitatem Dei erimus, quia immutabimur : et quod nunc impossibile est, tunc erit possibile. Quid enim aliud est immutatio nostra nisi quod supra, hoc, quod modo est, tunc erit natura nostra. Et quod nunc videmus, quod intelligimus, quod amamus, ab eo nunquam in æternum deflectemus; quia præter hoc nil aliud quæremus? Habet enim in se omne delectamentum, ut manna quondam pro velle cujusque gustum desideratum. Et si hoc fieri potuit in re materiali longe Deo impari, quid dubitas super id, et longe melius nobis in Creatore fieri.

Sed interim, dum in ista corruptione vivimus, mundandus est cordis oculus, quo tunc plane et A plene videatur Deus. Exercendus est intellectus, quo tunc perfecte capiatur Deus. Nutriendus et castificandus est amor, ut tunc ex omnibus viribus et caste diligatur Deus. Si tu, frater, secundum hæc omnia feceris, perfectus et unus spiritus cum Domino eris. Omnes in hoc consentiamus, ut omnes unum simus, sicut Pater et Filius et Spiritus sanctus unum sunt. Nos omnes unum simus, ut habeamus omnes unam voluntatem, unam intentionem et unam charitatem, ut videamus, intelligamus et amemus Patrem et Filium et Spiritum Sanctum, unum Deum in Trinitate et Trinitatem in unitate, et finis est. Sit quoque libri hujus hic finis. Vive, vale, frater, sit pax æterna super te. Amen.

Explicit Tractatulus bonus de pœnitentia et de B diversis tentationibus religiosi cujusdam, quem alter religiosus senex eodem libello informat.

ANONYMI BENEDICTINI

Qui sæculo XII floruisse videtur

LIBELLUS DE CONSCIENTIA

(D. Bern. Pezius, *Bibliothæeca ascet. antiquo-nova*, Ratisbonæ, 1724, tom. VI, p. xxix, ex ms. cod. bibliothecæ Mellicensis.)

—

MONITUM.

—

De Anonymi hujus, minime inficeti, Opusculo nihil aliud nunc dicere habeo, quam quod jam ad libellum *De pœnitentia* (supra, col. 863) commemoravi. Codex Mellicensis membraneus, unde id exprompsi, trecentis abhinc annis, et quidem perquam flagitiose exaratus est, cujus menda omnia sine altero exemplo persanare haud licuit. Dispescitur libellus in duas partes, quarum prior a cap. 1 usque 6 de vario statu et affectione humanæ conscientiæ succincte et acute agit interpositis nonnullis gnomis, prudentia et pietate plenissimis; posterior pars in *cogitationum* nostrarum rationibus et modis, quæ res in ascesi omnium perplexissima est, versatur.

LIBELLUS DE CONSCIENTIA.

—

PROLOGUS.

Petis a me, dilecte mi, quod supra me, imo contra me est, videlicet lumen scientiæ, conscientiæ puritatem. In utroque falleris, sed falli non credis; ita vel dilectione mea tangeris vel opinione. Ego novi, quid sim, et quid possim; peccator enim sum et ultra modum peccans peccator, et ingenii vivacitas ullum in me non habet locum. Accedit ad hoc negotiorum multiplicitas, quæ etiam in homine ingenioso totius doctrinæ semina vel obruit vel repellit. Juxta Sapientem enim *sapientia scribenda est in tempore* C *otii, et qui minoratur actu percipiet eam* (*Eccli.* xxxviii). Verumtamen etsi, non eo, quod amicus es, tamen quia importunus es, juxta præceptum Domini, (surgam) et dabo, quod tibi necessarium est, si quid mihi ad manum venerit. Tribuat tibi Dominus secundum cor tuum. Ipse enim est, qui dat voci suæ vocem virtutis, qui in dulcedine sua pauperi parat, qui replet in bonis desiderium tuum.

Cap. I. *Conscientia abyssus dicitur.*

Conscientia hominis abyssus multa est. Sicut

enim profundam abyssi exhauriri non potest a cogitationibus suis. Mare magnum est et spatiosum, ubi *reptilia, quorum non est numerus (Psal.* CIII). Quam bene dicit *reptilia!* sicut enim reptile latenter repit, et sinuosis anfractibus huc illucque deambulat : et hominis conscientiam venenatæ cogitationes suaviter intrant et exeunt, ut nesciat homo, unde veniant aut quo vadant. Noverat hoc, qui dicebat : *Pravum est cor hominis et inscrutabile, et quis,* inquit, *cognoscet illud (Jer.* XVII). Nec dictum *quis* pro *difficile,* sed pro *impossibile;* quia quod scrutationem non recipit, nec cognitionem.

Vide illum magnum apostolum, Paulum loquor, unicum scrutatorem conscientiæ suæ : *Mihi autem pro minimo est, ut a vobis judicer aut ab humano die (I Cor.* IV). Ecce quomodo humanum judicium evaserat nihil dubitans ab his, qui foris sunt ! *Sed neque,* inquit, *me ipsum judico (ibid.).* Et ubi est, Apostole sancte, verbum tui ipsius dicentis : *Si nos ipsos judicaremus, non utique judicaremur? (ibid.)* Cur te ipsum vel nolis vel dissimules judicare? Audi quare? *Nihil,* ait, *mihi conscius sum (ibid.).* Felix conscientia non conscia sibi in aliquo, quæ proprium judicium non veretur! Videsne, quam sublimi conversatione et alienum et proprium judicium non timebat? Latet adhuc laqueus et fovea magna v s electionis, sed qui vigilantissimum illum oculum tuum non possit effugere. Subjunxit enim : *Sed non in hoc justificatus sum (ibid.).* Et addidit : *Qui autem judicat me, Dominus est (ibid.).* Hoc autem tertium judicium Dei, quod etiam illa purgatissima conscientia non comprehendit, nesciens juxta Scripturam, *utrum odio an amore digna sit, cum omnia ei in posterum reserventur (Eccle.* IX). Hujus judicii timore concussus pariterque percussus gemebat et dicebat : *Quod enim operor non intelligo (Rom.* VII). Etsi enim exii judicium mundi; judicium mei, restat tamen judicium Dei, quod me non sinit intelligere quod operor ; quia nescio si acceptet quod operor. Ipse enim melius noscit me, quam ego me, *scrutans renes et corda (Psal.* VII), occultorum cognitor *(Dan.* XIII), pertingens ad divisionem animæ et spiritus. Qui solus novit omnia et omnium rationes. O singulare sancti Spiritus organum, si non intelligis, quod operaris, cur alio loco dicis : *Gloria nostra hæc est, testimonium conscientiæ nostræ (II Cor.* I), quam gloriam tuam conscientiam vocans? Sed ex parte intelligit, ex parte non intelligit. Intelligit plane, quia et suum et aliorum supergressus est judicium. Sed circa Dei judicium detinetur, ubi procul dubio nescit quid operetur. Non enim per illa duo justificatur ; sed per tertium justificabitur : quod sicut non est cognoscibile, et incomprehensibile. Duorum tamen judiciorum exclusio et in præsenti justificatio, quodammodo certa significatio est æternæ prædestinationis, in qua Deus prævidit nos *conformes fieri imaginis Filii sui (Rom.* VIII) et futuræ glorificationis, cum nos

lii ipso, et ipse in nobis fuerit, cum ipse erit *omnia in omnibus (I Cor.* XV).

Propter hoc tam secure quam sincere alibi loquebatur : *Certus sum,* ait, *quia neque mors neque vita,* neque alia multa, imo pene omnia, quæ ibi enumeravit, *poterunt me separare a charitate Dei, quæ est in Christo Jesu (Rom.* VIII). Et cum tot et tanta dixisset, unum, videlicet propriam voluntatem retinuit, quæ salvationis et damnationis causa est. Et attende quomodo vir Deo plenus conscientiam suam dixerit *gloriam suam,* tanquam eam plene intelligens, et se in ea, et dixerit, se non intelligere, quod operatur, conscientiam suam non jam in gloriam sed in ignorantiam captivans. Defecit ergo Apostolus scrutans scrutinio conscientiam suam *(Psal.* LXIII); et dum ad profundum ejus pervenire se credidit, alienum judicium et suum evacuans, incurrit profundum, scilicet judicium Dei, quod penetrare non valet. Ut jam vel conventus vel convictus eructet : *Judicia tua non modo abyssus, sed et abyssus multa (Psal.* XXXV).

Quid faciemus nos miseri et miserabiles, si ille qui plus omnibus laboravit : cui etiam claviger regni cum Joanne et Jacobo nihil contulisse videtur;. qui usque ad tertium cœlum raptus est *(II Cor.* XII), ita de se ipso sentit et loquitur? Sed ut jam totum, quod de conscientia sentio, verbis nudis et puris tuæ puritati aperiam, quatuor distinctionum modos assignare decrevi, ut quod particulatim distinctum fuerit, legatur dulcius, melius conservetur.

CAP. II. *De quadruplici conscientia. Primo de conscientia bona et tranquilla.*

Conscientia alia bona et tranquilla, alia bona et turbata : alia mala et tranquilla, alia mala et turbata. Primum de prima videamus.

Bona conscientia est, quæ et præterita peccata punit et punienda committere refugit ; quæ etsi peccatum sentiat, peccato non consentit. *Beatus vir, cui non imputavit Dominus peccatum (Psal.* XXXI), ait sanctus. Non dixit : *Qui non fecit peccatum.* Non enim est hic aliquis, nisi unus : et hic est Filius Dei, *qui peccatum non fecit, nec inventus est dolus in ore ejus (I Petr.* II). Omne ergo, quod ipse mihi non imputare decreverit, sic est, quasi non fuerit. *Beati* ergo, *non quorum nullæ inventæ sunt iniquitates ; sed quorum remissæ sunt iniquitates, et quorum tecta sunt peccata (Psal.* XXXI), ut quodam tegumento quodammodo oculis Dei abscondantur. Felix anima, quæ peccatum sentiens, peccato non consentit, quam etsi cogitatio inquinat, ratio lavat pugnans et repugnans legi peccati. Molesta lucta est sed fructuosa. Quia si pœnam habet, adhibet coronam. In hoc enim conflictu, ubi sensus est, non consensus, *Nihil damnationis est,* juxta Apostolum, *iis, qui sunt in Christo Jesu (Rom.* VIII).

Porro ei qui voluntatem habet non peccandi, et custodit pedes suos a lapsu : qui commissa præteriti temporis et plangit et punit : qui malignos cogitatus allidendo ad Christum respuit, hic tanquam

triplici funiculo strictus atque constrictus, conscientiam habet purificatam et puram. *Tranquillam*
autem dixerim, cum jam ipse Spiritus testimonium
perhibet spiritui ejus, quod Filius Dei sit, cum
omnibus dulcis et nullis gravis, utens amico ad gratiam, inimico ad patientiam, omnibus ad benevolentiam, quibus potest, ad beneficentiam. Rara in
terris hujusmodi conscientia! sed quanto rarior,
tanto charior apud Deum.

CAP. III. *De conscientia bona, sed turbata.*

Conscientia bona est sed turbata, quæ nihil
molle, nihil fluxum recipit, sed a mundi aspergine,
quanto potest, pressius se detergit, non tamen in
dulcedine, sed in amaritudine multa. Dura videlicet videtur ei via rectior et austerior vita. Sed quantumlibet dura sit, ipse et durare eligit et perdurare.
Ubique videt, quod carni displicet; sed retinet
se freno timoris Dei, et in omni tempestate cordis sui ad hanc anchoram erigitur, juxta Prophetam : *Turbatus est et non est locutus* (Psal. LXXVI).

Sed audi, quid Dominus dicat de isto : *Cum ipso
sum in tribulatione* (Psal. XC). Ad quid? *Eripiam
eum et glorificabo eum* (ibid.). *Eripiam* ab amaritudine et *glorificabo* in voluptate (15), cum illa quæ
prius timore faciebat, faciet cum amore. Hæc conscientia loquitur Deo in Psalmo : *Commovisti, Domine, terram, et conturbasti eam : sana contritiones
ejus, quia commota est* (Psal. LIX). Commovetur
terra, cum peccator confitetur et pœnitet; contur-
batur, cum in conversione amaritudinem sustinet.
Sed contritiones istas sanare illius solius est, qui
sanat omnes infirmitates nostras. Audi tamen quod
sequitur : *Ostendisti populo tuo dura* (ibid.). Quid
plura? *Potasti nos vino compunctionis* (ibid.), non
lacte unctionis. Quibusdam in religione viventibus
apponitur lac, quibusdam vinum; sed utrumque divinum. Bibunt illi lac, quibus et vigiliæ breves, et
cibi dulces et panes suaves, et labores appetibiles
videntur, quibus parum est illud, quod magnum est
in exercitiis sanctæ conversationis. Lac suaviter bi-
bitur, dulciter liquatur, sine læsione, sine amaritudine sumitur. Ita justi in sancto proposito suaviter
incedunt, dulciter currunt, sine læsione propriæ
conscientiæ, sine amaritudine alienæ. Hoc habet
proprium, qui hujusmodi bibit, ut ei peccatum suum
displiceat, alieno peccato non consentiat : ut propter hoc peccatorem non deserat; ut vitia ejus,
quantum in ipso est, non dissimulet; et cum corri-
puerit, non insultet. Ecce de potu lactis! Audi de
vini potu. Vinum asperum est et insuave. Vinum
bibunt, qui vias vitæ aggressi et ingressi, tribulationibus et carnis et animæ contorquentur, sed non
cedunt neque recedunt in tribulatione. Isti sunt,
quibus ipse Deus ore proprio prædicat et prædicit :
*Vos estis, qui permansistis mecum in tentationibus
meis* (Luc. XXII). De quibus satis abundeque superius disputavimus. Quis horum tibi videtur dignior,

vel ille qui in suavitate, vel ille qui in asperitate
currit viam mandatorum Dei? Primus videtur esse
felicior, secundus fortior, uterque justus, uterque
pius, habentes proprium donum ex Deo, alius sic,
alius vero sic.

Vis nosse, quia in utroque beneplacitum est coram Deo? *Bibi*, inquit, *vinum meum cum lacte meo*
(Cant. V). Primum a tentatione liberat; secundum
in tentatione confortat. Et si alter experitur quam
suavis est Dominus (Psal. XXXIII); alter quam fortis
est Dominus. Fortis plane, potens in prælio (Psal.
XXIII), in quo servum suum etsi premi, non tamen
opprimi patitur in multitudine misericordiæ suæ.
Venite, ait propheta, *emite sine argento vinum et lac*
(Isa. LV). Omnis enim timorata conscientia, quæ
ad Deum venit, vel lac ab ipso vel vinum emit, secundum quod superius dictum est et tractatum. Et
nota quod utrobique vinum proposuit, pro eo fortassis, quod qui majorem tribulationem pro Deo
perseveranter sustinet, majorem habeat mercedem.
Et hæc dicta sint pro differentia bonæ et tranquillæ
conscientiæ, et bonæ, et turbatæ.

CAP. IV. *De mala et tranquilla conscientia.*

Sequitur de mala et tranquilla conscientia; qua
sicut nihil pejus, ita nihil infelicius est. Quæris,
quænam illa sit? Quæ nec Deum timet, nec homines
reveretur; quæ cum venit in profundum malorum,
contemnit. Et vide lapsum, imo et casum malæ conscientiæ, quam minutatim et pedetentim declinet a
Deo, et in profundum descendat, ut super eam ur-
geat puteus os suum.

Primo, quando homo assuetus bonis graviter peccat, videtur ei adeo importabile, ut in infernum vivens descendere videatur. Processu vero temporis
non importabile, sed tamen grave videtur; et inter
importabile et grave non parvus descensus est. Paulo post et leve judicat, et importabilitatis et gravita-
tis oblita, postea non sentit; et cum crebris ictibus
verberetur, non sentit vulnera, verba non attendit. De hujusmodi in Scriptura veritatis expressum
est : *Verberaverunt me et non dolui; traxerunt me, et
ego non sensi* (Prov. XXIII). In brevi temporis spatio,
non solum non sentit, sed et placet, et dulce fit, quod
amarum erat, et quod asperum, vertitur in suave.
Ducitur deinde in consuetudinem, ut jam non modo
placeat, sed et assidue placeat et se continere non possit. Ad extremum non potest avelli; quia consuetudo
vertitur in naturam, et quod prius ad faciendum erat
impossibile, jam impossibile est ad continendum. Sic
descenditur, imo et caditur a Jerusalem in Jericho;
sic itur in aversionem et in duritiam cordis. Hic
peccator fetet, hic quatriduanus, hic lapis speluncæ
superpositus misericordes radios divini luminis non
admittat, hic juxta Scripturam : *A mortuo, tanquam qui non est, perit confessio* (Eccli. XVII), nisi
forte miserans Deus cor lapideum in carneum quandoque convertat.

(15) Cod. *voluntate.*

Hæc est mala conscientia, quæ per hujusmodi discrimina, imo præcipitia ruit et corruit et irruit, se
ipsum quodammodo tranquillans, cum mundi hujus
prosperitas alludit et illudit, cum laudatur peccator
in desideriis animæ suæ, et iniquus benedicitur,
cum prædicantium favor et peccare nolentium pa-
vor, nolens et dolens arridet ei, cum non est qui ar-
guat, sed et qui arguere audeat ex omnibus, qui in
circuitu ejus sunt, impleturque quod scriptum est:
Prosperitas stultorum perdit illos (Prov. xxxii).

Nihil æque exasperat illius tremendi judicis majestatem, quam peccare et secure peccare, et de vitiis quasi de virtutibus gloriari. *Non miserearis*, ait
justus, *omnibus qui operantur iniquitatem* (Psal.
lviii). Hæc est iniquitas, cujus non miseretur Deus,
cum homo defendit, quod Deus odit, et peccatum
justitiam asserit, ut Omnipotenti resistat et Omnipotens illi. Hæc est illa superbia, de qua scriptum
est: *Deus superbis resistit, humilibus autem dat gratiam* (I Petr. v). Intellige quod dicit : *resistit*. Resistere enim ex æquo est. Ille autem Deo ex æquo
resistere proponit, qui quod ipse astruit, destruit,
quantum in ipso est, dicens malum bonum, et bonum malum; amarum dulce, et dulce amarum; lucem tenebras, et tenebras lucem (Isa. v). Hanc
tranquillitatem nutrit impunitas, securitatis et ne-
gligentiæ mater, noverca virtutum, religionis interitus, tinea sanctitatis.

CAP. V. *De mala et turbata conscientia.*

Mala autem conscientia est et turbata, quæ in
actu peccatorum suorum et deprehenditur et comprehenditur ; et dum pasci se voluptatibus credit,
anxietatibus cedit humanis, pudoribus et confusio-
nibus reverberata, sicut scriptum est : *In operibus
manuum suarum comprehensus est peccator* (Psal.
ix). Verbi gratia, appetit quis adulterium ad voluptatem. Comprehenditur ibi ad anxietatem, et multo
magis est anxietas quam voluptas, ad omnem verecundiam et angustiam hominis, qui hominem et vivit et sapit. Et licet quidam in ipsa deprehensione
convertantur ad Deum ; major tamen est numerus
in ipsa conversione permanentium in peccato,
quam propter peccati confusionem exeuntium a
peccato. De utrisque scriptum est : *Imple facies eorum ignominia, et quærent nomen tuum, Domine*
(Psal. lxxxii). Et de aliis : *Percussi eos, et non do-
luerunt; attrivi eos, et renuerunt suscipere disciplinam* (Jer. v).

Hi sunt quatuor conscientiarum rivi, de voluntatis fonte currentes, in quibus justi purgantur, inqui-
nantur injusti, ut fiat quod legitur : *Et qui in sordibus est, sordescat adhuc ; et qui justus est, justifice-
tur adhuc* (Apoc. xxii). Et quia cogitationes hominis
sive boni sive mali, continua volubilitate volvuntur,
omnes cogitationum modos quaquaversum se ver-
tant, pro modulo meo, tibi statui dinumerare ; ut
scias quam longe simus ab illo, qui in eodem statu
permanet, Domino nostro Jesu Christo.

CAP. VI. *De septem modis cogitationum.*

Cogitationum aliæ sunt onerosæ, aliæ affectuosæ,
aliæ obscenæ, aliæ otiosæ, aliæ curiosæ, aliæ suspiciosæ, aliæ distentoriæ.

Onerosas cogitationes in anima justi illas accipe,
quibus resistere vult, et tamen non potest, sed velit
nolit, irruit in oculos mentis muscarum Ægypti pestilentia, et perstrepunt ranæ in penetralibus cordis ejus. Cogitat homo plerumque terribilia de fide,
horribilia de Divinitate ; et per phantasmata corpo-
rearum imaginum transrotatus illa sentit, quæ vel
in confessione evomere peccator oneratus exhorret.
Et quanto districtius non exhibet membra sua arma
iniquitatis peccato, tanto astrictius hujusmodi spiritus quatitur et pulsatur. Cum enim ille insatiabilis
homicida ab exteriori sensualitate se videt exclu-
sum, interiora collectis viribus aggreditur et ingreditur. Sed spiritualis homo, qui omnia judicat, illius
astutias non ignorat : reprimit quod potest ; quod
non potest reprimere tolerat ; quia si latratum canis
sustinet ; morsum non timet. Mordet enim, cum ad
consensum pertrahit ; latrat, cum suggerit, sed tamen non ingerit quod suggessit. Et tunc non vulnerat, sed coronat. Quare si sentientem cruciat, non
obligat consentientem. Sunt nihilominus et onerosæ, cum ex officio Marthæ suscepto solici-
tus est homo, et turbatur erga plurima propter plurimos, ut habeant unde in divino officio sustenten-
tur

Affectuosæ sunt, quando circa carnis suæ curam
afficitur, sicut in victu et in vestitu. Tangitur etiam
affectione propinquorum suorum secundum carnem.

Obscenæ sunt, quando carnalis delectatio titillat et pungit. Sed hæ tanquam fæces immundissi-
mæ longius in ipso principio propulsandæ sunt.

Otiosæ sunt, quando in illis nec delectatur, nec
afficitur : verbi gratia, equum currentem vel avem
volantem cogitans, ubi et pene inter vitium residet
et virtutem, nec descendens ad illud, nec ad istam
ascendens.

Curiosæ sunt, quando proponit explorare proximorum secreta, et quæ curiose ipsamet scrutari
debuerat, oblita sui, aliena curat, nunc intus, nunc
foris, vaga et garrula, et quietis impatiens.

Suspiciosæ sunt, quando nullum argumentum habens, male de proximo suspicatur, et ea, quæ in
utramlibet partem inclinari possunt, in deteriorem
interpretatur.

Distentoriæ sunt, quando de longinquis et regnis
et regionibus disponit et tractat, quando dis-
tenditur in quæstionibus et rationibus hujusmodi.
Quam *pessimam occupationem*, juxta Salomonem
(Eccle. i), dedit Deus filiis hominum, ut distendan-
tur in ea.

CAP. VII. *De quatuor spiritibus, qui assidue homini
loquuntur.*

His omnibus cogitationibus cordium humanorum quatuor spiritus loquuntur assidue : spiritus

mundi, spiritus carnis, spiritus diaboli, spiritus Dei.
Spiritus mundi suggerit vana ; et ipse tunc loquitur cordi nostro ore, cum vanitatem diligimus, de vanitate lætamur, delectamur in vanitate. Spiritus carnis loquitur, cum mollia carni et sensibus carnis appetimus, cum ejus curam in desideriis perficimus et voluptate. Spiritus diaboli loquitur, et quando amara cogitamus et aspera proferimus : tristes in nobis, aliis irascentes, ingrati et invidi, sine affectione, sine fœdere. Spiritus Dei loquitur, quando et dulcia meditamur et loquimur, hilares nobis et proximis in omni dulcedine et bonitate, solliciti servare unitatem spiritus in vinculo pacis.

EPILOGUS LIBELLI.

Hæ sunt conscientiæ, hæ cogitationes conscientiarum, hi spiritus loquentes in cogitationibus nostris ; quæ melius tua conscientia, quam mea pagina cernit atque discernit. Factus sum insipiens ; tu me coegisti, sed melius volui effundere imperitiam

A. meam, quam confundere faciem tuam. Si quid bene dictum est, tibi imputa, pro cujus fide et sensum et verbum dedit Filius Dei. Si quid secus dictum est, tibi nihilominus imputa, qui jussisti.

Parce et festinationi ; quia nihil ita contrarium, nihil ita discrepantissimum in scribendo, quam maturitas et celeritas. Digne etenim invenire quod quæris, et competentibus verbis dignius vestire quod invenis, et locum aptum, et tempus feriatum ; et ingenium vividum, et stylum exercitatum desiderat.

Verumtamen absconde epistolam vel librum, si sic magis eligis nominare ; vel si propalare decreveris, tace nomen auctoris. Novit Auctor salutis, cui soli omnis honor et gloria, quantum ego diligam et honorem personæ tuæ, et salutem animæ tuæ. Ipse est Dominus Jesus, qui tibi et se ipsum donat, et coronat te in misericordia et miserationibus. Vale, serve Dei, et memento mei in orationibus tuis.

ANONYMI PERANTIQUI
ORDINIS S. BENEDICTI
LIBER DE STABILITATE ANIMÆ

D. Bern. Pezius *Biblioth. ascet.*, tom. IV, p. 1, ex ms. cod. Mellicensi.

MONITUM.

Elegantissimum hunc, prout nempe media ætas ferre poterat, libellum duo mihi codices Mellicenses suggesserunt, quorum primus chartaceus in-4°, signatus littera N, num. 14, exaratus est a nostro Conrado de Geisenfeld A. 1444 in celeberrimo monasterio Tegernseensi, ubi tamen hodie nullum, quod equidem meminerim, opusculi exemplar reperitur. Alter in-8°, notatus lit. B, num. 90, non multo post tempore ab incerto cœnobita itidem Mellicensi perscriptus est. Porro ex neutro certi quid de auctore statuere licet. Etsi enim in tabula posteriori codici præfixa hoc opusculum Hugoni de S. Victore, illustri canonicorum Regularium S. Augustini ornamento tribuatur, nemo tamen facile fuerit cui non vel ex paucorum versuum lectione aliud omne videatur. Occasionem errandi sine dubio ejus tabulæ concinnator acceperit ex alio, non admodum abludentis argumenti opere, *Claustrum animæ* inscripto, quod in recentioribus codicibus mss. Hugoni de S. Victore, in veteribus Hugoni de Folieto, Benedictino , cujus revera est, assignatur. Sed quisquis demum genuinus *Claustri animæ* auctor fuerit, id utpote perquam diffusum et in quatuor libros distributum, etiam stylo et inscriptione ab hoc nostro *De stabilitate animæ* libello diversissimum est. Cæterum anonymum nostrum saltem circa initium sæculi XII scripsisse satis liquet ex prologo, in quo fatetur se *de reliquis virtutibus satis abundeque a Patribus tractata legisse* ; de hac vero (stabilitate) *virtutum glutine cæterarum specialiter scriptum reperire nil potuisse* ; id quod auctor post editos vel ab Hugone de Folieto, quorum uterque circa annum 1150 floruit, libros IV *De claustro animæ* vix dicere potuisset. Postremo scriptorem hujus opusculi monachum, ac forte abbatem, insuperque instituto Benedictino additum fuisse non inepte quis statuat ex citati prologi initio familiarique Regulæ Benedictinæ usu verbi *stabilitatis* etc., ut de *Benedicti* nomine, quod spiritualis filii sui, in cujus gratiam scripsit, personæ non nisi ordinis sui ejusque auctoris Benedicti amore indidisse videatur, nil dicam.

LIBER DE STABILITATE ANIMÆ.

PROLOGUS.

Postquam contempta mundi vanitate ad spiritalis militiæ castra, gratia præventus divina, me contuli, cumque stabilitatem hujusce felicis incœpti crebris a Domino precibus postularem, sæpe et multum mecum cogitare cœpi, hæc ipsa mihi desiderata stabilitas, quibus constaret modis , qualiter haberi, qualiter posset habita retineri. De reliquis quippe virtutibus satis abundeque a Patribus tractata lege-

C. ram. De hac vero, ut ita dixerim, virtutum glutine cæterarum, specialiter scriptum reperire nil poteram. Ea itaque quæ mihi hujus maxime necessariæ virtutis bonum contemplanti, et quæ qualisve sit, indaganti animo occurrerunt, stylo exarare, et tibi, fili dilectissime Benedicte, curavi destinare. Si enim te, quem Dominus, meo cooperante ministerio, ad suum dignatus est vocare servitium, de cujus stabilitate non minus quam de mea congratulor,

sicut viva voce consueveram, sic scriptis quoque
qualibuscunque adhortor; non idcirco temeritatis
arguendum me arbitror. Quem enim a puere dictis
imbuere licuit, quare scriptis quoque puerilibus
imbuere licitum non sit? Juste ergo a nullo, quod
scribere ausim imperitus, præsumptionis notandum
me æstimo, qui nulli nisi tibi imperitiæ meæ non
ignaro, quæ sentio, legenda destinavi.

CAP. I. *Quod virtus stabilitatis constet in tribus.*

In tribus constare et quasi trimembrem esse stabilitatis virtutem arbitramur. Est enim stabilitas
corporis, est et sensuum, est et mentis. Stabilitas
corporis ad locum proprie pertinet, scilicet ut loco,
suo voto propositoque congruo, quisque contentus,
ab eo non nisi vel necessitate cogente, vel utilitate
præcipue persuadente moveatur.

Stabilitatem vero sensuum corporis esse dicimus,
ut omnes corporis sui sensus quasi in quodam disciplinæ ergastulo statuens, ad aliquid inutile vel
indecens hauriendum minime permittat evagari.

Stabilitas autem mentis est, ut omnes appetitus,
desideriaque et cogitationes suas quasi in quodam
arctissimo divini timoris et amoris loco stabiliens
nihil appetat, desideret vel cogitet præter Deum, et
quæ prosint et adjuvent ad quærendum, invenien-
dum ei promerendum eum.

Hæc tria unius et veræ stabilitatis membra, si ab
alterutro segregare, et ab invicem separare volueris, ut videlicet primum absque secundo et tertio, vel secundum absque primo vel tertio, vel tertium
absque secundo vel primo apprehendere et tenere
desideres, non solum ipsa hujus tripartitæ virtutis
plenitudine frustraberis, verum etiam nullam ejus
portionem perfecte vel utiliter obtinebis. Quis enim
primum hujus virtutis membrum, scilicet stabilitatem loci absque secundo et tertio, id est absque
sub disciplina spirituali stabilitis sensibus vel absque
stabilitate mentis assecutus est? Quomodo erit stabilis sensibus corporis vagus et petulans, mente
instabilis?

Ut enim de singulis corporis sensibus exemplum
demus, si tu cupidus sis nova videndi, varia et delectabilia musicorum genera vel rumores novos audiendi, varios et exquisitos ciborum sapores, suaves
et delectabiles odores, tactus voluptuosos molles-
que desideres, quomodo in loco spirituali proposito
congruo permanere stabilis potes, ubi hæc habere
non potes? Porro de stabilitate mentis patet: quia
qui ea caruerit, nullo in loco stabilis esse valet.
Frustra autem niti et in vanum laborare est con-
stabilire velle sensus corporis absque stabilitate
loci et mentis. Qui enim passim vagatur corpore,
variaque ad desideria et concupiscentias diversas
ducitur mente, quomodo sub disciplina spirituali
sensus corporis sui continebit, ne videlicet discur-
rant, quo eos corpus vagum duxerit; vel quo eos
mens petulca quasi quosdam desideriorum suorum
ministros discurrere jusserit?

Stabilitatem vero mentis absque stabilitate loci

et sensuum corporis quantumlibet quis enisus
fuerit, nullatenus obtinebit. Facile enim mens cum
loco mutatur, nulloque modo mentem et cogitationem in Dei poteris timore et amore stabilire, nisi
prius sensus corporis habenis rationis et disciplinæ
spiritalis freno reprimere satagas.

Hujus ergo tripartitæ virtutis bono aut ex toto
carebis, aut certe totum simul obtinebis. Tale est
enim, si veræ stabilitatis portionem aliquam absque
toto ipsius apprehendere et tenere desideres, ac si
domum construere volens vel fundamentum absque
pariete et tecto, vel tectum absque pariete et fundamento, vel parietem absque fundamento collocare velis et tecto.

CAP. II. *De fundamento domus stabilitatis.*

Possumus quippe non absurde in hac, ut dictum
est, stabilitatis domo fundamentum, parietes et tectum, partes domus tres assignare; cujus fundamentum stabilitas mentis non inepte intelligi potest.
Sicut enim fundamentum totius structuræ domus
sibi innitenti, quasi quoddam subsistendi initium
tribuit, totamque fabricam portat et tenet; sic stabilitas mentis reliquas hujus virtutis partes generat quodammodo, gubernat et continet. Et sicut
absque fundamento erecta fabrica vento impellente
vel tempestate quatiente procul dubio ruitura est;
sic absque stabilitate mentis reliquum hujus virtutis ædificium, tentationum vento vel tempestate
impellente stare non potest.

Sensuum quoque disciplinata stabilitas hujus
spiritalis domus parietes non incongrue dici possunt. Parietes enim domus ad futuri hospitis substantiam custodiendam et conservandam fiunt, ipsi-
que patrifamilias secretum quoddam intus faciunt,
januas et fenestras, quæ certo tempore aperiantur
et claudantur, in se habent: aperiantur quidem ad
necessaria, claudantur ad nociva vel inutilia excludenda. Sic ergo ad hospitis nostri, id est interioris
hominis custodiendam tuendamque spiritualium
opum substantiam quasi paries quidam spiritalis
domus modestia vel disciplina sensuum erigenda
est. Qui paries ipsi patrifamilias interiori secretum
quoddam faciat, ne sensus exteriores passim va-
gantes et quasi foris absque disciplina spatiantes
indecens vel inutile hauriant aliquid, per quod
quies vel secretum hospitis interni perturbetur.

CAP. III. *De fenestris ejusdem domus.*

Habet quoque hæc domus nostra fenestras ostium-
que suum, quæ juxta arbitrium domini domus congruo sibi sunt tempore aperienda vel claudenda ad
necessaria inferenda vel noxia excludenda. Quæ
ergo sunt hæ fenestræ, quod ostium? Fenestras has
rectissime dixerim quinque corporis sensus, visum
scilicet, auditum, gustum, odoratum et tactum. Per
has enim fenestras ille interior homo exteriora
prospicit, prospecta cognoscit, cognita concupiscit.
Quæ quidem fenestræ ab ipso corporeæ domus fa-
bricatore Deo ad visibilium rerum et ex ipsarum
consideratione sui quoque notitiam quasi quoddam

lumen maxime necessarium conferendam in fabrica A corporis nostri dispositæ sunt. Quibus tamen fenestris ad necessitatis usum concessis ipse hospes abuti potest, ut tenebras magis quam lucem ingerant, et mortem potius quam vitæ necessaria introducant. Inde enim propheta ait : *Mors ascendit per fenestram nostram, ingressa est domus nostras* (*Jer.* IX). Quid autem est aliud mortem per fenestras nostras ascendere, domosque nostras ingredi, quam per sensus corporis peccati concupiscentiam habitaculum mentis introire, qua dum anima delectatur peccati morte moritur ?

Claude ergo certo opportunoque tempore fenestras corporis tui : *Averte oculos tuos, ne videant vanitatem* (*Psal.* CXVIII), ne noxia foris incaute prospiciens, unde lumen necessarium haurire debueras, mors irrepat. Lumen quippe necessarium notitia Creatoris est, quæ ex consideratione creaturæ visibilis concipi potest. *Invisibilia enim ipsius Dei,* ut ait Apostolus, *per ea, quæ facta sunt, intellecta conspiciuntur* (*Rom.* I). Intuere universitatis pulchritudinem, cœli, terræ, maris et omnium, quæ in eis sunt. Cogita, qualis, quanta, quamque decora fabrica. Ratiocinare tecum et dic : O quis, qualis quantusque est, a quo hæc omnia sunt creata, disposita, ordinata? a quo hæc reguntur, gubernantur, continentur? Justissime est hic talis et tantus timendus, honorandus, diligendus. O infelicem hominem, si ei non serviat, cui serviunt hæc omnia ; ei non obediat, cui obediunt hæc omnia ; eum non diligat, qui pro nulla necessitate, sed sola C bonitate sua et hominem creavit et omnia !

Hæc et his similia si ratiocinando tecum pertractes, ut ex creaturarum inspectione Creatorem earum cognoscas, honores et diligas, lumen necessarium tibi fenestræ corporis tui hauriunt, ad quod certe ab ipso Creatore tibi concessæ sunt. Si autem tu has visibiles intuens creaturas, ipsas magis quam Creatorem ipsarum velis diligere, earum aspectu et usu amplius quam Conditoris ipsarum cognitione et amore delecteris, mors per fenestras tuas ingressa est ; et quæ te illuminare debuerunt, lumen tibi verum abstulerunt, quique ministri necessarii esse debuerant, raptores nefarii tibi facti sunt, quia animæ tibi vitam quæ cognitio et amor D Dei est, rapuerunt. Fenestræ ergo interioris hominis sensus corporis sunt, quæ tamen juxta arbitrium hominis, cui deserviunt, vel commodæ vel nocivæ esse possunt.

CAP. IV. *De ostio domus.*

Porro hujus parietis ostium quid aptius quam os hominis dici potest? Sicut enim clauso ostio quid in domo sit, ab his, qui foris sunt, nescitur, aperto autem, quid intus habeatur, agnoscitur ; sic, clauso oris ostio, quid in corde sit, latet. Si vero ad sermonis verba formanda reseretur, quid intus habeat loquens, facile pervidetur. Unde scriptum est: *Stultus si tacuerit, sapiens putabitur* (*Prov.* XVII). Stulto enim tacente, quia ostium oris clauditur,

intus latens stultitia occultatur, quæ procul dubio se proderet, si oris januam sermo loquentis aperiret. *Ex abundantia enim cordis os loquitur* (*Matth.* XII), quia quod in cordis secreto latitat, per verba publicandum foras emanat. Non ergo incongrue ostium hujus, de qua tractamus, domus os corporis dicitur, quod ad arbitrium hominis et aperitur et clauditur.

CAP. V. *De tecto domus spiritalis.*

Posuimus ergo hujus spiritalis ædificii fundamentum, ereximus parietes, et in ipsis fenestras et ostium ; restat, ut superponamus et tectum.

Tectum jam sæpe dicti ædificii stabilitas loci non inepte dici potest, si tamen loci situs spiritalis vitæ proposito contrarius vel adversarius non est. Tectum enim domus tempestates cohibet, imbres arcet, vim ventorum excipit, inhabitatori domus quietem et securitatem parit. Sic et loci stabilitas vel locus scholæ virtutum et Dei servitio congruus tempestates, imbres, ventos et procellas tentationum reprimit, et quietem tibi et serenitatem bene vivendi defendit.

Annon tempestas permolesta est in eo loco te constitutum esse, ubi ipsa loci facies male blandiens ad ea te agenda alliciat, quæ agere omnino non liceat? Ubi videre inevitabile sit, quæ appetere fas non sit? Ubi etiam invitus videas et audias, quæ non modo perpetrare sed etiam cogitare non audeas? Annon imbres vehementes et totam animæ substantiam opprimentes, infundentes, mollientes sæculi sunt divitiæ, blanditiæ, mollitiæ, quæ nisi stabilitate loci, spiritali proposito congruenti arceantur, etiam invitum et renitentem trahunt, opprimunt, emolliunt? Nonne venti violenti sunt sæculi amatorum contubernia, qui plerumque verbo, semper autem exemplo quodammodo compellunt amare, quod amant, ipsamque virtutum substantiam totis viribus impetunt, et persæpe ruere faciunt?

Necessarium est igitur, ut cum hujus fabricæ spiritalis fundamentum mentis stabilitatem posueris corporisque sensus in Dei timore et amore stabilieris, quasi tectum necessarium addas et stabilitatem loci, ut totus stabilis, jugiter tutus, semper quietus esse possis et securus. Habes ergo spiritalis fabricæ perfectam domum, fundamentum, parietes et tectum.

Nunc quia spiritale stabilitatis ædificium depinximus, restat, ut provisores habitatoresque ejus hospitem et hospitam amborumque sobolem, omnemque domus describamus familiam : postremo quid hanc domum stabilem, quietam pacatamque servare, quidve stabilitatem, pacem et quietem ejus perturbare possit, videamus.

CAP. VI. *De inhabitatoribus domus.*

Quis igitur verius hujus domus inhabitator, hospes et rector dici potest quam spiritus hominis, qui in ipso est? Ipse enim hanc ipsam domum, gratia fretus divina sibi ædificat, ædificatam inhabitat, regit et gubernat. Sed nunquid solus? non

solus. Habet enim cooperatricem sedulam et adju- **A**
tricem indefessam. Habet quippe uxorem sobriam
et modestam, pudicam et honestam. Habet, inquam,
uxorem naturaliter sibi ingenitam et conjunctam
rationem; cujus quidem si ipse omnia agat cum
consilio, nihilque facere præsumat, nisi quod ipsa
hortatur, suggerit, monet, sapienter ac decenter
providere, et juste cuncta disponet. Ipsa enim naturaliter omn:a justa et honesta desiderat et diligit,
inhonesta vero et injusta totis viribus aspernatur
et odit.

O igitur felicem spiritum, si hujus tam sapientis
et tam sobrio decore præfulgentis, tam formosæ et
gratiosæ uxoris castis delectetur amplexibus, cujus
doctus consilio, fretus auxilio nocitura declinet
universa, et quæque concupiscat agatque profutura! **B**
Duas naturas Deus in anima posuit, unam superiorem, id est rationem; aliam inferiorem, id est sensualitatem. Ratio est vis superior seu virtus animæ
quainhiat spiritalibus, et imaginem Dei conservat
in se: Sensualitas inferiora ista et visibilia administrat et disponit, quæ sensibus corporeis percipi
et concupisci possunt.

Cap. VII. *De triplici prole spiritus et rationis.*

Nec solum tot tantisque bonis abundabit hæc felix copula, sed etiam prole] beabitur amabili, eleganti, generosa. Hujus enim conjugii spiritalis fructus prima fides est, secunda spes, tertia charitas.
Nihil enim sperari, vel speratum amari potest, nisi
prius esse credatur. Credi autem potest, si non **C**
speretur vel ametur.

Primam ergo natu fidem esse dicimus. Statim
enim ut ratio et spiritus mutuis commiscentur amplexibus, fides elucescit. Hinc ratio parturit. Rerum namque, quarum notitiam a spiritu corpus
inhabitante et vivificante percipimus, causas et ori-
gines duce ratione investigamus. Cum enim universitatis pulchritudinem, cœli terræque machinam,
opus mirabile delectabileque homo inspicit, opificem
et auctorem operis ratio perquirit. Ratiocinando
enim colligit, quod nihil horum per se vel a se subsistendi initium habuerit. Si enim hæc per se vel a
se ipsis facta fuissent, quare et alia his similia postea a se ipsis facta non fuissent, vel inpræsentia- **D**
rum non fierent? Patet ergo, quia conditorem habuerunt, qui hæc, quando voluit, fecit, et postea,
quia noluit, his similia non fecit.

Amplius : sic hæc a se ipsis suum esse habuis-
sent, nulli profecto mutabilitati, varietati vel defectui subjacerent ; quia, sicut sibi ipsis essentiam,
sic sibi immutabilitatem et indefinitivi status æternitatem contulissent, et sicut enim, sic utique verum
et optimum esse sibi vindicassent. Quia igitur mutabilitati et defectui subjecta sunt, quod a se ipsis
non sint, ipsa ostendunt. Necesse est ergo aliquid
esse, a quo omnia habeant suum esse. Quisquis
autem ille est, ipse creator et dominator Deus et
Dominus verus et solus est.

Taliter cum ratio hominem instruit, unius ve-
rique Dei fidem gignit. Ratio ergo Deum esse asserit
et irrefragabili argumentorum veritate convincit.
Fides itaque primogenita est soboles ex copula spiritus et rationis procreata, post cujus exortum ordine et ætate secunda spes gignitur.

Cap. VIII. *De spe.*

Postquam enim quis Deum esse, et in Deum credere cœperit, consequens est, ut bonum et justum
esse dubitare non possit. Quod enim non bonus vel
injustus sit vel esse possit, ratio credere prorsus
renuit, neque hoc ullo modo sensus hominis integer
vel incolumis vel cogitare præsumit. Cum enim
justitia sit tribuere cuique rei, quod suum est, nihil
tam justum est, ut Deus, qui hoc solus vere pleneque
observat, et creaturæ justitiæ perceptibili rationem
inseparabilem et naturalem justitiæ magistram
indidit, quæ hanc ab ea jugiter exigat, et in quantum eam sequi voluerit, a justitia deviare non sinat.

Cum ergo Deum justum et bonum omne cor et
lingua concorditer fateatur, perspicuum est, quia
quod ipse est, non amare non potest, et suæ essentiæ contrarius et inimicus esse. Bonus igitur et
amicus est Dei, malus et injustus inimicus est Dei.
Ratio autem necessarium esse astruit, ut beneficium Dei et justitiæ amico, supplicium vero Dei et
justitiæ debeatur inimico. Cum enim creaturam
bonam esse vel dici aliud non faciat quam id velle,
quod Creator suus vult, malam vero id nolle, quod
Creator vult ; quis ratione utens Creatori, cui omnis
creatura justissime subdi debet, obtemperantem
gloria, rebellantem vero dignum pœna non judicat?
Bonis igitur bona, malis mala deberi, necessariis
ratio obtinebit argumentis.

Hinc itaque spes nascitur. Quia postquam homo
Deum esse, et bonum et justum esse crediderit,
quod bonis bona, malis mala, justitia id exigente
retribuere debeat, dubitare ratio non permittit. Habes ergo fidem et spem ex conjugio spiritus et rationis prodeuntes.

Cap. IX. *De charitate.*

Novissima autem ætate, sed prima dignitate charitas generatur. Nihil enim amatur, nisi prius et
speretur et credatur. Qui ergo Deum esse, et omnia
fecisse credit, qui tam delectabilia et utilia sibi
mundanæ fabricæ opera conspicit, et ea gratuita
conditoris pietate suæ necessitati et utilitati servire
cognoscit, quomodo eum non totis amabit visceribus, cujus tam amabile et tam utile sibi intuetur
opus? Quomodo eum non amare potest, cujus opera
non amare non potest? Solent homines, cum utile,
firmum ac decorum artificioseque compositum hominis vident opus, mirari artem, laudare et amare
artificem, cum tamen nihil facere possit homo, nisi
ea, quæ Creator facit, vel separata conjungere vel
conjuncta separare. Si ergo propter tantillum id,
quod facere qualitercunque videtur homo, ab homine
amatur, justissime profecto amabitur Deus, qui
elegantissimum et infinita admiratione dignum uni-

versitatis opus, ipsum quoque hominem fecit, et id ipsum, quod potest, homini posse dedit.

Intuere solem, lunam, stellas, volatilia cœli, terræ animantia, flores et fructus, et si homo, si rationabilis es, certe Conditorem omnium horum non amare non potes. Quis enim totis medullis eum non diligat, qui omni spiranti vitam, cernenti lucem, vescenti escam dat ? Enumera, si potes, Creatoris tui tibi concessa beneficia, sui, quo te fovet, amoris indicia ; et quia aliud ei pro his omnibus retribuere non vales, amantem saltem redama, non quantum deberes, sed quantum vales.

Ecce ut innumera corporis et animæ beneficia taceamus, duo tantum proferamus in medium, vitam et victum. A quocunque hominum hæc haberes, intimo eum procul dubio, totoque affectu diligeres. Videmus homines ab hominibus non vitam et victum sed aliquod vitæ et victus adminiculum consecutos, tanto eos ardore amare, ut vitam ipsam non cunctentur pro eis amittere. Quanto ergo amore a te, o homo, colendus est Deus, a quo habes, quidquid habes, quidquid es, quidquid potes ?

Hæc cum ratio spiritui loquitur, taliterque hominem absque omni verborum strepitu instruit, simillimam sibi prolem charitatem gignit. Patet ergo per hæc, quæ breviter succincteque prædiximus, et his similia, quia charitas rationis est filia. Ex copula ergo legitima spiritus et rationis fides, spes, charitas procreantur.

CAP. X. *De sensualitate rationis ancilla.*

Sed contingit quandoque, ut legitimi, casti et honesti amoris oblitus spiritus, adulterinis et incestis delectetur et immoretur amplexibus. Habet enim ratio ancillam naturaliter lascivam et petulcam, incontinentem et impudicam, sensualitatem videlicet, cujus quidem officium esset, si legem sibi a Deo constitutam vellet custodire, dominæ suæ rationi in omnibus et per omnia obedire. Ipsa enim tunc tantum recte incedit, cum a magisterio et imperio rationis non recedit.

Et sæpenumero evenit, ut dominam ancilla proterva contemptui habere, et sua desideria sequi incipiat, ipsumque dominæ maritum suos ad amplexus impudicos alliciat. Cujus blanditiis spiritus irretitus, legitimæ uxoris oblitus, totum se ancillæ tradit amoribus. Quem ipsa carnis illecebris infatuatum ita reddit amentem et stultum, ut ea tantum quæ visibilia et terrena sunt, sapiat, cœlestium vero et invisibilium fidem, spem et amorem omnino postponat.

CAP. XI. *De triplici prole spiritus et carnis.*

Contingit ergo, ut ex hac copula adulterina fœdissima pignora et legitimi tori pignoribus omnino contraria et dissimilia procreentur, infidelitas scilicet, desperatio et Dei contemptus.

Cum enim spiritus sensualitatis blanditiis captivatus ea tantum amare cœperit, quæ corporis sensibus hauriuntur, contigit plerumque, ut, quia ea tantum, quæ videntur, amat, invisibilium fidem

prorsus amittat ; et quia visibilia et sensibus corporis perceptibilia diligit, ea solummodo putet esse, quæ diligit. Hinc ergo infidelitas vel perfidia nascitur ; quia, dum terrena et visibilia nimium diliguntur, cœlestium et invisibilium fides amittitur. Ita enim homo plerumque consuetudine peccandi opprimitur et obcæcatur, ut vera et æterna bona quæ dote naturæ illustratus et videbat et appetebat, postea turpibus desideriis dementatus nec videat nec appetat. Hinc enim scriptum est, quod, postquam rex Babylonis regem Jerusalem cepit, oculos ejus eruerit, quia, postquam rex confusionis diabolus vel peccandi usus regem Jerusalem, id est spiritum hominis suæ procurationis regnum in pace disponentem pravis desideriis victum captivaverit, omne in eo fidei lumen exstinguit. Ex hac ergo spiritus et sensualitatis copula incesta fructus nequam, scilicet infidelitas emergit.

Cui desperatio procreationis ordine succedit ; quia sperare nemo potest, quod esse non credit.

Jam deinde sequitur Dei contemptus ; quia qui fidei oculos, spei quoque anchoram amisit, restat, ut ipsum quoque Deum contemnat, ad cujus honorem vel amorem, infidelem et desperatum nec fides astringit, nec spes allicit. Sicut ergo ex legitimo et honesto rationis et spiritus connubio fides, spes et charitas procreantur ; sic ex sensualitatis et spiritus adulterio his contraria pullulant germina turpia ; et sicut ex illis tribus omnem virtutum chorum, sic ex his tribus omnia monstra vitiorum constat propagari. Quæ enim virtus deest vel deesse potest, ubi fides, spes et charitas est ? Nam ullam, ubi hæc sunt, abesse virtutum nec fingi quidem vere potest, unde et Apostolus cum præmisisset : *Nunc, in hoc* scilicet mundo, *cognosco ex parte, tunc autem, in* futura scilicet vita, *cognoscam, sicut et cognitus sum,* subjunxit : *Nunc autem manent fides, spes, charitas, tria hæc* (*I Cor.* XIII), quasi diceret : Tunc cognoscam, sed nunc ut ad id perveniam, manent fides, spes, charitas, tria hæc. Pauca quidem hæc tria, sed multum utilia, ex quibus universa virtutum familia procreatur. Nunquid enim humilitas, obedientia, patientia, prudentia, justitia, fortitudo, temperantia laudabilis, Deoque acceptabilis fuit vel esse potuit, nisi quam fides lactavit, spes aluit, charitas roboravit ?

Ex his ergo tribus reliquæ virtutes prodeunt, aluntur et subsistunt. Ac econtra ex vitiis tribus jam dictis, quæ his tribus virtutibus contraria sunt vitiorum omnium agmina fœda proruunt, et quidquid mores corrumpit fœdatque, ex hoc trium, infidelitatis scilicet, et desperationis et contemptus Dei prorumpit radice vitiata.

CAP. XII. *De discordia virtutum et vitiorum.*

Contingit ergo inter hæc, castra legitima virtutum et phalanges turbulentas vitiorum graves discordias et bellum implacabile exoriri ; quia cum naturaliter exercitus uterque dissideat, ut sibi invicem adversetur, jugiterque compugnet necesse est.

Ex hoc ergo dissidio belloque continuo quies interna domini domus perturbatur, totaque domus fabrica labefactatur, conquassatur, evertitur. At si legitimum dominæ rationis thalamum maritus fidelis non deserat, totum hoc domus suæ ædificium in perpetuum stabilietur, et ipse quiete continua et pace interminabili in ea perfruetur.

CAP. XIII. *Qualiter ratio ancillam lascivientem humiliet : et qualiter ratio maritum admoneat ?*

Ad suam ergo suorumque salutem et quietem jugiter conservandam id erit necessarium rationis officium, ut ancillam lascivientem domet, premat, castiget, ut famulam se esse cognoscat, et dominæ thalamum impudica non appetat. Quod si vel leviter id scelus eam affectare persenserit, tot tantisque laboribus eam humiliet, doloribus excruciet, ut dum vix misera conceditur vita, nulla eam prorsus delectet lascivia.

Maritum quoque suum sine intermissione admoneat, ne ancillæ male blandientis lenociniis molliatur, ut omnes ejus blanditias suæ salutis insidias esse meminerit, totumque ei suspectum sit, quidquid specietenus transitorieque jucundum et delectabile anteponit.

Talibus ergo consiliis exhortationibusque continuis si spiritum ratio jugiter confortet et instruat; famulæ vero sensualitatis ausus illicitos et infrunitos fortiter premat, ipsa quidem cum suo consorte, amore mutuo castoque delectati conquiescent, prole nobili et beata, omnique virtutum decore perornata, familiaque frugi et disciplinata ditabuntur, totumque illud angustissimum domus suæ ædificium stabile et inviolabile permanebit, nullaque prorsus foris impellente tempestate quatietur, si intus amor castus, ordoque debitus per omnia et in omnibus conservetur.

Et hunc amorem castum, hunc ordinem debitum persæpe hæc famula impudens et infrunita perturbat, dum locum, thalamum et dignitatem dominæ præsumptuose nimis affectat ancilla ignobilis. Solet enim ut ad suum amorem degenerem ipsum dominum suum, dominæ suæ maritum possit attrahere, mundi opes, honores, voluptates quasi quædam mellita ei veneni pocula propinare. Hæc enim ad tempus dulce sapiunt, sed ad ultimum æternæ mortis aculeo fauces animæ transfigunt, sed agit totis ingenii viribus famula versipellis, quatenus ametur quod delectat, occultetur quod enecat.

CAP. XIV. *Suggestio, ancilla ad dominum.*

Proponit ergo jugique susurrio auribus domini domus instillat, quam jucundum, quam utile sit pecuniis, auro, argento, gemmis perlucidis, lapidibus pretiosis, vestibus variis et operosis, agris et possessionibus latis et spatiosis abundare : quam honestum potentia et dignitate humana, celebrique nominis splendore ex transitoria potestate et honore conquisito gloriari : quam suave variis ciborum saporibus, suavibus pigmentorum et florum odoribus, omnis generis musicorum tinnulis cantibus, amœnitatibus pratorum, nemorum, rivulorum, canum venatibus, cervorum et caprearum saltibus, accipitrum ludis et volatibus, mulierum formosis aspectibus et voluptuosis attactibus delectari. Has ergo aliasque hujus generis, dum spiritui sensualitas suggerit voluptates, quasdam, ut ita dixerim, in hac pacata et quieta stabilitatis domo suscitat, commovetque simultates. Hoc enim totis molitur viribus, ut connubii legitimi inter rationem et spiritum divortium faciat, et ipsa in locum repudiatæ succedat. Voluptates enim transitoriæ juris ejus sunt. Ideo amari nullatenus possunt, nisi ratio, quæ naturaliter omnium inimica est temporalium voluptatum, repudietur, et meretrix sensualitas loco legitimæ uxoris subrogetur, ametur, dominetur.

Cum ergo spiritum ad amorem voluptatum impulerit, jam locum dominæ invasit, jam se loco ingenuæ rationis famula turpis persuasit adamandam. Consequens est ergo, ut ædificium, quod rationis consilio et ope suffultum regebatur, ipsa repudiata et pellice adamata vacillet, cadat, destruatur. Hi enim pellicis ejus mores, hæc ingenita et vanitas est, ut quisquis ejus amori inhæret, hunc ad amorem temporalium et instabilium rerum præcipitet. Quicunque autem instabilia amat, ipse necesse est instabilis fiat : *In circuitu* enim juxta Prophetam, *impii ambulant (Psal. xi),* non stant, id est stabiles esse non possunt, sed ambulant in circuitu, id est in volubili et instabili, in volubilium et instabilium rerum temporalium appetitu. Qui ergo instabilia diligunt, stabiles esse non possunt, sed cum ipsis volvuntur et rotantur, quorum se temporali voluptate perfrui gratulantur.

Liquet ergo, quia cum spiritus sensibilium et instabilium rerum amori deditus instabilis efficitur, stabilitatis ædificium, quod ipse stabilis permanens ope rationis regere debebat, labitur, prosternitur, dissipatur; unde claret spiritus et sensualitatis copulam nefariam intestinæ seditionis et totius destructionis esse materiam, et hanc ordinatissimam domum omniaque ejus bona in nihilum redigi, si hoc publicum malum non contingeret præcaveri.

CAP. XV. *Qualiter ratio vigilans maritum præmoneat et spiritum alloquatur.*

Vigilet ergo ratio adversus hoc periculum præcavendum, vigilet : undique circumspiciat, ipsumque suum consortem ad hoc nefas declinandum sine intermissione præmonere et præmunire non negligat. Opportune et importune ei prædicet, eum erudiat, mundi voluptates, quas ad se commendandam callida dolosaque promittit ancilla, inane tantummodo boni vel beatitudinis nomen prætendere, et in his rem vel essentiam beatitudinis esse nullam. Sic ergo eum jugiter alloquatur, ne malesuadis sensualitatis blanditiis ad translatoriorum et falsorum bonorum amorem attrahatur:

Quod vel quale bonum est vel esse potest, quod transire ac deperire necesse est? Imo quomodo bonum est, quod profecto nihil est? Nulla enim sunt, quæ transire possunt. Habent quippe transitoria essentiæ imaginem aliquam, sed veritatem nullam. Si ergo nec vere sunt, quomodo vera bona esse possunt? Vere ergo desipiunt, qui ea quasi bona amplectuntur et diligunt. Nonne insipientiæ res est, ut ea ames, quæ diu amare non potes? ut ea dicas vel velis esse tua, quæ nec sunt nec fieri possunt tua? Vis audire quid tuum est? Audi breviter. Tu et quæ in te vel infra te sunt, tua sunt. Quidquid enim tu non es, vel infra te situm non est, tuum non est. Si ergo tui compos eris, omnia tua in te habebis. Noli ergo tuum aliquid extra te quærere, quæ intra te tantum poteris invenire. Omnia enim transitoria, non in proprietatem, sed ad corporis necessitatem sublevandam homini concessa sunt. Si enim vere propria hominis essent, utique nec deseri ab homine, nec deserere hominem possent. Nunc autem quia et deseruntur et deserunt, quod propria hominis non sint, ipsa ostendunt. Non ergo appetas tanquam propria, quæ a te natura fecit aliena.

Quisquis ergo mortalium rerum terrenarum extra se positarum aliquid suum proprium esse dixerit, hic profecto nec sui conditionem, nec conditarum rerum ordinem, nec Conditoris earum intentionem adhuc bene vel plene intelligit. Ita enim Deus hominem condidit, ut reliquam visibilem creaturam homini non in proprietatem daret, sed in necessitatem accommodaret sublevandam, et eadem, quæ humana necessitas exigit, æque omnibus præstarentur, quibus non ad voluptatem, sed ad necessitatem æque omnes et communiter uterentur. Quæ Creatoris intentio hinc apertissime conjici potest, quod lucis istius visibilis beneficium gratissimum et maxime homini necessarium æque omnibus, nec plus uni quam alii præstatur. Non solis, lunæ vel stellarum splendor, non pluvia vel ros variæque temporum vicissitudines magis unquam alii deserviunt, nec plus in sui obsequio personam divitis quam pauperis, nobilis quam ignobilis, regis quam militis attendunt. Liquet ergo, quia sicut cœli beneficia omnibus communia sunt, sic terræ quoque fructus vel opes omnibus communes esse deberent, si hoc hominum cupiditas inexplebilis permitteret.

Quare enim, o homo, majorem tibi terræ vel fructum terræ rapias portionem, cum ipsa elementa, quorum commistione et potentia effectiva fructus terræ proveniunt, non tibi magis quam proximo tuo faveant, sed æque omnibus naturalis efficaciæ beneficium impendant? Quæcunque ergo, quæ necessitas tua non exposcit, quasi propria tua sint vel esse possint, tibi attrahis, non hoc est propria congregare, sed rapere aliena. Hinc enim recte per quemdam sapientem (16) dictum est : *Omnis dives iniquus aut hæres iniqui.* Cum enim juxta has fallaces divitias ille dives sit, qui abundantia opum terrenarum cæteros excellit, certe aut ipse has con-

gregavit divitias, aut hæreditavit ab aliis congregatas. Sed quodlibet horum fuerit, ipse procul dubio iniquus est, quia ea, quæ ut omnibus essent communia, et cunctis æque secundum singulorum necessitatem dispertienda Deus creavit, aut ipse necessariis non contentus aliorum usibus debita rapuit, aut ab aliis injuste acquisita rapinæ hæres possidenda suscepit, digneque talis et nomen et iniquitatem raptoris hæreditavit, si tamen ea, quæ propriæ necessitati superfluunt, egentibus distribuere et communia facere recusat. Multum itaque a justitia Dei exorbitat, qui aliquid in hoc mundo extra se positum proprium sibi deputat. Non ergo ab homine amanda sunt, quæ hominis propria non sunt, et necessario vel deseruntur vel deserunt.

Sed age, quæso, quid si hæc terrena bona momentanea et fugacia non essent, et propria hominis esse possent, quid in eis est, quod homo rationali jure amare debeat, imo quod diligentius consideratum inspectumque non vilescat? Hæc sunt itaque, quæ admirantur amantque homines, opes, honores, voluptates? Singula nunc horum attentius inquiramus, et si hominum amore digna sint, videamus.

CAP. XVI. *Ratio suggerit divitias contemnendas.*

Opes ergo terrenæ, quarum desiderio humana exardescit ambitio, auro, argento, lapidibus pretiosis, agris et possessionibus spatiosis, vestibus variis et operosis continentur. Primum hoc de auro et argento lapidibusque pretiosis, quæ prima mortales ducunt, dicere licet, quia ut magni pendantur ab hominibus, non hoc innata ejus dignitas vel utilitas, sed, ut ita dictum sit, infatuata hominum vanitas fecit. Quid enim tam fatuum, tam vanum, quam primum dignitatis vel utilitatis ei rei tribuere locum, quæ ultimum vix possidet, et quasi necessariæ vel plus quam necessaria amare, quæ nullatenus exigere videtur humana necessitas? Quod licet apertum, et nulli fere incognitum sit, tamen hinc luce clarius constat, quod gentes pleræque sunt, quæ hujusmodi divitias inutiles nec habeant nec habere curant. Sicut ergo plerique, sic certe qui ubique terrarum sunt homines, his si vellent, utique carere possent. Et o si possent, ita his quoque carere vellent! Procul dubio felicius et æquabilius sic se humanum genus haberet. Quid enim non cogit mortalia pectora auri sacra fames? Nullum incendium, nullum unquam diluvium tantas, quantas hæc fames canina, strages dedit : nihil humanum genus a salute corporis et animæ sic pervertit, sic evertit.

Quare ergo tanto affectu ametur, tanto strepitu desideretur ab homine id, in quo utilitatis vel boni nihil aut certe permodicum est, incommodorum vero plurimorum et inæstimabilium malorum materia et causa est? At hominum vana et insana fatuitas hanc humani generis decipulam utilissimis et permaxime necessariis rebus anteponit, et rei, quæ fere nullius est meriti, falsam dignitatis et

(16) Augustinum.

utilitatis nómen æstimatione annectit sua. O sensum hominis rationalis multum a ratione degenerantem! Solent homines pro modico auri vel argenti pondere pretiosarum et pernecessariarum rerum, frumenti scilicet, vini vel olei quam pondus pergrande argenti vel auri. Hæc enim hominum sustentant et alunt vitam; illa vero salutis et commodi nihil, plurimum vero incommodi et perditionis hominibus addiderunt. Errare est ergo aliter de rebus, quam ipsæ res se habent, judicare, et res infimi meriti, meliores melioribus æstimare.

Sed fallit homines nondum per omnia elimatæ veritatis tramitem gradientes talium rerum postrema quædam et prorsus inutilis pulchritudo, ut quantum speciosæ, tantum pretiosæ ab imperitis æstimentur. Sed esto, sit talium rerum tanta dignitas, quanta et venustas; quid tamen tua refert, o homo, pulchritudo aliena, quam admirari potes, sed tuam profecto facere non potes? Quare ergo admireris amesve ea, quæ tua non sunt, et quæ tuo amore et admiratione prorsus indigna sunt? Si enim tuam perpendas dignitatem, nullius inanimatæ rei miraberis claritatem. Omnia enim inanimata tuæ excellentiæ subtracta, admiratione videntur indigna.

Quisquis ergo talia miratur, diligit, vel magni pendit, vel in eorum adeptione vel possessione aliquam credit majorem quam in metallis reliquis beatitudinis inesse portionem, ipsam veritatis ducem animæque lucem nondum per omnia sequitur rationem. Si enim ejus monitis obaudiret, non plus aurum et argentum quam ferrum quæreret vel amaret, nec gemmas pluris quam silices æstimaret. Utilius est enim ferrum quam aurum vel argentum et silices gemmis sunt necessariores.

CAP. XVII. *Suggerit ambitionem possessionum dimittendam.*

Agrorum vero et possessionum ambitio, dum necessitati fragilitatis humanæ prætendit, quæ sine horum redditibus subsistere nullatenus potest, cupiditatis vitium necessitatis nititur obtentu palliare. Quia enim horum usum corporis exposcit infirmitas quod hæc ultra necessitatem congregare, et in proprietatem homo sibi vindicare licite possit, arbitratur.

Et scimus quidem fructus terræ animantium deberi alimentis, sed salva id hominum omnium gratia dixerimus, moderatius et sobrie his magis videntur uti jumenta quam homines. Bruta enim omnia ea tantummodo appetunt, ad quæ naturali trahuntur appetitu, et in usu eorum necessitatis metas non excedunt. Homo enim necessitate non contentus cupiditati habenas laxat, et tanta necessaria se habere putat, quanta avaritia instigante habere desiderat. Unde fit, quod utinam non fieret! ut quod multis sufficere poterat, in proprietatem vindicet sibi unus solus homuncio; et quia uni plurima superfluunt, pluribus etiam necessaria subtrahantur.

Hinc enim primum in genere humano egestas misera et penuria tristis exorta est, quia ea. quæ æqualiter omnibus divisa, omnibus sufficientia esse poterant, aliqua hac æqualitate non contenti, dum sibi superflua, quomodocunque acquisita attraxerunt, multorum necessitati debita rapuerunt. Si enim necessariis contenti essent homines, sufficere possent omnibus omnia; et si quod naturæ sat est, replere tantum indigentiam vellent, agrorum multorum et possessionum latarum redditus non ambirent. Id enim solummodo ab homine appetendum est, quod naturæ sufficit, non quod voluptas concupiscit. Tu ergo, si naturæ tantum satisfacere quæsieris, paucis minimisque contentus eris, sicque studebis vivere, ut nihil in vita appetas, quo carere possis et vivere.

CAP. XVIII. *De contemnendo vestitus decore et pretio.*

De vestium autem decore vel pretio gloriari, homini mente Deo simili prorsus videtur indignum. Quomodo enim decorare vel ornare hominem potest, quod multo indignius et abjectius homine est? Meliora quippe et digniora rebus, quæ inferioris dignitatis et meriti sunt, dignitatem vel ornatum addere possunt: inferiora vero excellentioribus condignum decorem, quem non habent, conferre nequeunt. Cum autem homo creatura visibili dignitate superior sit, quidquid infra ipsum est, condignum ei decorem addere non valebit. Multum ergo se infra se detrudet homo, cum ipse rerum decus cæterarum, a rebus infimis appetit ornamenta.

Audi indignam homine, audi ridendam omni sapienti vanitatem. Solent homines bestiolarum, imo murium quorumdam pelliculas fœtidas colorare, et hoc se amictu ridiculo adornare, multoque idcirco digniores et honorabiliores æstimare. O insigne decus, quod confert ridiculus mus! Student quoque sericis, auro, argento, gemmis radiare, eosque alienum a se splendorem sibi arrogare, indeque gloriari non pudet, quasi, si quid est in hoc splendore præcipuum, non id ab homine homini assumtum, sed a natura homini fuerit attributum.

Atqui quantumlibet tibi alligaveris, o homo, hujusce decoris non tui, a liliorum profecto rosarumque decore superaris; quia nec Salomon in omni gloria sua coopertus est sicut unum ex istis. Et si beatitudinem in tali decore æstimas aliquam, beatius te esse fenum agri necésse est fatearis.

CAP. XIX. *Quod honor mundi nihil sit.*

Honor vero mundi, pro quo adipiscendo totum fere hominum insanit genus, quam exilis, quam levis, imo quam nihil sit, hinc mecum perpendas licebit. Opes seu voluptates necessitati humanæ aliquod possunt ferre subsidium. Honor vero nec animæ nec corpori salutis vel utilitatis afferre quidquam potest. Quid enim laus vel celebritas, dignitas vel opinio præclara, longe lateque vulgata, quæ omnia ad honorem quasi membra quædam ad caput proprium referuntur; quid, inquam, hoc salutis vel virtutis hominibus adjicere possint, prorsus ignoro. Hæc enim salutem vel virtutem a quovis habitam

monstrare vel divulgare possunt, dare non possunt.
Quid namque sapienti honor vel gloria forinsecus
oblata addere poterit, qui gloriam eam tantum, quæ
ab intus est, quærit? Etenim, ut Propheta ait :
Omnis gloria filiæ regis, id est animæ sapientis,
ab intus (Psal. XLIV). Sapiens enim non ut favorem
sibi transitorium conciliet, sed ut conscientiam
tantum ditet suam, opera virtutis exercet.

Et nomen quippe et meritum sapientis perderet,
si pro hominum favore vel honore ad nihil utile laboraret. Ad quid enim utile est, quod nec corpori
nec animæ prodesse quidquam potest? Nihil ergo
prodesse sed non nihil obesse potest. Virtutem
enim vel salutem, quam conferre non potest, auferre potest; et bonum, quod tribuere nequit, destruere plerumque consuevit. Plerique enim, qui
nondum in virile et perfectum virtutis robur evaserunt, cum honoribus et favoribus excipiuntur
humanis, ipsis delectari et gloriari incipiunt; et
qui virtutis fruge florere videbantur, dum ipsam
nutricem et matrem virtutum omnium humilitatem
deserunt, arrogantiæ aurigine percussi arefiunt.
Nisi enim in humilitate perstiterit, ipsa se ipsam
victus interficit; quia dum mentem inflat, se ipsam
necat : et dum in superbiam cor erigit, seipsam
elationis gladio transfigit. Cum enim de virtutis
conscientia mens inflatur, quidquid habere virtutis
videbatur, enecatur.

Quare ergo desideres, quod utilitatis nihil, vanitatis vero plurimum afferre consuevit? Non ergo
honoris vel laudis avidus sis, sed ad hoc tota avi-
ditate moribus probis enitere, ut laude et honoribus
dignus esse possis. Alterum enim horum vanitatis,
alterum probitatis est : et sicut unum virtutem
enervare et necare, sic aliud virtutem dare et conservare consuevit. Quicunque ergo virtutis iter in-
cedens de promulganda fama, de nomine proferendo
de honore adipiscendo cogitat, ipse profecto quam
apprehendere nitebatur, virtute se privat, et nisi
totis viribus huic vanitati obstiterit, si quid habere se gratulabatur virtutis, amittit.

Quid ergo de miserrimis his dicendum, qui non
nisi ad oculum hominis et populares auras bene
facere nesciunt, et relicto conscientiæ thesauro de
alienis præmia sermunculis concupiscunt? Hoc est
rem maximi meriti vili pretio venalem portare, hoc
est frustra et absque fructu laborare, hoc est virtutis opera, quibus vera et æterna bona emi poterant,
pro vilissimis transitorii favoris nugis commu-
tare.

CAP. XX. *Suggerit voluptates corporis non amare.*

Porro voluptates corporis non amare homini ratione vigenti et vel tenuiter sapienti perfacile persuadendum arbitramur. Quis enim amet hominum
molestissimam et infestissimam pestem hominum?
Corpori namque et animæ contrariam, tam carni
quam spiritui voluptatem constat esse inimicam.
Quanti morbi, dolores, pestes quasi quidam nequitiæ fructus voluptuosorum solent innasci corpo-

ribus? menti vero, qua Deus nihil homini præstan-
tius dedit, huic divino muneri ex imagine Dei re-
lucenti nihil tam inimicum constat esse quam voluptatem. Siquidem voluptas consuetudine diuturna
roborata, omne cordis exstinguit lumen, consilium
impedit, intellectui tenebras offundit, mentis perstringit oculos, denique eos etiam, qui sapientes
videbantur, infatuare consuevit. Dominante quippe
libidine ingenium ipsum marcescere et hebescere
necesse est; neque aliquis sapientiæ vel virtuti locus in regno voluptatis esse potest.

Novit, quisquis furiæ hujus stimulos expertus est
dum tali laboraret insania, nihil se homine dignum,
nihil sapientiæ vel virtuti consentaneum agere vel
cogitare potuisse. Quare nihil tam detestabile quam
voluptas, quæ hominem, ut ita dixerim, hominem
exuit, et in jumenti sensum et appetitum convertit,
quæ sapientiam, ingenium et intellectum, in quibus
maxime dignitas constat humana, pervertit, evertit et exstinguit. Quis ergo hominum hanc humanæ
dignitatis corruptelam procul a se abigere pro viribus non laboret, qua certe perfacile carebit in
perpetuum, si ejus duntaxat deposuerit appetitum.
Cupidis enim hujus lutulentæ pestis carere mole-
stum videtur; non cupidis vero carere quam frui
satis constat esse jucundius. Si habet hæc humani
generis lues insanæ jucunditatis et fœdæ delectationis aliquid, unde quasi esca in hamo posita ad
modicum quidem sapiat, sed aculeo torquentis conscientiæ hoc se volutabro fœdantis fauces transfi-
gat. Nam delectat quidem voluptas ad modicum,
dulcis videtur ad momentum, sed relinquit diutur-
num tristis pœnitentiæ et crudelis conscientiæ statim subsequens tormentum.

Stultum est autem delectationem mox transitu-
ram attendere, et subsequentem mansuram amaritudinem non videre; appetere bonum, si tamen bonum est, quod præterit, et non cavere malum, quod
finem nescit. Homo ergo, cui a Creatore concessum
et jussum est, non solum aspicere præsentia, sed
etiam futura prospicere, fugiat ea, quæ falsa bona
se simulant, ut vera mala adducant; fugiat ea, quæ
facie quidem blanda, sed re ipsa prorsus exsecranda
sunt : fugiat ea, quæ delectant ad modicum, et trahunt attrahentes se ad interitum sempiternum.

CAP. XXI. *Exhortatio auctoris.*

Istis itaque similibusque consiliis et exhortatio-
nibus continuis si maritum suum spiritum ratio
docere et admonere non cesset, et in suo eum
amore faciet perfectum, et æmulæ pellicisque suæ,
sensualitatis scilicet, stulta et malesuada consilia,
damnosa nimis et inutilia esse probabit. Ædificium
quoque, quod ipsa manibus compegit suis, perpetua
firmitate fundabit, quia omnia stabilitati ejus profutura providebit, et omnia ei amovebit nocitura.

CAP. XXII. *De firmitate domus spiritalis.*

Hæc est ergo domus et ædificium, corporis, sensuum et mentis stabilitas, quod juxta ipsius assertionem veritatis nec pluviæ descendentes, nec flu-

mina nec venti irruentes cadere faciunt, quia fundatum est supra firmam petram.

Quid enim pluvia nisi concupiscentia intelligitur, a qua quisque tentatur, quæ sensim rigorem fidei emollit, et in voluptatibus diffluere facit? Quid flumina, nisi omnium vitiorum torrens, ad movendam sive destruendam hanc virtuosæ stabilitatis domum conglobatus? Quid venti, nisi malignorum spirituum consilia perversa, quæ per sensualitatem sibi familiarem pedisequam spiritui hominis, quem pervertere moliuntur, sine intermissione insibilant?

Irruentes ergo pluviæ, flumina, venti in hanc vir-tutum domum impingere possunt, quia omnium tentationum genera, universa vitiorum monstra electorum mentem vera et perfecta stabilitate suo creatori adhærentem pulsare vel tentare queunt, sed movere vel nocere nequeunt, quia fundata est supra petram, id est veram fidem, spem et charitatem sui Creatoris, quam fidem, quam spem, quam charitatem gignit, nutrit et custodit in nobis a Deo nobis insitum donum divinum Deo simillimæ rationis.

Explicit liber de corporis, sensuum et mentis stabilitate in monasterio Tegernsee XIV. *Kal. Decemb. anno* 1444.

ANONYMI BENEDICTINI

Qui circa. sæculum XII scripsit

DIALOGUS DE ESU VOLATILIUM

Num is in Regula S. Benedicti cœnobitis fortibus et sanis indultus sit.

(D. Bern. PEZIUS, *Thesaurus Anecdot.*, t. II, parte II, col. 546.)

—

MONITUM.

—

Cum sanctissimus legislator noster Regulæ suæ capite 39, certum quemdam, qui a monachis suis perpetuo in cibo et potu servaretur, modum, et eduliorum genera vellet describere, his post quædam verbis est usus: *Carnium vero quadrupedum omnino ab omnibus abstineatur comestio, præter omnino debiles et ægrotos.* Quæ beati Benedicti sententia incredibile est, quantam a primis fere ordinis sui sæculis usque ad ætatem nostram opinionum diversitatem generaverit, aliis existimantibus, eo regulari decreto carnium selummodo *quadrupedum*, non itidem bipedum et *volatilium* esu monachis interdici; aliis contra affirmantibus, omnium universe carnium comestionem ea monachis lege prohiberi. Rationes partium qui nosse desiderant, adeant amplissimum P. Edmundi Martene commentarium in Regulam S. Benedicti, ubi ad caput 39 ea de re cumulate disputat, et singula defensorum esus volatilium dicta recenset. Omnia eo recidunt: S. Benedictum non sine causa et ratione loco citato carnes *quadrupedum* expressisse, non quorumcunque animalium; itaque vescentem volatilibus S. Benedicto nequaquam adversari. Idem monachis in concilio Aquisgranensi Ludovico Pio imperatore indultam fuisse. Generalem cœnobitarum consuetudinem et prælatorum dispensationem ejusmodi aucupium licitum fecisse. Denique *liquidum esse tam pisces quam volucres ex aquis procreatos habere corpora ejusdem naturæ, nec tantam vim humanis corporibus ad lasciviendum carnes volatilium ministrare, quantam carnes terrestrium animantium, quæ cum nostris corporibus ejusdem naturæ sint, ut ratiocinatur* Petrus Abælardus *Exposit. in Hexam.* apud Martenum in *Thesauro novo Anecdotorum* tom. V, col. 1388. Has omnes aliasque plures ratiunculas valide refellit auctor hujus dialogi, demonstratque nullum *sanum et valentem cœnobitam aut volatilibus vesci, aut sagina ι.ii, quin Regulæ S. Benedicti prævaricator existat.* Quod si cui nostri temporis cœnobitæ displicuerit, eaque propter is parum prudenter a nobis factum censuerit, quòd ejusmodi libellos protulerimus, in quibus receptissimi ætatis nostræ mores et vulgatissimæ consuetudines reprehendantur : is cogitet, nos nemini legem, ad quam vitam exigat, præscribere, sed ostendere tantummodo, qui sancti Dei homines de hujusmodi rebus existimaverint, voluisse. Superiorum erit expendere veterum dicta et momenta, quotidieque amplius conari, ut ea Regula, cui et ipsi et modernis sunt subjecti, non secundum laxas recentiorum interpretationes, sed secundum scita majorum et doctrina sanctitateque celeberrimorum hominum usum consuetudinemque servetur. Ad hæc semperne ad ollas carnium sedebimus, o boni? Semperne surdis veluti auribus adeo perspicua, et salubria sanctissimi Patris nostri decreta de abjiciendis carnibus præteribimus? Nullane spes supersit, in tanta necessariarum commodarumque rerum copia veterem tristissimamque carnibus abstinendi consuetudinem recuperandi? Liceat nobis hoc loco verbis Venerabilis Petri, quanti viri! uti lib. VI, epist. 15 *hujus capituli* (39 Regulæ S. Benedicti) *prævaricator, qua ratione excusabitur? Qua causa sospes et integris viribus monachus carnibus utens reus non esse monstrabitur? Dic, quæso, si quid habes, et* [si] *aliqua vera vel verisimilis ratio est, carnis tibi, si potes vindica. Non habes, non habes, inquam, ut æstimo, quid dicas ; non habes plane, unde perjurii nævum, ne dicam, noxam expurges : obviat Regula, contradicit justitia.* Hæc sanctissimus abbas Cluniacensis. Plura in hanc rem alio loco proferemus. Interim vel solus hic Dialogus, quem nunc publici juris facimus, viris accuratioris regularis observantiæ studiosis ad imitanda præclara veterum exempla sat stimuli addet. Eum ex codicibus mss. bibliothecæ Gemnicensis et Mellicensis trecentorum annorum damus. Alius insignis membraneus codex, ducentis circiter annis antiquior exstat in bibliotheca Gottwicensi, cum quo tamen ob triste incendium, quo totum monasterium conflagravit, et communem inde rerum perturbationem, nostram editionem conferre non licuit. Porro quis elegantis Opusculi auctor fuerit, divinare nondum potuimus. Suspicati sumus aliquandiu Honorium Augustodunensem esse, ut cui familiare fuerit, argumentum scriptionis dialogo exponere, in quo interroget *Discipulus*, *Magister* respondeat. Annueret etiam ætas hominis. Nam cum sub finem operis Gregorii VII, nullo autem loco Innocentii III, Honorii III, aut Gregorii IX, quorum de esu carnium constitutiones, auctori nostro perquam commodæ accidissent, meminerit, vix dubitari potes', eum sæculo circiter duodecimo floruisse. Verum quia nec Honorius ipse libro IV *De luminaribus Ecclesiæ* inter sua opuscula hunc Dialogum recenset, nec ullus codex nomen Honorii præfert, rejecta ea opinatione rem incertam relinquere satius visum fuit.

Incipit Dialogus cujusdam magistri de esu volatilium, non licito monachis sanis (17).

Discipulus. Velim scire, si ex Regula Sancti Benedicti, eximii præceptoris monachorum, esus volatilium indultus sit sanis monachis. Videtur enim mihi et multis aliis mecum in id ipsum sentientibus (18); quod præfatus institutor permiserit nobis volatilia comedere, dum nos nominatim ab esu *quadrupedum* (19) tantum curavit suspendere.

Magister. Ita multi intellexerunt et docuerunt. Verum ut utar verbis Apostoli scribentis Philippensibus (cap. III): *Si quid aliter sapimus, id ipsum revelavit nobis Deus.*

Disc. Mihi, obsecro, ne abscondas, quid de hac re ex diffinitiva (20) sententia sentiendum tenendumque, Deo revelante, censeas; ut illud : *Qui audit, dicat, veni (Apoc. XXII)*, adimpleas. Ita enim poterit fieri, ut fortasse meliora et saluti viciniora a te audiens, caliginem carnalis intelligentiæ ab oculis cordis incipiam detergere, et lumen spiritualis scientiæ illuminatus agnoscere.

Mag. Faciam, quantum Deus mihi vires dabit; nec me petitio tua gravabit : si tantum doctrinæ sanæ auditum et assensum volueris accommodare, et ratione percepta, contra propriam conscientiam, veritatem caveris impugnare.

Disc. Ne verearis. Non enim arbitror esse aliquam confusionem sic a te vinci, ut et ipsi vincam meam falsam opinionem. Tu quoque a me præmonitus et præmunitus caveas, ne per ingenii tui subtilitatem et linguæ volubilitatem, verba antedicti Patris ad contrarium noxiumque sensum intorqueas (21).

Mag. Non placeat Deo.

Disc. Primum ergo est, ut versiculum, qui est in Regula ejusdem præceptoris, multis vel maxima causa dubitationis, probabili expositione debeas interpretari; quoniam parum meæ sententiæ videtur astipulari, tuæ vero multum videtur refragari. Est autem talis (22) : *Carnium vero quadrupedum ab omnibus abstineatur comestio, præter omnino debiles et ægrotos.* Prudens enim lector, qui ex minimis maxima, et ex paucis plura solet colligere, æquipollenter hic valet intelligere : quod carnes volatilium in cibum sanis monachis a beato Benedicto concedantur, dum eis tam expresse carnes quadrupedum denegantur. Alioquin nulla ratio videtur esse, quod idem Pater carnes quadrupedum

A singulariter hoc in loco posuit, et infirmis indulsit, si non indifferenter volatilia tam sanis quam ægrotis in esum concessit.

Mag. Cavillationum tuarum versutia, simplicium fratrum infirmam percutis conscientiam; quatenus eis sub colore veritatis muscipulam injicias, et quasi vera dicendo decipias. Porro video, te labore, quoniam non vis verum dicere; et quia animalis es, non potes ea, quæ sunt Spiritus Dei, percipere.

Disc. Quia ergo animalis ego, ut verbis tuis utar, non possum præmissum versum Regulæ spiritualiter intelligere : dic tu, si saniorem intellectum exinde vales colligere, unde sensum meum possis collidere (23).

Mag. Faciam, si mihi prius pauliper interroganti respondeas (24).

Disc. Interroga, ut libet.

Mag. Quid tibi videtur Benedictus intellexisse, cum alibi dicit (25) : *A carnibus solito more omnes abstineant?*

Disc. Congrua moribus pii doctoris agis, dum sententiam, quæ contra te est, mihi ad medium vel memoriam reducere satagis. Quid enim est aliud : *A carnibus omnes abstineant*, quam quod superius dixi, ut videlicet sani volatilia tantum, ægroti vero tam volatilia quam quadrupedia comedant?

Mag. Ut video, carnalis es; et ideo hunc quoque locum, quemadmodum superiorem, carnaliter et pueriliter exponis. Lex autem per Benedictum data, et sancta, et bona est legitime per eam currentibus, et spiritualiter eam intelligentibus; verum adeo tandem insipida, et a prisca sui meracitate per carnalem non intelligentium eam quorumdam monachorum observantiam, ut ita dixerim, facta est vapida; ut nisi aqua legis in vinum, id est in spiritualem convertatur intellectum, evanescat usque ad defectum.

Disc. Quia igitur carnalis ego, ut tu dicis, loca illa Regulæ, de quibus sermo est, intelligo carnaliter; tui erit officii, ut exponas ea spiritualiter.

Mag. Vis audire attentius?

Disc. Volo.

Mag. Nota igitur quod Benedictus non tantum dicit : *A carnibus omnes abstineant;* sed addidit :

(17) Cod. Mel. *Dialogus more didascalico per quemdam editus de esu et abstinentia carnium professorum Regulæ S. Benedicti fortium et sanorum.*

(18) Cod. Mel., *consentientibus.*

(19) Cod. Mel., *quadr. carnium.*

(20) Cod. Gemn., *diffinita.*

(21) C. Mel., *retorqueas.*

(22) *Reg.* S. Bened. cap. 34.

(23) C. Mel., *corrigere.*

(24) C. Mel., *ad interrogata respondes.*

(25) *Reg.* cap. 36

more solito. Quia .videlicet mos erat antiquissimorum et probatissimorum monachorum a carnibus abstinere, non modo quadrupedum, sed etiam volatilium, excepta infirmitatis .necessitudine. Porro, ut docet ecclesiastica historia, hanc abstinentiam generaliter hi in consuetudine habuerunt, qui·in primitiva Ecclesia auctores monachicæ professionis, nomine,. exemplo et verbo præfulserunt. Ab hac ergo paterna nobilitate .quia Benedictus, eorum sequipeda mirabilis, filios suos degenerare nolebat, a carnibus more solito omnes abstinere præcipiebat. Eapropter non dixit specialiter : *ab his* vel *ab his;* sed generali nomine *a carnibus omnes abstineant;* ut non solum volatilium, sed et quadrupedum esum pari modo sibi esse interdictum in determinatione, quam in *more solito,* fixit, monachi quique non ambigant. Nam salva lege infirmitatis, indigentiæ et necessitatis, antiqui Patres nostri non facile inveniuntur in Scripturis authenticis quamlibet carnem sibi indulsisse; quos tam usu quam auctoritate est notissimum, tam a volatilibus quam a quadrupedibus se continuisse. Nam, cum Cassiodorus dicat, dulciores carnes esse in volatilibus quam quadrupedibus; quæ ratio esset, ut monachi a carnibus quadrupedum abstinerent, et carnes volatilium, quæ sunt dulciores, nisi infirmi, præsumerent? Porro huic nostro sensui, quem diximus, astipulatur Hieronymus scribens ad Savinam (26) in hunc modum : *Procul sint a conviviis tuis Phasidis aves, crassæ turtures et omnes aves, quibus amplissima patrimonia avolant. Nec ideo te carnibus vesci non putes, si suum, leporum atque cervorum, et quadrupedum. animalium* (27) *esculentiam reprobes. Non enim hic pedum numero, sed suavitate gustus judicatur.* Quæ cum ita sint, valde desipit, qui credit Benedictum, sapientia insignem, carnes quadrupedum minus. sapidas, quam volatilium, monachis sanis interdixisse: et carnes volatilium (nisi *omnino debiles* fuerint) indulsisse. Nam quod carnes dulciores sint in volatilibus, quam quadrupedibus, et sancti doctores dicunt, et usus comprobat, in eo quod delicatiores et ditiores hujus sæculi homines, cum plus solito splendide volunt epulari, prælibatis carnibus quadrupedum, tandem propter majorem dulcedinem et gustus suavitatem, carnes volatilium sanxerunt sibi ministrari. Præterea ita habet familiarior Ecclesiæ consuetudo, ut propter gustus dulces, non propter numerum pedum, abstinentes secundum scita canonum generaliter a carnibus omnibus se contineant. Quia igitur monachi cæteris Ecclesiæ membris amplius debent *corpus castigare,* et·*delicias non amare,* haud injuria præcipitur eis (exceptis infirmis) *more solito* abstinentium, a carnibus omnibus abstinere; ut videlicet incentiva carnis eo facilius possint reprimere. Quæ tunc amplius eos solent titillare, si a majori escarum suavitate corpus suum nolunt refrenare. Unde

A sanctorum Patrum prudens diligentia, et magistra experientia sanxit; ut ille cibus debeat esse monachorum, qui sustentationem vitæ tribuat; non, qui pabulum ·concupiscentiis et vitiis subministret. Mentior, si in hanc sententiam Hieronymus non currit (28), cum dicit : *Ventres carnem portantes carnibus replendos; tironibus autem Christi et sacris virginibus olera et legumina cum pisciculis aptiora asserens,* utpote minus gravantia, et ad expedite serviendum Deo magis expetibilia. Huc accedit auctoritas Prudentii, religiosi viri quamvis laici, qui ait in Hymno, quem quasi pro Benedictione prandii composuit : *Absit illa fames, quæ. imitatur bestias, aliorum sitiens cruorem!* Et post pauca : *In tanta rerum copia, quæ sitis est sanguinis?*

Disc. Rationibus tuis ulterius non præsumerem refragari, si ita Benedictum intellexisse, validiori aliquo argumento posset approbari.

Mag. Ut video, esum carnium non relinques sine dolore, cui serviisti ex amore.

Disc. Non tibi sit grave, me in sensu tuo adhuc hæsitare, tum fidei pusillanimitate, et sensus mei tarditate, tum pro carnis, quæ repugnat legi mentis, infirmitate. Præterea opinionem meam commendat mihi religiosorum monachorum in his diebus numerositas, et concors in id ipsum defendendum, non facile supplodenda auctoritas.

Mag. Non dixit Sapientia : *Ego habito in multis,* sed *habito in consiliis (Prov.* VIII); ne quis nostrum in defensione veri de minori numero causetur. Veritas nos consolatur, dicens : *Nolite timere pusillus grex (Luc.* XII). Sed jam ambages istas omittamus, et quasi ad vivum rem ipsam tangentes, ad dirimendam hanc controversiam accedamus.

Disc. Ut·rursum ad idem revolvam, quia cum tanta facilitate non potest persuaderi, quod cum magna difficultate necesse est persuasum impleri; non videtur mihi credibile, Benedictum sanis monachis volatilia vetuisse, quem intelligo tantum quadrupedia eis prohibuisse, ubi ait : *Carnium vero quadrupedum ab omnibus abstineatur comestio præter omnino debiles et ægrotos.*

Mag. Crede saltem verum esse, quod dixi ; quia, nisi credideris, non intelliges. Ego autem credo et intelligo, ideo Benedictum dixisse sanis monachis a carnis quadrupedum esse abstinendum ; ne quilibet eorum dicere posset : Volo quadrupedum carnes, quæ sunt minus dulces, quam volatilium, comedere ; quia Benedictus eas, quæ sunt dulciores, ut volatilium, tantum mihi vetuit edere; eo quod Scripturæ divinæ ea, quæ ad delectationem corporalem attinent, prohibeant ; non quæ ad sustentationem humanæ imbecillitatis atque infirmitatis.

Disc. Si igitur ita est, ut dicis, quare nusquam nominatim interdixit carnes volatilium, quemadmodum quadrupedum?

---

(26) C. Mel., *Salvinam.*
(27) C. Mel., *animantium.*

(28) C. Mel., *c ncurrit.*

Mag. Secutus est morem sanctorum doctorum, qui solent illam causam specialiter perstringere, quæ potest aliquam dubitationem intacta gignere. Ut Psalmista Aaron, sanctum Domini, non Moysen, commemorat; quia Moysen sanctum fuisse nullus ignorat. Sic Benedictus hoc in loco fecit, ubi de carnibus quadrupedum specialiter abstinendum esse sanis monachis indixit. Alioquin poterat dubitatio hæc concipi, utrum an non propter suam non nimiam dulcedinem deberent sani fratres ex eis refici. Cæterum de volatilibus non erat necesse specialiter eum dicere, quod non essent comedenda; quia certus erat ea, utpote dulciora, non esse (nisi ab infirmis) edenda. Porro dulciora esse volatilia quam quadrupedia, ut taceam de noto multis experimento, Cassiodori hoc astruimus documento; quo dicit, Dominum superasse vota in deserto carnes desiderantium, non carnes eis quadrupedum suggerendo, sed sicut arenam maris volatilia pennata pluendo. Ergo non solum culpabili experientia, sed etiam probabili scientia, asserere possumus, in volatilibus carnes dulciores esse quam in quadrupedibus.

Disc. Negari id nequit.

Mag. Si ergo Benedictus tibi interdixit carnes quadrupedum, in quibus minor est dulcedo; quanto magis volatilium carnes, in quibus major est?

Disc. Unde scis, quia per dulcedinem minorem amputavit majorem?

Mag. Ratio et exempla, quæ rationi concordant, ita nos dicere compellunt.

Disc. Quæ dicis, videntur quidem esse verosimilia, sed concessu sunt difficilia.

Mag. Qui conclusioni accedere durum putat, æquum est, ut vel falsum aliquod præcessisse demonstret; vel collectionem propositionum non esse efficacem necessariæ conclusioni ostendat.

Disc. Concedo vera esse jam dicta, si non obsistunt dicenda.

Mag. Concessis præcedentibus spes erit concessionis in subsequentibus.

Disc. Licet, quæ dicta sunt, jam aliquatenus videam, planius tamen a te audire desidero; et quamvis ratio per se eluceat, plurimum tamen simplices ædificat, si rationi auctoritas accedat. Probare igitur debes, Benedictum secutum esse morem sacri eloquii, quando in prohibitione quadrupedum, prohibuit volatilia; ut paratus sim ad satisfactionem, omni poscenti de eadem controversia reddere rationem.

Mag. Ex abundanti id a me exigis, quia Sapienti satis est dictum : Faciam tamen quod petis, si non propter amicitiam, saltem propter improbitatem tuam.

Disc. Non ingratus ero auditor, quia juxta illud Sapientis : *Saturati calcant favum* (29); *animæ au-*

tem esurienti etiam amara dulcia videntur* (*Prov.* xxvii).

Mag. Placet quod dicis.

Disc. Perge (30) ut pollicitus es.

Mag. Moris est sanctorum doctorum in re minori (31) comprehendere majorem. Sicut legitur dixisse Dominus ad Jerusalem : *Hæc fuit iniquitas sororis tuæ Sodomæ, quia panem suum in saturitate comedit* (*Ezech.* xvi). Ecce per panem intelliguntur diversitates epularum. Et quod ita sit, manifestatur in loco illo, ubi dicitur : *Vidit Lot Sodomam quasi paradisum* (*Gen.* xiii). Si Sodoma quasi paradisus erat, non est consequens, ut solummodo intelligamus, illos panem manducasse sine aliis deliciis. Idem habes de Laban, ubi dicitur : *Et appositus est panis.* Nunquid solummodo panis appositus fuit sine aliquo pulmento? Sed ut ad id quod cœpimus, jam redeamus, ecce probavi, quia Benedictus comprehendendo in re minori majorem, morem sacri eloquii sit secutus. Tu vero non potes probare, quia non sit secutus. Tene igitur certum, et dimitte incertum. Amplius, dic, quæso, si Benedictus concessisset mihi sano manducare carnes volatilium; et ego pro amore Dei nollem manducare, esset peccatum, an non?

Disc. Nequaquam.

Mag. Scis quare?

Disc. Quia ipse dixit (32) : *Cui Deus dederit majorem tolerantiam abstinendi, propriam se habiturum mercedem sciat.*

Mag. Argute respondisti. Rursus, si non concessisset carnes volatilium, et ego comederem, peccarem, an non?

Disc. Non dubium, quin peccares.

Mag. Ergo melius est et tutius, ut dimittamus incertitudinem et teneamus certitudinem. Si enim manducaverimus incolumes, peccatum esse scimus; si vero non manducaverimus omnino, non esse peccatum scimus.

Disc. Ista quidem illis contraria sunt, quæ paulo ante concessa sunt.

Mag. Recte æstimas.

Disc. Cum ergo nullus possit negare, quin carnes tam volatilium quam quadrupedum professoribus Regulæ Benedicti, nisi infirmi fuerint, ab eodem Patre interdicantur; nunquid, ut quidam dogmatizant, moderni monachi, ejusdem Regulæ transgressores esse veraciter astruuntur, si sagina quadrupedum, quæ non caro, sed succus carnis esse videtur, sani utuntur?

Mag. Ita vere.

Disc. In Dei nomine quid loqueris? num tui paulisper oblitus, lethargum pateris? noli esse nimium justus; ne dirigatur ad te illud Salomonis : *Qui multum emulget lac, elicit sanguinem* (33). Pone ergo ori tuo custodiam, quia *durus est hic sermo*

(29) C. Mel., *anima saturata calcat fav.*
(30) C. Mel., *quod.*
(31) Ib., *in minori comp. majus.*

(32) *Reg.*, c. 40.
(33) C. Mel., *emungit, el. san.*

(Joan. vi); peregrina est ista sententia ; et ideo A
eam non possumus vel æquanimiter audire, nec
dum opere implere.

Mag. Veritatem audisti, quam quæsisti : quid
igitur mihi succenses ?

Disc. Nunquid sagina est caro ?

Mag. Est profecto.

Disc. Quid ergo ? nunquid illicitus est quoque
usus saginæ, quemadmodum et carnis, ut ob ejus
esum nos quoque prævaricatores esse Regulæ judices ?

Mag. Non potes hoc ignorare, si non vis errare
vel dissimulare.

Disc. Non flos est ?

Mag. Unde est ille flos ?

Disc. De quadrupedibus.

Mag. Non igitur eum manducare debent alii, nisi
omnino debiles et ægroti.

Disc. Si pinguedo est caro, igitur et caseus et
lac, eo quod de carne exeant, similiter sunt caro.

Mag. Lac et caseus, quanquam de carne exeant,
non tamen proprie caro dicuntur, eo quod caro non
in lac transeat; sed ipsi cibi in lac Dei dispositione
convertuntur.

Disc. Nunquid non similiter vinum et oleum ligna sunt, quia de lignis exeunt ?

Mag. Non sequitur.

Disc. Quid igitur sunt ?

Mag. Succus terræ, qui vertitur in vinum et
oleum.

Disc. Proba.

Mag. Augustinus dicit : Quotidie Dominus aquam
in vinum convertit, cum ipsum succum, qui ex
terra nascitur, in vinum vertit. Hujus rei evidens
hoc est indicium, quod in vere de incisa vite aqua
profluit. Unde dicitur :

Unda merum tribuat ; dat modo vitis aquam.

Pinguedinis autem dissimilis ratio est; eo quod
ingenio humano caro frumento saginatur, tunditur, coquitur, colatur, pinguedo efficitur : ita ut
pene nihil ex ea, nisi scoria, remaneat : ac per hoc
caro esse haud injuria ostenditur.

Disc. Timeo, ne forte audito hoc verbo multi
sint scandalizandi, et usque ad sanguinem obloqui-
turi et renisuri.

Mag. Illic trepidas timore, ubi non est timor.
*Qui observat ventum, non seminat; et qui considerat
nubes, nunquam metet (Eccle.* xi). Si enim pro veritate scandalum sumitur, melius est, ut scandalum
nascatur, quam veritas relinquatur. Licet etiam alter Nabuzardan quodammodo reviviscens, jam diu
muros Jerusalem destruxerit; et licet alter Epicu-
rus longe lateque sectam suam disseminaverit, divinum tamen responsum nos consolatur, dicens :
*Reliqui mihi septem millia virorum, qui non curva-
verunt genua sua ante Baal (Rom.* xi).

Disc. Nisi linguam et stylum cohibueris pudenda

A Patrum modernorum, quæ non essent in Geth pu-
blicanda, nunc in compitis Ascalonis exponendo :
potius nudaberis ad derisionem, quam ea post
dorsum velando, paternam acquiras benedictionem.

Mag. Erubescere de malo est sapientiæ, erubescere vero de bono est fatuitatis. Et quia humanum
est delinquere, quippe non est homo, qui non possit velut homo falli ; diabolicum vero pertinaciter
errata defendere : excessum illum, quem diximus,
majoribus compassibiles, non insultanter accusa-
mus ; sed filiali charitate, memores propriæ fragilitatis, excusamus ; si tamen legem Patrum nostrorum antiquissimorum de industria cavent impugnare, si eam diu neglectam contendunt renovare,
B si teporem suum nolunt defensare ; si veritatis
facta revelatione, et oblata sibi honesta occasione
meliora exemplaria abstinentiæ gaudenter ample-
xari studeant, observare et aliis observanda commendare. Non enim, nisi in spiritu lenitatis, ar-
guendus est, qui deliquit in legem subreptione aliqua fallente, vel necessitate impellente ; nisi forte
post commonitionem corrigi nolens, nec de excessu
suo dolens, non solum opera sua non vereatur defendere, sed etiam legem procaciter præsumat, et
studeat pervertere.

Disc. Sicut relatione multorum didicimus, usus
saginæ indultus est monachis in quodam conventu,
in quo resedit imperator Pius Ludovicus cum mul-
C tis religiosis abbatibus, ut volatilia in saginam
transferrentur, decernentibus. Num incusas statutum (34) illorum ?

Mag. Nunquid recordaris, quod volatilia non
esse, nisi infirmorum fratrum, superius conces-
seris ?

Disc. Minime recordor quoniam illud in memoria fixum teneo.

Mag. Judica ergo tu ipse, qua ratione fieri potuerit, ut sagina pro volatilibus relaxaretur, quæ de
cætero tam sanis quam infirmis ministraretur. Num
laudabile ergo illorum commercium, qui tam timi-
dis par inscripserunt concambium ; quo per rem,
quam sibi falso putaverunt esse licitam, compara-
verunt rem illicitam, non satis attendentes, quam
D multi hac libertate in occasione carnis essent abu-
suri, et sub pallio religionis super hanc noviter in-
troductam consuetudinem corrumpendi ? Nam quia
a paterna nobilitate degenerantes, stare et tenere
traditiones, quas didicerunt, novitate illecti negle-
xerunt, ideo suam novam legem monachis condiderunt. Et quia sanctæ obedientiæ libellum repudii
scribentes, districtionem regularis abstinentiæ re-
miserunt, transgressi sunt terminos antiquos, quos
Patres eorum posuerunt. Eheu quot de tam laudabili consuetudine, quam Patres antiquiores (35)
habuerunt, ad suggestionem unius sæcularis personæ cesserunt, nec attenderunt, quod Esau pri-

(34) C. Mel., *statuta*

(35) C. Mel., *seniores.*

matum suum per gulam amiserit, nec jus, a quo
semel cessit, postmodum pro velle recipere potuerit !

Disc. Dispensationis moderatio nulli unquam sa-
pientum displicuit. Cave ergo, ne insipiens habea-
ris, quia dispensationis illius modificationem adeo
vehementer detestaris.

Mag. Dispensatio prælatorum tunc non debet reprehendi, quando non contra majorum suorum aliqua instituta admittunt aut tolerant, quæ tantum
Ecclesiæ scandalum non generent ; ut videlicet vitam subjectorum suorum in proposito suæ sanctitatis conservare valeant. Dispensationi sane non
parva rectorum adhibenda est diligentia, ut non
concedant nocitura, nec prohibeant profutura. In
hoc autem præfati imperatoris et abbatum conven-
ticulo contra generale votum monachorum admissa
est dispensatio, unde nulla utilis vel honesta, secuta est compensatio, nec in morum honestate,
nec in animarum utilitate. Nam quod sancti monachorum patres et eorum sequipeda Benedictus,
(cujus Regula in generali synodo canonizata est)
Spiritu sancto dictante, ut credendum est, super
abstinentia monachorum instituerunt : hoc istius
moderni conventiculi mediatores, inconsulto Romano pontifice (cujus est de omni Ecclesia et de
omnium statu personarum judicare) sua nova traditione, falsæ misericordiæ laude provocati immu-
taverunt. Beatus nempe Gelasius papa Scripturarum indagator solertissimus in *Decretis suis*, ubi
cum eruditissimis LXX episcopis, diversorum auctorum tam Græcorum quam Latinorum libros exa-
minavit ; ubi diligenter, qui eorum essent recipiendi, vel renuendi, deliberavit ; capitulum Ludovici, super usu saginæ admittendæ monachis pro-
mulgatum, in hoc ipso respuendum esse monstra-
vit, quod venerabiliter suscipiens Benedicti Regulam capitulo præfato penitus contrariam, canoni-
zatis eam Scripturis annumeraverit. Eapropter abbates, qui cum prædicto imperatore in conventi-
culo illo dicuntur resedisse, et ejus decreto super
usu saginæ, monachis indultæ, creduntur consen-
sisse, quantumlibet venerandi fuerint, nunquam
tamen efficere debent, ut aliquid pro eorum reverentia suscipiamus, quod sacræ Benedicti Regulæ,
statutisque reliquorum Patrum, qui de vita scripserunt monachorum, imo Spiritui sancto, horum
omnium auctori adversari manifeste deprehendimus. Nec mirum ; Regulam enim Benedicti sancto-
rumque Patrum, generalem super abstinentia carnis institutionem, monachis promulgatam, nullatenus observare valemus ; si pro reverentia eorum,
quæ relaxato usu saginæ passim sive volatilium in
tribus diebus, Natalis Domini, Paschæ quoque et
Pentecostes statuerunt, adimplemus.

Disc. Cum ergo inter se discrepent, et se invicem impugnent in hac re modernorum, et antiquo-

rum instituta monachorum, et necesse sit de duobus contrariis alterum infirmari ; velim a te planius audire, quorum auctoritas majoris ponderis
debeat æstimari.

Mag. Cum moderni Patres ea, quæ antiquitas
sanxit, consuetudo servavit venerabilium Patrum
in retroactis temporibus, et auctoritas sacra firmavit, prout voluerunt minuerunt aut immutave-
runt ; judicare perfacile potest prudentia tua qui
plus saluti nostræ, quibus per omnia prodesse debuerunt, contulerint, vel quorum institutio potius
sit tenenda ; vel quibus obedientia magis sit exhibenda : an illis sanctis Patribus, qui adhuc in Scripturis suis nobis loquuntur ; an illis quibus nihil
aliud propositum fuit, nisi priorum sequi et honorare vestigia ? De qua re poterit nos docere Zosy-
mus papa scribens Narbonensibus : *Contra statuta
Patrum aliquid concedere, vel mutare nec hujus sedis
potest auctoritas.* Huc accedit quod generali antiquissimorum Patrum consuetudini, paucorum modernorum non debet præponi vel præjudicare consuetudo. Quidquid enim a paucis præsumitur modernis, quod non per omne corpus Patrum antiquorum (56) tenebatur, aut superfluum, aut elatum noxiumque est judicandum, magisque vanitatis spe-
cimen quam virtutis ostentat. Illis ergo debemus
institutis indubitatam fidem et indiscussam per omnia obedientiam accommodare, non, quæ paucorum modernorum voluntas intulit, sed quæ vetu-
stas tantorum temporum et numerositas sanctorum
Patrum concordi diffinitione in posterum promulgavit. Certe Benedictus, qui spiritu omnium justorum plenus fuit, ita rigorem disciplinæ, ita mode-
rationem indulgentiæ vita et doctrina tenuit et docuit, suisque scripturis filios suos sufficienter erudivit, ut sine illa saginæ temperie, quam moderni
Patres admiserunt, nec fortes indulgentia emollire,
nec infirmos nimia districtio possit frangere. Ut
autem ad summam veniam, quia conventus ille
paucorum modernorum, cujus supra meminimus,
generali et solemni antiquorum monachorum consuetudini super abstinentia nihil superordinare,
nullum præjudicium debuit facere ; consulendum
est monachis præsentis temporis, ut tandem ad cor
redeuntes, secundum exemplaria præcedentium
Patrum cursum suum studeant dirigere ; quatenus
periculum eorum, qui vota sua irrita faciunt, valeant effugere. An tu aliter existimas ?

Disc. Minime, si veritate duce regimur. Sed quoniam te ad solvendum promptissimum esse con-
spicio, crebras tibi, quæ de hac re fieri adhuc possunt, quæstiones coacervabo ; ut veritas ex omni
latere, ab omni scrupulositate falsitatis absolvatur,
et nullus excusationi locus relinquatur.

Mag. Si ea quæ superius concessa sunt inconvulsa servabis, quantaslibet super re hac mihi quæstiones multiplicabis, me in solvendo defecisse

---

(56) C. Mel., *antiquissimorum.*

non videbis; nec coram his, qui ex adverso sunt, quasi victor ridebis.

Disc. Adhuc grandis tibi restat via.

Mag. In hac via, Deo duce, non timeo, ne pedem ad lapidem, id est vetustatem litteræ et duritiam offendam; quin potius tibi viam, quæ te ad spiritualem intelligentiam revehat, ostendam.

Disc. Monachis saginam manducantibus canones in adjutorium contra te veniunt, ubi dicunt : *Si quis jus carnium profanaverit, anathema sit* (*Gal.* 1).

Mag. Hoc dicunt canones propter illos, qui carnes abominantur, ut immundas. Hi tales, ut hoc argumento astruitur (37), ne carnes abominentur, debent manducare olera, quæ cum carnibus coquuntur. Nam illi, qui carnes non abominantur, sed causa abstinentiæ student non manducare, non tenentur anathemate. Ergo si ita volunt intelligere qui ista dicunt, ut olus (38), in quo carnes coquuntur, manducent abstinentes, qui carnes non abominantur; dicant etiam, ut conjugia contrahant: eo quod in eodem concilio dicatur de conjugio : *Si quis conjugium profanaverit, anathema sit*.

Disc. Ea his, quæ prius concessa sunt, nimium contraire (39) cognosco. Cum igitur carnes non sint refugiendæ, tanquam immundæ : quæ ratio est, ut monachis denegetur esus (40) earum maxime cum Augustinus dicat in libro *Confessionum* : *Scimus post diluvium Noe et filiis ejus omne genus animalium, tam in volucribus quam in his, quæ moventur in terra, et piscibus maris, tanquam olera virentia in cibum tradita; et ideo non reprehendo obsonium, sed concupiscentiam obsonii. Nam Esau primogenita perdidit lenticula, non carnibus. Unde nihil statui, aut nunquam tangere aut semper edere, sed pro ratione nunc frena ventris restringere, nunc laxare.* Apostolus quoque dicit : *Omnia munda mundis* (*Tit.* 1). Et alibi : *Omnis creatura Dei bona est, nihilque rejici debet, quod cum gratiarum actione percipitur* (*I Tim.* iv).

Mag. Hæc quidem libentissime accipimus; et cmnimodis approbamus, carnes tanquam immundas non refugientes. Sed consilio ejusdem doctoris gentium acquiescentes, qui dicit : *Bonum est non manducare carnes, et non bibere vinum* (*Act.* xiv), nihilominus etiam sequimur Augustinum prædictum, nihil statuentes, aut nunquam tangere, aut semper edere; sed pro consideratione virium nunc laxamus frena ventris causa infirmitatis, nunc restringimus. Sicut et in vita ipsius legitur, quod mensa ejus habuerit carnes; non propter fratres cohabitantes et sanos, sed propter hospites et infirmos. Nihilominus quoque sequimur Benedictum Patrem, cujus instituta, si institutis Augustini super abstinentia (41) carnis promulgatis conferimus, per omnia sibi tanquam unam faciem et intentionem habentia consonabunt. Ait enim noster

legislator (42) : *Carnium usus infirmis debilibusque pro reparatione virium concedatur. At ubi meliorati fuerint, a carnibus more solito omnes abstineant.* Ecce concordia Regulæ Augustini et Benedicti !

Disc. Negare non possum. Sed cum Apostolus dicat : *Omnia licent* (*I Cor.* vi); *et omnis creatura Dei bona est;* itemque abstinentiam carnis in voluntate hominis ponat; dic, quæso, quæ ratio est, ut hæc a monacho, violento imperio quasi necessaria et debita exigatur?

Mag. Rationem, quam tuus adhuc vix somniat animus, putabam jamdudum te intellexisse. Sed inquisitio tua tam puerilis prodit te nondum ad ejus cognitionem pervenisse.

Disc. Tenui quidem veluti rimula, mihi videor eam aspicere; sed ex te apertius mallem addiscere.

Mag. Promptissima quidem ratio est. Sed tu, quia satis acute distinguis, qui sit inter voluntarium et necessarium statum, ideo oculos cordis, tenebris assuetos, ad lucem perspicuæ veritatis non potes attollere; nec ego propter ingenii tui tarditatem tibi possum satisfacere.

Disc. Oro te per charitatem, ut meam in spiritu lenitatis sustineas et erudias importunitatem et cæcitatem.

Mag. Faciam, quoniam *charitas omnia suffert* (*I Cor.* xiii); et tu, quantum mihi videtur, ædificari quæris, non inflari.

Disc. Recte arbitraris.

Mag. Quibus igitur rationibus ad propositam quæstionem solvendam accedam, diligenter ausculta.

Disc. Libenter.

Mag. Nota ergo quia, licet Apostolus dicat : *Omnia munda mundis* (*Tit.* 1), consequenter tamen addit : *Sed malum est homini, qui per offendiculum manducat* (*Rom.* xiv). Tale est illud quoque in Evangelio : *Non quod intrat in os, coinquinat hominem, sed concupiscentia mala, quæ procedit de corde* (*Matth.* xv). Non ergo perceptio carnis, quæ per se bona est et munda, bono usu præsumentem coinquinat; sed eum tantum, qui per offendiculum eam manducat. Vide igitur discrete, quia in culpa non ducitur carnis comestio, sed offensio. Per offendiculum autem est cibum quemlibet manducare, intra metas sobrietatis mensæque frugalis manducantem se per intemperantiam non frenare; aut exemplo suo proximum infirmum scandalizare, aut per voti prævaricationem Deum exhonorare.

Disc. Si hæc ita se habeant, quomodo a nævo offensionis excusabimus Spiridionem, Cyprium magnificæ sanctitatis virum, quem testatur ecclesiastica historia in diebus jejunii carnes, quas servaverat, hospitibus obtulisse, et cum eis ipse gustasse?

(37) C. Mel., *astruant.*
(38) C. Mel., *jus.*
(39) C. Mel., *convenire.*

(40) C. G., *usus.*
(41) C. G., *abundantia.*
(42) *Reg.*, cap. 56.

Mag. Si saperes, propositum non interrumperes.

Disc. Responsionem vehementiæ excuset amor scientiæ.

Mag. Spiridionem duabus de causis non reprehendo in hoc facto. Primo quia aliud non habebat; deinde quia sancti viri simplicitas, dignæ hospitalitatis charitate valet excusari. Quod iste semel fecisse legitur, non debent alii per usum imitari. Postremo si Spiridionem imitari vis in carnis comestione, imitare et eum in cadaverum allocutione. Si vis edere quando vel quidquid ille edebat, si delectaris cum eo carnibus vesci, jubeas, sicut ille, defunctos e tumulis loqui.

Disc. Non possum, quia non omnia possumus omnes.

Mag. Quia non potes quod velis, velis illud quod possis.

Disc. Ita sit. Quid vero erit de Joanne Baptista, qui delectabilibus cibis utens, carnibus videlicet locustarum et melle silvestri, laudatus est de abstinentia; cum econtra Esau vili et humili cibo, lenticula videlicet, ingurgitatus, culpatus sit de gulæ concupiscentia? Nunquid non similiter laudabilior esset abstinentia sine fœda flamma concupiscentiæ lautioribus cibis monachos uti, et non repleri, quam fœda gulæ flamma vilibus cibis ingurgitari?

Mag. Qui ad hoc, quod ad persuadendum suscepisti, ista introducis, bono non bene uteris; quia Joannis exemplo quiddam, quod plus obsit indiscretis, quam prosit discretis, suggerere velle videris. Nam, licet sano modo intellecta, laudabilis atque amplectenda sit tua objectio, itemque digna veneratione et imitatione Joannis refectio; videris tamen hinc quorumdam gulæ, defensionis argumenta præparasse, inde quibusdam parcimoniæ æmulatoribus, zelum Dei non secundum scientiam habentibus, districtioris (43) abstinentiæ frena relaxasse.

Disc. Tuum ergo est exemplum Joannis in medium prolatum tam sancte, tam intelligibiliter elucidare; ne forte ejus licentia offendiculum infirmis mentibus valeat generare.

Mag. Beda de Joanne dicit : *Etsi principalis sententia constat : quia in multis offendimus omnes; quis tamen nostrum dicere audeat beatum Joannem in actu, vel dicto, vel habitu, vel victu peccasse?* Hæc Beda. Quia ergo Joannes ab omnibus vitiis et mundi illecebris, quæ statum mentis solent pervertere, immunis fuit, licite et absque periculo pravitatis (44) vesci carnibus potuit; quippe cui nulla lex eas prohibuerat, qui nullo voto se, ne comederet, constrinxerat. Nec tamen hoc exemplum beati Joannis, licet monachus fuerit, communem legem comedendi carnes monachis sanxit. Nam cum in congregatione monachorum major sit numerus imperfectorum quam perfectorum, non a parte minima, id est de

consideratione paucorum, sed de his, quæ multorum, imo universorum subjacent facultati, universalis est eis Regula proponenda. Si quæ vero rarissima, atque a paucissimis possunt impleri, velut supra conditionem humanæ fragilitatis naturamque concessa, ac per hoc communem possibilitatem excedentia, a generali lege sunt secernenda, nec tam pro exemplo quam miraculo proferenda. Ideo excepta infirmitate, salubriter statuta est a Patribus perpetua monachis carnium abstinentia; non, quod malum sit comedere eas, præsertim his, qui norunt, quando, quare, quantumve refici debeat vel expediat; sed propter imperfectos, qui nondum modum ventri suo possunt ponere; et qui necdum abundare et penuriam pati cum Apostolo didicerunt. Hæc communis lex abstinendi ideo indicta est, ne comedendi licentia indulta aliis et aliis denegata, fiat causa murmurationis et comessationis.

Disc. Vehementer assentior, et id te paulo ante dicturum, tenui licet suspicione, prospexi. Restat ergo, ut ad propositum, a quo paulo ante, me compellente, digressus es, redeas.

Mag. Indulgeat tibi Deus, quod tantum mihi laborem imposuisti.

Disc. Virtus non in otio, non in deliciis, non in securitate, sed in infirmitate perficitur.

Mag. Quare ista sententia eos non arguis, quorum omnis ad explendam carnibus vel sagina corporalem (45) lacunam festinat intentio?

Disc. Quis de cætero non spernat atque confundat vilissimæ fragilissimæque rei, corporis servum? Quis carnis curam in desideriis faciat, cujus appetentia quidem plena est anxietatis, satietas vero pœnitentiæ? Quis non audiat Paulum dicentem : *Non est regnum Dei esca et potus* (Rom. xiv). Item : *Esca ventri, et venter escis; Deus autem et hunc et hanc destruet* (I Cor. vi).

Mag. Benedictus Deus, quod super carnis vel saginæ abstinentia, tam vera et tam salubris tibi illuxit sententia.

Disc. Quia ergo ex rationum tuarum scintillula, vitalem calorem mihi illuxisse congratularis, dic, quæ adhuc deesse memineris.

Mag. Imo tanto agilior et facundior ero in dicendo, quanto te magis docilem et capacem video in audiendo, et devotiorem spero audita implendo. Quibus ergo rationibus accedam ad voluntarium et necessarium statum distinguendum, quod paulo superius interrupisti, diligenter attende. Res quælibet, quæ ante votum singulis hominibus est licita, post votum fit illicita. Verbi gratia : Si quis aliquem ante votum ad abstinentiam carnis invitat, rem quidem dignam remuneratione acquiescenti et perseveranti persuadet. Sed qui non acquieverit, licet maneat faciente inferior, non tamen fit se ipso deterior; sed si a voto ceciderit, fit se ipso inferior et

---

(43) C. Mel., *districtioribus.*
(44) C. G., *puritatis.*

(45) C. G., *lasciviam.*

deterior. Itaque ante votum est deliberandum ; post
votum vero perseverandum. Postquam enim ad
hanc abstinentiam si quis voto astrinxerit, fit necessarium et pœnale, si non teneatur ; ad quod,
nimirum, tanquam voluntarium, ante hanc obliga-
tionem, non cogebatur. Abstinere autem se a carnibus pollicetur, quisquis juxta Regulam beati Benedicti, vitam suam se velle instituere profitetur :
cum auctoritas tanti ducis et præceptoris hanc abstinentiam ita indubitanter sanciat ; ut hanc observare, pie volentibus vivere, necessitas incumbat.
Non enim consilium est, quod præteriri sine culpa
potest ante votum, licet laudem non mereatur ;
sed præcepti institutio, quod sine culpa post votum
nemo prævaricatur. Unde est illud : *Si quid vove-*
ris Domino, ne moreris reddere ; quia requiret illud
a te Dominus Deus tuus (Eccle. v). Quæ ergo prius
voluntarie voventur, post votum necessaria requi-
runtur et debentur. Unde aut quisque professor
sæpedictæ abstinentiæ hanc spontanea voluntate
exsequitur, aut reus voti ad hujus observantiam
vigore regularis disciplinæ redire juste compellitur. Non enim mala voluntas, teste Augustino,
suæ semper permittenda est libertati ; sed, ubi potestas datur, et a malo prohibenda, et ad bonum
est cogenda : quemadmodum filii Israel resistentes
et murmurantes duris flagellis affligebantur, et ad
terram promissionis compellebantur.

Disc. Confiteor, nunc me indubitanter cernere
quæ dudum videbantur incerta. Unum nunc, quod
superest, oro, facias ; ut videlicet nos responsionibus tuis, velut quodam inexpugnabili scuto, contra
illos procures armare, qui nobis obloquentes, licet
auctoritate deficientes, humanis quidem rationibus
armata sed tamen infecunda facundia nituntur nos
expugnare. In multitudine enim peccantium culpam
suam extenuari et palliari posse putantes, seque
ipsos noxia assentatione palpantes, ita occurrunt
nobis hæc objicientes, quasi lapide frontem nostram
conterentes. Nimium, inquiunt, effluxit tempus, quo
durat hæc nostra consuetudo ; et sub hac multi religiosi viri ex hac vita migraverunt ; et ideo usus
moresque longævi legem jam imitantur.

Mag. Quod dicunt, quia auctoritati sacræ Scripturæ non innititur, eadem facilitate contemnitur,
qua astruitur. Dicitur enim eis e diverso, quia
quantumlibet longo tempore duret emendanda consuetudo ; tamen si justitiæ satisfactum erit, non
ideo stabilis perstare debet, et inconvulsa. Populus
enim Hebræorum, licet sedens super ollas carnium,
sub durissima tamen Ægyptiorum regum pressura,
in gravi scilicet opere lateris ac luti quadringentis
annis serviens sudavit ; quem tandem Deus visitans, ut in solitudine quietis, cœlestibus deliciis
animum jugiter posset pascere, quomodo et quando
voluit, liberavit. Sic in metropoli Chaldæorum ca-

ptivatus per septuaginta annos sub duro servitutis
fasce gemebat ; quem tamen Dominus, ubi venit
tempus miserendi ejus, natali solo et optatæ libertati reddebat. Sic nos quoque a paterna traditione
per subreptionem et incuriam abducti, tandem Deo
propitio, ad antiquissimæ abstinentiæ exemplar
sumus reducti. Frustra ergo ad stabiliendam suam
carnalem consuetudinem sibi carnales de temporis
prolixitate, et suæ dissuetudinis blandiuntur antiquitate.

Quod vero sua hæc prava consuetudo refragetur
consuetudini honestæ antiquissimorum cœnobio-
rum (46) Ægypti et Palestinæ provinciæ (de quibus quasi quodam purissimo fonte, quidquid regularis disciplinæ habemus, manavit) licet superius
copiosissime sit demonstratum, tamen et ex hoc
astruere possumus quod vel nusquam, vel vix
usquam in aliquo præfatarum regionum cœnobio,
adhuc hujusmodi dissuetudo tenetur. Si vero hæc
misera consuetudo adhuc in aliquo prædictarum
provinciarum monasterio inveniatur, quæ tam late
per nostrarum partium cœnobia inolevisse cernitur ; dicimus, quia generali, [et in veritate antiquissimorum Patrum consuetudini, paucorum modernorum non debet præponi vel præjudicare emendanda dissuetudo. Nam, licet illa reproba consuetudo apud modernos pene omnes celebris habeatur ;
dicimus tamen ex verbis Augustini : *Quia ratio*
consuetudini anteponenda est paucorum modernorum, cui tamen exempla concordant omnium antiquorum.

Et ut rationi et exemplis legem concordare do-
ceamus, beati Cypriani sententiam in medium proferamus ; ut adversariorum objectiones irrefragabili
auctoritate suffocemus. *Quælibet*, inquit, *consue-*
tudo, quantumvis vetusta, quantumvis vulgata, veri-
tati omnino est postponenda : et usus, qui veritati est
contrarius, abolendus. Unde Isidorus in *Synonymis*
libro secundo : *Usus auctoritati cedat ; pravum*
usum lex et ratio vincat. Augustinus quoque *De unico*
baptismo libro iii : *Veritate manifestata cedat con-*
suetudo veritati. Plane quis dubitet veritatem consue-
tudini cedere? Item : *Nemo consuetudinem rationi et*
veritati præponat, quia consuetudinem ratio et veritas
semper excludit. Item idem ad Casulanum presbyterum : *Omnia talia*, inquit, *quæ nec sanctarum*
continentur Scripturarum auctoritatibus, nec episco-
porum conciliis statuta reperiuntur, nec consuetudine
universalis Ecclesiæ roborata sunt, resecanda sunt.
Item de eodem Gregorius VII Wimundo Aversano
episcopo (47) : *Si consuetudinem fortassis opponas,*
advertendum fuerat, quod Dominus dicit : « *Ego sum*
veritas (Joan. xix). » *Non ait : Ego sum consuetudo,*
sed « *veritas.* » *Codicum* libro, titul. ii : *Consuetu-*
dines ususque longævi non vilis auctoritas. Verum non
usque adeo valitura memento, ut aut rationem vin-

<hr>

(46) C. G., *monachorum.*
(47) C. Mel., *Wimundo Ausano* ep. Cod. Gen.

Winifrido Ausano ep. Vid. Decr. Grat. Dist. viii,
cap. 5.

cant aut legem. Hinc Nicolaus papa Hincmaro Rhemorum archiepiscopo : *Mala consuetudo non minus, quam perniciosa corruptela vitanda est; quæ nisi citius radicitus evellatur, in privilegiorum jus a malis assumitur; et incipiunt prævaricationes et variæ præsumpiones, celerrime non compressæ legibus venerari, et privilegiorum more perpetuo celebrari.*

His igitur et aliis auctoritatibus freti, constanter asserimus, consuetudinem monachorum (qua excepta reparatione virium post gravem ægritudinem, sibi indulgent esum cujuslibet carnis vel saginæ, quod pene unum et idem est) et legi et rationi, exemplis quoque antiquissimorum Patrum esse contrariam, et ideo falce justitiæ resecandam. Si autem illi, qui contraria suadent et agunt, verioribus et præpollentioribus documentis ea licere possunt approbare (quod non credimus) quæ nos illicita esse monstravimus; æquum esset, si rectiora docentibus, salubriora agentibus et auditum et ad sensum efficaciter accommodaremur. Quia vero id

facere non sufficiunt ; sapiunt, si nostram sententiam recipiunt´; quia qui aliquid reliquerit extra veritatem, nihil invenit nisi falsitatem.

Disc. Vehementer assentio ; nec unquam fuerit dies, quæ me ab hujus sententiæ veritate repellat.

Mag. Non nobis, *Domine, non nobis , sed nomini tuo da gloriam (Psal.* cxiii). Hæc non ut adversariis, sed ut amicis scripsimus ; nec invecti sumus in eos, qui in comestione saginæ hactenus ignoranter deliquerunt ; sed ne delinquant, monemus. Nec in illos tantum, sed et in nos ipsos severi judices fuimus, volentesque festucam de oculo alterius tollere, nostram prius trabem ejecimus. Neminem designata persona noster sermo pulsavit. Generalis fuit disputatio de vitio hoc. Sed qui mihi irasci (voluerint) pro reprehensione eorum, qui sani saginam præsumunt pro eo quod sint carnales (48), ipsi se perdunt.

Explicit Dialogus bonus per manus Georgii, etc.

(48) Uterque C. *priusquam sint carnal.*

<hr>

LUDUS PASCHALIS

DE ADVENTU ET INTERITU ANTICHRISTI

In scena sæculo xii exhibitus.

(D. Bern. Pezius, *Thesaur. Anecdot.*, tom. II, parte ii, col. 185, ex cod. ms. Tegernseensi.)

—

MONITUM.

—

In notis ad cap. 25 Vitæ venerabilis Wilburgis, seu Wilbirgis, reclusæ, anno 1715 Augustæ Vindelicorum a nobis in 4° editæ, ubi *quadam nocte Dominicæ resurrectionis, cum in monasterio* [*Florianensi*] *Ludus Paschalis tam a clero quam a populo ageretur, quia eidem non potuit corporaliter interesse,* dicitur virgo Christi *cœpisse desiderare ut ei Dominus aliquam specialis consolationis gratiam per resurrectionis suæ gaudia largiretur,* observavimus videri hunc *Ludum* fuisse veluti theatralem quamdam repræsentationem, qua Christi resurgentis gloria ad ciendam fidelium devotionem pie exhiberetur, uti hodieque Christi Nativitas et Passio diversis figuris et scenis in non paucis catholicorum locis ob fidelium oculos reducuntur. Sed quod tunc opinati et suspicati tantum fuimus, visis postea et repertis ejusmodi *Paschalium Ludorum* pluribus exemplis, certissimum esse comperimus. Insignis in his est *Ludus Paschalis* in codice Claustroneoburgensis canoniæ quingentorum annorum , in quo resurrectionis Dominicæ historia pereleganti ac pio dramate proponitur. Incipit in hunc modum : *Primo producatur Pilatus cum responsorio* : ‹ *Ingressus Pilatus.* › *Et sedeat in locum sibi prædeterminatum.* Post hæc.... *pontifices cantant :* ‹ *O Domine, recte meminimus, quod a turba sæpe audivimus, seductorem consuetum dicere :* ‹ *Post tres dies volo resurgere.* › *Respondet Pilatus :* ‹ *Sicut mihi dictat discretio,* › etc. In fine : *Et populus universus jam certificatus de Domino, cantor sic imponit :* ‹ *Christ Der ist erstanden ,* › etc. Nec solum in sacris his scenis mysteria passionis, resurrectionis, etc., Christi Domini repræsentabantur, sed etiam sacræ aliæ historiæ, quarum tamen epilogus plerumque Christi triumphantis gloriam spectabat. Illustre hujus rei exemplum iste ipse *Ludus Paschalis de adventu et interitu Antichristi,* quem ex sæculi xii codice Tegernseensi emittimus, præbet, ex quo præterea discimus quæ fuerit Germanorum et Francorum de Romanorum imperatoris potestate ac amplitudine sententia, ut alia plura tum majorum nostrorum scenam, tum opinionum de modo adventus spectantia, quæ ex hoc monumento elici possunt, taceamus. Ei perlibenter *Ludum Paschalem* Claustroneoburgensem adjunxissemus, nisi preces et litteræ, in quibus aliquod ejus apographum magno studio requisivimus, irritæ fuissent.

LUDUS PASCHALIS DE ADVENTU ET INTERITU ANTICHRISTI.

—

Templum Domini, et septem sedes regales primum collocentur in hunc modum : ad orientem templum Domini ; huic collocantur sedes regis Hierosolymorum et sedes Synagogæ. Ad occidentem sedes imperatoris Romanorum ; huic collocantur sedes regis Theotonicorum et sedes regis Francorum. Ad austrum sedes regis Græcorum. Ad meridiem sedes regis Babyloniæ et Gentilitatis. His ita ordinatis primo procedat Gentilitas cum rege Babyloniæ cantans :

> Deorum immortalitas est omnibus colenda,
> Eorum et pluralitas ubique metuenda.
> Stulti sunt, et vere fatui, qui Deum unum dicunt.
> Quia antiquitatis ritui perpetuæ contradicunt.
> Si enim unum credimus, qui præsit universis,
> Subjectum hunc concedimus contrarie diversis.
> Cum hinc bonum pacis foveat clementi pietate.
> Hinc belli tumultus moveat sæva crudelitate.
> Sic multa sunt officia, diversaque deorum,
> Quæ nobis sunt indicia discriminis eorum.
> Qui igitur tam multifariis unum dicunt præesse,
> Illorum contrariis est affici necesse.
> Ne ergo unum subjici contrariis dicamus,
> Et his divinam affici naturam concedamus.
> Ratione hac decernimus deos discriminare,
> Officia quorum cernimus ab invicem distare.

Quod etiam debet cantari per totum ludum in temporibus. Et sic ipsa et rex Babyloniæ ascendunt in sedem suam. Tunc sequitur Synagoga cum Judæis cantans :

> Nostra salus in te, Domine ;
> Nulla vitæ spes in homine ;
> Error est in Christi nomine spem salutis æstimari.
> Mirum, si morti succubuit,
> Qui vitam aliis tribuit.
> Qui se salvare non potuit, ab hoc quis potest salvari ?
> Non homines ; qui est Emmanuel,
> Deum adorabis Israel.'
> Jesum sicut deos Ismael te jubeo detestari.

Quod et ipsa cantabit singulis in temporibus, et sic ascendat thronum suum. Tunc Ecclesia in muliebri habitu procedit induta thoracem, et coronata, assistente sibi Misericordia cum oleo ad dexteram, et Justitia cum libra et gladio ad sinistram utrisque muliebriter indutis. Sequentur etiam eam Apostolicus a dextris cum clero, et imperator Romanorum a sinistris cum militia. Cantabit autem Ecclesia Alto consilio, his qui eam sequuntur ad singulos versus respondentibus :

> Hæc est fides, ex qua vita,
> In qua mortis lex sopita.

> Quisquis est qui credit aliter,
> Hunc damnamus æternaliter.

Ascendit autem ipsa cum Apostolico et clero, imperatore, et militia sua eumdem thronum. Postea procedunt et alii reges cum militia sua cantantes singuli quod conveniens visum fuerit. Et sic unusquisque cum militia sua ascendet thronum suum, templo adhuc et uno throno vacuis remanentibus. Tunc imperator dirigit nuntios suos ad singulos reges, et primo ad regem Francorum dicens :

> Sicut scripta tradunt historiographorum
> Totus mundus fuerat fiscus Romanorum.
> Hoc primorum strenuitas elaboravit,
> Sed posterorum desidia dissipavit.
> Sub his imperii dilapsa est potestas,
> Quam nostræ repetit potentiæ majestas.
> Reges ergo singuli prius instituta
> Nunc Romano solvant imperio tributa.
> Sed quod in militia valet gens Francorum,
> Armis imperio rex serviat eorum.
> Huic ut hominum cum fidelitate
> Nobis in proximo faciat, imperate.

Tum legati venientes ad regem Francorum coram eo cantent :

> Salutem mandat imperator Romanorum
> Dilecto suo inclyto regi Francorum
> Tuæ discretioni notum scimus esse,
> Quod Romano juri tu debeas subesse.
> Unde te repetit sententia tenenda
> Summi imperii et semper metuenda ;
> Cujus ad servitium nos te invitamus
> Et cito venire sub præcepto mandamus.

Quibus ille :

> Historiographis si qua fides habetur,
> Non nos imperio, sed nobis hoc debetur.
> Illud enim seniores Galli possederunt,
> Atque suis posteris nobis reliquerunt.
> Sed hoc invasoria vi nunc spoliamur ;
> Absit invasoribus ut nos obsequamur !

Tum legati redeuntes ad imperatorem cantent coram eo :

> Ecce Franci super te nimium elati
> Proterve se opponunt tuæ majestati :
> Imo et imperii tui jus infirmatur,
> Illud invasorium dum affirmatur.
> Digna ergo pœna correpti resipiscant,
> Ut per eos alii obedire discant.

Tunc imperator cantat :

> Corda solent ante ruinam exaltari.
> Superba stultos loqui nolite mirari.
> Quorum nos superbiam certe reprimemus,

Ac eos sub pedibus nostris conteremus.
Et qui nunc ut milites nolunt obedire,
Tanquam servi postmodum cogentur servire.

Et statim [cum] aciebus vadit ad expugnandum regem Francorum. Qui sibi occurrens congreditur cum eo, et superatus captivus reducitur ad sedem imperatoris, et sedente imperatore stat coram eo cantans :

Triumphi gloria est parcere devictis.
Victus ego tuis nunc obsequor edictis.
Vitam meam simul cum regni dignitate
Positam fateor in tua potestate.
Sed si me pristino restitues honori,
Erit honor victi laus maxima victori.

Tunc imperator eum suscipiens in hominem et concedens sibi regnum cantat :

Vive per gratiam, et suscipe honorem,
Dum me recognoscis solum imperatorem.

Et ille cum honore dimissus revertitur in regnum suum cantans :

Romani nominis honorem veneramur,
Augusto Cæsari servire gloriamur,
Cujus imperii virtus est formidanda,
Honor et gloria maneant veneranda.
Omnium rectorem te solum profitemur,
Tibi tota mente semper obsequemur.

Tunc imperator dirigens nuntios suos ad regem Græcorum cantat :

Sicut scripta tradunt historiographorum,
Quidquid habet mundus, fiscus est Romanorum.
Hoc primorum strenuitas elaboravit,
Sed posterorum desidia dissipavit.
Sub his imperii dilapsa est potestas,
Quam nostræ repetit potentiæ majestas.
Reges ergo singuli prius instituta
Nunc Romano solvant imperio tributa.
Hoc igitur edictum Græcis indicate,
Et ab ipsis debitum censum reportate.

Qui venientes ad regem cantant coram eo : *Salutem mandat,* ibi mutantes :

Cujus ad servitutem te invitamus,
Et tributum dare sub præcepto mandamus.

Quos ille honeste suscipiens cantat :

Romani nominis honorem veneramur,
Tributum Cæsari reddere gloriamur, etc.

Eosque cum honore dimittens ipsemet ascendet (49) ad imperium cantans : *Romani nominis,* etc. Qui eum in hominem suscipiens, et regnum sibi concedens cantat : *Vive per gratiam.* Tunc ille, suscepto regno, revertitur cantans : *Romani nominis,* etc.

Tunc iterum dirigit nuntios suos imperator ad regem Jerosolymorum , dicens : *Sicut scripta tradunt,* etc. Qui venientes ad regem coram eo cantant :

Salutem mandat imperator Romanorum
Dilecto suo regi Jerosolymorum, etc.

(49) *Cod.* ascendens.

Quibus ille honeste susceptis cantat : *Romani nominis,* etc. Et ascendens ad imperium cantat hoc ipsum, iterans : *Romani nominis,* etc.

Quo ille suscepto concedit sibi regnum. Ipso itaque reverso in sedem suam, cum jam tota Ecclesia subdita sit imperio Romano, consurgit rex Babylonis in medio suorum cantans :

Ecce superstitio novitatis vanæ,
Quam error adinvenit sectæ Chistianæ!
Fere destruxit ritum antiquitatis,
Et diis subtraxit honorem Deitatis,
Quorum cultum deleri prorsus ne sinamus,
Nomen Christianum de terra deleamus :
Quod ab eo loco debemus inchoare,
Unde primo cœpit hæc secta pullulare.

Et ordinans acies suas vadit ad obsidendam Jerosolymam. Tunc rex Jerosolymæ dirigit nuntios suos ad imperium , cantans :

Ite hæc Ecclesiæ mala nuntiantes,
Nobis auxilium ab ipsa postulantes.
Hæc dum cognoverit Romanus imperator,
Ipse noster erit ab hoste liberator.

Qui venientes ad imperium cantant coram eo :

Defensor Ecclesiæ nostri miserere,
Quos volunt inimici Domini delere,
Venerunt gentes in Dei hæreditatem,
Obsidione tenent sanctam civitatem,
Locum, in quo sancti ejus pedes steterunt,
Ritu spurcissimo contaminare quærunt.

Quibus ille :

Ite vestros propere fratres consolantes,
Ut nostrum auxilium læti postulantes,
Nos pro certo sciant in proximo venire,
Ne de ipsis valeant hostes superbire.

Qui reversi stant coram rege cantantes :

Viriliter agens ab hoste sis securus :
Appropinquat enim ab hoc te redempturus.
Quem debes in prælio constans præstolari.
Per hunc te gaudebis in brevi liberari.

Interim dum imperator colligit exercitum, angelus Domini subito apparens, cantat

Judæa et Jerusalem nolite timere,
Sciens te auxilium Dei cras videre,
Nam tui fratres adsunt, qui te liberabunt,
Atque tuos hostes potenter superabunt.

Tunc chorus : *Judæa et Jerusalem.* Interim imperator cum suis procedat ad prælium, et finito prælio, responsorio congrediatur cum rege Babylonis. Quo superato, et fugam ineunte imperator cum suis intret templum, et postquam ibi adoraverit, tollens coronam de capite, et tenens eam cum sceptro et imperio, ante altare cantet :

Suscipe quod offero, nam corde benigno,
Tibi Regi regum imperium resigno,
Per quem reges regnant, qui solus imperator
Dici potes, et es cunctorum gubernator.

Et eis depositis super altare ipse revertitur in

sedem antiqui regni sui, Ecclesia, quæ secum A
descenderat Jerosolymam, in templo remanente.
Tunc cum Ecclesia et Gentilitas et Synagoga vicissim cantant, ut supra. Procedant hypocritæ sub silentio et specie humilitatis, inclinantes circumquaque et captantes favorem laicorum. Ad ultimum
omnes conveniant ante ecclesiam, et sedem regis
Jerosolymæ. Qui eos honeste suscipiens ex toto se
subdet eorum consilio. Statim ingreditur Antichristus sub alis indutus loricam, comitantibus eum
Hypocrisi a dextris, et Hæresi a sinistris, ad quas
ipse cantat :

> Mei regni venit hora.
>
> Per vos ergo sine mora
> Fiat, ut conscendam regni solium :
> Me mundus adoret, et non alium.
> Vos adaptas cognovi,
> Vos ad hoc hucusque fovi.
> Ecce labor vester, et industria
> Ad hoc mihi sunt necessaria.
> En Christum gentes honorant,
> Venerantur et adorant.
> Ejus ergo delete memoriam,
> In me suam transferentes gloriam.

Ad Hypocrisim :

> In te pono fundamentum.

Ad Hæresim :

> Per te fiet incrementum.

Ad Hypocrisim :

> Tu favorem laicorum exstrue.

Ad Hæresim :

> Tu doctrinam clericorum destrue.

Tunc illæ :

> Per nos mundus tibi credet :
> Nomen Christi tibi cedet.

Hypocrisis :

> Nam per me favorem dabunt laici.

Hæresis :

> Et per me Christum negabunt clerici.

Tunc præcedent eum ipso paulatim sequente. Et
postquam venerint ante sedem regis Jerosolymæ,
Hypocrisis insusurret hypocritis annuntians eis
adventum Antichristi. Qui statim occurrent sibi
cantantes :   D

> Sacra religio jamdiu titubavit.
> Matrem Ecclesiam vanitas occupavit.
> Utquid perditio per viros phaleratos ?
> Deus non diligit sæculares prælatos.
> Ascende culmina regiæ potestatis,
> Per te reliquiæ mutentur vetustatis.

Tunc Antichristus :

> Quomodo fiet hoc? Ego sum vir ignotus.

Tunc ipsi :

> Nostro consilio mundus favebit totus.
> Nos occupavimus favorem laicorum.
> Nunc per te corruat doctrina clericorum.
> Nostris auxiliis hunc thronum occupabis.
> Tu tuis meritis cætera consummabis.

Tunc Antichristus veniens ante sedem regis Jerosolymæ cantat ad hypocritas :

> Quém sub Ecclesiæ gremio concepistis
> Longis conatibus, me tandem genuistis.
> Ascendam igitur, regna subjugabo.
> Deponam vetera, nova jura dictabo.

Tunc exeuntes ei superiora indumenta ascendunt
expositis gladiis, et deponentes regem Jerosolymorum coronant Antichristum cantantes :

> Firmetur manus tua, et exaltetur dextera tua.

Tunc rex Jerosolymis ascendat ad regem Teutonicorum solus cantans :

> Deceptus fueram per spem bonorum.
> Ecce destituor fraude simulatorum.
> Regni fastigia putabam beata.
> Si essent talium edictis ordinata.   B
> Romani culminis dum esses advocatus,
> Sub honore viguit Ecclesiæ status.
> Nunc tuæ patens est malum discessionis ;
> Viget pestiferæ lex superstitionis.

Interim hypocritæ conducunt Antichristum in
templum Domini, ponentes ibi thronum suum. Ecclesia vero, quæ ibi remanserat, multis contumeliis
et verberibus affecta redibit ad sedem Apostolici.
Tunc Antichristus diriget nuntios suos ad singulos reges Græcorum dicens :

> Scitis divinitus ab hoc me vobis datum,
> Ut per omnes habeam terras principatum.
> Ad hoc idoneos ministros vos elegi,
> Per quos totus mundus subdatur nostræ legi.   C
> Hinc primo terminos Græcorum occupate.
> Græcos terroribus, aut bello subjugate.

Qui venientes ad regem Græcorum cantant coram eo :

> Rex, tibi salus sit a salvatore
> Nostro, regum et totius orbis rectore,
> Qui, sicut ex Scripturis mundo fuit promissus,
> Descendit de cælis ab arce Patris missus.
> Ille semper idem manens in Deitate,
> Ad vitam sua nos invitat pietate
> Hic se vult a cunctis ut Deum venerari,
> Et a toto mundo se jubet adorari.
> Hujus edicti formam si tu præteribis,
> In ore gladii cum tuis interibis.

Quibus ille :

> Libenter exhibeo regi famulatum,
> Quém tanto dicitis honore sublimatum.
> Honor est et gloria tali obedire,
> Huic tota mente desidero servire.

Et hoc iterans venit ad præsentiam Antichristi,
et stans coram eo cantat :

> Tibi profiteor decus imperiale,
> Quo tibi serviam, jus postulo regale.

Et flexo genu, offert ei coronam. Tunc Antichristus depingens primam litteram nominis sui regi, et
omnibus suis in fronte, et coronam ei in capite re-
ponens cantat :

> Vive per gratiam, et suscipe honorem,
> Dum me recognoscis cunctorum creatorem.

Tunc ille revertitur ad sedem suam. Iterum An- **A**
tichristus dirigit hypocritas ad regem Francorum
cum muneribus dicens :

> Hæc munera regi Francorum offeretis,
> Quem cum suis ad nos per illa convertetis,
> Hi nostro ritui formam adinvenere,
> Nostro adventui viam præparavere.
> Horum subtilitas nobis elaboravit
> Thronum conscendere, quem virtus occupavit.

Tunc hypocritæ, acceptis muneribus, vadunt ad
regem Francorum, et stantes coram eo cantant :
Rex, tibi salus sit, etc. Ultimam clausulam ista
commutantes :

> Sed de tui regni certus devotione
> Rependit tibi vicem voluntatis bonæ.

Tunc rex, acceptis muneribus, cantat : *Libenter* **B**
exhibeo, etc. Et hoc iterans venit ad præsentiam
Antichristi, et flexo genu, offert ei coronam cantans : *Tibi profiteor*, etc. Antichristus, eo suscepto,
in osculo signat eum et suos in frontibus, et imponens ei coronam cantat : *Vive per gratiam*, etc.
Tunc iterum dirigit hypocritas ad regem Teutonicorum, cantans :

> Excellens est in armis jus Teutonicorum,
> Sicut testantur experti robur eorum.
> Regem muneribus est opus mitigari :
> Est cum Teutonicis incautum præliari.
> Hi secum pugnantibus pessima pestis.
> Hos nobis subjicite donis si potestis.

Tunc hypocritæ, acceptis muneribus, transeunt **C**
ad regem cantantes coram eo : *Rex tibi salus sit*,
etc., ultimum versum iterum isto commutantes :

> Et his te honorans muneribus absentem
> Amicum cernere desiderat præsentem.

Tunc rex Teutonicorum cantat :

> Fraudibus versutias compellor experiri,
> Per quas nequitia solet mentiri.
> Sub forma veritas virtutis putatur :
> Ostendet falsitas, quod forma mentiatur.
> Per vos corrupta est fides Christianorum,
> Per me contereretur regnum simulatorum.
> Plena sunt fraudibus munera deceptoris,
> In quos corruet per gladium ultoris,
> Secum pecunia sit in perditionem,
> Gravem injuria exspectat ultionem.

Tunc hypocritæ confusi redeunt, et stantes coram Antichristo cantant :

> O regni gloria, caput totius mundi,
> Offensa aspice populi furibundi.
> Certe prædictum est per fidem antiquorum :
> Quod tu subjicies cervices superborum.
> Si virtute tua totus orbis subsistit,
> Qua vi Teutonicorum furor tibi resistit ?
> Igitur tuam Germania blasphemat ditionem,
> Extollit cornua contra religionem,
> Respice nostram confusionem
> In ea judica tuam offensionem.
> Tuam potentiam injuria testatur,
> Cujus imperium ruinam minatur.

Tunc Antichristus :

> Consummabo vere gentem perditionis
> Pro tanto scandalo religionis
> Ecce superbiam humanæ potestatis
> Terret potentia divinæ majestatis !

Tunc dirigit singulos nuntios ad reges dicens
eis :

> Ite congregantes facultates regnorum
> Conculcent impetu furorem superborum.

Nuntii vero venientes coram regibus cantant :

> Ecce noster Dominus et Deus deorum
> Per nos exercitum convocat suorum,
> Ut per eos Teutonicum condemnet furorem.
> In bello martyrum consignabit cruorem.

Tunc reges conveniunt ante thronum Antichri- **B**
sti. Quibus ille :

> Consummabo vere, etc.
> Ite Germaniæ terminos invadetis,
> Superbum populum cum rege conteretis.

Tunc omnes cantant :

> Deus nobiscum est, quos tuetur potenter,
> Pro fide igitur pugnemus confidenter.

Et disponentes acies suas in occursum Teutonicorum congrediuntur cum eis, et superatur exercitus Antichisti. Tunc rex Teutonicorum rediens, et
sedens in throno suo cantat :

> Sanguine patriæ honor est retinendus :
> Virtute patriæ est hostis expellendus
> Jus dolo perditum est sanguine venale
> Sic retinebimus decus imperiale. .

Tunc hypocritæ adducunt claudum coram Anti- **C**
christo. Quo sanato, rex Teutonicorum hæsitabit in
fide. Tunc iterum adducunt leprosum, et illo sanato,
rex plus dubitabit. Ad ultimum important feretrum,
in quo jacebat quidam simulans se in prælio occisum. Jubet itaque Antichristus, ut surgat, dicens :

> Signa semper quærunt rudes et infideles.
> Surge, surge velociter, quis sim ego, reveles.

Tunc ille de feretro cantat :

> Tu sapientia supernæ veritatis,
> Virtus invicta es divinæ majestatis.

Et hypocritæ secum cantant : *Tu sapientia*, etc.
Tunc rex Teutonicorum videns signa seducitur
dicens : **D**

> Nostro nos impetu semper periclitamur :
> Adversus Dominum incauti præliamur.
> In hujus nomine mortui suscitantur,
> Et claudi ambulant, leprosi mundantur,
> Illius igitur gloriam veneremur.

Tunc rex ascendit ad Antichristum, et hoc idem
cantat. Cum autem venerit coram eo, flexo genu
offert ei coronam cantans : *Tibi profiteor*, etc.
Tunc Antichristus signans eum, et suos in frontibus, et imponens ei coronam cantat : *Vive per*
gratiam, etc. Tunc committit sibi expeditionem ad
gentes, dicens :

> Vobis credentibus, convertimur ad gentes.

Et dato sibi gladio cantat :

> Per te disponimus has fieri credentes.

Tunc rex veniens ad thronum Gentilitatis, et
mittens legatum ad regem Babylonis, cantat coram
eo :

> Potestas Domini maneat in æternum,
> Quæ adoranda est quasi numen sempiternum.
> Condemnat penitus culturam idolorum,
> Præcipit abjici ritus simulacrorum.

Tunc Gentilitas ad legatum :

> Finxit invidia hanc singularitatem,
> Ut unam coleret homo Divinitatem.
> Ille jure Deus cupidus æstimatur,
> Qui specialius cæteris vult ut solus colatur,
> Nos igitur sequimur ritum antiquitatis :
> Diis discrimina reddimus Deitatis.

Tunc nuntius :

> Unus est Dominus, quem jure veneramur.

Et dejiciens simulacrum cantat :

> Idolum detestamur.

Statim gentiles concurrunt, et præliantur cum
exercitu Antichristi. Et superatus rex Babylonis
ducitur captivus ad Antichristum. Tunc rex, genu
flexo, offert coronam Antichristo, dicens : Tibi profiteor, etc. Tunc Antichristus signans eum, et suos
in frontibus, et imponens coronam e' cantat : Vive
per gratiam, etc. Statim redeunt ad sedes suas omnes cantantes :

> Omnium rectorem te solum profitemur,
> Tibi tota mente semper obsequemur.

Tunc Antichristus dirigens hypocritas ad Synagogam cantat :

> Judæis dicite Messiam advenisse,
> Et me in gentibus tributum accepisse.
> Judæis dicite : En ego sum Messias,
> Ego sum promissus eis per prophetias.

Tunc hypocritæ ad Synagogam :

> Regalis generis gens est peculiaris,
> Fidelis populus ubique prædicaris.
> Pro tuenda lege jamdudum exsulasti,
> Procul a patria Messiam exspectasti.
> Hæc exspectatio reddet hæreditatem :
> Jucunda novitas mutabit vetustatem.
> Ecce mysterium tuæ redemptionis :
> Rex enim natus est auctor religionis.
> Hic est Emmanuel, quem testantur Scripturæ,
> Per cujus gratiam tu regnabis secure,
> Erexit humiles, et superbos dejecit,
> Potenter omnia sub pedibus subjecit.
> Surge, Jerusalem, surge, illuminare,
> Captiva diu Synagoga, lætare.

Tunc Synagoga :

> Hæc consolatio divinæ bonitatis
> Laborem respicit nostræ captivitatis.
> Eamus igitur obviam Salvatori,
> Dignum est reddere gloriam Redemptori.

Tunc Synagoga surgens vadit ad Antichristum, etc.

> Ades Emmanuel, quem semper veneramur,
> In cujus gloria nos quoque gloriamur.

Tunc venientem suscipit Synagogam signans eam,
et dicens :

> Per me egredere vectem confusionis :
> Tibi restituo terram promissionis.
> In tuo lumine en gentes ambulant,
> Et sub pacis tuæ lege reges regnant.

Tunc Synagoga redeunte, intrant prophetæ dicentes :

> Verbum Patris habens divinitatem
> In virgine sumpsit humanitatem,
> Manens Deus effectus est mortalis,
> Semper Deus factus est temporalis.
> Non naturæ usu sic testante
> Hoc' factum est, sed Deo operante.
> Nostram sumpsit infirmitatem,
> Ut infirmis conferret firmitatem.
> Hunc Judæi mortalem cognoverunt,
> Immortalem quem esse nescierunt.
> Nec sermoni, nec signis credidere;
> Sub Pilato Christum crucifixere.
> Moriendo mortem mortificavit,
> A gehenna credentes liberavit.
> Hic surrexi: vere non moriturus,
> Regnat semper in proximo venturus.
> Hic sæculum per ignem judicabit,
> Universos in carne suscitabit,
> A reprobis salvandos separabit,
> Malos damnans, bonos glorificabit.
> Veræ scitis quid Scripturæ loquantur,
> Enoch vivum, et Eliam testantur.

Tunc Synagoga :

> Ubinam sunt ?

Illi :

> Nos sumus vere,
> In quos fines sæculorum devenere.
> Iste Enoch, et ego sum Elias,
> Quos hucusque servaverat Messias,
> Qui jam venit, et adhuc est venturus,
> Per nos primum Israel redempturus.
> Ecce venit homo perditionis,
> Magnæ consummans muros Babylonis :
> Non est Christus.

Tunc tollunt ei velum. Statim Synagoga convertitur ad verba prophetarum dicens :

> Seducti sumus vere per Antichristum,
> Qui mentitur se Judæorum Christum.
> Certa indicia est nostræ libertatis
> Elias et Enoch prophetæ veritatis.
> Tibi gratias damus, Adonai, rex gloriæ,
> Personarum Trinitas ejusdem substantiæ.
> Vere Pater Deus est, cujus Unigenitus
> Deus est, idem Deus est amborum Spiritus.

Interim hypocritæ venientes ad Antichristum
cantant :

> O culmen regium divinæ majestatis !
> Tibi subtrahitur honor divinitatis.
> Intravere senes doctores vanitatis,
> Qui blasphemant tuæ honorem potestatis.
> Judæis prædicant tenore Scripturarum,

Te, rex omnipotens, caput hypocritarum.

Tunc Antichristus ad hypocritas :

Cum me tôtus orbis studeat adorare,
Jus mei nominis quis audeat negare ?
Synagogam, et senes mihi repræsentate.
Reos conveniam super hac levitate.

Tunc ministri venientes ad prophetas et Synagogam cantant :

Testes mendacii, præcones falsitatis.
Vos tribunal vocat divinæ majestatis.

Tunc prophetæ :

Non seducet homo iniquitatis
Servos Christi ministris falsitatis.

Tunc nuntii adducunt prophetas et Synagogam
ad Antichristum, quibus ille :

Fert in insaniam proprietatis
Vos, quos decipiunt vultus auctoritatis.
Sanctis promissus sum redemptio futura,
Vere Messia, ut testatur Scriptura.
De me suscipite formam religionis.
Sum infidelibus lapis offensionis.

Tunc prophetæ :

Tu blasphemus auctor iniquitatis,
Radix mali, turbator veritatis,
Antichristus, seductor pietatis.

Tunc Antichristus commotus dicit ministris :

Ecce blasphemias meæ Divinitatis
Ulciscatur manus divinæ majestatis.
Qui blasphemant in me divinam pietatem,
Divini Numinis gustent severitatem.
Pereant penitus oves occisionis

Pro tanto scandalo sanctæ religionis.

Tandem Synagoga cantat confessionem istam :

Nos erroris pænitet, ad fidem convertimur,
Quidquid nobis inferet persecutor, patimur.

Tunc ministri educunt eos et occidunt. Interim
vero, dum occiduntur, Ecclesia cantat : *Fasciculus
myrrhæ dilectus meus mihi*(Cant. 1). Tunc ministris
reversis, Antichristus dirigit nuntios suos ad singulos reges cantans

Reges conveniant, et agmina sanctorum,
Adorari volo a gloria regnorum.
Cuncta divinitus manus ima firmavit,
Suos Divinitas hostes exterminavit.
Pace conclusa sunt cuncta jura regnorum,
Ad coronam vocat suos Deus deorum.

Tunc omnes reges conveniunt undique cum suis
usque ad præsentiam Antichristi cantantes : *Cuncta
divinitus,* etc. Quibus Antichristus :

Ista prædixerunt mei prædicatores,
Viri mei nominis, et juris cultores.
Hæc mea gloria, quam diu prædixere,
Qua fruentur mecum, quicunque meruere,
Post eorum casum, quos vanitas illusit,
Pax, et securitas universa conclusit.

Statim fit sonitus super caput Antichristi, et eo
corruente, et omnibus suis fugientibus, Ecclesia
cantat : *Ecce homo, qui non posuit Deum adjutorem
suum ! Ego autem sicut oliva fructifera in domo
Dei.* Tunc omnibus redeuntibus ad fidem, Ecclesia
ipsos suscipiens incipit : *Laudem dicite Deo nostro.*

Explicit.

ANONYMUS MELLICENSIS

SÆCULO XII CLARUS

DE SCRIPTORIBUS ECCLESIASTICIS,

Nuper primum in lucem editus et notulis chronologico-criticis illustratus a R. D. P. Bernardo Pez, Benedicto et bibliothecario Mellicensi, anno 1716.

(Fabric.-*Bibliotheca ecclesiastica,* Hamburgi, 1718, fol., p. 141.)

—

ADMONITIO.

—

Anonymum hunc *De scriptoribus ecclesiasticis,* seu *De viris illustribus,* quem reipublicæ litterariæ bono
nunc primum in lucem damus, *Mellicensem* dicimus, neutiquam propterea ; quod certa nobis argumenta
suppetant, auctorem hunc cœnobitis Mellicensibus accensendi, sed ideo ; quod in Bibliotheca manuscri-
ptorum *Mellicensi,* ejusque codice chartaceo in quarto, nunc signato lit. R. num. 28 sæculo circiter quarto
decimo exarato, hactenus asservatus, indeque a nobis depromptus fuit ; cujusmodi quidem cognominan-
dorum anonymorum exempla apud Freherum, Acherium, Chesnios, aliosque eruditos *Rerum* collectores,
editoresque passim occurrunt. Cæterum, ut proprium auctoris nostri nomen, fortunatius assequeremur,
nulli quidem in perquirendo labori pepercimus, sed frustra ; nemine quoquam, nec illo ipso horum quidquam innuente. Fuisse *monachum,* et quidem *Benedictinum,* ex singulari quodam studio, quo Benedictinos

scriptores consectatur, et laudat, forte quis colligat. Ast nec hoc sat firmum. Certius quid statui de hominis ætate posse videtur, estque vero perquam simile, eum sæculo Christi duodecimo animum ad scribendum appulisse. Nam capite 91 Hermannum Contractum, qui anno 1054 obiit, in *musica pene modernis omnibus subtiliorem* exstitisse narrat, et capite 105 Manegoldum, Gregorio VII P. M. æqualem tanquam *modernorum Magistum magistrorum* celebrat; cum tamen Rupertum capite 71 *beatæ memoriæ* abbatem Tuitiensem vocet. Mortuus est Rupertus anno Domini 1135. Imo videtur hic scriptor eodem fere tempore opus suum adornasse, quo Honorius Augustodunensis, et Sigebertus Gemblacensis nostras de Scriptoribus ecclesiasticis commentati sunt, quorum ille circa annum Dom. 1130 floruit, hic an. 1095 e vita excessit. Certe neutrius opus noster vel fama percepit, ut constat ex ejus præfatione, in qua præter *Hieronymum*, *Gennadium, Cassiodorum et Isidorum*, quibus posterioribus et ipsis caruit, nullum alium illustrium virorum scriptorem sibi hactenus cognitum fuisse commemorat.

Porro in referendis scriptoribus suis anonymus noster non ubique temporis rationem habuit, iis persæpe loco postpositis, quos ætate superiores fuisse notulæ nostræ chronologicæ, quas ad latus ascripsimus, palam faciunt. Quosdam memorat, eruditis viris fere adhuc ignotos, quales sunt : *Joannes musicus Anglus, Paulus Judæus Fuldensis cœnobita, Symphorosius quidam, Albertus monachus* forte *Sigebergensis, Achelinus, seu Athelinus episcopus, Stephanus musicus, Manegoldus, Aribo Junior musicus, Fucraldus, Dietgerus, ex monacho Benedictino episcopus Metensis, Meginhardus episcopus Herbipolensis, in Cantica canticorum, Deusdedit cardinalis adversus Guibertinos, Gotschalcus monachus Dekingensis* ord. S. B., *Geraldus San-Blasianus in Silva Hercynia, Placidus Nonantulanus*, etc. Iis etiam scriptoribus, quorum nomina editis Bibliothecis inserta sunt, non pauca nova, et plerisque omnibus hucusque incomperta opera attribuit. Cujusmodi sunt : *S. Gregorii M. liber* Florum, *et liber* Synodorum; *Cassiodori liber* De viris illustribus; *Freculphi* ep. Luxoviensis *Explanationes in* Genesim; *Remigii Autissiodorensis in* Genesin Commentarius; *Pauli Orosii* Opus in librum XII Prophetarum; *Sancti Odonis Cluniacensis* Dialogus de Musica; *Haymonis episcopi Halberstadiensis*, quem noster monachum *Sancti Germani Autissiodorensem* facit, Commentarius in Cantica canticorum; *Christiani episcopi Apulorum* Liber contra Berengarium; *Fulberti Carnotensis* Tractatus contra Judæos et malos Christianos; *Ivonis Carnotensis* Martyrologium de sanctis ordinatissimum; *presbyteri Constantiensis* plura opera; *Guitmundus Aversanus* in Lucam; *Anselmi Lucensis* Opus immodicum in Psalterium; scripta a *S. Udalrico Cluniacensi* Vita sancti Hermani ex marchione monachi, etc. Denique consideratione et observatione dignissima sunt, quæ de Ratramni, monachi Corbeiensis *Opere de corpore et sanguine Domini* habet, ut quibus Joannis Mabillonii de auctore sententia, Præf. in Sec. Bened. IV, P. II exposita egregie confirmetur. Sed hæc omnia præstat integra erudito lectori servare ac relinquere; quem etiam rogamus, ut ampliorum, et eruditiorum Notarum, quibus noster non raro indiget, intermissionem condonet; illas enim temporis ac otii, has ingenii angustiæ excluserunt.

† Hoc Remigii opus nuper in Bibliotheca Garstensi O. B. in superiori Austria reperimus in cod. memb. fol. hoc titulo : *Remigius in Bereschit*. Incipit : *Desiderius vocabatur episcopus*, etc. Deinde textus : *In principio creavit Deus*, etc. (Gen. 1). *Auctor hujus operis, sicut sancti doctores tradunt, cognoscitur fuisse Moyses*, etc.

ANONYMI AUCTORIS

IN LIBRUM SUUM DE SCRIPTORIBUS ECCLESIASTICIS PRÆFATIO.

Scriptorum illorum, qui virorum illustrium conscripsere catalogum, pro posse sequentes exemplum, tam scripta quam nomina sanctorum Patrum, quorum deinceps Ecclesiæ Dei desudavit ingenium, litteris transmittemus in posterum. In quo nimirum negotio ordine quidem præpostero, sed necessario commutato, eos utcunque collegimus in unum, qui in actione missarum quidpiam statuere dicendum, videlicet [1] propter Telesphorum, Gelasium, Sixtum, Clementem Alexandrinum, Alexandrum primum, Leonem Magnum, Gregorium primum, Gregorium tertium, Sergium; porro beatum Ambrosium Mediolanensem episcopum (cujus quidem beatus Hieronymus inter viros illustres meminit; sed non modo nulla librorum ejus judicia ponit, verum de ipso, quia videlicet adhuc ipse supererat, omnino suum judicium subtraxit) nos incognitum præteriri non passi, ipsam hujus operis frontem tanti nominis titulo decrevimus insigniri. Sunt tamen et alii viri illustres Cassiodorus scilicet, et Isidorus, qui

A nihilominus de viris scripserunt illustribus, quorum libri, quia necdum ad nostras pervenerunt manus, quos posuerint, vel quos omiserint, penitus ignoramus.

Inchoantes igitur a fine Gennadii, qui et ipse a fine Hieronymi initium fecit operis sui, quoscunque ex eo tempore quidpiam memoria dignum scripsisse deprehendimus, diligenter adnotare curavimus. Verum, ne quid desit curiositati legentium, judicavimus apponendum Bernagardium [2] olim hæreticum, Wichwertum [3] Ravennatem exepiscopum, Urbanum secundum; non quod ad nos scripta eorum ulla pervenerint, vel certe ipsi aliquando aliquid scripserint, sed quod quisque eorum decentia nobis ingenii sui monumenta reliquit. Berengarius quidem, dum quandoque conversus, duobus apte versiculis catholicam fidem profiteri non distulit. Clemens vero, qui et [4] Ewibertus, dum in legitimum Petri successorem invectus totidem nihilominus versibus satis eleganter lusit. Urbanus autem,

[1] f. præter. [2] *infra cap*. 88. Berengarius. [3] *infra* c. 98 Gwibertus. [4] l. Gwibertus seu Guibertus.

dum eidem æmulo suo metro et ipse respondens, nihil eum de apostolica dignitate, præter inane vocabulum, assecutum patenter ostendit. Sed si qui aliquando ea, quæ a nobis scripta sunt, reprobant, imperitiam quidem, non autem studium reprehendant, simulque considerent, quia ubi nullus potest esse boni operis fructus, sufficit solus bonæ voluntatis affectus.

INCIPIT LIBER.

CAP. I. Telesphorus [5] papa VII qui beato Sixto, de quo subinde dicemus, in pontificatu successit, missas in sanctissimæ Dominicæ Nativitatis nocte constituit celebrari, et in tempore sacrificii *Gloria in excelsis Deo*, decantari. Hic sub Adriano principe, quemadmodum prædecessores sui Alexander, et Sixtus, Nonas Januarii martyrio meruit coronari.

CAP. II. Gelasius papa [6] in diebus Leonis, qui Marciano succedit in regnum, Romanam Ecclesiam nobiliter rexit, qui ad utilitatem Ecclesiæ decreta multa constituit, multa utiliter scripsit. Qui etiam ad missas dicendarum modum et numerum instituit præfationum. Hujus pontificis temporibus liber Missalis conscribitur, qui et Gelasianus appellatur.

CAP. III. Zosimus [7] papa instituit Benedictionem cerei, qui in Sabbato sancto benedici solet a diacono, cujus benedictionis hujusmodi est initium : *Exsultet jam angelica turba cœlorum.*

CAP. IV. Sixtus [8] episcopus, qui beato Alexandro primo Romæ successit in pontificatu, infra missarum solemnia *Sanctus, sanctus, sanctus*, decantari instituit, qui et ipse sub Adriano imperatore VIII, Idus Aprilis martyrio coronari promeruit.

CAP. V. Clemens [9] Alexandrinæ Ecclesiæ presbyter, præceptor Origenis, diu in Alexandria scholam tenuit. Tam divina quam sæculari scientia claruit. Opuscula nonnulla luculento sermone composuit. Exstat illius de Pascha liber unus, de Jejunio dialogus unus, de Salvando divite unus, de Obtrectatione unus, de Canonibus unus, contra gentes unus, contra eos qui Judæorum scrutantur errores unus. Miræ autem eruditionis et eloquentiæ fuit. Orationem illam sacerdotis, quam *Canonem* dicimus, ipse composuit, quæ et ab omni Ecclesia tanti est habita, ut in consecratione corporis Domini perpetuo jussa sit recitari. Habetur autem clarus Severi et filii ejus Antonini temporibus.

CAP. VI. Alexander [10] primus, natione Romanus, ex patre Alexandro de regione [11] Capurtana oriundus passionem Domini miscuit in precatione presbyteri, cum missæ debent celebrari. Unde habetur in Canone : *Quam oblationem tu Deus*, et quæ sequuntur ex ordine. Hic quinto Nonas Maii sub Adriano principe cum Eventio, et Theodolo martyrium passus, migravit ad cœlos.

CAP. VII. Leo Magnus [12], apostolicus, declamator egregius fuit, qui verbo et exemplo Christianæ religioni plurimum profuit. Porro sermonum illius incertus est numerus ; quorum tamen de Adventu Domini, de Nativitate, de Apparitione, de Jejunio, de Passione, de sancta Pentecoste plurimi habentur. In sanctorum quoque natalitiis nonnulli habiti inveniuntur. Et hic augmentavit in Canone : *Supplices te rogamus omnipotens Deus*, et cætera, quæ sequuntur ex ordine. Hic IV Kal. Julii sub Marciano principe plenus sanctitate quievit in pace.

CAP. VIII. Gregorius Magnus [13], qui et primus, ex illustri senatorum prosapia oriundus, disciplinis liberalibus a puero institutus, Romanæ sedis jam tunc apocrisiarius, positus Constantinopoli, rogatu Leandri Hispalensis episcopi, libros Moralium XXXVI scripsit, quos in septem partes divisit. Romæ vero exorta pestilentia ipse adhuc archidiaconus septiformem Litaniam instituit, ac postmodum decedente Pelagio, Romanum pontificatum invitus obtinuit. Hic Agilulfi temporibus dialogum scripsit, eum reginæ Theodelindæ pro munere promisit. Homelias quadraginta etiam dictavit, et in Ezechielem tractatus viginti composuit, a cujus expositione audito Agilulfi regis adventu cessavit. Librum quoque curæ pastoralis ad Joannem episcopum scribit ; et librum alium, quem Flores appellari complacuit. Scribit et librum Responsionum ad Augustinum Anglorum episcopum. Librum quoque Synodorum composuit cum episopis Italiæ de necessariis causis Ecclesiæ. Alia vero opuscula nonnulla, quæ scripsit, non habentur, quando æmulorum excandescente invidia de medio sublata fuisse perhibentur. Hic illud, quod in canone dicitur : *Diesque nostros in tua pace disponas*, dicendum apposuit, et Orationem Dominicam ad missam recitari constituit, congruum arbitratus, ut in consecratione Dominici corporis cum oratione hominis sacerdotis dicatur et oratio Dei et hominis Salvatoris. Quod quidem populus utpote novum et insolitum audiens, ægre tulit ; cui protinus beatus pontifex humili responsione satisfecit ; si dicenda est, inquiens, in consecratione corporis Christi oratio, quam quidam scholasticus humano sensu et homo composuit, quanto magis illa, quam Dei et hominum mediator

[5] an. Christi 128. [6] 492. [7] 417. [8] 117. [9] 192. [10] 108. [11] *al.* Caput Tauri. [12] anno Christi 440. [13] 590.

instituit, qui et discipulos suos orare sic docuit? A
Scribit quoque in Cantica canticorum libellum explanationis ab exordio voluminis usque eo, ubi dicitur : *Equitatui meo in curribus Pharaonis (Cant.* 1).
Hic ergo sanctissimus pontifex Gregorius, Anglorum apostolus, cum missis doctoribus Anglos con-
vertisset ad Dominum, anno Phocæ imperatoris
secundo, IV Idus Martiarum migravit ad Dominum.

Cap. IX. Gregorius tertius [14] annis octo Romanum tenuit pontificatum, qui et augmentavit in
Canone : *Intra quorum consortium.* Hic decessit
tempore Leonis imperatoris, IV Kal. Decembris.

Cap. X. Sergius [15] papa, natione Syrus, Antiochiæ ex patre Tiberio ortus, in confractione corporis Domini, a clero et populo : *Agnus Dei*, statuit decantari.

Cap. XI. Ambrosius [16] Mediolanensis archiepiscopus, doctor Ecclesiæ mirificus, sub Gratiano Augusto clarus, imo et in toto orbe terrarum notissimus, columna Ecclesiæ, et hæreticorum ruina, semper et ubique libere agens et loquens pro justitia ;
quippe qui nec Theodosio principi peccanti pepercit, non solum Mediolanensi, cui præfuit, sed et
universæ matri Ecclesiæ, scribendo et docendo plurimum contulit. Scripsit de Spiritu sancto librum
unum ad Gratianum Augustum. Scripsit quoque librum de fide, librum de Incarnatione Domini. Scribit de paradiso, scribit de virginibus, scribit de
exsequiis fratris, scribit *Hexaemeron*, scribit de fuga
sæculi, scribit de patriarchis, scribit de .perpetua
virginitate Matris Domini, scribit de Isaac et anima, C
scribit de bono mortis, scribit de Joseph, scribit apo-
logiam de David ; scribit super : *Beati immaculati*
(*Psal.* CXVIII); scribit super : *Domine, quis habitabit*
(*Psal.* XIV) ; scribit de morte Gratiani, scribit de
morte Theodosii, scribit de jejunio, scribit de officiis,
scribit super Isaiam, scribit super Apostolum, scribit super Lucam, scribit contra Auxentium hæreticum, scribit ad Fritigernam, reginam Marcomanno-
rum. Præter ea plura ac diversa scribit opuscula,
quæ pro summis opibus computat et reservat Ecclesia, de qua non recedet ejus memoria, et nomen
ejus requiretur in sæcula. Hic beatissimus pontifex, doctor egregius, pietate præcipuus, invictus in
adversis, in prosperis providus, post matutini et D
vesperæ delectabiles exitus, ipse delectabilis omnibus, sub principibus Arcadio et Honorio quievit in
Domino.

Cap. XII. Joannes Constantinopolitanus [17], cognomento Chrysostomus, qui ab ingrata Ecclesia
bis est depositus, et insuper annuente Theophilo
archiepiscopo, in exsilium missus, primo Origenis
errore deceptus, sed Dei gratia præventus, cooperante correctus, et Ecclesiæ reconciliatus est. Hic
tam Græco quam Latino eruditus eloquio præter

sermones in festivitatibus habitos, stylo egregio
scriptos, scribit super Epistolam ad Hebræos, scribit nihilominus in Matthæum egregium opus, scribit etiam librum de reparatione lapsi, et septem
Homilias de laude Pauli apostoli ; dialogum quoque Basilio habitum de honore sacerdotii. Hic sub
prænotatis principibus celebris, celebrem sui memoriam dereliquit Ecclesiis.

Cap. XIII. Epiphanius [18] Salaminæ episcopus,
fide Catholicus, ingenio optimus, Joanni Chryso-
stomo pro eo, quod eum offenderat, duos in suo
episcopatu presbyteros ordinando, non contemnen-
dam dictavit epistolam ad catholicam fidem, pacis-
que custodiam cohortantem. Hanc beatus Hieronymus presbyter pro ædificatione legentium rogatu
fratrum in Latinum vertit eloquium.

Cap. XIV. Fulgentius [19] episcopus, qui Ruspensi
Ecclesiæ præfuit sub Theoderico rege Gothorum,
in confessione fidei et scientia claruit in Homiliis ;
declamator fuit, et sermones plurimos utiles recitavit ad populum (et) in posterum transmisit litteris.
Scripsit quoque librum insignem de prædestinatione et fide, alium ad Trassamundum regem Van-
dalorum.

Cap. XV. Annitius [20] Manlius Severinus Boetius
tam divina quam humana scientia clarus, qui et
Romæ consul fuit, super Hypermenias [21] volumen
insigne composuit. Aliud etiam de Musica scripsit,
in quo profundum ejusdem artis subtiliter inquisivit. Et aliud nihilominus de fide sanctæ Trinitatis
scriptum dereliquit. Qui etiam ad Joannem papam
contra Eutychen et Nestorium hæreticos scribit. At
ubi Theodericus rex Gothorum tyrannidem in Romanos exercuit, Boetius consul Græcis clam litteras misit, volens scilicet per illorum patrocinium
subdere [22], et a regis tyrannide civitatem et cives,
se quoque addito, liberare. Quod ubi rex impius
comperit, quasi reum majestatis Ravennam in exsilium missum, in carcerem recludi jussit ; in quo
vir sapiens philosophica sibi consolatione adhibita,
quinque libros per satyram edidit ; in quibus, quia
et se, et omnes lugentes consolari intendit, opus
suum librum Consolationis inscripsit. Hic vir plurima posteris ingenii sui monumenta dereliquit.
Duobus filiis in consulatu relictis, a rege nefario
cum aliis pluribus gladio percussus occubuit.

Cap. XVI. Magnus Aurelius [23] Cassiodorus Romæ
consul, deinde senator, ad ultimum monachus, monasterium construxit. Tam divina quam sæculari
littera clarus effulsit, *Psalmos* exposuit, libros Institutionum et Chronicam fecit. Librum de viris illustribus scripsit, epistolas Theoderici dictavit, insuper et tripartitam Historiam ordinavit.

Cap. XVII. Arator Romanæ [24] Ecclesiæ subdiaconus, qui sub papa Vigilio floruit, librum *Actus*

---

[14] anno Christi 731. [15] 688. [16] 374. [17] 398. [18] 368. [19] 507. [20] 510. [21] περὶ ἑρμηνείας [22] f.
subducere. [23] anno Christi 514. [24] 544.

apostolorum versibus scripsit, quem postmodum clero et populo, et apostolico publice legit.

Cap. XVIII. Priscianus [25] Cæsariensis, grammaticus peritissimus fuit, qui et librum egregium de grammatica arte composuit. Errant autem, qui hunc in fide errasse confirmant, quasi qui librum Juliano Apostatæ scripserit, et scriptum obtulerit. Errant, inquam, et patenter errant; neque enim Juliano scripsit imperatori, sed Juliano consuli fratri Symmachi soceri Boetii. Sed neque sub Juliano Apostata, qui adeo in fide desipuit, sed sub Justiniano Christicola Priscianus Cæsariensis Constantinopoli floruit. A Juliano autem Cæsare usque ad Justinianum imperatorem computantur anni ducenti viginti septem.

Cap. XIX. Dionysius, [26] abbas Romanus, sexto Justini principis anno Paschales Cyclos scripsit, quos a primo anno Diocletiani imperatoris inchoavit.

Cap. XX. Benedictus, [27] Pater venerabilis, post vitam eremiticam quam duxit in loco, cui Sublacus vocabulum est, in monte Cassino, doctrina claruit, et miraculis. Quo cum primo tenderet relicta priori habitatione, tres corvi, sicut in Longobardorum Historia legitur [28], quos pascebat quotidie, secuti sunt eum divina jussione. Cumque pervenisset ad quoddam bivium, duo angeli apparuerunt et in specie duorum juvenum, ostendentes viam, per quam ad locum iret. In loco autem illo quidam Dei servus habitabat, cui vox de cœlo dicebat :

His tu parce locis ; alter amicus adest.

Cujus versiculi sensus talis est : Exi de hoc loco, amice, quia alius amicus debet hic habitare. Veniens itaque sanctus Benedictus in summitatem montis, in maxima se constrinxit abstinentia ; ubi scripsit etiam monachorum Regulam, teste beato Gregorio [29], discretione præcipua, sermone luculento. In qua præter alia sanctitatis ejus indicia satis ostenditur, quam cœlestem in terris vitam duxit ; quia vir sanctus non potuit aliter docere, quam vixit.

Cap. XXI. Victor Capuanus [30] episcopus librum insignem de Pascha composuit, in quo erratica Victorii scripta redarguit. Scripserat enim et ille jubente Hilario [31] papa Paschales Cyclos, sed errore plenos, quos scriptis suis, ut diximus, destruxit Victor episcopus.

Cap. XXII. Jordanis [32] episcopus Chronicam de gestis Romanorum abbreviando descripsit, quam ab Adam inchoavit, et ad Justinum minorem Augustum usque perduxit.

Cap. XXIII. Victor Africanus episcopus [33], Wandalicæ persecutionis historiam scribit; quæ nimirum persecutio ejusdem postremo sui scriptorem involvit.

Cap. XXIV. Paterius [34] Gregorii Magni discipulus, colligit in unum testimonia Scripturarum, quæ beatus papa Gregorius passim in suis tractatibus posuit, et posita protinus competenter exposuit. Habet enim hoc inter expositores alios quasi singulare, ut subintroducta de Scripturis testimonia soleat singillatim exponere ; ad quæ recolligenda idem scriptor animum intendit, quippe quæ posteris non parum profutura putavit.

Cap. XXV. Columba [35] qui et Columbanus abbas, qui ex Hibernia oriundus, postquam cum discipulis suis Gallo, et aliis plura terrarum loca pertransiit, plures ad fidem Christi verbi exhortatione perduxit, plura etiam diversis in locis monasteria construxit, scripsit manu sua monachorum Regulam ; ad quos etiam unam exhortatoriam brevem licet, sed de contemptu mundi copiose disserentem, dictavit epistolam.

Cap. XXVI. Isidorus Hispalensis [36] episcopus, qui beato Leandro in episcopatu successit, multa et magna opuscula edidit. Nam inter alia Synonyma scripsit, et Abbreviationem temporum, quam ad Constantinum Heraclii filium perduxit. Librum quoque Etymologiarum, librum Officiorum et librum Virorum illustrium. Præterea sermones plurimos, diversis temporibus habitos, stylo egregio scriptos transmisit ad posteros.

Cap. XXVII. Theodorus [37] venerabilis Anglorum archiepiscopus a papa Vitaliano ordinatus et in Angliam missus, postquam in populo cui præerat, verbo et exemplo pluribus saluti fuit, ad ultimum librum de reorum pœnitentia, præcipua discretione conscripsit. Audiens etiam Constantinopolitanam Ecclesiam hæresi Euticetis [38] valde turbatam, synodum collegit, et, ubi omnium in fide catholica consensum audivit, hunc ad instructionem, memoriamque sequentium synodalibus litteris [39] commendavit. Harum litterarum tale est exordium : *In nomine Domini nostri Jesu Christi Salvatoris, imperantibus dominis piissimis regibus nostris.* Earumdem vero talis est conclusio : *Nos omnes subscribimus, qui cum Theodoro archiepiscopo fidem catholicam exposuimus.* Hic de Tarso Ciliciæ oriundus fuit, et multis virtutibus clarus quievit.

Cap. XXVIII. Petrus [40] archiepiscopus Ravennas librum scripsit egregium sermonum super topazium et aurum obrysum pretiosum.

Cap. XXIX. Adaman [41] presbyter et abbas monachorum, qui erant in insula Ily, vir bonus et sapiens scientia Scripturarum nobilissime instructus, scripsit de locis sanctis librum, legentibus multis utilissimum [42], cujus auctor erat docendo ac dictando

---

[25] anno Christi 550.   [26] 533.   [27] 540.   [28] Paul. Diacon. *Hist. Longob.* lib. 1, cap. 27.   [29] Lib. II *Dial.* cap. 26.   [30] A. Chr. 545.   [31] Hilarius.   [32] A. 552.   [33] 484.   [34] 601.   [35] 589.   [36] 633.   [37] 668.   [28] Eutychis.   [39] *manus sæculi* xv *correxerat :* commendare curavit.   [40] an. Chr. 433.   [41] 679.   [42] *Inf. cap.* 75, utilissimum.

Artwolfus [44] Galliarum episcopus, qui orationis
gratia Jerosolymam veniens, lustrata omni terra
repromissionis, Damascum quoque, Constantinopolim, Alexandriam, insulas maris adiit ; patriam
quoque navigio repetens vi tempestatis in occidentalia littora Britanniæ delatus, post multa ad eumdem Dei famulum Adamannum presbyterum venit,
et quæcunque in locis sanctis digna memoria vidisse se retulit, hic litteris [44] commendavit. Obtulit autem librum suum Abfrido [45] rege Nordannbro-
rum, a quo etiam muneribus multis donatus, in
patriam est remissus. Sed quia et libellum, et libelli auctorem paucos nostrorum legisse vel nosse
dubium non est, quiddam ex eo, quasi per excessum excerpsimus, quod legentibus plurimum conducere potest ; his duntaxat, qui de locis sanctis,
in quibus patriarchæ, prophetæ et apostoli cum
ipso Domino conversati sunt, ea tantum, quæ lectione didicerunt, et norunt. Igitur de Bethlehem,
quæ *domus* est *Panis* angelorum, in quo Virgo virginum Verbum de se genuit incarnatum, scribit in
hunc modum :

Bethlehem civitas David in dorso sita est, angusta [44] ex omni parte, vallibus circumdata, ab oriente in occidentem mille passibus longa, humili
sine turribus muro per extrema plani verticis in-
structo ; in cujus orienti angulo quasi quoddam
naturale semiantrum est, cujus exterior pars nativitatis Dominicæ fuisse dicitur locus ; interior Præsepe Domini nominatur. Hæc spelunca tota interius
pretioso marmore tecta supra locum, ubi Dominus
natus specialius traditur, Sanctæ Mariæ grandem
gestat ecclesiam. Scripsit item hoc modo de loco
passionis et resurrectionis ipsius :

Ingressus a septentrionali parte Jerosolymam urbem primum de locis sanctis pro conditione pla-
tearum divertendum est ad ecclesiam Constantinianam, quæ Martyrum appellatur. Hanc Constantinus imperator, eo quod ibi crux Domini ab Helena
matre reperta sit, magnifico et regio cultu construxit. Dehinc ab occasu Golgotana videtur ecclesia, in
qua etiam rupis apparet illa, quæ quondam ipsam
affixam Domini corpore, crucem pertulit, argenteam modo pergrandem sustinens crucem, pendente
desuper magna ærea rota cum lampadibus. Infra
vero ipsum locum Dominicæ crucis excisa in petra
crypta est, in qua super altare pro defunctis honoratis sacrificium solet offerri, positis interim in
platea corporibus. Hujus quoque ad occasum ecclesiæ Anastasis, hoc est resurrectionis Dominicæ
rotunda ecclesia, tribus cincta parietibus, duodecim columnis sustentata, inter parietes singulos
latum habens spatium viæ, quia tria altaria in tribus locis parietis medii continet, hoc est australis,
et aquilonaris, et occidentalis. Hæc bis quaternas
portas, id est introitus per tres e regione parietes

habet, e quibus quatuor ad Vulturnum, et quatuor
ad Eurum spectant. Hujus in medio monumentum
Domini rotundum petra excisum est, cujus culmen
intrinsecus stans homo manu contingere potest,
ab oriente habens introitum, cui lapis ille magnus
appositus est, quod intrinsecus ferramentorum vestigia ostendunt usque in præsens. Nam extrinsecus usque ad culminis summitatem totum marmore
tectum, summum vero culmen auro ornatum, auream magnam gestat crucem. In hujus autem monumenti aquilonari parte sepulcrum Domini in eadem petra excisum longitudinis septem pedum,
trium mensura palmorum, pavimento altius eminet, introitum habens a latere meridiano, ubi die
noctuque duodecim lampades ardent ; quatuor intra
sepulcrum, octo supra in margine dextro lapis,
qui ad ostium monumenti positus erat, nunc fixus
est, cujus pars minor quadratum altare ante ostium
nihilominus ejusdem monumenti stat, major vero
in orientali ejusdem ecclesiæ loco quadrangulum
aliud altare sub linteaminibus existit. Color autem
ejusdem monumenti, et sepulcri albo et rubicundo
permistus videtur.

De loco quoque ascensionis Dominicæ præfatus
auctor hoc modo refert : Mons Olivarum altitudini
montis Sion par est, sed latitudine et longitudine
præstat, exceptis vitibus et olivis raro ferax arboribus, frumenti quoque et hordei fertilis, neque
enim brucosa, sed herbosa et florida soli illius est
qualitas, in cujus summo vertice, ubi Dominus ad
cœlos ascendit, ecclesia rotunda grandes ternas
per circuitum cameratas habet porticus desuper
tectas. Interior namque domus propter Dominici
corporis meatum camerari et tegi non potuit, altare ad orientem habens angusto culmine tectum,
in cujus medio ultima Domini vestigia cœlo desuper patente, ubi ascendit, visuntur, quæ cum quotidie a credentibus terra tollatur, nihilominus manet [47] eamdem adhuc speciem veluti impressis signata vestigiis servat. Hæc circa, ærea rota jacet
usque ad cervicem alta, ab occasu habens introitum pendente desuper in cochleis magna lampade,
totaque die, et nocte lucente. In occidentali ejusdem ecclesiæ parte fenestræ octo totidemque e regione lampades in funibus pendentes usque Jerosolymam per vitrum fulgent, quarum lux corda in-
tuentium cum quadam alacritate et compunctione
pavescere dicitur. In die Ascensionis Dominicæ per
annos singulos missa peracta validi fulminis pro-
cella desursum venire consuevit, et omnes qui in
ecclesia fuerint, terræ prosternere. De situ etiam
Hebron, et monumentis patrum ita scribit :

Hebron quondam civitas et metropolis regni David, nunc ruinis tantum, quid tunc fuerit ostendens, uno ad orientem stadio speluncam duplicem
in valle habet, ubi sepulcra patriarcharum qua-

---

[44] *alii* Arculfus.   [44] *prior manus* mandare curavit.   [45] *l.* Aldfrido regi Nordanhumbrorum.   [46] *alii*
angusto. [47] *supple*, et.

drato muro circumdantur capitibus versis ad aquilonem , et hæc singula singulis tecta lapidibus instar. silice dolatis ; trium patriarcharum candidis,
Adam obscurioris et vilioris operis, qui haud longe
ab illis ad Borealem, extremamque muri illius partem pausat. Trium quoque feminarum viliores et
minores memoriæ cernuntur. Mambre collis mille
passibus a monumentis iis ad Boream, herbosus
valde, et floridus, campestrem habens in vertice
planitiem. In Aquilonari parte quercus Abrahæ
[duorum hominum altitudinis truncus] Ecclesia
circumdata est. Hæc de opusculis exscerpta præfati
scriptoris ad sensum quidem verborum illius, sed
brevioribus, strictisque comprehensa sermonibus
ad utilitatem legentium hic inservimus. Plura voluminis illius, si quem scire delectat, vel ipso illo
volumine [48], vel in eo quod de illo venerabilis Beda [49] presbyter strictim excerpsit, epitomatice requirat.

Cap. XXX. Althelmus [50] episcopus, cum adhuc
presbyter esset, et abbas monasterii, quod Mail-
dulfi urbem Angli nuncupant, scripsit jubente synodo suæ gentis librum egregium adversus errorem Britonum, quo vel pascha non suo tempore
celebrant, vel alia plura ecclesiasticæ castitati et
paci contraria gerunt, multosque eorum, qui occi-
dentalibus Saxonibus subditi, Britones ad catholicæ Paschæ celebrationem hujus lectione perduxit.
Scripsit et de virginitate librum eximium, quem
in exemplum Sedulii geminato opere et versibus
hexametris et prosa composuit. Scripsit et alia nonnulla, utpote vir undecunque doctissimus. Nam et
sermone nitidus, et scripturarum tam liberalium
quam ecclesiasticarum erat eruditione mirandus.

Cap. XXXI. Beda [51] Venerabilis presbyter et monachus, natione Anglus, sub Geolfrido [52] abbate
Christi tirocinio mancipatus, pluribus opusculis
utilitatibus ecclesiasticis serviit. Verum tam de
ipso quam de operibus ejus suum ipsius testimonium proferemus; quia et quod ex Anglia oriundus
fuerit, et annos natus quatuor cura propinquorum
in monasterium beatorum Apostolorum Petri et
Pauli sacris litteris erudiendus Benedicto, ac deinde Geolfrido abbati traditus sit, quod cunctum ex
eo tempus vitæ in ejusdem monasterii habitatione
peragens, omnem meditandis Scripturis operam
dederit, quod inter observantiam disciplinæ regularis. et quotidianam in ecclesia cantandi curam
semper aut scribere, aut discere, aut docere dulce
habuerit, quod nono decimo vitæ suæ anno diaconatum, tricesimo presbyteratum jubente abbate
suo susceperit, quanto etiam, ordine presbyteratus
accepto, usque ad annum ætatis suæ quinquagesimum nonum ex opusculis venerabilium Patrum
breviter adnotaverit, sive etiam ad formam sensus

et interpretationis eorum superadjecerit, in libro
quem scribit de historia et gestis patriæ, curavit
ascribere. In principium, inquit, Genesis usque ad
nativitatem Isaac, et ejectionem Ismaelis libros quatuor ; de Tabernaculo et vasis ejus, ac vestibus
sacerdotum libros quatuor ; de ædificatione templi
allegoricæ expositionis sicut et cætera libros duos.
Item in librum Regum triginta Quæstionum , in
Proverbia Salomonis libros duos, in Canticum canticorum libros septem, in Isaiam prophetam, Danielem, duodecim Prophetas, et septem Jeremiæ distinctiones capitulorum ex tractatu beati Hieronymi excerptas; in Esdram, et Nehemiam libros tres;
in canticum Habacuc librum unum ; in librum
beati Patris Tobiæ explanationes allegoricæ, de
Christo et Ecclesia librum unum ; Capitula lectionum in Pentateuchum Moysi et Josuæ, Judicum,
in libros et verba Dierum, in librum beati Patris
Job, in Parabolas, Ecclesiasten et Canticum canticorum ; in Isaiam prophetam, Esdram quoque et
Nehemiam; in Evangelium Marci libros quatuor ;
in Evangelium Lucæ libros sex ; Homiliarum Evangeliorum libros duos ; in Apostolum quæcunque in
opusculis sancti Augustini inveni, exposita cuncta
per ordinem transcribere curavi; in Actus apostolorum libros duos, in Epistolas septem Canonicas
libros singulos, in Apocalypsim sancti Joannis libros tres ; item capitulum lectionum in totum novum Testamentum excepto Evangelio ; item librum
Epistolarum ad diversos, quarum de sex ætatibus
una est, de mansionibus filiorum Israel unam;
unam de eo, quod ait Isaias: Et claudentur ibi in
carcerem, et post dies multos visitabuntur (Isa.
XXIV). De ratione Bissexti unum, de Æquinoctio
juxta Anatolium unum. Item de Historiis sanctorum librum vitæ et passionis sancti Felicis confessoris de metrico Paulini opere in prosam transtu-
li ; librum vitæ et passionis sancti Anastasii male
de Græco translatum, et pejus a quodam imperito
emendatum prout potui, ad sensum adcorrexi ;
vitam sancti Patris et monachi simul et antistitis
Cudbrecti [53], et prius heroico, et postmodum plano
sermone descripsi ; Historiam abbatum monasterii
hujus, in quo supernæ pietati deservire gaudeo,
Benedicti et Geolfridi, et Hey, et Berecti in libellis
duobus ; Historiam ecclesiasticam nostræ insulæ,
ac gentis in libris decem; Martyrologium de natalitiis sanctorum martyrum diebus, in quo omnes,
quos invenire potui, non solum, quo die, verum
etiam, quo certaminis genere, vel sub quo judice
mundum vicerint, diligenter adnotare studui ; librum Hymnorum diverso metro sive rhythmo, librum Epigrammatum heroico metro, sive elegiaco ;
de natura rerum, et de temporibus libros singulos;
item de temporibus librum unum majorem, librum

---

[48] exstat apud Mabillon. sæc. III Bened. p. II.   [49] lib. v, cap. 16 Hist. gent. Angl.   [50] an. Chr. 680
[51] 701.   [52] alias Ceolfrido.   [53] alias Cudberti

de Orthographia Alphabeti ordine distinctum; A
item librum de metrica arte, et huic adjectum
alium de Schematibus sive tropis libellum, hoc est
de figuris modisque, quibus Scriptura sacra contexta est.

Cap. XXXII. Zacharias[54] apostolicus, utriusque
eloquii peritus, quatuor libros Dialogorum beati
Gregorii de Latino in Græcum vertit eloquium.

Cap. XXXIII. Petrus[55] Damiani, cardinalis episcopus scripsit librum et nomine et dignitate gratissimum, et librum alium, qui inscribitur : Dominus
vobiscum, contra eos qui dicebant, in actione
missarum hunc salutationis modum a solitariis
non esse servandum.

Cap. XXXIV. Paschasius[56], qui et Radbertus,
fide et scientia clarus, scripsit de corpore Domini
librum, cunctis per orbem fideliter amplecten-
dum.

Cap. XXXV. Sedulius[57] antistes ad Macedonium
presbyterum magistrum suum libros duos de Veteri
scilicet et Novo Testamento metro conscripsit heroico, quibus et prolixum prosaice scriptum præ-
posuit prologum.

Cap. XXXVI. Theodolus[58] parentibus non infimis et Christianis editus fuit; puer in Italia adultus, in Græcia studuit. Eruditus igitur in utraque
lingua cum esset Athenis, gentiles cum fidelibus
altercantes audivit, quorum colligens rationes, reversus in allegoricam Eclogam contulit, quam morte
præventus non emendavit; unde paucos in opere
ejus nævos invenimus. Qui dum sic posuit dic et
Trojanum laudis scire secretum, se[59] male corripuit. Demum tam morum quam scientiæ honestate
præditus, sub clericali norma obiit. Inscribitur autem liber ejus Ecloga a capris, videlicet tracto vocabulo; quasi diceretur : egle logos[60], id est ca-
prinus sermo; aut quia fœditatem vitiorum, quæ
per hoc animal significatur, reprehendit. Nonnulli
etiam a egligon[61] Græce, exercitium[62] Latine interpretantur; quia collectis historiis, et fabulis
multis componitur.

Cap. XXXVII. Gregorius[63] Turonum archiepiscopus, doctor egregius, et historiographus plurimas conscripsit historias, et de miraculis sanctorum volumen egregium.

Cap. XXXVIII. Martinus[64] Brachahensis[65] archiepiscopus scribit ad Mironem regem libellum
de quatuor virtutibus.

Cap. XXXIX. Cæsarius[66] Lirinensis monasterii
monachus, et postmodum Arelatensis archiepiscopus, homilias numero decem exhortatorias mona-

chis scripsit, in quibus omnibus de contemptu
mundi copiose disseruit.

Cap. XL. Ado[67] archiepiscopus Viennensis scribit inter alia Martyrologium de sanctis. Exstant
epistolæ Nicolai papæ Adoni directæ.

Cap. XLI. Albinus[68], qui et Alquinus officio presbyter, ingenio optimus, fide catholicus, scribit de
grammatica, scribit de rhetorica, scribit de dialectica, scribit de astronomia, scripsit quoque librum
de Trinitate. Scribit de octo vitiis ad Gwidonem
comitem. Scripsit et super Joannem. Hic per septem ferias totidem ordinavit officia, octava, hoc
est Dominica addita, ita plane, ut in Dominica de
Sancta Trinitate, feria secunda de Sapientia, tertia vero de Spiritu sancto, quarta de angelis, quinta
de charitate, sexta de sancta cruce, Sabbato de
sancta Maria, de singulis denique suum singulorum agatur officium. Quod ideo commemorandum
putavi, quod ordo ejusdem institutionis in multis
hodieque servatur Ecclesiis. Scribit etiam Quæstiones in Genesim ad litteram.

Cap. XLII. Justus[69] Viennensium archiepiscopus
scribit ad Sergium papam librum explanationum
in Cantica canticorum.

Cap. XLIII. Hetto[70] venerabilis Augiensis cœnobii presbyter temporibus Ludgwici mirabilem visionem cujusdam Augiensis monachi, nomine Wer-
tini, quam eductus e corpore vidit, qui et reductus
post triduum obiit, prosa describit. Idem postmodum Basileæ episcopus factus, cum Hugone[71], et
Ajone comitibus Constantinopolim missus suum
describit Hodœporicum.

Cap. XLIV. Waltfridus[72] Strabo[73] vir doctus,
qui annis septem Augiensi monasterio præfuit, qui
multa ingenii sui monumenta metro et prosa posteris tradidit. Eamdem ejusdem monachi visionem
metro studiose descripsit.

Cap. XLV. Magnentius[74] Rabanus Maurus, primo Fuldensis abbas, deinde Moguntinus archiepiscopus, scribendi studio admodum intentus, librum
de mysterio Sanctæ Crucis variis figuris, metroque
composuit, quem Sergio papæ transmisit. Scribens
quoque super totum Vetus Testamentum nihil præ-
termisit intactum. Sed et super Matthæum scribit
volumen egregium; scribit et Computum; scribit
in Ludwicum super cantica prophetarum; scribit
super Apostolum.

Cap. XLVI.[74*] Hincmaurus[75] reverendissimus Remorum archiepiscopus, scribit ad Carolum de collectis, de canonibus; de vita quoque et virtutibus
sancti Remigii non contemnendum scripsit opusculum.

---

[54] anno Christi 741. [55] 1057. [56] 844. [57] circ 450. [58] incert. ætat. [58] Eclog. Theodul. versu 319.
Dic et Trojanum laudis tu scire secretum. [60] αἰγῶν λόγος. [61] ἐκλογή, vel ἐκλογεῖον, collectio, selectum,
etc. [62] f. excerptum. [63] an. Christi 573. [64] an. Chr. 560. [65] Braccarensis. [66] a. Ch. 502. [67] 859.
[68] 780. [69] alii Urgelens. episcopus, qui floruit 529. [70] an. Chr. 841. [71] alii Hugone. [72] an. Chr. 842.
[73] aliis Walafridus. [74] an. Chr. 850. [74*] al. Hincmarus. [75] An. Chr. 741.

CAP. XLVII. Ratramnus [76] vir doctus scripsit libellum cuidam principi de corpore et sanguine Domini, a cujus libelli interim laude cessamus, donec perlecto eo, si forte ad manum venerit, an sanæ et catholicæ fidei concordet, agnoscamus.

CAP. XLVIII. [77] Laurentius [78], doctrina et scientia clarus, scribit librum de duobus temporibus, in quo plurima pœnitentes poterunt invenire remedia.

CAP. XLIX. Rudolfus [79] Fuldensis monasterii presbyter et monachus, doctor præcipuus, poeta etiam dictus, et historicus satis doctus, multis utiliter scriptis, octavo Idus Martii rebus excessit humanis.

CAP. L. Smaragdus [80] abbas super epistolas et evangelia per singulas Dominicas distributa, utilissimum scripsit opusculum. Libellum quoque alium scribit, quem de diversis virtutibus collegit, et ei Diadema monachorum nomen imposuit; quia sicut diadema gemmis, ita hic liber fulget ornamentis.

CAP. LI. Ambrosius [81], qui et Autpertus, abbas [82] Agaunensis cœnobii, explanationem scribit in librum Apocalypsis Joannis apostoli. Scribit etiam in modum Prudentii Psycomachiæ, quod interpretatur pugna animæ, librum De conflictu virtutum et vitiorum, quem et misit ad Lantfridum abbatem ac presbyterum in Bavaria constitutum.

CAP. LII. Julianus [83] Toletanus episcopus, vir litteris apprime eruditus scribit Idalio episcopo Barcinonensi librum Prognosticorum de novissimis diebus, et initio futuri sæculi.

CAP. LIII. Bachiarius [84] vir optimi ingenii, scribit ad Januarium librum De reparatione lapsi.

CAP. LIV. Regino [85] abbas Brumiensis Chronicam scribit, quam a primo Incarnationis Dominicæ anno inchoavit et ad millesimum quintum perduxit.

CAP. LV. Eucherius [86] in divinis Scripturis admodum exercitatus scribit Quæstiones in librum Regum. Scribit nihilominus de forma spiritualis intellectus; et interpretatione nominum. Habetur et alius liber ab eo conscriptus, qui inscribitur De quæstionibus difficilioribus.

CAP. LVI. Marcellinus [87] natione Romanus, Chronicam scripsit, in qua sagacis sui ingenii evidens indicium dedit.

CAP. LVII. Paulus [88] monachus, monachorum Regulam scripsit, in cujus conscriptione cooperatorem habuit Stephanum collegam suum. Unde et eamdem Regulam sub utrorumque nomine placuit inscribi, exempli gratia : Incipit Regula Pauli et Stephani.

CAP. LVIII. Porcharius [89] vir vitæ venerabilis [90], abbas monasterii Lirinensis, qui beatum Cæsarium Arelatensi Ecclesiæ destinavit episcopum, scripta quædam, quæ monita nuncupare placuit, monachis scripsit, in quibus de contemptu mundi et breviter et diffuse disseruit : breviter verbis, sed diffuse sententiarum medullis. Hic, ut fertur, cum multitudine copiosi gregis sui a Saracenis captus et interemptus est.

CAP. LIX. Joannes [91] musicus, natione Anglicus, vir admodum subtilis ingenii fuit, qui et libellum præstantissimum de musica arte composuit.

CAP. LX. Joannes [92], natione Romanus, Romanæ Ecclesiæ archidiaconus, vir acutus ingenio, sermone facundus, auctoritate et assensu beati Joannis apostolici de vita beatissimi Gregorii papæ satis famosum scripsit opusculum.

CAP. LXI. Fricholphus [94] episcopus, scientia doctrinaque præcipuus, explanationes in Genesim scribit, et ab exordio mundi usque ad tempora Northmannorum veraces historias texuit.

CAP. LXII. Arnulfus [95] presbyter et monachus monasterii Sancti Emmerammi Dialogum scribit Collectitii et Admonitii de virtutibus sanctorum, qui eodem in loco in pace sepulti novissimam exspectant tubam.

CAP. LXIII. Arbo [96] qui [97] et Cyrias [98] Frisingensis episcopus, duo non parva de gestis sanctorum Emmerammi et Corbiniani scribit opuscula.

CAP. LXIV. Paulus [99] Judæus, Fuldensis monachus, vitam sancti Erhardi Ratisponensis episcopi, sed et de conversione sancti Pauli apostoli composuit prosam, quam vulgo dicunt sequentiam, cujus hoc est exordium : Dixit Dominus ex Basan (Psal. LXVII), etc.

CAP. LXV. Nocherus [100] abbas [1] Augiensis, vir fide et actibus clarus, litteris etiam apprime eruditus, in musica peritissimus fuit. Libellum, quem sequentiarum, usitato videlicet vocabulo nuncupari complacuit, composuit, cui præmittens prologum destinavit eum ad venerabilem Luitwardum Vercellensem episcopum.

CAP. LXVI. Remigius [2] vir clarus, tam divinis quam sæcularibus litteris sufficienter instructus, inter alia explanationem in Genesim scripsit. Sed et super Psalterium commentum insigne composuit. Habetur nihilominus et aliud ejus commentum, quod scripsit super Donatum.

CAP. LXVII. Paulus [3], vir doctus, scribit inter alia librum utilissimum, qui inscribitur de significatione verborum.

CAP. LXVIII. Egebertus [4] Heresfeldensis, natione Snevigena, officio presbyter, inter alia scribit Vitam

---

[76] an. hr. 840. [77] 705. [78] Novariensis. [79] 850. [80] an. Chr. 840. [81] 760. [82] aliis Vincentinus ad Vulturn m. [83] an. Chr. 680. [84] 440. [85] 892. [86] 454. [87] 580. [88] inc. ætat. [89] manus sæc. XV alias Burchari s. [90] an. Christi 500. [91] inc. ætat. [92] an. Christi 875. [93] alias Freculphus. [94] an. Chr. 824. [95] 041. [96] alias Atibo. [97] an. Chr. 760. [98] ead. man. alias Cyrinus. [99] inc. ætat. [100] alias Notgerus. [1] ar. Chr. 912. [2] 880. [3] 820. [4] circ. a. C. 1100.

sancti [2] Nemoradi confessoris, qui et claruit temporibus Chunradi imperatoris.

CAP. LXIX. Orosius [6] venerabilis, ut putatur episcopus, scribit inter alia Commentum in librum
duodecim prophetarum.

CAP. LXX. Erchardus [7] monachus monasterii
Sancti Galli, acuti satis ingenii, Gesta Walterii metro conscripsit heroico, tertio regnante Henrico.

CAP. LXXI. Amularius [8] venerabilis Trevirorum
archiepiscopus, scripsit inter alia De officiis eximium opus. Hujus operis imo et hujus auctoris meminit beatæ memoriæ Rudwertus abbas Tuitiensis
in libro suo, quem scribit de officiis.

CAP. LXXII. Achelinus [9] episcopus nonnulla edidit
scripta, quæ appellantur Ænigmata;

CAP. LXXIII. Symphrosius [10], vir eruditissimus,
sermone ac scientia sua, nihilominus scribit Ænigmata, quæ cum hodieque habeantur a pluribus,
nos tamen necdum legendorum eorum copiam habere potuimus.

CAP. LXXIV. Zenophirus [11] Constantinopolitanus
episcopus scribit inter alia librum, qui inscribitur
Chronographia.

CAP. LXXV. Otto [12] venerabilis abbas Cluniacensium, ardentissimus amator monasticæ religionis,
qui monachorum gemma, qui discipulorum suorum gloria fuit, Dialogum satis utilem de Musica
arte composuit. Scripsit præterea librum præstantissimum, monachisque utilissimum, librum videlicet Occupationum.

CAP. LXXVI. Heymo [12], sapiens apud Antisiodo-
rum ad sanctum Germanum sub professione monastica degens, multa et varia conscripsit opuscula.
Scribit enim super Apostolum librum infinitæ quantitatis. Scribit Explanationem egregiam in librum
Apocalypsis. Scribit super Cantica canticorum.
Scribit textum duodecim Prophetarum. Sed et super Evangelia plures scripsit tractatus.

CAP. LXXVII. Albertus [14] monachus, Computista
incomparabilis exstitit, qui et libellum insignem de
computi regulis scripsit.

CAP. LXXVIII. Willeraminus [15] abbas Ebersper-
gensis, vita ac scientia irreprehensibilis, in com-
ponendis versibus acutum satis ingenium habuit.
Nam et Canticum canticorum metro heroico luculenter exposuit.

CAP. LXXIX. Stephanus [16] musicus, vir peritissimus [17], qui inter alia libellum præstantissimum
de musica arte composuit.

CAP. LXXX. Gwido [18] abbas, fide ac scientia incomparabilis, qui et multis in hac vita virtutibus
floruit. Nam humanis rebus exemptus Sutriæ et se-

pultus, sed postmodum per Henricum imperatorem
Spiram translatus. Hic in diebus suis utilitatibus
Ecclesiarum scribendo ac docendo plurimum contulit, atque inter alia nonnulla quæ scripsit, opus
eximium de Musica edidit, in qua ejusdem artis
inquisitoribus suæ subtilitatis evidens indicium
dedit.

CAP. LXXXI. Bern [19] musicus, vir pius ac doctus
in monasterio Prumensi sub monastica professione
deguit, quem postmodum Henricus Pius imperator
abbatem Augiæ constituit; qui gratanter acceptus
a fratribus fratres dispersos recollegit, et a Lamperto Constantiensi episcopo consecratus, magna
insignis pietate ac scientia præfuit annis quadraginta. Hic scripsit librum De institutione missarum,
et de Musica opus præstantissimum. Vitam quoque
sancti Udalrici Augustensis episcopi.

CAP. LXXXII. Husardus [19], qui et Carolus, vir
illustris, scribit inter alia Martyrologium de sanctis.

CAP. LXXXIII. Bruno Segvensis [21] episcopus, vir
bonus et catholicus, utilem admodum tractatum
edidit, in quo cunctis per orbem fidelibus gratiam
et pacem imprecatus, a laude exorsus beatissimi
papæ Leonis, scribit nonnulla de Simoniacis, Simo-
niacorumque sacramentis. Rogatu quoque venerandi episcopi Magolonensis scribit quædam mystica de Dedicationibus ecclesiarum, et aliis Ecclesiæ sacramentis.

CAP. LXXXIV. Bruno alius [22], doctrina et scientia clarus, scribit nihilominus contra Simoniacos.
Scribit super Psalterium præstantissimum opus.

CAP. LXXXV. Bruno [23] Leucorum episcopus, qui
et Leo IX apostolicus, scribit epistolam Leoni
Constantinopolitano et Michaeli Acridano episcopis,
docens eos servare unitatem spiritus in vinculo
pacis. Hic in musica subtilissimus fuit, et inter
cantus alios, quos plurimos edidit, Historiam beatissimi papæ Gregorii satis artificiose composuit.

CAP. LXXXVI. Fredericus [24] apocrisiarius Leonis
IX papæ, postmodum et ipse propter mutato [25]
in Stephanum [26] nomine, scribit insignem tractatum contra hæresim fermentaceorum [27].

CAP. LXXXVII. Humbertus [28], Sanctæ Rufinæ episcopus fuit, qui contra hæresim prænotatam scriptis
copiose disseruit.

CAP. LXXXVIII. Beringarius [29] Turonis exortus,
Andegavensis Ecclesiæ archidiaconus, primo hæreticus fuit; quippe qui sacramentum corporis et sanguinis Domini signum solummodo sacræ rei esse
asseruit. Cujus etiam errorem nonnulli secuti a nomine Beringarii Beringariani sunt appellati. Quo

<hr />

[2] *manus alia recentior*, Jeremedadi, *sed videtur legend.* Heimerad. [6] *a.* Ch. 416. [7] 1040. [8] 810.
[9] Achelinus. *incertæ æt.* [10] Symposius *inc. æt.* [11] *f.* Theophanes Byzant., qui *flor.* a. C. 580. [12] *a.*
C. 926, *al.* Odo. [12] 841. [14] *inc. æt.* [15] a. Chr. 107, *al.* Willeramus. [16] a. Chr. 910. [17] *forte* episc.
Leodiensis. [18] an. Chr. 1020. [19] 1020. *al.* Berno. [19] an. Ch. 876. [21] *l.* Signiensis. a. Chr. 1087. [22] 1053.
Episc. Herbipol. [23] *a* Chr. 1040. *Codex habet mendose* Uruno. [24] a. Chr. 1057. [25] *f.* proprio. [26] *Ste-*
phanus IX. P. M. [27] *f.* fermentariorum. [28] a. Chr. 1054. [29] 1035.

videlicet Beringarius cœlesti demum virtute et rationum veritate convictus, etsi non corde, scripto tamen renuntiavit eidem hæresi suæ. Cujus juramenti formam papa Nicolaus universali concilio Romæ congregato ab eodem accepit, quam et sancta Romana Ecclesia generaliter ab omnibus hæreticis conversis exigere consuevit. Fertur tamen fidem catholicam de sacramento corporis et sanguinis Domini Salvatoris his confirmasse versiculis :

Constat in altari carnem de pane creari ;
Ipsa caro Deus est ; qui negat hoc, reus est.

CAP. LXXXIX. Lantfrancus [30], Anglorum episcopus, miræ sanctitatis et eruditionis vir fuit, qui contra hæresin Beringariorum nonnulla memoria digna dereliquit.

CAP. XC. Christianus [31] pontifex Apulorum, vir clarus scientia et sanctitate, contra eamdem hæresim disseruit invictissime.

CAP. XCI. Hermannus [32] Contractus, Suevigena, philosophus in computatione subtilissimus exstitit, qui et librum de principalibus computi regulis scripsit. Scripsit et metrice librum, qui scribitur de conflictu Ovis et Lini. Scripsit item metrice alium in modum Theodoli. Scripsit et tertium nihilominus metrice de contemptu mundi. In musica sane pene modernis omnibus subtilior exstitit, et cantilenas plurimas de musica. cantusque de sanctis satis auctorabiles edidit. Chronicam quoque et gesta Chunradi et Henrici composuit ; in quibus omnibus virtus illius satis enituit.

CAP. XCII. Bertholdus [33], qui ejusdem auditor, et discipulus exstitit, vitam Magistri. et Chronicam scribit.

CAP. CXIII. Folbertus [34] Carnotensis episcopus, eruditionum præceptor quoque Beringarii, cujus superius mentionem fecimus, scribit inter alia tractatum contra Judæos et malos Christianos. Scribit Vitam sancti Ægidii. Scribit et sermonem de Nativitate sanctæ Mariæ, Matris Domini.

CAP. XCIV. Burchardus [36] Wormatiensis episcopus scribit collectiones utilissimas de Canonibus.

CAP. XCV. Ivo [36] Carnotensis episcopus scribit inter alia nonnulla, excerpta de canonibus. Scribit plurimas ad diversos epistolas. Scribit Martyrologium de sanctis. Scribit Sententias de divinis officiis.

CAP. XCVI. Anselmus [37] Cantuariensis archiepiscopus, scientia et moribus decenter ornatus, adhuc Beccensi monasterio præsidens, scribit Epistolam fratri Mauritio de fratre fugitivo, in qua quæstionem aliam addidit et enodavit, videlicet, qualiter malum nihil dicatur et sit, cum tamen videatur esse aliquid. Opus etiam aliud edidit, quod secundum materiam de qua editum est, Cur Deus homo, nominavit, et in duos libellos distinxit. Tres tractatus pertinentes ad studium sacræ Scripturæ

diversis fecit temporibus consimiles in hoc, quia facti sunt per interrogationem et responsionem, et persona interrogantis nomine discipuli, respondentis vero notatur nomine Magistri. Unus horum trium est de veritate ; quid scilicet sit veritas, et in quibus rebus soleat dici, et quid sit justitia ? Alius vero est de libertate arbitrii, quid sit ? et utrum eam semper habeat homo, et quot sint ejus diversitates in habendo vel non habendo rectitudinem voluntatis, ad quam servandam datá est creaturæ rationali ? Tertius autem est de quæstione, qua quæritur, quid peccaverit diabolus, quia non stetit in veritate, cum Deus non dederit ei perseverantiam, quam nisi eo dante habere non potuit, quam si Deus dedisset, ille habuisset : sicut boni angeli illam habuerunt, quia Deus illis dedit ? Quem tractatum quamvis ibi de confirmatione bonorum angelorum dixerit, de casu diaboli titulavit, cum illud contingens fuit, quod dixit de bonis angelis ; quod autem scripsit de malis, ex proposito fuit quæstionis. Quartum denique simili modo edidit non inutilem introducentis ad dialecticam, cujus initium est : *De grammatico*, quem, quia ad diversum ab his tribus studium pertinebat, istis non cognominat. Scribit præterea duo non parva opuscula, Monologion scilicet, et Prosologion, quæ ad hoc maxime fecit, ut, quod fide tenemus de divina natura, et ejus personis præter incarnationem, necessariis rationibus sine auctoritate Scripturæ probari possit. Scribit quoque de virginali conceptu, et originali peccato librum ; scribit ad Urbanum papam II, librum de Incarnatione Verbi : scribit contra Græcos librum de processione Spiritus sancti. Scribit et epistolam Williramo Novembergensi episcopo de dissensione Græcorum in sacrificio. Scribit et super evangelium : *Intravit Jesus in quoddam castellum* (*Luc.* x), novam scribit explanationem, sanctæ Dei Genitricis Mariæ festivitati, et laudibus aptissime congruentem. De sanctis quoque ordinatissimum scribit Martyrologium.

CAP. XCVII. Gisilbertus [28] abbas Westmonasterii dialogum scribit Judæi et Christiani, quem et dissentiendum direxit eidem Anselmo Cantuariensi archiepiscopo.

CAP. XCVIII. Clemens [29] qui et Gwibertus, Ravennaticæ sedis episcopus, ac postmodum super Gregorium septimum per regem Henricum in Romanam Ecclesiam, licet invitus, juxta quosdam violenter, intrusus, nec Ravenna, nedum Roma bene usus, facundus tamen eloquio, acutus ingenio, tres in apostolatu sibi invicem succedentes supervixit. Qui et beato papæ Urbano exsilium suum improperans hæc metrice in eum verborum tela detorsit :

Diceris Urbanus, cum sis projectus ab urbe ;
Vel muta nomen, vel regrediaris in urbem.

[30] an. Chr. 1070. [31] 1040. [32] 1030. [33] 1066. [34] 1007. [35] 996. [36] 1052. [37] 1093. [28] 1080. al. Gillebertus. [29] an. Chr. 1080.

Cap. XCIX. Urbanus [40] secundus apostolicus, A scientia et sanctitate magnificus, accepto hujusmodi improperio, sic metrice rescripsit eidem æmulo suo :

Clemens nomen habes, sed clemens non potes esse ;
Tradita solvendi, cum sit tibi nulla potestas.

Quibus nimirum verbis nihil eum de apostolica dignitate præter vocabulum palam perhibet assecutum.

Cap. C. Anselmus [41] Lucensis episcopus, vir per omnia catholicus, omnique ad unguem scientia præditus, ac post mortem miraculis clarus, qui et beatum Gregorium VII, unice dilexit, contra Gwibertum, et sequaces ejus, opus eximium scripsit. Nam et super Psalterium opus immodicum scribit, in quo locis congruentibus contra Gwibertum et B Henricum per apostropham disserit.

Cap. CI. Bernardus [42] presbyter, vir doctus et catholicus cum collega sub Albano presbytero utilem habuit conflictum super incontinentia sacerdotum. Scribit deinde Apologeticum super decreta, quem venerabilis papa Gregorius ejusdem nominis septimus in Romana synodo promulgavit contra Simoniacos et incontinentes Altaris ministros. Scribit præterea librum de potestate presbyterorum, de concordia officiorum librum, librum quoque de confessione. Adhuc etiam satis utilem scribit Chronicam.

Cap. CII. Guidmundus [43], qui et Christianus, primo in monasterio Stabulaus monachus fuit, ubi dum C abbas constitui, atque ad alterum locum regendum mitti debuisset, aufugit, ignotamque provinciam appetens, ne posset agnosci, nomen mutavit in melius, assumens videlicet Christianitatis vocabulum, cunctis commune fidelibus. Tandem vero requisitus et repertus, sub Gregorio VII Aversæ est factus episcopus, scripsitque fratribus supradicti monasterii explanationem egregiam super Evangelium secundum Matthæum ; in cujus explanationis prologo super Joannem quoque se scripturum pollicetur ; sed utrum minime scripsit, an certe scripserit quidem, quod ad nos minime pervenerit, adhuc a nobis ignoratur. Scripsit tamen explanationem super Evangelium secundum Lucam.

Cap. CIII. Rudolphus [44] abbas tum in aliis artibus, tum in musica acutissimus fuit, qui etiam inter alia Chronicam scribit.

Cap. CIV. Ekehardus [45] abbas vir admodum doctus et religiosus exstitit, qui et suam nihilominus Chronicam scribit.

Cap. CV. Manegoldus [46] presbyter modernorum magister magistrorum, strenuus assertor veritatis ..., a qua nec promissis nec minis schismatici

regis flecti potuit. Quin imo in dissensione illa, quæ inter Gregorium septimum et Henricum quartum exorta fuit, pro tuenda justitia laboravit usque ad vincula. Exstat ad eum scripta quædam exhortatoria Ivonis episcopi Carnotensis epistola. Hic textum Isaiæ prophetæ paginalibus clausulis distinxit ; super Matthæum vero glossas continuas scribit. Scribit quoque super Psalterium opus præstantissimum super topazium et aurum obryzum pretiosum.

Cap. VI. Aribo Cirinus [47] musicus musicam scribit, quam propter ejus mensuræ celeritatem Capream nuncupavit : *Velocius enim*, inquit, *currebat*, *cum venabar eam ; quia voluntas Dei fuit, ut cito mihi occurreret, quod volebam.* In hoc vero tractatu de ejusdem artis industria cæteris subtilius agit, in quo et Domini Wilhelmi musici ita meminit, dicens : *Wilhelmus prius Emmerammensis Ratisponæ monachus, nunc autem alibi abbas* [48] *venerandus fistularum* [49] *novam exquisivit mensuram, prioris intensionem convertens in remissionem, quam mecum communicavit. Nam meam dilexit parvitatem ultra parvitatis dignitatem, qui erat musicorum primus : modernus videlicet Orpheus, et Pythagoras.* Hunc itaque tractatum pontifici suo obtulit, cui et scribit, sicut ait :

Aribo tractatum depinxit musicus istum,
Atque dedit dono pontifici proprio.

Cap. CVII. Fucraldus [50] musicus multam musicæ artis notitiam habuit, qui et librum de musica scripsit.

Cap. CVIII. Wilhelmus [51] abbas reverendissimus Bawariorum prosapia religiosis parentibus exortus, atque in monasterio sancti Emmerammi Ratisponæ educatus, divina illum comitante clementia, tanta ingenii pollebant excellentia ; ut cum eminentia honestorum morum simul emineret studio variarum artium. De quibus multa nobis sui mirabilis ingenii monumenta reliquit. Nam naturale horologium ad instar cœlestis hemispherii excogitavit ; naturalia solstitia, sive æquinoxia et statum mundi certis experimentis invenire demonstravit, quæ omnia etiam litteris mandare curavit. Multas etiam quæstiones de computo probatissimis rationibus enodavit. Hic in musica peritissimus fuit, multaque illius subtilia antiquis doctoribus incognita elucidavit. Multos etiam errores in cantibus deprehensos, satis rationabiliter ad artem correxit. In Quadrivio [52] sane omnibus pene antiquis videbatur præeminere. Tractatum tamen unum de musica scripsit, quem Dei vocatione ad regendum Hirsaugiense cœnobium tractus minime perfecit. Hic dominum Uldaricum Cluniacensis monasterii mona-

---

[40] an. Chr. 1088. [41] 1071. [42] 1070. *Simlero* : Bernoldus. [43] an. Ch. 1066. [44] *forte* Rudolphus Truaxdon. qui fl. an. Chr. 1120. [45] *forte* Junior S. Gallens. monachus, qui fl. an. Chr. 1013. [46] 1070. [47] 1090. [48] Hirsaugiens. [49] *codex* vistularum f. versiculorum. [50] incert. ætat. [51] an. Chr. 1090. [52] Per *quadrivium* quatuor intelliguntur disciplinæ Mathematicæ, Arithmetica, Geometria Musica et Astrologia ; uti per *trivium*, disciplinæ tres Grammatica, Logica, Rhetorica.

chum incitavit ad scribendum consuetudines monachorum.

CAP. CIX. Dietgerus [53] abbas a Latinis Theogo-
rus, a Theutonicis [54] quibusdam Theokarius dictus, domini Wilhelmi abbatis primo discipulus,
deinde in monasterio sancti Georgii abbas tertius,
ac tandem Metensis episcopus aliquantisper admini-
strato episcopio sepultus est in Cluniaco. Et hic
quoque Tractatum unum de Musica scribit, in quo
de ejus inventione, et numeris, ac proportionibus
juxta Arithmeticos breviter quidem, sed satis subtiliter agit.

CAP. CX. Udalricus [55] Ratisponensis Ecclesiæ
canonicus, ac postmodum Cluniacensis monasterii
monachus, multæ scientiæ multæque patientiæ vir
exstitit, quippe qui multas corporis molestias im-
missas a Domino, multasque a falsis fratribus sibi
irrogatas injurias patienter tulit. Hic multas scribit ad diversos epistolas, reprehendens eos qui erant
reprehendendi, collaudans eos, qui erant exhor-
tandi. Scripsit etiam venerabili Wilhelmo abbati
epistolam, in qua reprehendit eum propter irre-
gularem ejus, quam ex Germanicorum abbatum
usurpatione, licet simpliciter, portabat cappam,
docens eum non debere transgredi habitum sibi
subditorum, cum sciret scriptum : *Ducem te constituerunt, esto in illis, quasi unus ex illis* [56]. Tunc impleta est Scriptura, quæ dicit : *Corripe sapientem
et diliget te ; doce justum, et festinabit accipere* [57].
Continuo enim, ut una manu accepit epistolam,
cappamque sensit reprehensam, cum altera manu
nunquam reinduturus, abstraxit eam, nec distulit,
donec perlegeret epistolam. Composuit quoque vitam et epitaphium Sancti Hermanni ex Marchione
monachi filii ducis Berchtaldi fratris Gerhardi Co-
stantiensis episcopi. Præterea scripsit volumen
consuetudinum Cluniacensium monachorum, quod
pene legitur ubique terrarum.

CAP. CXI. Meginbardus [58] Herbipolitanus episcopus scribit in Cantica canticorum explanationem,
opus eximium.

CAP. CXII. Ponizo [58*] Sutriensis presbyter *Gregorii* [59] septimi temporibus scribit excerpta de canonibus.

CAP. CXIII. Deusdedit [59] cardinalis eisdem temporibus scripsit contra Guibertinos.

CAP. CXIV. Gotschalcus [61], monachus Dechin-
gæ, scripsit inter alia libellum quatuor sermonum,
quorum primus de conceptione sancti Joannis

Baptistæ, secundus de sancta Maria, tertius de
dispersione apostolorum, quartus de initio Evangelii secundum Matthæum.

CAP. CXV. Placidus [62] coenobii Nonantuliani
prior, scribit contra investituras et iniquam potestatem quarti Henrici.

CAP. CXVI. Geraldus [63] vir doctus apud monasterium Sancti Blasii monachus factus, vitam religiosam aliquandiu duxit, qui inter alia commentum super dialecticam scripsit. Scripsit præterea
satis utilium collectas sententiarum.

CAP. CXVII. Rudpertus [64] Magnus, magnum et
mirabile scientiæ donum assecutus, apud Leodium
in monasterio Sancti Laurentii regularibus disciplinis a puero institutus, deinde Sigibergensis
monachus ; ad ultimum Tuitiensis abbas constitutus
anno Domini 1111 sub quarto Henrico scriba doctus scribere exortus, usque Lotharium tertium [65],
et sub eo annis scripsit plurimis. Verum ubi vel
quando, vel quomodo gratiam scribendi perceperit,
ipse in opere suo, quod de gloria et honore Filii
hominis fecit, libro duodecimo pandit. Librorum
vero, quos scripsit, alios in archiepiscopi Coloniensis, alios Denonis [66], Sigibergensis abbatis,
ac postmodum episcopi Ratisponensis nomine at-
titulavit pro eo, quod eum uterque illorum impulerit ad scribendum. Hic in libro de glorificatione
Trinitatis et processione Spiritus sancti unam ad
Honorium papam, in libro secundo de divinis officiis
ad venerabilem Chunonem Ratisponensem, alteram
scribit epistolam continentem omnem librorum suorum summam. Scribit ergo Commentum in Job,
librorum decem tractatus ; in Evangelium Joannis
librorum quatuordecim. Opus de operibus sanctæ et
individuæ Trinitatis, librorum quadraginta duorum,
opus in Apocalypsim librorum duodecim, opus in
duodecim minoribus prophetis librorum triginta,
opus de victoria Verbi Dei librorum tredecim, opus
de gloria et honore Filii hominis in Evangelium secundum Matthæum librorum totidem, opus ex libris de glorioso rege David, et opus in Cantica
canticorum septem libellis expliciunt. Scribit et
opusculum trium libellorum sub Dialogo Judæi et
Christiani de sacramento fidei, et opus de glorificatione Trinitatis et processione Spiritus sancti ;
libros quoque de Meditatione mortis quos paulo
antequam moreretur, inchoavit et morte præventus
consummare non potuit. *Hucusque codex Mellicensis.*

<hr />

[53] a. Ch. 1070.   [54] f. Teutonicis.   [55] an. Chr. 1070.   [56] Eccli. 32.   [57] Prov. 9.   [58] I. an. II. an. Ch
1033 vel 1088.   [58*] *alias* Bonizo. an. Chr. 1070.   [59] *sic locum expleo.*   [60] an. Chr. 1070.   [61] inc. ætat
[62] an. Chr. 1070.   [63] inc. ætat.   [64] 1120   [65] *al.* secundum.   [66] Chunonis.

INDEX ALPHABETICUS

Scriptorum Ecclesiasticorum, quos Anonymus Mellicensis in hoc opere recenset.

—

Theodorus Cantuar., *capite* 27.

U

Udalricus Cluniacensis, *capite* 110.
Urbanus II, P. M., *capite* 99.
Usuardus, *capite* 82.

V

Victor African., *capite* 23.
Victor Capuanus, *capite* 21.

A

W

Walafridus Strabo, *capite* 44.
Wilhelmus Hirsaugiens., *capite* 108, 106.
Willeramus Eberspergens., *capite* 78.

Z

Zacharias P. M., *capite* 32.
Zenophirus Constantinopol. ep., *capite* 74.
Zosimus P. M., *capite* 5.

ANONYMI ZWETLENSIS

HISTORIA ROMANORUM PONTIFICUM.

A SANCTO PETRO

USQUE AD COELESTINUM III, ID EST ANNUM DOMINI 1191.

(D. Bern. PEZIUS, *Thes. Anecd.*, I, iii, 325.)

—

MONITUM.

Auctor hujus Historiæ, quis aut cujus fortunæ homo fuerit, nec ex ipso ejus opere, nec ex codice ex quo in lucem protraximus, nec aliunde haurire licuit. Illud omnium certissimum, eum sæculo duodecimo, quo codex certo certius exaratus est, inferiorem esse non posse. Præterea eumdem in diœcesi Pataviensi vel Salisburgensi ætatem egisse, illud argumento est quod nullum locum prætermittat, ubi de celebris et inveteratæ illius controversiæ quæ inter archiepiscopos Salisburgenses et episcopos Patavienses de prærogativa metropolitana jam dudum versatur, compositione agere posset, ut videre est in pontificatu Agapeti II et Benedicti VII, aliorumque plurium præsulum Romanorum. Nos auctorem *Anonymum Zwetlensem* inscripsimus, non quo l ejus loci cœnobita Cisterciensis fuerit aut esse potuerit, sed quod ex Zwetlensis bibliothecæ codice deprompsus sit, id quod eruditorum virorum exemplis non vacat. Jam vero ad ipsam præsentem Historiam quod attinet, ea insignis est, maxime ad illos annos qui ad auctoris ætatem propius accedunt, id est ad sæculum xi et xii. Nam quæ prioribus sæculis evenisse narrantur, ea apud alios jam exstant, utpote ex veteribus Romanorum pontificum *Catalogis* et *Gestis*, ex confictis primorum paparum *Decretalibus epistolis* ex *Prospero*, etc., decerpta, tametsi et in his quædam vulgo haudquaquam nota reperire sit. Nec illud observatu indignum quod nullum *Joannæ papissæ*, ineptissimæ scilicet fabulæ, vestigium apud nostrum, cætera in reprehendendis pontificum vitiis haud segnem, deprehendatur, sed concinno et perpetuo ordine Leoni IV Benedictus III, inter quos commentitia illa Joanna plerumque collocatur, succedat. Par nostri silentium est de magicis artibus, quibus Sylvester II, antea Gerbertus, ad Romanorum pontificatum grassatus fuerit, ut quidam insulsissime commenti sunt, etsi eum *sæculari litteraturæ nimium deditum*, et ob hoc *curioso imperatori Ottoni III amatum* fuisse neutiquam dissimulet. Sed hanc calumniam Sylvestro II *impactam ab hominum mendacissimo Bennone*, ut verbis eruditissimi Papebrochii S. J. in *Conat. chronolog. ad Catal. pontificum Roman.*, pag. 177, utamur, *centum annis ab obitu, et a Martino Polono improvide renovatam, atque ab hodiernis hæreticis, pontificii nominis hostibus sæpe decantatam Jacobus Gretserus S. J. argumento quidem negativo, sed efficaci ac decretorio confutavit in examine Mysterii Plessæani, cap.* 45 ; quod videat, qui volet.

INCIPIT PROLOGUS IN HISTORIAM ROMANORUM PONTIFICUM.

Romanorum pontificum sibi per ordinem succedentium notitia sanctis Patribus tam venerabilis exstitit, ut sagaci diligentia, et diligenti sagacitate singulorum tempora et recolenda instituta, per quos paulatim incrementum recepit Ecclesia, attentissime indagarent. Si enim illorum merita sanctiorum, qui in gradibus inferioribus constituti catholicæ institutioni et canonicæ informationi operam adhibuerunt, sub silentio non sunt transeunda ; multo magis eorum sanctitas Patrum, qui orthodoxæ fidei statum a primitiva Ecclesia erexerunt. et sub tyrannide persecutorum contra inimi-

cos fidei tam hæreticos quam idololatras corroboraverunt, et omnem deformitatem vitæ humanæ certis legibus et limitibus domuerunt, tanto amplius est magnificanda, quanto per eorum non solum doctrinam, verum etiam quorumdam gloriosa certamina dilatata crevit Ecclesia. Totius etenim hæreticæ pravitatis pestifera semina synodalibus decretis exstirpata, latius pullulassent, nisi in ipsis fidei defensoribus et apostolicæ traditionis successoribus catholicæ doctrinæ semen Dominus Sabaoth nobis reliquisset. Illud tamen summopere notandum quod, cum a pontificatu Petri, principis apostolorum usque ad præsulatum papæ Silvestri, xxxii connumerantur pontifices, semotis Lino et Cleto, quod illi scilicet superstite adhuc Petro cooperatores ejus fuerunt, et episcopatu functi sunt; nemo tamen eorum suis decretalibus aliqua sanctire (50) omiserit, Chrysogono duntaxat excepto, qui vicesimus octavus computatur ab ipso, quem etiam aliqui ideo ponere in Catalogo eorumdem pontificum omiserunt. Rursus cum a sancto Sylvestro usque ad B. Gregorium triginta duo, supputantur præsules, omnes similiter, præter Mercurium solum, qui quinquagesimus septimus præsulatu post Petrum apostolum functus est, edidisse canones leguntur. Apostolici itaque viri consortes fidei scriptis informabant, insinuantes videlicet, quid appetere, quid

cavere, quid tenere, quid denique et ejicere deberent. Merito igitur et digne omni Christiano eorum convenit habere notitiam, per quos tanquam sollicitos, et circa gregem Domini vigilantes pastores debitæ religionis et innocentiæ suæ formam recognoscit; ut etiam per ipsorum successionem cognoscere valeat, quis prior, quisve posterior sederit, quibus tam pro antiquitatis veneratione, quam pro merito scientiæ ac sanctitatis majoris majores nostri majorem sanxerunt reverentiam; et cum ad commodum suæ causæ aliquem canonem producere voluerit causidicus, illi potius auctori innitatur, quem nobis commendavit antiquitas, quæ in omnibus causis plurimum censuræ et auctoritatis habet.

(50) *Id est* sancire.

INCIPIT HISTORIA ROMANORUM PONTIFICUM.

—

I. Beatus Petrus apostolus et princeps apostolorum, filius Joannis provinciæ Galileæ, vico Betsaida, frater Andreæ, primo sedit Cathedram episcopatus Antiochiæ annos vii. Postea Romæ sedit annos xxv, mensibus ferme tribus, usque ad xiv Neronis annum. Hic ordinavit duos episcopos cooperatores, Linum et Cletum, qui populo Romano ministerium sacerdotale, vel supervenientibus exhiberent. Ipse vero orationi, et prædicationi operam dabat, astruente hoc Joanne papa tertio hujus nominis, et scribente episcopis Germaniæ. Petrus Princeps apostolorum adjutores sibi ascivit Linum et Cletum, non tamen pontificalem potestatem aut ligandi, aut solvendi normam tradidit eis, sed successori suo Clementi. Linum et Cletum nihil legimus unquam egisse ex pontificali ministerio potestative, sed quantum eis a B. Petro præcipiebatur, tantum solummodo agebant. Passurus autem cathedram Ecclesiæ Clementi commisit his verbis : *Trado ipsi Clementi a Domino traditam mihi potestatem ligandi atque solvendi, ut de omnibus quibuscunque decreverit in terris, hoc decretum sit et in cœlis. Ligabit enim, quod oportet ligari, et solvet quod expedit solvi, tanquam qui ad liquidum Ecclesiæ regulam noverit. Ipsum ergo audite,* etc. Item : *Hæc cathedra eum, qui cupit eam, et audacter expetit, non requirit, sed ornatum moribus et verbis eruditum.* A beati Petri præsulatu usque ad Constantini imperatoris tempora seu propter raritatem episcoporum, sive propter rabiem persecutorum, aut nulla, aut certe vix ulla creduntur celebrata concilia pontificum. Hic scripsit duas epistolas, quæ canonicæ nominantur et Evangelium Marci. Crucifixus est a Nerone, xxxviii anno post passionem Domini, sepultus in Vaticano, in templo Apollinis, juxta lo-

cum, ubi crucifixus est. Simonem hæresiarcham condemnavit, a quo Simonia serpere cœpit, quem Philippus diaconus baptizasse legitur in Actibus apostolorum.

II. Linus, martyr, natione Italus, ex patre Herculiano, ab ipso B. Petro ordinatus episcopus sedit annis xi, mensibus fere iv usque ad consulatum Capitonis et Rufi, id est, duodecimum Neronis annum. Juxta Chronicam Eusebii, secundo anno Titi regis martyrio coronatur; sepultusque est in Vaticano vi Kal. Decemb. Hic ex præcepto B. Petri constituit, ut mulier velato capite intraret Ecclesiam.

III. Cletus martyr, natione Romanus, patre Emiliano, a B. Petro episcopus ordinatus, annos xii, mensibus ferme duobus, usque ad consulatum Domitiani ix, et Rufi, id est primum Domitiani annum, juxta Chronicam Eusebii, usque ad xii Domitiani annum. Hic chorepiscopus beati Petri ordinavit in urbe Roma presbyteros xxv, et sub Domitiano martyrio coronatus, sepultusque (*est*) juxta B. Petrum iic Idus Julii.

IV. Clemens martyr, item natione Romanus de Cœlio monte, ex patre Faustino, a B. Petro, ut aiunt, ordinatus, annos ix, menses ferme tres usque ad consulatum Vespasiani ix et Titi, id est octavum Vespasiani annum; juxta Chronicam Eusebii, usque ad tertium Trajani annum. Sub quo in exsilium missus trans Pontum, jussu ipsius in mare demergitur viii Kal. Decemb. Cui Petrus ligandi ac solvendi potestatem tradidit. Hic vii regiones divisit notariis Ecclesiæ fidelibus, qui gesta martyrum sollicite perquirerent et scriberent. Ipse statuit canones capitulorum xxv, quos, quia hic ponere longum est, lectorem ad decreta pontificum transmittimus.

V. Anacletus, natione Græcus, de Athenis ex patre Antiocho, annos ix, menses ii usque ad consulatum Domitiani xvii et Clementis, id est decimum Domitiani annum. Qui etiam sub Domitiano passus est. Hic memoriam B. Petri, et loca, ubi episcopi collocarentur, composuit. Ipse etiam presbyter a B. Petro ordinatus est. Ipse ad sacrificandum idolis ductus, sacrificavit. Postea pœnitentia ductus pro confessione veræ fidei, capite truncatus est. Canones statuit capitulorum xxiv.

VI. Evaristus martyr, natione Græcus, ex patre Judæo, de civitate Bethlehem, annis ix, mensibus x usque ad consulatum Galli et Braduæ, id est septimum Trajani annum, sub quo passus, sepultus est in Vaticano vi Kal. Novemb. juxta Chronicam Eusebii usque ad undecimum Domitiani annum. Hic constituit duos in Urbe presbyteros, et septem diaconos ordinavit, qui custodirent episcopum prædicantem. Sex canones statuit.

VII. Alexander martyr, natione Romanus, ex patre Alexandro de regione caput Tauri, annos x, menses x, usque ad consulatum Emilii, et Veteris, id est xv Trajani annum; juxta Chronicam Eusebii, usque ad tertium Trajani annum. Hic sanctitate incomparabilis, fide clarissimus, maximam partem senatorum Urbis convertit ad Dominum. Hic statuit canones ix inter quos unus est de conspersione salis et aquæ ad habitacula fidelium omni Dominico die benedicenda. Alius est, quod aqua debeat cum vino misceri in calice. Reliquos pro tædio vitando tacemus. Qui jubente Trajano ab Aureliano, comite utriusque militiæ carceri mancipatur. Deinde post innumera tormenta punctis creberrimis per cuncta membra pungebatur, donec deficeret. v Kal. Maii obiit. Hic passionem Domini miscuit in prædicatione sacerdotum, quando missæ celebrantur.

VIII. Sixtus martyr, natione Romanus, ex patre pastore, annos x, menses ii, usque ad consulatum Veri et Ambigui, id est sextum Adriani annum, cujus etiam temporibus passus obiit viii Id. April.; juxta Chronicam Eusebii, usque ad xii Adriani annum. Hic de regione Via Lata statuit canones capitulorum iv inter quos unus est, non debere tractari vasa sacra, nisi a sacratis, et Deo dicatis hominibus.

IX. Telesphorus martyr, natione Græcus, ex Anachoretis, annis xi, mensibus ferme iv tempore Antonini et Marci; juxta Chronicam Eusebii usque ad primum Antonini annum. Statuit canones vi. Primus de jejunio clericorum, vii videlicet hebdomadarum ante Pascha; secundus clericos non esse accusandos a laicis; tertius de nocturna missa in Nativitate Domini, et hymno angelico dicendo; quartus de hora missæ quotidianæ; quintus vulgus non esse recipiendum in accusatione sacerdo-

tum; sextus accusatori non esse credendum, qui absentem accusat. Ipse illustre duxit martyrium, et passus in Vaticano juxta B. Petrum sepelitur iv Non. Januarii.

X. Hyginus, natione Græcus, ex philosopho de Athenis, annis iv, mensibus iii usque ad consulatum Orsiti et Prisci; juxta Chronicam Eusebii, usque ad v Antonini annum. Quarto Id. Jan. obiit, sepulusque est in vico Atticano. Hic constituit clerum, et gradum ecclesiasticum distribuit. Canones tres statuit; inter quos primus, irritam esse sententiam archiepiscopi sine assensu coepiscoporum; secundus prohibenda peregrina judicia; tertius non recipiendum eum, qui recedit a proposito.

XI. Pius, natione Italus, ex patre Rufino, frater pastoris de civitate Aquilegia, annos xix, menses iv; juxta Chronicam Eusebii, annos xi usque ad xx Antonini annum. Quarto Id. Julii obiit. Canones v capitulorum statuit. Quorum primus de confirmatione Paschæ est in hunc modum: Nosse vos volumus, quod Pascha die Dominico annuis temporibus sit celebrandum. Istis ergo temporibus Hermes doctor fidei, et Scripturæ effulsit inter nos; et licet nos ipsum Pascha prædicto die celebremus, et quidam dubitarent, ad corroborandas tamen animas eorum eidem Hermæ Angelus in habitu pastoris apparuit et præcepit ei, ut Pascha die Dominico ab omnibus celebraretur suo tempore. Unde et nos apostolica auctoritate instituimus omnes eadem servare debere; quia et nos eadem servamus, nec debetis a capite quoquo modo dissidere.

XII. Anicius, sive Anicetus, natione Syrus, ex patre Joanne, annos xi, menses iv usque ad consulatum Præsentis et Rufini; vel juxta Chronicam Eusebii, usque ad viii Veri annum. Tempore Severi et Marci passus, xvi Kal. Maii obiit. Hujus tempore Egesippus historiographus Romam venit, et perseveravit usque ad tempus Eleutherii papæ. Polycarpus etiam tunc Romam veniens, multos ab errore liberavit. Canones statuit vi. Primus est, ne clerici comam nutriant.

XIII. Soter, natione Campanus, ex patre Concordio, de civitate Fundis, annis ix, mensibus ferme vii usque ad consulatum Cetegi et Olari, id est decimum Veri annum; juxta Chronicam Eusebii annos viii usque ad xvi Veri annum. Octavo Kal. Junii obiit. Hic statuit ii Canones: Ine feminæ sacratæ sacra vasa aut pallas contingerent, nec incensum circa altaria deferant; item ii ut sponsus et sponsa ante nuptias a sacerdote benedicantur.

XIV. Eleutherius, natione Græcus, ex patre Habundio, de oppido Nicopoli, annos xv, menses iii usque ad consulatum Materni et Braduæ, id est vi Commodi annum; juxta Chronicam Eusebii, usque ad xiii Commodi annum. Fuit autem Aniceti papæ quondam diaconus. Hic accepit epistolas a Lucio Britannico rege, ut rex per ejus mandatum Chri-

stianus fieret, quod et factum est. xi Kal. Maii
obiit. Canones iv statuit. 1. Finitiva tantum judicia clericorum deferri ad apostolicam sedem. 2.
Non esse judicandum, donec utrinque sit perora-
tum. 3. Intra provinciam exercendas pulsati actiones. 4. Non esse judicandum absente judicato, id
est eo, cujus causa judicatur.

XV. Victor martyr, natione Afer, ex patre Felice. Annos xv, menses ii usque ad consulatum
Laterani et Rufini, id est iv Severi annum, sub quo
passus obiit xii Kal. Maii; juxta Chronicam Eusebii
usque ad octavum Severi annum. Canones capitulorum iv statuit. In uno de die et termino Paschali
scribens Theophilo et fratribus Alexandrinis, sicut
Pius prius fecerat, discussit ita dicens : Celebritatem sancti Paschatis die Dominico agi debere, et
prædecessores nostri statuerunt, et nos illud eodem
die celebrare solemniter mandamus, quia non decet, ut membra a capite discrepent et contra gerant. A xiv vero luna primi mensis usque ad xx
diem ejusdem mensis eadem celebretur festivitas.
Tunc etiam baptismum est celebrandum catholicum, et necessitate faciente sive in flumine, sive
in mari, sive in fontibus sub Christiana confessione
quicunque hominum ex gentibus veniens baptizetur.

XVI. Zephérinus, natione Romanus, ex patre
Habundio. Annos xviii, menses vii usque ad consulatum Præsentis et Extricati, id est vi Antonini
Caracallæ annum ; juxta Chronicam Eusebii usque
ad ii Aureliani annum. vii Kal. Sept. obiit. Canones iii statuit. 1. Ut præsentibus clericis et laicis
ordinatio clericorum celebretur, et certo tempore.
2. Quo modo et quo testimonio faciendum sit judicium super episcopum. 3. Non esse cogendos ad
responsionem a suis sedibus pulsos.

XVII. Calixtus martyr, natione Romanus, ex patre Domitto, de regione Urbis Ravennatium. Annos v,
menses ii ; juxta Chronicam Eusebii usque ad iii
Alexandri annum. Hic jussu Alexandri, quia privatum (51) curavit, per fenestram domus præcipitatus, et ligato ad collum ejus saxo in puteum demersus est. Post dies xiv Asterius presbyter cum
clericis sepelivit corpus ejus in cœmeterio Calepodii.
ii Id. Octob. obiit. Canones xiv statuit, Unum de iv
temporibus scribens : Benedicto fratri et coepiscopo
salutem. Jejunium, quod ter in anno apud nos celebrari didicisti, convenientius nunc per iv tempora
fieri decernimus, ut, sicut annus per iv tempora
volvitur, et nos sic quaternum et solemne agamus
jejunium per anni iv tempora.

XVIII. Urbanus martyr, natione Romanus, ex
patre Pontiano. Annos viii, menses x ; juxta Chronicam Eusebii ad xii (52) Alexandri annum. Per
hujus doctrinam multi conversi, passi sunt sub
Alexandro et B. Cecilia. viii Kal. Junii obiit. Statuit canones v capitulorum. 1. Inter quos vigere de-

beat communis vita. 2. Quomodo non debeant res
Ecclesiæ usibus sæcularium applicari. 3. Timendam
esse episcopi sententiam. 4. Votum communis vitæ
non esse frangendum. 5 De manus impositione.

(53) *Ciriacus martyr, natione de Britannia, passus
est cum xi millibus virginum in Colonia.*

XIX. Pontianus martyr, natione Romanus, ex
patre Calpurnio. Annos vi, menses v ; juxta Chronicam Eusebii usque ad iii Maximini annum, sub
quo etiam Sardiniam in Buccinam insulam cum
Hyppolito presbytero deportatur, ibique fustibus
mactatus consummatur. xii Kal. Decemb. obiit. Cujus corpus a Fabiano papa postea relatum, in cœmeterio Calixti, quod ante Calepodii dictum est,
sepelitur. Unum canonem statuit : eos, qui non
sunt bonæ conversationis, aut qui sunt suspecti,
aut inimici, aut facile litigantes, aut quorum vita
est accusabilis, aut qui rectam non tenent, aut docent fidem, accusatores esse non debere.

XX. Antherius martyr, natione Græcus, ex patre
Romulo. Annum i usque ad novissimum Maximini
annum. Hic martyrum gesta diligenter exquisivit.
Passus est autem sub Maximino imperatore. ii Non.
Jan. obiit, et sepultus est in cœmeterio Calixti via
Appia. Duos statuit canones. 1. Qua ratione conce-
denda sit mutatio episcoporum. Alius, merito ple-
bis pravum fieri doctorem.

XXI. Fabianus martyr, natione Romanus, ex patre Fabio. Annos ferme xv. Super quem Spiritus
sanctus in specie columbæ cœlitus descendens et
super caput ejus manens, dignus exinde episcopatu judicatur et consecratur. Hic divisit diacones
et notarios per regiones, ut gesta martyrum in integrum colligeret. Qui passus xiii Kal. Febr. obiit,
et in cœmeterio Calixti sepultus est. Canones xii
capitulorum statuit, unus quorum est : Omni anno
chrisma conficiendum, et singulis annis innovan-
dum, et vetus in sanctis Ecclesiis cremandum. Cui
Origenes confessus errores suos in fide ab eo, ut
in epistola quadam Hieronymi reperitur, est correctus, quod Didymum dicunt asserere. Tradunt
autem Fabianum Anthero defuncto, cum de agro
reverteretur una cum amicis suis, et universus
ecclesiæ populus pro episcopo eligendo in unum
coisset, atque alius de alio, ut fieri solet in talibus,
conclamaret, nec tamen vulgi sententia circa aliquid obtineret, astitisse etiam ipsum inter cæteros
scire cupientem, qui rei exitus foret, et subito per
Dei providentiam columbam cœlius lapsam, figuram ferentem illius, quæ in sancti Spiritus imagine super Jesum descenderat apud Jordanem, supra caput astitisse Fabiani ; ad quod spectaculum
ora cunctorum oculosque conversos, et omnes velut
uno spiritu commotos, hunc esse episcopatu dignum
per Dei judicium decrevisse, eumque continuo cathedræ impositum, et legitimo sacerdotio confirma-

---

(51) *Vid. legend.* Privatum.
(52) Supra hunc numerum æque antiqua manus
notat x.

(53) Hæc veteri nostræ historiæ quædam sæculi xv manus interserunt.

tum. Quod alii super hujus, alii super Zeferini nomine gestum tradunt.

XXII. Cornelius martyr, natione Romanus, ex
patre Castino. Annos II, menses II. Contra quem
Novatus, Romanus presbyter cathedram sacerdotalem est conatus invadere. Qui Novatus hæreticus
spem salutis idololatris, digne pœnitentibus, et in
peccato lapsis denegans, concilio LX episcoporum,
et totidem presbyterorum de Ecclesia projectus,
damnatus est. De electione vero Cornelii B. Cyprianus in epistola, quam Antoniano scribit, sic ait :
*Factus est Cornelius episcopus de Dei et Christi ju-
dicio, de clericorum pene omnium testimonio, de
plebis, quæ tunc adfuit, suffragio, de sacerdotum
antiquorum et bonorum virorum collegio, cum nemo
ante se factus esset, cum Fabiani, id est cum locus
Petri, et gradus cathedræ sacerdotalis vacaret. Quo
occupato, et. Dei judicio, atque omnium nostrum
consensione firmato, quisquis jam episcopus fieri voluerit, foris fiat, necesse est, nec habeat ecclesiasticam ordinationem, qui Ecclesiæ non tenet unitatem.*
Item in eadem de Novato, unde tota epistola eadem
digesta est : *Miror quosdam sic obstinatos esse, ut dandam lapsis non putent pœnitentiam, aut pœnitentibus
existiment veniam denegandam, cum scriptum sit : Memento, unde excideris, et age pœnitentiam.* Cujus etiam
et aliæ exstant epistolæ ad diversas personas, et ad
Cornelium papam de persecutione Ecclesiæ sese
invicem consolantes, in quibus astruit etiam, ab
hæreticis baptizatos rebaptizari debere. Qui sub
Valeriano Centumcellas exsilio deportatus propter
fidem decollatur XVIII Kal. Octob. Tres tantum canones statuit. 1. Non esse jurandum, nisi pro fide.
2. Ut nullus causam suam committat alieno judicio.
3. Sententiam in absentem esse cassam. Hic etiam
levavit corpora apostolorum de catacumbis. Dionysius etiam Alexandrinus episcopus Novato causanti,
quod invitus Romæ episcopus ordinatus sit, scripsit
in hunc modum, cujus epistolæ hoc exordium est :
*Dionysius Novatiano fratri salutem. Si invitus, ut
dicis, ordinatus es, probabis, cum volens disces-
seris.*

XXIII. Lucius martyr, natione Romanus, ex patre Porphyrio. Annos III, menses III, dies III, usque
ad consulatum Valeriani tertium, et Gallieni, id est
primum Valeriani annum. Qui ipsorum persecutione ob fidem Christi exsilio relegatus, postmodum divino nutu ad ecclesiam suam redire per-
missus, martyrium capitis obtruncatione complevit,
positus via Appia ad Sanctum Sixtum. Tres canones statuit. 1. Quod, qui crimina intendunt, accusare possint. 2. De rebus ecclesiasticis. 3. Quod sacrilegium facit, qui aufert res ecclesiæ. Hic præcepit, ut duo presbyteri, et tres diaconi in omni
loco non desererent episcopum propter testimonium
ecclesiasticum.

XXIV. Stephanus martyr, natione Romanus, ex

(54) Sic codex hic.

A patre Lobio. Annos VI, menses V, usque ad consulatum Valeriani III et Gallieni II ; juxta Chronicam
Eusebii mensibus tantum tribus. Qui post multa
bona, quæ fecerat, jussu principum Valerii (54) et
Gallieni ante sanctum altare, dum sacrificium Deo offerret, comprehensus, dum finivit, decollatus est
IV Non. Aug. Hic constituit, ut sacerdotes et levitæ vestes sacras in quotidiano usu non haberent,
nisi tantum in ecclesia. Ordinavit tres presbyteros
et septem diaconos et clericos decem, cum quibus
assidue de regno Dei docebat. Canones statuit VII.
1. De infamibus personis. 2. De vestimentis ecclesiæ. 3. De spoliatis. 4. Quæ accusationes recipi debeant. 5. Quod per scriptum nullus sit accusandus.
6. Ante responsionem vocandum episcopum a pri-
mate. 7. Primam discussionem debere fieri intra
provinciam.

XXV. Sixtus II martyr, natione Græcus et philosophus. Annum I menses ferme XI. Post hunc
præfuerunt presbyteri usque ad consulatum Tusci
et Bassi. In Chronica Eusebii annos XI usque ad
XIII Gallieni annum. Sub Decio imperatore et Valeriano præfecto decollatus est IX (55) Id. Aug.;
prius philosophus, postea Christi discipulus et magister magni martyris Laurentii. Duos canones statuit. 1. Injuste damnatos debere restitui. 2. De re-
tractando comprovinciali judicio a sede apostolica.

XXVI. Dionysius ex monacho prius Romanæ Ecclesiæ presbyter, cujus cognatio non invenitur.
Annos VI, menses II, usque ad consulatum Claudii
et Paterni, id est XV Gallieni annum; juxta Eusebium annos VIII usque ad Probi annum primum.
Sepultus via Appia in cœmeterio Calixti. Quem consecravit Ostiensis episcopus Maximus. Duos canones statuit. 1. De distinctionibus ordinum. 2. Ut singulæ parochiæ dentur singulis presbyteris. Secundum Eusebium Dionysio successit Palmirienus ; secundum vero alios Felix ; sed puto, cum præ timore
persecutionis cessante pontificatu præfuerint sacerdotes, iste Palmirienus, quia non in Catalogo
pontificum ponitur, unus de presbyteris, qui præfuerunt, fuerit. Cui Dionysius Alexandrinus episcopus duas epistolas scripsit, dum adhuc privatus
presbyter esset, tertiam, dum esset pontifex, de
Novato.

XXVII. Felix martyr, natione Romanus, ex patre
Constantio. Annos IV, menses ferme IV usque ad
consulatum Aureliani et Capitolini, id est III Aureliani annum. In Chronicis Eusebii, annis V usque
V Probi annum. Canones statuit VII : 1. De incertis
judiciis. 2. Ubi fieri debeat discussio. 3. Retrac-
tandam injustam damnationem episcoporum. 4.
Quando adeundi sint primates. 5. Quantum spatii
dari debeat restituto. 6. De examinatione accusantium. 7. Quod infames non sint repellendi a propriis causis.

XXVIII. Euticianus martyr, natione Tuscus, ex

(55) Sic codex male. *Lege* VIII.

patre Marino de civitate Luna. Annum I, mensem I, consulatu Cari II et Carini, id est (ad) IV Aureliani annum ; juxta Chronicam Eusebii menses tantum VIII, id est V Probi anno. Hic sub Aureliano imperatore martyrio coronatus, sepultus est in cœmeterio Calixti. Qui et ipse per diversa loca CCCXLII martyres manu sua sepelivit. Hic constituit tantum fruges, et faba, et uvas super altare benedici. Unum canonem de vinculo inscriptionis statuit.

XXIX. Gaius martyr, natione Dalmatinus ex genere Diocletiani imperatoris, ex patre Gaio. Annos XI, menses IV, dies XII usque ad consulatum Diocletiani V et Constantii II , id est IX Diocletiani annum ; juxta Chronicam Eusebii, annis XV usque ad XIII Diocletiani annum, sub quo martyrio coronatus est cum Gabino fratre et presbytero. Hic ordines ecclesiasticos disposuit, ut videlicet per omnes gradus ascenderet primum, si quis episcopus fieri mereretur, ut esset ostiarius, lector, exorcista, subdiaconus, diaconus, presbyter. Canones II statuit. 1. Infamem esse, qui non probaverit illata, et alium supradictum quo ordine accedendum sit ad ordines.

Chrysogoni decreta, qui XXVIII a B. Petro sortitus est cathedram, nusquam reperi nisi quod ad quamdam virginem exhortatorias ad sufferendum martyrium scripsit litteras. Verum cur hoc acciderit, utrum cita morte præventus sit, vel aliud quid ei contigerit, non satis elucet. Unde et in Catalogo non ponitur pontificum.

XXX. Marcellinus martyr, natione Romanus, ex patre Præjecto. Annos IX, menses IV, dies XVI, usque ad consulatum Diocletiani VIII et Maximiani VIII, id est XVII Diocletiani annum. Juxta Chronicam Eusebii usque ad XX Diocletiani annum. Qui compulsus a paganis thurificavit dæmonibus, sed postea insignis factus est martyr. Concilium siquidem episcoporum non audiens ipsum sicut magistrum judicare dixit ei : Ore tuo causam tuam judica, non nostro judicio. Et iterum : Noli audiri in nostro judicio, sed collige in sinu tuo causam tuam. Et rursus : Quoniam ex te, inquiunt, justificaberis, aut ex ore tuo condemnaberis. A quo etiam B. Mauricius magnus martyr, benedictionem accipiens cum imperatore Maximiano contra inimicos imperii tendit. Canones duos statuit. 1. Quod episcopi pontifici, a quo consecrati sunt, nullum possint inferre præjudicium, et quod clericus a laico non sit accusandus. 2. Quod nulla potestas aliquid agere debeat contra auctoritatem divinam.

XXXI. Marcellus martyr, natione Romanus, ex patre Benedicto de regione via Lata. Annos V, menses fere VIII. Qui, jubente Diocletiano, pro fide Christi cum Claudio, et Cirino, et Antonio capite truncatus est, et post dies XXXV sepultus via Salaria in cubiculo a Marcello presbytero et diaconibus cum hymnis in cœmeterio Priscillæ. Quo tempore fuit magna persecutio, ita, ut intra unum mensem XVII millia hominum promiscui sexus martyrio coronarentur. Et cessavit episcopatus annos VII, menses VI, dies XXV, persequente Diocletiano imperatore Christianos. Hic fecit cœmeteria via Salaria et XXV titulos in urbe Roma constituit propter baptismum, et pœnitentiam multorum qui convertebantur ex paganis, et propter sepulturas martyrum. Canonem unum statuit : quod non sit rata sententia provincialis synodi sine consensu sedis apostolicæ. Hic in Chronico Eusebii non habetur.

XXXII. Eusebius , natione Græcus, ex medico. Annos VI, mensem I. In Chronicis Eusebii menses VIII vicesimo anno Diocletiani. Hic hæreticos invenit in urbe, quos ad manus impositionem reconciliabat. Quatuor canones instituit. 1. Quorum conversatio non est diversa, non debent se invicem accusare. 2. Non posse vocari exspoliatum, donec ei omnia sua sint redintegrata. 3. Qui sint infames ? 4. De inventione Crucis Domini nostri Jesu Christi, quæ nuper nobis gubernacula sanctæ Romanæ Ecclesiæ tenentibus V Non. Maii inventa est, in prædicto Kalendarum die Inventionis festum vobis solemniter celebrare mandamus. Judæus, qui ostendit eam, baptizatur, et Ciriacus nominatur.

XXXIII. Melciades, natione Afer. Annos VI usque ad consulatum Volusiani et Aniani, id est quartum Constantini annum. Constituit, ut ex consecratu episcopi oblationes per Ecclesias dirigerentur. Septem canones statuit. 1. Non esse aliquem subito judicandum. 2. Quid baptismus, quid confirmatio conferat ? 3. Die Dominica et quinta feria non esse jejunandum ; jejunium Dominicæ diei et quintæ feriæ nemo celebrare debet ; ut inter jejunium Christianorum et gentilium, et veraciter credentium et infidelium, atque hæreticorum vera et non falsa habeatur discretio. Unde B. Gregorius in dispositione officiorum quintam feriam infra Quadragesimam vacantem dimisit, quibus postea secundus Gregorius officia Dominicarum concessit, et cætera disposuit. 4. De primitiva Ecclesia. 5. Quomodo creverit Ecclesia in gentibus ? 6. Imperatorem non debere judicare de episcopis. 7. Alia esse negotia sæcularia, alia ecclesiastica.

XXXIV. Silvester, natione Romanus, ex patre Rufino et matre Justa. Annos XXIII, menses X usque ad consulatum Constantini et Volusiani. In Chronica Eusebii annos XXII usque ad XXV constantini annum, quem etiam baptizatum de fide Christi instruxit. Cujus industria synodus præclarissima in toto orbe terrarum trecentorum decem et octo Patrum apud Nicæam urbem Bithyniæ celebratur sub consulatu Constantini et Licinii imperatorum XIII Kalendarum Juliarum Julii, tamen successoris sui tempore consummatur. Hæc synodus habita contra Arium Alexandrinum presbyterum, qui tres gradus in Trinitate asserebat, condemnata eadem blasphemia de inæqualitate Trinitatis, consubstantialem Deo Patri Dei Filium per Symbolum, quod adhuc in Ecclesia frequentatur, diffinivit, et LXX canones statuit.

Item consilio ejusdem Imperatoris Constantini in urbe Roma congregavit cclxxxvii episcopos, et damnavit iterum tam Calistum, quam Arium, et Photinum atque Sabellium. Constituit etiam, ut presbyterum Arianum resipiscentem nemo susciperet, nisi episcopus ejusdem loci eum reconciliaret, et sacrosancto chrismate per manus impositionem (in) sancti Spiritus gratia, quæ ab hæreticis dari non potest, eum confirmaret. In qua etiam synodo consensu et 'subscriptione omnium constitutum est ut nullus laicus clerico crimen audeat inferre, et non tantum de episcopis, sed et de omnibus ordinibus clericorum, nec ullus inferioris ordinis adversus superiorem det accusationem aliquam ; et non damnabitur præsul, nisi in lxxii, neque summus præsul a quoquam judicetur · presbyter autem cardinalis, nisi in quadraginta quatuor testibus damnabitur. Diaconus cardinalis nisi xxxvi ; subdiaconus, acolythus, exorcista, lector, ostiarius, nisi vi testibus condemnabitur. Testes autem, et accusatores sine aliqua sint infamia, uxores et filios habentes, et omnino Christum prædicantes. Testimonium clerici adversus laicum nemo recipiat. Nemo clericum quemlibet in publico examinare præsumat, nisi in Ecclesia. Nemo etiam clericus vel diaconus vel presbyter propter quamlibet causam intret curiam, nec ante judicem cinctum causam dare præsumat. Et si quis clericus accusans clericum curiam introierit, anathema suscipiat. Inter cætera in prædicta, consilio omnium, statuit synodo, ut sacrificium altaris non in serico panno aut intincto quisquam celebrare præsumeret, sed in puro lineo, ab episcopo consecrato, terreno seu lino procreato atque contexto, sicut corpus Domini nostri Jesu Christi in sindone munda linea sepultum fuit. Constituit etiam, ut baptizatum liniat presbyter. Fecit etiam ordinationes vi die (56), mense Decembri, presbyteros xlii, diaconos xxv, episcopos per diversa loca lxxx. Colobia, quibus prius apostoli utebantur, absque manicis, commutavit in dalmaticas, appositis manicis. Pridie Kal. Jan. obiit, et sepultus est in cœmeterio Priscillæ, via Salaria. Dedit etiam decretum, ostendens, qui ordines quibus debeant esse subditj. Dicit, quod presbyter episcopo, diaconus presbytero, subdiaconus diacono, acolythus subdiacono, lector acolytho, exorcista lectori, exorcistæ ostiarius, abbas obedire debet ostiario, monachus abbati.

XXXV. Marcus, natione Romanus, ex patre Prisco. Annos ii, menses ix usque ad xx Constantini annum. In Chronica Hieronymi menses ix vicesimo quinto Constantini anno. Canonem statuit, ut episcopus civitatis, quando hostias consecrat, pallio uteretur. Obiit Nonis Octob. et sepultus est in cœmeterio Balbinæ via Ardeatina.

XXXVI. Julius, natione Romanus, ex patre Rustico. Annos xv, menses ii. Qui in Nicæna synodo vocatus a Constantino defuit senio gravatus, sed pro eo Vitus et Vincentius presbyteri interfuerunt. Sub hoc Arius et fautores ejus, qui consubstantialitatis verbo derogaverunt, plenarie damnati sunt. Qui etiam sub Constantio filio Constantini Ariano tribulationes et exsilia per x menses perpessus, post hæc cum magna gloria ad sedem suam reversus est. A quo etiam B. Donatus episcopus consecratus est Aricii. Canones statuit vii. 1. Non esse accusandum episcopum, nisi in legitima synodo. 2. Non esse damnandum episcopum sine sententia sedis apostolicæ. 3. De peregrinis judiciis. 4. De confessis. 5. Ut, qui crimina intendunt, per se' accusent. 6. De appellatione. 7. Ne excommunicati accusent. Constituit præterea, ut nullus clericus causam quamlibet in publico ageret, nisi in ecclesia, et notitia fideliter per notarios colligeretur, et sive cautiones, sive instrumenta, aut donationes vel commutationes, aut traditiones, vel testamenta, aut allegationes, vel manumissiones a clericis in ecclesia celebrarentur. Juxta Chronicam Hieronymi annos xv, menses ix usque ad vicesimum Constantini annum.

XXXVII. Liberius, natione Romanus, ex patre Ligusto. Annos vi, menses iv. In Chronica Hieronymi xvii annos, usque ad ii Valentiniani annum. Qui cum Constantio, filio Constantini consensit ad persequendum Christianos. Liberius ab exsilio reversus, primum catholicus, postea consensit in hæresi. Scripsit epistolam universis episcopis, in qua diligentius eos commonuit, ne plebes sibi commissas relinquant, et ne propter opprobrium malorum hominum quieti se tradant, et ut se solummodo salvent : filios orphanos non relinquant. Qui etiam ordinavit sepulcrum Beatæ Agnetis marmore.

XXXVIII. Felix II, martyr, natione Romanus, ex patre Anastasio. (57) Annum i, menses iii inter exsulatum Liberii anno xx Constantini. Qui declaravit Constantium, filium Constantini hæreticum, et secundo ab Eusebio Nicomediæ episcopo baptizatum, et juxta præceptum ejusdem Constantii capite detruncatur. Liberius ab exsilio reversus restituitur a Constantio. Felix iv canones statuit. 1. De petendis induciis, ut qui timent locum, sibi tutum eligant. 2. De differentia ecclesiasticæ et sæcularis causæ. 3. Accusatus legitime ad concilium ire debere. 4. (58) *Qui non debeant admitti ad accusationem episcoporum.*

Damasus post Liberium per successionem sacerdotium in urbe Roma susceperat, quem prælatum sibi non ferens Ursinus quidam ejusdem Ecclesiæ diaconus in tantum furoris erupit, ut persuaso quodam satis imperito et agresti episcopo collecta turbulentorum et seditiosorum manu in basilica, quæ Sicinina appellatur, episcopum se fieri extorqueret, legibus, et ordine, et traditione perversis. Quo ex fa ecclesia ordinatus est.

(56) Sic cod.
(57) *Alia manus, vix tamen sæculo* xiii *recentior :* iste dicitur esse Ursinus, qui latenter in Siciniensi

(58) Addita a dicta manu.

cto tanta seditio, imo vero tanta bella orta sunt, alterutrum defendentibus populis, ut replerentur humano sanguine orationum loca. Quæ res factione Maximini præfecti, sævi hominis, ad invidiam boni et innocentis versa est sacerdotis, ita ut causa ad clericorum usque tormenta duceretur. Sed assertor innocentiæ Deus adfuit, et in caput eorum, qui intenderunt dolum, pœna conversa est.

XXXIX. Damasus, natione Hispanus, ex patre Antonino. Annos xviii, menses iii. In Chronicis Prosperi annos xviii usque ad v Gratiani annum. Qui voce publica damnavit Liberium facta synodo cum episcopis xxviii et presbyteris xxv, et cessavit persecutio, non tamen multum tempus. Cujus etiam industria synodus Constantinopoli cl Patrum, contra Macedonium ejusdem civitatis episcopum, qui negabat Spiritum sanctum Deum esse, et contra Sabellium, qui ipsum astruebat Patrem esse, qui Filius, et illum Filium, qui Pater est, et quando vult, Pater est, et quando vult, Filius est, et quando vult, Spiritus sanctus est, congregatur. Qui damnatis hæresibus prædictis statuerunt contra Macedonii errorem canones iii consubstantialem Deo Patri et Filio Spiritum sanctum demonstrantes, Symboli formam statuentes, quam tota Græcorum et Latinorum confessio in ecclesiis prædicat. Quorum canonum auctor maxime B. Nectarius Constantinopolitanus episcopus fuit. Hic multa corpora sanctorum requisivit et invenit, quorum memoriam etiam versibus declaravit. Qui etiam invidiose accusatus de adulterio xliv purgatur episcopis. Canones iv statuit. 1. De non commiscendis personis in causa. 2. De vocatione ad synodum. 3. De modo accusandi. 4. Item de eodem. Cui B. Hieronymus plura scripsit.

XL. Siricius, natione Romanus, ex patre Tiburcio. Annis xv vel juxta Prosperum annis xiv usque ad tertium Archadii annum. In cujus Chronicis Ursinus dicitur, qui supra cum Damaso dicitur electus et remotus. Ipse epistolam Himerio Teraconensi episcopo, qui prædecessori suo Damaso prius de iis scripserat, xv decretalia capitula continentem scripsit, ac per eum ad universos Carthaginenses ac Bœticos, Lusitanos atque Gallicos, et cæteras vicinas provincias ea direxit. 1. De Arianis non rebaptizandis. 2. Ut præter Pascha, et Pentecosten baptismus non celebretur. 3. De apostatis. 4. Quod non liceat alterius sponsam ad matrimonii jura sortiri. 5. De iis, qui pœnitentiam minime servaverunt. 6. De monachis et virginibus propositum non servantibus. 7. De clericis incontinentibus. 8. De clericis, quales debeant promoveri. 9. De clericorum conversatione. 10. De grandævis. 11. Quod clericus, qui secundam uxorem duxerit, deponatur. 12. Quæ feminæ cum clericis habitent. 13. De monachorum promotione. 14. Quod pœnitens non fiat clericus. 15. Ut, si per ignorantiam pœnitens digamus, vel viduæ maritus clericus factus fuerit, non promovea-

(59) Scriptura dubia est xiv et xxiii.

PATROL. CCXIII.

tur. Jussit etiam pœnitentibus in ultimo viaticum non negari, quod Novatus prohibuit.

XLI. Anastasius I, natione Romanus, ex patre Maximo. Annos iii. In Chronicis Prosperi annos iv, usque ad vii Archadii annum. Hic Manichæos in urbe inveniens damnavit, et constituit, ut nullus transmarinus in clericatum susciperetur, nisi v episcoporum designaretur chirographis. v Kal. Maii obiit. Constituit, ut, dum evangelia recitantur, sacerdotes et cæteri omnes præsentes, non sedentes, sed venerabiliter omnes curvi in conspectu evangelii stantes, Dominica verba intente audiant, et fideliter adorent.

XLII. Innocentius, natione Albanus, ex patre Innocentio. Annos xv, menses ferme iv. In Chronicis Prosperi annos xiv, usque ad octavum Honorii annum. Novatianos persequitur. Epistolas scripsit ad episcopos diversarum provinciarum, in quibus continentur capitula decretalia lvi. Primum de pacis osculo, dando post confecta mysteria scribens Decentio; pacem asseris ante confecta mysteria quosdam populis imperare, vel sibi inter sacerdotes tradere, cum post omnia, quæ aperire non debeo, pax sit necessaria indicenda, per quam constat populum ad omnia, quæ in mysteriis aguntur, atque in ecclesia celebrantur, præbuisse consensum, ac finita esse, pacis concludentis signaculo demonstrentur. Et aliud de nominibus ante pacem sacerdotis non recitandis, quam superfluum sit, ut cujus hostiam necdum Deo offeras, ejus ante nomen insinues : *Prius ergo oblationes sunt commendandæ, ac tunc eorum nomina, quorum sunt edicenda, ut inter sacra mysteria nominentur, non inter alia, quæ ante præmittimus, ut ipsis mysteriis viam futuris precibus aperiamus.* Unum inter eos ad Aurelium Carthaginensem episcopum et Augustinum Hipponiensem, plenum charitate et commendatione: Item ad Aurelium episcopum de Pascha ita : *Hos litteras de ratione Paschali, alterius dico, futuri anni perscripsi. Nam cum ante diem xl Kal. Aprilium pene luna xvi colligatur, non quidpiam minus est, itemque in ante diem iv Kalendarum earumdem veniat xiv (59), et existimavi xi Kalendarum memoratarum die festa Paschalia celebrandum ; quoniam in xxiii luna nullum pascha unquam ante factum esse cognovimus. Sententiæ meæ exposui tenorem ; jam prudentiæ erit tuæ consors mihi frater counanimis et consacerdotibus nostris hanc ipsam rem in synodo religiosissima retractare : ut si nihil dispositioni nostræ resultat, nobis plenarie rescribas, quo deliberatam Paschalem diem jam litteris ante, ut moris est, servandam suo tempore præscribamus.* Cætera de plerisque Ecclesiæ constitutionibus necessariis ab ipso statuta intermittimus.

XLIII. Zosimus, natione Græcus, ex patre Abrahamio. Annos iii, menses ferme v usque ad xi Honorii annum. Constituit, ut diaconus levam tegeret

32

palliis, et ut nullus clericus poculum in publico
propinaret, nisi tantum in cellis fidelium. Sub quo
contra Pelagium Carthaginensis synodus ccxvii
episcoporum congregatur; qui Pelagius Britto, monachus, et Cælelestius (60) discipulus ejus, a quo
postea sectatores ejus Cœlestiani dicti sunt, gratiæ
Dei, qua prædestinati sumus in adoptionem filiorum Dei per Jesum Christum in ipsum, et qua
eruimur de potestate tenebrarum, ut in eum credamus, in tantum inimici fuerunt, ut sine hac
posse hominem credant facere omnia divina mandata. Denique increpatus a fratribus, quod nihil
attribueret adjutorio gratiæ Dei, correctioni eorum
hactenus cessit, ut non eam libero arbitrio præpo-
neret, sed infideli callidate supponeret, dicens ad
hoc eam dari hominibus, ut quod facere per liberum jubentur arbitrium, facilius possint implere
per gratiam, dicendo : *Facilius, voluit credi, etiamsi difficilius, tamen posse homines sine gratia divina, facere jussa divina.* Hæc et alia multa vene-
nosa asseruit, quæ in eadem synodo damnata sunt,
cui Aurelius Carthaginensis, et Augustinus Hippo-
niensis episcopi interfuerunt. Scripsit Epistolam
decretalem sub tribus capitulis prænotatam ad He-
sicium Salonitanum episcopum; et aliam ad presbyteros Ravennatis ecclesiæ. Instituit etiam cereum in Pascha benedici ; sed B. Ambrosius benedictionem composuit ; licet alii asserant eam Gelasium fecisse, quod non est.

XLIV. Bonifacius, natione Romanus, ex patre
Jocundo presbytero. Annos iii, menses viii, usque
ad xv Honorii annum. Qui dissentientibus clero et
populo legitur una die fuisse cum Eulalio ordinatus, sed cognita a principibus causa, expelli ambos de Urbe jusserunt; sed Bonifacium revocantes
in sede constituerunt tempore Honorii et Valentiniani. Hic constituit, nullum servum clericum fieri,
nec obnoxium curiæ. Scripsit epistolam eidem Honorio Augusto, ut constituat quatenus in urbe
Roma nunquam per ambitum pontifex ordinetur.
Cui Augustus rescripsit et statuit, ut si duo episcopi Romæ fuerint ordinati, ambo de civitate pellantur. Item epistolam scripsit aliam episcopis
Galliæ de Maximo episcopo, diversis criminibus
accusato, in qua unum decretale posuit capitulum :
*Decernimus vestrum debere intra provinciam esse
judicium, et congregare synodum ante diem Kalendarum Novembrium; ut si adesse voluerit, præsens,
si confidit, ad objecta respondeat. Si vero adesse
neglexerit, dilationem sententiæ ab absentia non lu-
cretur. Nam manifestum est, eum convictum de crimine, qui indulto, et toties delegato judicio purgandi
se occasione non utitur.* Item epistolam Hilario episcopo Narbonensi : *Ut in unaquaque provincia nemo,
contempto metropolitano, episcopus ordinetur.* Sepultus est via Salaria.

XLV. Cœlestinus, natione Campanus, ex patre

(60) Sic codex.

Prisco. Annos viii, menses x, usque ad ix Theodosii annum. Sub hoc synodus Ephesina cc episcoporum congregatur contra Nestorium episcopum
Constantinopolitanum, qui purum hominem ex
virgine Maria natum asseruit, ut aliam partem
carnis, aliam faceret Deitatis, nec unum Christum
in Verbo Dei et carne sentiret, sed sejunctim alterum prædicaret filium hominis, alterum Filium Dei
diceret. Convenit autem hæc synodus Theodosio
juniore xiii et Valentiniano iii consulibus .Cui synodo vice S. Cœlestini papæ præsedit Cyrillus
Alexandrinus patriarcha; quæ etiam xii capitula
contra Nestorii blasphemias totidem, apostolica
auctoritate anathematizando conscripsit. Ostendit
hæc synodus, manere in duabus naturis unam Domini nostri Jesu Christi personam. Intra missarum
actionem angelicum hymnum : *Sanctus, sanctus,
sanctus*, decantari statuit. Constituit etiam, ut
psalmi Davidici ante sacrificium antiphonatim ca-
nerentur; nam antea tantum epistolæ et sanctum
evangelium recitabatur. Statuit etiam, ut sacra
mysteria non tractentur nisi a sacris ministris, et
quicunque episcopus evocatus fuisset ad sedem
apostolicam, rediens ad parochiam suam non reci-
peretur, nisi salutatorias litteras, plebi inde detulisset. vii Idus April. obiit.
Scripsit epistolam ad Venerium, et cæteros Gallia-
rum episcopos, in quibus (61) continentur capitula xxii. 1. De Prospero et Hilario, qui quosdam
Galliæ presbyteros accusant Pelagii sectatores.
2. De S. Augustino episcopo mira laudis assertio.
Præteritorum sedis apostolicæ episcoporum auctoritates de gratia Dei, et libero arbitrio, et cætera
de diversis.

XLVI. Sixtus tertius, natione Romanus, ex patre
Sixto. Annos viii, usque ad annum Domini 440.
Hic pro eadem re, qua decessor ejus, ad ipsum
Nestorium, et ad omnes Orientis episcopos sententiam Occidentalium direxit. Qui post annum et
menses viii incriminatus a quodam Basso, cum
lvi episcopis se purgavit ; et Bassus condemnatur,
sicut testatur epistola sua, quàm ipse omnibus
Orientalibus direxit, cujus initium est : *Gratias vestræ.* Ait enim : *Sicut nobis testis in cœlo, testis in
corde, dimittamus stultos foris loqui, quod volunt,
scitote me criminari a quodam Basso, et injuste persequi. Quod audiens Valentinianus augustus nostra
auctoritate synodum congregari jussit, et facto concilio cum magna examinatione, satisfaciens omnibus
licet evadere satis aliter potuissem, suspicionem tamen fugiens, coram omnibus me purgavi a suspicione et æmulatione me liberavi. Sed non aliis, qui
noluerint, aut sponte hoc non elegerint, faciendum,
formam, exemplumque damus.* Item : *Condemnatus
autem est memoratus Bassus a jam dicta synodo, ita
tamen, ut in ultima die viaticum ei non denegetur,
propter humilitatem pietatis Ecclesiæ.* Valentinianus

(61) *Leg.* qua.

quoque imperator scripto eum damnavit cum Augusta matre Placidia, et omnia prædia facultatum ejus, futuris de talibus hominibus dans formam ita faciendi, Ecclesiæ catholicæ servavit. Hunc ipsum Bassum, nutu divino mortuum, postea manibus suis cum linteaminibus et aromatibus tractans sepelivit apud B. Petrum v Kal. April. Canones statuit quatuor. 1. Qui non sint recipiendi ad accusationem sacerdotum. 2. De peregrinis judiciis prohibitis. 3. De appellatione. 4. De pulsatis. Synodus itaque, cum dixisset, non licere adversus pontificem sententiam dare, surrexit protinus imperator, et in arbitrio præfati pontificis tribuit judicare judicium suum.

XLVII. Leo doctor, natione Tuscus, ex patre Quintiano. Annos xxi, menses ferme ii, usque ad annum Domini lxii. Cujus industria Chalcedonensis synodus dcxviii sacerdotum sub Martiano principe habita est, in quâ Eutichen Constantinopolitanum abbatem Verbi Dei et carnis unam naturam pronuntiantem, et ejus defensorem Dioscorum quondam Alexandrinum episcopum, et ipsum rursus Nestorium cum reliquis hæreticis eorum complicibus, una Patrum sententia prædamnavit, prædicans eadem synodus, Christum Deum sic natum de Virgine, ut una persona, et divinæ et humanæ confitenda sit naturæ. In hac synodo fuit Juvenalis Hierosolymitanus, Anatholius Constantinopolitanus, qui condemnata auctoritate sancti Leonis, hæresi proscripta, statuerunt canones xxvii. Qui Anatholius astruit, Dioscorum propter fidem non tantum esse damnatum, sed quia excommunicationem fecit sanctissimo papæ Leoni, concilio dicente : *Quoniam secundus excessus priorem iniquitatem transcendit et superat.* Hic statuit inter actionem dicere : *Sanctum sacrificium, immaculatam hostiam.* Et : *Supplices te rogamus, Omnipotens.* Plurimi Manichæi per ipsum in urbe Roma detecti sunt, et ut damnarent Manichæum publica in ecclesia professione, et manus suæ subscriptione compulit. Alii (62) obstinatione sanctum gregem Domini sua contagione polluerent, subditi legibus secundum Christianorum principum constituta, per publicos judices perpetuo sunt exsilio relegati, et omnia, quæ in scriptis, et occultis traditionibus suis habebant profana vel turpia, certa manifestatione probata, adeo ut ipse, qui eorum dicebatur episcopus, tentus proderet, et flagitiosa, quæ in suis mysticis tenerent. Ipse siquidem hæreticorum malleus, et totius hæreticæ pravitatis destructor multa ad eruditionem fidelium tam in homeliis quam in sermonibus, quam etiam in epistolis plurima contra Euticen et Nestorium egregie dictata conscripsit, et ut angelica tuba ad salutem Ecclesiæ circa pestifera dogmata intonuit. Decreta statuit capitulorum xlix, quæ sua elegantia omnibus nota esse possunt. Præterea quantum persecutioni tyrannorum se ut mu-

rus pro domo Dei opposuerit, exinde patet. Attila cum juxta Mintium fluvium ubi in Padum fluit, consistens hæsitare cœpit, utrum Romam adiret, an desisteret ? non urbi, cui infestus erat, parcens vel consulens, sed Athalarici exemplum pavens, qui captæ a se urbi non diutius supervixit, sanctissimus Leo papa sibi occurrit. Qui cum ad regem barbarum introgressus esset, cuncta ut optaverat, obtinens, non solum Romæ, sed et totius Italiæ salutem reportavit. Territus namque nutu Dei fuerat, nec aliud Christi sacerdoti loqui valuit, nisi quod ipse præoptavit. Fertur namque post discessum pontificis interrogatum esse Attilam, cur ultra solitum morem tantam reverentiam Romano exhibuerit papæ, quandoquidem ad omnia, quæ ille imperasset, obtemperasset, regem respondisse, non se ejus, qui advenerit, personam veritum esse, sed alium se virum juxta eum in habitu sacerdotali astantem vidisse, forma augustiore, canitie venerabilem, illumque evaginato gladio sibi terribiliter mortem minitantem, nisi cuncta, quæ expetebat, explesset. Ita Attila a sua sævitia repressus, relicta Italia, Pannonias repetit. Item, cum post mortem Valentiniani et Maximi, invasoris imperii, peremptionem, Gesericus cum validissimo gentis suæ exercitu fultus, insuper præsidio Maurorum, adhuc Romanæ Ecclesiæ beatissimus Leo ageret pontificatum, percussis Romanis, nobilibusque simul, ac popularibus ex urbe fugientibus, Urbem omni præsidio vacuam Gesericus obtinuit, occurrente sibi extra portam eodem sancto Leone episcopo; cujus supplicatio te eum, Deo adjuvante, lenivit, ut quamvis potestati ejus esset tradita, ab igne tamen et cæde, atque suppliciis abstineret, xiv interim dies secura et libera scrutatione, omnibus operibus suis Roma evacuata est. Inter cætera sua statuta non omisit : *Monacham non accipere velamen ab episcopo, nisi prius virginitas illius probata fuerit.* De observantia etiam Paschæ Martiano augusto scripsit, ut ejus admonitione omnes Orientales Ecclesiæ in ejus celebritate consonarent. Theodosium, Martianum, Leonem Augustos ad fidem corroborandam omnes cohortatus est suis epistolis, et ad exstirpandum Eutichianum virus commonuit. Quæ epistolæ ab aliquibus a Prospero Equitanico (63) dictatæ creduntur, sicut asserit Gennadius in libro *De illustribus viris.*

XLVIII. Hilarius, natione Sardus, ex patre Crispino. Annos vi, menses iii, usque ad annum Domini 477. Hic constituit Epistolas de fide catholica per Orientalem orbem, et confirmavit tres synodos, Nicænam, Ephesinam et Calcedonensem, et Julianum episcopum Athilenensem Pelagianum condemnavit. Quo etiam jubente, Victorinus *Circulum paschalem,* licet mendosum conscripsit. Hic celebravit synodum Romæ in basilica S. Mariæ, præsentibus episcopis et presbyteris xlvi, Flavio et Basilisco c̄

Hermenrico consul., tempore Leonis Aug. et statuit capitula synodica vi, de quibus unum tantum ponam : *Ut ea, quæ illicite episcopus vel decessor ejus ordinavit, ab eo, qui superest, emendentur.* Episcopus (64) *Pictaviensis beatus Hilarius fecit* : « *Gloria in excelsis.* »

XLIX. Simplicius, natione Tyburtinus, ex patre Castorio. Annos xv, mensem i, usque ad annum domini 482. Hic Acatium Constantinopolitanum episcopum, et Petrum Alexandrinum episcopum Eutichianos hæreticos damnavit. Canones statuit duos. 1. Ut nullus episcopus eligat sibi successorem. Item Joanni Ravennati : *Invitum nequaquam esse faciendum episcopum, vel presbyterum, aut diaconum.*

L. Felix III, natione Romanus, ex patre Felice presbytero, de titulo Fasciolo. Annos ix, usque ad annum Domini 491 a temporibus Odagarii usque ad tempus Theoderici regis. Qui Misenum episcopum damnavit, et sua sede privavit. Synodum in Constantiniana basilica Flavio Boetio consule V. C. sub die III Id. Martiarum habuit, præsentibus episcopis et presbyteris lxxxi, ubi capitula canonum statuit xxiv pro rebaptizatis in Africa episcopis, presbyteris et diaconibus.

LI. Gelasius, natione Afer, ex patre Valerio episcopo. Annos iv, menses vii, dies xxviii, usque ad annum Domini 496. Hic liberavit a periculo et fame civitatem Romanam. Revocavit etiam Missenum, quem Felix antecessor ejus damnaverat, et communioni, suæque Ecclesiæ restituit. Fecit et Tractatus in modum Ambrosii. Item libros ii adversus Arium. Fecit autem et sacramentorum Præfationes, et Orationes cauto sermone, et Epistolas fidei delimato sermone multas. Ad universos episcopos omnium provinciarum epistolam cum decretalibus capitulis xxviii de institutis ecclesiasticis, quorum unum tantum ponam : *Quod in unaquaque ecclesia, cui episcopus præest, tam de reditibus quam de oblationibus fidelium quatuor debeant fieri portiones; ut una sit episcopi, alia clericorum, tertia pauperum, quarta ecclesiæ fabricis applicetur.* Scripsit etiam Anastasio Augusto, commonens eum de fide; ubi inter cætera sic ait : *Absit, quæso, a Romano principe, ut intimatam suis auribus veritatem arbitretur injuriam !*

LII. Anastasius II, natione Romanus, ex patre Petro. Annos ferme ii, usque ad annum Domini 498, usque ad tempus Anastasii imp. qui fulmine percussus est. Cui decretalia capitula viii in epistola ad ipsum missa pro diversis Ecclesiæ causis misit. In cujus exordio de consonantia nominis Augusti exsultans, non dubium inde sibi sperat auxilium ; de quibus quædam pono, alia transeo. 1. Quod sacramenta Ecclesiæ per hæreticos collata non sunt cassanda ; et 2. quod beneficia divina non sint irrita per Acatium collata, cujus etiam nomen ut 3. specialiter in Ecclesia taceatur, rogat, quem ipse, quia uterque Eutichianus fuit, defendere conabatur. 4. Ut Alexandrinos imperator admoneat ad fidem sinceram, et ad pacem redire catholicam. 5. Ut imperator constitutis apostolicis obtemperet. Hic etiam favore imperatoris Anastasii, quia communicavit Photino Thessalonicensi diacono, qui communicavit Acatio Constantinopolitano episcopo Eutichiano, quem occulte revocare voluit, et non potuit, nutu divino percussus est ; et quia clericos ordinatos ab ipso Acatio post prolatam sententiam in Achatium, acceptis officiis rite fungi favore imperatoris decrevit, dicens ita : *Secundum Ecclesiæ consuetudinem,* etc. Unde et ab Ecclesia repudiatur, et a Deo percussus in *Gestis Rom. pontificum* legitur.

LIII. Symmachus, natione Sardus, ex patre Fortunato. Annos xv, menses viii, usque ad annum Domini 514. Tempore fuit Theoderici regis, qui eum cum Laurentio, episcopo Mediolanensi pro sede contendentem, synodo convocata, in cathedra firmavit, Laurentiumque in Lucerina civitate depositum episcopum fecit. Quem postea tumultuantem exsilio relegavit. Quæ dissensio tantam Romæ movit persecutionem, ut propter ipsorum electionem infiniti Romani exstinguerentur. Paschasius tamen diaconus, vir miræ sanctitatis Laurentio favit. Hic plures synodos Romæ pro diversis negotiis Ecclesiæ celebravit. Novissima Palmaris ex præcepto regis Theoderici facta est, Rufo Magno et Fausto Avieno V. C. consulibus sub die x Kal. Nov. Hic papa criminatus a suis adversariis, coram rege et omnibus ad expurgandum se paratus fuit. Placuit concilio, ut omnia, quæ per suggestiones inimicorum suorum amiserat, a concilio sibi prius redderentur, et tanti loci præsul legaliter pristino statui restitueretur, et tunc veniret ad causam, et si ita recte videretur accusantibus, responderet. Quæ hac vice resumere noluit ; sed dum esset synodus in Jerusalem basilica, visum est sacerdotibus, ut libellus, quem accusatores paraverant, susciperetur a synodo, in quo duo erant, quæ vel veritati inimica essent, vel quantum ostenditur conventui, ecclesiastico proposito repugnarent (65). Unum quia dicebant crimina Symmachi apud regiam constitisse notitiam, quod falsum claruit, non enim quasi novam causam audientiæ commisisset, si ejus conscientiam convictam de errore solam sciret exspectare sententiam. Aliud, quod per servos eum dixerunt se posse convincere ; quæ res canonibus, et ipsis publicis legibus adeo erat inimica, ut quos ad accusationem leges sæculi non admittunt, his dicendi in confusionem, vel assequendi aliquid esset deleganda licentia. Et dum interea, quæ essent facienda, tractantur, papa ut patet tamen, quod angeli prius dixerant.

(64) Hunc versum substituit ip e auctor his verbis in elogio Hilari papæ paulo ante incaute positis, et semierasis : *Gloria in excelsis* dicitur fecisse,

(65) *Cod.* repugnare.

causam diceret, occurrebat. Qui ab irruentibus turbis ita tractatus est æmulorum suorum, ut multis
presbyteris, qui cum ipso ierant, per cædem ipsam
mortis esset occasio. Et dum recentum adhuc vestigia vulnerum illustris vir, comes Algerinus et sub-
limes viri Gudila et Vadeulfus, majores domus
regiæ perspexissent, quod se, unde egressus fuerat,
ad B. Petri apostoli septa conferret, monebant.
Ipse tamen papa post cædem per episcopos alle-
gasse causam concilio manifestat, et affectu purgationis humiliat. Sed rex in arbitrio synodi ponens, nihil præter reverentiam de ecclesiasticis
negotiis ad eum pertinere asserens, potestati pontificum committens, ut, quod magis utile putarent,
deliberarent, dummodo pax in civitate Romana
Christianis omnibus redderetur. Cum itaque omnem plebem ejus communioni indissociabiliter ad-
hæsisse tam synodus quam (66) rex cernerent, cum
Dei obtestatione universaliter decreverunt, et adversarios ab habita intentione discedere ita sanxerunt. Symmachus papa sedis apostolicæ præsul ab
hujusmodi propositionibus impetitus, quæ ad homines respiciunt, designatis superius causis, constat arbitrio divino fuisse demissum, sit immunis
et liber, et Christianæ plebi sine aliqua de objectis
oblatione in omnibus ecclesiis ad jus sedis suæ pertinentibus, et tradat divina mysteria, quia eum ab
impugnatorum suorum petitione propter superius
designatas causas obligari non potuisse cognovimus. Unde secundum principalia præcepta, quæ
nostræ hoc tribuunt potestati, ei, quidquid ecclesiastici intra sacram urbem Romam, vel foris juris
est, reformamus, totam causam judicio Dei reser-
vantes, universos hortamur, ut sacram communionem, sicut res postulat, ab eo percipiant (67). Hæc,
quicunque ex instructione nostra, quod non æsti-
mamus, vel non admittit, vel retractare posse crediderit, videat, quia in divino judicio contemptus
sui rationem, sicut Deo confidimus, est redditurus.
De clericis vero ejus, qui ab episcopo suo ante
tempus alicujus contra regulas discesserunt, et
schisma fecerunt, fieri decrevimus, ut satisfacientes episcopo suo, misericordia eos subsequatur, et
officiis ecclesiasticis se gaudeant restitui. Quisquis
vero clericorum post hanc formam a nobis prolatam quocunque sacrati Deo loci in Ecclesia Romana
missas celebrare præsumpserit, præter conscientiam papæ Symmachi, dum vivit, statutis canonicis
velut schismaticus percellatur. Triginta episcopis
in Sardinia, quos Trasimundus rex Wandalorum in
exsilium misit, et in ecclesias claudi fecit, pecuniam et vestes ministravit. Constituit etiam, die
Dominico et in natalibus sanctorum *Gloria in excelsis* cantari. Una cum episcopis, presbyteris et
diaconibus cxxxv, statuit capitula synodica v. Item
in decretali suo ii capitula synodica vii. Ipse dedit

pallium Theodoro Laureacensis Ecclesiæ archiepiscopo provinciæ Pannoniorum.

LIV. Hormisda, natione Campanus, ex patre Justo
de civitate Frisinone. Annos ix., a consulatu sena-
toris usque ad consulatum Symmachi et Boetii, usque ad annum Domini xiii. Hic composuit clerum
et psalmis erudivit. Anastasius Augustus, dum in
hæresi, qua delapsus fuerat, perseveraret, duasque
in Christo naturas, deitatis videlicet et humanitatis
Eutichen hæresiarcham sequens denegaret, Hormisda papa, qui Symmacho successerat, direxit
Ennodium Ticinensem episcopum, aliosque cum eo
Constantinopolim legatos cum catholicæ fidei scripto, quatenus Anastasium ad Ecclesiæ reducerent
gremium. Is non solum salubria eorum monita
sprevit, sed insuper etiam a suis conspectibus non
sine contumelia expulit, navique fragili impositos
mandat, ne uspiam per totam Græciam ad aliquam
civitatem accederent. Quam temeritatem ejus divina ultio subsecuta est. Nam cum xxvii imperii
annum ageret, vi fulminis interiit. Ad successorem
ejus Justinum directus ab eodem Hormisda pontifice Germanus Capuanus episcopus, vir sanctitate
præcipuus, digne susceptus est, multosque in fide
solidavit. Cui Justinus scripsit epistolam, et papa
sibi de instructione fidei epistolam saluberrimam
contra Eutichis dogma remisit, et aliam ad archi-
mandritas. Episcopis etiam Hispaniæ epistolam
scripsit cum ii capitulis. 1. Quod longa decet vitam
suam probatione monstrare, cui gubernacula committuntur Ecclesiæ. 2. Ne benedictio per manus
impositionem pretio comparetur. Item aliam Joanni
episcopo, quid facere debeat legatus apostolicæ sedis, cujus initium est : *Servatis privilegiis.* Octava
Id. Augusti obiit, et sepultus est in ecclesia B. Petri.

LV. Joannes martyr, natione Tuscus, ex patre
Constantio. Annos ii, menses ix, a consulatu
Maximi usque ad consulatum Olibrii. Obiit anno
Domini 526, xv Kal. Junii. Qui ad Justinum imp. a
Theoderico missus ad reconciliandam sibi gratiam
ejus, qui ab ipso honorifice susceptus est, et tractatus. In reversione carceris afflictione peremptus
est ab ipso Theoderico Ravennæ, ubi et mortuus
est. Cujus corpus translatum sepultum est in basilica B. Petri. Hic in porta Aurea, dum Constantinopolim intrat, in conspectu omnium cæco petenti
lumen reddidit. Cujus etiam meminit Gregorius in
Dialogo. Theodericus nonagesimo octavo die, postquam papa Joannes defunctus est, subito interiit;
cujus animam eremita quidam in Lippari insula
inter manus Joannis papæ et Symmachi patricii,
quem etiam occidit, deduci, et in ollam Vulcani
montis præcipitari vidit. Episcopis Italiæ scripsit
epistolam, ubi dicit : *Ecclesias Arianorum ubicunque inveneritis, catholicas eas divinis precibus, et
operibus absque ulla mora consecrate; quia et nos,*

(66) *In margine hæc addit auctor :* Laurentius in
eadem synodo, cui Theodericus interfuit, dixit :
« Non placuit laicum statuendi in Ecclesia habere
aliquam potestatem, cui subsequendi manet necessitas, non auctoritas imperandi. »

(67) *Cod.* perficiant.

quando fuimus Constantinopoli, quascunque in illis A
partibus reperire potuimus, catholicas consecravimus.
Et aliam scripsit Zachariæ archiepiscopo.

LVI. Felix IV, natione Samnites, ex patre Castorio. Annos iv, menses ii, a consulatu Maburcii
usque ad consulatum Lampadii et Orestis, id est
550 annum Domini. Iste ordinatus est in quietem.
Unum canonem valde necessarium dedit; quod
melius est, missam non cantare, aut non audire,
quam in his locis, ubi non oportet, nisi pro summa
necessitate, missas celebrare, nec sacrificia Domino
offerre. Et alios tres: 1. De dedicationibus ecclesiarum. 2. De consecratione earum. 5. Quod non
debent exorcizare, qui non sunt consecrati.

LVII. Bonifacius II, natione Romanus, ex patre
Sigibaldo. Annos ii, mensem i, usque ad annum B
Domini 532. Hic etiam et Dioscorus sub contentione ordinati sunt, sed defuncto Dioscoro Bonifacius sedem tenuit episcopatus. Hic collegit Synodum in basilica S. Petri, et fecit constitutum, ut
sibi successorem ordinaret, quod constitutum cum
chirographis sacerdotum ante confessionem B. Petri apostoli in Vigilium diaconum constituit. Cum
vero omnes contra canones hoc actum esse, et quia
culpa eum mordebat, quod successorem sibi constituerat, notarent, ipse papa reum se esse, ante
confessionem B. Petri manifestans, ipsum constitutum in præsentia omnium incendio consumpsit.
Eulalio Alexandrino episcopo scripsit epistolam, de
his, qui se contra Romanam erexerunt Ecclesiam. C
Exemplar precum ejus et Justini principis: *Prima*
salus est rectæ fidei regulam custodire, et a constitu-
tis Patrum nullatenus deviare; de qua spe et fide se-
parari minime cupientes, et Patrum sequentes consti-
tuta anathematizamus eos, qui contra Romanam
Ecclesiam superbiendo suas erigunt cervices.

LVIII. Joannes II, natione Romanus, ex patre
Projecto de Cœlio monte, qui et Mercurius dictus.
Annos ii, menses iv, usque ad annum Domini 535.
Istius canones vel scripta nusquam reperi.

LIX. Agapitus, natione Romanus, ex patre Gordiano presbytero episcopo. Annum i usque ad annum Domini 534. Qui constantinopoli defunctus,
Romam relatus est. Ipse siquidem missus a Theo-
dato ad inveniendam sibi gratiam Justiniani imp., D
eo quod filiam Theoderici regis, quæ eum mortuo
filio suo Athalarico, qui patri successerat, regni
consortem fecerat, occidisset. Ipse itaque papa in
Augusto sentiens errorem Eutichetis, arguit eum
dicens : *Ad imperatorem Christianissimum veni, sed*
ut video, Diocletianum inveni. Et imperator monitis
ejus acquievit, adeo, ut et Anthenium episcopum
Constantinopolitanum præfatæ hæreseos defensorem deposuerit, et in loco ejus Menam catholicum,
persuaso principe, consecravit. Canonem statuit :
Quod Ecclesiæ, de quibus dubitatur, consecrandæ sint.

LX. Silverius II, confessor, natione Campanus,
ex patre Hormisda episcopo Romano. Annum i,
menses v. Qui injuste depositus in exsilio moritur

A xii Julii die indict. xv, anno Domini 556. Ipsi siquidem in exsilio manenti Amator episcopus consolationem mittens inter cætera ita scribit : « A quibusdam, Pater dilectissime, audivimus vos a sede
S. Petri injuste pulsum et exsilio damnatum ; quod
nimis grave ferentes misimus vobis argenti libras
xxx ad vestram, vestrorumque sustentationem. » Cui
ipse papa causam suæ depositionis significans, ita
rescribit : *Ante omnia patricia infesta mihi erat, eo*
quod non restituebam Anthenium dudum patriarcham
Constantinopolitanum, quem Agapitus antecessor
meus suis meritis damnavit. Urgente ejus jussione
exierunt falsi testes, dicentes adversum me crimina,
quorum nunquam particeps fui. Sed dum multi in
illa persecutione persisterent timuit Belisarius patri-
cius noster, et mandavit me ad se venire pacifice pro
quibusdam ecclesiasticis dispositionibus in Palatium
principis; et ad primum et secundum velum retinuit
omnem clerum, et populum, qui mecum veniebat, et
nullum permisit introire, nisi me solum, et Vigi-
lium, diaconum nostrum. Me vero vi retentum, et ante
prædictam Patriciam deductum miserunt, quo modo
sustentor, in exsilium pane tribulationis et aqua an-
gustiæ. Ego tamen propterea non dimisi, nec dimitto
officium meum, sed cum episcopis, quos congregare
potui, eos, qui talia egerunt, erga me, anathematizavi,
et una cum illis apostolica et synodali auctoritate sta-
tui, nullum unquam decipiendum, sicut deceptus sum,
et si aliquis deinceps ullum unquam episcoporum ita
deceperit, anathema maranatha fieret in conspectu Dei
et sanctorum angelorum. Ipse tamen Justinianus
aug. consensit in hoc Theodoræ uxori suæ. Unum
canonem statuit, quem in epistola, quam Vigilio
successori suo scripsit, ponemus, de invasione.

LXI. Vigilius, natione Romanus, ex patre Joanne
consule. Annos xvii, menses vii. Qui Constantinopoli diu exsulatus ob eamdem, qua et decessor ejus,
causam, videlicet, pro Anthenio episcopo indignatione Theodoræ Augustæ prioris, a sede ejectus est.
Tandem relaxatus, et ad gratiam populi Romani
revocatus Syracusis calculi dolore rediens obiit
anno Domini 554. Inde reportatus Romam, ad
S. Marcellum via Salaria sepultus est. Sub quo
synodus v Constantinopoli contra Theodorum Mop-
suostenum et omnes hæreticos acta est. Qui Theodorus dicebat, alium esse Deum Verbum, et alium
Christum, et sanctam Mariam negabat Dei genitri-
cem fuisse, sicut Nestorius, temporibus Justiniani
principis, Donni Antiocheni, Eutichii Constantinopolitani; qui xiv capitula anathematizando contra
ipsins Theodori et sociorum ejus blasphemias scripserunt. Silverius vero prædecessor ejus in exsilio
manens de invasione arguit eum, et sententiam
damnationis in ipsum dedit ita sibi scribens : *Quia*
contra jura canonica temporibus Bonifacii papæ, ipso
vivente, successor ejus designari conabaris, nisi tibi
amplissimi senatus obviasset justitia, tunc provi-
dentia pastorali tua exsecranda jam debuerant auspi-
cia detruncari, sed dum parvum vulnus in te negle-

ctum est, insanabile accrevit apostema, quod (68) A *nisi ferro altius abscindatur, fomentorum non potest sentire medicinam. Quippe nequissimi spiritus audacia ambitionis phrenesim concipiens , in illius apostoli medici, cui animas ligandi atque solvendi concessa potestas est, versaris contumeliam, novumque scelus erroris in apostolicam sedem rursus niteris inducere, in morem Simonis, cujus te discipulum ostendis operibus, data pecunia meque revulso, qui, favente Domino, tribus jam jugiter emensis temporibus ei præsideo, tempora mea niteris evadere. Habe ergo cum his, qui tibi consentiunt, plenæ damnationis sententiam, sublatumque tibi nomen et munus ministerii sacerdotalis agnosce sancti Spiritus judicio et apostolica a nobis auctoritate damnatus. Sic enim decet fidem sanctorum Patrum in Ecclesia servari catholica, ut quod habuit amittat, qui improbabili temeritate, quod non accepit, assumpserit.* Canonem statuit de ecclesia, si diruta fuerit, instauranda, et si in eo loco consecrationis solemnitas debeat iterari, in quo sanctuaria non fuerint. Euterio fratri epistolam cum quatuor capitulis : *Gregorius Secundino servo Dei incluso : De ordinationibus vero apostolicæ sedis pontificum, utrum post beatissimum Hormisdam aliqua sint addita, tua charitas requirit ; sed usque ad Vigilii papæ tempora expositas ordinationes præsulum esse cognoscas.*

LXII. Pelagius, natione Romanus , ex patre Joanne Vicariano. Annos xi, menses x, usque ad annum Dom. 576. Hic ordinatur a duobus episcopis et ab uno presbytero. Ipse etiam apostolorum Philippi et Jacobi ecclesiam incepit, sed successor ejus consummavit. Canonem statuit : *Quod sola Ecclesia Romana habeat plenitudinem potestatis in causis diffiniendis.*

LXIII. Joannes III, natione Romanus, ex patre Anastasio. Annos III, usque ad annum Domini 578. Hic amavit et restauravit cœmeterium Sanctorum, et constituit per singulas Dominicas ibi oblationes agere. De successione Clementis B. Petro, cujus in Prologo facta est mentio, iste astruit.

LXIV. Benedictus, natione Romanus, ex patre Bonifacio. Annos iv, menses ii, usque ad annum Domini 582. Canonem statuit de ablatis restituendis. Anno Mauricii primo obiit.

LXV. Pelagius II, natione Romanus, ex patre Unigeldo. Annos x, menses ii. Obiit indict. ix, anno Dom. 595, a peste inguinaria, quæ totam Urbem invaserat. Hic pontifex absque jussione principis consecratur, eo quod Longobardi Romam per circuitum obsiderent, nec posset quisquam inde progredi. Hic etiam Eliæ Aquileiensi episcopo, nolenti tria capitula Chalcedonensis synodi suscipere, epistolam satis utilem misit, quam B. Gregorius adhuc diaconus dictavit, in quo ordine eum Constantinopolim misit ; ubi Eutichetem quemdam de fide resurrectionis errantem convicit in præsentia Tiberii. Canones de

A diversis Ecclesiæ causis fecit xxx inter quos unus est, quod novem tantum præfationes sint recipiendæ. 1. In Albis Paschalibus 2. Alia de Ascensione Domini. 3. De Pentecoste. 4. De Natali Domini. 5. De Apparitione. 6. De apostolis. 7. De sancta Trinitate. 8. De S. Cruce. 9. De quadragesima. Secundus est : *Non esse convocandam generalem synodum sine præcepto papæ.* Cæteros invenies suo loco.

LXVI. Gregorius Dialogus, doctor, natione Romanus, ex patre Gordiano. Annos xiii, menses vi, usque ad secundum annum Phocæ imp. Obiit indict. viii, anno Domini 602, cessante mense v. Scripsit capitula synodica vi cum episcopis xxiv, temporibus Mauricii aug. Item ejus capitula xi valde necessaria ad Augustinum in Britannia, ipso requirente, scripta. Ipse Anglorum apostolus, quos per Augustinum et Mellitum atque Joannem ad fidem Christi convertit. Ad ædificationem præterea Ecclesiæ multa utilia scripsit. Antiphonarium et diurnum, et nocturnum, librum Officiorum, divinorum, Moralia Job, Homelias, Sermones, Epistolas, Registrum, et alia plura conscripsit. Adjecit etiam in canone : *Dies nostros in tua pace disponas,* etc., Dominicam etiam orationem. Sicut enim ipse ait in epistola, quam misit Joanni Syracusano episcopo : *Idcirco Dominicam orationem mox post pacem dicimus, quia mos apostolorum fuit, ut ad ipsam solummodo orationem oblationis hostiam consecrarent. Et valde inconveniens mihi visum est, ut precem, quam scholasticus composuerat, super oblationem diceremus, et ipsam traditionem, quam Redemptor noster composuit, super ejus sacrum corpus et sanguinem non diceremus.* Fecit etiam præfationem de uno apostolo in veneratione B. Andreæ, cui monasterium in Urbe ædificavit.

LXVII. Sabinianus, natione Tuscus, de civitate Blera, ex patre Bono. Annum i, menses v, usque ad annum Dom. 607, cessante anno fere i. Hic addidit luminaria in ecclesia B. Petri.

LXVIII. Bonifacius III, natione Romanus, ex patre Joanne. Menses ferme ix, usque ad annum Domini 609. Qui a Phoca, qui tunc Romano præfuit imperio, impetravit, ut Romana Ecclesia caput omnium diceretur Ecclesiarum ; quia Constantinopolitana prius se primam esse scribebat. Unde B. Gregorius arguens Joannem Constantinopolitanum, qui se universalem episcopum voluit vocari, Eulogio episcopo Alexandrino scripsit : *Sicut vestra sanctitas novit, per sanctam Calcedonensem synodum pontifici sedis apostolicæ hoc universitatis nomen oblatum est, sed nullus unquam decessorum meorum hoc tam profano vocabulo uti consensit. Quia si unus patriarcha universalis dicitur, patriarcharum nomen cæteris derogatur.* Item : *Propterea sanctitas vestra in suis epistolis neminem unquam universalem nominet, ne sibi debitum subtrahat, cum alteri honorem offert indebitum.* Item Joanni Constantinopolitano :

(68) *Cod.* quæ.

Qui indignum te esse fatebaris, ut episcopus dici de- A
buisses, ad hoc perductus es, ut despectis fratribus
episcopus appetas solus vocari. Nec stulto ac superbo
vocabulo appellari consentias.

LXIX. Bonifacius IV, natione Marsus, de civitate
Valeria, ex patre Joanne medico. Annos vi, menses
viii, usque ad annum Domini 617, cessante mense
vii. Qui constituit, ut vivente eo, alius eligeretur,
et tertio depositionis die ejus sepultus est in basilica B. Petri. Hic ab eodem Phoca Pantheon, a Domitiano constructum, in honore omnium sanctorum dedicari impetravit. Hic dedit licentiam monachis undique in sacerdotali officio ministrare.

LXX. Deusdedit, natione Romanus, ex patre
Stephano subdiacono. Annos iii, mensem i, usque
ad annum Domini 620. Sub hoc terræmotus fuit, B
indictione vii, cessante mense i et semis. Qui clerum et sacerdotes dilexit paterne, eisque sumptus
auxit. Cujus tempore Jerosolyma inter alias Palestinæ urbes a Cosroe, rege Persarum capta, et crux
Dominica in Persidem abducta est.

LXXI. Bonifacius V, natione Campanus, de civitate Neapoli ex patre Joanne. Annos v, usque ad
annum Domini 625. Vir mitis et valde pius. Hic
constituit, et sub anathemate prohibuit, ut nullus
traheretur de Ecclesia.

LXXII. Honorius I, natione Campanus, ex patre
Petronio consule. Annos xiii, usque ad annum Domini 638, cessante anno i, mense vii. Hujus tempore, Cosroe tyranno interfecto ab Heraclio imp.
crux Dominica Jerosolymis reducta est. Quæ dies C
celebris toti Ecclesiæ in honore Exaltationis S. Crucis, id est xviii Kal. Oct. ab ipso statuta est Rom.
pontifice. Cujus etiam pontificatus tertio anno Da-
gobertus filius Lotharii fortis et religiosi regis Francorum regnum adeptus est, anno Incarnationis Dominicæ 628. Hic etiam Romæ multas ecclesias in honore Domini et sanctorum ejus ædificavit et ador-
navit, Sanctæ Agnetis, Sancti Apollinaris, Sanctorum IV Coronatorum; Severini, Pancratii, Luciæ,
Adriani, et multa alia laudabilia patravit.

LXXIII. Severianus, natione Romanus, ex patre
Abieno. Annos ii. Anno Dominicæ Incarnationis
640 cessavit, mense v, vir sanctus, mitis et pius.

LXXIV. Joannes IV, natione Dalmata, ex patre D
Venantio Scholastico. Annum i, menses viii, dies
x et viii, usque ad annum Domini 642. Cessavit
mense i et semis. Qui pecunia missa redemit captivos Christianos a barbaris in Ystria et Dalmatia.

LXXV. Theodorus, natione Græcus, ex patre
Theodoro, episcopo de civitate Jerosolyma. Annos vi,
menses fere vi, usque ad annum Domini 649. Cessavit fere ii. Hujus præsulatus anno iv, Pyrrhus
Constantinopolitanus patriarcha Sergii in sede et in
hæresi successor, cum ab ipso papa dudum ante
damnatus ex Africa Romam venisset, et fictam pœnitentiam egisset, benigne susceptus et ab eo reconciliatus est. Postea vero reversus in errorem, denuo ab ipso papa damnatus et anathematizatus est.

LXXVI. Martinus, sanctus confessor de civitate
Tudertina provinciæ Tusciæ. Annos vi, menses ii,
usque ad annum Domini 655. Hic constituit synodum in urbe Roma cum cv Patribus. in qua Cyrum
et socios ejus, hæreticum Sergium, Pyrrhum, et Paulum, et Constantium imperatorem, et eorum sequaces
condemnat, qui unam operationem et unam tantum
naturam in Filio Dei asserebant. Quam transcribens
misit per orthodoxos viros in Orientem et Occidentem, et quartam synodum confirmavit. Hujus temporibus Paulus Constantinopolitanus episcopus, Constante imperatore seducto, legatos apostolicæ sedis,
cum de hæresi arguente carceribus, exsiliis, et
diversis suppliciis afflixit, et aliis catholicis, ubicunque potuit, persecutionem non modicam concitavit. Papa vero jussu hæretici imperatoris a
Theodoro Exarcho ad hoc misso, Romæ in basilica
Sancti Salvatoris, quæ Constantiana dicitur, comprehensus, et Constantinopolim adductus, cum
flecti nullatenus potuisset, exsilio in Cersonam Li-
ciæ provinciam relegatur, ubi vitam finivit, multis
in eodem loco signis usque hodie refulgens. Epistolam Amando scripsit, cum uno decretali capitulo : *Qui semel post suam ordinationem ceciderit in*
lapsu, deinceps jam depositus erit, nullumque sacer-
dotii poterit adipisci gradum.

LXXVII. Eugenius I, natione Romanus, de regione
prima Aventinensi, clericus a cunabulis, ex patre
Rufiniano. Annos ii, menses ferme x usque ad annum Domini 658. Cessavit menses ii. Vir benignus,
mitis et pius, et in conservandis suorum prædeces-
sorum traditionibus attentissimus.

LXXVIII. Vitalianus, natione Signiensis, provinciæ Campaniæ, de patre Anastasio. Annos xiv,
menses vi. Obiit indict. vii, anno Domini 672,
mense ii. Hic Regulam ecclesiasticam et vigorem,
ut mos erat, omnino conservavit ; sub quo Constantinus, sive Constans, Constantini filius, filii Heraclii,
collecta synodo hæresim abdicavit, et postea Romanam Ecclesiam insigniter erexit, et ipsi papæ a
B. Petro evangelia aurea gemmis albis miræ magnitudinis in circuitu ornata misit. Præterea obtulit ipsemet pallium auro textum, toto exercitu ecclesiam intrante.

LXXIX. Adeodatus, natione Romanus, ex Mon-
chis, de patre Joviniano. Annos iv, menses ii. Anno Domini 677, mense ii. Cessavit menses iv semis.
Vir valde mitis et pius, adeo, ut omnem hominem
a majore usque ad minorem libenter susciperet,
ægris compassionem exhiberet.

LXXX. Donus, sive Donatus, natione Romanus,
ex patre Mauricio. Annum i, menses v, usque ad
annum Domini 678. Cessavit menses ii. Qui inter
alia bona studia porticum S. Petri marmore stravit.
Hic dum esset diaconus, mense Augusto, ingens
stella per menses iii, a galli cantu surgens apparuit.

LXXXI. Agatho, natus Siculus. Annos ii, menses vi, usque annum Domini 681, indictione ix.
Cessavit anno i, mense vii. Sub quo sexta syno-

dus universalis cl. Patrum contra Macharium Antio- A chenum episcopum et socios ejus, qui unam voluntatem, et unam operationem in Christo falsa opinione astruebant, Græco sermone conscripta, temporibus Constantini principis, Georgii Constantinopolitani, qui etiam in eodem errore fuit, sed correctus est. Inter quos etiam duo legati Romanæ Ecclesiæ erant, Joannes Portuensis, et Joannes diaconus; qui condemnata hæresi præfata, anathematizando conscripserunt ix capitula. Canonem statuit : *Sic omnes apostolicæ sedis sanctiones accipiendas esse, tanquam ipsius divini præcepti publica voce firmatæ.*

LXXXII. Leo secundus, natione Sicula (69), de patre Paulo. Menses ferme xi. Anno Domini 683. Sub hac indictione xi, die xvi Kal. April. in Parasceve luna tota eclypsim passa est. Cessavit mens. ii semis. Iste eloquentissimus, et in divinis Scripturis satis instructus, Græcæ et Latinæ linguæ peritissimus, ecclesias renovavit, ordinavit et dedicavit. Iose etiam constitutum fecit, ut, *qui ordinatus fuerit archiepiscopus, ab archivo ecclesiæ, nulla consuetudine pro usu pallii, aut diversis officiis Ecclesiæ quidquam persolvere debeat.*

LXXXIII. Benedictus II, natione Romanus, de patre Joanne. Menses x, et post Pascha obiit anno Dom. 685. Vir doctus et pius, et plurimis beneficiis ecclesias restaurans, imperante Constantino, apud B. Petrum sepultus.

LXXXIV. Joannes V, natione Syrus, de provincia Antiochia, ex patre Cyriaco. Annum i, usque ad annum Domini 686, menses ferme iii. Hic, cum esset diaconus, missus est ab Agathone papa Constantinopolim cum aliis ad confirmationem sextæ synodi, quam Constantini principis edicto munitam reddidit. Vir eruditus et discretus.

LXXXV. Conon oriundus ex patre Traseceo, menses xi, usque ad annum Domini 687. Cessavit mens. fere iii. Vir provectæ ætatis, summæ innocentiæ, sanctæque simplicitatis; qui B. Kilianum ordinavit, et eum in Franciam Orientalem direxit. Iste etiam cum duobus aliis tertius electus est, ouorum unus Theodorus, et alter Paschalis (70)....

LXXXVI. Sergius, natione Syrus, ex patre Tiberio in Panormio Siciliæ. Annos xiv, menses ix. Obiit indict. xiv, Tiberio imperatore, anno Domini 701. Cessavit mens. ferme ii. Hic etiam dissentientibus in duorum electione partibus, tertius Dei nutu electus est. Unus autem eorum Paschalis nomine propter incantationes, de quibus judicio Ecclesiæ convictus est, in monasterium est retrusus, ubi impœnitens post quinquennium præ duritia cordis mortuus est. Sub quo Synodus Aquileiæ colligitur, quæ ob imperitiam fidei quintum universale concilium suscipere diffidit, donec salutaribus beati papæ Sergii monitis instructa (71), et ipsa huic cum cæteris Christi Ecclesiis annuere

consentit, et synodum suscepit. Hic quod hæreticæ synodo a Justiniano filio Constantini hæretico, in urbe regia celebratæ subscribere noluit, in qua legati apostolicæ sedis decepti subscripserunt; ipse vero papa, pro eo quod quædam capitula extra ritum ecclesiasticum fuerant annexa, non acquievit, misso Zacharia protospatario captivum ad se adduci præcepit. Quem Ravennates ereptum, Zachariam urbe expellunt. Hic constituit confractionem fieri in indiviso corpore Christi, et post confractionem *Agnus Dei* ab Ecclesia decantari. Et rationem ostendit trium partium sic : *Triforme est corpus Domini : Pars oblata in calicem missa, corpus Christi quod jam resurrexit, monstrat; pars comesta, ambulans adhuc super terram; pars in altari* B *usque ad missæ finem remanens, corpus in sepulcro; quia usque in finem sæculi corpora sanctorum in sepulcris erunt* (72). (*Pars quæ immergitur in sanguine, martyres in tribulatione; reliqua, quæ super patenam ponitur, illam partem Ecclesiæ, quæ in æterna pace est ; tertia illos qui vivunt in quiete.*) Canones plures statuit. Hic invenit miræ magnitudinis portionem de cruce Christi in sacrario B. Petri. Hic etiam B. Willibrordum ordinavit, et in Germaniam ad prædicandum destinavit. Ceadwaltum etiam regem Occidentalium Saxonum Romæ baptizavit, et ibidem in Albis mortuum sepelivit. Statuit etiam, ut in solemniis beatæ Mariæ litaniæ exeant de S. Adriano, et ad S. Mariam populus occurrat.

LXXXVII. Joannes VI, natione Græcus. Annos iii, menses ii, usque ad annum Domini 705. Cessavit mens. i semis. Hic ad Gilulfum ducem Lombardorum, qui Beneventanam Campaniam igne, gladio et captivitate vastavit, et cum non esset, qui ejus impetui resisteret, missis ad eum sacerdotibus et donariis plurimis universos redemit captivos, atque hostes domum redire fecit.

LXXXVIII. Joannes VII, similiter Græcus natione, de patre Platone. Annos ii, menses fere viii, usque ad annum Domini 708. Cessavit menses iii. Qui inter multa opera illustria fecit oratorium Sanctæ Dei Genitricis opere pulcherrimo intra ecclesiam B. Petri apostoli. Qui regimen apostolatus D sponte dimisit, et se monachum fecit.

LXXXIX. Sisinnius, natione Syrus, patre Joanne. Diebus xx. Qui podagricus subito obiit anno Domini 708, quo supra. Cessavit menses ii.

XC. Constantinus, natione Syrus, ex patre Joanne. Annos vii, usque ad annum Domini 715. Hic in Græciam ad imperatorem venit indict. ix, et reversus est x. Cui Philippicus litteras pravi dogmatis misit, quas ille respuit, et hujus rei causa fecit picturas in porticu Sancti Petri, quæ acta vi sanctarum synodorum continebant, quas ipse Constantinopoli jusserat auferri. Hic Justinianum impe-

---

(69) Ita codex.
(70) Cætera erasa sunt.
(71) *Cod.* instructi.

(72) Hæc verba subjuncta erant elogio Sergii, æque antiqua, et forte eadem, qua reliqua exarata sunt manu.

ratorem pœnitentem absolvit pro eo , quod Gallicinum patriarcham cæcaverat, et dederat episcopatum Cyro, qui erat abbas in Ponto, qui etiam eum
exsulem alebat, dum a regno expulsus fuit. Anastasius imperator Constantino papæ litteras misit
Romam per Scholasticum patricium, et exarchum
Italiæ, quibus se fautorem catholicæ fidei et sanctorum vi conciliorum prædicatorem esse docuit.

XCI. Gregorius II, natione Romanus, ex patre
Marcello. Annos xv, menses fere ix, indict. xiv,
obiit. Hic vir castus et in divinis Scripturis eruditus statuit, ut quinta feria Quadragesimali tempore
jejunium atque missarum solemnitas fieret, quod
B. Melciades papa prohibuerat ; ne quinta feria et
Dominica fieret jejunium. Hic Leonis et Constantini imp. tempore fuit , et in Germania per Bonifacium archiepiscopum, quem ordinavit, verbum
salutis prædicavit. Wivilonem Laureacensem archiepiscopum ordinavit. Hujus etiam tempore quidam seductor Tibertus cognomento Petasius, qui
sibi regnum Romani imperii usurpare conabatur, et imagines tam Salvatoris, quam suæ Genitricis et sanctorum igne cremare, et pictas de-
albare jussit, pro qua re multi passi sunt, et
Germanus Constantinopolitanæ Ecclesiæ antistes
pontificatu est privatus. iii Kal. Decemb. obiit. Capitula scripsit x et ix omni Ecclesiæ servanda cum
Patribus xxxiii , eaque sub anathematis vinculo al-
legavit. Hoc tempore Græcorum cessante auxilio,
et Longobardorum grassante oppressione Romanum
imperium pervenit ad Francos.

XCII. Gregorius III, natione Syrus, ex patre
Joanne. Annos x, menses ferme viii. Hic subito,
dum in exsequiis antecessoris sui ante feretrum esset
inventus, vi abstractus, in pontificem est electus.
Fuit etiam Leonis et Constantini imp. tempore et
persecutione , quæ per ipsos mota est, grassante
ad distractionem sanctarum imaginum ipsos commonuit, ut resipiscerent, et commonitoria scripta
eis misit, sicut et prædecessor ejus fecerat ; sed
nihil profecit. Unde majori ardore fidei permotus,
synodale decretum residentibus secum ar.hiepi-
scopis Antonino Gradense, et Joanne Ravennatense,
et cæteris Hesperiæ partis episcopis xcii tam episcopis quam presbyteris , quam etiam diaconus
statuit, ut si quis deinceps sanctarum imaginum
blasphemator existeret, extorris esset a corpore et
sanguine Domini; quod sua subscriptione omnes
firmaverunt, et sanctas imagines erigi fecit. Adjecit etiam in canone dicendum : *Intra quorum consortium*, etc., quam institutionem in tabulis lapideis conscribi fecit. Eo tempore deprædatur Campania a nefandis Lombardis et rege Leuprando;
qui veniens Romam in campo Neronis , multos nobiles de Romanis, more Lombardorum totondit atque vestivit. Pro quo vir Dei dolore constrictus
claves ex confessione B. Petri Carolo primo Fran-

corum regi navali itinere direxit per Anastasium
episcopum, virum sanctissimum, et Sergium presbyterum, postulandum a præfato Carolo : ut eos
a tanta oppressione Lombardorum liberaret. Leonem etiam imperatorem a communione Ecclesiæ
abscidit, et totam Italiam cum Roma ab eo avertit.
Hic Græca Latinaque lingua eruditus, psalmos
omnes per ordinem memoriter tenens, et in eorum
sensibus subtilissima exercitatione fuit elimatus.
Canonem statuit. Obiit iii Kal. Decemb.

XCIII. Zacharias, natione Græcus, ex patre Po-
locronio. Annos x, menses iii. Obiit indict. v. Id.
Martii, anno Domini 752. Vir mitis et suavis omni
bonitate ornatus, dilectus ab omnibus, tardus ad
irascendum velox ad miserendum , nulli malum
pro malo reddens, neque vindictam secundum merita tribuens; sed pius et misericors. Hic invenit
totam Italiam turbatam et ducatum Romanum a
Luiprando Lombardorum rege. Hic statuit , ut iv
feria ante Quadragesimam cineres benedicerentur,
et super capita fidelium ad ostendendam veræ contritionis humilitatem , quæ per jejunium inchoatur,
aspergi. Hic etiam Dialogum B. Gregorii de Latino in Græcum transtulit, et P. Georii martyris caput
in capsa reconditum reperit, et in Romanam urbem
transtulit. Pippinum jussit regem constitui. Multa
ad Bonifacium archiepiscopum, quem Gregorius in
Germaniam mittens consecravit, scripsit utilia.

XCIV. Stephanus II, natione Romanus, ex patre
Constantino. Annos v, mensem fere i, usque ad
annum Domini 757. Hic est, cujus rogatu Pippinus
rex contra Aistulfum Lombardorum regem ivit ;
cæsis multis Lombardis, receptis etiam xi. obsidibus et jurejurando interposito, ne amplius Romanam infestaret Ecclesiam, obsidionem solvit. Nam
Papiam, in qua ipse rex fuit, obsederat. Hujus etiam
tempore adveniens Humaldus dux Equitaniæ (75)
ad limina apostolorum, ibi se serviturum promisit.
Qui postmodum diabolica fraude deceptus, votum
frangens Lombardorum expeditioni maligne se an-
nectens, sicut meruit, lapidibus vitam digna morte
finivit. Hoc tempore Ecclesia Romana a regibus
Italiæ magnam patitur persecutionem. Hujus auctoritate deposito, ac detonso Hilderico rege, ipso in
monasterium misso, electus est Pippinus rex Francorum, Caroli primi filius , et a sancto Bonifacio
Moguntino archiepiscopo Suessionis ad regnum
consecratur.

XCV. Paulus, natione Romanus, ex patre Constantino. Annos x, mensem i, usque ad annum
Domini 767. Hic ab aliis Constantinus ponitur.

XCVI. Stephanus III, natione Romanus, ex patre
Olivio. Annos iv, menses fere vi, usque ad annum
Domini 772.

XCVII. Adrianus I, natione Romanus , ex patre
Theodoro. Annos xxiv, menses x, usque ad annum
Domini 796. Qui Carolum Romam venire ad defe-

(75) *Ita codex pro* Aquitania

rendas (74) res Ecclesiæ postulavit. Carolus ergo rex Romam veniens, Papiam obsedit, ibique relicto exercitu in sancta resurrectione ab ipso papa Romæ honorifice susceptus est. Post sanctam vero resurrectionem reversus Papiam, cepit Desiderium. Deinde Romam reversus constituit ibi synodum cum ipso papa in patriarchio Laterani in ecclesia S. Salvatoris cum CLIV religiosis episcopis et abbatibus. Papa autem cum universa synodo tradiderunt Carolo jus et potestatem eligendi pontificem, et ordinandi apostolicam sedem. Dignitatem quoque ei patriciatus concesserunt. Insuper archiepiscopos, episcopos per singulas provincias ab eo investituras accipere diffiniunt, et ut, nisi a rege laudetur et investiatur, a nemine consecretur episcopus. Et quicunque contra hoc decretum esset, anathematis vinculo eum innodavit, et nisi resipisceret, bona ejus publicari præcepit. Papa vero in die sancto Paschæ præsente Carolo imp. anathematizavit Thassilonem ducem Bawariæ, nisi in omnibus obediret eidem imperatori et filiis ejus, ac genti Francorum, sicut juraverat patri suo Pippino et sibi. Quod si nollet, et sanguinis effusio fieret, vel aliud malum, hoc super eumdem ducem et ejus consentaneos esset, rex vero et sui a culpa immunes essent.

XCVIII. Leo III, natione Romanus, ex patre Azuppio. Annos xx, menses x, usque ad annum Domini 816. Hic a Romanis in majori Leatania excæcatus, et lingua ex parte privatus est, sed per Wirimundum abbatem et Winigisum ducem Spoletanum ereptus, et in Saxoniam ad regem Carolum perductus est. Sequenti anno ab eodem principe Romam reductus et restitutus est. Qui in ecclesia B. Petri coram rege et omni populo evangelium portans, ambonem conscendit, invocatoque sanctæ Trinitatis nomine, jurejurando ab objectis se criminibus expurgavit in hunc modum : *Luditum* (75) *est, fratres charissimi, et divulgatum per multa loca, qualiter homines mali adversum me insurrexerunt, et debilitare voluerunt, et miserunt super me gravia crimina. Propter quam causam iste clementissimus et serenissimus dominus Carolus una cum sacerdotibus et optimatibus suis istam pervenit ad urbem. Quamobrem ego Leo, pontifex Romanæ Ecclesiæ a nemine judicatus, neque coactus, sed spontanea mea voluntate purifico me in conspectu vestro coram Deo et angelis ejus, qui conscientiam meam novit, et B. Petro, principe apostolorum, in cujus conspectu consistimus ; quia istas criminosas et sceleratas res, quas illi mihi objiciunt, nec perpetravi, nec perpetrare jussi. Testis est mihi Deus, in cujus conspectu consistimus, et in cujus judicium venturi sumus. Et hoc propter suspiciones malas tollendas mea spontanea voluntate facio, non quasi ego hanc consuetudinem aut decretum in sancta Ecclesia successoribus, nec non et fratribus et coepiscopis nostris imponam, sed*

ut melius a vobis avscidatis rebelles cogitationes. Rex autem post hanc satisfactionem, in qua XII episcopos fautores habuit, in adversarios vindictam faciens, quosdam occidit, alios exsilio destinavit. Canonem statuit.

XCIX. Stephanus IV, natione Romanus, ex patre Marino. Menses VII. Iste diaconus Leonis papæ fuit. Obiit anno Domini 817, a quo Ludovicus magni Caroli filius imperator fit.

C. Paschalis natione Romanus, ex patre Bonoso. Annos VII, mensem fere I, usque ad annum Domini 824. Quo mortuo, cum in locum ejus duo per contentionem populi fuissent electi, Eugenius tamen archipresbyter tituli Sanctæ Sabinæ vincente nobilium parte subrogatus atque ordinatus est (76). A quo Romani pontificis electio a Ludovico primo ipsi et Romanis conceditur.

CI. Eugenius II, natione Romanus. Annos IV, menses fere VIII, usque ad annum Domini 818. Iste Ratfrido Favianensi, et Methodio Speculi Juliensis, qui et Ouguturensis, et Alcuino Nitranensis, Annoni Vetuariensis sanctarum Ecclesiarum episcopis scripsit, et Urolfum Laureacensem archiepiscopum eis rectorem transmisit et commisit, et jus metropolitani ei privilegio consignavit.

CII. Valentinus, natione Romanus, ex patre Petro. Diebus XL, anno Domini quo supra. Pro brevitate temporis nihil dignum memoriæ fecit.

CIII. Gregorius IV, natione Romanus, ex patre Joanne. Annos XVI, usque ad annum Domini 844. Iste Theodosium, quem Eugenius papa prius presbyterii honore privaverat, sanctæ Signinæ Ecclesiæ consecravit episcopum.

CIV. Sergius II, natione Romanus, ex patre Sergio. Annos III, usque ad annum Domini 847.

CV. Leo IV, natione Romanus, ex patre Rodoaldo. Annos IX, menses III, usque ad annum Domini 856. Iste tradidit Adelwino Juvavensi archiepiscopo beatum martyrem Hermem secum ad sedem suam deducendum. Canonem scripsit episcopis Britanniæ : *Quod pontificum Romanorum statuta præ aliis sunt habenda ; et alia plura Lothario Augusto de capitulis imperialibus conservandis.* Item aliud ipsi : *Ut, sicut Romana lex hactenus viguit, et pro nullo hominum est corrupta, ita et nunc suum robur obtineat.* Iste commonuit Lotharium et Ludovicum de canonica et justa electione et consecratione Romani pontificis.

CVI. Benedictus III, natione Romanus, ex patre Petro. Annos II, menses VI, usque ad annum Domini 859. Quo consona totius Urbis acclamatione electo clerus et populus et proceres decretum manibus propriis roborantes, Lothario et Ludovico principibus destinaverunt. A quibus laudatus, legatorum, quos de hac causa miserant, præsentia et collaudatione est consecratus.

CVII. Nicolaus, natione Romanus, ex patre Theo-

(74) Sic codex f. defendendas.
(75) F. lucidum, vel judicatum.

(76) Sic cod. locus corruptus.

doro. Annos ix, menses ix, usque ad annum Domini 868. A quo Lotharius pro Thciberga regina, quam repudiaverat Gualdrada superducta quorumdam episcoporum astipulatione, post crebras admonitiones communione privatur. Ipse Adalwino Juvavensi archiepiscopo scripsit de muliere, quæ superposito velamine finxit se monialem esse, et postea ad nuptias rediit; ut pœnitentiam·de illusione agat, et vertatur ad id quod spopondit.

CVIII. Adrianus II, natione Romanus, ex patre Jalario episcopo. Annos v, usque ad annum Domini 873, a quo Lotharius a Nicolao excommunicatus, Romam rediens susceptus, cum se de illatis criminibus excusare vellet, sibique hoc judicium papa proponeret; ut, si innocens esset, fiducialiter ad communionem accederet; accessit temerarius, et de manu Apostolici judicium sibi suisque complicibus sumpsit. Nam non multo post ipse, suique fautores subita morte perierunt, tantaque clades hanc præsumptionem divinitus subsecuta est, ut in ejusdem Lotharii regno tota virtus ac nobilitas non peste sed quasi hostili gladio simul deleta videretur. Primo enim ab ipso papa Lotharius interrogatus, si monitis antecessoris sui domini Nicolai pro Teiberga regina acquievisset, et ille dum se injuncta servasse falso affirmaret, corpus Domini, sicut supra dictum est, sumens, pœnas in via solvit.

CIX. Joannes VIII, natione Romanus, ex patre Gundo. Annos x, usque ad annum Domini 883. Qui Ludovicum imperatorem a sacramento, quod coactus ab Adelgiso duce pro conservanda vita fecerat, absolvit. Qui etiam per venenum a quodam suo propinquo sibi dato, deinde malleo in cerebro percussus obiit. Ipse etiam Photium Constantinopolitanum patriarcham, a Nicolao depositum, interventu augustorum Basilii, Leonis, Alexandri restituit. In libro Gothicæ legis diversa inveniuntur ab eo statuta. De sacrilegio, quod infra xxx passus ab ecclesia in circuitu vel in domibus, quæ sunt infra passus, aliquid inde eripiendo, committitur, seu clericis aut monachis, sive ecclesiasticis personis aliquid mali seu damni intulerit. Non enim capellæ, quæ infra ambitum murorum castellorum sunt ponuntur in hac observatione. Item de compensatione sacrilegii quam Justinianus in v libris auri constituit, ipse in xxx libras argenti examinati, id est sexcentorum solidorum summam argenti purissimi hanc emendationem illis statuit faciendam, ad quos querimonia sacrilegii juste pertinuerit. Et Michaeli Bulgarorum regi : *Si ab excommunicatis sacramenta suscipitis, constat idololatriam, ut schismatici efficeremini fecisse.* Et multa alia. Quod querimonias Ecclesiarum, qui in dignitatibus sunt, attentius debent audire.

CX. Martinus, natione Gallisana, ex patre Palumbo presbytero. Annum i, menses vii, usque ad annum Domini 885. Iste fuit archidiaconus prædecessoris sui.

CXI. Adrianus III, natione Romanus, ex patre Benedicto. Annum i, menses iv, usque ad annum Domini 886.

CXII. Stephanus V, natione Romanus, ex patre Adriano. Annos paulo plus vi, usque ad annum Domini 892. Canonem statuit i, *quod de manifesta et nota plurimis causa non sunt quærendi testes;* quod Leoni Zianensi episcopo scribit.

CXIII. Formosus prius episcopus Portuensis ex patre Leone. Annos iv, menses vii, usque ad annum Domini 896. Cujus consensu Arnolfus rex, filius Carolomanni, Romam armis cepit. Rex etiam cum magno honore susceptus ab eo, ante confessionem B. Petri coronatus imperator creatur ab eo. Unde etiam vehementer affligebatur ab eis. In cujus ingressu ulciscendo papæ injuriam multos Romanorum principes obviam sibi properantes decollare præcepit. Causa autem simultatis inter Formosum papam et Romanos hæc fuit. Formosi decessore defuncto, Stephanus quidam Romanæ Ecclesiæ diaconus erat, quem Romanorum pars quædam sibi papam elegerat; quædam vero pars non infima nominatum Formosum Portuensis civitatis episcopum pro vera religione, divinarumque doctrinarum scientia papam sibi fieri anhelabat. Nam dum in eo esset, ut Stephanus apostolorum vicarius ordinari debuisset, ea, quæ Formosi favebat partibus, pars, Stephanum non mediocri tumultu et injuria ab altari expellunt, et Formosum papam constituunt. Descenditque Stephanus in Tusciam, quatenus Adalberti, potentissimi marchionis auxilio juvaretur; quod et factum est. Nam, Formoso defuncto atque Arnulfo imperatore in propria reverso, et pediculorum cruciatu, qui *ptirialis* dicitur, exstincto, hic, qui post Formosi necem constitutus est, expellitur, Stephanusque papa per Adalbertum constituitur. Quo constituto, ut impius, doctrinarumque sanctarum ignarus Formosum de sepulcro extrahere, atque in sedem Romani pontificatus sacerdotalibus vestimentis indutum collocare præcepit. Cui et ait : *Cum Portuensis episcopus esses, cur ambitionis spiritu Romanam universalem sedem usurpasti?* His expletis, sacratis mox exutum vestimentis, digitisque tribus abscissis in Tyberim jactari præcepit, cunctosque, quos ipse ordinaverat, gradu proprio·depositos, iterum ordinavit. Quantæ autem auctoritatis, quantæque religionis papa Formosus fuerit, hinc colligere possumus, quia dum a piscatoribus postmodum corpus ejus esset inventum, atque ad B. Petri ecclesiam deportatum, sanctorum quædam imagines hunc in loculo positum venerabiliter salutaverunt.

CXIV. Bonifacius VI, natione Romanus, ex patre Adriano episcopo. Diebus xv. Qui podagra periit anno ipso. Ipse expulsus est post mortem Formosi a Stephano.

CXV. Stephanus VI, natione Romanus, ex patre Joanne presbytero, prius episcopus Campaniæ. Annum i, mensem i. Qui digne propter effossum

Formosum ejectus periit. Nam tyrannis Peringario et Lamperto favens, et odio habens, Arnulfum imperatorem, Formosum papam, sicut supra dictum est, viii post obitum ejus mense effossum, et in sella ejus positum, loquente pro eo diacono, criminatum et quasi convictum degradavit, et per crura de ecclesia protractum in Tiberim projici praecepit. Sed divinis per merita ejus miraculis territi cives Romani, non multo post tempore Stephanum digne cruciatum ejecerunt, Formosumque in sepulcrum suum reposuerunt. Iste ab aliis Sergius Romanus diaconus esse dicitur.

CXVI. Romanus, natione Gallisana, ex patre Constantino. Menses fere v, anno Domini 898.

CXVII. Theodorus II, natione Romanus, ex patre Focio. Diebus xx, anno Domini, quo supra.

CXVIII. Joannes IX, natione Tyburtes, ex patre Rampoaldo. Annos ii, usque ad annum Domini 900.

CXIX. Benedictus IV, natione Romanus ex patre Mammolo. Annos iii, menses v, usque ad annum Domini 904.

CXX. Leo V, natione Ardeas de Lompampi. Menses ii. Anno Domini, quo supra. Iste presbyter forensis fuit.

CXXI. Christophorus, natione Romanus, ex patre Leone de titulo Damasi prius cardinalis. Menses iv, qui dejectus monachus factus est, anno Domini, quo supra.

CXXII. Sergius III, natione Romanus, ex patre Benedicto. Annos vii, menses iii, usque ad annum Domini 912.

CXXIII. Anastasius III, natione Romanus, ex patre Luciano. Annos ii, menses ii, usque ad annum Domini 914.

CXXIV. Lando, natione Sabinensis, ex patre Tainu. Menses v, anno Domini 915.

CXXV. Leo VI, natione Romanus, ex patre Christophoro primicerio. Menses fere iii, anno Domini quo supra.

CXXVI. Joannes X, natione Ravennas, ex patre Joanne. Annos xiv, menses ii, usque ad annum Domini 929. Hic per quamdam meretricem Theodoram papa dicitur esse constitutus.

CXXVII. Stephanus VII, natione Romanus, ex patre Teudemundo. Annos iii, mensem i, usque ad annum Domini 931.

CXXVIII. Joannes XI, natione Romanus, ex patre Sergio papa. Annos iv, usque ad annum Domini 915.

CXXIX. Leo VII, natione Romanus. Annos iii, menses vi, usque ad annum Domini 938. Iste Gerhardo Laureacensi archiepiscopo pallium transmisit, et fidem ejus, licet breviter scriptam, approbavit, quam tamen latius explanare dicit eum debuisse. Scripsit etiam Egelolfo Juvavensi archiepiscopo, Ratisponensi, Frisingensi, Sebonensi episcopis, ut ei in omnibus ecclesiasticis negotiis

obedientes et adjutores essent, tanquam ei, cui vicem suam commiserat.

CXXX. Stephanus VIII, natione Romanus. Annos iii, menses fere iv, usque ad annum Domini 942.

CXXXI. Marinus II, natione Romanus. Annos iii, menses vi, usque ad annum Domini 945.

CXXXII. Agapitus II, natione Romanus. Annos fere x, usque ad annum Domini 955. Cujus tempore synodus Ingelheim praesente Ottone, et Ludovico regibus propter Adelberonem sancti Udalrici nepotem colligitur. Cui synodo vice papae Agapiti Marinus episcopus praesedit, et cum xxx episcopis Teutoniae subscripsit. Hic etiam Gerhardum Laureacensis Ecclesiae pastorem in culmen metropolitanum sublimavit, et litem inter ipsum et Heroldum Salzburgensem de honore archiepiscopii agitatam per disterminatores utriusque parochiae sedavit; ita, ut Heraldo Occidentalis Pannoniae curam committeret, Geraldo vero Orientalis Pannoniae, regionemque Avarorum, atque Maraharorum, sed et Sclavorum, qui vel tunc Christiani, vel adhuc Christo lucrandi erant, credidit, et vicem apostolicam in illis partibus praedicandi et episcopos constituendi, omniaque disponere, ac si ipse praesens esset, constituit.

CXXXIII. Joannes XII, qui et Octavianus, natione Romanus, ex patre Alberico. Annos viii, menses iv. Iste a quibusdam culpatur, et dicitur totam vitam suam in adulterio et vanitate deduxisse. Cujus temporibus Otto imperator primus hujus nominis Heinrici regis filius, Romam veniens, ab eo honorifice susceptus est. Cum quo ipse praedictus imperator multum decertavit, sed a nequitia sua nunquam potuit eum removere. Consilio namque habito iterum Romam venit, ut ipsum scelera tum a tanta nequitia revocaret. Cujus ut audivit adventum, Campaniam fugit, et in montibus ibi latitavit. Tunc omnes Romani non consensu et una voluntate clerici et laici rogaverunt imperatorem, ut sanctae Ecclesiae dignum pontificem et pium rectorem tribueret. Quibus ait: *Eligite, qui dignus sit, et ego libentissime vobis eum concedo.* Et elegerunt omnes communiter tam clerici quam laici dominum Leonem, virum venerabilem protoscriniarium summae sedis apostolicae. Imperatore itaque recedente, et Leone in sede manente, Romani ipsum foras ejecerunt, et Joannem illum sceleratum in sedem reduxerunt. Unde fames, et ingens persecutio et tribulatio civitati evenit. Dominus itaque Leo sanus civitatem exivit, et Spoletum ad imperatorem venit. A quo honorifice susceptus contra Romanos parat insidias. Quo veniente, in Reatinam civitatem Romanorum nuntii ante suam praesentiam venerunt, et mortem Joannis nuntiaverunt, et de electione et consecratione Benedicti diaconi rogaverunt; sed nihil obtinuerunt, sed tale ab eo responsum acceperunt: *Quando dimisero ensem meum, tunc dimittam, ut dominum Leonem papam in cathedra S. Petri non restituam.* Nuntii vero reversi eumdem Benedictum præfatum contra voluntatem imperatoris elegerunt. A Quod audiens imperator, plus in ira exarsit, et civitatem undique circumvallavit, et diversis modis eos circumquaque afflixit. In tantam itaque captivitatem eam deduxit, ut modius furfuris xxx argenteis emeretur. Quam pestilentiam cives ferre non valentes, Benedictum quamvis innocentem imperatori tradiderunt, et dominum Leonem receperunt, sacramento facto super corpus B. Petri; et dimisit eis imperator offensam, et recessit in Galliam.

CXXXIV. Leo annum unum, menses iii de regione, quæ vocatur Clivus Argentarii, ex patre Joanne protoscriniario, natus Romæ, vir omni honestate præclarus. Qui ejecto ab imperatore Ottone Joanne, ut dicitur, scelerato, communi electione tam cleri B quam populi assumptus, consecratus est in Romanum pontificem per mensem Decemb. in Lateranensi patriarchivo. Hic fecit ordinationes in eodem mense, presbyteros vii, diaconos ii. Hic collecta synodo Romæ in ecclesia S. Salvatoris, ad exemplum Adriani apostolicæ sedis episcopi, qui domino Carolo invictoriosissimo regi Francorum et Lombardorum patriciatus dignitatem, ac ordinationem apostolicæ sedis, et investituram episcoporum concessit, ita : *Ego Leo, servus servorum Dei, episcopus cum cuncto clero ac populo Romano constituimus, confirmamus ac corroboramus, et per nostram apostolicam auctoritatem concedimus, atque largimur domino Ottoni primo, regi Teutonicorum, ejusque suc-* C *cessoribus hujus regni Italiæ in perpetuum tam sibi facultatem eligendi successorem, quam summæ sedis apostolicæ pontificem ordinandi : ac per hoc archiepiscopos, seu episcopos, ut ipsi ab eo investituram suscipiant, consecrationem autem, unde debent, exceptis his, quos imperator pontifici et archiepiscopis concessit, et ut nemo deinceps cujuscunque dignitatis vel religiositatis eligendi, vel patricium sive pontificem summæ sedis apostolicæ, aut quemcunque episcopum ordinandi habeat facultatem, absque consensu imperatoris ipsius, qui tamen fiat absque omni pecunia, et ipse sit patricius et rex. Quod si a Deo et populo quis episcopus eligatur, nisi a supradicto rege laudetur et investiatur, non consecretur. Si quis contra hanc apostolicam auctoritatem aliquid moliatur,* D *hunc excommunicationi subjacere decrevimus, et nisi resipuerit, irrevocabili exsilio puniri, vel ultimis suppliciis feriri.* Iste Otto ideo primus rex Teutonicorum vocatur, non quod primus apud eos regnaverit, sed quod primus ex eis imperium ad Teutonicos Francos revocaverit.

CXXXV. Benedictus V, natione Romanus, ex patre Joanne. Sedit menses ii, quo ejecto, ut dictum est, Leonem imperator restituit, et Benedictum in Saxoniam misit, ubi in Bremensi archiepiscopatu finivit in exsilio vitam. Cujus ossa jussu tertii Ottonis Romam reportata venerabiliter sunt sepulta. Leo tamen multa mala perpessus est a Romanis secundo.

CXXXVI. Joannes XIII, natione Romanus, ex patre Joanne episcopo, prius Narniensis episcopus. Annos vii, usque ad annum Domini 902, qui communi omnium electione in sede sedit. Iste vir doctus, et honorifice eruditus divinis et canonicis libris, a cunabulis in clericali ordine manens, in Lateranensi palatio ostiarius psalmista, lector, exorcista, acolythus, subdiaconus, diaconus in eadem Romana Ecclesia per distinctos ordines est ordinatus, et ita, Deo volente, legitime et canonice pontifex est ordinatus. Postquam sedit menses ii et dies xvi, comprehensus est a Rofredo comite, et Petro præfecto cum populo Romano, et miserunt illum in exsilium in Campaniam, et mansit in ipso exsilio menses x et dies xxviii. Post mortem vero Rofredi reversus est Romam, et veniens Otto imperator magnam vindictam de populo Romano fecit ; alios in patibulo suspendit, et alios in exsilium misit.

CXXXVII. Benedictus VI, natione Romanus, ex patre Hiltibrando. Annum i, menses x, qui a Romanis criminatus et in castello S. Angeli a Crescentio relegatus, et strangulatus est ; eoque adhuc vivente Bonifacius ordinatus est, et statim pulsus, et Constantinopolim petiit sub Ottone imp. adhuc primo, anno Domini 974. Secundum alios Donus, secundum alios Bonifacius. Donus annum unum, menses vi.

CXXXVIII. Bonifacius vii, natione Romanus, ex patre Ferrutio, qui statim pulsus Constantinopolim petiit, et Benedictus prius Sutriæ episcopus substituitur. Qui Bonifacius imo Malefacius prius male ordinatus, et expulsus fuerat, et iterum male reversus, pessime postremo defunctus sedit annum fere unum.

CXXXIX. Benedictus VII, natione Romanus, ex patre David, Sutriæ etiam episcopus. Annos ix, usque ad annum Domini 983. Ipse Ottoni imperatori II, et Heinrico duci Bavariæ, et archiepiscopis Teutoniæ scripsit, et Laureacensi Ecclesiæ honorem metropolitanum restituit; Pilgrimo ibi sex episcopos suffraganeos assignavit, ita videlicet, ut Salzburgensis Ecclesia superioris Pannoniæ, ista vero inferioris Pannoniæ episcopos haberet. Cui etiam Pilgrimus fidem suam in epistola sibi transmissa luculenter exposuit, et pro pallio transmittendo rogavit.

CXL. Joannes XIV, qui et Petrus, natus Papiæ. Sedit menses viii. Quem superior Bonifacius reversus Constantinopoli, ubi fugerat, comprehensum, et in Castello S. Angeli in custodiam per iv menses inedia attritum jussit occidi. Cujus sede postea per menses xi, invasa subitanea morte præventus, odio suorum post mortem cæsus et lanceatus, nudatoque corpore ante Constantini caballum in campo projectus, mane a supervenientibus clericis est sepultus.

CXLI. Joannes XV, natione Romanus, ex patre Leone presbytero. Annos x, menses vii, qui et ora-

torium Sanctæ Mariæ in gradibus pictura decora- A
vit. Hic obiit anno Domini 996.

CXLII. Gregorius V, qui et Bruno, natione Francus, ex patre Ottone duce, matre Juditta. Annos III, menses IX, usque ad annum Domini 999. Cui rebellans Crescentius in Castello S. Angeli captus, et truncatus per pedes suspensus est. Cujus sedem Joannes Græcus cognomento *Philagathos* episcopus Placentinus invasit, sed ab Ottonis Valisore Birthilone nomine correptus, amputatis naribus et lingua, et effossis oculis in asini caudam per totam Romam ductus est. Hic primus Teutonicorum apostolicæ sedi præsedit. Hic etiam et Wilhelmus Argentinensis episcopus, et Hezil, et Chuno quatuor fratres, filii Ottonis ducis Orientalis Franciæ fuerant, ex quibus Chunone, et Hezilone nati sunt duo fratres B Chunones, quorum alter major Chunradus dictus imperator factus est Romanus, cum tamen de his duobus tantum inter principes imperii facta sit electio.

CXLIII. Silvester II, qui et Gerbertus cognomento Musicus, natione Equitanus (77), ex monasterio S. Geraldi, primum Remorum, post Ravennatium archiepiscopus, novissime in papam promotus, sedit annos v, usque ad annum Incarnat. Domini 1004, unde de ipso scriptum est .

Transit ab R. Gerbertus in R, post papa vigens R.
Hic sæculari litteraturæ nimium deditus, et ob hoc curioso imperatori Ottoni III, juniori amatus fuit.

EPITAPHIUM SILVESTRI PAPÆ, QUI ET GERBERTUS.
Iste locus mundi Silvestri membra sepulti
   Venturo Domino conferet ad sonitum.
Quem dederat mundo celebrem doctissima virgo,
   Atque caput mundi culmina Romulea.
Primum Gerbertus meruit Francigena sedem
   Remensis populi metropolim patriæ;
Inde Ravennatis meruit conscendere summum
   Ecclesiæ regimen nobilis, atque potens.
Post annum Romam mutato nomine sumpsit;
   Ut fieret toto pastor in orbe novus.
Cui nimium placuit sociari mente fideli,
   Obtulit hanc Cæsar tertius Otto sibi.
Tempus uterque comit, præclarus uterque sophia ;
   Gaudet et omne seclum ; frangitur omne reum.
Claviger instar erat cœlorum sede potitus,
   Tegmine suffectus : ovi vice pastor erat.
Iste vicem Petri postquam suscepit, abegit
   Lustrali spatio sæcula morte sui.
Obriguit mundus discussa pace, triumphus
   Ecclesiæ nutans dedidicit requiem.
Sergius hunc loculum mutat pietate sacerdos.
   Successorque suus compsit amore sui.
Quisquis ad hunc tumulum devexus lumina vertis
   Omnipotens Domine, dic, miserere sui.
Ad laudem angelorum dictavit sequentiam . *Ad celebres.*

(77) Aquitanus.

CXLIV. Sica, ab aliis Joannes dictus, annum unum.

CXLV. Joannes XVI, annum I.

CXLVI. Joannes XVII, qui et Fasanus, de patre Urso, matre Stephania, post annos quintum et dimidium in sancto Paulo monachus discessit.

CXLVII. Sergius IV, qui et Petrus, *Os porci* cognominatus, olim episcopus Albanensis, ex patre Petro, matre Stephania, Bucca porci. Annos v, qui sepulcrum Silvestri, qui et Gerbertus dictus est, ornavit.

CXLVIII. Benedictus VIII, natione Tusculanus, ex patre Gregorio, nobili matre Maria. Annos XI, mense fere I, usque ad annum Domini 1024. Qui Heinricum ducem Bavariæ coronavit, mediante Walthero Spirense episcopo, data utrobique fidei securitate, et cathedralem ecclesiam, quam ipse fundavit, dedicavit in Babenberch. Ab ipso etiam idem Heinricus hujus nominis secundus, imperator vero primus imperiali benedictione coronatur, et sublimatur.

CXLIX. Joannes XVIII. Annos IX, usque ad annum Dom. 1033. Prioris papæ frater ex laico papa ordinatur. Ipse Chunradum imperatorem et Gislam imperatricem in die sancto Paschæ consecravit Romæ in præsentia Rudolfi regis Burgundiæ et Chuttonis (78) regis Angliæ, qui secum illuc venerat.

CL. Benedictus IX, qui et Theophilactus. Annos XII. Qui propter scelera sua pulsus, iterumque reversus, et vitiis deditus a papatu sponte recessit C anno Domini 1046. Hic moribus tali ac tanto honore indignus occupavit sedem annis plus XII. Quo expulso, Romani Silvestrum quemdam pro eo constituunt, quem ipse postea reversus excommunicatum depulit ; sedique suæ redditus se ipsum postea privavit, et alium ob avaritiam Gratianum nomine pro se contra canones ordinavit. Ipsum itaque Romani in sede ponentes papam statuerunt. Cujus rei causa rex Heinricus III, imperator vero secundus hujus nominis, considerans schismate turbari Ecclesiam, apud Sutrium synodo diligenter ventilata, Gratianum baculo pastorali privavit, et Swidigerum Babenbergensem episcopum, Clementem vocatum apostolicæ sedi præfecit, quam tantum VIII D menses rexit. Ipse vero rex, atque Agnes regina uxor ejus imperiali benedictione suscepta solemnissimis Nativitatis Christi diebus honore maximo ibi lætificati revertuntur. Ibique defuncto Eberhardo Constantiensi episcopo, et ad limina apostolorum sepulto, Theodericus mox ibidem pro eo constituitur.

CLI. Silvester III. Qui ejecto, ut dictum est, Benedicto, ordinatus, statim depulsus est anno Domini 1044.

CLII. Gratianus, natione Romanus, qui et Gregorius. Annos III. Quem Benedictus se ipsum injuste privans pro se papam constituit anno Domini 1047. Hic dives in hæreditate et mobilibus, com-

(78) Canuti.

patiens Ecclesiæ Dei, et schisma, quod in contentione duorum versabatur, amovere volens, utrumque secreto convenit, et oblatis ac datis bonis suis, utrumque ab ambitione sedis amovit. Inde a Romanis contra voluntatem suam a quibusdam asseritur electus esse, et illis substitutus. Verum quia judicio hominis non constat, quo fine fiant, quæ indifferenter accipi possunt, ab aliis de Simonia culpatus, jure depositus dicitur.

CLIII. Clemens II, qui et Swidigerus, natione Saxo, Babenbergensis episcopus, ab episcopis et Heinrico rege, ut supra dictum est, deposito Gratiano papa, electus sedit menses IX (79), qui statim mense constitutionis suæ obiit, et ad episcopatum suum reportatur, ibique sepelitur anno Incarnationis Domini 1047. Qui etiam ab aliis potius demens, quam Clemens dici dignus judicatur, cum utique, per violentiam Gratiano amoto, eum intrusum asserant.

CLIV. Damasus II, qui et Poppo, natione Teutonicus, episcopus Brixiensis, a rege Heinrico missus et papa promotus, anno Domini 1049, mense non integro supervixit. Cessavit mense VII.

CLV. Leo IX, qui et Bruno, Leucorum, seu Tullensium, quod idem est, episcopus, natione Teutonicus, ex Patre Hugone comite, ab Heinrico, quo supra imperatore, et episcopis electus, et papa promotus, sedit annos V, menses II, dies VI, anno Domini 1049. Hic, dum assumpta purpura pontificali per Gallias iter ageret, Cluniacum, ubi Hiltibrandi, qui prioratum ejusdem loci administrabat, admonitione, et quod per laicum manum ad gubernationem totius Ecclesiæ sibi non liceret ascendere, inclinatus purpura deposita, et Hiltibrando secum Romam ducto, a clero et populo Romano in papam eligitur; et sic Romana Ecclesia ad faciendam electionem informatur. Hic, Moguntiæ synodum cum imperatore celebravit, et cum ipso Pannonias hostiliter intravit, qui etiam Rubertum Giscardum, ducem Northmannorum gentis Apuliæ irrumpentem Ecclesiæ et imperii finibus coercere volens, commisso prælio, cæsis multis, fugere Beneventum compellitur. Sequenti anno obiit, et in Ecclesia S. Petri Romæ humatus, miraculis clarus habetur. Plures canones statuit. Unum de rapacitate monachorum, sicut sunt tamen multi, qui non studio charitatis, sed zelo rapacitatis docent, et seducunt sæculares homines, ut res suas in vita, seu in morte sua monasteriis suis tradant, et ecclesias, quibus subjecti esse videntur, et a quibus baptismum, pœnitentiam, eucharistiam, nec non et pabulum vitæ cum lacte carnis accipiunt, nihil de bonis suis relinquant, et ne amplius fiat, omnino prohibemus; imo medietatem omnium rerum suarum ecclesiæ, cui ipse pertinere dignoscitur, relinquere jubemus, et sic convertendi, et recedendi inde habeat licentiam. Fecit etiam cantus plures dulcis melodiæ; Historiam videlicet B. Nicolai, et

B. Gregorii, et solemne illud : *Gloria in excelsis*, et responsorium : *Justum deduxit*, et ṅ. *Visita quos, Domine.*

Victrix Roma dole nono viduata Leone,
Ex multis tali non habitura parem.

CLVI. Victor II, qui et Gebehardus, Eichstetensis episcopus, natione Teutonicus. Annos II, menses II, dies VII.

CLVII. Stephanus, natione Belgicus, ex patre Gotfrido duce, qui ante Fridericus, Leonis papæ archicapellanus, ex clerico monachus factus est, et abbas montis Cassini. Præfuit apostolicæ sedi mensibus VII, dies XXIX. Fratrem etiam habuit, ducem Gotfridum.

CLVIII. Benedictus IX, natione Burgundio. Menses IX, dies XX, qui ante Joannes dictus privata quorumdam gratia Romanorum contra canones promotus, sine consecratione sedit. Unde a Gotefrido duce expellitur, et Florentinæ civitatis episcopus nomine Gebehardus pro eo ordinatus, Nicolaus est appellatus.

CLIX. Nicolaus II, qui et Gebehardus, Florentinus episcopus. Annos II, menses VI, dies XXV, qui fere triennium in summi pontificatus culmine prælatus; tunc in Perusino episcopatu VI Kal. Aug. subita morte præventus corripitur, et Perusium delatus ibidem sepelitur anno Incarnat. Dom. 1061. Hic in Basilica Lateranensis patriarchivi, quæ cognominatur Constantiniana, considentibus secum archiepiscopis, episcopis et abbatibus, venerabilibus presbyteris, atque diaconibus statuit plura utilia Ecclesiæ, præcipue tamen de electione summi pontificis. Nicolao papa defuncto Romani coronam et alia munera Heinrico regi ejusdem nominis IV transmiserunt, eumque pro eligendo summo pontifice interpellaverunt. Qui ad se vocatis plerisque Italiæ episcopis, generali concilio Basileæ habito, eadem, quam Romani miserunt, corona imposita, patricius Romanorum est appellatus. Deinde communi omnium concilio, Romanorumque legatis eligentibus Kadelo, Parmensis præsul VII Kal. Nov. declaratur papa, et mutato nomine Honorius cognominatur. Dum hæc aguntur, Nordmanni aliquibus Romanis sibi ascitis Luccæ urbis Tusciæ episcopum Anselmum, dato sibi Alexandri nomine, in Kal. Octobris XXVI diebus ante Parmensis episcopi ad papatus promotionem sedi imposuerunt apostolicæ.

CLX. Alexander II. Annos XII, qui et Anselmus, primo Luccensis episcopus. Hic Cadolum Parmensem episcopum sedem Romanam armata manu occupare volentem constantissime repressit. Ipse quidem Nordmannorum et quorumdam Romanorum auxilio usus, victo et reprobato Cadelo sedit annis XII. Unde de ipso scriptum in Lateranensi palatio est :

Regnat Alexander, Cadolus cadit et superatur.

(79) *Paulo ante* VIII.

CLXI. Gregorius VII, qui et Hiltibrandus, primo A Cluniacensis prior, postea archiepiscopus Ravennæ, natione Romanus, ex patre Bonico. Annos xii, mensem i, dies v. Hic præceptor impossibilium statuit, ut nullus laicus se jungeret officio sacerdotis, cujus sciret uxorem. Diaconibus, subdiaconibus uxores dimittere præcepit. Episcopis præcepit nequemquam ex presbyterorum connubio genitum ad sacrum ordinem promoverent. Unde criminalis utriusque sexus excrevit perturbatio. Ipse pontificatus sui anno vii, anno Domini 1080, celebravit synodum Romæ; ubi inter cætera statuta ordinavit, ut, si quis imperatorum seu ducum vel sæcularium potestatum quælibet alicujus ecclesiasticæ dignitatis officium dare præsumeret, anathematis vinculo subjaceret. Hoc tempore Heinricus imperator, quem ipse hujus anathematis mandato specialiter notaverat, Romam obsedit, Hiltiprandum expulit, Wichbertum, Ravennatensem archiepiscopum, qui et Clemens, papam constituit. Qui Hiltiprandus Salerni mortuus dixisse fertur : *Dilexi justitiam et odivi iniquitatem, propterea morior in exsilio.* Ecclesia in summo discrimine posita, eo quod Wichbertus Romanam sedem, et urbem occupasset, abbatem Cassinensem, cardinalem Desiderium, qui et Victor, invitum pauci de Romanis trahunt ad papatum, corruptisque pecunia Leoninæ urbis custodibus nocte consecrandum in ecclesiam B. Petri inducunt ob metum schismatis. Synodus Kuitelnburch sub eo contra Gwezelonem Moguntinum archiepiscopum celebrata est, cui vice ipsius C papæ præsedit Ostiensis episcopus Otto. Qui Moguntinus asseruit, quemlibet rebus suis exspoliatum quidquid interim peccaverit, impune habiturum, cum ad synodum nec possit vocari, nec lege canonica judicari. Ipse etiam papa, excommunicato imperatore, Rudolfum, ducem Alemaniæ coronavit his verbis :

⸱ *Roma dedit Petro, Petrus diadema Rudolfo.*

CLXII. Victor III, qui et Desiderius, abbas Cassinensis, cardinalis. Menses iv, dies vii. Qui nocte, sicut dictum est, ob metum schismatis, corruptis pecunia Leoninæ urbis custodibus, consecratus est, ubi profluvio ventris moritur, et tam ab Urbe quam D ab orbe egressus Ostiensi episcopo Urbano, qui prius Otto dictus est, regimen Ecclesiæ reliquit. Wichbertus tamen, quem imperator Heinricus constituerat, per septennium vexavit Ecclesiam. Cujus causa, eo præsente, anno Dominicæ Incarn. 1085, Moguntiæ celebrata est synodus jussu excommunicati principis, non nisi etiam a privatis communione episcopis collecta, quæ depelli duos archiepiscopos et duodecim episcopos, eo quod nolentes excommunicatis communicare Romanæ sedi obedierant, decrevit, soror esse Ariminensis synodi, quæ a Constantio Ariano celebrata fuit, judicata est.

CLXIII. Urbanus II, prius Otto dictus, Ostiensis episcopus. Annos xi, menses v, dies x et viii. Qui

PATROL. CCXIII.

a concilio Claremontensi, quod in Gallia habuerat, regressus, auxilio eorum, quos ad iter Jerosolymitanum accenderat, Wichbertum ab Urbe, excepto castro Crescentii ejecit, sedemque propriam recepit. Inde per Apuliam et Calabriam, Siciliam, quas tunc Northmanni inhabitabant, ingressus, pecuniam magnam collegit, per quam corruptis eis, qui castrum Crescentii servabant, Wichberto tam a castro quam ab Urbe expulso, libere tota Roma potitur. Ipse vero non multo post rebus excedens humanis, Paschali sedem reliquit. Canones statuit Genebaldo Constantiensi episcopo de iis, qui communicant excommunicatis sponte, aut per ignorantiam. In Placentina synodo instituit præfationem et composuit de sancta Maria dicendam : *Et* B *te in veneratione*, etc.

CLXIV. Paschalis II. Annos xviii, menses v, dies xviii. Anno pontificii sui xii capitur a rege Heinrico novissimo pro eo quod inter ipsum et regem conventio facta ac obsidibus firmata narratur; ut rex investituras episcoporum remitteret, et papa ipsi regalia resignaret. Quod cum episcopis reclamantibus implere non posset, captus et Aquileiensi patriarchæ Udalrico custodiendus traditur, a quo tamen postea imperialem benedictionem consecutus est.

CLXV. Gelasius, qui et Joannes Gaditanus. Annum i, dies v. Quem Heinricus imperator a Roma expulit, et Gregorium, qui et Burdinus a Northmannis dictus est, Bracariensis episcopus, qui prius a domino Paschali Beneventi fuit excommunicatus, papam constituit.

CLXVI. Calixtus, Wido dictus, episcopus Viennensis. Annos v, menses x, dies xiii. A quo Heinricus cum suo papa excommunicatur Burdino, quem etiam ipse in caveam trusit. Unde de ipso scriptum est :

Ecce Calixtus honor patriæ, decus imperiale
Burdinum nequam damnat, pacemque reformat.

. Cui etiam imperator Heinricus per Honorium legatum et postea successorem suum investituras episcopatuum pro metu anathematis resignavit, in hunc modum : *Ego Heinricus, Dei gratia Romanorum imperator Augustus, pro amore Dei, et sanctæ Romanæ Ecclesiæ, et domini papæ Calixti, et pro remedio animæ meæ dimitto Deo, et sanctis Dei apostolis Petro et Paulo, et sanctæ catholicæ Ecclesiæ omnem investituram per annulum, et baculum, et concedo in omnibus ecclesiis, quæ in regno meo, vel imperio sunt, liberam electionem, et canonicam consecrationem; possessiones et regalia B. Petri, quæ a principio hujus discordiæ usque ad hodiernum diem, sive tempore patris mei, sive et meo ablata sunt, quæ habeo, reddo eidem sanctæ Romanæ Ecclesiæ; quæ autem non habeo, ut reddantur, fideliter adjuvabo. Possessiones etiam omnium aliarum ecclesiarum, et principum, et aliorum tam clericorum quam laicorum consilio principum et justitia, quæ habeo, reddam, et quæ non habeo, ut reddantur, fideliter adiuvabo. Et*

33

do veram pacem domino papæ, sanctæque Romanæ Ecclesiæ, et omnibus, qui in parte illius sunt, vel fuerunt, et in quibus sancta Romana Ecclesia postulaverit, fideliter juvabo. Litteræ Calixti papæ, in quibus versa vice remisit sibi electiones episcoporum Teutonici regni in hunc modum : Ego Calixtus episcopus, servus servorum Dei, dilecto filio suo Heinrico, Dei gratia Romanorum imperatori Augusto concedo electiones episcoporum et abbatum Teutonici regni, qui ad regnum tuum pertinent, in præsentia tua fieri absque Simonia, et aliqua violentia; ut, si qua inter partes discordia emerserit, metropolitani et comprovincialium consilio, et judicio, saniori parti assensum et auxilium præbeas. Electus autem a te regalia per sceptrum sine exactione recipiat, exceptis omnibus, quæ ad Romanam Ecclesiam pertinere noscuntur, et quæ ex his jure debentur, faciat. Ex aliis vero partibus imperii consecrati infra vi menses per sceptrum regalia a te recipiant. De quibus vero mihi querimoniam feceris et auxilium postulaveris, secundum officii mei debitum auxilium tibi præstabo. Da tibi veram pacem, et omnibus, qui in parte tua sunt, vel fuerunt tempore hujus discordiæ. Ita sub ipso Ecclesia libertati suæ ad plenum restituitur, et pax reformatur.

CLXVII. Honorius II, qui et Lambertus. Annos viii. Hic, sicut supra dictum est, mediator et legatus inter Calixtum papam, et imperatorem Heinricum fuit, per quem etiam investituras resignavit. Hic episcopum Mediolanensem, eo quod Chunradum sororium imperatoris Henrici in regem ab ipsis civibus suis electum consecravit, depositus est (80), et ipsum Chunradum postea regem Romanorum factum excommunicavit.

CLXVIII. Innocentius II, qui et Gregorius quondam dictus est, natione Romanus, S. Angeli cardinalis diaconus. Annos xiii, menses vii, dies viii. Quo canonice electo, sed Petro, qui et Anacletus, Petri Leonis filio, violentia amicorum suorum intruso, favente sibi rege Siculo Rogerio, urbem et sedem occupavit. Innocentius itaque, dum resistere non valet, urbe cedens, auxilium Lotharii regis interpellat. Quem Lotharius rex Romam secum ducens, in ecclesia S. Salvatoris, quæ et Constantiniana dicitur, ab ipso coronatus, Augusti adeptus est nomen. Sub eo etiam et per eum synodus Romæ Lateranis in Quadragesima celebratur, ubi ducenti (81) et eo amplius episcopi et prælati alii congregantur. Ibi etiam plura utilia Ecclesiæ statuit, et inter cætera : Ut ordinationes a Petro, sive ab ipso ordinatis irritæ essent, et excommunicationi eum cum suis sequacibus subjacere censuit.

CLXIX. Cœlestinus secundus. Menses vi.

CLXX. Lucius II, qui et Gerhardus. Annum i. Hic gravem a civibus Romanis persecutionem passus, ad patrocinium Romanæ Ecclesiæ Chunradum regem litteris suis monet, et invitat in hunc modum : Lucius episcopus, servus servorum Dei, dilecto filio Chunrado Romanorum regi illustri, salutem et apostolicam benedictionem. « Omne datum optimum, et omne donum perfectum, desursum est,» etc. (Jac.1). Populus enim Romanus insaniæ suæ metas ponere non volens, senatoribus, quos ante instituerant, Patricium adjiciunt, atque ad hanc dignitatem Petri Leonis filium Jordanem eligentes, omnes ei tanquam principi subjiciuntur. Deinde pontificem suum adeunt, ac omnia regalia ejus tam in Urbe quam extra posita, ad jus Patricii sui reposcunt, ipsumque suum pontificem more antiquorum sacerdotum de decimis tantum et oblationibus sustentari oportere dicentes : De die itaque in diem animam justi affligere non timuerunt, etc.

CLXXI. Eugenius III, a Pisana natus, monachus. Sedit annos viii, menses iv, dies xxi. Vir religione et sanctitate perspicuus. Ipse ob persecutionis immanitatem cum episcopis et cardinalibus Urbe cedit, et in monasterio Pharphensi morem mutans consecratur, et ad munita loca se transferens Jordanem, ac suos complices excommunicat. Postea cum Romanis pacem fecit, ita ut patriciatus dignitatem exfestucarent, et præfectum in pristinam dignitatem reciperent, senatores tenerent, sicque in Urbem rediens, Nativitatem Domini ibidem celebravit, anno Dominicæ Incarn. 1146, ubi iterum pro excidio Tiburtinorum sollicitatur. Qui etiam Remis synodum instinctu abbatis Clarevallis contra Magistrum Gisilbertum Pictaviensem episcopum celebravit (82)...

CLXXII. Anastasius IV, sedit annum i, menses iv, dies xxiv.

CLXXIII. Adrianus IV, natione Anglicus, sedit annis iv, menses viii, dies vi. Quo mortuo, schisma gravissimum totam perturbavit Ecclesiam, quod cœpit anno Domini 1159 et duravit usque ad annum Domini 1177, aliis Rolandum, qui et Alexander, aliis Octavianum, qui et Victor, eligentibus. Mortuo Victore Guido, qui et Paschalis, substituitur. Quo mortuo, Calixtus, qui et Joannes abbas Strumensis subrogatur. Ecclesia tamen tota, nisi pauci timore vel amore Frederici imperatoris inducti, Alexandrum approbabat. Qui Adrianus Fredericum regem Romæ renitentibus civibus imperiali benedictione sublimavit (83). Tempore istius papæ scilicet Adriani supradicti consecratum est mysterium Virginis Mariæ in Czwett. Deus nos in eo custodiat, et ab omni malo defendat, et Virgo beata nos ad vitam æternam perducat.

CLXXIV. Alexander III, natione Senensis, qui et Rolandus, sedit annos fere xxii. 1157 Incarnationis Domini, indictione x, habens in concurrentibus v, in epactis xxviii, completo decemnovenali cyclo, ix Kal. Aug. schisma, quod diu totam perturbavit

---

(80) Corr. deposuit.
(81) Sic lego : dti.
(82) Hic duo sequentes versus abrasi fuerunt.

(83) Hæc ab alia manu, sæculo xiv non antiquiore inserta sunt.

Ecclesiam, evacuatum est, et in Alexandro Romano pontifice sopitum, ita videlicet quod, dispensatione habita inter regnum et sacerdotium, Alexander papa et Fredericus imperator, diu inter se dissentientes, et justitiæ suæ in alterutro derogantes osculo pacis, ac jurejurando hinc inde facto, et utrobique stabilito, apud Venetias convenerint, multa dispensatione interposita, quæ pro necessitate et quiete Ecclesiæ, quæ diu vexata est, universaliter approbata est, mediantibus principibus, qui unitatem Ecclesiæ dilexerunt Christiano Moguntino, Wichmanno Magdeburgense archiepiscopis, Chunrado Wormatiense. Ipse sequenti anno in Quadragesima convocatis diversarum nationum et regionum infinitis episcopis et prælatis, ad insolentias et enormitates, quæ tempore schismatis excreverant, sedandas, Romæ synodum celebravit, in qua synodica capitula statuit xix : 1. Quod sacerdos dotem Ecclesiæ vel decimas alienas (84) privandus est officio et beneficio. 2. Quod nullus clericus vel presbyter habeat plures ecclesias, vel canonicas in diversis partibus. 3. Quod clericus sacerdos manifeste fornicarie cohabitans privandus est officio et beneficio. 4. Quod nullus episcopus debet ordinare clericum, nisi ad certum titulum. 5. Quod nullus episcopus vel archidiaconus debet exactionem habere vel collectas in clericis suis. 6. Quod Magistri scholarium non debent aliquid exigere ab iis quibus prædicant verbum Dei. 7. Quod episcopus, quando circuit episcopatum, non debet habere plures equitaturas quam xxxv, vel tantum xxx, archiepiscopus non plures quam xl, et sic de cæteris. 8. Quod schismatici, qui juraverunt, et non atroci coactione, non promoveantur. 9. Quod usurarii excommunicentur, nec ad religionem venientes recipiantur, nisi reddantur mala requisita, si possunt. 10. Quod hæretici, sicut Cattarii, sive alio nomine Paterini, excommunicentur et sepultura careant. 11. Quod laici decimationes non habeant. 12. Quod nullus clericus investituram sumat a laico. 13. Quod non fiat sacerdos nisi filius legitimus. Capitula de Nigris monachis : 1. Quod nihil debent exigere ab illis qui convertuntur ad religionem. 2. Quod nihil debent habere proprium. 3. Quod nulla eorum appellatio facta tenet abbatem. 4. Quod abbas priorem canonice institutum non potest removere, sine conniventia papæ, nisi causa cognita. Inter cætera unum statuit de schismaticis, ut deponantur ab ordinibus et beneficiis ita : *Quod a prædecessore nostro felicis memoriæ papa Innocentio factum est, innovantes, ordinationes ab Octaviano et Widone hæresiarchis, nec non et Joanne Strumense, qui eos secutus est, factas, et ab ordinatis ab eis, irritas esse censemus, adjicientes etiam ut qui dignitates ecclesiasticas seu beneficia per vrædictos schismaticos acceperint, careant impe-*

tratis. Alienationes sive invasiones, per eosdem schismaticos, sive per laicos factæ sint de rebus ecclesiasticis, careant omni firmitate, et ad Ecclesiam sine omni honore revertantur. Si quis autem contra ire præsumpserit, excommunicationi se noverit subjacere. Illos autem qui sponte juramentum de tenendo (85) schismate præstiterunt, a sacris ordinibus et dignitatibus decernimus maxime suspensos. Anno Domini 1181 obiit Alexander.

EPITAPHIUM EJUS.

*Lux cleri, decus Ecclesiæ, pater Urbis et orbis
Præsul Alexander clauditur hoc tumulo.
Luminis exstincti (86). . . . .
　Cumque suo dolet Urbs. . . . . . virum
Non tamen ille reus. . . . . . . casus
　Creditur. . . . . viro.
. . . . . . cura gregis, pudor almus, honestas,
. . . . obtinuere locum.
. . . quis et unde fuit ? nomen sibi quondam
Rolandus, patria Tuscia ; Sena domus.
. . . . suis felix et adauctus.
. . . . . . quibus est felix factus et auctus eis.*

CLXXV. Lucius III, qui et Hubaldus, Ostiensis episcopus, natione Luccensis, sedit annos iv, menses duos. Ipse et imperator Veronæ convenientes, et inter spiritalem patrem et filium dulcia miscentur (87) colloquia, et tanquam ex duabus principalibus curiis, et duobus orbis capitibus una republica effecta, ecclesiastica simul et sæcularia inter eos tractantur negotia ; ubi etiam vicissim alterutrius delectati præsentia, et vigore suffulti, communi consilio omnium, qui ibi convenerant, archiepiscoporum, episcoporum et aliorum principum contra diversas hæreses, et earum auctores, quibus diversa nomina, diversarum ibidem professio falsitatum, Catharos, Paterenos, et eos qui se tam falso nomine humiliatos, vel pauperes de Lugduno, quam superbo mentiuntur, Passagenos, Josepinos, Arnoldistas, Publicanos insurgunt, et suo eos jure condemnant. Ibi etiam postea mortuus est anno Domini 1185, ubi de eo scriptum est :

*Luci Lucca tibi dedit ortum, pontificatum
Ostia, papatum Roma, Verona mori.*

CLXXVI. Urbanus III, qui et Hubertus, Mediolanensium archiepiscopus, inde etiam oriundus, sedit annum j, et dimidium. xvi Kal. Nov. obiit, anno Domini 1177. (88) *Kal. Nov. obiit. Ante cujus obitum* xx *die capta est Jerusalem a Turcis.*

CLXXVII. Gregorius VIII, qui et Albertus, prius cancellarius Romanæ Ecclesiæ, ipso quo electus est anno obiit, hoc est anno Domini 1188. Priori siquidem anno Incarnationis Dom. capta est Jerusalem a Turcis. Unde et ipse in initio electionis suæ episcopis Teutoniæ tam de electione quam de commonitione principum ad subveniendum Orientali Ecclesiæ misit epistolam, cujus exemplar pro consonantia temporum ponendam dignum existimavit.

---

(84) *Supple* dissipans *vel quid simile.*
(85) *Codex,* tinendo.
(86) Reliqua subduxit oculis macula, quæ dudum hanc paginam fœdaverat.

(87) *Forte,* miscerentur.
(88) Hæc, uti et omnia, quæ usque ad finem operis sequuntur, addita sunt a manu alia, coæva tamen.

Gregorius archiepiscopis, episcopis, abbatibus et A praelatis ecclesiarum in Teutonia.

Inter divinae dispensationis arcana, quæ Deus in hominibus operatur, magna causa admirandi et stupendi nobis existit, quod praelationes, et subjectiones hominum ita dispensat, ut is, qui ponendus est in imo, constitui videatur in summo et econverso. Hoc ipse quoque Salomon admirabatur dicens : « Vidi servos in equis, et dominos quasi servos ambulantes super terram (Eccle. x). » Hoc autem, utinam nobis admirari et videre solummodo datum esset, et non etiam experiri! qui cum ad minorem locum vocati fuissemus a Domino, et nunquam fideliter, sicut oportuit egisse (89) in eo, ad sublimitatem celebrioris loci repente assumpti sumus, et debilibus humeris nostris tantum est onus impositum, ut quantum distant cæli a terra, tantum distare vires ab onere videantur. Prædecessore siquidem nostro Urbano xiii Kal. Novembr. in bona confessione viam universæ carnis ingresso, et tradito solemniter sepulturæ convenimus sequenti die in unum, et missa in honore sancti Spiritus, sicut moris est, celebrata, processimus seorsum in unum locum, nos episcopi, presbyteri et diaconi canonibus (90) et postpositis diversis ecclesiasticis negotiis, et præcipue calamitate Orientalis Ecclesiæ, quæ diebus illis audita fuerat, ad electionem pontificis visum est procedendum, ne, si forte dilationem acciperet, detrimentum ex tarditate per diversas partes Christiano populo proveniret. Cum autem requisitæ fuissent civium voluntates, placuit omnibus mediocritati nostræ onus ecclesiasticæ provisionis imponere et tantum instare; ut non una excusatio mea, cum multæ mihi suppeterent, audiretur. Non satis occurrebat mihi, quid agerem, dum nec contradicendo, nec acquiescendo erat tuta libertas, hinc me multo defectu virtutis et scientiæ dejiciente, hinc me concordi fratrum voluntate et instantia provocante. Tandem vero considerantes quod non sint hominis viæ ejus, nec in eo est, ut ambulet et dirigat gressus suos, et quod « Christus pro nobis mortuus est, ut et qui » vivant, « non sibi vivant, sed ei, qui pro nobis mortuus est, et resurrexit (II Cor.v), » divinæ misericordiæ nos commisimus, et fratrum acquievimus voluntati, non quod nos ministros idoneos crediderimus, et tantum onus a nobis bene portari posse, sed ne multum videremur abundare in sensu nostro, et D non satis de Domini Dei nostri confidere pietate. Quoniam igitur in Romanæ Ecclesiæ nos decet reverentia permanere, universitatem vestram præsentium significatione credimus admonendam, quatenus in ipsius Ecclesiæ devotione persistatis, sicut justum est vestræ expedire saluti. Super negotio autem et contritione Orientalis Ecclesiæ per apostolica scripta vos sollicitos reddimus et attentos, rogantes, monentes et ex-

horiantes in Domino, ut ad liberationem illius terræ per vos ipsos, sicut expedire cognoscitis, intendatis et charissimum in Christo filium nostrum Frederi um, illustrem Romanorum imperatorem semper Augustum et proceres et Teutonici regni populum universum curetis monere diligentius, et exhortari, ut pium Omnipotentis obsequium taliter attendant, ut ex hoc vobis et eis æternæ vitæ retributio debeat a tributore omnium in se sperantium augmentari. Ad hoc dilectos filios nostros P. sudiaconum nostrum et priorem de Pontid. latores præsentium, litteratos viros, providos et honestos, quos pro vocatione nostra nuntianda transmittimus, et charitati vestræ reddimus propensius commendatos.

Data feria vi Kal. Novemb. indict. vi. Scripsit et aliam ad universos fideles Ecclesiæ pro eadem commonitione, in qua plenius de excidio terræ Transmarinæ, et miserabili eventu conquestus est, quæ a multis habetur.

CLXXVIII. Clemens, qui et Paulus prius dictus, Prænestinus episcopus, sedit annos ii, et dimidium usque ad annum Domini 1191. Iste, obeunte Wilhelmo rege Siculo et deficiente in eo legitimo hærede et successore regni, Palermitano archiepiscopo petenti mandavit inungere et consecrare quemdam Tancredum invasorem ejusdem regiæ dignitatis, nescio utrum in odium Romanæ majestatis, cui tunc præerat Fredericus gloriosus imperator, qui etiam tunc iter Jerosolymitanum aggressus, regnum filio suo H. reliquerat, an in spe recuperandæ Apuliæ, quam diu asseverabant dotem Romanæ Ecclesiæ, cum tamen prius in contracta matrimonii inter præfatum filium imperatoris, qui postea statim patri in Augusti et imperatoris nomine successit, et sororem regis Wilhelmi ita condictum et approbatum ab omnibus principibus terræ fuerit, ut, si præfatus frater ipsius sine hærede decederet, regnum ad istum transiret. Opportunitatem siquidem se invenisse per eumdem Tancredum Romani credebant, ut, quandiu terram aspirabant, tunc facilius possent recuperare.

CLXXIX. Cœlestinus III, qui et Jacinthus, cardinalis diaconus. Ipse 1191 Heinricum regem, filium Frederici imperatoris venientem in Apuliam ad regnum obtinendum, quod ad ipsum pro uxore sua, quam ipse ante duxerat, sorore videlicet Wilhelmi, qui noviter mortuus est, pertinuit, sequenti die Paschæ coronavit, et ipsum, ac ipsam imperiali benedictione sublimavit. Eodem siquidem anno post mortem Clementis circa mediam Quadragesimam electus, et Sabbato ante passionem Domini sacerdos factus, in die Paschæ et sequenti ipsum imperatorem et uxorem suam consecrat.

---

(89) Leg. egissemus.

(90) F. canonice.

EPISTOLA ANONYMI

TESTIS OCULATI

DE CAPTA URBE CONSTANTINOPOLITANA.

(Anno 1204.)

[Marten, *Thes. Anecdot.*, I, 784, ex ms. Dunensi.]

—

.. veritis quod Alexis Barisiaci [*f.* Isacii], sicut alias vobis sub ambiguitate mandavi, ad nos venit apud Corfaut, ibidem genibus flexis, lacrymis profusis, coram nobis suppliciter exorans quatenus nos cum ipso Constantinopolim venientes, ei auxilium præstaremus, ut patris sui fratrem, quem pater ejus de prisione gentilium liberavit, qui liberatus et redemptus a fratre, tale mutuum retribuit ei, quod propter imperii ambitionem fratrem suum nequiter excæcavit, per nostrum auxilium a sede imperiali repelleret, quam instinctu avaritiæ usurpaverat, et injuste detinebat. Super hoc dissensio maxima in exercitu exorta est et tumultus. Clamabant autem omnes ire ad Ascaron, et pauci fuerunt qui viam Constantinopolim collaudassent, quorum fuit unus comes Flandriæ, Lodovicus, marchio de Monte-ferato, et comes Matthæus de Monte Mozanchi marescallus Campaniæ, Cono de Bethunia, M. de Insulis, Joannes Fusienum, Joannes de Triete, Petrus de Braicos, Anselmus de Cayeu, R. de Trith, Macarius de Sante-Maineheleth, M. de Insulis, episcopus de Halvestath, episcopus de Troies, Joannes Facete. Qui omnes toti exercitui manifeste ostendimus quod via Jerosolymitana, cum ipsi essent inopes et victualibus imminuti, nec aliquis esset inter eos qui milites ad stipendia sociantes ad solidos detineret, qui petrarias faceret pertrahi, vel alia bellica instrumenta perduci, inerat omnibus inutilis et damnosa. Tandem vero vix nobis acquieverunt tali conditione, quod apud Constantinopolim moram non facerent ultra mensem. Responsum est quod brevis moræ mentio publicata non erat nobis necessaria, quia Græci minus nos formidarent, si brevis moræ nostræ spatium præsciretur. Attamen impetrerunt ut de mora solum unius mensis eos securos in palam faceremus. Et ita factum est. Quo facto, juvenis imperator ecantavit nobis, quod toti exercitui per annum integrum victualia largiretur, quod decem millia equitum ad annum Terræ Sanctæ succurrsum ad sumptus suos haberet. Promisit etiam quantum viveret ad stipendia sua se in Terra Sancta quingentos milites habiturum, et quod duci Venetiæ decem marcas argenti, et nostro exercitui totidem largiretur. Quibus positis, et communi voluntate concessis, naves nostras conscendimus. Dehinc octava die ad portum Ducæaviæ prospere applicantes, ab eodem loco centum leugæ usque Constantinopolim numerantur. Ab ipso portu usque Constantinopolim per strictum mare et velociter currens est transitus. Inde per illud fretum navigantes, transivimus per Brachium Sancti Georgii, et portum cepimus ad firmam terram versus Iconium, qui portus distat a Constantinopoli una leuga. Ibidem stupuimus vehementer admirantes, quod nullus amicorum, nullus parentum juvenis qui nobiscum erat, vel aliquis nuntius eorum venit ad eum, qui ei statum Constantinopolis declararet. Nec mora, imperator imperium tenens duci Vene-

tiæ, marchioni, comiti Flandriæ, comiti Ludensi, et nobis sua munera destinavit. Nos vero, consilium secretum ineuntes inter nos, quod imperatoris nuntios nullatenus audiremus; nisi se prius deponeret ab imperialis cathedra majestatis, aliter ipsum, vel ejus nuntios nequaquam audiremus. Nolebamus enim quod Græci suis dolosis muneribus nos attentarent, suis pollicitis demollirent. Interim exercitus imperatoris in littore nobis opposito paratus erat nobis transitum prohibere, ostendens nobis animositatis imaginem præliandi nobiscum : quod videntes, ad confessiones peccatorum nostrorum recurrimus, in Dei solum misericordi potentia confidentes. Post nostras ordinavimus pugnas, deinde omnes armati naves instituimus. Cum vero, Deo ducente, ultra fuimus applicati, omnes Græci convenerant, ut nostrum transitum impedirent. Ita autem a nobis se Dei gratia elongaverunt, quod aliquem eorum non potuimus etiam volatu sagittæ attingere. Deinde perreximus ad quamdam fortissimam turrim, quæ Galatha nuncupatur, ad quam firmabatur maxima catena ferrea grossa nimis, quæ posita super ligna transversa mare transnatabat, attingens a terra usque ad muros civitatis. Catena illa portum tenebat, juxta quam naves et galeæ civitatis cum bargis latere ad latus junctæ nobis introitum inhibentes. In terra siquidem sæpedicta erant serjanti, Pisani, Geneciani, Daci, et alii ad conservandam et protegendam constituti, qui exibant turrim, et introibant sicut volebant ad sagittandum nostros. Super turri autem illa locuti fuimus cum duce Venetiorum viro prudentissimo, dicentes quod nullo modo caperetur, nisi per minitores et petrarias cum variis suis instrumentis bellicis super naves. Nos quoque nostra fecimus ingenia erigi, ut sic undique terris obsessa Dei nostroque auxilio caperetur. Dum autem hæc proponerentur serjanti præfatæ turris, nostris crebro sagittando importunos faciebant insultus. Verum nulla vice in nos fecere saltationes, quin forent alacriter retromissi, et suorum damna multimoda sustinuerunt. Tertio vero die, quo tentoria nostra ibidem confixa sunt, illi deintus exeuntes, militibus nostris et peditibus post nos fecerunt insultus. Petrus vero de Branicol cum quibusdam militibus et serjantis armatus supervenientes, sic eos cum festino impetu atrociter invasit, quod non potuerunt resistere, nec ad turris refugium remeare : imo nostris instantibus, oportuit quosdam eorum in mare præsilire, et submersi sunt, quidam truncati, quidam vero retenti. Statim, Deo mirabiliter operante, turris capta est absque bellico instrumento, et catena ferrea rupta fuit. Mox siquidem navibus civitatis retro abeuntibus, naves nostræ portum liberum habuerunt, et quosdam eorum simul cum galeis, et naviculis, et bargis ceperunt. Tunc vero navibus et nobis ordinatis ad pugnam, procesimus usque ad quamdam pontem lapideum, distantem a terra nominata una leuga et amplius. Pons vero ille potentior erat Parvo Ponte Parisiacensi, et erat adeo strictus, quod tres equites simul junctis lateribus vix possent transire, vadum profundum existentibus non potuimus transmeare nisi trium leugarum faceremus torturam. Si vero tantum a navigio nostro distaremus, fortasse periculum magnum incurrissemus et damnum. Cum pervenissemus ad pontem ipsum, Dei patientia, nullo obstante, pertransivimus, et procedentes tentoria fiximus inter palatium imperatoris, quod Blakerna dicitur, et palatium Boimond, et sic propinquavimus Blakernam, quod sagittæ nostræ super palatium imperatoris et infra per fenestras, et sagittæ Græcorum super tentoria nostra cadebant. Hoc facto, exercitum nostrum grossis palis circumcinximus et liciis. Deinde ingenia nostra bellica per petrarias ante muros ereximus. Dux vero Venetiæ super quamlibet navim constituit de antennis pontem altissimum, in altitudine pedes centum habentem, et super quemlibet pontem poterant ire quatuor milites armati. Præterea quidam Ussarius suus habebat magnellum erectum.

Dum autem hæc fierent, Græci pede et equo plures fecerunt insultationes. Verum quique in hoc semper nos deterius habuerunt: Quadam die militum multitudo de quadam porta catervatim exiens, quæ porta patet a dextra parte superius, exsiliit, et nos provocavit ad arma. Quos nostri ita cum ingenti impetu et forti audacter pepulerunt, quod multi eorum alter alterum inclinante corruerunt in fossas, inter quos filius ducis de Duras, qui inter Constantinopolitanos generosior et pulchrior dicebatur, cum quibusdam aliis exstitit interfectus. Crastina quoque die quædam cohors militum civitatis, per portam Blakernæ exsiliit, ea parte qua ingenia nostra bellica constitui feceramus; sed, Deo juvante, intro remissi sunt turpiter et potenter. Tunc quidem fuit interemptus quidam vir potentior, et in militia melior omnibus civitatis, et consiliarius imperatoris. Die Mercurii post ordinatum fuit et propositum quod in crastino fieret insultus ad civitatem, videlicet dux Venetiæ per mare, marchio et comes Flandriæ per terram assiliret. Ego siquidem et M. de Monte-Morentiaco, marescallus Campaniæ, A. de S. Cyrone dum assultus fieret, custodiremus exercitum juxta vallum forinsecus et per campos, et sic fecimus.

Facta autem ordinatione, et proposito terminato, dux et Venetii cum quibusdam de nostris qui per mare navigio potenter instabant, prope muris navibus applicatis, scalas muris acclinantes intraverunt cum virtuoso impetu civitatem, viginti quinque tribus lucrefactis juxta quantitatem Atrebati de civitate non modica combusserunt. Nostri quoque per terram suos facientes assultus, scalis similiter muris appositis, suas super muros posuerunt banerias et vexilla. Minitores vero murum inferius excavantes, unam turrim straverunt. Tunc imperator incendio civitatis, et nostris insidiis, et importunis insultibus undique coarctatus, ad portas singulas quæ ad campos exitum faciebant, constituit turmas militum non paucorum, ut nos circumquaque invasos truncarent. Econtra nos nostras ordinavimus pugnas, comes Flandriæ cum suis, et ego quoque cum meis, uterque scilicet in cuneo suo consistens ante custodiam, et equitavimus ordinate, et conjuncti juxta prælium nobis contrarium eis adeo appropinquantes, quod eorum sagittarii et arbalistarii trahebant in nos, et nostri in ipsos.

Cum ipsi viderent nos magnanimos et constantes ordinate procedere et seriatim, et nos non posse de facili expugnare, valde perterriti et confusi cedentes nobis, non ausi fuerunt bellum nobiscum committere. Et sciatis quod non eramus in exercitu nostro plures quam ducenti milites, et totidem equites alii, non habuimus plures quam duo millia peditum; major enim pars statuebatur ad ingenia conservanda. Nos vero videntes eos fugere, noluimus eos prosequi, ne forte per eorum dolos exercitui nostro et bellicis machinis et turribus, quas Venetii ceperant, damnum inferretur. Imperator vero rediens ad palatium suum, asseruit se in crastinum pugnaturum nobiscum, sed media nocte latenter aufugit. Die vero Jovis, sicut promiserat, debuimus pariter dimicare. In crastinum vero, Deo operante, fuit nobis civitas reddita, et fuerunt octo dies completi a civitatis obsidione. Tunc vero Karisacus imperator, et imperatrix uxor ejus, videlicet soror regis Hungariæ, qui diu in horrore tenti fuerunt et inclusi, nobis multimodas gratias referentes, mandaverunt quod per Dei gratiam, et nostrum auxilium, fuerant a carcere liberati, et quod decus imperii rehabebant, et quod in crastino nos in palatium veniremus tanquam nostri cum filio suo diu desiderato, et ita fecimus, et manducavimus in palatio cum magnis exsultationibus et honore solemni.

Hæc equidem scire vos volo quod R. de Parke et R. de Monte-Miralo, A. de Boue, Jerosolymam petentes, et J. de Boue, et S. de Monte-forti, R. Malus-Vicinus, abbas de Vallibus, magnam in stolio facientes dissensionem ad regem Hungarorum properantes, exercitu nostro relicto, nos in mortis discrimine reliquerunt. De duce siquidem Venetiarum, tanquam de viro prudentissimo, et in consiliis arduis erudito, nos plurimum collaudamus. Aliud equidem multo melius et gloriosius antedictis subjunctum est, propter quod principaliter ad civitatem regiam curavimus adventare vobis satago explicare, videlicet quod eo usque ad negotium Salvatoris processimus, quod Ecclesia Orientalis, cujus Constantinopolis caput exstitit, cum imperatore et universo ejus imperio, capiti suo Romano pontifici se esse filium recognoscit, et vult de cætero eidem more solito humilitate captiva devotius obedire. Ipse etiam ejusdem patriarcha huic aspirans operi, applaudens suæ dignitatis pallium a summo pontifice recepturus, Romanam ulterius sedem requiret, et super hæc ipse cum imperatore jurationis præstitit cautionem. Ad hæc noster imperator, omnibus quæ promiserat plene et integre persolutis, juramento se nobis constrinxit se nobiscum transfretare ad medium instantis Martii cum decem millibus bellatorum, toti exercitui Domini in annum victualia largiturum, et stolium Venetiorum nobis prolongat in annum. Præmissis etiam ex parte sua et nostra nuntiis, ad sudanum Babyloniæ, Terræ Sanctæ ipsius detentorem, mandat quod ipse devotionem populi Christiani genti suæ incredulæ in proximo ostensurus, ad contritionem infidelitatis Dei virtutem et misericordiam exspectabit. Nos igitur tot et tantis utilitatibus provocati, et spe sancta futurorum bonorum detenti, apud civitatem præscriptam proponimus hiemare, et hoc idem fratribus nostris qui transmarinis partibus nostrum præstolantur adventum curavimus intimare, ut ipsi, nostrorum auditis rumoribus gaudiorum, quorum eos participes esse peroptamus, adminiculo spei sanctæ suffulti, constantius exspectent.

ORDO RERUM

QUÆ IN HOC TOMO CONTINENTUR.

—

FINIS TOMI DUCENTESIMI DECIMI TERTII.

Ex typis L. MIGNE, au Petit-Montrouge.

Milton Keynes UK
Ingram Content Group UK Ltd.
UKHW021127231023
431175UK00007B/687